高密市誌

莫言

(1986-2008)

高密市地方史志编纂委员会 编

方志出版社
Publishing House of Local Records

图书在版编目（CIP）数据

高密市志：1986～2008 / 高密市地方史志编纂委员会编. —北京：方志出版社，2014.12
ISBN 978-7-5144-1525-4

Ⅰ.①高… Ⅱ.①高… Ⅲ.①高密市-地方志-1986～2008 Ⅳ.①K295.24
中国版本图书馆CIP数据核字（2014）第311536号

高密市志（1986～2008）

编　　者：高密市地方史志编纂委员会
责任编辑：王笃银

出 版 人：冀祥德
出 版 者：方志出版社
地址　北京市朝阳区潘家园东里9号（国家方志馆4层）
邮编　100021
网址　http://www.fzph.org
发　　行：方志出版社发行中心
电话（010）67110500
经　　销：各地新华书店
设计印刷：山东新华印务有限责任公司
（电话：82079209）

开　　本：889mm×1194mm　1/16
印　　张：54.75
字　　数：1200千字
版　　次：2014年12月第1版
印　　次：2014年12月第1次印刷
印　　数：0001～5000套

ISBN 978-7-5144-1525-4/k・1248　　定　价：460.00元

高密精神

崇贤好学 诚信和谐 开放包容 务实创新

高密名片

全国县域经济百强县

全国科技进步先进县

全国商标百强县

全国节约集约用地模范县

全国粮食生产先进县

全国义务教育发展基本均衡县

中国长寿之乡

国家园林城市

中国扑灰年画之乡

中国民间艺术之乡

全国象棋之乡

中国家纺名城

中国鞋业生产基地

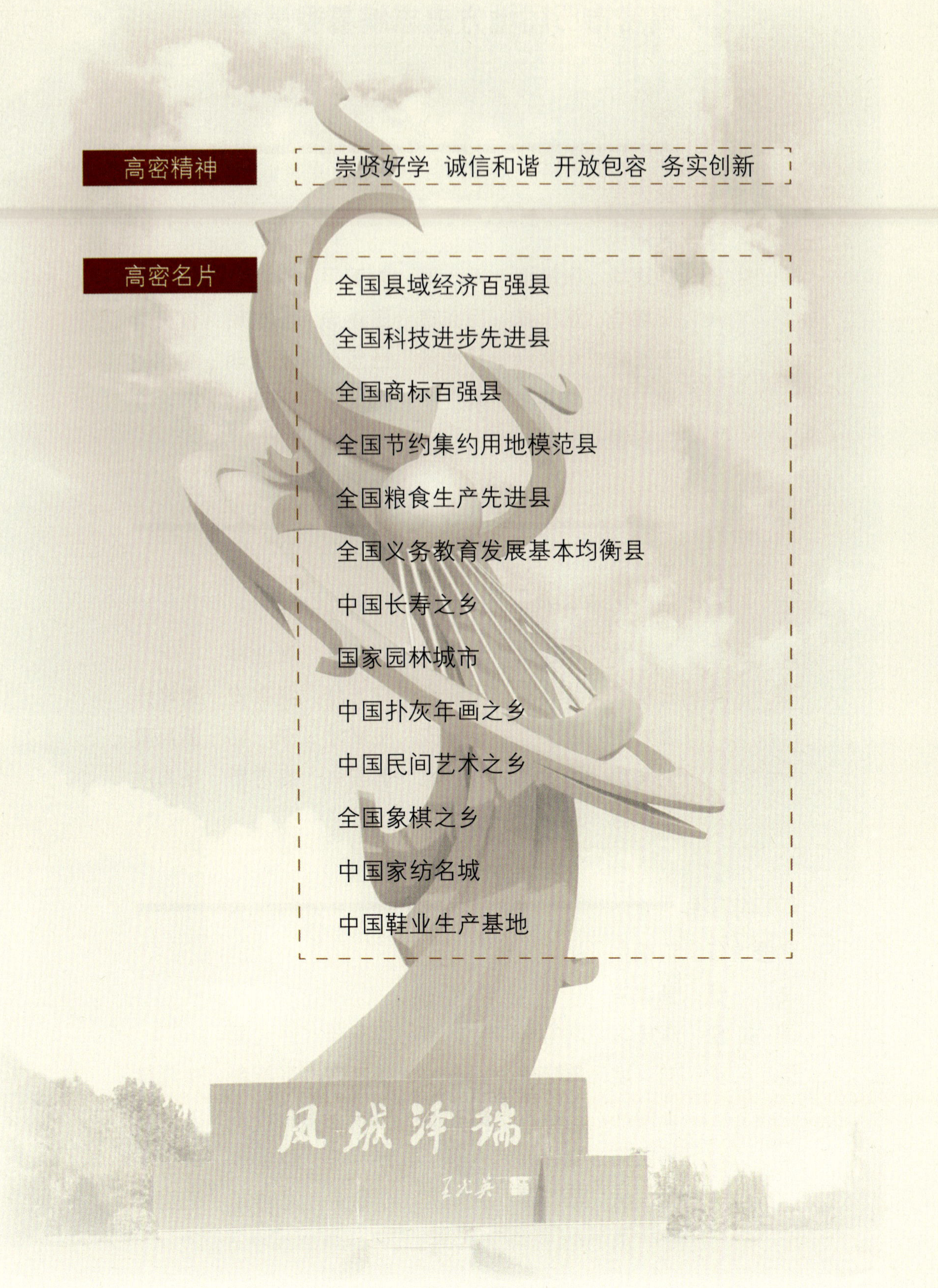

高密市历届地方史志编纂委员会

2003年6月

名誉主任：吴元宝

主　　任：吴建民

副 主 任：顾建华　张星海　万　丽　刘秀平　李　健

委　　员：王增华　张聿嘉　吕尧良　王述忠　张振明　仪义直　王家林　毕兆利　吕希清　吕乐久　于钦明　楚鸿峻　鞠志华　李春德　隋卫清　郑云田　张延兴　范锡宝　鹿秀香

2008年4月

名誉主任：吴建民

主　　任：范福生

副 主 任：万　丽　李连成　李庆华　刘秀平　张业林

委　　员：王福敏　柴修森　于钦明　鞠志华　吴兴安　葛培连　唐屹立　仪义直　单际庆　王聚才　李　铭　葛月殿　刘其功　隋卫清　刘　旭　郭言兴　高志新　张其胜　王家德　王乃秋

2012年10月

名誉主任：范福生

主　　任：杨建华

副 主 任：李庆华　马常春　贾勤清　殷玉萍　许宝国

委　　员：刘　斌　单际庆　邵春生　葛孝江　张新和　李延宗　王同刚　王启运　葛培连　牟敦俊　张传志　王成林　杨宗荣　沈建树　唐军录　孙　波　杜钦德　田绍传　张　超　戴志锡　张同宝　李希金　高泗江　王剑智　呼　杰

高密市志（1986—2008）编修人员

主　　编：许宝国

执行主编：呼　杰

执行副主编：鞠剑峰　姜祖幼

编　　辑（按姓氏笔画排序）：

王同刚　王兆元　毛凤龙　尹明杰　朱新光

孙树山　李　彬　李荣山　邱少阳　岳德成

赵金峰（女）　赵修武　钟　伟　郭文彬

袁承尧　栾　诚　高兴才　高培丽（女）

董维欣（女）

摄　　影：朱永平

工作人员：迟善旭　张新启　欧阳素辉（女）　王媛媛（女）

张文然（女）　滕坤刚

序一

《高密市志(1986～2008)》的编纂出版，是高密市政府第二轮修志的成果，是全市人民的一件大事、盛事，令人欣喜，值得庆贺。

志者，记也。志书是记载一个地方政治、经济、文化、自然和乡土民情等历史的百科全书。志书有历史的连续性和鲜明的时代性。鉴往可知来，故而它又有辅治作用，成为政书。古人云“以铜为镜可以正衣冠，以史为鉴可以知兴替”，此论，至今仍为至理名言。

此轮编纂《高密市志》涉及的23年历史，正值改革开放深入发展的关键时期。历届市委、市政府团结带领全市人民，以建设富强和谐现代化中等城市为目标，秉承以人为本、科学发展理念，不断优化城市发展布局，加快推动产业转型升级，全面提升公共服务水平，切实改善民计民生，全市经济社会发展成果丰硕、前所未有，呈现出经济繁荣、政治安定、文化昌盛、社会和谐、生态优化、人民安居乐业的良好局面。志书将这些辉煌业绩全面系统、客观真实地记录下来，对于资政育人、裨益当代，通鉴后世、惠及千秋具有重大的现实意义和深远的历史意义。

“看似寻常最奇崛，成如容易却艰辛”。编纂志书是一项艰苦且具创造性的劳动，是一项浩繁巨大的社会系统工程，它凝聚了全市各级党委、政府和全体史志工作者的智慧和心血。希望广大干部群众读好志书，用好志书，承前启后，继往开来，为全市经济社会转型跨越发展作出新的更大贡献！

中共高密市委书记 范福生

2014年9月

序二

地方志是中华民族的传统文化。古人云："县之有志，犹国之有史"。可见，志书对一个地区来说是何等重要。新中国建立后，首轮编纂的《高密县志》，下限至1985年，于1990年出版。此轮编纂之《高密市志》，为首轮之赓续。

社会主义新方志，承地方志传统，全面、客观、系统地记述本行政区域的自然、政治、经济、文化和民俗等方面的历史和现状，是权威的地情和乡土教材。本轮编纂的《高密市志》，上接首轮之下限1985年，接续编至2008年，计23年历史。自启动至今日成书，历时10年之多。在市委、市政府的正确领导和各级各部门的密切配合下，史志办公室的工作人员广征博采、不辞辛苦、倾心尽力，从谋篇构章到编节列目、斟字酌句，笔耕磨砺，数易其稿，精益求精，并举各方之卓见编纂成洋洋百万言之宏篇巨帙，今已完稿付印。

历史是缔造现在和未来的大师，对当代和未来发展意义重大。此轮《高密市志》的出版，必将激发社会各界热爱高密、建设高密的自豪感和责任感，更好地凝聚各方的智慧和力量，创造出新的辉煌。希望各级各部门将这部存史、资政、育人的传世之作开发好、使用好，以古鉴今、继往开来，不断加快富强和谐现代化中等城市建设进程。

高密市人民政府市长 杨建华

2014年9月

1997年6月2日，中共中央政治局常委、中央纪律检查委员会书记吴官正（右一，时任中共中央政治局委员、山东省委书记）在高密视察

2004年7月12日，中共中央政治局常委、国务院副总理张高丽（前左一，时任山东省委书记）在高密视察

1993年8月26日，中共中央政治局委员、国务院副总理姜春云（右二，时任山东省委书记）在高密视察

2005年6月16日，中共中央政治局委员、国务院副总理回良玉（前左一）在高密视察

1991年8月10日，全国人大常委会副委员长彭佩云（前右三，时任国家计生委主任）在高密视察计划生育工作并为市计生服务站开业剪彩

2007年9月22日，原中共中央政治局委员、中央军委副主席迟浩田在高密视察

1996年9月25日，国家税务局党组书记、副局长项怀诚（前左一）在高密视察税收工作

2011年4月4日，中共山东省委书记姜异康（右三）在高密孚日集团视察

1997年8月1日，山东省委副书记陈建国（右一）在高密视察农村规范化建设

2014年6月6日，山东省委副书记王军民（右二）在高密视察

2012年8月18日，山东省委常委、副省长孙伟（中）在高密视察

1999年6月8日，山东省副省长邵桂芳（右二）在高密视察

2008年5月31日，山东省副省长贾万志（左一）在高密视察

2012年6月29日，山东省副省长王随莲（右二）在高密视察

2012年7月6日，山东省副省长夏耕（中）在高密视察

2012年11月26日，山东省副省长张超超（左一）在高密视察

1994年6月28日，高密撤县设市大会在福泰礼堂举行

城区新貌

8月26日
首席法式园林美宅
凤凰金街头等舱

建设中的东部新城

北胶新河

胶河霞光

高密大剧院

文化展览馆

城区街景一角

文化广场

旧城改造

城市社区一角

南湖植物园

文体公园

凤凰公园

小康河

人民大街夜景

凤凰阁夜景

小西湖夜景

小康河夜景

欧式住宅小区

翠岭亭廊

胶河湿地公园

社区敬老院

第二污水处理厂

城南水库

夷安大道绿化带

豪迈科技有限公司A区

孚日集团东部厂区

凯加食品股份有限公司车间一角

群福集团包装车间一角

山东泰华食品有限公司

小香葱收获

健怡农业科技公司双孢菇生产车间

林下养殖

龙业农业科技公司大棚西瓜

高密火车站

高密汽车站

姚哥庄大桥

青银高速公路高密出口

凤都国际大酒店

蓝海国际大饭店

平日公路西外环公铁立交桥

金孚隆超市广场

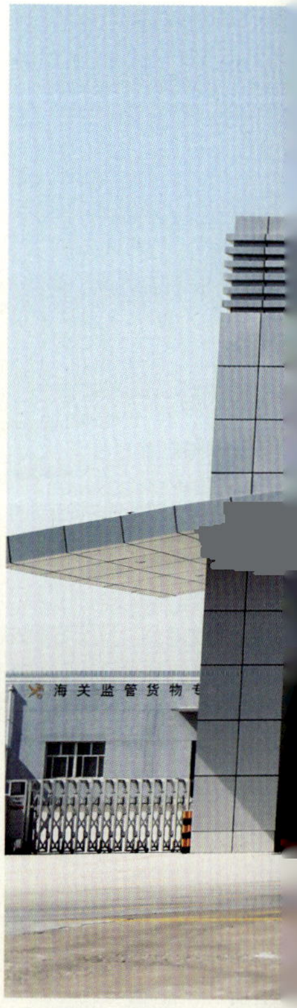

维客购物中心

中百大厦

山东晟绮疏港国际物流有限公司

高密一中

高密昌安中学

李家营小学

青岛科技大学高密校区

高密技工学校（技师学院）

中医院

人民医院

检验检测中心

计生服务中心与妇幼保健院

作家莫言获得诺贝尔文学奖后在高密接受采访

莫言文学馆

首届中国（高密）红高粱文化节开幕式

新闻大厦

电视剧《红高粱》拍摄场景之一（张竹林　摄）

居民小区体育设施

体育馆内的赛事活动

2009年9月全市运动会

高密茂腔剧照

如意观音(剪纸)

金沙滩 （ 扑灰年画 ）

姜庄泥塑

布玩具

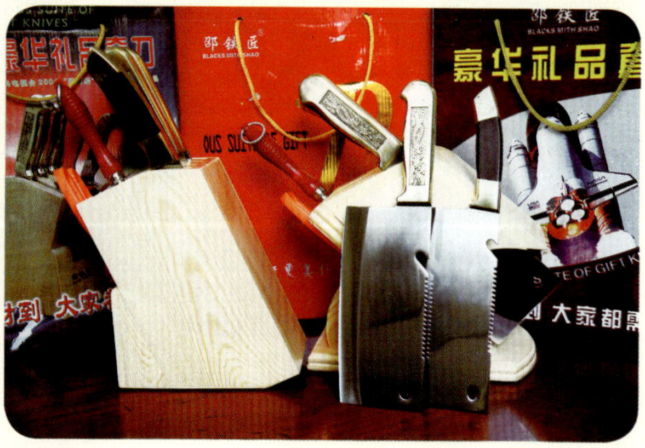

夏庄菜刀

汉代孙仲隐墓志（国家一级文物）

清代泥孩（国家二级文物）

清代高凤翰西池牡丹图（国家二级文物）

清代云龙纹红丝石砚（国家二级文物）

汉代玉鹦鹉（国家一级文物）

西汉银龟印（国家二级文物）

西汉银龟印印面

汉代陶井圈（国家一级文物）

清代刻花竹节柄玉壶（国家二级文物）

后排左起：赵宝昌 李 鹏 刁志鹏 傅宝贵 赵兴书 林卫成 孙铭杰 焦 凌 孙 涛 呼 杰 孙天兵 曲福刚 孙建松 王现友 郭利华

前排左起：李长山 魏振华 王笃银 殷玉萍 于伟平 翟世林 李富强 刘爱军 傅廷伟 李 刚 李 坤 郭能勇 赵文果 翟 敏

高密市地图

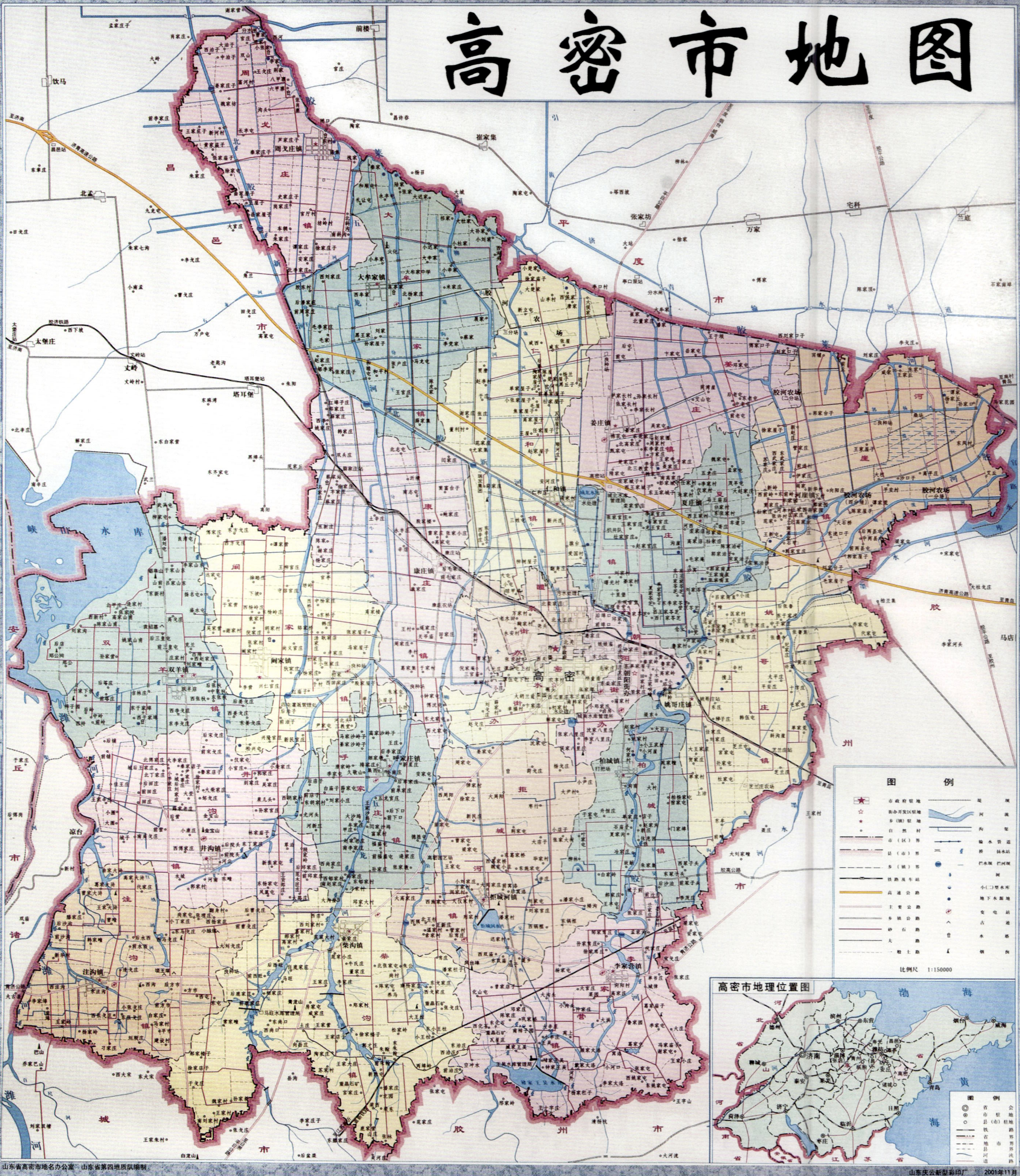

山东省高密市地名办公室　山东省第四地质队编制

山东庆云新型彩印厂　2001年11月

高密市行政区划图

内部用图

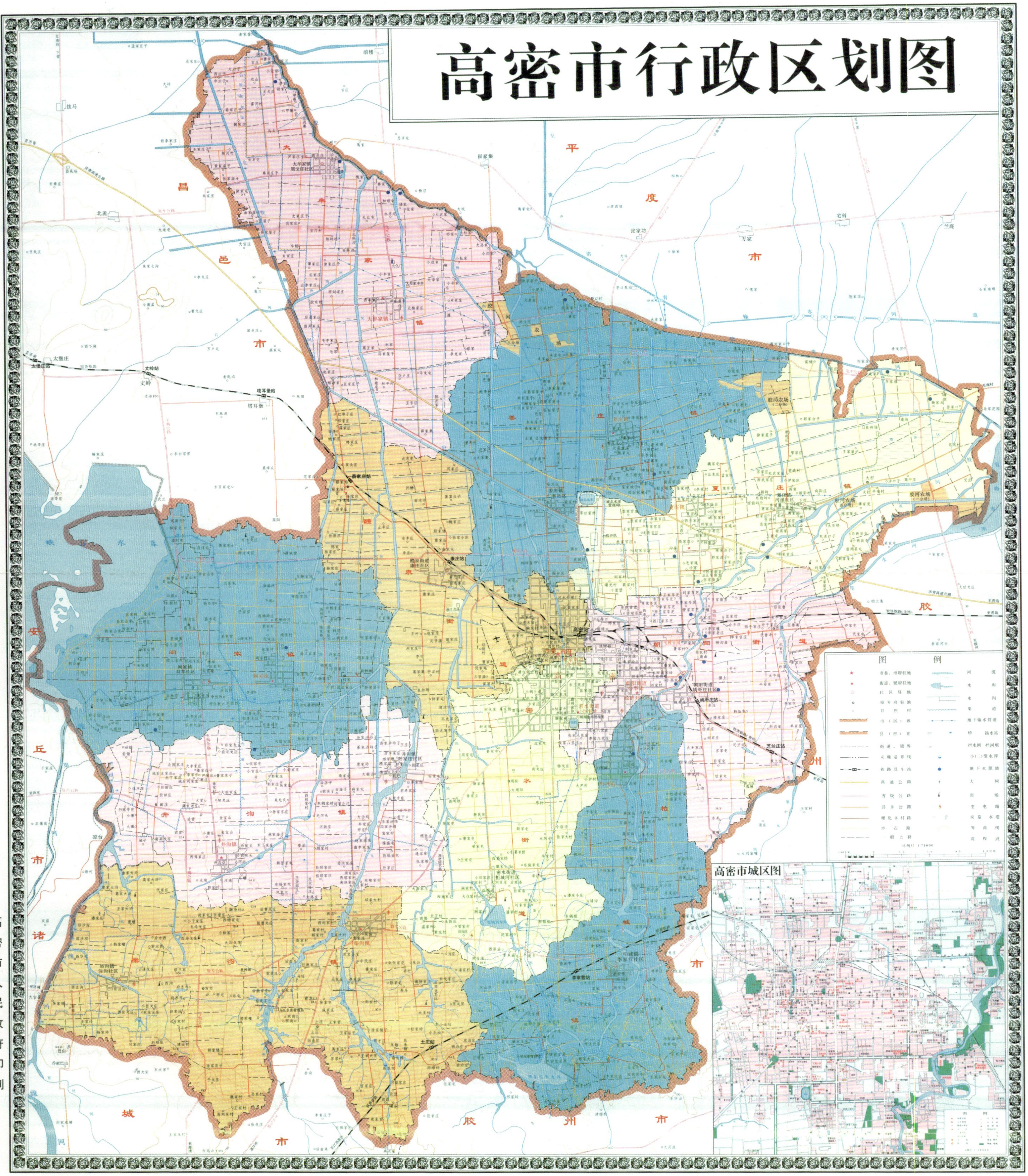

高密市人民政府印制

高密市民政局 地名办公室承办

2007年10-12月补充调绘 2008年元月印刷

编图： 王德仁 审核： 荆云池 李志强

凡 例

一、本志以马列主义、毛泽东思想、邓小平理论、“三个代表”重要思想和科学发展观为指导，坚持辩证唯物主义和历史唯物主义的观点，本着尊重历史，实事求是的原则，运用新观点、新方法、新体例，全面、客观、准确记述断限内高密各个方面的情况，不溢美，不隐恶，力求资料性、科学性、思想性统一，以实现资治、教化、存史之目的。

二、本志为1990年版《高密县志》（简称“前志”）的续志。上限1986年，下限2008年。个别内容适当上溯或下延。上溯内容主要限于前志补遗，下延内容主要限于发端于2008年之前终结于2008年之后的事件，下延时限一般不突破2009年，大事记延至2013年。

三、本志采用述、记、志、传、图、表等体裁，以志为主，收录反映历史事件、重要工作和时代风貌的照片，随文插入，力求图文并茂。

四、本志以事业分类，采用编、章、节、目结构，以时为序，横排竖写，力求横不缺主项，竖不断主线。

五、本志采用语体文，记述体。用字采用国家规定的通用文字。

六、本志各类名称，初用全称，后用简称。县市称谓，建市前（1994年6月28日撤县设市庆祝大会前），称高密县，后称高密市。通述时用高密市。

七、数字和标点符号用法，依据国家质量监督检验检疫总局和国家标准化管理委员会2011年发布的《出版物上数字用法》《标点符号用法》，所用数据以高密市统计局资料为准，统计局没有的，采用各有关单位提供的数据。计量单位的使用，执行《中华人民共和国法定计量单位使用方法》。个别上溯内容涉及旧制计量单位的，仍保留旧制。

八、本志资料主要来源于各承编单位提供的长编资料和有关档案资料。调查口授得到的资料，经考证鉴别后载入。资料来源广泛，一般不注明出处。

九、人物传略、简介，坚持“生不立传”的原则，以本籍人物为主，兼记对本市经济、社会发展有重大影响的客籍人物。记述均按生年先后为序。

十、本志采用公元纪年，使用历史纪年的，括注公元纪年。

目 录

第四编　中共地方组织

第五编　地方权力机关

第六编 地方行政机关

第七编 地方政协组织

第八编 人民团体

第九编　综合政务

第十编　法　治

第十一编　财政　税务

第十二编 城乡建设

第十三编 经济综合管理

第十四编 农 业

第十五编 工 业

第十六编 房地产业

第十七编　建筑业

第十八编　交通运输

第十九编　电力　水利

第二十编　信息产业

第二十一编　商贸服务业

第二十二编　环境保护

第二十三编　金　融

第二十四编　外经贸与招商

第二十五编 科学技术

第二十六编 教 育

第二十七编　文　化

第二十八编　卫　生

第二十九编　体　育

第三十编 武 装

第三十一编 社会生活

人 物

附 录

概 述

一

高密市位于胶东半岛和山东内陆结合部。东邻胶州市，西依潍坊市坊子区，南连诸城市，北接昌邑市和平度市。辖7个镇、3个街道、1个省级经济开发区、1个胶河疏港物流园区，960个行政村(社区)。版图面积1526平方公里，人口87.9万人。是国务院1980年批准的山东半岛沿海开放重点县市之一。

市境地势南高北低。境南部海拔45米等高线以上区域，系泰沂山区丘区末端，为丘陵区，占全市总面积的18%；中部海拔45～15米等高线之内的区域，为平原区或缓平坡地，占总面积的44%；北部海拔15米等高线以下区域，为涝洼区或低平地，占全市总面积的38%。主要河流有11条，分属南胶莱河水系、北胶莱河水系和潍河水系。属暖温带半湿润性季风气候，四季分明。年平均气温12.7℃。胶济铁路、胶新铁路、济青高速公路、省道潍胶公路横穿东西，平日公路、平营公路纵贯南北，高等级公路四通八达，是山东沿海地区通往内陆腹地的交通枢纽。

高密历史悠久。据考证，远在5000年以前，境内就有人群聚居。春秋时为夷维方国。战国有史载高密之名。秦置高密县，属齐、胶东郡。汉属胶西郡、高密国。晋属城阳郡。北齐夷安(夷维)并入高密。隋属高密郡。唐、宋属密州。元属胶州。明属莱州。清始沿明制，后属胶州。民国时期属胶东、莱胶道。抗日战争和解放战争时期，政区多变。曾划为高密、胶高等县。新中国成立前夕，胶高县撤销，此后，县先后归属滨北、胶州专区。1956年3月划归昌潍地区，1981年5月昌潍地区更名为潍坊地区，1983年10月地改市，为潍坊市。县均属之。1994年5月18日经国务院批准，撤销高密县，设高密市(县级市)，归潍坊市代管。

高密文化灿烂。现已查明境内古文化遗址200多处。在市博物馆内，收藏了4000余件古代石刻、书画、青铜器、陶瓷器、玉器等文物。其中国家一级文物3件、二级文物5件、三级文物197件。旧志载长陵春色、东浦荷香、龙潭夜雨、古城晚照、晏冢穹碑、郑祠老柏、淮砂落雁、九穴栖鸳之高密八景余晖犹存，令人神往。扑灰年画、泥塑、剪纸和茂腔，被誉为民艺“四宝”，分别于2006年、2008年被国务院列入第一批和第二批国家级非物质文化遗产保护名录。

高密英才辈出。春秋名相晏婴，西汉尚书仆射郑崇，东汉大司农经学家郑玄，东晋博士刘缅，北宋中书侍郎侯蒙，明兵部尚书仪铭，清朝大学士刘墉等名播朝野，闻名于世。明清两代中进士者108名，其中不乏朝廷重臣、贤达名士。高密第一个同盟会会员并追随孙中山为革命不屈不挠而奔走呼号一生的刘冠三，高密第一个党支部书记、后代理过中共山东省委书记的傅书堂，在高密第一个党支部负责组织宣传工作、曾任中共高密县第一任县委书记的尚鲁民，现代著名作家、诺贝尔文学奖得主莫言等均是高密这方热土养育。

高密资源丰富。土地总面积240.8万亩，其中耕地204.3万亩。未利用的沙滩、沟壑、丘陵石砾荒地等，开发潜力较大。水资源总量为5.42亿立方米，其中年平均可利用量为2.55亿立方米，人均占有水资源可利用量300立方米。境内有多家水厂进行纯净水生产。名优土特产10多种，高密炉包、高密大蜜枣、夏庄菜刀、姚哥庄火烧备受消费者青睐，名冠齐鲁。国优名牌工业产品几十种，豪迈轮胎模具、银鹰浆粕、高锻机床、永和精铸、孚日巾被畅销20多个国家，享誉世界。

二

从远古时期的原始社会，到奴隶社会、封建

社会、半封建半殖民地社会，在漫长的历史长河中，高密人民遭受了无数灾难，付出了巨大代价和牺牲。新中国成立后，同全国一样，高密人民又经历了“大跃进”“文化大革命”等运动，使原本十分薄弱的经济生活基础变得脆弱无比。中共十一届三中全会后，特别是改革开放以来，在新时期党的路线方针指引下，高密人民痛定思痛，发愤图强，拼搏进取，艰苦创业，紧紧围绕经济建设这一中心任务，积极推进改革开放和现代化建设，全市国民经济和社会各项事业取得巨大成就。在全国县级综合实力评比中，高密于1991、1994、2008年先后三次跻身全国百强县（市）行列。

1986年至2008年，正是国家实施对外开放、对内搞活重大战略决策的重要时期。各项改革全面启动，并不断向纵深推进；现代化建设如火如荼，各条战线硕果累累。在这一时期，高密改革发展也迈出了历史性的重大一步。农业，由原来的大包干到实施农业产业化战略，再到社会主义新农村建设；工业，从20世纪80年代中后期对企业采取兼并重组，实施股份制改革，到国营、集体企业全部改制，再到重点培育和发展优势骨干企业，均取得了令人瞩目的成就。商业、卫生、教育、文化、科技等各个领域，各个行业在改革发展的进程中也都取得了重大进展和突破。

国民经济全面发展。2008年全市实现地区生产总值239.57亿元，比1986年增长31.1倍（现价），年平均增长17.1%。完成地方财政收入11.76亿元，比1986年增长33.6倍，年平均增长17.5%。实现社会消费品零售额74.32亿元，比1986年增长35.4倍。全市一、二、三产业比重分别为12.55%、67.22%、20.23%。过去以农业为主的单一经济被迅速发展的工业、服务业等全面发展的综合经济所替代。得天独厚的地理和资源优势，日趋优化和膨胀的产业优势，使得高密这块古老的土地充满生机与活力。

工业发展势头强劲。在1986年至2008年的23年间，市委市政府审时度势，科学决策，先后提出了“全党抓经济，重点抓工业，关键抓投入，突出抓招商”和“工业立市，工业强市”的发展思路，狠抓企业改制、技术进步、优化结构、招商引资，不断加大对工业经济运行的组织协调力度，有力地促进了全市工业经济的发展。1986年，全县工业总产值5.54亿元（80年不变价）。到2008年，全市工业总产值（现价）668.68亿元。仅规模以上企业发展到634家，其中7家高新技术企业完成工业总产值60.37亿元，实现利税50.6亿元。主要工业产品达到1000多种，其中有100多种产品获得山东省厅级以上优质产品称号。工业经济在全市整个国民经济中的比重达到60%以上。全市逐步形成了纺织服装、机械制造、食品加工、木器加工等四大支柱产业，其中纺织业进入山东省十大产业集群行列，高密被评为“中国家纺名城”和山东省“纺织服装产业基地”。

农业综合实力提升。在1983年全县推行大包干基础上，1986年以后，市委市政府大力实施农业产业化战略，努力在产业结构调整、发展龙头企业和培育重点产业上下功夫。探索建立了“龙头＋基地＋农户”基本经营模式，实现了产业化与市场化有效连接。先后培育发展了粮食、蔬菜、果品、桑蚕、酿酒、葡萄、黄烟、银杏、肉牛、生猪、肉鸡等十几个主导产业，建成标准化农产品生产基地13个，标准化畜禽饲养场100多个，被中国农科院列为产业化与生态农业实验基地。农业龙头企业达到300多家，年加工储藏能力达到100万吨，年出口创汇达到3000万美元。完成了新农村建设规划。建成了一批基础配套完善、设施功能齐全，二、三产业协调发展的小城镇，吸纳了大批农民务工经商，全市近20万农村劳动力转移到二、三产业，非农收入占农民人均纯收入60%以上。农村生态环境得到进一步改善。到2007年，境内森林覆盖率达到

27.7%，当年被省评为“绿色小康县”。

第三产业发展迅猛。本时期，正是全市商业流通体制、经营方式、商业结构等发生变化转折的关键时期。改革开放深入推进和商业体制转变加快，极大地促进了全市商贸流通的发展与繁荣。各类市场应运而生。维客购物中心、家家悦超市、利群购物广场、密水商场、木材市场、五金建材市场、北方家具城、汽车交易市场、基泰国贸建材城等30多家大中型综合或专业市场发展如雨后春笋；各种物流风生水起。胶河疏港物流园区、姜庄商品物流园区、朝阳铁运物流园区、晟绮通关物流园区四大物流园区形成了“物流航母”，新崛起了泰华冷链物流、泰运物流、隆嘉物流、客运物流中心等20多家物流企业，靠近青岛的区位优势得以发挥显现；饮食服务档次提升。建设的天和思瑞大饭店、凤都国际酒店、凯宇大酒店、金孚隆商务酒店等一批星级高端酒店，体现了超前思维和现代化理念。金融、保险、邮政、电信、广播电视等发展迅猛，规模档次、质量水平今非昔比。个体私营业发展方兴未艾。各类私营商户2万多家，成为国民经济发展不可或缺的生力军。

基础设施建设加快。2008年，城区面积、人口由1985年的5.76平方公里、5.5万人，增至42平方公里、35万人。人口增加、产业扩张促使城市规模急剧膨胀。改革开放之后，市委市政府充分认识到基础设施建设对于提升城市承载功能满足居民生活需要乃至招商引资的重大作用，不惜投巨资进行城市改造和基础设施建设。城乡路网建设全面推进。先后制定了“九五”“十五”时期公路建设重点和“十一五”时期道路建设总体规划，对规划内的路网全部按二级路以上标准进行建设。共修建公路通车里程2213.5公里，城区修建街路总长度75公里，全市省道、市道、乡道纵横交错、四通八达。村级道路硬化实现“村村通”。城区居民居住条件得到较大改善。商住楼房开发建筑面积590.5万平方米，其中住宅面积465.56万平方米，人均居住面积和居住环境质量显著提升。水利建设实现大跨越。先后修建五河三库串联调蓄水工程，城北水库供水工程、王吴水库供水工程、南部贫水区饮水工程、北部六镇和西部南部饮用安全水工程，达到了防洪与排涝，灌溉与饮水有机统一。生态环境有了较大改善。小康河公园，凤凰公园、文体公园以及文化广场、三贤广场、密水游园等公益场所，为市民休闲娱乐提供了舒适优美的环境。特别是小康河公园和南湖植物园，集社会生活功用与休闲娱乐观赏于一体，成为旧城改造的范例。其他各业发展齐头并进。电力、热力、邮政、电信、公交等事业发展迅速。23年，全市用电量共完成190亿千瓦时，年均增长12.18%，其中居民用电累计30.4亿千瓦时，年均增长14.08%。供热管线铺设60多千米，城区供热覆盖率达到75%。邮政支局遍布城乡，快递公司异军突起。电信事业发达，电话普及率29部/百户，移动电话基本人手一部，计算机互联网用户亦数倍增长。农村有线电视入户率81.6%，基本实现村村通。城区共开通公交线路16条，运营公交车218台，运营里程和运营车辆是1997年新开通时的数倍。

教科文卫硕果累累。教育资源不断优化，教学质量稳步提升。1986年至2008年，全市共为国家输送大中专学生61447人，其中本科24022人。1995年至2008年，高密一中先后68人考入北大、清华。其中李文斐、张晓斐分别考取1998年和2003年高考全省文科第一名。其间，荣获“教育工作示范县”这一山东省教育工作最高荣誉称号。科技兴高深入人心，科研活动成果丰硕。全市建有各类科技机构(包括协会、学会、科研所、农技协会等)近200家，其中企业科研所100家。1986年至2008年，共取得获奖科技成果427项，其中国家级1项，省部级41项，地市级84项。卫生事业健康发展，整体医疗水平提高。全市推广转化医疗新技术200多项，15项科研成果获省市科技进步奖。预防保健和疾病控制工作也取得明显成效。文化兴市成为共识，文艺花苑百花盛开。23年来，在戏剧、音乐、书画、摄影等各个艺术门类中，创作出一大批思想性、艺术性相统一，深受群众喜爱的优秀作品。1990年3月，现代戏《盼儿记》晋京演出，被中央电视台、《人民日报》等媒体报道，剧组获“第二届飞龙杯全国人口文化奖”。被誉为高密一绝的扑灰年画，被中央电视台拍摄成专题片。1994年，高密市被文化部命名为“中国民间艺术之乡”，1996年3月，被山东省委、省政府授予“社会文化先进县”称号。

人民生活水平不断提高。随着经济社会的不断发展，人民物质生活随之改善，精神生活日益丰富，全市人民生活从温饱型进入小康化。市民收入水平提高。2008年，城镇职工年平均工资达到19092元，比1986年增长16.5倍，且经营、财产等非工资收入比重上升；农村居民人均收入达到6889元，比1986年增长12.3倍，而工副业经营、工资收入成为农民收入增加的最主要增长点。社会保障机制框架形成。在城镇，建立完善了以养老保险为核心的社会保障体系，同时建立起了城镇居民最低生活保障、城镇住房、社会救助等社会保障制度。在农村，则建立起了新型农村合作医疗、农村养老保险以及最低生活保障制度等。居民消费水平显著提高。移动电话、电脑和家用汽车取代了20世纪80年代的自行车、缝纫机、手表“老三件”和90年代的彩电、冰箱、洗衣机“新三件”，而且更新换代加快，升级周期缩短。住房、教育、医疗保健、旅游、文化娱乐等方面的消费成为市民消费新热点。体面的有尊严的生活已成为广大市民普遍追求。

三

高密人民有英勇顽强的奋斗精神，艰苦朴素的工作作风，勤劳善良的道德品质和奋发向上的坚强意志。经过长期的斗争磨炼和实践考验，光荣传统不断传承并发扬光大。改革开放后，全市人民在求索中思考，在比较中抉择，在艰难中奋起，与时俱进，拼搏进取，经济建设和社会各项事业取得辉煌成就。成绩与不足共存，机遇和挑战同在。当前，全市改革正处在攻坚阶段，各种关系和各种矛盾需要调整理顺；经济社会发展尚在爬坡过坎，诸多困难问题和艰难险阻需要解决克服。主要是经济总量偏少，行业发展不够平衡；高新技术产业比重小，现代服务业发展滞后，结构性矛盾比较突出；节能减排、环境保护压力大，资源集约利用率低；新农村建设任务艰巨，农民持续增收难度大；社会事业发展不全面，一些事关群众利益的问题有待解决；部门行业群体之间收入不平衡，贫富差距拉大；社会管理存在薄弱环节，执政能力水平有待进一步提高。同时亦有水源不足、能源欠缺、人多地少等先天不利因素。纵观高密市情，深化改革，扩大开放；节水惜地，保护环境；三产并重，协调发展；民生为本，共建和谐乃是有益当代、惠及子孙之长久大计。市委、市政府正视现实，已采取多项有力措施，并取得明显成效。

大事记

1986年

1月2日 中共高密县委、高密县政府做出《关于在全县开展向赵美金同志学习活动的决定》。赵美金是高密市李家营镇兰家庄人,生前为中国人民解放军某部队战士。1985年7月10日凌晨,在云南省麻栗坡沙东山附近34号阵地阻击越军的战斗中光荣牺牲。9月1日部队党委追认他为中国共产党党员,并批准为革命烈士。

1月10日 高密县农村经营管理站成立。

2月24日 中共高密县纪律检查委员会印发《关于坚决纠正领导干部超标准住房的通知》,并对全县正科级干部的住房情况进行调查。

5月4日 中国人民银行高密县支行成立。

5月10日 高密县市内电话自动纵横交换机2000门增容工程一次割接成功。

是月 坐落于城区东南部的高密县体育中心落成启用,占地80亩,由田径场、灯光篮球场、竞技体育运动学校3部分组成。

6月22~25日 高密县第十届人民代表大会第三次会议召开。会议听取县政府关于《高密县国民经济和社会发展第七个五年计划》等6项报告,并通过了相应的决议;决定接受姜玉生辞去高密县县长职务的请求,选举王在辉为高密县县长。

7月1日 按照中共中央、国务院、中央军委《关于县(市)人民武装部改归地方建制有关问题的通知》,高密县人武部由军队序列改归地方建制。改归后称"山东省高密县人民武装部",为副县级单位,其性质、任务不变,接受县委、县政府和上级军事机关的双重领导。

7月6日 高密县人民政府以高政发〔1986〕31号文件,同意建立高密电视台,投资110万元,于1987年1月10日开播。

是月 高密县教育界将1958年被划为右派者,全部复议改正。

10月28日 高密县被世界卫生组织确定为腹泻病检测点。

同日 下午4时,周戈庄乡周戈庄村许仁峰家鞭炮作坊发生重大爆炸事故。炸死2人,重伤2人,造成经济损失5000余元。事故发生后,县长王在辉及县公安局领导亲赴现场组织公安及有关部门抢救伤员并调查事故原因。

是月 山东省副省长马长贵到高密镇北大王庄村视察指导科技兴农工作。

12月 高密县被农业部定为全国第二批"优质棉基地县"。

1987年

4月24~27日 政协高密县第七届委员会第一次会议召开。会议选举了主席、副主席。

4月25~29日 高密县第十一届人民代表大会第一次会议召开。会议选举了县人大常委会主任、副主任,县长、副县长,县人民法院院长,县人民检察院检察长。

5月 高密县中医院建立。

是月 初家乡完成除氟改水,全乡人民用上自来水。

是月 高密籍作家莫言创作的小说《红高粱》改编成剧本后,由西安市电影制片厂在高密县孙家口等村拍成电影。

8月29日~9月2日 中共高密县第六次代表大会召开。大会审议通过了县委书记王立福作的《坚持四项基本原则,坚持改革开放搞活,全面推进高密社会主义现代化建设》的报告。中共高密县第六届委员会第一次全体会议,选举产生了中共高密县第六届委员会常务委员会和中共高密县纪律检查委员会。

是月 高密县电大工作站成立。

11月 农业部副部长武绍文到高密镇北大王庄村视察农机工作并听取汇报。

12月8~9日 政协高密县第七届委员会第二次会议召开。会议增选两名副主席。

同日 高密县第十一届人民代表大会第二次会议召开。会议选出60名出席潍坊市第十一届人民代表大会代表，增选1名县人大常委会副主任。

1988年

1月10日 高密县监察局成立。

1月13日 高密县农业委员会成立。

2月11日 高密县第一座集资兴建的35千伏变电站在呼家庄乡竣工投运。

3月4日 高密县政府批准在县城儿童乐园北建古城初级中学，在城南大胡兰前村东建聋哑学校。

3月12日 高密县29处乡镇设立人民法庭。

是月 国家科委副主任蒋民宽、星火办主任王炳、科技政策局副局长邓楠视察高密染料化工厂。

6月9日 高密县土地管理局成立。

6月25日~7月1日 县委书记王立福出席在北京召开的全国组织工作会议，并向大会提供了县委的《坚决贯彻“十三大”精神,妥善处置不合格党员》的经验材料,作为会议参阅材料印发。

是月 古迹郑公祠重修竣工,同时新建“碑亭”“问经亭”。

7月 高密县城市信用社成立。

同月 高密县卫生学校建立。

是月 高密县标准计量局成立。

9月2日 山东省省长赵志浩到高密镇北大王庄村视察。

9月6日17时至19时 高密镇、柏城镇、姚哥庄镇、呼家庄镇、柴沟镇、土庄乡、周阳乡7乡镇遭冰雹袭击,农作物受灾面积约15.6万亩,经济损失1204.5万元。

10月11日 国家外汇管理局高密县支局成立。

11月29日 高密县工商业联合会恢复。

12月 中共潍坊市委书记王树芳、副书记齐乃贵到高密镇北大王庄村检查指导工作。

是年 高密县开始企业股份制试点。

高密县7000多名教师通过职称改革,确定职务,增加工资。

1989年

3月26~29日 高密县第十一届人民代表大会第四次会议召开。决定接受王立福辞去高密县人大常委会主任职务、王在辉辞去高密县县长职务的请求；选举王在辉为高密县人大常委会主任,姜玉生为高密县县长。

4月8日下午 高密镇、柏城镇、姚哥庄镇、张鲁乡、河崖乡、大栏乡、夏庄镇、姜庄镇、仁和乡、咸家乡、大牟家镇、周戈庄乡、蔡家站乡13个乡镇先后遭受3次冰雹袭击，平均累计降雹时间达半小时,最大冰雹直径6厘米。农作物受灾面积50.3万亩,伤1665人,伤牲畜285头,损坏房屋14470间,经济损失达9885万元。

7月29日 高密县残疾人联合会成立。

9月8日 山东省副省长马长贵到高密县视察棉花生产。

是月 山东省玉米生产全过程机械化现场会在高密县召开。农业部顾问武绍文出席会议。

国家科委副主任蒋民宽、社会发展科技司司长邓楠，到高密镇北大王庄村视察科技兴农工作。

11月26日 高密县邮电局无线寻呼(BP机)系统开通使用。

1990年

3月14～18日 政协高密县第八届委员会第一次会议召开。选举产生了新一届政协常委会和主席、副主席。

3月15～19日 高密县第十二届人民代表大会第一次会议召开。会议听取审议政府工作报告等6项报告，并通过了相应决议。选举了县人大常委会主任、副主任，县长、副县长，法院院长，检察院检察长。

是月 山东省人大常委会主任李振到高密镇北大王庄村视察工作。

4月6～9日 中共高密县第七届代表大会召开。大会审议通过了县委书记王在辉作的《努力稳定局势，加强党群联系，把高密的社会主义现代化建设事业推向前进》的报告。中共高密县第七届委员会第一次全体会议选举产生了中共高密县第七届委员会常务委员会。

4月20日 山东省纪委副书记尹忠显到高密视察工作，听取了县纪委的工作汇报，并到化纤厂、合纤厂等单位视察。

8月29日 中共山东省委副书记、省长赵志浩到高密北大王庄村、县化纤厂、县合纤厂视察工作。

9月20日 国际粮农组织官员佩雷斯到高密县视察棉花生产情况。

是月 高密县地震办公室成立。

11月12日 高密县计划生育协会被中国计划生育协会授予"全国先进集体"称号。

是年 国办学校的校舍改造全部完成，高密县成为山东省首批完成国办学校校舍改造县。

1991年

2月27日 中共高密县七届四次全委（扩大）会议召开。学习贯彻中共潍坊市委六届五次全委会议精神，审议通过了《高密县国民经济和社会发展第八个五年计划及十年规划纲要（草案）》。

3月26～29日 高密县第十二届人民代表大会第二次会议召开。会议通过了相应的决议，并进行了人事选举事项。

4月 国际供销合作社官员、美国田斯公司董事长田本林到高密县供销大厦考察。

5月6日 山东省人大常委会主任李振到李家营镇视察计划生育工作。

5月14～18日 日本国共同社由中岛常人一行4人，到井沟镇草泊村对刘连仁进行专访。采访报道专集题目是:《昔日深山穴居13年刘连仁今日》。刘连仁，1912年生，卒于2000年9月。1944年10月13日，刘连仁被伪军抓劳工后被掳到日本北海道明治矿业公司挖煤。由于不堪重负和折磨，于次年9月逃出，为躲避搜索，竟孤身一人在深山里穴居了13年。1958年2月8日，被一个日本猎人发现，从此结束了常人难以想象的非人生活。是年4月15日，刘连仁回到祖国。在天津，他受到祖国各界代表的热烈欢迎，并受到国家主席刘少奇的接见。

6月9日 中共高密县委台湾工作办公室成立。列县委序列，实行一个机构挂两块牌子，即"中共高密县委台湾工作办公室"和"高密县人民政府台湾事务办公室"。

6月20日 中共高密党史纪念馆在县烈士陵园落成。

是月 高密县地震局成立。

7月 山东省人大常委会主任李振到高密镇南关村视察，并为崇实学校题词:发扬光荣传统，造就一代新人。

8月10日 国务委员、国家计生委主任彭珮云在副省长宋法棠、省计生委主任刘汉彬陪同下到高密县视察计划生育工作。

8月 山东省省长赵志浩到高密镇南关村

视察。

是月 高密县境内铁路P50有缝钢轨更换P60无缝钢轨，使列车速度由原来60公里/小时提高到120公里/小时。

11月9日 全县实现村村通电。

11月12日 民政部副部长连尹到高密镇南关村视察民政工作。

12月4~6日 山东省第九次精神卫生工作会议在高密召开。全省各地卫生、民政、公安、财政、残联及新闻单位共103位代表参加会议。

是月 高密火车站由三等站升为二等站。

是年 高密县被中国人民保险公司评为“全国保险先进县”。

林业部、中共山东省委、省政府授予高密县“平原绿化先进单位”称号。

1992年

3月7~10日 日本著名作家上羽到井沟镇草泊村对刘连仁进行专访。

3月20日 中央电视台《中国一绝》摄制组到姜庄镇拍摄专题片《扑灰年画》和《聂家庄泥塑》。

4月8~12日 高密县第十二届人民代表大会第三次会议召开。会议补选了2名县人大常委会副主任。

4月30日 高密县第一处居民改造小区——醴泉小区破土动工。该小区占地2.64公顷，搬迁居民120户，拆除房屋741间，总建筑面积为3万平方米。

是月 高密县凤凰公园一期工程动工，主要建设“水、电、路、墙、阁”等基础设施。全县各单位和广大群众为凤凰公园建设捐款71.59万元。

5月9日 高密县经济开发区管理委员会成立。

5月12日 高密县畜牧局成立。

7月24日 山东省利用秸秆发展养牛工作会议在高密召开。副省长王建功到会并讲话，高密县在会上作经验介绍。

是月 高密县持续35℃以上高温13天，最高气温出现在7月1日，达38℃。

8月4日 城北35千伏输变电工程建成投运，是高密县第一个实现全部设备室内安装的变电站。

8月8日 中国银行高密支行成立，是高密县第一家以经营外汇业务为主的专业银行。

8月10日 化工部副部长崔嘉鸿视察高密县化建系统6家企业。

8月19~21日 经山东省防氟改水达标考核验收组现场考核检查，高密县防氟改水的12项指标全部达到国家标准。

8月24日 中共山东省委副书记马仲才，在中共潍坊市委书记赵长风的陪同下，到高密县视察工农业生产情况。

是月 中共中央军委委员迟浩田为高密县烈士陵园题词：高密县革命烈士陵园；为解放高密光荣牺牲的英雄团长夏侯苏民题词：气壮山河，雄风长在。

12月12日 经山东省人民政府批准，高密县经济开发区为省级开发区。

12月27日 山东省副省长张瑞凤到高密视察308国道高密段建设情况。

12月31日零时 高密县4000门市内程控电话开通。县城电话号码由原来5位升至6位，并进入国际直拨网；柏城、柴沟、双羊、张鲁等乡镇的电话也同时进网。

1993年

1月3日 中共潍坊市委书记赵长风在姚哥庄镇视察芝兰一村的皮件加工生产情况。

1月5日 高密县被山东省政府授予“山东省社会治安综合治理先进县”称号。

1月7日 高密镇南关村发达集团公司建起全国首家“民营科技园”。

2月8～12日 政协高密县第九届委员会第一次会议召开，选举产生了新一届政协常委会和主席、副主席。

2月10～14日 高密县第十三届人民代表大会第一次会议召开。会议通过了相应的决议，选举了县人大常委会主任、副主任，县长、副县长，县人民法院院长，县人民检察院检察长。

2月13日 纺织工业部副部长许坤元到高密化纤总厂视察。

2月28日 潍高220千伏输变电工程在高密镇东栾家庄附近动工兴建，总投资4000万元，是国家在高密投资规模最大的能源工程。

3月1日 高密县邮电局开办邮政特快专递业务（简称EMS）。

3月17日 中共潍坊市委任命张建国为高密县委书记，王在辉调离。

3月18日 高密县外商投资企业协会成立。

3月30日 高密县城北水库供水工程奠基。

4月8日 中共高密县委、县政府以高发〔1993〕4号文件批转《关于高密县纪委、监察局合署办公机构设置方案和有关问题的请示》。12日，县纪委、县监察局正式合署办公，实行一套工作机构，两个机关名称的体制。

4月19日 高密县首次人民警察授衔仪式在县委礼堂举行。

4月20日 山东省副省长吴爱英到高密县视察李家营镇工艺品厂。

5月10～11日 中共中央组织部、中共山东省委组织部派员到高密县考察指导乡镇企业发展党员工作。

5月12日 高密县与陕西省延长县结为友好县。

5月13日17时40分至18时 县城北部的周戈庄、大牟家、咸家、仁和和城南部的土庄、柴沟等10多处乡镇出现断断续续的大风冰雹天气，降雹时间最长5～10分钟，冰雹最大直径3.5公分，受灾作物30多万亩，受伤2人。

6月11日 潍高220千伏输变电工程线路开工地方工作会议在高密县召开。山东省电力局和省送变电工程公司的领导参加会议。

6月15日 中共潍坊市委书记齐乃贵，市纪委书记王立福到高密视察麦收工作和农业技术综合开发。

6月22～23日 山东省政协乡镇企业视察团在潍坊市政协主席刘玉兰陪同下，到高密县视察乡镇企业。

6月26～30日 全国农村卫生建设经验交流会在潍坊市召开，高密县提供大会现场。国务院副秘书长徐志坚率卫生部、财政部、农业部、国家计划委员会领导及部分省市自治区有关部门主要负责人参观高密县的阚家乡、柴沟镇、柏城镇等乡镇卫生院。

7月2日 农业部副部长万宝瑞视察高密镇村办企业。

7月8日 高密县经济律师事务所成立。

8月26日 中共中央政治局委员、中共山东省委书记姜春云到高密视察高密化纤厂、高密发达集团公司和周阳乡的棉花生产。

8月29～31日 国家教委副主任柳斌到高密县视察教育工作。

10月1日 高密县有线电视台开播。

10月5日 高密县城北水库开工。

10月24日 高密县县城被山东省政府命名为省级卫生城。

11月9～11日 全国政协医卫体委员会常务副主任郭子恒和山东省政协科教文卫委员会副主任卢庆云等一行14人，对高密农村初级卫生保健工作进行为期3天的专题调查。

11月15日 高密县机构改革动员大会召开。会上公布县、乡机构改革方案。

12月20日 经全国科技进步先进县山东验收组验收，高密县成为全国科技进步先进县。

1994 年

1 月 2 日 高密县被文化部命名为“中国民间艺术之乡”，在全国命名的 57 个县(市)、乡镇中名列榜首。

1 月 18 日 山东省人民政府鲁政函民字〔1994〕11 号文件批准阚家、河崖、蔡家站、注沟、拒城河、周戈庄、张鲁 7 个乡撤乡设镇。

4 月 22 日 邮电部原副部长谢高觉到高密县邮电局视察工作。

5 月 6 日 高密县麻风病防治工作通过国家验收达到“基本消灭麻风病”标准，并受到嘉奖。

5 月 9 日 潍坊市市长王大海、副市长王光明率出席潍坊市第三产业工作会议人员到姜庄镇和县木材专业市场视察参观。

5 月 18 日 民政部以民行批〔1994〕82 号文件批准高密县撤县设市。

6 月 28 日 高密撤县设市庆祝大会在福泰礼堂举行。高密市党、政、军各级领导和各界代表共计 1300 多人在主会场参加庆祝会。全国人大常委会副委员长王丙乾、国务院副秘书长徐志坚、财政部副部长项怀诚分别发去贺电；中共山东省委副书记、省长赵志浩，省委副书记、副省长李春亭，省委副书记李文全，省政协主席陆懋曾为高密撤县设市分别题词；省人大常委会主任李振亲临大会祝贺并题词，副省长张瑞凤，省民政厅厅长王彦善，潍坊市市长王大海参加庆祝大会。

6 月 29 日 高密市建设委员会投资 100 万元，拓宽硬化高密市区至空军驻地的老环城路。迟浩田上将为此路题名“拥军路”。

7 月 17 日 山东省人民政府确定柴沟镇为全省小城镇建设试点镇。

7 月 25 日 中共中央政治局委员、中共山东省委书记姜春云到高密视察。

8 月 23～24 日 高密市连降特大暴雨，平均降雨量 194.6 毫米。最大雨量在初家乡，达 246.5 毫米。全市农田受灾面积 16.34 万亩，受灾村 170 个，受灾人口 10 万人，倒塌房屋 460 间，经济损失达 5860 万元。

8 月 28 日 高密市体育运动委员会成立。

8 月 29 日 以埃及农业中心棉花所农学部主任泽德博士为团长的“埃及棉花专家团”一行 3 人，到高密市参观考察棉花生产情况。

10 月 17 日 中共山东省委副书记韩喜凯到高密市第四棉油厂、姜庄镇隋家屯棉田、第一棉油厂考察棉花生产与收购情况。

同日 国家乡镇企业局局长齐景发视察潍坊电机厂、高密纺织总厂、毛巾厂、发达集团科技园、维纳斯服装厂等企业。

10 月 20 日 国家科委副主任邓楠到高密市发达集团考察。

12 月 20 日 台胞单亦诚捐资 110 万元人民币在大栏乡兴建的“至诚小学”正式启用。

12 月 26 日 山东省建设委员会及济南、潍坊、青岛、烟台、淄博等地的规划专家对高密市新一轮城市总体规划进行最后阶段的专家评审。

12 月 30 日 高密市自动电话本地网和 6000 门程控电话扩容工程开通。

1995 年

1 月 14 日 高密市农村保险互助会正式成立。

1 月 23 日 高密市房产管理局成立。

3 月 2 日 据高密市气象局统计，1994 年高密冬季平均气温 1.0℃，比历年同期(－1.6℃)偏高 2.6℃，创 40 年有资料记载最高纪录。

3 月 10～12 日 中共高密市第八届代表大会召开。大会审议通过中共高密市委书记张建国作的《坚持党的基本路线，为加快振兴高密而努力奋斗》的报告。中共高密市委第八届委员会第一次全体会议，选举张建国任市委书记。

3月17～19日 政协高密市九届三次会议召开。会议增选两名市政协副主席。

3月18～21日 高密市第十三届人民代表大会第三次会议召开。会议接受高金龙辞去高密市市长职务的请求，吴元宝担任高密市市长。会议增选两名市人大常委会副主任。

4月27日 潍水东调，引马（马旺水库）入方（方市乡）工程竣工通水。

5月18日 凤凰公园内凤凰阁落成。该项工程总建筑面积2910平方米，总投资900多万元。

7月6日 由高密市市长吴元宝任团长的一行9人招商引资代表团赴韩国开展招商引资工作。

7月 电力部批准高密市建成"农村电气化县"。

8月4日 山东省副省长张瑞凤到高密市视察工作。

同日 山东省林业厅在呼家庄镇建立山东省林业厅银杏技术开发试验示范基地。

9月4日 中共潍坊市委书记齐乃贵视察姜庄镇棉花种植现场和高密城北水库、凯远公司、福泰公司、毛巾厂、呼家庄银杏科技园。

10月9日 柴沟镇被建设部列为"全国500家小城镇建设建制镇"，享受县级经济管理权限。

10月16～17日 国家计生委副主任彭玉到高密市视察计划生育工作。

10月17日 高密市进入第三届中国综合实力百强县。

10月26日 世界卫生组织腹泻病专家皮切·哈克及卫生部、山东省、潍坊市领导一行10人到高密市对腹泻病控制工作进行考察评审。

11月16～17日 山东省副省长吴爱英到高密市视察高密凤凰公园、市人民医院、市计生服务站、化纤总厂、经济技术开发区。

11月17～18日 中共高密市八届二次全委（扩大）会议召开。讨论通过了《高密市国民经济和社会发展第九个五年计划及2010年远景目标纲要（草案）》。

11月21日 山东省人民政府批准高密市成立朝阳街道办事处。

12月13日 投资108万元的高戈庄乡万亩扬水站竣工开机。

12月18日 山东省人民政府批准《高密市总体规划（第三次）》。

是月 高密市王吴龙池水库竣工。

1996年

1月1日 高密市被中国残联确定为精神病防治康复试点市。

1月2日 高密市第一座110千伏无人值守变电站在柴沟镇投入运行。

2月25～26日 中共高密市委、市政府召开全市农村工作会议。

2月27～29日 政协高密市九届四次会议召开。会议增选1名政协副主席。

2月28日～3月1日 高密市第十三届人民代表大会第四次会议召开。会议通过了市长吴元宝作的《关于高密市国民经济和社会发展第九个五年计划及2010年远景目标纲要（草案）》的报告等4个报告，增选2名人大常务委员会副主任。

3月21日 高密市人民武装部收归军队建制交接仪式在高密市政府招待所举行。即日起高密市人民武装部由地方建制收归军队建制，由副县级改升为正团级，称"中国人民解放军山东省高密市人民武装部"。

3月28日 山东省退伍军人培训基地在高密建成。中央军委副主席、国防部长迟浩田上将为山东省退伍军人培训基地题词"军营作奉献，转业创辉煌”。

4月9日 全国政协常委、化工部副部长成思危到高密考察高源企业集团公司、化肥厂、农药厂等企业。

4月21日 日本酵素菌研究专家一行30多人，到康庄镇康大酵素食用菌总厂参观考察酵素菌与食用菌“两菌结合”技术的推广应用情况。

6月13日17时40分~19时 周戈庄、大牟家、姜庄、咸家4个乡镇遭受暴风雨和冰雹袭击，总计损失达1000万元。

7月2日4时20分 河崖、大栏、姜庄、夏庄、姚哥庄、柏城、张鲁、周阳8个乡镇遭受到历史罕见的暴风雨、冰雹袭击，风力达10级。冰雹最大直径7厘米，降雹时间20多分钟。造成20.6万亩农作物受灾，其中绝产7.14万亩，损坏房屋1100间，总经济损失2亿多元。

7月11日 高密市与乌克兰萨克市缔结友好城市签字仪式在市政府招待所举行。高密市市长吴元宝和萨克市市长毕促哈签订了友好协议书，互赠各自城市标志。

9月8~9日 山东省副省长邵桂芳到高密市视察农业和农村经济发展情况。

9月25日 国家税务局党组书记、副局长项怀诚，山东省副省长杜世成等领导到高密市视察税收工作。

10月1日 《高密市报》试刊发行，12月31日创刊。

10月8日 高密市市区管理改革工作动员大会在市委礼堂召开。部署以户口管理为中心的市区管理改革工作。

10月14日 潍坊市肉牛良种繁育基地在高密市产业化与生态农业实验基地成立。农业部副部长、中国社会科学院副院长滕藤，潍坊市委副书记刘峰岫等领导出席成立仪式并讲话。

10月22日 国家计委副主任马凯到高密市视察棉花收购工作。

10月25日 高密镇32个村撤村设社区，变村民委员会为社区居委会。

11月21日 高密至胶州220千伏变电工程一次送电成功。

11月23日 意大利前农委主席鲍斯蒂克和皮埃蒙特协会主席法罗帕博士到高密市考察黄牛改良及畜牧业发展情况。

11月 高密市自来水公司改制为企业。

12月9日 国家税务总局副局长程法光到高密视察税收征管改革工作。

12月28日 中国农业发展银行高密市支行成立。

12月31日 高密发达集团投资3亿元在青岛兴建的青岛发达商厦正式营业。全国人大常委会副委员长王光英发去贺信，国家科委、山东省、潍坊市的有关领导参加庆典仪式。

1997年

1月1日 全国第一次农业普查正式进行。高密市4000名普查员入户登记。

1月6日 高密市机构编委会以高编发〔1997〕1号文公布全市机构变动情况如下：农业服务中心改为农业局，林业服务中心改为林业局，规划国土矿产局改为规划国土局，商业委员会改称贸易局，挂市政府财贸办公室的牌子，成立粮食局、地质矿产局。以上均为市政府职能部门。成立物价局，由计划委员会管理。成立城区管理委员会办公室，成立法制局、经济体制改革办公室，均为正科级，由市政府办公室管理。市政府办公室内设史志办公室，为副科级单位。恢复市政府研究室，为正科级。恢复市科学技术协会，为正科级社团组织，使用事业编制。信访办公室改称信访局，隶属关系不变。农业委员会改称市政府农业办公室，经济委员会改称经济贸易委员会，城乡建设委员会改称建设委员会，交通局改称交通委员会，以上原性质不变，职能不变。市委统战部挂市政府民族宗教事务办公室牌子。会计师事务所升格为副科级，性质及隶属关系不变。撤销多种经营服务中心、商业集团总公司、物资集团总公司。

1月8日 高密市医药管理局成立。

2月22日 中共高密市委召开全市农村基层组织建设工作会议。会议决定利用3个月的时间，从市直部门抽调174名机关干部组成87个工作组，继续驻村，加强在新形势下农村基层组织建设工作。

4月8日 高密市“110”报警服务台正式开通。

4月17日 中共高密市委、市政府做出决定：由财政拨款、市档案局组成工作班子，尽快补救全市“文化大革命”期间被毁档案。

5月4~5日 中共山东省委常委、省纪委书记谭福德到高密检查指导党风廉政建设、反腐败、减轻农民负担等工作。

6月2日 中共山东省委书记吴官正在中共潍坊市委书记齐乃贵、市长王大海陪同下，视察高密天达药业有限公司、高密毛巾厂和高密市化纤集团有限公司。

7月9日 国家税务总局党组书记、副局长项怀诚，副局长杨崇春、卢仁法等领导率各省、市、自治区计划单列市的会议代表，参观高密市国税、地税局的办税服务厅设置及办税情况。

7月27日 高(密)胶(州)公路拓宽油面全线竣工通车。

是月 旱情严重，持续高温(34~37℃)，天气炎热。这种天气是新中国成立后少有的。

8月1日 中共山东省委副书记陈建国、中共潍坊市委书记齐乃贵等视察姜庄镇崔家村、隋家屯村的村级规范化建设和市良种繁育中心。

8月14日 高密市首批为40名下岗职工发放“下岗职工优惠证”。职工下岗后经商办企业，一年内可享受税务、工商、劳动、卫生等12个部门收取的30余项税费减免优惠政策。

9月12日 高密市公交公司成立。由市供电局投资300多万元，购买了15辆加长中巴汽车，组成公交车队。开通环城三条路线，通过市区内4纵4横8条街道。

10月22日 高密市城镇住房制度改革工作会议召开。

12月19日 中共中央原委员、中央政策研究室主任王维澄到高密视察工作。

1998年

1月6~7日 山东省外经贸委、计委、编委、建委、土管局等部门一行9人，对高密市开发区通过了省政府的综合性考核验收。

1月15~18日 政协第十届高密市委员会第一次会议在市区召开。会议选举了政协主席、副主席和政协常委。

1月16~20日 高密市第十四届人民代表大会第一次会议在市区召开。会议选举产生了十四届人大常委会主任、副主任，市长、副市长，法院院长，检察院检察长。

2月14~16日 中国共产党高密市第九次代表大会在市人民电影院召开。韩俊生代表中共高密市委第八届委员会作题为《团结奋斗，求真务实，努力开创高密改革开放和现代化建设的新局面》报告。选举产生了中共高密市委第九届委员会委员31名，候补委员4名；中共高密市委纪律检查委员会委员15名。新选举了市委书记、副书记和常委。

3月6日 山东省副省长韩寓群考察高密市工业运行情况。先后对市化肥厂、化纤集团、发达冷冻机空调设备厂、发达电缆有限公司、天达药业有限公司、高密毛巾厂和高密纺织厂等企业的生产经营情况进行调研。

3月9日 山东省政府以鲁政字〔1998〕38号文公布高密市胶河农场划归山东省农业厅管

理，并更名为山东省原种场。

3月19日 高密市华达立交桥开工典礼在市东立交桥举行。山东省人大常委会原副主任王树芳，中国投资银行原行长吕咸林等出席开工典礼。该立交桥于1999年1月8日建成通车，全长3.8公里，其中桥身长885.98米，宽22米，车行道为双向四车道。此桥由香港华胜投资有限公司与高密市合作承建，总投资8000多万元。

7月2日 中共高密市委、市政府召开全市个体私营经济工作会议。

8月7日 高密市深化国有、集体企业改革动员大会在市人民电影院召开。

是月 高密市农业综合开发办公室成立。

9月16日 山东省种子管理总站负责人陪同美国著名棉花专家泰勒先生对高密市的转基因抗虫棉试验示范情况进行观摩考察。

9月26日 中共潍坊市委书记曹学成带领潍坊市直部门负责人检查高密市农业生产和个体私营经济发展情况。

是月 经国家农发办批复，高密市新增农业综合开发区，开发面积5000亩，计划总投资160万元。

10月18日 中华棉花总公司经理彭福宽视察高密市棉花收购情况。

10月24日8时30分 高密市"148"法律服务专线在市司法局开通。

11月20日 意大利的4名专家应中国农业科学院的邀请，到高密市肉牛良种繁育中心考察，鉴定"中意肉牛育种合作项目"进展情况。

同日 高密市深化乡镇企业改革现场会在柏城镇召开。

12月16日 山东省首座特色变电站——夏庄35千伏箱式变电站在高密市夏庄镇一次通电成功。

12月25日 高密市机关人员离职分流工作会议在市政府招待所召开。全市将清退机关事业单位的临时工和超编超计划人员。

1999年

1月10日 高密市财政监督局正式成立。

1月13日 高密市招商局成立。

3月4~7日 政协第十届高密市委员会第二次会议召开。会议增选2名政协副主席。

3月5~8日 高密市第十四届人民代表大会第二次会议召开。补选一名市人大常委会副主任。

3月11日 高密市与内蒙古的通辽市、开鲁县缔结友好县市仪式在高密市政府招待所举行。

是月 国家1999年重点节水工程——高密市高标准节水灌溉示范区开工并进入路林配套阶段。该项目由水利部立项审查，总投资447.39万元，其中国家扶持100万元。工程建成后，对高密市缓解工农业用水矛盾具有重要作用。

5月19日 高密市姚哥庄镇移子庄农民侯兆才在村西南砂场采沙时发现一对古生物鹿角化石。该化石呈梅花状，每个长达1.2米，宽0.3米。据考古专家推断，鹿的体重在2吨以上，是现代鹿种的始祖，距今已10万年左右。

5月28~29日 由韩国大宇公司、荷兰瑞克斯旺种苗集团公司、丹麦诺瓦柯公司等5个国家的驻青商社代表团一行19人到高密市参观考察。

8月10日23时~12日6时 高密市遭受特大暴雨袭击，全市平均降雨量达303毫米，降雨量最大的王吴乡达520.5毫米。特别是11日12时至16时，降雨量达197.5毫米。

8月12日5时30分 高密市李家营镇党委宣传委员刘锡仁，为抢救被洪水围困的群众不幸殉职，年仅35岁。9月3日，中共高密市委追授其优秀共产党员称号。

8月12~14日 山东省副省长林廷生、陈延明到高密察看部分乡镇的受灾情况，并慰问受灾群众。

8月29日 由蒙古人民共和国电力部副部长达娃尼玛一行9人组成的参观考察团，视察高密市供电局菲达电器有限公司的35千伏箱式变电站生产基地。

10月30日 中国丝绸进出口总公司副总裁兼中国生丝进出口公司总经理王春考察姜庄镇、咸家乡蚕茧站及科技示范园。

12月1日 中央档案馆副馆长、国家档案局副局长冯鹤旺到高密市档案馆检查指导工作。

2000年

1月6日 高密市体操学校成立。

1月11日 中共潍坊市委书记曹学成考察高密市洁玉纺织有限公司等部分改制企业和高密市的五河三库串联工程。

1月12日 高密市十四届人大常委会第十五次会议在市人大常委会会议室召开。会议通过关于授予刘德昌、孙日贵"高密人民勋章"的决定等事项。

3月13日 高密市领导干部"讲学习、讲政治、讲正气""三讲"教育工作动员会议在市人民电影院召开。

4月4日 郑玄纪念碑落成揭碑仪式在郑公祠内举行。

4月17日 中共潍坊市委副书记、市长王伯祥到高密对企业的所有制结构调整，农业的产业结构调整和农作物种植布局的调整工作进行调研。

4月22日 澳大利亚东吉普斯兰市行政长官格雷慕·皮尔斯对高密市的畜牧业生产情况进行考察,并在畜牧业合作方面达成了协议。

5月9日 高密市召开"致富思源、富而思进"集中教育活动动员大会。

5月29日 中共山东省委副书记吴爱英对高密市实施素质教育情况进行视察，并参观了高密一中、康成中学等。

6月19日 高密市招商引资和加快发展个体私营经济动员大会在高密镇镇委礼堂召开。会议动员全市迅速掀起招商引资和大力发展个体私营经济的热潮。

9月 高密市政府编制《高密市农业综合开发"十五"规划(2001—2005年)》。规划区共涉及周阳乡、高密镇、拒城河镇、柏城镇、呼家庄镇、井沟镇、姜庄镇、仁和镇、咸家乡等9个乡镇,88个行政村。规划区总耕地面积11.5万亩,其中实施开发10万亩。规划总投资4000万元。

11月28日 潍坊市拍卖行高密办事处成立。

是月 经国家体育总局批准，山东省县级第一所国家青少年体育俱乐部在高密市千禧健身俱乐部成立。

2001年

1月4日 高密市召开"三个代表"重要思想学习教育活动动员大会。

1月11日 中共高密市九届三次全委（扩大)会议在市政府招待所召开。会议讨论审议了《高密市国民经济和社会发展第十个五年计划纲要(草案)》。

2月2日 高密市十四届人大常委会第二十二次会议在市人大常委会会议室召开。会议任命王维盛、刘东(挂职)为高密市人民政府副市长。表决通过接受吴元宝辞去高密市人民政府市长职务的决定，由王维盛代理高密市人民政府市长。

2月27日 教育部副部长王湛等到高密市考察教育工作。

3月4~7日 高密市十四届人民代表大会第四次会议在市人民电影院召开。高密市市长王维盛代表市政府向大会作《关于高密市国民经济和社会发展第十个五年计划纲要（草案）》的报告。会议还通过了人事事项。

3月10日 高密市乡镇行政区划调整工作会议召开。经省政府批准，全市8乡21镇和1个街道撤并为17个镇，3个街道。

3月27日 高密市与韩国始兴县建立友好合作关系签字仪式在高密宾馆举行。高密市市长王维盛和韩国始兴县市长白清水分别在协议书上签字。王维盛向白清水赠送了高密市城标。

4月2日 经国家新闻出版署批准，高密历史上第一份标有国内统一刊号的报刊——《高密日报》(试刊)发行。

4月23日 高密市会计管理局成立。

5月7日 高密市与江西省新干县缔结为友好县市。

5月31日 高密市外国语学校正式成立。

6月1～4日 连续出现4天干热风日，其中3天，日最高气温达36℃以上，致使小麦不能正常成熟，造成严重减产。

6月21日 韩国安养亲善协会会长姜泰炫率友好代表团到高密市访问，并向高密市捐赠价值2万余元的150副老花镜。

6月27日 马来西亚土地发展部副部长陈记光率工农业考察团到高密市参观考察。

7月1日 国家标准化管理委员会主任李忠海考察高密市的标准化工作，并对申报“国家级无公害葡萄标准化示范园”进行检查验收。

是月 高密市11名学生被北京大学、清华大学录取，创全市1年考入清华、北大人数最多的新纪录。

8月14日 高密市召开第七期包村工作会议。中共高密市委决定，从市、镇(街道)抽调168名机关干部组成73个包村工作组，开展第七期包村工作。

是月 高密市民营经济发展局成立。

10月22日 高密市盐务局、高密市盐业公司成立。

10月23日 中共山东省委副书记、省长李春亭在中共潍坊市委书记曹学成，副书记、市长王伯祥陪同下到高密市视察招商引资工作。

同日 农业部副部长范小建对高密市实施农业产业化工作进行考察。

11月29日 江西省副省长孙用和率江西省农业考察团一行20余人，在中共潍坊市委书记曹学成、市委副书记于树建、副市长赵润田的陪同下到高密市考察农业产业化和招商引资情况。

12月21日 高密市在市直机关全额事业单位首批启动城镇职工基本医疗保险制度。

12月30日 高密市广通网络有限公司成立。

2002年

1月10日 潍坊市2001年招商引资总结表彰大会的与会领导在中共潍坊市委书记曹学成，市委副书记迟昭厚，市委副书记、副市长张新起等带领下，到高密市观摩招商引资工作。

1月19日 高密市药品监督管理局成立。

3月11日 山东省省长李春亭在中共潍坊市委书记曹学成等领导的陪同下视察高密市向华葡萄酒业有限公司。

4月8日 高密市农村税费改革工作会议在市政府招待所召开。

4月23～25日 高密市出现强降温天气，降温幅度10~8℃，地面温度由12℃降到零下2.4℃，出现严重霜冻。小麦、蔬菜等农作物受灾面积约86.8万亩；桑树7万亩全部绝产；果树80%花蕾脱落，减产8成以上；黄烟叶子冻害达30%。农业经济损失约3.5亿元。

5月11～19日 由中共高密市委书记吴元宝任团长，副市长刘金贵、白卫明任副团长的高密市赴韩国招商引资代表团一行22人，赴韩国进行招商引资活动。

5月23日 水利部副部长翟浩辉到高密市检查指导水利建设工作。

5月24日 联合国开发计划署专家组，在最高法院和山东省法院领导的陪同下，对高密市法院审前准备工作机制进行考察，并确定高密市法院为“审前准备程序与预审法官”项目试点法院。

6月6日 高密市农产品、畜牧、葡萄三大农产品质量检验监测中心建成并揭牌，同时举行了新闻发布会。

7月3日 高密市主电源变电站——高密220千伏变电站二期工程顺利竣工并一次性送电投运。

7月10日 淄(博)青(岛)天然气输气管道工程高密段开工建设。全市境内管道长35公里，途经大牟家、仁和、夏庄、河崖、姚哥庄5镇。

12月25日 高密市城乡居民最低生活保障暨农村救灾工作会议在市政府招待所召开。会议决定将每年的12月份定为“扶贫济困送温暖募捐月”。

12月31日 新疆维吾尔自治区农业考察团一行20人由副主席熊辉银带领，在山东省副省长陈延明、潍坊市副市长胡岗等陪同下，到高密市考察农业产业化工作情况。

2003年

1月15~17日 中国共产党高密市第十次代表大会在大剧院举行全体会议。大会选举产生中国共产党高密市第十届委员会、中国共产党高密市纪律检查委员会和高密市出席潍坊市第九次党代会的代表。

1月18日 中共高密市委、市人大常委会在市会议中心召开授予“高密人民勋章”暨表彰“十佳干警”大会。会上宣读《高密市人大常委会关于授予李桂荣、贾山、田立甫“高密人民勋章”的决定》和《高密市人大常委会关于授予王彦青等高密市“十佳干警”称号的决定》。市领导向“高密人民勋章”以及“十佳干警”获得者颁发了奖牌和荣誉证书。

1月19~23日 市政协十一届一次会议在高密市大剧院召开。会议选举市政协主席、副主席。

1月20~24日 高密市第十五届人民代表大会第一次会议在大剧院召开。代市长吴建民向大会做政府工作报告。会议选举高密市第十五届人大常委会主任、副主任，市长、副市长，市人民法院院长，市人民检察院检察长。

1月26日 高密市经济工作暨招商引资工作会议在市会议中心召开。会议要求转变观念，开拓创新，实现经济超常规跨越式发展。

3月14日 高密市城市规划建设管理工作会议召开。高密市计划利用三五年时间建成园林式、生态式、开放式现代化中等城市。

3月15日 高密市机关工作人员轮岗工作会议在市会议中心召开。会后于4月26日全市321名机关工作人员实行轮岗，奔赴经济工作第一线。

4月15日 中共高密市委、市政府做出《关于进一步加强经济发展软环境建设的决定》。

4月22日 由中国著名社会学家费孝通亲笔题词、山东经和集团总投资3.2亿元、占地400亩的中国北方鞋城举行奠基典礼并破土动工。

4月29日 高密市行政审批服务中心成立。

5月11日 高密市防治“非典”工作紧急会议在醴泉街道礼堂召开。

5月19日 高密市突降冰雹。仁和、大牟家及康庄等镇约4万亩农作物遭受冰雹袭击。

6月27日 高密市第一家实施退城进园的企业光大内燃机有限公司新厂区在城北经济新区仁和工业园奠基。

是月 高密市地方志编纂委员会暨《高密

市志》编纂委员会成立。

7月1日 美国华人商会会长李韵琳女士一行3人,考察高密市重点项目建设情况。

8月11日 受联合国开发计划署和最高人民法院委托，最高人民法院立案庭副庭长刘学文一行在山东省高级人民法院有关领导和潍坊市中级人民法院院长程茂仁陪同下，对高密市法院承担的联合国开发计划署和最高人民法院确立的“审前准备程序与预审法官制度”试点项目进行考察。

10月10日 高密市“十五”期间重点公路建设项目沂胶路全面竣工,全线贯通。

10月17日 高密市困难职工帮扶中心成立。

11月8日 高密市中小企业局、市民营经济发展委员会成立。

12月31日 高密市政府授予17名外国和外地客商为“高密市荣誉市民”。

2004年

1月15日 高密市经济工作会议在市会议中心召开。

1月30日 高密市农业和农村工作会议召开。

3月25日 新疆塔城地区经贸考察团一行9人,在地委副书记张其洲带领下到高密市考察纺织、电力等行业。

4月5日 中国第一个劳工纪念碑在刘连仁的故乡高密市井沟镇草泊村落成。

4月8日 商务部副部长高虎城在山东省副省长孙守璞,省外经贸厅厅长周嘉宾、副厅长张霖,潍坊市副市长蒋文彩等陪同下,到孚日家纺股份有限公司进行专题调研。

4月16日 香港建滔化工集团公司董事局主席张国荣等一行14人到高密市进行投资考察。

4月17日 郑玄塑像落成典礼在郑公祠举行。

4月24日凌晨 高密市出现低温天气。农作物出现不同程度的冻害。桑树、葡萄等林果、部分蔬菜及开花植物受害较重。冻害发生后,高密市立即召开农作物灾后管理现场会，各级各部门迅速行动,开展生产自救活动。

5月25日 高密市与重庆康达环保股份有限公司以BOT方式建设日处理污水能力5万吨的污水处理扩建项目签约仪式在市政府招待所举行。

6月11日 美国农业部副部长、副部长特别助理、食品安全局副局长、局长助理、国际食品安全政策顾问、美国驻华使馆公使衔参赞(农业)、美国驻华使馆农业专员等一行到凯加食品有限公司屠宰和熟食加工车间进行考察。

7月12日 中共山东省委书记张高丽到高密市视察工作。

8月16日 高密市接受重庆开县东华镇长江三峡库区移民25户,102人。将移民安置在交通方便,经济发展较好的柏城、姜庄、仁和3个乡镇8个文明村落户。

11月2日 山东省副省长赵克志一行,到高密对土地管理和利用情况进行考察、调研。

11月27日 高密市城市总体规划评审会议在市政府招待所召开。会上山东省城乡规划设计院和高密市政府联合编制的《高密市城市总体规划》通过了专家组评审。

12月8日 高密市知识产权局成立。

12月20日 全国政协委员、香港理工大学校长潘宗光,理文造纸有限公司主席李运强,建滔化工集团总经理助理鲍林键等香港客商,到高密市进行投资考察。

12月22日 高密市科学技术大会在市会议中心召开。会议对2001~2004年度优秀科技成果及先进科技工作者进行表彰奖励。

12月30日 高密市在市会议中心召开第一次经济普查动员大会，研究部署正式登记普查任务和措施。

2005年

1月6日　中共潍坊市委书记张传林视察高密市农业产业化工作。并实地考察凯加食品股份有限公司、菲达农产品开发有限公司等农业龙头企业。

1月24日　中共高密市委保持共产党员先进性教育活动动员大会在市会议中心召开。

2月4日　高密市领导干部会议在市会议中心召开。中共潍坊市委组织部副部长、潍坊市委组织员办公室主任傅大军宣读省委组织部和潍坊市委干部任免决定。中共潍坊市委决定并报请省委组织部批准，吴元宝不再担任高密市委书记，调潍坊市政府工作；山东省委组织部和潍坊市委分别任命吴建民为高密市委书记，提名赵志远为高密市市长人选；中共潍坊市委任命顾建华为高密市委副书记，任命李连成为高密市委常委、组织部部长。

2月25～27日　政协第十一届高密市委员会第三次会议召开。会议增选一名市政协副主席。

2月26～28日　高密市第十五届人民代表大会第三次会议召开。会议补选吴建民为高密市第十五届人大常委会主任，补选赵志远为高密市市长。

6月11～25日　高密市在15天内，36℃以上的高温出现8天，38℃以上的高温天气连续出现3天，其中23日最高气温达40.5℃。此次高温天气为自1971年以来同期的最高纪录。

6月16日　中共中央政治局委员、国务院副总理回良玉到高密市考察，沿途察看了夏收、夏播和夏管情况。国家发展改革委员会副主任刘江，国务院副秘书长张勇，中央农村工作领导小组办公室主任陈锡文，财政部副部长肖捷，农业部副部长尹成杰，国家粮食局局长聂振邦参加考察。山东省省长韩寓群、副省长陈延明、中共潍坊市委书记张传林、市长张新起及高密市领导陪同考察。

7月1日　高密市凤凰公园免费向社会开放。

9月6日　马来西亚考察团在潍坊市副市长蒋文彩的陪同下，到高密市考察畜牧业养殖加工工作，并先后考察高密市凯加食品有限公司、高密市肉牛良种繁育中心等地。

10月11日　高密市“爱心慈善超市”开业。

10月26日　高密市小康河综合改造工程动员大会在市会议中心召开。

11月25日　澳大利亚昆士兰州商业科技学校、昆士兰西尔斯高级中学副校长卡莫·泰勒，在山东省教育国际交流协会有关负责人陪同下，到高密市康成中学访问并签订建立友好学校协议书。

11月25～28日　高密市市长赵志远带领市农业局、农机局、市外经贸局及有关镇街、参展企业负责人赴马来西亚吉隆坡举行为期4天的招商活动。

12月15日　美国纺织业西点公司执行总裁杰弗瑞·恩格尔一行4人，到孚日家纺股份有限公司参观考察。

12月26日　潍坊市农发行与高密市孚日家纺股份有限公司在潍坊富华大酒店举行授信贷款签约仪式。贷款资金为3.5亿元，是经总行审批纳入政府信用贷款范围内、全潍坊市单笔金额最大的授信贷款。

2006年

1月9日　新加坡客商到高密市技工学校洽谈投资办学事宜。

2月22～24日　政协第十一届高密市委员会第四次会议召开。会议选举市政协主席、副主席。

2月23～25日　高密市第十五届人民代

表大会第四次会议召开。会议增选了两名人大常委会副主任。

3 月 24 日 韩国咸安郡政府考察团一行15 人到高密市考察。

4 月 14 日 高密市旅游局成立。

4 月 22 日 中华全国供销合作总社监事会主任刘环祥到高密市考察农村商品流通网络建设情况。

6 月 18 日 青岛科技大学高密校区在高密市开工建设,2007 年 5 月 1 日前竣工。

7 月 25 日 马来西亚台商总会财务长、骏吉实业有限公司董事长江文洲到高密市考察。

是月 地处柴沟镇的原高密三中 2500 多名学生整体搬迁到市区康成中学。同时,在市区南部人工湖东开始建设凤城中学,占地 407 亩,校区建筑面积 10 万多平方米,总投资 1.3 亿元。一期工程完工后,即招收高中一年级新生。工程竣工,可将在双羊的原高密四中 3200 名师生迁入该校。

8 月 12 日 高密莫言研究会成立。

同日 高密市政府助学金、慈善助学金举行发放仪式,有 70 万元慈善款用于奖励优秀教师、高考优秀生和救助高考优秀特困生。

8 月 26～27 日 中国纺织工业协会副会长高勇暨香港纺织染整投资考察团到高密市进行参观考察。

8 月 31 日 台湾工业协进会考察团到高密市参观考察。

11 月 17 日 北平公路竣工通车。北平路西起昌邑市北孟交界,经过高密市周戈庄、大牟家、仁和、姜庄、河崖五镇、东接省道平营路,全长 48.5 公里,总投资 4800 万元。

11 月 20 日 高密市北部的仁和、大牟家、周戈庄、姜庄、夏庄、河崖 6 处乡镇 20.2 万人饮用安全水工程竣工。

11 月 24 日 9 时 25 分 高密市孚日集团股份有限公司股票在深圳证券交易所成功挂牌上市，是高密市第一家上市企业和潍坊市唯一一家民营上市企业。

12 月 3 日 高密市民间文化艺术协会成立大会在市会议中心召开。文化部中国艺术研究员、中国民间文艺家协会文化遗产保护专业委员会主任苑利，教育部高级艺术类专业教指委员会、中国民间文艺家协会文化遗产保护委员会专家、中国传媒大学影视艺术学院教授刘晔原,中国著名画家、中国工艺美术学会民间工艺美术委员会副主任刘恪山,《人民日报》高级编辑、中国民间工艺美术委员会副主任马克以及潍坊市文化局副局长李国华应邀出席会议。

是月 高密市申报的“高密剪纸”和“聂家庄泥塑”入选山东省首批文化遗产名录。“高密茂腔”和“扑灰年画”被列为国家首批非物质文化遗产保护项目。

是年 高密市被列为新型农村合作医疗试点市，截至年底全市 994 个行政村（社区)有59.38 万人参加试点,参合率达到 90.15%。

2007 年

1 月 7 日 高密火车站广场综合改造工程完工。该广场总面积 1.6 万平方米,绿化 6000 平方米,建设 3 条主车道和 1 条人行道。

1 月 19 日 高密市慈善总会成立大会在市会议中心举行。

1 月 21～24 日 中共高密市第十一次党代会召开。会议选举产生了新一届市委。

1 月 26～27 日 韩国咸安郡郡守陈硕圭、议长安商沅，韩国制钢株式会社社长河盛植等到高密市参观考察。

2 月 1 日 高密市农村义务教育经费保障机制改革工作会议召开。从 2007 年春季开学起,全部免除农村义务教育阶段学生杂费。

3 月 17 日 高密市被中国纺织工业协会评为“中国家纺名城”荣誉称号。

4月7日 高密市事业单位全面推行人员聘用制度工作会议召开。至此全市事业单位人员将全面推行聘用制度。

5月16日 高密市西部、南部饮用安全水工程启动，供水范围为阚家、井沟、柴沟、醴泉、密水3镇两街，受益群众34万多人。

6月7日 高密市文体中心开始动工建设。

7月29～31日 高密市李家营镇连续两次遭受龙卷风和冰雹袭击，造成21个村庄受灾，经济损失达1000多万元。

8月6日中午11点半到下午1点半 一场暴雨袭击高密市城区。东部降雨量达100毫米，西部达55毫米，部分街道瞬时变成一片汪洋，交通中断，许多车辆因熄火停在水中。这场暴雨是强对流天气引起的，降雨呈长条状分布，主要集中在城区，个别镇是小到中雨。

8月31日 高密市镇街行政区划调整动员大会在市会议中心召开。该次镇街行政区划调整是继社改乡和2001年行政区划调整以来又一次大规模的镇街行政区划调整，也是镇街行政管理体制的一次重大变革。由原来的20个镇街调整为10个。

9月24日 青岛科技大学成教学院高密校区2007年大专班举行开学典礼。青岛科技大学副校长王文哲、成教学院院长王扶明出席开学典礼。

10月4日 高密市凤凰公园综合改造工程破土动工。主要对公园东门、南门改造，拓宽南路，凤凰阁维修，园区亮化、绿化，道路彩色、沥青罩面及运动场等。同时，建设地上、地下停车场和超市。公园面积由300亩扩至500亩。

10月8日 中国民间文艺家协会做出决定，命名高密市为"中国扑灰年画之乡"，并在高密市建立"中国扑灰年画保护基地"。

10月15日 高密市文体公园破土动工，建筑面积为4050平方米，投资约3000万元。

是月 南湖植物园动工建设。2009年9月竣工。

12月4日 《潍坊日报·今日高密》创刊。

同日 高密市十五届人大常委会第三十九次会议召开。会议通过关于接受赵志远辞去高密市市长职务请求的决定。会议任命范福生为高密市副市长，决定范福生为高密市代理市长。

12月10～13日 政协第十二届高密市委员会第一次会议召开。会议选举了政协第十二届高密市委员会主席、副主席。

12月11～14日 高密市第十六届人民代表大会召开。会议选举了市人大常委会主任、副主任，市长、副市长，市人民法院院长，市人民检察院检察长。

2008年

1月13日 高密市阚家水厂通水暨全市饮用安全水工程总结表彰大会召开。

3月6日 潍坊市委书记张新起带领各县市、潍坊市属开发区和市直有关部门主要负责人，到高密调研高新技术产业发展情况。

4月17日 高密市首届民间文化艺术节暨中国剪纸艺术邀请展开幕。中国民协专业艺术委员会主任杨吉星宣读了上级确定高密市为"中国扑灰年画之乡"和"中国扑灰年画保护基地"的批复文件。

5月29日 赴北川抗震救灾援建队出征仪式在高密大剧院广场举行。市级领导班子为出征的45名队员鼓劲壮行。

7月6日 第八届全国县域经济基本竞争力与科学发展评价报告在广东增城市揭晓，高密市在参评的2001个县域经济单位中，列全国县域经济百强县(市)第89位。

8月8日 潍坊市商业银行高密支行成立。

同日 由亚洲最大的家纺企业孚日集团和德国ALEO(阿利欧)公司共同投资兴建的晶体硅太阳能电池研发及生产项目在高密正

式投产。

8月16日 高密市电影大厦举行奠基及开工典礼。

9月30日 高密市第二污水处理厂二期工程举行剪彩仪式。它的正式运行使高密的日工业污水处理能力由原来的8.5万吨提高到13.5万吨。

11月8日 高密新闻大厦落成启用暨记者节庆典仪式举行。

12月3日 高密市文化产业联合会成立大会在市会议中心举行。

2009年

1月7~9日 政协第十二届高密市委员会第二次会议召开。

1月8~10日 高密市第十六届人民代表大会第二次会议召开。

1月20日 高密市经济工作会议召开，表彰2008年度经济工作先进单位和先进个人。

2月22日 首批"潍坊老字号"评选揭晓，高密的三个品牌榜上有名，分别是紫鑫泉茶叶的"紫鑫泉"、蜜水食品有限公司的"蜜水牌香肠"、常发刀具厂的"邵铁匠菜刀"。

2月28日 高密市农业农村工作会议召开，会议表彰了2008年度农业农村工作先进单位。

4月27日 高密孚日集团举行科技成果鉴定会，该集团2项技术成果和7项新产品通过省级专家认定，其中4项产品填补国内空白。

4月29日 高密城区集中供热管网综合改造动员会议召开。

6月20日 高密城区集中供热二级换热站及管网综合改造工程开工。

7月8日 青岛科技大学高密校区举行揭牌仪式。

9月23日 高密市第三污水处理厂暨配套管网工程奠基仪式在姜庄镇举行。

9月26日 高密市第五届运动会开幕式在文体公园举行。

11月 在全省城镇化工作会议上，经过对城区规模、人口、基础设施、公用设施等多项指标评价，高密市被省委、省政府确定为2008年度山东省30个中等城市之一。

12月16日 山东省企业联合会、山东省企业家协会和山东省工业经济联合会公布了"2009年度山东企业100强"，高密孚日集团以89位的排名上榜。

是年 高密市农村安全饮用水实现"村村通"。

2010年

1月11~13日 政协第十二届高密市委员会第三次会议召开。

1月12~14日 高密市第十六届人民代表大会第三次会议召开。

3月27日 国家青年女篮和山东女篮邀请赛在高密市体育馆举行。

5月22日 高密市投资2亿元的客流物流中心(新汽车站)项目开工奠基。

5月23日 高密泰华食品有限公司6万吨冷链物流项目举行开工奠基仪式，此项目是山东省最大的冷链物流项目。

同日 高密市农信联社举行存贷款超120亿元暨营业楼落成启用庆典仪式。

6月17日 高密市档案馆晋升为国家二级档案馆。

7月10日 山东惠影科技传媒股份有限公司在美国纳斯达克创业板正式挂牌上市。

7月20日 高密市第六次人口普查会议在高密市会议中心举行。

8月17日 2010全国县域经济科学发展会上，公布了《第十届全国县域经济基本竞争力与县域科学发展评价报告》,公布的第十届全国县域经济基本竞争力百强县(市)名单中,山东省有27个县(市)入围。高密市位列第77名,较上届前移6个位次。

9月26日 首届高密市红高粱文化节开幕。

12月21日 高密经济开发区光电一体化产业园项目、模拟双极型芯片及脚距密集型集成电路引线框架项目和高新技术创业总部基地在市经济开发区高新技术产业园开工奠基。

2011年

1月20~22日 政协第十二届高密市委员会第四次会议召开。

1月21~23日 高密市第十六届人民代表大会第四次会议召开。

3月25日 全市新型农村社会养老保险工作动员大会在会议中心召开。

4月4日 中共山东省委书记姜异康到高密考察。

7月5日 高密市密水街道银座商城项目举行开工奠基仪式。银座商城项目是由银座集团公司和济南博亚特投资有限公司投资建设,总建筑面积34万平方米。

8月12日 由高密市文管委、体育局主办的2011"顺达地产杯"中美男篮对抗赛——美国夏威夷大学篮球队和青岛双星篮球队对抗赛在孚日体育馆举行。

8月25日 高密市慈善总会与孚日集团在会议中心举行2011年度孚日助学金发放仪式,为全市413名高考贫困生和优秀师生发放了68.1万元奖教助学金。

9月7日 高密惠民村镇银行开业。此银行为吉林九台农村商业银行全资设立的新型金融机构。

9月24日 高密市第二届红高粱文化节在文体公园开幕。

9月27日 高密市第六届运动会暨第一届全民建设运动会在文体公园豪迈体育馆举行。

10月9日 高密市市民之家举行启用仪式。

12月25~26日 中共高密市第十二次党代会在高密大剧院召开。

2012年

1月10~13日 市政协十三届一次会议召开。

1月11~14日 市十七届人大一次会议召开。

2月26日 城北工业区建设启动暨2012年春季重点项目集中开工奠基仪式举行。

3月20日 山东省高密体操训练基地在市图书馆会议室挂牌成立。

6月29日 山东省政府副省长王随莲、省卫生厅厅长刘奇、省食安办副主任王建政等一行18人,到高密调研深化医药卫生体制改革和食品安全工作。

7月6日 山东省副省长夏耕带领省直有关部门的负责人到高密调研。

同日 交通银行高密支行开业庆典在新落成的办公大厦前举行。

10月11日 高密籍作家莫言获诺贝尔文学奖。

10月29日 高密市第三届红高粱文化节在文体公园开幕。

10月31日 高密南部文化发展区规划研讨会在天和思瑞国际大饭店举行,研究讨论由清华大学专家教授编制的《高密南部文化发展区概念性规划实施方案》。

11月26日 国家发展和改革委员会副主任徐宪平,在山东省副省长、省发改委主任张超超等陪同下到高密检查指导工作。

12月14日 南非驻上海总领事馆商务领事赛文·蒙茨雅尼到高密参观访问。

12 月 18 日 高密农村商业银行股份有限公司开业庆典仪式在天和思瑞国际大饭店举行。

2013 年

1 月 13 日 高密市经济工作会议在会议中心召开。

同日 中共高密市委十二届三次全体（扩大)会议在会议中心召开。

1 月 15 日 中共高密市委副书记、市长杨建华在天和思瑞国际大饭店会议厅会见山东省模具行业协会会长兼青岛模具行业协会秘书长刘秉华一行。其间,青岛豪沃机械制造有限公司与高密市签署协议,标志着“汽车覆盖件模具和汽车车身配件生产基地”项目落户高密。

2 月 17～19 日 政协第十三届高密市委员会第二次会议召开。

2 月 18～20 日 高密市第十七届人民代表大会第二次会议召开。

2 月 22 日 高密市工业发展暨招商引资工作会议在会议中心召开。

3 月 8 日 高密市环境保护工作会议在会议中心召开。会上，市政府与部分镇（街、区)、部门、企业签订 2013 年度环境保护目标责任书。

3 月 20 日 中共潍坊市委书记杜昌文到高密就先进制造业、高新技术产业、旧城改造、城乡安全饮用水等进行调研。

3 月 29 日 高密市投资 25 亿元的 200 万套全钢和 600 万套半刚子午线轮胎项目签约仪式在高密市会议中心举行。项目是由青岛软控股份有限公司、青岛赛轮股份有限公司、青岛景业翔公司和潍坊市振富工贸有限公司合资建设。项目选址在醴泉工业园区。

5 月 7 日 中共高密市委书记范福生在凤都国际大酒店,会见到高密考察的世界知名采购商加拿大 EP 公司董事长杰夫一行。

5 月 10 日 全国物流领域产学研结合工作会议在高密天和思瑞国际大饭店召开，国家发改委经济贸易司副司长耿书海、中国物流学会常务副会长戴定一、部分省、市发改委领导出席会议。

5 月 14 日 参加潍坊市大项目建设观摩交流的相关人员在中共潍坊市委副书记、市长刘曙光带领下,到高密观摩。

6 月 12～13 日 韩国咸安郡郡守河盛植带领政府经贸代表团一行 10 人到高密参观考察。在随后召开的中韩双方深化交流合作恳谈会上,双方签订经贸合作伙伴关系协议书。

6 月 25 日 山东省档案局调研组到高密调研采集莫言文化档案资料。

7 月 16 日 德国克拉斯集团与山东金亿机械制造有限公司合资签约仪式在高密天和思瑞国际大饭店举行。德国克拉斯集团董事会发言人、总裁费立尔等集团高级管理人员,中国农机工业协会会长陈志，山东省农机局的有关负责人,潍坊市委常委、副市长孙起生等出席签约仪式。

9 月 10 日 高密市政府与交通银行潍坊分行在凤都国际大酒店举行战略合作协议签约仪式。

9 月 26 日 高密市第四届红高粱文化节开幕式暨电视剧《红高粱》开机新闻发布会在文体公园举行。中国作家协会副主席、著名作家莫言,中国艺术研究院院长王文章，副院长贾磊磊,中共山东省委宣传部副部长王红勇,山东广播电视台总编辑、山东影视集团董事长吕芃,山东省电影家协会副主席、著名影视剧作家赵冬苓,中共潍坊市委书记、市人大常委会主任杜昌文,中共潍坊市委常委、宣传部长初宝杰等领导出席开幕式。中共高密市委书记、市人大常委会主任范福生为莫言颁发了“高密人民勋章”。

同日 第四届中国(高密)红高粱文化节招

商引资重点项目集中签约仪式在凤都国际大酒店举行。

同日 潍坊市中华文化促进会向莫言文学馆赠送了青铜“文鼎”。

同日 贵州、北京等地的艺术爱好者,向莫言文学馆捐赠了莫言塑像等艺术品，贵州省文联秘书长徐凡军出席捐赠仪式。

9 月 28 日 高密市与中国专家科技经济资讯中心合作签约暨揭牌仪式在会议中心举行。人力资源和社会保障部专家服务中心党委书记雷鹏,潍坊市人社局局长李静波,高密市委书记范福生等领导出席仪式。

10 月 26 ~ 27 日 韩国考察团在高密考察农产品质量安全工作。省检验检疫局、商务厅、农药鉴定所,潍坊检验检疫局有关领导陪同考察。

11 月 7 日 山东省发改委济青高铁项目调研组到高密调研济青高铁高密站选址情况。

12 月 27 日 山东省卫生厅党组书记、厅长刘奇一行 4 人到高密调研县级公立医院综合改革工作。

12 月 23 日 第十三届全国县域经济基本竞争力与县域科学发展评价结果揭晓,高密列第 71 位,比上一届提升了 1 个位次。

第一编

建置 地理

高密地处山东半岛腹地，秦代置县。1949年新中国成立后，上属几经改变。撤县设市后，作为县级市，归潍坊市代管。行政区划及其称谓因社会发展变化而多次发生变更。至2008年年底，全市共辖7个镇、3个街道和2个区（高密经济开发区、胶河疏港物流园区）。

第一章　建　置

秦代置县后直至北宋，高密县境域不清。金代廓清后至清代，直至民国前期，版图未有大的变动。抗日战争时期至新中国成立前，境域变动频繁。后期变动很少并逐步趋于稳定。建置与上属随历史变革而频繁发生变化，直至1956年3月划归昌潍专区后始得稳定。

第一节　境　域

秦时，高密县境域线无考。西汉，高密县境域在今市区西部潍河两岸部分地区，具体不详。至隋时，西汉置之夷安县（治今市区）、胶阳县（治今姜庄镇西王家城子）、石泉县（治今柴沟镇李家埠）、稻县（治今井沟镇水城西南）、平昌县（治今诸城市斗鸡台）、淳于县（治今潍坊市坊子区杞城）、柜县（治今密水街道拒城河）俱已先后撤销，其辖区或全部、或部分划归高密县。此时高密县境域线也不详。唐代，将隋改黔陬县所置之胶西县（治址在今柏城镇城子前后）并入高密县后之境域线，不详。北宋，由高密境域内将原胶西县划出。高密之境域线，仍不清。金至元、明，高密县境域大致与清代版图同。民国前期，高密县境域循旧。抗日战争与解放战争时期，解放区民主政府为工作之便，高密县及周围各县的村镇相互划出划入频繁。新中国成立后，变动较少，20世纪80年代至2008年，高密境域处于稳定期。

地理位置　北宋以前，高密县地理位置屡有变动，已不可详知。之后，较稳定，与今之地理位置大致相仿。

今之高密市位于山东半岛中部，胶莱平原腹地。地理坐标为北纬36° 8′ 44″至36° 41′ 20″、东经119° 26′ 16″至120° 0′ 38″之间。东临胶州市，西界潍坊市坊子区，南连诸城市，北接昌邑与平度市。市境南北最长60.1公里，东西最宽51.2公里，总面积为1526平方公里。市政府驻市境中心偏东、胶河西岸老城区。西距潍坊市政府驻地75公里、省城济南265公里，东至青岛市区70公里。胶济铁路、蓝新铁路，济青高速、平日、沂胶、胶王公路纵横贯通。

历史变迁　1945年至2009年，高密县境区划经过数次变迁，其中有数次先后将部分区域划出，具体是：1945年1月，县境西北部的部分村庄划归平南县，分别是：中沟头、西沟头、前沟头、刘家寨、安乐村、大沟头、荆家、张家寨、萧家、八寨、李家、张家、周家、魏家坊、曹家、富河、新河、姜家庄子、王家庄子、大坡子、中坡子、西坡子、官庄、王家庄、双山、长丰屯、孙家、小沟头、大杜家、小杜家、大辛家、小辛家、米家庄、大牟家、小牟家、杨家庄、小迟家、刘家庄、周家庄、潘家庄、郭家庄、大迟家、永丰屯、张村、陆村、秦家、和顺屯、南斜沟、北斜沟、坊岭、谭家庄、徐家屯、南李家、槐家、安家庄、李家庄、礼让屯、周戈庄、东村、芦家庄、南集、秦家庄、张家庙子、黄家庙子、徐家庄、施家庙子、车辋、官亭、朱家庄、岳家屋子、王家屋子、曲家屋子、岗家村、侯家、唐家、西侯家、岚子、展家、新立屯、大楚家、小楚家、徐家庙子。

1945年7月，县境西南部的丁家沙窝、南营、业家屯、前宋岗、后宋岗、韩家庄、秦家河崖、马家埠、大古县、小古县、辛庄子划归诸城县。是年10月，县境潍河以西的北张洛、刘家屯、杜家庄、前张洛庄、后张洛庄、贾戈庄、景芝(东南角部分)、大夫、王家彭旺、朱家沙窝、代家沙窝、孙家沙窝、代家庄、逄家庄、呼家庄、南杨庄、前院、后院、店子、李家彭旺、葛家彭旺、郭岗、前屯、后屯、山子、河崖、小庄、前洼、王家庄、游家庄、洛岗、田岗、前付岗、大付岗、中付岗、小付岗、高家庄、薛家庄、于家庄、菜园、北河西、东王官疃、西王官疃、大湖埠、小湖埠、魏林庄、河套、尚家庄、南张洛、后梁台、前梁台、逄家岭、徐家庄、侯家岭、北戈庄、李家庄、南戈庄、张家岭、东双庙、大双庙、小双庙、王交、郭家屯、北茔及潍河以东双羊、中岭一带村庄，划归淮安县。

1945年11月，胶高县建立后，辖高密县胶济铁路以北村庄。

1946年6月，高密县的太保官庄、横路屯、前武兰、后武兰、中武兰、大石门子、小石门子、中石门子、韩家高阳划归昌邑县。

1948年7月，高密县东南部的部分村划归胶县。分别是：朱郭、王子山、阎家屯、任家庄、朱郭刘、巩家庄、大草泊、官庄、南朱郭、大阎家屯、小阎家屯、东青杨行、西青杨行、石青沟、高山子沟、辛屯、大河流、东安家沟、西安家沟、小草泊、梁家屯、史家屯、河流董、河流史、河流孟、洋河崖、臧家庄、王家栏、赵家城献、东王家庄、西王家庄、大郐家庄、小郐家庄、山寺、葛家庄、白庙子、大埠头、小埠头、山周、朱季、横沟、临洋、花而埠、大有庄、簸箕掌、大村、寺后、小店子、辛集、寺前、匡家庄、姚家屯、沟里路、张家屯、杨家庄、范家庄。

1960年，属峡山水库区的屯庄、宿家埠、宿家楼、钟家楼整村外迁。

2009年5月11日，原高密市所辖之34个行政村(28个自然村)划归潍坊市坊子区太堡庄镇。分别是：前柿子园、后柿子园、东新村、西新村、刘家沟、西岭、东山甫、西山甫、陈家山甫、山前、柳家屯、潘刘屯、逄家村、张家院、北甲庄、良湾屯、武巽屯、前岭、中岭、后岭、于家下坡、后店东村、后店西村、前郑公、后郑公一村、后郑公二村、后郑公三村、城子、大圈、小圈、王家辛庄、住王庄、前铺、后铺。

有数次将邻县部分区域村庄划入高密县，具体情况是：1945年8月，胶县的东牟、前疃、前冢子头、东冢子头、西冢子头划归高密县。

是年，昌邑县在高密县境内的飞地划归高密县。分别是王家官庄、马龙屯、张家屋子、沂塘、南支屯、北支屯、克兰、西埠、庄家村、赵家庄、刘家疃、前三皇屯、后三皇屯、东姜戈庄、西姜戈庄、后姜戈庄、东张秋、郑公。

1946年3月，诸城县东北部的一些村庄划归高密县，分别是：柴沟、前鹿家庄、后鹿家庄、相家庄、郝家村、葛家村、前西旺、后西旺、前曹戈庄、后曹戈庄、刘家村、范家大村、范家小庄、刘戈庄、西店、草泊、大沟崖、方市、牛氏庄、邱家大村、后邱家庄、范木匠庄、前邱家庄、大路庄、高家村、任鹿家庄、赵家庄、马旺、水西、王货郎庄、凤凰屯、龙王庙、向岳庄、尚口、王家村、逄戈庄、马戈庄、小马戈庄、东小马戈庄、刘顺庄、马家庄、平市、白家庄、西沟、杨家屯、郝家楼子、刁家庄、徐家店子、杨家岭、南刘家村、常家疃、魏家村、孙家村、于戈庄。

是年6月，潍河以东原属高密县划入淮安县的双羊、中岭一带村庄，复划回高密县。同时将原属安丘县的后店、屯庄、宿家埠、宿家楼、钟家楼划归高密县(今除后店外,其余因系峡山水库区,已外迁)。

1947年2月,昌邑县的东方戈庄、西方戈庄划归高密县。

1948年7月,胶县的谢家屯、空冲水、东泊庄、西泊庄、南泊庄划归高密县。

1949年,胶高县撤销后,胶济铁路以北原属高密的村庄回归高密县。

同时将原属胶县的郭家屋子、刘家台子、两县屯路东、谭家荒,划归高密县。

1956年12月,划入平南县(后并入平度县)的部分村,复划回高密县,分别是:孙家、小沟头、大杜家、小杜家、大辛家、小辛家、米家庄、大牟家、小牟家、杨家庄、小迟家、刘家庄、周家庄、潘家庄、郭家庄、大迟家、永丰屯、张村、陆村、秦家、和顺屯、南斜沟、北斜沟、坊岭、谭家庄、徐家屯、南李家、槐家、安家庄、李家庄、礼让屯、周戈庄、东村、芦家庄、南集、秦家庄、张家庙子、黄家庙子、徐家庄、施家庙子、车辋、官亭、朱家庄、岳家屋子、王家屋子、曲家屋子、岗家村、侯家、唐家、西侯家、岚子、展家、新立屯、大楚家、小楚家、徐家庙子。

同时,原平度县的窝铺河南、前丘、孙家口、咸家、王家丘、杨家丘、朱家、谭家划归高密县。

1957年3月,由昌邑县(原由高密县划入平南县者)划入的村是:中沟头、西沟头、前沟头、刘家寨、安乐村、大沟头、荆家、张家寨、萧家、八寨、李家、张家、周家、魏家坊、曹家、富河、新河、姜家庄子、王家庄子、大坡子、中坡子、西坡子、官庄、王家庄、双山、长丰屯。

是年,艾丘、高平庄、沙口子由胶县划归高密县。

边界勘定 高密市于1997年成立勘界工作领导小组,下设办公室,开始县级边界勘定。高密市与平度、胶州、诸城、安丘、昌邑等5个市毗邻,经实地勘测,于2001年5月,完成高密市县级行政区域界线勘定。勘定地级行政区域界线2条:高密—平度线、高密—胶州线。县级行政区域界线3条:高密—诸城线、高密—安丘线、高密—昌邑线。解决争议点6处,埋设各类界桩36个。

2001年高密市勘界成果情况表

表1-1

边界名称	边界长度(公里)	界桩数(个)		边界地形图(幅)
		三面桩	双面桩	
高密—平度	65.88	2	7	14
高密—胶州	126	2	11	20
高密—诸城	72.808	2	6	12
高密—安丘	9.64	2	1	4
高密—昌邑	77.35	2	6	14

第二节　建置沿革

清代及前期 据考古发掘资料证明,远在5000年前已有先民在高密境域繁衍生息。“古唐、虞青州域,为禹封国”(清康熙版《高密县志》)。《史记·乐毅传》“乐氏之族有乐瑕公、乐臣公,赵且为秦所灭,亡之齐高密”,为史籍首出高密一名。《水经注·潍水》:潍水“又北过高密县西。应劭曰:县有密水,故有高密之名也。然今世所谓百尺水者，盖密水也。”此为对高密一名较早的解释。秦置高密县后，治城阴城(今井沟镇前田庄东)，属胶东郡(治即墨，今平度市东南)。西汉，高密县先属胶西国，改高密国(俱都城阴城)。新莽天凤元年，改高密曰章牟。东汉复称高密，属高密国(都城阴城)。三国时，高密县归魏，属城阳郡(治东武，今诸城市)。西晋怀帝永嘉之乱后，北方进入十六国时期，高密县先后属后赵、前燕、前秦、后燕、南燕等国。其上属皆相因袭。南燕亡后，又归东晋，属高密国(都黔陬，今胶州市黔陬村东)。南北朝时期，南朝宋时，高密县属高密郡(治桑犊，今潍坊市坊子区泉河头附近)。北朝元魏、北齐、北周时，高密县仍属高密郡(元魏治高密，即城阴城；北齐移治东武，今诸城市)。隋文帝统一全国，高密县移治今柏城镇故猷。初属密州，复改称高密郡(俱治东武，今诸城市)。唐建国，高密县治移今市区(战国前夷维国都城，汉为夷安县治)。初属高密郡，改称密州，又改州为高密郡，后又改称密州(俱治今诸城市)。五代时，高密县上属仍为密州。北宋与金，高密县属密州(仍治今诸城市)。元代，高密县属胶州(治今胶州市)。明代，高密县改属莱州府(治掖县，今莱州市)。清，初沿明制，光绪三十年，胶州升为直隶州，高密县改属胶州(治今胶州市)。

民国时期　辛亥革命推翻帝制后，高密县先属胶东道（治今烟台市），1925年，改称莱胶道。1928年裁道，县直属山东省政府。

1938年，日军入侵高密后，至1947年全境由中国共产党解放，此间曾有共产党领导的县民主政府和国民党县政府(驻南乡王十字庄)并存，还有伪县政府(驻县城)。

1944年9月，共产党领导下的抗日根据地，在王干坝(今属姜庄镇)一带建立高密县政府，同年11月撤销。1945年7月，在县境西乡成立高密县人民民主政府，同年12月撤销。是年8月在沟里路（今属胶州市）建立潍东县民主政府，9月改称高密县。以上之民主政府，俱属滨北专区。是年11月，在胶县朱家屯成立胶高县政府，辖胶县和高密县部分村庄。后县政府迁至夏庄(今高密市夏庄)。1949年撤销胶高县时，原属高密的部分村庄复回高密县。胶高县，先属南海专区，1946年改属滨北专区。

新中国成立后　中华人民共和国成立后，高密县初仍属滨北专区。1950年5月改属胶州专区。1956年3月划归昌潍专区。1967年2月昌潍专区改称昌潍地区，1981年5月改称潍坊地区，1983年10月改称潍坊市，高密县均顺次属之。

撤县设市后　1994年5月18日，撤销高密县，设立高密市(县级)，以高密县的行政区域为高密市的行政区域。高密市归潍坊市代管。

第二章　行政区划

高密市(县)行政区划，根据历史沿革和重大区划调整变化情况，大致可分为清代及前期、民国前期、中国共产党领导的新民主主义革命时期、新中国成立后几个阶段。元及以前行政区划无考。清初沿明制，实行乡(隅)社制。民国前期，始沿清制，县下设区，区下设镇、乡领村；后撤区改乡(镇)，后再又沿前制改设区乡。新中国成立之前，中共领导的民主政府亦循旧制。新中国成立后，对行政区划进行了多次调整。

第一节　区划沿革

清代及前期　元朝及以前高密县行政区划无考。有确切行政区划文字记载自明朝始。据清朝康熙年间编撰的《高密县志》记载：按明朝律令，县以下行政区划实行乡（隅）社制，即县下设乡（隅），乡下设社。高密当时设“四隅六乡八十四社”。

1581年（明万历九年），平度州双丘社并入高密后，为85社。

四隅：即在县城设东隅、西隅、南隅、北隅。

六乡：分别为泽民乡、龙德乡、久敬乡、务本乡、潍川乡、郑公乡。

泽民乡　辖16社：官庄、夏庄、北直、河西、亭口、大成、正苓芝、西苓芝、伏家庄、姜家庄、李仙庄、周家庄、魏官寨、店西、城子、双丘。

龙德乡　辖14社：堤东、大吕、王党、南直、南曲、故县、北城、东张鲁、东苓芝、苑家疃、李茂庄、西张鲁、仇家疃、紫兰庄。

久敬乡　辖14社：朱晏、辛庄、道乡、城律、泰洛、朱郭、大洪、城献、河流、朱季、王吴、时家庄、掌家庄、东周阳。

务本乡　辖14社：西周阳、拒城河、呼家庄、北下口、南下口、吴家庄、东井沟、西井沟、朱公、朱寒、梁尹、北王柱、裴家庄、南王柱。

潍川乡　辖14社：郭庄、凉台、景芝、彭王、大夫、水城、曹疃、王娇、贮沟、韩家疃、傅家庄、王家庄、宋家庄、秦家疃。

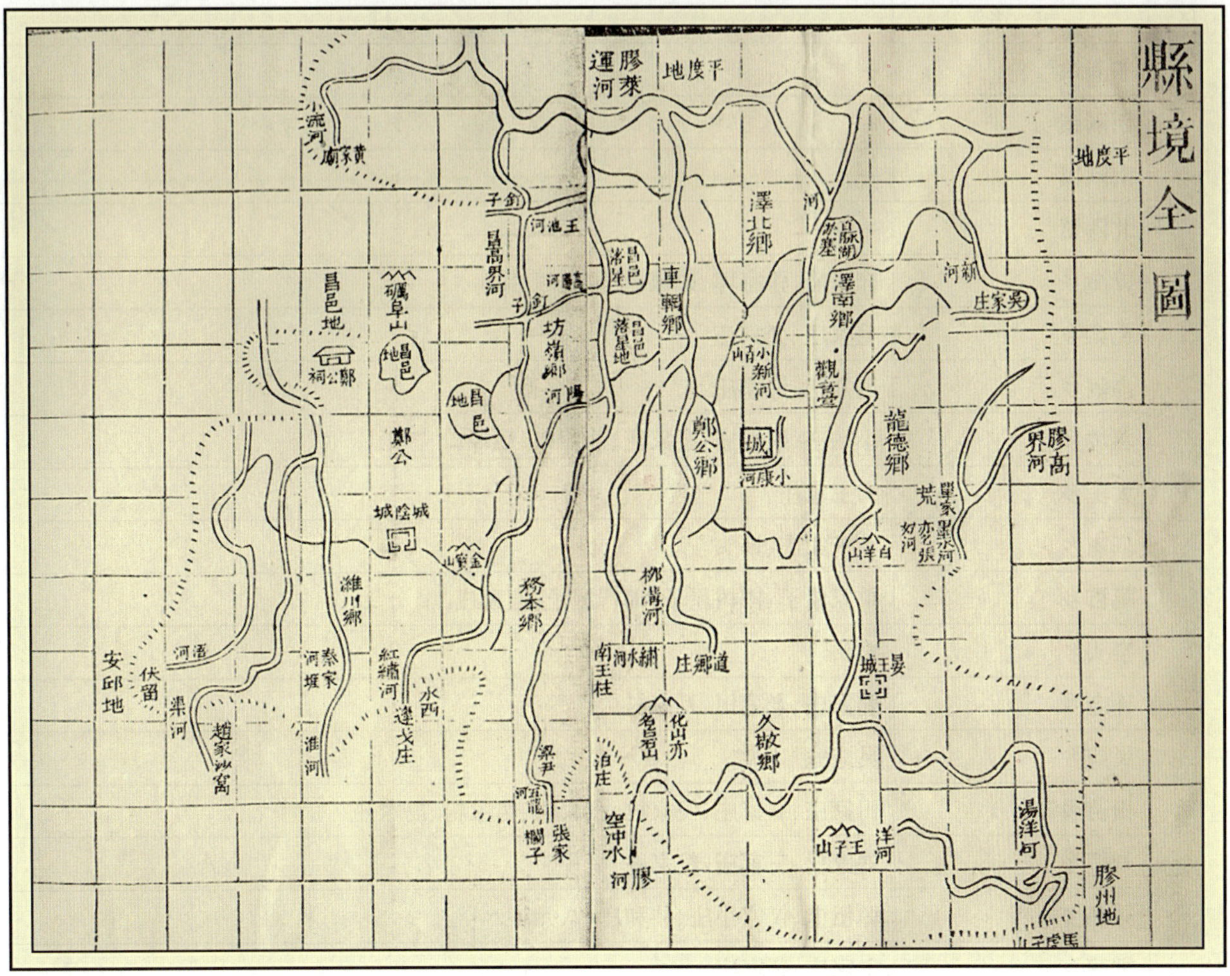

清光绪二十二年编修之《高密县志》县境全图

郑公乡　辖 13 社：边家庄、杨家庄、陆家庄、山阜、城阴、武兰、刘宗、方家庄、荆家庄、南张洛、北张洛、于家埠、上家庄。

清初沿明制，全县时辖 4 隅 6 乡 84 社（双丘复归平度州）。兼领车辋、坊岭 2 屯，灵山卫改归 21 屯。清朝中叶，原泽民乡分为泽南乡、泽北乡，共 4 隅 9 乡，分领 83 社（车辋、坊岭 2 屯改称乡，店西社撤销）。泽南乡辖正苓芝、西苓芝、伏家庄、官庄、夏庄、北直、河西 7 社。泽北乡辖亭口、大成、姜家庄、李仙庄、周家庄、魏官寨、城子 7 社。其余 5 乡辖社未变。

清宣统三年（公元 1911 年），改乡称区。4 隅称城区，由泽北划出泽西区，全县划为 11 个区。即：城区、龙德区、泽南区、泽北区、泽西区、车辋区、坊岭区、务本区、久敬区、潍川区、郑公区。

民国前期　1928 年，将泽西复并入泽北，全县改为 10 个区，辖 253 个乡（镇），1023 个村。区以序号次第命名。——城区称第一区，龙德称第二区，泽南称第三区，泽北称第四区，车辋称第五区，坊岭称第六区，郑公称第七区，潍川称第八区，务本称第九区，久敬称第十区。区下设镇、乡领村。

10 区制各区所领镇、乡及所领之村情况见表 1-2。

1934 年，撤区改乡（镇），后又沿前制改设区乡。

1928 年高密县行政区划情况表

表 1－2

区	镇　乡	领　　村
第一区	东隅镇	—
	西隅镇	—
	南隅镇	—
	北隅镇	—
	梓潼乡	梓潼庙、张家埠、彭家屋子、赵家油坊
	毛栾乡	毛家庄、栾家庄
	许荆乡	荆家庄、许家庄
	葛埠乡	小东庄、娘娘庙、葛家庄、前埠口、后埠口
	大王乡	大王家庄
	皋王乡	小王家庄、皋头
	噶柳乡	单家屋子、柳树屋子、噶行屋子、栾家庄
	窑头乡	窑头
	鞠老乡	鞠家庄、老墓田、万家村
	灵应乡	灵应庵
	田苗乡	田家庄、邹家庄、倪家村、张家村、苗家村、冯家庄
	刘倪乡	刘家村、三官庙、倪家庵
	共和乡	谭伍屯、仪家小庄、共和庄、八元庄
	卞薛乡	卞家庄、薛家庄

续表1－2

区	镇乡	领村
第一区	胡兰乡	大胡兰阡、沈家屯、初家村
	梨园乡	小胡兰阡、解家屯、韩家屯、梨园、李家屯
	碾头乡	碾头、西三里庄、东三里庄
第二区	东鲁乡	黄山茔、高家岭、王家亨疃、田家庄、高家庄、小墓田、鲁家庙、秦家岭、邓家庄
	何村乡	何家村、赵家庄、姚家村
	堤东乡	单家庄、小傅家庄、苗家村、堤东
	王党乡	鲁家村、卢家岭、王党、仓上
	姚村乡	姚戈庄
	南曲乡	李家庄、单家老庄、吴家庄、南曲
	苓芝乡	刘家苓芝、王家苓芝、管家苓芝
	王泊乡	宋家泊子、王家庄、栾家泊子
	三甲乡	郭家园、小甲庄、郭家小庄
	东浦乡	大兰、陈家屋子、两县屯、东流口子
	刘台乡	刘家台子、郭家屋子
	官村乡	蛮子官庄、十甲
	张鲁河北乡	后张鲁
	张鲁镇	张鲁
	二屯乡	戴家屯、大屯
	南寺乡	张鲁寺、于家庄
	太平乡	黄家庄、纪家庄、许家庄、十字庄
	东庄乡	东庄、壮上
	毛屯乡	太平庄、毛家庄
	于疃乡	于疃、冯家庄、小洼
	单柳乡	单家官庄、柳沟崖
	韩伍乡	韩伍屯、单家荒、斜沟崖
	芝兰乡	芝兰庄
	新合乡	孙家屯、芝兰庄、宫家屯、刘家庄、前屯
	单禾乡	禾家庄、单家庄
	王家乡	大王家庄
	大吕乡	大吕
	苑河乡	宿家店子、苑家疃、小王家庄
	沙泊乡	李茂庄、冢子头、沙泊

续表1－2

区	镇乡	领村
第二区	柏城镇	柏城
	草泊乡	单家庄、柏城沟
	叶岭乡	叶家屯、白家岭
	中李乡	城子前、张家庄、王家庄、郝家庄
第三区	观音乡	东观音堂、邱家洼、西观音堂、十里铺
	伏周乡	西伏家庄、周家庄
	杜赵乡	杜家官庄、赵家官庄
	东伏乡	东伏家庄
	苓芝乡	门家苓芝、正苓芝、李家苓芝
	新沙乡	西新庄、毛家庵、沙窝、沟崖
	南直乡	王家南直、张家南直、小岭、吕家南直、郭家南直
	高河乡	高家庄、河西、夏家店
	南店乡	祁家店、逄家店、孔家店、栾家店、戈家店、杜家店、孙家店、十字口
	官庄镇	栾家官庄、张家官庄
	龙王乡	龙王官庄、石家官庄、李家官庄、王家官庄
	彭王乡	彭家城子、东王家城子、西王家城子
	李朱乡	朱家村、李家村、仪家村、任家村
	夏庄镇	夏庄、小王家庄、小东庄
	张台乡	张家村、小纪家庄、台家村、车道口
	泊子乡	栾家泊子、宋家泊子、陈家泊子
	高匡乡	大高家庄、范家庄、张家庄、小高家庄、匡家庄
	河崖镇	河崖、窦家庄、杜家庄、牟家园、王家园、郭家园、牟家庄、蒋家园
	赵岭乡	前岭、后岭、赵家庄
	武地乡	土地庙子、苏家庄、武家庄、小油房
	管赵乡	管家庄、徐家屋子、赵家店、新庄
	孙阎乡	伊家庄、阎家庄、孙家庄
	石桥乡	大石桥、下庄
第四区	五龙乡	五龙庄、孟家屯、茂早屯
	高聂乡	高家庄、聂家庄、于家庄、王家寺
	城子乡	李家庄、王家城子、韩家屯、楚家屯、方家庄、三教堂、苗子、栾家城子
	李仙镇	李仙庄
	周范乡	吴家屯、赵家圈、周家庄、范家庄、高家庄、甄家庄、棉花屯

续表 1-2

区	镇 乡	领 村
第四区	老屯乡	东老屯、中老屯、前老屯、后老屯
	傅刘乡	刘家口子、邓家屯、傅家口子
	王干坝乡	王干坝
	莨湾崖乡	莨湾崖、岳家屯、艾山屯、卞家屯
	长村乡	李家长村、孙家长村、张家长村、伊家长村
	姜庄镇	姜庄、綦家庄
	崔潘乡	潘家、董家、窦家、崔家
	两屯乡	前两岔屯、后两岔屯
	咸家乡	坊头、黑邱子、张家屋子、杨栏、咸家屯
	侯家乡	大侯家、侯家屋子、西侯家、唐家
	楚家乡	楚家沟、小楚家、新立屯、岚子、徐家庙子
	孙家乡	大沟头、小刘家、小沟头、孙家
	迟家乡	大迟家、小迟家
	杜家乡	大杜家、小杜家、綦家
	张陆乡	陆家、张家、上秦家
	南集乡	南集、东村、李家、槐家
	周戈镇	周戈庄
	秦芦乡	芦家庄、綦家庄子、黄家庙子、徐家屯、长丰屯、张家庙子
	四寨乡	大沟头、二沟头、三沟头、六甲寨、安乐村、张家寨、八甲寨、萧家丘
	荆李乡	荆家、李家、周家、曹家、小张家
	姜魏乡	魏家坊、王家庄、姜家庄子、二甲庄、葛庄、王家庄子
	泊子乡	大泊子、二泊子、双山、三泊子、宫庄
第五区	大屯乡	晾甲埠、东小屯、辛屯、西小屯、大屯庄
	雷殷乡	雷家庄、殷家楼、高家庄、永丰庄、鲍家庄、辛店、张家小庄
	莳家乡	莳家庄、阎家庄、窦富台子
	仁和乡	南仁和庄、北仁和庄、解家屋子、三合庄
	新兴乡	旗台庄、新兴庄、梁家屯、隋家屯
	顺河乡	安河庄、顺河庄、方家屋子、瓦店屋子、赵家屋子
	高任乡	杜家屋子、高家屋子、任家屋子、王家屋子
	双河乡	焦家屋子、陶家屋子、毛家屋子、张家屋子、南綦家屋子、北綦家屋子、小杜家屋子
	范家乡	尤家镇、范家庄、张家庄、东于家庄、西于家庄

续表1-2

区	镇乡	领村
第五区	薛王乡	薛家集、王家庄、谢家庄
	黑王乡	刘家屋子、黑牛王、郇家庄、孙家屋子、和睦屯、李家庄
	贾李乡	李家庄、陈皮庄、贾唐家
	李党乡	李党家、蔡家、展家
	辛米乡	大辛家、小辛家、米家
	杨牟乡	杨家庄、范家屋子、大牟家、小牟家
	周刘乡	周家庄、赵家庄、毛家庄、李家庄、刘家庄、潘家庄、郭家庄
	车徐乡	徐家屯、谭家屯、安家屯、车辋、李家屯、朱家屯、岳家屋子
	官厅乡	王家屋子、曲家屋子、官厅、史家庄
	坊岭乡	南斜沟、北斜沟、坊岭庄
	永礼乡	永丰屯、礼让屯、和睦屯
第六区	平正乡	前刘戈庄、赵戈庄
	尚德乡	后刘戈庄、曹家村
	大同乡	孙家屯、大尤家屯、周家屯、小尤家屯
	同化乡	孙家屯、毛家屯、前单家庄、王家庄、官庄、后单家庄
	呼家镇	呼家庄
	久敬乡	久敬山、唐家岭、隋家庄、河西
	新民乡	白庙子、牟家庄、纪家屯、小庄
	建安乡	尹家宅、马家沙岭子、綦家沙岭子
	宁靖乡	高家沙岭子、李家庄
	普利乡	前泊子、黄龙官庄、后泊子、兴仁官庄、狄家屯
	升平乡	朱家庄、举人庄、三教堂、河北头、薛家屋子
	余庆乡	葛家集、于家庄、李家庄、周家庄
	兰田乡	田家庄、关爷庙、刘家庄、绳家庄、王家庄
	平安乡	张家大庄、毛家庄
	庶哉乡	康家庄
	富春乡	冯家庄、陈家屋子、高家屋子、张家屋子、殷家屋子
	三益乡	红庙子、于家庄、田家庄、芦家庄、南杨家屯、初家庄、张家庄
	岭南乡	汤家庄、芦家桥、东桥子、韩家庄、耿家店、西桥子、尚义官庄、中杨家庄
	坊岭乡	坊岭庄
	岭阴乡	赫家庄、北杨家屯、陈家庄、官亭

续表 1－2

区	镇乡	领村
第六区	永安乡	土辛庄、张家庄、蔡家庄、马家庄、鄄家庄
	革新乡	前徐家庄、双头庄、后徐家庄、韩家庄
	农运乡	姚家庄、李家庄、红埠子庄、薛家庄、郑家庄、张家庄
第七区	武兰乡	前武兰、太保官庄、后武兰、小鸾兰
	石门乡	小高阳、横路屯、傅家庄、东石门子、西石门子、中石门子
	守信乡	王柳官庄、谭家茔、守信官庄
	北刘乡	杨名庄、滕徐牟庄、远家庄、赵徐牟庄、后徐牟庄、唐徐牟庄、唐家下坡、于家营
	山东乡	李家山东、于家山东、吕家山东、梁湾屯
	山后乡	柳家屯、武巽屯、刘家屯、山后
	庙后乡	王家屯、安丘屯、庙后、官路屯、七里兰
	山甫乡	刘家沟、张家院、高家山甫、陈家山甫
	山前乡	前高戈庄、后高戈庄、中高戈庄、盛水屯、山前、逄家庄、夹庄
	南刘乡	杨令庄、袁家村、倪家村、胡家村、张家村、谢家屯、吴家茔、阚家村
	张秋乡	前张秋、东李戈庄、后张秋、西李戈庄、中张秋、李家茔、后小宋戈庄
	双羊镇	双羊店
	二埠乡	吉邻庄、东于家埠庄、塔庄、西于家埠庄、姚家山甫、孙家茔
	五岭乡	高家岭、崔家岭、王家岭、西岭、后岭、前柿子园、后柿子园、于家下坡
	北张乡	北张洛、刘家屯、杜家庄、张家庄、贾戈庄
	潍西乡	南张洛、南茔、尚家庄、河套
	潍东乡	田家圈、小圈、住王庄、新庄
	田铺乡	前田庄、前铺、后田庄、后铺
	城阴乡	鲁家店子、城阴寺、尹家庄、丁家庄、刘家庄、傅家庄、王家庄、寨里、秦家店子、大李家庄、小李家庄
	金宝乡	金宝山、后茔、邹戈庄、柴家庄、薛家老庄、徐家庄
第八区	河南乡	杨家庄、张蛮子庄、郭家庄、尚家屯
	东代乡	于家庄、水城、代家庄
	曹疃乡	韩家疃、曹疃
	大浒乡	曲家大浒、高家大浒、葛家大浒、王家大浒、曹家大浒、淮家屯
	注沟镇	注沟
	西注乡	西注沟、小王家庄、李家庄、南埠
	沙沟乡	前沙沟、中沙沟、后沙沟、滕家庄、官厅

续表 1-2

区	镇乡	领村
第八区	台南乡	徐家庄、城子
	凉台镇	凉台
	三岭乡	逄家岭、侯家岭、张家岭
	潍西乡	南郭庄、中郭庄、北郭庄、李家庄
	秦家乡	丁家沙浯、马家埠、秦家河崖
	故县乡	新庄、大故县、小故县
	韩家乡	韩家庄、前宋冈、后宋冈、南茔、叶家屯、郭家屯、北茔
	彭王乡	店子、葛家彭王、李家彭王、王家彭王、大夫庄
	王交乡	南双庙、东双庙、大双庙、王交庄
	傅岗乡	于家傅岗、薛家傅岗、大傅岗、高家傅岗、小傅岗
	游家乡	游家庄、王家庄、南小庄、山子
	西戴乡	戴家庄、小胡埠、逄家庄、大胡埠
	浯东乡	戴家沙浯、朱家沙浯、孙家沙浯、胡家庄
	景芝镇	景芝
	南院乡	前院、后院、河北、杨家庄子、东王官疃、西王官疃
	洛岗乡	前养稼屯、田岗、后养稼屯、洛岗
第九区	姜家乡	姜家屯、莳戈庄
	律家乡	律家村、徐家立、小周阳、安家屯
	周阳乡	大周阳
	施家乡	荆家屯、施家屯、中葛家桥、魏家屯、刘家庄、西葛家桥
	吴家乡	兴隆官庄、小柴家庄、龙泉官庄、黑石屯、吴家庄、松兴屯、前小宋戈庄
	下口乡	前下口、王家沙窝、后下口、傅家庄
	胡家乡	胡家村、尤河头
	梁家乡	新民庄、梁家屯、王家屯、曹家屯、苗家屯
	福盛乡	前福盛屯、后福盛屯、阎家沙窝
	沙浯乡	半壁店子、大沙窝
	永盛乡	泉儿头、永盛官庄、别家庄、郭家庄
	丁家乡	林家庙子、丁家庄、张家屯
	院头乡	前院、后院
	井沟镇	井沟
	河崖乡	刘家村、东疃、傅家庄、河堐

续表 1－2

区	镇乡	领村
第九区	高戈庄	高戈庄、前营
	赵老乡	赵家老庄、顾家岭
	拒城镇	拒城河、仪家村、方家庄、阎家村、小刘家庄
	孙家乡	东郇家村、前尚家庄、孙家庄、西郇家村、后尚家庄、李家庄
	张戈乡	张戈庄、管家村、杨家庄、戈家庄
	张墩乡	张家墩、逄家庄、德盛屯、小高家庄、小王家庄
	北王乡	小高家庄、北王柱、索家村、西隅
	潘家乡	潘家村、西施家屯、荆家庄、刘家屯
	朱公乡	东养马、陈家屯、西养马、朱公、大上村、小上村、张家屯
	化山乡	化山屯、小鹿家屯、潘家栏子
	王家乡	王家庄、高家庄、董家庄、李家庄、戴家庄
	徐楼乡	徐家楼子、房家屯、郭才家庄、咸家庄
	大庄乡	陶家庄、土庄、苏家庄、店子、王家大庄
	梁尹乡	范家庄、梁尹、宫家庄
	南柱乡	东小王柱、西小王柱、南王柱、孙家茔
	朱寒乡	朱寒、小朱寒、潘家庄、张家屯、沟里路
第十区	八里乡	沈家八里庄、李家八里庄、苗家屋子、侯家八里庄、张家八里庄、赵家庄
	小尹乡	大尹村、小尹村、杨戈庄
	枣店乡	小店子、大店子、东葛家桥、毕家村、枣行、张家村
	故献乡	夏家沟、石庙子、哑姑庵、于家屯、故献、冶家庄、柳林
	休息乡	门家埠、辛庄、赵家沟、休息园、朱家庄
	矮沟乡	矮沟、东锅、小庄、官庄、西锅
	迟家乡	迟家村、东辛庄、宗家店子、前窝落、西辛庄、后窝落
	道巩乡	道乡、泊子、双庙、西双庙、鹿家屯
	北洪乡	杨家屯、乔家鸾庄、高家庄、小官庄
	化山乡	东化山、邓家庄、陈家庄、西化山、巩家村
	晏王乡	祝家庄、前晏王庙、蓝家庄、后晏王庙、孟家沟、冯家沟
	晏西乡	邹家鸾庄、王家鸾庄、李家茔、徐家鸾庄、孙家鸾庄
	新律乡	冯家庙子、姚家屯、王家小庄、大庄子、李家庄
	南律乡	鲁家园、葛家屯、皮货庄、葛家庙子、萧家窝洛
	城律镇	单家屋子、城律

续表1－2

区	镇乡	领村
第十区	南洪乡	大洪、仲家庄、大沟头、小沟头、菜园
	钟王乡	王十庄、柿子园、臧家王吴、瓦屋庄
	杨栏乡	杨家栏子、河外王吴、大辛庄、钟家王吴、褚家王吴、小辛庄
	太洛乡	院上、李家太洛、颜家太洛、戴家太洛、小河口
	石青乡	石青沟、阎家屯、张家屯、东青杨杭、西青杨杭
	西朱乡	朱郭刘、巩家庄、任家庄、王子山
	朱郭镇	大朱郭
	南朱乡	南朱郭、大阎家屯、大草泊、计圣官庄、小阎家屯
	河流乡	大河流、小草泊、史家屯、梁家屯、河流董、河流孟
	洋西乡	洋河堐
	安家乡	东安家沟、高山子沟、西安家沟、辛屯
	城献乡	城献、东王家庄、西王家庄、花儿埠、小郐家庄、白庙子
	大村乡	大村、大有庄、王家栏、寺后、簸箕掌、匡家庄
	朱季乡	大埠头、洪沟、小埠头、朱季
	山寺乡	山寺、臧家庄、临洋、河流史
	大郐乡	大郐家沟、辛集、姚家屯、小店子
	寺前镇	寺前

新民主主义革命时期 1945年夏，中国共产党领导的民主政府潍东县建立，9月改称高密县，辖胶济铁路以南原高密县的村镇；同年秋胶高县民主政府成立后辖胶济铁路以北原高密县的村镇。1949年9月，胶高县撤销，原高密县的村镇划回。至此，高密县共17个区，即城厢区、柏城区、张鲁区、河崖区、夏庄区、姜庄区、顺河区、沂塘区、康庄区、坊岭区、中岭区、井沟区、方平区、朱公区、道乡区、呼镇区、城郊区（后改称周阳区）。

新中国成立后 1951年9月各区以数字顺序称，即第一区（城厢），第二区（柏城），第三区（张鲁），第四区（河崖），第五区（夏庄），第六区（姜庄），第七区（顺河），第八区（沂塘），第九区（康庄），第十区（坊岭），第十一区（中岭），第十二区（井沟），第十三区（方平），第十四区（朱公），第十五区（道乡），第十六区（呼镇），第十七区（城郊）。

1954年，第一区改称城关区。次年11月，其余各区也改回以区机关驻地命名。只是第七区改原顺河为仁和区，第十一区改原中岭为双羊区，第十三区改原方平为注沟区，第十四区改原朱公为柴沟区，第十五区改原道乡为城律区，第十七区改原城郊为周阳区。

1956年2月，撤张鲁、沂塘、康庄、呼镇4区，将城关区改称城关镇。全县有13个区（镇）。12月，周戈庄区由平度县划归后，全县为14个区（镇）。

1958年2月撤区，划为26个乡（镇）。9月，成立人民公社，实行政社合一，全县成立16处人民公社。初以响亮词命名，次年3月改由公社机关驻地命名，分别是城关公社、柏城公社、大王庄公社、河崖公社、夏庄公社、姜庄公社、周戈庄公社、康庄公社、袁家公社、双羊公社、井沟公社、水西公社、柴沟公社、城律公社、拒城河公社、呼家庄公社。1962年5月增设仁和公社。1964年3月，增设大牟家公社。1980年2月，增设土庄、大栏两公社。至此，全县有20处公社。

1981年12月26日，城关公社改为城关镇。次年1月1日，大王庄、城律、袁家、水西公社分别改称姚哥庄、李家营、阚家、注沟公社。

1984年3月，撤公社，改称乡镇。全县划为11镇、18乡。分别是：高密镇、柏城镇、姚哥庄镇、夏庄镇、姜庄镇、大牟家镇、康庄镇、双羊镇、井沟镇、柴沟镇、李家营镇、张鲁乡、河崖乡、大栏乡、仁和乡、咸家乡、周戈庄乡、蔡家站乡、阚家乡、初家乡、高戈庄乡、田庄乡、呼家庄乡、注沟乡、方市乡、土庄乡、拒城河乡、周阳乡、王吴乡。

1992年1月24日，撤销呼家庄乡，设立呼家庄镇。1994年1月18日，阚家、河崖、蔡家站、注沟、拒城河、周戈庄、张鲁撤乡设镇。

1992年4月，成立高密县经济开发区。

撤县设市后　1994年12月29日，仁和、初家撤乡设镇。1995年11月21日，省政府批准设朝阳街道办事处，与经济开发区合署办公，实行区街合一的管理体制。

2001年3月10日，全市乡镇调整为17镇3街道。分别是：朝阳街道、密水街道、醴泉街道、柏城镇、姚哥庄镇、河崖镇、夏庄镇、姜庄镇、仁和镇、大牟家镇、周戈庄镇、康庄镇、阚家镇、双羊镇、井沟镇、呼家庄镇、注沟镇、柴沟镇、拒城河镇、李家营镇。

2007年8月31日，全市调整为10个镇街。分别是：朝阳街道、密水街道、醴泉街道、柏城镇、夏庄镇、姜庄镇、大牟家镇、阚家镇、井沟镇、柴沟镇。同时设立胶河疏港物流园区，行镇街职能。

2008年7月27日，将经济开发区从朝阳街道划出。

2008年底，全市共有12个镇街区。分别是：朝阳街道、密水街道、醴泉街道、柏城镇、夏庄镇、姜庄镇、大牟家镇、阚家镇、井沟镇、柴沟镇、经济开发区、胶河疏港物流园区。

第二节　城　区

朝阳街道

方位、辖村及户数人口　朝阳街道位于市境东部，面积95平方公里。

1996年1月，正式设立朝阳街道办事处，从高密镇划出东观音堂、西观音堂、邱家洼、荆家庄、许家庄、黄山茔、鲁家庙、东单家屋子、高家岭、秦家岭、罗家庄，小木田12个行政村和柏城镇的田家庄、王家响疃、邓家庄（含自然村小高家岭）3个行政村，为朝阳街道所辖。街道与经济开发区合一，一套机构，两块牌子。2001年3月，

朝阳街道办事处办公区

全市区划变动时，又将原高密镇的东栾家庄、卣坊、李家八里庄、沈家八里庄、侯家八里庄、张家八里庄、东小庄、葛家庄、娘娘庙、前埠口、后埠口11个行政村划归朝阳街道。2004年5月，又将夏庄镇的东门家苓芝、东王家苓芝、东李家苓芝、管家苓芝、刘家苓芝、鲁家村、卢家岭、王党、仓上、西门家苓芝、西李家苓芝、西王家苓芝（含自然村单家苓芝和夏家苓芝）12个行政村划归朝阳街道。至此，朝阳街道共有38个行政村。2007年8月31日，将姚哥庄镇撤销，并入朝阳街道。次年7月27日，朝阳街道和经济开发区分设，原朝阳街道的38个行政村（41个自然村）划归经济开发区，原姚哥庄镇划入的62个村悉数划出，称朝阳街道。其所辖的行政村为：东姚哥庄、西姚哥庄、南姚哥庄、任家庄、刘家庄、大王家庄、贺家庄、单家村、东牟东、东牟西、东牟北、前疃、上泊、杜家屯、孙家屯、宫家屯、芝兰屯、芝兰一村、芝兰二村、芝兰三村、东后芝兰、西后芝兰、大南曲、小南曲、辛村、吴家村、撞上、韩伍屯、穆子庄、东庄、东斜沟崖、西斜沟崖、单家荒、纪家庄、东毛家屯、西毛家屯、平安庄、许家、太平庄、十字庄、黄家庄、于疃（含吕家南直自然村）、冯家庄、李家疃（含单家老庄自然村）、匡家村、小洼、柳沟崖、小王庄、单家官庄、张鲁集一村、张鲁集二村、张鲁集三村、张鲁集四村、乔家屯、代家屯、东于家庄、西于家庄（含中于家庄自然村）、后张鲁后庄、后张鲁沟东、后张鲁沟西、后张鲁河北、张鲁寺。

■ 星宇手套有限公司

2008年有13657户，47159人。

经　济　境内土壤为褐土、潮土和砂礓黑土。20世纪90年代，种植结构始有调整：棉田减少，花生、蔬菜、林果面积增大。2008年，小麦亩单产477公斤，玉米亩单产550公斤，花生种植面积1万亩，亩单产373公斤。蔬菜多为圆葱、大蒜、土豆。林木多为速生杨，果品主要是苹果、草莓等。较具规模的个体养殖业，主要有肉牛、蛋鸡、猪等。

自20世纪80年代初，由计划经济向市场经济的转型中，工商贸易方面变化很大。初期，主要是发展乡镇村办工业。20世纪90年代末，乡镇村办工业实行改制，并开展招商引资。自此，私营企业、合资企业及外商独资企业日益发展。2008年，有机械制造、纺织服装、橡胶制品、劳保用品、木器家具、食品加工和精密铸件等规模以上工业企业27家，年销售收入16.4亿元。其中劳保用品加工在全国领先，是江北最大的劳保用品制造基地，获"全国劳保用品之乡"称号。经济体制改革后，代之而起的综合、专门零售业、餐饮住宿业等私营商贸发展很快。至2008年，全街道大小经营业户不下千家。经营商品有粮油、食品、肉类、禽蛋、水产品、干鲜果、饮料烟酒、服装鞋帽、针纺织品、化妆品、文化用品、家具等。街道驻地以及张鲁寺等村，商贸业较集中。

社会生活　朝阳街道地处平原区。境内有胶河、墨水河，水源丰沛。水岸东方、胶河花园、碧水绿洲等生态风景住宅区,风光秀美,健康宜居。胶济铁路,潍胶、沂胶公路贯穿境内,有姚哥庄、芝兰庄两处火车站,是山东沿海地区通往内陆腹地的交通枢纽。至2008年,基本实现了村村通柏油路。学校、医疗机构和商业店铺分布合理。

醴泉街道

方位、辖村及户数人口　醴泉街道东起高密城区夷安大道,西与昌邑市接壤,北临姜庄镇,南连密水街道。面积146平方公里。2001年3月,由原高密镇分出。2007年8月,康庄镇与醴泉街道合并,仍称醴泉街道。街道办事处驻镇府街西段街南1286号。

2008年,醴泉街道辖69个行政村(66个自然村),分别是:西关、城里、苗家村、交通村、北关、文化村、北大王庄、北栾家庄、小王家庄、皋头、尧头(含鞠家村自然村)、老木田、永安村、万家村、刘新村、曹家村、三官庙、崔家村、倪家庵、付沈屯、东尤家屯、西尤家屯、小庄、八元庄、关爷庙、王村、李村、葛家集、绳家庄、田家庄、周家庄、于家村、钟家屯、康家庄一村、康家庄二村、康家庄三村、康家庄四村、前毛家庄、后毛家庄、永丰庄、辛店、南志屯、北志屯、沂塘东村、沂塘西村、殷家楼、雷家庄、高家屯、张家小庄、鲍家庄、窦富台子、阎家庄、蔡家站、双头庄、韩家庄、红埠子庄、郑家庄、薛家庄、西李、姚家庄、蔡家庄、马家庄、丰家庄、徐家庄、张新庄、陈家、赫家庄、杨家庄、土辛庄。

2008年有33988户,106548人。

经　济　境内土壤多为砂礓黑土土类。20世纪80年代初实行联产承包责任制后,以种植粮棉为主。至90年代初,在粮食作物由低产发展为高产后,调整种植结构,棉田减少,花生、蔬菜、林果面积增大。2008年,小麦播种52050亩,亩单产500公斤;玉米播种48990亩,亩单产500公斤。种植花生10935亩,亩单产400公斤。收割均使用机械,化肥施用充分,除草剂普遍使用。

蔬菜,多为菠菜、西红柿、黄瓜等,渐形成基地。有以协调全街道蔬菜生产、储藏、保鲜、市场、销售等事宜的合作社。以北志屯为中心的冬暖式蔬菜大棚种植已经渐成规模,有大棚52个。新发展的林木多为"107速生杨"。果品主要是冬枣、酿酒葡萄、黄金梨、大樱桃。冬枣面积达4000亩,年产5200吨,销往山西、江苏、上海、广东等省市大型超市。养殖业,主要有肉鸡、生猪、水貂、蓝狐等。

1985年,西关村办起第一家村办企业——西关服装厂。原康庄镇和蔡家站乡也相继办起塑料配件厂、自行车配件厂等。20世纪90年代,乡镇村办企业实行改制,并开展招商引资。自此,股份公司、私营企业以及合资、独资企业发展迅速,逐步建成醴泉工业园、康庄民营经济园、蔡站民营经济园、西外环高新技术产业园4大工业园区。至2008年,有企业268家,其中规模以上企业85家,形成以纺纱织布、针织服装、机械制造、木器

醴泉街道办事处大门

■ 醴泉街道工业园管委会

加工、工艺玩具、制鞋等为主的工业框架。工业总产值745057万元。

区域内商贸服务业十分发达，特别是经济体制改革后，辖区内第三产业发展迅猛，尤其是辖区内的火车站、汽车站，是全市客流物流的重要集散地，也是全市第三产业发展最为集中、最为活跃的区域。2008年，全街道大小经营业户不下3000家。经营商品有粮油、食品、肉类、禽蛋、水产品、干鲜果品、饮料香烟、服装鞋帽、针纺织品、化妆品、文化用品、高档家具等。房地产、汽车贸易、休闲娱乐等产业也发展迅速。

社会生活　醴泉街道地势平坦。区域内小康河、柳沟河、五龙河、官河等水系纵横交错，有不少风光旖旎之处。胶济铁路穿境而过，并有火车站。潍胶、高双、西外环、蔡初、蔡周、康薛等公路穿越境内，交通便利。至2008年，基本实现了村村通柏油路。学校、医疗单位、商业店铺分布合理。休闲场所有凤凰公园、小康河公园、引峡济高生态区、李村现代农业基地等。

密水街道

方位、辖村及户数人口　密水街道位于市区南部，南与柏城、柴沟镇相接，北面是醴泉街道境域，东临经济开发区和柏城镇，西与井沟镇和醴泉街道相连。面积135平方公里。2001年3月，由原高密镇分出。2007年8月，拒城河镇与密水街道合并，仍称密水街道。街道办事处驻密水大街789号，南湖植物园对面。

2008年，密水街道辖86个行政村(83个自然村)。分别是：南关、梨园、大胡兰前、小胡兰前、初家村、农丰村、碾头、西三里庄、南韩家屯、解家屯、东关、毛家庄、梓童庙、张家埠(含小郑家庄自然村)、东三里庄、城西、谭伍屯上村、谭伍屯下村、张吉村、倪家村、卞家庄、薛家村、幸福村、刘戈庄、赵戈庄、拒城河、曹家屯、梁家屯、王家屯、西葛家桥、东葛家桥、魏家小庄、小刘家庄、大刘家庄、前窝洛、后窝洛、方家村、阎家村、大仪家村、荆家村、潘家村、西迟家村、东迟家村、西双庙、东双庙、泊子、道乡、北王柱、大高家庄、西施家屯、西隅、王新庄、温家村、管家村、索家村、后鸳庄、

■ 密水街道办事处办公楼

姜家屯、周家屯、律家村、西周阳、徐家立、苗家屯、新民庄、周阳一村、周阳二村、周阳三村、周阳四村、荆家屯、枣行、大尹村、小尹村、杨戈庄、莳戈庄、沈家屯、辛庄、大店子、小店子、张家大村、毕家村、东施家屯、刘家屯、矮沟、刘家官庄、潘家小庄、东锅框、西锅框。

2008 年，有 45387 户，135301 人。

经 济　粮食作物播种、收获已基本实现机械化。农作物基本实现良种化。2008 年，小麦种植 72211 亩，亩单产 484 公斤；玉米 72208 亩，亩单产 503 公斤；花生 13000 亩，亩单产 350 公斤。养殖业主要有肉鸡、蛋鸡、猪、奶牛、朗德鹅等。有标准化生猪养殖场 5 个，100 头规模以上的养殖场 120 个。成规模的蛋鸡养殖户有 16 家，其中养殖数量超过 2000 只的有 6 家，蛋鸡存栏量在 3.2 万只左右。以东葛家桥村为中心的奶牛养殖合作社，入社养殖户 70 家，奶牛存栏量 400 余头。以朗德鹅的孵化、育雏、养殖、加工为主的忠旺畜禽合作社带领社员从事朗德鹅养殖和深加工，每年产值达 300 万元～400 万元。林果业在原“万亩干红葡萄酒生产基地”的基础上，酿酒葡萄栽植面积扩大到 1.2 万亩。又引进美国加州无核葡萄 502 亩，韩国黄金梨 1000 亩。街道设立密水葡萄研究所与葡萄协会，制定无公害标准化规范与细则，实施标准化管理。果蔬多是种植水果和玉米、豌豆、胡萝卜、菠菜等，有冬暖式大棚 32 个。张家大村、北王柱、莳戈庄、西周阳为冬暖式大棚集中区。是年，农业总产值 48453 万元。

2003 年年底，密水工业园区建设成型，道路贯通，配套服务设施完善。2004 年后又对密水工业园和周阳工业园进行科学规划，整合改造，硬化道路，安装路灯，完善供电、供排水、通讯等基础设施。经过几年的发展，形成以机械制造、纺织服装、食品加工、制鞋、化工等 6 大产业为主的新型工业体系。贸易流通业发展迅速，区域内主要道路两侧，商家店铺、茶楼、旅馆发展很快，形成利群路商业带、顺河路商业带、文化广场商业带、小康河苏州街商业带、立新街商业带、密水工业园商业带等。2008 年年底，有密水葡萄酒厂、山东豪迈机械科技有限公司、春和暖通有限公司等几十家大企业进驻发展。规模以上工业企业有 65 家。豪迈机械科技有限公司与美国通用电气、法国米其林等 7 家世界 500 强企业合作，主要产品有高档子午线轮胎模具、巨胎硫化机、数控机床、天然胶加工设备等，并研制成功 TBSS 汽车爆胎稳向器，新上燃气轮机精密器件投产。凤林鞋业、润达机油泵、信元橡胶、耐拉纺织等亦为骨干企业。制鞋企业有 145 家，为“华东鞋业基地”，有 11 个“山东轻工名牌”，年产鞋 1 亿双，产品销往俄罗斯、日本、美国等 10 多个国家和地区。商贸流通业，在城区先后建有占地 7.23 公顷、总建筑面积 6.7 万平方米的“密水商场”；占地 44 公顷，年交易额过亿元的“中国北方木材家具市场”；占地 16.1 公顷，总建筑面积 156733 平方米的“碾头鞋城”；建筑面积 2 万平方米的“青岛利群高密店”和建

豪迈高等级子午线轮胎模具车间

筑面积3万平方米的商贸物流企业“家家悦”，以及天和科技市场、张家埠五金建材市场、碾头农贸市场、交运农贸批发市场、城西古城路市场等。房地产业，先后开发小区有湖滨花园、南湖花园、蜜水馨苑、天和凤凰城等，竣工面积达到100万平方米。旧城改造有碾头千树海、梨园小区、吉祥密都苑、盛世大院等。2008年工业总产值416844万元。

社会生活　至2008年，有立新、向阳、城南、拒城河等初中4所，在校学生7017人。东关、崇实、康成、拒城河、周阳等小学18所，在校学生11096人。幼儿园22所，入园幼儿3600人。成教中心校1所。有高密市立医院1所、拒城河卫生院1所、卫生所（室）60多个。在拒城河建中心敬老院1所，对100多位五保老人实施集中供养。辖区内建有时代广场、文化广场、三贤广场、民俗公园、翠岭公园、密水游园、南湖植物园等休闲娱乐场所。

第三节　乡　镇

柏城镇

方位、辖村及户数人口　柏城镇位于市境东南部，面积152.25平方公里。

■ 柏城镇政府办公楼

2001年3月，王吴乡并入李家营镇。2007年8月，李家营镇与柏城镇合并，仍称柏城镇。镇政府机关驻柏城村。

2008年，柏城镇辖92个行政村（94个自然村），分别是：柏城、何家村、姚家村、赵家村、堤东、沟南、单家庄、石庙子、夏家沟、叶家屯、升恒庄、于家屯、冶家庄、故献、柳林、白家岭、郝家庄、王丰屯、前冢子头、东冢子头、西冢子头、李茂庄、后沙泊、前朱家集、后朱家集、休息园、新庄、赵家沟、门家埠、店子、宿家屯（含柏杨家屯自然村）、大村、苑家疃、小河崖（含小王家村自然村）、大吕、李家营、向阳村、邹家鸾庄、孙家鸾庄、徐家鸾庄、杨家屯、祝家庄、孟家沟、城子前、兰家庄、晏王庙、前沙泊、张家庄、城律、单书庄、葛家庙子、大庄、李家屯、冯家庙子、谢家屯、王家小庄、莱园、高家庄、仲家庄、大洪、小沟头、大官庄、窝洛、鲁家园、葛家屯、东姚家屯、西姚家屯、张家屯、颜家太洛、小河口、李家太洛、河外、戴家太洛、臧家王吴、褚家王吴、钟家王吴、杨家栏子、王十字庄、东化山、西化山、瓦屋庄、曾家店子、空冲水、大沟头、巩家桥、邓家庄、陈家庄、化山屯、南柿子园、大辛庄、小辛庄、苑上。

2008年，有22803户，70350人。

经　济　境内土壤多为褐土、潮土和棕壤土类。20世纪90年代种植结构调整，棉田减少，花生、蔬菜、林果面积增大。1999年7月在何家村西建成农业科技示范园，有钢架冬暖式大棚15个。配备自控滴灌、电动卷帘机等，并建有示范教学设施。示范园引进国内外名特优蔬菜品种试验推广。21世纪初，建立起5大经济作物基地：即2万亩土豆，3000亩早酥梨，万亩花生，万亩大姜和芋头。农业生产的主要环节已实现机械化。2008年，小麦53090亩，亩单产

460公斤；玉米56363亩，亩单产449公斤；花生23745亩，亩单产350公斤。新春油脂公司生产的新春油脂花生油被中国绿色食品发展中心认定为绿色食品A级产品。蔬菜多为土豆、大姜、芋头、西红柿、黄瓜等。胶河土豆发展至26919亩，亩单产2538公斤。除销往山东省、北京、上海、广东、内蒙古等省市自治区和香港地区外，还出口泰国、马来西亚、新加坡、日本等国家。新发展的林木多为速生杨，果品是早酥梨、草莓等。

■ 位于胶河岸边的别墅小区

改革开放初期，主要是发展乡镇村办工业。20世纪90年代，乡镇村办企业实行改制，招商引资，建立白羊山工业园区和高新技术开发区，为全市配套齐全的5大工业园区之一。1991年，第一家港商企业落户柏城。之后，股份合资、独资企业发展很快。至2008年，有200多家工业企业入驻园区。代表柏城品牌的玻璃制品、纺织、服装、机械制造和家居用品有6家，年产值过亿元。规模以上工业企业有66家，年销售收入919739万元。30多家企业落户李家营、王吴、苑家疃。尤其李家营工艺品所制作的人造绢花、麦草房、布制礼品玩具、假发和圣诞礼品，销往美国、法国、西班牙等20多个国家，年出口额达1亿元人民币。商贸方面，改革开放后，各种商品零售业，餐饮、住宿业，全镇不下千家。经营商品有粮油、食品、肉类、禽蛋、水产品、干鲜果品、饮料烟酒、服装鞋帽、针纺织品、化妆品、文化用品、家具等。柏城、李家营、王吴等村，商贸业较集中。

社会生活 柏城镇处缓丘区。胶河由本镇空冲水村入境后，蜿蜒自南而北穿越境内，环境幽美，物产多样。2002年，蓝新铁路穿境通车，且在李家营建有火车站。有胶王、沂胶、胶高等公路穿境而过。至2008年，基本实现了村村通柏油路。休闲场所有胶河公园、文体公园、晏婴生态园、万松园以及胶河公园内胶河东岸的园中园——银月公园、白羊山风景区，并在银月公园南建有锦都生态园，是集花卉观赏、休闲餐饮为一体规模较大的热带植物观赏园。

夏庄镇

方位、辖村及户数人口 夏庄镇位于市境东北部，面积118.67平方公里。

2001年3月，大栏乡并入河崖镇；2007年8月，河崖镇与夏庄镇合并，仍称夏庄镇。镇政府机关驻高家店。

2008年7月，原大栏乡所辖的大栏、杨家丘、王家屋子、高平庄、平安村、前两县屯、中两县屯、后两县屯、沙口子、孙家口、谭家荒、艾丘、东风村、谭家、咸家、王家丘、朱家17个行政村划归胶河疏港物流园区。至此，全镇辖90个行政村（84个自然村），分别是：茂早屯、大赵家庄、孟家屯、魏家屯、五龙庄、西李家村、东李家村、朱家村、任家村、仪家村、益民（含西王家村、马旺庙后自然村）、台家村、夏庄、祁家店、小寄庄、车道口、东张家村、河西、沟崖、高家店、杜家店、栾家店、沙窝、毛家庵、刘家村一村、刘家村二村、刘家村三村、刘家村四村、綦家村、曙光村、

■ 夏庄镇政府办公楼

十里堡、郭家南直、张家南直、王家南直、郭家泊子、宋家泊子、栾家泊子、陈家泊子、杜家官庄一村、杜家官庄二村、杜家官庄三村、赵家官庄、龙王官庄、王家官庄、张家官庄一村、张家官庄二村、张家官庄三村、张家官庄四村、李家官庄、栾家官庄、石家官庄、河崖、河牟村、王家园、牟家园、蒋家园、郭家园、下村、东前岭、西前岭、新岭、匡家庄、郭家官庄(含石甲自然村)、王新屯、南高家、北高家、张许村、范家、窦家庄、杜家庄、东流口子、郭家小庄、向阳庄、陈家屋子、大石桥、郭家屋子、刘家台子、毛家屋子、新赵庄、徐家屋子、管家庄、阎家、新华村、东武家庄、西武家庄(含苏家庄自然村)、前进村、伊家庄、窝铺、前丘、郭家台子。

2008 年，有 20712 户，68356 人。

经　济　境内系胶河淤积平原，土壤多为潮土和砂礓黑土土类，土地肥沃，有“金夏庄”之称。

至 2008 年，小麦为 42700 亩，亩单产 499 公斤，玉米 42105 亩，亩单产 550 公斤。花生 7855 亩，亩单产 423 公斤。蔬菜多为葱、韭菜、香菜、白菜、土豆、黄瓜、西红柿等，已在国家工商总局注册“金夏庄”“绿河崖”商标。林果多为速生杨和苹果、冬枣、草莓等。养殖业主要是肉鸡、蛋鸡、猪等。

1992 年，第一家台商企业落户夏庄。自此，股份公司、私营企业以及合资、独资企业发展加快。至 2008 年，有机械制造、光伏、纺织、木器家具、汽车、生物酶、食品、精密铸件等规模以上工业企业 74 家，年销售收入 60 多亿元。全镇大小经销商不下千家。经销商品涉及粮油、食品、家电、肉蛋奶、干鲜果品、饮料烟酒、服装鞋帽、针纺织品、化妆品、文化用品、家具等。夏庄、官庄、河崖等村商贸业比较集中。

社会生活　境内平日公路纵贯南北，济青高速公路横穿东西，交通便利。胶河穿越东部，所造就的东部农业示范区土壤肥沃，物产丰富。镇中部主要是商贸区，商业店铺星罗棋布。西部工业区，辐射带动周边区域多项产业齐头并进，人民生活富裕。

■ 夏庄街头集市

姜庄镇政府办公楼

姜庄镇

方位、辖村及户数人口　姜庄镇位于市境北部，面积173.6平方公里。2001年3月，咸家乡并入仁和镇。2007年8月，仁和镇与姜庄镇合并，仍称姜庄镇。镇政府机关驻姜庄。

2008年，姜庄镇辖102个行政村（98个自然村），分别是：姜庄一村、姜庄二村、姜庄三村、姜庄四村、姜庄五村、綦家庄、北高家庄、甄家屯、棉花屯、吴家屯、赵家圈、周家村、方家庄、东李家庄、东范家庄、李仙庄（含韩家屯、北三教堂、楚家庄自然村）、隋家屯、栾家城子、西王家城子、东王家城子、彭家城子、王家寺、后于家庄、前于家庄、南高家庄、聂家庄东村、聂家庄西村、李家长村、张家长村、孙家长村、伊家长村、艾山屯、茼湾崖、后老屯（含中老屯、前老屯自然村）、东老屯、卞家屯、邓家屯、刘家口子、傅家口子、王干坝东村、王干坝西村、岳家屯、前屯、后屯、潘家、北董家庄、崔家、仁和一村、仁和二村、仁和三村、梁家村、安河庄、顺南、顺北、赵家屋子、王屋、任家屋子、瓦店屋子、翻身庄、爱国村、旗台一村、旗台二村、旗台三村、新兴庄、柳树屋子、三姓屯、大屯、小屯、晾甲埠、东辛庄、西辛庄、蔄家庄一村、蔄家庄二村、尤家集、范家庄、董利村、谢家庄、张庄、高家屋子、于庄、赵李村、贾唐、大侯家、唐家、西侯家、山丰村、徐家庙子、小楚家、大楚家、新立屯、张屋、咸东、咸西、陈屋（含楚家屋子自然村）、坊头、杨兰、黑丘子、岔河、陶家屋子（含单家屋子、前綦家屋子、后綦家屋子自然村）、杜家屋子、毛屋（含小张家屋子自然村）、焦家屋子。

2008年，有20874户，70050人。

经　济　姜庄镇地处胶莱平原，土壤多为砂礓黑土，少部分为潮土。适宜种植小麦、玉米、大豆和棉花。2008年，小麦种植92340亩，亩单产502公斤，玉米92820亩，亩单产520公斤。蔬菜种植多为菠菜、土豆、西红柿、黄瓜等。新发展的林木为速生杨。肉牛存栏1万多头，出栏生猪3万头、肉鸡150万只。

2008年，全镇共有工业企业669家，其中规模以上企业86家，有自营进出口权企业24家，年纳税过百万企业22家。其中有以利华、华振、华庆为主的纺织，以绿洲、建滔、永辉为主的化工，以鲁重、亚盛、益兴为主的机械制造，以龙兴工贸、振泰轮胎、金马胶管为主的橡胶，以金达双鹏为主的型材5大主导产业和木器、食品、服装、五金等4小产业。两大支柱产业为五金加工和棉纺织业。姜庄、仁和、咸家等村，商贸业尤为集中。

社会生活　济青高速公路在境内横贯东西，平日公路纵穿南北。已基本实现了村村通柏油路。学校、商业店铺、卫生、文化、体育等公共服务设施配套。自来水入村率达到100%，入户率90%以上。有线电视入户率达80%。

镇内的扑灰年画和泥塑玩具历史悠久。2007年被命名为“中国扑灰年画之乡”“扑灰年

■ 泥塑艺人在彩绘泥塑

画保护基地”。被省政府命名为历史文化名镇。2008年，有民间艺术专业户300余户，从业人员1000余人，分布在13个专业村中。

大牟家镇

方位、辖村及户数人口　大牟家镇地处高密西北部，面积174平方公里。

1984年3月，人民公社改乡镇，大牟家称镇，周戈庄称乡。1994年周戈庄撤乡改镇。2007年8月，大牟家镇与周戈庄镇合并，仍称大牟家镇。镇政府机关驻东牟家。

2008年，大牟家镇辖89个行政村(88个自然村)，分别是：东牟家、西牟家、小牟家、米家庄、李党家、蔡家、展家、北杨家庄、前薛、后薛、王官庄、陈皮家、马龙屯、张户庄、和平村、和睦屯、孙家屋子、刘家、黑王家、大迟家、张家、陆家、秦家、和顺屯、永丰屯、礼让屯、北斜沟、南斜沟、大辛家、小辛家、小迟家、小杜家、大杜家、大孙家、小刘家、西沟头、祁家、西刘家庄、胶东村、周家、后潘家庄、毛李家庄、毛家、赵家庄、郇李家、张家庄子、徐家庄子、安家庄、北李家庄、谭家庄、南集、东村、槐家、周戈庄、芦家庄子、张肖寨、沟头、八甲寨、六甲寨、荆家、李家、张家庙子、黄家庙子、坊岭村、朱家庄、史家庄子、车辋、官厅村、岗家庄、徐家屯、王屋子、曲家屋子、岳家屋子、秦家庄子、长丰屯、王戈庄、小张家、周家、曹家、大泊子、中泊子、西泊子、姜家庄子、魏家坊、富河村、官庄、双山、王家庄子、新河村。

2008年，有14484户，50842人。

经　济　境内土壤除少数潮土外，多为砂礓黑土土类，地势平坦。自古以种植粮棉为主，素有高密“北大仓”和“棉花垛”之称。21世纪初，推广小麦免耕播种。2008年，小麦播种91005亩，亩单产470公斤。玉米播种84585亩，亩单产565公斤。种植花生42840亩，亩单产395公斤。蔬菜多为西红柿、马铃薯、菠菜等。已建有无公害农产品基地3万亩。基地内冬暖式西红柿大棚1000多个。泰华食品、瑞海

■ 大牟家镇政府大门

食品等5家农业龙头企业在此设立蔬菜种植基地6000余亩，种植圆葱、菠菜、菜花、马铃薯等十多个品种。林为速生杨，果多西瓜、苹果、红枣、柿子等。是年，中粮集团、得利斯集团、六和集团、南阳食品等知名企业在此建现代标准化养殖小区8个，年出栏肉鸡、生猪400多万只(头)。

2008年，有化纤纺织、食用油、橡胶制品等规模以上企业15家，其中纺织业为镇内主导产业。其他有玩具制造、纸制品、农产品加工、饲料生产等。镇建有工业园区1000余亩，环境优美，水、电、路等基础设施配套齐全。孚日集团在周戈庄设点办毛巾加工厂，为高密骨干企业下乡设点办厂的成功典范。建筑业有具有资质的大型建筑公司1家，拥有技术人员20多名。全镇大小经营业户近2000家，商品种类齐全。西牟家、周戈庄、东牟家、官厅村等，商贸业较集中。镇区重点规划建设有商贸步行街、建材专业市场、集贸市场、工业园配套商贸区、高周路沿街商贸区等5大主要服务区，并建有知名超市连锁店。

社会生活　境内有胶莱河、北胶新河、五龙河、柳沟河、鱼池河、官河6条河流蜿蜒而过，有的河岸已形成风景区。公路有济青高速、北平路、牟胶路、周蔡路、展崔路等，构成四通八达的公路网。2008年，镇区“三纵六横”9条主要道路，全部硬化、绿化、亮化。全镇集中供水率达到100%。

大牟家镇蔬菜种植基地

阚家镇

方位、辖村及其户数人口　阚家镇位于市境西部。面积150平方公里。2001年3月，高戈庄乡并入双羊镇，初家镇并入阚家镇。2007年8月，双羊镇与阚家镇合并，仍称阚家镇，镇政府驻阚家东村。

2008年，阚家镇辖120个行政村(106个自然村)，分别是：阚家东村、阚家西村、张家村、李营、兴仁官庄、狄家屯、兴隆官庄、松兴屯、前泊子、后泊子、后姜戈庄、西姜戈庄、东姜戈庄、后张秋、中张秋、西张秋、东张秋、双羊店、东于家埠、西于家埠、吉林庄、东李戈庄、西李戈庄、前塔庄、后塔庄、前三皇屯、后三皇屯、克兰、刘家疃、西埠、西赵家庄、庄家村、姚家山甫、孙家营、高戈庄一村、高戈庄二村、高戈庄三村、盛水屯、扬名屯、吕家山东、于家山东、李家山东、袁家村、倪家庄、尚义官庄、胡家村、谢家村、吴家营、东杨岭庄、西杨岭庄、王柳官庄、守信官庄、唐家街、刘家街、赵家街、下坡、远家屯、于家营、傅家庄、东方戈庄、西方戈庄、谭家营一村、谭家营二村、谭家营三村、谭家营四村、东桥子、西桥子、中杨家庄、坊岭一村、坊岭二村、坊岭三村、官亭、张家屋子、高家楼、红庙子、于村、西田家庄、初家庄、小杨家庄、小张家庄、卢家庄、韩庄、铬家桥(含耿家店、汤家庄自然村)、冯家屋子、朱家屯、小坊、小屋子、举人庄、河北头、三教堂、尹家宅、新民官庄、殷家屋子、前柿子园、后柿子园、东新村、西新

■ 阚家镇政府办公楼

村、刘家沟、西岭、东山甫、西山甫、陈家山甫、山前、柳家屯、潘刘屯、逄家村、张家院、北甲庄、良湾屯，武巽屯、前岭、中岭、后岭、于家下坡、后店东村、后店西村、前郑公、后郑公一村、后郑公二村、后郑公三村。

2008 年，有 28065 户，97575 人。

经　济　境内土壤多为砂礓黑土和褐土土类。2008 年，农业生产的主要环节已实现了机械化。小麦播种 100095 亩，亩单产 460 公斤；玉米播种 105480 亩，亩单产 460 公斤。蔬菜为辣椒、白菜、黄瓜、土豆、大葱等。新发展的林木，多为速生杨；果木主要是苹果。西桥子、新民官庄等有规范化养殖小区多个，存养牛 3500 多头、生猪 12 万多头，肉鸡和鸭等 54 万多只，特种动物 1.6 万余只。畜牧业产值占农业总产值的 54%以上，为全市畜牧业大镇。有四屯干渠、双羊倒流沟等 475 处地表可利用水源，754 眼机井，6 条泄洪河流，14 条支沟，8 座闸门，基本满足浇灌与排涝的需要。但由于近 30 年连续降水不足，四屯干渠、双羊倒流沟已基本失去浇灌作用。

2008 年，境内形成纺织服装、机械铸造、食品加工、橡胶制品、玩具和木材加工 6 大支柱产业，企业 86 家，其中规模以上企业 26 家。兴隆毛巾、伟丽纺织、安泰玛钢、恒源纺织等 4 家企业进入全市纳税“50 强”。山东望乡食品有限公司，有日处理小麦千吨和日产 300 吨挂面的加工能力，挂面加工规模位列全省第一，面粉生产列全国“50 强”。在境内及周边镇街建优质小麦基地近 10 万亩。瑞丰食品有限公司，年加工能力 2 万吨，主要加工菠菜、青豆、豌豆、圆葱、黄桃等，产品全部出口欧美等国家和地区。建立合同型基地 2 万多亩。双羊大集闻名方圆百里。境内有 4 处利群超市，并有双羊、阚家、初家、高戈庄 4 大农贸市场。

社会生活　2008 年，全镇基本实现公路“村村通”，自来水通村率达 100%。五保老人集中供养率达 80%。学校、医疗卫生单位布局合理。

■ 望乡食品有限公司

井沟镇政府大门

井沟镇

方位、辖村及户数人口　井沟镇位于市境西部偏南。面积133.81平方公里。

2001年3月,田庄乡并入井沟镇。2007年8月,呼家庄镇与井沟镇合并,仍称井沟镇。镇政府机关驻井沟村。

2008年,井沟镇辖105个行政村(117个自然村),分别是:井沟、前院头、后院头、河北、金宝山、东疃、水城、河南、郭家村、西傅家庄、小康庄、前营、后营、南高戈庄、前田庄、东田庄、西田庄、后田庄、秦家店子、城后刘家庄、城后王家庄、北傅家庄、北丁家庄、小李家庄、大李家庄、前宋戈庄、后宋戈庄、大柴家庄、鲁家店子、邹戈庄、徐家村、薛家老庄、大茔、寨庄、尹家庄、吴家庄、孙家官庄、林家庙子、泉儿头、小柴家庄、郭家庄、别家庄、小官庄、仪家屯、草泊、前邱家庄、后邱家庄、顾家岭、范木匠庄、王货郎庄、大路庄、东杨家屯、凤凰屯、新张家屯、东丁家庄、呼家庄、烟家墩、隋家庄、后李家庄、集西(含久敬山自然村)、小南庄、前单家庄、后单家庄、安家屯、新星庄、王庄、高家沙岭子、尚家庄(含西尚家庄自然村)、西郇家村(含南赵家庄自然村)、大沟崖、东郇家村(含刁家村自然村)、孙家庄、福盛屯、前福盛屯、张家墩、逄家庄、德盛屯、富家村、前下口、后下口、阎家沙坞、王家沙坞、五龙官庄、大沙坞(含甲庄、牟家庄自然村)、赵家老庄、南李家庄、马家沙岭子、綦家沙岭子、唐家岭、季家屯、薛家屯、刘家小庄、白庙子、前店子、后店子、东胡家村、西胡家村、尤河头(含河新庄自然村)、城子、大圈、小圈、王家辛庄、住王庄、前铺、后铺。

2008年,有21430户,74958人。

经　济　境内土壤多为潮土、褐土和砂礓黑土土类。2008年,种植小麦95025亩,亩单产460公斤。玉米98865亩,亩单产450公斤。水果主要有苹果、梨、桃、葡萄、枣等。新发展的林木多为速生杨。全镇有9.8万余亩林地,林木覆盖率达到46.8%,其中桑园1800亩。花生种植11370亩,亩单产300公斤。瓜菜为西瓜、马铃薯、菠菜等。有利源生猪标准化养殖小区和德盛肉牛标准化养殖小区。

2008年,有木制板加工、服装加工、橡胶化工、机械铸造、纺织印染、工艺品加工、农产品加工、建筑材料、纺织机械配件等规模以上工业企业28家,年销售收入14多亿元。其中,木制板加工是镇内的主导产业。全镇木制板企业有369家,从业人员达万余人。产品主要有细木工板、密度板和柳桉多层板,年产各类木制板800多万张,有“胶东第一板”的称号,远销国内外30多个城市和地区,年工业总产值7.8亿元。全镇大小经营业户不下千家。呼家庄、井沟、田庄等村,商贸业较集中。

社会生活　镇处平原区,五龙河、店子河流经境内,沂胶路、横一路、横二路横跨东西,下海路、双井路、谭西路、六支路、七支路、八支路、九支路纵贯南北。柏油路硬化总里程200

■井沟镇生产的环保木制板

余公里。有中学3所，小学9所，在校学生6000余人。医疗卫生事业也较健全。

柴沟镇

方位、辖村及户数人口　柴沟镇位于市境西南部。面积210.73平方公里。

2001年3月，土庄乡并入柴沟镇；方市乡并入注沟镇。2007年8月，注沟镇与柴沟镇合并，仍称柴沟镇。镇机关驻柴沟。

2008年，柴沟镇辖124个行政村（119个自然村），分别是：柴沟、柴北、后邱家大村、前邱家大村、袁家庄、范家大村、范家小庄、牛氏庄、西店、西刘家村、葛家村、郝家村、高家村、后西旺、前西旺、后鹿家庄、前鹿家庄、相家庄、马旺、东马旺、任鹿家庄、房家屯、王家庄、李家庄、郑家村、董家庄、陈家屯、北张家屯、东养马、西养马、南杨家庄、鸾庄、潘家兰子、朱公、尚村、后王柱、前王柱、小王柱、东小王柱、东戈家庄、西戈家庄、张戈庄、松家岭、土庄、向岳庄、东尚口、西尚口、王家大庄、陶家庄、苏家庄、王家店子、咸家庄、王家营、前朱翰、朱翰、东朱翰、徐家楼子、东泊庄、西泊庄、南泊庄、两埠岭、郭才庄、新胜屯、潘家庄、北园、梁东、梁西、宫家庄、鹿家营、山庄、张林、于戈庄、徐家店子、魏家村、孙家村、王家村、南刘家村、郝家楼子、常家疃、东注沟、西注沟、李家埠、南埠、王家岭、曹疃、逄戈庄、前水西、后水西、王家大浒、滕家庄、韩家疃、前沙沟、后沙沟、新华村、刁家庄、西张戈庄、东张戈庄、小张戈庄、杨家岭、高家大浒、曲家大浒、葛家大浒、曹家大浒、代家庄、刘顺庄、马家村、建设村、白家庄、平市、西沟、后方市、前方市、东屯、西屯、前曹戈庄、后曹戈庄、翻身村、西杨家屯、大刘戈庄、东马戈庄、西马戈庄、小于家庄、尚家屯、张理庄。

2008年，有29010户，84655人。

经　济　境内多系丘陵，土壤主要是棕壤和褐土两大土类。2008年，种植小麦13.2万亩，玉米13.6万亩，花生4.2万亩，黄烟1.5万亩，棉花2000亩，大豆3000亩，蔬菜5000亩。有果树2000亩。小麦品种为烟农24、济麦17，玉米为郑

■柴沟镇政府办公楼

柴沟镇五龙河公园

单958、郑单20，花生为潍花8号、鲁花系列，黄烟为CF95、K326等。全镇有树木156万株。养殖场250余处，年出栏生猪20多万头。存栏1000头以上规模养猪场5家。境内有各类水库7座，方塘96座，机井138口，梅花井218眼，扬水站30座，各类渠道5万米。

2008年，镇域内有建筑建材、服装机绣、化工橡胶、制鞋、木器、食品、水泥、家纺、沼气能环保生态工程、膨化饲料等企业100多家，其中规模以上企业31家。有大型运输车300多辆，从事自青岛至周边县市以及济南的货物运输。柴沟为高密南部最大集市，周边的安丘、诸城、胶州等地都有客商前来交易。有活牛、花生批发、木材批发市场。

社会生活　境内有潍河风景区、五龙河公园，可供休闲观赏。有平日、胶王、沂胶、下海、注田等公路纵横。柴沟的小城镇建设，已完成两个工业区、3个居住区、1个综合区、1个沿河旅游区和“五路一桥”的建设。农村建有11处文体小广场，建设农家书屋28家，文化大院49处，有线电视村村通率达到100%。五保老人集中供养率达80%以上。中心卫生院、社区卫生服务站等医疗卫生服务机构健全。中小学布局合理。

第四节　园　区

经济开发区

建置区划　高密经济开发区于1992年4月27日成立。同年12月，经山东省人民政府批准为省级经济开发区，规划面积为6.06平方公里。

经济开发区位于市区东部，西与密水街道和醴泉街道相连，东隔胶河与朝阳街道相望，南接柏城镇，北连夏庄镇，版图面积36平方公里。办公楼位于康成大街东段路北。2008年，辖38个社区（即行政村），分别是：东观音堂、西观音堂、邱家洼、荆家庄、许家庄、黄山茔、鲁家庙、东单家屋子、高家岭、秦家岭、罗家庄、小木田、邓家村（含小高家岭自然村）、王家响疃、田家村、东栾家庄、卣坊、李家八里庄、沈家八里庄、侯家八里庄、张家八里庄、东小庄、葛家庄、娘娘庙、

高密经济开发区办公楼

前埠口、后埠口、东门家苓芝、东王家苓芝、东李家苓芝、管家苓芝、刘家苓芝、鲁家村、卢家岭、王党、仓上、西门家苓芝、西李家苓芝、西王家苓芝(含单家苓芝、夏家苓芝两自然村)。

区内规划为轻工纺织、化工、机械电子、建材、食品加工、综合工业、高科技产业、金融服务和生活服务等专业区域。

经　济　经济开发区建区后，市政府对园区的功能定位和发展方向进行了规划，于1992年年底制定《高密经济开发区总体规划方案》。2000年，管委会聘请山东省城乡规划设计研究院进行了新一轮规划，对原方案的许多内容进行修编和调整，新的方案进一步规划完善了轻工纺织、机电建材、食品加工、综合工业、化工产业、科技金融、文化娱乐等十几个功能分区，较之原方案更加科学合理、前瞻可行。新方案形成后，相继进行了较大规模的基础设施建设，并加快招商引资的步伐。通过采取“走出去”“请进来”等方式，多渠道开展招商引资。至1996年，共引进项目45个，其中利用外资项目12个。是年完成工业产值2.86亿元，实现销售收入2.82亿元，利税1093万元，出口创汇540万美元。至2008年，进区企业项目有257个，其中外资项目40多个。实际利用市外资金58亿元，境外资金1.2亿美元。区内出口创汇企业已有60多家，产品销售美国、日本、韩国、俄罗斯等30多个国家。形成了纺织、服装、机械、化工、木器、鞋业等七大骨干产业，规模企业达到82家。同时现代服务业也有了长足发展。先后建起了齐鲁纺织服装、五金建材装饰材料、木材家具和汽车贸易4个大型专业市场。初步形成了南部纺织服装鞋业，西部建筑装饰材料，中部科技金融文化酒店，北部木材家具汽车，东部居住观光的产业格局。

■ 开发区中学

社会事业　经济开发区建立之后，在市政府的领导支持下，坚持“以地生财，自我积累，滚动发展”原则，从道路建设，到供水、供电、供热、通讯、有线电视等各类管线安装铺设，以及道路亮化、绿化和美化，按照规划，进行全面建设并不断完善，至2008年，区内基础设施建设质量及其功能达到了全市领先水平。

区内街道纵横，多数社区有公交车往来。教育卫生事业发展居全市前列。2所中学为省级规范化学校，5所小学和7所幼儿园建设达到市内一流。有医院1所，卫生所15个，卫生技术人员145人，医疗床位110张。区内70岁以上老人全部免除统筹款。合作医疗及疾病防治保健网络已健全。文体公园、胶河公园、南湖植物园与境相接，休闲娱乐方便。

胶河疏港物流园区

建置区划　胶河疏港物流园区位于高密市的东北部，地处高密、平度、胶州三市交界处，东、南、北3面分别与胶州市、平度市搭界，西连夏庄镇。版图面积65平方公里。

2001年3月，大栏乡并入河崖镇。2007年8月，河崖镇与夏庄镇合并，仍称夏庄镇。2008年7月，成立胶河疏港物流园区——以胶河农场为依托，以原大栏乡为基本单位，发展港口物流区、蔬菜物流配送市场、物流及农产品加工区、高效农业区等。园区驻地在高平庄。

胶河疏港物流园区辖17个行政村和国营胶河农场。分别是：前两县屯、中两县屯、后两县屯、谭家荒、大栏、王家屋子、平安村、沙口子、高平庄、艾丘、东风村、孙家口、谭家、杨家丘、朱家村、王家丘、咸家；国营胶河农场分为4个分场，场部设在一分场，与园区驻地一河之隔。

大栏桃花

经　济　境内土壤多为砂礓黑土和少量潮土土类。20世纪80年代初，实行联产承包责任制之后，主要农作物为粮、棉。在粮食作物逐渐由低产发展为高产后的20世纪90年代末，种植结构有所变化，棉田减少，花生、蔬菜、林果面积增大。20世纪末，小麦联合收割机、播种机、玉米收割机等相继使用，农业生产的主要环节已实现机械化。农作物种植主要小麦、玉米和花生。2008年，小麦种植面积39590亩，亩单产476公斤；玉米种植面积43695亩，亩单产428公斤；花生种植6635亩，亩单产447公斤。瓜菜种植面积4825亩，多为土豆、菜花、菠菜、大头菜、白菜、甜瓜、西瓜等，基本销往青岛、烟台、威海、大连、南京、上海等大中城市。2008年，园区成立胶河瓜果菜购销专业合作社，以协调园区蔬菜生产、储藏、保鲜、市场、销售等事宜。境内所产林果质量较好，2008年，苹果、蜜桃的面积为346亩，年产575吨。

园区内养殖业发展较快，2008年，有10个村建有规模化养殖场，主要有肉鸡、蛋鸡、小公鸡、猪、牛等。

自20世纪80年代初，由计划经济向市场经济的转型中，工商贸易是重点之一。1980年1月设立大栏乡时，乡属企业有一家帆布厂。21世纪后，境内工商贸易得到较快发展。2008年，有机械制造、食品加工、纺织等规模以上工业企业6家，年销售收入近3亿元；各种大小经营业户不下百家。大栏村、沙口子村、胶河农场一分场系商贸集中区。

社会事业　胶河疏港物流园区地处胶河下游，土地肥沃，物产丰富。公路过境者有高东、平胶、北平路等。2008年，村村通道路已完全硬化，形成园区首尾相接、四通八达的交通网络。学校布局合理，已满足孩子们接受教育的需求。商贸繁荣，日用品供应充足。休闲观光场所有胶河、孙家口伏击战旧址、莫言旧居等。

第二编

自然环境

高密境域的特点是南高北低。南部为缓丘区，中部为缓平坡区，北部为低平区。境内有大小河流20多条，分属南胶莱河、北胶莱河和潍河三大水系。境内矿产资源较少。土壤有棕壤、褐土、潮土和砂礓黑土四个土类。境域属季风性暖温带大陆性半湿润气候，大陆度64.5%。冬冷夏热，四季分明。

第一章 地 貌

境域地势南高北低。最高点在柴沟镇梁尹岭张林北侧，海拔109.4米。最低点在大牟家镇曹家北近北胶莱河处，海拔7.5米。南北极点高差101.9米。地面总坡度约1/600。具体分缓丘区、缓平坡区、低平区三个类型。

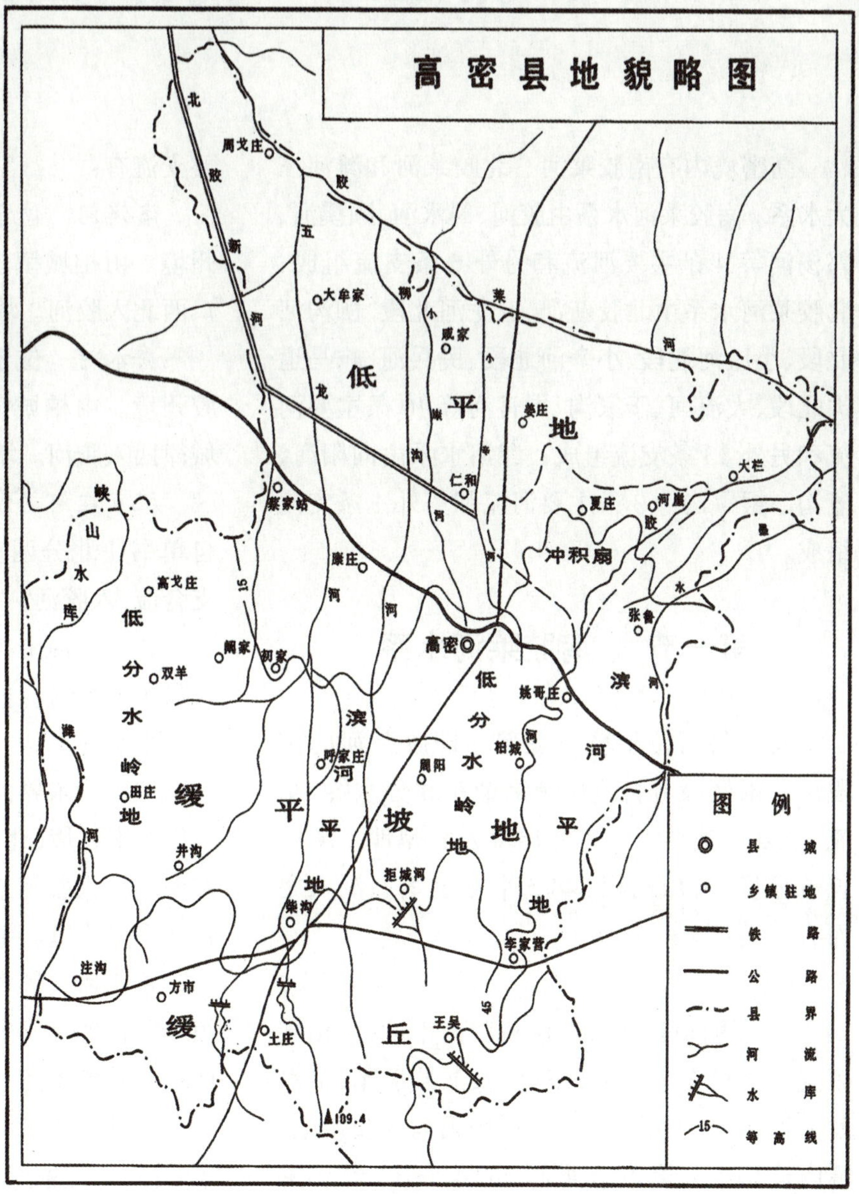

第一节 缓丘区

南部属泰沂山区末端，缓丘绵延，地势较高，包括剥蚀残丘和丘间凹地两种微地貌单元。丘陵以山、岭、埠命名，丘间凹地多以洼称。分布在柏城、柴沟、密水等镇街，面积306.71平方公里，占境域总面积的19.1%。区内多沙质壤土，降水入渗快，易剥蚀。表层冲沟发育，显现水土流失貌。

第二节　缓平坡区

中部区域为缓平坡区，属滨河平地和低分水岭地两种微地貌单元，地面宽阔平缓。分布于朝阳、柏城、柴沟、井沟、阚家、夏庄、密水、醴泉等镇街，面积为802.646平方公里，占总面积的49.99%。

第三节　低 平 区

北部区域为低平区，地势低洼，地面平展，全境河流多汇于此。分布于朝阳街道北部，阚家镇东部，夏庄、姜庄、大牟家、醴泉等镇街为多，面积496.19平方公里，占总面积的30.91%。

第二章　河流水系

高密境内有南胶莱河、北胶莱河和潍河三大水系。南胶莱河水系由胶河、墨水河、顺溪河、郭杨河等4条主要河流和另外6条支流组成；北胶莱河水系由北胶新河、五龙河北段、柳沟河北段、小康河北段、小辛河北段、民兵河、响马道沟北段、大流河、于家沟、周官河等10条主要河流和另外13条支流组成；潍河水系由向阳河、老沟、银鼠沟等3条主要河流和另外1条支流组成。

第一节　南胶莱河水系

南胶莱河位于境东北部，即胶莱河的南段。北南两段分自夏庄镇窝铺东北分水岭，东流，至夏庄镇孙家口东北出境入胶州地。境内长6公里，流域面积344.5平方公里。汇入之河有：

胶河

位于境内南、东部。源自胶南市境，由柏城镇空冲水村东南入境，东流，入王吴水库；出水库曲折北流，于夏庄镇东风村东出境入胶州地。境内长62.5公里，流域面积202.4平方公里。主要支流有：

洛溪河　位于境东南，源于姚家岭南坡胶州境。由柏城镇李家太洛南入境，北流，至小河口西北入胶河。境内长3公里。

秀水河　位于境东南角。源自姚家岭东麓胶州境。由柏城镇王家小庄东入境，西北流，至城律西入胶河。境内长5公里。

祝家庄河　位于秀水河北，源自胶州市境。自单书庄北分两支入境，西流，至祝家庄南，两支合流，入胶河。境内长2公里。

纪家大沟南段　起自西冢子头后，北流，于大吕东入胶河。长7.5公里。

墨水河

位于境东界，源自胶州境孝源店子东。自芝兰庄东南入境，北流。经张鲁寺东北至毛家屋子东南出境入胶州地。境内长13公里，流域面积75.2平方公里。主要支流有：

羊儿沟　源自胶州市小佛乐南岭。自柏城镇李茂庄东南入境，沿高、胶界东北流，于芝兰庄东南入墨水河。境内长10.8公里。

纪家大沟北段　起自朝阳街道南曲东南，东北流，于纪家庄后入墨水河。长4.13公里。

顺溪河

位于境东部,源于朝阳街道柳沟崖一带,北流,至于疃前折向东,于后张鲁东东北流,在艾丘东出境入胶州地。境内长 15.2 公里,流域面积 47.8 平方公里。

郭杨河

位于境东北部,1975 年新开。源于夏庄镇郭家台子南,东流,至孙家口前折向东北,入南胶莱河。长 9.3 公里。

第二节 北胶莱河水系

北胶莱河为高密与平度市界河,即胶莱河北段,分自窝铺东北分水岭。西北流,于曹家北入昌邑境。境内长 40 公里,流域面积 1153.4 平方公里。汇入河流有:

北胶新河

1975 年冬至 1976 年春开挖的新河道。于姜庄镇新兴庄东,承接小辛河南段,西北流。经张家庄子西,于大泊子西出境。至昌邑市流河东入北胶莱河。全长 38.8 公里。在境长 34.2 公里,流域面积 784.1 平方公里。此河的开挖,将河南部 5 条河流截为南北两段。汇入之河有:

五龙河南段　源自境南部诸城境九龙埠北麓。分东西两支:东支名五龙河,自柴沟镇山庄东入境,北流。于新胜屯西折而西北,入李家庄水库。出水库北流。西支名盆渠河,由郝家楼子东入境,北流,入马旺水库。出水库东北流。两支于柴沟西合流后北流,至和睦屯南入北胶新河。境内长 38.9 公里,流域面积 395.5 平方公里。主要支流有店子河和小新河:

店子河　源自柴沟镇代家庄东。东北流,至林家庙子东折向北。又拐弯向东北,至尤河头村西,北流。经后店子西,至新民官庄东弯向东北。到殷家屋子西分为两支:一支向北,称小新河;一支由殷家屋子后东北流,入五龙河。长 18 公里。

小新河　上游为店子河故道,下游为清光绪年间新开之河道。1953 年对其拓宽加深和局部取顺,称小新河。顺流北下,至土辛庄西北穿过铁路,北流。于徐家庄东入五龙河。

柳沟河南段　分两源:正流源自柴沟镇两埠岭西侧,至大王柱东称朱公河。北流,至朱公东,汇多支,仍北流。另源称拒城河,源自密水街道泊子南岭北坡、道乡东岭西麓和西双庙西岭凤台埠东侧的多股水,汇于东双庙东北,北流入拒城河水库。出水库西北流,至方家村西北折向西,于西施家屯北折向北流,至苗家屯西北与朱公河相汇,称柳沟河。北流,于蔄家庄北入北胶新河。长 34.5 公里,流域面积 218.8 平方公里。主要支流有:

凤台河　源自凤台岭西坡潘家栏子南。西北流,于朱公东入朱公河。长 2.5 公里。

新民庄河　源自大店子北,北流。于荆家屯西北折向西,至苗家屯北汇入拒城河。长 4.5 公里。

南阳河　源自侯家八里庄西,西流。流经姜家屯西北,于东尤家屯南入柳沟河。长 5.25 公里。

呼家沟　于柳沟河西侧北流。1981 年后,已为排水沟所替代。

小康河南段　源出城东南卣坊一带。东北流,至城区南关,折向北流。过铁路,于北栾家庄西北向西北流,于三姓屯东北入北胶新河。长 13.1 公里,流域面积 35.5 平方公里。

小辛河南段　源出城东岭许家庄一带。北流,至邱家洼东,折向西北。于后埠口西北折向北流,至新兴庄东,接北胶新河之源。长 9.8 公里,流域面积 7.1 平方公里。

响马道沟南段　1974 年,将殷家楼东之此沟上延至铁路南。北流,于阎家庄西入北胶新河。长 13.3 公里。

官河　位于境西部,上自阚家镇后泊子北,北流,入北胶莱河。1975 年,改由郇李家西南入北胶新河。长 18 公里。

谭家河　源自阚家镇远家屯北，东流，于王柳官庄北入官河。长3.75公里。

大屯沟　源自城西岭西坡排水沟。经大屯西北流，于莳家庄东北入北胶新河。长6.38公里。

五龙河北段

源自北胶新河岸北、大牟家镇和睦屯南。北流，于槐家南入北胶莱河。长13.5公里，流域面积55.4平方公里。

柳沟河北段

自北胶新河岸北、尤家集南始。北流，于祁家北入北胶莱河。长14.2公里，流域面积58.2平方公里。

小康河北段

始自北胶新河岸北、仁和庄西北。北流，于徐家庙子西北入北胶莱河。长13.2公里，流域面积30.7平方公里。

小辛河北段

于北胶新河岸北、梁家村南起首。北流，于大侯家西北入北胶莱河。长12.3公里，流域面积64.2平方公里。

民兵河

起自大牟家镇王官庄后。北流，至陆家西北入北胶莱河。长11公里。

响马道沟北段

起自大牟家镇薛家集东，北流，于大迟家东北入北胶莱河。长13公里。

大流河

起自夏庄镇河崖北，西北流，经前屯、后屯入小辛河。新中国建立后，在对洼地的治理中，河道为新的排水系统所代替。

于家沟

起自夏庄镇栾家泊子北，经茂早屯东，北流，于王干坝西入北胶莱河。长13公里。

周官河

起自夏庄镇伊家庄西。西北流，于孙家长村东北入大流河。

第三节　潍河水系

潍河源自沂水境。自柴沟镇李家埠西南入境，北流，入峡山水库。在境长27公里，流域面积107.7平方公里。汇入河流有：

向阳河

源自诸城市大宋岭，自柴沟镇刁家庄东南入境。北流，至逄戈庄前分为两支：一支入村内，一支走村东。两支于村后合流。曲折西北流，于曹家大浒西，入潍河。1964年秋，在逄戈庄南1公里处改道西流入老沟。改道处以下，即为该河新源。

红绣河　源自柴沟镇顷王冢北。北流，至代家庄北折向西，于曲家大浒南入向阳河。长4公里。

老沟

源出西注沟东，东北流。至东注沟西，折向西北，于新华村西北入潍河。1964年秋，自东注沟西纳向阳河上游改道水，原向阳河之源即为老沟之源。

银鼠沟

源自境西部。有南、中、北3支，于前塔庄南3支相汇，西北流。至于家下坡北折向西南入潍河。1959年修建峡山水库副坝时，在沟与坝的交汇处修建郑公放水洞。1960~1965年，自放水洞向东借银鼠沟开渠，名导流沟。此后，银鼠沟一名则为导流沟所替代。

第三章　土壤　植被

境域土壤有棕壤、褐土、潮土和砂礓黑土四个土类。其分别占土地总面积的比例是：棕壤土为7.74%、褐土为18.72%、潮土为24.69%，砂礓黑土为48.85%。植被分自然植被和人工植被。随着土地的不断被开发利用和逐年绿化，自然植被率下降，人工植被率上升。到2008年，境内自然植被为1%，人工植被为24%。

第一节　土　壤

土类分布

棕壤土类　分布在南部缓丘区的缓丘顶部、丘坡及坡脚处，面积为140963.5亩。

褐土土类　分布在境内东部、南部、西部等地势较高的地带，面积340933亩。

潮土土类　分布在潍河、胶河、五龙河、柳沟河等主要河流沿岸的区域，面积为449662.1亩。

砂礓黑土土类　是境内面积最大的土类，主要分布在市境北部地势较洼的地区，面积为889673.8亩。

土壤类型特性

棕壤土类和褐土土类　土层薄，地力低，水源不足，保肥保水能力差。

潮土土类　土层较深厚，土质疏松，地下水资源相对较丰富。

砂礓黑土土类　土质较黏，有机质含量高，保肥保水性能好。

土壤养分

1983年，高密县第二次土壤普查后，于1991年对全县28处乡镇进行养分普查，取土样1229个，化验数据6254个。化验结果显示，全市土壤养分平均含量为：有机质1.08%，全氮0.072%，速效氮68.2ppm，速效磷8.04ppm，速效钾75.4ppm。

化验结果与1983年比较，有机质、全氮、速效氮、速效磷分别增加0.13%、0.017%、6.2ppm和2.74ppm，速效钾下降12.6ppm。而其中仁和、周戈庄、康庄、初家、井沟、田庄、呼家庄、周阳8处乡镇的土壤速效钾含量比1983年有所提高，其余20处乡镇有所下降。下降范围在1~36.5ppm。

1991年高密县各乡镇土壤养分情况表

表2－1

乡　镇	有机质 %	全　氮 %	速效氮 ppm	速效磷 ppm	速效钾 ppm
高密镇	1.30	0.083	72.1	8.8	81.8
柏城镇	1.01	0.066	61.9	5.6	64.1
姚哥庄镇	1.16	0.077	66.1	8.8	60.9
张鲁乡	0.87	0.070	65.5	5.1	70.0

续表 2－1

乡　镇	有机质 %	全　氮 %	速效氮 ppm	速效磷 ppm	速效钾 ppm
河崖乡	1.06	0.068	67.0	7.4	75.3
大栏乡	1.09	0.073	73.9	9.1	74.0
夏庄镇	1.02	0.067	70.1	9.6	69.7
姜庄镇	1.30	0.085	72.3	12.0	80.3
仁和乡	1.24	0.085	66.0	9.7	90.2
咸家乡	1.11	0.076	60.4	7.0	87.0
大牟家镇	0.99	0.067	48.6	9.6	69.2
周戈庄乡	0.98	0.065	50.8	7.8	94.2
康庄镇	1.33	0.091	75.0	12.2	98.7
蔡家站乡	1.03	0.070	50.9	7.1	72.0
阚家乡	1.32	0.085	76.4	8.5	71.0
初家乡	1.39	0.084	93.4	9.97	92.2
双羊镇	1.09	0.073	75.0	6.3	81.0
井沟镇	1.21	0.075	62.9	4.7	97.0
田庄乡	1.15	0.073	75.1	9.8	92.5
呼家庄乡	1.11	0.076	89.4	9.8	91.0
注沟乡	0.88	0.062	66.0	9.2	52.1
方市乡	1.15	0.076	85.8	6.0	81.0
柴沟镇	0.91	0.060	45.7	6.0	51.5
土庄乡	0.82	0.055	85.0	4.7	67.0
拒城河乡	1.91	0.060	61.3	8.5	64.9
周阳乡	1.11	0.072	53.9	7.3	70.0
李家营镇	0.86	0.060	74.8	9.8	55.9
王吴乡	0.87	0.054	65.4	4.8	56.8

注:1ppm＝1 毫克/公斤

1995 年对全市的土壤养分普查，共采集土样 1183 个，化验数据 5925 个。全市土壤养分平均含量：有机质为 1.12%，全氮 0.07%，速效氮 62.5ppm，速效磷 18ppm，速效钾 78.9ppm。速效磷与速效钾分别比 1991 年增加 9.96ppm 和 3.5ppm。

1995年高密市各乡镇土壤养分情况表

表2－2

乡　镇	有机质 %	全　氮 %	速效氮 ppm	速效磷 ppm	速效钾 ppm
高密镇	1.43	0.088	71.4	56.5	125.0
柏城镇	1.10	0.066	63.4	20.7	66.2
姚哥庄镇	1.18	0.071	55.0	20.0	72.4
张鲁镇	1.04	0.066	67.0	12.7	79.4
河崖镇	1.01	0.065	59.2	24.5	89.2
大栏乡	1.21	0.075	57.3	19.0	88.3
夏庄镇	0.95	0.062	62.6	24.0	39.3
姜庄镇	1.22	0.079	74.2	18.4	65.0
仁和镇	1.32	0.063	65.3	22.1	102.0
咸家乡	1.29	0.081	61.5	18.3	71.5
大牟家镇	1.00	0.059	54.0	13.6	71.4
周戈庄镇	1.00	0.063	53.2	12.4	76.2
康庄镇	1.30	0.086	58.2	18.8	112.2
蔡家站镇	1.19	0.072	53.4	13.7	79.5
阚家镇	1.30	0.086	61.3	9.2	84
初家镇	1.36	0.084	67.4	13.1	63.2
双羊镇	1.11	0.072	74.5	19.8	92.7
高戈庄乡	1.10	0.067	66.0	14.5	57.4
井沟镇	1.17	0.073	70.3	13.7	68.1
田庄乡	1.18	0.072	57.3	22.2	78.3
呼家庄镇	1.08	0.071	60.1	16.9	103.8
注沟镇	0.92	0.059	60.8	64.2	76.7
方市乡	0.99	0.062	56.4	12.3	76.5
柴沟镇	0.98	0.059	60.3	10.4	56.5
土庄乡	1.08	0.065	75.6	19.3	68.9
拒城河镇	1.01	0.065	65.9	13.1	60.0
周阳乡	1.10	0.069	56.0	19.0	122.0
李家营镇	0.87	0.059	67.0	25.1	67.3
王吴乡	0.88	0.054	66.0	19.1	49.7

注：1ppm＝1毫克/公斤

1998年对全市的土壤养分普查，采集土样1707个,化验数据8535个。全市土壤养分平均含量：有机质1.16%，全氮0.072%，速效氮61.0ppm,速效磷21.5ppm,速效钾95.4ppm。速效磷与速效钾比1995年分别上升3.5ppm和16.5ppm。

1998年高密市各乡镇(街道)土壤养分情况表

表2-3

乡镇街	有机质 %	全　氮 %	速效氮 ppm	速效磷 ppm	速效钾 ppm
高密镇	1.58	0.098	67.9	33.7	133.1
柏城镇	1.21	0.075	60.2	30.8	85.9
姚哥庄镇	1.17	0.073	60.6	39.4	93.1
张鲁镇	1.01	0.063	69.7	28.8	97.1
河崖镇	1.22	0.075	54.5	29.8	130.8
大栏乡	1.20	0.074	55.9	16.8	94.2
夏庄镇	0.88	0.055	52.0	28.7	98.0
姜庄镇	1.26	0.078	62.2	20.4	78.9
仁和镇	1.36	0.084	59.3	17.5	100.7
大牟家镇	1.05	0.065	55.3	17.8	104.1
周戈庄镇	0.99	0.061	55.1	12.2	88.1
康庄镇	1.34	0.083	77.4	15.2	99.5
蔡家站镇	1.31	0.081	55.6	17.8	93.5
阚家镇	1.49	0.092	69.5	23.1	146.6
初家镇	1.34	0.083	62.6	12.6	143.2
咸家乡	1.33	0.082	66.2	19.3	105.9
双羊镇	1.19	0.074	64.9	17.8	79.1
高戈庄乡	1.30	0.081	66.8	29.9	98.2
井沟镇	1.26	0.078	70.5	14.8	69.7
田庄乡	1.00	0.062	70.8	19.7	121.3
呼家庄镇	0.97	0.060	56.9	15.2	110.5
注沟镇	0.95	0.059	51.1	31.2	92.2
方市乡	1.18	0.074	49.8	19.4	50.8
柴沟镇	0.89	0.055	46.7	6.1	51.5
土庄乡	0.99	0.061	53.2	15.5	85.0
拒城河镇	1.17	0.073	63.4	19.4	87.5
周阳乡	1.36	0.084	61.6	22.9	86.0

续表2-3

乡镇街	有机质 %	全　氮 %	速效氮 ppm	速效磷 ppm	速效钾 ppm
李家营镇	0.95	0.059	55.0	34.4	108.2
王吴乡	0.80	0.049	58.6	15.7	57.2
朝阳街道	1.08	0.067	66.0	18.4	73.1

注:1ppm=1 毫克/公斤

2006~2008 年对全市的一次土壤普查，共采集土样 7500 个,化验数据 61200 个。全市土壤养分平均含量：有机质 13.3g/kg,全氮 0.87g/kg,碱解氮 85.8mg/kg,速效磷 34.9mg/kg,速效钾 122.5mg/kg。速效磷与速效钾比 1998 年分别上升 13.4mg/kg 和 27.1mg/kg。

■科技人员在化验土样

2006~2008 年高密市各镇(街道)土壤养分情况表

表2-4

镇　街	有机质（克/公斤）	全　氮（克/公斤）	碱解氮（毫克/公斤）	有效磷（毫克/公斤）	速效钾（毫克/公斤）
柏城镇	12.2	0.80	96.3	36.8	123.3
李家营镇	11.0	0.71	81.2	42.4	107.1
柴沟镇	12.6	0.82	76.6	30.8	118.9
注沟镇	12.8	0.85	81.4	37.5	125.3
朝阳街道	12.6	0.83	87.3	28.3	99.0
姚哥庄镇	11.8	0.76	91.9	44.4	129.7
大牟家镇	12.2	0.80	77.0	27.1	143.7
周戈庄镇	12.4	0.79	72.0	25.6	121.6
姜庄镇	14.3	0.95	86.4	34.3	140.3
仁和镇	15.6	1.04	84.5	36.8	126.7
井沟镇	14.9	0.98	84.5	47.0	121.7
呼家庄镇	13.6	0.87	86.5	24.9	109.5

续表 2-4

镇 街	有机质（克/公斤）	全 氮（克/公斤）	碱解氮（毫克/公斤）	有效磷（毫克/公斤）	速效钾（毫克/公斤）
阚家镇	16.5	1.07	101.7	23.2	143.2
双羊镇	15.1	0.99	88.5	46.9	119.0
醴泉街道	13.8	0.89	84.1	27.5	97.8
康庄镇	14.2	0.95	88.8	28.5	122.6
密水街道	15.2	1.01	80.4	35.4	103.9
拒城河镇	13.5	0.87	91.7	35.3	112.4
夏庄镇	9.8	0.63	87.2	47.4	137.8
河崖镇	12.8	0.85	87.1	38.6	147.3

注：从 2006 年实施测土配方施肥项目以来，上级业务部门对土壤养分含量单位做了规范，原来的有机质、全氮单位% 修改为克/公斤，原来的碱解氮、速效磷、速效钾单位 ppm 规范为毫克/公斤。

第二节　植　被

自然植被　主要是生长在路旁、沟崖、河边的杂草及少量野生灌木丛。1986 年后，因境域内未被利用土地复垦与开发较多，至 2008 年，自然植被由 1986 年的 5%降为 1%。

人工植被　主要是农作物与树木。1986 年后，境域内人工植被增加，至 2008 年，已由 1986 年的 7.8%增至 24%。

第四章　地　质

高密境处鲁东隆起西部的胶莱坳陷区。地层不甚发育，构造比较简单。仅出露有中生界白垩系莱阳群、青山群和王氏群，约占境域的 25%；而新生界第四系地层，则占 75%。

第一节　地　层

中生界白垩系

莱阳群　占该系的 80%，为一套复杂的陆相碎屑岩沉积。主要见于境南部和西部。

青山群　在该系中不足 1%。为一套复杂的陆相酸性山岩、中—中基性火山岩及火山沉积岩。零星出露于境西南部、西部及南部。

王氏群　主要见于境西部和西南部，出露面积约占该系的 15%。露头较差，为一套陆相红—紫色调碎屑岩沉积，局部夹流纹质凝灰岩、安山质凝灰岩、玄武安山岩、玄武岩等火山岩。总厚度 78.8～621.4 米。

新生界第四系

该系地层在境域非常发育，北部尤甚，最大厚度 35 米。其发育为上更新统及全新统，宏观上为水平层状结构，局部地区微观上可见二元结构和交错层理。

第二节 构 造

境域地质构造,受沂沭断裂带活动影响,侏罗纪以前,胶莱坳陷一直处于隆起剥蚀发展过程中。白垩系—第四纪胶莱坳陷经历了晚燕山运动和喜山运动,发育了不同程度的沉积作用、岩浆活动和构造作用。

中生代晚燕山运动

该运动期,是高密大地构造的主要演化发展阶段。

早白垩纪早期　境域构造以拉伸机制占主导地位,胶莱坳陷形成。首先接受了莱阳群沉积。在莱阳群形成的晚期,区域中酸性火山喷发。在接受火山碎屑沉积的同时,近南北向、东西向断裂形成。

早白垩纪晚期　胶莱坳陷范围不断扩大,境域内火山盆地形成,火山活动强烈。与区域火山活动相呼应,前后方市—井沟—双羊店—谭家营一带发生不同程度的火山活动,形成以青山群火山碎屑沉积、潜火山岩和超浅成侵入岩的侵位。并在火山喷发间歇期,接受了正常碎屑沉积。北东、北西向和近南北向断裂大部分在此时形成,并对早期断裂破坏或改造。

晚白垩纪期　胶莱坳陷在原有基础上,向北、北东方向发展,坳陷范围进一步扩大,接受了王氏群沉积。其中伴有基性火山岩浆喷溢,形成王氏群正常碎屑沉积夹中基性火山岩薄层的沉积特点。断裂活动则表现为水平位移及掀斜。

新生代喜山运动

从第三纪始新世—第四纪全新世,由于印度板块与欧亚板块碰撞影响,区域内应力场发生根本性改变,由原来的北西—南东向拉伸,改为北西西—南东东向挤压。胶莱坳陷总体处于上隆,造成风化剥蚀。第四纪更新世之后,在山间、山前、平原等低洼地带,断裂则主要表现为力学性质及运动方向的改变。

第五章 自然资源

高密地处胶莱平原区,土地资源占有优势。至2008年,未利用的沙滩、沟壑、丘陵、荒地等未利用面积为24382公顷,占总面积的15.2%,具有很大开发潜力。境内矿产资源相对短缺,已探明几种矿产资源储量较少。动物类生物资源有七八十种,在三四十种植物类生物资源中,有十余种具有药用价值。

第一节 土地资源

土地资源

境域面积160555公顷。1986年,可利用土地为121415公顷,未被利用面积39140公顷。在可利用土地中耕地为90501公顷。境域为丘陵、缓平、低平区,未被利用的土地,多为河流、沙滩、沟壑、穴坑,丘陵石砾荒地等,开发潜力较大。自20世纪80年代实行土地承包制

■ 土地整理作业现场

后，经过土地复垦和资源开发，到1997年可利用土地增为135320公顷，未利用面积减为25235公顷。至2008年，已利用土地仍有所增加，为136173公顷，未利用面积为24382公顷。

土地资源利用

将1997与2008年高密市土地资源利用情况列表于下：

1997年、2008年高密市土地资源利用情况表

表2－5　　单位：公顷

年份	耕地	园地	林地	城乡居民及独立工厂用地	其他
1997	97495	9970	6282	20344	1229
2008	95619	13160	6280	19817	1297

第二节　矿产资源

境内已探明的矿产储量较少，规模多为矿点、小型。

金属矿产

银　在菜园村附近，为重晶石矿伴生，含量极少。规模为矿点。

铅　在钟家王吴附近，为重晶石矿伴生，矿体规模较小，宽1~3米，最大长度120米。储量1203吨。

非金属矿产

重晶石　在西化山、宫家庄、大王柱、菜园、新胜屯附近。惟西化山规模为中型，其余为小型和矿点。成因为中温热液矿床。储量350万吨。

花岗石　在秦家店子附近，成因为火山喷发岩浆型，为建筑饰材。储量为1491.075万立方米。

瓷石　在东于家埠、后方市、西马戈庄一带，成因为火山喷发岩浆型。中型规模。储量为3747.45万吨。

岩棉用玄武岩　在姚家村附近，为火山喷发岩浆型，中型规模。储量约349.3万吨。

建筑用玄武岩　在金宝山一带，成因为火山喷溢。规模为矿点。储量约135万立方米。

水泥配料黏土陶土　在李家八里庄、顾家岭一带，成因为正常碎屑沉积。规模为矿点。

建筑用砂　在葛家庙子—张家庄、休息园—堤东、冯家庄、刘家苓芝、郭家南直、西店—后李家庄和沙沟—郑公近河处，成因为正常沉积及风成堆积型。规模为中型和小型。部分地段砂层厚达8米。

造型用砂　在胶河姚哥庄段两岸，成因为沉积型。储量为3760.41万吨。

膨润土　在谭家营、东疃附近及高戈庄中学校园内，成因为火山喷发沉积型。规模为小型和矿点。储量为91.88万吨。

第三节　水资源

雨水

1951~2008年的58年间，高密境内平均年降水为624毫米。雨量的地域分布，大致呈由南向北递减趋势。

1951～2008年高密市雨量表

表2－6

单位：毫米

年＼月	1	2	3	4	5	6	7	8	9	10	11	12	全年	汛期
1951	0	21	17.5	41.5	79	92	108.5	172.3	59.8	26	8.4	12.2	638.2	432.6
1952	0	16	27.8	28.7	31.2	125.6	63	196.5	45.8	79.5	49.5	8.3	671.9	430.9
1953	4.4	7.4	27.1	12.2	102.1	98.1	253.9	215.9	49.8	63.3	26.1	2.5	862.8	617.7
1954	9.4	24.9	2.2	42.9	47.3	26.9	91.6	271.9	56.8	80.6	24	7.6	686.1	447.2
1955	0	5.4	0.5	5.4	23	90.7	346.2	30.5	80.5	3.1	11.8	4.1	601.2	547.9
1956	1.1	11.2	46.6	32.5	53.5	157.5	217.6	121.1	201.4	16.4	3.1	8.3	870.3	697.6
1957	23.3	8.1	6.8	41.1	31	38	455.7	88.1	1.7	4.6	27.7	18.6	744.7	583.5
1958	18.3	0	29.5	26.6	4.6	81	149.6	127.2	49.6	82.2	43.7	37.3	649.6	407.4
1959	3.2	14.7	52.5	54.3	47.3	95.8	107.8	213.2	82.5	10.9	65.3	25.6	773.1	499.3
1960	2.5	0.1	19.9	16.4	23.9	169	219.4	204.2	55.2	4.7	18.6	0.5	734.4	647.8
1961	3.1	7.5	11.4	14.3	51.9	50.1	107.5	109.7	205.4	17.2	58.5	20	656.6	472.7
1962	0.6	15.4	3.4	25.9	8.6	106	286.2	204.6	106.8	66.4	61	13.2	898.1	703.6
1963	1	0	25.7	52.1	56.4	0.4	221	102.1	16.5	9.4	14.5	15	514.1	340
1964	41.6	13.4	7.3	70.4	55.3	113.9	474.4	281.2	151.3	54.2	11.7	0	1274.7	1020.8
1965	0.8	10.1	5.6	36.5	26.7	64.5	213.9	222.3	38.3	11.8	12.3	0	642.8	539
1966	0	17.3	44.7	38.3	25.5	58.5	146.1	129.6	35.7	22.7	14	9.7	542.1	369.9
1967	44.8	0	17.9	8.2	3.7	173.6	79.4	73.6	42	28.3	35.1	0	506.6	368.6
1968	0	0	18.6	24.7	31.5	96.5	76.1	79.4	12.7	48.4	14.2	22.3	424.4	264.7
1969	7.1	15	16.4	37	52	57	76	88.7	102.6	0	0	0	451.8	324.3
1970	12.9	3.4	5.1	22	90	60.3	272.8	80.1	100.8	54.3	15.7	0	717.4	514

续表2-6

月 年	1	2	3	4	5	6	7	8	9	10	11	12	全年	汛期
1971	4.8	9.1	52.3	38.2	3.8	98	192.3	381.9	62.9	14.6	3.3	10	871.2	735.1
1972	34.5	2.2	19.4	34.3	31.5	15.9	83.1	90.4	86	47	9.3	0.8	454.4	275.4
1973	13.7	8	5.4	71.3	58.8	39	151.7	137.8	33.5	55.4	0	0.4	575	362
1974	6	4.5	29.2	35.1	61.3	63.9	156.4	267.5	41.9	26.7	16.7	34.3	743.5	529.7
1975	0.1	14	5.6	79.5	3.2	66.6	386.9	170.9	69.9	127	66.2	19.5	1009.1	694.3
1976	0.2	36.3	1.9	30.3	23.5	171.1	115	183.8	104.4	22.7	15.8	2.6	707.6	574.3
1977	0	0	0	21	55.3	22.2	123.1	14.5	19.5	23.6	17.4	18.7	315.3	179.3
1978	0	5.5	15.7	5.7	34.5	88.2	250.9	156.8	63.9	29.3	4.8	5.7	661	559.8
1979	13.5	15	29.5	87.7	29.1	76.5	238.6	38	46.5	4.6	0.8	25	604.8	399.6
1980	4.8	0	9.4	86.7	32.8	158.3	151.4	85.7	60.2	85.6	11.9	6.7	693.5	455.6
1981	9.7	4.9	12.2	17.2	10.7	24.2	103.1	28.6	6.9	47	0	2.7	267.2	162.8
1982	1.1	15	13.6	12	43.9	48.6	198.3	95.2	18.6	72.7	50.5	0	569.5	360.7
1983	1.9	12.8	22.1	19.8	26.2	7.9	96.4	118.5	74.6	32.9	0	0	413.1	297.4
1984	0	3.1	0	24	47.4	65.9	114.2	90.4	96.1	5	23.5	13.2	482.8	366.6
1985	2.6	6.6	8.7	20	49.8	18.3	141.9	320.1	58	66.6	8	22.5	723.1	538.3
1986	0	8.7	5.1	1	7.3	80.3	192.2	45.8	17.5	28.5	0	28.6	415	335.8
1987	17.3	6.4	4	36	33.7	46.8	87.8	138	49.6	38	20.5	0	478.1	322.2
1988	4.8	0	4	0	36.4	17.2	229.2	71.9	17.7	0	0	5.8	387	336
1989	42.5	0	67.3	1.1	19.2	56.4	117.2	64.9	17.6	1.6	12.3	0	400.1	256.1
1990	17	28.1	21.1	12.80	92.8	119.1	271.5	120.2	113.8	4.8	2.8	6	810	624.6
1991	4	12.9	30.4	31.2	75.5	67.8	180.7	39.5	34.1	7.1	9.7	15	507.9	322.1

续表 2－6

月 年	1	2	3	4	5	6	7	8	9	10	11	12	全年	汛期
1992	14.4	19	2.3	9.1	9.9	22	129.9	65.5	150.8	27.6	0	8.7	459.2	368.2
1993	0	26.1	0	7.3	73.9	153.1	217.3	14.8	74.6	28.2	80.3	0	675.6	459.8
1994	0	0	21.7	37	0	79.1	129.2	358	44.1	69.7	31.8	19.5	790.1	610.4
1995	0	0	19.7	10.4	24.6	31.4	72.3	199.8	28.1	40.6	0	0	426.9	331.6
1996	7.1	0	20.5	37.8	0	134.9	174	56.2	22.1	56.9	3.5	8.9	521.9	387.2
1997	0	20.7	22.2	28.1	30.9	0	29.8	263.3	7.3	16	46	12.6	476.9	300.4
1998	4.7	49.5	27.4	74.2	70.5	41.2	107.8	228.8	19.6	10.5	0	3.1	637.3	397.4
1999	0	0	0	16.8	89.3	93.3	85.8	334	110.9	80.2	13	1.2	824.5	624
2000	28	5.2	0	0	38.1	71.1	45.3	144.4	31.5	71.7	39.7	0	475	292.3
2001	26.6	22.3	4.4	9.8	5.7	51.5	225.1	109.1	31.3	0	16.1	21.8	523.7	417
2002	10.8	2	16.3	39	90.6	54.8	119.5	17.7	24.5	9.4	0	6.9	391.7	216.5
2003	7.3	19	23	40.2	87	125.7	130.3	166.4	108.5	58.6	53.5	24	843.5	530.9
2004	5.8	12	7.6	18.7	72.4	47.3	96.8	183.8	48.4	6.7	47.6	5.7	552.8	376.3
2005	0	29	0	30.6	41.6	54	113.3	188.4	210.7	23.6	6.9	7	705.1	566.4
2006	4.3	7.4	0	30.6	58.4	36.4	51.6	106.7	2.6	1.5	11.6	15	326.1	197.3
2007	4.8	7.4	48.1	37.3	30.3	73.5	129.7	336.8	138.6	11.3	0	17.8	835.6	678.6
2008	3.6	5.6	21.1	65.8	75.6	29.5	293.3	195.7	40.3	34.1	5.6	3.8	773.5	558.3
平均	8.1	10.5	16.9	30.9	41.7	72.5	167.2	149	63.5	34	19.7	10	624	452.2

地下水

境域南部、西部基岩裸露区和中、北部第四系薄层覆盖区，赋水性较差，主要为风化裂隙潜水含水层。部分裂隙较发育地段，局部断裂构造发育部位，水量较丰。中、西部土夹钙质结核孔隙潜水含水层区域，赋水和透水性较差。北部一胶莱河以南、胶河两侧及柳沟河、五龙河之间，分布沙砾孔隙潜水含水层，处于第四系二元结构之底部层位，以中细砂为主，其次是粗砂，底部为砾石。沙砾层厚度1~13米，透水和赋水性能良好，系境域主要含水层。

地下水补给来源，主要靠大气降水。雨量大时，地下水偏丰；雨量小时，地下水则偏枯。地下水在年内的峰值，一般在8月中旬至9月中旬，谷值多发生在五六月份。

第四节　生物资源

动物

兽类　有獾、兔、黄鼬、野猫、刺猬、老鼠等。

鸟类

留鸟　有麻雀、喜鹊、灰喜鹊、乌鸦、云雀（俗名窝来）、啄木鸟、猫头鹰、山鸡、唧唧公、金翅雀等。

候鸟　有家燕、大雁、灰斑鸠、布谷鸟、翠鸟、窜窜鸡、三道眉、榆叶蛋、戳口、蓝尾巴、小鹰、鹌鹑等。

两栖（爬行）类　有青蛙、蟾蜍、鳖、蛇、壁虎等。

鱼（甲壳）类　有鲫鱼、鲤鱼、麦穗鱼、白条（俗名鲋鱼）、花翅鱼、虾虎鱼（俗名趴古郎）、黑鱼、黄鳝、泥鳅、鲶鱼、彩石（俗名镜鱼）、草鱼、扁鱼、宽鳍、翘嘴（俗名撅嘴鲢）、白鲢、花鲢、水蜗牛、虾、蟹、河蚌等。

昆虫类　有瓢虫、赤眼蜂、蚯蚓、蝈蝈、螳螂、蝉、蟪蛄（俗名唧唧）、蟋蟀、蜻蜓、蜗牛、蚂蚁、壁蜂（俗名土蜂）、蝗虫、竹蝗、土蝗、蚱蜢、毛虫、天牛、透翅蛾、金龟子、蝼蛄、蝴蝶、蝎子、蚰蜒、草鞋底虫、土元（俗名地鳖子）、蚊、苍蝇、姬小蜂、黄蜂、蜜蜂、木蜂、啮小蜂、大腹圆蛛、跳蛛、人面蛛、棒络新妇、黄刺蛾、褐边绿刺蛾等。

植物

灌木类　有酸枣、枸杞、柘、黄荆条等。

草类

药用价值类　有艾子、蒺藜、地黄（俗名野生地）、半夏、季附、柴胡、马齿苋、青蒿、蒲公英、薄荷、苍耳、牵牛、菟丝子、车前子、荔枝草（俗称哈马皮）、商陆、月见草等。

可食用类　有荠菜、曲曲菜、苦菜、小蓟（俗称蓟蓟毛）、马齿苋、藜（俗名灰菜）、苋菜、茴茴蒜、地肤（俗名扫帚菜）等。

杂草类　有芦苇、蓼（俗名水红）、臭蒲、马唐（俗名石草蔓）、板地蓑、地梢瓜（俗名挂蒌）、木贼（俗名接骨草）、白茅、狗尾草（俗名毛谷缨）、大戟（俗名毛眼草）、旋复花（俗名猫耳朵）、小花山桃草等。

第六章　气　候

境域属季风性暖温带大陆性半湿润气候，大陆度64.5%。冬冷夏热，四季分明。春季冷暖多变，冷空气活动频繁，常出现倒春寒。“春分”以后，多西南风，地面温度回升快，空气干燥，常出现春旱。夏季盛行暖湿的东南季风。气压低，气温高，湿度大，炎热多雨，常发生旱、涝、风、雹等自然灾害。秋季气温开始下降，天高气爽，气候宜人。冬季气候干燥寒冷，少雨雪，多西北风。

■ 高密气象局观测场　　(2008年 摄)

第一节　日　照

1986～2008年，日照最多年份出现在1988年，年时数为2609.0小时，百分率为59%，日照最少年份出现在1998年，年时数为2021.4小时，百分率为46%。全年日照时数以5月份最多，12月份最少。

1986～2008年高密市各月平均日照时数及百分率表

表2－7　　单位：时

月　份	1	2	3	4	5	6	7	8	9	10	11	12	年
日照时数	161.2	171.4	205.0	225.1	244.0	206.6	168.4	188.4	203.8	196.7	164.6	159.1	2294.5
日照%	54	56	59	57	56	48	40	44	57	58	54	54	52

第二节　气　温

年气温　境域受季风环流影响较突出，气温年振幅较大。年度之间平均气温差距不大。1986～2008年，年平均气温差在2℃以内波动。

1986～2008 年高密市年平均气温表

表 2－8　　单位:℃

年　份	平均气温	年　份	平均气温	年　份	平均气温
1986	12.1	1994	13.8	2002	13.9
1987	12.5	1995	13.0	2003	12.9
1988	12.7	1996	12.5	2004	13.8
1989	13.1	1997	13.4	2005	13.1
1990	13.2	1998	13.7	2006	14.0
1991	12.8	1999	13.7	2007	14.1
1992	12.9	2000	13.5	2008	13.3
1993	12.6	2001	13.5	平均	13.2

四季划分　按气候划分四季:春季为 4 月 6 日～6 月 10 日,66 天。夏季为 6 月 11 日～9 月 5 日,87 天。秋季为 9 月 6 日～11 月 5 日,61 天。冬季为 11 月 6 日～4 月 5 日,151 天。分别占全年总日数的 18%、24%、17%和 41%。

月气温变化　年内最热月份为 7 月，最冷月份为 1 月。

1986～2008 年高密市各月平均气温表

表 2－9　　单位:℃

月　份	1	2	3	4	5	6	7	8	9	10	11	12
平均气温	-1.4	1.1	6.3	13.3	19.1	23.3	26.2	25.5	21.4	15.2	7.6	1.0

气温极值　1986～2008 年内，最高气温出现在 2005 年 6 月 23 日,为 40.5℃。最低气温出现在 1998 年 1 月 19 日,为 -13.6℃。

冷热期　境域寒冷天气一般出现在 12 月下旬至 2 月上旬。日最低气温≤-10℃天气，1986～2008 年,年平均每年 3 天。最多年 12 天，出现在 1986 年。1989、1992、1995、1999 和 2007 年未出现。日最低气温≤-15℃的严寒天气，1986～2008 年未出现。

炎热天气一般出现在 6 月下旬至 8 月下旬。日最高气温≥35℃炎热天气,1986～2008 年,年平均 5.1 天。最多年为 17 天,出现在 1997 年。2003 和 2008 年未出现。日最高气温≥40℃酷热天气,1986～2008 年出现 1 天,为 2005 年 6 月 23 日,气温为 40.5℃。

第三节　降　水

年降水量　境域降水量,年际变化较大,具体见表 2-10。

1986～2008 年高密市降水量表

表 2－10　　单位:毫米

年　份	降水量	年　份	降水量	年　份	降水量
1986	468.2	1994	908.2	2002	417.3
1987	470.7	1995	540.4	2003	811.1
1988	425.8	1996	611.6	2004	617.2
1989	372.2	1997	537.5	2005	759.4
1990	770.4	1998	743.0	2006	338.6
1991	592.1	1999	993.9	2007	903.9
1992	573.7	2000	488.7	2008	766.8
1993	771.7	2001	626.5	平均	630.8

季节分配　1986～2008 年降水量按季平均为春季 92.4 毫米、夏季 395.3 毫米、秋季 110.6 毫米、冬季 32.7 毫米。分别占全年降水量的 14.6%、62.7%、17.5%、5.2%。

月平均降水与月最大降水出现年份　1986～2008 年月平均降水最少月份为 1 月份，为 9.6 毫米；月平均降水最大月份为 8 月份，为 164.2 毫米，具体情况见表 2-11；1986～2008 年各月最大降水量及出现月份情况见表 2-12。

1986～2008 年高密市各月平均降水量表

表 2－11　　单位:毫米

月　份	1	2	3	4	5	6	7	8	9	10	11	12
降水量	9.6	13.1	18.1	28.8	45.5	75.9	155.2	164.2	61.9	29.2	19.5	9.9

1986～2008 年高密市各月最大降水量与出现年份表

表 2－12　　单位:毫米

月　份	1	2	3	4	5	6	7	8	9	10	11	12
降水量	41.9	55.2	70.2	82.9	104.2	215.9	292.2	429.7	206.5	90.9	80.1	27.8
出现年份	1989	1998	1989	1998	2002	1993	2001	1994	2005	1999	1993	1986

最大日降水　1986～2008 年最大降水日，出现在 1999 年 8 月 11 日，降水量为 294.8 毫米。

降水天数

1986～2008 年的 23 年间，境域降水共 1675 天，平均年降水 72.8 天。最多年份是 1990 年，为 93 天。最少年份是 1998 年，仅 54 天。其中日降水 10 毫米以上者 394 天，日降水 25 毫米以上者 164 天。

1986~2008年高密市各月平均各级降水天数表

表2-13 单位:天

天数＼月份 降水量	1	2	3	4	5	6	7	8	9	10	11	12	合计
≥0.1mm	3.2	3.2	4.0	5.5	7.0	7.9	11.6	10.6	6.7	5.0	4.4	3.7	72.8
≥5.0mm	0.6	0.7	1.0	1.8	2.7	3.3	6.1	4.7	2.6	1.7	1.1	0.6	26.9
≥10.0mm	0.3	0.5	0.6	0.9	1.4	2.4	4.3	3.8	2.0	1.0	0.7	0.2	18.1
≥25.0mm	—	—	0.1	0.2	0.2	1.0	2.1	2.4	0.8	0.2	—	—	7.0
≥50.0mm	—	—	—	—	0.1	0.3	0.5	0.9	0.2	—	—	—	2.0

第四节 风

风向

1986~2008年最多风向为南风、东南风,频率为13。春季以南到东南风为主。5月频率为19。夏季在副热带高压影响下,大陆形成低压中心,境域盛行南、东南风。7月频率为24。秋季风向多变,多出现北和西北风,西南风较少。11月份北、西北风,频率为11。冬季多盛行西北风,1月份频率为14。

最大风速

1986~2008年最大风速为18.0米/秒(8级),出现在1989年6月27日,风向为西北。

大风日数

1986~2008年,年平均日数为3.9天。最多年是1987年,为11天。1998、2001、2003、2007、2008年均未出现。年内以3、4、5月份出现最多,分别为0.7、0.8、0.9天。7、8、9、10月份出现最少,均为0.2天。

1986~2008年高密市按月大风总日数与年平均各月大风日数表

表2-14 单位:天

月　份	1	2	3	4	5	6	7	8	9	10	11	12
大风总日数	7	13	14	18	10	8	4	4	3	3	8	8
年平均日数	0.3	0.6	0.6	0.8	0.4	0.3	0.2	0.2	0.1	0.1	0.3	0.3

第五节 地　温

1986~2008年,年平均地面温度15.6℃。7~8月份最高,平均为29.7℃,1月份最低,平均为-11.7℃。地中5厘米处温度:年平均为20.2℃。8月份最高,平均为27.9℃。1月份最低,平均为-0.1℃。地中10厘米处温度:年平均为19.9℃。8月份最高,平均为27.5℃。1月份最低,平均为0.5℃。地中20厘米处温度:年平均14.5℃。8月份最高,平均为27.3℃。1月份最低,平均为0.9℃。

第六节 湿　度

1986~2008年,年平均相对湿度为66%。春季57%~63%,夏季69%~81%,秋季63%~72%,冬季60%~64%。

1986～2008 年高密市各月平均相对湿度表

表 2－15

月 份	1	2	3	4	5	6	7	8	9	10	11	12
相对湿度%	63	59	58	57	63	69	79	81	72	66	65	64

第七节 霜 期

境域北部、西部低洼地区，初霜出现较早，终霜较晚。1986～2008 年，平均初霜日为 11 月 3 日，终霜日为 3 月 19 日。最早初霜日为 10 月 18 日，出现在 1986 年。最晚初霜日为 11 月 15 日，出现在 2001 年。最早终霜日为 3 月 2 日，出现在 1988 年。最晚终霜日是 4 月 21 日，出现在 2002 年。无霜期年平均 224 天。最长无霜期 254 天，出现在 1999 年。最短无霜期为 208 天，出现在 2007 年。

第八节 物 候

每年，境域部分生物与非生物规律性的出现与变化，引起人们的季节感特别强烈，表列物候如下：

高密市四季变化物候情况表

表 2－16

春 季	冰冻、雪始融化，迎春花开，喜鹊垒巢，毛杨花开，冬小麦返青，柳树发芽，杏花开，蜂蝶起蛰，冬小麦起身，燕子归来，树木萌芽，桃花开，候鸟至，青蛙始鸣、苍蝇生
夏 季	梧桐、刺槐开花，小麦抽穗，石榴花开，桑葚、杏成熟，蝉始鸣唱，布谷鸟鸣叫，蚊始生，谷子抽穗，桃子、西瓜成熟
秋 季	蝉声止，麻雀恋群，梨、苹果成熟，燕子南迁，柿子成熟，白菜、萝卜长成，大雁南归，始降霜
冬 季	降雪，结冰

第七章 自然灾害

境内自然灾害主要有旱灾、水灾、风灾、雹灾和霜冻。除霜冻外，其他 4 种灾害发生概率较高。1986～2008 年，境内发生大的自然灾害主要有：旱灾 14 次，水灾 8 次，风灾 15 次，雹灾 18 次，冻灾 3 次。

第一节 旱 灾

1986～2008 年，旱灾在境内出现概率较高，灾害面积较大。其间，共发生较大旱情 14 次。其中 1～3 个月滴水未降有两次；持续 4 个月干旱，月平均降水不足 3 毫米有两次；持续 5 个月干旱，月平均降水6～11.7毫米有两次；持续7个月干旱有两次；持续11个月干旱一次。持续的干旱天气对农作物的播种、农业收成造成了严重影响。

1986年1～5月，仅降水30.7毫米，占历年同期的28%。10～20厘米内土壤含水率不足10%。地下水位降至3米以下。有40多万亩小麦减产和20多万亩春播作物减收或绝产。

1988年9～12月，仅降水11.9毫米，占历年同期的14%。致使12万亩小麦未播种，麦苗干死10多万亩。

1992年春至夏初，旱情严重。自上年9月3日至是年7月18日，仅降水127毫米，为历年同期的1/3。期间，最大的一次降水，为不足20毫米。因此，小麦因旱减产，春播极为困难。麦收后，白茬连片。

1994年5月1日～6月25日57天里，仅降水4.3毫米，比历年同期少95%，为多年所罕见。

1995年1～7月累计降水158.4毫米，不足常年之半数。期间，共降水13次，最大一次是6月30日，为19.6毫米。春夏连旱，严重影响农作物播种和生长。

1996年5～6月，只降水10.2毫米，严重影响小麦灌浆及产量，致小麦减产34%。无水浇条件的春作物干枯死亡。

1997年6月，一整月未降水，且天气炎热。进入7月，持续高温（34～37℃），旱情严重，为近40年来所少有。8月2～4日，普降雨，市境平均41.71毫米。张鲁镇降雨97毫米，为最大。至此，全境旱情方缓解。

1999年春旱严重。1～3月三个月未降滴水。4月只降水16.8毫米。直至进入5月份，旱情方缓解。翌年，自上年11月至是年5月7日，只降水47.4毫米。春旱较重。

2001年自2月28日至6月16日，共降水25.5毫米，以致春季与初夏干旱严重。受旱面积达80多万亩，占耕地面积的67%，严重影响小麦和春播作物正常生长，并造成小麦提前成熟。

2002年8～12月，仅降水58.5毫米，致伏旱连秋旱，秋种困难。

2003年春旱较重。1～3月份只降水49.3毫米，上年10～12月只降水16.3毫米。直至5月份，旱情方得以缓解。

2006年1～4月只降水11.7毫米，未有水利条件的农田春播作物及小麦生长受到严重影响。

第二节　水　灾

1986～2008年，境内发生水灾8次。因阴雨连绵造成灾害2次；因雨势急、雨量大造成灾害6次。有3次24小时内降雨量超过或接近200毫米。其中1999年8月10日23时至12日6时全市平均降水量303毫米，造成直接经济损失5.2亿元。

1990年6月麦收季节，大牟家镇北部16个村，遭阴雨连绵天气，50万公斤小麦霉烂变质，造成经济损失30余万元。

1994年8月23～24日，连降特大暴雨。全市平均降水194.6毫米。降水在200毫米以上的有10个乡镇。其中初家乡最大，达246.5毫米。市区主要交通路口多处积水。全市农田积水面积16.34万亩，受灾村170个，受灾人口10万人，倒塌房屋460间。经济损失5860万元。

1995年8月13日18时，暴风雨袭姜庄镇东部16个村。农作物受灾面积3万多亩，部分树木、房屋被损坏。是月29日～9月9日，连阴雨长达12天，为40年同期最高纪录，给农业生产、交通运输和日常生活带来极大不便。

1997年8月19～20日，境域遭大雨袭击，全市平均降雨211.2毫米。最大点在柴沟镇，为350毫米。其中19日暴雨集中时段，全市平均117.4毫米，柴沟镇为294毫米。农作物受灾面积40万亩，冲毁水利、交通设施20余处。直接经济损失3560万元。

1999年8月10日23时~12日6时，全市平均降水303毫米。降水量最大的是王吴乡，为520.5毫米。全市有20万亩农作物基本绝产，30万亩减产5成以上。河道堤防30多处满溢。积水较重的村庄241个，其中有13个村被迫转移。受灾人口28.92万人。1400万公斤存粮和价值约1亿元的用品被水浸泡或冲走。倒塌房屋5500间，冲毁道路20多条，倒塌蔬菜大棚4700个，鸡棚65个，冲毁鱼塘170座。死伤大牲畜5100多头、家禽35万只。城区部分企业和居民供电、供水等设施被淹或破坏，直接经济损失达5.2亿元。

2001年8月1日，境内普降大到暴雨，平均雨量72.1毫米，冲毁胶河护岸4处，涵洞3座。墨水河流域降水达150毫米。22时，墨水河水位骤涨，冲决堤防数处，局部漫溢，沿河12村进水。东于家庄、黄家庄、张鲁集等村内水深0.6~1米，倒塌房屋120间。1.5万亩农田成灾，1万亩绝产。

2007年8月6日11时半至13时半，一场突如其来的暴雨袭击市区：东部降水100毫米，西部55毫米。致部分街巷积水严重，交通中断，许多车辆因熄火停在水中。

第三节　风　灾

1986~2008年，境内发生风灾15次。包括龙卷风5次，强风暴（台风）6次，8~10级大风3次，干热风1次。有3次风灾造成人员伤亡。其中1989年6月27日下午发生在大牟家镇等5乡镇的强风暴，伤3人，死亡1人。

1986年7月15日下午，高戈庄乡遭暴风雨袭击。风力在10级以上。部分房屋、树木、农作物受损坏。是月21日，9号台风袭击夏庄镇，部分房屋倒塌，有的大树被拔出，庄稼倒伏，经济损失约30万元。

1987年5月22日夜，出现7~8级大风，南部和西部风尤其大。倒伏小麦11万亩，绝产4万亩。刮倒树木1.4万棵、电线杆50根。损毁房屋900间。是年7月10日16时30~40分（夏令时），在城区气象站东南方向3公里处的染化厂、钢窗厂、针织厂、服装厂及东小庄一带，出现龙卷风，风速由3米/秒猛增至15米/秒。损坏房屋143间、7千瓦电机5台，伤2人，刮倒院墙441米。此风虽时间短，但对当地群众生命财产造成极大破坏。

1989年6月27日下午，大牟家镇等5乡镇的60个村受强风暴袭击，兼有冰雹。瞬时风速达33米/秒。持续时间七八分钟。毁房屋2万多间，部分树木和设施被损坏，伤3人，死亡1人。

1993年4月21日下午2时，拒城河乡部分村受龙卷风袭击。损坏民房367间，校舍6间，拔出树木80余棵。同日，大牟家镇、周戈庄乡也遭暴风袭击，伴有雨雹。有1209间房屋被风揭去顶，1729棵树木被折断。

1995年7月16日，姚哥庄镇12个村遭飓风袭击，倒塌房屋420间，1.8万亩农作物受害。

是年8月13日18时，暴风雨袭击姜庄镇东部16个村。农作物受灾3万多亩，部分树木、房屋遭损坏。

1996年6月13日17时40分~19时，周戈庄、大牟家、姜庄、咸家4乡镇遭暴风雨袭击。风力8级以上，致7万亩小麦倒伏，减产3成以上，1500亩果园果树受害减产，近10万棵树木受损坏，近2万间房屋受损，其中倒塌120间，损坏高压线路300处，刮倒电杆1000根，2人受伤。是年7月2日4时20分，河崖、大栏、姜庄、夏庄、姚哥庄、柏城、张鲁、周阳8处乡镇遭暴风雨、冰雹袭击，瞬间风力达10级。损坏房屋1100间，农作物也不同程度受害。

是月5日17时15分，咸家、姜庄两个乡镇遭大风冰雹袭击。致部分房屋、树木和农作物受害。

2001年5月8日16时，注沟镇遭特大龙卷风袭击，并伴有阵雨。有45个村不同程度受灾，其中东屯、西屯、后方市、前水西、滕家庄受灾最为严重。损坏房屋250间，倒塌院墙600米，5户人家无法居住。折断、刮倒树木100余棵。部分小麦倒伏，黄烟覆膜被揭。是年6月1~4日，连续出现干热风，日最高气温达36℃以上，影响小麦干物质积累。致使小麦不能正常成熟，千粒重降低，部分小麦干枯。

2007年7月29日~31日，李家营镇21个村连续两次遭龙卷风袭击。经济损失达1000多万元。

第四节 雹 灾

1986~2008年，境内发生雹灾18次，农作物受灾总面积1743055亩。其中有14次受灾面积超过1万亩，5次超过10万亩，3次超过20万亩。最严重的一次为1989年4月8日下午，13个镇半小时内连遭3轮冰雹袭击，农作物受灾面积50.3万亩，并伤1665人，伤牲畜385头。

1986年6月2日18时30分，蔡家站乡降冰雹4分钟。最大粒径5厘米。造成6000余亩小麦减产2成以上。翌日，又有6个乡镇遭受冰雹袭击。受灾农作物6.65万亩，小麦约减产273.2万公斤。

1988年9月6日17~19时，高密镇等7个乡镇遭冰雹袭击。农作物受灾面积15.6万亩，经济损失可达1200多万元。

1989年4月8日下午，高密镇等13个乡镇先后遭3次冰雹袭击，累计降雹时间达半小时。最大冰雹直径6厘米。农作物受灾面积50.3万亩，伤1665人，伤牲畜385头，损坏房屋14470间，经济损失达9885万元。是年5月8日下午，夏庄等4处乡镇遭冰雹袭击。降雹持续25分钟，并伴有6~7级大风，致近20万亩小麦、棉花和部分房屋受损。经济损失达3000万元。是年6月27日下午，大牟家镇等5个乡镇60多个村受风雹袭击。冰雹最大直径3厘米，降雹持续5~7分钟，积雹厚度2.5厘米。农作物受灾面积5.8万亩。

1993年4月21日下午，大牟家镇与周戈庄乡遭风雹袭击。急雨夹带冰雹降了15分钟，地面积雹2~3厘米。有3650亩棉花地膜和395亩小棚瓜菜被打坏。是年5月13日下午5点30分~18时，周戈庄、大牟家、咸家、仁和、土庄、柴沟等乡镇出现冰雹天气。降雹时间最长者10分钟，冰雹最大直径3.5厘米。受灾农作物30万亩，其中周戈庄、大牟家、咸家、仁和4乡镇最重。冰雹还伤2人。

1994年4月28日，张鲁镇遭受冰雹袭击，致棉花4000亩、蔬菜5060亩、花生1000亩、果园1800亩受灾。经济损失达96万元。是年7月5日，河崖、李家营、拒城河镇的部分地区受冰雹和大风袭击。受灾面积达2.7万亩。是月8日14时30分，大牟家镇遭冰雹袭击。降雹10分钟，成灾面积3.1万亩。

1996年6月13日17时40分~19时，周戈庄、大牟家、姜庄、咸家4乡镇遭冰雹袭击，兼有暴风。冰雹最大直径达2.5厘米，致7万亩小麦减产3成以上。是年7月2日4时20分，河崖、大栏、姜庄、夏庄、姚哥庄、柏城、张鲁、周阳8处乡镇遭冰雹与风雨袭击。冰雹最大直径达7厘米，降雹20多分钟，以致7.14万亩农作物和千余间房屋受损。是月5日17时15分，咸家、姜庄2处乡镇遭冰雹袭击。冰雹最大直径5厘米，致2万多亩农作物受灾。是年8月29日15时43分，咸家乡遭受雹灾，冰雹最大者直径3厘米以上，持续时间26分钟。受灾农作物面积5100亩。经济损失350万元。

1997年7月7日21时许，大牟家镇遭风雹袭击。2000亩棉花和3150亩其他农作物受灾。

2003年5月19日，仁和、大牟家、康庄、夏庄4个乡镇突降冰雹。有4万多亩农作物受灾。

2004年5月16日13时30分~15时，仁和、姜庄、呼家庄、康庄、李家营5个乡镇遭冰雹袭击。冰雹最大者直径3厘米。降雹时间达5分钟。有16.8万亩小麦、棉花、瓜菜减产，轻者2~3成，重者5~6成。

第五节　冻　灾

1986~2008年，境内发生大的冻灾3次。其中最严重一次冻灾出现在2002年4月24日，是次冻灾造成直接经济损失3.52亿元，为近50年所仅见。

1987年5月2日，境域出现霜冻，低洼地区尤为严重。受灾面积26万亩。已出苗的8万亩棉花全部受冻害，死苗在80%以上，需重新翻种。小麦受害面积达20%。

2002年4月24日，出现强降温天气，从23日的13.5℃到25日降到3.5℃。地面最低从12.0℃降到-2.4℃，境域出现较严重霜冻。致36.8万亩小麦减产50%以上。果树花蕾80%脱落，桑叶全部冻坏，黄烟叶子60%受害。经济损失达3.52亿元。

2004年4月24日凌晨出现低温天气。小麦、春播作物和蔬菜受冻害。桑树、葡萄等林果以及开花植物受害较重。

第六节　其　他

1995年8月3日20点45分，境内220千伏变电站高东线遭雷击，致全线停电。

1997年7月，天气炎热少雨，持续高温在34~37℃，为近50年所仅有。

第三编

人　口

1986~2008 年,境内人口增长 85891 人(其间,有些年份人口数据不一致,主要原因是由于户籍管理和人口普查要求不同,故导致二者数据有所出入)。是期,高密市人口状况主要有以下特点:人的平均寿命提高。1990 和 2000 年两次人口普查,全市 70 岁以上人口所占总人口的比例,第二次普查比第一次普查提高 1.9 个百分点;人员流动加快。因务工、经商流入、流出的人数逐年增多;整体人口文化素质提高。接受中等以上文化程度教育的人数较过去大幅增加。两次人口普查显示,从 1982 年到 2000 年,大学文化程度人数由占总人口的 0.10%,提高到 1.74%;生育管理也趋于制度化、规范化。

第一章 人口总量与分布

1986 年,高密县境内总人口数为 793692 人,其中县城人口占 6.79%,乡镇人口占 93.09%,外来人口占 0.12%。随着改革开放的深入和城市化进程的加快,城市人口和外来人口增长迅速。至 2008 年,境内总人口数为 879583 人,其中市区人口占 39.25%,乡镇人口占 59.47%,外来人口占 1.28%。

第一节 人口数量

户籍人口 1986 年,人口比上一年增加 5623 人,1988 年,比上一年增加 13035 人。下一年竟至 14281 人。之后,年增幅下降。1992 年,出现比上一年的负增长。自此,又有 3 年出现负增长。1990 年第四次人口普查显示,高密县城区人口 66867 人,农村人口 768372 人,分别占总人口的 7.97%和 91.69%。21 世纪初开始,市区人口猛增,2008 年,全市人口总数为 879583 人。其中市区人口数为 345302 人,占总人口数的 39.25%,乡镇人口数为 523155 人,占总人口数的 59.47%。

外来人口 1986 年,外来人口为 832 人(户籍科统计数据,未到户籍科登记的未计入),占境内总人口数的 0.12%。21 世纪初开始,外来人口增长迅速。至 2008 年,外来人口数为 11126 人(户籍科统计数据),占境内人口总数的 1.28%。

1986~2008 年高密市人口数量表

表 3-1

年 份	人 数	年 份	人 数	年 份	人 数
1986	793692	1990	837985	1994	842584
1987	801103	1991	842852	1995	841937
1988	814138	1992	840125	1996	839968
1989	828419	1993	840627	1997	843263

续表 3－1

年　份	人　数	年　份	人　数	年　份	人　数
1998	840189	2002	851954	2006	866131
1999	845140	2003	852229	2007	874071
2000	847704	2004	857384	2008	879583
2001	850548	2005	861090		

第二节　人口分布

城区人口　1986 年，县城人口数为 53951 人，占境内总人口数的 6.79%；1990 年人口普查，县城人口 66867 人，占总人口数的 7.97%；21 世纪初开始，市区人口数激增。2008 年，市区人口数为 345302 人，占总人口数的 39.25%。

乡镇人口　1986 年，乡镇人口数为 738909 人，占总人口数的 93.09%；1990 年人口普查，乡镇人口数为 768372 人，占总人口数的 91.69%；20 世纪末 21 世纪初，城市化进程加快，乡镇人口出现萎缩。至 2008 年，乡镇人口数为 523155 人，占总人口数的 59.47%。

外来人口多分布在市区。

人口密度　1986 年初，全县人口密度为 491 人／平方公里。2008 年底，为 547.84 人／平方公里。

1986～2008 年高密市人口密度表

表 3－2

年　份	人/平方公里	年　份	人/平方公里	年　份	人/平方公里
1986	494.32	1994	524.79	2002	530.63
1987	498.96	1995	524.39	2003	530.80
1988	507.08	1996	523.17	2004	534.02
1989	515.97	1997	525.22	2005	536.32
1990	521.93	1998	523.30	2006	539.46
1991	524.96	1999	526.39	2007	544.41
1992	523.26	2000	527.98	2008	547.84
1993	523.58	2001	529.75		

2003 年高密市各镇街人口密度表

表 3－3

<table>
<tr><th colspan="2">单　位</th><th>人　口</th><th colspan="2">人/平方公里</th><th>单　位</th><th>人　口</th><th>人/平方公里</th></tr>
<tr><td rowspan="3">市区</td><td>朝阳街道</td><td>52524</td><td>1459.00</td><td rowspan="3">2379.86</td><td>河崖镇</td><td>43404</td><td>402.71</td></tr>
<tr><td>醴泉街道</td><td>62018</td><td>2781.08</td><td>夏庄镇</td><td>39008</td><td>633.76</td></tr>
<tr><td>密水街道</td><td>86484</td><td>3201.18</td><td>姜庄镇</td><td>34085</td><td>450.92</td></tr>
<tr><td colspan="2">柏城镇</td><td>29290</td><td colspan="2">539.81</td><td>仁和镇</td><td>33809</td><td>344.78</td></tr>
<tr><td colspan="2">姚哥庄镇</td><td>43648</td><td colspan="2">459.74</td><td>大牟家镇</td><td>27560</td><td>278.92</td></tr>
</table>

续表 3－3

单 位	人 口	人/平方公里	单 位	人 口	人/平方公里
周戈庄镇	22431	305.89	呼家庄镇	27023	465.91
康庄镇	43832	437.53	注沟镇	35093	409.06
阚家镇	44196	502.74	柴沟镇	48764	388.46
双羊镇	51278	454.27	拒城河镇	43225	435.38
井沟镇	46102	504.01	李家营镇	38455	405.30

2008 年高密市各镇街区人口密度表

表 3－4

单 位	人 口	人/平方公里	单 位	人 口	人/平方公里
经济开发区	56294	2165.16	姜庄镇	70050	405.76
朝阳街道	47159	523.88	大牟家镇	50842	294.43
醴泉街道	106548	847.37	阚家镇	97953	493.77
密水街道	135301	1073.99	井沟镇	75384	427.28
柏城镇	70350	472.28	柴沟镇	84655	463.08
夏庄镇	68363	576.08	胶河疏港物流园区	16684	248.13

第二章 人口变动

人口变动主要有自然变动、机械变动和人口流动。1986 年，境内人口自然增长率 9.01‰，机械增长率 -1.76‰；2008 年全市人口自然增长率为 2.4‰，机械增长率 3.02‰。自 1990 年开始人口流动实行登记制度，是年，境内流入人口 18715 人，流出未做登记。2008 年，境内流入人口 26396 人，流出 6561 人。

第一节 自然变动

20世纪 80 年代中期至 1990 年的几年间人口出生率较高。1986 年，人口比上一年增 5623 人。1988 年，比上一年增 13035 人。1989 比上年增 14281 人，增长率达 17.17‰。之后，年增幅下降。1992 年，首次出现比上一年负增长。自此，又有 3 年出现负增长。此后，趋于较稳定的“少生优生优育”的人口再生型。

1986～2008 年高密市人口自然变动表

表 3－5

年份	出生人数	死亡人数	自然增长率（‰）	年份	出生人数	死亡人数	自然增长率（‰）
1986	11980	4827	9.01	1998	9533	5344	4.97
1987	12897	4768	10.14	1999	8559	5523	3.59
1988	17818	5396	15.25	2000	8677	5643	3.58
1989	18759	4527	17.17	2001	8208	5604	3.06
1990	14946	5297	11.51	2002	9040	6010	3.56
1991	11775	5176	7.83	2003	8930	5897	3.56
1992	6757	5677	1.29	2004	10188	5990	4.90
1993	7379	5294	2.48	2005	10708	6086	5.90
1994	8236	5649	3.07	2006	9048	5985	3.50
1995	9269	5663	4.28	2007	10720	6131	5.50
1996	9736	5533	5.00	2008	9006	6873	2.40
1997	9758	5688	4.84				

第二节　机械变动

1986～2008 年的 23 年间，人口机械变动，迁入人数最多的是 1994 年，为 19029 人；迁出最多的是 1995 年，为 20167 人。迁入最少的是 2001 年，为 2906 人；迁出最少的是 2008 年，为 3190 人。机械增长率最高的是 2008 年，为 3.00‰；最低的是 1993 年，为 -5.43‰。

1986～2008 年高密市人口机械变动表

表 3－6

年份	迁入人数	迁出人数	机械增长率（‰）	年份	迁入人数	迁出人数	机械增长率（‰）
1986	16708	18104	－1.76	1995	16112	20167	－4.81
1987	5953	6616	－0.83	1996	3058	7370	－5.13
1988	14491	14477	0.02	1997	4052	6291	－2.66
1989	12087	12612	－0.63	1998	2944	5083	－2.53
1990	10766	11621	－1.02	1999	3561	5083	－1.80
1991	7649	9766	－2.51	2000	3143	5389	－2.65
1992	8028	7776	0.30	2001	2906	4935	－2.39
1993	10840	15412	－5.43	2002	3682	5947	－2.66
1994	19029	17794	1.47	2003	3231	6008	－3.26

续表 3-6

年 份	迁入人数	迁出人数	机械增长率（‰）	年 份	迁入人数	迁出人数	机械增长率（‰）
2004	5968	7467	-1.76	2007	6858	4846	2.32
2005	4663	6491	-2.13	2008	5830	3190	3.02
2006	7172	5498	1.94				

第三节 人口流动

改革开放以来，境域的流入、流出人口日增。1990 年，高密县公安局各派出所始管理此项工作，实行来有登记、去有注销的管理办法。

1990～2008 年高密市部分年份流入、外出人口表

表 3-7　　单位：人

年 份	流入暂住	外出暂住	年 份	流入暂住	外出暂住
1990	18715	—	2001	6216	—
1991	12964	—	2002	7541	—
1993	14562	—	2003	8141	—
1994	41635	—	2004	10822	—
1995	42363	—	2005	14920	—
1997	8030	—	2007	8081	8412
1998	4584	—	2008	26396	6561
2000	5917	—			

注：外出暂住人口自 2007 年始作统计。

第三章 人口构成

人口构成主要包括性别构成、年龄构成、文化构成、民族构成、职业构成、姓氏构成以及户口性质（农业与非农业人口）构成。本章对境内人口构成作分节详述。

第一节 性别构成

在境内总人口中，1986 年，男性占总人口的 50.71%，女性占 49.29%。男女性别比为

102.89：100。2008年，男性占总人口的50.13%，女性占49.87%。男女性别比为100.50：100。

1986～2008年高密市人口性别人数表

表3－8　　单位：人

年份	人数		年份	人数	
	男	女		男	女
1986	402502	391190	1998	425007	415182
1987	408308	392795	1999	428319	416821
1988	415469	398669	2000	429455	418249
1989	422684	405735	2001	430224	420324
1990	426208	411777	2002	429420	422534
1991	427917	414935	2003	428050	424179
1992	426453	413672	2004	432759	429625
1993	426023	414604	2005	433513	427577
1994	428608	413976	2006	434703	431428
1995	428372	413565	2007	437327	436744
1996	426253	413715	2008	440897	438686
1997	427481	415782			

第二节　年龄构成

1990年第四次人口普查表明，全县有0～14岁的207193人，占总人口的24.66%；15～59岁的542523人，占总人口的64.57%；60岁以上的90476人，占总人口的10.77%。

2000年，第五次人口普查显示，全市有0～14岁的165154人，占总人口的19.63%；15～59岁的560784人，占总人口的66.54%；60岁以上的116465人，占总人口的13.83%。其中百岁以上老人12人，比第四次人口普查增加10人。

高密市第四次、第五次人口普查年龄构成情况表

表3－9　　单位：人

年龄别（周岁）	1990年第四次人口普查			2000年第五次人口普查		
	男	女	合计	男	女	合计
0～4	41550	35293	76843	23840	22219	46059
5～9	31608	29318	60926	20944	19760	40704
10～14	35373	34051	69424	41050	37341	78391
15～19	43491	42731	86222	29938	29673	59611
20～24	44575	45107	89682	24293	27549	51842
25～29	39630	39083	78713	35783	36791	72574

续表 3－9

年龄别（周岁）	1990 年第四次人口普查			2000 年第五次人口普查		
	男	女	合计	男	女	合计
30～34	32100	28700	60800	44070	45318	89388
35～39	35893	34340	70233	39836	39240	79076
40～44	23751	24021	47772	30045	26975	57020
45～49	18958	17248	36206	35737	34198	69935
50～54	19673	17919	37592	22864	23712	46576
55～59	17427	17876	35303	18060	16702	34762
60～64	15075	16306	31381	17572	16060	33632
65～69	10553	11991	22544	14411	15749	30160
70～74	7740	9173	16913	11230	13357	24587
75～79	4926	6251	11177	6459	8547	15006
80～84	2289	3498	5787	3257	5099	8356
85～89	747	1463	2210	1243	2322	3565
90～94	119	287	406	273	692	965
95～99	13	43	56	47	135	182
100 及以上	2	0	2	4	8	12
总 计	425493	414699	840192	420956	421447	842403

第三节 文化构成

随着教育事业的发展和人们对文化知识重要程度认识的提高，接受中等及以上文化教育程度的人数越来越多。1982 年，第三次人口普查，全县高中(中专)文化程度的有 36548 人，大学(大专)文化程度的有 878 人；2000 年第五次人口普查，全市高中（中专）文化程度的有 52244 人，大学(专科)文化程度的有 14745 人，分别是 1982 年的 1.43 倍和 16.79 倍。

高密市第三次、第四次、第五次人口普查人口文化程度情况表

表 3－10　　单位：人

人口普查次别	研究生	大学		中专	高中	初中	小学	6 周岁及以上受教育人口
		本科	专科					
1982 年第三次人口普查	—	878		36548		135040	308695	—

续表 3－10

人口普查次别	研究生	大学		中专	高中	初中	小学	6周岁及以上受教育人口
		本科	专科					
1990年第四次人口普查	—	642	2669	8751	43493	234845	292092	582492
2000年第五次人口普查	31	3249	11496	18339	54884	346428	281102	715529

第四节　民族构成

1990年第四次人口普查显示，全县有14个民族。其中汉族840015人，占总人口的99.98%；蒙古族18人，回族15人，藏族2人，维吾尔族1人，苗族3人，彝族2人，壮族11人，朝鲜族16人，满族100人，侗族1人，土家族2人，佤族5人，土族1人。总计177人，其中女性111人。

2000年第五次人口普查显示，全市有32个民族。其中汉族841221人，占总人口的99.86%；少数民族31个、1178人，其中蒙古族50人，回族20人，藏族3人，维吾尔族2人，苗族110人，彝族124人，壮族84人，布依族42人，朝鲜族98人，满族190人，侗族12人，白族31人，土家族19人，哈尼族8人，傣族211人，黎族9人，傈僳族45人，佤族13人，拉祜族2人，水族2人，东乡族1人，纳西族2人，景颇族62人，土族1人，达斡尔族1人，布朗族1人，毛南族3人，仫佬族2人，锡伯族2人，阿昌族26人，塔吉克族1人，独龙族1人，未识别民族4人。少数民族女性1023人。

境内西南地区少数民族的增加，多因婚嫁入籍。

第五节　农业与非农业人口

新中国建立初期，以口粮由国家供应与否，分成农业与非农业人口。农业人口可通过升学、就工、参军、选干等方式转为非农业人口；夫妻双方或者女方为非农业人口，所生子女亦为非农业人口。20世纪90年代初，粮食市场放开以后，国家不再对非农业人口供应口粮，实际农业与非农业人口已无多大差别。

1986～2008年高密市农业、非农业户口统计表

表3－11　　单位：人

年　份	农业户口	非农业户口	年　份	农业户口	非农业户口
1986	736324	57368	1992	767073	73052
1987	739580	61523	1993	764353	76274
1988	725046	89092	1994	751115	91469
1989	759825	68594	1995	741726	100211
1990	767357	70628	1996	734333	105635
1991	770832	72020	1997	728033	115230

续表 3-11

年份	农业户口	非农业户口	年份	农业户口	非农业户口
1998	730108	110081	2004	618435	238949
1999	725472	119668	2005	618276	242814
2000	720565	127139	2006	590031	276100
2001	711845	138703	2007	593007	281064
2002	705091	146863	2008	601107	278476
2003	597010	255219			

第六节 职业构成

1990 年第四次人口普查显示，全县 15 周岁以上在业人口 507685 人,占总人口的 67.57%。在业人口中，男性 273284 人，占 53.83%；女性 234401 人,占 46.17%。从业农林牧渔者,408368 人,占在业人口的 80.64%;各类专业技术人员(含卫生医务、教学人员等)21713 人,占 4.08%;国家机关、党群组织和企事业单位负责人 5505 人,占 1.08%;办事人员和有关人员 5821 人,占 1.15%;商业、服务业工作人员 18654 人,占 3.67%;生产、运输工人及有关人员 47624 人,占 9.38%。

2000 年第五次人口普查(抽样)得出,全市 15 周岁以上在业人口 515851 人，占总人口的 61.24%。在业人口中,男性 274668 人,占 53.25%;女性 241183 人，占 46.75%。农林牧渔业从业者 362420 人,占在业人口的 70.26%;各类专业技术人员 24949 人,占 4.84%;国家机关、党群组织和企事业单位负责人 7899 人,占 1.53%;办事人员和有关人员 9827 人,占 1.90%;商业、服务业工作人员 27165 人,占 5.27%;生产、运输工人及有关人员 83591 人,占 16.20%。与第四次人口普查相比,全市农林牧渔业从业人口减少,在在业人口中的比重下降了 10.38 个百分点;而商业、服务业和生产、运输业从业人口明显增加,在在业人口中的比重分别上升了 1.60 和 6.82 个百分点。

第七节 姓 氏

1984 年,境内有 339 个姓氏。

2008 年，境内有 390 个姓氏，其中复姓 4 个。在境内姓氏中,王、李、张、刘、孙、赵分布较广。人口在万人以上的姓氏依次是王、李、张、刘、孙、赵、杜、单、徐、郭、高、杨、宋、陈、于、邱、范、任等。其中王姓有 10 多万人,李、张、刘各有 5 万多人,孙姓有 3 万多人;赵、杜各有 2 万多人。将姓氏按音序排列如下：

A:安、艾、阿

B:巴、白、班、鲍、毕、别、卜、卞、柏、包、薄、泵、邴、保、便

C:蔡、曹、常、陈、成、程、迟、初、楚、崔、柴、褚、车、臧、丛、昌、苓、池、匙、储、朝、查、慈

D:代、戴、邓、丁、董、窦、杜、段、党、刀、刁、豆、黛、都、逮

F:范、冯、付、傅、方、符、伏、樊、逢、房、费

G:高、葛、宫、巩、关、官、管、桂、郭、盖、顾、呙、耿、戈、公、苟、谷、根、郜、龚、皋、甘、古

H:韩、何、贺、侯、胡、怀、槐、黄、呼、惠、黑、霍、郝、赫、华、化、海、郇、洪、皇甫

J:纪、贾、江、姜、焦、蕉、金、荆、鞠、蒋、季、汲、姬、吉、籍、举、景、琚、井、将、继、靳、菊、冀

K:阚、康、孔、寇、郐、匡、柯、况、旷(邝)

L:来、郎、雷、类、冷、黎、李、厉、梁、林、凌、

刘、柳、龙、娄、卢、芦、陆、录、鹿、吕、栾、罗、栗、鲁、兰、连、伦、雒、路、骆、廖、联、劳、禄、励、逯

M:马、毛、孟、苗、牟、穆、茆、门、明、慕、麻、满、梅、蒙、卯、莽、母、莫、闵

N:聂、宁、牛、钮、倪、南

O:欧阳、欧、区

P:潘、庞、裴、彭、逄、皮、蒲

Q:祁、秦、邱、曲、綦、乔、齐、钱、戚、权、亓、仇、侨、屈、裘、雀

R:冉、任、荣、闰、仁、芮、阮

S:洒、尚、单、邵、沈、生、盛、施、石、史、水、司、宋、苏、宿、孙、舒、沙、申、绳、隋、伞、商、师、舍、时、绍、索、笙、佘、胜、所、赛、莳

T:台、谭、唐、陶、田、佟、滕、郜、汤、泰、谈

W:万、王、韦、魏、吴、温、蔚、尉、位、武、伍、汪、文

X:肖、夏、谢、辛、邢、解、徐、许、薛、雪、咸、相、项、修、郗、刑、玄、熊、席、修、轩、奚、西、戌、向、嵇

Y:烟、延、闫、严、扬、杨、姚、叶、伊、仪、易、殷、尹、英、营、尤、游、于、俞、袁、岳、苑、尉迟、彦、颜、阎、远、源、衣、远、禹、议、燕、余、由、元、阳、移、匀

Z:昝、翟、展、张、赵、郑、钟、周、朱、祝、庄、宗、邹、禚、臧、藏、曾、战、招、查、訾、仲、左、甄、章、詹、芷、诸葛

第八节 育龄人口 家庭

育龄人口 1990年第四次人口普查显示，全县15周岁及以上人口632999人，其中男性316962人，女性316037人；未婚157503人，占该年龄段人口的24.88%，其中男性88144人，女性69359人。有配偶的429991人，其中男性213318人，女性216673人。丧偶43358人，其中男性13725人，女性29633人。离婚2147人，其中男性1775人，女性372人。离婚人数占已婚人数的0.45%；男性离婚占离婚人数的82.67%。

2000年第五次人口普查(抽样)得出，全市15周岁及以上人口677249人，其中男性336547人，女性340702人。未婚121456人，占该年龄段人口的17.97%，其中男性66968人，女性54488人。初婚有配偶的496706人。再婚有配偶的10929人。离婚3308人，其中男性2583人，女性725人；离婚人数占已婚人数的0.60%；男性离婚占离婚人数的78.08%。离婚人数及所占比例比第四次人口普查时均有增加。丧偶43400人，其中男性13314人，女性30086人。

家庭 随着国家人口政策的贯彻实施和计划生育工作的深入开展，境内一孩家庭增多，户均人口明显减少，家庭小型化趋势加快。据抽样调查，1986年年初，全县家庭二代户和三代户居多，占总户数的89.30%；三代户最多，占总户数的51.70%。户人口以3人、4人、5人居多，占总户数的68.30%；户均人口4.4人。4人户最多，占总户数的25.50%。

1990年第四次人口普查显示，全县215002户，840192人，户均3.91人。其中，单身户9128户，一对夫妇户15257户，二代户141076户，三代户39767户，四代及以上户1410户。一对夫妇户、二代户和三代户居多，占总户数的91.21%；二代户占总户数的65.62%。

2000年第五次人口普查显示，全市249021户，842403人，户均3.38人。其中一代户52112户，二代户149648户，三代户45466户，四代及以上户1795户。各户型中以二代户最多，占总户数的60.09%。

2008年年底，户均3.18人。

1986～2008 年高密市户数表

表 3－12

年 份	户 数	年 份	户 数	年 份	户 数
1986	183554	1994	234091	2002	270341
1987	193405	1995	235926	2003	270672
1988	199205	1996	235534	2004	268183
1989	212751	1997	259651	2005	270072
1990	219835	1998	243259	2006	268537
1991	220223	1999	267622	2007	271000
1992	225929	2000	267867	2008	276253
1993	229495	2001	263186		

第四章　生育管理

1986～2008 年，高密市（县）继续贯彻国家晚婚晚育、实行有计划的生育政策，提倡一对夫妻只生一个孩子，对二胎实行严格控制。1986 年，全县共出生 12210 人，出生率为 15.44‰，计划生育率为 84.2%。由于行政管理措施不断加大，配套服务措施不断完善，特别是从 1989 年开始对计划生育考核实行一票否决制后，境内的人口出生率开始明显下降，计划生育率显著上升。至 2008 年，全市出生 8454 人，出生率降至 9.99‰，计划生育率升至 93.7%。

第一节　管理机构

自1971 年，高密县设计划生育办公室后，历经改称，1984 年 11 月，高密县计划生育局改称计划生育委员会。2001 年 7 月，复称计划生育局。2005 年 2 月，更名人口和计划生育局。各镇街区均设计划生育办公室。

1988 年 7 月，成立高密县计划生育协会。各乡镇也相继成立。2002 年 8 月，计划生育协会由社团组织改为事业单位。

第二节　计生政策与宣传教育

计生政策　1986 年，继续贯彻“男满 25 周岁、女满 23 周岁初婚”的晚婚政策。提倡一对夫妻只生一个孩子。1988 年始，实行严格控制二胎，杜绝三胎。符合生育二胎条件的，实行行政许可制度。只有一个孩子，不愿再生育的，由本人申请，乡镇政府发给“独生子女父母光荣证”，并享受奖励。

1985 年始，对育龄夫妇全面落实避孕措施，接受计划生育技术服务指导。1996～2008 年，全市已婚育龄妇女节育率均在 91.5%上下。

■ 计生工作人员在街头开展咨询服务

宣传教育 1986年后，遍布城乡的宣传网络正在健全，县主管部门设有宣教科，各镇街直至村级均设宣传员。各乡镇设立人口学校，进行人口理论、人口形势、人口与计划生育法规、避孕节育、优生优育、生殖健康、人口出生缺陷干预等方面的宣传教育。宣传方式不拘一格、多种多样。2006年起，宣传保护妇女儿童权益的法律法规。次年始，开展新型生育文化教育。并在有条件的村、社区设立人口学校。

第三节 计生站室建设与服务

站室建设 1991年，县计划生育综合服务站大楼建成，址在城区人民大街东段街南，建筑面积2500平方米。1996年，乡镇计划生育服务站全部完成改造建设，总建筑面积达3.88万平方米。并陆续配备大型仪器。2006年，又对市、镇街计划生育服务站进行改建、扩建和新建。至2008年，市计划生育服务站已配有彩色B超、X光机、双目显微镜、尿液分析仪、血细胞分析仪、臭氧妇科治疗仪等设备。镇街区计生服务站也有B超、显微镜、微波治疗仪、乳腺诊断仪等。

计划生育服务 1986年，继续执行各单位党政一把手对计划生育负总责的制度。1989年始，由县委、县政府与各乡镇党委、政府，各乡镇党委、政府与各行政村村委会、社区居委会签订年度“人口与计划生育目标管理责任书”，年终进行考核，实行一票否决制。根据考核结果，分别予以奖惩。

1986年后仍然实行计划生育免费技术服务。1987年始，设立咨询门诊，指导妇女经期、孕期、产期、哺乳期、更年期保健服务。1994年起，开展优生优育咨询、巨细胞病毒监测、不孕症治疗、病残儿医学鉴定、计划生育手术并发症鉴定等技术服务。1999年始，实施生殖健康服务，新生儿疾病筛查，并对国家规定病种患儿提供全程免费医疗同时实施出生缺陷干预、生殖道感染干预等工程。2001年始，开展巨细胞病毒、风疹病毒、单纯疱疹病毒和弓形体四项病毒检测。2008年5月，启动免费婚前医学检查。同年10月，对实行计划生育的育龄妇女免费推广放置新型吉妮宫内节育器。2002年落实流动人口计划生育属地化管理，职能下放到镇街区。

第四编

中共地方组织

从1987年8月中共高密县第六次代表大会召开到2007年1月中共高密市第十一次代表大会召开,先后选举产生第六届、七届、八届、九届、十届、十一届中共高密县(市)委。其间,市(县)委组织机构几经改革,工作部门多有变动,但总体框架基本未变。历届中共高密市(县)委高度重视物质文明、精神文明和政治文明建设,在始终坚持以经济建设为中心的同时,积极抓好组织建设、党员干部队伍建设、社会宣传教育等各项工作,努力提高执政能力和水平,为社会主义现代化建设提供坚强领导保障。1991年、1994年和2008年,高密市(县)3次进入全国百强县(市)行列。

第一章 党员代表大会

1987年8月,中共高密县第六次代表大会召开。至2007年1月,相继召开了第七次、八次、九次、十次、十一次代表大会。每次代表大会,均听取审议并通过中共高密市(县)委、中共高密市(县)纪委的工作报告,选举产生新一届中共高密市(县)委和中共高密市(县)纪律检查委员会。

第一节 代表选举

1987年8月至2007年1月,高密市(县)共进行6次党代表大会代表选举,每次均由党员直接选举代表。市(县)委根据《党章》规定和全市(县)党员数量确定代表总名额,将名额分到各选举单位。选举单位党组织采取自下而上、自上而下的方法,酝酿出多于代表20%的候选人名单。选举单位党组织对初选名单进行考察,确定候选人预备人选,填写"代表候选人预备人选登记表",报市(县)委组织部审查。审查后,选举单位召开党员大会对候选人预备人选进行充分酝酿,直接选举代表。每次代表名额分配,妇女代表和知识分子代表都占一定比例。对代表过于集中的市(县)领导机构的部分代表,分派到各选区参加选举。

中共高密市(县)第六至第十一次代表大会代表构成情况表

表4-1

届 次	代表总数	构成情况
第六次党代会	400名	各级领导干部247名,占61.8%;知识分子和各类专业技术人员76名,占19%;各条战线的先进人物75名,占18.7%;武装系统代表2名,占0.5%。妇女代表12名,占3%;45岁以下代表221名,占55.3%。
第七次党代会	400名	各级领导干部244名,占61%;知识分子和各类专业技术人员77名,占19.25%;各条战线的先进人物77名,占19.25%;武装系统代表2名,占0.5%。妇女代表15名,占3.8%;45岁以下代表236名,占59%。

续表 4－1

届　次	代表总数	构成情况
第八次党代会	399 名	各级领导干部 241 名，占 60.4%；知识分子和各类专业技术人员 79 名，占 19.8%；各条战线的先进人物 78 名，占 19.5%；武装系统代表 1 名，占 0.3%。妇女代表 16 名，占 4%；45 岁以下代表 246 名，占 61.7%。
第九次党代会	399 名	各级领导干部代表 241 名，占 60%；各类专业技术人员代表 79 名，占 20%；各条战线的先进模范人物代表 79 名，占 20%。妇女代表 48 名，占 20%；45 岁以下代表 246 名，占 61.7%。
第十次党代会	400 名	各级党员领导干部 238 名，占 59.5%；生产和工作一线党员 158 名，占 39.5%；解放军和武警部队系统 2 名，占 0.5%；银行系统 2 名，占 0.5%。女党员 52 名，占 13%；45 岁以下(含 45 岁)244 名，占 61%。
第十一次党代会	400 名	各级党员领导干部 228 名，占 57%；生产和工作一线党员 168 名，占 42%；解放军和武警部队系统 2 名，占 0.5%；银行系统 2 名，占 0.5%。女党员 52 名，占 13%；45 岁以下(含 45 岁)244 名，占 61%。

第二节　代表大会

中共高密县第六次代表大会　1987 年 8 月 29～9 月 1 日在县政府招待所召开。出席会议的代表 393 名，列席人员 26 名，特邀代表 9 名。王立福代表五届县委作《坚持四项基本原则，坚持改革开放搞活，全面推进高密社会主义现代化建设》的报告。会议提出了全县社会主义现代化建设的总体规划，中心任务是进一步发展社会生产力，不断加快社会主义经济建设步伐。确定全县工农业总产值要在 1986 年翻过第一番的基础上，力争到 1992 年增加到 17.4 亿元，翻过第二番。大会选举中共高密县第六届委员会委员 31 名，候补委员 6 名。选举中共高密县纪律检查委员会委员 15 名。六届县委一次全委会议选举 11 人为第六届委员会常务委员会委员；王立福任书记。县纪律检查委员会第一次会议选举 7 人为纪委常委，刘宪韬任纪委书记。

中共高密县第七次代表大会　1990 年 4 月 6～8 日在县政府招待所召开，出席会议的正式代表 393 名，列席人员 34 名，特邀代表 12 名。王在辉代表六届县委作《努力稳定局势，加强党群联系，把高密的社会主义现代化建设事业推向前进》的工作报告。会议研究讨论全县社会主义现代化建设的总体规划，确定的奋斗目标是：到 1992 年，全县社会生产总值达到 26.33 亿元，平均每年递增 10.4%；工农业总产值达到 22.69 亿元，平均每年递增 10.8%；国民收入达到 9.11 亿元，平均每年递增 9.5%；国民生产总值达到 10.6 亿元，平均每年递增 11%。大会选举中共高密县第七届委员会委员 31 名，候补委员 4 名，选举产生中共高密县纪律检查委员会委员 15 名。七届县委一次全委会议，选举 11 人为常务委员会委员，王在辉任书记。县纪律检查委员会第一次会议选举 7 人为纪委常委，刘宪韬任纪委书记。

中共高密市第八次代表大会　1995 年 3 月 10～12 日在市政府招待所召开。出席会议的正式代表 399 名，列席人员 34 名，特邀代表 8 名。张建国代表七届县委作《坚持党的基本路线，为加快振兴高密而努力奋斗》的工作报告。会议提出改革与发展的奋斗目标和主要任务。国民生产总值年均递增20%,2000年超过150亿元;第三产业增加值年均递增26.5%,2000年达到60亿元;出口商品总值年均递增15.8%,2000年达到25亿元;利用外资五年累计达到2.5亿元;科技进步对经济增长的贡献率达到55%以上。大会选举中共高密市第八届委员会委员31名,候补委员4名,选举中共高密市纪委检查委员会委员15名。八届市委一次全委会议,选举11人为常务委员会委员,张建国任书记。市纪律检查委员会第一次会议选举7人为纪委常委,宫智任纪委书记。

中共高密市第九次代表大会 1998年2月14～16日在市人民电影院召开,出席会议的正式代表391名,列席人员79名,特邀代表10名。韩俊生代表八届市委作《团结奋斗,求真务实,努力开创高密改革开放和现代化建设新局面》的工作报告。会议确定的主要任务目标是:到2002年,全市国内生产总值达到100亿元以上,年均增长10.8%;全社会固定资产投资20亿元,年均增长10%;境内财政收入4.47亿元,年均增长9.9%,其中,地方财政收入3亿元以上,年均增长10.5%;年出口创汇达到2.2亿美元;农民人均纯收入达到4500元,生活质量指标达到或超过国家规定的小康标准。科技进步对经济增长的贡献率达到65%以上。大会选举中共高密市第九届委员会委员31名,选举中共高密市纪律检查委员会委员15名。九届市委第一次会议,选举11人为常务委员会委员,韩俊生任书记。市纪律检查委员会第一次会议上选举7人为纪委常委,张金良任纪委书记。

中共高密市第十次代表大会 2003年1月14～17日在高密大剧院召开。出席会议的正式代表399名,列席人员100名,特邀代表11名。吴元宝代表九届市委作《与时俱进,开拓创新,为建设富裕、文明的新高密而努力奋斗》的工作报告。会议提出经济和社会发展的主要目标任务:到2007年,全市国内生产总值比2000年翻一番以上,达到130亿元,年均增长12%;地方财政收入完成6.3亿元,年均增长13%;农民人均纯收入达到4650元。大会选举中共高密市第十届委员会委员33名,候补委员6名,选举中共高密市纪律检查委员会委员15名。十届市委一次全委会议,选举11人为常务委员会委员,吴元宝任书记。市纪律检查委员会第一次会议选举7人任纪委常委,魏志强任纪委书记。

中共高密市第十一次代表大会 2007年1月22～24日在高密大剧院召开。出席会议的代表400名,列席人员132名,特邀代表10名。吴建民代表十届市委作《认真落实科学发展观,为建设富强和谐新高密而奋斗》的工作报告。大会提出的任务目标是,以科学发展观统领经济社会发展全局,加速向农业大市、经济强市、文化名市和生态城市迈进。到2011年全市地区生产总值突破360亿元,年均增长18%;地方财政收入达到19亿元,年均增长22%;在岗职工年平均工资和农民年人均纯收入分别达到23850元和7970元;万元GDP能耗降低20%以上;污染物排放总量削减10%以上;科技进步贡献率达到65%以上;人口自然增长率控制在7.24‰以内。大会选举中共高密市第十一届委员45人,候补委员8人;选举市纪律检查委员会委员29名。市十一届委员会一次会议,选举11人为常务委员会委员,吴建民任书记。市纪律检查委员会一次会议选举7人为纪委常委,胡立任纪委书记。

第三节 市(县)委领导人

1987～2008年中共高密市(县)委历任领导班子成员一览表

表4－2

届次	职务	姓名	任职时间	籍贯
第六届委员会(1987.9～1990.4)	书记	王立福	1987.9—1989.1	山东诸城
		王在辉	1989.1—1990.4	山东寿光
	副书记	王在辉	1987.9—1989.1	山东寿光
		崔乃元	1987.9—1988.5	山东临朐
		姜玉生	1987.9—1990.4	山东菏泽
		杨本荣(女)	1989.9—1990.4	山东牟平
	常委	刘宪韬	1987.9—1990.4	山东文登
		伏希太	1987.9—1990.4	山东高密
		杨本荣(女)	1987.9—1989.9	山东牟平
		高金龙	1987.9—1990.4	山东高密
		孙惠斌	1987.9—1990.4	山东高密
		王继美	1987.9—1990.4	山东高密
		刘宗法	1987.9—1900.4	山东安丘
第七届委员会(1990.4～1995.3)	书记	王在辉	1990.4—1993.3	山东寿光
		张建国	1993.3—1995.3	山东荣城
	副书记	姜玉生	1990.4—1993.2	山东菏泽
		杨本荣(女)	1990.4—1993.2	山东牟平
		高金龙	1990.4—1995.3	山东高密
		张建国	1993.1—1993.3	山东荣城
		孙惠斌	1993.1—1995.3	山东高密
		孙茂梓	1993.1—1994.5	山东诸城
		田绍义	1994.5—1995.3	山东高密
		吴元宝	1995.2—1995.3	山东高密
	常委	刘宪韬	1990.4—1993.1	山东文登
		伏希太	1990.4—1993.2	山东高密
		孙惠斌	1990.4—1993.1	山东高密
		王继美	1990.4—1995.3	山东高密
		刘宗法	1990.4—1995.3	山东安丘
		田绍义	1990.4—1994.5	山东高密
		吴元宝	1990.4—1995.2	山东高密

续表4－2

届　次	职　务	姓　名	任职时间	籍　贯
第七届委员会（1990.4～1995.3）	常　委	王福亭	1993.1—1995.2	山东寿光
		郭步坤	1993.1—1995.3	山东高密
		张金良	1993.1—1995.3	山东高密
		刘彭泉	1994.7—1995.3	山东高密
		宫　智	1995.2—1995.3	安徽太和
第八届委员会（1995.3～1998.2）	书　记	张建国	1995.3—1997.12	山东荣城
		韩俊生	1997.12—1998.2	山东昌邑
	副书记	吴元宝	1995.3—1998.2	山东高密
		孙惠斌	1995.3—1998.1	山东高密
		田绍义	1995.3—1998.1	山东高密
		齐世增	1997.12—1998.2	山东高密
		张善华	1997.12—1998.2	山东安丘
	常　委	王继美	1995.3—1996.2	山东高密
		宫　智	1995.3—1997.12	安徽太和
		刘宗法	1995.3—1996.2	山东安丘
		郭步坤	1995.3—1997.12	山东高密
		张金良	1995.3—1998.2	山东高密
		刘彭泉	1995.3—1998.2	山东高密
		张慕坤	1996.5—1998.2	山东高密
		齐世增	1996.5—1998.1	山东高密
		张树伟	1996.5—1998.2	山东安丘
		曾宪林	1997.12—1998.2	山东胶州
		魏志强	1997.12—1998.2	山东诸城
		顾建华	1997.12—1998.2	山东寿光
第九届委员会（1998.2～2003.1）	书　记	韩俊生	1998.2—2001.1	山东昌邑
		吴元宝	2001.1—2003.1	山东高密
	副书记	吴元宝	1998.2—2001.1	山东高密
		王维盛	2001.1—2002.12	山东昌邑
		齐世增	1998.2—2003.1	山东高密
		张善华	1998.2—2002.12	山东安丘
		王义正	2001.2—2002.12	山东文登
		吴建民	2002.12—2003.1	山东诸城
		赵志远	2002.12—2003.1	山东蓬莱

续表 4－2

届次	职务	姓名	任职时间	籍贯
第九届委员会（1998.2～2003.1）	常委	张金良	1998.2—2001.2	山东高密
		曾宪林	1998.2—2001.2	山东胶州
		崔红旗	2001.2—2003.1	山东高密
		刘彭泉	1998.2—2001.2	山东高密
		张慕坤	1998.2—2001.2	山东高密
		张树伟	1998.2—2002.8	山东安丘
		魏志强	1998.2—2003.1	山东诸城
		顾建华	1998.2—2003.1	山东寿光
		杜洪君	1998.12—2003.1	山东高密
		张星海	2001.2—2003.1	山东寿光
		张国廷	2002.8—2003.1	山东昌邑
		原　理	2002.12—2003.1	山东莱州
第十届委员会（2003.1～2007.1）	书记	吴元宝	2003.1—2005.2	山东高密
		吴建民	2005.2—2007.1	山东诸城
	副书记	吴建民	2003.1—2005.2	山东诸城
		齐世增	2003.1—2006.1	山东高密
		赵志远	2003.1—2007.1	山东蓬莱
		魏志强	2003.1—2006.12	山东诸城
		顾建华	2005.2—2007.1	山东寿光
	常委	顾建华	2003.1—2005.2	山东寿光
		杜洪君	2003.1—2007.1	山东高密
		张星海	2003.1—2007.1	山东寿光
		张国廷	2003.1—2006.4	山东昌邑
		原　理	2003.1—2006.12	山东莱州
		万　丽（女）	2003.1—2007.1	山东即墨
		李连成	2005.2—2007.1	山东青州
		周德春	2006.4—2007.1	山东青州
		胡　立	2006.5—2007.1	山东潍坊潍城
		李葆东	2006.12—2007.1	山东安丘
		李庆华	2006.12—2007.1	山东青州

续表 4－2

届 次	职 务	姓 名	任职时间	籍 贯
第十一届委员会（2007.1～ ）	书 记	吴建民	2007.1—	山东诸城
		顾建华（援藏）	2007.5—	山东寿光
	副书记	赵志远	2007.1—2007.12	山东蓬莱
		顾建华	2007.1—2007.5	山东寿光
		范福生	2007.12—	山东寿光
		杜洪君	2007.9—	山东高密
	常 委	杜洪君	2007.1—2007.9	山东高密
		李葆东	2007.1—	山东安丘
		万 丽（女）	2007.1—	山东即墨
		胡 立	2007.1—	山东潍坊潍城
		李连成	2007.1—	山东寿光
		周德春	2007.1—	山东青州
		李庆华	2007.1—	山东青州
		孙晓非	2007.1—2007.10	山东高密
		刘明伦	2007.10 —	山东昌邑
		李兰祥	2007.10 —	山东安丘

市委自 1995 年 7 月始设秘书长，同时设副秘书长数人。首任秘书长张庆坚。自 1997 年 1 月始，秘书长一职由市委常委兼任。2010 年 1 月始，不再设秘书长一职。

第二章 组织机构

1986 年，中共高密县委设 14 个工作机构，1993 年为 17 个。是年 11 月县乡机构改革，县委工作机构保留 9 个。2001 年，市委工作机构调整为 12 个。至 2008 年，除部分机关延伸性事业单位有些变动外，市委组织基本架构未变。

第一节 市（县）委组织机构

1986 年 1 月，县委设置办公室、组织部、宣传部、统战部、政法委员会、农村工作部、企业政治工作部、老干部局、党校、精神文明建设协调委员会办公室、组织员办公室、党史资料征集研究委员会办公室、县直机关党委、县直机关武装部等工作机构。

1987年7月,撤销企业政治工作部。

1988年1月,撤销农村工作部。5月,设立县委、县政府人民来信来访办公室。

1989年5月,设立县委研究室,撤销县直机关党委、设立县委县直机关工作委员会,为县委派出机构。

1990年9月,设立县委机要局、保密局。

1991年6月,设立台湾工作办公室。

1993年11月,县级机构改革后,县委工作部门共有5个,即县委办公室、组织部(老干部局保留,为正科级行政机构,划归组织部管理)、宣传部、统战部、政法委员会。设置县直机关党工委、人民武装部。撤销县委研究室、县委机要局、县保密局、县委县政府人民来信来访办公室,其职能划归县委办公室;撤销县委组织员办公室,其职能划归县委组织部;撤销县精神文明建设委员会办公室,其职能划归县委宣传部;撤销县委台湾工作办公室,其职能划归县委统战部;撤销县委打击严重经济犯罪领导小组办公室,其职能划归县委政法委员会;县直机关武装部划归县武装部管理;撤销县党史资料征集委员会,在县委党校设立党史研究室,确定为副科级;县级机关事务管理处改为县级机关后勤服务处,确定为正科级事业单位,由县委办公室和县政府办公室管理,以县委办公室为主,原县级机关事务管理处下属单位由县级机关后勤服务处管理;县工商业联合会确定为正科级事业单位,归口县委统战部;县文学艺术联合会工作由县委宣传部承担,取消正科级规格。

1994年5月,县委机要科确定为副科级;县委县政府人民来信来访办公室,确定为正科级,挂靠县委办公室;县社会治安综合治理委员会办公室确定为正科级,与县委政法委员会合署办公。8月,恢复保密局;成立市档案局,与市档案馆局馆合一,确定为市委、市政府直属机构,归口市委办公室;成立市保密局,与市委保密委员会办公室一个机构两块牌子,确定为正科级行政单位,归口市委办公室。

1995年5月,恢复市精神文明建设委员会办公室,确定为正科级,隶属市委宣传部。9月,恢复市委台湾工作办公室,确定为正科级,列市委序列。12月,恢复市委组织员办公室,确定为正科级。

1996年5月,恢复市委研究室,确定为正科级;市委机要科改为市委机要局,确定为正科级。11月,市直机关武装部由市人武部划归市直机关党工委管理人民来信来访。

1997年1月,人民来信来访办公室更名为信访局;市委统战部加挂市政府民族宗教事务办公室牌子。6月,设立市委党史研究室,确定为正科级事业单位,隶属市委办公室;撤销市委党校党史研究室。

1998年4月,成立市委办公室督查室,为市委办公室内设副科级机构。

2001年12月,市委工作机构设置:办公室(内设机要局、保密委员会办公室,保密办挂政府保密局牌子),纪律检查委员会(与监察局合署),组织部(内设组织员办公室),宣传部(内设精神文明建设委员会办公室),统一战线工作部(内设民族宗教事务办公室,挂市政府民族宗教事务办公室牌子),政法委员会(社会治安综合治理委员会办公室与其合署),市直机关工作委员会。成立市委农村工作领导小组,为市委市政府议事协调机构,领导小组下设办公室,为常设性办事机构,设在市委办公室。市委市政府信访局,由市委办公室、市政府办公室共同管理,以市委办公室管理为主。老干部局,由组织部管理。档案馆确定为市委办公室领导的事业单位,挂档案局牌子。保留台湾工作办公室(挂市政府台湾事务办公室牌子)。

2002年3月,市纪委机关、市监察局设6个职能科室,即办公室、教研室、纪检监察室、审理室、信访室、执法监察室。市委办公室设4个职能科室，即政策研究室、督查室、行政科、信息科。内设市委机要局、市委保密委员会办公室（挂市政府保密局牌子）、市委农村工作领导小组办公室。市委组织部内设市委组织员办公室（正科级），设6个职能科室，即办公室、调研室、组织科、电教科、党政干部科、企业干部科。市委宣传部内设市精神文明建设委员会办公室，设4个职能科室，即办公室、理论党教科、宣传教育科、新闻外宣科。市委统战部内设民族宗教事务办公室（挂市政府民族宗教事务办公室牌子）。市委政法委（与市综治办合署）设3个职能科室，即办公室、综合治理工作科、执法督查科。市委市直机关工作委员会确定为市委派出工作机构。5月，撤销建委党委，设立建设党工委。撤销交委党委，设立交通党工委。8月，设立市人民政府民族宗教事务局，确定为正科级，设在市委统战部。

2003年4月，成立市老年大学，为正科级全额预算管理事业单位，与市老干部活动中心合署办公。5月，成立市新闻中心，确定为正科级机关延伸性事业单位，隶属市委宣传部，与市委宣传部新闻科合署办公。6月，成立市委党员电化教育中心，确定为正科级机关延伸性事业单位，隶属市委组织部。9月，成立市机关效能监察中心和市经济发展软环境投诉中心，两个中心合署办公，设在市纪委、监察局；市残疾人联合会由机关延伸性事业单位确定为正科级群团机构，由市委直接领导和管理。

2005年5月，市委党史研究室由全额预算管理事业单位变更为机关延伸性事业单位；成立市反邪教协会，为社团组织。

2006年5月，撤销市委组织部内部科室企业干部科，成立人才科，为市委组织部内设中层科室。

2007年4月，成立信息科，为市委组织部内设中层科室。

2008年4月，成立市委群众工作部，与市委、市政府信访局合署。7月，恢复市纪委党风廉政建设室，确定为市纪委副科级内设机构；成立市委党的建设工作领导小组办公室，确定为正科级规格，与市委组织员办公室合署，加挂市党建研究会牌子；成立市维护稳定工作领导小组办公室，设在市委政法委。9月，撤销全民健康促进会。

至2008年12月，市委组织机构有办公室、纪律检查委员会机关（监察局与其合署）、组织部、宣传部、统一战线工作部、政法委员会（社会治安综合治理委员会办公室与其合署）、市直机关工作委员会。

第二节 基层组织机构

1986年，全县共有基层党委45个，49个党总支，1745个党支部，34298名党员。1986年11月，成立高密县对外经济贸易委员会。1987年11月，全县设18个乡、11个镇。1992年1月至1995年1月，先后有呼家庄等10个乡撤乡设镇。1993年7月，全县第一个村级党委—高密镇南关村党委成立，该党委下设2个党总支，22个党支部。1995年10月设立朝阳街道党工委。12月，设立经济开发区党工委。1999年，全市有基层党委81个，党总支128个，党支部2153个，党员45224名。2001年3月，全市乡镇行政区划调整，全市8乡21镇、1个街道撤并为17个镇3个街道。撤销高密镇党委，设立密水街道党工委、醴泉街道党工委。撤销张鲁乡、大栏乡、咸家乡、蔡家站镇、初家镇、高戈庄乡、田庄乡、方市乡、土庄乡、王吴乡、周阳乡党委，分别合并设立姚哥庄镇、河崖镇、仁和镇、康庄镇、阚家镇、双羊镇、井沟镇、注沟镇、柴沟镇、李家营镇、拒城河镇党委。2007年8月31日，全市20个镇街整建制合并为10个镇街。合并后，7个镇党委、3个街道党工委随之建立。2008年7月27日复将经济开发区从朝阳街道划出，经济开发区党工委自此与朝阳街道党工委分设。是年同期设立胶河疏港物流园区，并设立党工委。截至2008年底，全市共有基层党委65个，党总支115个，党支部2154个，党员47538名。

第三章 战略决策

20世纪70年代后期,特别是中共十一届三中全会以后,人们思想不断解放,传统的计划经济格局被逐渐打破。乡镇企业异军突起,个体私营企业发展迅猛,境内国有、集体、个体私营经济并存的局面很快形成。顺应经济社会发展的大势,高密市(县)委、市(县)政府认真贯彻执行中央新时期制定的路线方针政策,坚持对内搞活,对外开放,在发展乡镇企业、个体私营经济、国有企业改革、推进农业产业化以及发展外向型经济等各个方面采取了一系列措施,取得了重大进展,其间三次进入全国百强县(市)行列。

第一节 推进经济发展

发展乡镇企业 20世纪80年代,随着中共中央发展社(乡)队(村)工业方针政策的确立与完善,境内乡镇企业进入大发展阶段。从1985年到1988年,是乡镇企业的高速增长阶段。此期,出现了高密胶木制品厂、高密电机厂、兴华采暖设备厂、兴华服装厂、三佳制冷设备厂、柏城玻璃厂、夏庄通用机械厂、高密玛钢厂、高密镇建筑公司等一批代表性企业。1988年年底,境内乡镇(村)企业发展到13031家,总产值72716万元,占高密全县企业总产值的55.65%。1989~1991年,受国家宏观政策影响,乡镇企业增长速度一度放慢。1992~1996年,高密乡镇企业进入全面发展阶段。一些实力较强的乡镇企业开始探索"大规模、高科技、外向型"发展道路。1993年,南关村在城南建成占地870亩的"高密发达科技园",1994年被国家科委命名为"国家级民营科技工业园"。1996年,全市乡镇企业产值达到145938万元,占全市工业总产值的56.87%。从1997年到2000年,部分乡镇企业出现亏损,全市乡镇企业整体运行质量不高。1997年,高密市委、市政府出台《高密市国有、集体企业产权改革办法》,通过整体出售、股份制、股份合作制、动产出售不动产租赁等多种形式的改革,全市乡镇企业基本转化为民营企业。

发展个体私营经济 20世纪70年代后期,境内个体经济开始萌芽。此后,进入一个高速发展时期。到1988年,境内有4.3万农村劳动力离开耕地,转向经营家庭办和联户办的工业、商业、交通运输业和其他服务行业,办起了家庭工业企业。到1991年,境内个体私营业户发展到12361户,从业人员38536人,上缴税金1118万元。1992年,邓小平视察南方重要谈话发表和中共十四大召开以后,全国现代化建设和改革开放进入了一个快速发展阶段。围绕加快个体私营经济(后期称非公有制经济)发展,1993~1997年,高密市(县)委、市(县)政府先后出台了《关于鼓励和支持个体私营经济发展的若干规定》《关于进一步加快非公有制经济发展的若干意见》等10多个文件,以促进个体私营经济的发展。至2002年底,境内有390家镇村集体企业完成改革,其中乡镇办企业改制191家,村办集体企业改制199处,改制面达98%,盘活存量资产3.5亿元。随着企业所有制性质的改变和经营者对市场经济认识的提高,原来沿袭多年的企业管理和经营机制被彻底打破，以市场为导向的企业经营管理机制的创建和科技投入的逐步加大，使企业焕发了新的生机。至2008年，非公有制经济已成为支撑高密市财力的主要来源。

实施国有企业改革 境内工业的初步繁荣始于1986年，20世纪90年代后进入较快发展时期。随着经济社会的发展，企业管理体制的落后、管理的粗放导致生产效益低下的矛盾越来越突出。1993年，高密县直企业试行厂长（经理）负责制，开始探索所有权与经营权分离的路子，并利用承包、租赁、股份制等多种经营方式，赋予企业人财物、产供销等方面的自主权。此后，企业改革步伐不断加快，从1998年开始进入全面推进时期，到2002年年底，境内422家国有集体企业有386家完成改制，改制面积达92%。其间，全市共妥善安置职工2.3万多人，其中5400名下岗职工再就业。2008年8月9日，孚日集团整体兼并高源集团，至此，境内除自来水公司和供电公司外，其他国有企业改革全部完成。改革期间，市里成立80多人的专门工作班子，负责改制的具体事宜。经过改革，企业产权关系得到彻底明晰，经营者市场主体地位得以正式确立，企业经营活动完全进入市场化运作。

第二节 扩大对外开放

1987年，国家开始下放部分外贸经营权，改革外贸计划管理体制，高度集中的外贸板块和外贸专业公司垄断经营局面初步被打破。高密县委、县政府于1987年5月成立对外经济贸易工作委员会，主抓全县“三外”（对外贸易、利用外资、对外经济合作）工作。1989年，高密被列为沿海经济开放城市。当地党委政府进一步把“三外”工作摆上突出位置，坚持“三外齐抓、三外齐上”，全面扩大对外开放，借助外力加快经济社会发展步伐。1986～2008年，当地党委政府通过建设园区、外出考察学习和开展各种招商活动努力推动“三外”战略的实施，并出台了《鼓励外商投资优惠政策》《关于进一步改善外商投资软环境的实施意见》《关于进一步鼓励外商投资的若干规定》《高密市鼓励引进外资的奖励办法》等一系列文件要求各级贯彻执行。经过十几年的努力，引进大量外资、先进技术、设备和管理经验。“三外”战略的实施，成为推动高密发展的有效力量。其间，高密连续多年被潍坊市委、市政府授予“外经工作先进单位”“招商引资工作先进单位”“利用外资先进单位”“出口创汇先进单位”等称号。

第三节 推进农业产业化

1993～1997年，境内发展农业的主要措施是扩大经济作物种植。党委政府通过政策引导，调整种植结构，逐步走区域化、标准化、规模化种植路子，从而提高农产品市场竞争力。1998～2000年，针对当时农业和农村工作新形势，高密市委、市政府提出了新一轮农业结构调整的指导思想。即以农民增收为根本目的，以农业国际化为主攻方向，以科技为动力，全面提升农业产业化水平。2001～2002年，面对中国加入WTO后农村经济发展的新形势，高密市委、市政府采取跳出农业抓农业，以工促农、以城带乡的统筹发展策略，农业由种植结构调整转到发展大农业上来。2003年后，围绕农业增效、农民增收、农产品市场竞争力增强这一目标，积极实施龙头带动、市场拉动战略，大力引导扶持适销农产品生产，发展规模农业和支柱产业，走出了一条小农户大基地、小龙头大市场的农业产业化之路。

第四节 争创全国百强县（市）

第一次进百强 1989年，高密被列为全国沿海开放城市，高密县委、县政府抓住这一机遇，制定了鼓励扶持发展高产高效农业、促进企业技术进步以及繁荣城乡第三产业的一些优惠政策，促进了各业的较快发展。1991 年全县完成工农业总产值 32.6 亿元，增长 18.3%，其中工业总产值 23.1 亿元，增长 18.2%，农业总产值 10.5 亿元，增长 26.4%。实现财政总收入 8412 万元，增长 11.4%，粮食、棉花、花生产量有较大幅度提高，社会各项事业齐头并进。1992 年 7 月 6 日，高密县被国家统计局评为 1991 年度“中国农村综合实力百强县”。

第二次进百强 1994 年是高密撤县设市的第一年。是年，当地党委政府调整工作思路，更加重视经济社会协调发展。农业方面，在继续抓好主导产业和产品基础上，突出棉花生产、畜牧业规模饲养和农产品加工龙头企业建设；工业方面，注重打名牌、上规模、占市场、造优势。突出抓了大项目的建设和产品的开发；第三产业和城市规划建设也取得明显成绩。至年底，全市地区生产总值达到 29.85 亿元，工农业总产值 163.3 亿元，第三产业增加值 8 亿元，外贸出口收购总值 8 亿元，农民人均纯收入 1768 元，财政总收入 1.45 亿元。1995 年 10 月 17 日，高密市被国家统计局、农村评价中心评为 1994 年度“中国综合实力百强县(市)”。

第三次进百强 2008 年 7 月 6 日，在第八届全国县域经济基本竞争力与科学发展评价报告中，高密市在 2001 个县域经济单位中，位列第 89 位，第三次进入全国百强县(市)行列。2007 年，全市地区生产总值达到 197.92 亿元，工农业总产值 543.71 亿元，进出口总额 7.3 亿美元，农民人均纯收入 6253 元，财政总收入 18.38 亿元。

第四章 重要政治活动

1986～2008 年，中共高密市(县)委按照中央和上级党委的部署要求，结合本地的实际情况，在不同层次、不同范围内，采取不同形式组织开展了多次政治教育活动，其中比较重要的有“三讲”教育(讲学习、讲政治、讲正气)、“双思”集中教育(致富思源、富而思进)、“三个代表”(代表着中国先进社会生产力的发展要求，代表着中国先进文化的前进方向，代表着中国最广大人民的根本利益）重要思想学习教育和保持共产党员先进性教育。

第一节 “三讲”教育

按照《中共中央关于在县级以上党政领导班子和领导干部中深入开展“讲学习、讲政治、讲正气”为主要内容的党性党风教育的意见》要求，2000 年 3 月中旬至 6 月中旬，高密市委、市政府、市人大、市政协领导班子和领导干部以及市纪委、市法院、市检察院的领导班子和领导干部，集中开展了“三讲”教育活动。整个活动分思想发动、学习提高，自我剖析、听取意见，交流思想、开展批评和认真整改、巩固成果四个阶段。这次活动要求着重解决五个方面的问题：即理想信念问题，贯彻党的方针政策问题，群众观念和工作作风问题，民主集中制问题，廉洁自律问题。

活动中，中共山东省委向各县市区派驻了巡视组。高密市委成立了由市委书记任组长的

"三讲"教育活动领导小组,下设办公室。办公室设组织、联络、综合三个工作小组,在招待所办公。活动开始的第一次动员大会参加的人员面较大,有全市市级领导班子全体成员,各镇街党政班子成员及人大、政协组织负责人,市直部门副职以上领导干部,正科级以上事业单位主要负责人,市属重点企业负责人,从市级领导岗位退下来的老同志,部分人大代表和政协委员。市委书记主持会议,省委巡视组组长讲话。会议要求以中央、省委有关文件和江泽民总书记讲话精神为指导,认真落实好中央和省委的各项规定和有关要求,把活动开展好。印发了《关于在市级领导班子、领导干部中深入开展"三讲"教育的实施方案》,制定了各阶段活动计划和配档表。整个活动严格按实施方案进行,每个阶段结束和下一阶段开始,都分别召开阶段性动员会议,总结上阶段情况,部署下阶段任务。按照阶段实施方案要求,活动期间,各班子及成员都要写出读书心得和《思想剖析材料》,分别召开专题民主生活会,开展批评与自我批评。剖析材料报省委巡视组和上一级"三讲"办公室审核同意,然后组织干部群众进行民主测评。活动期间,还设立举报电话和举报箱,"三讲"办公室信访室,对来信来访所反映的问题均作妥善处理。

第二节 "双思"集中教育

2000年5月上旬,中共高密市委出台《中共高密市委关于在全市深入开展"致富思源、富而思进"集中教育活动的意见》,在全市广大党员干部群众中开展了"致富思源、富而思进"集中教育活动。活动分宣传发动、学习教育、整改提高三个阶段进行。广泛开展纵向、横向对比教育,将"看、比、忆、思、求"贯穿于集中教育活动的始终。活动期间,举行"双思"教育事迹报告会15场。文化、教育、工商、工会、共青团、妇联等部门结合各自工作职责和人群特点,设计形式多样的主题教育活动,丰富了活动内容。整个活动前后约一个月。

第三节 "三个代表"重要思想教育

根据上级党委的部署,2000年冬至2001年春,中共高密市委组织全市乡镇、市直部门(包括副科级以上事业单位)领导班子和党员干部开展"三个代表"重要思想学习教育活动。此项活动围绕"代表先进生产力发展要求""代表先进文化前进方向""代表最广大人民根本利益"三个专题,采取集中学习与个人自学相结合的方法,分培训骨干、集中学习、对照检查、整改提高4个阶段进行。学习期间,建立考勤制度,坚持做学习笔记、写心得体会。对照"三个代表"重要思想的要求,通过"上级点、群众提、自己找、互相帮",认真查摆领导班子集体的共性问题和个人思想、工作方面存在的问题,剖析思想根源,形成书面材料。最后根据群众意见和查找的问题,有针对性地制定整改措施。

第四节 保持共产党员先进性教育

按照上级要求,从2005年1月至2006年6月,中共高密市委分三批在全市集中开展以实践"三个代表"重要思想为主要内容的保持共产党员先进性教育活动。其中,第一批教育活动参学范围为市级领导班子,市直党政机关,人大、政协机关,法院、检察院和群众团体机关,于2005年6月底结束。第二批参学范围为未参加第一批集中教育活动的市直企业单位,街道社区和社会团体、社会组织,乡镇(街道)机关及其直属事业单位等,从2005年7月初开始到2005年12月底基本结束。第三批教育活动参学范围包括村,党的组织关系在乡镇(街道)、村的企事业单位,农村中小学等,从2006年1月开始到6月基本结束。活动期间,通过建立教育活动联系点、上党课、发放征求意见表、召开座谈会、设置意见箱、登门访谈群众、党员互相谈心等形式来接受教育，听取意见建议。对活动中查摆出的各类问题，要求立说立行，马上解决，个别当时解决不了的要承诺解决的时限。为体现活动的实效性，活动期间各参学单位和党员干部主动为群众办好事实事。此次活动全市累计帮扶包靠困难户1242个、贫困生194人，捐助资金13.2万元。

第五章 组织建设

1986～2008年，全国正处在对内深化改革和对外扩大开放的重要时期。适应改革开放的新形势，中共高密市委根据中央确立的新时期党的组织建设的方针和有关要求，围绕全市改革发展的大局工作，从农村基层组织建设、党员队伍建设到干部人事制度改革、干部选拔任用以及干部教育培训等各个方面采取了一系列重大措施，为全市改革开放和经济社会发展提供了重要组织保障。

第一节 基层组织建设

1986年至1987年3月，围绕增强基层组织的“造血功能”和“免疫能力”，全市开展了村级整党活动。其间，对基层党组织班子进行了整顿、调整和充实。同时，出台《关于加强乡镇企业党组织建设实施意见》，在部分乡镇企业和村办企业中建立党组织。1989年，引入竞争机制，对农村党支部进行改选，有116个村党支部从在外务工经商的党员中请回124人进了支部班子，其中有89人担任支部书记；从退伍军人、专业户、联合体负责人中选拔256名党员充实到村支部班子。从乡镇机关、企事业单位选派12名党员回村任职。是年，撤销县直机关党委，成立县直机关党工委，在经委、农委两大系统设立党工委，在10个较大的局建立党委。1990年年底，对全县991个农村党支部进行换届选举，从县乡回请、下派19人担任支部书记。1992年，县委出台《关于进一步加强乡镇企业党建工作的意见》，明确乡镇企业党组织的地位、作用等。1994年，高密酒厂、水泥厂、鞋业集团、燃料股份有限公司等4家企业建立党委；西关村、北大王庄村和东关村建立村级党委。是年，市委出台《关于加强学校党的建设工作试行意见》。1997年，围绕中央提出的“五好”目标，下派87个驻村工作组174名包村干部，整顿转化后进班子。是年，制定下发《党委委员参加有关支部党员大会制度》《民主评议党员发展对象制度》《组织员初审制度》等三项制度。1998年，从全市30个乡镇、街道排出90个相对后进村，进行重点管理和整顿，其间，调整村级班子66个，调整村干部155人，其中支部书记59人，处理村干部19人。年底，进行农村党支部换届，全市989个农村党支部（总支、党委），除34个需延期换届外，其余955个顺利换届，调整人员887人，其中调出成员208人，调进成员679人。1999年，集中开展冬季农村基层党组织整顿和党员队伍建设工作。2000年，市委出台《关于调整理顺企业党组织关系和干部管理体制的意见（试行）》，在28家改制企业中建立起党组织，其中建立党委13个，党总支4个，党支部11个。2001年，以整顿软弱涣散村级党组织为重点，组织开展第七期包村工作。是年，出台《关于加强非公有制经济组织党建工作的实施意见》，在全市符合条件的260家非公有制经济组织中建立起党组织。2002年，市委出台《关于加强村级规范化建设的意见》，对农村基层组织的民主选举、民主决策、民主管理、民主监督等方面提出原则要求。上半年，完成镇村换届选举任务。全市4914名村“两委”干部，有3911名实现了交叉任职，占79.6%。2003年，市委出台《关于深入开展农村基层组织建设“三级联创”活动的意见》，制定“五好”基层创建标准和考核办法。同年出台《关于进一步加强村级规范化建设的意见》《村级党务工作规范》和《村务工作规范》，进一步规范村级党组织的建设。2004年12月，全市村“两委”换届选举工作基本结束，994个行政村除16个需延期换届外，有976个村选出村“两委”，其中有788个村，党支部书记和村委会主任两职一人担任；“两委”成员交叉任职达81.6%。全市精简村“两委”干部1505职，村均干部职数精简至3.48职。2005年，落实民营企业党组织组建工作三年规划，在16家规模较大、效益较好的民营企业组建了党支部。2007年，出台《关于深化“基层基础建设年”活动，整体推进基层党建工作的意见》，成立市委党的建设工作领导小组，制定《关于建立健全基层党建工作责任制的意见》等一系列配套文件，建立党员教育培训保障机制。是年完成村“两委”换届选举任务。全市960个行政村有924个全部完成“两委”换届；949个村党组织有926个完成换届；960个村(居)委会有939个完成换届。是年，新建规模以上非公企业党组织126家，由联合党支部改建为单独党支部的12家，全市建立党组织的企业达到408家。2008年，选派46名市、镇(街道)机关干部和企业负责人，到后进村、社区(即城郊村)挂职或担任了党组织第一书记。是年推行强、弱村党组织联建，实施党组织书记跨村任职，全市建立起村(社区)联合党组织19个。

1986～2008年高密市中共党组织和中共党员情况一览表

表4－3

年份	党组织数量(个)			党员数量(人)	发展党员数量(人)
	党委	党总支	党支部		
1986	45	49	1745	34298	813
1987	59	57	1759	35901	1102
1988	54	61	1823	36787	1409
1989	57	75	1867	37538	1128
1990	57	78	1902	38421	899
1991	63	92	1943	38929	953
1992	68	103	1956	39853	920
1993	71	126	2019	40757	935
1994	79	126	2022	41468	907
1995	86	129	2036	42468	963
1996	83	135	2045	43401	1000

续表4-3

年份	党组织数量(个)			党员数量(人)	发展党员数量(人)
	党委	党总支	党支部		
1997	83	139	2049	43979	1195
1998	81	131	2043	44726	1009
1999	81	128	2153	45224	1017
2000	71	123	2162	45818	921
2001	71	105	2145	46112	944
2002	70	97	2136	46619	841
2003	70	83	2128	46726	835
2004	69	82	2122	46818	850
2005	68	94	2132	46937	917
2006	70	98	2141	47136	927
2007	67	103	2146	47384	950
2008	65	115	2154	47538	990

第二节　党员队伍建设

1986~2008年,高密市各级中共党组织按照《中国共产党章程》规定,注重改善党员队伍的结构和分布,注重在生产、工作第一线发展党员,在青年、妇女、少数民族中发展党员,在高知识群体和各类人才中发展党员。2008年新发展党员中,女党员占28.2%,比1986年高16.1%;35岁以下党员占75.6%,比1986年高6.3%;大专及以上文化程度党员占73.4%,比1988年高65.7%;生产、工作一线党员占96.2%,比1986年高12.5%。

1986年,对农民党员档案进行全面清理,全县29处乡镇普遍建立党员档案管理制度和档案使用索引簿,使农民党员档案管理工作走向正轨。1987年至1988年,县委把加强党员思想教育、提高党员政治素质放在党员队伍建设的首位。利用党校培训党员126526人次,培训入党积极分子8490人次。1989年,组织开展民主评议党员和妥善处置不合格党员工作,对新评议出的271名不合格党员进行处置,同时注重对过去受处置党员的延伸教育。1990年,突出抓了电化教育,共复制发放党员教育录像带184盘,组织播放2400场,观看人数达6.9万多人次。1992年,以学习贯彻邓小平视察南方重要谈话、中央政治局全体会议精神和中共十四大文献精神为主线,对党员进行思想政治教育和科技教育,共举办各种培训班272期,参加人数达8.7万人次。1995年,制定印发《高密市1995-2000年农村党员学科技、用科技、比贡献竞赛活动规划》。1996年,中共高密市委印制《村级规范化管理暂行规定》,发给农村全体党员学习。1997年,在农村党员中开展“双学”活动,在高密电视台开辟《村级规范化建设巡礼》专题栏目。2000年,采取联合办学的形式,会同民政局、市委党校,在广大党员中开展“致富思源、富而思进”的集中教育活动。2001年,认真贯彻执行“党要管党”原则和“从严治党”的方针,组织广大党员认真学习“三个代表”重要思想以及郭秀明等优秀基层干部的先进事迹,并组织开展主题实践活动。2002年，组织实施了“样板工程”和“党员富民带动工程”，选树一批模范党员和典型人物，开展党员挂牌、党员示范岗、党员联户等活动。2003年，对各乡镇（街道）和市直系统的党费收缴情况进行一次全面检查，进一步规范党费的收缴、管理和使用。2005年，重新修订民主评议党员和处置不合格党员工作意见，经评议受各级表彰的优秀共产党员3332名，处置不合格党员143名。2007年，健全落实党内关爱机制，做好关心基层干部、老党员和帮扶生活困难党员工作，组织发放党员补助金60多万元，为183名流动党员建立管理台账，发放活动证。2008年，制定《关于开展“农村党员创业扶助”活动的意见》，针对部分农村党员“发展缺资金、致富无技术、创业少项目”的难题，从资金、项目、技能等方面给予党员帮扶。

1986～2008年高密市中共党员情况一览表

表4－4　　单位：人

年份	党员总数	正式党员数	预备党员数	男	女	汉族党员	少数民族党员
1986	34298	33196	1102	30833	3465	34294	4
1987	35901	34492	1409	32308	3593	35897	4
1988	36787	35667	1120	33084	3703	36782	5
1989	37538	36639	899	33730	3808	37537	1
1990	38421	37468	953	34567	3854	38415	6
1991	38929	38009	920	35086	3843	38924	5
1992	39853	38918	935	35946	3907	39847	6
1993	40757	39850	907	36775	3982	40750	7
1994	41468	40505	963	37443	4025	41460	8
1995	42468	41468	1000	38028	4440	42459	9
1996	43401	42206	1195	38687	4714	43390	11
1997	43979	42970	1009	39119	4860	43966	13
1998	44726	43709	1017	39644	5082	44714	12
1999	45224	44303	921	39997	5227	45211	13
2000	45818	44874	944	40444	5374	45804	14
2001	46112	45271	841	40744	5368	46097	15
2002	46619	45784	835	41242	5377	46604	15
2003	46726	45876	850	41335	5391	46712	14
2004	46818	45901	917	41410	5408	46804	14
2005	46937	46010	927	41473	5464	46923	14
2006	47136	46186	950	41624	5512	47122	14
2007	47384	46394	990	41847	5537	47369	15
2008	47538	46542	996	41926	5612	47523	15

第三节 干部人事制度改革

1986年，坚持干部交流制度，选拔优秀中青年干部到基层锻炼，年内共从县直党政群机关选拔49名青年干部充实到乡镇和县直企事业单位任职锻炼。1987年，在企业实行公开招标选聘领导干部。在县五金厂、棉织厂等单位进行试点。年内在县直17家工业企业推行厂长负责制和任期目标责任制，在7家企业中实行厂长(经理)离任审计制。1988年，下发《关于进一步完善干部管理体制的意见》《关于加强企业经营人员管理和企业党组织、工会组织改革的若干意见》和《关于对县直部门领导干部试行考任制的意见》三个文件，加强干部管理工作的制度化建设。1989年，面向社会公开考选任用17名局(科)级领导干部。为乡镇机关公开考选聘用149名合同制干部。1990年，成立知识分子工作领导小组办公室，新选拔2名县级拔尖人才，向市委组织部推荐2名市级拔尖人才，对17名专业技术拔尖人才进行全面考察，加强对拔尖人才的目标管理。1991年，从聘用干部中，提拔68人担任副乡级领导职务。为69名合同到期的聘用制干部办理续解聘手续，其中续聘65名，解聘3名，黄牌警告1名。1992年，印发《关于进一步改革和完善乡镇管理体制，把乡镇事业站所逐步转变为经济实体的意见》。29个乡镇共办经济服务实体317个，占乡镇事业单位总数的54.7%。1994年，研究审批机关改革"四定"方案，妥善安置25名机关分流人员。同时，对市直事业单位进行改革，实行分类管理。1995年，印发《关于培养选拔优秀年轻干部的实施意见》，选拔一批青年干部充实进后备干部队伍，年内先后有138名35岁以下的干部走上领导岗位。1996年，开展全市党群、人大、政协机关参照试行《国家公务员暂行条例》工作。1998年，制定《关于进一步加强企业经营管理者后备人才队伍建设的意见》，建立起企业后备人才库。1999年，出台《市直部门中层职位竞争上岗暂行办法》，有65名市直机关干部报名竞争，其中21名走上中层领导岗位。2000年，结合企业改制，注意拓宽视野和渠道，打破身份、行业、区域、所有制等界限，采取公开招标、竞争上岗及民主选举等多种形式选拔人才，年内共调整企业班子成员54名。2001年，对乡镇行政区划进行调整，把原来的30家乡镇(街道)合并精简为20个镇(街道)。印发《镇级领导班子换届调整工作方案》和《镇级领导班子换届调整竞争上岗办法》，组织开展镇级领导班子换届调整和竞争上岗等工作。2002年，会同人事部门制定法院、检察院和市直党政机关"三定"方案。2004年，出台《领导干部经济责任审计结果运用办法》。2005年，制定《关于加强和改进领导班子、领导干部考核工作的意见》，交流领导干部145名；选调20名30岁以下、具有全日制大学以上学历的优秀年轻干部到镇街挂职。2007年，研究提出镇街区划调整干部配备方案，对合并后的富余领导干部进行妥善安置。认真贯彻实施《中华人民共和国公务员法》，依法为65个机关单位的2045名工作人员、6个参照管理单位的33名工作人员办理登记手续。2008年，制定下发《关于从市直机关选派优秀年轻干部到企业挂职的意见》《关于选聘高校毕业生到村（居)任职的实施办法》等多个文件。先后选派20名高校毕业生到村(社区)任职，20名优秀年轻干部到招商局和信访局挂职，组织960名科级干部参与联系村(社区)活动。出台《挂任副镇长、街办副主任管理办法》，首批共选聘18名优秀村(社区)党组织书记挂任副镇长或街办副主任。公开考选10名年轻正科级干部。制定《调整不胜任现职科级干部暂行办法》。

第四节 干部选拔任用

1987年推行乡镇干部选任制、聘用制。公开招考择优聘用116名干部。对合同到期的聘用干部进行解聘或续聘，其中解聘25名。1988年，制定《关于干部考察工作的几点意见》和《关于干部任免工作的暂行规定》，对干部的考察、任免、管理、教育等做出具体规定。1989年，印发《关于干部调配工作几个问题的意见》加强对县直部门和县直企事业单位干部的宏观管理。1990年，向潍坊市委组织部推荐一批优秀妇女干部和非党干部，同时，提拔5名非党干部担任副科级以上领导职务。1991年，提拔51名女干部担任各级领导职务，其中副县级1人，正科级1人，副科级22人，县直企事业和乡镇站所负责人27人。1992年，对县直56个副科级以上事业单位的领导班子和29个乡镇的教委主任进行全面考核。1994年，按照撤县设市工作的要求，对各级领导干部对外进行原则公布。先后组建市信访办、体委、地税局等市直机构及社会保险事业处等事业机构，明确高密一中等16个单位的规格，调整干部88名。1995年，下发《领导班子和领导干部诫勉制度》《企业厂长（经理）经营状况年度审计制度》等文件，坚持干部谈话、重大事项请示报告和干部考核等制度。1996年，出台《关于搞好企业厂长（经理）经营状况年度审计的实施意见》，年内共对67家企业进行审计。1998年，下发《关于试行领导干部监督责任制的意见》。年内与有关部门召开联席会议4次，通报有关干部的信息15条，对21名有问题的干部进行谈话教育。1999年，出台对机关事业单位主要负责人任期和离任经济责任审计的意见，下发《关于私营业主不能担任各级党政领导职务的通知》，对部分干部实行诫勉或谈话教育。2000年，先后出台《党政领导干部选拔任用程序》《干部考察工作责任制》《呈报、推荐干部的有关规定》等文件，严格股级干部备案制度，切实加强对干部队伍的宏观管理。2001年，全面推行干部试用制度、聘任制度和任前公示制度。2002年，起草《关于从市直机关选派优秀年轻干部到企业挂职的意见》，选拔6名具有大专以上学历的年轻干部到大中型企业挂任中层以上领导职务。2003年，进一步修改《关于调整不胜任现职领导干部的实施意见》《科级干部选拔任用工作程序细则》。2004年，将117名年轻党政干部和187名经济人才纳入后备人才库，实行动态管理。2005年，制定《高密市培养选拔党外干部工作规划》。2006年，建立干部监督信息库和干部监督重要信息报告制度。2007年，制定《关于加强市直部门（单位）考核工作的意见》；制定《干部监督信息沟通暂行办法》《关于人口计生系统干部协管工作的意见》。2008年，制定《高密市重点工作、重点工程项目跟踪考核办法》和《市直部门及镇（街道）干部包企业工作考核办法》。坚持年度考核与日常考核相结合，镇街每年考核两次，重点工作定期调度、随时考核。

第五节　干部教育培训

1986年，77名机关干部大中专学校脱产培训毕业，50人新入学；32人获得大学函授本科毕业文凭，6人获得大专自学考试毕业文凭，231人获得中专函授文凭，1174人参加各种形式的业务自学。1987年，举办干部经济管理中专班，招收学员41名；20名乡镇经委主任参加潍坊市乡镇企业管理学习班，5名乡镇党委书记参加潍坊市岗位职务培训班，35名厂长（经理）参加全国厂长（经理）统考，51人中央农业广播学校学习毕业，全年参加县委党校举办的各类培训班学习的干部共1100人次。1988年，140名干部参加中央党校高密函授辅导站学习，200余人参加中央农业广播学校学习，其中8名干部通过考试被录取为省大专院校和市委党校大专班学员；先后举办2期外经外贸知识培训班，培训干部128人；举办县直机关干部涉外经济学习班，培训干部350人；举办全县组织人事干部培训班，对各乡镇组织委员、组织干事和县直部门及有关单位的政工科（股）长全部进行培训。

1989年，158名干部被录取参加中央党校89级大专函授班学习，36名干部被录取参加县党校中专班学习；举办了全县组工干部培训班、副乡镇长岗前职务培训班、副科级以上领导干部学习中共十三届四中全会文件培训班。1990年，以中宣部编写的《马克思主义哲学纲要》为主要教材，举办5期培训班，培训副科级以上干部941人。1991年，制定《高密县1991～1995年干部培训规划》，先后安排8名县级干部，选调12名科级干部参加上级培训；举办优秀中青年女干部培训班，培训女干部96名；年内选调46人到各类大中专院校离职学习。1992年，先后举办优秀中青年女干部培训班、青年干部培训班等不同类型的培训班5期，培训干部480人。1993年，先后举办科级干部班、科级女干部班和农村新当选支部书记班等3期培训班。1994年，先后举办《邓小平文选》三卷理论骨干培训班和党政领导干部进修班、涉外知识、股份制知识、乡镇企业管理、个体私营经济、国际贸易、外语等班次，培训干部10053人次。1995年，先后举办科级领导干部、青年干部、后进村党支部书记、经济强村党支部书记、中青年女干部培训班9期，培训干部714人次。1996年，共培训干部12795人次，其中政治理论培训2265人次，业务知识和岗位培训6369人次，大中专学历教育9046人次，出国（境）培训105人次。1997年，举办科级领导干部进修班3期，培训150人；举办学习中共十五大理论骨干培训班1期，培训260人次；举办村委会主任培训班4期，培训673人次；举办乡镇企业家、乡镇经委主任培训班和企业工商管理培训班各1期，培训210人次；举办妇女领导干部培训班1期，培训200人；举办大中专函授学历班12个，培训学员2873人。1998年，举办全市组工干部培训班，培训组工干部154人；举办全市党政群机关领导干部培训班2期，培训副科级以上领导干部870人。1999年，举办市直机关干部计算机应用能力培训班，210名干部参加培训；举办关于企业改革与现代企业制度、市场竞争新思路和市场研究、企业财务管理和资本运营以及经济形势分析等4个专题讲座，组织46名企业干部赴国外学习先进企业管理经验和技术。2000年，对新当选的340名村（居）委会主任进行为期7天的集中培训；举办全市妇女干部培训班，280名女干部参加培训；举办第二期市直机关干部计算机应用能力培训班，70多名市直机关干部参加培训；举办企业干部经济管理培训班，邀请北京2名专家教授就企业发展中的有关问题、宏观经济形势分析等问题作专题讲座。2001年，举办“应对入世与农村发展”专题讲座，500多人参加培训。2003年，利用近2个月的时间，对全市991名农村党支部书记分期分批进行培训；举办“三个代表”重要思想培训班6期，全市科级以上在职领导干部全部轮训一遍。2004年，制定《2004～2007年全市干部培训规划》，先后举办14期干部培训班，培训干部631人。2005年，依托市委党校等干部培训基地举办干部培训班9期，培训各级各类干部500人；举办农村党组织书记培训班，全市986名农村党组织书记全部轮训一遍。2006年，先后举办10类共14期培训班，培训各级各类干部800多人。2007年，完成上级调训计划103人，完成市内培训计划9120人。2008年，举办专题培训班10期，培训干部4184人次；组织50名企业高管到大连理工大学举办高级研修班1期；对机关干部进行军训，全市716名机关干部参加军训。

第六节　党员电化教育

电化教育系农村党员干部现代远程教育的简称。1993年12月，中共高密县委组织部设立电教科。2003年6月，成立中共高密市委党员电化教育中心，主要负责农村党员干部现代远程教育工作。2004～2006年，全市筹集资金971.6万元,共建农村党员干部现代远程教育终端接收站点1017个,建立起覆盖全市农村党员干部现代远程教育网络。2007年,印发《关于进一步加强和规范远程教育设备维修维护的通知》，明确了各级维护职责、范围和维护程序。2008年,制定出台《关于在全市推行远程教育契约化管理的实施意见》,下发《关于在全市农村开展“党员干部现代远程教育科技致富工程”的实施意见》，在全市评选出14个远程教育科技致富示范基地、33个示范村、55个示范户。是年，夏庄镇张家官庄二村被评为省级远程教育规范化站点。

第七节 老干部管理

中共高密市委老干部局为市委主管全市老干部工作的正科级行政机构。1992年10月,成立“高密县老干部活动中心”,为正科级事业单位,隶属老干部局管理。2003年4月,成立“高密市老年大学”,为正科级事业单位,与市老干部活动中心合署办公。

1989年,成立市级老干部参政议政小组,分为工业、农业、党建、精神文明四个组。1992年10月,市老干部活动中心大楼建成,同年12月正式投入使用,占地面积4650平方米,建筑面积2485平方米,使用面积2000平方米。从1997年开始，市委老干部局在农村组织开展千名老干部包户助民活动,下发《关于在全市农村开展千名老干部包户助民活动的意见》,制定《老干部包户助民活动责任制》,建立《定期通报情况制度》《评先树优制度》《监督检查制度》,组织引导广大离退休干部向所包户送技术、送信息、送资金、送点子,帮助所包户发展经济,增加收入。市委老干部局从市直各系统各聘请1名老干部担任工作联络员，联络员每季度同联系单位研究一次老干部工作，每半年一次在老干部局集中汇报工作开展情况。1997年，市委老干部局引进自动化办公设备，对离休干部实施信息化管理。1998年6月16～17日,全省离退休干部发挥作用工作座谈会在高密召开。省委老干部局有关负责人、各地(市)老干部局局长、离退休干部典型代表出席座谈会。2001年9月，高密市委、市政府被省委组织部、省委老干部局、省人事厅授予“全省离退休干部宣传教育工作先进单位”荣誉称号。2002年6月18日,市委老干部局下发《关于切实加强老干部学习进一步落实好老干部政治待遇的通知》，要求各镇街、市直各单位设立专用阅文场所，建立健全学习日制度。2002年，市里把离休干部医药费纳入统筹管理,由缴费单位(医疗改革前,老干部医疗关系所在地)或市财政按照规定范围和比例,每年向市医疗保险处缴纳离休干部医疗统筹金。2002年，全市离休干部医药统筹金标准为每人每年7000元，从2005年起调整为每人每年9000元，从2010年起调整为每人每年1.4万元。离休干部到定点医院医疗就诊费用实行记账处理,由医保处定期与医院进行结算,节余部分转到下年度使用。2003年8月13日,市财政局、市委老干部局联合下发《关于移交政府安置的军队离休干部调整住院伙食补助和军粮差价补贴的通知》,自2003年1月起,军队离休干部住院伙食补助由原来的每天6.70元调整为9.70元;同时,军粮差价补贴自2001年1月起,按每人每月37元发放,所需经费由街办、镇财政负担。2003年11月,高密市委、市政府被省委、省政府授予“老干部工作先进单位”荣誉称号。2005年1月15日,市老年大学在会议中心一楼为首届218名学员(2003级书法班、健身班和2004级古筝班)举行毕业典礼。2005年8月,市老年大学被省委老干部局、省老年大学协会授予“省级老年大学示范校”称号。2006年12月,市老干部活动中心被省委老干部局授予“省级示范老干部活动中心”称号。2008年农历正月开始，市委组织部、市委老干部局开展为85周岁以上离休干部送生日蛋糕和花篮活动。2008年10月，高密被省委、省政府评为“全省老干部工作先进单位”。

第六章　宣传工作

1986~2008年，境内的理论宣传教育重点是邓小平建设有中国特色社会主义理论、“三个代表”重要思想和科学发展观。其方式一般为举办培训班进行集中学习和印发学习材料供党员干部自学，并专门开展一些学习教育活动等，集中学习一般由高密市委组织部和高密市委党校负责实施。社会宣传采取理论结合实际的办法，既有思想理论观点的宣传，也有经济社会发展成果和先进典型人物的宣传。社会宣传除组织宣讲团、报告会等形式进行集中宣传教育外，主要靠市广播电台、电视台、市报发挥作用。另外，在各镇街和市直主要部门单位还设有专(兼)职通讯员。本时期的政治思想工作也是始终围绕全市宣传教育的理论重点，并结合经济社会发展实际进行的。重要的社会和新闻宣传一般由高密市委宣传部组织或指导进行。

第一节　理论教育

1986~1989年，组织境内300余名干部参加了全省干部正规化理论教育，以学习《马克思主义概论》为重点，系统学习了马克思主义哲学、政治经济学和科学社会主义理论。1993年创办山东干部函授大学高密函授站，招收大学专科和本科学员180余人参加学习。1995年，全市举办市委理论学习中心组和科级领导干部学习《邓小平同志建设有中国特色社会主义理论学习纲要》封闭式读书会，邀请省委讲师团教授作专题辅导。1994~1996年，全市在组织党员干部开展“双学”(学邓小平理论、学党章)活动中，被山东省、潍坊市授予“组织工作奖”和“优秀组织奖”。1997~2002年，突出抓各级领导干部对“三讲”内容、“致富思源、富而思进”“三个代表”重要思想、中共十六大精神的系统学习。2001年对境内副县级以上干部学习“七一”讲话情况进行考试。对于一般党员干部的理论学习，采取以会代训、培训班、收看辅导讲座录像等多种形式进行教育培训。2000年在党员干部中组织开展理论知识竞赛。2001年组织开展纪念建党八十周年党建知识竞赛和学习“七一”讲话理论骨干培训班，邀请专家教授到高密进行讲课培训。2002年，中共十六大以后，科学发展观、构建和谐社会、建设社会主义新农村、建设创新型国家、建设资源节约型社会等一系列重大战略思想，成为对广大群众进行理论教育的主要内容。2002年4月，高密市委组织开展了农村党员能力教育活动。2003年6月至2004年6月，市委宣传部和组织部开展农村党员夏训活动。2006年6月，高密市委宣传部印发《关于在全市党员中开展实践“三个代表”重要思想，落实科学发展观党课集中教育活动的意见》，对全市落实科学发展观党课集中教育和农村党员夏训活动提出要求。2007年1月，中共山东省委宣传部通报高密市城市管理行政执法局党员活动室、夏庄镇张家官庄二村党员活动室为“全省先进基层党员活动室”。2008年，组织开展落实科学发展观、构建和谐社会等集中教育活动，并同步推进党员教育工作。

第二节 社会宣传

1986～1997年，组织编写《形势任务教育问答》《学习中共十四届三中全会精神百题问答》等宣传材料上万份，印发给干部群众，组织宣传、党校政策研究部门和有关部门的领导干部、业余理论工作者撰写理论文章，在电台和报纸上刊发。1999年，开展向抗洪救灾中涌现出来的基层干部的榜样——刘锡仁学习活动，组成英雄事迹报告团，应邀赴潍坊市作事迹报告，编演反映英雄事迹的现代茂腔《公仆颂》，编印《基层干部的榜样——刘锡仁》一书，发放基层宣传学习。1999～2002年，在《高密市报》设立《理论与实践》专版，刊发有关理论文章，宣传报道先进典型学用理论的经验。1999年高密市被省委宣传部评为“全省党员教育工作先进市”。从2001年起开展了理论下基层活动。成立高密市学习“七一”讲话宣讲团，到基层进行宣讲。并邀请潍坊市学习“七一”讲话宣讲团到部分镇街、部门进行宣讲。2002年，成立中共十六大报告宣讲团，巡回到各镇街、市直各党工委和各大企业开展宣讲活动。2005年在保持共产党员先进性教育活动中，高密市开展以组织一场宣讲活动、开展一次驻村访谈、进行一次专题调研活动等为主要内容的“十个一”活动，先后作学习宣讲报告30多场，召开座谈会、开展调研访谈80多场次，撰写调查报告和体会文章60多篇。2006年9月，组织在《今日高密》开设专版《创新的理论成果，科学的实践指南》，刊登部分市直单位学习《江泽民文选》的体会。2007年，《今日高密》开设专栏，广播电视开设理论工作面对面专题，聚焦社会生活中的热点。2008年11月，《今日高密》开设“农村改革发展”栏目，通过典型宣传推动中共十七届三中全会精神学习教育活动的开展。2008年，成立宣讲团，深入开展“百名干部下基层”宣讲活动，举办各类宣传讲座1000多场。

第三节 企业思想政治工作

1988年，高密县筹建职工思想政治工作研究会。随后，在部分规模较大的企业也成立基层职工思想政治工作研究会。研究会主要职能是配合企业党组织开展内部宣传教育和进行某些思想政治工作的课题研讨。1990～1991年，以脱产轮训的形式，对境内149家企业和企业化管理事业单位中35岁以下的14782名青年职工进行基本国情、党的基本路线教育，每期授课120课时。1992～1993年，组织开展深化企业改革转换企业经营机制专题教育和社会主义市场经济知识教育。1996年，高密市委、市政府印发《关于加强和改进企业思想政治工作的意见》。1999年，印发《关于进一步加强思想政治工作的意见》，并召开全市企业思想政治工作会议，加强对企业思想政治工作的领导、组织和指导。在企业集中开展以“学理论、讲政治，学科技、讲奉献，学法律、讲秩序”为主要内容的“三学三讲”教育活动，组织评选十佳职工、万名青工同心创业大行动和“四个一”巾帼建功活动。其中工业企业开展以“双增双节”、技术攻关、岗位练兵为主要内容的劳动竞赛，各流通企业开展“三争一创”（争当服务明星、岗位销售能手、行业技术标兵、创建优质服务单位）劳动竞赛。2000年，组织20名企业政工人员参加潍坊市企业政工干部培训班。2002年，印发《关于开展创建学习型企业活动的意见》，在全市开展创建学习型企业活动。市委宣传部获潍坊市创建学习型企业活动组织奖，供电局和大昌纺织股份有限公司被授予潍坊市首批“A级学习型企业”称号。2006年5

月，市委宣传部、市总工会、市文化局、市广播电视局、市经贸局组织100多名职工在世纪嘉华观看以许振超事迹为创作原形的影片《金牌工人》。

企业政工专业职务评聘工作 1989年，高密县第一次进行企业政工职务评聘的试点工作。1991～1992年，按照中央和山东省制定的标准和条件进行复核，共评聘高级政工师7人，政工师186人，助理政工师143人，政工员65人。1994年，政工人员专业职务评聘工作转入经常化，实现一年一评。1989～2008年，高密市共评审出高级政工师59名，政工师407名，助理政工师320名，政工员147名。

第四节 新闻宣传

高密市的新闻宣传工作主要由市广播电视局、报社以及市委宣传部新闻科负责。另外，在各镇街和市直主要部门单位还设有专（兼）职通讯员。高密市的广播事业始于20世纪50年代。电视起步于1985年。报社成立较晚，管理体制和业务归属前后经过几次变动调整。新闻宣传工作的开展，主要围绕每年经济社会发展的主要任务，根据市委宣传部划定的框子和确定的重点进行。重要时期和重大任务，市委宣传部通常组织协调各新闻单位联合行动，开展集中宣传。此期间，集中宣传报道的有实施农业“三化”战略、深化企业改革、发展外向型经济、民营经济、繁荣第三产业、小城镇建设、党的建设、精神文明建设、村级规范化建设以及招商引资等40多个专题。宣传部门不定期举办通讯报道培训班，邀请上级新闻单位的编辑记者授课，并选送通讯报道骨干到大众日报等新闻单位学习。还建立新闻联席会制度、重点新闻稿件审读制度、新闻报道双稿酬和重点稿件奖励制度。2000年，制定《中共高密市委宣传部关于对全市新闻宣传工作进一步加强宏观管理的意见》，坚持每月召开一次新闻协调会，即时出台《新闻协调会纪要》，印发各新闻单位执行。

对外宣传的重点主要是高密的历史人文、软硬环境、产业产品以及工作效能等。每年在中央、省和潍坊市主要新闻单位的发稿数量平均4000篇左右。其间，组织和指导有关部门单位制作了几十种图文并茂、中外文对照的画册、折页和十几部电视外宣片，通过各种渠道发送到世界各地。《齐鲁明珠——高密》《高密》大型画册和中韩日英四种文字对照的电视外宣片《腾飞吧，高密》《开放的高密》，系统地对外介绍高密历史、自然、经济和社会事业等发展概况。画册《齐鲁明珠——高密》、电视专题片《游乡赤子心至诚》等11件作品分别获得潍坊市首届、第二届精品工程外宣品奖。电视专题片《密水古树览胜》获全国电视专题片评比三等奖，《3·15特别报道》获潍坊市电视专题片评比一等奖，广播电台采写的《记忆移植与科技创新》《青年之友》两组节目获省广播节目评比三等奖，《走马高密看文明》《高密泥塑虎年显虎威》《一项永不竣工的工程》等三件新闻作品获潍坊市1998～1999年度潍坊市精神文明建设“精品工程”奖。《刘连仁向日本政府索赔一审胜诉》《如何看待家庭暴力》《父子两代讨公道》获2001年度山东省广播电视好新闻二等奖。《果树抗风枝连接》获2003年全国首届地方电视台科技专题类一等奖。《农科院地》《拆迁之痛症结何在》分别获2004年山东省广播社教节目优秀作品一、二等奖。《聂老汉有绝活》获2006年山东省第二届记录(专题)学术奖一等奖。《四季田园》栏目获2007年全国首届科普影视奖。《红高粱》节目和《瞭望》栏目在第2008年二届“记录·中国”评选活动中分别荣获银牌节目和铜牌栏目。市委宣传部新闻科连续多年被《大众日报》《农村大众》《潍坊日报》评为新闻报道先进集体。是期，市宣传部门积极与上级新闻单位进行工作联系，使每年到高密采访的记者保持在200人次以上。

第五节 精神文明建设

1986年至2008年，高密市的精神文明建设主要抓全民思想道德建设和文明创建活动。思想道德建设重点是以市精神文明委员会办公室制定的《高密市民文明公约》《高密市民“十不”守则》、省文明办编写的《文明公民读本》和中宣部、中央文明办制定的《公民道德建设实施纲要》为主要宣传和贯彻内容，主要是通过印发学习资料，组织文明知识竞赛、组织先进事迹报告团演讲、报纸开办专题专栏、评选先进个人、树立标兵模范等形式来对公民进行教育。2003～2006年，开展“公民道德宣传日”主题宣传教育活动。2006年，印发《中共高密市委关于深入学习实践社会主义荣辱观，切实加强思想道德建设的实施意见》。2008年，组织实施全市“百城万店无假货”活动，开展“守合同重信用”企业、消费者满意单位、文明诚信民营企业（个体工商户）、文明市场创建活动，全面推进“诚信高密”建设。2005年后，把《古诗必读》《孝行》《四书五经选读》等纳入校本教材，作为加强未成年人思想道德建设的内容，还通过开展读名著、听名曲、观名片等活动来丰富校园文化建设内容。

文明创建主要包括创建文明城市、文明行业、文明村镇3个方面。文明城市创建，主要以创建文明社区为重点。高密市文明委制定完善各项社区文明创建规划、措施和标准，并细化到居民小区和居民；文明行业创建，主要是抓服务行业的服务质量和行风建设。推行规范服务和文明服务，完善各种形式的社会服务承诺制度，重点解决在文明言行、环境卫生、服务质量、交通秩序等方面存在的问题；文明村镇创建，重点是抓农村文明户创评和村内重点街道、综合活动室、红白理事会和治安普法、科技服务、文体宣传队伍的建设。文明创建活动，还包括创建文明机关、文明企业、文明学校、文明家庭和科技文化卫生“三下乡”、学用比、巾帼建功、希望工程、百城万店无假货、青年志愿者、做人民满意的公务员、警民、厂校共建等活动。1983年以来命名、经1993年度复查合格的潍坊市级文明单位共38个。1993年，高密县被山东省委、省政府命名为全省第二届精神文明建设工作先进（县）市。1994年，高密县邮电局等4个单位被潍坊市委、市政府新命名为潍坊市级文明单位。1995年，高密市被山东省委、省政府命名为全省第三届精神文明建设工作先进（县）市。1996年，柏城镇等3个乡镇，市人民法院等33个单位、村被潍坊市委、市政府命名为1995年度潍坊市级文明乡镇、文明单位。1998年，柏城镇等5个乡镇，市财政局等34个单位、村（社区）和醴泉小区分别被潍坊市委、市政府命名为1996～1997年度潍坊市级文明乡镇、文明单位、文明小区。2000年，姜庄镇等4个乡镇，市工商局等38个单位、村（社区）分别被潍坊市委、市政府命名为1998～1999年度潍坊市级文明乡镇、文明单位。2002年，高密市被山东省委、省政府命名为全省第五届精神文明建设工作先进（县）市。朝阳街道等8个镇、街道，市交通局等38个单位、村（社区）分别被潍坊市委、市政府命名为2000～2001年度潍坊市级文明乡镇、文明单位。高密市文明委被评为潍坊市诚信建设组织工作先进单位，市法院等6个单位被评为潍坊市文明诚信示范单位。2003年，市供电局、公路局、工商局、国税局等7个单位被山东省文明委评为“省级文明单位”称号。高密市文明委被潍坊市委、市政府评为“全市诚信建设组织工作先进单位”，孚日家纺股份有限公司等7个单位被授予“全市文明诚信示范单位”。2004年，高密市被山东省委、山东省政府通报表彰为第六届精神文明建设工作先进市。2005年，市交通局被省委、省政府命名表彰为省级文明机关。市供电局、市公路局等7个单位被省委、省政府命名表彰为省级文明单位。市财政局等48个单位被潍坊市委、市政府命名表彰命名为2002～2003年度潍坊市级文明单位；人民大街被命名为潍坊市文明示范街；文化广场被命名为潍坊市文明示范广场。2006年，孚日集团被中央文明委授予全国精神文明创建工作先进单位，教育局等8个单位，交通局等4个机关，柏城镇柏城村等3个村分别被山东省文明委授予省级文明单位、文明机关、文明村镇。潍坊市委、市政府下发《关于命名表彰市级文明单位、文明村镇、文明机关、文明和谐社区和精神文明建设先进工作者的通报》，高密一中等24个单位被授予"文明单位"称号；柏城镇等13个单位被授予"文明村镇"称号；市民政局等13个单位被授予"文明机关"称号；朝阳街道东小庄等3个社区被授予"文明和谐社区"称号。2008年3月，潍坊市委、市政府命名表彰2006～2007年度文明单位、文明村镇、文明机关、文明和谐社区，市卫生防疫站等27个单位被授予"潍坊市级文明单位"称号；柴沟镇等12个单位被授予"潍坊市级文明村镇"称号；市民政局等15个单位被授予"潍坊市级文明机关"称号；朝阳街道许家庄社区等4个社区被授予"潍坊市级文明和谐社区"称号。4月，高密市广播电视局被山东省文明办、省新闻工作者协会和省新闻学会评为"第三届全省新闻系统精神文明建设先进单位"。6月，山东省文明委命名表彰2007年度省级文明单位、文明村镇、文明机关、文明社区。市国税局等8个单位被授予"省级文明单位"称号；柏城镇等4个单位被授予"省级文明村镇"称号；市交通局等5个单位被授予"省级文明机关"称号；朝阳街道东小庄社区等2个单位被授予"省级文明社区"称号。其中，高密市供电公司成为2007年度新增省级文明单位，柏城镇、姜庄镇、夏庄镇成为2007年度新增省级文明村镇，市人民法院成为2007年度新增省级文明机关，朝阳街道东小庄社区、醴泉街道交通社区成为2007年度新增省级文明社区。8月，山东省委、省政府表彰第二届省级文明城市、省级创建文明城市工作先进城市，高密市被授予"省级创建文明城市工作先进市"称号。

第六节　新闻出版管理

1986～2008年，高密市新闻出版业务日常监管主要是市委宣传部和市文化局，乡镇、街道的监管工作为各镇、街道党(工)委的宣传委员。全市对辖区内印刷企业、出版物发行单位实施目标管理量化考核，签订遵纪守法经营责任书，以此约束其守法经营。"扫黄""打非"工作是新闻出版管理工作的一项重要内容。每年元旦、春节、"五一""十一"等重大节日前后，职能部门都要对全市印刷企业、打字复印部、书店、音像、电子出版物店进行集中检查整治，并把打击政治性非法出版物作为"扫黄""打非"工作的重中之重。对出版物店(摊)比较密集的重点地段，车站、公共娱乐场所等重点部位进行不间断、高密度的清查，重点检查游商书贩、地摊和夜市书摊，确保不出现大的问题。由于工作成绩突出，高密市被潍坊市新闻出版局评为"2001年度'依法行政年'活动先进单位""2002年度'规范管理年'活动先进单位""2003年度'管理创新年'活动先进单位"；境内3个企业分别被潍坊市新闻出版局授予"十佳出版物印刷企业""十佳包装装潢印刷企业""十佳出版物发行单位"。

第七章 统一战线与对台工作

中共高密县委统战部始设于1952年11月。1953年6月组织成立工商业联合会。1962年8月统战部撤销,1964年12月恢复。1966年8月,县直机关合署办公,统战工作并入组宣监办公室。1967年3月,统战工作归口县革委政治部宣传组;1971年,统战工作由政治部群工组负责。1973年5月县革委政治部设外事统战组。1975年10月撤销,职能业务并入恢复后的县委宣传部。1978年10月恢复统战部。2002年8月民族宗教事务局成立,与统战部合署,共有编制8人。

第一节 统战工作

政策落实及宣传 统战部自1952年设立至1966年撤销期间,统战工作的对象包括党外代表人物、工商业者、归国华侨、宗教人士等。具体工作是贯彻落实党的侨务政策,对新中国成立后归国的华侨(主要对1953年前后的朝鲜归国华侨)进行妥善安置;建立全县民主人士档案,甄定人大、政府、政协及妇联组织的党外代表人选,搞好党外代表人物的教育培养、考察选拔和管理工作;关心照顾宗教人士的生活,加强宗教事务的管理。1966年8月至1978年10月,统战部被取消,统战工作基本停止。1973年5月单设"外事统战组"后,曾对统战对象进行重新登记。从1978年10月至1986年8月,统战工作以为统战对象落实政策为主要内容。对象是错划右派人员、去台人员在大陆的亲属、归侨侨眷、国民党起义投诚人员、黄埔同学会成员、原工商业者、宗教界人士等。主要任务是为这些或被打成右派、或被打成所谓反革命"黑五类分子"的摘帽平反,落实政治和经济待遇,包括因他们而受株连家属的待遇。1979年5月,对全县280多名原划右派分子的摘帽和审改安置工作全部结束。1981年6月,对2419名去台人员和其在大陆的亲属5285人调查完毕,落实了有关政策。1986年8月,根据县委统一部署,再次开展彻底的落实政策、解决历史遗留问题的工作,共排查出需落实统战政策的298人,需落实纠正错划右派政策的394人,全部结案。1980年11月,高密县归国华侨联合会成立,同月,县政府侨务办公室成立。1984年12月,召开第二届归侨侨眷代表会议,组成县侨联第二届委员会。1981年11月,高密县基督教三自爱国委员会成立。1985年5月,全县第一期统战干部学习班开学。1987年后,新时期的统战工作全面展开。是年开始继续解决统战政策遗留问题,做好统战政策的来信来访工作。到1996年结束时,共受理来信来访90余件。通过取证,为6名牵涉错划右派、国民党起义投诚、台属及"文化大革命"蒙冤人员落实了政策,办理当事人及受牵连家属户口农转非20余人。1989年7月,由统战、宣传、党校、科委、外侨、工商联6个单位组成的高密县统战理论研究小组成立,并制定了工作章程。调查研究的范围以非党知识分子、非公有制经济代表人士、党外干部、宗教工作为重点。随着形势发展和社会进步,理论研究和宣传信息工作面不断拓宽。

民主党派和无党派代表人士的联系与合作 按照上级的指示,高密县委统战部曾于1955年接待和安排了中华全国基督教“三自”(自治、自养、自传)运动委员会主席吴耀宗在高密的视察活动。1990年7月,县委出台《关于学习贯彻〈中共中央关于坚持和完善中国共产党领导的多党合作和政治协商制度的意见〉的意见》,由统战部定期组织党外人士通报会,通报全市有关经济社会发展情况,听取他们的意见建议。2002年11月,统战部对始建于二十世纪七八十年代的统战工作人事档案重新梳理和修订,完成了新一轮统战工作人事的建档立册工作。2004年5月,根据经济与社会发展的总体思路,向各民主党派成员和无党派代表人士推荐15个调研课题,为他们参政议政、建言献策创造条件,所提意见建议为各级政府决策提供参考。

非中共领导干部的培养与选拔 1986年,高密县民主党派有9名成员(后回原籍1名),无党派代表人士若干,无组织机构,由统战部代为管理。其中中国民主同盟潍坊市委员会高密直属小组1个,成员6人,九三学社成员2人,中国民主建国会1人。1990年,选拔任用5名党外干部担任政府部门副职。1991年3月,高密县委统战部、组织部共同研究制定《关于选拔培养党外干部的意见》。1992年选拔任用8名。此后,培养、选拔、推荐非中共干部担任政府部门副职成为统战工作的一部分。至2008年,共有27名非中共干部分别担任市镇两级领导职务。其中副县级9人,包括市人大常委会副主任2人,政府副市长2人,市政协副主席5人。副科级18人,包括市直部门14人,镇街4人。

非公有制经济代表人士的团结联系 1988年12月,由高密县委统战部筹建和恢复了因“文化大革命”停止工作的高密县工商业联合会。1989年4月,召开了高密县工商业联合会第四届会员代表大会(第三届代表大会于1963年5月召开)。1992年5月,召开第五届工商联会员代表大会。这次会议,根据中央(1991)15号文件精神,对工商联工作实行政策调整,由过去以经济性为主,兼具统战性、民间性,转到以统战性为主,兼有经济性、民间性上来;工作对象由国营企业向非公有制经济成分转变;工作任务主要是做非公有制经济代表人士的思想政治工作。1998年4月,高密市委、市政府正式出台《关于加快发展个体私营经济的意见》,10月,又出台关于加快发展个体私营经济的补充意见,进一步完善了有关政策措施。按照要求,高密市委统战部的工作重心随之逐步向为经济建设服务方面转移。在指导和帮助工商联做好非公有制经济代表人士思想政治工作的基础上,为非公有制经济代表人士提供人才、资金、技术、法律和信息服务。2003年,根据各级统战工作会议所强调的“发展是我们党的第一要务,也是统战工作的第一要务”的要求,高密市委统战部围绕市委、市政府确定的发展目标和招商引资分配计划,加大了为经济建设服务的力度,并首次完成1000万元招商引资任务。2006年在境内开展“民企帮村”活动。联合市工商联下发《关于在全市工商联会员企业中深入开展民企帮村活动的意见》,活动中,有50多家民营企业与20个镇(街)的50个村结对帮扶,为农村捐款捐物、修路筑桥、绿化植树、送科学技术,折款300多万元。

党外知识分子团结和培养 自1986年8月全面落实统战政策以后,统战工作根据知识分子是统一战线成员中人数最多的群体这一实际,定期或不定期召开党外知识分子座谈会,通报全市经济和社会事业发展情况,倾听他们的意见和建议。同时,坚持在重大节日走访和看望党外知识分子的制度。2004年4月,高密市委统战部对境内党外知识分子情况专项调查,建立起7983名党外知识分子数据库。2008年9月高密市社会新阶层党外知识分子联谊会成立。

黄埔同学会高密联络小组 高密县黄埔同学联络小组成立于1989年7月,由13名14期至21期的黄埔同学组成,组长张靖去世,由张志成接任。小组成员们以发扬黄埔精神、促进祖国统一、振兴中华为己任，利用自身优势，广泛开展联络活动，推动人才、资金、技术的引进和两岸的经济文化交流，让更多的海外同胞了解祖国、关心祖国。

第二节　对台工作

中共高密县委于1987年8月成立台湾工作办公室，与统战部合署办公。1988年10月，首次召开“三胞”（港澳同胞、台湾同胞、海外侨胞）眷属联谊会，1990年11月召开全县“三胞”眷属代表会议，将以祖国统一为重点的海内外统战工作推向一个新阶段。1989年11月，成立台属联谊会，利用民间渠道开展与广大台胞台属的联谊交友活动；1991年6月，县委设立台湾工作办公室，同时挂“高密县人民政府台湾事务办公室”牌子，具体负责台胞台属工作；1993年11月，撤销县委台湾工作办公室，其职能归县委统战部；1995年9月恢复。2003年，本着为台商、台胞、台属服务的原则，筹建“高密市涉台事务法律服务中心”，次年成立。自2005年9月市台办开始牵头组织参加历届鲁台经贸洽谈会（由国务院台湾事务办公室和山东省人民政府主办，省台办、省商务厅、潍坊市人民政府承办，地点在潍坊，每年举办一次），至2008年共组织参加了四届，2008年为第十四届鲁台经贸洽谈会。

■ 2008年翻建并投入使用的高密东关基督教堂

第三节　宗教工作

高密市政府于2002年8月成立民族与宗教事务局（设在统战部，与统战部合署办公）。改革开放后的宗教工作，主要是围绕贯彻落实党的宗教工作方针政策，依法管理宗教事务，引导宗教与社会主义社会相适应。宗教管理机关对宗教上层人士和信教群众进行党的宗教方针政策和爱国爱教教育，指导和监督宗教组织各项规章制度的制定和实施，对宗教活动场所进行年度检查，依法打击利用宗教进行违法犯罪活动，建立防范网络抵御境外宗教渗透。1995年9月，依法取缔了有30多人参加的“同盟会”“姊妹会”非法宗教组织。高密市有天主教、基督教和佛教三大教种，信教群众16500多人。

天主教　有信徒200余人。该教于1999年11月召开第一次代表大会，选举产生第一届天主教爱国小组，归属青州教区。

基督教　有信教群众9700多人，共有活动场所15处。该教于1990、1995、2003年分别召开了第二、三、四次代表大会。2007年，辖区内15处基督教活动场所房产、地产得到确权登记，2008年7月东关教堂原址得以翻建并于当年投入使用。

佛教　有信徒6600余人。20世纪八九十年代该教在高密人数较少，亦无组织和活动场所，逢重要佛事去青岛、济南等地活动，2008年7月潍坊市民族宗教事务局批准建佛教活动场所一处——雷音寺。

第八章　党校教育

中共高密市委党校位于振兴街以北顺河路以西醴泉街道文化社区，成立于1959年12月，其前身为党训班。1986年1月18日，党校建立党委。1992年12月，党校列为中专体制，由正科级升为副县级。1995年后校长由市委书记兼任，学校副职为正科级，学校中层干部正职为副科级。

■ 中共高密市委党校大门　（2008年 摄）

第一节　组织机构

1986年，中共高密县委党校设办公室、教务科、总务科。1989年5月设调查研究科。1993年11月，设党史研究室，1997年6月撤销。2005年9月，成立中共高密市委党员电教中心。2008年党校内设副科级科室4个：办公室、教务科、调研科、总务科；股级科室2个：财务科、函授站。

1986~2008年中共高密市委党校教学培训人数统计表

表4－5

年份	干部培训人数	函授学历班人数	年份	干部培训人数	函授学历班人数
1986	479	141	1994	1726	584
1987	529	41	1995	676	473
1988	770	130	1996	1680	200
1989	1333	311	1997	1305	220
1990	2784	274	1998	962	179
1991	1980	136	1999	500	750
1992	1232	134	2000	1782	750
1993	387	179	2001	560	700

续表 4－5

年份	干部培训人数	函授学历班人数	年份	干部培训人数	函授学历班人数
2002	—	—	2006	631	1200
2003	1700	847	2007	1950	1000
2004	154	—	2008	2280	800
2005	1370	1300			

第二节　办学条件

中共高密市委党校于 1985 年建成教学办公楼 1 幢，建筑面积 2000 平方米，包括教室 9 个，办公室 27 间。1986 年 10 月正式投入使用。1988 年 10 月修建教工宿舍平房 2 座，安排 6 户教工使用。2002 年 1 月，建成中央党校卫星远程教学 C 级站，配备了计算机、电视机、放像机等相关设备。2002 年 8 月，新上计算机 11 台、投影仪 1 台、复印机 1 台，并建成校园网，联入因特网。2005 年建成学员公寓楼 1 幢，面积 2380 平方米，其中有能容纳 100 人和 180 人的多功能会议室各 1 个；学员宿舍 30 间，能同时容纳住宿学员 120 人；大餐厅 1 个，能容纳 180 人同时就餐。

第三节　教学培训

党校的主要任务是负责基层干部培训，同时承担一些学历教育工作。干部培训由教务科负责，包括计划制定，培训的筹备、管理与教学工作。学历教育由函授站负责，包括教学计划制定、教师选聘、学员管理、面授与考试等工作。1986 至 2008 年，中共高密市委党校共举办各类培训班、学历班 20 多种，培训干部 26770 人次，接受学历教育的干部 10376 人。

第九章　纪律检查

1986～2008 年，中共历届高密市（县）委设纪律检查委员会，主要负责党风廉政教育、廉政制度建设，查处发生在机关部门和党员干部中的违纪案件和违纪现象，开展反腐败斗争，促进廉洁勤政和依法行政。其间，共立案查处党员干部违纪违法案件 2058 起，追究党纪处分 1662 人，政纪处分 20 人。查处 1 万元以上大案 312 起。

第一节　组织机构

中共高密县委于 1950 年 1 月设纪律检查委员会。1957 年 7 月，纪律检查委员会改称监察委员会。自 1966 年下半年开始至此后的十多年时间，无专设纪检机构。1979 年 4 月，恢复纪律检查委员会。1984 年 2 月，纪律检查委员会升格为副县级，称中共高密县纪律检查委员会。1988年12月，县纪委原所设检查科、审理科、信访科改称检查室、审理室、信访室。1990年4月，信访室改称控告申诉室；9月，设立教育研究室。1993年4月，县纪委与县监察局合署办公。同时，纪委工作部门作了相应调整，检查室、审理室、控告申诉室分别改称纪检监察室、案件审理室、信访室，增设了监察综合室、党风廉政建设室、执法监察室。1995年3月，撤销监察综合室、党风廉政建设室。2003年9月，经高密市机构编制委员会批准，成立"高密市机关效能监察中心""高密市经济发展软环境投诉中心"，合署办公，办公地点设在市纪委、监察局。2009年将纪检监察室分为一室、二室，同时设立干部室、案件管理中心。机关效能监察中心和经济发展软环境投诉中心为正科级，其余科室为副科级。

第二节　违纪案件查处

1986年，特别是1993年开展反腐败斗争以后，重点查办发生在党政领导机关、行政执法监督机关、司法机关、经济管理部门和领导干部中的案件，着重查处贪污、贿赂、挪用公款等经济违法违纪案件，严重违反政治纪律、组织人事纪律案件，严重失职渎职案件，司法干警贪赃枉法、徇私舞弊案件，基层干部违法乱纪、严重侵犯群众利益案件以及违反计划生育政策案件。1986～2008年共立案查处党员干部违纪违法案件2058起，追究党纪处分1662人，政纪处分20人。其中开除党籍609人，留党察看236人，撤销党内职务44人。查处万元以上大案312起。

1986～2008年中共高密市(县)纪律检查委员会处分党员、干部情况表

表4-6

年度	案件数	开除党籍	留党察看	撤销党内职务	严重警告	党内警告	行政撤职	行政警告	行政记过	免予处分	总计(人次)
1986	59	8	14	3	13	9	—	—	—	—	47
1987	108	10	14	2	29	59	—	—	—	—	114
1988	96	12	16	9	20	24	—	—	—	—	81
1989	123	8	28	5	34	25	—	—	—	—	100
1990	105	49	33	3	13	5	—	—	—	—	103
1991	475	155	59	9	81	281	—	—	—	—	588
1992	196	49	3	2	5	7	—	—	—	—	66
1993	63	4	4	1	8	4	—	—	—	—	21
1994	75	7	2	1	6	—	—	—	—	—	16
1995	80	13	2	—	7	4	—	—	—	—	26
1996	71	31	3	—	9	3	—	—	—	—	46
1997	60	21	7	1	2	1	—	—	—	1	33
1998	62	20	8	2	10	4	—	—	—	—	44
1999	63	17	11	1	7	13	—	—	1	—	50

续表 4－6

年度	案件数	开除党籍	留党察看	撤销党内职务	严重警告	党内警告	行政撤职	行政警告	行政记过	免予处分	总计（人次）
2000	60	20	6	—	5	8	—	—	—	4	43
2001	60	22	5	1	4	13	1	—	2	—	48
2002	64	16	11	1	1	11	—	—	1	—	41
2003	66	9	4	1	7	20	—	1	1	1	44
2004	19	12	—	1	3	3	—	—	—	—	19
2005	28	20	—	—	2	3	1	2	—	1	29
2006	21	17	1	—	3	—	—	—	—	—	21
2007	77	70	2	1	4	—	1	—	—	—	78
2008	27	19	3	—	3	—	1	—	—	1	27
总计	2058	609	236	44	276	497	4	3	5	8	1685

第三节　党风廉政建设

1986～2008 年，中共高密市（县）纪委在党风廉政建设方面的主要工作是党风廉政教育和廉政制度建设。1990 年之前，党风廉政教育的重点是党的宗旨、理想、纪律、优良传统和法制教育，特别是注重坚持四项基本原则，反对资产阶级自由化教育。1991～2008 年，党风廉政教育的重点是党内条规、廉政制度的学习特别是反腐败教育。教育的方式主要是举办培训班、举办反腐防变教育展览、观看案例录像、举办先进事迹报告会等。有时也组织干部到看守所、检察院、法院，接受警示教育和现场教育。如上的教育每年都要进行一到数次，参加人员涵盖了从村党支部书记、村主任到市级领导的所有党员干部。2007 年，针对倾向性、苗头性问题，对 6 名党员领导干部进行了诫勉谈话；与全市 860 多名科级干部签订了《领导干部廉洁自律承诺书》，与全市 118 个机关事业单位和社会团体签订了《公车使用管理承诺书》。2008 年，开展了纪念纪律检查机关恢复重建三十周年系列活动，编制了《风清高密，气正凤城》廉政画册、廉政教育读本和形象宣传片。1986～2008 年的廉政制度建设主要是围绕干部队伍的作风纪律、公款消费等方面开展的。制发的主要文件有《关于党政机关保持廉洁的规定》《关于党政机关保持廉洁规定的实施细则》《关于在“三招两转”中防止不正之风的意见》《关于严格禁止公款吃喝玩乐的意见》《关于来客接待的有关规定》《关于招待费管理的有关规定》《关于党政机关事业单位党员干部廉洁自律转变作风的规定》《政府采购管理办法》等。

第四节　行政监察

1986～1989 年，中共高密县纪委针对招工、民办教师转公、住房等问题，开展专项治理，共辞退 19 名不符合条件的合同制工人，对 5 户弄虚作假“农转非”户口全部退回，对 82 个单位的副科级以上干部的住房情况进行清理，查处 68 户超标准住房人员。1990 年，处理公款吃喝挥霍人数 64 人，有 4 人受到处分，补交款 1.2 万元；对干部在城区违法违纪建私房和利用公款超标准住房进行了集中清理查处，共查出违法违纪建私房1025户，其中干部职工204户，收缴费用和罚款11万余元；对机关事业单位乱着装问题进行清理，纠正乱着装金额230817元。1991年，清出违法违纪建私房1040户，涉及干部、职工206户，追缴30余万元；对不交电费和少交电费的电工、党员干部及电工家属1013人，进行经济处罚，追缴电费4.1万元，罚款1.1万元。1992年，对县直56个职能部门和29个乡镇执行现行法规政策进行全面清理检查，共清理清查各级各类政策、法规730件，其中保留610件，撤销72件，修订完善46件。1993年，全县开展了"四清理、三整顿"活动，共清理涉及农民负担的文件21个，废止19个，修订2个，清理涉及农民负担款项17041.4万元，违纪12.1万元；针对少数部门和单位争购小汽车、擅自建造高标准办公场所、农民负担过重等方面问题进行了专项治理，先后清理登记收费项目3000个，清理出4项超标准收费项目和15个乱收费项目以及县级文件5个，市级收费文件4个；清理登记小汽车778辆，其中违控购买的小汽车41辆；对党政机关办实体进行清理，共清理出党政机关办实体52户。1994年，检查对党政机关县处级以上领导干部廉洁自律的"新五条规定"的贯彻和落实，共收缴少缴的房价款5754元；对干部借欠挪用公款、无偿占用财物进行专项治理，共清理人员325人，清出借欠公款金额75.4万元；清理出占用企业财物人员6人，资金16万元；开展土地管理费、中小学校收费、农副产品收购等9项执法检查，共涉及单位141个，金额960万元，查出违纪金额16万元。1995年，就落实中央提出的两个"五条规定"及补充规定进行一系列治理。发现并纠正有问题的小汽车37辆，对其中的21辆，进行调换、变卖、退还处理；清出15名干部超标准住房，规定追缴房价款10.1万元；查处中小学乱收费违纪5.4万元；清理公费出国旅游人员32人，收缴个人负担费用18088元。1996年，清出15名干部超标准住房，追缴10.1万元；开展减轻农民负担、预算外资金清查、建筑行业等10余项执法督查，检查金额30012万元，查出违规金额735.6万元。其中在减轻农民负担方面，纠正退还499.06万元，减轻负担359.7万元。1997年，对27个建房单位进行会审，对22个单位的干部职工在建住房进行检查，追缴房款9.46万元；开展减轻农民负担、建筑工程、粮食收购等五项执法监察，涉及被查单位178个，检查金额354860万元，查出违纪金额47.8万元。1998年，贯彻落实省委文件精神，刹用公款吃喝玩乐歪风，查处18人；收缴干部住房房款59.6万元；清理通讯工具，涉及单位169个，其中查出违规单位139个，共清理出公款安装、配置，或报销电话费的住宅电话531部，移动电话504部，单位办公电话1015部，收回作价款214788元；清理公车6辆，价值200万元。1999年，贯彻执行《廉政守则》和制止奢侈浪费的八条规定，共清理出占有两套以上公有住房家庭402户；对农村基金会领导干部"点贷"(点贷、承贷、引贷、担保)工作进行了重点清理，涉及党政机关干部333人，713笔，资金金额2223.1万元。对有关人员实施了停工资、停职务、停工作；开展执法监察16项，涉及金额32751.9万元，查出违规金额662.4万元，其中对粮食流通体制改革的执法监察效果明显，取缔了12户个体收购点，查纠13家用粮企业非法收购粮食问题，查处非法收购粮食案件112起，没收小麦、玉米433.1吨，罚款11.2万元。2000年，做好清房收尾工作，收缴房款46.8万元；继续清理基金会"点贷"问题，使清欠金额达到1500多万元；开展专项执法监察6项，涉及单位279个，涉及金额55647万元，查出违规违纪金额280万元；进一步加强预算外管理，对120个单位部门所用的5000本票据全部进行更换。2001年，共有44人因违反本单位责任制规定而受到经济处罚或责任追究，其中诫勉谈话18人次，经济处罚34人次，通报批评3人，党纪处分2人；开展执法监察9项，共检查单位498个，涉及金额9.14亿元，查出违规违纪金额4788万元，提出监察建议165件；对市直行政事业单位的收支票据、银行账户、违规收费进行全面清理，对“白条”现象进行“拉网式”检查，共清理取消行政事业单位银行账户121个，查处违规金额95万元。2002年，进行党政机关工作人员借用公款清理工作。共清理借用公款204万元，分别按照有关规定予以处理；对小金库管理情况进行全面检查、清理，共收回资金55万元。2003年，重点清理党政机关和企事业单位违规超标小汽车，以及违反规定用公款为个人购买商业保险工作。其中，清理违规超标小汽车涉及部门和单位99个，登记各种小汽车632辆，清理出超标车20辆，其中党政机关和事业单位16辆，国有及国有控股企业4辆。对清理出的小汽车，根据不同情况分别予以清退、封存、没收和公开拍卖处理。2004年，清理纠正领导干部违反规定发放住房补贴、多占住房、低价购买住房等问题。2006年，开展商业贿赂专项治理工作，对全市医疗单位、药品经营企业、大型商业企业、房地产公司等单位依法进行了检查，发现有16家单位涉嫌商业贿赂行为，涉案金额达180多万元。2007年，对全市土地征用及房屋拆迁补偿情况进行了专项检查，总结梳理存在的问题7个，排查分析潜在的矛盾因素6个，提出工作建议7项；开展农民工工资清欠工作，依法追缴拖欠农民工工资238.5万元。2008年，开展了土地征用、房屋拆迁、公路“三乱”、安全生产、食品药品安全等方面的专项检查。对规范津贴补贴、社保基金和公益性经费执行情况进行了检查。对政府性投资项目、经营性土地招拍挂、干部选拔任用、政府采购等开展了现场全程监督。

第十章　信访工作

1986～2008年，中共高密市(县)委设立专门机构，负责处理人民来信来访工作。其间，共接处来信来访21357件，年平均929件。处结20531件，处结率96%。

第一节　信访机构

1988年5月，撤销中共高密县委、高密县人民政府信访科，设立县委、县政府人民来信来访办公室，行政正科级。同时，成立处理人民信访领导小组。1993年11月，撤销信访办公室，其职能划归县委办公室。1994年5月恢复。1997年1月改称市委、市政府信访局。2008年4月，市委成立群众工作部，与市委、市政府信访局合署办公。

第二节　信访制度建设

1995年，高密市信访工作逐级实行责任制。各级党政主要领导为信访工作第一责任人，实行党政主要领导每月处理一件群众最关心的信访问题制度。1998年，市委、市政府制定《关于进一步做好信访工作的意见》《高密市信访工作目标管理考核计分标准和奖惩办法》等文件。2005年，市信访局采取多种形式宣传贯彻国务院新修订的《信访条例》。是年，实施信访事项办理、复查、复核“三级终结”制度。同时，出台《关于在全市开通群众来信“绿色邮政”的实施意见》《关于进一步加强信访案件督查督办工作的实施意见》《高密市信访工作考核办法》等相关配套制度，将信访工作引入规范化、法制化的轨道。

第三节　信访案件处理

是期，上级机关交办的信访案件和境内人民来信来访，由高密市委、市政府信访局负责查处，并定期分析、综合群众来信来访中反映的重要情况和带有倾向性的问题，及时向领导机关和负责人反映，并对基层信访工作进行检查、指导、监督、协调。市委由一名副书记、市政府由一名副市长分管信访工作，对一些重要案件，亲自批办，具体指导办理。落实市委常委、人大常委会主任、市政协主席和市政府副市长轮流接访制度、分工包片责任制和领导包案责任制。1996年6月始，市政府设立市长公开电话，方便群众及时反映解决问题。对于社会矛盾比较突出的信访案件，由市委信访领导小组或市长办公会和有关部门负责人联席会分别研究处理意见，做出决定。涉及面广的集体上访，由市委、市政府主要负责人亲自出面接待处理，减少重复访的发生。对一般来信来访案件实行属地办理。

各镇、街道负责处理辖区内农村经济政策、历史遗留问题、村干部作风以及市交办的信访案件。各村负责调解本村发生的婚姻、家庭、房产、生产等纠纷，处理打架斗殴、生活困难等问题。另外，市直部门按照职权分工，负责查处自己业务范围内的信访案件。

第五编

地方权力机关

高密市(县)地方国家权力机关是高密市人民代表大会。从1954年7月30日召开高密县第一届第一次人民代表大会,到2007年12月召开高密市第十六届第一次人民代表大会,共召开48次人民代表大会。历届人民代表大会选举产生人民代表大会常务委员会,作为本级本届人民代表大会的常设机关,行使人民代表大会职权。

第一章 组织机构

高密市(县)人大常委会是高密市(县)人民代表大会的常设机关,行使人民代表大会职权。选举主任1人,副主任若干人和委员若干人组成。常委会设专门办事机构,担负常委会日常工作开展和职能落实。

第一节 市(县)人大机关

1986年,高密县人大常委会工作机构除办公室外,设法制科、代表联络科、调查研究科,为副科级单位。1987年9月调整为办公室、法制科、财政经济科、代表联络科、教科文卫城乡建设科,均为正科级。1989年5月再次调整,撤销法制科、财政经济科、代表联络科、教科文卫城乡建设科,设立法制工作委员会、财政经济城乡建设工作委员会、农村经济工作委员会、教科文卫工作委员会,均为正科级单位。1997年1月又作调整,撤销财政经济城乡建设工作委员会,设立财政经济工作委员会、城乡建设环境保护工作委员会;保留法制工作委员会、农村经济工作委员会、教科文卫工作委员会。同时增设人事代表工作室、调查研究室。其中5个工作委员会为非常设机构。所设委、室均为正科级。2005年9月,设立信访工作室,正科级规格。2007年2月,设立老干部工作办公室,正科级规格。1995年12月,高密市人大常委会始设秘书长,2009年11月后,取消秘书长一职设置。2008年,高密市人大常委会工作机构设置有办公室、人事代表工作室、调查研究室、信访工作室、财政经济工作委员会、城乡建设环境保护工作委员会、法制工作委员会、农村经济工作委员会、教科文卫工作委员会和老干部工作办公室。

第二节 市(县)人大常委会

高密市(县)人大常委会每届选举主任1人,副主任若干人和委员若干人,并设有专门办事机构,本志接前志,从第十届人大常委会记起。

高密市(县)人大常委会设立中共党组,一般情况下,党组书记一职由人大常委会主任兼任,在市委书记兼任人大常委会主任的情况下,党组书记一职由第一副主任担任。

高密市(县)第十至第十六届人大常委会主任、副主任一览表

表5－1

届次	职务	姓名	备注
第十届(1984.2～1987.4)	主任	朱维福	孟宪兑为第三次代表会议补选
	副主任	李凤语　王炜光　于彬　李君芳　孟宪兑	
第十一届(1987.4～1990.3)	主任	王立福(兼)　王在辉(兼)	梁光鹏为第二次代表会议补选，王在辉为第四次会议补选
	副主任	单昭明　李凤语　孟宪兑　王炜光　刘远东　李君芳　梁光鹏	
第十二届(1990.3～1993.2)	主任	单昭明	聂立斌为第二次代表会议补选，沈子升、王凤祥为第三次代表会议补选
	副主任	李凤语　孟宪兑　刘远东　李好玉　李君芳　梁光鹏　聂立斌(女)　沈子升　王凤祥	
第十三届(1993.2～1998.1)	主任	单昭明	潘世俊、郭炳桥为第二次代表会议补选，刘宗法、于敦学为第四次代表会议补选
	副主任	姜玉生　伏希太　李好玉　李万河　聂立斌(女)　沈子升　王凤祥　潘世俊　郭炳桥　刘宗法　于敦学	
第十四届(1998.1～2003.1)	主任	孙惠斌	张振国为第二次代表会议补选，刘彭泉、张慕坤、王致民为第四次代表会议补选
	副主任	伏希太　聂立斌(女)　潘世俊　刘宗法　沈子升　郭炳桥　张振国　刘彭泉　张慕坤　王致民	
第十五届(2003.1～2007.12)	主任	吴元宝(兼)　吴建民(兼)	吴建民为第三次代表会议补选，王家林、张庆坚为四次代表会议补选，张星海、张国廷、郑有奎为第五次代表会议补选
	副主任	崔红旗　颜廷爱　聂立斌(女)　刘彭泉　张慕坤　王致民　张振国　王家林　张庆坚　张星海　张国廷　郑有奎	
第十六届(2007.12～　)	主任	吴建民(兼)	
	副主任	崔红旗　张星海　王家林　张国廷　郑有奎　薛维钧　毛进兰(女)	

第三节　乡镇人大机构

1986年，乡镇人大设主席团常务主席。1995年《中华人民共和国地方各级人民代表大会和地方各级人民政府组织法》修改后，各乡镇设立人大主席1人、副主席1至2人，负责本级人民代表大会闭会期间的日常工作。每届第一次会议选举主席团，由主席团主持会议，并负责召集乡镇的下一次人大会议。各乡镇人大先后建立主席团会议制度、人大主席和副主席工作职责、代表小组活动制度、代表联系选民制度、人大主席和副主席接待代表来信来访制度等。

1996年，朝阳街道设立人大工作室，设主任1人、副主任1人。2001年，密水、醴泉、朝阳三个街道设立人大工作室，分别设主任1人、副主任1人，负责本街道代表活动的开展。

第二章 人民代表大会

1986～2008年，高密市(县)共召开人民代表大会24次，其中，第十届1次，第十一届4次，第十二届3次，第十三届5次，第十四届5次，第十五届5次，第十六届1次。第十届人民代表大会第一次、第二次会议在前志《高密县志》里已有记载，本志书从第三次会议记起。1994年6月，撤县设市，高密县人民代表大会常务委员会改称高密市人民代表大会常务委员会，届次顺延。

第一节 市(县)人民代表大会

代表选举 高密市(县)人民代表大会的代表选举，按照《中华人民共和国全国人民代表大会和地方各级人民代表大会选举法》规定进行。出席市(县)的人大代表由乡镇人民代表大会选举产生。

高密市(县)第十至第十六届人民代表大会代表构成情况表

表5－2 单位:人

届别	代表人数	代表构成							
		干部	工农	知识分子	军人	中共党员	民主党派和爱国人士	妇女	其他
第十届第一次会议	385	76	212	58	1	192	26	77	12
第十一届第一次会议	331	79	201	41	1	167	9	85	—
第十二届第一次会议	330	64	220	45	1	208	—	81	—
第十三届第一次会议	324	66	226	31	1	203	—	88	—
第十四届第一次会议	284	62	179	42	1	207	—	71	—
第十五届第一次会议	277	57	173	46	1	194	—	70	—
第十六届第一次会议	276	50	168	57	1	178	—	75	—

历届大会

高密县第十届人民代表大会　第三次会议于1986年6月22～25日在县城召开，出席代表363人。会议听取并审议《高密县人民政府工作报告》《关于高密县国民经济和社会发展第七个五年计划（草案）的报告》《关于高密县1985年财政决算和1986年财政预算（草案）的报告》以及县人大常委会、县人民法院、县人民检察院的工作报告。会议通过了上述报告的相应决议，补选孟宪兑为县人大常委会副主任，3人为委员；选举王在辉为县长，增选宋林茂为副县长。

高密县第十一届人民代表大会　第一次会议于1987年4月25～29日在县城召开，出席代表320人。会议听取并审议《高密县人民政府工作报告》《关于高密县1987年国民经济和社会发展计划（草案）的报告》《关于高密县1986年财政决算和1987年财政预算（草案）的报告》以及县人大常委会、县人民法院、县人民检察院的工作报告。会议通过了上述报告的相应决议，选举王立福为县人大常委会主任，单昭明、李凤语、孟宪兑、王炜光、刘远东、李君芳为副主任，14人为委员；王在辉为县长，伏希太、李万河、潘世俊、宋林茂、单亦成为副县长；张光庭为县人民法院院长；张正立为县人民检察院检察长。

第二次会议于1987年12月8～9日在县城召开，出席代表326人。会议听取并审议《关于高密县第十一届人大第一次会议以来代表议案、建议、意见及人民来信办理情况的报告》和县人大常委会前段工作情况的报告。选举产生60名高密市出席潍坊市第十一届人民代表大会代表，补选梁光鹏为县人大常委会副主任。

第三次会议于1988年4月20～22日在县城召开。出席代表330人。会议听取并审议《高密县人民政府工作报告》《关于高密县1988年国民经济和社会发展计划（草案）的报告》《关于高密县1987年财政决算和1988年财政预算（草案）的报告》以及县人大常委会、县人民法院、县人民检察院的工作报告。会议通过了上述报告的相应决议。

第四次会议于1989年3月26～29日在县城召开，出席代表324人。会议听取并审议《高密县人民政府工作报告》《关于高密县1989年国民经济和社会发展计划（草案）的报告》《关于高密县1988年财政决算和1989年财政预算（草案）的报告》以及县人大常委会、县人民法院、县人民检察院的工作报告。会议通过了上述报告的相应决议，补选王在辉为县人大常委会主任，姜玉生为县长。

高密县第十二届人民代表大会　第一次会议于1990年3月15～19日在县城召开，出席代表325人。会议听取并审议《高密县人民政府工作报告》《关于高密县1990年国民经济和社会发展计划（草案）的报告》《关于高密县1989年财政决算和1990年财政预算（草案）的报告》以及县人大常委会、县人民法院、县人民检察院的工作报告。会议通过了上述报告的相应决议，选举单昭明为县人大常委会主任，李凤语、孟宪兑、刘远东、李好玉、李君芳、梁光鹏为副主任，16人为委员；姜玉生为县长，伏希太、李万河、潘世俊、王福亭、崔红旗为副县长，姜经文为科技副县长；迟世斋为县人民法院院长；张正立为县人民检察院检察长。

第二次会议于1991年3月26～29日在县城召开，出席代表313人。会议听取并审议《高密县人民政府工作报告》《关于高密县国民经济和社会发展第八个五年计划及十年规划纲要（草案）的报告》《关于高密县1990年国民经济和社会发展计划执行情况与1991年国民经济和社会发展计划（草案）的报告》《关于高密县1990年财政决算和1991年财政预算（草案）的报告》以及县人大常委会、县人民法院、县人民检察院的工作报告。会议通过了上述报告的相应决议，补选聂立斌（女）为县人大常委会副主任，1人为委员；吕尧胜为县人民检察院检察长。

第三次会议于1992年4月8～12日召开，出席代表322人。会议听取并审议《高密县人民政府工作报告》《关于高密县1991年国民经济和社会发展计划执行情况与1992年国民经济和社会发展计划（草案）的报告》《关于高密县1991年财政决算和1992年财政预算（草案)的报告》以及县人大常委会、县人民法院、县人民检察院的工作报告。会议通过了上述报告的相应决议，补选沈子升、王凤祥为县人大常委会副主任。

高密县第十三届人民代表大会 第一次会议于1993年2月10～14日在县城召开，出席代表324人。会议听取并审议《高密县人民政府工作报告》《关于高密县1992年国民经济和社会发展计划执行情况与1993年国民经济和社会发展计划（草案）的报告》《关于高密县1992年财政决算和1993年财政预算(草案)的报告》以及县人大常委会、县人民法院、县人民检察院的工作报告。会议通过了上述报告的相应决议，选举单昭明为县人大常委会主任，姜玉生、伏希太、李好玉、李万河、聂立斌(女)、沈子升、王凤祥为副主任，15人为委员；高金龙为县长，王继美、王福亭、崔红旗、齐世增、吴荣勤(女)、颜廷爱为副县长；王军为县人民法院院长；吕尧胜为县人民检察院检察长。会议还选举了58名高密市出席潍坊市第十二届人民代表大会代表。

第二次会议于1994年2月21～23日在县城召开，出席代表322人。会议听取并审议《高密县人民政府工作报告》《关于高密县1993年国民经济和社会发展计划执行情况与1994年国民经济和社会发展计划(草案)的报告》《关于高密县1993年财政决算和1994年财政预算(草案)的报告》以及县人大常委会、县人民法院、县人民检察院的工作报告。会议通过了上述报告的相应决议。

第三次会议于1995年3月18～21日在市区召开，出席代表334人。会议听取并审议《高密市人民政府工作报告》《关于高密市1994年国民经济和社会发展计划执行情况与1995年国民经济和社会发展计划(草案)的报告》《关于高密市1994年财政预算执行情况和1995年财政预算(草案)的报告》以及市人大常委会、市人民法院、市人民检察院的工作报告。会议通过了上述报告的相应决议，选举潘世俊、郭炳桥为市人大常委会副主任，3人为委员；吴元宝为市长。

第四次会议于1996年2月28～3月1日在市区召开，出席代表345人。会议听取并审议《关于高密市国民经济和社会发展第九个五年计划及2010年远景目标纲要（草案）的报告》《关于高密市1995年国民经济和社会发展计划执行情况与1996年国民经济和社会发展计划（草案）的报告》《关于高密市1995年财政预算执行情况和1996年财政预算(草案)的报告》以及市人大常委会、市人民法院、市人民检察院的工作报告。会议通过了上述报告的相应决议，补选刘宗法、于敦学为市人大常委会副主任，4人为委员；张庆坚为市人民检察院检察长。

第五次会议于1997年3月10～12日在市区召开，出席代表352人。会议听取并审议了《高密市人民政府工作报告》《关于高密市1996年国民经济和社会发展计划执行情况与1997年国民经济和社会发展计划(草案)的报告》《关于高密市1996年财政预算执行情况和1997年财政预算(草案)的报告》以及市人大常委会、市人民法院、市人民检察院的工作报告。会议通过了上述报告的相应决议。

高密市第十四届人民代表大会 第一次会议于1998年1月16～18日在市区召开，出席代表284人。会议听取并审议《高密市人民政府工作报告》《关于高密市1997年国民经济和社会发展计划执行情况与1998年国民经济和社会发展计划（草案）的报告》《关于高密市1997年财政预算执行情况和1998年财政预算（草案)的报告》以及市人大常委会、市人民法院、市人民检察院的工作报告。会议通过了上述报告的相应决议,选举孙惠斌为市人大常委会主任,伏希太、聂立斌(女)、潘世俊、刘宗法、沈子升、郭炳桥为副主任,14人为委员;吴元宝为市长,曾宪林、崔红旗、吴荣勤(女)、颜廷爱、王致民、王卫东为副市长;李绍文为市人民法院院长;张庆坚为市人民检察院检察长。会议还选举了54名高密市出席潍坊市第十三届人民代表大会代表。

第二次会议于1999年3月5~8日在市区召开,出席代表286人。会议听取并审议《高密市人民政府工作报告》《关于高密市1998年国民经济和社会发展计划执行情况与1999年国民经济和社会发展计划(草案)的报告》《关于高密市1998年财政预算执行情况和1999年财政预算(草案)的报告》以及市人大常委会、市人民法院、市人民检察院的工作报告。会议通过了上述报告的相应决议,补选张振国为市人大常委会副主任,2人为委员。

第三次会议于2000年3月3~5日在市区召开,出席代表286人。会议听取并审议《高密市人民政府工作报告》《关于高密市1999年国民经济和社会发展计划执行情况与2000年国民经济和社会发展计划(草案)的报告》《关于高密市1999年财政预算执行情况和2000年财政预算(草案)的报告》以及市人大常委会、市人民法院、市人民检察院的工作报告。会议通过了上述报告的相应决议。

第四次会议于2001年3月4~7日在市区召开,出席代表280人。会议听取并审议了《关于高密市国民经济和社会发展第十个五年计划纲要(草案)的报告》《关于高密市2000年国民经济和社会发展计划执行情况与2001年国民经济和社会发展计划(草案)的报告》《关于高密市2000年财政预算执行情况和2001年财政预算(草案)的报告》以及市人大常委会、市人民法院、市人民检察院的工作报告。会议通过了上述报告的相应决议,补选刘彭泉、张慕坤、王致民为市人大常委会副主任;王维盛为市长,钟亮成、刘金贵、林京湖为副市长。

第五次会议于2002年1月24~26日在市区召开,出席代表287人。会议听取并审议了《高密市人民政府工作报告》《关于高密市2001年国民经济和社会发展计划执行情况与2002年国民经济和社会发展计划(草案)的报告》《关于高密市2001年财政预算执行情况和2002年财政预算(草案)的报告》以及市人大常委会、市人民法院、市人民检察院的工作报告。会议通过了上述报告的相应决议,补选宋允厚为市人民法院院长。

高密市第十五届人民代表大会 第一次会议于2003年1月19~24日在市区召开,出席代表277人。会议听取并审议《高密市人民政府工作报告》《关于高密市2002年国民经济和社会发展计划执行情况与2003年国民经济和社会发展计划(草案)的报告》《关于高密市2002年财政预算执行情况和2003年财政预算(草案)的报告》以及市人大常委会、市人民法院、市人民检察院的工作报告。会议通过了上述报告的相应决议,还通过了《关于规范地名管理,促进城市建设,方便市民生活的决定》。选举吴元宝为市人大常委会主任,崔红旗、颜廷爱、聂立斌(女)、刘彭泉、张慕坤、王致民、张振国为副主任,12人为委员;吴建民为市长,杜洪君、钟亮成、刘金贵、林京湖、刘秀平、胡立为副市长;宋允厚为市人民法院院长;刘利宁为市人民检察院检察长。会议还选举53名出席潍坊市第十四届人民代表大会代表。

第二次会议于2004年2月10~12日在市区召开,出席代表283人。会议听取并审议《高密市人民政府工作报告》《关于高密市2003年国民经济和社会发展计划执行情况与2004年国民经济和社会发展计划(草案)的报告》《关于高密市2003年财政预算执行情况和2004年财政预算(草案)的报告》以及市人大常委会、市人民法院、市人民检察院的工作报告。会议通过了上述报告的相应决议,还通过了《关于多措并举尽快普及高中教育的决定》。

第三次会议于2005年2月26~28日在市区召开,出席代表272人。会议听取并审议《高密市人民政府工作报告》《关于高密市2004年国民经济和社会发展计划执行情况与2005年国民经济和社会发展计划草案的报告》《关于高密市2004年财政预算执行情况和2005年财政预算草案的报告》以及市人大常委会、市人民法院、市人民检察院的工作报告。会议通过了上述报告的相应决议,还通过了《关于积极实施新一轮城市总体规划,推进高密城市化建设进程的决定》。选举吴建民为市人大常委会主任;赵志远为高密市市长。选举人大常委会委员4名。

第四次会议于2006年2月23~25日在市区召开,出席代表274人。会议听取并审议《高密市人民政府工作报告》《关于高密市2005年国民经济和社会发展计划执行情况与2006年国民经济和社会发展计划草案的报告》《关于高密市2005年财政预算执行情况和2006年财政预算草案的报告》以及市人大常委会、市人民法院、市人民检察院的工作报告。会议通过了上述报告的相应决议,还通过了《关于加大投入除氟改水的决定》。会议选举王家林、张庆坚为市人大常委会副主任,委员5名。

第五次会议于2007年3月7~9日在市区召开,出席议代表274人。会议听取并审议了《高密市人民政府工作报告》《关于高密市2006年国民经济和社会发展计划执行情况与2007年国民经济和社会发展计划草案的报告》《关于高密市2006年财政预算执行情况和2007年财政预算草案的报告》以及市人大常委会、市人民法院、市人民检察院的工作报告。会议通过了上述报告的相应决议,还通过了《关于严格依法维护城市规划严肃性的决定》。选举张国廷、张星海、郑有奎为市人大常委会主副主任;邓树刚为市人民检察院检察长。选举人大常委会委员4名。

高密市第十六届人民代表大会　第一次会议于2007年12月11~14日在高密大剧院召开,出席代表276人。会议听取并审议《高密市人民政府工作报告》《关于高密市2007年国民经济和社会发展计划执行情况与2008年国民经济和发展计划草案的报告》《关于高密市2007年财政预算执行情况和2008年财政预算草案的报告》以及市人大常委会、市人民法院、市人民检察院的工作报告。会议通过了上述报告的相应决议,还通过了《关于扎实推进城乡医疗卫生体制改革的决定》和《积极实施新一轮城市总体规划,加速推进市区向东部拓展建设的决定》。会议选举吴建民为市人大常委会主任,崔红旗、张星海、王家林、张国廷、郑有奎、薛维钧、毛进兰(女)为副主任;范福生为市长,李葆东、李兰祥、钟亮成、刘秀

市十六届人大一次会议

平(女)、徐振刚、贾勤清为副市长;宋允厚为市人民法院院长;邓树刚为市人民检察院检察长。会议还选举了54名高密市出席潍坊市第十五届人民代表大会代表。

第二次会议于2009年1月8~10日在市区召开,出席代表277人。会议听取并审议《高密市人民政府工作报告》《关于高密市2008年国民经济和社会发展计划执行情况与2009年计划草案的报告》《关于高密市2008年预算执行情况和2009年预算草案的报告》以及市人大常委会、市人民法院、市人民检察院的工作报告。会议通过了上述报告的相应决议,还通过了《关于扶持和引导企业做大做强的决定》。会议选举李鲁民为市人民法院院长;选举人大常委会委员6名。

高密市(县)出席全国、山东省人代会代表一览表

表5-3

年份	届次	代表姓名
1993~1997	全国八届1~5次	李德章
1998~2002	全国九届1~5次	李德章
2003~2007	山东省十届1~5次	吴建民、孙日贵、李惠兰、李庆喜
2008~2010	山东省十一届1~3次	范福生、孙日贵、李惠兰、李庆喜

第二节 乡镇人民代表大会

1984年3月,撤销人民公社。根据1982年和1986年全国人大新修改的《中华人民共和国全国人民代表大会和地方各级人民代表大会选举法》和《中华人民共和国地方各级人民代表大会和地方各级人民政府组织法》规定,县、乡镇人民代表大会的任期均为三年。因此,从1984年到1995年,都是县、乡镇两级同时进行换届选举。设乡镇后的乡镇人大代表选举,首先成立乡镇选举委员会及其办事机构,通过划分选区、选民登记、代表候选人提名、投票选举等工作步骤选出。然后由选举委员会对代表资格进行审查,对符合法律规定的,确认代表当选资格有效,发给当选证书,按选区张榜公布。同时,选出出席县人民代表大会的代表。

1995年2月28日,第八届全国人民代表大会常务委员会第二十二次会议修改的《中华人民共和国全国人民代表大会和地方各级人民代表大会选举法》和《中华人民共和国地方各级人民代表大会和地方各级人民政府组织法》规定,"县级人民代表大会每届任期五年,乡镇人民代表大会每届任期三年"。市、乡镇两级人大代表的换届选举不再同步。各乡镇的换届选举在市人大常委会的指导下,统一进行。2004年10月27日,第十届全国人大常委会第十二次会议对《中华人民共和国全国人民代表大会和地方各级人民代表大会选举法》和《中华人民共和国地方各级人民代表大会和地方各级人民政府组织法》进行了第四次修正,规定"地方各级人民代表大会每届任期五年"。按照法律规定,是次乡镇人大代表的换届选举应于2005年1月前结束,而两法修改时,乡镇还未至换届时间。为使上级人大和市、镇人大换届选举同步,根据上级指示精神,乡镇人大代表的换届选举延期至2007年年底,市、镇两级同步进行。2007年12月7日前,各镇进行了换届选举,柏城镇召开第十四届人大一次会议,夏庄镇召开第十三届人大一次会议,姜庄镇召开第十四届人大一次会议,大牟家镇召开第十二届人大一次会议,阚家镇召开第十三届人大一次会议,井沟镇召开第十七届人大一次会议,柴沟镇召开第十七届人大一次会议。

高密市(县)第十至第十六届人大代表选举选民参选情况表

表5-4

届　别	选举年份	登记选民人数	参选人数	参选率(%)
第十届	1984	499675	479021	96
第十一届	1987	531395	494247	93
第十二届	1990	588244	523713	89.02
第十三届	1993	598388	531012	88.74
第十四届	1997	620095	590330	95.2
第十五届	2002	653831	623605	95.4
第十六届	2007	687166	656930	95.6

第三章　主要工作

第一节　决定重大事项

1986～2008年，高密市(县)人大常委会依法行使重大事项决定权，先后对全市(县)政治、经济、教育、科学、文化、卫生、环境保护、民政、民族等150多个重大事项做出决议决定。

计划财政　1986～2008年，高密市(县)人大常委会坚持每年听取市(县)政府关于国民经济和社会发展计划及执行情况、财政预算及执行情况的报告。特别对财政预算进行审议，做出决议，督促政府严格执行。同时，坚持每年听取审议市(县)政府关于财政预算执行和其他收支情况的审计报告，并做出决定决议，加强财政监督。

依法治市　高密市(县)人大常委会认真履行宪法和法律赋予的监督职权，始终围绕全市改革、发展、稳定大局，积极推进依法治市工作进程。1986～2008年，先后对《中华人民共和国农业法》《中华人民共和国企业法》《中华人民共和国劳动法》《中华人民共和国环境保护法》《中华人民共和国食品卫生法》《中华人民共和国教师法》《中华人民共和国义务教育法》《中华人民共和国行政许可法》《中华人民共和国人口与计划生育法》《中华人民共和国法官法》《中华人民共和国检察官法》等100多部法律、法规的贯彻实施情况，采取听取审议“一府两院”贯彻执行情况报告和调查、视察、执法检查、做出决议等形式，进行系列化的监督，还通过办理代表议案，督办代表建议、批评和意见等形式进行监督检查。1995年7月5日，常委会会议做出关于市级国家机关实行执法责任制的决定，在全市国家机关推行执法责任制，推动法律的全面正确实施，保证“一府两院”依法行政，公正司法。

经济社会事业　第十届人大常委会听取审议了县政府关于社会治安、工业企业经济体制改革、县法院关于经济审判工作、普法教育工作等报告，并做出相应的决议决定。第十一届人大常委会听取审议环境保护、城市建设、教育工作等报告，通过县人大常委会关于加强和改进人事任免工作的决议、决定。第十二届人大常委会听取审议关于贯彻执行全民所有制工业企业法、土地管理法、环境保护法、依法治县等工作报告，通过县人大常委会议事规则、关于实施《山东省人民代表大会常务委员会监督工作条例》、关于联系县人大代表办法、密切同人大代表和群众的联系、人事任免办法等决议、决定。第十三届人大常委会听取审议关于贯彻执行《中华人民共和国药品管理法》《国务院农民承担费用和劳务管理条例》及《山东省农民负担管理条例》、水污染防治和水源地保护等报告，通过了县人大常委会《关于撤销高密县设立高密市有关问题的决定》等决议、决定。第十四届人大常委会听取审议市直工业企业生产和改制、贯彻实施《中华人民共和国环境保护法》《计划生育条例》《中华人民共和国建筑法》情况等报告，通过人大常委会关于评选市"十佳干警""市优秀人大工作者"和关于在全市人大代表中开展"学习代表法、实施代表法、争当优秀人大代表"活动的意见。第十五届人大常委会听取审议关于贯彻实施治安管理处罚条例、事业单位改制、公路建设等报告，通过市人大常委会关于加强自身建设的决定等，议定了有关制度。第十六届人大常委会听取审议关于三河治理工程贷款纳入财政预算、水污染防治、农村公共服务社区化、高新技术产业发展、农村公路建设、现代物流发展等报告。批准向农业银行贷款用于文体中心建设、农村公路建设贷款还本付息资金列入财政预算支出、市区向东部拓展新一轮总体规划建设、城乡医疗卫生体制改革的议案。做出城区主要街道综合改造工程、市人民医院综合病房大楼建设及文化中心和体育馆工程贷款还本付息资金列入市财政预算支出的决定。

第二节　监督工作

高密市人大常委会坚持每年制定工作计划，实施对"一府两院"的工作和法律监督，监督方式主要通过听取工作报告、组织常委会组成人员和人大代表开展视察、调查、检查等。

工作监督

审议工作汇报　1986～2008年，高密市(县)人大常委会共审议"一府两院"工作报告360多项，共提出审议意见1000多条。第十届人大常委会先后听取审议"一府两院"工作报告16项。第十一届人大常委会听取审议县政府对《中华人民共和国土地管理法》等14项法律法规贯彻实施情况的汇报并对上述报告和汇报均提出意见建议。第十二届人大常委会先后听取审议30项工作汇报和17项法律实施情况汇报，突出抓了农业农村、对外开放、县城规划建设等工作。第十三届人大常委会先后听取审议"一府两院"58项工作报告和32项法律法规贯彻实施情况汇报，突出关注事关全市经济发展、深化各项改革、维护社会稳定等重大问题，推进两个文明建设。第十四届人大常委会听取审议"一府两院"96项工作报告、23项法律法规贯彻实施情况汇报，就有关重大事项做出决议决定，有效保障中央及地方各级党委一系列重大决策的贯彻落实。第十五届人大常委会听取审议"一府两院"77项工作汇报，发出64份审议意见书，就有关重大事项做出了决议决定。

视察调查　1986～2008年，市人大常委会共组织视察调查350多次。每次都写出视察和调查报告，提出建议和意见。第十届人大常委会先后组织开展9次调查、10次视察活动。每次调查都形成有情况、有分析、有建议的调查报告，对此县委和"一府两院"非常重视，县委先后转发了5个调查报告，并根据代表所提意见建议对有关工作进行改进和加强。第十一届人大常委会先后组织开展12次调查、4次视察、2次检查。其中，为推进《山东省计划生育条例》的贯彻实施，在条例颁发一周年之际，县人大常委会组织部分省、市、县人大代表，用7

天时间对全县29个乡镇贯彻实施条例情况进行一次较大规模的视察，对发现的问题及时向政府提出建议，推动了计生工作的开展。第十二届人大常委会先后组织开展51次调查和14次视察检查活动。特别是常委会第二十次会议，在听取县政府关于贯彻执行《山东省农民负担管理条例》情况汇报的基础上，召集有关部门组成近40人的调查团，分成10个组，深入全县29处乡镇和87个村庄，对全县农民负担问题进行为期10天的调查，并向县委写出报告，提出具体的建议和意见。县委转发了县人大常委会的报告，要求各级各部门从自身做起切实解决农民负担过重问题。第十三届人大常委会先后组织开展49次调查、视察、检查评议活动，促进经济社会健康发展。第十四届人大常委会先后对43项法律法规组织专项执法检查、调查或视察活动，促进法律法规的正确实施。第十五届人大常委会先后组织开展了129项调研活动，对35部法律法规的实施情况进行视察、检查，向市委和"一府两院"提出若干建设性意见和建议，其中27篇报告被市委转发。

法律监督

市(县)人大常委会对法律执行情况实施监督主要采取审议工作汇报和视察、检查的方式，1986~2008年，共对100多部法律、法规的执行情况进行审议，同时开展以视察检查为主要形式的法律监督活动190多次。同时，各届常委会分别做出普法规划和依法治市的决议，督促"一府两院"做好普法和依法治市规划的落实，进一步提高公民的法律素质和全市法制化管理水平，加快依法治市步伐。

述职评议

2003年，市十五届人大常委会第二次会议通过《高密市人民代表大会常务委员会述职评议工作办法》，规定凡是由市人民代表大会选举或市人大常委会决定任命的市人民政府副市长、市人民政府其他组成人员，人大常委会任命的市人民法院副院长、庭长、副庭长、审判委员会委员、审判员，市人民检察院副检察长、检查委员会委员、检察员，在任期内原则上向人大常委会述职并接受评议一次。通过述职评议，强化国家机关工作人员的公仆意识、民主意识和法治观念，提高依法决策、依法行政、依法办事的能力和廉洁奉公、勤政为民的自觉性。

第三节 人事任免

市人大常委会，依照宪法和法律赋予的职权，认真履行人事任免职责。1987年，县十一届人大常委会第三次会议通过《高密县人民代表大会常务委员会人事任免办法》。1988年，县十一届人大常委会第八次会议通过《高密县人民代表大会常务委员会关于加强和改进人事任免办法的决定》。此后，在实行过程中不断得以修订完善。2008年，市十六届人大常委会第三次会议通过《高密市人民代表大会常务委员会人事任免办法》。在任免工作中，坚持对被任命人员任前进行法律考试、听取供职报告；任中反复酝酿，充分讨论，投票表决；任后进行述职评议，并已形成制度。十至十六届(1986~2008年)人大常委会共表决任免国家机关工作人员2004人次，其中，任免人大机关工作人员248人，政府机关510人，法院902人，检察院344人。

高密市(县)第十至十六届人大常委会表决人事任免情况统计表

表5-5　　单位:人

届　次	任免国家工作人员								合　计	
	人大		政府		法院		检察院			
	任	免	任	免	任	免	任	免	任	免
十届(1986年)	4	—	8	6	11	14	3	—	26	20
十一届	23	7	52	14	109	26	73	2	257	49
十二届	7	5	49	12	66	52	2	3	124	72
十三届	39	36	112	37	113	79	49	27	313	179
十四届	26	13	69	31	208	62	91	3	394	109
十五届	47	28	62	31	122	18	63	7	294	84
十六届(2008年)	8	5	26	1	10	12	7	14	51	32
共　计	154	94	378	132	639	263	288	56	1459	545

第四节　代表工作

代表小组建设　2008年3月，市十六届人大常委会第二次会议通过《关于加强和规范人大代表小组建设与活动的意见》,按照便于组织和开展活动的原则,协助54名住高密的潍坊市人大代表建立4个代表小组，协助276名高密市人大代表建立23个代表小组,并分别建立小组活动室。各代表小组均选配小组召集人和联络员，负责代表小组日常活动的组织和联络工作。每年年初,根据市人大常委会工作要点,各人大代表小组及时制定符合各自实际的活动计划,上报市人大常委会,并印发各位代表。同时,市人大常委会还结合代表小组情况，有针对性地组织各小组开展法律法规学习，举办培训班和讲座,以增强代表履职意识,提高代表素质。

代表议案建议办理　1986年以来，在全市(县)人民代表大会会议期间和闭会期间,全体人大代表认真行使职权,对“一府两院”及其他各方面工作提出议案、建议、批评和意见。1989年3月，县十一届人大常委会第十五次会议通过《关于进一步加强处理代表建议、批评、意见和人民群众来信来访工作的决定》。2008年2月,市十六届人大常委会第一次会议通过《高密市人民代表大会代表议案处理办法》和《高密市人民代表大会代表建议、批评和意见处理办法》,从每个办理环节上提出具体要求。同时,要求市政府按照“分工负责,一对一进行;件件有落实,事事有回音”的指导思想,办理人大代表的议案、建议、批评和意见。市人大常委会强化监督,做到前期全面督办,中期重点督办,后期个别督办,办理质量逐年提高。

联系人大代表　市人大常委会于每年的上半年和下半年统一组织对代表进行两次普遍联系。市人大常委会主任会议成员和驻会委员按照分工联系代表小组和代表，采取参加代表小组活动、召开座谈会、个别走访、接待代表来信来访以及电话和网络沟通等方式，保持与代表的经常性联系。1987年9月,县十一届人大常委会第三次会议通过了《高密县人民代表大会常务委员会联系人民代表和群众的办法》。2008年5月，市十六届人大常委会第三次会议通过了《高密市人民代表大会常务委员会联系市人大代表办法》，就常委会联系代表做出13条规定。另外，市人大常委会办公室编发《高密人大》和人大信息等发给代表；人大常委会人事代表工作室经常收集、汇总、反馈代表意见和建议，畅通联系代表的渠道。

第五节 人大信访工作

1984年十届人大常委会换届后，县人大常委会设立主任接待日，由常委会主任、副主任定期轮流接待群众来信来访。对上访老户反映的问题、有恶化苗头的案件、刑事申诉案件等重要信访问题，由分管副主任或主任会议专门研究解决。日常的来信来访，办公室配有一名秘书负责接待、登记、转办、督办、归档，并将办理结果及时答复群众。1989年3月，县十一届人大常委会第十五次会议上做出《关于进一步加强处理代表建议、批评、意见和人民群众来信来访工作的决定》，对"一府两院"办理县人大常委会转办的代表建议、批评、意见和人民群众的来信来访，提出了新的要求，自办和转办案件均应在三个月之内办完，转办案件按性质转交县政府、县法院、县检察院办理。同年5月，县十一届人大常委会第十七次会议决定调整县人大常委会办事机构，人大办公室下设信访代表联络科（股级），1997年1月，人大办公室下设信访科，信访工作分工职责进一步明确，信访案件按照"分级负责、归口办理"的原则，转送有关部门办理。2003年3月，市十五届人大常委会第二次会议通过《高密市人民代表大会常务委员会信访工作暂行办法》，市人大常委会设立信访工作领导小组，负责对人大及其常委会信访工作的组织协调及督办，信访科负责处理日常信访工作，暂行办法明确了受理范围、受理及转办、督办程序等，并对工作职责及纪律提出要求。2005年9月，市人大常委会设立信访工作室，正科级规格，专门受理人大代表和群众的来信来访。2006年后，人大信访工作创新思路、以民为本，倡导亲情接访，坚持"分别受理，综合分析，统一交办，定期反馈，严格督查"的处访原则，认真对待并依法处理各类信访案件，切实维护人民群众的合法权益。1984～2008年，市（县）人大常委会共受理代表、群众来信来访12240件次，均认真进行办理，达到信访当事人满意。特别对上级人大和市委转交的重点疑难案件，市人大常委会都进行专门研究，明确专人靠上跟踪督办，确保案件落到实处，件件有答复。2002年被潍坊市人大评为人大信访工作先进单位。

第六节 常委会制度建设

1986～2008年，历届市（县）人大常委会相继制定《高密市人民代表大会常务委员会关于加强自身建设的决定》《高密市人民代表大会常务委员会主任会议议事规则》《高密市人民代表大会常务委员会组成人员守则》等27项规章制度，规范人大常委会内部的权力运作程序，不断加强人大自身建设，提高人大常委会及人大代表的依法履职能力，推动经济社会更好更快发展。

高密市（县）第十至十六届人民代表大会常务委员会成员名单
（第一次会议选举）

表5－6

届 次	姓 名
第十届	朱维福 李风语 王炜光 于 彬 李君芳 王玉珍（女） 王建章 毛秀云（女） 刘秀英（女） 刘靖安 孙树昆 沈兴昌 张延兴 李福忠 宋新科 钟銮先 夏克杰 徐澄海 郭炳桥 黄焕武 崔景荣（女）

续表 5－6

届 次	姓 名
第十一届	王立福　单昭明　李凤语　孟宪兑　王炜光　刘远东　李君芳　于钦明　王凤山　王建章　王瑞芬(女)　刘延滨(女)　孙树昆　沈兴昌　严洪涛　宋新科　荆逢元　夏克杰　郭炳桥　蒋会荣(女)　董贤忠
第十二届	单昭明　李凤语　孟宪兑　刘远东　李好玉　李君芳　梁光鹏　于文廒　王瑞芬(女)　毛永华　吕希池　吕希清　刘延滨(女)　孙明亮　李善臻　李锡才　邱玉森　谷昭川　郑立琦　杨福柱　荆逢元　郭炳桥　蒋会荣(女)
第十三届	单昭明　姜玉生　伏希太　李好玉　李万河　聂立斌(女)　沈子升　王凤祥　王瑞芬(女)　毛永华　冯锡茂　吕希池　吕希清　刘昌华　李锡才　吴学深　邱玉森　陈世鸿　郑立琦　倪专远　徐金明　蒋会荣(女)　綦宗良
第十四届	孙惠斌　伏希太　聂立斌(女)　潘世俊　刘宗法　沈子升　郭炳桥　王汉杰　毛永华　刘　波　贾义丰　郇洪和　高大友　李桂芳(女)　庄　政　范锡宝　蔡善华　宋希会　吴学深　李庆喜　周　娟(女)
第十五届	吴元宝　崔红旗　颜廷爱　聂立斌(女)　刘彭泉　张慕坤　王致民　张振国　于纯华　马金英(女)　王汉杰　任德平　庄　政　孙晓非　宋希会　张建国　钟　波(女)　郭言兴　鹿书信　蔡善华
第十六届	吴建民　崔红旗　张星海　王家林　张国廷　郑有奎　薛维钧　毛进兰(女)　万　里　马金英(女)　王汉杰　王连友　田凯文　吕春芳(女)　朱力达　庄　政　刘来忠　刘俊忠　李连杰　沙明君　张兴家　张恭运　姜殿国　郭宗祥　葛孝江　程际奎

第六编

地方行政机关

1980年9月10日,高密县第九届人民代表大会第一次会议决定撤销高密县革命委员会,恢复高密县人民政府。从恢复之日至2007年12月11日,高密市(县)政府先后经过7次换届。是期换届6次,市(县)长更迭9人(次)。其间,政府工作部门和政府直属事业单位等设置多有变化。随着形势发展和社会进步,历届政府在执政方式和执政能力建设方面作了诸多改革探索,并建立起相应的工作制度。同时,以改革开放引领推进决策行政和经济社会建设,均取得重大进展。

第一章 政府机构

1986~2008年,高密市(县)人民政府工作部门、直属行政事业单位及派出机构时有变动。尤以1993~1994年、2001~2002年、2004~2005年三次机构改革变化较大。至2008年,市政府工作部门有25个,直属事业单位26个。

第一节 机构设置

1986年1月设立县建筑材料工业公司(行政公司)。10月,撤销县侨务办公室,设立县外事侨务办公室,列政府工作部门序列,为一级建制。12月,县公路站升格为正科级,仍归属县交通局领导。恢复县档案局,列政府编制序列,同时为县委机构;保留县档案馆,为县委、县政府直属事业单位。

1987年11月,县经济体制改革委员会办公室由虚设改为实体(正科级),列县政府工作部门序列。设立县对外经济贸易委员会(副科级),设在县计划委员会。

1988年1月,设立监察局(正科级),列县政府工作部门序列。撤销县委农村工作部,设立县农业委员会(正科级),列县政府工作部门序列,为农业系统牵头单位。5月,县信访科改为县委、县人民政府人民来信来访办公室(正科级)。6月,设立县土地管理局,设立县人民政府驻青岛办事处(副科级)。7月,设立县人才开发服务中心(正科级)。8月,设立县标准计量局(正科级)。撤销县土地管理委员会办公室。县计划生育服务站升格为副科级。11月,恢复县工商业联合会(正科级)。12月,设立县矿产资源管理局(正科级)。设立县财政局国有资产管理科(副科级)。

1989年3月,设立县产品质量监督检验所和县计量检定测试所,隶属标准计量局,原县标准计量所和县产品质量监督检验站同时撤销。5月,县编制委员会办公室明确为正科级,设在县人事局。县政府设立法制科、民族宗教事务科、信息调研科,均为副科级。撤销县教育局,设立县教委。县经济研究中心办公室改为实体机构(正科级),归口县政府办公室。撤销县县级机关事务科,设立县县级机关事务管理处(正科级)。县政府招待所加挂高密宾馆牌子(正科级)。县公路站升格为县公路管理局。撤销县经济技术协作委员会,保留办公室(副科级),隶属县计委。7月,设立县残联(副科级),由县民政局代管。

1991年3月,撤销县物资公司,设立县物资局。撤销县供电公司，设立供电局。撤销县对外贸易公司，设立对外贸易局。撤销县农业机械公司，设立县农业机械管理局。6月，撤销县经济研究中心，设立县政府研究室，挂靠县政府办公室。县无线电管理委员会办公室明确为副科级，隶属县政府办公室。设立县旅游局(正科级)，与县外事侨务办公室合署。撤销县地震办公室，设立县地震局(正科级)，归县政府领导。7月，撤销县轻纺工业局，设立县轻工业局和纺织工业局(均为正科级)。设立县人民政府驻海口办事处(正科级)。撤销县委地方病防治领导小组办公室，设立县地方病防治办公室，隶属县卫生局，明确为副科级。11月，设立县人民政府驻广州办事处、驻深圳办事处(均为正科级)。

1992年1月，县财政局国有资产管理科更名为县国有资产管理局。5月，县对外贸易局改为县对外贸易公司，隶属县对外经济贸易委员会。设立县经济开发区管理委员会(正科级)。设立县畜牧局(正科级)，归口县农委。县多种经营办公室升格为正科级，县蔬菜办公室合并到县多种经营办公室。

1993年11月全县党政群机构实施改革，于1994年2月完成。此次改革，县政府工作部门由62个减至27个。即政府办公室、经济委员会、对外经济贸易委员会、商业委员会、农业委员会、计划委员会、城乡建设委员会、科学技术委员会、教育委员会、文化体育委员会、计划生育委员会、公安局、司法局、民政局、人事局、劳动局、财政局、税务局、交通局、水利局、卫生局、审计局、统计局、工商行政管理局、规划国土矿产局、环境保护局、乡镇企业管理局。另有经济技术开发区管委会为政府派出机构。

此次改革中，原县政府外事侨务办公室，县经济体制改革委员会，民族宗教事务科，县体育运动委员会，县文化局，县物价局，县矿产资源管理局，县政府法制局，县政府研究室，县成人教育办公室，县教育督导室，县机构编制委员会办公室，县财政、税务、物价大检查办公室，县史志办公室，县农业区划办公室等17个机构被撤并；县商业局，县粮食局，县机械电子工业局，县轻工业局，县纺织工业局，县化学建材工业局，县联社等7个机构转为经济实体；县农业局，县林业局，县农机局，县畜牧局，县多种经营办公室等5个机构转为服务实体；县机关事务处，县技术监督局，县广播电视局，县经管站，县地震局，县国有资产管理局等6个机构转为事业单位。

1994年，对事业单位管理制度进行改革，即建立事业单位分类管理制度，按照事业单位的经费来源和列支渠道，将全市事业单位分为全额拨款类、差额拨款类、自收自支类和企业化管理类等4种管理形式。5月，恢复县委、县政府人民来信来访办公室(正科级)，挂靠县委办公室。撤销县文化体育委员会，分设县体育运动委员会和县文化局。县第三产业办公室明确为正科级，隶属县商委。县房地产管理处明确为正科级；县城市规划处、建筑工程管理处明确为副科级。设立县农村社会养老保险事业管理处(副科级)，隶属县民政局。设立县机关事业单位社会保险事业处(副科级)，隶属县人事局。县第一中学为副县级规格，内部中层机构正职为副科级。8月，设立市档案局，行使行政和档案管理两种职能，为市委、市政府直属机构，归口市委办公室。设立市技术监督局，为市政府序列部门。9月，组建市公安局巡逻警察大队。10月，在各乡镇设立社会治安综合治理办公室。设立市专利局，在市科委挂牌。设立市乡镇企业资产评估中心，与乡企局财务科合署。

1995年1月，设立市棉花服务中心(正科级)，归口市农委。4月，设立市文化市场稽查队隶属市文化市场管理委员会办公室。5月，市政府办公室经济体制改革科对外使用市经济体制改革办公室名称。市园林处确定为副科级。撤销市国有资产评估中心，设立市国有资产管理局

(副科级)。恢复市财政税务物价大检查办公室(副科级),隶属市财政局。6月,潍坊市茂腔剧团与市剧院合并为市艺术剧院(副科级),隶属市文化局。8月,设立市客运管理办公室、市交通规费征收办公室和市地方公路管理办公室,隶属市交通局。9月,恢复市委台湾工作办公室(正科级),列市委序列,同时为市政府台湾事务办公室。12月,设立市公安局城区分局(副科级)。设立市工商行政管理局城区分局(副科级)。设立市重点项目办公室(正科级),挂靠市计委。设立市预算外资金管理中心(正科级);市国有资产管理局升格为正科级。

1996年5月,设立市公安指挥中心(副科级)。设立市预算外资金管理中心(正科级);市国有资产管理局升格为正科级。市地震办公室改为市地震局(正科级),隶属市政府。设立市农村经营管理中心(正科级)。设立市城北水库管理局(副科级),隶属市水利局。设立市地方税务局涉外管理分局(副科级)。设立市水政监察大队(副科级),隶属市水利局。设立市公安指挥中心(副科级)。6月,恢复市爱国卫生运动委员会办公室(正科级)。市精神病防治院升格为副科级。11月,设立高密市报社(正科级)。12月,设立市交通稽查大队(副科级),隶属市交通局。

1997年1月,市农业服务中心改为市农业局,市林业服务中心改为市林业局,设立市粮食局,均为市政府职能部门。设立市物价局,由市计划委员会管理。规划国土矿产局改为规划国土局。设立地质矿产局,为市政府职能部门。恢复市政府研究室(正科级)。设立城区管理委员会办公室(正科级),归口市政府办公室。设立市政府法制局(正科级),设立市经济体制改革办公室(正科级),由市政府办公室管理。恢复市科学技术协会,为正科级社团组织。市农业委员会改称市政府农业办公室。市经济委员会改称市经济贸易委员会。市城乡建设委员会改称市建设委员会。市商业委员会改称市贸易局,加挂市政府财贸办公室牌子,为市政府职能部门。撤销市多种经营服务中心、市商业集团总公司、市物资集团总公司。市交通局改称市交通委员会。市政府办公室内设史志办公室(副科级)。市会计师事务所升格为副科级。3月,设立市污水处理厂(副科级),隶属市建委。设立市房地产开发管理办公室(副科级)与拆迁办合署(拆迁办原规格不变),隶属市建委。6月,市农村经营管理中心改称市农村经济管理局。

1998年5月,撤销市畜牧业服务中心,恢复市畜牧局。市肉牛良种繁育中心升为正科级。8月,设立市农业综合开发办公室(正科级),归口市政府农业办公室。设立市人民政府驻北京办事处(正科级)。设立市桑蚕生产管理办公室(正科级),归口市政府农业办公室。设立市公有资产管理委员会办公室(正科级),与市国有资产管理局合署。12月,设立市公安局经济侦察大队(副科级)。市农业机械服务中心更名为市农业机械管理局。设立市招商局(正科级),与市外经贸委合署。市税收财务物价大检查办公室更名为市财政监督局。原市建委所属城市规划处成建制划归市规划国土局管理,原属市建委的乡村规划管理职能及人员编制同时移交给市国土规划局。

1999年5月,市劳动局更名为市劳动和社会保障局。原人事局所属机关事业单位社会保险事业处和原民政局所属农村社会养老保险事业处,成建制移交给市劳动和社会保障局管理。

2000年3月,撤销市教育委员会督导室,设立市政府教育督导室(副科级),隶属市教委。市教学研究室更名为市教育科学研究院。8月,撤销市公安局城区分局,设立密水、醴泉公安分局(副科级)。设立市政府民族宗教事务局(正科级),设在市委统战部。设立经济技术开发区招商服务中心(副科级),隶属市经济技术开发区管委会。设立市会计管理局(正科级)隶属市财政局。设立中国国际商会高密市商会(正科级),

其工作业务由市外经贸委有关人员兼职。9月，撤销市城区管理委员会办公室，设立市城市管理局(正科级)。设立市黄烟生产管理办公室(副科级)，挂靠市农业办公室。12月，设立市政府采购中心(副科级)，隶属于市财政局。

2001年3月，设立市农业税征收管理局(正科级)。6月，设立市公安局国内安全保卫大队(副科级)，原公安局国内安全保卫科同时撤销。市公安局治安大队升格为副科级；设立市公安局监管大队（副科级）。设立市政府安全生产办公室（正科级）。设立市物业管理办公室(副科级)，隶属市建委。设立市全民健康促进会，为正科级社团组织。设立市经济责任审计办公室(副科级)，隶属市审计局。设立市医疗保险事业处(副科级)，隶属市劳动和社会保障局。高密胶河农场(对外挂山东省原种场牌子)确定为副县级事业单位，实行企业化管理。8月，设立市民营经济发展局(正科级)，与市乡镇企业管理局合署。

2002年1月，设立市药品监督管理局，为潍坊市药品监督管理局直属机构。市卫生局承担的药政、药检职能和市医药管理局的药品生产、流通及医疗器械监管职能移交给市药品监督管理局。3月，设立市史志办公室，隶属市政府办公室(正科级)。设立市建设投资管理办公室，隶属市建设局(副科级)。设立市土地储备中心(副科级)，隶属市规划与国土资源局。设立市老龄工作委员会办公室(正科级)，由市劳动和社会保障局代管。4月，撤销市城市管理局，设立市城区管理委员会办公室(正科级)。市房产管理局由市政府直辖。

2001年12月，市政府机构再次改革，于次年5月完成。改革后，市政府工作机构为25个。即政府办公室、发展计划局、经济贸易局、教育局、科学技术局、公安局、民政局、司法局、财政局、人事局、劳动和社会保障局、规划和国土资源局、建设局、交通局、水利局、农业局、对外贸易经济合作局、文化局、卫生局、计划生育局、审计局、环境保护局、统计局、林业局、粮食局。(市监察局与市纪律监察委员会机关合署，经济技术开发区管委会为市政府派出机构，与朝阳街道办事处合署)。

（注：1994年6月，根据上级分设中央“国家税务局”与地方“地方税务局”两套税务机构的决定，市税务局分设为市国家税务局和市地方税务局。市国家税局上划中央管理，市地方税局上划省以下垂直管理。1998年12月市工商行政管理局、2000年1月市质量技术监督局上划省以下垂直管理。市药品监督管理局自2002年1月设立即为省以下垂直管理。）

2002年5月，市政府招待所成建制改为企业。8月，设立市外国专家办公室(副科级)，隶属市人事局。市康成中学明确为正科级。设立市计划生育协会办公室(正科级)。11月，市农业税征收管理局更名为市农业税收征收管理局（正科级)，隶属于市财政局。

2003年2月，设立市人民防空办公室(正科级)，隶属市政府，受军地双重领导。市政府安全生产办公室更名为市安全生产监督管理局，原市财贸办公室承担的危险化学品安全生产监督职能划归该局。4月，设立市老年大学(正科级)，与市老干部活动中心合署。5月，设立市行政审批服务中心(正科级)。设立市统计调查队(副科级)，隶属市统计局。9月，市中小企业办公室更名为市中小企业局，加挂市民营经济发展委员会牌子，并由原经济贸易局管理改为直属市政府领导，以政府序列部门对待；同时撤销市民营经济发展局。设立市城市管理行政执法大队(正科级)，隶属市城市管理行政执法局。设立市环境卫生管理处(正科级)。设立市安全监察执法大队(副科级)，隶属市安全生产监督管理局。市环境监理站更名为市环境监察大队，升格为副科级。12月，设立市国有资产经营投资公司(正科级)，隶属市财政局。市国土执法大队升格为副科级。市土地开发整理中心升格为副科级。设立市人事培训考试中心（副科级），隶属市人事局。市城市规划处更名为市规划局，升格为正科级。市土地储备中心升格为正科级。设立市河道管理局（正科级），隶属市水利局。确定市规划局为正科级，为市政府主管全市城市、村镇规划和勘察测绘工作部门。

2004年2月，市王吴水库管理局由副科级升格为正科级。4月，成立市政府网络信息中心，为副科级全额预算管理事业单位，隶属市政府办公室。市供销合作社联合社确定为正科级机关延伸性事业单位，直属市政府。6月，市预算外资金管理中心更名为市预算外资金管理局。成立市房地产交易中心，为副科级自收自支事业单位。市专利局更名为市知识产权局，直属市政府，为正科级机关延伸性事业单位。11月，注销军人接待站事业单位性质，收回事业编制，取消其机构规格。12月，市工业调度中心办公室升格为正科级，明确为全额预算管理事业单位。撤销市河道管理局和市水资源管理处，成立市水资源与河道管理局，为正科级全额预算管理事业单位。市物价检查所升格为副科级。市建设工程质量监督站升格为副科级。在市建筑工程管理处加挂市建设局建设监察大队的牌子，市建筑工程管理处和城建档案馆经费形式改为全额预算管理。

2004年12月，市委、市政府机构改革，于2005年2月下发关于市政府机构改革的实施意见。改革后，市政府工作机构为25个。即政府办公室、发展和改革局、经济贸易局、教育局、科学技术局、公安局、民政局、司法局、财政局、人事局、劳动和社会保障局、国土资源局、建设局、交通局、水利局、农业局、对外贸易经济合作局、文化局、卫生局、人口和计划生育局、审计局、环境保护局、统计局、林业局、安全生产监督管理局。

此次改革中，市发展计划局改组为发展和改革局，为市政府工作部门，将原由市政府办公室承担的经济体制改革职能划入市发展和改革局。市粮食局由市政府工作部门调整为市政府直属事业单位，参照公务员管理。市安全生产监督管理局由市政府直属事业单位调整为市政府工作部门，同时为市安全生产委员会的常设办事机构。市计划生育局更名为市人口和计划生育局。市规划与国土资源局承担的规划职能划出，改组为市国土资源局，仍为市政府工作部门。国有资产监督管理职能仍由市财政局承担。

2005年5月，成立市困难企业职工管理办公室，为副科级全额预算管理事业单位，隶属市经济贸易局。市事业单位登记管理办公室更名为市事业单位登记管理局，为副科级机关延伸性事业单位。6月，撤销市公安局开发区公安分局、密水公安分局和醴泉公安分局。撤销市国债服务部、市室内装饰管理办公室、市信息中心、市乡镇企业技术开发服务中心、市乡镇企业培训中心、市职工再就业服务中心、市棉花服务中心、市黄烟生产管理办公室和市技术开发服务中心。9月，市公安局巡逻警察大队更名为市公安局巡逻防暴警察大队。10月，注销建筑勘察设计院的事业单位性质，收回事业编制，取消其机构规格。12月，撤销朝阳街道办事处的土地管理中心和其他镇街的国土资源站，收回事业编制。

2006年2月，成立市新型农村合作医疗管理办公室，隶属市卫生局，为副科级全额预算管理事业单位。在市文化局加挂市旅游局牌子。成立市教育资源管理办公室，隶属市教育局，业务上接受市国有资产管理局的指导，为副科级全额预算管理事业单位。撤销市城市管理行政执法局的投诉受理科，成立市城市管理投诉受理中心，隶属市城市管理行政执法局，为副科级机关延伸性事业单位。市城区管理委员会办公室与市城市管理行政执法局合署。成立市市容管理处，为正科级全额预算管理事业单位，归口市城市管理行政执法局管理。市环境卫生管理处归口市城市管理行政执法局管理。5月，在市发展和改革局加挂市信息产业局牌子。将市人民检察院渎职犯罪侦查局更名为反渎职侵权局。8月，注销市政工程处的事业单位性质，收回事业编制，取消其机构规格。9月，注销市种子公司的事业单位性质，收回事业编制，取消其机构规格。10月，成立市城市污水管理办公室，隶属建设局，为副科级全额预算管理事业单位。市环境监测站升格为副科级全额预算管理事业单位。市人才交流服务中心升格为正科级。

2007年2月，成立市教育局安全生产办公室、市卫生局安全生产办公室、市文化局安全生产办公室及市劳动和社会保障局安全生产办公室，为副科级机关延伸性事业单位。中国国际贸易促进委员会高密市委员会与中国国际商会高密市商会合署。成立市国土资源局密水分局、醴泉分局、夏庄分局、大牟家分局、阚家分局、柴沟分局，为副科级全额预算管理事业单位，同时撤销上述六处国土资源所。市城北水库管理局由副科级全额预算管理事业单位升格为正科级全额预算管理事业单位。成立市市政管理局，为正科级全额预算管理事业单位，隶属市政府。市信息产业局明确为正科级全额预算管理事业单位，隶属市政府，撤销市政府网络信息中心，其职能划归市信息产业局。成立市社会保险事业管理局，为正科级全额预算管理事业单位，隶属市劳动和社会保障局，业务相对独立。成立市金融证券发展协调管理办公室，为正科级全额预算管理事业单位，归口市政府办公室。在市人民防空办公室加挂市民防局牌子。10月，成立潍坊日报社高密分社，为正科级全额预算管理事业单位，隶属市广播电视局。

2008年1月，市密水生态林场明确为全额预算管理事业单位，隶属市政府。成立市胶河生态区管理委员会，为正科级全额预算管理事业单位，隶属市政府。成立市节约能源管理办公室，为副科级全额预算管理事业单位，隶属市经济贸易局。撤销市市容管理处，其职能划归市城区管理委员会办公室。撤销市社会保险事业管理局，其职能划归市劳动和社会保障局。5月，撤销市卫生防疫站，成立市卫生局卫生监督大队，为副科级全额预算管理事业单位，隶属市卫生局；成立市疾病预防控制中心，为正科级全额预算管理事业单位，隶属市卫生局。成立市服务业办公室，为正科级全额预算管理事业单位，隶属市发展和改革局。成立市土地储备交易中心，为正科级全额预算管理事业单位，隶属市政府。市招商局不再与市对外贸易经济合作局合署办公，直属市政府。市国有高密苗圃由隶属市林业局改为隶属市密水生态林场。成立市政府应急管理办公室，为正科级全额预算管理事业单位，隶属市政府办公室。市密水生态林场内设党政办公室、规划林政科、生产技术科、为副科级规格。撤销市经济协作办公室。6月，市土地储备交易中心更名为市土地经营开发管理办公室。7月，成立市工业园区管理委员会，隶属市政府。成立市胶河疏港物流园区管理委员会，为正科级全额预算管理事业单位，隶属市政府，在保持原行政区划不变前提下，把原大栏乡17个村及胶河农场管理权划归市胶河疏港物流园区管理委员会，原胶河农场规格及内部机构保持不变。成立市文化产业管理委员会，为正科级全额预算管理事业单位，隶属市政府。9月，成立市教育资产管理委员会，为正科级全额预算管理事业单位，隶属市政府。撤销市教育资源管理办公室，其职能划归市教育资产管理委员会。市旅游局明确为正科级全额预算管理事业单位，隶属市政府。撤销市全民健康促进会。撤销市农村经营管理站。成立城镇居民基本医疗保险管理办公室，为股级全额预算管理事业单位，隶属市劳动和社会保障局。

至2008年，市政府工作机构未变仍为25个。

第二节 政府领导成员

1984年5月，经选举产生第十届高密县人民政府县长、副县长，任期3年。1990年始设县长助理1名，后增至数人。至1993年十三届起，每届任期5年。1999年始设秘书长（兼任办公室主任）1人、副秘书长数人。

1986～2008年高密市（县）长、副市（县）长任期情况表

表6－1

届次	职务	姓名	任职时间	籍贯
第十届（1984.5～1987.4）	县长	姜玉生	1984.5～1986.6	山东菏泽
		王在辉	1986.6～1987.4	山东寿光
	副县长	单昭明	1984.2～1987.4	山东高密
		李万河	1984.2～1987.4	山东高密
		潘世俊	1984.2～1987.4	山东高密
		宋林茂	1986.6～1987.4	山东高密
第十一届（1987.4～1990.3）	县长	王在辉	1987.4～1989.3	山东寿光
		姜玉生	1989.3～1990.3	山东菏泽
	副县长	伏希太	1987.4～1990.3	山东高密
		李万河	1987.4～1990.3	山东高密
		潘世俊	1987.4～1990.3	山东高密
		宋林茂	1987.4～1990.3	山东高密
		单亦成	1987.4～1990.3	山东高密
	挂职副县长	程梅臣	1987.9～1989.9	山东高密
	科技副县长	姜经文	1988.8～1990.3	山东青岛
		迟华亭	1988.8～1989.	—
第十二届（1990.3～1993.2）	县长	姜玉生	1990.3～1993.2	山东菏泽
	副县长	伏希太	1990.3～1993.2	山东高密
		李万河	1990.3～1993.2	山东高密
		潘世俊	1990.3～1993.2	山东高密
		王福亭	1990.3～1993.2	山东寿光
		崔红旗	1990.3～1993.2	山东高密
		齐世增	1992.3～1993.2	山东高密
	科技副县长	姜经文	1990.3～1993.2	山东青岛
	挂职副县长	冯国民	1991.7～1993.7	山东潍坊寒亭
		师合林	1992.3～1993.9	四川凉山

续表6-1

届次	职务	姓名	任职时间	籍贯
第十三届(1993.2~1997.4)	市(县)长	高金龙	1993.2~1998.1	山东高密
	副市(县)长	王继美	1993.2~1996.2	山东高密
		王福亭	1993.2~1995.3	山东寿光
		潘世俊	1993.2~1995.3	山东高密
		崔红旗	1993.2~1998.1	山东高密
		齐世增	1993.2~1998.1	山东高密
		吴荣勤(女)	1993.2~1998.1	山东即墨
		颜廷爱	1993.2~1998.1	山东高密
		秦中廷	1995.3~1998.1	山东高密
		王致民	1996.9~1998.1	山东高密
	科技副市长	王世泰	1994.12~1998.1	山东高密
	挂职副市长	陈廷佑	1995.5~1996.5	河北深州
		巩剑若	1996.4~1997.4	陕西延长
第十四届(1998.1~2005.1)	市长	吴元宝	1998.1~2001.3	山东高密
		王维盛	2001.3~2003.1	山东昌邑
	副市长	曾宪林	1998.1~2001.3	山东胶州
		崔红旗	1998.1~2001.3	山东高密
		吴荣勤(女)	1998.1~2001.3	山东即墨
		颜廷爱	1998.1~2001.3	山东高密
		王致民	1998.1~2001.3	山东高密
		王卫东	1998.1~2001.3	山东胶南
		钟亮成	2001.3~2003.1	山东高密
		刘金贵	2001.3~2003.1	山东安丘
		林京湖	2001.3~2003.1	山东潍坊寒亭
		白卫明	2001.9~2003.1	山东平度
	挂职副市长	宝笑平	1999.5~2000.5	内蒙古
		侯典明	2000.8~2002.1	山东东阿
		刘东	2000.12~2002.12	山东龙口
	科技副市长	华德公	2000.1~2005.1	山东烟台

续表 6-1

届 次	职 务	姓 名	任职时间	籍 贯
第十五届（2003.1～2006.10）	市 长	吴建民	2003.1～2005.2	山东诸城
		赵志远	2005.2～2007.12	山东蓬莱
	副市长	杜洪君	2003.1～2007.9	山东高密
		李葆东	2006.12～2007.12	山东安丘
		钟亮成	2003.1～2007.12	山东高密
		刘金贵	2003.1～2007.1	山东安丘
		林京湖	2003.1～2007.1	山东潍坊寒亭
		刘秀平（女）	2003.1～2007.12	吉林舒兰
		张树伟	2003.2～2006.12	山东安丘
		胡 立	2003.1～2006.5	山东潍坊潍城
		刘明伦	2004.11～2007.10	山东昌邑
		徐振刚	2007.3～2007.12	山东昌乐
	挂职副市长	吴成玉	2006.7～2006.10	河南社旗
第十六届（2007.12～）	市 长	范福生	2007.12～	山东寿光
	副市长	李葆东	2007.12～	山东安丘
		李兰祥	2007.12～	山东安丘
		钟亮成	2007.12～	山东高密
		刘秀平（女）	2007.12～	吉林舒兰
		徐振刚	2007.12～	山东昌乐
		贾勤清	2007.12～	山东昌乐
	挂职副市长	易中华	2007.5～2007.11	湖南辰溪

第二章 政府体制改革

1986年后，政治体制改革的重点主要是按照党政分开、政企分开的要求，积极稳妥推进政府机构改革，逐步将县级业务部门设在乡镇的人事、劳动、财政、计划、物资等分支机构积放到乡镇管理，从而扩大和完善乡镇政府管理权限。

第一节　政府工作制度

为适应党政分开、政企分开和改革开放新形势，1988年8月，县人民政府颁布施行《高密县人民政府工作制度》。之后，历届政府通过对政府组成人员职责、科学民主决策程序、依法行政要求、行政效能监察、会议制度、公文审批、政务公开、作风纪律、行政领导责任追究等方面分别作出规定，并严格政府重大事项决策程序。

集体领导和个人分工负责制度　实行市长负责制，市长主持市政府全面工作，副市长协助市长工作，并向市长负责。市长、副市长实行分工负责制和任期目标责任制。

请示报告制度　市政府在潍坊市政府领导下，在本市人大常务委员会监督和支持下进行工作。在处理政府事务中，根据工作性质和重要程度，分别向潍坊市政府和本市市委、市人大常务委员会作请示、报告。

会议制度　政府全体会议，由市长、副市长、政府秘书长（办公室主任）和政府序列各部门单位主要负责人组成，一般半年召开1次。政府常务会议由市长、副市长和政府秘书长（办公室主任）组成，一般邀请市人大常委会和市政协一名负责人列席会议，政府办公室副主任和有关部门负责人列席会议。政府专题办公会议，由市长、副市长召集，有关部门负责人参加，主要研究协调专项工作问题。

文件审批和办理制度　以政府名义上报下发或批转批复的文件，由主办部门代为起草，报政府办公室审核，然后报政府领导签发。

民主协商和政务公开制度　政务工作中的重大问题，在市政府决策前，向人民政协、群众团体等有关方面通报情况，征求意见，并通过一定形式进行通报。

第二节　政府规范性文件

是期，根据总体规划和第七至第十一个“高密市（县）国民经济和社会发展五年计划”，历届高密市（县）政府围绕全市（县）经济建设、社会发展和人民群众生活中的重大问题等各个方面，先后制定诸多政府规范性文件。

城市建设　制定了《高密县城市建设综合开发试行办法》《高密县城市建设房屋拆迁管理试行办法》《高密县城区规划建设管理试行办法》《高密市城市市容环境卫生管理实施细则》等文件。

村级事务管理　制定了《高密县农村干部离任审计试行办法》《高密县农村干部审计工作暂行规定》《高密县农村宅基地有偿使用暂行办法》《高密市村级档案管理暂行办法》《高密市农村财务管理暂行规定》等文件。

社会保障　制定了《高密市军人抚恤优待办法》《高密市企业职工工伤保险暂行办法》《高密市机关事业单位工作人员社会养老保险暂行办法》等文件。

土地矿产资源管理　制定了《高密县矿产资源开发管理暂行办法》《高密县土地征用税收管理暂行办法》《高密县河道采砂、取土管理暂行规定》等文件。

水利建设　制定了《高密县水政监察员管理暂行办法》《高密县水利工程管理办法》等规范性文件。

财政管理　制定了《高密市行政事业单位固定资产管理办法》《高密市预算外资金管理办法》等文件。

住房制度改革　制定了《高密县公有住房计租暂行办法》《高密市出售公房暂行办法》等文件。

行政执法　制定了《高密市实施城市管理相对集中行政处罚权试行规定》《关于规范执法优质服务的意见》《高密市行政执法过错责任追究办

法》《关于开展全市行政执法队伍清理整顿工作的通知》《关于在全市行政执法部门开展规范行政处罚自由裁量权工作的意见》《关于贯彻实施高密市规范行政处罚自由裁量权标准汇编和高密市行政事业性收费项目及标准的通知》等文件。

第三节 民主决策

重大行政决策程序 对涉及全市重点工作部署、重大会议召开、重大活动安排、重要政策措施出台、重大事项处理等，均经市长办公会议或市政府常务会议集体讨论。市政府在作重大行政决策前，授权市政府法制办组织相关中介机构、专家、公众代表等进行风险评估、社会听证和合法性审查。未经风险评估、社会听证、合法性审查或经审查不合法的行政决策事项，一律不提交市长办公会议或市政府常务会议研究。对因决策失误造成严重后果的，按照权责一致、客观公正原则追究有关人员责任。

专家咨询论证 1988年4月，聘请张可信、王培升两位县法律顾问处律师为县政府法律顾问。1995年1月，聘请韩国盛甫株式会社社长李裕信为市政府经济顾问。是年1月6日，聘请山东大学副教授、博士程林为市政府科技顾问。1996年1月11日，聘请中国社会科学院王风林、刘振邦、周志成，中国农业科学院陈幼春等4人为市政府顾问。2007年4月，成立了由天津大学建筑学院党委书记、博士生导师张玉坤教授任主任委员，山东省住建厅齐鹏处长任副主任委员，清华大学、同济大学、天津大学、山东建筑大学、山东省城乡规划设计研究院等科研院所60多位专家为成员的高密市城市规划专家评审委员会。

社会公示和听证 实行重大政策调整、公共产品物价调整听证制度，对关系群众切身利益的公用事业价格、公益性服务价格和自然垄断经营的商品价格等实行政府指导价、政府定价，规范政府制定价格听证行为，提高政府价格决策的民主性、科学性和透明度。对旧村改造、土地征用、土地流转等广泛征求利益各方意见，并从人大、政协、纪委、组织、督查等单位抽调人员组成监督小组，聘请人大代表、政协委员和群众代表担任征收搬迁监督员，对运行过程实施监督。

第四节 依法行政与行政法规制度

1986年至2008年，高密市历届市(县)人民政府贯彻落实全国全民普法五年规划，制定实施全县依法行政五年规划，以此促进政府依法行政水平和群众法律素质提高，为经济社会发展创造良好法治环境。

规范政府文件 1990年，县政府法制办组织对1949～1989年县政府(县人委、县革委)县府办颁发的规范性文件进行了清理，共清理文件144件，其中继续有效54件、修改5件、废止85件。1991年，县政府颁布实施《关于规范性文件制定程序的暂行规定》，对各部门以县政府名义发布的文件，实行计划管理和备案审查制度。当年以县政府名义发布规范性文件34个。1991年，按照潍坊市政府要求废止涉及境内35项收费、罚款、集资项目。1993年，围绕治理“三乱”和减轻企业、农民负担，对不合理收费、罚款和升级达标项目进行了清理，并依据上级文件对这些项目做了废止或修改。2003～2008年，相继制定印发《全面推进依法行政实施纲要责任制考核实施细则的通知》《关于在全市行政执法部门开展规范行政处罚自由裁量权工作的意见》等规范性文件，对全市依法行政工作进行了规范、指导。1986～2008年，共对县(市)政府及县(市)政府办公室制定出台的900多个规范性文件进行了规范、清理，其中废止289件、修改64件。

行政复议与应诉 1990年，县政府在全县开展“依法行政年”活动，加强对《中华人民共和国行政诉讼法》的学习培训。1991年1月，组织学习《行政复议条例》，改进和提高依法行政工作。1997年1

月，在市政府法制局加挂行政复议办公室牌子，负责具体承办行政复议和应诉工作，指导协调各部门和乡镇人民政府行政复议和应诉工作。至2008年，共收到行政复议申请432件，其中不予受理59件，做出撤销决定27件，变更66件，维持262件，当事人主动撤回复议申请18件。是期，市政府法制局共受市政府委托代理行政诉讼案件96件。

行政执法检查 除采取政府组织检查、部门联合检查、系统内部自查等形式外，实行行政执法情况报告制度。县(市)长每半年一次听取全县法制情况汇报。开展法律法规执法大检查，组织检查《中华人民共和国行政诉讼法》《中华人民共和国城市规划法》《中华人民共和国教育法》《中华人民共和国进出口商品检验法》《全民所有制企业转换经营机制条例》《农民负担条例》等法律法规的执行情况，促进这些法规的贯彻实施。1994年开始，在全市行政执法机关实行行政执法持证上岗制度，对经培训考试合格的全市1251名执法人员，颁发由潍坊市政府统一制发的“行政执法证”和“行政执法监督检查证”。开展4轮全市范围内行政执法证件清理、审验、换证工作，实现行政执法主体资格的合法性。

第五节 政务公开

参照郯城经验和拒城河乡政务公开做法，1988年11月，县政府在各乡镇和县直部门中实行公开办事制度。总的要求是，在不违背保密规定前提下，能公开的事项和政策都公开。乡镇重点公开5个方面：公开乡镇政府及所属工作部门领导分工权限，公开有关政策和制度，公开对农民的各项收费标准及上级规定兑现的重要生产资料指标，公开各项财务收支情况，公开办事结果。

1999年，市政府加强政府上网工作，以“高密政府网主页”为重点建设政务信息网上发布系统，要求各镇街部门在2001年7月10日前实现网上办公。“高密政府网主页”主要包括：市长专页，作为市政府向社会发布重要信息的窗口；政府文库，将政府令、政策法规性文件、市政府非密级普发性公文上网发布；政务信息，发布收集的政务信息；政府机关，介绍市政府各职能部门工作职责。各单位建立网上主页，公布机构设置、职责权限、办事指南等。2005年1月1日，高密市人民政府门户网站投入试运行。

2005年，市政府制定《关于进一步推行政务公开的意见》，确定政务公开的主要内容包括：市政府中心工作和重大决策、重要规定等，市政府新出台的规范性文件，全市经济建设和社会发展总体规划和一个时期的经济社会发展情况，财政预决算报告，行政许可事项的设定、调整、取消以及办理规程，涉及市政府全局重大问题、重要活动，社会关注的热点问题，市政府对社会热点问题的态度和处理意见，市内发生的重大突发事件的事实情况和处置措施，市政府对新闻媒体有关报道的回应和澄清，以及其他需要公开的事项。主要形式是：市政府定期或不定期集中发布需要公众知晓的政务信息，通过广播、电视、网络等媒体公开有关政务工作和市政府有关文件，通过社会公示、听证和专家咨询、论证以及邀请人民群众旁听市政府有关会议等形式公开市政府行政决策过程和结果，利用政府门户网站和电子政务渠道逐步扩大网上服务项目范围，以及其他适合采取的形式。

2008年，落实《中华人民共和国政府信息公开条例》，确定“以公开为原则，以不公开为例外”的基本原则，并规定行政机关对符合下列基本要求之一的政府信息应当主动公开：涉及公民、法人或者其他组织切身利益的，需要社会公众广泛知晓或者参与的，反映行政机关机构设置、职能、办事程序等情况。特别是加强对教育、医疗、社会保障、就业、公共卫生等与人民群众利益密切相关信息公开，增加了申请需要公开的相关事项，切实增强政府信息公开的主动性、时效性，满足公众知情权，对于原先仅以“办事公开”为基本内容的公开范围有更大扩展。

第三章 政府工作述要

第一节 第十届高密县人民政府

任期为1984年2月～1987年4月。1986年底，全县完成工农业总产值9.2亿元，完成财政收入3403万元。对县政府机构和农村领导体制进行改革，完成社改乡、队改村工作。调整农业产业结构，保证粮食生产稳步增长，有计划扩大林果、花生、瓜菜种植面积。将农产品收购制度从过去统派购改为合同订购。扶持发展农村多种形式合作组织，扩大合作服务，促进商品生产。3年引进推广各种作物优良品种67个，推广农业新技术、新成果18项。进行吨粮田开发、夏谷开发和小麦低产开发。地膜覆盖、配方施肥、除草剂等新技术得到应用推广。粮食总产量51597.7万公斤，比1983年增长23%。高密县被确定为全国优质棉基地县。果园面积92903亩，比1983年增加61655亩，果品产量1100万公斤。多种经营总收入5亿元以上。农田水利建设取得进展，3年打机井、大口径井（方塘）4682眼，小井5万多眼，新增和改善灌溉面积34.5万亩，各种排灌机械累计达到13.32万千瓦。农村用电量6442万千瓦小时。与王吴西灌渠配套，开挖蓄水量55万立方米城南调蓄水池，每年可为县城工业和居民生活提供555万立方米水。完成小辛河、小康河清淤培堤工程，其泄洪能力由原来5年一遇提高到20年一遇。完成峡山水库库区挖塘造地一期工程，挖塘造地500亩。开发淡水养殖水面1万亩，水产品产量32.6万公斤。工业整顿提高成效明显。整顿企业管理，加强质量监督和技术改造，增强工业发展潜力后劲。乡镇企业完成产值3.56亿元，实现利税3252万元，成为经济发展重要支柱。商业服务网点5396处，个体工商户7563户。完成外贸出口总值4756.9万元，比1983年增加248%。各类科技成果50项，实现经济效益7348万元。完成普及初等教育任务，被评为全国基础教育先进县。下放乡镇医院管理权限，在农村普遍推行联合卫生所办医模式。完成38项防氟改水工程建设，为198个村、14.86万人解除氟毒危害，被评为全国防治氟中毒先进县。在县城建成电视台及电视卫星地面接收站，提高电视清晰度。乡镇文化站和基础设施有所加强。道路交通建设获得突破，先后建成东西两座铁路立交桥，开通和拓宽了南关路、利群路、立新街、振兴街等11条城区骨干道路，总铺设路面27公里。铺设地下排水、排污道33公里。拓展火车站广场。新建体育场和密水农贸商场。

第二节 第十一届高密县人民政府

任期为1987年4月～1990年3月。届末，全县完成工农业总产值15.94亿元，比1988年增长9.8%。其中，工业总产值完成12.29亿元，农业总产值完成3.65亿元。社会商品零售总额4.63亿元。实现财政收入6857.4万元，完成财政支出5814.7万元。收支平衡，略有结余。工商各税5532.3万元，比1988年增长25.4%。农村进一步稳定家庭联产承包责任制，完善承包合同。将审计监督引入农村财务管理。1989年粮食总产37.69万吨，棉花总产26万担，花生总产8560吨，农民人均纯收入625元，农村个人储蓄余额1.95亿元，人均264元。新打机井5297眼，大口井2963眼，方塘911座，建拦蓄工程134处，扩大和改善灌溉面积69万亩。进行引黄济青配套工程、王吴水库西灌区配套工程、小康河城区段治理及小辛河、小康河城北段建筑物配套工程。农业机械总动力35.98万千瓦，机耕、机播面积分别为122万亩和79.1万亩。植树13万亩，农田林网面积116万亩，林木覆盖率11.3%。用于基本建设和技术改造投资1.53亿元，完成技改项目66个。乡镇以上工业完成产值7.86亿元，实现利税7788万元。共有77家企业升级。完成乡镇以下工业产值7.96亿元。调整出口产品结构，外贸出口总值7209万元。铺筑振兴街、立新街等12条主次干道混凝土路面20.6万平方米，铺设城东路、长丰街等12条砂石路面26.4万平方米。市容管理及县城园林绿化，县城绿化覆盖率达到27%。共向全国各类大中专院校输送学生2391名。完成校舍改造6.26万平方米。有600多个村建起广播室。城市建设投资1200万元，建设开发小康河、青年路、振兴街、小王庄宿舍区和梓童庙工人新村等，竣工商品房3万平方米。

第三节　第十二届高密县人民政府

任期为1990年3月~1993年2月。届末，全县社会总产值达50.9亿元，国民生产总值20亿元，工农业总产值45.75亿元。综合经济实力跨入全国农村百强县和全省26强县之列。3年内，兴建大中型水利工程1240项，恢复扩大灌溉面积28万亩，开发吨粮田20万亩，开发中低田42.8万亩。完成农业总产值11.51亿元。粮食总产58.85万吨。植树187万株，造林332公顷。完成工业总产值34.24亿元。其中，县直工业完成11.94亿元，乡镇办工业完成7.92亿元，村级以下工业完成14.38亿元。重点调度的产品质量稳定提高率达到91%。48种工业产品获省优部优称号。出口商品收购总额完成2.42亿元。新辟建16处城乡集贸市场，新建和整修华联、东风、供销大厦等14处较大商业网点，完成社会商品零售总额6.64亿元。实现第三产业增加值4.64亿元，占国民生产总值比重达到23.2%。开发房地产4.77万平方米。建设商业街、批发市场等283万平方米，总投资1635万元。完成工商各税8431.7万元，财政总收入完成1.02亿元。保险业务已开办38个险种，承担财产和人险金额62亿元，被评为全国、全省保险先进县。城乡建设以基础设施建设为重点，完成10项城建任务，县城交通、供水条件得到改善。新上4000门程控电话并投入使用。取得科技成果89项，其中4项达到国际先进水平，6项达到国内先进水平。计划生育率99.1%，人口自然增长率控制在1.22%以内。教育方面，普教、职教、成教体系齐全，成为全省首个实现初等义务教育县。体育工作被评为全国先进县。

第四节　第十三届高密市(县)人民政府

任期为1993年2月~1998年1月。5年间，国民经济稳步增长，综合经济实力不断增强，再次跨入全国综合实力百强县行列。届末完成国内生产总值60亿元。社会固定资产投资12.9亿元。完成社会消费品零售总额19.7亿元。财政总收入完成2.78亿元。粮食总产64.6万吨。蔬菜总产59.2万吨。肉类总产15.4万吨。农民人均纯收入3098元。乡及以上独立核算工业企业完成销售收入47.7亿元，实现利税3.9亿元。第三产业完成增加值19.67亿元。比1992年增长163.2%。个体工商业户发展到3万多户，从业人员7万多人，私营企业发展到420家，注册资金2.2亿元。

城乡居民人均储蓄2392元，比届初年增长261.9%。农村建立起各类合作制经济组织1000余个。80%以上企业进行改制。利用外资有重大进展，三资企业发展到125家，实际利用外资突破2亿元。出口创汇完成1.3亿美元。经济开发区建设初具规模，区内水、电、路、通讯等基础设施进行大规模建设改造。先后开通、拓宽、硬化人民大街、顺河路等市区主要道路。开通城市公交车。建成城南、城北两座水厂，日供水能力由1992年4.5万立方米增加到7.5万立方米，市区自来水普及率达到97%。完成公路工程40多项，其中县级以上道路160多公里。建成220千伏变电站1座，110千伏变电站3座，35千伏变电站6座；改造10千伏及以上高压线路642公里，农村低压线路882公里。完成供电量4.5亿千瓦时，比1992年增长1.4倍。新上程控电话工程并进行4次扩容，电话总容量突破4.1万门，是1992年的30倍。全数字光缆长途电话2040条，初步形成覆盖全市、通达全球的现代化立体通信网。完成城北水库、官河治理等工程，扩大改善灌溉面积51万亩。村镇建设成绩突出，被省政府授予村镇“十百千”活动先进县。

第五节　第十四届高密市人民政府

任期为1998年1月～2003年1月。届末，完成国内生产总值73.2亿元，财政总收入5.6亿元。地方财政收入3.01亿元。完成社会固定资产投资91.1亿元。完成社会消费品零售额125.8亿元。限额以上工业企业完成销售收入64.6亿元，实现利税5.7亿元，分别比1997年增长56%和89.4%。农村产业结构调整取得新进展，粮经比例达到4∶6，畜牧业占农业总产值比重46%。第三产业发展加快，新建改建一批专业市场。人均国内生产总值超过1000美元，农民人均纯收入3442元，城镇职工平均工资8005元。城乡居民储蓄余额达到30多亿元。有92%以上国有、集体企业通过改制转型为民营经济。注册个体工商户1.6万户，民营企业达到1000多家，非公有制经济成为国民经济重要组成部分。建立土地储备制度，对国有土地使用权实施广告权、冠名权等实行公开招标拍卖。提高民间对城市公用事业投入比例，城市投融资机制开始多元化。农村税费改革基本完成，初步建立起农业税收征管新体制。政府机构、乡镇区划、机关事业单位职工医疗保险制度、城市管理、住房制度等各项改革先后展开。5年间，实际利用境外资金7000多万美元，出口创汇累计完成7.1亿美元。教育教学改革取得效果，被省政府授予“两基”教育先进市。5年间，通过直接投资和社会融资，先后完成交通、水利、环境保护、邮政通讯、电力、市政公用工程等重点项目，基础设施条件得到全面改善。建成两座铁路立交桥，新建大剧院、建成污水处理厂，实施“五河三库”串联、城区水质改善、城乡电网改造工程等。

第六节　第十五届高密市人民政府

任期为2003年1月～2007年12月。届末，实现地区生产总值190亿元、财政总收入18.43亿元、地方财政收入10.06亿元。分别是2002年的2.3倍、3.3倍、4.2倍。规模以上企业主营业务收入480亿元、利税40亿元，均是2002年的7倍以上。社会消费品零售总额59亿元，是2002年两倍多。5年累计完成全社会固定资产投资516亿元，是上一个五年的5.6倍。工业立市成效显著，棉纺织业进入全省十大产业集群行列，被评为“中国家纺名城”和全省“纺织服装产业基地”“制鞋业基地”。各类企业发展到3800多家，个体私营业户达到1.9万多户，规模以上企业580家，有4家企业进入全国大型工业企业行列。全市利税过亿元企业达到4家。孚日集团于2006年成功上市。高新技术产业产值50.6亿元。新建省级企业技术中心3个。服务业增加值

40亿元,比2002年增长96.8%。在岗职工年平均工资15500元,农民人均纯收入6100元,分别比2002年增长93.6%和77.2%。城乡居民储蓄余额72.6亿元,是2002年的1.9倍。经济竞争力提升,在第七届全国县域经济基本竞争力评价中,列第103位,比2002年前移46个位次。现代农业龙头企业发展到379家,比2002年增加157家。5年硬化农村道路1066公里,村村通比率89.4%。新建农村综合服务中心156个。农村有线电视用户新增6.2万户。改善农村生态环境,森林覆盖率27.7%,被评为"省绿色小康县"。按照中等城市发展定位,推进旧城改造、基础设施建设,完成新一轮城市总体规划。13家企业退城进园。拆除老水泥厂和200多台燃煤小锅炉。建成第二污水处理厂和垃圾无害化处理厂一期工程,配套建设排污管网。集中供热、联片供热280万平方米。新增绿化面积750万平方米。城区绿化覆盖率达到36%。开工建设南湖植物园,综合改造凤凰公园,高标准治理小康河。综合治理胶河,北胶新河部分河段。综合改造夷安大道、康成大街、凤凰大街、昌安大道、振兴街等主要街路。新建18处便民广场,改造火车站广场。搬迁整合木材市场。建成苏州街、农丰步行街等特色商业街区。开工建设文体中心、齐鲁纺织服装城等重点工程。旧城改造完成拆迁95万平方米。商住房开工390万平方米,完工340万平方米。配套建设人防工程5万平方米。对27家企业改革改制和破产重组,化解债务15.9亿元,安置职工9700多人。对20家生产经营服务类事业单位进行改革。实施镇街行政区划调整。实行农村免费义务教育,统筹发放城乡教师工资,实现高中教育城区化。建成青岛科技大学高密校区,被评为"省教育工作示范县"。科技方面取得321项科技成果。实施文化信息资源共享工程,茂腔、扑灰年画被列为首批国家非物质文化遗产保护名目,被评为"中国扑灰年画之乡""全省社会文化先进县"。推行新农合制度,境内农民参合率95%。实施人口责任目标,人口自然增长率控制在6.24‰以内,被评为"全省计划生育优质服务先进市"。体育工作得到发展,在潍坊市第十七届运动会上金牌及总分均列第一、创历史最好水平。双拥共建成绩显著,被命名为"省级双拥模范城"。全面启动和谐社区、和谐村庄、和谐家庭创建工作。

第七编

地方政协组织

中国人民政治协商会议山东省高密市委员会，简称政协高密市委员会或高密市政协，是中国人民政治协商会议的地方组织，由市政协委员组成，常设机构为中国人民政治协商会议山东省高密市委员会常务委员会。常务委员会主持会务。高密市政协按照政协全国委员会制定并通过的《中国人民政治协商会议章程》进行工作。政协历届政协委员由境内中国共产党、民主党派、无党派人士、人民团体、各界代表、台胞、归国侨胞的代表以及特别邀请的人士组成。

第一章 组织机构

从1987年4月中国人民政治协商会议第七届高密县委员会第一次会议召开至2007年12月，高密市(县)政协召开6次换届大会，选举产生了第七届、八届、九届、十届、十一届、十二届政协委员会。历届政协常务委员由每届第一次全体委员会选举产生。常务委员会由主席、副主席、秘书长和常务委员组成，主持会务。市(县)政协设办公室和专门委员会等工作机构，具体承担和处理常委会的日常工作。

政协高密市(县)第七至十二届委员会组成及人数表

表7-1　　单位:人

项目 届别	委员总数	委员组成																									
		中共党员	党外人士	男性	女性	县(市)直	乡镇	中共界	爱国人士	工会界	青年界	妇女界	农林水界	工商联界	科技界	教育界	文体界	医药卫生界	民族宗教界	特邀界	经济界	台联界	侨联界	科协界	三胞眷属界	农业界	财贸界
第七届	237	93	144	197	40	113	124	6	6	13	7	11	31	—	24	29	14	25	4	16	—	—	—	—	27	—	24
第八届	237	94	143	204	33	117	120	11	6	17	7	13	51	27	18	29	12	22	5	19	—	—	—	—	—	—	—
第九界	239	96	143	201	38	118	121	12	6	12	7	10	30	9	15	23	11	21	5	16	33	17	6	6	—	—	—
第十届	245	98	147	200	45	117	128	15	—	10	7	8	—	12	16	25	15	22	5	10	39	7	16	7	—	31	—
第十一届	266	107	159	208	58	136	130	8	—	11	11	11	—	14	16	24	16	25	5	10	60	11	10	7	—	27	—
第十二届	266	151	115	207	59	135	131	35	—	10	8	14	—	12	17	21	15	22	—	—	80	—	14	—	—	18	—

注:从第十二届起，将科技界与科协界合并为科技科协界，委员17人;将台联界、侨联界、三胞眷属界、民族宗教界合并为侨台与民族宗教界，委员14人。

■政协高密市第十一届七次常委会议 (2007年摄)

第一节 市(县)政协机关

1986年政协高密县委员会(简称县政协)设办公室、文史资料研究委员会及办公室、组织宣传科、提案信访科。1989年,撤销组织宣传科、提案信访科和文史资料研究委员会及办公室,设提案委员会、学习委员会、经济科技委员会、文史资料委员会和祖国统一三胞联谊委员会。1997年1月,增设政协综合办公室。2003年,综合办公室变更为研究室,提案委员会变更为提案法制委员会,经济科技委员会变更为经济委员会,学习委员会变更为科教文卫体委员会,祖国统一三胞联谊委员会变更为港澳台侨和外事委员会。2007年,增设老干部工作办公室和委员活动室。至此,政协共设办公室、老干部工作办公室、委员活动工作室、研究室和提案法制委员会、经济委员会、科教文卫体委员会、港澳台侨和外事委员会、文史资料委员会。以上机构设置至2008年底未变。1995年12月,高密市政协始设秘书长(兼办公室主任),2009年11月后,不再设秘书长一职。

第二节 市(县)政协常委会

市(县)政协常务委员会由主席、副主席、秘书长和常务委员组成。第七届高密县政协常委会由主席1人、副主席7人(其中2人届中任职)、常务委员35人组成;第八届由主席1人、副主席7人(其中2人届中任职)、常委37人组成;第九届由主席1人、副主席8人(其中3人届中任职)、常委37人组成;第十届由主席2人(届中离、接任)、副主席9人(其中3人届中任职、1人届中离职)、常委49人组成;第十一届由主席2人(届中离、接任)、副主席12人(其中4人届中离职、6人届中任职)、常委49人组成;第十二届由主席1人、副主席8人、常委51人组成。历届常务委员届中调整不作记述。

政协高密市(县)七至十二届委员会主席、副主席及任职情况表

表7-2

届次	职务	姓名	任、离任时间
第七届(1987.4~1990.3)	主席	张凤玉	(1987年4月任职)
	副主席	于树棠	(1990年3月离任)
		崔凤鸣	(1990年3月离任)
		綦敦叙	(1990年3月离任)
		李景韩	(1990年3月离任)
		范天福	(1987年4月任职)
		王乐昌	(1987年12月任职,1990年3月离任)
		王梅棣(女)	(1987年12月任职)

续表 7－2

届　次	职　务	姓　名	任、离任时间
第八届 (1990.3～1993.2)	主　席	张凤玉	(1993 年 2 月离任)
	副主席	宋林茂	(1990 年 3 月任职)
		范天福	
		王梅棣(女)	(1990 年 3 月任职)
		万兆金	
		李守维	(1990 年 3 月任职)
		徐复清	(1991 年 3 月任职,1993 年 2 月离任)
		杨本荣(女)	(1992 年 4 月任职,1993 年 2 月离任)
第九届 (1993.2～1998.1)	主　席	杨本荣(女)	(1993 年 2 月任职,1998 年 1 月离任)
	副主席	宋林茂	(1998 年 1 月离任)
		范天福	
		王梅棣(女)	
		万兆金	(1998 年 1 月离任)
		李守维	
		高金龙	(1995 年 3 月任职,1998 年 1 月离任)
		李桂荣	(1995 年 3 月任职)
		王庆贤	(1996 年 2 月任职)
第十届 (1998.1～2003.1)	主　席	高金龙	(1998 年 1 月任职,2001 年 3 月离任)
		田绍义	(2001 年 3 月任职)
	副主席	田绍义	(1998 年 1 月任职,2001 年 3 月离任)
		范天福	
		王梅棣(女)	
		李守维	(2003 年 1 月离任)
		李桂荣	(2003 年 1 月离任)
		王庆贤	(2003 年 1 月离任)
		滕希平	(1999 年 3 月任职)
		李万京	(1999 年 3 月任职,2003 年 1 月离任)
		宋锡明	(2001 年 3 月任职)
第十一届 (2003.1～2007.12)	主　席	田绍义	(2006 年 2 月离任)
		齐世增	(2006 年 2 月任职)
	副主席	范天福	(2006 年 2 月离任)
		王梅棣(女)	(2006 年 2 月离任)
		滕希平	(2006 年 2 月离任)
		宋锡明	(2006 年 2 月离职)
		徐兆凯	(2003 年 1 月任职)
		张兆年	(2003 年 1 月任职)
		秦中廷	(2005 年 2 月任职)
		李　健	(2006 年 3 月任职)
		孙日贵	(2006 年 3 月任职)
		于长波	(2006 年 3 月任职)
		李惠兰(女)	(2006 年 3 月任职)

续表 7－2

届　次	职　务	姓　名	任、离任时间
第十二届（2007.12～　）	主席	齐世增	
	副主席	秦中廷	
		徐兆凯	
		张兆年	
		李　健	
		孙日贵	
		于长波	
		李惠兰（女）	
		陈　明	（2007 年 12 月任职）
		栾　涛	（2009 年 1 月任职）
		栗祥成	（2009 年 1 月任职）

第三节　乡镇政协组织

1990 年之前，住乡镇的政协委员组成委员联络组在乡镇党委的支持下开展活动。1990 年，在各乡镇设立乡镇政协工作联络委员会（正科级），设主任 1 人（由乡镇长或副书记兼任）、专职副主任 1 人、干事 1 人。政协工作联络委员会组建后，组织委员开展学习、调查、视察、咨询服务和“三胞”联谊活动。2001 年，撤销乡镇政协工作联络委员会。政协工作由镇街党（工）委宣传统战委员负责。2002 年 7 月，各镇街成立政协工作联络组，由党（工）委分管党务工作的副书记任组长。至 2008 年，各联络组基本实现组织、工作、制度、场所的规范化建设。

第二章　政协会议

政协会议主要有全体委员会议、政协常委会议、主席会议，另有各种座谈会、联谊会、茶话会、情况通报会等。本章将对断限内高密市政协所召开的全体委员会议依次进行记述，对常委会议、主席会议只作概述和略述。

第一节　全体委员会议

政协高密县第七届委员会　政协高密县第七届委员会第一次、第二次全体委员会议在前志已有记载，本节从第三次全体会议开始记述。

第三次全体会议　1988 年 4 月 19～23 日在高密县城召开，出席委员 238 人。会议听取县委副书记崔乃元的讲话，听取并审议通过政协主席张凤玉代表常委会作的工作报告、副主席范天福作的提案工作报告和文史资料工作报告；13 名委员代表各界作大会发言，交流开展政协工作的经验，并围绕全县大政方针及群众关心的重要问题，提出意见和建议。全体委员列席县人大十一届三次会议，听取并讨论县长王在辉作的《政府工作报告》。

第四次全体会议　1989年3月20～23日在高密县城召开，出席委员238人。会议听取县委书记王在辉的讲话；听取并审议通过政协主席张凤玉代表常委会作的工作报告，副主席范天福作的提案工作报告；讨论审议政协学习委员会和文史资料委员会的工作报告。全体委员列席县人大十一届四次会议，听取并协商讨论县长王在辉作的《政府工作报告》。

政协高密县第八届委员会

第一次全体会议　1990年3月14～18日在高密县城召开，出席委员237人。会议听取县委书记王在辉的讲话；听取并审议通过政协主席张凤玉代表常委会作的工作报告，副主席范天福作的提案工作报告；讨论审议学习委员会和文史资料委员会的工作报告；选举县政协第八届常务委员37人，选举张凤玉为主席，宋林茂、范天福、王梅棣（女）、万兆金、李守维为副主席。全体委员列席县人大十二届一次会议，听取并协商讨论县长姜玉生作的《政府工作报告》，协商县人大常委会主任、副主任，县人民政府县长、副县长及县人民法院院长、检察院检察长候选人名单。

第二次全体会议　1991年3月20～23日在高密县城召开，出席委员237人。会议听取县委书记王在辉的讲话；听取并审议通过政协主席张凤玉代表常委会作的工作报告以及各专门委员会主任代表各专门委员会作的工作报告；增选徐复清为常务委员、副主席。全体委员列席县人大十二届二次会议，听取并协商讨论县长姜玉生作的《政府工作报告》，讨论协商《关于高密县国民经济和社会发展第八个五年计划及十年规划纲要（草案）》。

第三次全体会议　1992年4月8～11日在高密县城召开，出席委员237人。会议听取县委书记王在辉的讲话；听取并审议通过政协主席张凤玉代表常委会作的工作报告，副主席范天福作的提案工作报告及其他各委员会工作报告；增选杨本荣（女）为常务委员、副主席。全体委员列席县人大十二届三次会议，听取并协商讨论县长姜玉生作的《政府工作报告》。

政协高密县（市）第九届委员会

第一次全体会议　1993年2月9～12日在高密县城召开，出席委员237人。会议听取县委书记王在辉的讲话；听取并审议通过政协主席张凤玉代表政协八届常委会作的工作报告和副主席范天福作的提案工作报告；审议讨论学习委员会、经济科技委员会、文史资料委员会和祖国统一三胞联谊委员会的工作报告；选举县政协第九届常务委员37人，选举杨本荣（女）为主席，宋林茂、范天福、王梅棣（女）、万兆金、李守维为副主席。全体委员列席县人大十三届一次会议，听取并协商讨论县长姜玉生作的《政府工作报告》，协商县人大、县政府、县法院、县检察院的重要人事安排。

第二次全体会议　1994年2月20～22日在高密县城召开，出席委员237人。会议听取县委书记张建国的讲话；听取并审议通过政协主席杨本荣代表政协常委会作的题为“选准角度，发挥优势，为实现过百亿、建强县的目标而奋斗”的工作报告和副主席范天福作的提案工作报告；审议讨论政协其他专门委员会工作报告。全体委员列席县人大十三届二次会议，听取并协商讨论县长高金龙作的《政府工作报告》。

第三次全体会议　1995年3月17～19日在市区召开，出席委员237人。会议听取市委书记张建国的讲话；听取并审议通过副主席宋林茂代表常委会作的工作报告；审议讨论提案委员会、学习委员会、经济科技委员会、文史资料委员会和祖国统一三胞联谊委员会的工作报告；增选高金龙、李桂荣为常务委员、副主席。全体委员列席市人大十三届三次会议，听取并协商讨论市长高金龙作的《政府工作报告》。

第四次全体会议　1996年2月27～29日

在市区召开,出席委员240人。会议听取市委书记张建国的讲话；听取并审议通过政协主席杨本荣代表常委会作的工作报告和副主席范天福作的提案工作报告；审议讨论政协其他专门委员会工作报告；增选王庆贤为常务委员、副主席。全体委员列席市人大十三届四次会议,听取并协商讨论吴元宝市长作的《关于高密市国民经济和社会发展第九个五年计划及2010年远景目标纲要(草案)》的报告。

第五次全体会议　1997年3月8～11日在市区召开,出席委员240人。会议听取市委书记张建国的讲话；听取并审议通过政协主席杨本荣代表常委会作的工作报告和副主席范天福作的提案工作报告；审议政协其他专门委员会工作报告。全体委员列席市人大十三届五次会议,听取并协商讨论市长吴元宝作的《政府工作报告》。

政协高密市第十届委员会

第一次全体会议　1998年1月14～18日在市区召开,出席委员245人。会议听取市委书记韩俊生的讲话；听取并审议通过政协主席杨本荣代表政协第九届常委会作的工作报告和副主席范天福作的提案工作报告；审议其他专门委员会的工作报告；选举政协第十届高密市委员会常务委员49名,选举高金龙为主席,田绍义、范天福、王梅棣(女)、李守维、李桂荣、王庆贤为副主席。全体委员列席市人大十四届一次会议,听取并协商讨论市长吴元宝作的《政府工作报告》;协商市人大、市政府、市法院、市检察院的重要人事安排。

第二次全体会议　1999年3月3～7日在市区召开,出席委员259人。会议听取市委书记韩俊生的讲话；听取并审议通过政协主席高金龙代表常委会作的工作报告和副主席范天福作的提案工作报告；审议其他专门委员会工作报告;增选滕希平、李万京为副主席。全体委员列席市人大十四届二次会议，听取并协商讨论市长吴元宝作的《政府工作报告》。

第三次全体会议　2000年3月11～14日在市区召开,出席委员261人。会议听取市委书记韩俊生讲话；听取并审议通过政协主席高金龙代表常委会作的工作报告和副主席范天福作的提案工作报告；审议其他专门委员会工作报告。全体委员列席市人大十四届三次会议,听取并协商讨论市长吴元宝作的《政府工作报告》。

第四次全体会议　2001年3月3～6日在市区召开,出席委员270人。会议听取市委书记吴元宝讲话；听取并审议通过政协主席高金龙代表常委会作的工作报告和副主席范天福作的提案工作报告;审议其他专门委员会工作报告;选举田绍义为主席;增选宋锡明为副主席。全体委员列席市人大十四届四次会议，听取并协商讨论代市长王维盛作的《政府工作报告》。

第五次全体会议　2002年1月22～25日在市区召开,出席委员273人。会议听取市委书记吴元宝的讲话；听取并审议通过政协主席田绍义代表常委会作的工作报告和范天福副主席作的提案工作报告；审议其他专门委员会工作报告。全体委员列席市人大十四届五次会议,听取并协商讨论市长王维盛作的《政府工作报告》。

政协高密市第十一届委员会

第一次全体会议　2003年1月19～23日在市区召开,出席委员266人。会议听取市委书记吴元宝的讲话；听取并审议通过政协主席田绍义代表政协第十届常委会作的工作报告和副主席滕希平作的提案工作报告；审议其他专门委员会工作报告；选举政协第十一届高密市委员会常务委员45人;选举田绍义为主席,滕希平、范天福、王梅棣(女)、宋锡明、徐兆凯、张兆年为副主席。全体委员列席市人大十五届一次会议,听取并协商讨论代市长吴建民作的《政府工作报告》;协商市人大、市政府、市法院、市检察院的重要人事安排。

第二次全体会议　2004年2月9~11日在市区召开，出席委员270人。会议听取市委书记吴元宝讲话；听取并审议通过政协主席田绍义代表常委会作的工作报告和副主席宋锡明作的提案工作报告；审议其他专门委员会工作报告。全体委员列席市人大十五届二次会议，听取并协商讨论市长吴建民作的《政府工作报告》。

第三次全体会议　2005年2月25~27日在市区召开，出席委员287人。会议听取市委书记吴建民讲话；听取并审议通过政协主席田绍义代表常委会作的工作报告和副主席宋锡明作的提案工作报告；审议其他专门委员会工作报告。全体委员列席市人大十五届三次会议，听取并协商讨论代市长赵志远作的《政府工作报告》。

第四次全体会议　2006年3月3~6日在市区召开，出席委员289人。会议听取市委书记吴建民的讲话；听取并审议通过政协主席田绍义代表常委会作的工作报告和副主席宋锡明作的提案工作报告；审议其他专门委员会工作报告；选举齐世增为主席；增选李健、孙日贵、于长波、李惠兰(女)为副主席。与会委员列席市人大十五届四次会议，听取并协商讨论市长赵志远作的《政府工作报告》。

第五次全体会议　2007年3月6~8日在高密城召开，出席委员289人。会议听取市委书记吴建民的讲话；听取并审议通过政协主席齐世增代表常委会作的工作报告和副主席徐兆凯作的提案工作报告；审议其他专门委员会工作报告。增选陈明为副主席。全体委员列席市人大十五届五次会议，听取并协商讨论市长赵志远作的《政府工作报告》；参观全市经济社会发展成果。

政协高密市第十二届委员会

第一次全体会议　2007年12月10~13日在市区召开，出席委员266名。会议听取市委书记吴建民的讲话，审议并通过政协主席齐世增代表十一届政协常委会所做的工作报告，通过市政协提案工作报告及其他有关报告。会议选举产生由51人组成的政协高密市第十二届委员会常务委员会，选举齐世增为主席，秦中廷、徐兆凯、张兆年、李健、孙日贵、于长波、李惠兰(女)、陈明为副主席。全体委员列席市人大十六届一次会议，协商讨论《政府工作报告》和其他相关的报告和决议；协商市人大、市政府、市法院、市检察院的重要人事安排；参观全市经济社会发展成果。

第二次全体会议　2009年1月7~9日在市区召开，出席委员272人。会议听取并讨论市委书记吴建民的讲话；听取并审议通过政协主席齐世增代表常委会作的工作报告和副主席徐兆凯作的提案工作报告及其他专门委员会工作报告；增选栾涛、栗祥成为副主席。全体委员列席市十六届人大二次会议，听取并协商讨论市长范福生作的《政府工作报告》及其他报告；参观全市经济社会发展成果。

第二节　其他重要会议

市(县)政协的重要会议，除每年一次的全体委员会议外，另有常务委员会议和主席会议。一般情况下，常务委员会议一季度举行一次，主席会议每月召开三至四次。常务委员会议为重要政治协商活动，一次会议一个专题。每次会议围绕市政府的重要工作选定一个议题，会前进行充分调研，形成报告。会议期间，邀请市(县)政府有关领导和相关部门负责人参加会议。会上，宣读报告，提出意见建议。参加会议的政府领导作表态性发言。市(县)政协主席会议围绕政协的日常重要工作召开，政协机关各委室负责人参加会议。

第三章　主要工作

第一节　政治协商

根据《中国人民政治协商会议章程》和中共中央《关于加强人民政协工作的意见》,历届高密市(县)政协紧紧围绕市委和政府的中心工作,突出经济建设重点,开展协商。每年一次的政协全委会,把协商讨论《政府工作报告》作为重要内容。委员们通过大会发言、小组讨论和书写提案等途径,提出意见和建议。政协常委会议和主席会议把市委市政府的决策部署和全市重点工作作为政治协商重要议题,第八届县政协共举行常委会 16 次、主席会议 34 次以及多次情况通报会和协商讨论会,针对境内工业、农业、教育、卫生、科技、社会治安和精神文明建设等方面,在充分调查研究的基础上,提出许多意见和建议,被县委、县政府采纳。第九届市政协召开常委会议 23 次、主席会议 41 次,围绕全市改革开放、经济建设和精神文明建设等重要议题先后进行协商活动,其中专题协商 15 次,向市委、市政府提出意见和建议 49 条,为市委、市政府科学决策提供依据。第十届市政协围绕"再造新优势,建设新高密,齐心谋发展,合力建小康"的目标,通过政协常委会议和主席会议,开展协商,其中专题协商 20 次。通过深入调查研究,提出意见和建议,其中大多数意见和建议被市委、市政府首肯和采纳。第十一届市政协围绕统筹城乡发展、城市建设、企业管理与发展、发展现代服务业等多次开展协商,许多意见和建议直接进入党政决策。

第二节　民主监督

委员视察　第七、八届县政协组织委员视察活动与调查研究同时进行。自第九届市政协始方组织委员开展专题视察活动,通过视察,发现问题,提出意见建议。第九届市政协组织视察 130 余次,向党委、政府提交视察报告 120 多份。第十届市政协组织委员开展专题视察活动 40 余次,向党委、政府提交视察报告 30 余份。第十一届市政协组织委员进行专题视察活动 45 次,向党委、政府提交视察报告 40 份。第十二届市政协在 2008 ~ 2009 两年间组织委员视察 30 多次,视察中提出的意见和建议,多被党委、政府吸纳到出台的政策性文件中。

政协提案　第七届县政协共收到委员提案 407 件,除 8 件因不符合立案条件作为信访件处理外,立案办理 399 件,于 1989 年底全部办理完毕。被有关部门和单位采纳 279 件,占提案总数的 70%。第八届县政协共收到委员提案 435 件,立案办理 427 件,至 1992 年底办理完毕。第九届市政协共收到委员提案 616 件, 全部立案办理,至 1997 年底办理完毕。提案意见和建议被有关部门和单位采纳 581 件,占 94.3%,其中通过工作措施和投入财力物力完全落实的 229 件, 占 35%。委员对提案办理结果的满意率达 98%。第十届市政协共收到委员提案 762 件,立案办理 735 件,至 2002 年底办结。第十一届市政协共收到委员提案 1115 件, 立案办理 1101

件，全部办复，委员满意率为98.2%。第十二届市政协第一至第二次会议期间，共收到委员提案491件，立案办理483件，办复率达100%，委员满意率为99%。1991～2009年，高密市政府和市政协共14次召开政协提案工作表彰大会，对市政协九届一次会议至十二届二次会议期间评选出的优秀提案、承办提案先进单位和办理提案先进个人进行表彰。

受聘监督员 高密市政协每年推荐部分政协委员受聘担任政法、电业、工商、税务、交通等行政执法部门的社会监督员，依据市委转发的政协《社会监督员工作规则(试行)》，施行社会监督。社会监督员发挥人民政协联系面广、位置超脱的特点，组织不同界别的政协委员对应相关职能部门进行社会监督。除直接参与行政执法的监督外，还多次参加市委、市政府统一组织的检查验收和评议活动。此项活动的开展，促进了一些热点问题的解决。

第三节 其他重要工作

"三胞"联谊活动 高密旅居海外的华侨、华人和港澳台同胞共有4500多人，分布在26个国家和地区，其中去台人员3000多人，为全省去台人员最多的县(市)。在台亲属1.5万多人，市境内台属1.6万多人。第七届县政协共接待走访回乡探亲的"三胞"1100多人次。利用中秋节、春节等传统节日召开"三胞"眷属座谈会10余次。向"三胞"及眷属发送宣传材料及信件1000余份。第八届县政协接待"三胞"1560人次，为其购买车票，安排"三胞"参观考察活动70多项，解决探亲、工作中遇到的各种困难和问题130多件。召开"三胞"联谊会时，发送宣传材料和信件2100余份。经"三胞"牵线，还引进多家外资项目。第九届市政协接待"三胞"2200人次，安排参观450人次，由市领导参加接待的重点"三胞"120人次。向"三胞"眷属印发《中华人民共和国归侨、侨眷权益保护法》《中华人民共和国香港特别行政区基本法》及辅导材料1500余份。召开座谈会、茶话会6次。走访慰问"三胞"眷属580户次。向"三胞"邮寄圣诞卡850余份、春节慰问信900余封，电话传真问候750余次，并将全市发展情况以《山东半岛明珠——高密市》为题分别刊登在台湾《中国时报》等6大报刊上。第十届市政协接待回高密探亲访友、考察观光、投资洽谈的"三胞"1200余人次，安排参观400余人次。走访"三胞"眷属600余户次。举办"庆香港回归一周年""迎中秋话统一"等座谈会7次。给"三胞"邮寄圣诞卡、宣传品、信件5000余份。对中共十一届三中全会后出国的95名高密籍留学生情况进行的调查，引起市主要领导的高度重视。第十一届市政协接待来市的"三胞"2000余人。走访"三胞"眷属600多户。组织"三胞"眷属和留学生家长座谈会5次。对"三资"企业中出现的问题，妥善处理解决，保护台胞侨胞及外商的合法权益。第十二届市政协至2009年期间，走访"三胞"眷属100多户，组织"三胞"眷属和留学生家长座谈会2次。

咨询服务 第七届高密县政协共开展大型咨询服务活动36次，咨询人数2万多人；举办各类学习班78期，4000多人参加学习；印发各类技术资料81种共3万多份。咨询内容有林果技术、养殖技术、医疗卫生知识、法律知识、科学种田和企业技术改造等。第八届高密县政协共开展大型咨询服务活动15次，咨询人数3万多人。县政协科技组在1991年春季科技赶大集的一个月活动中，向农民群众发放各种农业技术"明白纸"1.9万多份。第九届市政协组织大型咨询服务活动14次，咨询人数3万多人。其间，张聿芳、丁宝健等4名政协委员联络10余名林果专家组成"密水果树新技术研究所"，常年开展咨询服务活动，服务范围扩大到境内外100多个点。第十届市政协多次组织有关部门和专家到农村开展咨询服务，并以政协委员领办的林果技术研究所、农技所等为依托，深入农村，就大棚菜管理、选育推广、林果栽培、施肥灭虫等农业技术进行指导和推广。同期,在市卫生局及有关医院、卫生院的配合下,开展大型义诊活动6次,接诊1000余人次。第十一届高密市政协组织医药、卫生、科技、文化等界别委员,开展“三下乡”活动,受益群众达1万多人次。

文史资料编辑

《文史资料选辑》第六辑　1986年11月出版。选辑文史资料10篇,8.6万字,图片6幅。主要内容有王林肯、孙文、刘冠三、张金廷等人的生平事迹以及高密的能工巧匠、高密民间传统婚俗等。

《文史资料选辑》第七辑　1988年11月出版。选辑文史资料17篇,7.5万字。主要内容有王林肯、候芝庭、王正、张少铭、单纫香、张祥三等人的事迹,义和团运动、抗德斗争、抗日斗争的回忆,高密名称的由来及演变等文章。

《文史资料选辑》第八辑　1990年6月出版。选辑文史资料17篇,9.2万字。主要内容有刘连仁、晏婴、钟聘三、傅丙鉴、李郁文的事迹,解放战争回忆录、抗日战争回忆录及高密宗教概述等。

《文史资料选辑》第九辑　1991年12月出版。为高密“三绝”(扑灰年画、剪纸、泥塑)专辑,载题词6篇、正篇4篇、附篇10篇,4万字,图片18幅。

《文史资料选辑》第十辑　1992年12月出版。为文博专辑,选辑文史资料5篇,4万字,图片35幅。主要内容:高密城阴城、孙仲隐墓志、高密汉像画石、汉代铜镜、铜钱、金代铜印。

《前事不忘》(高密文史第十一辑)　1995年8月出版。为纪念抗日战争胜利50周年专辑。全书5万字,图片41幅。主要内容有抗战回忆录、纪念文章、诗歌、书画篆刻作品40篇(幅)。

《时代的火花》(高密文史第十二辑)　1997年2月出版,为先进模范人物专辑。选辑文史资料27篇,12万字。主要内容为全市获省以上劳动模范称号及全国部委级表彰的先进人物29人的事迹。

《文史资料选辑》第十三辑　1998年2月出版。选辑文史资料29篇,15万字。主要内容为战争年代的回忆录,高密部分知名人物事迹,新中国成立后经济建设和文教卫生工作及高密土特产介绍等。

《辉煌的乡镇企业》(高密文史第十四辑)1999年10月出版。选辑文史资料26篇,11万字。主要内容为全市25家乡镇企业的发展历程及为企业发展做出重要贡献的先进人物事迹。

《明清进士传略》(高密文史第十五辑)2001年1月出版,姜祖幼编撰。全书23万字。主要内容为明清时期高密境108名进士的生平事迹,并有附录2篇。

《高密文史资料选粹》第十六辑　2002年10月出版。选辑文史资料116篇(其中79篇是从已经出版的高密文史资料中选辑,另有37篇为新征集的资料),66万字。内容涉及高密的政治、经济、军事、文教卫生、人文历史、民俗民风及历史名人等方面。

《高密史话》(高密文史第十七辑)　2003年12月出版。姜祖幼编著。全书113篇,33万字。记述夏至清末高密历史上的大事、名人、风土人情等。

《高密村庄大典》(高密文史第十八辑)2005年12月出版。张家骥主编。全书4卷,120余万字。内容涵盖高密994个村庄的位置交通、村名来源、自然地理、农业、工商贸易、物产、教育卫生、大事、人物、风土人情等。

《高密历史名人》(高密文史第十九辑)2005年12月出版。付希禄、张家骥、姜祖幼编著。全书25篇,26万字。上自东周,下至清朝,为“高密历史名人馆”内所收24名高密历史名人的较详生平介绍。

《高密重大历史事件》(高密文史第二十辑)2008年12月出版。全书36万字,记录了高密自大禹封国至新中国成立后各个历史时期所发生的重大历史事件,包括政治、经济、军事、科技、文化等多方面的内容。

第八编

人民团体

本编包括高密市总工会、共青团高密市委、高密市妇联、高密市科协、高密市工商联、高密市残联、高密市文联等7个人民团体。上述人民团体具有准政府组织性质，直接纳入市委管理。其主要任务、机构编制和领导职数直接由市委管理确定，很大程度上行使着部分政府职能。亦有部分社团系政府部门牵头组建，其办公机构设在部门内部，办公室人员为部门正式工作人员，工作任务由部门统筹安排。如个体劳动者协会、消费者协会、计生协会等等。本编对民间自发、由民政部门登记管理的社团组织未作记述。

第一章　工　会

1986年，全县主要有国有企事业单位和县直集体企业建有工会组织。进入20世纪90年代后，开始加强乡镇、村办企业和私营企业工会组织建设。其间，机关、事业单位工会组织也相应建立健全。进入21世纪后，所有企事业单位包括外资企业基本都建立起工会组织。至2008年，所有镇街全部成立总工会。是年，工会组织建设开始向城乡社区延伸。

第一节　组织建设

1986年，全县有基层工会组织175个，会员23521名。1994年，市总工会制定《关于外商投资企业组建工会组织的意见》《关于乡镇及乡镇企业建立工会组织的意见》等文件，对这些单位组建工会作了要求和规范。是年12月底，高密市传聪地板机械厂成立工会。此后，私营企业工会陆续建立。1997年，乡镇工会全部建立。2001年底，城郊村成立居委会工会联合会。次年，所有改制企业全部建会，建会率达100%。2004年4月，密水街道碾头社区率先成立社区工会联合会。年底，城区所有社区全部成立社区工会联合会。2007年，成立市医药监督局工会联合会，涵盖224家药品零售店，发展会员800人。8月，潍坊市外商投资企业建会现场会在高密市会议中心召开，高密市70家外商投资企业全部建立工会组织。12月，在醴泉街道率先成立街道总工会，次年全市10个镇(街)全部成立总工会。2008年6月，全市社区工会组建现场会议在夏庄镇官庄社区召开，是年，在13个城市社区、27个农村社区全部建立了社区（等同于过去的工作片)工会联合会。全市建立健全了市、镇街区(委局)、社区、企事业单位工会组织四级网络。

1986~2008 年高密市基层工会情况表

表 8-1　　单位:人、个

年份	职工总数	会员数	基层工会数
1986	27619	23521	175
1987	28739	25359	182
1988	39844	28547	198
1994	47062	35601	288
1995	51791	38404	300
1999	65348	56781	384
2001	73154	64589	486
2002	79816	70587	561
2003	83157	78546	598
2004	87635	82316	616
2005	92713	88077	722
2006	119136	112035	938
2007	130007	123837	1038
2008	144607	137743	1201

第二节　代表大会

高密县工会第十次代表大会　1988 年 3 月 22~23 日，高密县工会第十次代表大会在化纤厂会议室召开。出席代表 197 人，特邀代表 20 人，列席代表 7 人。县委、县人大、县政府、县政协、县纪委的领导出席大会。县总工会主席于文廒作题为《贯彻党在社会主义初级阶段的基本路线，在改革中充分发挥工会的作用》的工作报告。大会选举产生高密县总工会第十届委员会。

高密县工会第十一次代表大会　1994 年 3 月 12~14 日，高密县工会第十一次代表大会在县委礼堂召开。出席代表 287 名，其中正式代表 265 名，特邀代表 22 名。大会选举产生了高密县总工会第十一届委员会，吴学深当选为县总工会主席。

高密市工会第十二次代表大会　1999 年 4 月 3~4 日，高密市工会第十二次代表大会在市委礼堂召开。出席代表 252 名，其中正式代表 227 名，特邀代表 25 名。大会选举产生了高密市总工会第十二届委员会，吴学深当选为市总工会主席。

此后，直至 2008 年，高密市工会未召开代表大会。

第三节　主要活动

民主管理

职工代表会议　1986 年始，撤销常任主席团，职代会的日常工作由工会承担。1987 年底，企业开始开展民主选举厂长和民主评议中层以上干部活动。次年，有 163 个单位建立职代会，占应建数的 97%。1995 年，各基层工会始复召开职代会，审议通过职工福利、职工工资分配方案、企业制度改革、集体合同和协议等方案。是年，举办两期工会干部培训班，400多名工会干部参加学习培训，并有27名工会干部参加省、市培训。2003年，在全市始开展职代会星级创建活动。2007年，全市建立职代会制度的企事业单位占应建数的95%以上。

职工之家活动 1986年始，各级工会即有“职工之家”活动。1994年，又开展“先进职工之家”和“模范职工之家”活动。“职工之家”活动主要内容有建设文体活动场所、开展文体娱乐活动、开展劳动竞赛、帮扶困难职工等等。

厂务公开 厂务公开主要指企业对发展规划计划、企业规章制度、工资集体协商、职工福利待遇等事项实施公开。1999年始，在国有、集体及其控股企业实施厂务公开民主管理。2005年，75%以上单位达到规范化要求。

平等协商、签订集体合同 为保护职工合法权益，企业改制后，要求企业与工会组织签订集体劳动合同。1995年始，在化纤厂等企业进行“平等协商，签订集体合同”试点。次年3月，市委成立贯彻实施“劳动法”签订集体合同领导小组。2002年，新建企业在建立工会组织的同时，同步签订集体合同。2008年，有1063家企业签订集体合同，占应签企业总数的96%以上。

和谐企业创建活动 和谐企业创建活动内涵十分丰富，包括建设先进人本文化、建立诚信经营机制、关心职工学习生活、注重承担社会责任等企业经营管理的方方面面。2006年4月开始在全市开展和谐企业创建活动。活动先行在孚日集团、银鹰化纤等企业试点，次年在全市铺开。至2008年，有123家规模以上企业被全国、省、潍坊市、高密市授予劳动关系和谐企业称号。

维护职工权益

困难职工帮扶 1997年7月19日，成立高密市送温暖储金会。年底，有124个基层工会、2.06万名职工加入送温暖储金会工程，筹集会费40.99万元。同时在全市建立党、政、工领导与困难职工联系制度、脱贫职工回访制度、离退休职工和病残职工走访慰问制度等。2003年10月17日，成立困难职工帮扶中心，在市直部门和镇街工会建立23个帮扶站，社区、企业工会建立1151个帮扶点，办理“特困职工优待证”317个。2007年，培训下岗失业人员120名，提供用工信息240条；帮助96名生活困难职工和下岗失业人员重新就业；帮助困难职工子女191人，发放救济金33.9万元；解决劳动争议56起；各级工会也开展了困难职工帮扶救助活动。

职工保险互助会 1996年1月23日，成立中国职工保险互助会高密代办处，承担职工保险业务。有安康保险、在职职工重大疾病互助保障、在职女职工特殊疾病互助保障、团体人身意外伤害互助保险等保险业务。是年，有1.8万名职工入会，保险储金279万元。2007年，累计为2600名职工会员办理互助保险。其中，受理职工意外伤害295起，支付赔偿金15万元；受理职工重大疾病32起，支付赔金12万元。次年，取消“安康保险”业务，增加“在职职工住院医疗互助保险”。

维护女职工权益 1988年12月29日，县总工会召开首届女职工代表大会，出席大会代表151名，选举产生了高密县首届女职工委员会。至1998年11月，全市有2.46万名女职工加入工会组织，建立女职工委员会312个。其中乡镇企业女职工组织80个。至2007年，全市有4.55万女职工加入工会组织。

宣传教育

政治思想教育 1986年9月5日，县总工会在全县职工中开展法律知识竞赛活动，历时10天，近4000名干部职工参加竞赛。1989年3月31日，县总工会举行“忆十年、话改革”演讲比赛。1991年，在全县职工中开展“三热爱”(热爱党、热爱祖国、热爱社会主义)教育活动。1994年，市总工会联合市委宣传部开展“主人翁与市场经济”主题教育活动。次年，各级工会组织职工开展“爱厂爱岗”演讲、座谈达36场次，出宣传栏1753期。1997年6月11日，市总工会、市交通委员会、市医药管理局在市委礼堂联合举行全市职工“迎香港回归和十五大召开”演讲比赛。是年11月，市总工会在全市开展讲文明、树新风“十佳”职工评选活动。1999年6月25日，市总工会举办“学理论，忆光辉历程；话改革，迎世纪钟声”女职工演讲比赛。2000年5月16日始，市总工会召开“致富思源、富而思进”集中教育活动。是年6月6日举办“洁玉杯”双思教育知识竞赛。次年10月27日，修改后的《中华人民共和国工会法》颁布后，11月24日定为“工会法”宣传日，之后每年是日均组织教育活动。2006年，为纪念“工会法”颁布实施五周年暨《企业工会工作条例》颁布实施，市总工会举办“利群杯”工会法律法规知识竞赛活动。次年，市总工会成立宣教部，以加大工会宣传活动。是年5月，市总工会联合市经贸局举办庆“五一”职工读书演讲比赛活动，又组织干部职工参加全国和省组织的《中华人民共和国劳动合同法》知识竞赛，基层工会组织参赛率与工会干部参赛率均达90%以上，职工参赛率达80%以上，高密市总工会荣获“山东省优秀组织奖”。

文化技术教育　1986年，职工教育由文化教育转化为以专业技术为主，职工学校由封闭式文化型向联合式专业技术型教育转化。是年7月，县职工学校举办了第一个中专班——山东广播电视大学中专部工业企业管理专业高密教学班，学员46名，采取半脱产学习形式，学制三年。次年7月，县职工学校办起第二个中专班——潍坊市职工中专工业企业管理专业高密教学班，学员32名，学制三年。是年底，全县职工上夜校率22.9%。1988年底，全县企业单位77%职工分别取得初中、高中毕业证书。至1994年，企业单位高中、中专学历以上职工达90%。在举办长期专业班的同时，县职工学校还联合有关企、事业单位举办短期专业技术培训班。至2008年，职工教育有大专函授和中专函授，职工大学、专业技术大学、电视广播学校及大中专自学考试等多种形式。

劳动竞赛

1985年4月26日，成立县职工技术协作委员会。次年10月，县总工会举办岗位练兵、技术表演赛，为全县首次组织职工技能比赛活动。1988年始，县总工会组织各基层单位开展“双增双节”(增产节约、增收节支)劳动竞赛，共有79个单位的3297人参加技术比武、岗位练兵活动。次年3月，在轻纺系统召开劳动竞赛动员大会，开展群众性的双增双节、合理化建议、技术革新、技术协作和劳动竞赛活动。1990年3月，县总工会组织“争五手、创名牌、增效益”劳动竞赛活动。1995年，开展以“双增双节”为重点，以“四创(即创优、创新、创先、创最佳经济效益)四降(即降成本、降消耗、降积压、降亏损)”为主要内容的劳动竞赛。1998年始，市总工会每年都组织基层单位举办“安康杯”劳动竞赛，并组织企业报名参加全国“安康杯”竞赛活动。翌年4月，全市企业开展“争创最佳经济效益企业”“争创扭亏增益企业”劳动竞赛。同时，在流通服务窗口行业开展“争创优质服务单位”活动。2001年6月，开展“三个一”(提一条合理化建议、创一项最佳成绩、做一名优秀职工)劳动竞赛。是年10月，举办“菲达杯”全市职工计算机技能比赛。次年，组织全市职工参加潍坊市“潍柴杯”职工计算机技能比赛，高密代表队团体总分列潍坊市第一名。2004年5月，开展以“做知识型职工，为经济建设建功立业”为主题的劳动竞赛活动。自此，劳动竞赛，技术比武及合理化建议活动逐渐以基层举办为主。

劳模管理

1986年及以后获全国、省、潍坊市、高密市的劳动模范及先进工作者多未离岗。2000年起，市总工会每年组织进行劳模生活状况调查，对生活困难、年老体弱的本市级劳动模范、各级劳动奖章获得者进行帮扶救助。为符合条件离退休的省部级及以上劳动模范申请离退休劳模荣誉津贴。自此，每年“五一”节前，召开劳模座谈会。2001年，成立“高密市劳模协会”。2007年6月，市总工会组织编写《高密劳模录》，2008年1月出版发行。

第二章 共青团

从1987年5月共青团高密县第十次代表大会召开，到2007年4月，共青团高密市(县)委(简称团委)先后召开了第十一次、十二次、十三次、十四次团员代表大会。每次代表大会，选举出新一届共青团高密市(县)委员会。1986年，全县有基层团委45个，团总支212个，团支部1766个，团员32733人；2008年，全市有基层团委92个，团总支378个，团支部2206个，团员56535人。

第一节 组织建设

1986年始，共青团组织建设从组织设置到活动方式进行改革，对基层团组织的运行机制进行调整。1989年，开展“双升双达”活动，团组织基础工作进一步改善。次年，开展“标点团支部”建设，向党组织输送优秀青年人才3000多名，占团内青年比例21%。同时，积极推荐优秀青年入党。1999年8月，开展产业团建工作，召开潍坊市产业建团现场会，全市20个乡镇建立14个肉鸡产业团支部，直接从事肉鸡生产的团员青年发展到7600多人。2003年11月26日，全市首批命名28个团建示范单位。2004年12月，市委成立高密市关心下一代工作委员会，市委副书记赵志远任主任，办公室设在团市委，由团市委副书记兼任办公室主任。

1986～2008年高密市基层团组织、团员情况表

表8-2　　单位：人、个

年份	基层组织			团员
	团委	团总支	团支部	
1986	45	212	1766	32733
1987	50	226	2120	36168
1988	53	220	2056	33568
1989	62	227	2166	32656
1990	64	230	2147	36089
1991	65	235	2256	37982
1992	65	236	2203	39250
1993	65	238	2196	40165

续表 8－2

年份	基层组织			团员
	团委	团总支	团支部	
1994	65	217	2175	41237
1995	68	249	2143	44556
1996	71	285	2107	47320
1997	73	312	2091	49542
1998	74	318	2078	48954
1999	75	328	2069	50279
2000	79	336	2021	49653
2001	79	338	2019	50462
2002	83	345	1947	51981
2003	86	349	1889	52070
2004	86	354	1998	53512
2005	88	364	2010	56151
2006	89	367	2015	55312
2007	91	375	2130	56721
2008	92	378	2206	56535

第二节　代表大会

共青团高密县第十次代表大会　1987年5月25～27日，共青团高密县第十次代表大会在招待所召开。出席代表301名。县委副书记崔乃元出席大会并讲话。会议听取审议于钦明作的《奋发进取建功立业，为实现高密的宏伟目标而努力奋斗》的工作报告；通过了《关于在全县团员青年中积极开展“争当文明青年”活动的决议》及《关于在全县团员青年中深入开展“双增双节”活动的决议》；选举产生共青团高密县第十届委员会，同时选举产生共青团潍坊市第十三次代表大会代表。

共青团高密县第十一次代表大会　1990年10月16～18日，共青团高密县第十一次代表大会在县委礼堂召开。出席代表270名。县委副书记高金龙出席大会并讲话。会议听取审议孙明亮作的《振奋精神，鼓足干劲，努力为振兴高密贡献青春》的工作报告。通过了《关于在全县青少年中开展“学雷锋精神，树时代新风，做文明青年”活动的决议》以及《关于在全县团组织中继续深入开展“争当新长征突击手(队)”活动的决议》。选举产生共青团高密县第十一届委员会。

共青团高密县第十二次代表大会　1993年11月22～24日，共青团高密县第十二次代表大会在招待所召开。出席代表326名。县委副书记孙茂梓出席大会并讲话。会议听取审议徐金明作的《积极投身建设有中国特色社会主义的伟大实践，团结带领全县团员青年为建设发展振兴高密而奋斗》的工作报告。通过《关于表彰优秀青年突击队和新长征突击手的决定》。选举产生共青团高密县第十二届委员会。

共青团高密市第十三次代表大会 1998年10月29～30日，共青团高密市第十三次代表大会在市委礼堂召开。出席代表258名，其中特邀代表10名。市委书记韩俊生出席大会并讲话。会议听取审议万丽作的《肩负起跨世纪历史使命，为建设发展振兴高密而奋斗》的工作报告。选举产生共青团高密市第十三届委员会，万丽当选团市委书记。

共青团高密市第十四次代表大会 2007年4月20～22日，共青团高密市第十四次代表大会在市会议中心召开，出席代表296名。市委书记吴建民、潍坊团市委书记吕珊珊出席大会并讲话。大会听取审议田凯文作的《贯彻落实科学发展观，在构建富强和谐新高密伟大实践中贡献青春和力量》的工作报告。选举产生共青团高密市第十四届委员会，田凯文当选团市委书记。

第三节　主要活动

经济建设 1993年始，团县委组织县直单位和企业团组织开展争创"青年文明号"，争当"青年岗位能手"活动。全县90%以上的单位和企业青年参与率达90%以上。1995年10月，举办全市首届"青工岗位能手大赛"。是年，成立高密市青年企业家协会，吸收会员280多人。翌年始，全市各级团组织实施农业产业化青年致富工程和农村青年科技星火工程，开展共青产业体系建设。并在各乡镇街道建立青年科技书库30处，并开展为山东经济腾飞青春立功活动。至2008年，全市有38个省级青年文明号集体。2004年启动"青工技能振兴计划"，坚持每年举办1～2次全市范围内的青工技能比武活动，共培养青年高级工2000多名、青年技师1100多名、青年高级技师200多名。实施"青年安全生产示范岗"创评活动，促进了企业青工安全生产，有9个岗位获得省级以上"青年安全生产示范岗"称号。

思想政治建设 1996年，组织中学共青团开展"争做山东未来建设者"社会实践活动。1999年，实施青少年新世纪读书计划，组织新世纪书屋，健全青少年读书网络。2003年，举行青少年法律知识竞赛，有2万余名青少年参加。自此，每年多有举行，并开展"我与祖国共成长"18岁青年成人宣誓仪式。2005年，对各镇街、社区、机关企事业单位和学校基层团干部进行培训。此后每年多有举行。2008年，有1万名学生参加成人宣誓仪式。组织"明荣辱、知感恩、保和谐"为主题的报告会50余场次，并举行青少年"增强团员意识，青春奉献祖国"演讲朗诵及征文比赛30余次，参与人数达6万余人。

精神文明建设 1986年始，团县委响应县委、县政府关于绿化美化活动的号召，开展植绿护绿活动，各级团组织建立各种类型的青少年绿化基地。次年，开展"青年文明岗位""争当青年服务明星"竞赛活动，参加社会治安综合治理、社区服务等活动。是年，还举行首届"高密十大杰出青年"评选活动。1996年3月，在市人民医院和市劳动局技工学校建立青年志愿者服务站。是年，团市委为适龄青年举办"心手相连"集体婚礼活动和"遵守公约，争做网络文明先锋"活动。翌年，成立青年志愿者协调指导中心。2003年8月，举行"起升杯"青年歌手电视大奖赛，参赛青年歌手156名。是年开展的送卫生、送文化、送温暖等活动百余次，参与活动青年万余人，受益群众达5万余人。还举行"知荣辱，崇科学，强素质"科普大篷车进校园活动。至2008年，已举行六届"高密十大杰出青年"评选。青年志愿者达4500余人。

"希望工程"活动 1993年始，团县委围绕"普及九年义务教育"和扶贫攻坚工作实施"希望工程"活动，以救助困难学生为主题，组织各级团组织开展"手拉手"帮扶工作。1996年6月，在王吴乡颜家太洛村建起全市第一所希望小学——共青希望小学。并分别在井沟、方市、咸家、大栏4个乡镇建起潍坊市首批“希望书库”。至2008年，已救助贫困家庭青少年5万多名。捐赠图书8万余册，捐款120余万元，捐物品6万余件。

第四节　少年先锋队

1986年5月，成立中国少年先锋队高密县工作委员会（简称少工委），并成立基层少工委。县少工委带领各基层少工委组织开展少年雏鹰争章、手拉手、民族精神代代传等系列活动。1988年，开展“金星在队旗下闪光”活动，成立红领巾创业基金会、辅导员培训中心、高密县蓓蕾少年艺术团等青少年服务组织。2004年5月31日，团市委联合市教育局、市少工委等单位举办全市青少年文化艺术大展赛。参赛的幼儿、青少年400多名，参赛作品500余幅。是年7月9日始，团市委、市文化局联合开展“爱国主义电影展映周”活动，约1.5万名中小学生观看影片。是年12月7日，全市首支校外辅导员队伍成立，市文明办、团市委、市教育局、市妇联、机关党工委、市老干局等单位共同为受聘的28名校外辅导员颁发了聘书。同年12月，市委宣传部、市委政法委、团市委、市教育局、市普法办联合举办“交通杯”青少年法律知识竞赛。全市有27支代表队参赛。2008年1月，市文明办、团市委等联合举办“节能减排、收旧利废”红领巾行动启动仪式，少先队辅导员、少先队员部分家长代表等参加活动。是年5月27～29日，市机关工委、团市委、市教育局、市少工委联合开展青少年庆六一“绿色环保，繁荣文化”创新展示活动，参展环保作品2000余件。7月8日，高密市中小学生创新教育实践基地举行揭牌仪式，有500余名青少年代表参加活动。并将精忠岳祠、机场警卫连、图书馆、档案馆定为青少年爱国主义教育基地。

高密县第一次少年先锋代表大会　1986年5月27～30日，高密县第一次少年先锋代表大会在招待所召开，出席代表260名。会议听取并审议《坚持三个面向，塑造一代新人，为全面振兴少先队工作而努力奋斗》的工作报告。通过《关于设立“创造奖”的决议》《关于加强辅导员队伍建设的决议》和《关于加强校外少先队组织建设的决议》。全县表彰100个先进少先队工作集体。选举产生中国少先队高密县第一届工作委员会。

高密县第二次少年先锋代表大会　1991年10月13～14日，高密县第二次少年先锋代表会议在招待所召开，出席代表325名。会议听取审议《进一步繁荣发展红领巾事业，加紧培养社会主义事业接班人》的工作报告。通过《关于少工委工作报告的决议》。选举产生中国少先队高密县第二届红领巾理事会常务理事。

此次会议后至2008年，未召开少年先锋代表大会。

第三章　妇女联合会

从1988年10月召开高密县妇女第七次代表大会，至2005年3月，高密市妇联先后召开了第八次、九次、十次全市妇女代表大会。每次大会选举产生新一届妇联执行委员会（简称妇联）。妇联工作主要是围绕妇女儿童开展一些维权服务、爱心奉献、引导示范、宣传教育活动。

第一节 组织建设

1986年，高密市妇联有工作人员6名，内设办公室、儿童部、组织部、发展部、权益部。2004成立高密市妇女儿童工作委员会办公室，核定编制1名副科级领导干部，1名科员。2008年，有工作人员9人。内设办公室、儿童部、组织部、宣传部、权益部、发展部、妇女儿童办公室。

第二节 代表大会

高密县妇女第七次代表大会 1988年10月28～30日，高密县妇女第七次代表大会在县政府招待所举行，出席代表330名。代表听取审议了《团结奋斗，开拓前进，为振兴高密建功立业》的报告，选举产生高密县妇联第七届执行委员会。王瑞芬当选为主席，王艳芳、张秀坤当选为副主席。

高密县妇女第八次代表大会 1993年11月25～27日，高密县妇女第八次代表大会在县委礼堂召开，出席代表300名。代表听取审议《解放思想，团结奋进，为振兴高密再建功勋》的报告，选举产生高密县妇联第八届执行委员会。王瑞芬当选为主席，张秀坤、钟波当选为副主席。

高密市妇女第九次代表大会 1999年10月27～29日，高密市妇女第九次代表大会在市政府招待所召开，出席代表300名。代表听取审议《高举旗帜，奋力开拓，团结带领全市妇女为实现跨世纪宏伟目标而努力奋斗》，选举产生高密市妇联第九届执行委员会。周娟当选为主席，钟波、吕春芳当选为副主席。

高密市妇女第十次代表大会 2005年3月7～8日，高密市妇女第十次代表大会在市会议中心二楼会议室召开，出席代表370名。代表听取审议《以科学发展观和“三个代表”重要思想为指导，团结动员全市妇女为全面建设小康社会而奋斗》的报告，选举产生了高密市妇联第十届执行委员会。钟波当选为主席，吕春芳当选为副主席。

第三节 主要活动

培训及竞赛 1988年始，县妇联以党校、职工学校、成人教育学校等为依托，组织开展各类文化技术培训，每年有600多名女职工参加专业技术培训。次年，妇联组织农村妇女开展“学文化，学科技，比成绩”活动，提高妇女科技文化素质。同时，推行庭院经济开发，开展种植、养殖、加工等“三八”绿色工程竞赛活动。1996年始，举办农村妇女科技论坛，推进农业标准化工作。2002年7月，成立市农村妇女科技培训学校巾帼科技指导中心，对农村妇女开展科技培训。2007年，举办妇女创业(SYB)培训班及培训下岗失业妇女。2008年，市妇联联合市劳动局举办了两期妇女创业(SYB)培训班，对36名有创业意向的妇女进行了15天的集中培训。并建成网络化、规范化管理培训基地280多个，有2.5万余名妇女参加农广校学习，其中1.2万名妇女获得绿色证书，1.98万名妇女达到农民技术员水平。

精神文明创建活动 通过组织报告会、表彰会、捐助等活动，对妇女进行社会公德教育。1991年，安徽、河南等遭受特大洪涝灾害，全县各界妇女向灾区捐衣物35万件，价值165万元。2001年，全市各界妇女开展“拒绝邪教、倡导文明、做文明女性、建文明家庭”大型宣传活动，近千人参加签名。次年，市妇联以“尊老敬老”精神文明创建活动为主题，评选出十佳媳妇和好媳妇。2007年，按照“三和六进孝为先”的和谐家庭创建思路，牵头举办了“知荣辱、树新风、促和谐”“孝亲敬老” 等事迹报告会以及十大优秀母亲评选等活动，以“治五乱、刹三风、反家暴”为主题，开展了“净化家园文明行动”和“爱我家园·节能减排家庭社区行动”等活动。2008年，举办首届“凤城十大孝星”评选活动，优秀母亲郭素英被评为“潍坊市道德模范”。在评选中，共评出美在家庭示范村、楼院200个，文明户1.3万户，文明标兵户80个。

巾帼致富工程 1994年9月，市妇联与农委在农村推行农业产业化规模生产，评树出10名女状元和100个妇女科技带头户。1996年，实施巾帼帮贫致富工程。2002年6月，实施科教兴农战略和巾帼科技致富工程，各级妇女组织、农业部门对农村妇女科技培训、服务、示范三大网络建设，对农村妇女进行农业新技术培训指导和服务。至2008年，全市建立妇女科技培训学校（班）385处，巾帼科技指导中心（站点）718个，“三八”科技示范基地683处，开展送科技下乡活动150多次，近16万农村妇女受益。

妇女儿童维权 2001年8月3日，联合法院成立高密市家庭暴力致伤鉴定中心。同年8月24日，成立维护妇女儿童合法权益合议庭。2004年4月15日，成立妇女儿童工作委员会，由市委、市政府分管领导和36个职能部门分管负责人组成，隶属市妇联。各镇街成立妇女儿童工作委员会及办公室。2005年，开通妇女维权热线和家政服务热线，为妇女提供维权帮助和咨询服务。2006年1月21日，成立市妇女儿童法律援助中心，并在各镇街、村健全妇女儿童法律援助站（点）。成立妇女儿童维权法律特邀顾问团，使之形成妇女儿童维权网。

爱心献春蕾活动 1995年3月4日，举行“爱心献春蕾”活动，捐助赠送100名贫困女童。活动当日累计捐款5万元。2005年开始，每年5月在电视台、报纸等新闻媒体开辟“春蕾计划”专栏，号召各单位结合包镇、包村活动重点帮扶。至2008年末，共资助女童3400人。全市各级妇女组织累计接受、转赠社会各界捐款捐物折合人民币200多万元。

家庭教育 1986年始，妇联开展家庭教育评选表彰活动，评选示范家长学校、优秀家长学校和优秀家长。定期举办“争做合格父母，培养合格人才”等家庭教育事迹报告会，对家长进行现场指导，受益家长达10万多人次。2005年5月，成立家庭教育咨询指导中心，聘请15位专家担任家庭教育咨询顾问，指导开展家庭教育咨询工作。

第四章　科学技术协会

1986～2008年，高密县科学技术协会（简称科协）工作经历了改革、建设和发展阶段。20世纪90年代初期曾并入县科委，几年后恢复独立建制。科协的主要工作是开展科普宣传，培育科普示范基地，指导专业技术协会开展工作。

第一节　组织建设

1980年11月，恢复高密县科学技术普及协会。次年2月，更名高密科学技术协会。1982年6月，各公社相继成立公社科协。1993年12月，县科协并入县科委，更名为高密县科学技术委员会科协办公室。1997年1月,科协办公室恢复独立建制,称高密市科学技术协会。内设办公室、学会部、科普部,共有工作人员7人。至2008年,内设机构和工作人员总数未变。

第二节 主要活动

科普宣传 1997年,科协恢复独立建制后,实行面向农村开展科普宣传,成立100个科普示范基地和专业技术协会。2005年,开始实施山东省科协《天达—2116生物肥技术推广》项目,每年累计推广20多万亩,培训农民3000多人。2006年,推进科普村村通工程和一站一栏一员的"三个一"建设,在850个村设置宣传栏。2008年9月,省科协、省财政厅授予高密市科普惠农示范市。在各项科普活动开展的过程中涌现出了一大批优秀的科技工作者。夏庄镇栾世俭、康成桑蚕公司徐先旭、阚家镇李梅、柏城镇王言强于2008年11月被评为第一批潍坊市农村科普带头人。

科技创新 1997年始,市科学技术协会鼓励广大科技人员开展"讲理想、比贡献"创新活动。此后,供电公司申报的网上人员绩效测评系统、人力资源"双向选择管理模式",孚日集团申报的低支无捻超柔软浴巾等,均获潍坊市科技创新竞赛活动二等奖。2007年12月,高密市科协被评为全省"讲、比"活动优秀组织奖。2008年5月,第一实验小学、第二实验小学、开发区小学、东关小学、姚哥庄中学、姜庄中学、恒涛双语学校、康成中学、高密一中等中小学校的青少年学生在第二十二、二十三届潍坊市青少年科技创新大赛中获奖。同年8月,孚日集团股份有限公司开发部设计总监、工程师刘树虎,高密市人民医院主管药师张建国,高密市人民医院药剂科副主任、主管医师葛明东获潍坊市青年科技奖。

第五章 工商业联合会

自1988年高密县工商业联合会(简称工商联)第四届代表大会召开,到2006年12月,高密市工商联依次召开了第五届、六届、七届、八届代表大会。每届代表大会召开选举产生新一届执行委员会。其间,工商联主要围绕全市经济建设,协助政府管理和服务非公有制经济,指导行业协会、商会开展工作。

第一节 组织建设

1986年,高密县工商联机关有工作人员3人。1993年增至7人,其中1人为工勤人员。2006年5月成立玩具协会。2008年,工作人员仍为7人,无内设科室。

第二节 代表大会

1988年3月,高密县工商业联合会第四届代表大会召开,出席代表116名。县工商业联合会副主任委员岳洪祥做工作报告。会议选举王宗泽、岳洪祥等4位副主任委员。

1993年4月,高密县工商业联合会第五届代表大会召开,出席代表118名。县工商业联合会主任委员杨福柱做工作报告。会议选举杨福柱任主任委员。

1998年5月19日,高密市工商业联合会第六届代表大会召开，出席代表146名。工商业联合会主任委员杨福柱做工作报告。大会选举杨福柱任会长。

2003年3月19日，高密市工商业联合会第七届代表大会召开，出席代表186名。工商业联合会长杨福柱做工作报告。大会选举刘德昌任会长。

2006年12月21日，高密市工商业联合会第八届代表大会召开，出席代表198名。工商联合会长刘德昌做工作报告。大会选举孙日贵任会长。

第三节　主要活动

高密市工商业联合会又称高密市总商会，是高密市民间商会组织。围绕促进地方经济发展，提高企业管理者素质，市工商联积极为会员企业搞好关系协调和各种服务。1988年始，市工商业联合会开展争创“一先双优”（即先进民营企业和优秀社会主义建设者、优秀非公有制经济代表人士）活动，引导会员企业爱国、敬业、守法。是期，还根据企业需要，牵头组织各类培训班。至2008年，共组织举办法律、企业管理等培训班30余次。注意帮助企业排忧解难，为20多家企业争取贷款1000多万元。同时，引导会员企业回馈社会，投身光彩事业。会员企业先后为发展教育、助学助残、希望工程、赈灾济困、修桥筑路等捐款1500多万元。其中，2005年市区小康河改造，组织企业会员捐款20余万元。2008年汶川地震，组织企业会员为灾区捐款234.2万元，捐赠毛巾、手套、药品等价值150多万元。

第六章　残疾人联合会

高密县残疾人联合会（简称残联）成立于1990年，是年10月16日召开第一次代表大会。至2007年11月，先后召开第二次、三次、四次、五次代表大会。每次代表大会，选举产生新一届执行理事会。残联成立后，根据执行理事会确定的任务，对残疾人开展了康复、扶贫、教育、就业等工作。2008年，全市有残疾人4.2万人。

第一节　组织建设

1990年，成立高密县残疾人联合会，由民政局代管。2003年9月30日，市残疾人联合会改由市委直接领导和管理，并升格为正科级。是年，残联内设机构有办公室、康复部、宣传文体部、组织联络维权部、教育就业部、计财部和专门协会办公室，共有工作人员12人（其中正式在编人员9人）。至2008年，内设机构未变，有工作人员13人（其中正式在编人员7人）。

第二节　代表大会

1990年10月16日，高密县残疾人联合会第一次代表大会召开，出席代表96人。副县长李万河到会讲话。赵增岭作《团结奋斗，开创高密县残疾人事业的新局面》的报告。大会选举赵术宝任第一届执行理事会理事长。

1993年4月，高密县残疾人联合会第二次代表大会召开。

1998年6月2日，高密市残疾人联合会第三次代表大会召开，出席代表109人。副市长颜廷爱到会讲话。秦克怀作《励精图治，人道廉洁，做好跨世纪的残疾人工作》的工作报告。大会选举秦克怀任第三届执行理事会理事长。

2003年3月27日，高密市残疾人联合会第四次代表大会召开，出席代表109名。市长赵志远到会讲话。胡宝平作《与时俱进，开拓创新，为实现全市残疾人小康生活目标而努力奋斗》的工作报告。大会选举胡宝平任第四届执行理事会理事长。

2007年11月16日，高密市残疾人联合会第五次代表大会召开。出席会议代表109名。市委常委、宣传部长万丽到会讲话。荆瑞军作《求真务实，锐意进取，在新的起点上实现残疾人事业的新跨越》的工作报告。大会选举荆瑞军任第五届执行理事会理事长。

第三节 主要活动

残疾人扶贫 2003年始，走访慰问贫困残疾人。2006年，建扶贫基地。同时，通过“青年志愿者助残”等形式，带动1100多名残疾人改善生活条件。2007年，市残疾人联合会实施贫困残疾人危房改造工程。2008年，市残联投资为城区6户贫困残疾人家庭实施无障碍设施改造。

残疾人康复 2002年，实施白内障复明、听力助残、假肢安装救助等康复工程。2005年，与卫生、民政等部门联合对全市2956名精神病人采取防治康复措施，监护率达95%以上。次年，实施“社会化、开放式、综合性”的精神病防治康复措施。至2008年，为76名肢体残疾人安装假肢，为141名听力残疾人无偿装配助听器。完成白内障手术1996例，其中贫困患者实施免费手术。并为贫困精神残疾人实施免费住院治疗和免费服药治疗。

残疾人教育 2002年始，开通助学“绿色通道”，对考入大本、大专和中专的残疾学生，分别给予2000元、1800元和500元的现金救助。次年始，将残疾儿童义务教育纳入义务教育，盲、聋、弱智儿童入学率达86%以上。并筹措救助资金，资助残疾学生顺利入学和顺利完成学业。

残疾人就业 2003年，落实“分散和按比例安排残疾人就业办法”，残疾人就业率达88%。2008年，全市安排残疾人就业1169人，其中集中安置398人，分散安置771人。依托特殊教育学校培训残疾人技能，有电脑操作、服装裁剪、缝纫、木器家具制作等培训班；同时建立盲人按摩和摩托车维修、电器维修等职业培训基地。

助残日活动 1990年，《中华人民共和国残疾人保障法》规定每年5月份的第三个星期日为“全国助残日”。自此，每年于是日组织活动。2003年的全国助残日，市残联印制宣传画和通过新闻媒体对残疾人自主创业做了报道。2008年助残日，为残疾人赠送轮椅480辆。

其他权益与活动 2002年，“爱耳日”期间，免费为市民进行听力检测，并发放“爱耳护耳”宣传材料。次年组建残疾人艺术团(队)两个、建

2008年助残日市残联向贫困残疾人捐赠轮椅活动

立固定的残疾人活动场所1处。2004年，在高密电视台设立“自强与助残”专栏。2006年，推行残疾人无障碍建设，使道路及公用设施逐步实现优化，适宜残疾人的生存环境。并建立健全残疾人信访制度。

第七章　文学艺术界联合会

高密县文学艺术界联合会(简称文联)成立于1991年3月。文联成立后，指导各协会组织围绕经济建设和社会发展实际需要，开展活动。同时团结并组织引领全市广大文学艺术工作者和文学艺术爱好者发挥专长优势，为经济社会发展大局服务。2005年后，在市文联的具体指导下，市内先后有作家协会、音乐家协会、舞蹈家协会和硬笔书法家协会成立。

第一节　组织建设

1991年3月16日成立高密县文学艺术界联合会，与县文展馆合署办公。1993年11月撤并高密县文学艺术界联合会。2004年2月16日恢复高密市文学艺术界联合会（简称文联)，实行团体会员制。至2008年，文联有4个协会，500余名会员。

第二节　代表大会

作家协会　2005年12月3日，市作家协会成立暨第一次代表大会在凤凰宾馆召开。会员300人，选举陈雪梅任协会主席。聘请作家莫言担任名誉主席。

音乐家协会　2007年7月10日，市音乐家协会成立暨第一次代表大会在市会议中心召开。会员105人，选举罗宗欣任协会主席。

舞蹈家协会　2007年7月10日，市舞蹈家协会成立暨第一次代表大会在市会议中心召开。会员84名，选举刘琪任协会主席。

硬笔书法家协会　2007年7月2日，市硬笔书法家协会成立暨第一次代表大会在凤凰宾馆召开。会员28人，选举王清民任协会主席。

第三节　主要活动

2004年七一前夕，与市政协、市委组织部、市民政局联合举办了庆“七一”暨建市十周年书画展。是年9月29日至10月8日，与市政协联合举办庆祝中华人民共和国暨人民政协成立55周年“市民眼中的高密”摄影展。

2005年6月30日，组织文学创作骨干在凤凰宾馆举行“庆七一、颂党恩”文学创作座谈会，庆祝建党84周年；是年7月9日，在全市中小学生中开展“梦实杯”有奖读书征文活动，鼓励广大中小学生多读书、读好书；是年7月31日，举办“人民财产保险杯”纪念中国人民抗日战争暨世界反法西斯战争胜利60周年文艺创作征文活动，历时2个月。

2006年5月5～7日，组织26名文学爱好者赴沂蒙山区参加由《时代文学》杂志社、山东省青年作家协会联合举办的“沂蒙文学创作笔会”；是年6月，联合市委组织部、市委宣传部举办“纪念建党85周年歌颂高密有奖征文”活动，并结集出版；是年10月15日，举办庆祝小康河综合改造工程胜利竣工大型文艺晚会；是年12月19日至26日举办“小康河之歌”大型书画展。

2007年6月17日，举办歌颂高密“卫生杯”有奖征文颁奖大会；是年7月30日和9月26日，联合市委宣传部、市人武部、市民政局和驻高密部队等分别举办了庆“八一”和谐高密军民共建联欢晚会和“庆凯旋，迎盛会”军民联欢晚会；是年8月3日，联合山东师范大学在小康河苏州街广场举办“弘扬民族文化，构建和谐家园”大型签名仪式；是年9月15日至17日，组织25名文学爱好者赴蒙阴桃花花峪参加由省青年作协举办的“蒙山文学创作培训班”。

2008年4月17~20日，在青岛科技大学高密校区举办首届山东高密民间文化艺术节摄影作品展；是年5月19日上午，举行抗震救灾书画创作捐赠仪式，现场创作近30幅书画作品全部捐献给市慈善总会；是年7月21日，在小康河苏州街广场举办庆祝高密市跨入百强县“天龙·千树海”杯音乐大奖赛颁奖晚会；是年9月28日晚，在小康河苏州街广场举办高密市“齐鲁纺织服装城”杯青少年舞蹈大赛颁奖晚会；是年10月12日，在金孚隆广场举行纪念改革开放30周年琴筝和鸣音乐会；是年11月9日至11日，组织12名民间艺人参加由省委宣传部、省文联主办的“儒风泰山·首届山东国际大众艺术节——齐鲁民间手工艺精品博览会”；是年12月11日，举办“嘉源杯”纪念改革开放30周年百名作家文学创作采风暨征文大赛活动。

第九编

综合政务

综合政务为人事、劳动、民政、老龄、政府法制、行政审批等行政事务的合编。人事局负责党政机关、事业单位的一般干部调配，企事业单位员工职称评聘，大中专学生录用，机关事业单位干部职工工资福利核定等事宜。劳动局管理企业职工求职就业，劳动监察，劳动争议仲裁等事务。1999年8月，劳动局更名为劳动和社会保障局，管理事务更加宽泛。民政局为政府主管社会事业的职能部门之一，负责拥军优属，社会优抚救济，福利事业建设，复员退伍军人安置和民政事务等。

第一章 人 事

第一节 干部状况与来源

干部状况

1986年后，干部数量增加较快，队伍日趋扩大。至2008年，全市共有干部27108人，其中党政机关工作人员2116人，事业单位14803人，企业单位10189人。其中科级以上领导干部979人。

干部来源

录用聘用干部 1986～2008年，考选干部5825人。其中民办转公办教师2339人，多渠道选拔聘用干部1930人，从优秀企业家中吸收录用干部43人，录用计划内招收的自费电大普通班专科毕业生513人，聘用自费大学生1000人。

军转干部安置 1986～2008年，共接收军队转业干部943人，安置900人。其中安置在党政机关354人，事业单位227人，企业319人，自主择业43人(2001年开始，部分军队转业干部选择自主择业方式就业)。在安置中，对营级以下军转干部实行“双考”(考核与考试相结合)选岗制度，根据单位编制、人才余缺情况，按党政机关、事业单位各占一定比例确定安置。再根据转业干部职务、奖励情况进行量化考核，最后按考试考核成绩依次公开挑选岗位。

大中专毕业生录用 1997年前，大中专毕业生分配由市计划委员会和市教育委员会负责。毕业生报到后，根据所学专业，结合单位需求，实行计划分配。1999年开始，毕业生就业实行公开考录与自主择业相结合形式。专科以下学历(含专科)毕业生进入高密事业单位，实行公开考录形式；本科以上学历毕业生仍然实行计划分配形式。2003年底，成立人事考试培训中心，为事业单位提供人员招考、招聘、培训等职能。2005年，本科以上学历(含本科)毕业生进入高密事业单位实行公开考录形式。翌年，硕士以上学历(含硕士)毕业生全部通过公开考录形式进入事业单位。1986～2008年，共接收大中专毕业生9951人，其中本科2087人，专科2488人，中专4976人。

第二节 干部管理

调配任免 1991年2月4日，人事部颁发《干部调配工作暂行规定》，党政机关凡进必考，严格控制企业向事业、自收自支及差额拨款事业单位向全额拨款事业单位调动。鼓励支持企业人才合理流动，对要求办理调动手续的，只要企业与个人协商一致，原则上随时办理调动手续。1986～2008年，共调动干部3850人，其中市内调整2310人，外地调入750人，调到外地790人。

公务员管理 1996年，根据《国家公务员暂行条例》和国务院《关于印发国家公务员制度实施方案的通知》，对行政机关现有工作人员向国家公务员过渡，市人事局为1571名过渡人员在考试、考核、资格审查的基础上办理过渡手续。国家公务员制度推行后，党政机关新进人员实行凡进必考的录用制度。至2008年，先后为党政机关考录公务员211人。

干部考核与奖惩 1986年，根据《国家公务员考核暂行规定》和《高密县机关事业单位工作人员年度考核工作的通知》，对全县党政群机关工作人员建立年度考核备案制度。至2008年，计下发年度考核文件30余份。

第三节　专业技术人员管理

职称评聘 1987年始，实行专业技术职务聘任制度，由县科委负责管理。具体政策是企事业单位在上级主管部门核定的专业技术职务结构比例范围内，结合本单位专业技术工作需要，设置专业技术岗位。专业技术人员通过评审委员会评审取得专业技术职务任职资格，企事业单位在获得任职资格的人员中聘任。聘任人员在任期内履行职责，并享受相应的职务工资待遇。1989年，职称评聘工作划归人事局管理。1991年，经济员、计算机软件和水平、企业法律顾问等资格实行"以考代评"。次年，潍坊市职称改革领导小组解散首次专业技术职务评聘工作中组建的各系列中、初级专业技术职务评审委员会，重新组建了工程技术、工程技术（建筑）、农业技术、卫生技术、经济专业、经济专业（商业）、会计专业、统计专业、审计专业、高校教师、中专教师、中学教师、小学教师、技校教师、自然科学研究、档案专业、图书资料专业、文博专业、艺术专业、新闻专业、出版专业、播音专业、党校教师、工艺美术专业、体育专业、翻译专业、律师专业、公证专业等28个职务系列评审委员会，依据首次下达限额指标，实行空岗补缺评聘。1993年起，专业技术人员职务实行评聘公开，竞争上岗。2006年，全市卫生专业中、初级职务任职资格，一律参加全国统一考试。至2008年底，全市教育类专业技术人才10364人，占25.99%；卫生、社会保障和社会福利业专业技术人才3332人，占8.36%；金融业专业技术人才1432人，占3.59%；制造业专业技术人才11390人，占28.57%；建筑业专业技术人才6047人，占15.37%；科研、技术服务专业技术人才1283人，占3.22%；文化、体育和娱乐业专业技术人才311人，占0.78%；信息传输、计算机服务和软件业专业技术人才26人，占0.08%；其他专业技术人才5681人，占14.04%。其中公有制企业单位14710人，占36.89%；非公有制企业25156人，占63.11%。第一产业6308人，占15.82%；第二产业11390人，占28.57%；第三产业22196人，占55.61%。

技术资格考试 1991年，首次举行人事考试，确定经济员、计算机软件任职资格。1993年，新增会计、审计、统计、经济专业技术资格考试。是年，对晋升高、中级专业技术职务加外语（或古汉语）水平考试。1995年，人事考试首次引入职业资格考试。2002年，对晋升高、中级专业技术职务进行计算机应用能力考试。2006年，卫生专业中、初级职务任职资格，一律参加全国统一考试。至2008年，全市人事考试共有专业技术任职资格、职业资格、执业资格、职称外语、计算机应用能力、事业单位公开招聘等6大类48种。

继续教育 人事部确定,1991 年为专业技术人员"继续教育宣传年"。是年,在企事业单位专业技术人员中实行继续教育证书登记制度,每人一册,由人事局统一编号。次年,潍坊市人民政府印发《潍坊市专业技术人员继续教育管理办法》,潍坊市人事局印发《潍坊市专业技术人员继续教育管理办法实施意见》,明确专业技术人员继续教育的主管部门为各级政府的人事部门。至 2008 年,高密市共组织全市专业技术人员参加继续教育培训 17 次,学习培训《创业与成功》《经济法与现代企业管理》《专业技术人员心理健康与心理调适》《现代科学干部读本》等 51 门课程,累计 1.5 万人次参加培训。

第四节 离退休及退职干部管理

1985 年,全县有 50 名干部办理离退休手续。至 2008 年,共有离退休干部 4604 人,其中退休 4240 人,离休 364 人。

离休干部 至 2008 年,全市凡符合离休条件的干部由本人提出申请,报所在单位和主管部门,按干部管理权限由组织、人事部门审批后,可享受离休待遇。1949 年 9 月 30 日前参加革命工作的干部,离休时发放本人 100%的标准工资。1937 年 7 月 6 日前参加工作的,每年增发 2 个月的基本离休费;1937 年 7 月 7 日至 1942 年 12 月 31 日参加工作的,每年增发一个半月的基本离休费。1943 年 1 月 1 日至 1945 年 9 月 30 日参加工作的,每年增发 1 个月的基本离休费。

退休干部 1985 年,全县凡符合退休条件的干部,由本人提出申请,报所在单位和主管部门,按管理权限由组织、人事部门审批后享受退休待遇。新中国成立后参加革命工作的,至 2008 年,其基本退休金计发办法为:工作年限满 35 年的,基本退休金按基本工资的 90%发放;工作年限满 30 年不满 35 年的,基本退休金按基本工资的 85%发放;工作年限满 20 年不满 30 年的,基本退休金按基本工资的 80%发放;工作年限满 10 年不满 20 年的,基本退休金按基本工资的 70%发放。

退职干部 至 2008 年,凡符合退职条件的干部,由所在单位和主管部门上报,按管理权限由组织、人事部门审评后享受退职待遇。工作年限不满 10 年因病完全丧失劳动能力或年龄男不满 50 周岁、女不满 45 周岁,不符合退休条件的可以退职。其基本退职金计发办法为:工作年限满 20 年的按基本工资的 70%发放;工作年限满 10 年不满 20 年的按基本工资的 60%发放;工作年限不满 10 年的按基本工资的 50%发放。

1986～2008 年高密市离退休干部情况表

表 9－1　　单位:人

年份	离休	退休	合计
1986	561	1732	2293
1987	589	1787	2376
1988	613	1828	2441
1989	641	1854	2495
1990	679	2054	2733
1991	707	2123	2830
1992	721	2247	2968
1993	694	2513	3207

续表9－1　　单位：人

年份	离休	退休	合计
1994	686	2728	3414
1995	657	3007	3664
1996	634	3195	3829
1997	606	3337	3943
1998	589	2929	3518
1999	556	3055	3611
2000	545	3251	3796
2001	533	3395	3928
2002	501	3812	4313
2003	478	3925	4403
2004	462	4125	4587
2005	436	4189	4625
2006	419	3986	4405
2007	373	4133	4506
2008	364	4240	4604

第五节　干部工资与福利

干部工资

工资改革　1985年，全县机关、事业单位进行工资制度改革，废止1956年以来的级别工资制，实行以职务（岗位）工资（干部为职务工资，工人为岗位工资）为主的结构工资制。工作人员工资由基础工资、职务（岗位）工资、工龄津贴（每工作一年每月发给0.5元）、奖励工资等4部分组成。中小学和幼儿园从1月1日起执行，国家机关及其他事业单位从7月1日起执行。此次改革，全县9669名干部职工人均增资18.5元。1993年10月，全县机关、事业单位又一次进行工资改革，改变1985年以来行政机关和事业单位干部、工人执行的同一种工资制度，建立起符合行政机关和事业单位、干部和工人各自不同的工资制度。自是年10月1日起，机关执行行政管理人员、技工、普工三种工资制，事业单位中的专业技术人员按类型划分执行五种工资制。全县参加工资改革的干部、工人有1.37万人，人均月增资112元。2006年7月，全市机关、事业单位再次进行工资改革。机关公务员执行职级工资制，机关技术工人执行岗位技术等级工资制，机关普通工人执行岗位工资制；事业单位干部、工人统一执行岗位绩效工资制。经批准参照公务员法管理的事业单位执行公务员的职级工资制。同一单位不能同时执行公务员职级工资制和事业单位岗位绩效工资制。全市参加工资改革的干部、工人有2.3万人，人均月增资270元。

工资调整　1987～1988年，全县先后进行工资调整。其中有2638人进入专业技术职务最低档次，人均月增资11.26元；有2711人升级，人均月增资7.35元；有4483人提高工资标准，人均月增资8.37元；有1.32万人由五类工资区标准调整为六类工资区标准，人均月增资2.25元。1989年，适当调整国家机关、事业单位工作人员工资。凡党政机关、民主党派、人民团体和教育、科研、卫生、文化等事业单位的国家正式职工，均在本人职务工资标准基础上增加1级工资。全县升级1.02万人，人均月增资7.09元；离退休人员升级1147人，人均月增资8.4元。同时，将专业技术人员各职务起点工资标准和最高工资标准分别提高两个档次，升级人数为9226人，人均月增资7.4元。1993年始，机关工作人员凡连续两年考核优秀或称职，在本职务工资标准内晋升一个工资档次。工作人员职务提升后，按新职务工资标准执行。晋升级别工资的工作人员，均可相应增加级别工资。工作人员在原级别任职期间连续五年称职或连续3年优秀，在本职务对应级别内晋升一个级别。事业单位人员正常升级增资。凡连续两年考核合格及以上，晋升一个工资档次。晋升职务或技术等级后，增加并执行相应工资。是年后，机关、事业单位多次调整工资标准：是年7月1日，人均月增资20元。1999年7月1日，人均月增资120元。2001年1月1日，人均月增资100元。2001年10月1日，人均月增资80元。2003年7月1日，人均月增资50元。

福利待遇

1985年7月1日起，机关、事业单位工作人员根据规定发放的津贴补贴项目为：物价福利补贴55元、4种副食品价格补贴(城区每人每月10元，乡镇8元)、肉食补贴(城区5元，乡镇4元)、粮油提价补贴6元(粮价补贴5元)、煤价补贴5元、图书补助费15元、工资附加7元、岗位责任制考勤奖5元、洗理费男15元女17元、交通补助费10元、粮差0.5~2元、开放城市补贴20元、机关岗位责任制考评奖20元。教育、卫生事业单位工作人员教(护)龄满5年不满10年的，每月发给教(护)龄津贴3元；满10年不满15年的，每月5元；满15年不满20年的，每月7元；满20年及以上的，每月10元。1987年1月起，机关、事业单位工作人员的工龄津贴，自工作人员参加工作的当年起计发，每年1元。1994年1月1日起，每工作一天，发给误餐补贴1元。1998年1月1日起，机关、事业单位工作人员现行的交通补贴、洗理费、粮油补贴、粮价补贴、开放城市补贴和误餐补贴等6项进行简化归并，统一称为地方福利补贴，标准为每人每月125元。归并后比原补贴执行标准高出20元，与新增的16元，改称岗位津贴。2008年1月，津贴补贴项目归并为工作性津贴和生活性补贴，按人均300元的标准对机关和事业单位的津贴补贴进行调整、提高，并保留改革性补贴。同时，第二次职务补贴执行最高年限标准。

第六节 人才市场与流动

人才市场 1984年，成立高密县人才交流服务中心，承办未就业高校毕业生登记统计、普通高校毕业生就业见习、人才供求信息、办理人才求职登记推荐、接受委托进行招聘人才活动和人才派遣及人事档案代管等业务。中心采取多种措施引进各类高层次人才，同时简化人事代理程序。对派遣期内毕业生等减免有关代理费用。规范在工资调整、职称评聘、社会保险金缴纳、退休以及党员管理等方面的服务。并兼管未就业毕业生和特困毕业生就业推荐工作。规范大学生创业基地管理，按照“公开、平等、竞争、择优”的原则，负责各类人事考试工作。

人才流动 2006年，人才交流中心促成高密市政府与青岛大学全面合作。是年，参加“中国山东第四届海内外高端人才交流暨技术项目洽谈会”和“百名博士潍坊行”活动，有18家企事业单位与20名博士进行交流、洽谈，与382人达成合作意向。2007年，有15家企业与省内外10多家科研机构和重点院校建立联系，其中8家企业聘请国内外专家11名、“星期日工程师"4名,解决企业技术、管理方面的难题,实现高层次人才柔性流动。2008年,接收各类大中专毕业生1433人,其中博士5人、硕士43人、本科生834人,就业率达91.6%。走访各类企业122家,征集发布47项企事业单位科研技术难题。瑞典锅炉专家莱纳特先生、日本本田公司张晓刚博士等6名专家教授应邀到企业进行现场技术指导。是年,高密市人才交流中心被团省委授予省级"青年文明号"荣誉称号。

第二章　劳　动

第一节　劳动就业

就业制度改革　1986年,待业人员已不再由国家统包分配,而是实行"劳动部门介绍就业,组织集体就业和自谋职业"三结合的就业方针。劳动就业对象以城镇非农业未婚男女青年及城镇人口中的转业复员军人、军队转业干部家属为主。就业去向多为国有及县集体企业单位。1992年,企业招工要经过考试,择优录用,实行合同制。次年,城镇非农业待业人员渐增,统称失业人员。是年,部分私营企业开始招用失业人员。同年10月,县劳动局制定《关于对城镇待业人员到乡镇及村集体企业、私营企业就业及从事个体经营的意见》并实施。劳动者在选择职业上可以根据自身的素质、意愿和价值取向,选择用人单位和职业。1994年3月,全面推行全员劳动合同制。1997年始,全面推行市场化就业,实行就业人员与用工方双向选择。2002年5月,规范劳动关系。各单位招用符合就业条件和与之建立劳动合同关系者,不分户口性质、不分区域限制,都应与劳动者履行就业手续、签订劳动合同、缴纳各种社会保险。单位用工按短期工和长期工进行管理,取消正式工与临时工之别,统一实行劳动合同制度。2004年10月20日,改建后的高密市中心劳动力市场开业,采取"一站式"就业服务。2006年,市政府制定出台《关于鼓励农民进城务工经商的意见》,鼓励外来劳动力和农村剩余劳动力进城务工经商。2008年,安排14412人就业,全市企业职工达到31.9万人。

下岗职工再就业　1995年,下岗职工再就业工程启动。政府和劳动部门出台优惠政策,安排下岗职工再就业。2002年12月,实施下岗与失业并轨。翌年6月,市区街道和各镇设立劳动保障事务所,为就业人员提供方便。2004年,市劳动就业办公室劳动就业训练中心开展职业技能培训,设立纺织、市场营销、计算机应用、服装裁剪、美容美发和汽车维修等多个专业,增强下岗失业职工再就业能力。次年,成立职业介绍中心,免费为下岗职工开展职业介绍。同时,利用技工学校、劳动就业训练中心、培训中心免费为失业人员开展业务培训。支持失业人员到乡镇和非国有企业就业或自谋职业。对已办理就业和再就业手续的,劳动部门的劳动事务代理中心为其代管档案,代交社会保险费,代办退休手续。是年,审核发放"再就业优惠证"1452本,有1172名持证人员实现了再就业;免费职业介绍指导,再就业培训及创业培训6200人次。94名就业困难人员和企业下岗失业志愿兵实施了养老保险和失业保险补贴,计补贴26万余元。同时，为下岗失业人员自主创业落实小额担保贷款优惠政策，共办理贷款24万元。2006年，下岗失业人员可凭“再就业优惠证”享受11个方面的税费及工本费减免照顾。当年共计发放“再就业优惠证”2614本，减免税费254.5万元，发放小额担保贷款84万元。次年，举办两期社区就业服务平台工作人员培训班，并利用新闻媒体宣传失业人员最新再就业扶持政策。是年，共发放“再就业优惠证”2028本，发放小额担保贷款88万元。2008年，除继续发放“再就业优惠证”外，对310名就业困难人员实施社会保险补贴55.8万元。

1986～2008年高密市劳动就业、再就业情况表

表9-2　　　　单位：人

年份	城镇就业	失业职工再就业	劳务输出	农民进城务工
1986	2597	0	3212	3118
1987	5047	0	3230	3917
1988	3589	0	3417	4992
1989	2962	0	3342	5121
1990	3279	0	3970	5221
1991	2348	0	3717	5373
1992	2902	0	4022	5417
1993	2866	173	3784	6042
1994	3241	206	3313	6118
1995	3767	198	3617	7892
1996	3442	272	4021	6911
1997	3458	315	4067	7120
1998	3312	472	3992	8920
1999	3471	501	4113	8919
2000	3312	532	4110	9172
2001	3112	492	4232	9340
2002	3992	591	4056	11732
2003	4715	607	4212	12249
2004	7917	2341	5709	13739
2005	8743	3429	7144	15017
2006	8918	4325	7197	15349
2007	9259	4921	7297	16032
2008	9909	4503	6624	16117

第二节　劳动培训

就业培训　1985年始，待业青年实行“先培训、后就业”的方针。是年，建立劳动就业训练中心，定期开展就业指导方面的中短期培训。1989年6月，成立高密县技工学校，就业培训实行全日制教学模式。1993年，随着下岗职工的出现，劳动部门便开始举办下岗职工再就业培训。2002年，就业培训860人。翌年9月，市劳动就

■ 2007年一次就业培训现场

业办公室开办创业培训，组织再就业培训979人,创业培训36人。2004年,劳动就业办公室劳动就业训练中心对下岗失业职工开展职业技能培训。到2007年,培训下岗失业人员7911人,95%以上的人员实现再就业；培训自主创业1412人，实现自主创业和自谋职业1163人;创造就业岗位3700个,带动就业2600人;培训农村劳动力近1.5万人,转移就业率达到87%。此后，劳动就业训练中心继续进行就业培训和创业培训。

在岗培训 1986年始，开展以中级技术为重点的各类工人技术培训。1993年始,多部门各类培训机制已形成。2006年,市政府出台《高密市技能人才评选奖励办法》，建立技能人才激励机制。至2008年,对机关、事业单位工人、中专毕业生、建筑技术工人、会计管理人员、特种作业人员等办培训班225期,培训技术工人22802人。

第三节 劳动工资

工资改革 1985年，企业职工工资实行企业工资总额同企业经济效益挂钩的工资制度。次年，参加提高企业工资区类别的企业92个，12526人。其中,固定职工8381人,合同制工人1712人，月人均增资1.5元。1987年，职工个人收入同劳动成果直接联系，部分企业职工工资实行规范化管理，全市企业人均月增资5.79元，涉及13773人。次年,继续推行工效挂钩。实行计件工资的455人。是年，为5家企业4608名职工实行滚动浮动升级，升级面达80%左右。1989年,全市96家企业中16585名职工利用效益工资和奖励基金浮动了工资标准，月人均增资7.22元。1990年，为全市93家企业16153名职工调了工资，月人均增资16.54元。次年，为全市94家企业17319名职工按规定增加了标准工资,人均月增资16.53元。1992年,实行职工收入与标准工资脱钩,与岗位技能和劳动贡献挂钩,劳动工资逐步向岗位技能工资制过渡。次年,有17888名职工办理3%升级和浮动升级转固定。1994年,企业职工工资实行岗位技能工资制度。上半年有104家企业、12008名职工增加了3项补贴,月人均增加28.35元；年底有3220名职工调整了工资,月人均增94.1元。1995年,有102家企业15659名职工办理了浮动升级转固定和3%晋级。1997年,全市126家企业、16627名职工增加岗位工资,月人均增加73.65元。1999年,全市13447名企业职工套改岗位技能工资标准，月人均增资118.6元。2001年,岗位工资全面落实。是年7月始,企业工资管理由政府宏观调控工资分配，市属63家企业8903名职工套改了新的岗位技能工资标准。2002年,有161家企业31404名职工办理工资套改，人均月增资86.40元。2003年，全市90%的企业实行奖励工资制度。2008年,全市企业最低工资标准为每人每月620元,有98%的企业实行奖励工资制度。实行计件工资的企业135家,人数43596人。

1986～2008 年高密市企业职工工资情况表

表 9－3

年份	企业(家)	职工(人)	工资总额(万元)	年人均工资(元)
1986	92	12526	13177	1052
1987	93	13773	16154	1172
1988	99	16413	13891	846
1989	96	16585	26156	1577
1990	93	17153	29968	1747
1991	94	18419	34506	1874
1992	95	18697	41591	2224
1993	85	17888	46244	2585
1994	104	15228	48275	3170
1995	102	15659	62384	3984
1996	110	15319	66352	4331
1997	126	16627	72284	4347
1998	90	15559	72656	4670
1999	96	13477	66897	4975
2000	106	12999	69605	5355
2001	63	8903	37888	4256
2002	161	31404	195972	6240
2003	150	30050	218166	7260
2004	164	40599	318733	7851
2005	209	48019	454331	9461
2006	275	63566	781670	12297
2007	264	60679	857741	14136
2008	249	50810	840829	16548

职务津贴 1987 年始，对技师、高级技师实行职务津贴。1996 年 7 月起，技师津贴由每人每月 20 元提高到 50 元；高级技师津贴由每人每月 50 元提高到 100 元。2003 年 1 月起，取得高级工职业资格证书的，其津贴为每人每月 50 元；取得技师、高级技师职业资格证书的，其津贴分别提高至每人每月 100 元、150 元。

第四节 职业技能鉴定

1988 年，有 10 名技术工人被评为技师。1989 年，成立技能鉴定所，为技工学校业务科室。1996 年，成立高密县职业技能鉴定所。至 2001 年，职业技能鉴定以初级工、中级工为主。2002 年，“技术等级证书”改为“职业资格证书”。职业资格证书共分五级，分别是初级工、中级

■2008 年一次职业技能竞赛活动开幕式

工、高级工、技师和高级技师。职业技能鉴定分知识考试和操作技能考核，要求就业准入的职业工种必须参加鉴定。2003 年始，职业技能鉴定工作全面展开，是年鉴定初级工 2213 人、中级工 419 人、高级工 130 人，技师、高级技师考评 89 人。

至 2008 年，计技能鉴定 3.5 万人。其中初级工 2.81 万人、中级工 3900 人、高级工 1900 人、技师和高级技师 1100 人。

第五节 劳动争议仲裁

劳动关系调整 1986 年，高密县劳动争议仲裁委员会成立。1990 年，全县有 137 家企业建立企业劳动争议调解委员会，协同劳动局开展处理企业与职工的劳动争议。次年，调解结案 6 件。至 2008 年，共仲裁调解结案 1089 件，裁决结案 806 件。

1991 ~2008 年高密市劳动争议处结情况表

表 9 –4　单位:件

年份	受理争议案	调解结案	裁决结案	年份	受理争议案	调解结案	裁决结案
1991	6	6	0	2000	54	50	4
1992	5	5	0	2001	57	50	7
1993	10	10	0	2002	128	52	76
1994	11	11	0	2003	191	80	111
1995	17	17	0	2004	183	73	110
1996	21	21	0	2005	265	121	144
1997	20	20	0	2006	313	188	125
1998	20	20	0	2007	336	201	135
1999	35	30	5	2008	223	134	89

劳动合同鉴证 1989 年 7 月，全民及县以上集体企业开始劳动合同的签订和鉴证。1991 年，劳动合同鉴证成为企业招收录用工人的一个中间环节。用工实行从组织招收、签订合同、合同鉴证、办理录用审批和参加社会保险等程序。次年，全县企业实行全员劳动合同制度，鉴证范围扩大。1995 年，《中华人民共和国劳动法》颁布实施，促进了劳动合同鉴证工作的依法有序运行。至 2008 年，全市共鉴证劳动合同 23.8 万人次，审查集体合同 374 件，解除劳动合同备案 16237 人次。

1987～2008年高密市劳动合同管理情况表

表9－5　　单位：人、户

年份	鉴证劳动合同	审查集体合同	解除劳动合同备案	年份	鉴证劳动合同	审查集体合同	解除劳动合同备案
1987	1003	0	0	1998	17632	20	320
1988	1517	0	0	1999	27018	33	565
1989	3231	0	0	2000	14326	42	456
1990	9374	0	0	2001	17860	36	937
1991	11174	0	0	2002	33467	34	630
1992	4300	0	0	2003	22187	30	3000
1993	21009	0	11	2004	20867	50	2404
1994	7800	0	49	2005	17684	43	1800
1995	10130	0	47	2006	14676	30	1560
1996	23000	10	153	2007	19071	29	2763
1997	10370	17	180	2008	36384	20	1362

第六节　劳动监察

1995年，劳动局成立劳动监察科，1997年4月，首次开展对用人单位的劳动年检。主要进行打击非法职业中介、禁止非法使用童工、保护女职工权益活动、依法整顿劳动力市场、督促补缴社会保险费、补签劳动合同、补办资格证书等专项检查。2002年7月，设立“110”联动电话，24小时受理群众举报投诉。2007年，对全市1454户用人单位进行检查，受理职工举报投诉210件，信访案件9起，参与处理突发事件8起，监管用人单位依法签订劳动合同2万余份。

第三章　民　政

第一节　优　抚

拥军优属

1986年，地方投入资金，支持部队建设。社会各界积极为驻军在子女入学入托、家属就业、水电粮油供应等方面提供便利。1991年8月，高密县成立双拥工作领导小组和双拥办公室，为开展军民共建精神文明和争创双拥模范城活动创造条件。1994年，市政府投资100万元修建通往机场的“拥军路”，国防部部长迟浩田题写路名。1995年7月，市委协调建委、公路局等部门投资72万元,为驻军安装自来水,修整机场道路。市政府办公室、妇联、武装部联合开展"学习韩素云、评选好军嫂"活动,评选出10名好军嫂。1996年,开展"军民鱼水情"有奖征文活动,并通过评选百名好军嫂等多种形式宣传双拥工作。1999年,被省委、省政府、省军区评为"全省双拥模范城"。2002年,又被评为双拥模范城。2003年,投资10万余元,修建雷达连营房前路段。2006年,被省委、省政府、省军区评为"全省双拥模范城"。

烈士褒扬

烈士英名录　1985年,全县有革命烈士1933名。1997年4月,山东省人民政府批准大牟家镇小杜家杜希乐为革命烈士。1998年,广州军区武汉基地批准姚哥庄镇姚哥庄岳福勇为革命烈士。1999年,山东省人民政府批准李家营镇窝洛刘锡仁为革命烈士。2007年,公安部批准夏庄镇李家村李传辉为革命烈士。

烈士陵园建设　1989年,改建革命烈士纪念碑,碑高17.5米。1992年,重新修建烈士陵园院墙和大门楼,门楼上镌有迟浩田题词"高密革命烈士陵园"。1996年,对陵园环境及陵墓进行整修,新建造英烈长廊与夏侯苏民纪念碑,由迟浩田为其题词。1999年动工,在陵园院内正北方新建党史纪念馆和烈士纪念馆,面积750平方米,2000年12月26日,纪念馆落成。2001年11月,将原葬于卞家庄99位烈士墓迁入市烈士陵园内,墓区占地324平方米,市政府为迁建革命烈士墓立纪念碑。2007年10月,再次改造烈士陵园。

组织悼念活动　每逢特别活动,党、政、军和社会团体组织党员前去陵园重温入党誓词及新党员进行入党宣誓。每年清明节,各乡镇学校组织学生就近到烈士墓祭扫。城区组织干部、职工、教师和学生到烈士陵园为烈士扫墓,敬献花圈,并进行革命传统教育,每年有4万余人参加悼念活动。另外,陵园与14所中小学建立联谊,陵园工作人员为其担任校外辅导员,经常对青少年进行革命传统和爱国主义教育。

撰写烈士事迹　1989年,撰写烈士刘力一、乔志一传略。1990年8月始,调查整理一等功臣烈士资料,撰写烈士传。至次年5月,共为10名烈士撰写事迹,其中8名入选《全国英烈大辞典》。

优待

1986年,全县有优抚对象106828人,享受优待的5908人。其中烈属2025人、义务兵家属17399人、伤残军人3868人、复员军人18566人、带病还乡的退伍军人15人。优待烈军属的主要形式是发放慰问金、救济粮,在医疗费等方面给予照顾。农村义务兵入伍后,原责任田不变,并给予优待。1992年,在乡老复员军人定补月人均25元。至1996年,烈军属优待面达到100%,伤残军人优待面达到80%,复员军人优待面达到70%。定补、调残、评残报批率达到了100%。2003年,城镇义务兵优待金按每名每年600元的标准发放,农村义务兵优待金按不低于当地人均收入的70%的标准发放。2005年,在乡复员和伤残军人优待面达到70%以上,优抚对象的优待面达85%。2008年,在乡义务兵609人,每人每年优待1000元;城镇义务兵310人,每人每年优待800元。

抚恤

1988年,在乡特、一等伤残军人,副食品价格补助为每人每月8元,二等每人每月5元,三等每人每月3~5元。生活补贴为:特、一等每人每月12元,二等每人每月6元,三等每人每月4元。1990年,1031名伤残军人换证,其中特等1名,一等18名,二等甲92名,二等乙250名,三等甲369名,三等乙301名。其中,在乡者729名,在职者302名。1991年,在乡特、一等残废军人,粮油补贴每人每月21元。次年,又补煤价补贴每人每月5元。1993年,在乡特、一等伤残军人护理费,特等每人每月140元,一等每人每月80元。1996年,实行在乡二等乙级以上伤残军人医疗费实报实销政策，并对174人次伤口复发、三等伤残和复退军人进行及时治疗。1999年，特等每人每月护理费190元，一等每人每月130元。2006年起，全市享受带病回乡待遇人员15人。2007年7月，办理参战涉核退役人员651人。2008年，对重点优抚对象制定了相应的医疗保障办法。至是年，全市共有伤残军人1039人，其中，一级1名，二级11名，三级46名，四级5名，五级92名，六级233名，七级362名，八级277名，九级10名，十级2名。共有“三属”348名，其中烈属184名，因公牺牲军人家属52名，病故军人家属112名。内有城镇人数39名。在乡老复员军人共有3057名。

1988～2008年高密市优抚对象基本情况表

表9－6　　　　单位：户、人

年份	属别	人数	年份	属别	人数
1988	伤残军人	1077	1993	伤残军人	1038
	在乡复员军人	4002		在乡复员军人	3696
	烈军属人数	20973		烈军属人数	14246
	享受抚恤三属	2073		享受抚恤三属	1216
	在乡退伍人数	9885		在乡退伍人数	18385
	合　计	38010		合　计	38581
1989	伤残军人	1075	1994	伤残军人	1009
	在乡复员军人	4001		在乡复员军人	3639
	烈军属人数	20862		烈军属人数	14464
	享受抚恤三属	2082		享受抚恤三属	1100
	在乡退伍人数	10420		在乡退伍人数	18785
	合　计	38440		合　计	38997
1990	伤残军人	1062	1995	伤残军人	1007
	在乡复员军人	3900		在乡复员军人	3580
	烈军属人数	17941		烈军属人数	14392
	享受抚恤三属	1326		享受抚恤三属	1112
	在乡退伍人数	11322		在乡退伍人数	18938
	合　计	35551		合　计	39029
1991	伤残军人	1041	1996	伤残军人	1005
	在乡复员军人	3833		在乡复员军人	3563
	烈军属人数	16223		烈军属人数	14383
	享受抚恤三属	1215		享受抚恤三属	1107
	在乡退伍人数	11329		在乡退伍人数	19210
	合　计	33641		合　计	39268

续表 9－6

年份	属别	人数
1997	伤残军人	1008
	在乡复员军人	3331
	烈军属	13708
	在乡退伍军人	23326
	合　计	41373
1998	伤残军人	1018
	在乡复员军人	3331
	烈军属	14688
	在乡退伍军人	23726
	合　计	42763
1999	伤残军人	1035
	在乡复员军人	3385
	烈军属	15812
	在乡退伍军人	24197
	合　计	44429
2000	伤残军人	1033
	在乡复员军人	3210
	烈军属	14493
	在乡退伍军人	24613
	合　计	43349
2001	伤残军人	1032
	在乡复员军人	3106
	烈军属	13474
	在乡退伍军人	25013
	合　计	42625
2002	伤残军人	1029
	享受抚恤三属	367
	在乡复员军人	3086
	在乡退伍军人	566
	合　计	5048
2003	伤残军人	1029
	享受抚恤三属	367
	在乡复员军人	3057
	在乡退伍军人	557
	合　计	5010
2004	伤残军人	1030
	享受抚恤三属	368
	在乡复员军人	3027
	在乡退伍军人	557
	合　计	4982
2005	伤残军人	1033
	享受抚恤三属	366
	在乡复员军人	3017
	在乡退伍军人	558
	合　计	4974
2006	伤残军人	1030
	享受抚恤三属	367
	在乡复员军人	3004
	带病回乡退伍	555
	合　计	4956
2007	伤残军人	1060
	享受抚恤三属	363
	在乡复员军人	2987
	带病回乡退伍	297
	参战涉核退役人员	651
	合　计	5358
2008	伤残军人	1039
	享受抚恤三属	348
	在乡复员军人	2882
	带病回乡退伍	309
	参战退役人员	654
	合　计	5232

优抚院所

光荣院　位于镇府街东首。1985年,入住光荣院烈属5人,残废军人2人,老复员军人6人,家属1人,年均开支1.7万元。2003年,住院供养烈属5人,伤残军人9人,伙食标准是每人每月200元。至2008年,住院供养伤残军人6人,伙食标准每人每月300元。

军队离休退休干部休养所　位于振兴街西首,建筑面积35186平方米。1983年,始接收军休干部,至1986年上半年,接收军休干部35人,其中离休干部27人,退休干部8人。后有变化。1989年,翻建办公楼,建立老年活动中心,包括台球室、棋牌室、健身室、阅览室及门球场。2008年,建军休所西宿舍,面积1.7万平方米,军休干部住房条件得到改善。

军人接待站　位于振兴街与健康路交汇处,担负着高密、诸城、五莲、平度等县市的新老兵转运及支前民兵、民工运输途中的中转膳食、开水供应等任务。2004年,新增建筑面积1000平方米,安装4000平方米的中央空调,新建240立方米的冷库,达到一级军供站接待标准。至2008年,有职工83人。

第二节　安　置

退伍军人安置

1986年,士兵退出现役后,按照从哪里来、回哪里去的原则进行安置。对志愿兵实行转业,由政府负责安排工作。1996年,实行双向选择,包底安置,军地两用人才使用率达98%以上。1998年始,志愿兵称为士官,士官退出现役后,服现役不满十年的,按照退役义务兵的规定安置;满十年的,按转业安置,由政府安排工作。也可选择自谋职业,由当地政府给予一次性经济补助。自2004年始,符合安置条件的退役士官,通过考试和档案考核择优录取10%到事业单位。

1986～2008年高密市退伍军人安置情况表

表9－7　　单位:人

年份	安置人数		回乡人数	合计
	转业士官	非农(城镇)户口		
1986	150	52	589	791
1987	53	48	493	594
1988	56	27	402	485
1989	75	47	407	529
1990春季	51	81	301	433
1990冬季	71	46	254	371
1992	76	62	380	518
1993	79	102	326	507
1994	121	104	390	615
1995	112	95	334	541
1996	92	87	275	454
1997	70	95	262	427

续表 9－7　　单位:人

年份	安置人数		回乡人数	合计
	转业士官	非农(城镇)户口		
1998	135	89	266	490
1999	153	119	352	624
2000	234	95	300	629
2001	76	133	314	523
2002	94	93	324	511
2003	92	119	221	432
2004	99	100	334	533
2005	39	77	323	439
2006	36	83	187	306
2007	15	85	250	350
2008	21	71	249	341

移民安置

境内库区移民安置　1958～1960年兴建峡山、王吴、马旺、拒城河、李家庄水库时,在测定淹、浸和占压的村庄中,需搬迁28个自然村的3500户、1.6万人。其中迁至吉林省的为1200户、6000人,余者在境内或建新村,或分散安置与扶持。2006年,高密市人民政府以移民村为单元,核定到户到人,开展移民人口登记,境内的大中型水库移民人口为23151人。自是年第三季度始，境内移民资金按每人每年600元标准拨付发放。

三峡库区移民安置　高密市是第二批安置三峡库区移民的县市之一。2004年8月,接收安置三峡库区移民25户、102人。分别安置在柏城、姜庄、仁和3个镇的8个自然村。其中,柏城39人,姜庄42人,仁和21人。移民人均住房面积均在25平方米以上。移民每户安置分配耕地面积平均在5亩以上，人均耕地面积1.2～2.5亩。2006年下半年,境内三峡库区移民发放后期扶持直补资金。至2008年,累计发放15.6万元。

第三节　社会救济

救灾　1986年3月,成立县、乡两级救灾扶贫基金会,1988～1990年，遭受干旱和雹灾,除发放救济款,还组织捐献款物救灾。1994年,周戈庄镇长丰屯发生特大火灾，民政局发动社会各界开展捐助活动，捐款捐物计20多万元。1996年,市内12处乡镇遭受风雹灾害,发放救灾款27万元，救济款16万元，救助贫困群众2.6万人次。并向滨州地区的博兴县捐助现金20万元,水泥25吨。1999年8月11日突发水灾,李家营、柏城、姚哥庄、张鲁、河崖、大栏等乡镇近30万人口受灾严重,康庄、阚家、仁和等乡镇8万人口受灾,民政部门协调安排资金,调拨水泥、面粉、矿泉水、钢筋、衣服、药品等达970万元支援灾区。之后,凡有灾,即行救济。

1988～2008 年高密市民政部门拨发救灾款情况表

表 9－8　　单位：万元

年 份	款 数	年 份	款 数
1988	39	1999	640
1989	72	2000	63
1990	71	2001	130.01
1991	16	2002	193.33
1993	38.5	2003	259.94
1994	18	2004	23
1995	21	2005	106
1996	43	2006	52
1997	50.5	2007	54.2
1998	40	2008	35

救济　1991～1993 年，共发放救济款 81 万元、救济粮 250 万千克，帮助 3200 户解决生产和生活困难，扶持贫困户 6794 户。1994 年，投放周转资金 39 万元，并向外地贫困地区捐赠衣被共计 61468 件。次年，出台优惠库区移民村、占地村的政策，减免积累工和农业税。1996 年始，实施城乡居民最低生活保障制度。农村最低生活保障标准为每人每年 600 元，差额补助标准为月人均 33 元。城市最低生活保障标准为月人均 110 元，差额补助标准为月人均 66 元。此后，最低生活保障与差额补助均有所提高。至 2008 年，累计救济 10.6 万人次，发放救济款 289.6 万元。

救助　2006 年 7 月始，实施医疗救助。救助范围为农村低保对象、五保对象、城镇低保对象及重点优抚对象。救助办法有医疗减免救助、住院医疗救助、特殊慢性病救助和特别医疗救助。农村医疗救助年最高额为 5000 元，城镇医疗救助年最高额为 8000 元。享受特别医疗救助的人员不能享受特殊慢性病医疗救助和住院医疗救助。自是年实行之后，人数和数额逐年增多。2008 年，救助 450 人，救助金额为 108.34 万元。

第四节　社会福利

慈善事业　2007 年，成立高密市慈善总会。慈善总会筹备期间，各界募集捐款 800 万元。成立后，开展“慈心一日捐”活动，募集捐款 350 万元。是年，发放救助金 200 万元，救助困难群众 3227 人。2008 年，先后开展支援南方冰冻灾区和四川汶川地震灾区专项募捐活动，募集并上缴专项救灾款物合 1928 万元。是年，市内发放救助资金 331 万元，救助困难群众 3227 人。

五保供养　1986 年，五保老人由敬老院集中供养。次年，对 60 岁以上无法定扶养义务人、无劳动能力的、无生活来源的老人，18 岁以下的孤儿、没有经济来源的残疾人，采取集中供养和分散供养两种形式，由乡镇统筹供养。1989 年，全县集中供养五保老人 838 名。1992 年，全县集中供养 1046 人，入院率达到 35%。2003 年，全市五保户 2272 人，其中集中供养 1337 人、分散供养 935 人。散居供养五保老人年折款 756 元。2006 年始，市财政配套负担分散五保供养金，每人每年 900 元，市级配套 540 元，镇街区配套

360元。2008年,全市五保户2703人,集中供养2079人,分散供养624人。散居供养金由市、镇街配套发放,年人均发放1200元。

敬老院 1986年,全县有58所敬老院,其中镇办18所,村办40所。1989年,全县22个乡镇建起设施较完善的中心敬老院,8所达到省市文明敬老院的标准。1992年,全县29个乡镇共有敬老院104所,其中有5所敬老院被省民政厅命名为"文明敬老院"。1995年,敬老院配备了浴室、冰箱、电视、电风扇等生活服务设施。2001年,乡镇敬老院进行合并,全市共有55所。2007年,乡镇区划调整后,镇街敬老院合并为10所。

1988~2008年高密市敬老院情况表

表9-9 单位:个、人

年份	敬老院	集中供养	年份	敬老院	集中供养
1988	43	201	1999	62	1337
1989	45	468	2001	55	1329
1990	45	498	2002	17	1329
1991	48	618	2003	17	1337
1993	62	892	2004	17	361
1994	36	366	2005	17	440
1995	22	137	2006	17	560
1996	22	146	2007	10	2378
1997	22	146	2008	10	2044
1998	22	146			

社会福利企业 1987年,全县有福利企业37家。1989年初,成立福利企业服务公司。1996年,全市福利企业发展到55家。至2008年,共有福利企业15家,其中规模较大的3家、小型11家,只保留福利企业名称但停止年度优惠政策待遇的1家。是年,全市福利企业共有职工1864人。其中残疾职工390人。

社会福利厂 1986年,福利厂从事橡胶制品、木器加工、工艺品等项目的制作加工。1996年,因缺乏资金、职工年老多病、技术力量薄弱等原因经营亏损而导致停产。后民政局实行差额补助办法给予支持,至2008年,有职工23人,其中退休职工15人。

电脑福利彩票 1990年始,境内开始发行即开型福利彩票,先是分散销售,后转为举办大奖组销售。2000年5月1日,成立高密市齐鲁风采电脑福利彩票管理中心。2003年底,在城乡设置电脑福利彩票投注站37处,销售电脑福利彩票4850.2万元,即开型福利彩票1995.6万元。之后,年销售额高低不一。2008年,全市共设置电脑福利彩票投注站74处,共销售电脑福利彩票和即开型福利彩票25987.5万元。彩票募集的福利基金,分别用于扶弱助残、扶贫济困和社会福利事业。

第五节 民政事务

婚姻登记 1986年,各乡镇人民政府设民政助理员办理婚姻登记。严格贯彻落实《中华人民共和国婚姻法》,女方年满20周岁,男方年满22周岁即可办理结婚登记。1994年5月1日,设立城区婚姻登记处,负责办理全县非农业人口结婚登记手续。1997年5月1日,设立婚姻登记处,主管全市的婚姻管理工作,集中办理婚姻登记。2003年10月1日,依据新颁布的《婚姻登记条例》,取消办理婚姻登记需由单位或村出具证明的做法,改由当事人书面声明。婚前医学检查由强制改为自愿。

1986~2008年高密市婚姻登记情况表

表9-10　　　　单位:对

年度	结婚登记	离婚登记	年度	结婚登记	离婚登记
1986	4697	—	1998	6529	108
1987	6276	—	1999	7126	117
1988	6008	—	2000	7067	123
1989	7394	—	2001	5758	133
1990	5937	—	2002	6361	139
1991	6901	—	2003	7094	207
1992	6829	—	2004	8205	358
1993	7151	—	2005	6217	471
1994	7568	—	2006	6839	536
1995	6829	—	2007	7763	631
1996	7049	—	2008	6272	712
1997	6987	—			

殡葬管理　1986年,全面实行火化。1988年,县火化场更名为殡葬管理所(殡仪馆)。1993年9月,新建殡管所于康庄镇三官庙村西落成并投入使用,占地2万平方米。年火化尸量5000余具。2001年初,改建大牟家火化车间。是年始,推行殡葬用品集中公开采购。2002年9月,殡仪馆新建230平方米的告别厅、130平方米的接待室。

地名管理　1985年4月,成立高密县地名委员会,下设办公室,与县地方史志办公室合署办公。1986年6月10日,县政府公布全县953个自然村、994个村委员会和5个街道居民委员会的标准名称。1987年6月15日,县政府颁布《高密市地名管理规定》。1988年6月,地名委员会办公室与县史志办公室分设,隶属县民政局管理。1989年,全县进行自然村名称标志设置工作。2003年8月8日,颁布新的《高密市地名管理规定》,对城区39条街路进行命名、更名。次年,全市城乡开展门、楼、巷牌编设工作。2005年11月30日,对城区47条

醴泉街道娘娘庙村标志

街路命名。

收养登记　1999年4月1日始,实施《中华人民共和国收养法》,至2008年,民政局办理收养登记业务248件。

社会组织登记管理　社会组织是指在政府市场、社会之间发挥管理、服务、沟通、协调、监督等作用的公民自治组织。包括社会团体、民办非企业单位、基金会。高密市民政局社会组织管理办公室负责本市的社会组织(社会团体、民办非企业单位)登记监管工作。高密市民政局社会组织管理办公室成立于1990年(时称社团管理科,1997年改称社团和民办非企业单位管理科,2001年改称民间组织管理办公室,2008年更名为此名称),始对社团进行登记管理,1997年增加对民办非企业单位的登记。截至2008年底,共注册登记284家社会组织。其中社会团体100家,民办非企业单位184家,涉及全市教育、劳动、科技、体育、文化、卫生、民政等多个领域。社会组织管理实行归口登记和双重管理体制,涉及全市43家业务主管总站。

流浪乞讨人员救助　2003年8月高密市社会救助站成立,编制6人,位于镇府街(西)511号。根据国务院《城市生活无着的流浪乞讨人员救助管理办法》和《社会救助暂行办法》规定,对在境内的流浪人员,救助站本着自愿救助,无偿救助的原则开展救助工作。堆至2008年底,共救助流浪乞讨人员812人次,劝返647人次,协调安置7人次。

1999~2008年高密市收养登记情况表

表9-11　　　　单位:件

年　份	办理业务	年　份	办理业务
1999	1	2004	32
2000	6	2005	28
2001	15	2006	43
2002	26	2007	41
2003	23	2008	33

第六节　基层政权建设

村民委员会建设　1984年,高密县进行社改乡,同时实行队改村,共组建991个行政村。村干部首次由选举产生,为高密县第一届村民委员会。

1987年,高密县第二届村民委员会换届选举。全县行政村总数994个,共532137位选民参加选举。新选出村(居)委会成员4483人,连选连任的3381名,占总数的75.3%。新当选的1102名,占总数的24.7%。初中以上文化程度的占总数的64.9%。

1990年4月下旬始,进行第三届换届。全县994个村委会和6个居委会全面换届选举。8月20日,已有980个村完成换届。共选出村(居)委会干部4477人。其中连选连任的4154人,占总数的93%,新当选的323人,占总数的7%;党员2448人,占总数的55%;初中文化程度的2340人,占52.2%,高中文化程度的959人,占21.4%。

1993年11月6日始,进行第四届换届。全县993个村民委员会和6个居民委员会全面换届选举。至是年底,有950个村换届结束,占村委会总数的96.5%,6个居委会全部换届结束。全县共选出村委会干部3839名,其中连选连任的2949名,占总数的76.8%;党员2648人,占总数的69%;高中以上文化程度的1019人,占总数的26.5%。

1996年10月上旬至11月上旬，开展第五届换届。全县931个村选出村委成员3743人，连选连任的70%;44个社区共选出居委会干部243人。选出的干部中，高中以上文化程度的1063人。

1999年,进行第六届换届。选出村(居)委会干部3851人，村（居）委会主任连选连任684人,占已选出村(居)委会主任的69%。村(居)委会委员连选连任2230人。原村支书兼任主任192人。原村副支书兼任主任200人。由一般村民直选当选村(居)委会主任136人。

2002年,进行第七届换届。新任村民委员会主任551人,连选连任443人,副主任1845人。各村委会均建立村民代表会议制度，健全村民自治章程,出台村务公开规定,建立民主评议制度。2005年,开展第八届换届选举。2008年,组织进行第九届换届选举。

城乡社区建设 2008年1月，市里成立农村社区建设工作领导小组,开始进行社区建设,以整合各种社会资源,集中配套建设。在农村,建设以划片联村为形式的农村社区（此前称工作片);在城区,建设以划片联社区(原城郊村,后改称社区。如高密镇南关村更名为密水街道南关社区)为形式的中心社区(相当于过去的工作片)。至年底,全市有农村社区107个,城市中心社区13个。

第七节 老龄事务

管理机构 1987年11月9日，高密县老龄问题委员会成立,设立办公室,隶属劳动局。1988年,老龄办为单设机构。1993年11月,老龄办撤并到劳动局。2002年5月,高密市老龄问题委员会更名为高密市老龄工作委员会。老龄工作委员会办公室为市政府直属正科级事业单位。

主要活动 1988年7月23日,《山东省保护老年人合法权益的若干规定》颁布实施,按规定每年农历九月九日为“老人节”。第一个老人节,高密举行多种活动进行庆祝。此后,每年老人节都分别组织不同形式的活动。1996年,市委组织专题活动,庆祝《中华人民共和国老年人权益保障法》颁布实施。2004年12月15日,市老龄办组织举办了书法家高东岳为全市百岁老人献寿活动,为全市24位百岁老人赠送了由他创作书写的4种寿字。2005年,全市农村广泛开展签订老年人《家庭赡养协议书》。

老年人优待 1995年，市政府制定老年人优待政策:全市70岁以上的老年人免费游览市内各公园。1996年,对70岁以上的老年人发放在潍坊市范围内通用的“老年优待证”。持证半价进入各种老年活动场所及公共电影院，免费乘坐城区内公共汽车，全市各医院门诊部对老年人就医,给予优先挂号、优先诊治服务。农村免除70岁以上老人的农村村提留、乡统筹、集资、基建工和义务工。1998年1月始,全市百岁以上老年人每人每月给予100元的长寿补贴金。是年4月,市政府制定《高密市老年人优待规定》:农村60周岁以上老年人免去义务工、劳动积累工和各种集资。70岁以上的老年人免除村提留、乡统筹费。2003年7月16日,市政府规定:60周岁以上老年人免去各种社会集资;70岁以上老年人免缴乡村公益事业金，免去村级兴办集体公益事业出资义务。各社区卫生服务站、诊所为老年人免费查体,并建立健康档案。65岁以上老年人凭优待证乘坐市内公交车实行半价优惠,70岁以上老年人免费。百岁以上老年人,每人每月发给160元长寿补贴金。部分镇政府、街道办事处根据本辖区实际,对80岁以上的老年人，每人每月发给20元的养老补助金。2005年，老年人乘坐公交车的优待范围调整为65周岁以上全部免费。2007年1月起,百岁老人的长寿补贴金每人每月增加到200元。

第四章　政府法制

第一节　机　构

1989年5月，设立法制科，隶属县政府办公室。1990年6月更名高密县人民政府法制局。1993年11月撤销，更名县政府法制办，其职能划归县政府办公室。1996年底恢复，称高密市人民政府法制局。至2008年无变化。

第二节　主要工作

行政执法监督检查　1990年，开始对全县行政执法情况进行监督检查。主要内容是关于国家标准计量法、土地管理法、经济合同法、环保法、药品管理法、义务教育法、交通安全法等法的贯彻落实情况。1993年围绕治理“三乱”和减轻企业、农民负担，对不合理收费、罚款和升级达标项目进行清理，对并这些项目做出或废止，或修改的处理。1994年，在行政执法机关实行行政执法证上岗制度，对经培训考试合格的1251名执法人员统一颁发“行政执法证”和“行政执法监督检查证”。之后每年对执法人员持有的行政执法证进行审验。

规范性文件制定　1989年至2008年，结合高密市实际，制定规范性文件178件。内容包括行政执法、城市规划、交通管理、流动人口管理、城市市容、房屋拆迁、行政处罚、行政审批事项改革、水资源费征收、优抚工作、土地使用权出让转让及土地市场管理等。1992年起，清理县政府及县政府办公室制定的规范性文件。截至2008年，共对县政府及县政府办公室制定出台的900多个规范性文件进行了规范、清理，其中废止289件、修改64件。

行政复议应诉　1994年始开展行政复议应诉工作。截至2008年，共收到行政复议申请432件，其中不予受理59件，做出撤销决定27件，变更66件，维持262件，当事人主动撤回复议申请18件。1986～2008年，市政府法制局受县政府委托共代理行政诉讼案件96件。

清理行政审批事项　2001年至2007年，每年均对市直部门行政审批事项进行清理，共精简不符合法律、法规规定的行政审批事项152项。2007年汇编《高密市行政审批项目办事指南》，用于规范部门行政审批行为。

规范行政处罚自由裁量权　2007年，开展规范行政处罚自由裁量权工作，汇编《高密市规范行政处罚自由裁量权标准汇编》，用于规范和指导全市各行政执法部门的执法行为。

第五章 行政审批

行政服务中心是管理、协调、监督各有关行政部门办理行政审批和行政服务事项的行政延伸性事业机构。进入21世纪，境内每年要新上的项目不断增多。但在行政审批和行政服务方面存在着多部门审批、多头管理的行政审批机制和“满城跑”现状，使得行政审批效率低下及多方面的办事难。为提高政府工作效率，方便办事群众，借鉴先进地区的做法，高密市于2003年4月成立行政审批综合服务机构，实行集中办公，一站式服务。

第一节 机 构

2003年4月29日，高密市行政审批服务中心正式成立。首批进驻窗口部门12个、审批服务项目125项、工作人员49人。2005年9月20日完成第二批部门进驻及服务功能完善工作，并更名为“高密市行政服务中心”，为市政府直属正科级机关延伸性事业单位，编制7人。进驻窗口部门20个、审批服务项目198项、窗口单位工作人员117人。办理行政审批项目实行“一站式办公，一条龙服务”，各部门在中心各司其职，集中服务。

第二节 主要工作

“中心”成立后，制定出台《工作考核试行办法》《工作规范》《项目办理管理办法》等管理制度，推行“八公开”“六件办理”“首问负责”“并联审批”“审批绿色通道”“全程代办”等办法模式，以解决行政审批中存在的散、慢、难、差和满城跑、重复跑等问题，减少办事环节，提高办事效率，增加工作透明度。“中心”设立固定资产投资项目并联审批总服务窗口，做到固定资产投资项目“一口进、一口出”和“五个统一”，即统一受理、统一协调办理、统一组织勘查现场、统一收费、统一发放有关证照，并对项目受理后各阶段的审批做好跟踪督查工作。2003～2008年，“中心”共办理各类行政审批行政服务事项68266件，按期办结率100%。

行政审批服务大厅工作现场

第六章　外事侨务

第一节　机　构

1986年10月,撤销县侨务办公室,设立外事侨务办公室。1990年2月建立党组。1993年11月外事侨务办公室撤销，其职能划归县政府办公室。1993年11月至2008年,市政府办公室下设外侨科,具体负责外事侨务工作。

第二节　主要工作

落实"归侨侨眷权益保护法"　至1996年，共解决归侨侨眷经济案件9件，涉侨案件33件，接待处理归侨侨眷和侨胞来信来访38件，为298名归侨侨眷办理了出国手续,385名侨眷就工,21名归侨侨眷子女上学得到了照顾,落实华侨私房政策2户，解决了5户侨眷房屋拆迁问题。共有归侨侨眷26人被推荐为人大代表和政协委员。

侨情普查　1991年,进行全县侨情调查,全县共登记华侨华人及港澳同胞125户,575人。归侨30户。华侨华人分别分布在美国、朝鲜、日本、加拿大、韩国、巴西、智利、新加坡、巴拉圭等国家和香港、澳门地区。

外事接待　改革开放后,到境内探亲寻亲、投资办厂、洽谈生意的外籍人士增多,境内人员出国留学、定居、考察参观的人员增多,合作交流等外事活动越来越多。1986至1996年,共接待到高密参观考察、洽谈贸易、旅游观光等的外国人、华人华侨、港澳台同胞3000多人次。

涉外管理　1986至1996年,共办理来华人员邀请手续53人次。举办涉外知识培训班10期,有580人次参加了学习。

第十编

法　治

1986~2008 年，中国正处在改革发展的关键时期，是期，高密市的公安、检察、审判、司法行政等工作，认真贯彻落实党的路线方针政策，切实履行部门职能，围绕全市经济建设和社会稳定大局，抓源头、抓根本、抓基础，在社会治安、矛盾化解、管理创新、廉洁执法和队伍建设等各个方面，均取得较大成绩，为经济社会建设发展发挥了保驾护航的作用。

第一章 公 安

第一节 打击刑事犯罪

打击刑事犯罪工作具体由市公安局刑事侦查大队和预审科负责。1997 年 7 月刑侦工作进行改革，实行侦审合一。2001 年设立刑警预审中队，具体负责刑事案件逮捕后的审查移诉和深挖余罪工作。2007 年 6 月实行侦、审分离，将刑警预审中队、局法制科合并成立法制案审大队，具体负责行政案件的审核以及刑事案件的审查移诉和深挖余罪工作。2008 年成立禁毒中队，并成立基础业务中队，开发基础业务软件平台。1986 ~ 2008 年，共破获各类刑事案件 25849 起，其中重特大案件 6932 起。抓获各类刑事犯罪嫌疑人 15449 人，打掉犯罪团伙 1398 个，其中 2008 年成功打掉潍坊首例黑社会性质犯罪团伙。

追捕在逃犯 1986 ~ 2008 年，市公安机关共追捕各类在逃犯 1635 人，其中包括一批罪行严重、影响恶劣的在逃犯。7 次抓获杀人在逃犯（其中潜逃 8 年的杀人逃犯宋某于 2004 年 10 月 26 日在黑龙江省东宁县被抓获），2 次抓获重大诈骗在逃犯，2 次抓获重大抢劫在逃犯，1 次抓获重大盗窃在逃犯。

■ 20 世纪 90 年代的高密县公安局机关大院 （1992 年 摄）

■ 高密市公安局大门 （2008 年 摄）

专项打击行动 1986～2008年，全市先后组织67次专项斗争，共抓获各类刑事犯罪嫌疑人9500余名，破获案件12800余起，打掉各类犯罪团伙750个。其中，1988年组织4次反盗窃、抢劫专项斗争和打击流窜犯罪专项斗争。1989年组织“打流窜、反扒窃、破现案”专项斗争，破案564起，抓获各类犯罪嫌疑人439名，摧毁团伙34个。1991年根据当时抢劫犯罪比较突出的现象，于5月、7月各组织一次区域性的打击抢劫破案会战，打掉犯罪团伙25个，成员117名，破案315起。1992年组织以城区为重点的打击入室盗窃犯罪和打击车匪路霸破案会战专项斗争，破案414起，抓获犯罪嫌疑人67名，摧毁团伙17个，抓获成员45名。1998年组织为期40天的打击盗抢机动车专项斗争，抓获盗抢机动车犯罪嫌疑人41名，破获案件129起，追回机动车118辆，总价值40余万元。1999年参与全国范围内的大规模网上追逃专项斗争，共追回各类在逃犯100余名。2000年参与全国范围内的打击拐卖妇女儿童专项斗争，解救妇女21名。2001年和2002年，参与全国组织为期2年的“打黑除恶”专项斗争，共打掉各类犯罪团伙165个，抓获团伙成员594名。2003年夏季，根据城区抢劫和抢夺案件突出的实际，组织为期3个月的打击“双抢”专项斗争，共打掉“双抢”犯罪团伙22个，破获案件60起。2006年组织开展打黑除恶专项斗争，打掉涉黑恶团伙51个，抓获各类涉黑恶违法犯罪嫌疑人310名；组织开展打击盗机动车专项行动，追缴被盗抢机动车135辆，其中摩托车70辆，汽车65辆。2007年开展打击“两抢一盗”“多发性侵财犯罪”“盗窃破坏电力、电信设施犯罪”等专项行动，破获各类”两抢两盗”案件512起。2008年开展打黑除恶专项行动，打掉李某某黑社会性质犯罪团伙，破获故意杀人、持枪抢劫、盗窃、寻衅滋事等各类案件200余起。

刑事技术侦查 1986～2008年，市公安局相继装备指纹库以及半自动检索系统、测谎仪、多波段光源、502自动熏显柜、微机等先进设备，刑侦装备技术水平不断提高。其间，出现场6900余处，利用刑事侦查技术手段直接破案900余起。1988年始驯养警犬，至1990年利用警犬破案6起。1992年利用刑侦技术破获高某杀人案。1995年开始装备微机，建立犯罪指纹库。1996年首次利用指纹库检索，破获张某盗窃案。1997年装备测谎仪。是年利用现场提取的足迹，认定犯罪嫌疑人綦某，破获“3·12”张某被杀案。1998年利用现场提取的指纹及足迹破获刘某系列强奸案，利用物品整体分离痕迹认定破获王某被杀案。1999年通过现场提取捆绑物，利用整体分离痕迹认定办法破获徐某被杀案；通过现场提取的指纹破获杜某被杀案，抓获犯罪嫌疑人于某。2000年通过现场提取物品，利用整体分离重合技术破获柳某被杀案；通过指纹认定抢劫杀人犯罪嫌疑人陈某。2001年通过现场提取的指纹抓获盗窃犯罪嫌疑人邱某、认定许某杀妻案；通过现场提取的指纹

■ 一次打黑除恶专项行动

进行检索，破获“7·16”入室抢劫、轮奸案，抓获犯罪嫌疑人吕某、李某等3人。2002年通过足迹认定破获苗某被杀案，抓获犯罪嫌疑人刘某；根据现场提取的足迹，破获系列电缆被盗割案，抓获犯罪嫌疑人张某及团伙成员10人；通过比对指纹破获单某、张某被杀案，抓获犯罪嫌疑人李某；通过指纹认定张某被杀案，抓获犯罪嫌疑人张某、季某。2003年通过现场提取的足迹破获楚某被杀案。2006年通过DNA比对破获“地质队首饰店被盗案”，抓获犯罪嫌疑人邱某；通过现场提取的痕迹破获系列盗窃耕牛案240余起。2007年利用指纹比对破获“杜某被抢劫杀人案”，抓获犯罪嫌疑人远某。

■ 高密市公安局110指挥中心

经济侦查 1986年后，随着经济的发展，由公安机关刑侦部门负责的经济犯罪案件逐年增多。1999年1月市公安局专门设立经济侦查大队和经济犯罪举报中心。经侦大队共设有1个综合科、3个办案中队，民警18名。1999～2008年，共立案233起，抓获犯罪嫌疑人348名，挽回经济损失约9000万元。

第二节 治安管理

公共秩序管理 1986年，在公共场所开始全面推行单位领导负责制、岗位责任制和治安防范网络的“两制一网”机制，实行谁主管谁负责，加强公共秩序管理。1993年10月，市公安局组建巡警大队，承担“110”出处警、巡逻巡查、处置突发性事件等任务。1998年6月，在人民大街西首和立新街中段设“110”出警室，做到24小时备勤、出警、巡逻，闻警即动。1994～2008年间，巡警大队共查处各类治安案件1300余起，涉及刑事案件760起，抓获各类违法犯罪人员3000余名。2001年夏，组建防暴队伍。2005年8月，在原巡警基础上组建新的特警大队。特警大队主要承担开展巡逻巡查，维护城区秩序，打击、预防和制止现行违法犯罪行为，处置各类突发性事件、大型活动安保、警卫等任务。打击“黄、赌、毒”和封建迷信活动是公安机关的任务之一。1986～2008年，开展数次集中整治，对制售淫秽物品、聚众赌博、卖淫嫖娼、色情服务等现象予以查禁打击，共清查各类场所3000家（次），抓获“黄、赌、毒”违法犯罪嫌疑人789人，其中刑事拘留681人，查处赌博案件987起，捣毁赌博窝点1056个，查获赌博机425台。

枪支弹药、爆炸物品管理 1986年后，围绕枪支弹药、爆炸物品管理，公安部门先后采取过数次行动，收缴流散在社会上的枪支和爆炸物品，整治烟花爆竹市场，查禁、取缔非法制贩窝点和业户。通过治爆缉枪等各类专项整治行动以及群众举报，1986～2008年共收缴个人各类枪支1.3万多支、子弹5万多发、炸药4500多公斤、雷管7000多枚、管制刀具1856把、烟花爆竹1000多万头。其中，1998年6月和11月两次将收缴的4500支土枪送潍坊销毁。除集中整治外，注重抓好日常监管，确保不发生任何安全事故。2007年1月，民用爆炸物品信息管理系统正式运行，对民用爆炸物品生产、储存、运输、销售、使用各环节实施信息化、动态化管理。

特种行业管理 1986年后，县境内特种行业逐步增多，至1992年，全县有特种行业如废旧金属收购业、旅店业、旧货业、印刷业、刻字业等400多家。是年对上述特种行业进行集中整顿并予以规范。1995年对全市100多家“路边店”集中进行两次清理整顿，取缔非法经营旅店20多家。1998年，对公安部新列管的汽车、摩托车修理业和报废汽车拆解业等特种行业进行登记、检查，其中5家非法经营业户被吊销许可证，20多家被责令停业整顿。2006年，建成全市旅馆业信息管理系统，该系统集前台登记功能、照片采集功能、数据通信功能于一体，可对旅客入住实现实时、实情动态监控。到2008年，全市旅馆全部纳入该信息管理系统。

监所管理　1986年，看守民警负责办理在押人员的收押手续，监区安全由武警负责。1991年1月13日，武警撤离监区负责外围警戒，监区内安全管理24小时全部由民警负责。1989年7月在监区内安装监控设备。2001年7月，设立市公安局监管大队，下辖看守所和治安拘留所。看守所和治安拘留所均实行24小时值班，半军事化管理，定期对在押人员进行法制教育。2002年8月建立“亲情餐厅”，对判刑后已过上诉期和留所服刑人员，由家属提出申请、经大队领导批准后，在看守人员的监视下，到监所餐厅共同进餐。在押人员入所后24小时内，由值班人员告知其应遵守的规定和依法享有的权利，充分保障在押人员的合法权益。动员在押人员坦白余罪，鼓励检举揭发他人犯罪线索，戴罪立功。1986~2008年，通过上述措施，累计挖出犯罪线索2490条，破获各类刑事案件326起，其中杀人案件1起，重大案件158起，一般案件167起，抓获案犯397人。

保安服务　1988年10月，公安局成立保安服务公司，为全市党政机关、企事业单位提供保安服务，公司于次年1月正式挂牌营业。公司成立伊始，有保安队员50人，2001年发展到768人，服务单位132家。至2008年，保安队员有1375名(其中537名是当年10月由协警队员集体转入)，服务单位166家。保安公司是公安内部唯一辅助力量，实行统一服装、统一待遇、统一管理。保安公司成立后，共协助公安机关抓获违法犯罪嫌疑人1200余人，其中治安拘留163人，逮捕判刑47人，其他处理990人，预防各类犯罪4300起，排除各种隐患5400起，挽回和避免集体、个人经济损失1000多万元。

■20世纪90年代高密县公安局看守所（1992年 摄）

第三节　户籍管理

常住人口管理　1988年10月，根据1985年《中华人民共和国居民身份证条例》，为全市16周岁以上公民制发居民身份证，发证人数62万。1989年6月之前，户籍业务归县公安局治安

■1988年成立的高密县保安服务公司　（1992年 摄）

股办理,之后由新成立的户政股负责。1993年3月户政股复与治安股合并,户籍业务归到新组建的治安大队。同年6月,根据《山东省农村户口管理暂行办法》,为全县农村居民制发户口本。1994年1月,启用新的户口迁移证、户口准迁证。1996年2月,全市户口实施微机化管理,841937人的常住户口录入微机。1997年,全市居民户口实行属地化管理。自1998年8月始,新出生婴儿的落户由过去随父改为随父随母自由选择政策。1999年1月,户籍管理改由新设立的户籍科负责。2001年10月,首次为境内现役军人编制公民身份证号码。2007年7月,全市居民身份证号由原15位升为18位,并改称"公民身份号码"。2004年1月1日,全国第二代居民身份证开始换发,全市从2005年底开始换发第二代居民身份证。第一代居民身份证于2013年1月1日正式停用。

新中国成立以后,居民户口实施"农业户口"和"非农业户口"分类管理。"非农业户口"的享受国家粮油供应和就工安排。其间,特别是七八十年代,每年都有一部分"农转非"指标,为部分领导干部、科技干部户籍在农村的家属和未成年子女办理"农转非"。随着改革开放的深入和市场经济体制的建立,非农业户口的优越性逐步弱化,至20世纪90年代末二者基本没有区别。2004年4月26日,全省范围内取消农业、非农业户口性质的划分,居民户口按照常住居住地登记,统一登记为居民户口。

城区门牌管理 2009年3月前由市民政局负责,包括街路和胡同小巷路牌、楼号牌、大门牌、楼房单元牌、小门牌和户牌的编划、制作、安装。之后交由市公安局管理。

暂住人口管理 1986年,时为计划经济管理,人员流动较少,农民进城务工人员不多。随着计划经济向市场经济转型,大量农民工涌入城镇务工经商,人口加速流动,流动人口管理工作随之被提上议程。1996年4月,市政府根据公安部和省政府的有关规定,制定暂住人口登记管理规定,并于1999年1月设立流动人口管理办公室,对全市流动人口发放《暂住户口证》,有效期为一年。是年全市暂住人口为4721人。此后逐年增长,至2008年全市暂住人口达到1万多人。

第四节 交通管理

1986年10月,根据国务院《关于改革道路交通管理体制的通知》,对道路交通管理体制实施重大改革,原由交通部门负责的道路交通管理工作,改由公安部门管理。1987年4月由交通局交通队和交通监理站合并组建县公安交通警察队。1993年后增建4处乡镇交警中队。1998年1月设立公路巡逻民警队。1986~2008年,累计检查纠正各类交通安全违法行为18950起,其中查纠无牌无证、假牌、套牌等严重违法车辆1355辆次。对醉酒、无证等违法当事人实施行政拘留85人,查处超员、超速、超载等违法车辆3900余辆。

交通安全秩序管理 1989年,交通安全秩序管理由城区始扩大到全市所有道路,以市区街道和省道平日路、胶王路等主要公路为管控重点,交通民警包路段上路执勤。城区交通安全秩序管理实行"高峰站点、平峰巡线、动静结合、区域管理"的新模式,并重点突出以"三超一疲劳"、涉牌涉证、"酒驾""七治"等为重点的集中整治;在乡镇成立4处交警中队的基础上,1998年在柴沟建立8号警务工作站,内设道路智能监控系统,对路面交通状况实施24小时监控,及时查证、准确识别过往车辆的运行状态及各种违章违法行为。2006年开始,累计投资1125万元,分批建成了14个交通路口的电子警察系统,41个路口的视频监控系统,4个公路卡口和雷达测速系统,5套移动测速设备和系统高度集成、功能相对完善的道路交通指挥中心。专门设

■ 高密市公安局交警大队正门

■ 原高密市交警大队　（1992 年 摄）

置了交通违法处理室，负责全大队科技设备管理和非现场违法行为的处理。自 2007 年 4 月至 2008 年底，交警大队实施非现场处罚 47530 起，罚款 600 余万元。

车辆、驾驶员管理

自行车管理　1986 年，自行车管理由治安股下设的自行车管理所负责，各派出所设 1 名自行车管理员，负责自行车登记、建档、打印、发牌证，每年一次验证。1989 年后，随着经济发展，机动车增多，对自行车管理职能逐渐减弱，2000 年 7 月，自行车不再到公安机关登记。

机动车和驾驶员管理　1986 年至 1987 年 4 月机动车和驾驶员管理由县车辆监理站负责，后交由县公安局车辆管理所管理。车管所负责全市机动车辆挂牌（2006 年 6 月之前汽车挂牌由潍坊市车管所办理，之后下放到县级公安局车辆管理所）、驾驶员培训办证以及车辆和驾驶员年检、年审等工作。1988 年《中华人民共和国道路交通管理条例》实施前，汽车驾驶员培训由县公安局车辆管理所汽训队负责，其他车型驾驶员学习培训在县公安局车辆管理所。1986～2008 年，全市共有 3 家驾驶员培训点。凤城驾校：1985 年 5 月成立时名称为邮电局汽训队，后更名凤城驾校。到 2008 年共培训汽车驾驶员 9 万人左右。机场汽训队：1988 年营业（挂靠邮电局汽训队），后因接上级指示，国家机关、部队不允许办驾校而于 1994 年停办。超越驾校：2002 年开业时名称为东欧汽车修理厂机动车驾驶员培训站，后更名为超越机动车驾驶员培训有限公司。至 2008 年共培训汽车驾驶员约为 1.6 万人左右，办理五小车辆证约 5000 人。截至 2008 年，全市在册机动车保有量为 269760 辆（不含汽车），其中摩托车 230747 辆，农用运输车 32011 辆。2008 年，市政府批准并划拨土地 23 亩，对车管所搬迁新建。新建车管所在交警大队南侧，总投资 1500 万元，总建筑面积 5900 平方米。

事故处理　1987 年前交通事故处理工作由县交通监理站负责，其后改由交警队负责。交通事故处理坚持以“事实清、证据齐、定责准、处理快、服务好”为基本要求，落实事故处理“三公开、两实行”（公开办案程序、公开责任认定、公开调解赔偿和实行不强行定点维修车辆、实行案件回访制度）的办案工作制度。依法及时处结各类交通肇事案件，做到事实清楚、证据齐全、程序合法。同时加大对交通肇事逃逸案件的侦破力度，做到快速反应，缜密勘查，使逃逸案件得到及时侦破。

重大事故案例选介：

案例一：1999 年 10 月 3 日 12 时 40 分，临沂市罗庄区册山镇吴某驾驶拖挂车沿胶王公路由东往西行驶至事故地点，与对行的青岛市四方区潘某驾驶的小型客车（内乘 29 人）相刮，造成死亡 7 人，重伤 2 人，轻伤 6 人，直接经济损失 3 万余元的特大交通事故。后经交警大队现场调查、分析，认定吴某因违反《中华人民共和

1986～2008 年高密市交通事故统计表

表 10－1

年　度	事故起数	死亡人数	受伤人数	经济损失（万元）	年　度	事故起数	死亡人数	受伤人数	经济损失（万元）
1986	83	17	37	3.59	1998	1942	87	1032	156.21
1987	135	35	77	11.974	1999	2351	123	1440	117.6
1988	126	32	61	11.244	2000	2319	139	1258	112
1989	125	27	56	12.312	2001	2489	155	2014	146.8
1990	120	29	57	22.421	2002	2348	164	2016	220.5
1991	125	28	55	25.51	2003	2216	171	1946	217
1992	107	41	54	11.3	2004	1965	144	1731	198
1993	56	27	32	6.72	2005	2441	172	1910	225
1994	49	22	32	2.05	2006	2950	224	2344	267
1995	42	23	23	2.0	2007	3931	168	2409	333.8
1996	602	81	486	17.44	2008	3556	164	2325	181.7
1997	1400	94	877	186.44					

国道路交通管理条例》，负事故全部责任。潘某对该事故不负责任。

案例二：2000 年 7 月 14 日 11 时 20 分，胶州市洋河镇王某驾驶大型拖拉机沿胶王公路由西向东行驶至胶王公路 33KM 处超越顺行的小拖拉机时，与对行的青岛市李沧区赵某驾驶的小型客车（内乘 22 人）相刮擦，造成小型客车损坏，5 人死亡，数人受伤的特大交通事故。后经交警大队现场勘查、调查、分析，认定王某逆向行驶违反《中华人民共和国道路交通管理条例》，负事故全部责任。赵某及乘客对该事故不负责任。

第五节　消防管理

1986 年，设高密县公安局消防科（副营级）和高密县公安消防中队（正连级），互不隶属，实行现役制。1992 年高密县公安局消防科改为高密县公安消防大队（正营级），消防中队隶属消防大队。2006 年，消防大队从人民大街东小庄搬迁至夷安大道南首。次年在市城北工业园新建高密市第二消防站（孚日中队）。为解决公安消防现役力量不足问题，根据山东省公安消防总队要求，经市政府批准，于 2003 年首次招收合同制消防员 7 人，到 2008 年共招收 38 人。2007 年开始，市公安消防大队管辖两个中队，分别是朝阳中队和孚日中队，均为正连级。朝阳中队实行现役官兵和政府专职消防员混编执勤，孚日中队实行政府专职消防员单独执勤。到 2008 年，消防大队总人数为 60 人，其中现役官兵 19 人，公安民警 3 人。主要承担防火、灭火和抢险救援任务。1986～1998 年，消防大队有三部执勤消防车。1999～2008 年，消防大队先后增加了东风 153 中低压泵水罐消防车、22 米曲臂登高平台消防车、大吨位水罐泡沫两用消防车和抢险救援车各 1 部，执勤消防车总数达到了 7 部。同时，增加了一批先进的灭火抢险救援器材和消防员个人防护装备。1986～2008 年，

■20世纪90年代初的高密县公安局消防大队　（1992年 摄）

市公安消防大队共接报火警7000余次，出动警力52500人次，出动车辆10500台次，扑救火灾7000余起，保护财产价值1.5亿元；参与抢险救援600余起，救助被困群众320人。消防大队还具体负责对全市消防安全重点单位和非消防安全重点单位的消防安全监督，并负责建筑工程的消防审核验收。1986～2008年，消防大队共审核建筑工程图纸消防设计文件900份，验收建筑工程项目900个，开展在建工程项目消防安全检查1100次，督促整改建筑工程火灾隐患5000余处。

第六节　出入境管理

1986～1991年，出入境管理工作由公安局政保科（股）负责，1999年1月市公安机关设立出入境管理科。公民因私事出国实行统一申请办法、统一审批条件、统一办事时限、统一收费标准的护照申请、审批管理制度。公民申请出国需要境外邀请函，颁发护照需附出境登记卡，并需单位出具意见。2002年2月1日后不再需邀请函，颁发护照不再附出境登记卡。2003年9月17日开始，实行按需申领护照制度，一般人员只要持户口簿、身份证即可申请办理护照。因私赴港澳、台手续也随之简化。同时，加强对法定不批准出境人员和国家公务员，金融、财税、国有企事业单位等特殊身份人员的通报备案工作，其中于2006年召开了全市特殊身份人员出国登记备案工作会议，对2058名特殊身份人员进行了报备，保证特殊身份人员在出国出境前按照人事管理权限，由主管部门审查同意。并对560名法定不批准出境人员进行了报备，确保法定不批准出境人员在报备期限内不准出境。对重点单位人员和重点对象重点审查，确保把那些企图以隐瞒身份、冒充他人或变更身份蒙混出境的人员全部阻挡在境内。

为减少涉外案事件发生，确保外商安全，督促企业为外商及时办理临时住宿登记，及时为其办理各种签证延期、居留等手续。为维护国家主权和法律的尊严，严格对违反外管理法规的行为进行查处。1999～2008年共查处非法入境、非法居留和不办理临时住宿登记人员80人次。其中2000年查处非法入境朝鲜人3名、缅甸人1名；2004年查处非法入境朝鲜人3名、缅甸人2名；2006年查获非法入境朝鲜人4名、非法入境缅甸人2名；2008年查获非法入境朝鲜人3名、缅甸人2名。按照规定对非法入境人员予以遣返。

1986～2008 年高密市出入境人数统计表

表 10－2　　　　　　　　　　　　　　　　　　　　　单位：人

年度	出境人数	入境人数	年度	出境人数	入境人数
1986	0	65	1998	231	299
1987	1	108	1999	217	344
1988	1	495	2000	295	299
1989	5	326	2001	405	336
1990	6	379	2002	679	354
1991	15	369	2003	570	294
1992	24	410	2004	720	306
1993	18	303	2005	926	350
1994	30	367	2006	1100	420
1995	34	428	2007	1275	460
1996	85	366	2008	1689	550
1997	141	370			

第二章 检 察

第一节 机 构

1986 年，高密县人民检察院内设机构有刑事检察一科、二科，经济检察科，监所检察科，控告申诉检察科，技术科，政工科，办公室，共有在编人员 65 人。1988 年 8 月设立经济罪案举报中心，同时增设研究室。1993 年 3 月设立检察院民事行政检察科。1994 年 8 月，因撤县改市，高密县人民检察院更名为高密市人民检察院。1996 年 7 月，设立高密市人民检察院反贪污贿赂局。2002 年 8 月，设立高密市人民检察院渎职犯罪侦查局，并设立职务犯罪预防科。2006 年 5 月市检察院渎职犯罪侦查局更名为反渎职侵权局；8

高密市检察院办公大楼　　　　（2008 年 摄）

月成立市检察院检务督查办公室。2008年3月成立市检察院检务督察委员会，下设检务督查办公室。共有在编人员85人，其中干警78人，工勤人员7人。2001年，高密市检察院被省检察院评为"五好基层院"；2005年2月，被省检察院记"集体一等功"；2006年，被省检察院评选为"全省先进基层院"。

第二节　检察工作

刑事检察　1986年，全年批准逮捕案犯120人，提出公诉122人，出庭支持公诉85件次。1988年10月，县检察院批准逮捕以曹某为首的反革命组织反动会道门"青华圣教"在高密的骨干分子7人，经审查以阴谋颠覆政府、分裂国家的反革命罪，移送潍坊市检察院提出公诉，被法院分别判处死刑、无期徒刑和有期徒刑。1991年7月始，参与全市的"打抢劫反盗窃"专项斗争。1992年，共决定批准逮捕抢劫案犯155人，盗窃案犯149人，决定提起公诉抢劫案犯140人，盗窃案犯119人。1996年起，根据上级统一部署，在全国范围内开展严厉打击暴力犯罪、流窜犯罪、涉枪犯罪，特别是带有黑社会性质团伙犯罪等活动。至1998年底，对此类犯罪共批准逮捕248人，其中重大特大案犯139人，经审查提起公诉251人。2001年4月起，全力投入全国开展的"严打"整治斗争，重点打击爆炸、杀人、抢劫、放火、重大盗窃等五类犯罪。截止到2003年底，依法批准逮捕各类犯罪嫌疑人1157人，提起公诉1656人，其中批捕五类重点犯罪599人，公诉610人。2005年，继续坚持"从重从快"方针，严厉打击了严重刑事犯罪活动，突出打击重点，对带有黑社会性质犯罪，严重暴力犯罪，团伙犯罪和抢劫、盗窃危害群众安全的多发性犯罪，依法严厉打击。共批捕此类案件150件256人。坚持提前介入侦查活动，成功办理了潍坊市检察院交办的在全市有较大影响，作案70余起的被告人抢夺、销赃一案。2008年，将维护稳定作为首要任务，严厉打击刑事犯罪。依法从重从快批捕、起诉了一批严重刑事犯罪案件。共受理公安机关提请批捕案件199件323人，批准逮捕202件334人，受理移送审查起诉案件642件957人，提起公诉642件916人。从快从严批捕的非法拘禁外国人的赵某等4名犯罪嫌疑人，最高检察院对此予以充分肯定。

职务犯罪检察　1986年起，县检察院经济检察以查办国家工作人员贪污、贿赂犯罪为重点，法纪检察以查办侵权渎职犯罪为重点。至1988年底，涉及此类重点人员职务犯罪被立案查处34人。其他类经济案件立案侦查50件57人，提起公诉43件48人，免予起诉38件42人。法纪案件立案侦查28件36人，提起公诉15件17人，免予起诉13件19人。1989年8月起，宣传贯彻最高人民法院、最高人民检察院《关于严厉打击严重经济犯罪的通知》，当年，立案查处了某厂会计特大贪污案，提起公诉后，一审被判处死刑。至1991年底，共立案侦查经济案件95件111人，共中大要案27件27人。1995年，立案侦查以侵权、渎职犯罪为重点的各类法纪案件9件15人，其中刑讯逼供1件4人，玩忽职守3件4人，其他罪案5件7人。是年办理一起司法人员职务犯罪重大案件，这是检察院恢复工作以来首次办理此类案件。1996年高密市人民检察院成立反贪污贿赂工作局，当年受理各类经济案件96件，立案侦查48件50人，其中大要案40件，涉及贪污贿赂罪案18件，为国家和集体挽回经济损失600多万元。

1998年起，实施修改后《中华人民共和国刑事诉讼法》，检察机关不再受理查办偷税、抗税、假冒商标、诈骗等经济案件，着力开展对党政机关、行政执法机关、司法机关、经济管理部门"三机关一部门"发生的贪污贿赂、侵权、渎职等职务犯罪案件的查办。截止到2003年底，受理贪污贿赂和重大挪用公款案件251件，立案侦查107件

109人，其中“三机关一部门”人员84人，提起公诉97件102人，为国家和集体挽回经济损失1506万元。受理侵权、渎职犯罪案件35件，立案侦查14件，其中司法人员徇私舞弊、渎职犯罪案立查7件7人。2000年8月，初步建立起检察机关预防职务犯罪工作机制，构建了预防职务犯罪工作网络。2002年初成立了预防职务犯罪领导小组，设立了职务犯罪预防科，逐步完善了由检察机关部门预防与社会预防相结合的转变，与金融、税务、工商、审计等重点行业联手加强了预防工作，从源头上防止和减少职务犯罪的发生。2003年，共立查职务犯罪案件17件17人，其中查处两起正科级干部和两起社会知名度较高的职务犯罪重大案件，引起社会各界较大反响。2005年，查处贪污贿赂等职务犯罪，共立查此类案件17件19人，其中大案11件13人，移送起诉14件16人，法院已全部判决。集中开展了查办国家工作人员和利用职权侵犯人权犯罪的专项活动，立查的8件9人均为大案。2006~2008年，共立查贪污贿赂、侵权渎职职务犯罪案件40件64人。针对发案单位存在的问题，提出检察建议76条，帮助建章立制52条，其经验做法，被省检察院和潍坊市检察院予以推广。

山东省和潍坊市检察院领导到高密检察院检查指导工作(2006年 摄)

第三节 诉讼监督检察

1986年起，诉讼监督检察，着重开展对严重刑事犯罪和破坏市场经济秩序犯罪方面的检察。对侦查监督检察的重点是以罚代刑，有罪不究，以及防错防漏；对审判监督检察的重点是重罪轻判，有罪判无罪以及在审判活动中的违法行为。至1989年底，共决定不批准逮捕74人，追捕漏犯4人，追诉漏犯8人，纠正侦查、审判机关在侦查、审判活动中一般违法行为16次。对一起有罪判无罪案件，报送潍坊市检察院，按审判监督程序提起抗诉；对两起重罪轻判案件提出检察建议和纠正意见，均被审判机关采纳，改变原判决。1990年始，实行侦诉分离，即自行立案侦查的经济法纪案件，改为侦查与逮捕、起诉分开，分别由两个部门办理，实行自侦案件的侦捕、侦诉分权制。当年，经济检察科移送刑事检察一科批捕的7名案犯，经审查均作出批捕决定，对经济案件、法纪案件移送刑事检察二科提起公诉16件20人，免予起诉18件19人，经审查决定提起公诉11件15人，免予起诉17件17人。1993年3月设立民事行政检察科，针对民事审判活动、行政诉讼活动，依法开展监督检察业务。1996年起，民事行政监督检察工作开展活跃，至1998年底共受理民事行政诉讼案件55件，立案审查25件，提请抗诉或建议提请抗诉13件，被上级检察院采纳7件。1998年，建议提请抗诉案件中其中一件经省检察院向省审判机关提出抗诉，审理后，改变原判决。

1995年始，在市看守所增设检察室，重点检察看守人员能否依法管理人犯，监督检查落实安全防范规定，以及纠正超期羁押和违法减刑、假释、保外就医等问题，不断提出检察建议和纠正意见，尽力增强监所检察监督效力。此后一直未有超期羁押现象发生。

1997年、1998年，检察院自行侦查部门的贪污贿赂案件和法纪案件，侦查终结后移送起诉部门审查起诉的37件，经审查决定提起公诉的32件，不起诉的3件。1998年起，对公安机关侦查监督活动新增加立案监督一项，重点纠正侦查机关有案不立，有罪不究等问题，至2000年底，监督公安机关立案侦查30件30人。是期，其他项监督也同步进行，不批准逮捕76人，追捕漏犯19人，不诉1人，追诉漏犯28人。

检察人员进行案件调查 （2006年 摄）

2001年4月至2004年底，配合"严打"整治斗争，依法监督公安机关立案4件57人，追捕漏犯24人，不捕69人，追诉漏犯76人，出庭支持公诉中，对法庭违法行为书面通知纠正4件次。2005年监督公安机关立案18件22人，不批准逮捕11件23人，追捕7件7人，撤案29件49人，追诉漏犯15人，追捕追诉的漏犯，法院均做了有罪判决。2006～2008年，配合"严打"整治斗争，不断强化监督意识，完善监督机制，全面开展对诉讼活动的法律监督，依法监督公安机关立案33件37人，追捕漏犯60人，不捕31人，追诉漏犯59人。对市法院审判适用法律不当，依法提出抗诉并被改判案件1件。

第四节 控告申诉检察

1986年起，控告申诉检察承担着受理人民来信、接待来访，处理控告信访案件和刑事申诉案件。至1987年底，共受理人民来信267件，接待来访75件。复查后转相关部门处理240件。受理刑事申诉案件19件，复查后转其他机关处理15件，立案查处4件，改变原决定1件。1988年8月设立经济罪案举报中心，安装举报专用电话，在市区和重点乡镇设置举报箱。至1991年底，共受理信访案件628件，受理控告检举案件线索392件，复查后转有关部门处理506件，立案查处83件。受理刑事申诉案件18件，复查后转其他机关处理11件，立案查处7件，改变原决定3件。1994年起，控告申诉检察的桥梁纽带作用和监督制约机制明显发挥，推进了反腐败斗争的整体运作。至1997年底，共受理控告检举508件，经复查筛选交院自侦部门确定立案查处的133件，其中涉嫌贪污贿赂和重大挪用公款罪案79件，涉嫌侵权、渎职罪案13件，其他罪案41件。1997年大力开展文明接访工作。2000年，控告申诉检察科被最高人民检察院授予全国文明接待室称号。截止到2003年底共受理查处控告申诉案件983件，妥善处理集体上访121件，告急上访54件。对控告检举出涉嫌贪污贿赂等案件58人，交相关部门立案查处，依法追究其刑事责任。2005年落实检察环节社会治安综合治理措施，加强与社会区域联合，设立联系点39个。省检察院督察室到高密检察院暗访，对高密检察院的控申工作给予了较高评价，省院控申处的领导也给予充分肯定。是年共受理群众来信来访125件，初查51件，从中立案13件，完成交办案件6件，平息集体访4件19人。2006年起，全面加强规范控申举报工作。充分发挥职能优势，着力保障和关注民生，制定实施了“一五五”信访工作法，依法处理了一批侵犯民生权益、影响社会稳定的来信来访、陈案积案，多年未出现重复上访、越级上访案件，取得了党委政府满意、上级检察机关满意和人民群众满意的“三满意”效果，最高人民检察院、省检察院都转发了高密市检察院的工作经验。截至2008年底，共受理来信来访205件，集体访8件，全部按规定进行妥善处理。

第三章 法 院

第一节 机 构

1985年，县人民法院内设刑事审判一、二庭，民事审判庭，经济审判庭和执行庭。1988年设立行政审判庭、法医室。1989年撤销刑事审判二庭，变更为告诉申诉审判庭。1994年将经济审判庭分设为经济审判一庭、二庭。1998年撤销告诉申诉审判庭，设立案庭和审判监督庭。2001年撤销执行庭，改设执行局，下设执行一、二、三庭。2002年民事审判庭变更为民事审判一庭，经济审判庭变更为民事审判二庭。2005年设立信访室，专门负责涉诉信访案件的管理协调。2006年设立少年法庭。2008年设立民事审判三庭，专门审理交通事故人身损害赔偿案件。

设在乡镇的人民法庭是县法院审判的派出机构。1985年设置城关、夏庄、姜庄、大牟家、姚哥庄、柴沟、拒城河、方市、阚家、双羊10处人民法庭。1987年增设柏城、张鲁、河崖、蔡家站、周阳、呼家庄、李家营、王吴8处人民法庭。1988年，29个乡镇全部设立。1998年人民法庭进行撤并，保留高密（镇）、柴沟、双羊、初家、柏城、河崖、姜庄7处。2000年撤销河崖、姜庄人民法庭，设立夏庄人民法庭。2004年撤销初家法庭。2006年撤销高密（镇）法庭。到2008年，全市有夏庄、柏城、双羊、柴沟四处基层法庭。

1989年，县法院从镇府街迁至长丰街新建的院址办公。2004年迁至康成大街东首，新的审判办公大楼总建筑面积1.6万平方米，办公、审判、生活三区各成体系。

位于康成大街东首的高密市法院办公大楼

第二节　刑事审判

人民法院对各种严重危害社会的犯罪分子坚持“宽严相济”的刑事司法政策，依照《中华人民共和国刑事诉讼法》规定的审理程序和《中华人民共和国刑法》确定的罪名和量刑幅度，进行公开审判。审判组织以合议庭为主，人民陪审员参加。简单案件由审判员独任审判，重大疑难案件由审判委员会讨论决定，实行公开、陪审、回避、辩护等制度。1986 年，对 1957 年至“文化大革命”期间判处的政治性刑事案件及其他刑事申诉案件 684 件进行复查，改判无罪 199 人，免刑 11 人，减刑 14 人。1997 年前，对严重危害社会，但刑法无明文规定罪名的，采用法律类推制度。之后完全实行罪刑法定，疑罪从无的原则，废除法律类推制度。1986 ~ 2008 年共审结刑事案件 4297 件，惩办犯罪分子 6345 人，其中依法判处 5 年以上有期徒刑的严重犯罪分子 1040 人，占罪犯总数的 16.39%。经审查事实不清、证据不足而建议退回补充侦查的 27 件，其中撤回不再起诉的案件 5 件，确保无罪者不受法律追究。推行“教育、感化、挽救”的未成年人犯罪帮教机制，积极探索完善庭前调查制度，积极参与社区矫正工作。1986 ~ 2008 年共审结 246 案 288 人，无一上诉、无一重新犯罪。

■ 柴沟人民法庭

第三节　民事审判

1986 ~ 2008 年，人民法院在民事审判、收结案方式以及法庭工作关系，变化较大。1986 年，10 处人民法庭分别管辖各自辖区内的民事案件和刑事自诉案件。1988 年末 29 个乡镇全部设立法庭后，各乡镇的一般性的民事案件，由各法庭自行处理解决。为便于工作，确定高密、双羊、柴沟、柏城、夏庄、姜庄等 6 处为中心人民法庭，对适应普通程序审理的案件在所辖法庭共同组成合议庭审理。人民法院民事审判庭主要负责市直机关及城区非农业户口的民事案件、刑事自诉案件，并专门审理最高人民法院规定由民事审判庭审理的案件，如道路交通事故、劳动争议、发回重新审理等案件。人民法庭遇有重大疑难案件民庭亦派人参加合议庭共同审理，督促人民法庭依法审结案件，评查人民法庭已结民事案件。1986 ~ 2008 年共审结婚姻家庭、土地承包、交通事故、医患纠纷、劳动争议等民事案件 54660 件，调解、撤诉率达 75%。人民法庭除管辖民事案件外，还负有普及法律，培训基层调解人员，向当地基层组织提出司法建议，协助基层组织理顺民事法律关系等工作。

第四节　经济审判

经济审判系由民事审判分离而来，专门对法人与法人、自然人与法人之间在经济流通领域发生的经济纠纷案件进行审判，以保障正常的经济流通秩序，促进商品经济发展。1998 ~ 2008 年，共审结各类经济纠纷案件 26072 件，涉案标的额18.7亿元。此期间，还为企业提供法律咨询，参与企业破产案件审理。

第五节　行政审判

1988年，县法院设立行政审判庭，依据《中华人民共和国行政诉讼法》对行政管理相对人不服行政机关依职权做出的处理、处罚决定提起的诉讼进行审判，监督行政机关依法行政。1992～2008年共审理各类行政诉讼案件3213件。行政审判庭注重发挥行政审判"调节器"作用，积极探索行政协调机制，行政诉讼案件和解撤率达83%，较好地维护行政管理相对人的合法权益。进一步规范非诉行政执行工作，重点强化对社会抚养费征收、城市房屋拆迁、环境保护行政处罚等案件的强制执行力度，2002～2008年共执结各类非诉执行案件5184件。

第六节　审判管理与审判监督

审判管理是法院管理的核心。市人民法院将审判流程细分为立案、庭前准备、开庭审理、结案、执行、归档等节点，强化节点控制，防止案件失控。将整个审判工作分为审判质量、办案效率、诉讼效果、司法能力等项，进行考核，每个案卷的评查结果均制作成表，反馈给各业务庭及案件原承办人。对发现所结案件确有错误或当事人申请再审的案件，由院长提交审委会讨论后进行再审，存在问题的由原承办人加以纠正。对人大交办的申诉案件，经审查如确有错误的提起再审并及时向人大报告。对检察机关抗诉的案件，市法院及时立案审查，重新组成合议庭进行审理。再审过程中，依法通知检察机关派出检察人员到庭监督。1988～2008年共审结各类再审案件227件。

第七节　案件执行与诉讼诚信

市人民法院在执行案件时，坚持宣传教育为主、强制执行为辅的执行原则，督促被执行人自觉履行裁判义务。对那些外欠较多、但有发展潜力的企业单位，通过采取活查封等措施暂缓执行，帮助其清理纠纷，回收欠款，偿还债务，增强企业发展的动力和活力；对有履行能力却藐视法律、拒不执行的当事人，采取查封、扣押、搜查、司法拘留等强制措施，依法坚决攻克"骨头案"。注重执行工作机制创新，探索试行债权凭证、公告执行、举报奖励、公开听证和执行催办、调执等制度，创新执行方式方法，提高执行效率和质量。1988～2008年共执结各类案件34230件，执行标的额6.71亿元。其间，法院注重诉讼诚信体系建设，坚持全流程采集、全方位提示、全庭室录入三全标准，规范涉诉案件失信信息采录工作。以此为基础，建立预警纠正机制，在起诉立案、诉讼保全、强制执行三个环节告知对方当事人，实现诉讼风险的三级预警。注重发挥舆论引导作用，通过召开新闻发布会、向社会公开通报重大典型诉讼失信案例等形式，严肃惩戒失信行为。注重信息共享机制建设，与银行、工商、房管等单位建立"点对点"信息交互平台，通过授权查询、信息互动以及定期披露等方式，交换信用信息，有效压缩失信当事人的社会形象与经济空间，从而进一步完善强化执行机制。

第四章　司法行政

第一节　机　构

1986年，县司法局内除设科股外，并辖法律顾问处和公证处。1991年后，法律顾问处改称律师事务所。之后，律师事务所发展至数家，有的为合作制性质，有的已与行政、事业脱钩。

各乡镇设司法机构。2004年，对镇街司法机构实行收编管理，成为司法局在镇街的派出机构。2007年9月，设社区矫正工作办公室，为正科级机关延伸性事业单位。2008年，市司法局内设科室有办公室、法制宣传教育科、基层工作管理科、法律服务管理科。

一次司法宣传活动

1986年，全县司法行政系统共有65人，其中司法局机关24人，法律顾问处6人，公证处6人，乡镇司法助理员29人。自1992年起，各乡镇由原来的单一司法助理员改设基层司法所。1993年7月，各乡镇法律服务站统一改称法律服务所(同司法所合署办公)。1996年，有乡镇司法所30处，乡镇法律服务所30处，人员86人。2008年底，由于乡镇合并，基层司法所减至11处，人员36人；法律服务所13处，聘用人员66人。是年，全市有律师事务所3家，执业律师34人；公证处1家，公证人员8人；法律援助中心1家，人员5人；司法局机关24人。

第二节　法治宣传

1986～2008年，按照中央普法宣传教育规划和有关要求，全市进行了五个五年普法宣传教育。“一五”(1986～1990年)普法的对象是涵盖了全县一切有接受教育能力的公民。其基本内容是：宪法、刑法、刑事诉讼法、民事诉讼法(试行)、婚姻法、继承法、经济合同法、兵役法、民法通则、民族区域自治法和治安管理处罚条例。“二五”(1991～1995年)普法的重点对象是领导干部、执法人员和青少年。主要内容是以宪法为核心并以专业法为重点。其中有1592名企事业管理人员参加了全省经济法律法规培训班的学习。“三五”(1996～2000年)普法主要是学习宣传宪法、与公民工作生活密切相关的基本法律和社会主义市场经济法律知识。其间，制定了《关于在全市实行副科级以上领导干部普法考核证制度的实施意见》，编写并发放了《农村常用法律法规手册》。组建讲法团，深入农村基层开展面对面普法活动。230名干部参加市委党校举办的骨干培训班普法学习。“四五”(2001～2005年)普法中，全市近300名副科级以上党政干部完成全省党政干部法律专业学历教育的学习。“五五”(2006～2010年)普法期间，举办各类领导干部法制讲座54场次，举办普法骨干培训班12期，培训普法骨干1300人次，举办各类大型法制宣传活动20次，发放宣传资料3万余份。全市中小学校都配备法制副校长，开设了法制教育课。

第三节 人民调解

司法行政机关负责对人民调解工作进行指导管理。1986年12月，县司法局向县政府报送《关于对全县民间纠纷发生及调处情况的调查报告》，提出了搞好调解工作的意见。1987年9月，县司法局转发潍坊市《人民调解工作规范(试行)》，11月17日至19日，在大牟家镇整训基层调解组织和调解员，乡镇司法助理员和部分村调解主任共86人参加。1996年2月，市司法局统一对全市994名调解主任以乡镇为单位进行集中培训。1997年4月1日至15日，采取集中办班的形式，对全市1120名基层调解员分期进行培训。11月20日，召开全市人民调解工作经验交流会。1998年3月5日，市委、市政府出台《关于进一步加强人民调解工作的意见》。2000年5月，市委出台《关于在全市普遍建立乡镇司法调解中心的意见》，在乡镇全面建立以司法所为依托的调解中心。2005年5月20日，市委出台《关于进一步加强镇(街道)调解中心建设的意见》，要求建立健全党委、政府统一领导，综治部门组织协调，以司法所为依托，有关部门共同参与的全方位、多层次的调解组织网络，明确了镇(街道)调解中心的制度保证、运作机制和保障措施。市成立矛盾纠纷调解指导委员会，负责全市矛盾纠纷情况控制、督查督办、检查考核等。2007年11月13日，市人民法院与市司法局联合发布《关于建立诉讼调解与人民调解对接机制的意见》，实现诉讼调解与人民调解的功能互补，形成化解矛盾纠纷的合力。

1986～2008年，全市各调解组织共调处各类纠纷4万余件，调解成功率为95%以上，防止了矛盾纠纷激化和民间纠纷转化为刑事案件。其中，2003年开展的4次民间纠纷集中排查，共调处纠纷2043件，成功率为97%，防止纠纷激化107件，避免非正常死亡55人，防止群体性上访8件。

一次矛盾纠纷调解现场

第四节　公　证

公证管理实行司法行政机关行政管理和公证员协会行业管理相结合的制度。1995年10月10日，高密市司法局制定《关于加强对公证处宏观管理的试行办法》。从1995年开始，正式实行公证员注册制度。公证员执业必须取得公证员资格（由国家司法部组织统考），并由主管的司法行政机关对其德、能、勤、绩进行考核注册后方能执业。市司法局加强公证员管理培训和公证质量监察，同时公布投诉电话，接受社会监督。

1997年，市公证处启动了以效益工资制为主要内容的内部改革，除传统的公证事项外，还新辟货物运输合同、建筑招投标、提存、证据保全、法人登记公证等新证源，特别是减轻农民负担合同公证赢得良好社会效益。当年办理各类公证6万余件，其中涉外公证133件，为当事人避免经济损失2000多万元。1986~2008年，全市办理各类公证12万余件。

第五节　律　师

律师管理　律师管理实行司法行政机关行政管理与律师协会行业管理相结合的管理体制。司法行政机关对律师和律师事务所的执业行为进行指导和监督，对有违反执业纪律者给予行政处罚。

1992年12月，实行以效益浮动工资制为主要内容的律师管理改革。1994年3月，制定《律师办案过错赔偿制度》。1995年10月，制定《关于加强对律师事务所宏观管理的试行办法》。1997年5月，制定《关于法律服务重大案件（事项）请示汇报审议的暂行规定》，加强对法律服务工作的指导和监督，提高办案质量。2000年4月，市司法局与市公安局、市人民检察院、市人民法院联合发布《关于清理整顿法律服务市场的通告》，查处违法违规执业行为，打击“黑律师”。2005年，开展了律师行业规范建设年活动，进一步规范律师事务所的管理，促进律师业健康发展。

1986~2008年，全市律师共解答法律咨询2万余人次，代理诉讼、非诉讼案件1.5万余件，为400多家企业担任法律顾问。

司法援助　为对某些经济困难的公民或特殊案件的当事人提供减、免费的法律援助，1997年7月，设立“高密市残疾人法律服务处”，残疾人可享受减、免费的法律援助。1998年，设立“军人军属法律咨询服务处”，为军人军属提供法律援助。从2001年开始，市司法局下达法律援助义务工作量，要求每名法律服务人员每年至少承办1件援助案件。2006年，市法律援助中心先后与市妇联、团市委、市老龄委、市残联、市总工会等部门联合建立法律援助工作站，为维护妇女儿童、未成年人、老年人、残疾人、经济困难职工的合法权益提供法律援助。

第六节　基层法律服务

法律服务所　法律服务所设在乡镇和街道，面向社会开展法律服务业务，为市场中介组织，受司法行政机关的管理和指导，工作人员统称“乡镇法律工作者”。1988年9月，县司法局分两期对全县乡镇法律工作者进行集中培训。2000年3月，《高密市基层法律服务工作管理办法（试行）》发布，对法律服务所实施全面规范管理。

法律服务所除不能办理刑事诉讼案件外，涉足律师工作的全部业务。1989~2008年，全市法律服务所共担任法律顾问1000余家，代理诉讼和非诉讼案件23000余件，协办公证4万余件，调解纠纷2万余件。

“148”法律服务专线　1998年11月开通了4条市“148”法律服务专线，在市司法局设立了

"148" 协调指挥中心，随后各乡镇(街道) 司法所也陆续开通了"148"专线电话。自 "148" 专线开通至 2008 年底，共接咨询电话 10187 次，接待来访群众 5842 人次，防止纠纷激化 221 件，化解集体上访 92 件，上门服务 587 次，分流到有关部门处理的事项 556 件。

天元法律服务所

第七节 安置帮教

2000 年 1 月，市成立安置帮教工作领导小组，办公室设在市司法局，对各成员单位的职责作了明确分工，并建立了有关规章制度，随后各乡镇也相应成立了安置帮教工作领导和办事机构。2003 年，对 117 名刑释解教人员落实安置帮教措施，并在市职业中学举办两期刑释解教人员技能培训班，学习种植、养殖、维修等专业技能。2007 年，对全市 579 名刑释解教人员全部建立电子档案，严格落实安置帮教措施。通过帮教，使刑释解教人员基本实现生活有着落，就业有门路。

第八节 社区矫正

2007 年初，高密市在潍坊市率先开展社区矫正工作，选取仁和镇、夏庄镇、姜庄镇进行试点。2007 年 7 月，市委、市政府出台《高密市社区矫正工作意见》，并成立社区矫正工作领导小组，办公室设在市司法局，各镇(街道)也相应成立了社区矫正工作领导和办事机构。市司法局制定了相应的工作制度和实施细则。2007 年 8 月 30 日，潍坊市社区矫正工作现场会在高密市召开。2008 年，全市进一步健全矫正工作档案，对 632 名社区矫正对象全部实行微机化管理，有针对性的开展工作，使矫正对象自觉接受矫正。

第十一编

财政 税务

1986~2008年,全市的财政、税务工作正处于不断深化改革阶段。中央“一个中心,两个基本点”基本路线的提出和确立,给财政税收工作注入了生机和活力。经过23年的改革发展,无论是财政、税收管理体制,还是管理服务方式都发生了深刻变化。2008年,全市财政收入117609万元,其中工商税收78227万元,农业税收16743万元,分别比1986年增长33.5倍、28.4倍和37.6倍。

第一章 财 政

第一节 财政机构

1983年10月,高密县财税局改称财政局。1990年11月,由人民大街中段街南迁至镇府街西段街北新楼办公。1991年12月,设立高密县国有资产管理局;1993年12月,改称国有资产评估中心;1995年3月,恢复原称。1995年12月,设立高密市预算外资金管理中心;2005年改称预算外资金管理局。1998年12月,设立高密市财政监督局。2000年12月,设立高密市政府采购中心。2001年3月,成立高密市会计管理局。是月,设立高密市农业税征收管理局;次年5月改称高密市农业税收征收管理局。上述机构均隶属市财政局。1986年,各乡镇设财政所。2002年4月,更名财税所。至2008年,上述机构设置未变。

第二节 财政体制

县级财政体制 1986年,仍实行财政收入与上一级“总额分成”的体制,由市、县四、六分成;次年,改为“定额上缴加比例递增”。

1994年,中央实行“分税制”改革,将税种统一划分为中央税收和地方税收两大体系,分设中央和地方两套税收机构分别征收。实行分税制后,地方财政管理体制相应进行了调整和完善。

乡级财政体制 1986年始建立乡级财政,实行“核定收支,收支挂钩,总额分成,定额补助,超额奖励”的财政体制。1996年改为“核定收支,定额上缴(或补助),比例递增(或递减),一定三年”。1999年,取消补助(上缴)数额、比例递减(递增),改为“定额上缴或补助”。2002年,对定额上缴或补助进行调整。2005年,实行“核定收支,定额上缴(或补助),增收分成,一定三年”。

第三节 财政收入

全县财政收入,来自工商税收、农业税收、企业收入、专项和其他收入。

工商税收 1986年,工商税收占全县财政收入的78%。1994年,税制改革后,增值税的75%和消费税等划归中央收入,工商税收在全市财政收入中比重一度下降。之后,对工商业投入加大,生产增长,效益增加,工商税收又逐年增长。2008年,工商税收占全市财政收入的66.5%。

农业税收 1986年,农业税收占财政收入的12.7%。1987年,开征农林特产税、耕地占用税。1990年,恢复契税征收。1994年税制改革后，农业税收全部归地方财政。2002年，农村税费改革后，全市人均减负39.2元，减负率为21.7%。2004年，取消农业特产税。2006年，取消农业税，只征收契税和耕地占用税。2008年，契税、耕地占用税占全市财政收入的14.2%。

企业收入 1986年，企业收入为全县财政收入的7.6%。1994年，实行分税制后，将原国营企业、集体企业和私营企业收入合并为“企业所得税”，“企业收入”项目不再出现。

专项和其他各项收入 1986年，专项和其他各项收入占全县财政收入的1.4%，主要有排污费、水资源费、教育费附加、国有土地使用权有偿转让收入、罚没收入、行政事业性收费和其他收入。2008年，在全市财政收入中占19.2%。

1986～2008年高密市财政收入表

表11－1　　单位：万元

年份	收入	其中			
		企业收入	工商税收	农业税收	其他收入
1986	3403	260	2662	433	48
1987	4326	422	3303	447	154
1988	5518	528	4223	590	177
1989	6857	607	5330	610	310
1990	7295	362	6100	595	238
1991	8412	591	6745	617	459
1992	10023	701	8040	764	518
1993	12098	666	10023	839	570
1994	7809	－10	5781	1364	674
1995	11518	—	8326	1327	1865
1996	14588	300	9820	1912	2556
1997	17362	—	11005	2049	4308
1998	20018	—	12150	3902	3966
1999	20258	—	13548	3449	3261
2000	24408	—	15492	4449	4467
2001	30867	—	21174	5055	4638
2002	30068	—	17692	6953	5423
2003	37180	—	20788	8675	7717
2004	37655	—	20874	7191	9590
2005	54737	—	33621	6873	14243
2006	71368	—	49203	6587	15578
2007	95638	—	70925	5746	18967
2008	117609	—	78227	16743	22639

第四节 财政支出

财政支出坚持“统筹兼顾，量力而行”的原则。同时，不断优化调整支出结构，完善经费包干办法，制定节支措施，抑制行政经费等非生产性支出的增长，保证农业发展、企业发展、教育和社会保障支出的需要。

农业和农村经济发展支出 20世纪80年代中期后，重点支持生态农业、农业科技推广、双增工程、农业综合开发、农产品加工、重点农田水利建设和农村植树造林，以及农业发展专项资金、发展粮食专项资金等。2004年始，全面实行对种粮农民直接补贴。2006年，增加成品油补贴。是年10月始，对大中型库区移民实行补贴。

企业发展支出 1986年企业挖潜改造资金支出为零。科技三项费用支出亦甚微。1992年起，企业挖潜改造和科技三项费用的支出大幅度增长。同时，对企业技术改造和高新技术产业化的支持也加大力度。2003年，企业挖潜改造和科技三项费用支出分别占财政支出的4.4%和1.8%。至2006年，支持企业发展支出占财政支出的7.2%。

事业类支出 1986年，全县文化、体育、广播、教育、卫生等事业支出，占财政支出的48.4%。2003年，此项支出为18956万元，占财政支出的41%。2007年秋季，免除城市义务教育阶段学生杂费，对中等职业学校与普通高中家庭经济困难学生实行资助。

社会保障支出 1986年，社会保障支出主要是扶贫和对部分孤老残幼人员安置、供养等。1996年，福利企业与乡村敬老院增多，养老、医疗、失业等社会保障范围也不断扩大，支出不断提高。2006年，仅抚恤费救济支出即占财政支出的3.3%。2007年11月起，实施农村公益电影放映工程。2008年始，对计划生育家庭实行特别扶助制度。

1986～2006年高密市财政支出情况表(一)

表11－2　　单位:万元

年份	支出合计	其中																
		经济建设								文教科学卫生						行政管理费	抚恤救济	其他
		小计	工业	农业	林业	水利	支援乡镇	城市维护	其他	小计	文化	教育	科学	卫生	其他			
1986	2665	292	—	41	16	86	—	146	3	1291	21	873	—	261	136	302	198	582
1987	3148	367	—	87	16	69	—	192	3	1300	22	924	6	230	118	329	200	952
1988	4279	610	—	305	24	90	—	188	3	1856	36	1255	10	360	195	470	258	1085
1989	5815	998	—	303	41	215	2	430	7	2119	39	1437	7	405	231	532	360	1806
1990	6299	1090	33	521	49	164	3	310	10	2442	52	1560	12	488	330	649	375	1743
1991	6596	951	—	279	58	187	4	355	68	2604	51	1690	8	503	352	707	343	1991
1992	8532	1329	374	355	68	233	—	282	17	3274	79	2198	20	580	397	1332	446	2151
1993	10161	1921	1034	273	69	188	—	335	22	3830	75	2562	22	663	508	1303	497	2610
1994	11218	1719	380	659	62	186	—	320	112	5155	95	3690	32	747	591	1616	541	2187
1995	14013	2103	300	622	96	286	—	679	120	6238	102	4575	34	834	693	2049	617	3006
1996	17550	2505	—	651	126	217	—	1080	431	7863	129	5763	42	1464	465	2280	609	4293
1997	19954	3920	500	807	150	265	—	647	1551	8810	123	6427	45	1657	558	2728	681	3815
1998	23510	5445	1562	2249	156	418	—	300	760	9380	131	6939	44	1688	578	3736	731	4218
1999	25202	4645	1327	1375	166	631	20	360	766	10827	128	8139	49	1831	680	3979	1429	4322
2000	28742	4582	1165	1179	165	793	—	427	853	13111	144	10315	63	1890	699	4186	1185	5678
2001	35373	7308	3450	1899	178	344	—	1094	343	14049	160	10999	64	2020	806	4220	1195	8601
2002	40528	6404	1592	2620	176	595	—	600	821	17628	162	13451	71	2285	1659	5520	1501	9475
2003	46180	6982	2005	2591	306	389	—	776	915	18956	203	14980	74	2180	1519	7385	1762	11095

续表 11－2

年份	支出合计	其中																
		经济建设								文教科学卫生						行政管理费	抚恤救济	其他
		小计	工业	农业	林业	水利	支援乡镇	城市维护	其他	小计	文化	教育	科学	卫生	其他			
2004	55955	10682	2804	3049	280	611	—	1377	2561	21650	218	17197	79	2306	1850	7542	1882	14199
2005	72916	13057	2479	4028	300	766	—	2748	2736	32072	249	26057	103	3054	2609	8820	2524	16443
2006	92897	17022	2670	5235	386	1393	—	3363	3975	31380	326	23326	67	4335	3326	12073	3066	29356

2007～2008 年高密市财政支出情况表(二)

表 11－3

单位:万元

年份	支出合计	其中												
		一般公共服务	公共安全	教育	科技技术	文化体育与传媒	社会保障和就业	医疗卫生	环境保护	城乡社区事务	农林水事务	交通运输	工业商业金融等事业	其他
2007	123593	25470	6097	36185	3738	1141	5742	6607	419	11913	10593	92	11557	4039
2008	151990	28132	7675	47831	4796	1572	9422	9939	5420	11541	14685	170	9631	1176

第五节 财政管理

企业财务管理 1987年起，实行企业承包经营责任制。按照“包死基数，确保上缴，超收多留，歉收自补”的原则，实行包上缴国家利润，包完成技术改造任务，工资总额与经济效益挂钩的承包经营形式，一包三年。1992年，对不同的固定资产制订不同的使用周期、折旧方法和折旧率，让企业真实地反映经济成果。同年，实行企业成本核算制度，防止乱摊成本。次年，改革企业固定资产折旧办法，取消折旧资金专款专用制度，允许统筹使用，并实行“税利分流、税后还贷、税后分利”办法。1995年，实行住房改革，设立“住房基金”。1997年，实行企业财务管理考核奖惩。按照“全面考核，重点突出，关键制度一票否决”原则，开展财务管理检查评比活动。进入21世纪，财政部门对企业财务由管理型转向服务型。

粮食企业财务管理 1985年，粮食企业财务由中央、省两级管理下放到地(市)、县管理。推行“盈亏统算，总额承包”责任制。1987年，对政策性亏损实行“定额补贴，超亏不补，利润分成”的办法。1992年1月，放开粮油销售价格，取消亏损由财政补贴。1994年，建立粮食风险金制度。1997年，对超储粮利息、费用实行补贴，适当调整粮食风险基金。次年，对1992年4月1日至1998年5月31日的企业新增财务挂账进行清理审计。1999年，实行粮食风险基金补助包干。2002年7月1日起，按老、新库存调整粮食风险基金补贴。2005年，按储备粮规模，由财政等部门负责专项监督管理。

行政、事业单位财务管理 1986年始，对不同的事业单位，分别实行全额、差额、自收自支三种预算管理形式，并逐步对有条件的单位实行企业化管理。1990年，对实行企业化管理的单位推行承包责任制。1992年，制订公费医疗经费定额管理办法、开支范围等。1996年始，实施内部审计制度。次年，取消全额、差额、自收自支三种预算管理形式，实行“核定收支，定额或定项补助，超支不补，结余留用”的预算管理办法。对车辆、电话、会议费等专项经费，根据财力可能和单位实际承担的工作量逐项核定。1999年2月，对专项资金实行追踪反馈责任管理，专款专用，单独报账。5月，对市级机关接待费实行包干管理，行政会议费实行“一会一结”的管理办法。次年7月，对全额预算管理单位人员统一发放工资。是年12月，设立政府采购中心，对货物类、工程类、服务类项目实行统一招标，集中采购。2005年，镇街中小学教师工资全部上划市级管理，不在镇街财政列支。2006年4月，镇街机关工作人员工资由市财政统一发放。

预算外资金管理 1986年，对行政事业性收费、政府性基金、政府专项基金等预算外的行政事业单位以及企业主管部门的预算外资金实行“专户储存，计划管理，财政审批，银行监督”的办法。1988年，专户储存实行“收支两条线”管理。1991年，对收支余额较大的事业单位和应实行“事改企”而未实行的单位，分别按其收入的7%和5%无偿集中部分预算外资金建立“事业发展基金”。各单位由财政专户代管的预算外资金余额，政府可有偿统一调配使用。1995年，有54个部门和单位实行“零基预算法”纳入专存管理。收费单位实行收费许可证、预算外收入专用发票、收入上缴财政或纳入专户储存三位一体的管理制度。是年底，设立专门机构，管理此项工作。次年，实行“核定收支，以收定支，收支挂钩，超收分成”的管理办法。事业性收费改为委托原单位征收，然后上缴财政，纳入财政第二预算管理。1998年6月，清理整顿银行资金账户，取消多余的账户，转入财政专户。2000年，市直127个行政事业单位实行“部门开票，银行收钱，财政统管”的票款分离办法。2001年始，对彩票公益金发行费实行收支两条线管理。是年，规范国有土地出让金征缴程序。2004年，建立建筑劳务工资保证金，由建设单位按工程合同总造价的2%缴纳，设财政专户储存，专项用于建筑工程劳务工工资拖欠时的发放。2008年6月，开展“非税收入管理宣传月”活动，利用报纸、宣传单、移动通讯发送短信息、电视讲话和答记者问等形式开展宣传。

1986～2008年高密市预算外资金收入表

表11－4　　单位：万元

年份	总计	上年滚存节余	当年收入小计	其中							
				行政事业性收费收入	政府性基金及资金附加收入	国营企业及主管部门集中收入	乡镇自筹统筹资金收入	社会保障基金收入	地方财政收入	上级补助收入	其他收入
1986	3411	803	2608	935	—	1508	—	—	146	19	—
1987	4538	835.3	3702	1415	—	2071	—	—	207	10	—
1988	5289	1219	4070	1558	—	2383	—	—	120	10	—
1989	5489.4	1160.4	4329	1635	—	2503	—	—	192	—	—
1990	5375	874.3	4501	1840	—	2492.5	—	—	168	—	—
1991	5518	958	4560	1892	—	2498	—	—	170	—	—
1992	6036	965	5071	1980	—	2650	—	—	441	—	—
1993	2892	87	2805	2178	—	—	—	—	627	—	—
1994	3370	109	3261	1981	15	—	—	—	985	—	280
1995	2864	79	2785	2441	13	—	—	—	236	—	95
1996	9309	1446	7863	1755	278	28	5305	163	323	—	11
1997	14502	2938	11564	2695	3538	35	5121	164	—	—	11
1998	10233	867	9366	3022	416	66	5849	—	—	—	13
1999	10588	871	9717	3800	452	44	5413	—	—	—	8
2000	12822	872	11950	4666	471	30	6775	—	—	—	8
2001	19286	884	18402	9464	549	200	8126	—	—	—	63
2002	15354	884	14470	9660	720	200	3806	—	—	—	84
2003	9981	884	9097	7157	1595	125	—	—	—	—	220
2004	2811	78	2733	2534	199	—	—	—	—	—	—
2005	3398	222	3176	3056	120	—	—	—	—	—	—
2006	3330.85	—	3330.85	3186.96	143.89	—	—	—	—	—	—
2007	4525.88	—	4525.88	4361.81	—	—	—	—	—	—	164.07
2008	10874	—	10874	10874	—	—	—	—	—	—	—

表 11－5

1986～2008 年高密市预算外资金支出表

单位:万元

年份	本年支出	经济建设类							文教卫生事业类					抚恤支出	行政管理	其他
		小计	工业	农林水	支援乡镇	交通邮电	城市维护	城市公用	其他	小计	文教卫生	科学	广播通讯	其他			
1986	2646	1401	1269	42	—	30	20	40	—	1164	701	3	22	438	20	61	—
1987	3319	2018	1811	42	—	44	103	18	—	1196	672	4	2	518	23	82	—
1988	4121	2365	2171	46	—	55	27	66	—	1686	984	1	2	699	24	46	—
1989	4615	2590	2210	58	—	45	119	158	—	1916	1036	4	27	849	—	109	—
1990	4417	2400	2122	55	—	55	—	168	—	1554	1170	5	29	350	—	33	430
1991	4591	2761	2468	59	—	61	—	173	—	1738	1212	5	19	502	—	92	—
1992	5046	2891	2556	43	—	74	45	173	—	1767	1231	2	31	503	—	133	255
1993	2403	522	100	33	—	61	172	156	—	1468	1085	2	42	339	—	81	332
1994	2540	583	—	81	—	76	236	190	—	1517	1313	1	—	203	—	106	334
1995	2756	479	—	40	—	120	207	112	—	1955	1579	1	—	375	—	57	265
1996	8039	4350	28	24	4021	—	227	50	—	2153	978	1	112	1062	162	51	1323
1997	10817	5555	22	57	5234	—	201	41	—	2070	1493	—	80	497	149	93	2950
1998	9184	6408	136	68	5846	—	280	78	—	2108	1754	20	144	190	81	135	452
1999	9513	6059	92	79	5413	—	350	125	—	3143	2243	317	120	463	—	133	178
2000	11738	7449	30	64	6774	—	460	121	—	4016	2850	7	533	626	—	139	134
2001	18402	10196	36	384	8126	—	577	1073	—	7842	6675	354	213	600	—	269	95

续表 11－5

年份	项目																
	本年支出	经济建设类								文教卫生事业类					抚恤支出	行政管理	其他
		小计	工业	农林水	支援乡镇	交通邮电	城市维护	城市公用	其他	小计	文教卫生	科学	广播通讯	其他			
2002	14270	6702	26	590	3806	—	1301	979	—	7155	4571	25	749	1810	—	226	187
2003	9703	4329	64	329	806	—	1606	1524	—	2924	2334	15	575	—	—	477	1973
2004	2589	1789	20	315	384	—	1070	—	—	560	432	23	105	—	33	67	140
2005	3398	2004	30	389	376	—	1209	—	—	869	517	119	233	—	32	231	262
2006	3330.85	1989	70	415	507	—	997	—	—	1011	497	113	401	—	—	125	205.85
2007	4525.88	2137	104	434	611	—	988	—	—	1271	618	227	426	—	—	206.8	911.08
2008	10874	5786	144	1003	2135	—	2504	—	—	3762	2188	489	685	400	—	315	1011

农业财务管理

支农资金　1987年，明确体现支农资金支出与财政总支出同步增长。1993年起，每年对农业投入的增长幅度高于财政收入增长幅度。至2008年，支农较大项目有：兴建官河、五龙河、柳沟河、胶河、北胶新河和峡山水库、王吴水库、城北水库五河三库串联调蓄工程，复建王吴水库西灌区工程，建肉牛良种繁育中心，发展林业，支持生态农业，政策性农业保险补贴，小麦、玉米良种补贴，现代农业发展项目，农机具购置补贴，水库险工加固，农村饮水工程，库区移民扶持等。

支农周转金　1986年，继续发放支农周转金。实行统一领导，分级管理，财权与事权相结合，专户存储，专账核算，统筹兼顾，合理安排的办法。选择最佳效益项目进行扶持。资金使用有借有还。使用期一般1～3年，最长不超过5年，到期归还，并按照费率缴纳占用费。1998年8月，停止发放。

农业发展基金　该基金的投放，本着择优扶持，突出重点，兼顾社会效益和经济效益，专款专用。自20世纪90年代初，重点项目有：呼家庄镇200亩银杏园，方市乡、李家营镇、高戈庄乡、双羊镇千亩板栗，初家乡、康庄镇、周戈庄镇、姜庄镇、蔡家站乡万亩桑粮、枣粮间作网，河崖镇冬暖式西瓜大棚，柏城镇冬暖式草莓大棚，阚家镇、初家乡、仁和镇食用菌基地栽培技术开发，夏庄镇、姚哥庄镇蔬菜生产。以及1998年拒城河镇、姜庄镇、仁和镇、柏城镇及城区街道的中低产田改造和推广粮棉油新技术项目等。

世界银行贷款　1996年，利用世界银行贷款实施森林资源发展和保护项目。2002年，又利用此项贷款实施林业持续发展项目。2008年，利用此项贷款建高标准林网136万亩、丰产林10万亩。

社会集团购买力管理　自20世纪60年代初，始对社会集团购买力进行控制，对办公用品、非劳动保护用品、家用设备、日用电器、取暖设备、职工乘用交通工具等非生产性设备和用品等专项控制商品，实行“计划管理，指标控制，专项审批，定额供应”办法。1980年，专项控制商品27种。1988年10月，专项控制商品由19种扩大到29种。次年始，征收专项控制商品附加费。1993年，专项控制商品调减为8种。凡购买专项控制商品须经财政部门审批。2000年，取消专项控制商品审批制度。

国债管理　1982年，高密县财政局始发行国债。1995年，对国债发行进行改革，财政部门只发行特种定向债券。1999年，停止兑付国债业务。2000年，停止发行特种定向债券。

会计管理　1985年，山东省会计干部中等专业学校高密分校成立（1997年停办，共举办12期，15个班，学生1100人）。1986年，会计专业职称终身制改为任期制和聘任制。1989年，在企业中开展会计工作达标升级。1992年始，实行会计专业技术资格考核制度，分会计员、助理会计师、会计师三个层次，并开始对会计进行轮训。1994年，组织新会计知识统一考试。是年与下一年，招收中华会计函授学校大专班206人，大本班63人（按期结业）。1997年，对会计人员上岗培训、办证、年检等管理进行改革。次年，会计专业技术资格考试改为助理会计师、会计师两个层次。2001年3月，成立专门机构，负责会计管理工作。2003年，企业推行会计电算化，甩掉了手工账。2006年6月，对在岗会计人员从业资格注册，使会计从业资格管理全省联网。2007年，首批潍坊市会计领军人物考选，高密市陈述鸿当选。

财政监督检查　财政监督检查是财政部门的经常性工作。主要有：清理在建项目，税收财务物价大检查，加强控购工作，专项清理，预算外资金检查，清理票据，农税征管，专项检查，内部审计工作等。

1982～2000年高密市发行国债表

表11－6 单位:万元

分类/数额/年度	合计	其中					
		集体购买国库券	特种定向债券	职工购买国库券	农民购买国库券	个体户购买国库券	其他购买国库券
1982	154.7	55.4	—	38.5	60.8	—	—
1983	180.0	48.0	—	45.0	87.0	—	—
1984	174.4	21.1	—	52.1	101.2	—	—
1985	306.9	46.0	—	114.0	143.0	—	3.9
1986	296.3	48.0	—	130.3	118.0	—	—
1987	295.7	52.7	—	122.9	77.8	35.3	7.0
1988	425.1	91.2	—	187.7	83.2	63.0	—
1989	454.6	154.0	—	190.0	47.6	63.0	—
1989(保值公债)	398.5	6.6	—	311.9	80.0	—	—
1990	473.8	—	143.8	201.2	60.8	63.0	5.0
1991	523.5	—	107.0	238.0	92.5	81.0	5.0
1992	506.8	115.0	—	209.0	101.0	73.5	8.3
1993	1742.0	523.0	—	773.1	245.9	200.0	—
1994	894.4	—	14.4	491.0	189.0	200.0	—
1995	217.0	—	17.0	150.0	50.0	—	—
1996	16.0	—	16.0	—	—	—	—
1997	18.0	—	18.0	—	—	—	—
1998	45.0	—	45.0	—	—	—	—
1999	116.0	—	116.0	—	—	—	—
2000	8.0	—	8.0	—	—	—	—
总计	7246.7	1161.0	485.2	3254.7	1537.8	778.8	29.2

1982～2000年高密市国债发行期限、利率表

表11－7

类别 / 期限与利率 / 年度	个人购买国库券		单位购买国库券		特种定向国债		保值公债		国家建设债券	
	期限（年）	利率（年、%）	期限（年）	利率（年、%）	期限（年）	利率（年、%）	期限（年）	利率（年、%）	期限（年）	利率（年、%）
1982	9	8	9	4	—	—	—	—	—	—
1983	9	8	9	4	—	—	—	—	—	—
1984	9	8	9	4	—	—	—	—	—	—
1985	5	9	5	5	—	—	—	—	—	—
1986	5	10	5	6	—	—	—	—	—	—
1987	5	10	5	6	—	—	—	—	—	—
1988	3	10	3	6	—	—	—	—	2	9.5
1989	3	14	—	—	—	—	3	14.14	—	—
1990	3	14	—	—	5	15	—	—	—	—
1991	3	10	—	—	5	9	—	—	—	—
1992（三年期）	3	20	—	—	—	—	—	—	—	—
1992（五年期）	5	13.148	—	—	—	—	—	—	—	—
1993（三年期）	3	23.997	—	—	—	—	—	—	—	—
1993（五年期）	5	15.86	—	—	—	—	—	—	—	—
1994	2	13	—	—	5	15.86	—	—	—	—
1995（凭证式）	3	14	—	—	5	15.86	—	—	—	—
1995（票面式）	3	14.5	—	—	—	—	—	—	—	—
1996	—	—	—	—	5	8.8	—	—	—	—
1997	—	—	—	—	5	8.8	—	—	—	—
1998	—	—	—	—	5	5.85	—	—	—	—
1999	—	—	—	—	5	3.5	—	—	—	—
2000	—	—	—	—	5	3.5	—	—	—	—

1990～2005 年高密市兑付国债本息情况表

表 11－8

单位：万元

年度 / 到期本息 / 分类	到期利率 %	1990	1991	1992	1993	1994	1995	1996	1997	1998	1999	2000	2001	2002	2003	2004	2005
1982 年国库券	72	—	266.1	—	—	—	—	—	—	—	—	—	—	—	—	—	—
1983 年国库券	72	—	—	309.6	—	—	—	—	—	—	—	—	—	—	—	—	—
1984 年国库券	72	—	—	—	300.0	—	—	—	—	—	—	—	—	—	—	—	—
1985 年国库券	45	445.0	—	—	—	—	—	—	—	—	—	—	—	—	—	—	—
1986 年国库券	50	—	444.5	—	—	—	—	—	—	—	—	—	—	—	—	—	—
1987 年国库券	50	—	—	443.6	—	—	—	—	—	—	—	—	—	—	—	—	—
1988 年国库券	30	—	552.6	—	—	—	—	—	—	—	—	—	—	—	—	—	—
1989 年国库券	42	—	—	645.5	—	—	—	—	—	—	—	—	—	—	—	—	—
1990 年国库券	42	—	—	—	468.6	—	—	—	—	—	—	—	—	—	—	—	—
1991 年国库券	30	—	—	—	—	541.5	—	—	—	—	—	—	—	—	—	—	—
1992 年三年期国库券	60	—	—	—	—	—	400.0	—	—	—	—	—	—	—	—	—	—
1992 年五年期国库券	65.74	—	—	—	—	—	—	—	425.6	—	—	—	—	—	—	—	—
1993 年三年期国库券	71.99	—	—	—	—	—	—	2096.6	—	—	—	—	—	—	—	—	—
1993 年五年期国库券	79.3	—	—	—	—	—	—	—	—	937.7	—	—	—	—	—	—	—
1994 年二年期国库券	26	—	—	—	—	—	—	1108.8	—	—	—	—	—	—	—	—	—
1995 年凭证式国库券	42	—	—	—	—	—	—	—	—	213.0	—	—	—	—	—	—	—

续表11－8

到期本息 年度 分类	到期利率%	1990	1991	1992	1993	1994	1995	1996	1997	1998	1999	2000	2001	2002	2003	2004	2005
1995年票面式国库券	43.5	—	—	—	—	—	—	—	—	71.8	—	—	—	—	—	—	—
1989年保值公债	42.42	—	—	567.5	—	—	—	—	—	—	—	—	—	—	—	—	—
1990年特种定向国债	75	—	—	—	—	—	251.7	—	—	—	—	—	—	—	—	—	—
1991年特种定向国债	45	—	—	—	—	—	—	155.2	—	—	—	—	—	—	—	—	—
1994年特种定向国债	79.3	—	—	—	—	—	—	—	—	—	25.8	—	—	—	—	—	—
1995年特种定向国债	79.3	—	—	—	—	—	—	—	—	—	—	30.5	—	—	—	—	—
1996年特种定向国债	44	—	—	—	—	—	—	—	—	—	—	—	23.0	—	—	—	—
1997年特种定向国债	44	—	—	—	—	—	—	—	—	—	—	—	—	25.9	—	—	—
1998年特种定向国债	29.25	—	—	—	—	—	—	—	—	—	—	—	—	—	58.2	—	—
1999年特种定向国债	17.5	—	—	—	—	—	—	—	—	—	—	—	—	—	—	136.3	—
2000年特种定向国债	17.5	—	—	—	—	—	—	—	—	—	—	—	—	—	—	—	9.4
合　计	—	445.0	1263.2	1966.2	768.6	541.5	651.7	3360.6	425.6	1222.5	25.8	30.5	23.0	25.9	58.2	136.3	9.4

第六节 国有资产管理

企业国有资产管理

1992年起，对企业占有使用的国有资产进行登记，并颁发产权登记证。1996年，对产权界定登记、产权纠纷调处、产权转让和产权改革等有关政策内容、程序、办法、财务处理及法律责任等做了明确规定。

1992～2008年高密市企业国有资产产权状况表

表11－9 单位:万元

项目/数额/年份	户数	资产总额	负债总额	净资产	国家资本	国家资本应享有权益	国有法人资本	国有法人资本应享有权益	国有资产总额
1992	103	112113	73173	38940	38093	847	—	—	38940
1993	107	259463	219867	39596	31450	5705	2116	326	39596
1994	79	226225	175076	51149	23126	7173	5211	－117	35393
1995	64	195969	157959	38010	18741	12635	3598	－1280	33694
1996	41	210925	162720	48205	23137	20928	2187	1815	48067
1997	57	215017	184780	30237	16323	3380	3502	7032	30237
1998	57	226535	199684	26851	16323	6262	3502	764	26851
1999	50	190199	172204	17995	16323	2861	3502	2736	25422
2000	40	190433	167987	22446	15438	7776	2610	－16178	9646
2001	39	197458	171644	25814	15088	11073	2610	－6739	22032
2002	37	199409	173591	25818	15154	11078	2610	－6739	22472
2003	25	64561	41038	23523	12476	11047	—	—	23523
2004	25	64362	41256	23106	12476	10630	—	—	23106
2005	25	64295	39886	23109	12476	10633	—	—	23109
2006	5	43456	30620	12836	6757	6214	—	—	12965
2007	5	40411	26792	13619	6827	6792	—	—	13619
2008	4	20421	7709	12712	1627	11085	—	—	12712

行政、事业单位国有资产管理

1994年始，在部分行政事业单位进行产权登记试点。次年，对各行政事业单位占有、使用的国有资产进行全面清查、登记，并颁发产权登记证。2002年4月，进行国有资产产权全登记和换发新证。

1995～2008 年高密市行政事业单位国有资产产权状况表

表 11－10　　单位:万元

年份＼数额＼项目	户数	资产总额	负债总额	国有资产总额	固定资产
1995	123	87046	17957	69089	63858
1996	149	82972	22690	60282	56960
1997	116	66740	21351	45389	55467
1998	149	90750	22106	68644	65746
1999	146	103957	33479	70478	73627
2000	145	113404	38637	74767	78370
2001	89	84886	34433	50453	52352
2002	87	97217	36759	60458	62460
2003	95	150793	67659	83134	84847
2004	95	150982	67740	83242	84962
2005	95	172189	73815	98374	97715
2006	98	186746	94919	91827	92643
2007	136	221367	145578	75789	76356
2008	139	286401	174219	112182	113043

国有资产经营投资有限公司

2003 年 12 月,成立高密市国有资产经营投资有限公司,经营政府授权范围内的国有资产、城市基础设施开发建设以及为企业提供信息咨询等。2006 年,将市级党政事业单位、市属部分学校及医疗、水库、园林、农场等单位占有使用的所有房屋和土地,由该公司经营管理持有。

第二章 税 务

第一节 税务机构

县级税务机构 1983年10月，高密县人民政府复单设税务局。1994年6月，高密县税务局撤销，分设高密市国家税务局（简称国税局）、高密市地方税务局（简称地税局）。国税与地税两局各设直属机构稽查局。农业税收由财政局办理。

乡镇（街）税务机构 高密县税务局在乡镇设置税务所。1996年5月，高密市国税局在城区与乡镇设9个分局。1997年4月，撤销乡镇税务所，高密市地税局在城区与镇街按经济区划设立9个分局。

第二节 国家税务

税种与税率

1994年，税务机构分设后，国税局征收税种有7个。

增值税 1984年试行征收此税。1994年税制改革后，征收范围包括销售货物或者提供加工、修理修配劳务以及进口货物。1994年，设置基本税率17%和低税率13%。纳税人小规模销售货物或者应税劳务征收率为6%；1998年7月商业小规模纳税人征收率改为按4%；2009年1月，纳税人、小规模纳税人征收率统一调整为3%。

消费税 1994年由原产品税脱胎新设置的税种。为对生产、委托加工和进口规定的消费品以及国务院确定的销售规定的消费品的单位和个人，就其销售额和销售数量，在特定环节征收的一种税。征求范围有烟、酒及酒精、化妆品、贵重首饰及珠宝玉石、鞭炮及焰火、成品油、汽车轮胎、摩托车、小汽车、高尔夫球及球具、高档手表、游艇、木制一次性筷子、实木地板。1994年起，比例税率为10档：最低为3%，最高为45%。定额税率为6档：最低为每征税单位0.1元，最高为250元。2009年起，比例税率为13档：最低为1%，最高为56%。定额税率为8档：最低为每征税单位0.003元，最高为250元。

营业税 1997年对金融、保险企业征收提高税率部分。1997年起，金融保险企业营业

■位于康成大街中段街南侧的国税局办公楼

税率由5%提高到8%，所提高的3%，由国税局征收。2001年起，金融保险企业税率，每年下调一个百分点，分3年将税率从8%降低到5%。之后，国税部门即无征收任务。

■税务人员深入生产一线调研

企业所得税　1994年，对中央企业和金融保险企业取得的生产经营所得和其他所得为征税对象征收的一种税。2002年起，征收除去特殊情形之外的新增企业所得税；中央与地方企事业单位组成的联营和股份制企业、金融保险企业原由地税局征收改由国税局征收。采用33%的比例税率。但对年纳税所得额3万元以下的企业，按18%的税率征收；对年纳税所得额3万元～10万元的企业，按27%的税率征收。2008年起，改为对居民企业、非居民企业、小型微利企业、国家重点扶持的高新技术企业，分别按25%、20%、20%、15%征收。

外商投资企业和外国企业所得税　1991年7月开征，对在我国境内的外商投资企业和外国企业的生产、经营所得和其他所得征收的一种税。2008年起，此税种废止，适用于“企业所得税”规定。按照比例税率征收，总体负担率为33%。其中国家税务征收税率为30%。2001年起，对在我国境内未设立机构、场所的外国企业，其所得税率按10%征收。2008年起，其税率适用于“企业所得税”。

储蓄存款利息个人所得税　1999年11月开征。对个人从国内储蓄机构取得的人民币、外币储蓄存款利息所得中征收。按比例税率20%征收。2007年8月15日改为5%，2008年10月9日起暂免征收。

车辆购置税　2001年开征在中国境内购置规定的车辆课税对象，在特定的环节向车辆购置者征收的一种税。征收范围为：汽车、摩托车、电车、挂车、农用运输车。按比例税率统一为10%征收。

高密市2003年、2008年纳税企业及个体业户数量表

表11－11

企业类别＼数量	2003年户数	2008年户数	企业类别＼数量	2003年户数	2008年户数
国有企业	89	21	个人独资企业	97	177
集体企业	165	45	合资经营企业（港或澳、台资）	8	8
股份合作企业	13	9	合作经营企业（港或澳、台资）	2	2
国有独资公司	1	—			
其他有限责任公司	115	130	港、澳、台商独资经营公司	6	8
股份有限公司	15	25	中外合资经营企业	30	30
私营独资企业	65	31	中外合作经营企业	9	7
私营合伙企业	2	2	外资企业	45	50
私营有限责任公司	670	1447	个体户	8467	6471
私营股份有限公司	2	5	个人合伙企业	1	2

1994～2008年高密市国税收入表

表11－12　　单位：千元

年份＼数额＼项目	税收合计	其中：企业所得税	年份＼数额＼项目	税收合计	其中：企业所得税
1994	103280	188	2002	300000	1354
1995	113093	242	2003	340000	652
1996	110210	20	2004	359000	16400
1997	130819	61	2005	506260	23900
1998	157040	214	2006	731770	56160
1999	196300	240	2007	942570	99390
2000	239781	509	2008	852270	99240
2001	274520	448	—	—	—

征收管理

1994年税制改革后，实行征管、稽查分离。1996年6月，国税机构分设后，实行征收、管理、稽查三分离。推行“以纳税申报和优化服务为基础，以计算机网络为依托，集中征收，重点稽查”的征管模式。2001年7月，新的征管软件CTAIS（中国税收征管信息系统）运行，纳税人涉税事宜全部通过计算机完成。同时，依托计算机网络，实行因特网、电话申报，邮政、银行网点代征，形成多元化申报格局。2003年，纳税人办理涉税事宜，实行只要到办税厅任何一个窗口，都能全部完成的“一窗式”管理。2005年3月，推行网上认证系统，以解决纳税厅内排队认证现象。2008年，建立短信服务平台，使国税机关与纳税人信息沟通。

税务稽查

1996年设立高密市国税局稽查局。稽查模式属于县一级稽查。

1994～2008年高密市税务稽查查补任务数表

表11－13　　　　单位:万元

年份	查补任务数	年份	查补任务数	年份	查补任务数
1994	48	1999	1753	2004	1383
1995	117	2000	1674	2005	1672
1996	784	2001	774	2006	2151
1997	1424	2002	1145	2007	1521
1998	2084	2003	1180	2008	1751

第三节　地方税务

税种与税率

1994年,税务机构分设后,地方税务局负责征收税种有15个。

营业税　1984年始为独立税种。1994年税制改革后,课税范围为提供应税劳务、转让无形资产或不动产的单位和个人就其取得的营业额征收的一种税。实行比例税率，分为3%、5%、20%三个档次。

企业所得税　1994年，对除外商投资企业和外国企业外的企业和其他组织,就其生产、经营所得和其他所得征收的一种税。2002年,除特殊情形之外的新增企业,改由国税局征收。金融保险企业和中央与地方企事业单位组成的联营和股份制企业,由国税局征收。实行比例税率,为33%。但对年应纳税所得额在3万元～10万元的,按27%的税率征收;对年应纳税所得额在3万元以下的,按18%征收。2008年起,改为居民企业税率为25%，非居民企业适用20%的低税率。

个人所得税　1994年起，对在我国境内有住所或者无住所而在中国境内居住满一年的个人，无论来源于中国境内还是境外的所得，都要在中国缴纳个人所得税；对在我国境内无住所又不居住或者无住所而在境内居住不满一年的个人，就其在我国境内取得的所得征收个人所得税。税率采用超额累进税率和比例税率两种形式。工薪所得适应九级超额累进税率,为5%～45%。个体工商户的生产、经营所得和对企业的承包经营、承租经营所得适应五级超额累进税率,为5%～35%。稿酬所得税率为20%,并按应纳税额减征30%。劳务报酬所

■ 市地税局办公楼

得适应20%税率。一次收入畸高的,实行加成征收。特许权使用费所得、利息、股息、红利所得、财产租赁所得、财产转让所得、偶然所得和其他所得,税率为20%。

资源税　1984年开征。对从事矿产开采和生产盐的单位和个人征收的一种税。1999年8月起,将天然矿泉水、建筑用砂、黏土、建筑石料开采纳入征税范围。采取定额税率,按吨、立方米,从1元到60元不等征收。

固定资产投资方向调节税　1991年开征,对在境内的一切单位和个人用各种资金进行的所有固定资产投资征收的一种税。共设置0%、5%、10%、15%、30%五档差别税率。2000年起,暂停征收。

城市维护建设税　1985年计征。1994年,由按流转税额附征,改为对缴纳增值税、营业税、消费税的单位和个人,以其实际缴纳的这三种税额为计税依据所征收的一种税。税率为7%。

房产税　1987年在县城开征。该税以城市、县城、建制镇、工矿区范围内生产经营用房屋为征税对象,依照房屋计税余值或出租房的租金收入向房产所有人征收的一种税。1994年实施修改后的比例税率,按房产余值,年税率为1.2%。出租房屋按房产租金收入,税率为12%。

印花税　1988年10月起恢复征收。对经济活动和经济交往中,因从事商业活动,财产转移、权利许可证照领受行为而书立、使用、领受凭证征收的一种税。实行比例税率和定额税率。适应0.05‰税率的有借款合同,适用0.3‰税率的有购销合同、技术合同、建筑安装工程承包合同,适用0.5‰税率的有加工承揽合同、建筑工程勘察设计合同、货物运输合同、产权转移书据、营业账簿中记载资金的账簿,适用1‰税率的有财产租赁合同、仓储保管合同、财产保险合同。权利、许可证照和营业账簿中的其他账簿,按定额每件5元贴花。

城镇土地使用税　1989年开征。在城市、县城、建制镇、工矿区范围内使用土地的单位和个人,以其实际占用的土地面积为计税依据征收的一种税。2007年起,将外商投资企业、外国企业纳入城镇土地使用税征收范围内。采用分类定额幅度税率,实行从量定额计征,每平方米0.6~30元。2002年起,调整为:一等土地3元/平方米,二等土地2元/平方米,三等土地1元/平方米。2007年起调整为一等土地6元/平方米,二等土地4元/平方米,三等土地3元/平方米。

土地增值税　1994年开征。对有偿转让国有土地使用权及地上建筑物或其他附着物产权取得增值收入的单位和个人征收的一种税。此税实行四级超率累进税率:第一级,土地增值额未超过扣除项目金额50%部分,税率为30%。第二级,土地增值额超过扣除项目金额50%,未超过100%的部分,税率为40%。第三级,土地增值额超过扣除项目金额100%,未超过200%的部分,税率为50%。第四级,土地增值额超过扣除项目金额200%以上部分,税率为60%。

车船使用税　1987年开征。以车船为征税对象,对拥有车船的单位和个人按车船种类、大小、使用性质缴纳。采用定额税率。乘人汽车每辆每年60~320元,载货汽车按净吨位每吨每年16~60元,二轮摩托车每辆每年20~60元,三轮摩托车每辆每年32~80元。1999年8月起,调为:大型客车每年每辆300元,小型客车每年每辆260元。载货汽车按净吨位每吨每年60元,三轮摩托车每年每辆72元,二轮摩托车每年每辆56元。2007年起调为车船税:微型客车每年每辆240元,小型客车每年每辆420元,中型客车每年每辆480元,大型客车每年每辆600元,载货汽车按净吨位每年每吨96元,摩托车和三轮汽车、低速货车每年每辆60元。

屠宰税　1994年开征。对应税牲畜,在发生屠宰行为时,向屠宰牲畜的单位和个人征收的一种税。实行定额税率：牛、骡、驴、马每头20元，猪每头10元，羊每只2元。2002年6月18日停征。

烟叶税　在中华人民共和国境内收购烟叶的单位为纳税人，自2006年4月开征。实行比例税率，以烟叶收购金额为计税依据，税率为20%。

城市房地产税　按“房产税”规定执行。2009年起取消此税种。

车船使用牌照税　按“车船使用税”规定执行。2007年起，实行内外税制统一，取消此税。

1994～2008年高密市税收计划比对表

表11－14　　单位：千元

年份 \ 数额 \ 项目	年底计划	累计完成		比年底计划±	
		金　额	占年底计划%	金　额	占年度计划%
1994	33000	42098	127.57	9098	27.57
1995	40590	58529	144.20	17939	44.20
1996	57900	79793	137.81	21893	37.81
1997	82120	88857	108.20	6737	8.20
1998	92950	93150	100.22	200	0.22
1999	98180	98156	99.98	－24	－0.02
2000	95620	109199	114.20	13579	14.20
2001	114910	155695	135.49	40785	35.49
2002	160000	160160	100.10	16	0.1
2003	182520	200200	109.69	17680	9.69
2004	221000	249210	112.76	28210	12.76
2005	304000	304160	100.05	160	0.05
2006	440190	476770	108.31	36580	8.31
2007	625650	674560	107.82	48910	7.82
2008	779560	779560	100.00	—	—

1994～2008年高密市征收地方税额表

表11－15

单位：千元

项目 \ 数额 \ 年份	1994	1995	1996	1997	1998	1999	2000	2001	2002	2003	2004	2005	2006	2007	2008
总计	42098	58529	79793	88857	93150	98156	109199	155695	160160	200200	249210	304160	476770	674560	779560
一、税收合计	41641	58192	78232	84984	89643	94398	102950	149696	153333	189210	239000	283730	456400	649220	750830
营业税	16919	21359	27092	29088	27516	27674	33108	30278	46737	59100	79960	102290	152960	232000	251230
企业所得税	11880	15652	24474	20485	18694	26188	29219	69897	49598	57220	76470	56020	102430	135450	123920
个人所得税	703	1016	3213	5650	8995	10544	10030	20128	20306	21000	24160	22150	53370	37560	49300
资源税	—	—	—	—	—	8	183	180	190	250	310	400	8790	10390	16450
固定资产投资方向调节税	1075	5212	3092	7280	8491	5269	349	—	—	—	—	—	—	—	—
城市维护建设税	6024	8259	10281	10185	11928	10968	14575	13952	15958	25690	23860	47480	48800	62540	72080
房产税	2983	3691	5620	6785	7760	5541	6068	6306	8682	9270	10600	19270	20440	22410	38550
印花税	274	443	655	930	1159	899	645	1130	1765	1550	2230	2730	6330	8180	14230
城镇土地使用税	1509	1684	1875	1792	2722	4461	4533	3958	5180	12510	12620	26030	27930	48990	79360
土地增值税	—	—	—	—	—	239	396	12	375	170	4600	3780	27880	81020	91310
车船使用税	241	322	691	785	1498	1700	3100	3309	4033	2450	4190	3580	4770	6840	11790
屠宰税	—	443	1018	413	880	907	744	546	509	—	—	—	—	—	—
烟叶税	—	—	—	—	—	—	—	—	—	—	—	—	2700	3840	2530
其他（滞纳金、罚款）	33	111	221	1591	—	—	—	—	—	—	—	—	—	—	80
二、其他收入合计	457	337	1561	3873	3507	3758	6249	5999	6827	10990	10210	20430	20370	25360	28880
教育费附加	457	337	1561	3873	3507	3680	6192	5999	6827	10990	10210	20430	20370	25340	28730
文化事业建设费	—	—	—	—	—	78	57	—	—	—	—	—	—	20	150
附列：地方教育附加	—	—	—	—	—	—	—	—	—	—	—	2240	5590	8600	9280
残疾人就业保障金	—	—	—	—	—	—	—	—	—	—	—	—	—	—	4320

税务征管

1987年10月，对工商户进行登记换证。1990年6月，工商户再次换证。1994年，实行专管员制度。次年，实行由纳税人每月到税务机关自行申报纳税或通过电子报税系统进行网络申报。1998年，实行纳税信誉等级管理。据企业纳税意识、业务管理水平、纳税申报质量、税款入库情况以及办税人员素质等因素，将企业考核划分为A、B、C、D四个纳税信誉等级，对不同等级的企业实施不同的管理方式。次年，地税部门与市政、工商、民航、公路、公安交警六部门联合发文，明确和给予A级纳税信誉企业以特殊优惠待遇。2003年6月起，推行对定期定额征收的纳税人实行由地方税务机关委托农村信用社或分社代收税款。实行双委托申报纳税后，地税机构重点侧重于户源调查控管、税负调查测算和核定、停歇业的审查监控、逾期申报纳税管理等。2004年3月，对全部纳税企业实行纳税信誉等级评定，根据纳税信用度从高到低分为A、B、C、D级。同时，对全市个体工商户实行微机定税，设置合理的参数系数，通过录入个体户基本信息，由系统自动核定定额。是年10月，对企业纳税人实行互联网报税。2005年，开展由政府部门牵头，实行"政府领导、地税主管、部门配合、社会参与、法制保障"的社会综合治税。并自是年起实行基层地税机关负有直接管户责任的工作人员，以属地管理与分类管理相结合、管户与管事相结合、管理与服务相结合、片区管理与能级管理相结合的税收管理员制度。2006年换发税务登记证。同时国、地税联合办证系统上线，信息共享。2007年，在全系统推广使用网络税控开票系统，通过互联网实现足不出户开票。2008年实现全省地税数据的集中，所有办理税务登记、纳税申报、税款入库等信息可以通过系统实现在全省范围内查询。

税务办公服务现场

培植税源

2000年，创建"利群地税经济园区"。园区位于人民大街中段街北，占地面积91.8万平方米，涉及十几个行业，有工商企业245户。园区管理按照"属地征收，专业管理，统一高效，促进发展"运行。在税务登记、申报纳税、税务检查、优惠政策落实等方面，为纳税人提供高效、便捷的一站式服务，并对重点户给予扶持。

税收执法

1995年设高密市地税稽查局。1999年2月，实施"一家查账多家认账"税务检查办法。即县级与上级税务稽查局开展的税收检查结果，在系统内具有普遍认可性。对同一检查对象的同一检查内容，上级或下级稽查局已检查的，无特殊情况，地税机关予以认可，另一级稽查局不再重复检查。并按照检查结果实施地税管理。

1986～2008 年高密市税务稽查案件处理执行情况表

表 11－16　　单位:万元

年份	处理级次	检查户数	税务处理(处罚)情况			
			已处理户数	已处理税款		
				税款	罚款	滞纳金
1986～1999	本级检查	682	682	1975	388	—
	省局移交	—	—	—	—	—
2000	本级检查	131	131	562	100	7
	省局移交	—	—	—	—	—
2001	本级检查	50	50	273	29	—
	省局移交	—	—	—	—	—
2002	本级检查	39	39	50	16	10
	省局移交	—	—	—	—	—
2003	本级检查	12	12	9	11	1
	省局移交	—	—	—	—	—
2004	本级检查	56	56	95	47	7
	省局移交	—	—	—	—	—
2005	本级检查	60	60	110	55	6
	省局移交	—	—	—	—	—
2006	本级检查	53	53	70	35	5
	省局移交	—	—	—	—	—
2007	本级检查	65	65	105	52	8
	省局移交	—	—	—	—	—
2008	本级检查	59	59	93	46	5
	省局移交	—	—	—	—	—

第四节　农业税收

农业税

计税　1986 年，仍依前计税依据为:1958 年核实的土地面积和常年产量，名义税率为常年产量的 15%。2002 年,实行农村税费改革,调整农业税收为：按 1994～1998 年主要农作物 5 年平均产量为计税常年产量，计税价格按每公斤标准粮 1.10 元，税率为 6%(国营农场税率为 3%)。2004 年,农业税率降低 3 个百分点。2006 年,取消农业税。

优待　农民依法开垦的荒地或者用其他方式扩大耕地面积所得农业收入，从有收入之年起,免征农业税 1～3 年。在宅边隙地上零星种植农作物的收入,免征农业税。

社会减免　对农村中的烈属、残废军人、老复员军人给予减免农业税照顾。对农村中的特困户、丧失劳动能力的残疾人,经县(市)政府批准,可适当减征或免征。对 70 岁以上的老年人,免征新增农业税及附加。

灾情减免　农作物遭灾歉收3成以上不足6成的，酌情减免。歉收6成以上的全免。

农林特产税

1987年对园艺、林木、水产、果用瓜收入征收该税。税率为收入的5%~31%不等。1994年改称农业特产税，并对苹果、梨的税率由15%调为12%，果用瓜由10%调为8%，蚕茧由6%调为8%，水产品由10%调为8%。2002年4月，实行农村税费改革，将大田西瓜、甜瓜、甜叶菊由征收农业特产税改征农业税。对原生产、收购两个环节征收农业特产税的应税产品，属于一个纳税人的，合并在生产环节征税，税率略低于原两个环节适应税率之和；属于两个纳税人的，暂维持在生产和收购两个环节征收。畜产品和晾晒收购烤烟，在收购环节征收。农业特产品的适应税率，按国家和省统一规定执行。2004年，取消农业特产税。

耕地占用税

1987年开征耕地占用税，征收标准为4.3元/平方米，农民建房占用减半征收。2008年起，征收标准提高为23元/平方米，农民建房占用减半征收。铁路、公路占用耕地按2元/平方米征收。

契税

1990年，恢复房屋流转契税征收。税率为：买契税，按买价征收6%；典契税，按典价征收3%；赠与契税，按现值价格征收6%。交换房屋，双方价值相等者，免征契税，发给契证，只收工本费；价值不等者，差价部分按买契税率纳税。1997年10起，契税税率改为3%。增设“土地使用权出让”和“土地使用权转让”两个税目。取消土地、房屋典当征收契税规定。将买卖契税按买价征收改为按成交价格计算征收。将赠与契税按现值价格征收，改为由征收机关参照土地使用权出售、房屋买卖的市场价格核定征收。1999年8月始，对个人购买自用普通住宅，减半征收契税。2008年11月始，对个人首次购买90平方米及以下普通住宅，契税税率暂统一下调至1%。

1986~2008年高密市农业四税征收表

表11－17　　单位：元

年　份	农业税			农林(业)特产税	耕地占用税	契税
	依率计征	减免税款	实收税额			
1986	4775355	52798	4722557	—	—	—
1987	4899288	77479	4821809	—	—	—
1988	4998407	191418	4806989	—	—	—
1989	5275099	444930	4830169	—	—	—
1990	5268277	165652	5102625	—	—	—
1991	5234662	240000	4994662	—	—	—
1992	6590893	400000	6190893	—	—	—
1993	7857373	250000	7607373	—	—	—
1994	11546764	600000	10946764	—	—	—
1995	11540191	500000	11040191	—	—	—
1996	16841807	500000	16341807	—	—	—

续表 11－17

年份	农业税			农林(业)特产税	耕地占用税	契税
	依率计征	减免税款	实收税额			
1997	16835918	500000	16335918	—	—	—
1998	16824560	500000	16324560	—	—	—
1999	15657082	3700000	11957082	—	—	—
2000	13582214	580000	13002214	—	—	—
2001	13578698	1330000	12248698	—	—	—
2002	65890481	5461964	58248992	—	—	—
2003	65659872	4018454	65287337	4486798	9437493	7532885
2004	32397465	1674745	30722720	2280000	19565847	18974460
2005	10813232	148603	10664629	1900000	25178103	30836602
2006	—	—	—	—	46952287	16223159
2007	—	—	—	—	46950000	6670000
2008	—	—	—	—	25900000	13900000

第十二编

城乡建设

1985年后,全市的基础设施建设坚持科学规划、超前运作、适度负债、依法实施、协调推进的原则,注重速度质量效能的高度统一,投资力度和工程建设量逐年加大,基础设施建设始终保持超前投入状态。特别是进入21世纪后,资产运营机制被运用于基础设施建设,融资渠道日益拓宽,建设方式不断创新,为快速推进城乡基础设施建设提供了有力保障。经过23年的发展,从城市规划、市政设施、公共事业到交通运输、邮政电信、水利电力以及环境保护等各个方面都得到了长足发展。

第一章 城区建设

第一节 城市规划

总体规划 高密县城市总体规划第一次编制是1981年,1984年6月由省政府批复实施。城镇性质确定为:发展以农副产品加工为主的轻工业城镇。规划近期至1985年,远期至2000年;城镇人口规模近期5.5万人,远期7.5万人;建设用地规模,近期5.76平方公里,远期8平方公里;规划区面积9.73平方公里。

第二次城市总体规划调整是1990年,由山东省城乡规划设计研究院编制。城市性质确定为以轻纺、机械、化工工业为主的工业城市。规划近期至1995年,远期至2000年;城市人口规模,近期11.6万人,远期14.7万人;建设用地规模近期14.7平方公里,远期30平方公里。

第三次城市总体规划调整于1994年,由山东省城乡规划设计研究院编修,1995年12月省政府批复实施。城市性质确定为:以外向型经济为主的现代化中等城市。规划近期至2000年,远期至2010年。城市人口规模,近期15万~18万人,远期25万~30万人;建设用地规模近期20平方公里,远期30平方公里;城市规划区面积196平方公里,城镇化水平近期40%,远期55%。

第四次城市总体规划调整于2004年,由山东省城乡规划设计研究院编制。2005年4月,省政府批复实施。城市性质确定为以发展加工制造业和商贸物流为主的外向型城市。规划近期至2010年,远期至2020年。人口规模近期35万人,远期45万人;建设用地规模近期42平方公里,远期52平方公里;城市规划区面积220平方公里,城镇化水平近期55%,远期70%。

专项规划 1996~2008年,依据城市总体规划,先后编制完成了城市防洪排涝、消防、供水、排水、供热、供电、商业网点、环境卫生、抗震防灾、人防工程、燃气、弱电下地、绿地系统等13项专项规划,并经市政府批复实施。依据城市总体规划发展方向、用地功能和发展要求,结合旧城改造和新区开发,已编制完成的详细规划有公共服务类33项,居住小区类75项,企业类300项。其中公共服务类33项包括凤凰公园、南湖植物园、翠岭游园、文体公园、文化广场、时代广场、小康河综合改造、密水商场、KK商贸城、城投新世界、苏州街、梧桐购物广场、德福广场、农信大厦、凤都大酒店、金孚隆购物中心、青岛科技大学高密校区、一中新校、高密五中、凤城中学、中医院扩建、车管所、东城老年公寓、张家埠老年公寓、府前广场、交警大队、开发区办公大楼、新闻大厦、计生服务大楼、消防大队、人民医院病房楼、天和思瑞大酒店、时代国际。

居住小区类和企业类略。

第二节 市政设施

道路 1986年后，城区的道路建设逐步加快，无论是新建或整修，大多数路段采取了以砼硬化路面的做法，少有沥青铺敷（2005年后，开始逐步对部分混凝土路段进行沥青改造）。对于主要街路，逐步注重亮化工程建设和人行道的铺装。1986～2008年，全市总投资约2亿元对城区道路进行硬化、亮化，共修建街路（含广场）总面积 130 多万平方米，新建设铺修街路（段）30多条，总长度约75公里。

排水 1986年后，配合城区道路建设，对所有新建与改造路段的排水设施，都做到了与道路建设同步进行，并对某些排水存在问题的路段，及时进行了改造。至2008年，共新建、整修排水沟和排水管道及过路涵26.4公里。截至2008年底，全市雨水、污水管道总长度达到245公里。

桥涵 1986年，新建城北街钢筋混凝土平板三孔康河桥一座；1987年新建西关路1+315桥、西关路0+840桥、立新街付家大街桥、冷库桥、河湾桥、布市桥、豆饼市桥等桥七座；1988年新建长丰桥。同年与济南铁路局合作建成西关路交叉道口一座；1989年新建长丰街涵洞一座，站前街涵洞三座；1990年新建葛家庄东、西涵洞；1997年新建小王庄桥、红旗桥；1999年新建建设桥；2000年新建化纤桥、春雨桥、洁玉桥三座过街人行天桥。此后至2008年城区没有新建或改建桥涵。

照明 1986年，城区共有8条街道装设路灯，共316盏。到1996年，有9条街路共安装路灯523盏。1997年，城区各主要街道和公共场所全部换为高压钠灯。1998～2002年，对立新街、人民大街、顺河路等主要街路和公共场所的路灯进行新建和改造，其中在重点区域安装了部分具有装饰和照明双重作用的灯盏。2003～2008年，对平日公路市区段、凤凰大街、康成大街等主要干道、街路和重点场所的照明工程进行了建设改造，不同街路采用不同风格样式灯型。截至2008年底，市区共有路灯5490基、13269盏，实际运行13216盏。其中钠灯5744盏，节能灯4728盏，日光灯710盏，金卤灯151盏，LED七彩灯1878盏，强力投光灯（空中玫瑰）5盏。

防洪 1986年以后，城区的防洪工作主要是河流的治理和排水系统的建设、改造和修护。1997～1998年，总投资127万元，先后对小康河小王庄桥、西立交桥桥底进行改建改造，并在曹家楼一号桥附近修建排水过路桥涵，对小康河、小辛河以及曹家楼前街明沟等重点地段进行清淤清障。1999年8月，全市降特大暴雨，部分设施遭到破坏。此后几年，加强了城区排水系统的清淤、检修和设施的更换以及某些地段排水工程的建设和改造完善。2006年，市城市污水管理办公室成立。2007～2008年，总投资100万元，对小辛河截流工程进行改造和维修，并对城市基础设施进行全面维修和完善。

第三节 公共设施

供电 1986～1991年，城区公共照明用电由供电公司线路工区负责，有路灯变压器8台，路灯控制箱9台。1991年6月成立路灯管理所，为副科级事业单位，隶属供电局。2001年7月，路灯建设、运行监管改由建设局负责，供电局负责运行管理。

2007年2月，路灯监管职能划归新成立的市政管理局。截至2008年底，城区共有路灯变压器36台，同时使用13台公变和4个单位的电源为路灯供电，市区路灯总有功负荷1565.34千瓦。

■热电厂大门

供水 1986年后，城区的生产生活用水仍由市水业公司负责。1986～2008年，全市有四个水厂，日供水能力9.5万立方米。1989年之前，城区供水采用地下水，由南水源地（邓家庄附近）、北水源地（东门家苓芝、沙窝村之间）和王党水源地(冯家庄、王党村、大小南曲一带)三个水源地提供。由于城区用水激增，1989年12月，地下水和地表水开始同时使用，同时进一步加强了地下水源的开采利用。2000年4月将水源地划分为邱家洼水厂、王党水厂。地表水主要是引用王吴水库、峡山水库、引黄济青工程三大水源。1989年，依托王吴水库水源开挖城南人工湖，并同步建设城南水厂。水厂分两期工程建设，两期工程日总供水能力为3万吨。1994年，依托引黄济青工程建成城北水库，并于1997年7月建成城北水厂，由于引黄济青工程来水量较少，1999年，城北水库引峡山水库水作为城北水厂的主水源。2007年，利用世界银行贷款建设高密市城乡供排水及配套管网工程，新建阚家水厂，以峡山水库为主水源，并扩建南湖水厂和北湖水厂，实现了城乡供水一体化。

供水收费 1987年，工业用水由此前的每立方米0.25元调整到0.36元，生活用水由每立方米0.15元调整到0.3元。1989～1996年，经过4次调整提价，生产经营用水达到1.80元/立方米，生活水0.96元/立方米。1996年水价调整中，还细化出商业饮食服务业用水2.80元/立方米，基建用水3.60元/吨，洗浴用水4.00元/立方米。2008年1月水价再次调整，自来水综合水价（污水处理费、水资源费、水附加费等）分别为：居民生活用水2.817元/立方米，生产用水3.825元/立方米，商饮水5.005元/立方米，建筑用水5.869元/立方米，桑拿、洗浴用水6.301元/立方米。

■城北水库

供热 高密市区的供热工程建设始于1986年。1986年11月，高密热电厂热电联产一期工程建成投产，次年，工业热用户达到34家，用汽12万吨。1989年，热电联产二期工程投产，当年供汽23万吨。1995年后，热电厂多次进行“城区工业发展配套供热工程”技术改造和开发低压热用户为主的管线改造，至1999年，热用户增至200家，是年供汽64万吨。2001年，热电厂三期工程上马，当年供汽91万吨。至2008年，在城区东部进行低温水改造，铺设管网10.4公里，当年实现供暖20万平方米。

凤凰公园一角

供气 高密市天然气应用项目建设始于2002年。是年9月12日，高密市交运天然气有限公司成立，当年投资700万元开始建设市境内天然气管道。至2003年，在城北宏华工业园区建成输气门站一座，并建成自门站输出沿交通路、站南街、健康路、振兴街延伸10公里的第一条中压管线，是年底开始为部分用户供气。由中石化济青管道开口供气。

公共交通 1997年前，城区的客运交通工具主要为人力三轮车和机动三轮车。1997年9月，高密供电局投资成立公交公司，结束了市区无公共交通设施的历史。公交公司成立后，当年开通6路营运线路，线路长约87公里。2001年，营运线路增至12路，线路总长303.2公里。2003年11月，高密供电公司与青岛公交集团合资成立青岛公交集团高密非达巴士有限公司，总注册资金500万元，投入运营车辆99台，其中青岛公交集团占60%份额。该公司运营一年即申请停运。2004年12月，市政府将公交经营权移交给高密市交运汽车运输有限公司，成立市交运公交车有限公司，实行政府指导下的企业化经营。至2008年，开通公交线路16条，运营公交车共218台。

绿化 1986年，绿化工作开始纳入市政府重要议程。规定对年满18周岁有劳动能力的公民，收取绿化代植费(2000年以前每人每年15元，2001年起改为每人每年5元，2005年停收)，集中用于城市绿化建设。从1990年开始，城区绿化逐步从原来的单纯植树，发展到以兴建公园、游园、广场、街头绿地为主的绿化方式，同时对道路进行大范围的墙基绿化及分车带绿化，广植草坪。2004年，城市绿化掀起高潮，并规定新建小区绿地率不得低于30%，属旧城改造的不得低于25%。2007年开始，对潍胶路、百脉湖大街、朝阳大街等道路实施重点绿化，同时开工建设改造南湖植物园、文体公园、胶河公园和凤凰公园。到2008年，全市建成区绿化覆盖面积1099万平方米，绿地面积955万平方米，绿化覆盖率、绿地率、人均公园绿地面积分别达到35.6%、31%和8.6平方米，各项园林绿化指标均达到了省级园林城市标准。全市一环、一核、三纵六横，三带多园的绿地系统基本形成。

园林 1986～2008年，高密市在市区(郊)建设旅游休闲娱乐型园林4处。

凤凰公园 位于市区西郊，占地525亩，1992年4月开工建设，1994年9月底建成并正式开放。2007年10月，公园进行扩建、改造。其中将公园北侧的槐树林扩建成槐香园景区，增加公园面积198亩，并改造更新绿地10万平方米。园内形成了百花园景区、桃花溪景区、小西湖景区、槐香苑景区等绿化景观。

南湖植物园 位于市区南部，绕人工湖而建园，规划占地630亩，园内建有特色植物园

■南湖植物园一角　　(2008 年摄)

区、生态体验区、园艺示范区等区域。一期工程自 2007 年 11 月开工，2008 年建成并向市民开放。植物栽植中按春、夏、秋、冬将整个园区划分为玉棠富贵、落英缤纷等 11 个景区，栽植杨树、雪松、银杏、垂柳等乡土植物 160 余种。园内植物种类达 200 多种，大都属全市及外地野生植物、珍稀和濒危植物、重要经济植物。

小康河公园　小康河是贯穿城区的一条集行洪、排污于一体的主要河流。2005 年秋，市政府正式启动小康河综合改造工程，2006 年 10 月 1 日正式对外开放，小康河从此由一条臭水沟变成了风景优美的景观河。河景观带全长 1986.5 米，绿化面积 10 万平方米。主要包括苏州街、垂钓区等 6 大景区 20 多个景点和 1 处停车场、2 座橡胶坝、5 座桥梁，总投资 1.6 亿元。

胶河公园　胶河自南至北贯穿高密境内。为防止水土流失，发展生态农业，2007 年，市里确定建设胶河生态林场，规划将胶河分为以万松园为中心的丘陵、王吴水库周围和胶河两岸绿化为主的水源涵养区；以三吊老林、银月公园、胶河景观带、文体中心为主的生态景观旅游区；以及胶河下游的木材生产区和果品生产区。四个区域，根据不同的生态治理目标，进行以林业为主、兼顾旅游观光的综合治理。

第四节　城市管理

市容市貌管理

1986～1996 年，城区的市容秩序由市建设局市容监察大队负责。1997 年 1 月，成立高密市城区管理委员会办公室，为正科级机关延伸性事业单位，隶属市政府办公室。城区管理实行城区管理委员会统一领导，城区管理委员会办公室具体负责。2000 年，撤销市城区管理委员会办公室，成立高密市城市管理局。城市市容监察大队、园林处由建委成建制移交给城市管理局管理；原隶属于建委管理与指导的环卫处、公交车辆业务划归城市管理局。2002 年 4 月，撤销高密市城市管理局，重新成立高密市城区管理委员会办公室。2003 年 9 月成立高密市城市管理行政执法局，为正科级行政机构。同时成立高密市城市管理行政执法大队，为正科级机关延伸性事业单位，隶属市城市管理行政执法局。2006 年 12 月至 2008 年，又相继在夏庄、柏城、柴沟、密水、醴泉、开发区、阚家、姜庄、

■小康河公园一角

仁和等9个镇(街道)成立城管执法中队。管理模式实行垂直管理,双重领导,以城市管理行政执法局领导为主。市城市管理行政执法局成立后,在城区范围内开展以治理店外经营、占道经营、乱摆摊点、违章建设、乱设广告、车辆停放等为主要内容的城市环境综合整治。

环境卫生管理

道路清扫保洁 1986~1989年,高密城区街道卫生由县建设委员会下属的县环卫所负责。1990年春,县环卫所更名为高密县环境卫生管理处,为副科级事业单位,隶属县建委。是年秋,环卫处分别在南关、北关、东关、西关各设立一个环卫所,主要负责城区"四关"背街小巷的道路清扫保洁和垃圾清运。1993年春,"四关"环卫所撤销,环卫处建立新的管理体系,在编人员扩充到46人,临时保洁人员增加到200名左右,清扫范围扩大到城区"十街九路"。1999年3月,市环卫处由市建委成建制划归高密镇管理。2001年3月,随着市区划调整,高密镇分为两个街道,市环卫处也同时分为醴泉街道环卫所和密水街道环卫所,加上朝阳街道环卫所(1999年成立),全市三个环卫所约有保洁工人260人。2003年10月,市政府理顺环卫体制,重新组建高密市环卫处,隶属高密市城区管理委员会办公室。市环卫处负责对城区27条主街路的卫生保洁,背街小巷的卫生由各街道环卫所按属地管理的要求负责安排清扫保洁。2008年8月,市环卫处划归市市政管理局管理。是年调整城区环卫保洁作业区域,扩大保洁覆盖范围,专业保洁队伍增加到360余人。

垃圾清运处理 1986年,城区垃圾运往1982年建成的县人民医院门前的临时填埋式垃圾场内,每周清运一次。1988年春,在人民大街东首的电视台东侧新建填埋式垃圾场一个,城区的生活垃圾全部运到此处。1996年,垃圾场移至晾甲埠前。2000年春,又移至卣坊南。2001年后,分别在八里庄南、尧头村北、刘戈庄西设立三处填埋式垃圾场。2005年,在拒城河镇周家屯村西北征地120亩,规划建设生活垃圾无害化处理场。工程分两期建设,其中一期投资1950万元,占地40亩,2008年上半年建成投入使用。二期工程于2008年下半年开工建设,投资1030万元。该生活垃圾处理场总设计库容量80万立方米,日处理垃圾200吨,总服务期限10年。

公厕建设管理 1986~1996年城区共有公厕14座,全部为旱厕,由环卫部门负责保洁管理。1997年,对其中7座改为水冲式公厕,并将公安局南侧公厕改为收费公厕,由环卫处统一采取承包式管理。是年,又新建公厕两处。1999年3月起,市环卫处划归高密镇管理。期间,有些公厕因城市建设等原因被拆除。除公安局南侧、火车站、招待所西侧、西关路四处公厕可以使用外,其他厕所基本处于关闭状态。2003年10月重新组建高密市环卫处后,对城区全部公厕(共10座)进行了维修,并采取承包的办法安排专人进行管理。

城市出租客运管理

1996年前,全市的出租车客运工作无专门的机构负责。1996年,市交通局成立出租车管理办公室,当年为80多辆出租车办理营运手续。是年9月,联合公安、法院等部门对"黑出租"进行治理整顿,其后,出租车营运管理纳入行业化、规范化。2002年,停止为小型面包车办理出租营运手续。次年,有9辆轿车办理营运手续。2003年,对营运出租车实行统一票价、统一标志标识、统一计价器、统一使用发票等规范化管理。截至2008年,全市共有出租汽车232辆。

园林绿化管理

全市的园林绿化工作实施三级管理,即市管绿地、镇(街)管理绿地、单位庭院与居住区管理绿地。市管绿地是指由市政府投资建设的绿地,由市相关职能部门分工负责。其中园林处负责管理凤凰公园、南湖植物园、街头游园绿地、城区主要道路和行道树木;水利局负责管理胶河公园;文化产业委员会负责管理文体公园;路局负责管理四环路绿化。1986年以来，城区的绿化管理主要由市园林管理处负责。市园林管理处是隶属市建设局的正科级事业单位，其前身为高密县园林管理所，成立于1984年8月。其管理范围除市管绝大部分绿地外，还包括三个街道、开发区及柏城镇、夏庄镇一部分绿地。

第二章 乡村建设

第一节 小城镇建设

1986年，全县有乡镇29个，驻地村28个（不含高密镇），公共建设面积2万多平方米。14个乡镇驻地建有电影院、旅馆、商业楼。街道多为砂石路，有17个乡镇驻地共20条街道铺筑沥青路面。12个乡镇通自来水。经过20年的建设发展，各乡镇驻地不同程度地发生了较大变化。无论是基础设施、街路铺修、房屋建筑还是环境卫生等等，均比过去有了较大变化。特别是随着乡镇工业园区建设和第三产业的快速发展，到2007年，绝大多数乡镇驻地都已发展成基础设施比较完备的小城镇。2007年全市镇、街行政区划调整，29个乡镇（街道）调整为10个。具体情况是：撤销姚哥庄镇，将其原行政区域划归朝阳街道办事处管辖；撤销拒城河镇，将其原行政区域划归密水街道办事处管辖；撤销康庄镇，将其原行政区域划归醴泉街道办事处管辖；撤销河崖镇，将其原行政区域并入夏庄镇；撤销仁和镇，将其原行政区域并入姜庄镇；撤销周戈庄镇，将其原行政区域并入大牟家镇；撤销双羊镇，将其原行政区域并入阚家镇；撤销呼家庄镇，将其原行政区域并入井沟镇；撤销注沟镇，将其原行政区域并入柴沟镇；撤销李家营镇，将其原行政区域并入柏城镇。2007年9月，峡山生态经济发展区成立，将昌邑、高密、诸城和安丘等四市的部分村庄划归峡山生态经济发展区。高密市有34个行政村（其中阚家镇27个、井沟镇7个）共3.1万人被划归峡山生态发展区。2008年7月，经济开发区从朝阳街道（此前区、街合署办公，一套机构，两块牌子）分离出来。经济开发区管委会驻地不变，辖38个社区（设立街道后行政村改称社区），总面积26.23平方公里，人口54843人；分离后的朝阳街道办事处驻原姚哥庄镇政府驻地，辖62个村，总面积90平方公里，人口45841人。2008年底，全市所有镇（街、区）全部通自来水。道路建设多由砂石、沥青路面改为混凝土路面，主要道路硬化率达100%。绝大部分开通有线电视。燃气普及率为58.92%。

1986～2008年，全市小城镇新建住房694.64万平方米，其中公共建筑面积100.9万平方米，住房使用面积714.2万平方米，楼房170.96万平方米，人均居住面积由1986年的8.46平方米增加到2008年的26.21平方米。各镇街区全部完成总体规划，统一按规划建设，楼房采用钢筋混凝土结构，设置圈梁，楼层高度、跨度加大；建筑使用新型材料，外墙由20世纪80年代的水泥拉毛、抹光，90年代的马赛克，发展到使用新型外墙防水涂料；钢瓦代替红瓦；水泥砖代替红砖；铝合金塑钢门窗逐渐代替木门窗、钢窗。平房建设档次提高，房宽由4.5～5.5米变成6～8米，檐高由 2.5 ~ 2.8 米变为 6.5 ~ 9.5 米；门使用塑钢门居多，窗由木窗向铝合金窗、塑钢窗发展，红瓦代替麦草，采光、通风、保暖性大有提高。新建 8 米宽的平房设有浴池、洗手间，客厅面积较大，用装饰板吊顶。

第二节　乡村建设

1986 年，全县农房总面积达 623.16 万平方米，人均住房面积 8.46 平方米，乡村公共建筑面积 90.8 万平方米。90 年代建筑房屋档次提高，房宽向 7 ~ 8 米发展，檐高为 3.0 ~ 3.3 米，房间宽度由 2.7 ~ 3.0 米增至 3.3 米，少数房间宽度 3.6 米；木门改为夹板门居多，木窗变为钢窗，少数住房使用铝合金；屋顶多为红瓦，外墙由水泥拉毛、抹光到使用新型外墙涂料；室内地面以水泥地面居多；天棚大多用石膏板吊顶，8 米宽的平房多设有浴池，客厅较大。大部分家庭院内铺水泥甬路，少数家庭全部铺水泥地面。

2008 年底，全市村庄住房使用面积 854.9 万平方米，人均使用面积 28.48 平方米，人均居住面积 25.6 平方米，村庄公共建筑面积 91.22 万平方米。乡村道路 873 万平方米，全部村庄通电，新增路灯 7442 盏。2008 年，全市开始实行乡村道路"村村通"计划，设计路宽至少 6 米，沥青路面，各镇(街、区)全部实施。

改造后的新农村

第十三编

经济综合管理

1986~2008 年，正是中国实施对内搞活、对外开放战略的关键时期，是期，全市的经济体制实施了重大改革。随着改革的不断推进和纵深发展，使得经济综合管理无论在管理理念、管理模式，还是在管理标准、管理措施等各个方面，均发生了一系列重大变化。由此，旧的传统管理体制被逐步打破，新的社会主义市场经济体制初步建立起来。顺应形势的发展，全市的计划管理、统计管理、物价管理、土地管理以及工商行政和质量技术监督管理亦进入一个新的发展时期。

第一章 计划管理

第一节 管理机构

1984 年，高密县计划委员会属下成立经济协作办公室、金属回收办公室。1989 年 7 月成立经济协作公司，俱为事业单位。1995 年 12 月，成立重点项目办公室，挂靠市计划委员会。1999 年 4 月，成立信息中心，为事业单位，隶属市计划委员会。2001 年 12 月，市计划委员会更名为市发展计划局。2005 年 2 月，更名为发展和改革局，同时将原由市政府办公室承担的经济体制改革职能划入市发展和改革局。是年 5 月，撤销信息中心。2008 年 5 月，撤销经济协作办公室。

第二节 计划编制与实施

第七个五年计划（1986 ~ 1990 年） 1985 年编制《高密县国民经济和社会发展第七个五年计划（草案）》。指导思想：把改革放在首位，使改革和经济建设相互适应，相互促进。大力开展经济技术交流与合作。面向国内、国际两个市场，搞好对内、对外开放。坚持把提高经济效益，特别是产品质量放到十分突出的位置上。加强农业，搞好能源、交通建设。合理调整投资结构，保证重点建设。走内涵扩大再生产为主的路子。合理调整产业结构和产品结构，大力发展第三产业。加强和改善宏观经济管理。坚持物质文明和精神文明一起抓。

发展目标：到 1990 年工农业总产值达到 12.6 亿元，国民经济总产值达到 9.7 亿元，国民收入达到 9 亿元，财政收入达到 0.5 亿元，外贸出口商品收购总值 0.8 亿元，固定资产投资控制在 0.15 亿元，人民生活质量、生活环境、居住条件要有明显改善。

1990 年，几项主要经济指标全部达到或超过“七五”计划所提出的奋斗目标。提前 4 年实现国民生产总值的第一个翻番。

第八个五年计划（1991 ~ 1995 年） 1990 年编制《高密县国民经济和社会发展第八个五年计划（草案）》。指导思想：认真贯彻执行党的十三届七中全会提出的指导方针和基本要求，以经济建设为中心，坚持四项基本原则，坚持改革开放，大力提高经济素质和经济效益，进一步优化经济结构，依靠科技进步，实行“开放、开发、科技兴县” 的方针。加快对外经济技术合作步伐，大搞内引外联。以县城为中心，东向青岛、烟台、威海推进，南向深圳、珠海、海南等经济发达开放城市搞联引，走出一条“稳农、兴工、强县、富民”的新路子，确保全县国民经济长期、持续、稳定、协调向前发展。

发展目标：到1995年社会总产值52.57亿元，工农业总产值30亿元，国民生产总值18.63亿元，国民收入17.2亿元，财政收入1.2亿元，外贸出口商品收购总值1.81亿元，固定资产投资控制在1.75亿元，各项存款余额8亿元，贷款余额10亿元，农民人均纯收入1000元，城镇职工工资相应提高，卫生、体育、文化等事业都要有一个新的发展。

1995年，实际几项主要经济指标全部达到或超过“八五”计划所提出的奋斗目标。

第九个五年计划（1996～2000年） 1995年编制《高密市国民经济和社会发展第九个五年计划目标纲要(草案)》。指导思想：根据党的十四届五中全会精神，加快经济运行机制转变，初步建立起社会主义市场经济体制，加快经济增长方式的转变，培植起素质较高的产业结构体系，力争经济与社会发展的整体素质和效益跃居半岛地区先进水平。组织实施外向带动，名牌带动，科教兴高，城乡一体战略，全面完成现代化建设第二步战略部署。

奋斗目标：到2000年，国民生产总值120亿元，地方财政收入2.5亿元，出口创汇2亿美元，全社会固定资产投资100亿元，农民人均纯收入4500元，各项存款余额30亿元，贷款余额35亿元，一、二、三产业比例为16∶44∶40。科技、教育、文化、体育、广播电视、新闻、卫生、计划生育、土地管理、环保、档案管理等各项事业蓬勃发展。

“九五”期间遇到1997年发生的亚洲金融危机，其消极影响持续两年之久。1999年境内的洪涝灾害，使得农业减产减收。由于领导得力，措施到位，保证了整个经济和社会的健康发展，经济总量依然保持高速增长势头。到2000年，全市GDP达到58.5亿元，按可比价格计算，5年平均增长10.5%，实现比1980年翻3番的总体目标。其中一、二、三产业增加值分别达到14.1亿元、24.3亿元和20.1亿元，年均增长分别为4.6%、13.3%和11.7%。人均GDP达到6912元，按汇率计算为839美元。“九五”期间，全社会固定资产投资累计完成71亿元，是“八五”期间的两倍。

第十个五年计划（2001～2005年） 2000年编制《高密市国民经济和社会发展第十个五年计划纲要(草案)》。指导思想：进一步解放思想，更新观念，顺应大势，抢抓机遇，实现特色，加大体制创新和科技创新力度，加快经济结构调整步伐，大力实施城市化、经济国际化、民营经济发展、“科技兴高”、可持续发展战略，进一步增强综合发展实力。

奋斗目标：根据全国现代化建设“三步走”战略部署，到2005年，GDP达到95亿元，按可比价格计算，五年平均增长10%。限额以上工业增加值达到24.1亿元，实现产品销售收入101亿元。财政总收入达到7.23亿元。实际利用外资2967万美元。人口自然增长率控制在5.65‰以内。农民人均纯收入4500元。三个产业比例为18∶46∶36。科技进步对经济增长贡献率达到55%以上。城镇登记失业率控制在3.5%以内。民政、文化、体育、档案、广播电视等社会事业都有明显进步。

2005年，几项主要经济指标和各项事业要求，俱已实现或超过奋斗目标。

第十一个五年计划(2006～2010年) 2005年编制《高密市国民经济和社会发展第十一个五年规划纲要(草案)》。总的指导思想：以科学发展观统领经济社会发展全局。紧紧把住“进位争先”主目标，继续按照“全党抓经济，重点抓工业，关键抓投入，突出抓招商”的工作思路。以增加投入为总抓手，以调整优化经济结构为主线，以改革开放为动力，以全面创业为基础，充分利用好“借势青岛”这个主渠道，依托“一个中心，三个板块”这个主战场，突出“招商引资、工业立市、民营经济、农业三化、城市建设、现代服务业”六大战略重点，着力转变经济增长方式，加强生态环境保护，推进社会主义新农村建设。加快构建和谐社会，努力实现经济社会又快又好、更快更好发展。

主要奋斗目标：到2010年，全市地区生产总值翻一番以上，达到298亿元，年均增长18%。人均GDP达到4115美元。地方财政收入达到14.78亿元，年均增长22%。基本建成小康社会。

第三节 宏观调控

1986年，正在逐步推进由计划经济向市场经济转变。在市场经济条件下，宏观调控的主要任务是：理顺各方面的经济关系，保持社会总需求与总供给的基本平衡（总量平衡）。调整和优化产业结构，反对垄断和保护公平竞争。保持物价稳定。在效率优先情况下达到充分就业。在经济发展过程中保护自然与社会环境等。1988年建立经济协调会议制度，以协调处理各系统之间在经济计划执行中难以自行解决的突出矛盾和问题。在宏观调控中，注重调控体系中的计划手段、经济手段、行政手段的综合运用。

第二章 统 计

第一节 统计管理

1995年，高密市各乡镇成立统计委员会，并设办公室。市直企事业单位，根据工作任务需要设统计机构和统计员。是年对具有法人资格的事业、企业、社团、基层群众自治组织、私营企业等所有统计管理单位依法进行登记，并建立统计管理名录库。2003年，统计局内设统计调查队，为事业单位。次年，镇街统计办公室改称统计站。初上岗人员，实行岗前培训制度。经培训合格取得统计证后，方可上岗，并可参加职称评定和任职资格考试。统计人员对统计数据质量负责。

第二节 统计调查

统计调查包括全面调查和非全面调查。人口普查、农业普查、工业普查、第三产业普查、基本单位普查、经济普查均属于全面调查。非全面调查包括抽样调查、典型调查、重点调查等，农村住户调查是典型调查。

人口普查 每10年进行一次，在逢“0”的年份进行。

1990年7月，进行第四次人口普查。普查时点为是月1日零时。普查结果：全县总人口840192人。男女性别比为102.60。在总人口中，汉族840014人，少数民族178人。

2000年11月，进行第五次人口普查。普查标准时点为是月1日零时。全市总人口842403

人。男女性别比为99.88。在总人口中,汉族人口841221人,少数民族人口1182人。

农业普查 第一次全国农业普查于1997年1月开始。普查内容为全市农业生产经营单位的数量、规模和结构,农村劳动力数量、素质、行业分布和地域分布情况,农业用地数量、质量、构成、利用和流转情况,农村生产性固定资产数量、结构、性能和权属情况,农村村落的社会环境情况,乡镇及以下企业和乡镇的基本情况。普查标准时间为1996年12月31日,时期指标标准时间1996年1月1日~12月31日,登记的标准时间为1997年1月1日~1月31日。

第二次农业普查于2007年1月开始。普查对象为境内的农村住户、城镇农业生产经营户、农业生产经营单位、村民委员会和乡镇人民政府。普查内容:农业生产条件、农业生产经营活动、农业土地利用、农村劳动力及就业、农村基础设施、农村社会服务、农村居民生活以及乡镇、村民委员会和社区环境等方面情况。普查标准时间是2006年12月31日,时期指标标准时间是2006年1月1日~12月31日,登记标准时间为2007年1月1日~1月31日。

工业普查 继1985年第二次全国工业普查后,1995年进行第三次全国工业普查,普查标准时间为12月31日,时期指标为1995年1月1日至1995年12月31日,普查范围为所有工业企业及个体工业业户。普查内容为工业企业及个体工业的生产经营状况。经普查,1995年全市共有工业企业和生产单位7845个,完成工业总产值85.32亿元,从业人员11.7万人。其中国有工业企业27个,完成产值10.61亿元,从业人员1.21万人;集体工业企业586个,完成产值42.53亿元,从业人员2.37万人;个体工业企业5749个,完成产值7.61亿元,从业人员2.01万人;股份制工业企业7个,完成产值1.16亿元,从业人员0.2万人;三资企业33个,完成产值10.84亿元,从业人员0.76万人。2003年确定,此项普查并入经济普查,不再单独进行。

第三产业普查 第一次第三产业普查于1993年1月1日实施。普查的内容为1992年度和1991年度除农业、工业和建筑业之外的所有企业、事业及社团的生产经营情况。第三产业的法人单位及其分支机构采用全面普查的方式进行登记。第三产业个体户采用抽样调查的方法推算。普查结果:1991年,第三产业增加值为2.55亿元。1992年为5.74亿元。2003年确定,此项普查并入经济普查,不再单独进行。

基本单位普查 基本单位普查每10年进行2次,分别在“1”和“6”的年份进行。第一次普查始于1996年。普查时点为1996年12月31日。普查范围为全市各类法人单位及产业活动单位。普查结果:全市有各类法人单位2432个,产业活动单位4511个。第二次普查于2001年进行。全国普查时点为2001年12月31日。据省政府规定,山东省普查时点提前到11月1日。普查范围除全国规定的法人单位及产业活动单位外,还增加个体工商户的普查内容。普查结果:全市共有法人单位2577个,产业活动单位4092个,个体工商业户15838个。2003年确定,此项普查并入经济普查,不再单独进行。

经济普查 经济普查每10年进行2次,分别在“3”和“8”的年份进行。第一次经济普查应在2003年进行,因全国防治“非典”的原因,推迟到2004年进行。普查标准时点为当年12月31日。普查时期资料为当年年度资料,对工业、建筑业、第三产业的所有单位和个体经营户的发展规模、结构、效益等进行全面调查,将信息输入数据系统。2008年又进行一次和上一次同样的普查。

抽样调查 每年除全面统计外,还进行农产品产量、畜牧业、规模以下工业、规模以下商业、餐饮业、劳动工资、农产品价格、房地产价格、小规模固定资产投资、集团调查、景气调查等10余项抽样调查。抽样调查数据用以推算全市的总量。1988年和1995年，两次承担全国1%人口抽样调查。

农村住户调查 通过调查点住户日常收入支出情况记账，反映农户的生产经营情况，计算农民人均纯收入。1986年，全市农村住户调查点由1982年的6个村60个户，扩大到10个村100个户。1997年，农村住户调查点每镇（街）3~4村，调查户30~40户，共设有100个村1000户。2000年，每镇（街）保留3个村30个户，共设60个村600个户。依据样本轮换原则，2001年启用新调查点10个村100个户。2006年又对2001年启用的调查点样本进行轮换。依然保持10个村100个户。

第三节 统计改革

1986年以来，统计专业逐渐增多。统计调查方式，由单一的全面统计到全面统计与抽样调查相结合。周期性普查也逐步增多。

报送方式，由原来的直接报送、信件邮递、电话报送，到磁介质、网上报送。报送范围，由原来的各主管部门到单位直报。

计算数术，从珠算、计算器、计算机，已实现计算技术现代化。1996年，实现所有统计业务和各项普查数据计算机处理。并实现与潍坊市统计局数据传输联网。高密化纤股份有限公司、孚日家纺股份有限公司、高密市供电公司、高密三真皮革服装有限公司4个企业纳入全国5000家大型企业实现全国直报业务。

第四节 统计执法

主要通过电视讲话、报纸、答记者问、设立咨询点、办培训班等多种形式，宣传学习统计法律法规，提高全社会的统计法律意识。市统计局配备有专（兼）职统计执法人员。2001年，成立执法评议委员会，对有统计违法行为的单位进行处罚。

第三章 物价管理

第一节 管理机构

1987年，高密县物价管理局改称物价局。1993年11月，县物价局与县工商行政管理局合并。1997年1月复设市物价局。2002年1月，成立高密市价格认证中心，为物价局所属事业单位。局址位于永安路中段路东。

高密市物价局办公楼

第二节　价格管理

1986年，按照国家规定价格和作价办法，对汽油、童装等30种商品价格定价批复，调整25种工业产品价格，对138种产品实行浮动价。1987年，实行放、调结合办法。年内对油料、碳酸氢铵化肥等22种商品价格进行作价批复，药品、农机等商品价格进行调整，两次调整自来水价格，提高粮食油料销售价格。次年，坚持重疏导、轻控制的原则。上报调整金属材料、化肥、农药、电器、油料等19种商品价格。其中，为缓解市场压力，先后多次对各种油料销售价格进行调整。1989年，以控涨治乱为重点，缓解市场供求矛盾。对物价控制实行“行政首长负责制”，确定全年市场物价上涨总水平控制在10%以内。调整化肥、农药、家电、药品、自行车、五金商品等价格。其中，先后多次对各种五金商品实行限定价。提高粮食、油料销售价格。1990年以后，商品价格逐步放开，执行治理整顿、深化改革方针，以境内物价总水平上涨控制在5%以内为目标。调整油料、生产资料、电器等商品价格。1992年，地产工业品价格全部放开，建立企业定价认可证制度。连续提高粮食、油料销售价格。1993年，调整用电价格。次年，调整自来水和用汽价格。其中用汽价格调为每吨58元。翌年，又上调为70元。1996年，供汽价格调为每吨78元，工业生产用水调为每立方米1.8元。1998年，加强对餐饮业价格管理。次年，对电力、药品、成品油等价格进行调整。2000年，调整公交车票和电费价格。次年，核定天达药业生产的部分新药价格。2002年，落实城乡居民生活用电同价。将用汽价格调整为每立方米98元。次年，调整城北水库和王吴水库供水价格。2004年，对交运天然气有限公司天然气价格及入网收费标准进行调整。2006年，对南湖花园等4处居民小区物业管理服务收费进行核准。翌年2月，对北部6镇供水价格核定为每立方米3元。9月，将居民生活用天然气销售价调整为每立方米2.5元，非居民生活用为2.9元。12月，对孚日热电有限公司工业供汽价格核定为每吨140元。年内对春雨花园等13处居民小区物业管理服务收费确定了标准。对黄金花园等8处居民小区物业管理服务收费标准进行了调整、核定。

第三节　收费管理

1987～1988年，对交通、物资、饭店、旅馆、招待所的收费情况进行清理审核，取消不合理和未经批准的收费项目23项。1989年，核定公布主要收费项目和标准。对259个行政事业性收费单位的收费员进行培训并颁发“收费员证”。年内办理发放“收费许可证”544个。翌年，首次对行政事业性收费部门和单位进行收费年审，计审验“收费许可证”914个，收费项目226项，收费标准3130个，审验收费总额2963.53万元。1991年3月，成立县治理三乱领导小组，对全县收费情况进行全面清理。计清理收费项目62项，收费标准2866个。1992年起，宣传贯彻中央、省《行政事业性收费项目管理目录》，为全县41个系统1035个收费单位办理“收费许可证”换证。1994年，对各项收费情况进行清理核实。次年，对教育各项收费进行核实验收。1997年，进行“收费许可证”换证。翌年，清理出对企业不合理收费61项，并制定减轻企业负担的6项措施。1999年始，推行“企业缴费登记卡”制度。对全市纳税过百万元的重点企业实施挂牌保护。2000年3月，换发“收费许可证”。6月，对全市67个单位的收费项目进行清理，查出26个不合理收费项目，责令限期改正。2001年推行收费项目公示制度。全市45个主要收费单位建立公告牌，将收费项目和标准向社会公示。次年重点推行涉农价格收费公示工作。物价局筹款近10万元，为全市996个行政村制作公示牌，公示覆盖率达100%。2003年，新办"收费许可证"826个，撤销42个，杜绝了无证收费现象。是年，举办收费员培训，参加者近千人，其中有916人结业。次年，对出租车计费标准进行调整。之后，2006年又作了一次调整。

第四节　监督检查

1986年始，在进行专项检查的基础上，连续开展全县范围内物价大检查。检查重点是国家定购和计划调拨的粮食、棉花、烟叶、蚕茧等农副产品价格，国家计划供应的农机、化肥、农药和柴油等农业生产资料价格，计划内重要工业生产资料价格，国家定价(包括浮动价)的紧缺日用工业品价格，以及其他对市场影响大、群众反映强烈的商品价格和收费标准。凡查出违价金额，全部予以没收上缴。1989年，在生产和流通企业中开展物价、计量信得过"双信"活动。1990年，对国营、集体以及个体经营单位，专业市场、行政事业性经营收费单位统一实行明码标价制度，并进行严格检查整顿。1993年前，一年一度检查的重点，以农用生产资料价格、农产品价格、国控工业生产资料及国控商品的价格为主，1994年后，价格监督检查的重点转为以行政事业性收费为主。方式是每年第一季度开始，实行收费年度审验。1995年，"双信"活动停止执行。1996年，执行《山东省制止牟取暴利和价格欺诈行为暂行规定》，对全市生产经营和市场进行专项检查整顿。1998年，对中小学收费、税务、粮食、药品等行业进行检查。次年，重点检查、落实"收支两条线"情况。2001年，成立价格举报中心，设立"12358"价格举报电话。次年，对506个大小商店检查落实明码标价工作。2003年上半年，针对"非典"期间药品及消毒液等价格涨价，加大监督检查力度，对顶风违规的3家药店进行严厉处罚。是年又对药品、中小学收费、农网改造价格等进行检查，查出违规单位38个，全部进行处罚。2005年，查处价格违法案件463件（案值10万元以上3件），违法金额3487.979万元。退还用户1564.719万元，没收违法所得1400.537万元，罚款89.525万元，上缴财政1490.062万元，实现经济制裁总金额3054.781万元。2006年，以转变工作方式为突破点，发挥"当裁判，搞服务"职能，同时加大对不正当价格行为监督检查力度，加强对实行政府定价、指导价价格行为的整顿与治理。次年，重点开展经营者价格诚信建设，价格服务进万家，查处价格欺诈专项活动及创建省级、国家级规范化价格监督检查机构活动等四项活动。2008年，重点对涉农、旅游、交通等领域的价格欺诈等方面进行监督检查。

第五节　价格认证

1988年始开展价格认证工作，其范围是接受司法机关委托对涉及刑事、民事、行政、经济纠纷等案件中的物品进行价值认定。1996年，接受潍坊市物价局对价值认定工作审验，并出台物品价值认定工作台账和统计报告制度。次年，业务拓展到20万元以下的保险事故中的财产和银行抵押贷款物的认定。1998年，增加交通事故车辆定损业务。次年，受理各类资产价值认定875起，认证金额5860万元。2000年始受理拍卖业务并举行第一次拍卖会。次年，涉案认定和其他价格认定364起，认定金额2592.15万元。2003年，认定涉案物品317起，认定额1811.84万元；车辆事故认定额1199.03万元；举行拍卖会5次，拍卖额124.31万元。2005～2008年主要是承办各类鉴证评估及举办拍卖会。

2005～2008年高密市各类物品鉴定评估、拍卖情况表

表13－1

年份	各类鉴定评估		举办拍卖会		备注
	件数	鉴证额(万元)	次数	成交额(万元)	
2005	1614	2605.5	11	127.76	—
2006	1398	1678.12	11	80.86	其中参与拆迁补偿价格认证46起,认证标的额597.51万元。
2007	330	1477.96	5	290.28	—
2008	450	4745.87	—	—	—

第六节　价格监测

1983年开展农产品成本调查,设立固定调查监测点(户)18个,对棉花、甜菜成本、收益情况进行跟踪调查。1986年,调查品种扩大到小麦、玉米、大豆等,并上报域内的工业产品、农副产品以及棉花、甜菜、黄烟和蚕茧等品种。1988年,落实《山东省价格总水平预测试行方案》。1989年,根据省《关于进一步加强价格信息工作的意见》,建立物价水平预测、政策信息反馈、市场物价动态和预测报告、商品行情定期报告制度。1992年,全省组建企业价格信息网络,全县在中、小型工商企业和事业单位及乡镇、个体工商企业中发展信息网络72户,提供市场行情、产供销趋势和供求信息。1994年,高密被省物价局确定为"主要商品市场价格监测"直报点,每旬对4大类100余种商品价格直报省局和国家计委。次年,高密市被确定为全国棉花调查点。1996年,在调查、测算的基础上,制定全市生猪收购最低保护价及猪肉批发、零售价格。1997与1998年,发展信息网络户120户。1999年,重点对粮食定购和保护价的执行情况进行监测并上报。2000年,对涉农收费和农民负担问题开展专项调查。2003年,市物价局被评为省级农产品成本调查及价格监测先进单位。2007年,加大与群众生产生活密切相关的重要商品和服务价格的监测监管力度,实行调价备案制度等临时价格干预措施,以保持市场物价基本稳定。同时,及时调整增加和优化监测网点,以提高价格监测的实效性和准确性。是年,物价局分管价格监测的纪要文被评为全国农产品成本调查先进个人。

第四章 工商行政管理

第一节 管理机构

1980年，县政府设有工商行政管理局，负责工商行政管理事务。1983年5月，成立县个体劳动者协会。1987年2月，成立县消费者协会。上述两个协会办公室均设于工商行政管理局。1998年12月，市工商行政管理局实行省以下垂直管理，人、财、物上划省工商局。2001年，高密市工商行政管理局为潍坊市工商行政管理局直属机构。局址位于永安路北段路东。

市工商行政管理局在城区设有分局，负责协助管理城区各工商所，后撤销。2002年7月，市工商行政管理局成立公平交易局、企业注册局两个直属机构，在镇街设工商所，至2008年底共有工商所17处。

■ 高密市工商行政管理局办公楼

第二节 市场管理

市场建设 1978年中共十一届三中全会后，逐步恢复传统集日和山会，至1985年，全县集贸市场有85处，年成交额达4905万元。1986～1989年，在城区建成密水商场、顺河路农副产品批发市场等专业市场，29个乡镇驻地集贸市场全部进入固定经营场所。1990年，全县有集贸市场101处、专业市场3处。1992年，在城区建设农贸中心、五金建材旧货市场、东关小商品市场、木材市场等专业市场。1994年，在城区新建和扩建市场9处，改造市场11处。1995～1997年，对市区密水商场、五金建材旧货市场、副食品批发市场先后进行扩建，新增营业面积23562平方米、摊位3500个。至2008年，全市共有综合集贸市场112处，专业市场8处，木材市场、农贸中心等专业市场年交易额达到亿元以上。

市场监督管理 1986年，集贸市场逐步开放，管理限制放宽，除国家统购统销的商品和国家明令禁止的特殊物品，都允许自由上市交易。对农副产品，不论何种形式，都允许入市经营。市场管理工作的重点已转向服务市场、方便群众、促进流通。1988年，全县开展创建"文明市场"活动。进入20世纪90年代，绝大部分商品已允许进入市场交易，国家计划管理的生产、生活资料，已由1000多种下降到30余种，85%以上的商品贸易额通过市场交易实现，95%以上的工业消费品价格由市场决定。1990年，县工商行政管理局率先在潍坊市推行了以“十项达标率”为内容的市场规范化管理办法。1993年，全市市场登记管理工作全面展开，对全县城乡124处市场逐一进行审核，依法登记集贸市场112处、专业市场8处。是年始对机动车实行验证管理，对房地产、石油、证券、期货、文化、科技、医药、经纪人等市场以及展销会、租赁柜台等纳入管理。1996年，在全市城乡市场推行市场巡查制，市场监管和行政执法力度不断加大。2004年，查处商品交易市场违法违章案件案值20余万元。2008年，查处商品交易市场违法违章案件案值27.82万元。

第三节 企业登记

1988年，高密县开始登记私营企业。1991年，有个体私营经营业户16961户，从业人员28915人。次年，放宽登记事项，新发展个体工商户3710户，私营企业63家。全县个体工商户达20175户，私营企业168家，比上年同期分别增长17.9%和72%。1996年，年内登记注册企业219家，变更登记306家，注销登记307家。新发展个体工商户6031户。注册集团公司和集团有限公司9家，带动企业132家。登记注册外商投资企业14家。是年，对全市3253家内资企业，116家外资、500家私营企业、2.6万户个体户进行年检和验照。清出“三无”企业65家，处罚年检违章企业123家，暂缓通过年检的61家。2002年，年内新发展私营企业327家。2003年，全市共注册登记各类公司1061家，注册资本161050万元；私营企业（不含分公司）332家，注册资金3928万元；个体工商户16774户，注册资金24710万元。2005年，全市市场主体总量22569户，注册资本总额466142万元。2008年，全市市场主体总量26150户，注册资本总额746339万元。其中农民专业合作社86户，投资总额3931万元。

第四节 经济合同管理

鉴证管理 1986年起，在全县推行合同管理制度，逐步建立县、乡镇、村三级合同管理网。1987年，29个乡镇、180家大中型厂矿企业建立经济合同管理领导小组，430个村和1480个厂矿企业设立合同管理机构或专管人员。1990年，经济合同统一文本制度在全县推行。2000年，采取多种形式广泛宣传贯彻《中华人民共和国合同法》。2003年，全市检查各类工商企业1088家，检查合同26540份，合同金额6.1亿元；鉴证合同16750份，金额5.2亿元。查处合同违法违章案件130起，为当事人挽回或避免经济损失218万元。2008年，全市专兼职合同管理人员3308人，合同管理机构2640个，95%以上企业实现合同管理机构、人员、制度“三落实”。

调解仲裁 1987年6月，工商行政管理局成立经济合同仲裁委员会，乡镇工商所设立派出仲裁庭。至1989年，仲裁调解合同纠纷186件。1990年8月，高密县工商行政管理局经济合同仲裁委员会更名为高密县经济合同仲裁委员会。1992年，全县调解、仲裁经济合同案件2680起，合同金额3005万元，争议金额1908万元。处理“三角债”、连环债446起，金额103万元。为企业避免经济损失560万元。1994年，全市共处理“协议仲裁”合同纠纷案件1120起，争议金额1200万元。1995年9月1日，经济合同仲裁委员会撤销，工商行政管理机关不再履行合同仲裁职能。

“重合同、守信用”企业活动 “重合同、守信用”企业是工商行政管理机关授予企业合同管理的荣誉称号。1984年起，在全县法人企业中开展“重合同、守信用”企业活动。2002年，根据国务院关于取消第一批行政审批项目的决定，“重合同、守信用”活动被取消，经国务院重新批准,从2002年开始,开展"守合同、重信用"企业活动。2003年,全市共评选出国家级"守合同、重信用"企业1家,省级17家,潍坊市级82家。至2008年,共评选出国家级"守合同、重信用"企业2家,省级31家,潍坊市级98家。

企业动产抵押登记 1995年10月8日,国家工商总局公布《企业动产抵押物登记管理办法》。次年起,市工商行政管理局开展了以企业动产为抵押物的抵押登记工作,是年办理抵押登记113件,主债权金额44000万元。2003年,办理动产抵押登记138件,主债权额67500万元,抵押物价值185300万元。2004年,办理动产抵押登记79件,主债权金额312400万元。2008年,办理动产抵押登记38件,主债权金额182226万元。

第五节 商标广告管理

商标管理 1985年,全县注册商标有35个。1991年,有效注册商标99件。次年,即达161件。1993年,依法取缔非法承揽印制商标业务单位11家,查处商标侵权案件8起。年内办理注册商标申请43件。全县有效商标上升为204件。次年,立案查处商标违法案件14起,罚没款4.7万元。收缴违法商标标识10万套。1996年,办理商标申请45件。有效商标达223件。查处各类商标违法案件60起,没收违法商标标识172万套,印版模具54块。查获冒牌轮胎10万多条,违法金额80多万元。收缴冒牌商标6万多个。2000年,按新《中华人民共和国商标法》赋予的职能查处商标违法案件129起,罚没款47.08万元,收缴商标标识4.2万套、印版模具28套。应北京正理商标事务所的请求,查处高密市当事人荆某侵犯美国肯德基国际控股公司在我国注册的"肯德基"涉外商标侵权案。办理商标注册申请45件。是年有效商标有395件。2003年,查处商标违法案件115起,罚没款44.8万元,收缴违法商标标识7万套、印版模具226套。办理商标注册申请65件。至是年,全市有效注册商标达到436件。2004年9月,有4件商标被省工商局认定为山东省著名商标。此后,每年都有省认定著名商标出现。2005年,组织开展保护知识产权专项行动。次年,孚日集团股份公司的"孚日"商标被司法认定为中国驰名商标。2007年,开展保护注册商标整治行动。海宇鞋业有限公司的"海宇及图"商标被司法认定为中国驰名商标。

广告管理 1985年,县政府发布《关于加强广告管理的通告》,对广告张贴等做出具体规定。1991年,广告管理工作以培育和规范广告经营单位、制止虚假广告发布和传播为主。登记广告经营单位9户。年内查处乱贴乱登违法广告7起。1994年,在市区主要街道和路段建立"广告一条街"(人民大街)、"广告一条路"(利群路),设立6处广告群,设置广告牌461块,151家企业进行产品宣传。并在市区其他街路和乡镇驻地新增广告群26处,增设各式广告牌450块,为360家企业进行产品宣传。还组织130家企业在各级新闻媒体进行形象和名优产品宣传;组织5家广告经营单位和67家企业广告人参加潍坊市在高密市举办的《中华人民共和国广告法》学习班。2000年,引导企业树立品牌意识,实施广告策略。组织全市企业负责人、个体工商户进行《中华人民共和国广告法》学习培训,参训人数达1250人次。年内查处广告违法案件80起,罚没款21万元,收缴违法广告印刷品9万多份。2003年,全市登记广告经营户16户。2004年,以医药、药品、保健食品、化妆品、美容服务广告为重点开展监测。次年,开展"打虚假,树诚信"广告整治行动。检查检测广告420条次,对相关责任人依法责令改正和查处。2006年,将户外广告登记职权下放至镇街工商所。次年,开展虚假违法广告专项整治活动,建立局所两级广告监测监管网络。立案查处违法广告案件28起。2008年，对户外广告进行整治，美化城市环境。查处户外广告违法案件14起。

第六节 经济监督检查

1993年，查处各类经济违法违章案件345件，罚没款48.2万元。其中各种假冒伪劣商品为农资、饮料、烟酒、自行车、肉制品、人用药品6大类，24个品种，价值107万元。查获走私进口商品机动车、服装两大类，3个品种，价值183万元。1996年，查获违法违章案件751件，罚没款98万元。其中查获非法经营和倒卖重要农资案件67件，捣毁制售假劣农资窝点21个。查扣没收劣质成品油7.3吨，劣质玉米种子3300公斤。次年，依法查处某公司侵犯商业秘密，生产硬脂酸钙等6种(共67吨)化工产品的不正当竞争行为，责令其停止生产，并处罚款2万元。2000~2002年，共查处各类经济违法案件1431件，罚没款302万元。其中查扣劣质化肥70.2吨，冒牌农药4600公斤、农膜2200公斤、劣质柴油40吨。取缔5处非法废旧汽车拆解市场，清理整车283辆，汽车零部件3000吨。还取缔加工出售病死畜禽户，打击境内的传销和变相传销活动等。2003年，对食品、酒类、农资、橡胶、制鞋等进行专项治理。查处经营不达标或劣质化肥案件52件，没收劣质、不合格化肥80吨；没收冒牌玉米种子3000公斤；限期关闭无照证加油站点66个，查扣没收劣质成品油30吨。同时开展对鼠药经营和传销、变相传销的整治和打击。取缔非法传销窝点8个，遣散非法传销人员210名。其中5月24日，会同公安部门查处一起非法传销案，涉案总值达40万元，当场遣返涉案人员60名。主犯因涉嫌非法经营罪，被移送司法机关追究刑事责任。全年立案查处各类经济违法违章案件1778起。2006年，立案查处各类违法违章案件551件。其中查处商业贿赂案件4件。翌年，在重点开展房地产开发、建筑市场专项整治中，查处无照开发房地产和建筑施工案件20起。2008年，开展打击侵犯知识产权和对高污染行业重点整治行动。年内立案查处各类违法违章案件中有商标侵权案件54件，侵犯奥林匹克标志专有权案8件，无照从事镀锌加工案件15件。

第七节 消费者权益保护

1987年，消费者协会成立并设办公室后，即接收消费者投诉、举办咨询服务，在“3·15”消费者权益日开展宣传活动。2002年，健全申诉举报网络，开发应用“12315”申诉，举报电子定位监控和大屏幕显示系统。次年，以食品、农资、成品油为重点，对经营者实施索证索票、质量承诺监管措施。2004年，设置“12315”食品安全检测车和有关设备，实行流动检测和重点抽检。次年，全市建立136个消费者投诉站和“12315”申诉举报联络站，并与公安等有关部门进行联合执法。2006年，为各工商所配备食品快速检测箱，实施快速测检。全市查处制售假冒伪劣食品案件148件，农资违法案件79件。翌年，开展食品从业人员实名登记、集贸市场熟食制品证明登记、集贸市场裸散装食品标牌公示等安全监管活动。2008年，进行乳制品市场专项清查，检查食品业户1820家。对不合格者，即下架退市，就地封存或无害化处理。

第五章 质量技术监督

第一节 管理机构

1988年8月，高密县标准计量所更名县标准计量局。1989年11月，改称技术监督局。1993年11月撤销技术监督局，改设技术监督站（事业单位）。1994年8月，恢复技术监督局。2000年9月，特种设备安全监察、检测机构及人员由劳动部门划归技术监督局。2000年12月实行省以下垂直管理。2001年4月，更名为质量技术监督局。2003年5月，迁新建办公楼，地址在康成大街（西）1326号。设有综合业务科、监督法规科、特种设备安全监察科、计量检定测试所、产品质量监督检验所、稽查执法队、区域监管队、食品监管队。2004年，增设标准化科。2006年，增设生产许可证管理办公室。

■ 高密市质量技术监督局办公楼

第二节 计量管理

市场监管 1989年，对市场经销鱼肉制品摊点实行“保证足秤经营”挂牌活动。1995年对市场定量包装食品施行监督检查。1996年，对30家销售计量器具单位进行考核，合格者颁发经营许可证。1997年，为定量包装商品生产企业颁发计量合格证35家，没收失准计量器具200多台（件）。1998年，对集贸市场和商店进行全面检查，检修台地、台案秤和木杆秤。2002年，开展在用电能表、水表等专项整顿，并对销售单位进行抽样检测。2003年，对集贸市场台地案秤以及全市加油站加油机进行检查检定，并检定长度量具800支，热工仪表1072台件，三表3860块。同时，对夏粮收购用计量器具进行检定检修。2004年，上检衡车、煤气表、水表、测力计检定装置。2005年始，于5月20日“国际计量日”，开展街头宣传国家“计量法”和省《计量管理条例》等法律法规和接受群众现场咨询等活动。

计量检定 1986年以来，坚持每年对在用计量器具进行一次普查，并建立台账。至1997年，周期受检率一直保持在98%以上。2003年起，实施计量器具网络动态管理。2008年，推行节能计量进企业、惠农计量进农村、民生计量进社区、安全计量进学校、公正计量进超市活动。年内检定计量器具22000多台件，查处加油机、定量包装等计量违法案件69起，处理计量投诉、计量纠纷11起。

计量考核 主要工作是对工业企业进行计量考核和到期复查，凡合格者，颁发证书。并对商贸企业施行计量考核等。

推行法定计量单位 1986年7月27日，县标准计量所与工商行政管理局等部门联合下发《关于认真贯彻〈国务院积极推行法定计量单位的通知〉的意见》，对全县所有生产和修理衡器的个体户和企业进行生产条件考核验收，发放生产许可证，并完成木杆秤由市制秤改为千克秤。还对有关衡器生产企业、商贸企业及印刷行业的生产、销售等经营活动，就非法定计量单位衡器的生产、销售在时间上给予严格规定，改为法定计量单位。1988年，对各种地台案秤、压力表、材料试验机、木直尺等改制。机关统计报表、广播电视和企业生产铭牌及印刷品和商品标签也都采用法定计量单位。1989年12月1日始，禁止市场使用非法定计量单位计量器具。1995年底，全市各大商店及主要贸易市场摊点全部换上易识别的电子秤或案秤，禁止木秤使用。2003年底，各乡镇主要商店及集贸市场固定摊点禁止使用木杆秤。

计量确认 1998年始，全市始开展计量确认管理。依据GB/T19022.1标准，建立计量确认体系企业管理。至2002年，有11家企业达到计量保证确认合格标准，有28家企业达到计量确认合格标准。到2008年，全市获计量保证确认合格证书企业有118家。

计量授权 1990年始实行计量授权管理工作。1991年，合格的授权计量检定机构有县自来水公司水表检定站和县供电公司电能计量检定站。至2008年有6家企业获得长度计量授权21项。

法定计量单位过渡 1990年始，完成向国家法定计量单位过渡。1991年在人民生活中采用的市制计量单位废止，全面采用法定计量单位。1992年起，土地面积计量单位不再使用市制计量单位（亩），特殊情况只允许把市制计量单位注在括号内使用。但是，至2008年，有些单位习惯性的记载仍未解决好。

第三节 标准化管理

1988年12月29日，国家"标准化法"颁布实施。1990年，部分企业采用国际先进标准。2000年，技术监督局与农业和畜牧部门联合制定棉花、银杏、肉牛和巴西陆稻等8项农业产品标准和养殖技术规范。至2002年，共制定发布农业标准技术规范10项，建立标准化示范区12个。2001年，帮助密水街道成功申办国家级无公害葡萄标准化区。2003年始，帮助规模以上企业制修订标准。2005年，为156家企业的275种产品执行标准进行登记备案发放证书，并帮助企业采用国际标准和通过IS09000质量体系认证。2004年，帮助注沟镇成功申办国家级烤烟生产标准化示范区。2007年，除为食品生产企业制定标准及为企业产品办理执行标准登记证外，并帮助企业通过国家AAA级及省AA级标准化良好行为企业验收。

第四节 质量监督检查与打假

质量监督检查 1984年始，对涉及人身健康、财产安全的产品实行生产许可证制度。1994年始，对化肥、农药销售部门开展保质销售活动。1998年，对姜庄镇150多家小五金生产业户进行全面检查整顿。2000年5月，对35家橡胶轮胎生产企业进行专项检查。10月，对建筑工程工地和建材进行全面检查。翌年，对生产、经销酱油、食醋业户进行监督检查以及对小钢铁生产厂家进行检查整顿、清理。还对40家鞋业生产户进行全面检查。2002年，先后开展对胶黏

■ 工作人员在检测鞋类产品质量

剂、建材、农资、“非典”用品4个专项检查整顿行动。2004年，开展米、面、油、酱油、醋、白酒及小烧肉坊、小油坊、小豆腐坊等食品加工进行集中专项整治。2005年，质量技术监督局不再担负流通领域产品质量监管职责，而专门承担生产加工领域的产品质量监管。

打假 1990年始，对生产、流通领域假冒伪劣活动进行查处和接收处理消费者投诉。1993年，先后查处4家生产高密商羊神牌“小黑坛”酒制假窝点，没收销毁劣质“小黑坛”酒1.6万瓶。1995年，对皮鞋、滋补品、电线、电缆、低压电器、酒类、食品、罐头等商品进行查处。1996～2000年，重点开展对酒类、农药、建筑装修材料、食品、食用油等的查处。捣毁制假售假窝点370多家，查处涉嫌假冒与质量违法案件货值金额近千万元，并对27名性质恶劣、情节严重影响极坏的制假售假分子移送司法机关惩处，其中有4名被判刑。2003年，确定从源头上抓质量，点面结合，专项整顿与规范经济秩序、保优扶强相结合。2004年，与省内外60多家企业开展联合打假保名优活动。次年，推进行政辖区打假责任制。针对食品、药品、农资、建材等重点行业，对城乡接合部、偏远镇等重点区域开展专项行动。2007年内，立案审查案件125起，接受企业和消费者咨询122人次，处理消费者投诉23起，涉案货值210余万元，为企业和消费者挽回经济损失3.8万元。2008年，共查获各类假冒案件141起，结案102件。涉案货值金额187万元，为企业和消费者挽回经济损失12万元。

第五节　名牌战略实施

1998年9月始，开展“全国质量月”街头宣传咨询服务活动。2002年，高密市被潍坊市质量技术监督局确立为首批“质量兴市”活动试点市（县）。2003年5月，在全潍坊市率先召开了县级质量兴市动员大会。同年，“洁玉”牌毛巾获得中国名牌称号。2004年，与市电视台联合摄制专题片《名牌之路》五集分期播出，加强名牌企业和产品宣传。2006年，孚日集团股份有限公司“孚日”牌毛巾系列产品、“孚日”牌装饰布系列产品，高密春雨机械有限公司“春雨”牌自走式谷物联合收割机系列、山东华燕制衣有限公司“华燕”牌针织塑身内衣、高密市中亚暖通设备有限公司“中亚暖通”牌铜铝复合系列采暖散热器等6个产品获“国家免检产品”称号。同年，新增7个山东名牌产品，孚日集团股份公司“孚日”牌毛巾系列产品通过“中国名牌产品”复审，并获山东省政府质量管理奖。2007年，孚日集团股份有限公司“孚日”牌台布产品获“中国名牌”称号。同年，新增2个国家免检产品、2个山东名牌产品、1个山东名牌农产品。2008年，新增5个山东名牌产品。同年，高密市水业公司“嘉源”服务品牌获山东省服务名牌称号。

第六节　特种设备监督管理

1986年，特种设备管理主要是锅炉、压力容器等。之后种类逐渐增加。2002年，对特种设备进行普查，全市有锅炉193台、压力容器327台、电梯32台、起重机械40台、游乐设施27台、厂内机动车辆44台，气体充装站35家，设备完好率为90%以上。2005年，开展特种设备动态数据库的数据录入，构建安全监察组织网络，建立起特种设备监管体制。2006年，先后开展危化品企业、医用气瓶、冷库特种设备、土锅炉、起重机械等在用特种设备5个专项整治。2008年，与相关企业签订“质量安全承诺书”“安全责任书”，先后检查相关企业94家，查处有违法行为的9家，涉案货值9.51万元。开展了特种设备百日安全专项督查及隐患治理年、安全生产月活动，并对起重机械、危化品生产企业进行专项整治。

第六章　审　计

第一节　管理机构

1984年2月，高密县设立审计局，行使国家审计、内部审计和社会审计三位一体的审计监督职能。1990年，审计局内设立县审计师事务所，为事业单位，专办社会审计。1992年6月，审计局由县政府大楼迁到新落成的办公楼，地址在立新街中段街南。1999年12月，审计师事务所与审计局脱钩，称“高密康成有限责任会计师事务所”。2001年，成立由市纪委、组织部、人事局、监察局、审计局组成的经济责任审计联席会议。是年6月，设立市经济责任审计办公室，隶属审计局为事业单位。至2008年，审计机关编制24人，其中行政编制19人，实有23人，事业编制5人，实有17人。

■ 高密市审计局办公楼　(2008年 摄)

第二节　国家审计

经济责任审计　1986年7月，首次对县商业综合公司经理进行离任审计。查出该公司财务和经营管理不善、潜亏数额较大等问题。1993年，对部分企业的厂长、经理进行离任审计。1999年，市委、市政府印发《高密市关于加强机关事业单位主要负责人任期和离任经济责任审计的意见》,规定对副科级以上机关事业单位的主要负责人,每2至3年安排一次任中审计和离任时进行离任审计。2000年,对蔡家站镇党委书记进行离任经济责任审计。2001年,在乡镇区划调整期间,对18个乡镇主要负责人进行经济责任审计。审计结果成为调整和使用干部的重要依据。2003年,对夏庄镇、拒城河镇、李家营镇、周戈庄镇、双羊镇、园林管理处、交通稽查大队、粮棉保种厂、自来水公司、安全办公室、计生服务站、肉牛繁育中心等15个部门领导人进行离任审计。审计出虚增预算收入、虚列基金预算支出、账实不符、库存现金数额和白条顶库数额较大、经费超支严重等财务管理混乱问题。审计后,俱已得到解决。2004年,对农机局、房管局、教育局、物价局、科技局、文化局、司法局、建设局、农业局、交通局、工商联、农办、市报社、呼家庄镇、大牟家镇、注沟镇、井沟镇、柴沟镇、柏城镇、阚家镇、仁和镇、第三棉油厂、第四中学等24个部门主要负责人开展了离任和任中经济责任审计。2005年,先后对人民医院、防空办、发改局、劳动保险处、档案局、卫生学校等14个单位主要负责人及大牟家镇、夏庄镇党委书记进行离任经济责任审计。2006年,完成对行政执法局、广播局、物业管理办公室、总工会、公证处、环境卫生管理处、知识产权局、农业局、市直机关党工委、卫生防疫站、妇联、教育科学研究院、农业综合开发办公室、民政局、财贸办公室、机关事业单位社会保险事业处、物价局、姜庄镇、井沟镇、拒城河镇、姚哥庄镇、河崖镇、双羊镇、公安局、教育督导室、党校等27个单位的经济责任审计。同年,审计局起草并经经济责任审计联席会议通过,以市委办公室、市政府办公室名义下发《高密市领导干部经济责任审计结果通报办法》。该办法规定,在过去小范围内通报经济责任审计结果的基础上,扩大通报范围:除将审计结果通报领导干部本人和班子成员外,对问题一般的,由审计机关召集被审计单位中层以上干部进行通报,必要时召开全体职工大会通报;问题比较严重的,由审计机关会同纪检监察机关和组织部门联合召集通报会;有严重违纪违规问题或严重违反廉洁自律规定的,由纪检监察机关在适当范围内点名通报,做出相应处理,同时在新闻媒体公开曝光。2007年,完成44个经济责任审计项目。2008年,对行政执法局、教育局、农保处等31个部门实施经济责任审计,其中离任审计项目23个,任中审计项目8个。查处违纪违规金额4722万元,管理不规范金额47889万元,应上缴财政金额1124万元。

财政审计

本级财政预算执行审计　1996年始,同级财政由上级审计机关审计改为同级审计。自此,审计局每年组成精干力量,对同级财政局、地税局、地方金库的年度预算和部门单位预算执行及其他财政收支情况进行重点审计,并延伸审计部分二、三级预算单位。同时,每年还有计划地安排部分乡镇的财政审计。至2008年,共开展预算执行审计项目169个,其中本级预算执行审计39个,乡镇财政审计26个,其他单位财务收支审计104个。查出各项违规及管理不规范资金196251万元。其中各类违规应上缴财政资金9139.3万元。

乡镇财政决算审计　1992年始,对康庄、井沟两镇政府的财政决算进行审计。1994年,对姜庄镇、姚哥庄镇、周阳乡、拒城河镇、张鲁镇、双羊镇、周戈庄镇政府的财政决算情况进行审计,审计总金额1812.8万元。翌年规定,将全市29个乡镇,每年安排9~10个财政决算审计。是年对阚家镇、大牟家镇、大栏乡、王吴乡、蔡家站镇、注沟镇、李家营镇、呼家庄镇、夏庄镇进行审计,审计总金额为3458.2万元。1998年,审计张鲁镇、李家营镇、夏庄镇、双羊镇、经济开发区、拒城河镇、姚哥庄镇、大栏乡、周阳乡、呼家庄镇政府的财政决算。2001年,对仁和、张鲁两镇政府财政决算情况进行审计。2004年,对仁和、呼家庄、井沟、阚家4镇政府的财政决算进行审计,查出和纠正了决算中存在的问题。2005年,对大牟家、姚哥庄、夏庄3镇政府的财政决算进行了审计。2006年始,将乡镇政府财政决算审计与经济责任审计同步进行,不再安排专项财政决算审计。

企业审计 1985年4月,对县酒厂财务收支情况进行试审,查出管理不善、虚增利润的问题,上报县委、县政府予以处理。1996年,对市水泥厂进行经营情况、经营成果审计,发现存在财务管理混乱、私设"小金库"和偷税漏税等问题,对此依法作了严肃处理。次年,对市供销棉花系统进行专题性行业审计,摸清了棉花系统发展情况及状况,揭露了棉花流通体制中存在的主要矛盾和棉花行业经营困难的原因。1999年,对市化纤集团1997~1998年度的资产、负债、所有者权益情况进行审计。是年,又对市邮电通讯行业1998~1999年9月财务收支情况进行审计。查出现金管理、银行核算、票据管理、资产管理、财务管理、乱发钱物、乱收费的"七乱",执行国家财经法纪自觉性差、依法纳税意识差、财会人员业务素质差的"三差"和违纪违规金额高的问题。计查出各类违纪违规金额3088万元。决定并足额上缴财政933.4万元。此后,在20世纪末、21世纪初,国有企业改制后,在探索完善企业审计的同时,广泛参与国有企业改制时的摸清企业家底,资产评估等工作,防止国有资产流失。2005~2008年,随着市场经济的不断完善,股份制和私营企业占有市场份额比例的扩大,企业纳税方面存在的问题,成为延伸审计重点,每年抽取部分重点税源企业进行审计。4年间共抽取审计企业40家,查出并上缴各种税金2791万元。

金融审计 1984年,首次对各专业银行技术改造资金、贷款回收情况进行审计。1991年,分别对中国工商银行高密支行和中国农业银行高密支行的财务决算情况进行审计。审计总金额2258.2万元。1997年,对市农村信用合作社联社和城市信用社的财务收支进行审计,分别审计总金额81227万元和374529万元,分别查处违纪违规金额154.75万元和78.31万元。2001年,对中国人民保险公司高密支公司1999~2000年度的资产、负债、损益情况进行审计。同年,又对市农村信用合作社联合社以及呼家庄、柴沟、夏庄、姜庄的农村信用社2000~2001年9月份贷款投向和风险状况进行审计调查,发现抵债资产账务处理不合规定、抵押贷款中的不良资产在正常贷款反映、贷新还旧等12个方面的问题。

行政事业审计 1985年6月,对公路站等22个行政事业单位进行审计,查出乱发服装和补贴的问题。1993年6月,对广播电视局进行财务收支审计,查出漏缴"两金"(国家能源交通重点建设基金、预算调节基金)的问题,下发了审计处理决定。1997~2008年,行政事业审计项目越来越多,由原先定期报送审计,改为就地审计。审计内容范围广,包括财务收支、资产负债等方面。先后审计了环境、教育、卫生、建设、科技、市政府事务管理局等系统和单位。

基本建设投资审计 1987年,对高密火车站广场、利群路、立新街路面等市政工程进行审计,审减工程造价节省政府性资金500余万元。1993年审计人民大街拓宽、西岭公园建设、郑公祠维修扩建、东风桥改建等建设工程,审减工程造价335万元,审减率达21.6%。1995年,对凤凰公园凤凰阁工程进行审计。审计后,审减工程造价节省政府性资金605万元,审减率达40%。2001年,审计了改水、五河三库串联、公路建设等工程。2003年,完成对市公路建设指挥部2002~2003年度公路建设资金财务收支、公路建设资金来源及工程造价、县乡道路挖补工程审计;2001~2002年度市政工程及金马商城、登驰鞋城、大剧院等固定资产投资项目审计和城市建设开发公司财务收支与建设项目审计。

2004年，开展对公路建设指挥部公路建设资金财务收支和农村公路改造工程审计等，审减工程造价节省政府性资金58.1万元。次年，对本年度公路建设资金和城市建设资金及工程决算进行审计，审计资金额16378.1万元，审减工程造价节省政府性资金2041万元。2006年，对本年度公路工程财务收支、无害化垃圾处理厂的决算、城建工程的结算进行审计，审计金额22409.3万元，审减工程造价节省政府性资金2971.8万元。2007年，对城北水库改造、胶河干流综合治理、消防大队办公楼、五支沟综合改造、城市建设等工程资金进行决算审计，审计金额11721万元，审减工程造价节省政府性资金1430万元。2008年，对永吉路立交桥引道工程、烈士陵园综合改造工程进行决算造价审计。审计金额780.6万元，审减工程造价节省政府性资金56万元。

专项资金审计 1984年后，先后对教育经费、卫生防疫经费、林业专项资金、水利建设资金、计生服务经费、城建资金、农业综合开发资金、企业解困资金、民政救灾救济扶贫及福利彩票资金、电气化铁路改造拆迁补偿等专项资金、社会资金等进行经常性审计监督。至2008年，共计审计专项资金368935万元。查出有问题资金2321万元，依法作了处理，涉及违法犯罪的，移送检察机关依法追究刑事责任。

第三节 内部审计

1986年始建立内审机构。1996年，市政府转发《高密市审计局关于内审工作的规定》。内审机构突出审计调查，专项和大宗资产采购比价审计。至2008年底，全市有内审机构98个，内审人员163人。

第四节 社会审计

社会审计由审计师事务所承办。审计师事务所以审计验证、资产评估为主，并不断拓展审计领域。至1999年，计完成审计查证金额444294万元，验证年检金额329873万元，验证基建金额40664万元，资产评估金额67186万元，资产增值金额25088万元。是年12月，审计师事务所与审计局脱钩后，审计局按照《中华人民共和国审计法》规定，对事务所及其他社会审计中介机构实行指导和监督。

第七章 土地管理

第一节 管理机构

1988年6月，设立高密县土地管理局。1990年，在乡镇设立土地管理机构。1993年11月，土地管理局与矿产管理局合并，称规划国土矿产局。1994年3月，成立土地评估交易所，为规划国土矿产局属事业单位。1997年1月，撤销规划国土矿产局，分别成立规划国土局与地质矿产局。1999年12月，成立土地开发整理中心，为规划国土局属事业单位。2001年12月，规划国土局与地质矿产局合并，称规划与国土资源局。2002年1月，土地储备中心成立，为规划与国土资源局属事业单位。是年3月，城市规

■ 高密市国土资源局办公楼

划处由建设局改属规划与国土资源局，为事业单位。2003 年 12 月，规划与国土资源局国土执法大队成立，为事业单位。城市规划处更名规划局，由规划与国土资源局分出。2005 年，规划与国土资源局更名为国土资源局。局址在凤凰大街中段街北。

第二节　土地使用制度改革

1986 年，土地使用沿袭无偿、无限期、无流动的“三无”做法。1988 年，国家建设用地实行将集体土地统一征为国有，划拨给用地单位。1990 年，农村宅基地实行有偿使用。1993 年，国有土地使用权，除法律规定可以采用划拨方式取得外，其余全部实行有偿使用，并由无限期使用变为有限期使用，不允许使用权流动变为可以依法流动。同年，停止对农村宅基地有偿使用办法。1995 年，确定城区 22 平方公里内基准地价。

1995 年高密市城区土地基准地价表

表 13－2

土地级别	商业用地(元/平方米)	住宅用地(元/平方米)	工业用地(元/平方米)
I	600	375	277.5
II	510	300	195
III	390	195	120
IV	180	120	80

1999 年，依法上报农转用、征用审批手续。2002 年，经营性用地实行先纳入土地储备，后实行招标、拍卖、挂牌方式出让。是年，城区增至 45 平方公里时，对土地级别和基准地价进行了调整。

2002 年高密市城区土地基准地价表

表 13－3

土地级别	商业用地(元/平方米)	住宅用地(元/平方米)	工业用地(元/平方米)	综合用地(元/平方米)
I	750	410	330	699
II	550	350	250	462
III	400	250	150	363
IV	250	170	135	206

2004 年，进行挖潜盘活存量土地，探索国土资源节约集约利用。2007 年，对约 107 平方公里城区施行新一轮土地级别与基准地价更新调整。

2007 年高密市城区土地基准地价表

表 13－4

用途	单位	一级	二级	三级	四级	五级
商业	万元/亩	70.00	54.67	40.00	25.00	15.00
	元/平方米	1050	820	600	375	225
住宅	万元/亩	50.00	38.00	30.00	20.00	12.80
	元/平方米	750	570	450	300	192
工业	万元/亩	28.00	23.00	15.67	13.00	10.00
	元/平方米	420	345	235	195	150

1999～2008 年，共审批建设用地 1448 宗，2620 公顷，其中占用耕地 1188 公顷。

第三节　土地调查与规划

土地调查　1988～1991 年 1 月，对全县土地分类、分布、数量和利用现状进行调查。1991～1994 年，对城区进行土地登记，发放国有和集体土地使用证，并在乡镇街道实行土地季报、半年报、年报统计制度。1999 年，对全市土地使用证书进行年检。2002 年，对城镇居民住房占用土地进行确权登记。2008 年，全市第二次土地调查项目启动。

土地规划　1994 年，首次编制全市土地利用总体规划。1997 年，第二次编制土地利用总体规划，含土地面积、基本农田保护、控制建设用地、林木覆盖率、土地整理复垦等内容。2006 年，第三次土地利用总体规划编制，规划近期至 2010 年，远期至 2020 年。

第四节　基本农田保护与地籍管理

基本农田保护　1996 年，成立市基本农田保护领导小组，并设办公室，组织各乡镇、街道具体实施划区界定，确定保护面积，编制保护图，填写登记表，设立保护标志，并逐级办理保护区档案。是年，全市土地总面积 160292.69 公顷，耕地面积 97495.06 公顷，划入保护区内的面积 87911.29 公顷，保护率为 90.17%。若有建设占用，实行占补平衡、占多少补多少的原则。并建立土地补偿制度，鼓励集体或个人向基本农田保护区增加投入。同时，各乡镇街道划出工业、交通、水利等建设用地预留地。2006 年，设立基本农田一级到镇的界桩 700 块，二级到村的界桩 3600 块。

■高密市基本农田保护区界桩

地籍管理 1991年始建立地籍管理制度，并每年进行土地变更调查。2003年，建立城区地籍管理信息系统和全市1∶10000土地利用现状数据库。2006年，对市中心城区及建制镇进行地籍调查和数据库建设。

第五节 土地复垦

2001年，对大牟家、康庄、仁和3镇的苇地、滩涂、台田沟等可开发整理土地进行考察论证。将1.5万亩土地的田、路、渠、涵、林、井、桥、闸综合规划，统一整理，增加耕地5270亩。至2008年，又复垦土地4260.75亩。

第六节 土地收购储备

2001年7月，市政府发布《高密市土地储备暂行办法》。自此，根据市场需求，对土地进行收购、收回、置换和征用为建设用地。然后，通过招标、拍卖等形式予以出让。2002年8月18日，第一宗国有土地使用权拍卖。至2008年，全市共储备土地671.67公顷，招标拍卖挂牌出让土地558.46公顷，成交价款257876.6万元。

第七节 土地监察

2003年，全面开展非法建设用地清查，查出各项违法占地427宗共6975亩，依法进行了处理。之后，每年不间断地进行执法检查，避免了违法占地。同时，国土资源局实行信访接待日制度。至2008年，处理国土资源信访案1300件次，结案率98%以上。

第八章 安全监督管理

第一节 管理机构

1986年，市政府安全生产办公室设在劳动局。2000年10月，改设在经贸局。次年6月，成立市安全生产委员会，将办公室设在经贸局。2003年，设立市安全生产监督管理局（简称安监局），为市政府直属机构，行政延伸性事业单位，市安全生产委员会办公室设在安监局。同年9月，成立市安全监察执法大队，为安监局属事业单位。2004年6月，全市20处镇（街、区）全部成立安全生产监督管理所。2005年2月，安监局由市政府直属机构、行政延伸性事业单位调整为市政府工作部门。同年6月，在20个镇（街、区）成立了安全生产委员会，下设办公室，为副科级规格；在市直10个经济主管部门设立了安全生产办公室，为副科级机关延伸性事业单位；在全市村（社区）、企事业单位成立安全生产领导小组，并设立了安监员；在全市300人以上企业依法设立了安全生产管理机构和专（兼）职安全生产管理人员。2007年，在教育局、卫生局、文化局、劳动和社会保障局成立安全生产办公室，为副科级机关延伸性事业单位。同年9月，在全市10个镇（街、区）全部成立了安全监察执法中队，与镇（街、区）安委会办公室、安监所合署办公，编制5人。

第二节 安全生产监管

1986年,安全生产管理承前规章,主要通过生产检查、开展“安全月”活动、订立安全生产规章制度,对企业劳动卫生、劳动保护等进行管理。1995年始,实行安全生产目标管理,即各企业主管部门向下属企业下达安全生产控制指标,层层订立“安全生产责任书”。2003年,开展安全生产示范企业创建活动。2006年,市委、市政府确立了“在各类生产、经营和社会活动中,要把安全放在第一位;在安全生产措施的落实上,要把预防放在第一位;在安全生产事故的抢险救灾中,要把确保人民群众的生命安全放在第一位”的指导思想。同时,健全市、镇街、企业、村(社区)安全生产监管网络,并开展了以组织机构、队伍和规章制度建设为主要内容的安全生产“双基”建设工作。2007年,推行将所有生产经营单位实行安全生产A(示范企业)、B(一般企业)、C(重点监控企业)、D(停产整顿或关闭企业)分级管理。对安全生产检查、复查和督查实行台账记录,逐级上报隐患检查与整改情况,以统一标准考核验收各项工作。

第三节 安全生产教育与培训

1986年以来,不断以不同形式进行安全生产教育和培训。每年6月份组织“安全生产月”教育活动。2007年始,对列入分级管理的企业厂长(经理)、安全管理员和特种作业人员每年进行培训1次。印发《安全生产知识台历》《高密市民安全手册》《安全知识挂历》《安全生产工作手册》《“尚安”虹桥》《安监手册》等宣传材料,供各级安监人员和员工学习。并不断组织开展“安全生产知识竞赛”“安全生产演讲比赛”“安全生产文艺演出”等群众性自我教育活动。

第四节 安全生产专项整治

1986年以来,企业安全生产专项整治活动从未间断。2003年,对重大事故隐患进行整治,其中对泰鸿公司4台超期服役的压力容器进行更换,8处占压高源热力管线的违章建筑作了整改,高源集团至化纤集团丙纶厂地下供电老化线路作了更换,高密城至双羊公路2座瓶颈桥作了拓宽改造等。并新建液化气钢瓶检测站,对燃气市场进行专项整治和危险化学品企业安全生产评估工作等。之后,每年对危险化学品、道路交通、建筑施工、烟花爆竹、非煤矿山等重点行业、领域开展安全生产“打非治违”专项整治活动。并对重要场所、要害部位、关键环节以及在重大节日、汛期、恶劣天气等时节,不定期组织安全生产专项整治。

第十四编

农　业

自1982年开始推行家庭联产承包责任制后，高密县农业生产得到迅猛发展。1986年，在进一步完善家庭联产承包责任制的基础上，县委、县政府提出大力调整农业生产结构，发展多种经营。同时，还提出建立健全农村社会化服务体系，实行双层经营，壮大集体经济，全面推进和深化农村改革。进入90年代后，开始实施农业产业化战略，发展优质高效农业，调整优化农业产业结构，培育发展农业龙头企业和经济合作组织，在全市逐步形成了以龙头带基地、以工促农的大农业格局。2005年中央提出建设社会主义新农村的重大战略决策后，围绕农业增产、农民增收、农村稳定这一目标，市委市政府进一步深化实施农业产业化战略，把发展现代农业作为加快新农村建设的重要措施去抓，取得显著成效。至2008年，全市初步形成了粮食、花生、蔬菜、果品、桑蚕、酿酒葡萄、黄烟、肉牛、生猪、肉鸡等十几个主导产业，标准化农产品生产基地13个，农业龙头企业410多家。

第一章 种植业

第一节 粮食作物

1986~2008年，境内粮食作物种植以小麦、玉米、谷子、地瓜、大豆为主，在全市农作物种植结构中，粮食作物是最主要的种植作物。1986年，全县粮食作物种植面积为178万亩，占农作物总面积的78.47%。其中小麦、玉米种植面积最大，大豆、谷子、地瓜次之。此后几年，粮食作物种植面积和结构虽有所调整变化，但调整变化幅度不大。

1990年后，随着种植结构调整幅度加大，粮食作物种植面积逐年减少，至2003年降至最低，全市为106万亩，占农作物总面积的57.4%。2005年后又回升至153万亩，占农作物总面积的73.57%。2008年，全市粮食作物种植面积为161万亩，占农作物总面积的75%。其中种植小麦81万亩，占粮食作物种植面积的50%，种植玉米78万亩，占粮食作物种植面积的48%。

1986~2008年高密市部分年份各种农作物种植比例演变表

表14-1　　单位：万亩

年份	农作物面积	粮食作物		经济作物		蔬菜瓜类		其它农作物	
		面积	占总面积%	面积	占总面积%	面积	占总面积%	面积	占总面积%
1986	227.23	178.3	78.47	41.51	18.27	7.42	3.26	—	—
1993	215.84	159.4	73.85	44.23	20.49	12.21	5.66	—	—
1995	206.41	155.5	75.34	33.70	16.33	14.35	6.95	2.86	1.39

续表 14－1

年份	农作物面积	粮食作物		经济作物		蔬菜瓜类		其它农作物	
		面积	占总面积%	面积	占总面积%	面积	占总面积%	面积	占总面积%
1999	206.94	146.7	70.91	23.70	11.45	25.64	12.39	10.9	5.27
2002	184.89	110.9	60.04	27.60	14.94	31.37	16.98	14.87	8.05
2003	185.2	106.3	57.40	37.0	19.98	28.1	15.17	13.8	7.45
2005	208.1	153.1	73.57	28.8	13.84	17.0	8.17	9.2	4.42
2006	216.58	163.0	75.28	29.11	13.44	20.53	9.48	3.90	1.80
2008	214.23	160.9	75.14	29.99	14.00	21.52	10.05	1.75	0.82

1986～2008 年高密市部分年份粮食作物结构演变表

表 14－2 单位:万亩

年份	粮食总播种面积	小麦		玉米		谷子		高粱		地瓜		大豆		其它	
		面积	占总播种面积(%)	面积	占总播种面积(%)	面积	占总播种面积(%)	面积	占总播种面积(%)	面积	占总播种面积(%)	面积	占总播种面积(%)	面积	占总播种面积(%)
1986	178.34	87.89	49.28	43.09	24.16	4.06	2.28	2.22	1.24	22.39	12.55	17.23	9.66	1.47	0.82
1991	169.50	83.21	49.09	58.33	34.41	2.24	1.32	1.32	0.78	14.16	8.35	8.47	5.00	1.77	1.04
1996	158.23	75.00	47.40	66.15	41.81	1.46	0.92	1.01	0.64	5.00	3.16	8.21	5.19	1.11	0.77
2000	128.85	65.01	50.4	48.35	37.52	0.57	0.4	0.64	0.50	1.51	1.17	11.02	8.55	0.94	0.73
2003	106.3	50.5	47.51	48.0	45.16	0.4	0.38	0.1	0.09	0.9	0.85	5.7	5.36	0.7	0.66
2004	108.96	50.90	46.71	51.01	46.81	0.25	0.23	0.04	0.03	0.38	0.34	5.04	4.62	1.35	1.24
2006	163.04	82.06	50.33	76.83	47.12	0.16	0.10	0.01	0.01	0.32	0.20	3.01	1.85	0.65	0.40
2008	160.97	80.87	50.24	77.88	48.38	0.05	0.03	0.00	0.00	0.21	0.13	1.37	0.85	0.60	0.37

第二节 经济作物

1986～2008 年,境内经济作物主要有棉花、花生、瓜菜、甜菜等。是期,经济作物种植结构调整变化幅度较大，其中，黄烟种植发展较晚，1987 年才开始在拒城河、注沟、方市、土庄、李家营等乡镇引进试种，而一度种植面积较大的甜菜于 1995 年停止种植。此外,从 20 世纪 90 年代,棉花种植面积开始逐年下降,花生和其他经济作物种植面积上升，其中瓜菜种植面积增长最快。瓜菜种植主要集中在高密镇和姚哥庄、柏城、李家营、夏庄、河崖、双羊等乡镇,品种主要是大蒜、圆葱、马铃薯、芋头、大姜、西瓜、韭菜、小香葱、辣椒等。

2008 年，全市经济作物种植面积 29.99 万亩,占农作物总播种面积的 14%。其中冬暖式大棚 2262 个,主要分布在夏庄、大牟家、柴沟等镇。种植品种主要有西葫芦、西红柿、辣椒、黄瓜、芹菜、韭菜、蒜苗、茄子、辣椒、大头菜、芸豆等。

1986～2008年高密市部分年份主要经济作物结构演变表

表14－3　　单位:万亩

年份	经济作物面积	棉花		花生		甜菜		烟叶		麻类		其它	
		面积	占总播种面积(%)	面积	占总播种面积(%)	面积	占总播种面积(%)	面积	占总播种面积(%)	面积	占总播种面积(%)	面积	占总播种面积(%)
1986	41.51	27.85	67.09	8.99	21.66	4.08	9.83	0.01	0.02	0.14	0.34	0.44	1.06
1990	41.47	30.00	72.34	7.33	17.67	2.48	5.98	0.02	0.05	—	—	1.64	3.95
1998	28.42	15.91	55.98	11.48	40.40	—	—	0.93	3.27	0.02	0.07	0.08	0.28
2000	25.66	4.84	18.86	17.94	69.91	—	—	2.65	10.33	—	—	0.23	0.90
2002	27.43	6.51	23.73	19.30	70.36	—	—	1.58	5.76	—	—	0.04	0.15
2004	35.03	11.62	33.17	21.45	61.23	—	—	1.78	5.08	—	—	0.18	0.51
2006	29.11	8.03	27.59	20.15	69.22	—	—	0.84	2.89	—	—	0.09	0.31
2008	29.99	6.91	23.04	21.85	72.86	—	—	1.23	4.10	—	—	—	—

1986～2008年高密市部分年份主要农作物产量表

表14－4　　单位:公斤、万公斤

年份		1986	1990	1994	1998	2000	2002	2004	2006	2008
粮食单产		525	528	805	871	730	535	816	771	953
粮食总产		50571.3	48000.0	65684.1	71001.9	47969.2	30500.0	45934.3	63603.8	77258.6
小麦	单产	253.0	233.0	357.2	415.1	403.8	257.5	408.5	442.0	464
	总产	2222.5	19146.5	26800.0	32021.0	26247.7	14162.5	20791.0	36272.9	37522.7
玉米	单产	773.0	701.0	526.2	527.2	381.0	296.9	436.9	347.2	503.0
	总产	15636.5	19717.6	29870.1	32505.7	18421.0	13948.1	24939.8	26677.4	39146.0
地瓜	单产	859.0	777.0	633.5	725.5	568.5	646.3	614.4	498.6	609.0
	总产	9082.1	6279.4	4908.9	1675.9	862.7	620.4	230.4	160.8	126.0
谷子	单产	411.0	414.0	287.7	438.7	243.0	252.3	244.2	106.3	273.3
	总产	844.1	625.2	435.8	557.3	137.4	73.8	61.9	16.9	12.3
高粱	单产	385.0	430.0	307.2	333.6	137.7	284.3	256.0	150.0	—
	总产	424.2	355.3	357.1	361.8	87.8	72.5	96.0	1.8	—
大豆	单产	104.0	121.0	242.2	237.8	182.8	218.3	213.7	108.1	236.0
	总产	1797.4	972.8	1971.6	2880.3	2015.2	1344.4	1076.3	325.4	322.8
棉花	单产	58.0	61.0	25.1	64.9	66.0	83.3	84.7	87.0	93.0
	总产	1615.0	1844.4	753.0	1034.9	317.8	542.1	983.7	698.7	642.3
花生	单产	232.0	192.0	309.6	312.4	337.4	355.3	353.3	343.8	386.0
	总产	2082.9	1407.1	3107.0	3587.0	6053.0	6358.7	7577.9	6927.0	8433.8
烟叶	单产	—	180.0	168.2	152.8	90.3	155.8	143.7	173.1	125.0
	总产	—	3.6	43.4	141.6	239.5	245.8	256.0	145.1	154.2
杂豆	单产	—	—	240.9	244.1	144.1	71.0	201.0	200.0	210.0
	总产	—	—	222.1	113.9	64.0	24.3	154.0	24.0	117.1

注:由于统计口径不一致,故导致表内同种粮食作物年份之间单产数量相差较大。

第三节 耕作制度

农田耕作

高密境内的农田耕作，按照耕作熟制结构一般分为四种。

一年一作 春季播种，秋收后，冬耕休闲，翌年再行春播。一年一作主要是棉花、花生、黄烟等经济作物，粮食作物主要是地瓜、高粱等。

两年三作 春季播种玉米、谷子、花生、高粱等，秋收后再播种小麦，次年麦收后再播种玉米、谷子、大豆等。

一年两作 小麦收获后，播种玉米、谷子、大豆等，秋收后再种小麦。

一年多作 主要是瓜菜类种植。随着产业结构的调整和农业技术的进步，一年一作呈逐年递减、一年多作逐年增加的趋势。1986年，全县一年一作作物面积31.9万亩，两年三作18.9万亩，一年两作77.5万亩，一年多作面积7.4万亩。到2008年，全市一年一作作物面积8.1万亩，所占总面积的比例，比1986年降了19.5个百分点，一年多作面积50.1万亩，比1986年上升了28.5个百分点。

间作套种

1986年至1995年期间，境内的间作套种主要推广和发展小麦套种玉米。1995年后随着夏玉米直播良种的推广和夏玉米直播产量的提高，麦田套种玉米被夏直播玉米取代，其他间作套种方式也逐渐减少或停止。

轮作换茬

主要是棉花和小麦等粮食作物换茬，蔬菜地和棉花、小麦作物轮作换茬，以减少因重茬连作导致病虫危害。但至2008年仍存在以小麦、玉米连作和蔬菜尤其是大棚蔬菜长期连作的现象。

1986～2008年高密市部分年份耕作制度演变表

表14－5

年份	一年一作		两年三作		一年两作		一年多作		社会复种指数%	粮田复种指数%
	面积	占总耕地面积%	面积	占总耕地面积%	面积	占总耕地面积%	面积	占总耕地面积%		
1986	31.9	23.5	18.92	13.94	77.53	57.11	7.4	5.45	167.4	184.9
1991	34.8	25.16	12.52	9.23	81.36	60.02	6.9	5.09	163.8	192.4
1996	15.6	11.6	7.85	5.83	75.00	55.78	36.01	26.79	153.4	186.3
2002	8.1	5.94	—	—	55.00	40.35	67.75	49.71	135.6	194.6
2003	12.8	9.4	—	—	55.00	40.35	67.7	49.71	135.5	194.6
2006	8.8	6.15	—	—	85.6	59.84	50	35	144.4	191.2
2008	8.1	5.65	—	—	85.13	59.37	50.1	35	143.3	189.8

第四节 品种改良

小麦良种繁育 自1988年开始实施小麦“125”良繁开发工程。“125”良繁开发工程的含义是，在确定本县当家品种和配套品种的基础上，按小麦总播种面积万分之一建原种圃、千分之二建一级种子田、百分之五建二级种子田，繁育出良种后实行统一供种。其主要目标任务是搞好小麦良种体系建设和小麦良种产业化基地建设。该工程是山东省政府实施种子产业化发展小麦生产的开发项目。从1989年开始，高密先后在芝兰庄农场、胶河农场年建穗行圃8亩，原种田80亩，一级种子田1600亩，乡镇二级种子田4万亩，每年繁育小麦良种1000万公斤。主要对鲁麦系列4个品种进行提纯复壮，到1996年小麦良种推广面积达到80万亩，完成了小麦良种体系建设，达到了小麦良种产业化标准，实现了全市小麦良种更新，使小麦单产有了大幅度的提高。是年，小麦亩产由1988年的186公斤增加到413公斤，总产由1988年的148474吨增加到309925吨。1997～2003年，主要提纯和繁殖了济南17、济麦19等新品种。2007年在大牟家、高戈庄、姜庄李仙等村繁育烟农24、鲁麦21、济南17、济麦22等品种2.8万亩。2008年开始推广济麦22、良星99、青麦6号等新一代品种。

玉米制种 1986～1995年，县种子公司先后在李家营、王吴、张鲁、河崖、柴沟、注沟等乡镇建立玉米制种基地，年制种面积1万亩，产种量150万公斤。1996～2003年，市种子公司采取自主确定制种基地，与制种村户直接签定制种合同，议价收购的形式，先后在张鲁、周阳、拒城河、大栏、河崖、高戈庄、姜庄等乡镇建立玉米制种基地5000亩，年产种子100万公斤。其间，还在吉林省公主岭、甘肃酒泉等地建立玉米制种基地5000亩，年制种量100万公斤左右。2003～2006年，市种子公司为江苏繁育苏玉系列玉米种1000亩，2006年以后高密境内不再进行玉米制种。

棉花良种繁育 高密市是全国产棉大县和优质棉生产基地，历来有繁育棉花良种的传统。20世纪80年代中后期，在康庄棉花原种场年建株行圃25亩，株系圃80亩，原种圃400亩，繁育原种2万公斤。在蔡站、初家、康庄等乡镇建原种一代田4000亩，二代田2万亩，繁育中棉12良种150万公斤。1995年，承担山东省“三〇”工程中的棉花良种产业化项目(“三〇”工程指的是小麦、玉米、棉花等十大科研攻关课题、十大繁育体系、十大高产高效示范样板)。该工程中的棉花良种产业化项目主要内容是:(1)确定当家繁育品种。根据国家规定，每个优质棉基地县(市)都要确定一种当家繁育品种。确定高密市为中棉“12”良种繁育基地。(2)建立“三圃”(株行圃、株系圃、原种圃)、二田(原种一代田、二代田)。项目实施后，在康庄棉花良种繁育场每年建株行圃20亩、株系圃30亩、原种圃380亩，年产原种3万公斤。同时，在蔡家站镇、初家镇建原种一代田2000亩，二代田2.3万亩，年产良种115万公斤。2003年以后，随着棉花种植面积减少，棉种逐步停止生产。

其他作物繁种 花生、大豆、蔬菜因相对用种量较少，根据生产需要实行引种繁种相结合。20世纪90年代至2008年，市种子公司年建良繁田1000亩左右，用于繁育新品种。

第五节 植物保护

1986年，县植保站在康庄农场、高密镇南关村、夏庄镇栾家店、柏城镇故献村、阚家镇袁家村、呼家庄镇隋家庄设立了6个植物病虫测报点。1994～1996年，建成了“农业部病情测报网高密区域站”和“全国抗药性害虫监测网高密监测站”。至1998年，境内先后确认危害农业的害虫有193种(主要的有87种)，病害74种，搜集病虫标本80余件。是年，市植物检疫站成立，对测报点进行了调整。新增了柏城农校、夏庄农技站、李家营农技站、姜庄李仙村、周戈庄农技站5处测报点，加强了对病虫害测报、防治信息的交流和发布。对病虫害的防治，市植保站和植检站采取及时发布信息和积极指导农民进行综合防治等措施，取得了好的效果。

作物虫害防治 境内棉花虫害主要是棉铃虫和棉蚜虫。1986年后推广使用拟除虫菊脂喷雾、呋喃丹拌种防治棉花虫害。随着棉花害虫抗药性的产生，用药量加倍，但防治效果不佳。

1992～1993年棉铃虫暴发，造成棉花减产。1994～1995年市农业局与中国农科院植保所联合攻关研究“棉铃虫猖獗为害区域性综合防治”项目，通过在全县46.2万亩棉田实施“准确测报、综合防治、压低虫源、科学施药”和推广抗虫棉“中棉12”等综合措施，控制了棉花害虫的危害。

粮食作物虫害，主要是玉米螟。1986年以来主要推广使用辛硫磷、久效磷、敌杀死等农药防治。大豆孢囊线虫病，用5%甲基异硫磷颗粒剂每亩2～3两，拌毒饵5～7.5公斤播前开沟撒施。2003～2008年开始逐渐禁用剧毒、高毒农药品种。推广应用低毒、低残留农药及生物杀虫剂和电子杀虫灯等物理杀虫技术。

作物病害防治 高密棉花病害主要是棉花枯萎和黄矮病。1986年以来，对棉花枯萎、黄矮病等病害的防治上主要采用轮作换茬、增施有机肥等综合农业栽培措施和推广使用抗病棉品种等措施，至1998年基本上控制了“两病”的危害。

粮食作物病害主要是小麦全蚀病、黄矮病和丛矮病，对小麦病害的防治，一是严把麦种检疫关。选用无病良种、轮作换茬、增施有机肥和磷肥，提高抗病能力。二是药物防治。对小麦全蚀病，主要采取粉锈宁拌种与喷雾相结合的办法进行防治；对小麦黄矮病和丛矮病，主要使用1605药剂拌种和乐果药雾喷洒防治杂草中的害虫，从而切断传播途径。

蔬菜病虫害防治 1986年之后，高毒农药残留超标成为蔬菜病虫害防治中的突出问题，越来越引起全社会的高度重视。20世纪90年代后，高密市逐步推广使用化学防治、生物防治、物理防治相结合的方法对蔬菜病虫害进行防治。2003～2008年大力推广无公害蔬菜，绿色蔬菜生产技术，采用物理，生物，农艺措施防治病虫害，禁用高毒剧毒农药、减少低毒化学农药的用量，从而确保蔬菜生产安全。

第六节 国营农场

胶河农场 占地面积1.5万亩，其中耕地11868亩。1986年，拥有农用动力机械54台，共1653马力。职工359人。年内实现工农业总产值425万元，其中农业产值181万元。1988年，农场被列为高密县重点商品粮生产基地。1990年，被确定为高密县良种基地。至1992年繁育、推广小麦优良品种约150万公斤。1994年，完成山东省农业厅安排的1万亩小麦丰收计划，总产达435万公斤。1997年，农场被确定为潍坊市良种基地。1998年，被农业部批准为山东省国家原种场。年内种植莱农95021、烟农15、鲁麦21、鲁麦23等小麦品种1万亩，总产440万公斤。2000年，农场进行了第二次体制改革，将各分场集体承包的土地，改由职工家庭承包。2001年山东省农业厅批准胶河农场为企业管理的副处级单位。2008年，全场有职工458人，农业动力机械26台，1700马力。年内实现农业总产值1800万元，工业总产值380万元。

芝兰庄农场 1986年，芝兰庄农场有土地面积960亩，职工43人，固定资产29.57万元。1986～1997年，农场先后示范、推广了鲁麦21、鲁麦23、沈单7号等优质小麦和玉米新品种。1998～1999年，试验、繁育济南17优质面包小麦原种500亩，提供原种25万公斤。2000年，繁育烟台农科院优质强筋小麦新品种烟2801，面积500亩，向社会提供良种25万公斤。2001～2008年先后繁育潍麦8号、烟475等小麦新品种10多个，提供良种300多万公斤。2008年，场内有职工46人，各种动力机械5台(套)、共350马力，固定资产85万元。

康庄农场 该农场为棉花原种繁育场。1986年，有土地580.8亩，各种动力机械30台(套)，固定资产31.25万元；职工49人。1987年，由国家投资100万元加强棉花原种场基地建设。同年，引进棉花新品种中棉 12 号，建株行圃 25 亩。1994 年，农场进行了以职工家庭承包为主要形式的改革。1996 年农场承担山东省棉花种子区域试验和农业部棉种包衣项目，为项目区提供棉种 3 万公斤。1997 ~ 2000 年，承担国家“863”转基因抗虫棉山东省中试项目实验 20 余项。2001 年开始向全市推广种植抗虫棉“高抗 5 号”1 万亩。2002 年引进繁育抗虫棉新品种 44 个，累计推广种植面积 40 万亩。2003 年，承担农业部项目“全国抗虫棉黄河流域区域试验”4 项，当年繁育原种 3 万公斤。2003 年以后，棉种停止生产。2008 年，场内有职工 217 人，各种动力机械 32 台(套)、190 马力，固定资产 50.86 万元。

第二章 林果业

第一节 林 业

林木资源

境内的林木共分 52 科、110 属、242 种，其中造林和四旁绿化树种约 70 种，主要造林树种 20 多种。2008 年，全市林木总株数达 7500 万株，林地面积 62 万亩。其中经济林 15 万亩、用材林 38 万亩、防护林 9 万亩，森林覆盖率 31%，林木总蓄积量 218 万立方米。用材林主要有各种杨树(如“107”杨、“中林 –46”杨等黑杨类、欧美杂交杨、三倍体毛白杨、华北毛白杨、窄冠毛白杨、易县雌株等白杨类)、刺槐、国槐、柳树、楸树、臭椿、苦楝、白榆、泡桐等 40 多个品种。经济林主要有苹果、桃、梨、葡萄、枣、樱桃、核桃、柿子、李子、杏子、山楂、石榴、核桃、蚕桑、香椿等 30 多个树种。四旁绿化树种乔木类主要有雪松、黑松、侧柏、桧柏、龙柏、白蜡、广玉兰、黄金槐、毛刺槐、国槐、栾树、法桐、银杏、青桐、垂柳、水杉、樱花、火炬树、五角枫、紫叶李、大叶女贞等；灌木类主要有小叶女贞、白蜡条、枸杞、红继木、黄荆、锦带、紫薇、冬青、雀舌黄杨、金叶女贞、红叶小蘗、蔷薇、连翘等。木本花卉有桂花、月季、牡丹、碧桃、杜鹃、茶花、迎春、夹竹桃、广玉兰、樱花、西府海棠、紫丁香、木槿、芙蓉、扶桑、紫薇、紫荆等。

境内古树名木较多。截至 2008 年，共有树龄 100 年以上的古树 145 株。其中，国槐 119 株，银杏 13 株，小叶朴 4 株，龙爪槐、酸枣各 2 株，麻栎(俗称橡子树)、圆柏、流苏、藤萝、毛白杨各 1 株。国槐树龄最长的 610 多年，位于河崖

阚西村黑檀树

■ 王党村银杏树

镇张许村。银杏树龄最长的约1100年，位于柏城镇小河崖村。小叶朴，别名八麻子、黑檀树，树龄最长的1株218年，位于阚家镇阚西村。龙爪槐树龄2株都在200年以上，分别位于李家营镇高家庄和夏庄镇郭家南直村。麻栎(橡子树)树龄220多年，位于李家营镇大辛庄。圆柏，别名桧、刺柏，树龄420多年，位于注沟镇滕家庄小学院内。流苏，别名油根子，树龄190多年，位于柴沟镇东马旺村委。毛白杨树龄110年，位于仁和镇东辛村。酸枣，别名棘针，树龄270多年，位于柴沟镇前鹿家庄村。

良种繁育

1986~1992年，由省林科院牵头，以县林业部门为依托，在东观音堂村建立了杨树品种对比试验林，共引进欧美杂交杨品种30多个。通过试验对比，选育出最适合本市栽培的杂交杨品种中林46杨、中林23杨等3个抗病速生杨品种。同时，在育苗技术和方法上也普遍推广采用了新技术，如毛白杨"炮捻"嫁接、泡桐催根、杂交杨扦插、刺槐温水浸种等，加快了苗木繁殖。其间，还先后从外地引进、繁育、推广了69、72、214、健杨等杨树优良品种，箭杆、细皮、石林刺槐等优良品种和毛桐优良品种共24个。1995~1999年，林业局建立林业科技园，与北京农林科学院合作，致力于甜油桃开发，共引繁早红珠、丹墨、早红霞等油桃品种10余个，育苗20万株，推广2000多亩。1997年后，林业部门从泰安、菏泽、河北威县等地引进了"I-107"杨、中菏一号、三倍体毛白杨等新一代速生杨树品种，此外，部分育苗户自发从外地引进"2001""108"、土耳其杨、南抗、"L-35"、圣山、鲁山等杨树新品种，使境内杨树品种数达到50个。2000年底，全市繁育"I-107"杨3000亩。2002年，林业局在苗圃建设了10个品种的杨树对比林，确定"I-107"杨为全市造林主要树种。2005年，林业局又建设了32个品种的杨树试验林，在全国首先采用利用细胞结构预测树木生长的试验方法。2006年，林业部门在大牟家镇建起42个品种的楸树试验林。2007年，在咸家乡新立屯村建设63个品种的杨树试验林，积极选育推广林木新品种，高密成为全省杨树新品种最多的地区。

植树造林

1986~1994年，根据省委、省政府"学习广东，奋战十年绿化山东"的植树造林部署，全县大力开展植树造林工作。其间，全县共建设绿化点48个、面积1600亩，育苗点33处、面积1870亩。此期在济青高速公路高密段两侧营造宽幅林带，面积1140亩，并在两侧实施了3万亩枣粮间作绿化模式。1996~2001年，利用世界银行贷款598万元，完成造林64万亩。对济青高速公路、胶新铁路、沂胶公路等三条省级道路两侧各拓宽50米，共植树52万株。同期，各镇营造丰产林58万亩。2002年春，济青高速公路两侧林带再各拓宽30米。2003年，接受韩国"东北亚山林论坛"捐赠款造林，投资30万元，在李家营镇营造450亩用材林。同年秋，对济青高速公路、平日公路、胶王公路重点绿化。济青两侧各拓宽至200米，胶王公路、平日公路两侧各拓宽50米，共植树482万株。2004年以来，全市不断加强农田林网、生态村的绿化建设，对境内北胶新河、五龙河、柳沟河、胶河等河流进行了绿化，每侧绿化带宽度10~100米，每年植树100万株左右。至2008年，全市建设绿色通道270公里，完善农田林网11万亩，建设省级生态示范村11个，潍坊市生态示范村100个，市级生态村620个，全市森林覆盖率达31%。1986~2008年，高密市先后被国家林业局和山东省委、省政府授予“全国平原绿化达标县”“山东省平原绿化达标县”“山东省林业科技示范县”等荣誉称号。

■林地食用菌间作

栽培管理

种植栽培　1986年以来，全县在树木栽植中普遍推广实施大坑、大水、大肥、大苗、适度深栽、轻剪等技术。1998年林业局在全市推广“提前挖沟、及时回填、栽前灌水、苗木泡根、苗木分级、适当深栽、拉线定植、整畦培土、合理密植、科学打梢、栽后灌水、追肥治虫”12个技术环节经验，至2008年，全市良种壮苗使用率100%，重点工程一级苗使用率98%，造林成活率95%以上。

病虫害防治　1986年后，境内林木病虫害防治指导工作由县林业局林木保护站负责，并在县苗圃建立了首个省级病虫害监测点。防治主要采取药物、生物、人工相结合的办法。常见的林木虫害主要有杨扇舟蛾、杨毒蛾、美国白蛾、大袋蛾、春尺蠖、杨树天牛等；病害主要有杨树腐烂病、杨树溃疡病等。果树虫害主要有红蜘蛛、桃小食心虫、山楂食心虫、苹果小卷叶蛾、梨大食心虫、梨星毛虫、葡萄天蛾等；病害主要有苹果树腐烂病、炭疽病、早期落叶病，梨树腐烂病、梨黑星病，葡萄白粉病、霜霉病、软腐病等30余种，均得到有效防治。

■银杏林

特殊经济林木引进推广

银杏　1994年5月，呼家庄镇政府投资39万元，在安家屯村建起银杏科技园，总面积108亩。园内设银杏采叶试验区、大苗培育区、引种区、播种育苗区、结果园等6个试验小区，共引进佛指、大金坠、七星果、郯城9号、郯城5号等银杏品种35个。在银杏科技园的辐射带动下，全镇自1994年开始试种到1997年，共建银粮间作园1万多亩，专用采叶园3000亩，结果园3000亩，播种育苗、留床育苗5000亩，并建立了银杏茶厂和银杏叶烘干厂，茶厂生产的"长生"牌银杏茶获国家专利产品，荣获山东省林产品展销会金奖。全镇年产银杏干叶1000多吨，对当地的林业经济发展起到了巨大的带动作用。该园1995年8月被省林业厅确定为"银杏技术开发试验示范基地"。至2008年，银杏对当地的林业生产和经济发展仍具有特殊位置。在呼家庄镇引进推广银杏种植的同时，姜庄镇也发展银杏1000余亩。

蚕桑　1998年，境内开始种植蚕桑。起初只有姜庄镇刘家口、傅家口等三两个村种植，总面积四五百亩，年亩均纯收入在2000元左右，比种粮收入高出一倍。为加快发展这一产业，市政府于是年8月专门设立桑蚕生产管理办公室，负责全市桑蚕生产的管理、规划和发展，各有关镇(街)亦成立专门机构。市政府常年聘请原山东省蚕业研究所所长、研究员华德公任科技副市长，并聘请山农大2名教授和10多位省蚕业研究所的技术骨干任技术指导。经过积极引导推广，境内桑蚕业迅速发展。至2001年，全市先后有13处乡镇630多个村的9672家农户种植桑园，总面积4.5万亩，主要品种有选792、农桑、湖桑等。其中，姜庄、咸家、仁和、大牟家、周戈庄这5处乡镇种植面积较大，占总面积的2/3。2001年秋季至2002年，桑蚕市场进入低谷，加上2002年春季的严重冻害，部分蚕农的积极性受到严重挫伤，出现了弃桑毁桑现象。至2003年上半年，共毁桑1.86万亩。2003年下半年市场开始好转，2006年达到高峰期，每公斤鲜茧36元，2007年市场又开始下滑，至2008年全市有桑园约2.4万亩。

第二节　果　业

高密市是山东省86个林果生产示范县市之一。1986～2008年，境内林果发展较快，表现在种植面积稳步增长，产量持续增加。高密林果生产改革起步较早，从1985年起，全县就在农村大力推行以果园确权到户为主要内容的林果生产责任制，到1987年，全县8.9万亩果园，有8.35万亩确权到户，占总面积的93.4%。1993年全市规划了八大林果生产基地：板栗(柴沟、注沟、高戈庄)、大枣(大牟家、周戈庄)、苹果(潍河沿岸和胶河沿岸)、冬枣(蔡家站)、山楂(拒城河)、银杏(呼家庄、姜庄)和果桑(初家、咸家)，总规划面积26.7万亩。1996年市里成立了经济林管理领导小组，并聘请山东农业大学许慕农、辛培刚教授为经济林管理特邀顾问。1997年，高密镇发展酿酒葡萄1万亩。2001年，全市进行以发展名特优果品为主的果树产业结构调整，建立起大栏蜜桃、高密镇酿酒葡萄、田庄苹果、李家营梨、双羊板栗等优质果品生产基地5处。同年，韩国外商与姜庄镇伊家长村、密水街道卞家庄合作建设梨园共1480亩。至2008年底，全市共有各类果树面积9.5万亩，其中苹果2.87万亩，梨4357亩，桃2.1万亩，葡萄2.1万亩，板栗1.1万亩，山楂3320亩，另外，还有柿子、大樱桃、大枣等果树6400亩，果品产量达到1.18亿公斤，是1986年的10倍多。

良种繁育　1986年，高密境内果树主要有苹果、梨、葡萄、杏、桃、山楂、柿子、枣、核桃等品种。1987～1995年，先后引进红富士、新红星、乔纳金、金矮生等20个苹果品种；矢富罗莎、美国加州无核葡萄、红提、美人指、早凤凰等鲜食类葡萄和赤霞珠、蛇龙珠、品丽珠及公酿1号等酿酒类葡萄等40个葡萄品种；中华寿桃、仓方早生、川中岛、莱山蜜、北京甜油桃等20个桃树品种。1996～2008年，引进推广了冬枣、梨枣、雪枣，水晶梨、丰水梨、黄金梨，短枝板栗、莱山大栗和日本甜柿，中华寿桃，乌克兰大樱桃，美国黑李，凯特杏，金太阳杏等品种。

栽培管理　1986年以来，境内果树面积不断扩大，栽培管理也逐步由粗放低水平管理向科学规范化管理转变。1995至1996年，市里和各乡镇聘请了林果专家、教授，在全市推行改过去传统单一的冬季修剪为四季修剪、促花控果的新技术。从1997年开始推广果园覆草、果实套袋、摘叶转果、铺光反膜、追施微肥等提高果品质量的管理技术。1998年在河崖镇、高密镇建起了葡萄和樱桃大棚进行实验，推广温室保护地栽培技术。至2008年，全市推广应用果林栽培管理新技术30多项，培训各类技术人员2万人次。有10项科技成果获山东省、潍坊市科技奖。

第三节 林政林权

1986年后，县林业局相继成立了林政资源管理站、林业公安科、森林保护检疫站，履行林业行政执法、法规宣传、依法管理等职能。自实施林政管理以来，查处违法案件80多起，结案率98%；“三证”（采伐证、运输证、木材经营加工许可证）管理得到加强。2001年4月，在呼家庄、康庄两镇进行林权制度改革试点。是年秋全市展开了拍卖、承包、股份合作三种形式的林权制度改革，自此以后，80%的林地被确权到户、单位。

1986～2008年高密市部分年份主要林业生产指标统计

表14－6

年度	造林总面积（亩）	其中				森林覆盖率（%）	果品产量（万公斤）	林业收入（万元）
		农田林网改善面积（亩）	经济林（亩）	四旁植树（万株）	用材林（亩）			
1986	51469	98662	45129	241	4546	7.8	1050	2384
1988	5205	87607	2917	197	2208	10.7	923.4	2333
1990	2223	145488	851	209	1022	10.2	813.0	2163
1992	4980	70485	2310	187	480	10.9	1500.0	4440
1994	68400	70110	57705	353	5040	15.8	3274.5	6321
1996	21435	17670	13260	168	6255	15.6	4307.7	10581
1998	30660	180000	15000	179	15660	16.7	4550.3	11398
2000	27705	150000	17505	267	9240	16.4	11575.6	25386
2002	17190	120000	6990	175	10200	16.8	2918.0	21676
2004	33480	120000	1950	85	28110	20.1	2930.0	56437
2006	16500	49950	750	200	15750	25.5	3818.0	62612
2008	94200	210000	1200	420	63000	31.0	11820.0	81403

注：表内农田林网改善面积指控制面积。

第三章 养殖业

第一节 畜牧业

资源

品种资源　高密境内畜类主要有牛、马、驴、骡、猪、羊、兔、狗等。禽类主要有鸡、鸭、鹅等。

畜类　1986年，境内牛的品种主要有役用型鲁西黄牛、英国海伏特牛、法国夏洛来牛、荷兰黑白花牛等。1987年后，陆续引进西门塔尔、皮埃蒙特、弗莱维赫牛、利木赞等肉牛及荷斯坦等奶牛品种；马的品种原先主要有蒙古马、伊利马、苏联顿河马等，后来引进了奥尔罗夫、苏重挽、苏纯血等种马；驴主要是本地土种及由莒南、德州、陕北引进的种驴；骡主要是本地马驴杂交的后代；猪原先主要有本地繁殖的猪种和外地引进的崂山猪、约克夏、巴克夏、长白猪和哈尔滨白猪等，后来引进了英国大约克、美国杜洛克、托佩克等种猪；羊原先主要有崂山奶羊、山羊、绵羊等，后来引进了南非波尔山羊、无角多赛特、小尾寒羊、特克赛尔等种羊；兔原先主要有中国白兔、力克司、青紫蓝等，后来引进了加利福尼亚、巨型、比利时等种兔。

禽类　鸡原先主要有本地土种鸡和从外地引进的星杂288、星杂579、罗斯等鸡，后来又引进了爱拔益加、艾维因等肉鸡鸡种和星布罗、海兰蛋鸡等蛋鸡鸡种，此外，从2004年开始，又逐步引进了朗德鹅、樱桃谷鸭、狐狸、鸽子、鹌鹑、山鸡、梅花鹿、野猪等国外品种和外地品种，使境内的优质畜禽品种不断增多。

饲料资源　1986年以来，用于饲料的粮食主要是玉米、大豆等。除草类和粮食外，农作物秸秆和树叶也是畜禽的饲料资源。其中，青贮氨化饲料是畜禽饲料的重要来源。从1993年开始引进紫花苜蓿、冬牧70黑麦等世界优质高产牧草品种进行繁育推广。2000年，又引进墨西哥饲料玉米、籽粒苋、串叶松香草等20多个品种，当年种植面积3000亩。到2008年，种植面积增至5000亩，年产牧草5000余吨。随着养殖业的发展，饲料加工业兴起，1986年全县有饲料加工厂2家，至2008年增至15家，其中规模以上饲料加工企业有5家，年产能力15万吨。

良种繁育

1987年开始，高密开展了以黄牛改良为重点的大家畜配种繁殖工作。1990年后，先后引进西门塔尔、皮埃蒙特、利木赞种公牛及其冻精颗粒和荷兰黑白花奶牛冻精颗粒，逐步淘汰鲁西种公牛。其间，还引进良种公猪62头，建起了县供精总站和12处人工授精分站。在全县农村建起了60处人工授精点和设置了45个人工授精户，对生猪进行改良。1996年，市肉牛良种繁育中心建成。该中心从意大利引进皮埃蒙特牛的冷冻胚胎，分别对16头黑白花奶牛和“西本”（西门塔尔和当地黄牛）杂交一代母牛进行体内移植，成活11头。此后，肉牛改良步伐加快，到1999年，全市肉牛繁殖良种覆盖率达到100%。2000年，又从澳大利亚引进7头安格斯种牛，进行胚胎移植和纯种繁育推广工作。猪的改良重点推广了大约克、杜洛克、长白等优良品种杂交。是年，猪的三元杂交面达到30%。羊的改良重点实施了进口波尔山羊优良品种与当地山羊杂交繁育。2001年，肉牛良种繁育中心被确定为山东省畜禽良种繁育中心高密基地。2003年，建起肉羊良种繁育场——超强畜牧良种繁育推广中心，引进波尔山羊、无角多赛特等优良品种，利用胚胎移植培育了500只纯种世界优良肉羊。2004年与德国宝牛育种中心合作，胚胎移植成功繁育德系西门塔尔牛，获全国农牧渔业丰收奖一等奖。2007年山东高密鲁德宝牛繁育推广合作社成立。2008年高密市生猪改良站成立，同年六和种鸭有限公司、六和集团种猪场落户高密。全市良种覆盖率达到90%以上。

疫病防治

机构队伍　1986年，设县兽医站1处，下设29处乡镇兽医站，共有畜牧兽医人员109人。1992年5月，成立县畜牧局。同年8月，撤销县畜牧兽医工作站，成立县畜牧站、县兽医站、县畜牧兽医药械服务站。1993年，撤销畜牧局，成立畜牧业服务中心。1997年成立"高密市动物检疫站"，隶属畜牧业服务中心。1998年，撤销畜牧业服务中心，恢复畜牧局。2008年，全市共有畜牧兽医人员275人，其中县级机构96人，乡镇机构179人。另外设有村级防疫员1158人。

畜禽防疫　1986年，畜禽防疫主要采取定期和常年巡回相结合的办法。1989年始，设置公路畜禽及其产品运输检疫站和公路检查员。1992年，全县建立了县、乡、村三级畜禽疫病防治网络，实行防疫承包责任制。1997年成立动物检疫站后，加强了对境内畜禽养殖、加工、屠宰场、铁路运输、畜禽产品的检查检疫，并逐步建立健全了动物疫病的计划免疫、强制免疫、疫情报告、疫情扑灭、疫苗管理、产地和屠宰检疫、动物防疫监督管理等制度。2002年，全市开始实施动物疫情网络化运行管理，并实行区间疫情通报制度。同年，开始实行市畜牧局制定的兽医制、档案制、耳标制和免疫标识制度，并建成市畜禽质量检测化验中心。2005年以来，先后出台了《重大动物疫病免疫工作管理制度》《重大动物疫病监测制度》《重大动物疫病基层防疫人员工作管理制度》《重大动物疫病防控工作评估、通报和问责制度》等规章制度。2008年，进一步完善了动物防疫体系建设，选聘了1158名村级动物防疫员，全面进行了防疫业务培训及考核。

饲料生产

1986年，高密县有饲料加工厂2家，主要生产鸡饲料。1991年，新建饲料加工厂2家，主要生产配合饲料、混合饲料、青贮饲料等，年生产能力4000吨。1993年，发展到11家，年生产能力5万吨。1996年，全市建立起以青贮氨化为主的饲料生产体系，建成秸秆饲料青贮氨化窖4.6万立方米，购置配备饲料切碎机、铡草机等1500台，大型青贮联合收割机2部；建氨化站1处，购置氨化设备60套，氨槽车2辆。青贮农作物秸秆129.8万吨，氨化农作物秸秆饲料59.53万吨。2000年，饲料生产企业开始启动生产推广全价颗粒饲料，有4家饲料厂当年新上颗粒饲料加工设备，年生产全价颗粒饲料能力15万吨。2008年，全市规模饲料加工厂发展到5家，高密市奇力饲料有限公司等5家饲料生产企业获得第一批饲料生产企业审查合格证。

加工销售

1986年，境内有畜产品加工、冷藏厂3家，主要加工猪、鸡产品，总产量56万吨。1989年，周阳乡建起日处理鲜奶20吨的乳制品厂。1992年，蔡家站乡建起活牛交易市场，全县各类畜牧专业批发市场发展到3个。是年，全县畜产品加工冷藏厂发展到9家，加工冷藏能力达到3040吨。1993年，柴沟兽医站投资50万元新上肉类联合加工厂。1995年，北大王庄与市肉联厂联合改建肉食鸡宰杀生产线。凯远公司、北大王庄、莳二村、饲料公司分别形成集种鸡孵化、供雏、肉鸡饲养、加工销售一条龙的产、加、销生产体系，全年宰杀肉鸡3762万只。1998年，市畜牧局

凯加食品公司加工车间

与柴沟镇共同投资兴建了柴沟活牛交易市场。2000年，投资300万元建起一处年宰杀4万头肉牛的加工冷藏企业，同时，对市肉牛良种繁育推广中心进行扩建，实现了在肉牛良种繁育、屠宰、加工、销售等环节的产业化。2001年，投资建成凯加肉鸡、福喜肉鸡(仁和)、鑫盛肉猪(呼家庄)等屠宰加工企业。2005年，从事肉鸡加工的南洋食品有限公司成立。到2008年底，全市有集种鸡饲养、雏鸡孵化、饲料生产、收购宰杀于一体的企业3家，年宰杀能力达2亿羽。有肉牛、生猪等龙头加工企业6家，年加工量达到3.5万吨。全市畜产品出口量近1万吨，产品主要销往中东等国家和中国香港地区，国内市场覆盖北京、上海、山东、江苏、浙江等18个省市。

监督执法

1986年，县兽医站共有5名兽医卫生监督员和66名检疫员。1992年8月畜牧局设立兽医卫生药品监督站。1993年9月，成立了"高密县人民法院畜牧巡回法庭"，协助兽医卫生药品监督站执法。1995年，生猪开始实行"定点屠宰，到点检疫"。1997年，成立了市动物检疫站，负责对境内畜禽养殖、加工、屠宰以及畜禽产品运输的全面检查，并逐步建立完善了畜牧标准化生产、防疫监督执法、药械供应、畜禽生产与改良等六个方面工作的规章制度。2001年，畜牧局组成了40人的检疫监督队伍，负责对全市295处已经认证的出口肉鸡饲养场实施监管。2002年3月，市兽医卫生药品监督站更名为市畜牧兽医监督管理所，下设畜牧稽查大队和18处畜牧兽医监督管理所。同年成立市畜牧兽医监督执法大队，负责对全市兽药、饲料及饲料添加剂进行监督。2005年，执法监管实行兽医制和档案制，加强了对兽药、饲料在生产、经营、使用等环节的监督检查。同年，设立禽流感临时检查站，对进入境内的所有禽类以及禽类产品进行严格检疫。2006~2008年，市畜牧兽医监督管理所专门成立了3个畜牧兽医稽查中队，与执法大队联合，共同开展全市的畜牧兽医监督执法和监管整治活动。

第二节 肉牛业

1986年，全县牛存养量4.61万头。1987

肉牛养殖

■ 标准化养猪场

年，全县开展了以黄牛改良为重点的大家畜配种繁殖工作。1990年，开始引进国外的西门塔尔、利木赞等良种，推广肉牛杂交改良，是年牛存栏为9.38万头。1992年，蔡家站镇建起了胶东最大的活牛交易市场，集日上市量最高达2500头。1994年，高密市被农业部、国家农业综合开发办公室列为国家秸秆养牛示范县，当年牛存养量达到24.7万头，比上年增加21.4%。1996年，国家秸秆养牛示范县项目建设通过国家验收。同年由肉牛良种繁育推广中心、鲁京肉牛合作社、清奎肉牛合作社联合成立了肉牛合作社，是年，全市肉牛存栏量29.28万头。2000年，高密培育出的“高澳”牌牛肉在北京九九国际农业博览会上获牛肉类唯一名牌金奖。高密市被省农科院列为国家农业科技跨越计划项目——山东省高档肉牛生产体系示范县。2002年在拒城河建成规模化、标准化千头肉牛育肥场，实施户繁户养、集中育肥，产销一体化。之后，随着农村机械化水平的提高，肉牛养殖效益下滑，全市牛养殖数量开始不断下降，2007年，全市牛存栏量为7.87万头，能繁母牛存栏3.77万头，当年出栏5.5万头。2008年5月，德国巴伐利亚州农林部、德国宝牛育种中心等官员、专家，到高密参观考察肉牛业，达成了与高密在乳肉兼用牛繁育方面合作的意向。

第三节　生 猪 业

1986年，全县生猪存养量24.84万头，出栏肥猪30.69万头。1987年，生猪生产因受政策和饲料价格等因素影响，年末存栏量比上年减少30.2%，出栏肥猪比上年减少12%。翌年生猪生产形势好转。1989年高密被国家和省列为瘦肉型猪生产基地县。1992年4月，瘦肉猪基地建设通过验收。1993年，为加快生猪品质的改良，新建瘦肉猪改良人工授精站13处。1996～1998年，全市的生猪业发展稳定，平均每年出栏在65万头以上。1999年生猪价格下滑，存栏量开始下降。2002年后回升，当年生猪出栏79.24万头。同年在仁和镇建成PIC优质种猪场。2003年，生猪出栏91.59万头。是年，全市标准化生猪饲养场达到108处，其中新建标准化生猪饲养场38处。2007年，新建标准化养殖小区50处、养殖场改扩建50处，建设生

■ 标准化养鸡场

猪改良站1处。同年高密首次被评为全国生猪调出大县，获得奖励资金744万元。2008年，生猪存栏量68.03万头，出栏166.64万头，肉产量12.58万吨。再次获全国生猪调出大县奖励。

■鹅养殖

第四节 肉鸡业

1986年后，境内肉鸡业发展迅速。到1995年，肉鸡养殖方式开始由庭院散养、笼养转向专业化饲养场规模养殖。1996年肉鸡出栏达3833.5万只。1997年，肉鸡产业化生产基地已初具规模。建成北大王庄、饲料公司、凯远、莳二等多处集种鸡孵化、供雏、肉鸡饲养、加工销售一条龙的产业化基地。2000年，由于受价格等因素影响，肉鸡出栏量下降。2002年，全市实行以市和镇为区域的科学管理服务体系，新建成标准化鸡舍496栋。是年，全市肉鸡出栏5487.65万只，比2000年增长29%。2003年，受"非典"影响，导致肉鸡产业滑坡。其后，强化了监管措施。凡境内生产的禽类及其产品，统一出具专用检疫证明，翌年肉鸡出口形势回升向好。2005年，南洋食品投资1000多万元建设了1处肉鸡屠宰场。六和集团投资5000万元在周戈庄建成1处商品鸡场。同年，建立起以柏城、河崖、夏庄、呼家庄为主的肉鸡养殖基地，全市建标准化肉鸡养殖舍3600栋，标准化蛋鸡养殖舍483栋。2008年，肉鸡养殖急剧增加，肉鸡存栏879.5万只，出栏4340.83万只，鸡肉产量7.58万吨。

第五节 禽蛋业

■标准化蛋鸡养殖场

1986年后，境内规模养殖开始发展，大中小型鸡鸭养殖场陆续兴办，出现了以周戈庄镇六甲寨村、蔡站镇为龙头的蛋鸡、蛋鸭养殖专业村和乡镇。1996年，大栏乡以乡兽医站为依托，成立了禽蛋生产服务公司，为养殖户提供业务技术服务。1998年，禽蛋生产稳定发展，全市禽蛋产量达2.47万吨。2003年，全市禽蛋产量2.5万吨。2005年，禽蛋总产量3.56万吨。2006年，受国外禽流感的影响，禽蛋产量出现滑坡。2007 年，全市蛋鸡出现恢复性增长。2008 年，蛋鸡存栏 317.2 万只，鸡蛋年产量 3.17 万吨。

第六节 特种养殖

高密的地方品种鸡有黑腿鸡，已有 100 多年的饲养历史。主要分布在康庄镇。具有黑脚、黑羽、黑嘴、体小特征，飞行能力强，夜间喜欢在树枝上栖息，耐粗饲。这种鸡蛋重小、粉壳蛋。至 2008 年，境内仅存 1000 多只。

高密的特色养殖主要有水貂、狐狸、鹦鹉、獭兔、肉鸽等。1986～1996 年主要以养殖狐狸和水貂为主，其中狐狸养殖量较大。1999 年，全市的狐狸存养量高达 30 万只。1997 年后出现了部分山鸡、肉鸽、鹿、狗等特色动物养殖户和养殖场。到 2003 年，狐狸、水貂、鹦鹉、山鸡、肉鸽、鹿、肉狗、獭兔（肉兔）等养殖场发展到 50 处。2004～2006 年，大型养貂场相继在柴沟、井沟、阚家、仁和等镇建成。2008 年水貂存栏达到 73500 只，出栏 145600 只；狐狸存栏 96380 只，出栏 114870 只。

第七节 水 产 业

1986 年后，境内鱼类养殖以池塘为主，大都属家庭承包经营，也有农户投资开发荒废池塘进行养殖者。所养鱼类除传统的青、草、鲢、鲤、鳙等鱼种外，尚引进了热带和咸淡两栖的优质、高效品种，主要有白鲳、罗非、鲈鱼、草胡子鲶、黑鱼、河蟹、甲鱼等品种，其养殖模式也逐渐从粗放向精养发展。20 世纪 90 年代初期，开始在马旺、拒城河、李家庄等水库进行养殖，均获成功。1986～2008 年，全市每年用于养殖的池塘为 750 个左右，年平均养殖水面积约 1 万亩，年总产量 5000 吨以上。

1986～2008 年高密市部分年份畜禽发展情况一览表

表 14－7

年份	大牲畜存栏量(万头、匹)				猪(万头)		家禽存养量(万羽)	家禽出栏量(万羽)		羊存栏量(万只)	肉兔出栏量(万只)	水貂存栏量(只)	肉类总产量(吨)	禽蛋产量(吨)
	牛	马	驴	骡	存栏量	出栏量		合计	肉鸡出栏量					
1986	4.61	0.75	0.91	1.53	24.84	30.69	116.56	143.17	—	0.41	6.32	4717	22807	5169.18
1990	9.38	0.67	0.86	1.57	19.92	24.20	207.05	350.91	296.23	2.01	21.75	2300	24096	6583.88
1994	24.70	1.08	1.10	1.85	39.57	49.80	1140.36	3055.04	2809.09	9.63	98.78	1400	96668	22210.0
1998	23.74	0.24	0.36	0.82	39.26	58.96	1132.0	4324.39	4042.86	7.27	154.95	1650	134495	24681.0
2000	21.14	0.25	0.44	0.97	35.52	67.14	906.0	4165.51	3890.30	6.39	105.38	6900	136712	28610.0
2002	19.40	0.27	0.16	0.56	35.60	79.24	853.0	5806.56	5487.65	6.11	157.17	—	123060	23081.0
2004	16.84	0.40	0.32	0.60	51.71	114.24	1534.13	6166.11	6130.45	1.11	180.15	—	2171946	33136.8
2006	7.38	0.36	0.37	0.50	41.8	116.51	1044.25	4947.90	4895.76	4.20	257.19	—	19620059	28626.06
2008	7.02	0.32	0.33	0.45	68.03	166.64	1253.58	4825.11	4631.17	3.38	176.46	73500	23254571	32506.65

第四章 农业服务

第一节 农业科技推广服务体系建设

1986年,县级和乡镇农业科技推广服务机构和农技人员配备基本健全到位，全县共有农技人员118人。其后,县直涉农各部门在乡镇设立的站所逐步兴办各类经济实体,到1992年办成318个。1992年10月,县、乡机构改革,部分乡镇农技人员断奶，农技推广体系受到冲击。1996年重新加强涉农站所建设,到1998年,农技推广服务体系得到恢复。2003年,农村经济管理局设立农业信息化管理科，各镇街建立了农业信息化工作站,各村设农业信息员。同年,农产品检测中心成立,注沟、柴沟、密水街道、夏庄、河崖5个镇街设立了产品质量检测室,重点负责农产品的农药、化肥残留检验检测工作。至2008年底,全市有农业推广机构30个,从业人员220个,专业技术人员120人,其中乡级技术人员90人。另有农民技术人员1600人,科技示范户200个。1986~2008年,全市共承担农业科技推广项目66项,其中获农业部农牧渔业丰收奖 2 项,获山东省、潍坊市科技进步星火奖23项。

第二节 良种推广

1986~1999年，市良种推广主要依托市种子公司和乡镇种子站。2000年《中华人民共和国种子法》出台后,种子经营体制发生变革,种子经营政策放宽。到2003年,全市乡镇种子站由过去的政府服务机构，改制为个人承包或买断成个体企业。良种推广也由过去以各级种子部门为主的推广体系转为市场多元化的销售推广形式。

粮食作物

小麦 1986~1991年，全县主要推广种植鲁麦系列4个品种和秦麦3号。1992~1998年推广种植面积较大的品种有2149、柞麦149和烟辐188。1999~2003年主要推广济南17、济麦19等小麦品种。2003年开始大面积推广烟农24,2008年达40万亩。同时推广种植济麦19、济麦20号。2008年开始,小麦种植以济麦22、良星99、济南17、青麦6号为主。

玉米 1986~1990年，全市主要引进推广掖单2号、掖单4号、丹玉13。1991~1993年推广掖单12、掖单13、鲁玉10号。1994~1998年推广西玉3号、沈单7号、掖单22号。1999~2003年推广农大108、鲁单981、鲁单50、鲁原单14、郑单958等品种。2003~2008年,主要品种是推广郑单958、浚单20、金海5号,以上品种占总推广面积85%以上。

谷子 1986~1995年，主要引进推广昌潍81、鲁谷3号、诸辐1号。1996~2003年引进推广豫谷1号,昌潍81仍有较大面积种植。2004年以后谷子种植面积逐渐减少只有零星种植。

高粱 1986~1990年,根据不同用途选用不同品种。如“席高粱”“长廷子”“打锣捶”等。

1991～1993年，西部乡镇引进推广美国纤维高粱品种,用于加工笤帚出口。1994～2003年种植原杂14号和推广晋杂3号等品种。2004年以后高粱种植面积逐渐减少只有零星种植。

大豆　1986～1993年,主要推广鲁豆4号、东解1号。1994～1997年,推广鲁豆9号、鲁豆10号、千金豆等品种。1998～2008年推广种植鲁豆11号、齐黄26、M-5等品种。

地瓜　1986～2003年,主要种植济薯1号、烟薯1号、鲁薯3号、徐薯18等品种。推广烘烤型品种泰菁2号、北京553和鲁薯8号等。2004年以后种植面积逐渐减少只有零星种植。

经济作物

棉花　1986～1996年，主要推广抗病棉品种中棉12号、中棉17号。1997～1998年开始引进推广抗虫棉12号。1998～2003年推广标杂A品种。2003～2007年，以鲁棉15及杂交棉GK45、鲁棉研24等为主。至2008年,棉花面积缩减到8万亩左右,种植品种全部为抗虫棉。

花生　1986～1992年，主要引进推广花28、鲁花9号、鲁花10号等出口品种。1993～1996年,推广鲁花11号、双纪2号、79266等品种。1997～2003年,推广鲁花3个品种和丰花1号。2003～2008年,主要推广种植鲁花14、鲁花11、花育16、花育17、9616等品种,并开始推广花育22、花育25、潍花8号等。

黄烟　1993年开始种植，主要推广品种NC82,辅之K326品种。2000～2008年引进推广种植云烟85。

蔬菜瓜果

辣椒　1986～1995年主要推广益都红品种。1996～2008年引进种植韩国辣椒丰满007等出口品种。

西瓜　1986年至20世纪90年代前期推广中育6号、昌乐密宝,90年代后期至2003年,引进郑杂5号、新澄1号、台湾－新红宝、京欣1号(小地雷型)、黑皮王等品种。

大白菜　1986～1990年主要种植福山包头、胶州白等品种。1991～2008年推广青杂中丰、山东5号、丰抗78等品种。

土豆　1986～1990年主要推广克新系列4个品种和303品种,1991～2008年主要推广荷兰7号、花25等品种。

第三节　疫病防治

1986年以来,市植保站组织专门技术人员对棉花黄枯萎病,小麦全蚀病、腥黑穗病、土蝗、十字花科根肿病，黄瓜黑腥病,葡萄根瘤病等疫病进行了普查。对疫病及时采取选用抗病品种、实行轮作换茬、药物控制、增施有机肥、培肥地力提高抗病能力等综合防治措施,控制了疫情的传播。1998～2001年,围绕防治斑潜蝇,对全市25万亩蔬菜和100多万亩大田作物疫情进行普查,摸清了传入境内的美洲斑潜蝇的寄主范围和危害特点,用克蛾宝、农哈哈、BT等生化农药，取得明显防治效果。至2008年,没有发生大的疫情。

■杨家岭黄烟种植

第四节　农机服务

机构队伍　1986年，高密县的农机主管部门是县农业机械公司。1989年4月县农业机械公司撤销，设立县农业机械管理局。1993年11月，县农业机械管理局撤销，设立县农业机械服务中心。1998年12月，撤销市农业机械服务中心，设立市农业机械管理局(简称农机局)。农机局下辖农业机械技术推广站、农业机械产品质量监督管理站、农业机械安全监理站、农业机械学校和12个乡镇农机站。到2008年底，全市乡镇农机合作服务组织共485个，农机户64193个（其中规模10万元以上农机大户1725个），农机作业服务专业户13175个。全市农机总动力139万千瓦，其中柴油发动机动力117万千瓦、汽油发动机动力1.4万千瓦、电动机动力20.7万千瓦。

农机推广　1986年，全县推广小麦半精量播种机20台，机引合墒器35台。1987年，北大王庄购置引进乌克兰产9QS-10大型玉米联合收获机1台。1989年，县财政拨款补助乡镇农机站购置东方红——802链轨拖拉机15台。1990年，县农机局在呼家庄乡进行棉花机械化植保试点，推广机动喷雾机50台。同年9月，县农机站引进推广玉米秸秆还田机1台，这是境内最早推广使用玉米秸秆还田机。1991年3月，农机推广站开始大量引进泰山——18机动喷雾机，并帮助姜庄镇李仙村购置20台；是年，全市推广使用机动铺膜机、机动喷雾机、半机械化套种机、旱田沟播机、精少量播种机等新机具。1992年，县农机站与高密兴化农业机械厂联合，研制成功适应棉麦间作的手扶4GLH-70型小麦收割机，填补了国内空白，并申请了国家专利。1994年，市财政拨款补助推广机动喷雾机1600台、推广大型青贮收割机3台、大型铡草机13台。1995年，市农机站引进4台佳木斯联合收割机厂生产的JL-3060轴流式小麦联合收割机，从此全市小麦收割真正走向机械化。1997年，农机推广站引进5台天津产ISQ-250型全方位深松机，开始在全市推广机械化深松技术。2004年，全市小麦联合收获机保有量达到900多台，通过跨区联合协作，当年境内小麦全部实现联合机收。2005年，全市开始实施国家农机购置补贴政策，补贴率为购机额的30%，年内完成省、市、县级农机购置补贴资金50万元，29户农民享受到补贴，补贴购置各种农机具45台。2006年，实施省农机化创新示范工程保护性耕作机械化项目，当年示范面积3000亩，推广使用小麦免耕播种机9台，这是境内最早使用小麦免耕播种机。2006年，全市完成中央、省、市、县四级农机购置补贴资金107万元，补贴购机农民152户，补贴各种农机具159台。2008年5月，市农机推广站引进日本产大蒜收获机，在姚哥庄镇大王庄村进行大蒜机械化收获试验。是年，全市完成国家补助配置动力机械及配套机具62台，完成农机购置补贴资金200万元，补贴购机农民95户。

■机械化开沟作业

跨区机收 1997年，按照全国跨区机收小麦工作文件精神，市农机局组织31台小麦联合收割机到河南、安徽、江苏、河北四省11县市进行小麦机收跨区作业。自此年始，经协议四省的联合收割机每年也来高密机收小麦。2008年高密参加跨区作业的小麦联合收割机达到700台，跨区作业面积达5.57万公顷，参加跨区作业机收的农机户，增加纯收入1200万元。同时，接收以上4省11县市小麦联合收割机来高密跨区作业，年均500余台，全市小麦联合机收面积达到95%左右。

农机培训 农机培训工作主要依托高密农业机械学校。该校于1976年6月成立，1989年被潍坊市教委批准为中等技术专业学校，纳入成人教育管理范围。1986～2008年，农机学校共培训农机技术人员10152名。

第五节 农机执法

农机安全监理 高密县农业机械安全监理站于1984年12月成立，隶属县农机局。1986年，监理站对全县的拖拉机、柴油机、脱粒机等农用机械进行了摸底、统计、建档和安全检查。根据上级有关文件精神，1990年1月农机安全监理站对专门从事运输和既从事农田作业又从事运输的拖拉机安全技术检验、驾驶员考核和核发道路行驶牌证等项工作，实施委托管理。监理站与公安局车管所进行了档案移交。同年下半年始拖拉机及驾驶员牌证由监理站核（换）发，此后，监理站对挂牌证的拖拉机每半年检验一次，驾驶员证每年审验一次。

农机修配管理 1986年，全县有农机修配点222个，其中乡镇修配点29个。随着农民购买使用农业机械者逐渐增多，个体、私营农机修配业也逐步发展起来，形成了国营、集体、个体三者共存的局面。1991年，县农机修配管理站成立。是年，管理站对全县的农机维修网点、农机配件供应和维修工作进行了审验和考核，并发挂了维修行业标志牌。到2008年，全市有农业机械修配点445个，从业人员901人。

农机产品质量监督管理 高密市农业机械产品质量监督管理站于1996年成立。根据国家有关农业机械产品质量法律、法规依法对生产、流通、使用过程中的农机产品进行质量监督管理；对产品质量违法行为和产品质量问题引发的纠纷进行处理调解、咨询服务。至2008年，农机产品质量监督管理站受理了消费者对农机质量问题投诉55起。

第六节 农业新技术推广

科研项目

小麦、玉米吨粮田开发实验 1990～1994年县农技站和吨粮田办公室共同承担了78万亩开发田，其中有55万亩亩产达到1036.9公斤。该项目获得县科技成果一等奖。

低产田开发 1991年，对40万亩中低产田进行开发，开发后平均亩产粮食518.4公斤。每亩比开发前的产量增加143.4公斤，增产38.2%。

麦棉套作丰产栽培技术推广 1991年，在全县推广麦棉套作丰产栽培技术实验面积16.1万亩，较纯作棉田亩增纯收入139.8元。1992年在西北部和东北部推广应用麦棉套作技术25.39万亩，比常规种植每亩增收230元。

10万亩小麦110工程 1998年，在10万亩麦田中推广应用从德国引进的“2003”叶面肥，平均每亩增产小麦18.8%，累计增产小麦7520吨。至2003年，植物动力“2003”每年应用面积10万亩以上。

旱作两熟周年覆盖栽培技术 1997年，市农技站在呼家庄镇前单村和阚家镇狄家屯做了旱作两熟周年覆盖栽培技术示范推广。实行秋覆膜的小麦平均单产320.5公斤，比对照亩增

73.7公斤，增产29.9%。皮棉亩增10公斤，增产12%。1998年在全市推广应用该技术10万亩，获经济效益2114万元。

沿胶河两岸十万亩蔬菜优质综合技术开发 1996年，对沿胶河6个乡镇10.3万亩蔬菜进行优质综合技术开发。其中保护地4.2万亩，露地栽培面积6.1万亩，蔬菜品种20多个。比开发前平均每亩增加产值421.5元。

"两薯"脱毒苗的示范推广 1997年，推广"两薯"脱毒苗5000亩，平均亩产鲜薯2268.2公斤，比未脱毒的亩增473.8公斤，增产26.4%。

旱地小麦培肥地力节水栽培综合配套增产技术 1998年，在南、西部丘陵地区进行旱地小麦培肥地力节水栽培综合配套增产技术，推广40万亩，小麦平均亩产达到400公斤以上，比项目实施前增产10%以上。

先进实用技术推广

小麦精播半精播高产栽培技术 1990年，在全县的高产麦田和中等肥力麦田大面积推广精播半精播高产栽培技术。技术要点主要是：施足底肥，氮磷钾肥配合，补施微肥，选用优良品种，适期播种，适宜播量，适时浇水，综合防治病虫害等。小麦亩产达到437公斤，比推广前每亩增产48公斤。

紧凑型玉米高产栽培技术 1995年，在全市推广紧凑型玉米高产栽培技术。主要技术要点是：选用良种；增加种植密度，水浇条件好的地区密度为4000～5000株/亩，水浇条件差的地区密度为5000～6000株/亩；实行等行距播种；加强田间管理，合理使用肥水等。亩产玉米为526.2公斤，比推广前每亩增产184公斤。

有机旱作高产栽培技术 1990～1992年，在南部中低产田区推广有机旱作高产栽培技术。主要技术要点是：改革耕作制度，改小麦—玉米一年两作为春玉米（春花生、春地瓜）—小麦—夏玉米（夏地瓜、夏花生）两年三熟；合理耕作，深浅轮耕，深耕与浅耕相结合，每2～3年深耕一次，以增强土壤保肥保水性能；培肥地力，结合推广秸秆还田，增加有机质投入量；选用抗旱品种；经济用水，提高水分利用率等，产量有了较大提高。

除草剂的推广 1990年，开始引进推广除草剂。除草剂使用宜在作物播种后，杂草出土前均匀喷洒在土壤表面，或在作物生育期先锄地后喷药。地膜覆盖田在盖膜前喷洒。2008年作物种植除草剂使用率为80%以上。

冬暖式大棚蔬菜生产技术推广 1990年，开始推广冬暖式大棚蔬菜生产技术，当年共建冬暖式大棚5500个，面积约5000亩，当年增收2500万元。冬暖式大棚的技术要点是：建造采光保温性能良好的棚型；实行多层覆盖；使用无滴膜；张挂反光幕；采用嫁接育苗等。

1986～2008 年高密市部分年份农业机械情况一览表

表 14－8

项目 年份	柴油机		电动机		拖拉机		农用汽车		机引农具（部）	农用运输车（辆）	联合收割机（台）	机动收割机（台）
	台	千瓦	台	千瓦	台	千瓦	台	千瓦				
1986	13506	117059	16408	81426	4110	63598	341	25995	6724	—	—	—
1988	18621	161832	18883	95345	4938	72755	345	26850	17202	—	—	—
1991	19355	171902	20504	105992	5335	78537	388	29041	23312	—	—	—
1996	21523	191584	22578	136400	5128	111827	741	26824	29367	—	—	—
1999	32110	287161	22014	135800	8318	172198	1285	38732	35698	14544	285	1215
2002	34694	319705	23259	140653	8428	204353	1218	38840	38926	17811	559	1740
2005	29281	264874	30995	176284	9238	142295	1839	66479	—	27389	711	—
2008	27256	205238	28503	130783	36027	368398	4336	59304	—	35347	2218	—

第五章 农业开发

第一节 农业区划

1986年，高密境内的农业区划，根据地形特点、水文条件、土壤状况和经济水平，初步划分为北部低平地棉粮畜林网区、中部缓平坡地粮棉菜工副业区、西部缓平坡地粮棉油畜禽林果区、南部缓丘地粮林果畜禽区四大区域。1993年后，按照山东省政府《发展高产优质高效农业实施意见》要求，市政府对境内的种植业结构和农业区划作了调整。

南部烟草、干果、淡水养殖生态农业区 包括李家营、柴沟、拒城河3个镇和密水、醴泉2个街道。烟草种植以柴沟镇为主。自2001年开始推广种植云烟85、CF965等新品种，到2008年，柴沟镇种植烟草面积达到1.2万亩。干果生产以李家营、柴沟等乡镇的核桃、板栗为主。生态农业示范以密水街道为主，该街道于1998年建起3万亩葡萄园，2002年经国家标准化委员会认证，成为国家级一类无公害标准示范园。淡水养殖以拒城河水库、马旺水库、李家庄水库2200亩水域面积为依托，以境内池塘为重点，至2008年，水产养殖品种发展到20多个。

北部粮棉、桑蚕、畜禽养殖生态农业区 包括仁和、姜庄、康庄、大牟家、周戈庄5个镇。2008年区内粮食播种面积46.5万亩，其中优质麦生产基地23.5万亩，总产11.5万吨；优质棉基地5.5万亩，总产5392吨；桑园面积5205亩，年产蚕茧235吨。区内建有规模化肉鸡养殖场20处，生猪养殖场50处。2008年，区内畜禽存栏牛2.3万头，生猪11.8万头，羊1万只，家禽294万羽。

■鲜食葡萄大棚

东部蔬菜生态农业区 包括柏城、姚哥庄、夏庄、河崖4个镇和朝阳街道。区内蔬菜生产基地15万亩。该区于2003年被市政府确立为农产品加工出口实验区和出口创汇农业基地。是年，该区生产的芹菜、黄瓜、西红柿、韭菜、小香葱等7种蔬菜，被国家标准化委员会认证为"无公害农产品"。2008年，柏城土豆生产基地、朝阳街道大蒜生产基地、夏庄向阳大棚蔬菜生产基地成为全市首批试点建设的符合农产品质量安全标准的种植区。

■ 土豆种植基地

西部林果、粮食生态农业区 包括呼家庄、注沟、井沟、双羊、阚家5个镇。区内粮食播种面积60多万亩，造林面积3.9万亩，其中果园4245亩，银杏1.6万亩。2008年，区内粮食总产29.9万吨；银杏干叶500余吨，银杏果近万斤。1997年呼家庄镇开发生产的“长生牌”银杏叶健身茶被卫生部批准为保健食品。区内“潍河香”牌苹果被评为名牌产品。阚家镇I—107杨苗木繁育区、呼家庄镇银杏苗木繁育区，是全市重点发展的种苗繁育基地。区内建有高标准生猪养殖场70处，2008年底生猪存栏40万头，肉类总产11.2万吨。家禽存栏483万只，禽蛋产量1.1万吨。

第二节 农业产业化

高密从1993年开始实施农业产业化战略，重点发展粮食、棉花、生猪、肉鸡、奶畜、蔬菜、果品、食用菌、工艺品等十大主导产业和产品。1995～1998年，桑蚕、黄烟、酿酒葡萄、银杏、干鲜杂果、特种蔬菜等6大产业兴起。期间，为加快主导产业和产品的发展和膨胀，市里确立了“东菜西果、南烟北桑”的种植结构调整思路，并规划建设了西起井沟镇，东至胶河农场，途经11个镇街区的百里农业科技走廊，境内种植业发展到粮食、棉花、蔬菜、林果、食用菌、桑蚕、酿酒葡萄、烤烟、银杏、干鲜杂果等10个产业，粮经比例达到5∶5。发展了16个万亩经济作物基地，15个养殖小区。各类农副产品龙头企业发展到119家，产品包括蔬菜、果品、粮食、肉牛、桑蚕、饲料等10个大类30多个品种，年加工能力达54万吨。2000年，全市开展农业龙头企业建设年活动。到2003年，全市农业龙头企业总数达194家，年加工储藏能力达80万吨。万亩以上的区域产业种植方达到20多个，培育发展了冬枣、大樱桃、韩国黄金梨、美国无核葡萄、美国黑李等一批市场前景好的产业新亮点。标准化生产和标准化养殖也形成规模，粮经比例调整到4∶6。其后，随着农村产业化的推进发展，全市农业龙头企业发展步伐明显加快，至2008年，全市农业龙头企业发展到411家，其中国家级重点龙头企业1家，省级4家，潍坊市级72家，加工能力突破160万吨；标准化养殖小区发展到166处；优质农产品基地扩大至90万亩。其中优质麦基地60万亩，果品基地5.4万

■ 李村蔬菜大棚

■ 葡萄种植基地

亩，蔬菜基地19.3万亩，烤烟1.3万亩，花卉1万亩。养殖业基地6100多万只(头)。

第三节 农村能源开发

1983年6月，县政府成立农村能源办公室。1984年将农村能源办公室划归县农业局管理。1986年5月，农村能源办公室承担农业部的全国改灶节柴试点县项目，全县97%的农户家庭改用"高密灶"，年约节柴132万吨，折合标煤52万吨。1990年推广改造罗汉床式新型炕灶，获潍坊市科学技术进步三等奖。1993年始，在全县推广太阳能利用技术，至1995年以推广平板型太阳能热水器为主。1996至1997年以真空管型太阳能热水器为主。1997年12月完成高密市生物质气化集中供气技术示范工程项目，建造供气站1座，每天处理秸秆1500公斤，产气3000立方米，可供300户4口之家炊事使用。2003年6月完成高密市小型沼气工程项目，建造小型沼气工程6个。年处理粪便2600吨，生产沼气约4万立方米，折合标煤32吨，供农户炊事、照明用；生产沼肥约5000吨，供3000亩土地利用。

第四节 农业综合开发

1998年高密市被国家农业综合开发办公室列入农业综合开发县。自是年始，山东省、潍坊市开发办每年根据所报项目计划报告批示下达开发任务，并给予资金扶持。从1998年开始到2008年，全市共综合治理改造中低产田20.1万亩，建设多种经营项目4个，完成总投资7846.6万元。

土地治理项目 1998年，投资160万元在周阳乡境内改造开发土地0.5万亩；1999年，投资557万元与1998年开发项目区相衔接，治理土地1.5万亩；2000年6月，投资591万元在拒城河镇与密水街道相连接的部分区域内，完成土地治理改造1.5万亩；2001～2002年，在拒城河、姜庄、仁和等镇境内，先后投资1149.77万元，完成治理改造土地3.5万亩，建设优质饲料粮、优质饲草新品种繁育区0.5万亩和优质农产品出口基地1万亩；2003年，投资360.07万元在柏城、拒城河镇建设高效农业示范基地1.3万亩；2004年，投资466万元在柏城、仁和两镇完成中低产田改造1.5万亩；2005年，投资604万元在夏庄、姚哥庄镇完成了中低产田改造1.8万亩；2006～2008年，完成投资3958.8万元，实施利用世界银行贷款加强灌溉农业(三期)项目1个，改造土地面积8.5万亩，项目涉及柴沟、井沟、阚家三个镇，68个行政村。

多种经营项目 2001年9月，高密市密水葡萄酿酒有限公司投资561万元新建生产线1条，扩建密水葡萄酿酒有限公司发酵站项目。2003年，全市共投资1740万元，新建多种经营项目三个：一是密水葡萄酿酒有限公司扩建。投资980万元，新建2个生产车间，安装浓缩果蔬汁生产线1条和灌装生产线1条；二是惠德食品有限公司扩建项目。投资500万元建设出口蔬菜低温库和加工车间。三是胶河农场杂粮系列产品加工项目。投资260万元建设加工车间和仓库。

第六章 农村经济体制

第一节 土地使用制度

耕地使用 1981年春，高密县开始试行以家庭联产承包责任制(俗称"大包干")为主要内容的农村改革，首先在李家营镇化山屯大队试点，1982年在全县推开。除留少量机动田外，土地按人口平均承包到户，承包期限开始提出一定3年不变，3年到期后又延长到一定10年不变。1996年，有的乡镇推行两田制，即75%的土地作为口粮田和责任田，按人均承包；25%的土地作为经济田(含机动田)，农民自愿承包。1999年春，全市开展了二轮土地承包工作。先期在注沟镇东注沟村试点，后在全市铺开。将95%的土地按现有农业人口平均分配，留5%的机动地，并延长承包期为30年。

农村宅基地使用 1989年6月，在柏城、注沟、仁和三乡镇进行农村宅基地有偿使用试点。1990年2月，县政府印发《高密农村宅基地有偿使用暂行办法》，全县农村宅基地有偿使用全面实施。农村宅基地有偿使用收取的资金实行由所在乡镇管理，主要用于村庄基础设施建设。1993年，依据中办发〔1993〕10号文件的有关规定，农村宅基地有偿使用费停止收取。

建设用地使用 1988年前，境内土地使用一直实行无偿、无期限、无流动的"三无"做法。1990年9月，全县土地开始实行初始登记和变更登记制度。1991年5月，县政府出台文件，对建设用地全部实行政府统一征地，由县土地管理局与被征地单位签订征地协议，并对征地实施四级标准进行补偿。1993年8月，县政府出台《高密县国有土地使用权出让和转让暂行办法》，全县土地使用实现了由无偿使用变为有偿使用，由无限期使用变为有限期使用，由土地使用权不允许流动变为可以依法流动的改革。至2003年，境内国有土地使用权除法律规定可以采用划拨方式取得外，已全部实行有偿使用。

第二节 农业经营体制

高密自1982年开始实行以家庭联产承包责任制为主要内容的农村经营体制后，一直到1995年基本稳定不变。1996年，有的乡镇展开了以推行"两田制"(口粮田、经济田)为主要内容的二轮土地延包。经济田每亩每年上缴集体50~500元不等。其中，有的镇、村将全部土地实行叫行承包，每亩每年承包费300~500元。由于上缴额度较大，有的地方出现"撂荒"现象。1999年4月全市进行了二轮土地延包工作。对过去存在的"口粮田"和"经济田"的两田制现象进行了清理整顿，纠正了某些叫行承包、高价发包土地的错误做法。除果园、鱼塘和"四荒"等实行专业承包和招标承包的土地外，土地全部或基本按人口均分。将"机动地"

严格控制在总耕地的5%以内。未留“机动地”的,延包时不得再留。延长土地承包期为30年不变。村集体与农户签订土地承包合同,并向农民颁发市政府统一印制的土地承包经营权证书。土地流转要求在坚持土地集体所有和不改变土地农业用途的前提下,允许承包方在承包期内对承包地依法进行转包、转让、入股、互换、委托经营。其间,市政府出台《关于做好延长土地承包期工作的实施意见》,统一印制了《土地承包合同》《土地流转合同》《机动地承包合同》“土地承包经营权证”。

全市面上二轮土地承包工作结束后,2004年以来,针对承包期内违法收回农民承包地、强迫农民流转土地承包经营权等问题,全市开展了多次集中专项治理。2008年,市政府在阚家、柴沟、大牟家三镇进行了农村土地流转市场建设试点。

第三节 农业税费

农业税费主要是指农村实行以家庭联产承包责任制,人民公社集体经营体制解体后,由农户负担向国家、乡镇和村缴纳的各种税费。主要包括三个方面:一是向国家缴纳的农业税、农业特产税;二是向乡镇缴纳的农村两级办学、计划生育、优抚、民兵训练、修建乡村道路五项统筹费用;三是向村集体缴纳的公积金、公益金和管理费三项提取费用。向乡镇、村缴纳的费用称为“三提五统”。此外,还有农民义务工、积累工等费用项目。从2002年开始,按照省委、省政府的统一部署,全市实施了“三取消”(取消乡统筹、农村教育集资等行政事业性收费和政府性基金、集资,取消屠宰税,逐步取消统一规定的劳动积累工和义务工)、“两调整”(调整农业税政策,调整农业特产税政策)、“一改革”(改革村提留征收使用办法)为内容的税费改革。到2004年,全面取消了“三提五统”。村内兴办集体公益事业所需资金,不再向农民固定收取,实行“一事一议”的办法解决。到2006年,根据国家和山东省统一部署,宣布取消农业税。至此,全市结束了向农民收取农业税费的历史。

第四节 农村合作基金会

高密县的农村合作基金会成立始于1988年。是年2月,在王吴乡成立了全县第一家农村合作基金会,到年底,全县共有20个乡镇成立了农村合作基金会,筹资总额达600万元。农村合作基金会资金来源包括集体历年积累资金、集体债权、集体提留和乡镇统筹费,土地征用费和农民入股的资金。投放对象主要是本乡镇的乡镇村办企业、村经济合作组织和农村工商个体户、农户。至1990年,全县29个乡镇均成立了农村合作基金会。

1992年10月,高密县经管站在潍坊市率先将所有农村合作基金会改制成农村股份合作基金会。1993年,又成立了县农村合作基金会联合会。至1996年,全市农村股份合作基金会总数达31处(市开发区基金会于1996年3月成立)。到1997年底,全市31处基金会筹资总额为3.2亿元。

从1999年6月开始,按照国务院和山东省的统一部署,对全市农村合作基金会进行清理整顿。到1999年12月,全市30个乡镇基金会和1处市基金会联合会的资产认定工作全面结束。除高密镇1家基金会并入信用社外,其余30处全部清盘关闭。之后,工作重点转向了欠款清收,并分年度、按比例向股民兑付。至2007年底,全市基本完成个人股金兑付任务。其间,对基金会员工及其有关待遇进行了妥善安置和解决。

第十五编

工 业

高密工业起步较早,基础较为雄厚。新中国成立后,曾几度掀起大办工业的高潮,这为改革开放后的工业发展奠定了良好基础。1986~2008年,是全市工业体制改革和工业快速发展的重要时期。从1987年到1995年,县直工业企业分三轮实施了经营承包责任制改革。1994年开始,又先后在县直工业企业和乡镇集体企业中进行了以转换企业经营机制和建立现代企业产权制度为主要内容的企业改革。随着改革的深入,工业发展步伐加快。特别是20世纪90年代,市委、市政府确立了"全党抓经济,重点抓工业"的指导思想和实施"工业立市、工业强市"的经济发展战略后,全市工业有了快速发展,并逐步形成了纺织服装、机械制造、食品加工、木器加工、化学工业等五大支柱产业,其中纺织业进入山东省十大产业集群行列,由此高密被评为"中国家纺名城"和山东省"纺织服装产业基地"。

第一章 工业体制

第一节 管理机构

1986~2008年,全市工业企业基本上按市直工业和乡镇企业两个系统进行综合管理。1986~2002年,市直工业综合性管理机构是市经济委员会,乡镇工业由市乡镇企业局管理。1986~1993年,县直企业除由县经济委员会管理外,还根据企业行业门类分别由县机械电子工业局(公司)、县轻工业局(公司)、县纺织工业局(公司)、县化工建材工业局(公司)对所属企业进行直接管理。乡镇办工业企业由县乡镇企业局管理。1993年11月,县直工业各主管局撤销,职能归县经济委员会。1996年12月,市经济委员会改为经济贸易委员会。2002年1月,经济贸易委员会更名为经济贸易局。同时市乡镇企业局更名为中小企业办公室。2003年,经贸局机关机构设置为:办公室、政工科、政研室、经济运行科、企管财务科、投资科、电力科、综合科、安全科、老干部科、散装水泥办公室。同年9月,市中小企业办公室更名为中小企业局。至2008年,市经济贸易局和市中小企业局的科室设置和管理职能未变。

第二节 体制改革

市直工业

承包经营责任制 1986年,境内50家县直工业企业完成产值2.4亿元,占全县工业产值总量的43.6%。从1987年到1995年,市直企业分三轮实行了承包经营责任制。1987~1990年为第一个承包期,1991~1992年为第二个承包期,1993~1995年为第三个承包期。其中第三轮承包,由于国家新的企业改革政策的出台和企业改革步伐的加快,只实施了一年,企业就不再实行承包经营责任制。企业承包经营责任制主要采取了"包死上交基数,超收自留,歉收自补"和"两包一挂"(即包上缴利润、包技术改造任务、工资总额同经济效益挂钩)等形式。虽然企业承包经营责任制中途结束,但对于参加1993年度考核的承包企业，仍善始善终地进行了奖惩考核和兑现。在县直工业企业实行承包经营责任制期间，还进行了其他多种形式的改革。1987年，开始在县直工业推行企业劳动人事制度改革，实行企业领导聘任制。首先对县五金厂和纺织厂两个企业的厂长进行了公开招聘。1988年《中华人民共和国全民所有制企业法》颁布后，根据山东省、潍坊市有关文件精神，先后在气门嘴厂、化纤厂、农药厂等企业进行了股份制试点。1992年，国务院《全民所有制工业企业转换经营机制条例》发布后，按照山东省提出的转换企业经营机制的要求，开展了以破“三铁”（铁交椅、铁饭碗、铁工资）为突破口，以劳动、人事、分配三项制度为重点的企业改革。是年底，所有县直工业企业的厂长实行聘任制。

股份制改革 在气门嘴厂、化纤厂、农药厂等企业股份制试点取得经验的基础上，1993年，县政府制定下发《关于在全县积极推进股份制试点工作的意见》，采取“点上抓规范，面上抓发展”“先起步，后规范”的原则开始逐步对所有县直工业企业进行股份制改革。1994年《中华人民共和国公司法》颁布实施后，根据“公司法”和山东省政府要求，对已改制企业进行规范完善。到1996年底，化纤股份有限公司和金马橡胶（集团）股份有限公司两家企业被山东省政府批准确认为规范的股份有限公司。1998年8月，全市开始进行以企业产权制度为主要内容的改革。1999年，市印刷厂、服装厂、糖厂木糖车间等企业先后将国有、集体企业的国有股、集体股退出企业，由企业职工出资买断国有、集体企业净资产，改制为民营企业。2000～2002年，农机厂、农药厂、酿酒厂、机油泵厂、锻压机床厂等10余家企业相继改制为民营企业。2004～2008年，市橡胶厂、高天实业股份有限公司、市印刷厂、市水泥厂等4家企业宣告破产。2008年，豪迈集团整体收购光大内燃机有限公司。是年8月，高密高源集团被孚日集团整体收购兼并，至此，全市所有市直工业企业改制结束。

乡镇、村集体工业

发展崛起 20世纪80年代初农村普遍实行联产承包责任制后，乡镇、村集体工业逐步摆脱“三就四为”（就地取材、就地加工、就地销售和为农业生产服务、为大工业配套、为城乡人民生活服务、为发展壮大集体经济服务）计划经济模式的束缚，因地制宜，充分发挥当地资源优势，多渠道投资，多种经济成分经营，大力发展农副产品加工，积极为大工业配套服务，使以乡镇、村集体工业为主体的乡镇企业得到迅猛发展。1986年，全县乡镇办工业企业发展到159家，村办工业企业发展到1034家。1986年5月，县委、县政府做出《关于加快乡镇企业发展的八条规定》。随着政策的放宽，全县的乡镇企业进入快速发展阶段，以高密镇为代表的乡镇集体工业、以南关村为代表的村办集体工业迅速崛起，其取得的成就，在全省乃至全国产生过一定的影响。1987年，夏庄镇通用机械厂和阚家镇玛钢厂的产品远销美国、日本、澳大利亚等20多个国家和地区，标志着高密乡镇工业产品开始进入国际市场。1989～1991年，国家对乡镇企业采取“调整、整顿、改造、提高”的八字方针，宏观调控，银根收紧，高密的乡镇企业增长速度一度放慢。

1992年，邓小平在南方谈话后，高密的乡镇企业进入大发展阶段，并呈现出“大规模、高科技、外向型”的发展趋势。突出表现在1993年，南关发达集团公司联合10多家科研机构、金融部门，投资3.5亿元建成“高密发达科技园”，被国家科委命名为“国家级民营科技工业园”。在发展外向型经济上，呈现出全方位引进、大规模创汇的发展势头。1993年，南关兴华服装厂被国家外贸部、农业部评为创汇大户，产品出口日本、新加坡、加拿大等10多个国家。到1996年底，全市乡镇企业出口产品达到10大类，200多个品种，其中，出口交货值超千万元的有12种。有12家乡镇、村集体企业获得自营进出口权。1996年，全市有乡镇、村集体工业企业395家,其中乡镇办工业企业191家,村办工业企业204家。经农业部认定,在全市乡镇和村集体工业企业中,有9家企业晋升为国家大型乡镇企业,5家晋升为国家中型乡镇企业。建起省级以上企业集团10家,其中5家晋升为国家级乡镇企业集团。

产权改革　1997年,市委、市政府制定出台《高密市国有、集体企业产权改革的意见》,开始对乡镇集体企业进行产权制度改革。通过对全市乡镇集体企业采取整体出售、拍卖、股份制、股份合作制、抵债返租、动产出售、不动产租赁等多种形式的改革,到2002年,全市有390家乡镇和村办集体工业企业先后完成了产权制度改革。其中乡镇办工业企业191家,村办工业企业199家,改制面达到98%,盘活存量资产3.5亿元。至此,全市乡镇、村办集体工业资产基本上从工业领域中退出。

第三节　企业管理

企业改制之前，市委市政府管理的对象主要是市直企业。企业管理主要体现在行政方面，厂长经理由市委组织部门委派任命，企业日常生产经营活动由市主管部门管理指导和监督，企业员工工资和有关福利待遇按国家统一规定的标准发放,企业自主权较小。企业内部管理方面,主要有计划管理、质量管理、设备管理、节能降耗等等。各项管理都有不同标准要求,综合管理达到省级管理标准要求的，可争创省级先进企业。改制之后,企业自主权扩大,政府对企业的管理重点放在宏观指导上，对企业内部管理逐步弱化。

计划管理　1986~1990年间，高密县工业企业除化肥厂、农药厂、热电厂外,原材料采购与产品销售全部与市场接轨，随市场变化而变化。化肥厂因生产小氮肥,自1972年始,生产用电一直执行支农电价。2006年7月前为0.2870/千瓦时,2006年8月至2008年底为0.3082元/千瓦时。化肥厂与农药厂的碳氨与久效磷售价由省农贸公司定价,80%的产量由省农贸公司调拨。高密热电厂的供热汽价和上网电价由政府物价部门核定,具体情况见表15-1。

1986~2008年高密热电厂电、汽价格历次调整情况表

表15-1

序号	调整时间	批复价格	执行时间	批复单位	批复文号
1	1987.01.10	汽价22元/吨;合并电网后供电公司销价0.23元/千瓦时	1987.1	高密市物价局	(87)高价字第1号
2	1989.01.29	低压汽32元/吨,高压汽34元/吨;上网电价0.36元/千瓦时,零售电价0.43元/千瓦时	1989.2	高密市物价局	(89)高价字第4号
3	1989.04.22	低压汽40元/吨,高压汽42元/吨;上网电价0.38元/千瓦时,零售电价0.46元/千瓦时	1989.4	高密市物价局	(89)高价字第15号
4	1989.10.13	上网电价调整为0.28元/千瓦时	1989.10	高密县经济委员会、高密县财政局	高经发(1989)第12号
5	1989.11.04	低压汽54元/吨,高压汽63元/吨	1989.9	高密市物价局	(1989)高价字44号

续表 15－1

序号	调整时间	批复价格	执行时间	批复单位	批复文号
6	1993	上网电价由 0.28 元/千瓦时调整为 0.32 元/千瓦时	1993.9	高密市物价局	高价字(93)第 10 号
7	1994.03.03	上网电价由 0.32 元/千瓦时上调为 0.38 元/千瓦时(照明用电暂不提价)	1994.3	高密市政府办公室	编号:(1994)第 10 号
8	1994.08.01	供汽价格调整为 58 元/吨	1994.8	高密市工商行政管理局	高工商价字(1994)第 14 号
9	1995	供汽价格调整为 70 元/吨	1995.5	高密市政府	
		供电价格调整为 0.4101 元/千瓦时	1995.8		
10	1996.02.06	供汽价格调整为 78 元/吨	1996.1	高密市工商行政管理局	高工商价字(1996)第 1 号
11	1996.04.12	上网电价调整为 0.4448 元/千瓦时	1996.2	高密市工商行政管理局	高工商价字(1996)第 7 号
12	1996.12.09	上网电价调整为 0.4958 元/千瓦时	1996.12	高密市工商行政管理局	高工商价字(1996)21 号
13	1998.04.16	上网电价调整为 0.5394 元/千瓦时	1998.1	高密市物价局 高密市供电局	高价字(1998)第 2 号
14	2002.10.10	0.6 万千瓦上网电价暂定 0.33 元/千瓦时	2002.9	高密市物价局 山东省电力集团公司	鲁价格发[2002]223 号
15	2002.12.06	冬季取暖用汽价格调整为 98 元/吨	2002.11	高密市物价局	高价字(2002)第 20 号
16	2004.05.21	生产用汽由 78 元/吨调整为 98 元/吨	2004.4	高密市物价局	高价字(2004)第 43 号
17	2005.04.27	0.6 万千瓦上网电价调整为 0.3485 元/千瓦时	2005	潍坊市物价局	潍价格发[2005]8 号
18	2005.01.03	生产用汽调整为 116 元/吨	2004.12	高密市物价局	高价字(2005)第 02 号
		生活用汽调整为 110 元/吨	2005.1		
19	2005.12.13	生产用汽调整为 127 元/吨	2006.1	高密市物价局	高价字[2002]31 号
20	2008.06.10	非居民用热(蒸汽)价格(含税)调整为 210 元/吨,实行政府指导价格,供需双方在中准价上下 10% 的浮动幅度内协商确定销售价格,报市物价局备案后执行	2008.11	高密市物价局	高价字[2008]第 25 号

对市直工业企业，由市经济贸易委员会下达计划至各工业主管局，计划指标主要有工业产值、销售收入、实现利税(税金和利润)。各工业主管局下达到所属企业，并进行考核。1993年5月，县委、县政府出台《关于对有突出贡献的县直企业厂长(经理)实行单项重奖的规定》，规定设经济效益奖、技术进步奖、扭亏增盈奖3个大项，并规定具体标准。是年11月，4个工业主管局撤销，对市直工业的管理考核业务划归县经济贸易委员会。1994年税制改革，企业税收由营业税改为增值税，工业增加值首次列入工业企业考核重要指标。是年7月，成立由分管副市长担任主要负责人的工业调度中心，组建全市工业调度室，定期不定期地对全市乡镇工业、市直工业进行调度，并下达年度计划。是年，全市完成工业产值112.76亿元，同比增长62.8%，实现了既定目标。

从1996年至2008年，市委、市政府连续出台激励企业加快发展的政策，规定当年上缴税金折算财政收入，比上一年度增加部分，按一定比例由市政府直接奖励企业法人代表。2006年始，市政府与镇街及孚日家纺等47户耗能大户签订《节能目标责任书》，明确万元产值综合能耗、电耗等节能目标，并附以奖罚措施。2007年始，每年度依据企业上缴各类税金多少，评选高密十强企业，并作为一项制度长期坚持。

质量管理 1988年至2008年，全市工业加强质量管理，在企业中广泛建立质量负责制，建立完善质量管理体系，加大质量监督检测力度，组织全面质量管理基础培训，在企业升级达标中，抓质量保证体系建设，开展QC小组活动，全市有60余种产品通过国家质量认证，QC成果多项获省级、市级奖励。40余家企业通过ISO 9000国际标准体系认证。20世纪90年代，全市工业大力实施名牌推动战略，2006年，市委、市政府出台文件，规定当年企业产品被国家质监局认定为中国名牌产品或产品商标被国家工商总局认定为中国驰名商标的，由同级财政奖励企业法人100万元；当年企业产品被国家质监局认定为国家免检产品的、被省技术监督局认定为山东名牌产品或被省工商局认定为省著名商标的，由同级财政奖励企业法人5万元。这些奖励政策的出台，有效调动了企业抓质量、创名牌的积极性，全市工业产品中被评为名牌和著名商标的明显增多。

目标管理 自1986年起，根据国家规定，对企业进行划型(大、中、小等)管理，由于标准变化大，每年公布的类型不一。对各类型企业的管理要求有所差别，中型以上企业要求相对严格，管理内容相对宽泛细化。企业改制之后，企业自主权扩大，政府对企业管理的重点放在宏观指导，对企业内部管理逐步弱化。为鼓励企业抓好增资扩产，2005年市委、市政府印发《高密市镇街工业考核奖励办法》，办法规定：工业企业年实缴税金1亿元(含1亿元)以上为大型企业，年实缴税金200万元(含200万元)以上为中型企业，年实缴税金200万元以下为小型企业。享受国家税收优惠政策的农机、农药和农副产品加工企业，销售收入达到或超过4亿元(含4亿元)为大型企业，销售收入达到或超过1亿元为中型企业，不足1亿元为小型企业。对大、中型企业制定了相应的优惠政策。2006年在2005年基础上，将年实缴税金达到或超过1亿元的企业，定为特大型企业，年实缴税金达到或超过1000万元的企业，定为大型企业。根据这一标准，当年定为大中型企业的共48家，其中，孚日家纺股份有限公司为特大型企业。到2008年，有32家企业被定为大中型企业。

1986～2008 年高密市工业企业主要指标情况表

表 15－2 单位:万元

年份	全部工业总产值(现价)	规模(乡)以上工业				全部企业个数	大中型企业			规模(乡)以上企业个数	规模(乡)以上全部从业人员年平均人数
		工业总产值(现价)	主营业务收入	利润	利税		大型	中型	小型		
1986	—	36694	31898	1812	3252	—	0	1	208	209	28298
1987	—	51265	41273	2211	4119	5543	0	1	203	204	—
1988	121517	84472	71421	4139	7216	6219	0	3	215	218	—
1989	162577	107206	84298	4408	7788	5470	0	3	212	215	—
1990	195302	123965	89057	3850	7619	5492	1	6	200	207	—
1991	227107	144985	110271	5108	9837	8121	1	9	199	209	42444
1992	331490	190924	133534	6462	12030	9653	1	15	216	232	44954
1993	575585	275384	199611	6836	16182	12967	1	20	204	225	48923
1994	1127952	482921	323494	14282	32839	13677	4	28	244	276	—
1995	1476707	628300	429315	21479	38784	13682	6	28	205	239	—
1996	1132688	493811	414666	15547	32095	12190	6	29	173	208	—
1997	1147488	500273	476663	19036	39106	9166	5	28	164	197	—
1998	883560	479734	430182	12170	33856	11011	5	26	89	120	51772
1999	980560	519860	481387	16218	38487	7627	5	23	94	122	46692
2000	1061169	536169	543954	23208	45856	6433	5	18	90	113	47651
2001	1201630	575530	574600	23561	50105	—	4	19	116	139	52737
2002	1294130	663580	648290	31128	57087	—	4	19	121	139	57365
2003	1660725	1008725	1034517	47284	87769	—	3	14	271	288	83621
2004	2165812	1585406	1584104	70506	116671	—	4	19	411	434	97350
2005	3071883	2399772	2502769	124518	191151	—	4	23	433	460	107237
2006	4162569	3466869	3567022	187898	292106	—	4	24	496	524	116565
2007	5499575	4874875	4914709	266204	418234	—	4	26	553	583	122319
2008	6686751	6036751	6061312	327650	506205	—	4	28	602	634	126915

备注:1986～1997 年指标为乡及乡以上数据,1998～2008 年指标为规模以上(年销售收入 500 万以上)数据。

第四节 民营工业

中共十一届三中全会后，全县的民营（私营）工业经济从无到有、从小到大、从弱到强，不断发展壮大。1986年，全县有私营工业户4253家，从业人员13931人。主要从事制鞋、小五金、服装加工、柳编加工、家具制作等。

从1992年到1994年，县委县政府先后制定出台《关于鼓励和支持个体私营经济发展的若干规定》《关于进一步加快发展个体私营经济的暂行规定》等10多个文件，从放宽企业名称限制到放宽经营范围限制，从放宽投资主体限制到允许股权出资等，在多个方面为民营经济的发展提供了广阔的空间，并把大力发展个体私营经济作为发展经济的重点来抓，使全县的民营工业经济进入一个快速发展的阶段。

1995年后，随着国有、集体工业企业以转换企业经营机制、建立现代企业制度为目标的企业改革步伐的加快，全市的民营工业进入快速发展阶段。自1997年市委、市政府制定出台《高密市国有、集体企业产权改革的意见》后，到2002年，全市国有、乡镇和村集体企业资产基本上从工业领域退出，绝大多数改制成民营企业。到2008年，除供电公司、自来水公司，全市所有工业企业全部改制为民营企业(私营企业)。其中，规模以上工业企业634家，完成工业产值603.5亿元。

第二章 工业行业

第一节 纺织工业

纺织工业是境内起步早、发展快、规模大的行业之一。1986年，全县有纺织企业29家，共完成工业总产值6999万元。1990年，增至48家，共完成工业总产值2.75亿元。1998年，全市企业改制工作全面铺开后，所有国有、集体纺织企业先后改制为民营企业。1998年后，作为具有资源、技术、市场和产业基础优势的纺织业进入一个高速发展时期。企业数量快速增长，规模迅速膨胀。到2007年，规模以上纺织服装企业发展到257家，占全市规模以上企业总数的44%。高密先后被评为“中国家纺名城”和山东省“纺织服装产业基地”。到2008年，境内规模以上纺织企业280家，工业总产值286.3亿元，主营业务收入289.1亿元，利税22.5亿元，利润15.3亿元。

棉麻纺织

棉纺织 20世纪80年代中期，高密境内部分乡镇抓住国家进行产业结构调整、东部沿海城市纺织业关停并转、压锭西移的机遇，发挥毗邻青岛的地域优势，相继建起棉纺厂。1985年10月，高密镇建起染织厂，生产各种轻重帆布、棉布及防水大篷，年产值1500万元。1986年1月，第三棉纺厂建成跨踞齿标准厂房，增置纺纱机30台，年产21支棉纱345吨，产值124万元，利税10万元。1987年，高密镇建起毛巾厂，投资近百万元，安装设备180台。生产毛巾、枕巾、浴巾、提花毛巾被等，品种40多个。1988年11月，县政府批准成立了以县纺织厂为首，8家纺织企业组成的高密县纺织工业联营公司。1990年，全县乡镇办棉纺厂、丝织厂达到31家。从1996年开始，全市所有国有、集体纺织企业先后改制为民营企业后，全市的纺织企业进入高速发展时期，迅速发展成为高密工业最重要的支柱产业。

麻纺织　1972年，境内国营高密胶河农场建立麻纺厂，主要生产黄、红、青麻麻袋，装饰绳等，几年后停产。1980年，恢复生产并新增生产设备，产品产量、质量均有所提高。1999年因经营困难，企业倒闭破产。

2006年11月24日，孚日集团在深圳证券交易所成功挂牌上市

企业选介

孚日集团股份有限公司　前身为高密县毛巾厂，属高密镇集体企业。1987年建厂，资产总额135.19万元，职工33人，主要生产各种毛巾。1988年，“洁玉”牌毛巾获山东省优质产品称号；1994年，“洁玉”牌提花毛巾获“中国名牌产品”称号。同年，被授予“中国明星企业”称号。1999年8月，毛巾厂改制成民营企业，更名为山东洁玉纺织有限公司。2000年7月，改称为孚日家纺股份有限公司。2001年，投资6441万元引进印染及巾被生产线等先进设备。2002年，投资5.8亿元引进后整理设备及高档巾被、浴巾、出口装饰布、提花窗帘布等生产线。同年2月，公司整体改制改名为山东洁玉纺织股份有限公司。2002年7月，复称孚日家纺股份有限公司。是年“洁玉”商标获山东省著名商标证书，并获准使用全国毛巾行业星级产品标志。同年，被山东省外经贸厅授予“进出口百强企业”称号。2005年12月，公司更名为孚日集团股份有限公司。2006年11月，中国证券监督管理委员会核准孚日集团股份有限公司公开发行股票，首次向境内投资者发行不超过7900万股的人民币普通股A股股票，并成功在深圳发行上市，成为国内家纺行业第一家整体上市公司。同年，“孚日”牌毛巾系列产品荣获“中国名牌”称号。

银鹰化纤有限公司　前身为高密县化学纤维厂，属县直企业。1986年，企业固定资产净值650.74万元，职工514人。当年实现销售收入2020.12万元，利税168.84万元。1987年，年产1.2万吨棉浆粕生产线竣工投产。1988年1月，整体承包县造纸厂，同年4月，卫生纸车间建成投产。1990年8月，成立纤维素研究所。9月，新上年产1.5万吨棉浆粕生产线建成投产。1991年9月，更名为山东高密化学纤维总厂。10月，与台湾合资成立星明塑胶有限公司。1993年5月，联合县橡胶厂、气门嘴厂、物资局、县联社成立“山东夷安发展股份有限公司”。10月，成立山东福泰化纤纺织工业集团总公司。1994年2月，投资1.087亿元，开工建设省重点项目、年产7500吨的粘胶短纤维工程，1995年12月建成投产。是年10月，福泰集团与巴拿马嘉丰国际有限公司合资成立泰丰塑胶有限公司。11月，化纤总厂改制为高密化纤股份有限公司。12月，原山东福泰化纤纺织工业集团总公司撤销，成立山东高密化纤集团有限公司。1996年，二期5000吨粘胶短纤维工程开工建设，1998年3月竣工投产。2000年6月，年产2万吨棉浆粕生产线开工建设，2001年4月竣工投产。2002年8

■2008 年建成并投产的银鹰新材料产业园

月，改制为民营企业高密化纤股份有限公司。2003 年 11 月，公司热电联产项目建成投产。2004 年 3 月，山东高密化纤股份有限公司更名为山东高密银鹰化纤有限公司。2006 年 9 月，更名为山东银鹰化纤有限公司。2007 年 6 月，公司年产 4.5 万吨优质粘胶短纤维项目建成投产。至 2008 年，公司固定资产净值 14.79 亿元，销售收入 22.57 亿元，利税 4.57 亿元，职工 3070 人。

大昌纺织有限公司　始建于 1984 年。是年 10 月，高密镇从城关鞋厂抽调 53 名职工，投资兴建高密县染织厂。1985 年 10 月，染布、织布两车间先后投产，生产各种轻重帆布、棉布及防水大蓬等。1987 年 10 月，1.5 万纱锭的纺纱车间建成。1988 年 1 月，企业更名为高密县纺织厂。1988 年 11 月，该厂牵头成立高密县纺织工业联营公司，由 8 家村办纺织企业组成。1989 年 10 月，企业开发生产出人造棉产品。1990 年，企业扩大生产规模，建设起占地 5.26 万平方米的 8 个标准化大型生产车间，达到山东省纺织工业一流生产线水平，人造棉布产品质量达到省优标准，产品销往国内十几个省和美国、日本、南非等 5 个国家。1994 年，公司采取企业、村、个人三方入股方式，成立大昌化纤股份有限公司。是年，建成年产 3000 吨涤纶短纤维项目。1997 年公司形成 3 万纱锭、1000 台布机的规模。1999 年 1 月，企业改制，更名为高密大昌纺织有限责任公司。同年投资 3500 万元增上四条涤纶生产线。2000 年，整体买断高密县印染厂，扩建 2 万平方米织布车间，此后生产能力大幅提高。到 2008 年，企业总资产达到 6 亿元。拥有 15 万纱锭，1500 台有梭织机，300 台无梭织机。年纺纱能力达 2 万吨，织布达到 8000 万米。

丙涤纶织造

高密丙纶生产始于 1985 年，是年 9 月，县化纤厂丙纶车间建成投产，主要生产丙纶长丝和加弹丝，年产能力分别为 150 吨和 50 吨。其中加弹丝晚于长丝 3 个月投产。加弹丝投产后，曾上马针织车间进行过不到半年的丙纶衫研制生产。由于市场销路不畅，丙纶长丝、加弹丝分

■大昌纺织有限公司

别于1993年初和1999年初停止生产。

1985年，县投资兴建山东高密合成纤维厂，1988年8月建成投产。设备全部是从德国、法国、美国、意大利等国引进的具有国际先进水平的成套高速纺织、针织化纤生产设备，实行微机控制生产，总投资1.2亿元。1988～1990年，主要产品为民用丙纶丝，后期生产涤纶丝。主要用于涤纶布、涤盖棉等纺织原料。投产后一度效益较好，职工人数最高时达到1470人。后由于种种原因于1994年底全面停产，除部分人员留守外，其他职工进行分流安置。

1994年，大昌化纤股份有限公司投资1000万元，建设年产3000吨涤纶短纤维工程，同年11月建成投产。1999年，大昌纺织有限责任公司，投资3500万元增上4条涤纶短纤维生产线。2002年，涤纶生产从大昌纺织有限责任公司分离，成立宏泰化纤公司。至2008年，企业年生产能力为1.5万吨。

印染

高密境内印染工业始于20世纪80年代中期。1985年10月，高密镇建成染织厂，有5个车间。主要产品为轻重帆布织染、棉布、防水大篷等。1987年10月，染织厂增建纺纱车间，更名为高密县纺织厂。1988年4月，高密镇办高密县针织服装厂漂染车间分离，在立新街东首建设高密县印染厂，占地60亩，建筑面积4600平方米，当年投产。有Z215织布机及专用漂染设备23台，将生产的涤盖棉，染成黑、蓝、大红等十几个品种。当年共织染40吨，产值368万元，销售收入310万元，利润35万元。此后，企业又将丝绸印染技术用于涤盖棉和涤纶，推出“巴尔特”涤盖棉系列印花产品，增至100多个花色品种。同时兼营染色加工。后高密县合纤厂上马印染车间，主要以涤棉为主。后期，染织厂转产，合纤厂染织车间下马，部分从事印染工作的技术人员另起炉灶，建起一批小印染厂，并通过不断积累扩大，形成一定规模。2008年，境内印染企业发展到12家，其中规模以上企业8家。孚日集团股份有限公司印染，设备全部从日本、德国等国家进口，印染总投入达到2.85亿元。

第二节　轻工业

高密境内轻工业有造纸、印刷、制糖、制革、鞋类、酿酒、玻璃、五金、服装、木器、食品加工、玩具、工艺品、气门嘴等门类行业。1986年，全县有各类轻工业户3000多家。其中县直及乡镇以上轻工企业128家，其余为村办及个体轻工业户。至2008年，通过大力推进工业发展，全市大小轻工企业发展到1万多家，其中规模以上轻工企业发展到160家。

造纸　1986年，高密县造纸厂固定资产净值405万元，销售收入497.8万元，利税58.67万元，职工303人。1988年1月，因生产持续不景气由化纤厂承包经营。1996年8月，造纸厂对晶宝特艺发展股份有限公司，实施承担债务式兼并。1999年3月，由新成立的高密泰发纸业有限公司对造纸厂实行租赁经营，泰发纸业有限公司主要生产包装用纸以及其他纸类用品。2001年12月，原造纸厂宣布倒闭破产。2005年泰发纸业有限公司更名为山东高密和盛纸业有限公司，2006年，因经营困难，企业破产。

印刷　1986年，县内有印刷企业15家，其中县属5家（包括县印刷厂和4家校办印刷厂）。年销售收入305万元，利税37万元。同年，由高密镇西关村投资建设的高密县彩印厂扩建，新购置华光汉字排版微机等先进设备。1999年6月，市属印刷厂由中苑印刷纸业有限公司租赁经营，后受个体私营印刷企业冲击，经济效益不断下滑，2004年7月市印刷厂破产。高密县彩印厂扩建后，生产持续上升。2005年，年实现工业总产值2391.6万元。2008年，境内新建两家印刷企业——高密市金文印刷有限公司、高密市精华印刷公司。截止到2008年，境内共有3家规模以上印刷企业，印刷业固定资产587.6万元，工业销售收入1.4亿元。

制糖 1986年，高密境内有一家制糖企业——山东高密糖厂。是年，该厂固定资产净值1340万元，销售收入595.4万元，利税53.3万元，职工682人。1988年，高密糖厂生产的绵白糖被评为轻工部部优产品。进入90年代后，糖厂生产效益逐渐下滑，濒临倒闭。1999年3月，华圆糖业有限公司租赁原高密糖厂部分资产，后买断经营生产，是年成功研制精品糖。同年，高密同利化工有限公司利用原高密糖厂剩余资产进行经营，新上木糖加工项目，填补本市空白。2005年，高密华圆糖业有限公司更名为山东高密华圆糖业有限公司，并获得"全国工业产品生产许可证"。2006年公司经营陷入困境，处于亏损状态。是年搬迁至密水街道辖区，以分装、销售为经营模式，不再生产绵白糖。

酿造 1986年，高密境内有高密县酿酒厂、高密县葡萄宋酿酒厂两家酿造企业。其中葡萄宋酿酒厂系1986年建设，位于城南卞前路西首，主要生产系列葡萄酒。1987年，高密酿酒厂生产的商羊神牌特曲54度白酒被评为山东省优质产品。次年，葡萄宋酿酒厂向国家商标局注册"兆洋"商标。1990年葡萄宋酿酒厂产品新增高级干白葡萄酒、高级陈酿山葡萄酒等10个品种。1991年，商羊牌商羊特酿39度、44度、54度白酒被评为山东省优质产品。1992年，县酿酒厂投资1000万元扩建1000吨粮食酒项目。1994年，高密县酿酒厂更名为高密酒业集团股份有限公司，收购原高密县商业印刷厂。2000年，改制为高密商羊神酒业有限公司。同年，密水葡萄酒有限公司建立。2003年，高密天池葡萄酒业公司(位于双羊镇)建成投产。2005年，高密天池葡萄酒业公司更名为高密天池葡萄酒业有限公司。该公司由于长期负债且负债率过高，于2006年破产倒闭。到2008年，全市共有规模以上酿酒企业两家，分别是山东高密商羊神酒业有限公司、山东密水葡萄酿酒有限公司。

玻璃 1986年，高密县玻璃厂(柏城镇办集体企业)主要生产啤酒瓶、葡萄酒瓶等。1987~1988年，新上三条自动生产线，扩大啤酒瓶和葡萄酒瓶生产。1988年，生产的500ml白酒瓶获农业部优质产品奖；500ml异型瓶获山东省优质产品奖；500ml白酒瓶、640ml啤酒瓶在国际包装技术展览会和中国包装成果展上获金奖。1995年，企业扩大生产规模，玻璃制品增加到1000多个花色品种和80余种配套产品。同年，该厂取得进出口自主经营权，并被中国包装技术协会、中国包装企业家联合会评为全国优秀包装企业。1997~1998年，高密市林洁工艺玻璃制品厂、盛泰玻璃制品有限公司建成投产。1999年，高密市玻璃厂改制为民营企业，更名为高密长盛泰玻璃制品有限公司。2000年，高密山海玻璃制品有限公司成立。2005年，高密星辰安全玻璃有限公司成立。同年，长盛泰玻璃制品公司更名为山东长盛泰玻璃制品有限公司。2006年，高密市晶江玻璃制品有限公司成立。2007年，高密市

柏城镇生产的玻璃制品 (2008拍摄)

银丰玻璃制品有限公司成立。到2008年,全市拥有规模以上玻璃及玻璃制品制造企业11家,年实现工业总产值15.3亿元,销售收入16亿元,利润9702.8万元。

纸品 1986年,县内有纸品加工企业13家(乡镇办1家,村办12家)。主要生产纸箱、卫生纸、包装纸等,年产值304万元。1990年,发展到17家,其中:乡镇办企业2家,村办15家,年产值1062万元。1994年增至24家,年产值13715万元。2006年,全市有规模以上纸制品制造企业1家,2007年增至4家。2008年,全市纸品加工业总产值1.27亿元,销售收入1.2亿元。

五金 1986年,全县有五金生产企业90家(县直和乡镇办28家,村办62家),年完成工业总产值4099万元,其中县直和乡镇以上企业完成产值3011万元。1990年为67家,其中县直和乡镇办企业17家,村办50家,年完成工业总产值13497万元。1993年,县气门嘴厂改制为山东高天实业股份有限公司。1994年,合资企业——山东加美卫生洁具有限公司成立。1995年,县五金厂被县橡胶厂兼并。1996年,加美卫生洁具有限公司投资3235万元新增子午胎气门嘴700万套、力车嘴2000万套、其他系列气门嘴500万套的生产能力。2006年10月,山东高天实业股份有限公司宣布破产。到2008年,境内有规模以上五金企业7家。其中,高密市亚非金属制品厂、高密光大铁合金有限公司年销售收入过亿元。

服装 1986年,高密境内有11家服装加工企业,其中县直属企业1家。1987年7月,高密镇南关村兴办的兴华服装厂经省商检局验证考核,定为省服装出口定点厂。是年,生产出口服装14.9万套,出口交货值230.1万元。1990年,该厂出口交货值1210万元,是三年前的5倍多,产品销往日本、新加坡、苏联、比利时、加拿大、美国等十几个国家。1990年,全县服装加工企业发展到78家(乡镇及村办77家),年完成产值4048.3万元,其中兴华服装厂产值1240万元。1994年,高密县服装厂改制,成立美神服装有限公司。1999年,以整体出售方式二次改制,更名为神州服装有限公司。同年,华燕制衣有限公司成立。2003年,境内规模以上服装加工企业达到10家。2005年,增加到17家。是年,高密华燕制衣有限公司更名为山东华燕制衣有限公司,高密赛斯服装制品有限公司更名为山东赛斯服装制品有限公司。新建高密市富鑫针织服装有限公司、潍坊市世达制衣有限公司、高密嘉诚服饰有限公司、潍坊鹏飞纺织服装有限公司四家服装加工企业。同年,高密三明制衣有限公司宣布破产。2006年,山东高密神州服装有限公司、高密维纳斯服装有限公司破产;高密海燕制衣有限公司、高密宏欣服饰有限公司成立。到2008年,全市规模以上服装加工企业为25家,工业总产值18.6亿元,销售总收入18.3亿元。

企业选介

华燕制衣有限公司 1994~1998年10月,潍坊市碧姬针织服装有限公司属合资企业。1998年11月,潍坊市碧姬针织服装有限公司宣布破产。1999年5月,在潍坊市碧姬针织服装有限公司基础上,重组成立高密市华燕制衣有限公司(后称山东华燕制衣有限公司),该公司产品除内销外,还取得进出口业务自主经营权,部分产品出口至日本、法国等国家。2005年该公司被列为潍坊市棉花产业农业产业化市级重点龙头企业。2007年被认定为潍坊市级企业技术中心。2008年,企业固定资产5797.4万元,职工1200人。年实现工业总产值14800.5万元,利税1723万元。

鞋业 1986年,高密境内有10家制鞋企业,其中县属有皮鞋厂、布鞋厂各1家。1987年,高密镇文化村办的振兴靴鞋厂投资40万元,添置注塑机、合布机、炼胶机等大型设备,生产各种男女冷粘布鞋、注塑鞋、线缝皮靴、胶粘皮靴四大系列100多个品种,产品销往全国十几个省。1988年，南关村兴华靴鞋厂更名为高密兴华鞋业股份有限公司，年产能力30万双。是年，公司自行设计的仿编网男皮鞋被评为山东省优质产品。到1990年，全县制鞋企业增至44家。是年，高密兴华鞋业股份有限公司和香港亿丰企业公司合资联营，更名为高密华丰鞋业有限公司。公司投资110万美元新建厂房、新上设备，生产PVC运动劳动鞋、PU革拉帮塑底运动鞋，年产能力60万双，其中70%出口。1993年6月，县皮鞋厂兼并县布鞋厂，于同年10月组建成立高密鞋业集团公司。1996年11月，高密鞋业集团分解成高密市运动鞋厂、高密市鞋业集团、潍坊登驰革制品有限公司三个独立的法人企业。2000年，高密市运动鞋厂被山东洁玉纺织有限公司购买，企业员工由其接收。2001年7月，潍坊登驰革制品有限公司由新成立的盛德鞋业有限公司对其实行租赁经营。随着民营经济发展，境内制鞋业发展迅速。2004年，全市规模以上制鞋企业达到9家，2005年增至13家。是年内，高密海宇鞋业有限公司更名为山东海宇鞋业有限公司，高密明星运动鞋业公司更名为高密市明星鞋业有限公司；高密市双龙运动鞋厂、潍坊皓宇鞋业有限公司先后倒闭；潍坊市富耐康鞋业有限公司、高密澳利森鞋业有限公司、高密市飞跃鞋业有限公司相继成立。2008年，全市规模以上制鞋企业达到27家，固定资产总值2.6亿元，年实现工业总产值11.6亿元。

皮革 1986年，高密境内有皮革生产企业7家，其中县属1家。是年，高密镇文化村建立高密人造毛皮厂，年产人造毛皮30万米。1987年2月，河崖乡兴建裘皮服装厂，1989年转产皮革制品。1990年，仁和乡福利皮革制品厂和张鲁乡皮件厂相继建成，分别生产人造革制品和皮腰带。1997年唯一一家市属制革厂高密市制革厂宣告破产。2001年6月，潍坊登驰革制品有限公司以整体租赁的形式改制，由盛德鞋业有限公司租赁经营和管理。2008年，全市规模以上皮革加工企业发展到37家，工业总产值25.8亿元，销售收入25.6亿元。其中，高密市裕祥皮革有限公司、高密兴柳皮革制衣有限公司年销售收入过亿元。

木器 1986年，县内有木器生产业户25家，其中县属企业1家。随着市场需求量增加，境内木器业快速发展。到1994年，全市木器生产企业达到114家，其中乡镇办3家，村办111家，年完成工业产值1.56亿元。1996年3月，台湾高雄嘉顺木器有限公司在高密投资建设亚泰木业有限公司。2002年9月，嘉顺再次投资在柏城镇建成高密鸿泰木业有限公司。该台资企业主要产品为木制品及系列配套家具，产品包括卧房组、餐厅组及客厅、书房等几大类，100多个品种。进入21世纪后，随着社会需求水平的提高和市场竞争的加剧，部分小型和家庭作坊式企业被逐步淘汰，一些在市场竞争中站稳脚跟的企业开始更加注重产品质量，打造自己的品牌，并不断扩大生产规模。2004年，境内规模以上木器加工企业达到15家，年销售收入6.9亿元。木器业成为高密的支柱产业之一。至2008年，规模以上木器加工企业21家，年实现工业总产值16.4亿元，销售收入16.2亿元。其中，成云木业有限公司年销售收入2.3亿元；华林木业有限公司、金叶木业有限公司年销售收入分别为1.52亿元和1.44亿元。

玩具 1986年，境内玩具生产以祖传的泥人、禽、兽、鱼等泥塑玩具为主，产地在姜庄镇东、西聂家庄一带，年产值3万元左右。1988年，李家营工艺品厂以优质竹为原料，仿造古刀剑造型，配以龙凤图案刀鞘，制成玩具。1990年，达到年产5万支规模，年产值15万元。从1991年到1994年，境内布绒玩具加工生产发展较快，到1994年，布绒玩具生产企业产值达到1461万元。1996～1999年，中外合资企业高密昭儿玩具有限公司建成投产。2003年，布绒玩具生产企业增至9家。2005年，高密唯儿普乐得利玩具公司更名为高密唯儿普乐得利玩具有限公司。至2008年，高密市拥有规模以上玩具生产企业两家，共有固定资产1796.1万元，全市玩具企业年销售收入达到7746.3万元。产品全部出口。

食品 1986年，高密境内有副食品厂、粮油厂、糕点厂、肉联厂等食品加工企业66家。其中县直属企业13家，乡镇办企业9家，村办企业44家。主要从事粮食加工、油料加工、肉类加工、果品加工等。主要产品为面粉、糕点、花生油、罐头等。高密县副食品厂生产的大蜜枣被评为山东省优质产品。是年共完成工业产值5943万元，从业人员4208人。其中镇村企业完成工业产值2645万元，从业人员2975人。1987年，全县扩大经济作物种植面积，境内食品工业生产发展加快。是年，初家乡粮油加工厂成立，经营来料加工及出售议价面粉业务。1989年11月，由高密县食品总公司(高密肉联厂)投入厂房，美国国际厚德贸易公司投入价值19万美元的设备，合资成立潍坊华德食品有限公司，主要生产"麦尔可巴"快餐食品和速溶冲剂(原料为玉米、大豆等)，因销路不畅于1992年5月停止生产。1989年高密副食品厂改名为高密益康食品厂。1990年，全县境内乡镇、村办食品加工企业增至289家，其中村办276家。1992年，高密县食品总公司成立潍坊北海食品有限公司、皮革精深加工厂和果菜分公司3家企业，前两家企业生产经营只维系了一两年时间便关闭，其中北海食品公司生产的"帅亨"果茶曾在1993年被国际风筝联合会评为第十届潍坊国际风筝会全国名优饮品博览会十大精品之一。1994年，高密益康食品厂更名为高密美食股份有限公司。1995年，凯远食品公司成立，主要业务是加工、出口肉鸡制品，该公司于1999年停产。1997年，高密美食股份有限公司停产。2002年，山东凯加食品股份有限公司建成投产。该公司固定资产1.2亿多元，年产值超过1.5亿元，主要从事肉鸡加工，兼营蔬菜加工冷藏，产品重点出口日本。2004年10月，潍坊众信食品公司（原阚家粮油供销公司，1984年成立）更名为山东望乡食品有限公司。2005年7月，山东恒丰面粉有限公司成立。同年，高密富连京食品公司更名为高密富连京食品有限公司。是年，繁荣食品有限公司、绿源食品有限公司、贝斯特食品公司3家企业倒闭；高密高盛食品有限公司成立。至2008年，全市规模以上食品加工企业增至47家，年销售收入36亿多元。其中，年销售收入过亿元的两家。

企业选介

泰华食品有限公司　公司前身是依托高密市食品总公司破产后于2002年5月成立的潍坊信泰食品有限公司，2008年4月改称山东泰华食品有限公司，是一家集种植生产、加工、仓储、冷链物流配送及分销于一体的综合性食品企业。公司于2004年和2006年先后在德国布莱梅市、青岛市设立分公司。至2008年，公司有员工600人，总资产1.5亿元。拥有1万吨冷库、3千吨冷风库各1座，年速冻果蔬能力2.5万吨，产品销往美国、加拿大和欧盟、东南亚、阿拉伯国家等20多个国家和地区以及国内10多个大中城市。2005～2006年，先后被农业部和山东

■泰华生产车间一角

省政府评为“全国农产品加工业出口示范企业”“全省农业产业化先进龙头企业”。

工艺美术品(含制陶) 1986年,高密境内有高密县工艺品厂、注沟地毯厂、李家营工艺品厂、河崖地毯厂等工艺美术品企业21家,总产值262万元。1987年,双羊地毯厂、初家地毯厂相继建立。同年李家营工艺品厂生产造型各异的麦草房和人造花新产品,出口额达350万元。1988年,李家营特艺品厂建成,利用鸡、鸭、鹅蛋壳生产彩蛋工艺美术品,出口美国、德国、日本、新加坡、瑞典等国,当年产值60余万元。是年,东关村建立华昌工艺品厂,主要生产多种草编工艺品。1989年4月,注沟乡绣品厂投产,主要为文登绣品厂加工刺绣品,多数出口国外。1989~1990年,高密仙锦绣品有限公司和高密机绣厂先后投产,生产各种花边、绣片、人造丝水溶丝小领片等。1994年,李家营向阳工艺品厂建成,主要产品为布花、玩具。1999年,高密工艺品厂被鑫源工贸有限公司兼并。2001年,韩国独资企业潍坊大宝工艺品公司成立。至2008年,境内规模以上工艺美术品企业为17家,年实现销售收入9.05亿元。其中,高密市工艺美术品厂、潍坊市宝灵工艺品有限公司年销售收入在8000万元左右。

制陶 1986年,高密境内有村办、个体办陶窑5处,产品有罐、盆、钵、烟筒、花盆等20余个品种,年产值3万多元。到1990年,境内有柏城镇、注沟乡村办土陶厂各1家,总产值90.7万元。另外,注沟乡曲家大浒村有小窑3座,系农民自己联营,用柴禾烧陶器,每窑价值2000元。3座窑年产总值12万元。柏城镇小河崖村烧制陶器及专事销售者近50户,全年销售收入80万元。随着陶瓷、五金制品的发展,土陶工艺品应用范围越来越小。1996年后,境内制陶企业相继停产。

第三节 化学工业

高密境内化学工业主要有橡胶、再生胶、化肥、农药、塑料制品、制药等门类行业。1986年,高密县共有各类化工企业60家,其中县橡胶厂、再生胶厂、化肥厂、农药厂4家企业为县属企业。到1990年,县直及乡镇、村集体化工企业有20家。其中,县直及乡镇7家,村办13家。年实现工业总产值6156万元,销售收入5187万元。1994年,天达药业的建成投产,首开全市境内医用西药药品制造业的先河。1995年后,县属化工企业及乡镇、村办集体化工企业通过兼并、联合、外资嫁接等多种形式,全部改制为股份制或民营企业。到2008年,境内规模以上化工企业达到44家,成为高密重要经济支柱产业之一。

橡胶 1986~2008年,高密境内的橡胶制品业有轮胎制造、橡胶零部件制造、橡胶鞋制造、其他橡胶制品制造等。1986年,全县有橡胶业生产厂家22个。其中橡胶厂、再生胶厂为县属企业。橡胶厂主要生产轮胎、排吸软管,是山东省化工厅定点生产企业;再生胶厂主要生产活化胶粉、再生胶、轮胎内胎、轮胎垫带等。1990年,再生胶厂兼并县建材公司。1993年1月,高密密达橡胶制品有限公司成立。该公司隶属橡胶厂,主导产品为橡胶密封件。其中滚筒洗衣机橡胶密封件于1994年获山东省科技进步奖、国家级新产品荣誉称号。1994年6月,再生胶厂改制为再生胶股份有限公司。8月,高密橡胶厂改组为金马橡胶集团股份有限公司。1996年,金马橡胶(集团)股份有限公司被山东省政府批准确认为规范的股份有限公司。1999年,金马橡胶集团股份有限公司停产。2000年4月,再生胶股份有限公司改制,更名为高密市永丰橡胶制品有限公司。同年7月,又更名为高密同信再生胶有限公司。2000年7月,金马橡胶集团股份有限公司实施改制，分内胎、外胎等七个部分，通过公开竞标方式出租有效资产，进行生产经营。2005年3月，金马橡胶集团股份有限公司宣布破产，其有效资产被个人买断经营。2006年，全市橡胶制品业规模以上企业达到23家，其中，轮胎制造企业15家；橡胶零部件制造企业1家；其他橡胶制品制造企业7家。至2008年，全市橡胶制品业规模以上企业增至33家，年实现工业总产值23.46亿元。其中，轮胎制造企业19家，橡胶零部件制造企业1家，橡胶鞋制造企业1家，其他橡胶制品制造企业12家。

塑料 1986年，全县拥有塑料制品企业15家，全部为乡镇和村办集体企业，其主要产品为塑料薄膜、塑料软管等。是年，实现工业总产值701万元。1994年，塑料制品企业增至25家，年实现工业总产值1.86亿元。1998年，高密密达橡胶制品有限公司脱离金马橡胶集团独立。2000年7月，高密密达橡胶制品有限公司改制为高密密达塑料制品有限公司。2005年，全市塑料制品业规模以上企业发展到3家，年实现总产值4256.6万元。2008年，全市塑料制品业规模以上企业增至6家，工业总产值为2.5亿元。其中，塑料丝、绳及编织品制造企业2家，工业总产值为8681.2万元；塑料包装箱及容器制造企业2家，工业总产值为6979万元；其他塑料制品制造企业2家，工业总产值3922.7万元。

化肥 1986年，境内化肥生产企业只有高密化肥厂一家，主导产品为碳酸氢氨、氨水。是年，产品碳酸氢氨被化工部评为优质产品。是年，该企业固定资产净值为518.69万元，职工669人。年销售收入829.17万元，利税1.37万元。1992年，高密化肥厂的“小氮肥两水闭路循环项目”和“中空纤维束N2-H2膜法提取高浓氢”科研生产项目获山东省科技进步二等奖。1993年4月，高密市保洁化工有限公司租赁高密化肥厂资产开展经营活动。1995年，潍坊市裕丰化肥有限公司建立，主要生产复合肥料。2001年7月，由新成立的泰鸿化工有限公司对原化肥厂资产实行租赁经营，主导产品为过氧化氢。2003年3月，高密市保洁化工有限公司（化肥厂）宣布破产。2004年2月，由香港建滔集团对原高密市化肥厂进行收购，组建高密建滔化工有限公司后独资经营，生产规模为年产液氨2万吨、甲醇1万吨、过氧化氢6.7万吨、液体二氧化碳2万吨。到2008年，全市规模以上化肥企业有高密建滔化工有限公司和潍坊市裕丰化肥有限公司2家，实现年销售收入1.58亿元。

农药 1986年，高密农药厂拥有固定资产净值230.99万元，职工213人。年销售收入240.6万元。主要生产三氯杀螨砜、久效磷、三甲脂、甲基1605等农药。1990年，新型农药双乙烯酮正式投产。1993年，开发出40%蚜灭多产品，被列入国家经贸委重点项目，并荣获山东省科技进步二等奖，填补国内空白。1994年，开始批量生产敌敌畏。1995年，与高密市化工厂合并成立高密市农药化工总厂，主要产品有农药、中间体及精细化工产品3个系列20多个品种。1998年，开发出菜康宝、螨卵畏、灭草克、康丰宝、绿泰新产品。2000年，企业改制为高密康丰农化有限公司。2003年8月，企业被孚日家纺股份有限公司整体收购，更名为高密市绿洲化工有限公司。主要产品为敌敌畏、三氯杀螨砜、灭草克等产品，是年，该企业销售收入达到2271万元。2005年4月，投资1.2亿元新上6万吨离子膜烧碱项目。2008年，年实现产值1.7亿元，销售收入1.78亿元。

制药 1986年，高密制药厂主要生产柴胡系列针剂、颗粒剂、片剂、胶囊剂、外用溶液剂等。是年，完成工业总产值100.95万元，1994年实现工业总产值近500万元。2002年高密制药厂停产。1994年10月，山东天达药业有限公司建成投产。1995年，天达药业第一个医药产品“天达—盏福润胶囊”投放市场。同年5月，被国家科委等5部委局评为“国家级新产品”。当年实现销售收入1777万元。1997年,公司开发上市第三代注射用美洛西林钠"天林",被山东省人民政府列为全省高科技重点计划项目。1999年,公司研制开发的"天达—2116植物细胞膜稳态剂"被列入国家"863"计划。2000年,"天达—2116植物细胞膜稳态剂"通过山东省科技厅科技成果鉴定,并获2000年度"山东省科技进步二等奖"。同年,山东天达药业有限公司和山东天达技术有限公司合并,更名为山东天达生物制药股份有限公司。2001年,"天达—2116植物细胞膜稳态剂"在农业部等7部委主办的中国国际农业博览会上被认定为"名牌产品"。2002年7月,被科技部等5部(总局)认定为"重点新产品"。此后,公司不断有新产品问世。2008年,该企业实现工业总产值4529万元,完成销售收入4276万元。

2002年,潍坊普利美动物药业有限公司在高密建成投产。该公司位于仁和镇工业园,主要生产粉剂、散剂与混剂,口服剂、注射剂、消毒剂。西药主要有硫酸新霉素可溶性粉、阿莫西林可溶性粉、硫酸安普霉素可溶性粉、硫酸安普霉素预混剂、复方阿莫西林可溶性粉、硫氰酸红霉素可溶性粉、盐酸大观霉素、盐酸林可霉素等14个品种;中药药品有健胃散、扶正解毒散、黄连解毒散、鸡球虫散4个品种。2008年实现工业总产值为6500万元,销售收入为6400万元。此外,水产类用药制造企业——潍坊金海龙生物科技有限公司也于2008年底建成投产,该企业主要生产聚维酮碘溶液、浓戊二醛溶液两种消毒剂。

2008年高密市化工工业部分企业主要经济指标统计表

表15-3　　　　单位:万元

企业名称	总资产	工业总产值	销售收入	利税
山东金达双鹏集团有限公司	1052.7	20750.7	22143.6	42.8
高密市绿洲化工有限公司	24677.6	16955.4	17962.3	517
山东天达生物制药股份有限公司	11227.8	4529.1	4275.6	325
高密市大顺化工有限公司	376.6	629.3	1076.2	23.1
高密建滔化工有限公司	15069.6	14258.5	14281.3	2733.3
高密市立达橡胶制品有限公司	1203.6	1764.2	1487	74
高密市向华塑料有限公司	513.8	1813.2	1536	82.2
高密奥龙塑胶有限公司	941.2	8224.9	8245.3	495.8
潍坊市路通橡胶有限公司	693.1	9792.9	9750.3	609.9
山东高密密河硬化油有限公司	1155.2	10399.2	10369.9	724.6
高密三甲橡胶制品有限公司	1362.5	4631.6	4772.8	331.3
高密市华诚橡胶制品有限公司	628.1	7178.2	7203.8	498.9
高密市常兴橡胶制品有限公司	825.1	4875.3	5023.9	343.1
潍坊市朝阳橡胶有限公司	702.5	11026.8	10910.9	647.8
山东聚丰橡胶有限公司	869.3	13251.6	13445.2	740.5
高密斗一塑料有限公司	984.6	2109.5	2036.6	261.0
高密市万利橡胶厂	799.9	9867.9	9868.8	611.1

续表 15－3

企业名称	总资产	工业总产值	销售收入	利税
潍坊东河橡胶有限公司	1081.1	1766.2	1489.4	77.6
潍坊市裕丰化肥有限公司	1953.4	13116.5	14382.8	711.1
山东义兴橡胶有限公司	917.5	8800.7	7999.9	443.8
山东三利化工有限公司	622.1	12261.6	12247.00	432.3
潍坊市普利美动物药业有限公司	1433.00	18431.5	18805.5	660.4
山东振泰轮胎有限公司	1096	15207	15515.8	831.5
高密永辉化工有限公司	5688.2	38198.1	38971.9	988.5
潍坊市新峰橡胶厂	624.1	5331.7	5208.4	329.7
山东奥通轮胎有限公司	1197.8	7526.0	7626.4	608.3
山东亨利橡胶有限公司	726	11971.2	11365.8	431.3
潍坊利成橡胶有限公司	270.4	3114.7	2988.5	151.5
潍坊福田橡胶制品有限公司	313	1997.3	1965.3	66.8
高密市盛达塑胶有限公司	562.6	6569.9	6018.5	523.8
潍坊密恩化工有限公司	2025.1	20858.7	20496.4	1285.8
潍坊龙山轮胎有限公司	2980.5	42384.5	44058.6	2257.5
高密庞大塑胶有限公司	802.5	17298.2	17165.4	785.1
潍坊市富元肥业有限公司	248	2324.3	2372.5	213.8
高密市联益化工有限公司	910.3	8413.6	7510.6	511.5

第四节　机械工业

机械工业是高密基础好、发展快、规模大、门类比较齐全的工业行业之一，主要有机械制造、铸造、电机、仪器、配件和维修等企业。1986年，全县机械工业共有大小企业124家，年实现工业总产值1.55亿元。20世纪90年代后，高密机械工业发展步伐明显加快，先后发展起豪迈科技、永和金属等一批骨干企业。到2008年，全市规模以上机械工业企业发展到130家，机械产品种类达到50多个，有33种产品获省以上奖励，其中山东省著名商标11个，山东省名牌13个，省部优产品7个。是年，机械工业实现工业总产值99.32亿元，是1986年的64倍多。其中机械制造工业总产值82.5亿元，配件工业总产值6亿元，分别是1986年的138.8倍和9.2倍。

机械制造　1986年，县内有机械制造企业62家，其中县属企业5家，乡镇办企业14家，村办企业43家。是年实现工业产值5941万元，销售收入5031万元。主要产品为脱粒机、压力机、播种机、橡胶机械、铸造配件、采暖设备、仪器等7大类60余种产品。1988年，高密县建筑设备厂与“青锻”达成横联业务，生产JG53-63、JG53-100双盘摩擦压力机，出口坦桑尼亚、加拿大等国。1993年开始，全县机械制造企业先后进行了以股份制为主要内容的企业改革。1998年后，全市机械制造企业又相继进行产权制度改革，国有、集体机械企业均改制为民营企业。此后，全市的机械制造业有了较快发展。不但原来的产业规模有了较大扩张，还新增了轮胎模具、数控机床、农用车覆盖件等新的行业，产品技术含量亦有很大提高。到2008年，全市规模以上机械制造企业发展到95家，获得专利321项，其中，发明专利27项，实用新型专利194项，外观设计专利100项。拥有各类专利在30项以上的企业有4家。在全市机械制造产品中，有1件中国驰名商标、11件山东省著名商标和11件山东名牌。产品市场占有率稳步上升。其中豪迈集团轮胎模具年产6000套，在国内同行业列第一位，占全球市场份额8%左右；高锻机械公司生产的各类压力机从品种到产量列山东省同行业第二位；金亿机械公司生产的手扶拖拉机、各类联合收割机年生产能力分别为10万台和8000台；润达机油泵的斯太尔机油泵年生产能力达到27万套，居国内同行业第一位。是年，全市机械制造业固定资产净值达到35.2亿元，从业人员2.5万人。年实现工业总产值82.5亿元，销售收入82.54亿元，

企业选介

高锻机械有限公司　公司前身为高密锻压机床厂。1986年，该企业拥有固定资产净值522万元，职工561人。年实现销售收入989万元，利税119万元。1988年，企业先后开发JG23-25吨开式双柱可倾压力机和JM21-200吨开式双柱固定台压力机两种新型压力机。1989年8月，高密锻压机床厂晋升为国家二级企业。1990年，企业开始生产中型三辊压延机等橡胶机械。1991年9月，企业加挂山东高密橡胶机械厂牌。1993年8月企业进行股份制改造，更名为山东高密锻压机械股份有限公司。同年11月，兼并高密县木器厂。1996年3月，投资679.6万元建成农用车覆盖件项目。1997年1月，企业被认定为中一型企业。是年，开发成功移动谷物烘干机，填补省内空白。1998年，开始为北汽福田重工批量生产联合收割机平台、筛箱、清洗室底壳等焊接件共30余种；是年，企业开发的新型建筑材料混凝土砌块生产线、混凝土彩瓦生产线，被山东省政府指定为重点开发产品。同年，企业又组建高锻汽车修理厂。2000年4月，企业由国有企业改制为民营企业，更名为高密巨峰机械有限公司；7月，更名为高密高锻机械有限公司。是年，研制的QMY3-10型固定式混凝土砌块成型机获国家级新产品称号，获山东省机械工业厅科技进步一等奖。2001年，“高锻”商标被认定为山东省著名商标。2002年8月，与韩国三虎压力机株式会社合资兴建高密三虎压力机有限公司，同年，新建冲压车间2044平方米。2003年，在仁和镇旗台村征地248亩，建设汽车部件加工新区。2005年，成功开发J(H)36-630C(E)和400(C)E闭式双点压力机，J31-315C闭式单点压力机，试制并批量生产潍坊福田农业装备拖拉机800车身散件。2007年，公司重型压力机项目建成投产。机械制造分公司研制成功JD36-250E压力机，填补山东省空白。“高锻牌机械压力机”获山东省名牌产品。汽车部件制造分公司与潍坊托普公司签订出口法国车架协议，产品开始出口国外。2008年，研发成功L4-630E3四点单动机械压力机。是年，公司净资产8646万元，职工1129人。年实现工业总产值2.76亿元，完成销售收入3亿元，实现利税1270万元。

豪迈机械有限公司　1995年3月，山东高密豪迈机械有限公司在市工商行政管理局登记注册，注册资金80万元，经营范围为生产、销售电火花机床、鞋底模具，机械零件协作加工。是年，企业位于境内呼家庄镇驻地，占地10亩，总资产100万元，共有员工34人。1997年，该企业研制出中国第一台轮胎模具专用电火花成型机械，并获国家发明专利。1998~2000年，先后研制出数控车床和轮胎模专用数控刻字机床，其

中,数控车床获国家发明专利。2000年8月,更名为“山东高密豪迈科技有限公司”。2001年12月,公司进入轮胎模具生产行业。同年迁址至市密水科技工业园,更名为“山东豪迈机械科技有限公司”。注册资本增至1680万元,经营范围为数控机床系列产品、数控刻字机系列、橡胶机械及模具系列产品、电气柜以及与上述产品配套的化工、电器产品的研制与开发、生产、销售。2002年,研制出国家首台数控联箱管自动加工生产线。2003~2006年,企业生产规模扩大,公司注册资本增至5200万元。2007年6月,山东豪迈机械科技有限公司转增注册资本,同时引入新股东,注册资本增至1亿元。是年12月,成立山东豪迈机械制造有限公司,占地202亩,注册资本2500万元。企业经营范围为:设计、制造、销售精密零部件,专用机械,汽车零部件;设计、制造、销售压力容器等。2008年3月,企业成功兼并原山东高密光大内燃机有限公司。是年6月,山东豪迈机械科技有限公司更名为山东豪迈机械科技股份有限公司,注册资本为1.5亿元。主要进行汽车子午线轮胎模具、轮胎制造设备的生产、销售及相关技术开发。7月,由山东豪迈机械科技股份有限公司出资成立重庆豪迈模具有限公司,占地50亩,注册资本1000万元,地址位于重庆市双桥区工业园区。到是年底,该企业员工人数增至2655人,企业总资产达到7.86亿元,完成销售收入5.8亿元,上缴税金8722.87万元。

金亿机械制造有限公司　公司的前身为高密县农业机械厂。1986年,企业固定资产净值223.54万元,职工519人。年完成销售收入447.13万元,利税11.84万元。企业主要产品为“春雨”牌ST-450脱粒机。该产品于1991~1992年连续两届获中国农牧机械总公司颁发的“丰收杯”双优评选奖金。1992年,企业开发研制出橡胶机械。同年,公司更名为高密县农业机械总厂。1995年,开发出春雨牌手扶拖拉机。1996年,在全国手扶拖拉机统检中,春雨牌手扶拖拉机被国家拖拉机检测中心评定为一等品。1997年,投资1100万元扩大手扶拖拉机生产能力。1999年,开发出9GX-1.25型春雨牌割草机。2002年9月,企业改制为春雨机械有限公司。同年开发出自走式新建-2A、背负式春雨-2型联合收割机。2004年,企业在新厂址建成机械装配车间并投产。2007年1月,企业更名为“山东金亿机械制造有限公司”,是年企业整体搬至三真大道北首,厂区占地面积331亩,建筑面积14万平方米,固定资产3亿元,员工1000人。2008年,企业新征土地200亩,建设国内最先进汽车电泳喷涂流水线和联合收割机安装流水线、试车场,形成3万台套的联合收割机生产能力。至2008年,公司主导产品有“春雨丰收王”“春雨金麦客”系列自走式谷物联合收割机,“春雨4YZ-3”自走式玉米联合收获机,“春雨4YZ-3B”自走式玉米联合收获机,“春雨4YZ-3T”自走式玉米籽粒收获机,“春雨4YD-3”型玉米联合收获机(互换割台型)等。是年,实现工业总产值2.98万元,销售收入3.1亿元,利税1249万元。

配件　1986年,高密境内有各种配件企业26家,其中县属企业有内燃机配件厂、动力机配件厂。是年底,呼家庄乡办汽车配件厂更名为高密县梳棉机配件厂,并转产盖板、刺毛辊、道夫、钢铃、针布等配件。1987年,高密县自行车配件厂加入山东省自行车联合公司,成为山东省出口产品基地企业成员。该企业1988年生产的“密水”牌AC型中轴获山东省优质产品称号,1988年研制的A21X-3型船用空气瓶安全阀填补国内空白。1989年,“密水”牌AC型中轴获国家轻工部部优产品称号。1990年,高密县锅炉附件厂试制出X4SH-25型双色水位计和P41H-16型快速排污阀,其中X4SH-25型双色水位计填补山东省省内空白,P41H-16型快速排污阀填补了国内空白。1991年,县内燃机配件厂研制出WFB-18A背负式喷雾喷粉机,被评定为山东省技术开发重点项目。1994年5月，高密县内燃机配件厂改制更名为山东高密通发机械股份有限公司。2000年9月，山东高密通发机械股份有限公司改制为民营企业，成立山东高密光大内燃机有限公司。1994年3月，高密县动力机配件厂进行股份制改造，更名为山东高密雷星股份有限公司。2000年6月，山东高密雷星股份有限公司改制为民营企业，更名山东高密润达机械有限责任公司，后更名为润达机油泵有限公司。1993～2000年，境内所有国有、集体配件生产企业都先后进行了股份制改革和企业产权制度改革。2008年，山东高密光大内燃机有限公司被山东豪迈机械科技股份有限公司收购。到2008年底，境内规模以上配件生产企业共有11家，年实现工业总产值6.04亿元，销售收入7.1亿元。

企业选介

润达机油泵有限公司　前身为县直属企业高密县动力机配件厂。1986年，该企业拥有固定资产净值142.02万元，职工458人。年销售收入265.46万元，利税13.28万元。1988年，该厂开发的BYY便携式测氧仪获潍坊市新产品优秀奖。1990年生产的"群欢"牌机油泵获国家机械工业部优质产品称号。1994年3月，企业进行股份制改造，更名为山东高密雷星股份有限公司。主营各种内燃机机油泵及机械压力机。2000年6月，企业改制为民营企业，同时更名为山东高密润达机械有限责任公司，后更名为润达机油泵有限公司。2006年，"群欢"牌机油泵荣获山东省著名商标。2008年8月公司整体搬迁至平安大道西1718号。2008年，该企业拥有固定资产净值4033万元，实现工业产值7485万元，完成销售收入6461万元，利税1093万元。

铸造　1986年，境内有铸造企业5家，其中高密铸钢厂为县直属企业。是年，全县铸造企业实现工业总产值1064.23万元。1989年高密华优精密铸造厂生产的X49H25型浮球水位计、X49H25型电板式浮球水位计、Z446H6型快速排污阀三项产品获山东省优质产品称号。1991年，高密高捷精密铸造有限公司成立。1995年4月，高密铸钢厂被西关村锻压机械厂兼并。同年，投资建设300吨轧钢生产线。1996年4月，高密铸钢厂更名为高密钢铁总厂，同年轧钢生产线投产。1999年10月，高密钢铁总厂资产和人员被高源集团公司接管。是年，高密高捷精密铸造有限公司改制为高密华腾精密铸造有限公司。2008年，高密高锻机械有限公司投资2000万元，新上树脂沙铸造项目，组建铸造分公司，年产能力达到1万吨。同年，高密华腾精密铸造有限公司被认定为国家级"高新技术企业"。至2008年，境内规模以上铸造企业发展到19家，其主导产品为汽车发动机废气再循环系统（EGR）上应用的精密铸造件、船用五金系列、管道门阀等各类铸件，产品80%以上出口。其中山东永和精密金属有限公司生产的"华腾牌"船用五金件获山东名牌产品称号。全市铸造企业拥有固定资产净值3.4亿元，从业人员5413人。年实现工业总产值9.53亿元，销售收入9.88亿元。

企业选介

永和精密金属有限公司　公司前身为2003年1月成立的高密永和精密铸造有限公司，主要生产不锈钢、碳钢、合金钢精密铸件及精密制管等。2003年10月，公司加入中国铸造协会精密铸造分会。2007年，企业通过汽车行业ISO/TS16949质量管理体系认证。2007年11月，企业第二条年产1200吨精密铸造生产线和模具车间投产。是年，企业生产的"华腾牌"船用五金件获山东名牌产品称号。2008年3月，城北永和新工业园区开工建设；9月，公司更名为山东永和精密金属有限公司；11月，建成投产汽车发动机用不锈钢精密焊管成型生产线。2008年，企业固定资产净值9693万元，职工600人。年工业总产值1.82亿元，销售收入2.01亿元，利税

1125万元。

仪器 县境内仪器生产企业主要是山东高密彩虹分析仪器有限公司和山东惠影科技传媒股份有限公司。两家企业均为“高新技术企业”。

企业选介

彩虹分析仪器有限公司 公司始创于1956年，原名高密仪表修理合作社，1973年，更名为高密无线电元件厂。1984年更名为高密县分析仪器厂。1986年，更名为高密电子仪器厂，属小型集体企业，隶属高密县机械电子工业公司。主要产品为生化分析仪、光度计、检测仪器等，相继开发出不同档次的半自动生化分析仪、酶标仪、洗板机、血凝仪、血液细胞分析仪、尿液分析仪、全自动生化分析仪等仪器。研制生产的GF-234C型生化超微量自动分析仪、GF-D200型、GF-800型半自动生化分析仪等六种产品先后被评为“国家级新产品”，GF-234C型生化超微量自动分析仪和7590型单光束自动扫描分光光度计被国家列入“火炬”计划，并在高新成果评展中分获金奖和银奖。GF型系列半自动生化分析仪获山东省“名牌产品”称号。2002年，改制为高密彩虹分析仪器有限公司。公司在同行业中率先通过ISO 9001质量体系认证、中国医疗器械质量体系(CMD)认证和欧盟CE认证。先后开发出GF-2288型、GF-2286型、GF-2298型、GF-2296型全自动生化分析仪系列产品，GF-2288型全自动生化分析仪在“第七届中国国际科学仪器及实验室装备展览会”上获“自主创新金奖”。2008年，企业拥有固定资产净值1057万元，实现工业总产值2486万元，销售收入2458万元，利税381万元，职工420人。

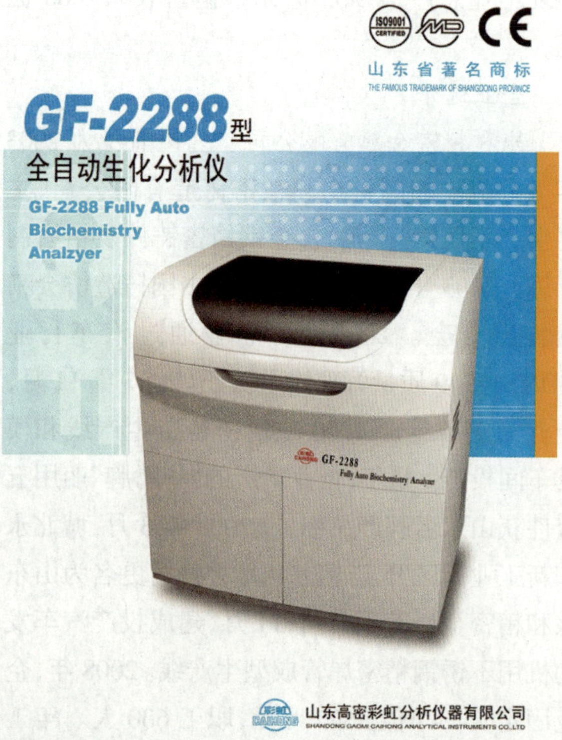

■彩虹分析仪器有限公司生产的全自动生化分析仪

惠影科技传媒股份有限公司 公司创建于2004年，主要从事数字电影设备研发、生产和销售。公司注册资金500万元，员工21人。2007年5月，公司自主研制开发数字电影流动放映一体机，填补了国内流动数字电影放映市场的空白。该公司创办的“潍坊市数字电影设备工程技术研究中心”所研发生产的系列数字电影放映机完成了与国家广播电影电视总局数字节目中心的对接，并通过了国家广电总局质量技术检测所的认证。公司已被科技部门认定为“高新技术企业”。2008年，企业拥有固定资产2024.45万元，职工63人。年实现销售收入5933.72万元，利税2277.81万元。

电机 2008年，高密境内有山东孚日电机有限公司一家电机生产企业。公司前身是高密县城关公社电机厂，于1970年建立。1986年，改称潍坊电机厂。是年，企业主要生产TFX355系列(90KW—200KW)三相交流发电机、T2X160系列(3KW—10KW)三相交流同步发电机和Y系列(1.1KW—11KW)电动机。年产值为380万元，销售收入400万元，职工有380人。1988年，企业生产的TFX355M—8/120mmM—6/160KW复励三相交流同步发电机，获农业部优质产品称号。1989年，生产的120KW发电机创部优，T2X160系列(3KW、5KW、7.5KW)三相交流同步发电机，获山东省优质产品称号。1990年7月，生产的柴油发电机组，获全国工业产品生产许可证。1993～1996年，研制生产的TFW450—6/320KW、350KW无刷电机、无刷三相同步发电机、TFW400M-6无刷三相同步发电机先后获得山东省优秀新产品三等奖和国家级新产品奖。2000年7月，潍坊电机厂改制为民营企业，更名为潍坊凯达电机有限责任公司。2002年8月，企业生产的船舶用电机通过中华人民共和国渔业船舶检验局产品型式认可(ZY)和ISO 9001质量体系认证。2003年，主要生产陆用发电机、电动机，船用、陆用柴油发电机组。年销售收入3100万元。2005年，企业取得电机产品出口质量许可证，年销售收入2000万元。后因缺乏技术更新，市场份额减少，企业经营出现困难。企业员工从400余人减少到70余人，处于半停产状态。2008年9月，潍坊凯达电机有限责任公司被孚日集团股份有限公司收购，改称山东孚日电机有限公司。山东孚日电机有限公司成立后，召回原电机厂的部分技术员工，主要承揽孚日集团各分公司的电机维修、电气焊制作、机械加工、管道安装等内部维修业务，并进行发电机的小批量生产。

维修 1986年，县内有机械维修企业29家，其中县直和乡镇机械维修企业7家，从业人员442人，年实现产值1236万元。随着各种机动车辆、机械和电器快速增加，1993年，规模较大的维修业户增加到38家，从业人员707人，年实现产值6311万元。之后，个体私营维修业户逐年增多，集体维修企业也先后改制为民营企业。到2008年，年产值达到500万元以上的维修企业2家。是年，高密市汽车修理有限公司和高密令山汽车维修中心，实现产值分别为1322万元、1024万元。

2008年高密市机械工业部分企业情况表

表15－4　　单位：万元

企业名称	工业总产值	销售收入	利　税
高密市华丰铸造有限公司	5611	5606	3424
高密市恒昌钉业有限公司	21721	21870	2391
高密长和铸造有限公司	7926	7573	2074
山东省高密市龙聚铸造有限公司	6044	4996	1620
高密市容大机械厂	11419	11106	1439
高密市盛宇工贸有限公司	4622	4653	1435
高密市永固门窗厂	1104	1137	1366
高密三江机械制造有限公司	4036	4160	1318
山东顺兴机械有限公司	8465	8057	1317
山东高密密谊纺织器材有限公司	8737	9089	1306
高密市荣吉钢结构工程有限公司	9595	9574	1281
山东金亿机械制造有限公司	29763	30815	1249
山东高密玛钢厂	20602	20084	1247
山东三通重钢结构制造有限公司	6430	6424	1186
高密市青高纺织机械有限公司	6402	6306	1123
山东高密润达机油泵有限公司	7478	6461	1093

续表 15－4

企业名称	工业总产值	销售收入	利　税
山东亚盛机械科技有限公司	35234	35948	1042
山东邦泰散热器有限公司	18017	17207	1038
高密市夏庄宏发铸造有限公司	5230	4196	1026
高密市三德暖通空调设备厂	15908	16546	1007
山东高密发达冷冻机空调器有限公司	9423	9587	978
山东高密银河纺织配件有限公司	6042	5927	955
山东省高密市东兴制造有限公司	5843	5639	889
高密菲达电器有限公司	4525	4452	881
高密市街办华林门窗厂	4236	4360	870
山东高天金属制造有限公司	7247	6427	863
高密市暖尔豪暖通设备有限公司	4997	3897	863
山东高密高锻机械有限公司	27594	30108	856
高密市弘奥中央空调有限公司	8677	8897	807
高密市田丰机械科技有限公司	9081	9009	790
高密市电镀厂	6695	7225	789
高密市云龙纺织机械有限公司	6381	6286	788
山东高密华优精密铸造有限公司	4993	5119	763
高密市春和暖通空调设备有限公司	10448	10079	735
高密市恒源机械有限公司	11113	11285	732
高密宏泰机械有限公司	7896	8293	713
高密市星源实业有限公司	4158	4174	710
山东省高密市飞虹纺织器材有限公司	8034	7526	707
山东沃得格沦中央空调设备有限公司	17342	17320	700
高密市天浩精密铸造有限公司	14160	14728	700
高密市亚非金属制品厂	12130	12006	676
高密三利钢结构工程材料有限公司	8474	8435	654
高密市同创汽车配件有限公司	5629	5744	654
高密市方正铸造有限公司	6585	6402	636
高密市合利工贸有限公司	4138	4239	602
山东省高密市通用机床厂	934	902	602
高密市弘信纺织机械有限公司	5780	5682	589

续表 15－4

企业名称	工业总产值	销售收入	利 税
山东省高密市电力有色金属轧花福利厂	4544	4050	584
高密令山汽车服务有限公司	9095	8377	570
山东天地人锅炉制造安装有限公司	1651	1487	554
高密市中亚暖通设备有限公司	3095	3138	511
高密双飞电机厂	8817	7448	496
高密市维仕暖通设备有限公司	6482	7067	495
高密永宝铸造有限公司	5547	5716	485
山东豪迈机械科技有限公司	62539	69897	16000
潍坊凯达电机有限公司	538	541	479
山东高密大鹏制针厂	4776	4970	476
潍坊恒信铸造有限公司	10119	10079	472
高密市第一冷轧带钢厂有限公司	7099	7244	470
高密市阚家陆达铸造有限公司	7346	7227	466
山东省高密市全进摩托车链轮厂	8454	8895	462
高密菲达电力电缆有限公司	8313	7135	457
高密威克机械铸造有限公司	5517	5926	451
山东省高密市通用机械有限公司	9291	8400	428
高密市华潍密目网有限公司	2109	2090	427
高密市中意德机械制造有限公司	5479	4775	424
高密市同利铸钢有限公司	6862	6855	419
山东高密康达机床有限公司	9061	9026	414
潍坊虹宇农机制造有限公司	1819	1819	394
高密华腾精密铸造有限公司	1909	2000	389
山东高密彩虹分析仪器有限公司	2486	2458	381
高密市华龙五金制品有限公司	5692	5809	376
高密市杰达铸造有限公司	8709	9059	367
山东高密市通达机械有限公司	1735	1735	362
高密市宏裕铸钢有限公司	4450	4748	347
高密市天力五金制品有限公司	7634	7099	323
高密兴盛精密器械有限公司	1689	1776	321
高密市勇利机械有限公司	1056	1079	314

续表 15－4

企业名称	工业总产值	销售收入	利 税
高密市三宝精密铸造有限公司	1819	1889	300
高密市东冶机械制造有限公司	1744	1763	291
山东高密光大内燃机有限公司	2763	2786	267
高密市益东金属有限公司	2184	2208	254
高密市永祥精密铸造有限公司	2212	2236	251
潍坊市弘泰散热气有限公司	7669	6575	242
高密市荣利精密铸造有限公司	3538	3938	195
高密市建青金属制品厂	3048	3172	174
高密国豪玛钢有限公司	7724	6752	172
高密市恒大机械制造有限公司	8851	9208	96
高密市瑞祥暖通空调设备有限公司	4741	4919	89
高密市新嘉铸造实业总公司	7407	6998	53
山东荣昊专用汽车有限公司	53592	53130	27
高密众信铸造厂	7510	7401	18
高密市顺达交通工程有限公司	14123	12069	3

第五节 矿 业

境内矿产资源主要有重晶石、花岗岩、膨润土、砂等。其中重晶石和砂两种矿产储量较大，质量较好。20世纪30年代境内就开始开采重晶石。新中国成立后，柴沟、城律公社曾组织人力进行重晶石开采。井沟、水西、袁家、双羊、大王庄等公社曾组织专业队伍进行建筑石料和建筑用沙开采。1980年后，采矿政策开始放宽，矿产开采除乡镇企业外，部分村庄也组织人力从事矿产开采。1986年，境内有各种大小矿（场）90多个。包括重晶石矿10个，建筑石矿30个，黏土矿50个，采砂场5个，膨润土场一处。其中重晶石矿年产量10多万吨，产值800多万元；建筑石矿矿区面积9万平方米，年开采量约15万立方米，产值120多万元。随着政策调整和资源的减少，到2008年，全市各种矿（场）仅存22家，其中建筑石矿19家，采砂场3处，其余矿（场）全部关闭。

重晶石矿 1986年，高密境内有王吴、柴沟、土庄3处乡办以及7处村办重晶石矿，从业人员1800人，主要设备64台(辆)。是年，王吴乡石矿建成年产3000吨的碳酸钡厂和日处理100吨矿石的选矿厂。1988年始，重晶石的生产销售出现低潮。1990年，3处乡办石矿实现产值1400万元，利税140万元。6处村办石矿实现产值360万元。1994年，王吴乡重晶石矿由集体经营改为个体经营。改制后，由于资金投入不足，管理不善，加之政府对重晶石开采政策调整，开采受到限制。1996年始，重晶石产量逐年减少。到2001年底，境内重晶石矿停止开采生产。

建筑石矿 1986年，全县有建筑石矿30

个，主要分布在阚家、井沟、注沟、双羊、李家营、柴沟等乡镇，矿区面积 9 万平方米，开采量 15 万立方米，产值 120 万元。开采的石料主要用于房屋建筑和水利建设。1989 年，井沟镇农机站新上 1 台破碎机、2 台拖拉机、1 部空压机等设备，在金宝山村东南角开采建筑石矿用于加工石子，产品主要用于城乡建筑工程、水泥预制件及铺路用，年加工石子 5000 立方米。1993 年，方市乡在后方市村北、胶王路南侧建一石料加工厂，为乡办集体企业，1995 年，该厂改制为个体企业。随着建筑市场发展，以开采加工建筑石子为主的个体私营业户不断增加。到 2003 年增至 40 个，矿区总面积 12 万平方米，开采量 20 万立方米，产值 200 万元。至 2008 年，计有个体开采加工场 19 家，从业人员近 500 人，年可加工石子 20 多万吨。其中，后方市北岭加工场较集中，有 12 家企业在此开采加工。

■王吴水库区采砂点

采砂场 1986 年，高密境内主要有柏城、姚哥庄、夏庄、张鲁、呼家庄 5 处乡镇办砂场，除建筑用外，还供造型使用。销售总量 63 万吨，产值 720 万元。1990 年，柏城、姚哥庄、夏庄、张鲁、呼家庄 5 处乡镇办砂场，产值共 354.3 万元。另有村办砂场 22 处，其中柏城镇 3 个，高戈庄乡 1 个，田庄乡 5 个，李家营镇 6 个，呼家庄乡 5 个，夏庄镇 2 个，产值共 803 万元。由于境内砂资源埋藏较深，开采受限。时采时停，以致停办。1987 年后，建筑用砂主要来自河道采砂。到 2008 年，通过有偿出让，境内仅有李家营镇的高家庄采矿场、振良采砂场和姚哥庄镇的刘福居采砂场，皆为胶河河道采砂场。场区总面积 4.8 万平方米，年采砂量 10 万 ~ 15 万立方米，主要销往青岛、烟台、潍坊、淄博、莱芜、济南等地。

黏土矿 1986 年至 2001 年，全县有 50 多处砖厂，主要生产黏土红砖，开采量为每年 140 ~ 150 吨，产值 4000 万 ~ 5000 万元。2001 年后，随着国家土地资源保护政策的出台和严格执行，建筑行业禁止再用实心黏土砖，境内实心黏土砖瓦企业已基本关闭。

■采石场生产现场

膨润土 膨润土又称黏土、陶土。1987 年，阚家乡与谭家营村在谭家营矿址处合办膨润土厂，固定资产 15 万元，职工 50 人。日出膨润土 30 吨。主要用于石油、地质、橡胶、化工、铸造、造纸等。矿产膨润土主要销往胜利油田、大庆油田及临近乡镇铸造厂。当年利税 3.4 万元。1990 年，膨润土厂年开采量1.2万吨。产值71.3万元，利润5万元。后因矿体向村内延伸，开采受限，1997年停产。

第六节　建材工业

1986～2008年，市境内的建材工业企业主要有砖瓦厂、水泥厂、石灰场和各种建筑预制件厂。其中：砖瓦厂，1986年为78家，2008年为8家。砖瓦厂大幅减少的原因，主要是一些小砖瓦厂因其产品质量差逐渐被市场淘汰。水泥生产企业，1986年为3家，2008年为4家。石灰窑，1986年12座，1993年20座。其后，大多数石灰窑因原料缺乏和效益走低生产量逐渐下降，至2003年，境内石灰生产全部停产。预制件厂，1986年为29家，2008年，全市规模以上预制件企业共有2家，年总产值是1986年的3倍多。

砖瓦　1986年，境内有砖瓦厂78家，从业人员5629人，年完成产值3710万元。其中柏城砖瓦厂、注沟砖瓦厂、仁和砖瓦厂、王柱砖瓦厂、王家大庄砖瓦厂等规模较大。1993年始，柏城砖瓦厂、柏城建材厂、仁和砖瓦厂等企业先后由集体企业改制为民营企业。1995～1998年，柴沟镇的朱翰砖厂、郑家村砖厂等相继建成投产。2005年7月，孚日集团利用电厂煤灰新上加汽砌块项目，组建孚日建材公司，年生产能力30万立方米，折标砖1亿块。2008年，高密市天进建材有限公司成立。至2008年，全市规模以上砖瓦建材企业达到8家，年实现工业总产值4.6亿多元，销售收入4.56亿元。其中，柏城镇建材二厂，年实现工业总产值和销售收入均突破亿元。柏城红星建材厂和柏城建材厂年实现工业产值、销售收入均在9000万元以上。

水泥　1986年，全县有高密县水泥厂、井沟水泥厂、柏城水泥厂3家水泥生产企业，从业人员440人，年实现产值588.6万元。1987年，土庄乡建成高密县第二水泥厂，设计年产能力为4.4万吨。1988年，柏城水泥厂投资160万元，增置机械化立窑1座、球磨机2台、生料微机控制系统1套，生产能力由原来的0.5万吨提高到2.2万吨。是年11月，康庄水泥厂建成投产，设计年生产能力4.4万吨，年产值160万元。1993～1996年，井沟水泥厂、柏城水泥厂、康庄水泥厂被定为“五小”企业，先后停产。1996年12月，高密市水泥厂对高密东海水泥厂实施兼并。1999年，高密市振原水泥有限公司成立，对原高密市水泥厂资产实行租赁经营。2000年，高密第二水泥厂改制为民营企业，并更名为高密市云盛水泥有限公司。2005年6月，高密市水泥厂被宣布破产。当月，对水泥厂原料罐实施爆破拆除。2005年11月，高密市荣基水泥有限公司成立。2006年5月，山东万基路水泥有限公司建立，地址位于柴沟镇咸家庄村西，公司注册资金2000万元，年生产能力30万吨，2007年6月正式投入生产。到2008年，境内共有水泥生产企业4家，从业职工431人，年生产能力250万吨，实现产值7500多万元。

企业选介

振原水泥有限公司（原市水泥厂）　高密市水泥厂建于1970年，1999年成立高密市振原水泥有限公司，对原高密市水泥厂资产实行租赁经营。公司拥有3.2×13米球磨机生产线1条，年生产能力为60万吨。主要生产42.5R级普通硅酸盐水泥和32.5R级复合硅酸盐水泥，产品注册商标为“高原”牌，公司(原高密县水泥厂)生产的水泥在1993年通过中国水泥产品质量认证委员会的认证。2001年10月，经山东省质量技术监督局审查批准，发给“采用国际标准产品标志证书”。2002～2004年年产水泥20万吨；2005～2008年年产水泥10万吨，年产值2000多万元。

云盛水泥有限公司　前身是1987年土庄乡建成投产的高密县第二水泥厂。1994年，高密撤县设市时改称高密市第二水泥厂。2000年12月，高密市第二水泥厂整体改制后，更名为高密市云盛水泥有限公司。年生产能力100万吨，工厂占地面积4万平方米，员工115人。公司流水线全部采用旋窑熟料做主原料，主要生产"敦鼎"牌42.5级、42.5R级普通水泥，32.5级、32.5R级复合硅酸盐水泥，同时根据用户需求生产高标号水泥。生产配料系统与主机设备控制系统全部采用微机自动化，生产工艺先进，整个流水线全部实现环保达标排放，并通过潍坊市环保局验收。2003~2008年，年产水泥20万吨。

荣基水泥有限公司　成立于2005年11月，位于井沟镇孙家官庄村北。注册资金300万元，总投资2600万元，2008年正式投产。主要采用旋窑熟料及电厂粉煤灰、钢厂水渣等原料生产水泥，可有效减少工业废材排放，减少工业废物对环境的影响。产品为P.C32.5、P.O42.5级水泥，年生产能力60万吨。

石灰　1986年，全县有石灰窑厂12家，共有从业人员240人，年实现工业产值380万元。1987年，西关村石灰窑厂更名为西关福利石灰窑厂。1988年北大王庄石灰窑厂更名为北大王庄福利建材厂。1990年，西关福利石灰窑厂扩大生产规模，年产值达到40万元。同年，北大王庄福利建材厂年产值54万元，利润8万元。到1993年，境内共有石灰窑20座，从业人员322人，总产值2097万元。后因境内无石灰生产原料和经济效益不佳而先后停产，至2003年，境内石灰生产企业全部停产关闭。

预制件　1986年，全县有预制件厂29家，从业人员2211人。主要产品有水泥楼板、檩条、檐板、水泥管、花墙件、水磨石件、大理石件等，年总产值2463万元。1988年，南关兴华水磨石厂产各种花色水磨石板10万平方米，产值195万元，产品被国家建材局评为优质产品。1989年，高密县第一建筑工程公司推出机制水泥地砖新产品。1990年，高密大理石厂研发新产品，花色品种增至18个，年产大理石建材7万平方米，产值552万元。同年，建华建筑安装公司迁至五里桥东北侧生产预制件，年产各种水泥预制件1.5万件，产值330万元。1998年，柏城建材厂、注沟砖厂等开始生产新型建材页岩砖、砼空心块等。2001年，星河墙板厂投产建设部提倡生产的新型建材"五防"(防火、防水、防震、防辐射、防龟裂老化)新型墙板。2002年始，建设部要求住宅工程禁止使用预应力空心板。是年，高密湖西建材公司开发研制出三维钢丝夹心板和砌块。2008年，全市有规模以上预制件厂2家，固定资产790.7万元，工业总产值7670.3万元，销售收入7800.4万元。

2008年高密市建材工业部分企业情况表

表15-5　　　　单位:万元

企业名称	固定资产	工业总产值	销售收入	利税	职工人数
高密市柏城镇建材二厂	2682.2	10138	10128.8	13.6	267
高密市柏城红星建材厂	3192.3	9296.6	9215.3	14.7	254
高密市天进建材有限公司	482.1	1576.4	1576.4	1.6	33
高密市柏城建材厂	471.5	9872.4	9570.9	23.5	241
高密市孚日建材有限公司	12.8	2116.4	2092.8	15.2	50
高密市振原水泥有限公司	369.7	2098.4	2083.6	—	159
高密市云盛水泥有限公司	801.3	23077.3	22844.8	78.2	198
高密市荣基水泥有限公司	318.2	1358.6	1358.3	47.7	80

第三章　名优产品

1986～2008年，高密市工业产品有1000多种，共有100多种产品获山东省级以上优质产品称号。

第一节　优质产品

1986～1991年,高密县各类企业工业产品共获省、部优质产品奖39项,其中国优(银质)1项,部优5项。具体情况见表15-6。

奥运产品

1986～1991年高密县工业产品优质产品一览表

表15－6

生产企业	注册商标	产品名称	获奖级别	年度
高密县水磨石厂(南关村)	—	黑色水磨石地面板	省优	1986
高密县大理石厂(小王庄村)	墨湖	黑大理石	省优	1986
高密县电机厂(高密镇)	鲁光	发电机(TF×355M－6/160KW)	省优	1987
高密县电机厂(高密镇)	鲁光	发电机(TF×335M－8/120KW)	省优	1987
高密县针织服装厂(高密镇)	义宏	涤棉交织运动装	省优	1987
高密县大理石厂(小王庄村)	—	济南青花岗石板材	省优	1987
高密县玻璃厂(柏城镇)	—	白酒瓶	省优	1987
高密县酿酒厂	商羊	商羊特曲	省优	1987
高密县内燃机配件厂	飞船	空气瓶	省优	1988
高密县气门嘴厂	高天	轮胎气门芯嘴	省优	1988
高密县自行车配件厂(蔡站乡)	密水	自行车中轴	省优	1988
高密县玻璃厂(柏城镇)	宝牌	异型瓶	省优	1988

续表 15-6

生产企业	注册商标	产品名称	获奖级别	年度
高密县兴华采暖设备厂(南关村)	明牌	钢制柱型散热器	省优	1988
高密县锻压机床厂	高锻	双柱压力机	省优	1989
高密县分析仪器厂	彩虹	分光光度计	省优	1989
高密县毛巾厂(高密镇)	洁玉	提花毛巾被	省优、部优	1989
高密县兴华鞋业股份有限公司(南关村)	伯爵	胶粘男皮鞋	省优	1989
潍坊电机厂(高密镇)	鲁光	T2×160 系列三相同步发电机	省优	1989
高密县再生胶厂	夜鹰	胎面再生胶	国优(银质)	1989
高密县皮鞋厂	海螺牌	胶粘旅游运动鞋	省优	1990
高密县制革厂	墨松牌	铬鞣正面服装革	省优	1990
高密县农药厂	康丰牌	40%久效磷制剂	省优	1990
高密县毛巾厂(高密镇)	—	8204 增白浴巾	省优	1990
高密县纺织厂	朋利牌	人棉布	省优	1990
高密县锅炉附件厂(李家营镇)	—	排污阀	省优	1990
高密县钢窗厂(高密镇)	—	实腹钢窗	省优、部优	1990
高密县粮油加工厂	—	特一粉	部优	1990
高密县橡胶厂	金马牌	27×4 蓄力车胎	省优	1991
高密县兴华水磨石厂(南关村)	密光牌	彩色水磨石板材	省优	1991
高密县建筑装饰材料厂	—	彩色水磨石板材	省优	1991
高密县纺织器材厂	密谊牌	酚醛塑料槽桶	省优	1991
高密县梳棉机配件厂(呼家庄镇)	方达牌	梳棉机盖板针布	省优	1991
高密县染料化工厂(高密镇)	三久牌	硫化兰 RR508	省优	1991
高密县糖厂	吉乐牌	绵白糖	省优	1991
高密县兴华水磨石厂(南关村)	—	济南青花岗石抛光板材	省优	1991
高密县酿酒厂	商羊	商羊特酿	省优	1991
高密化纤厂	泰山牌	棉浆粕	部优	1991
高密县皮鞋厂	—	C409 运动鞋	部优	1991
高密县毛巾厂(高密镇)	—	820 增白浴巾	部优	1991

第二节　名牌产品

2002～2008年，高密市工业产品获上级质监部门奖励23项，其中2项获中国名牌,21项获山东名牌。具体获奖情况见表15-7。

2002～2008年高密市工业产品品牌一览表

表15－7

生产企业	名牌名称	获奖级别	年度
孚日家纺股份有限公司	“洁玉”牌毛巾系列产品	山东名牌	2002
孚日家纺股份有限公司	“洁玉”牌毛巾系列产品	中国名牌	2003
山东高密银鹰化纤股份有限公司	“泰山”牌棉浆粕	山东名牌	2003
山东豪迈机械科技有限公司	“豪迈”牌轮胎模电火花成型机床	山东名牌	2004
山东凯加食品股份有限公司	“凯加”牌冷冻分割鸡肉	山东名牌	2004
山东顺兴机械有限公司	“顺兴”牌锯齿轧花机	山东名牌	2004
山东邦泰散热器有限公司	“密水”牌钢管柱散热器	山东名牌	2005
高密春雨机械有限公司	“春雨”牌手扶拖拉机	山东名牌	2005
山东高密高锻机械有限公司	“高锻”牌JM机械压力机	山东名牌	2005
山东高密彩虹分析仪器有限公司	“彩虹”牌GF型半自动生化分析仪	山东名牌	2005
孚日集团股份有限公司	“孚日”牌床用品	山东名牌	2006
	“孚日”牌高支高密纯棉坯布	山东名牌	2006
高密春雨机械有限公司	“春雨”牌自走式谷物联合收割机	山东名牌	2006
山东恒涛节能环保有限公司	“恒涛”牌空气预热器系列产品	山东名牌	2006
山东华燕制衣有限公司	“华燕”牌无缝针织内衣	山东名牌	2006
山东金达双鹏集团有限公司	“双鹏”牌门、窗用未增塑聚氯乙烯型材	山东名牌	2006
山东山海玻璃制品有限公司	“SinoGlass”牌家居玻璃器皿	山东名牌	2006
孚日集团股份有限公司	“孚日”牌台布产品	中国名牌、山东名牌	2007
高密市泰吉虎鞋业有限公司	“泰吉虎”牌皮鞋	山东名牌	2008
山东菲达电器有限公司	“FD图形”牌低压开关设备	山东名牌	2008
山东豪迈机械科技有限公司	“豪迈”牌子午线轮胎模具	山东名牌	2008
山东菲达电力电缆有限公司	“密州”牌挤包绝缘电力电缆、聚氯乙烯绝缘电缆	山东名牌	2008
高密盛德鞋业有限公司	“盛昊”牌皮鞋	山东名牌	2008

第三节 驰名、著名商标

2000～2008年，高密市工业产品获上级工商部门奖励26项，其中3项获中国驰名商标，23项获山东省著名商标。具体情况见表15—8。

2000～2008年高密市工业产品驰名、著名商标一览表

表15－8

生产企业	注册商标	产品名称	获奖级别	年度
山东天达生物制药股份有限公司	天达	气雾剂、胶囊	山东著名商标	2000
山东天达生物制药股份有限公司	天达	植物生长调节剂等	山东著名商标	2004
山东高密彩虹分析仪器有限公司	彩虹及图	光度计	山东著名商标	2004
山东高密高锻机械有限公司	高锻及图	压力机	山东著名商标	2004
山东凯加食品股份有限公司	凯加及图	肉松、肉冻、肉脯	山东著名商标	2004
山东银鹰化纤有限公司	泰山及图	棉浆粕	山东著名商标	2005
山东高密润达机油泵有限公司	群欢及图	机油泵	山东著名商标	2006
山东邦泰散热器有限公司	密水及图	散热器	山东著名商标	2006
山东海宇鞋业有限公司	海宇及图	鞋	山东著名商标	2006
山东金亿机械制造有限公司	春雨及图	农业机械	山东著名商标	2006
山东亚盛重工股份有限公司	亚盛及图	液压机	山东著名商标	2006
孚日集团股份有限公司	孚日	巾被，床品	山东著名商标	2006
	JIEYU 及图	巾被	山东著名商标	2006
孚日集团股份有限公司	孚日 sunvim	巾被，床品	中国驰名商标	2006
山东海宇鞋业有限公司	海宇 HY 及图形	鞋	中国驰名商标	2007
山东金达双鹏集团有限公司	双鹏＋图形	非金属框架	山东著名商标	2007
山东华燕制衣有限公司	碧姬＋图形	针织内衣裤	山东著名商标	2007
山东高密大昌纺织有限公司	朋利＋图形	棉布	山东著名商标	2007
山东长盛泰玻璃制品有限公司	图形	玻璃瓶	山东著名商标	2007
山东菲达电器有限公司	图形	高压开关柜	山东著名商标	2007
山东银鹰化纤有限公司	泰山及图	棉浆粕	中国驰名商标、山东著名商标	2008
山东高密市商羊神酒业有限公司	商羊神	酒	山东著名商标	2008
山东中汇家具有限公司	中汇	家具	山东著名商标	2008
高密市中亚暖通设备有限公司	汇泉及图	中心暖气散热器	山东著名商标	2008
山东恒涛节能环保有限公司	恒涛及图	热气流调节器	山东著名商标	2008
高密市新春油脂有限责任公司	群福及图	食用油脂	山东著名商标	2008

第十六编

房地产业

境内的房地产业兴起于20世纪80年代末。最初,全县只有一家房地产企业。房产管理工作仅限于城区公私房的确权发证、交易监理以及直管公房的出租、维修和改造管理。随着经济社会的发展和城市住房制度改革的推进,房地产业得到空前发展。适应房地产业发展的新形势,1997年3月,市成立房地产开发管理办公室,将房地产业纳入政府规范化管理。1998年7月,《国务院关于进一步深化城镇住房制度改革加快住房建设的通知》颁发后,为房地产业发展提供了强大动力。2003年,全国首次房地产工作会议的召开,进一步促进了房地产业的快速发展。至2008年,全市有房地产企业35家,注册资金共5.8亿元。房地产成为支撑全市国民经济发展的支柱产业。

第一章　房产管理

第一节　房管机构

1987年5月,设立高密县房地产管理所。管理所主要负责城区公私房屋的确权发证、交易监理、落实政策和直管公房的出租、维修、改造管理工作。1992年房产所更名房产管理处。是年,按上级要求推行住房制度改革。1993年,县房管、房改实行一个班子、两块牌子管理体制。1995年成立房产管理局后,房管业务进一步扩展。主要有住房改革、房产价格评估、安居工程开发、住宅小区管理、房屋物业管理、房产纠纷仲裁、房产政策落实、房产管理监察、房产咨询、房产交易、租赁、抵押管理、商品房预售管理、换发新证、公私房屋权属登记等。房产管理辖区由1987年的5个街道(村级,担负辖区内非农业人口的部分管理职能)、25个村及城区部分企事业单位,至2008年,发展到全市行政区域内国有、集体土地的房屋权属登记、产权交易管理工作。

第二节　房产权属管理

产权登记　高密市房产管理工作,始于新中国成立后,主要管理城内直管公房(955间,面积12674平方米)的使用、出租、维修、改造。1987年6月,高密县成立城区房屋确权发证领导小组,下设办公室,办公室设在县房地产管理所,具体负责城区5个街道、25个村的公私房屋确权发证工作。是年8月,在高密镇城里村进行确权发证试点,9月全面铺开。对辖区范围内新建、迁建、改建、扩建房屋的批准程序、实施标准、登记确权等进行规范。是年,房屋登记率和确权发证率分别达到100%和96%以上。2000年,实施权属管理一站式办公,在省内率先实现微机网络流水作业。1995～2008年,全市共完成公私房屋登记14.68万件,确权发证7.8万户,面积1041.49万平方米;换发新证2.9万本,面积214.16万平方米。其中,村镇确权2860处,面积32万平方米。确权登记和发证率分别达到99.6%和98.6%。

政策依据 权属管理的政策依据主要有下列文件：国家城市建设总局1982年颁布的《关于城市(镇)房地产产权产籍管理暂行规定》，城乡建设环境保护部1987年4月21日颁布的《城镇房屋所有权登记暂行办法》，建设部1997年6月1日颁布的《城市房地产抵押管理办法》(修订版)，建设部1998年1月1日颁布的《城市房屋权属登记管理办法》，建设部2001年8月15日颁布的《城市房地产转让管理规定》，建设部2001年8月15日颁布的《城市房屋权属登记管理办法》(修订版)，建设部2008年8月1日颁布的《房屋登记办法》。

第二章　房地产开发

第一节　开发管理

1986～1992年，全县只有一家房地产开发公司。至20世纪90年代末，增至13家。到2008年，增至35家。前期，管理工作由县城乡建设委员会临时成立的房地产开发办公室负责。1997年3月，成立市房地产开发管理办公室，与市城市建设房屋拆迁办公室合署办公，隶属于市建设局，代表市政府行使全市房地产开发日常管理职能。之后，市城市建设房屋拆迁办公室对外独立行使职权，接受社会委托拆迁任务，并收取一定数额房地产综合开发管理费，收取标准为综合开发费的1%～2%，综合开发费为住宅平均造价的30%～40%。1999年5月，市政府出台《高密市城市房地产开发经营管理办法》，对房地产开发建设、房地产转让与经营等问题作出规定，将城市房地产开发经营管理纳入制度化、规范化。

第二节　房地产企业

至2008年，全市有房地产企业35家，其中，有二级开发资质的2家，有三级开发资质的5家，有四级开发资质的22家，暂定开发资质的6家。具体情况见表16-1。

2008年高密市房地产企业一览表

表16－1

企业名称	资质等级	组建时间	改制时间	职工人数	专业技术人员			注册资金（万元）	备注
					高级	中级	初级		
高密市城建开发有限责任公司	二级	1984.6	2001.3	163	1	10	62	2109	—
山东凯宇置业有限公司	二级	2005.10	—	48	6	17	—	11198	—
高密市安居工程开发有限公司	三级	1995.8	1995.8	37	1	6	9	807	—
高密兴华房地产开发有限公司	三级	1992.8	2001.6	160	—	12	6	821	—
高密大华房地产开发有限公司	三级	2005.9	—	45	3	10	—	1800	—

续表 16－1

企业名称	资质等级	组建时间	改制时间	职工人数	专业技术人员			注册资金（万元）	备注
					高级	中级	初级		
高密市方圆置业有限公司	三级	2005.4	—	38	3	9	3	2800	—
山东中海房地产有限公司	三级	2005.4	—	29	3	13	—	6000	—
高密通达房地产开发有限公司	四级	1992.7	1994.6	65	1	8	14	800	—
高密交通房地产开发有限公司	四级	1994.6	2000.9	60	2	7	8	580	—
高密华海房地产开发有限公司	四级	1992.7	2003.3	40	4	3	9	500	—
高密一建房地产开发有限公司	四级	1992.8	1997.10	38	5	16	12	620	—
高密华鲁房地产开发有限公司	四级	1998.7	2003.5	17	—	4	6	518	—
高密华夏房地产开发有限公司	四级	1998.8	1998.8	25	1	6	9	518	—
高密供销房地产开发有限公司	四级	1999.5	1999.5	50	1	11	15	500	—
山东新鸿业房地产开发股份有限公司	四级	1998.6	1998.6	15	—	7	1	1325	—
高密鑫正房地产开发有限公司	四级	1996.7	1996.7	29	2	4	6	522	—
山东广都置业有限公司	四级	2004.12	—	15	2	10	—	1200	—
潍坊齐鲁国泰置业有限公司	四级	2005.6	—	15	3	9	2	6376.4	—
潍坊金地源置业有限公司	四级	2005.6	—	22	3	9	2	1200	—
高密市交运置业有限公司	四级	2006.4	—	48	2	10	10	1800	—
山东宇田房地产开发有限公司	四级	2006.5	—	29	2	6	2	1000	—
高密市东城置业有限公司	四级	2006.4	—	18	2	9	1	1000	—
高密海盛房地产开发有限公司	四级	2006.7	—	13	2	6	2	1000	—
潍坊浩宇世纪房地产开发有限公司	四级	2005.8	—	23	3	8	8	1100	—
潍坊百世纪房地产开发有限公司	四级	2006.11	—	14	2	10	—	1000	—
潍坊天和思瑞国际大饭店有限公司	四级	2006.4	—	32	2	8	—	1800	—
高密市孚日地产有限公司	四级	2006.4	—	29	2	8	3	1360	—
高密市新长城房地产开发有限责任公司	四级	2008.4	—	14	1	8	2	1000	—
高密市博海置业有限公司	四级	2008.4	—	21	5	9	3	1000	—

续表 16－1

企业名称	资质等级	组建时间	改制时间	职工人数	专业技术人员			注册资金（万元）	备注
					高级	中级	初级		
高密市晟龙地产开发有限公司	暂定	2008.8	—	12	—	5	5	1000	—
山东三佳集团房地产开发公司	暂定	1994.6	1994.6	27	2	6	16	650	—
高密市城市建设投资开发有限公司	暂定	2002.7	2002.7	38	1	6	21	1000	—
高密市天和置业有限公司	暂定	2002.5	2002.5	39	2	4	7	850	—
高密凯凯房地产开发有限公司	暂定	2002.5	2002.5	18	—	10	7	1000	—
高密滨河置业有限公司	暂定	2002.11	2002.11	98	3	10	1	1000	—

第三节　拆迁开发

拆迁

房屋拆迁　高密市城市建设房屋拆迁始于20世纪80年代，当时拆迁职能在县城乡建设委员会城建科。1991年3月，成立县城市建设房屋拆迁办公室，隶属县城乡建设委员会，为自收自支事业单位。1997年3月，市城市房屋拆迁办公室对外独立行使职权，接受社会委托拆迁任务。至2004年，全市共拆除房屋19778间，拆迁单位108个，拆迁居民2363户，拆迁面积31.09万平方米；回迁单位56个，回迁居民1965户，回迁面积26.07万平方米。对严重影响城市规划和城市建设的被拆迁居民下达裁决通知书55份，依法强制拆迁14户。其中，综合开发拆迁项目36个，拆迁单位67个，拆迁居民1827户，拆迁面积254166平方米。2008年，城区实施“两街三路”综合改造，共有79个改造片点，占地面积148.7万平方米，其中拆迁面积约67.3万平方米。整个工程分三期实施，一期工程2008年5月底前完成，二期工程2008年12月底前完成，三期工程2009年12月底前完成。2008年，完成拆迁片区（点）51个，拆除2718户，占总拆迁户数的51%；拆除面积165万平方米，占总拆迁面积的65%，主要拆迁了电影院、人民大街茶叶店、城隍苑、凤凰景苑片区、阳光花园片区、梨园小区、星合大厦片区、初家村片区、向阳中学片点、碾头片区、东三里吉祥密都苑片区、张家埠四户片点、南湖植物园片区、秦家岭、荆家庄、单家屋子等。至2008年12月全市共拆除居民5081户，面积196.09万平方米。

市政拆迁　至2003年12月，全市共完成市政拆迁项目19处，拆迁单位101个，拆迁面积42912平方米；拆迁居民323户，拆迁面积28725平方米。共拆除占地面积16.71万平方米，共安置居民263户，安置面积2.96万平方米，安置宅基地60户，货币回迁30户。其中1990年、1993年、1996年、1997年人民大街拓宽拆迁单位32个，拆迁面积22093平方米，拆迁居民89户，拆迁面积6659平方米；安置居民49户，安置面积4050平方米，安置宅基地30户。共拆除占地面积73330平方米。1993年府前游园拆迁居民16户，拆迁面积1582平方米，回迁居民5户，回迁面积524平方米，易地安置宅基地11户，拆除占地面积3955平方米；1994年公园改建拆迁5户，拆迁面积391平方米，全部易地安置宅基地，拆除占地面积977平方米；1998

年东立交高架桥建设拆迁，拆迁单位11个，拆迁居民30户，全部采用货币拆迁，共拆除占地面积12300平方米。

以开发带项目拆迁　1997年始，市政府实施开发带动战略，即以房地产综合开发项目带动基础设施和公益事业项目建设。至2008年12月，实施综合开发带动基础设施和公益事业拆迁13处，拆迁单位3个，拆迁居民656户，拆迁面积11多万平方米。主要有碾头鞋业商城带动的文化广场项目和部分创业街开通拆迁，密水商场扩建带动的密水游园和停车场项目拆迁，大剧院改造工程带动的时代广场项目拆迁，密水商场三期工程带动的府前游园项目拆迁等。其中2005年实施的小康河综合改造工程，共拆除沿线489户居民，两家单位，面积9.5万平方米。

附：拆迁补偿标准

1992年4月至2000年12月，房屋拆迁补偿金额为拆迁标准的两倍乘以有证房屋确权登记面积。拆迁补偿标准为一等房90元~100元/平方米；二等房80元/平方米；三等房70元/平方米；四等房60元/平方米；五等房50元/平方米；拆迁补偿实行产权调换、作价补偿或者产权调换与作价补偿相结合的方式。

2001年5月至2003年12月，拆迁补偿标准为：

拆除住宅房屋：补偿金额=[区位价格+重置价格×(1-房屋使用年限×2%)]×[原拆确权登记面积](使用年限超过30年的按30年计算折旧)

区位价格为：一类地区400元/平方米；二类地区300元/平方米；三类地区200元/平方米；四类地区100元/平方米。

重置价格为：楼房一等480元/平方米；楼房二等450元/平方米；楼房三等400元/平方米；楼房四等350元/平方米。平房一等400元/平方米；平房二等360元/平方米；平房三等320元/平方米；平房四等260元/平方米；平房五等200元/平方米；平房六等100元/平方米。

拆除非住宅房屋补偿标准：按照被拆除房屋的市场评估价格确定，评估要由有资质的专业评估机构依法进行评估。补偿方式实行货币补偿或者房屋补偿，具体补偿由拆迁人和被拆迁人及房屋所有权人协商确定。

2008年两街三路综合改造补偿标准执行高政发〔2007〕52号文件，实行市场价评估。

开发

开发规模　1986至1992年，高密房地产开发企业只有1家。早期房地产开发，主要以中小地块为主，开发体量小，建设水平比较低端，居住功能单一。户型面积60多平方米居多，所开发的小区累计建筑面积不足20万平方米，小区居住人口1万多人。1993年住房制度改革，城市住宅建设步入经营型综合开发轨道，商品房建设规模、户型等有明显改观，同时一批老居住区被拆迁改造。2000年之后，高密房地产业发展加快，房地产二、三级市场活跃，交易量明显增加。全市放开房地产开发市场后，注册开发企业迅速增加，年开发量明显上升。商品房开发开始以城中村改造、城区一般国有土地开发为主，快速向城区四周扩延，尤其是以城东和城南最为明显。2002年开工面积为25万平方米，2003至2004年为38万平方米，2005年为68万平方米，2006年为125万平方米。在住宅小区开发建设中，规模小区小高层、高层住宅明显增多。

1991年至2008年，全市共开发建筑面积590.5万平方米，其中营业面积125.9万平方米，住宅面积465.56万平方米，竣工面积480.2万平方米，总投资达78.7亿元。共开发综合小区及组团开发项目105个，主要有醴泉小区、凤城小区、鞋业商城、密水商场、顺河路商业街、文苑小区、北方鞋城、农丰小区、古城小区、KK商贸城、水岸东方、新视界、湖滨花园、绿洲凰庭、翰林苑、梧桐广场、盛世大院、上海国际城、新贵领地、都市绿洲、电影大厦、高新技术创业服务中心科技研发孵化区等。

开发土地获取　2002年以前，房地产用地供应以划拨方式兼协议出让为主。2002年以后，房地产用地供应开始实施招标、拍卖、挂牌方式出让，土地供应由原来计划方式配置向市场配置转变。随着招拍挂出让土地方式不断完善，房地产市场逐渐规范有序。房地产用地供应程序严格按照《招标拍卖挂牌出让国有建设使用使用权规定》(国土资源部令第39号)执行，通过发布用地计划、编制招拍挂出让方案、组织集体会审、方案报批、发布出让公告、组织土地竞买、签订成交确认书、发布成交公示、签订土地出让合同、发布土地供应结果等程序来实现开发土地获取。

2002～2008年高密市房地产土地出让价格表

表16－2　　　　单位:万元/亩

年度	2002	2003	2004	2005	2006	2007	2008
土地平均单价	39.02	20	23.3	26.03	38.65	37.62	48.86

第三章　房产交易

第一节　交易管理

1987～1996年，高密市政府从维护房产交易双方的合法权益入手，加强房地产交易监理工作，印发了《高密县城镇房地产交易管理暂行规定》，先后成立高密县房地产交易监理所、高密市房地产交易中心和评估、咨询经纪所等机构，完善管理服务体系，制定了系统的房地产转让、租赁、监理程序，推行咨询、登记、评估、监理过户、确权发证一条龙服务。开展了商品房预销售许可证管理和房产抵押管理。1996年开办面积300平方米的房地产交易市场，同年组建房产管理监察中队。从2000年开始，对房地产交易与权属管理实施“一站式”办公，微机网络流水作业。并在交易中心设政策咨询、收件受理、审核审批、缴费缮证、信息服务等窗口。1987～2008年，上述机构共查处房地产交易、租赁监理违规案件472起，面积12.07万平方米；评估5.92万起，面积517.46万平方米；抵押29108起，面积1752.52万平方米，抵押金额195.63亿元；发布各种信息5.5万条(人次)。

第二节　商品房销售

对商品房销售实行预售管理，要求必须有预售许可证，并对预售许可进行公示。合同填写必须规范清楚、编号准确、建立档案，并不得做虚假广告宣传等。高密市的住房销售登记始于2000年，2000年至2008年商品房销售情况见表16—3。

2000～2008 年高密市商品房建设销售情况表

表 16－3

年份	商品房		其中:住宅		预销售面积（平方米）	每平方米销售均价（元/平方米）	每平方米投资均价（元/平方米）	完成投资（亿元）	空置面积（平方米）
	开工面积（平方米）	竣工面积（平方米）	开工面积（平方米）	竣工面积（平方米）					
2000	138000	126000	71200	66780	89000	—	—	—	—
2001	148500	168000	110500	82000	96500	—	—	—	—
2002	253000	243000	188640	179800	145200	—	—	—	—
2003	367900	355000	293200	266300	297000	—	—	—	—
2004	385100	363000	327100	290400	276800	1329	1220	4.5	—
2005	680000	423200	563600	359000	603600	1539	1430	8	—
2006	1258760	651000	1069900	546800	1109810	1724	1650	14.5	—
2007	940600	934800	783000	794500	498858	1960	1850	17	39800
2008	589600	794080	491000	661000	823205	2300	2100	17	83000

第三节　物业管理

高密市物业管理工作起步于 2001 年。是年 7 月，组建高密市物业管理办公室，为副科级事业单位。其主要职责是制定物业管理规章制度，对全市物业管理工作进行指导、监督、检查，协调物业服务企业与业主委员会工作，督促开发企业对住宅专项维修资金进行交存，监督开发企业做好前期物业服务工作，做好专项维修资金、住宅保修金管理工作等。截至 2008 年，全市共有物业管理企业 30 家，服务住宅小区 178 家，面积 763 万平方米，业主 34271 户，从业人员达到 1300 多人。创省级优秀住宅小区 1 家、市级优秀住宅小区 8 家。

制度建设　物业管理办公室组建后，先后出台《高密市物业管理办法》《高密市物业服务收费暂行办法》《高密市物业服务标准》《高密市前期物业服务招标、投标管理暂行规定》《高密市住宅专项维修资金管理使用办法》《高密市住宅质量保修金管理办法》等地方物业管理规定。依据物业法律法规规定，2005 年制定《高密市物业服务考核办法》，加强对物业服务企业服务行为的监督和考核，对业主投诉情况建立月通报制度，对物业企业投诉纳入年度考核范畴，规范和制约了物业企业行为。

住宅专项维修资金　依据《高密市住宅专项维修资金管理办法》规定，自 2003 年起至 2008 年，共归集住宅专项维修资金 1.1 亿元。按照规定新建住宅小区，开发建设单位在办理预售许可时按照 24 元 / 平方米的标准替业主交纳 50%，待工程竣工验收时交纳剩余部分的 50%。该项资金由业主在接房时一次交清。专项维修资金专项用于物业共用部位、共用设施设备保修期满后的维修更新和改造，不得挪作他用。依据《高密市住宅专项维修资金使用流程》，至 2008 年，共使用住宅专项维修资金 70 万元。

业主委员会组织建设　为建立业主自治机制，完善业主委员会与物业公司之间的关系，2002 年高密市开始实施小区业主代表大会建设工作，由业主选举业主代表，业主代表选举业主委员会。至 2008 年，全市共组建 28 个住宅小区业主委员会。

物业管理招投标 依据《物业管理条例》和建设部《前期物业管理招标管理暂行办法》以及《高密市前期物业管理招标投标管理暂行规定》的规定，全市范围内新建的各类物业管理活动具备下列条件之一的必须通过招标方式确定物业服务企业：本市行政辖区内国有投资或国有投资占主导地位新建办公用房的物业管理活动；本市行政辖区内新建建筑面积1万平方米以上的非住宅物业（含别墅）的物业管理活动；建筑面积3万平方米以上（含3万平方米）新建住宅（小区）的物业管理活动；学校、影剧院、体育场馆等涉及公共安全的项目的物业管理活动。同时规定，凡国有投资或国有投资占主导地位及涉及公共安全项目的物业管理必须采用公开招标的方式选聘物业服务企业。招标工作由开发建设单位申请有资质的招标单位组织，市物业管理办公室实施监督。评标专家从潍坊市物业管理招标投标专家库中随机抽取。截至2008年，全市通过招标投标方式选聘物业企业的小区共有23家。

第四章 住房制度改革

第一节 房改政策启动实施

1986~1992年，高密县城镇居民的住房尚处于福利住房制度时期，职工住房由集体分配，维修管理由集体负责，个人只缴纳少量租金。1993年5月出台的《高密县经济体制改革工作要点》中提出加快住房制度改革，按照潍坊市政府有关文件要求，积极推进租、售、建全面配套的住房改革，重点促进住房福利性分配机制向货币分配商品交换机制的转换，并与发展房地产市场结合进行，使建房、分房、管房逐步走上规范化、商品化轨道。是年10月1日起房改工作实现正式运转。以提高房租为突破口，促进公有住房出售工作。到1993年底，共有86个单位参改。其中出售公有住房的67个单位，售房4523套，面积29.36万平方米，回收资金4574.7万元；提租补贴的97个单位，住户5330户，面积29.32万平方米。通过房改，新的住房机制初步形成。

1994年8月，根据国务院、山东省和潍坊市关于城镇住房制度改革意见，市政府出台《高密市城镇住房制度改革实施方案》，并配套出台《高密市公有住房计租暂行办法》《高密市公有住房超标加租暂行办法》《高密市发放住房补贴暂行办法》《高密市住房补贴工资基数计算暂行办法》《高密市公有住房租金减免暂行办法》《高密市出售公有住房暂行办法》《高密市房改房租房房价评估暂行办法》等7个文件。

房改内容 这次房改方案的基本内容是：分步提高公有住房租金，推行公积金，出售公有住房，收取住房保障金，推行集资建房，建立住房基金等六项内容。关于公房的出售，要求职工按标准价购买公房，每户只享受一次，只限购买一套住房。一般职工为50平方米，科级干部60平方米，县级干部70平方米，厅级干部90平方米，超过上述标准50%以上部分，实行届时的市场价。标准价由负担价和抵交价组成。1994年全市新房标准价为395元/平方米,负担价为242元/平方米,抵交价153元/平方米。旧房的负担价和抵交价另作计算。售房单位对购房职工给予工龄、一次付款等优惠。关于公房租金,从1994年7月1日起,每平方米使用面积月租金提至0.9元,1995年提至1.22元。

房改目标 方案规定全县房改分三个目标进行。第一是“八五”目标:以改变低租金、无偿分配住房为基本点,使住房租金力争达到3项因素(维修费、管理费、折旧费)的计租水平,实现以租养房;紧紧围绕“解危”“解困”,重点解决人均居住面积4平方米以下的住房困难户和无房户的住房问题;人均居住面积达到10平方米,住房成套率达到65%左右;全面建立城市、单位、个人三级住房基金。通过改革,奠定机制转换的基础。第二是十年目标:到2000年,住房租金努力达到5项因素(前3项因素加投资利息和房产税)的成本租金水平;基本完成危旧住房的改建任务;无房户和人均居住面积6平方米以下的住房困难户基本得到解决;人均居住面积达到11平方米,住房成套率达80%左右,居民居住水平得到明显改善;逐步实现住房资金投入产出的良性循环。第三是长期目标:住房租金要达到8项因素(前5项因素加土地使用费、保险费和利润)的商品租金水平;实现每户有一套实用、方便的住宅,群众居住条件和环境大大改善;形成房地产市场和住房融资体系,完成住房商品机制的转换,实现住房商品化、社会化。

第二节 房改综合配套推进

1996年7月1日以后,新建住房一律取消福利分配和标准价售房,以成本价出售,实行只售不租或先售后租。1996年12月,市政府出台《高密市1996年度深化城镇住房制度改革的政策规定》,这一政策的出台,使全市房改工作从单项改革进展到全面推进、综合配套的改革阶段。

1996年度房改 关于公房出售,要求1996年度向职工出售公有住房实行标准价或成本价。标准价为每平方米建筑面积636元,其中负担价394元,抵交价242元,成本价592元,市场价为922元。职工无论以标准价还是以成本价购买公有住房,都给予现房折扣、工龄折扣和一次付款折扣。职工按成本价购房的面积控制标准,仍按1995年度房改规定执行。超过标准20%以上(不含20%)部分实行市场价。职工以成本价购买公有住房,实际售房价格每平方米建筑面积不得低于120元,低于120元的按120元计算。关于提高公有住房租金,规定1996年度市区公有住房租金提高到占1995年双职工家庭平均工资的8.5%,即每平方米使用面积月标准租金1.53元。成本租金调整到5.24元。公有住房租金调整后,对租住直管公房的离退休职工,其减免的新增租金调整为由所在单位给予减、免、补。经民政部门确认的低于城镇居民最低生活保障线的困难户,其新增租金有房屋产权单位全免。

到1996年底,全市230个单位中,有222个单位参加房改,占单位总数的96.5%。其中,出售公有住房的195个单位,售房9298套,面积65.24万平方米,回收资金12697.96万元。有111个单位,5772户职工家庭实施了新的房租改革,面积31.36万平方米,租金额7.28万元。有11个单位,1675名职工实施了住房公积金制度,公积金额2.58万元。

1997年度房改 1997年9月,市政府出台《高密市1997年度深化城镇住房制度改革的政策规定》,关于公房出售规定是,凡在售房范围内的单位自管公有住房和房管部门的直管公有住房都应向个人出售。1997年度向个人出售公有住房实行成本价。房改成本价为每平方米建筑面积618元;标准价为770元,其中负担价为483元,抵交价为287元;市场价为924元。个人以成本价购买公有住房,享受现住房折扣、工龄折扣和一次付款折扣。个人按房改成本价购房的面积控制标准以建筑面积计，一般干部职工65平方米，科级干部75平方米，县级干部90平方米，地市级干部120平方米，超过20%(不含20%)以上部分实行市场价。关于租金改革，1997年度公有住房租金提高到占1996年双职工家庭平均工资的9%，市区公有住房每平方米使用面积月标准租金为1.94元。对离退休职工、社会救济户，优抚户以及享受最低生活保障、领取失业救济金和下岗的职工家庭，实行免、减、补政策。

1998至1999年度房改 1999年9月，市政府下发《高密市人民政府关于印发高密市1998、1999房改年度城镇住房制度改革方案的通知》，对住房公积金、住房补偿、住房补贴、公有住房出售、公有住房出租、公有住房售后交易、住房建设等问题重新做出明确规定。其中1999年的方案关于公有住房的出售规定是：公有住房实行先售后租。市区房改成本价每平方米建筑面积为760元，房改市场价每平方米建筑面积为924元。职工购买公有住房建筑面积控制标准为：地厅级120平方米，上限标准150平方米；县处级90平方米，上限标准为110平方米；科级75平方米，上限标准90平方米；科级以下65平方米，上限标准80平方米。职工购房在上限标准以内部分实行房改成本价；超过上限部分，实行房改市场价，并视作违纪按有关规定处理。不同住房的实际销售价格，在房改成本价和房改市场价的基础上，根据使用年限、建筑结构、设施、楼层、地段等因素确定，并继续执行住房补偿、现住房折扣和一次付款折扣。现住房折扣为每平方米建筑面积6.24元，一次付款折扣为住房上限标准内售房款的10%。住房补偿按有关规定计算。1998年7月1日后参加工作的职工，不享受一次性住房补偿。关于公有住房出租，规定1999年度公有住房按双职工家庭收入的13.5%确定，每平方米使用面积月租金为2.43元。离退休职工家庭、非在职的社会救济户、优抚户、享受最低生活保障职工家庭、领取失业救济金家庭和下岗职工家庭，执行1997年度租金改革政策。住房补贴从1999年度起，对在职职工按月工资基数的20%发放。

2000年后，职工住房基本转向市场化。

城镇廉租住房保障 随着城镇住房制度改革的推行，2005年，全市城镇住房以廉租住房为主要保障方式，并与经济适用住房货币补贴相结合，实行购租自主、先购后补、先租后补。廉租住房保障以租赁补贴为主，实物配租为辅。2007年，廉租住房租赁补贴标准为：最低生活保障家庭每月每平方米建筑面积补贴2.58元，低保以外的低收入家庭补贴1.55元。是年，受理、审核、公示廉租住房租赁补贴11户，发放廉租补贴7108.8元。2008年，新增廉租住房租赁补贴27户，累计发放廉租补贴23109元。

第三节 住房公积金

1993年，开始推行住房公积金制度。党政机关、群众团体、企事业单位的固定职工、合同制职工(三资企业的外籍职工除外)，均实行公积金办法。交纳标准暂定为职工个人和所在单位职工月标准工资的4%，单位和个人交存的公积金均归职工个人所有。1994年以后，各按上一年度月平均工资总额的5%缴存。职工出国定居、离退休或调入不实行公积金的单位，结存的公积金归还职工本人。在国内调入实行公积金的单位，公积金随工资关系结转。职工去世，其节余的公积金本息可依法由继承人提取，免交个人收入调节税。

1997年9月，市政府出台《高密市1997年度深化城镇住房制度改革的政策规定》，提出全面建立住房公积金制度。要求未建立住房公积金制度的单位，必须从1997年7月份开始把住房公积金制度建立起来。住房公积金缴交比例为单位、个人各5%。计算住房公积金的基数为1996年职工月均工资总额。外商投资企业及其中方职工的住房公积金缴交比例均不低于8%;经济效益较好的单位、职工缴交比例可适当提高;困难企业,缴交比例可适当降低,但最低不得低于3%;因亏损或停产半停产连续6个月以上职工收入达不到最低工资标准或连续3个月以上停发工资的企业可以挂账并缓交,待经济效益好转后再予补交。

1999年9月,市政府出台《高密市1999年度城镇住房制度改革方案》,关于住房公积金的规定是:1999年度住房公积金由单位和个人各按上年度职工月平均工资总额5%的比例逐月缴交,有能力实行而尚未实行住房公积金制度的单位,单位和职工个人要分别补交1994年7月份以来欠交的住房公积金;确有困难的单位,也要从1994年7月份开始建立职工个人住房公积金档案,作挂账处理。

2004年,贯彻落实国务院《住房公积金管理条例》和《关于进一步加强住房公积金管理工作的通知》精神,做好住房公积金的归集、支取和个人贷款等工作,全市的住房公积金管理工作迈上新台阶。是年,全市归集住房公积金2280.59万元,期末全市住房公积金归集余额6352.24万元,余额同比净增1696.61万元。住房公积金支取583.98万元,占当年归集额的25.6%,同比增长5.0%。

2008年,全市归集住房公积金4529.85万元,同比增长68.2%;期末全市住房公积金归集余额达12308.75万元,余额同比净增2570.24万元。全市支取住房公积金1959.61万元,占当年归集额的43.26%,同比增长6.6%。住房公积金贷款发放职工133户,同比增加131户;全市新发放贷款1025万元,帮助中低收入职工解决购房面积达1463平方米,同比增长485.2%。

2004～2008年高密市住房公积金归集使用情况表

表16－4　　单位:万元

内容/年份	归集	提取	公积金贷款
2004	2280.59	583.98	—
2005	2274.71	969.21	—
2006	2558.94	1333.34	—
2007	2692.99	1837.82	9
2008	4529.85	1959.61	1025

第十七编

建筑业

从20世纪80年代到2008年，高密市的建筑业经历了一个从弱到强、从小到大的发展阶段。对建筑企业的管理，主要由市建设部门根据建筑业的发展，由起初的综合管理，到陆续设置建筑工程管理、建筑勘察设计、建设工程质量监督、执法监察、劳动保障资金管理、工程监理、投标招标等若干机构来进行分别管理。管理逐步细化、逐步规范。1986~2008年，全市共创建名优工程160多项，建筑面积750706平方米，占同期建筑面积的35%。其中1999年竣工，由山东高密广安第一建筑工程有限公司承建的高密康成中学教学、实验、科技、公寓楼，为全市第一个名优精品工程群。

第一章 建筑业管理

第一节 综合管理

行政管理 1986年，在原建委施工科的基础上成立建筑工程管理办公室(简称建工办)，其中的质量监督职能独立出去，成立建筑工程质量监督站。1991年建工办改为建筑工程管理处(简称建工处)，主要负责对施工企业的资质管理，并实行年检制度。后来，工程建设标准定额站及招标投标办公室并入，由此增加了建设工程定额和招投标管理职能，并成立独立的财务。1995年，招投标职能撤出，独立为招投标交易中心。1995年底，在建工处成立高密市建筑企业养老保障金管理站(简称劳保站)，专管全市建筑企业养老保障金的收缴、上解和拨付。2003年5月，成立高密市清理拖欠工程款和民工工资领导小组办公室，办公室设在建工处。2005年8月高密市清理拖欠工程款和民工工资领导小组办公室撤销，在此基础上，建工处成立清欠办公室，专门负责全市建筑领域的工程款和工人工资拖欠问题。至2008年，建工处共设综合办公室、劳保站和清欠办公室，共有工作人员16人。

质量管理 1985年，县建委设建筑工程质量安全监督站（1994年高密县建筑工程质量监督站更名为高密县建设工程质量监督站)，负责对建设工程的实体质量及参与工程建设的各责任主体的质量管理实施监督，并对建设工业产品备案。监督以抽查为主，主要对事前的地基基础、事中的主体工程及事后的使用功能监督检查。工程竣工，进行验收管理以及处理建筑工程质量投诉等。

招标投标管理 1998年，高密市建委隶属下的工程交易中心成立。交易中心主要以国有资金投资或国有资金投资占主导地位的工程项目为重点监督对象。涵盖招标、核准、开标、评标、定标和合同备案等内容的工程招标投标活动全过程。交易中心开通建设工程招标交易信息网络，将招标公告和中标信息向社会公开公示。关键环节由纪检、监察部门参与，公证机构现场公证。至2008年，累计完成工程交易600余项，交易面积480多万平方米。

工程造价定额管理 1986年后，一直采用每年两次调查材料价格，测算材料价差进行价格系数调整的办法。每季公布建筑材料市场指导价，施行各种定额征订与发放，并解释执行中遇到的疑难问题，或编制补充定额。组织工程造价专业人员的培训、考试和发证。1998年，成立“工程造价咨询事务所”，专管工程造价定额事宜。

执法监察 1986年，县建委设城市建设小分队，负责对城区公用、民用违章建设的监察。1988年1月，改为市容中队。1993年10月撤销，执法监察由县公安局负责。1995年4月，重组执法监察队伍，称监察大队。2005年，执法范围由城区扩展到乡镇。建设执法大队对违法违章建设依法监察，依法查处。督促建设单位办理手续、补缴相关建设规费。

新型墙体材料应用 高密市新型墙体材料应用领导小组办公室（简称墙改办）成立于1998年10月，成立后一直与建设工程交易中心合署办公。2007年，墙改办管理职能与建设工程交易中心分开。主要职责是组织新型墙材与建筑节能技术产品以及可再生能源应用技术产品应用、认定与推广；组织实施建筑节能与墙材革新试点示范工程建设，组织实施绿色建筑等可再生能源建筑应用示范项目建设；负责建筑工程采用新型墙材与建筑节能的设计审查备案、建筑节能专项检查、节能检测管理、节能建筑认定；负责新型墙体材料专项基金的征收、使用和管理；组织全市建筑节能与墙材革新工作检查和考核；指导、协调、组织全市的既有居住建筑节能改造工作。

第二节 施工管理

工程监理 1996年，市建委设立工程质量监理机构，2001年改制为独立民营公司，名称为高密市高建工程建设监理有限公司（后改称潍坊高建工程建设监理有限公司，2008年改名为山东智汇工程项目管理有限公司）。2003年又有两家监理公司成立，分别为高密市华诚工程监理有限公司、潍坊恒盛源设计咨询有限责任公司（取得监理资质）。上述监理公司负责对境内在建工程实行全过程跟踪监督。

安全生产管理 1986年后，建筑工程安全生产管理由建设工程管理处负责。要求建筑企业必须建立健全安全生产管理制度和保障体系，落实安全生产责任制及安全措施，并取得安全资格证书方可施工。施工过程中，管理部门定期检查施工现场的安全，发现事故隐患，及时监督整改。

第二章 设计 勘察 施工

第一节 设 计

机构 1976年1月，高密县建设局设设计科，负责建设工程设计、管理设计档案和推广建筑新技术。1985年改称设计室。1992年5月11日更名高密县建筑勘察设计院，为自收自支事业单位。2005年10月改制为企业。2009年更名为潍坊恒盛源设计咨询有限责任公司，是一家集城市规划，建筑设计、岩土程勘察建设监理及相关业务咨询为一体的综合服务型企业。

技术力量 1986年设计室有技术人员6名。进入90年代，建筑市场日益旺盛，建筑设计业发展较快。至2008年，公司技术人员有高级工程师10名,工程师17名,助理工程师6名,会计师2名,经济师1名。其中,一级注册建筑师2名,二级1名;一级注册结构师3名,二级1名。

完成工程 1986~2008年,公司完成工业与民用建筑工程项目2800个,完成设计面积438万平方米。其中,1989年设计的高密供电公司调度楼获潍坊市优秀设计一等奖。高密百货公司营业楼、市政府招待所接待楼获潍坊市优秀设计三等奖。高密二中学生餐厅获潍坊市建设局、科技局优秀勘察设计三等奖。另外,还获得多项省、市(地)级优秀成果奖,在全市建筑业享有良好声誉。

第二节 勘 察

机构 1992年3月,设计室内设工程地质勘查队,从事工业及民用建筑工程地质勘查。

技术力量 2003年,有专业技术人员6名。主要设备有SH-30工程地质钻孔机1台,DPP-4E汽车钻机1台,理正勘察软件1套,计算机2台。至2008年,有专业技术人员6名,其中注册执业人员1名。

完成工程 2003年,完成建设勘察项目389个。地质钻探进尺2.1万余米。代表性的高层建筑有中国银行高密支行大楼、朝阳街道办事处办公大楼、交通局办公大楼等。至2008年,完成建设勘察项目300多个。地质钻探进尺近3万米。代表性的高层建筑有广播电视中心、创业大厦、农信大厦等。

第三节 施 工

施工工程 1986~2008年,全市建筑业的施工工程一直处于活跃期。其中优良工程率也逐年提高,后期年份,多在30%以上。

■ 建筑工人作业现场

1993~2008年高密市建筑业部分年份施工工程情况表

表17-1

年份	施工工程(个)	竣工(个)	优良(个)	房屋建筑施工(平方米)	竣工(平方米)	优良(平方米)	本年新开工(平方米)	投标承包(平方米)
1993	671	483	53	1088506	591883	104219	—	—
1994	574	225	38	1102116	307609	96117	—	—
1995	507	134	36	1171007	288040	79222	—	—
1996	497	272	44	910543	340346	—	—	—
1997	422	236	55	793850	324020	135288	—	—
1998	459	266	55	791405	307271	135514	—	—

续表 17–1

年份	施工工程（个）	竣工（个）	优良（个）	房屋建筑施工（平方米）	竣工（平方米）	优良（平方米）	本年新开工（平方米）	投标承包（平方米）
1999	518	285	87	823686	367440	221708	—	—
2000	428	249	81	820590	367685	221080	—	—
2001	448	291	70	870903	479483	206476	—	—
2002	453	275	—	1072844	467622	—	—	—
2003	—	—	—	1240005	—	—	652643	1106273
2004	—	—	—	1327433	588127	—	671059	602247
2005	—	—	—	1547957	634163	—	825480	1351569
2006	—	—	—	2254188	1095769	—	1298880	2032187
2007	—	—	—	2234785	1070143	—	1073708	1735066
2008	—	—	—	1995528	—	—	913403	1688361

施工机具 1985年高密市建筑业专用机械主要是普通塔吊，以井字架上料为主，全县仅有塔吊36台。1990年8月，各建筑安装公司积极增加新设备，建筑机械的保有量快速增长。至2008年底，高密市建筑业共存有大中型设备4230台(套)，其中塔式起重机 620吨/312台，轮胎式超重机220吨/58台，汽车式超重机80吨/18台，载重汽车180吨/320辆，自卸汽车330吨/150辆，装载机80台，挖掘机145台，混凝土土搅拌机480台，空压机81台，钢筋切断机482台，卷扬机240吨/198台，机动翻斗车21吨/93台，锻压设备840吨/35台，金属切削机床68台，振动机械623台，切割机械236台，砂轮机235台，其他施工设备912台(件)，设备总值达10500万元。

施工技术

20世纪90年代后，建设局按照“科技兴业”战略，倡导各建筑企业重视应用建筑新技术，积极投入资金，培训人才，不断引进并积极开发新技术。是期，广安一建编写的钢丝网架水泥聚苯乙烯夹芯板施工工法、现浇混凝土空心板施工工法、挤塑聚苯乙烯保温板施工工法、锚杆及土钉墙施工工法、整体现浇式外墙外保温施工工法获山东省省级工法。广安一建编写的钢丝网架水泥聚苯乙烯夹芯板在工程中的应用、BDF薄壁筒体在现浇空心楼板中的施工技术研究、挤塑聚苯乙烯保温板在施工中的应用研究、锚杆及土钉墙在施工中的应用研究获山东省建筑业技术创新三等奖。

模板技术 80年代主要使用散支散拆木模板，随后大量推广组合式小钢模。1994年建设部把新型模板和脚手架应用技术作为建筑业重点推广的十项新技术之后，模板技术有较大发展。1995年开始大量使用木(竹)多层胶合板和大钢定型模板组合。既能满足清水混凝土的要求，又投资相对较少，一般用于楼板、墙体模板较多。

脚手架技术 1990年以前以木脚手架为主，以后逐步“以钢代木”，大量使用钢管扣件式脚手架。高层以悬挑式脚手架为主。

混凝土技术 1990年之前混凝土以人工进行配比拌和。之后以搅拌机配合配料机进行。2006年后开始使用预拌商品混凝土和泵送技术，出现了高性能混凝土。

钢筋及预应力技术　90年代之前钢筋连接主要采用绑扎和电弧焊。1990年至2000年主要以闪光对焊和电渣压力焊为主。2000年后推广使用带肋钢筋套筒挤压连接。1990年后高效钢筋、预应力技术得到广泛应用。

第三章　建筑装饰

第一节　建筑材料

墙体材料　2001年6月市联社建筑公司从四川成都引进五防轻体隔墙板生产线，年生产能力达到60万平方米。2005年11月高密市建设局根据山东省人民政府第181号令《山东省新型墙体材料发展应用与建筑节能管理规定》及上级有关文件精神，结合当地实际，下发《关于进一步加强墙材革新与建筑节能工作的实施意见》，规定自2006年7月1日起，本市行政规划区范围内建制镇不得使用实心黏土砖（瓦）；自2008年7月1日起，其他建制镇规划区范围内不得使用实心黏土砖（瓦）。

混凝土预制板　2003年之前楼板全部采用混凝土预制板，2003年开始使用混凝土现浇楼板，解决了混凝土预制楼板的顺板裂缝质量通病。

大型屋面板　2003年之前使用混凝土预制板，2003年开始采用背肋双T板。

PVC新型管材　2000年之前主要以镀锌钢管作为给水管道为主，2000年开始以pvc新型管材作为给水管道。

门窗材料　1992年之前以木门窗、钢门窗为主，1992年开始以铝合金门窗为主，2003年以塑钢门窗、钢化中空玻璃为主。

第二节　装饰材料

顶棚　2000年后由过去单一的石膏板吊顶发展到矿棉吸声板吊顶、铝合金薄板吊顶，也有少量不锈钢和木质吊顶。

内外墙　公共建筑墙面多使用石材墙面，2005年外墙面开始由普通涂料发展为外墙保温刷涂料及干挂花岗岩。高密市海建建筑工程有限公司采用专利设备生产超薄花岗石板，2001年获石材进出口经营权，产品远销美、日等国家。

地面　地面由过去的水泥地面和水磨石地面发展为地面板石材、复合木地板及耐磨地面。

第四章　建筑企业

第一节　企业数量及资质

企业数量　20世纪80年代初始，建筑业进入大发展时期，集体与个体办的建筑企业如雨后春笋，名称也多有变更。1990年后，经过规范管理，市场淘汰，企业自动调整组合，到1993年，四级以上资质企业有45家，多为县和乡镇村办企业。20世纪末，集体企业完成股份制改造，建筑企业呈稳步发展之势。

1993～2008年高密市建筑企业数量表

表17－2

年份	资质等级	家数	年份	资质等级	家数
1993	四级以上	45	2001	四级以上	36
1994	四级以上	58	2002	五级以上	40
1995	四级以上	56	2003	四级以上	36
1996	四级以上	54	2004	三级以上	38
1997	四级以上	51	2005	三级以上	38
1998	四级以上	46	2006	三级以上	38
1999	四级以上	46	2007	三级以上	44
2000	四级以上	39	2008	三级以上	52

企业资质　1993年之前，高密县有四级以上建筑资质的企业45家。2008年，全市三级以上建筑资质企业发展到52家，其中二级资质企业7家。

高密市建筑企业资质情况表

表17－3

年份	资质等级	企业名称
1993	四级以上	县建公司、一建公司、装潢公司、兴华公司、华鲁公司、西关公司、城里公司、交通公司、柴沟公司、柏城公司、丰华公司、东城公司、夏庄公司、康庄公司、周阳公司、高戈庄公司、双羊公司、红旗公司、华夏公司、鲁东公司、昌盛公司、隆昌公司、水利公司、东关公司、振兴公司、建兴公司、永安公司、东岭公司、县社公司、井沟公司、蔡站公司、李仙公司、姜庄公司、河崖公司、初家公司、仁和公司、拒成河公司、呼家庄公司、田庄公司、王吴公司、土庄公司、张鲁公司、市政公司、永恒公司、向华公司

续表 17－3

年份	资质等级	企业名称
1999	四级以上	蓝天环保公司、鲁东公司、田庄公司、长盛公司、向阳建安公司、隆昌建安公司、姜庄公司、华夏建安公司、水利建安公司、锅炉安装公司、市建公司、河崖建安公司、高戈庄公司、市政工程总公司、西关公司、交通公司、华鲁公司、城里公司、振兴建安公司、东关公司、东岭建安公司、东城建安公司、丰华公司、兴华公司、市联社公司、红旗建安公司、柴沟公司、市一建公司、周阳公司、李仙公司、夏庄建安公司、梨园公司、永恒公司、向华公司、阚家公司、永利有限公司、东方装饰公司、大华建安公司、康达公司、建兴公司、市装饰公司、华运公司、城建公司、开发区建安公司、市政工程处、咸家建华公司
2004	三级以上	高密市华运建筑装饰有限公司、山东高密市广安第一建筑工程有限公司、高密市建华建筑有限公司、高密菲达电力有限公司、高密市兄弟装饰有限公司、高密市南阳建筑装饰工程有限公司、高密市蓝天环保工程有限公司、高密市盛强工程科技公司、高密市水利建筑安装公司、高密市瑞源建筑装饰有限公司、高密市大华建筑安装有限公司、高密市华源建筑安装工程有限公司、高密市高源管道安装工程有限公司、高密市顺华装饰工程有限公司、高密辉煌装饰工程有限公司、高密市交通建筑工程有限公司、高密市永基建筑有限公司、高密市华夏建筑安装公司、山东高密华鲁建筑有限公司、高密市城建建筑有限公司、山东高密丰华建筑有限公司、高密市鲁东建筑装饰工程公司、高密市宏正建筑工程有限公司、高密市永利建筑有限公司、高密市东方建筑安装有限公司、高密市路通路桥工程有限公司、山东省高密市东岭建筑安装开发公司、高密市供销合作社联合社建筑安装公司、高密市市政工程处、高密市东关建筑装饰工程有限公司、山东高密海建建筑工程有限公司、高密经济开发区建筑安装工程有限公司、山东高密泰和建筑工程有限公司、潍坊建信集团有限公司、高密市永恒建筑装饰工程有限公司、高密市昌华市政工程有限公司、高密市亮壳幕墙安装有限公司、高密市西关建筑工程公司
2008	三级以上	高密新和消防安装有限公司、高密市鹏程路桥工程有限公司、高密市华建建筑有限公司、高密市永基建筑有限公司、潍坊建信集团有限公司、高密市华运建筑装饰有限公司、高密市建华建筑有限公司、高密市大华建筑有限公司、高密市市政工程建设有限公司、高密市鲁东建筑装饰工程公司、高密市华夏建筑安装公司、山东高密星合建业有限公司、高密市幕墙安装有限公司、高密开发区建筑工程有限公司、高密城建混凝土有限公司、高密蓝天环保工程有限公司、高密市城建建筑有限公司、山东高密华鲁建筑有限公司、高密市金地建筑有限公司、高密市联众建筑工程有限公司、高密市东方建筑安装有限公司、山东高密海建建筑工程有限公司、高密市康大建安有限公司、高密市嘉源市政工程有限公司、高密市建兴建筑公司、高密市永利建筑有限公司、山东畅通路桥工程有限公司、高密市长寿建筑安装有限公司、高密市宏安建工有限公司、高密市博大装饰工程有限公司、高密市华洋建筑工程有限公司、高密市东关建筑安装工程有限公司、高密市交通建筑工程有限公司、山东高密丰华建筑有限公司、高密市振兴东城建筑有限公司、山东高密万通空调设备安装有限公司、高密菲达照明有限公司、高密市瑞安建筑安装有限公司、高密辉煌装饰工程有限公司、山东省高密市东岭建筑安装开发公司、高密顺达交通工程有限公司、高密市路通路桥工程有限公司、高密市昌华市政工程有限公司、山东高密市广安第一建筑工程有限公司、山东高密泰和建筑工程有限公司、高密市水利建筑安装公司、高密市盛强工程科技公司、高密市华源建筑安装工程有限公司、高密菲达电力安装有限公司、高密市西关建筑工程公司、高密市高源管道安装工程有限公司、高密市宏正建筑工程有限公司

队伍构成 在建筑业的队伍中,无论大工、小工还是施工人员,多为农民工,农民工是本时期建筑业的主要力量。将本时期部分年份建筑企业从业人数、企业人员结构情况列表如下:

2003 年、2008 年高密市建筑企业人员构成情况表

表 17-4　　单位:人

年份	从业人员		在从业人员中		在管理人员中				在从业人员中	
	人数	其中装饰装修业	管理人员	工程技术人员	项目经理	一级	二级	三级	十二大员	特殊工种
2003	18330	1340	1807	2094	342	25	109	208	1770	1091
2008	18286	1500		2243	348	19	196	133	2164	1874

第二节　主要经济指标

1986~2008 年,境内建筑业一直稳步发展,规模不断发展壮大,经济效益不断提高。2008 年,全市年缴税金超过 100 万元的建筑企业有 17 家,其中超过 300 万元的企业有 4 家。是年,山东高密市广安第一建筑工程有限公司上缴税金及附加 686 万元。

2008 年高密市三级以上建筑企业主要经济指标情况表

表 17-5　　单位:万元

公司名称	资产总额	年总产值	收入	税金及附加	营业利润	从业人数
高密市新和消防安装有限公司	881	2231	2231	330	251	90
高密市鹏程路桥工程有限公司	1530	2000	910	30	43	90
高密市华建建筑有限公司	4187	3688	3688	124	108	468
高密市永基建筑有限公司	4756	2400	326	54	37	360
潍坊建信集团有限公司	10287	8005	8435	278	404	1150
高密华运建筑装饰有限公司	1166	2960	2960	99	140	467
高密市华建建筑有限公司	535	460	460	15	110	120
高密市大华建筑安装有限公司	3947	7385	7385	246	369	475
高密市市政工程建设有限公司	1692	1321	1321	44	4	118
高密市鲁东建筑装饰工程公司	162	272	272	9	13	37
高密市华夏建筑安装公司	1555	3285	3285	112	153	300
山东高密星合建业有限公司	19749	8426	8426	280	140	1200
高密市幕墙安装有限公司	487	636	636	2	8	81
高密开发区建筑工程有限公司	2608	8098	8098	265	623	900
高密城建混凝土有限公司	2235	2435	2678	18	18	53

续表 17－5

公司名称	资产总额	年总产值	收入	税金及附加	营业利润	从业人数
高密蓝天环保工程有限公司	500	714	714	24	20	83
高密市城建建筑有限公司	3200	2449	2449	82	220	270
山东高密华鲁建筑有限公司	4937	2515	2515	87	120	500
高密市金地建筑有限公司	1497	2211	1210	40	20	330
高密市联众建筑工程有限公司	660	781	781	25	55	240
高密市东方建筑安装有限公司	2430	3158	3158	105	73	254
山东高密海建建筑工程有限公司	8344	10376	10894	348	3	1121
高密市康大建安有限公司	401	988	986	3	18	30
高密市嘉源市政工程有限公司	938	600	741	25	－0.7	122
高密市建兴建筑公司	1310	2423	2423	79	120	280
高密市永利建筑有限公司	3527	680	900	30	4	190
山东畅通路桥工程有限公司	10607	9992	9969	303	501	408
高密市长寿建筑安装有限公司	590	20	15	1	—	5
高密市宏安建工有限公司	1261	2588	2588	86	180	362
高密市博大装饰工程有限公司	422	230	101	3	16	32
高密市华洋建筑工程有限公司	1316	3667	2677	89	116	400
高密市东关建筑装饰工程有限公司	525	141	390	13	50	102
高密市交通建筑工程有限公司	2472	4972	4972	166	464	120
山东高密丰华建筑有限公司	689	1158	1544	53	73	580
高密市振兴东城建筑有限公司	655	2000	1210	42	56	278
山东高密万通空调设备安装有限公司	1650	2600	2600	88	122	60
高密菲达照明有限公司	1022	1000	1150	22	291	30
高密市瑞安建筑安装有限公司	1123	2480	2480	83	52	521
高密辉煌装饰工程有限公司	123	189	188	6	4	48
山东省高密市东岭建筑安装开发公司	2445	2430	2956	98	163	354
高密顺达交通工程有限公司	11378	4050	5110	170	602	300
高密市路通路桥工程有限公司	6889	7066	7060	233	810	150
高密市昌华市政工程有限公司	3549	1147	996	33	24	110
山东高密市广安第一建筑工程有限公司	31817	20621	20608	686	1072	1625
山东高密泰和建筑工程有限公司	4459	1559	867	29	45	300
高密市水利建筑安装公司	1348	1200	4581	153	13	90

续表 17－5

公司名称	资产总额	年总产值	收入	税金及附加	营业利润	从业人数
高密市盛强工程科技公司	1606	530	1327	44	281	538
高密市华源建筑安装工程有限公司	2577	3029	3337	111	174	560
高密菲达电力安装有限公司	5859	3524	3524	118	1510	120
高密市西关建筑工程公司	2065	5427	8107	270	387	1546
高密市高源管道安装工程有限公司	200	517	419	14	6	230
高密市宏正建筑工程有限公司	1703	1283	1283	43	82	188

第三节 企业选介

2008年高密市二级资质以上建筑施工企业：

山东高密市广安第一建筑工程有限公司

原为高密镇办集体企业。1996年晋为资质等级一级。2000年4月改制为股份制公司。董事长王者松。办公楼地址在振兴街东段街北。下设6个土建分公司和消防安装、装饰、机械化、劳务4个分公司及房地产开发、建材两个公司。广安一建承建的工程在各类评比中屡屡获奖。1999年10月，所承建的潍坊市鸢都购物中心工程获得山东省监管局、山东省建筑业联合会联合颁发的山东省级科技示范工程、科技进步三等奖。2000年2月，所承建的高密市农村信用社综合楼工程被山东省建设委员会、山东省建筑工程管理局、山东省建筑业联合会授予“泰山杯”奖。2006年，获潍坊市十强企业荣誉称号。是期，广安一建所建工程优良率近40%，并经常获得潍坊市以上建筑工法和技术创新奖项。

山东高密市广安第一建筑工程有限公司部分年份生产情况表

表17－6　　单位：万元

年份	总产值	竣工产值	房屋建筑施工面积（平方米）	房屋建筑竣工面积（平方米）	机械设备		从业人数	实现增加值
					台数	净值		
1993	4347	—	137120	61199	854	—	1825	—
1994	9631	—	170275	54340	—	—	1735	—
1995	3252	—	270886	45257	—	—	2005	—
1996	10190	4716	194400	67656	1020	—	1935	3026
1997	11465	4616	152380	71043	1063	—	1935	3064
1998	8425	3604	174669	57059	914	—	2178	1994
1999	9089	4932	200066	86556	588	—	1775	2350
2000	8804	4358	179235	83565	622	—	2225	2922
2001	9345	9023	202747	112547	651	—	2230	2992
2002	11086	3101	209239	75009	690	861	2375	—

续表 17－6

年份	总产值	竣工产值	房屋建筑施工面积（平方米）	房屋建筑竣工面积（平方米）	机械设备		从业人数	实现增加值
					台数	净值		
2003	14037	8480	356833	—	697	839	3153	—
2004	15119	11576	353468	146683	678	579	3062	—
2005	13670	12696	348332	183554	748	911	2553	—
2006	19018	7553	375862	139648	725	902	2159	—
2007	20769	4590	420237	53142	731	701	1812	—
2008	20621	9333	412920	—	613	487	1625	—

山东高密海建建筑工程有限公司 1985年称高密县建筑工程公司，属县集体企业。1986年核定为建筑施工中型三级企业。1993年晋为中型二级。2000年1月，改制为股份制企业，更名为山东省高密市海建建筑工程有限公司，张波为法定代表人，注册资本2300万元，办公地址在立新街西段窑场旧址。公司主营：土木工程建设施工、市政公用工程、常压锅炉及空调安装、装饰装潢、制造加工建筑机械、太阳能产品、低压配电箱、低压配电柜、防盗门、铝合金门窗、预制件、家具、花岗石材、暖气片、小型海洋石油建设工程施工和中型海洋石油建设维修和改造等。2004年11月公司迁到开发区花园街1398号。2008年5月，组建30人抗震救灾突击队代表高密赴四川汶川支援灾后重建，历时70天，完成268套活动板房建设任务。至是年累计创潍坊市级以上优良工程100多万平方米。

山东高密海建建筑工程有限公司部分年份生产情况表

表17－7　　单位：万元

年份	总产值	竣工产值	房屋建筑施工面积（平方米）	房屋建筑竣工面积（平方米）	机械设备		从业人数	实现增加值
					台数	净值		
1993	3016	—	81844	36374	322	—	1450	—
1994	3571	—	104157	33406	—		1201	—
1995	1111	—	101982	32377	—	—	1340	—
1996	6226	3077	137792	50173	412	—	1400	790
1997	6282	4007	143977	60683	424	—	1320	853
1998	6295	2278	172977	38594	429	—	1305	629
1999	6303	5099	166738	68499	431	—	1386	533
2000	6482	4659	177535	70154	431	—	1310	1113
2001	8556	6155	230934	94240	531	—	1328	838
2002	8576	5074	188159	74731	531	—	2138	—

续表 17－7

年份	总产值	竣工产值	房屋建筑施工面积（平方米）	房屋建筑竣工面积（平方米）	机械设备		从业人数	实现增加值
					台数	净值		
2003	8626	5410	129629	—	531	855	958	—
2004	9104	2239	108565	31368	583	1234	1348	—
2005	8476	2282	162740	25497	583	1234	1328	—
2006	93150	7244	245187	94569	583	1125	1108	—
2007	10182	6547	211627	60326	583	1120	1260	—
2008	10376	2705	178672	—	589	—	1121	—

山东高密泰和建筑工程有限公司 1983年，原南关生产大队办的南关建筑队，更名为高密县兴华总公司建筑安装公司，办公地址在南关路8号。翌年承建的高密县人民医院门诊楼，即被评为全优工程。1986年，更名为高密县兴华建筑工程公司，由四级资质晋为三级。是年获山东省城乡建设委员会颁布的“质量先进企业”称号。翌年，获山东省城乡建设委员会颁布的“先进集体建筑企业”称号。1993年，更名为山东高密兴华建筑工程公司，资质晋为二级。2000年7月改制，更名为山东高密兴华建筑有限公司。2002年，获潍坊市人民政府颁布的民营百强企业称号。2003年7月，股东调整，更名为山东高密泰和建筑工程有限公司，迁办公地址于豪迈路中段路西。至2008年，所承建之工程优良率占30%以上。

山东高密泰和建筑工程有限公司部分年份生产情况表

表 17－8　　　　单位：万元

年份	总产值	竣工产值	房屋建筑施工面积（平方米）	房屋建筑竣工面积（平方米）	机械设备		从业人数	实现增加值
					台数	净值		
1993	4246	—	106228	30398	483	—	2005	—
1995	6110	—	60480	10940	—	—	2005	—
1997	3660	1572	53558	17255	447	—	1245	1220
1999	4006	1883	76989	29312	350	—	1300	1199
2001	6260	1550	48592	11693	400	—	1112	1493
2002	6085	580	61267	7800	687	—	1500	—
2003	7305	—	65156	—	—	—	1500	—
2004	6090	4230	56453	41762	—	787	1100	—
2005	5060	—	45230	—	210	800	1200	—
2006	8001	2540	65127	18772	210	—	1198	—
2007	2750	1885	31641	19104	102	389	650	—
2008	1559	857	15941	—	102	389	300	—

山东高密华鲁建筑有限公司 1984年，北大王庄村办建筑队被认定为建筑行业四级资质，更名为高密华鲁建筑工程公司，经理王俊健，在村委会办公楼办公。1988年晋为三级企业资质，1993年晋为二级。1995年公司建办公楼于百脉湖大街28号。2000年3月，公司改制，由王俊健、李长江、鹿跃光、官天强、栾爱敏、邓琦、董永红、李玉梅、王友廷、任义杰、郭英、董日文12位股东买断集体资产，成立股份有限公司，王俊健任董事长和总经理，企业更名为高密市华鲁建筑有限公司。至2008年，公司承建的工程合格率为100%，优良工程率30%以上。

山东高密华鲁建筑有限公司部分年份生产情况表

表17－9 单位：万元

年份	总产值	竣工产值	房屋建筑施工面积（平方米）	房屋建筑竣工面积（平方米）	机械设备		从业人数	实现增加值
					台数	净值		
1993	2654	—	59996	27416	239	—	1028	—
1994	4090	—	72338	7112	—	—	1472	—
1995	6116	—	60480	10940	—	—	1800	—
1996	6068	303	57945	8050	292	—	1214	1625
1997	6060	895	57132	23733	295	—	1400	1704
1998	3971	785	36336	13806	298	—	980	994
1999	4579	427	38937	5800	298	—	1050	904
2000	4364	1583	35754	17885	272	—	1200	1269
2001	6633	978	55332	11862	119	—	1200	1987
2002	5374	4022	71607	48349	126	—	1100	—
2003	5323	146	40535	—	126	172	1250	—
2004	4910	2476	94394	35701	191	130	1200	—
2005	4051	145	70415	22562	145	369	1250	—
2006	3268	2768	88173	83273	138	315	1195	—
2007	1307	2372	66792	32478	108	280	1200	—
2008	2515	706	49814	—	148	1217	500	—

潍坊建信集团有限公司 1981年城里生产大队建筑队组建高密县城里建筑公司。1990年被评为三级建筑施工资质。公司办公地址在振兴街203号。1994年升为二级建筑施工资质。2000年5月企业改制为股份有限责任公司，更名为山东省高密市城里建筑工程有限公司。2002年组建企业集团，更名为潍坊市建信集团有限公司。公司有家具厂、铝合金厂、山东高密通达房地产公司、物业公司、潍坊建立橡胶制品公司、高密市建立纺织有限公司等独立核算经济实体。所承建工程合格率为100%，优良工程率在30%以上。公司董事长王建成。

潍坊建信集团有限公司部分年份生产情况表

表 17－10　　　　单位:万元

年份	总产值	竣工产值	房屋建筑施工面积（平方米）	房屋建筑竣工面积（平方米）	机械设备		从业人数	实现增加值
					台数	净值		
1995	6268	—	86121	13180	—	—	1400	—
1997	6601	700	48810	7100	370	—	1250	1240
1999	6622	2436	71518	21260	375	—	1230	1348
2001	6340	2195	48592	11693	400	—	1112	2037
2003	8385	2315	51758	—	432	—	1250	—
2004	8005	3040	57776	15136	435	—	1252	—
2005	8205	6240	60818	34828	436	—	1220	—
2006	8010	4500	40646	25990	438	—	1135	—
2007	8065	2235	34966	10436	438	—	1160	—
2008	8005	5475	42038	—	439	1965	1150	—

高密开发区建筑工程有限公司　始建于1998年3月，称高密经济开发区建筑安装工程有限公司,公司下设八个工程处,是一家房屋建筑工程施工总承包三级、房屋装饰装修三级企业,法人代表孙伯正。2006年5月,企业晋升二级,注册资本3020万元,并改名为高密开发区建筑工程有限公司，办公地址在市区花园街中段。是期,公司所建高密市法院审判综合楼和高密广电网络中心两个工程，获山东省最高建筑工程质量“泰山杯”奖。从2006年至2008年公司连续三年被评为“建筑施工质量管理先进企业”,从2005年至2008年连续四年被评为“建筑施工安全管理先进企业”。

高密开发区建筑工程有限公司部分年份生产情况表

表 17－11　　　　单位:万元

年份	总产值	竣工产值	房屋建筑施工面积（平方米）	房屋建筑竣工面积（平方米）	机械设备		从业人数	实现增加值
					台数	净值		
2001	1375	950	28374	18747	260	1160	280	387
2002	2415	1355	40118	12619	248	206	520	709
2003	2435	1080	41106	12604	248	120	560	630
2004	3660	3730	73924	43378	18	757	500	1188
2005	3104	1872	18720	33574	25	1000	500	874
2006	7507	5702	192975	82004	26	1100	1000	3869
2007	8006	10077	164546	118273	40	900	1180	6850
2008	8098	6698	112400	58358	40	900	900	6800

山东高密星合建业有限公司 始建于1984年8月,是集建筑安装、房地产开发、电子元器件生产、糖酒批发于一体的中型综合性企业集团，原称高密市供销合作社联合社建筑安装公司,2005年更名为山东高密星合建业有限公司。为国家建筑施工总承包二级企业。将其部分年份生产情况列表于下：

山东高密星合建业有限公司部分年份生产情况表

表17－12 单位:万元

年份	总产值	竣工产值	房屋建筑施工面积（平方米）	房屋建筑竣工面积（平方米）	机械设备		从业人数	实现增加值
					台数	净值		
1993	560	—	9644	4422	59	—	450	—
1994	750	—	16237	6472	—	—	510	—
1995	1280	—	18294	13570	—	—	510	—
1996	860	380	6458	5450	85	—	400	367
1997	1388	185	14199	2243	362	—	510	694
1998	2100	914	35590	13420	362	—	1200	672
1999	2725	1856	38490	26550	458	—	1200	882
2000	6752	3100	42240	24640	458	—	1200	2240
2001	7369	4297	59352	39352	458	—	1200	2123
2002	7620	1840	62293	20000	486	—	1350	—
2003	8260	3785	80015	—	463	612	1200	—
2004	8208	5079	91458	44556	463	612	1200	—
2005	8033	493	84612	50405	463	—	1200	—
2006	8126	4244	109161	44388	455	836	1198	—
2007	12682	7375	142228	80599	470	787	1200	—
2008	8426	4336	129580	—	—	—	1200	—

第十八编

交通运输

1986~2008年，高密交通运输业正处于快速发展期。特别是进入20世纪90年代后，按照全市交通规划要求和建设重点，境内道路建设加快。共新(改)建公路40条，其中国道1条、省道4条、县道19条、乡级道路16条，并新(改)建大中公路桥梁25座。1986年，全县有货运营运车辆162部、680吨位，年货运量71.4万吨；客运(汽车站)营运车辆81部，年客运量106万人。2008年，全市货运营运车辆为7696辆、43367吨位，年货运量812万吨；客运营运车辆325部，年客运量690万人。

第一章　公　路

第一节　公路建设

1986年，全县公路通车总里程492.22公里，其中，二级公路2.2公里，三级公路269.21公里，四级公路220.81公里，公路密度为30.67公里/百平方公里。1990~1991年，全县修路32条262公里，一次完成了全县乡镇道路路网建设。1993年始，按照“九五”期间“九纵九横”和“十五”期间“一纵一横一环”的全县公路建设重点，以及“十一五”期间“五纵五横一环”总体规划，坚持先省道、先主要交通干线和城区出入口的原则，对规划内的路网全部按二级路以上标准建设。是年，济青高速（后更名为青银高速G20)公路正式通车。2003年，公路建设重心转向农村。到2008年，全市新修乡村公路共计1811.3公里，通村率达到97%。同时新建改建大中桥梁60余座。至2008年底，全市共有公路通车里程2213.5公里，其中，国道济青高速公路(青银高速)31.4公里，省道94.8公里，县道333.9公里，乡道283公里，村道1470.4公里。

国道

济青高速公路　西起济南，东至青岛，全长318公里。1990年底开工，1993年12月建成通车。济青高速公路高密段西起大牟家镇赵家庄，东到河崖镇刘家台子，路幅宽度23米，全长31.4公里。段内建有大桥3座、中桥3座、小桥6座、互通式立交桥1座、分离式立交桥2座、行人行车通道48座、排水涵洞53座，工程造价约3.2亿元。济青高速公路高密管理处于1993年12月22日正式成立，下设8个职能科室，2个收费站(高密收费站、昌邑饮马收费站)。所辖路段58.4公里(含昌邑段27公里)。

省道

平(度)日(照)公路(S220线)　北起平度，南至日照，市境内里程66.8公里。1986年将城北段8米路基拓宽为11米，7米路面拓宽为10米；1987年城南段8米路基拓宽为14米。建有立交3座(济青高速公路互通立交桥、高密华达立交桥、东外环立交桥)，大桥2座(小河崖桥、柏城桥)，中小桥15座，涵洞24道。其中，北出口小辛河中桥宽度43.5米。

1993~1995年省将该路段（济青高速至诸城界）按三个标准进行了改建。其中，自济青高速公路至小辛河桥6.45公里段改为路基宽度43.5米，主车道24米；自城南街至律家村9.54

公里段改为路基宽度35.5米，主车道16米；律家村至诸城市界17.81公里段路基宽度18米，铺设16米路面。1997年，省对济青高速公路以北9.8公里段进行改建。其中济青高速公路至姜庄驻地3.6公里段按18米路基、16米路面改建，姜庄以北至平度市界6.2公路段按14米路基、12米路面建设。

平日路环城段是高密市确定的“十五”公路规划“一纵一横一环”中的“一环”。基本走向为：自平日路夏庄路口往东至赵家官庄向南至柏城为东外环，自柏城向西至律家村为南外环，自律家村向北至仁和西辛庄村为西外环，自西辛庄村向东至平日路夏庄路口为北外环。经积极争取，1999年3月，省将平日路改线城区东外环（自平日路夏庄路口往东至赵家官庄向南至高姚路）12.3公里立项并开工建设，争取省投资1600万元。该工程当年8月底竣工。2000年3月，省又将平日路改线城区东外环南段（自高姚路向南至柏城镇驻地5.2公里）和南外环（自柏城镇驻地向西至律家村8公里）13.2公里立项并开工建设，省投资1600万元。该工程于2001年10月上旬竣工。同步争取省批准，由省和铁路部门投资2041万元，于2000年9月上旬至2002年9月，完成了长1100米的平日路城区东外环跨胶济铁路立交桥建设工程；由省投资1250万元，于2000年至2001年完成了长216米和136米的平日路城区外环路跨胶河大桥两座。2004年争取省将平日路改线城区西、北外环（北环自平日路夏庄路口向西至西辛庄村，西环自西辛庄向南至律家村）18.4公里立项，2007年西、北外环建设完成，同时平日路城区西环公铁立交桥开工建设，至2010年全市总长度为43.8公里的城区大外环实现全线贯通。

胶（州）王（村）公路（S325线） 原名济青公路，是1971年修建的国防战备道路，在方市乡驻地以北顷王家一侧建有2.5公里长的飞机战备跑道。1988年将路基由7.5米拓宽为14米，更名为胶王公路。东起胶州、西止王村，在柴沟处与平日公路重合，境内辖长31.96公里。1996年省将该路进行沥青路面改建。其中，穿越李家营、柴沟、注沟三处乡镇驻地约7公里路段，按16米主车道建设，其余路段按12米路基、10米路面建设。

1999年8月，高密遭受特大暴雨袭击，导致该路李家营大桥西侧一小桥被水冲垮，同时冲毁路基200米。同年11月进行恢复建设，2000年8月竣工。为加强维持性养护管理，2007年6月，市公路局对胶王路高密段进行了全线养护封面施工。

平（度）营（房）公路（S219线） 北起平度，南至胶州市营房，自大栏乡朱家庄村入境向南至胶河农场去胶州，境内辖长8.2公里。1994年建。路基宽14米，有中桥3座，小桥涵13座（道）。1997年底由省拨款450万元，将该路铺设12米沥青路面，1998年8月竣工。

潍胶公路（S805线） 起于潍城区浮烟山，终于高密市墨水河大桥，全长106公里，路面宽度24米。其中境内全长36.36公里（与平日路城区北环重合5公里），工程总投资5亿元。内含跨胶济铁路立交桥1座、墨水河大桥、胶河大

潍胶公路高密东段

桥、五龙河中桥、官河中桥、墨水河支流中桥等大中小桥涵50座(道)。建设年度为2005～2009年。潍胶路穿越本市阚家、醴泉、姜庄、夏庄、朝阳五处镇(街),通过该路可直达潍坊、青岛。

县乡道路

高(密)双(羊)公路　东起高密市区,西止双羊镇驻地与北井路连接,全长22.4公里。其中东端5公里为市区凤凰大街。1986年,该路路基宽度8米,沥青路面6.5米。其中小桥10座,涵洞17道,倒虹吸2处。1995年,将路基拓宽为14米,铺设12米宽沥青路面。2000年后,阚家镇路段路面拓宽至14米,双羊社区路段路面拓宽至18米。

高(密)东(风)公路　西起夏庄大街南端潍胶路,经夏庄、河崖、胶河疏港物流园区至孙家口胶州界,全长19.3公里。1986年,路基宽9米,路面宽8米。1997年拓宽,夏庄、河崖、大栏驻地按一级路标准,18米路基、16米路面建设。其他路段按二级路标准,14米路基、12米路面建设。

高(密)城(律)公路　由高密城区向南经柏城过胶河从故献村南处向东自前朱家集村志向南至胶王路城律村附近,全长17公里。1986年,路基宽8米,沥青路面6.5米。1997年改线为自柏城向南经故献向东、前朱家集向南至胶王路。市区至柏城段路基宽18米,16米路面;柏城至前朱家集段路基14米,路面12米;前朱家集至城律路基12米,路面9米。

潍(胶路)井(沟)公路　北起潍胶路南峡山区界,南至井沟镇驻地,自峡山区界向南进入高密境内。1986年,路基宽8米,路面宽6米,境内辖长16.2公里。有小桥2座,涵洞38道。1988年路面宽6米,2005年路面拓宽至9米,沥青路面。

律(家村)王(吴)公路　由律家村通至王吴水库,全长17.9公里。有中小桥8座,涵洞21道。1986年路基宽为7～8米,沥青路面宽4.5米。2000年将自律家村至拒城河段6.8公里路基加宽至9米,2001年铺设沥青路面宽6米,2006年将拒城河至王吴段硬化为水泥路面。

河(崖)张(家埠)公路　北起夏庄镇河崖,经十字庄村向西与潍胶路重合3.5公里,西至张家埠村,全长22.4公里。1994年,自张家埠至东环路形成路基,1997年铺筑沥青路面。1999年,拓宽自栾家庄村至姚哥庄段,为18米路基,16米沥青路面。2006年,十字庄至河崖段硬化为水泥路面。

高(密)蔡(家站)公路　东起高密镇尧头村,西至蔡家站镇驻地,与胶济铁路平行,全长15.46公里。1986年,路基宽18米,砾石路面宽7米,1991年拓宽高密至康庄段,路基宽度11米,铺设9米宽沥青路面。1992年铺设康庄至蔡家站段,路基宽9米,沥青路面宽7米。2006～2008年,道路全段路面拓宽至9米。

注(沟)埠(口)公路　北起注沟镇,南至诸城埠口,因途经诸城境内巴山,故又称巴山路。境内辖长2.25公里,1986年为9米宽路基,6米宽沥青路面,有涵洞6道。1988年拓宽为路面8米。

高(密)张(鲁)公路　西起东外环路公铁立交桥,向东经张鲁至胶州界,全长13.7公里。东外环至墨水河桥段为7米宽沥青路面,墨水河桥至胶州界段为6米宽沥青路面。

徐(家庙子)辛(庄)公路　北起仁和镇徐家庙子,南至李家营镇的大辛庄村,全长56公里,1986年为砂石路面。徐家庙子至仁和段2003年铺设9米宽沥青路面,仁和至北外环段2007年硬化为12米宽水泥路面,北外环至城区段2005年铺设9米宽沥青路面,城南环岛至南外环段2005年硬化为24米宽水泥路面,南外环至胶王路段2006年铺设9米宽沥青路面。

胶(州)田(庄)公路　东起柏城镇前冢子头附近胶州界,向西与高城路重合1.2公里,自故献村直线向西,经密水街道,至井沟镇水城村附近向北至田庄（习惯称故献村向西经井沟段至田注路段为“横一路”），全长31.4公里。胶州界至前朱家集段1986年硬化为6米宽沥青路面，故献至平日路段2007年硬化为9米宽沥青路面，平日路至田庄段2000年硬化为9米宽沥青路面。

沂胶公路　自田庄附近峡山区界开始，经井沟、呼家庄、密水、柏城至前疃村附近胶州市界，长36.3公里。2001年7月，按路面宽16米、15米、14米、10米4个标准和3+2厘米沥青混凝土面层建设，于2003年竣工。

北平公路　西起昌邑市北孟交界，经周戈庄、大牟家、仁和、姜庄、河崖，东接省道平营路，全长48.5公里。路基宽度16米，路面宽度9米，沥青路面。按照先易后难、分段贯通的原则，工程于2003年6月动工，2004年平日路以西段31.9公里通车，2005年平日路以东12.1公里通车，东段与平度交叉接平营路4.5公里于2006年9月竣工。

方（市）岗（山沟）公路　北起胶王路方市附近，向南至诸城界，全长6.9公里，习惯称为下海路南段。2003年全段改建为9米宽沥青路面。

周（戈庄）初（家）公路　北起大牟家镇徐家庄子村，向南经蔡家站，至高双路，全长25公里。路基宽12米，路面宽9米，沥青路面。周戈庄至蔡家站段2002年改建为沥青路面，蔡家站至初家段，2008年改建为沥青路面。

官（庄）周（戈庄）公路　北起大牟家镇周戈庄附近平度界，向南经大牟家至北胶新河大坝，沿坝顶向东南方向至平日路，全长31.4公里。周戈庄段2004年改建为16米宽沥青路面，周戈庄至南斜沟段2007年硬化为6米宽水泥路面，南斜沟至北平路段2004年改建为10～20米宽沥青路面，北平路至仁和段2006年硬化为5米宽水泥路面，仁和至孚日家纺段2003年硬化为7米宽沥青路面，孚日家纺前段2008年硬化为24米宽水泥路面。

其他路段　柴沟镇东、南外环段新建沥青路面工程。该工程全长4.2公里，路基宽度18米，2008年2月至同年6月建设；谭西路（横一路至后西旺段）新建沥青路面工程。工程全长2.3公里，路基宽7米，2008年3月至同年7月建设；蔡初路（潍胶路以南段）新建沥青路面工程。工程全长6.85公里，路基宽13米，2008年6月至同年11月建设。

2001～2008年，还新修了部分乡级道路共16条，总长54.57公里。其中41.54公里为沥青路面，13.03公里为混凝土路面。

公路桥梁

1986～2008年，全市新建、改建公路桥涵300多座（道）。其中，大中以上桥梁60多座。

平日公路柴沟桥　位于平日公路与胶王公路重合处的五龙河上，在平日公路收费站东侧。有新、旧桥各一座，旧桥建于旧官道时期。新桥建于1993年，为钻孔灌注桩混凝土空心板结构，5孔—13米，桥长69米，设计标准为汽—20，挂车—100，为市境内第一座弯式桥梁，斜12度。

平日路张家墩桥　建于1994年，结构形式为钻孔灌注桩空心板桥。桥长56米，孔径为4孔—13米。设计荷载汽车—20，挂车—100。桥面为4孔连续，桥台处设橡胶板伸缩缝。

平日路柳沟桥　位于平日公路城区以南约10公里处，建于1970年，为6孔—8.75米，钻孔灌注桩浇钢筋混凝土空心板桥。设计载荷为汽—13，拖—60。1995年改建为，中心桩号60K+875M，总宽度为14米，桥长56.04米。设计载荷汽车—20，挂车—100。

平日路小辛河桥　位于平日公路45公里处的小辛河上，俗称五里桥。该桥于1993年平日公路城北出口拓宽时改建，桥长35米，总宽度43.5米。

平日路华达立交桥　横跨胶济铁路，桥长885.98米，宽22米，简支梁结构。由高密华达桥梁开发有限公司和香港华盛投资有限公司合资建设，于1998年3月开工建设，12月竣工使用。建成后在桥北端设收费站对来往车辆收取通行费，由投资双方按投资比例分成。

平日路公铁立交桥　位于1999年度新改线的平日路47K+980M—49K处，上跨胶济铁路和石油公司铁路专用线，并与高张公路互通连接。桥总长1100米，宽18米。由省公路局和青岛铁路分局投资2020万元，于2000年9月开工，2002年8月竣工。

胶王公路李家营大桥　始建于1956年，为16孔—10米灌注桩混凝土空心板桥，宽度7米，全长186.5米。位于李家营以东的胶河上，1990年加宽到14米，设计载重为汽—20，挂—100。

胶王路西旺桥　位于柴沟镇后西旺村东。于1972年建设，净宽7米，桥长61.4米，3孔—15米，石砌墩台混凝土板桥。1988年加宽到12米，设计标准为汽—20，挂—100。

高胶公路故献大桥　建于1996年，结构形式为7孔—13米U型桥台，柱式桥墩钢筋混凝土空心板桥，桥面宽度为净12+2×0.5米，桥长为102.6米。设计荷载为汽—20，挂—100。

平胶公路胶莱河桥　建于1995年。结构形式为3孔—13米重力式U型桥台，钻孔灌注桩墩。桥面宽度13米+2×0.5米防护栏，桥长51.8米，设计荷载为汽—20，挂—100。

徐辛路小康河桥　建于1995年，结构形式为10孔—10米重力式桥台，钻孔灌注桩墩。桥长103米，宽度12米，设计荷载汽—20，挂—100。

高蔡路官河桥　建于1988年。桥长84.9米，桥面净宽7米，设计荷载为汽—20，挂—100。

高蔡路柳沟河桥　建于1992年。桥长87.9米，桥面净宽8.5米，结构为8孔—13米混凝土拱桥。设计荷载为汽—20，挂—100。

高张路墨水河桥　建于1989年。桥长89米，5孔—13米石砌墩台混凝土桥面，宽度5.8米，设计荷载为汽—15。

平日路柏城大桥　桥长139.1米，宽17米，桥面为6孔—20米钢筋混凝土空心板。2001年3月始建，10月竣工。

平日路胶河大桥　桥长205.4米，宽17米，桥面为10孔—20米钢筋混凝土空心板。2001年3月始建，10月竣工。

潍胶路墨水河大桥　桥长500米，宽24米，桥梁24孔—20米和十字庄3孔—20米中桥，2007年4月动工建设，2008年9月底完成。

胶河大桥　桥长500米，宽24米，桥梁24孔-20米，投资1900万元，2007年4月开工，2008年9月底完成。

潍胶路康庄公铁立交桥　该桥为上跨铁路公路桥梁，全长500米，宽25米，投资4000多万元，由山东鲁中和中铁十四局承建，于2007年10月底进场施工，2009年6月25日完成桥面铺装和防撞栏施工任务。同年7月4日由市公路局完

■胶河大桥

潍胶路康庄公铁立交桥

成引道和桥面沥青面层施工。7月底前实现了潍坊至高密段全线通车。

平日路城区西环公铁立交桥　桥梁全长800米，宽25米，总投资近8000万元。分两个施工标段，由山东鲁中和中铁九局承建，于2007年10月底进场。2010年4月底施工单位完成桥梁主体工程、桥面铺装和护栏安装。同年5月15日市公路局完成桥面及引道油面施工，7月底完成桥头护坡及路缘石安装、路面标线施划等项工作。至此实现了城区大外环全线贯通。

1986～2008年高密市省级及以下公路部分大、中桥梁建设情况表

表18－1

桥梁名称	公路名称	桥梁长度（米）	桥面净宽（米）	主桥结构	设计荷载（吨）	桥类	修建时间	改建时间
迟家村桥	胶王路	41.04	10	钢筋混凝土空心板	汽—13	中桥	1956	1988
西旺桥	胶王路	63.8	10	等截面悬链拱桥	汽—13	中桥	1956	1988
李家营大桥	胶王路	186.5	15	空心板	汽—15	大桥	1971	1990
朱公河桥	胶王路	66	10	钢筋混凝土钜形板桥	汽—15 挂—80	中桥	1972	1988
柴沟中桥	平日路	69	16	空心板梁	汽—20 挂—100	中桥	1973	1995
柳沟河桥	平日路	56.04	13	空心板梁	汽—15	中桥	1973	1995
朱公河桥	平日路	56	13	空心板梁	汽—20 挂—100	中桥	1973	1995
胶莱河桥	平营路	52	12	空心板梁	汽—20 挂—100	中桥	1995	—
胶河桥	平营路	90.04	12	空心板梁	汽—20 挂—100	中桥	—	1998
柏城大桥	平日路	139.1	17	钢筋砼空心板	汽—20 挂—100	大桥	2001	—
胶河大桥	平日路	205.4	17	钢筋砼空心板	汽—20 挂—100	大桥	2001	—
胶河拦河坝	官东路	69	12	钢筋混凝土空心板	汽—20	中桥	1965	1994

续表 18－1

桥梁名称	公路名称	桥梁长度（米）	桥面净宽（米）	主桥结构	设计荷载（吨）	桥类	修建时间	改建时间
五龙河桥	高坊路	35.2	5	板梁	汽—10	中桥	1973	1998
老五龙河桥	高双路	118.17	6	钢筋混凝土板拱	汽－15	大桥	1986	—
官河桥	高坊路	85.6	7	钢筋混凝土板拱	汽—15 挂—80	中桥	1988	—
墨水河桥	高张路	77.8	7	空心板	汽—20 挂—100	中桥	1989	1990
柳沟河桥	高坊路	87.8	8.5	板拱	汽—15 挂—80	中桥	1992	—
故献桥	高城路	102.6	12.2	钢筋混凝土空心板	汽—20 挂—100	大桥	1996	—
潍河大桥	沂胶路	516.7	11	空心板梁	汽—20 挂—100	特大桥	1998	—
华达立交桥	平日路	886	16	T梁空心板	汽—20 挂—100	特大桥	1998	—
公铁立交桥	平日路(东环)	1100	18	T梁空心板	汽—20 挂—100	特大桥	2000	—
胶河大桥	潍胶路	500	24	钢筋混凝土空心板	汽—20 挂—100	大桥	2008	—
墨水河大桥	平日路（西环）	500	24	钢筋混凝土空心板	汽—20 挂—100	大桥	2008	—
公铁立交桥	潍胶路康庄段	500	24	T梁空心板	汽—20 挂—100	大桥	2009	—
公铁立交桥	平日路城区西环段	800	24	T梁空心板	汽—20 挂—100	特大桥	2010	—

第二节　公路运输

货运　1986年，全县货运车辆162部，680吨位，年货运量71.4万吨，货物周转量2198万吨公里。其中县运输公司有货车76部，375吨位，年货运量42.4万吨，货物周转量1068万吨公里。1992年实行经营方式改革，对部分货运车辆进行租赁承包经营。至2003年，全市共有货运公司4个，货运站共7个，货运车辆260台，总吨位1470吨。年货运量151万吨，货物周转量7129万吨公里。当年，高密共有营运性货运车辆1365辆，总吨位为3018吨，年货运量273万吨，货物周转量10939万吨公里。至2008年，全市共有货运业户7036户，其中普通货运企业8家，危险品运输企业4家。当年，全市共有营业性货运车辆7696辆，总吨位为43367吨。车型主要为解放、斯太尔等大型牵引车辆。年货运量812万吨，货物周转量39653万吨公里。

1986～2008年高密市部分年份货运量统计表

表18－2

年　度	车辆数	吨位（吨）	货运量（万吨）	货物周转量（万吨公里）
1986	162	680	71.4	2198
1988	585	1335	178	6780
1990	916	1940	235	9957
1992	1239	2460	283	12168
1994	1422	2876	346	14055
1996	1423	2859	364	15635
1998	1465	2897	342	13028
2000	1536	3218	325	11306
2002	1425	3326	319	12799
2004	1394	3216	274	10979
2006	3429	15431	723	34713
2008	7696	43367	812	39653

客运

线路客运　1986年，高密汽车站有客车81部，日发班次67次（长途38次，短途29次），年客运量106万人，客运周转量3140万人公里。汽车站建于1973年，1994年迁入利群路北首的新站，与火车站相邻。新站投运后，允许社会个体车辆进站营运，由汽车站统一进行管理。次年，营运客车增至220辆，其中个体车辆62辆。2005年汽车站改制，成立高密汽车站有限责任公司。至2008年，高密汽车站有发车位36个，有客运班车325部，其中个体车辆109部，营运线路45条，其中市内线路17条，市外线路28条，日始发班次467个，日均客流量约6500人次。长途客运向南至常熟，向北至北京，线路辐射全国30多个大中城市。

1986～2008年高密市部分年份线路客运量统计表

表18－3

年　度	营运线路客车数	客运量（万人）	客运周转量（万人公里）	年　度	营运线路客车数	客运量（万人）	客运周转量（万人公里）
1986	81	106	3140	1998	264	230	5749
1988	122	137	3508	2000	285	249	6355
1990	155	160	3977	2002	287	255	6775
1992	187	177	4465	2004	292	360	11160
1994	220	208	4906	2006	320	520	16640
1996	243	217	5233	2008	325	690	20700

出租客运 1986～1995年，境内的客运出租车，主要是二轮摩托车、人力三轮车、动力三轮摩托车和少量小型面包车。1996年1月，市交通局成立出租车管理办公室。当年，有出租车80多辆。到2000年，合法营运出租车增至123辆。2005年1月，由市交运汽车运输有限公司与上海投资商共同组建高密市交运出租车有限公司。2006年7月，由市交运汽车运输有限公司设立出租服务分公司，具体负责出租车运营。至2008年底，全市共有营运出租车232辆，客运量约80万人次。

2008年高密汽车站客运线路情况一览表

表18－4

起讫站点	主要途经站	里程（公里）	发车时间	单程运行时间（小时）	备　注
高密—北京	黄骅、天津	600	8:00	9	
高密—常熟	连云港、南通	800	阳历一、四、七上午8:00	18	—
高密—新浦	诸城、日照	260	6:30	4	—
高密—济宁	莒县、曲阜	400	7:00 15:00	5	—
高密—济南	济青高速沿途站点	300	6:30 7:00 8:00 14:10	3.5	—
高密—青岛	济青高速沿途站点	220	6:00－17:30 流水	2	间隔30分钟
高密—黄岛	胶州、王台	90	（星期一至六 7:40 13:50）（星期日 7:40 13:30 14:30）	2	—
高密—威海	即墨、文登	330	7:40	7	—
高密—烟台	平度、莱阳	230	7:15 9:40 13.20	4	—
高密—蓬莱	平度、莱州	230	7:00	4	—
高密—黄县	平度、莱州	205	8:00	3	—
高密—莒县	诸城、于里	138	7:20	2.5	—
高密—临沂	莒县、董官庄	222	6:20 7:00 8:00 13:20 15:30	4	—
高密—沂水	诸城、杨庄	150	8:00 13:00	3.5	—
高密—淄博	济青高速	180	7:15 12:50	2.5	—
高密—日照	诸城、两城	130	7:30 13:40	2.5	—
高密—五莲	诸城、枳沟	96	8:00 13:50	2.5	—
高密—胶州	祝家庄、刘家疃	35	6:00－17:30 流水	1	间隔20分钟
高密—胶南	诸城、六旺	115	7:20 10:20 13:00 16:00	2	—
高密—铺集	王吴	43	8:00 14:00	1.5	—
高密—平度	张家坊、蓼兰	50	6:00－17:30 流水	1.5	间隔20分钟
高密—即墨	大栏、南村	90	6:40	2	—

续表 18－4

起讫站点	主要途经站	里程（公里）	发车时间	单程运行时间（小时）	备　注
高密—潍坊	济青高速	100	6:00－17:30 流水	2	间隔 20 分钟
高密—潍坊	张家坊、前楼	105	6:40 11:30(双羊—潍坊)	2.5	—
高密—安丘	柴沟、景芝	76	6:40－16:40 流水	2	间隔 40 分钟
高密—昌邑	塔尔堡、丈岭	90	6:30－16:30 流水	2	间隔 40 分钟
高密—诸城	柴沟、百尺河	56	6:00－17:30 流水	1.5	间隔 20 分钟
高密—临朐	安丘、蒋峪	170	8:40 12:50	3	—
高密—岞山	塔尔堡、丈岭	60	9:10 15:10	1.5	—
高密—东营	寿光	220	7:40	3	—
高密—各乡镇	沿途站点	—	6:00－18:00 流水	—	—

第三节　公路管理

公路养护　1986 年以后，公路管理养护由公路局下设养护科负责。分别在平日路、胶王路、平营路三条省级道路沿线设立官居庄、苗家屯、柴沟、温家村、注沟、大栏等 6 处公路站；县级道路养护管理，2002 年 5 月之前，根据道路分布划片，设有大牟家、大栏、高密、张鲁、柏城、拒城河、井沟、双羊、康庄、蔡家站等 10 处养路站；乡镇道路养护管理由 29 个乡镇设立乡镇公路站。乡镇公路站行政受乡镇领导，业务受公路局指导。至 1997 年，全市养路员 550 人左右，其中省道 104 人，县道 164 人，另外，每公里都配有一名群众代表工养路员。1998 年，公路局精减养路员队伍，至 2002 年，全市公路养路员省道为 62 人，县乡道路 87 人。自 2002 年 5 月起，全市县乡公路养护由公路局移交给交通局。同年交通局成立县乡公路管理处，为副科级单位，编制为 10 人。下设 22 个养路队，负责县乡公路日常养护。至 2008 年，全市公路综合好路率达到 90%以上，省级道路好路率达 100%。

■ 铣刨机在进行挖补施工作业

路政管理　1986 年，境内的公路路政管理无专门机构，在公路局养护科设兼职和专职路政管理员，实行养管合一。1992 年，县公路局正式成立路政科。是年县人民法院在公路局设立巡回法庭，协助路政案件的审理工作。1991 年 10 月～1992 年 9 月，按上级部门通知要求，对境内省级道路进行了确权，平日公路实地测量长度 4.13 万米，占地面积 144.91 万平方米，共设置界址点 465 个；胶王公路 3.39 万米(与平日公路重合 2140 米)，占地面积 104.49 万平方米，设置界址点332个。1998年始，市公路局每年与公安、工商等部门配合开展公路路政综合治理活动。对控制红线内的违章建筑、利用公路进行集市贸易、打场晒粮、摆摊设点等违法行为进行治理整顿。2000年7月路政科被授权具有行政执法主体资格。至2008年，高密境内公路都设有里程碑、百米桩、指向牌、示警桩。在穿越村镇、学校驻地路段设有限速标志及车行道中心线等公路标志。

1991～2008年高密市部分年份公路路政案件基本情况统计表

表18－5

年份	路政案件（起）	拆除红线内违章建筑（平方米）	拆除摊点（个）	拆除非公路标志（块）	治理穿村路段（米）	路赔收入（万元）
1991	105	325	42	120	380	1.47
1993	139	1140	120	534	47.1	5.56
1995	158	932.5	503	230	2846	13.84
1997	716	120	215	130	45	22.25
1999	558	64	130	101	0	28.58
2000	1325	0	120	573	5100	50.34
2002	1700	0	110	266	800	68.6
2004	493	0	82	114	85	31.74
2006	1260	0	115	134	1200	74.8
2008	554	0	118	250	2300	97.6

运输管理 1987年3月，县设立交通检查站。1990年5月，全省对各地检查站进行统一编号，检查站更名为“高密县道路检查站138号”，实行定点检查。全县设置柴沟站和高诸路与双羊路交叉路口两个点。1993年，省政府对交通检查站进行清理和调整，高密县道路检查站更名为“高密县道路检查站052号”，编制13人。1997年10月，省交通厅对交通检查体制进行改革，高密市设立“交通局交通稽查大队”，为副科级事业单位，4个中队，编制22人。从2007年开始，稽查人员增加到38人，7个执法中队。实行站点与流动检查相结合，重点查处超限超载车辆，无牌无证无费车辆，违规运输危险化学品车辆等。1987～2008年共检查机动车辆95.6万台次，纠正违章车辆16.1万台次，查补各类交通规费3920万元，超限超载车辆卸货分流1.95万吨。

规费征收

养路费征收 公路养路费由市公路局下设征收科（养路费征稽办公室）负责征收。各种车辆省里都有收费标准，征收的养路费，于每月5日、20日、月末前一天逐级上解至省，由省按比例实行分成返还或按建、养计划拨付。1992年9月，简化计征办法，养路费征收实施按费率和费额两种办法。1993年6月，将按吨位计征养路费标准进行了调整。1996年又加收路港建设费，每月每吨位加收30元。自1997年4月起不再按营运收入比例缴纳，而是按车辆缴纳，对特种和执行特殊任务的车辆实行按吨位折半缴纳。对公安、司法、党政机关和交通公路内部车辆，实行免缴或部分车辆免缴养路费。随着车辆保有量的增加，汽车养路费征收额平均以每年10%的速度递增。2008年全年征收养路费8837.5万元，是1986年20多倍。1986～2008年共征收养路费6亿多元。2008年12月18日，国务院决定，自2009年1月1日零时起取消公路养路费、航道养护费、公路运输管理费、公路客货运附加费、水路运输管理费、水运客货运附加费等六项收费，燃油税改革方案正式实施。

1986～2008年高密市养路费收入情况一览表

表18－6

年度	金额（万元）	同比增（%）	年度	金额（万元）	同比增（%）
1986	436.92	13.4	1998	2247.55	-5.6
1987	501.76	14.8	1999	2154.5	-4.1
1988	564.81	12.6	2000	2329.3	8.1
1989	589.83	4.4	2001	2571	10.4
1990	693.62	17.6	2002	3171	23.3
1991	1010.45	46.5	2003	3365	10.6
1992	1187.93	17.6	2004	4363.5	29.7
1993	1430.68	20.4	2005	5536	26.9
1994	1645.67	15.0	2006	6741	32
1995	2134.95	29.7	2007	8455	14
1996	2164.7	1.4	2008	8837.5	9.4
1997	2382	10.0			

过路费收取 经省政府批准，高密市于1995年1月1日在平日公路（柴沟镇驻地南）设立收费站并开始收费。收费站为股级，2001年升格为副科级。每车次收费标准从2元到20元共分5个等级。1995年9月1日，调整为5元到25元5个等级。1996年12月，收费标准进行第二次调整，5个等级的收费标准分别调为10元、15元、20元、25元、30元。根据国家和上级有关规定，自1998年起从过路费中返还部分资金，用于偿还平日公路贷款和用于高密境内新建省级道路补助。2002年4月，潍坊市公路管理局将收费站收回，纳入垂直管理，所收通行费全额上解至省。1995～2003年共征收过路费1673.2万元。

第二章 铁 路

高密铁路辖区位于胶济铁路线东段，隶属于青岛西车务段管辖。是期，高密境内铁路线东自墨水河中桥(距铁路起点 83.8 公里)，西至官河中桥(距起点 115.45 公里)，长 31.65 公里。区内有高密火车站和姚哥庄站、高密南站、土庄站三个四等车站。

第一节 高密火车站

高密火车站是胶济线办理客、货业务比较繁忙的二等车站。本时期下设客、货、运三个车间，分管姚哥庄站、高密南站、土庄站三个四等车站。车站分客、货两个车场，分设客运、货运两个信号楼。客场中心里程为 97km715m，共有线路 5 条，其中正线 2 条、到发线 3 条；货运车场中心里程 98km193m，共有线路 7 条，其中正线 2 条，到发线 5 条。客货两场共 5 个方向接发列车。货场位于高密站场北侧，占地 10.1 万平方米，有货物仓库 2 座、铁路货物线 3 条、专用线 3 条，日均装车 7 车，卸 55 车。

站内主车线 2 条，到发线 4 条，货物线 5 条，调车牵出线 1 条，专用车线 4 条。货场面积 13.67 万平方米，仓库面积 3287 平方米，候车室面积 977 平方米。一、二站台共 3053 平方米，各设钢筋混凝土防雨棚 1 处，地道 1 处。

第二节 铁路运输

1991 年由 P50 有缝钢轨更换 P60 无缝重型钢轨，行车速度由 60 公里 / 小时提高到 80 ~ 120 公里 / 小时，24 小时内列车通过量为 70 对，其中旅客列车 19 对。高密站办理客运业务的旅客列车 14 对，货物列车 51 对。是年实现客运发送量 71.88 万人，到达量 78.94 万人，货运发送量 47.23 万吨，到达量 168.5 万吨。1995 年 6 月 30 日始，市境内芝兰庄站、姚哥庄站、康家庄站、蔡家庄站停办货运业务。1996 年 7 月 1 日始，芝兰庄站、姚哥庄站、康家庄站、蔡家庄站停办客运业务。1997 年青岛分局投资 34 万元，在高密境内铁路平交道口改建立交道口 3 处。同年，客运售票房实现微机售票。1999 年 12 月 30 日始，通过高密市境内铁路运行机车全部实现内燃化，结束了蒸汽机牵引的历史。2000 ~ 2001 年，高密宏达物流服务中心货场建成，占地面积 19.65 万平方米。2001 年 12 月 10 日胶新铁路(北起胶济铁路胶州站，南至江苏省境内的陇海铁路新沂站)开工建设，于 2003 年 12 月 10 日竣工。该铁路从李家营镇祝家庄北入境，于柴沟镇鹿家营西出境，境内长 22.4 公里。是年，在李家营设立高密南站，位于柴沟镇境内的土庄站设立于 2005 年。2005 年，撤销康庄站、芝兰庄站，当年电气化施工、站场(主要内容包括轨道、路基等)改造全面铺开。2006 年，时速为 200 公里的动车组试车成功并正式开通。

1986～2003 年高密火车站铁路运输量统计表

表 18－7

年度	货运量(万吨)		客运量(万人)	
	发送吨数	到达吨数	发送人数	到达人数
1986	30.69	139.38	81.54	91.67
1987	40.41	144.29	84.3	85.14
1988	50.14	160.37	90.48	91.38
1989	46.77	137.94	82.77	83.59
1990	42.85	147.98	70.36	71.07
1991	47.23	168.5	71.88	78.94
1992	43.51	179.39	75.12	75.88
1993	39.4	271.28	74.78	75.52
1994	35.84	150.51	78.12	78.91
1995	38.86	172.7	72.98	74.24
1996	35.18	163.8	62.58	63.24
1997	35.14	164.45	62.77	72.19
1998	39.28	146.19	66.14	78.06
1999	34.61	160.1	70.2	80.73
2000	34.3	165.26	72.39	83.25
2001	27.31	191.62	66.78	76.79
2002	22.9	227.34	62.65	72.04
2003	23.45	232.79	54.22	81.12

第三章 管道运输

第一节 天然气管道

济青天然气管线,2002年建设,在市境内总长38.1公里;泰青威天然气管线,2009年建设,在市境内总长40公里;胶莱天然气管线,2005年建设,在市境内总长10公里。依托济青和泰青威两大天然气主管线,境内先后建设了3条主要输气支线:高密阚室—高密城区支线,总长3.2公里;高密分输站—昌邑下营支线,总长约20公里;高密分输站—高密市区支线,总长约16.5公里。

第二节 输油管道

至2009年,穿越高密市正在运行的油气管道主干线有7条:东黄输油管线、复线(两线并行),分别于1974、1986年建设,在市境内总长57.05公里;鲁皖二期输油管线、黄潍输油管线(两线并行),分别于2007、2009年建设,在市境内总长64.022公里;除此之外,高密机场军事输油管道自机场油库至周阳油库,管段分1987、2005年建设,全长8.7公里。从油气长输管道分布情况来看,除柴沟镇外,其他13个镇街区均有油气管道通过。

第十九编

电力 水利

1986至2008年，高密的电力、水利事业有了长足发展。电力，新建35千伏以上输电线路30余条，变电站20余座。新上热电厂一处，另有4家企业上马自备电站。全市共完成用电量1668777万千瓦时，年均增长12.3%；水利，多次对境内主要河流进行综合治理，建设拦河闸21座，拦河坝9座。对2座主要水库和18座小型水库进行除险加固。完成五河三库调蓄水工程和6大城乡供水工程，城乡居民饮水得到保障。防洪排涝和农业灌溉系统亦得到全面建设。

第一章 电力

第一节 供电

1986年，县供电公司隶属县经委。是年全县有110千伏输电线路1条，长77.6公里；35千伏输电线路9条，总长102公里；10千伏输电线路39条，总长1098.3公里。全县年供电量16492万千瓦时。1991年，供电公司更名为供电局，隶属县政府。是年，实现村村通电。1995年，高密建成电气化市。1997年，网供负荷放开。1999年10月，高密供电局由省电力局代管。至2008年，全市有220千伏变电站2座，110千伏变电站9座，35千伏公用变电站13座；110千伏线路共10条，35千伏线路共25条，10千伏线路共147条。

■ 高密供电局综合办公大楼 （2006年 摄）

输电线路

35千伏输电线路

35千伏呼家庄线，1988年2月建成投运，长度5.018公里。

35千伏姜牟线，1989年1月建成投运，长度17.44公里。

35千伏热联II回线，1989年5月建成投运，长度2.4公里。

35千伏柏城线，1989年9月建成投运，长度4.39公里。

35千伏柴沟线，1989年12月建成投运，长度7.28公里。

35千伏大周线，1989年12月建成投运，长度11.79公里。

35千伏双羊线,1991年1月建成投运,长度13.337公里。

35千伏城北线,1992年8月建成投运,长度7.2公里。

35千伏东郊线,1994年6月建成投运,长度2.6公里。

35千伏柴井线,1995年12月建成投运,长度12.17公里。

35千伏柴城线,1996年1月建成投运,长度6.577公里。

35千伏注沟线,1996年9月建成投运,长度14.7公里。

35千伏柴注线,1996年9月建成投运。由110千伏柴沟站出线,主供35千伏注沟站,建设线路长度16.13公里。

35千伏高鲁线,1996年11月建成投运。由220千伏高密变电站出线,主供35千伏张鲁变电站,建设线路长度10.59公里。

35千伏高夏线,1998年12月建成投运。由220千伏高密变电站出线,主供35千伏夏庄变电站,建设线路长度10.64公里。

35千伏姜咸线,2000年1月建成投运。由110千伏姜庄变电站出线,主供35千伏咸家变电站,建设线路长度6.15公里。

35千伏柴呼线,2000年4月建设投运。由110千伏柴沟站出线,主供35千伏呼家庄站,建设线路长度8.03公里。

35千伏鲁河夏线,2000年5月建成投运。作为35千伏张鲁站、夏庄站、河崖站联络备用电源线路。建设线路长度11.31公里。

35千伏初康线,2000年9月建成投运。由110千伏初家变电站出线,主供35千伏康庄变电站,建设线路长度10.01公里。

35千伏初双线,2000年9月建成投运。由110千伏初家变电站出线,主供35千伏双羊变电站,建设线路长度9.44公里。

35千伏初呼线,2001年1月建成投运。由110千伏初家变电站出线,主供35千伏呼家庄变电站,建设线路长度8.87公里。

35千伏姜河线,2001年5月建成投运。由110千伏姜庄变电站出线,主供35千伏河崖变电站,建设线路长度11.85公里。

35千伏双井线,2001年9月建成投运。用作35千伏双羊站和井沟站的联络备用电源线路。建设线路长度9.64公里。

35千伏柴李线,2002年12月建成投运。由110千伏柴沟站出线,主供35千伏李家营站,建设线路长度12.85公里。

35千伏柏李线,2004年6月建设投运。用作35千伏柏城站和35千伏李家营站的备用联络线路。新建线路总长12.25公里。

110千伏输电线路

110千伏高姜线,1989年2月建成投运,长度16.2公里。

110千伏高西、高张、张西线,1994年9月建成投运,长度13.5公里。

110千伏高柴线,1995年12月建成投运,长度19.2公里。

110千伏高水线,2005年10月建成投运。由220千伏高密站出线,与110千伏高柴线同塔架设,主供110千伏密水站,线路长度分别为6.82公里。

110千伏高东醴仁Ⅰ、Ⅱ线,仁菲姜Ⅰ、Ⅱ线,2005年12月启动送电。由220千伏仁和站出线,其中110千伏高东醴仁Ⅰ、Ⅱ线主供110千伏东郊站、醴泉站,线路长度为30.604公里;110仁菲姜Ⅰ、Ⅱ线主供110千伏菲达站、姜庄站,线路长度为18.81公里。

110千伏仁初线、仁初水线,2006年7月建成投运。由220千伏仁和站出线,主供110千伏初家站和密水站,线路长度分别为16.91公里和21.691公里。

变电站

35千伏变电站

35千伏大牟家变电站。1981年4月建成投运。占地3.4亩，建筑面积187平方米。主变1台，变电容量为1.8兆伏安。35千伏进线1回，10千伏出线间隔6个。

35千伏河崖变电站。1982年2月建成投运。占地2.9亩，建筑面积112平方米。主变1台，变电容量为4兆伏安。35千伏进线1回，10千伏出线间隔4个。

35千伏康庄变电站。1985年12月建成投运。占地2.3亩，建筑面积137平方米。主变1台，变电容量为1.8兆伏安。35千伏进线1回，10千伏出线间隔4个。

35千伏呼家庄变电站。1988年2月建成投运，占地2.4亩，建筑面积142平方米，主变1台，变电容量为1.8兆伏安，35千伏进线1回，10千伏出线间隔4个。

35千伏柏城变电站。1989年9月建成投运，占地面积3.02亩，建筑面积466平方米，主变2台，变电容量为1.8+3.2兆伏安，35千伏进线1回，10千伏出线间隔7个。

35千伏周戈庄变电站。1989年12月建成投运，占地面积1.596亩，建筑面积106.2平方米，主变1台，变电容量为1.8千伏安，35千伏进线1回，10千伏出线间隔4个。

35千伏双羊变电站。1991年1月建成及投运，占地面积2.2亩，建筑面积260.8平方米，主变2台，变电容量为2+3.15千伏安，35千伏进线1回，10千伏出线间隔7个。

35千伏咸家变电站。1992年8月建成及投运，占地面积2.28亩，建筑面积356平方米，主变1台，变电容量为6.3兆伏安，35千伏进线1回，10千伏出线间隔8个。

35千伏注沟变电站。1996年9月建成投运，占地面积6.88亩，建筑面积668.66平方米，主变1台，变电容量为3.15兆伏安，35千伏进线1回，10千伏出线间隔3个。

35千伏张鲁变电站。1997年9月建成投运。占地面积5443.75平方米，主变2台，变电容量为8兆伏安，10千伏出线间隔8个。

35千伏夏庄变电站。1998年12月建成投运。占地面积8250平方米，主变2台，变电容量为8兆伏安，10千伏出线间隔14个。

35千伏井沟变电站。2001年9月建成投运。占地面积1999.8平方米，主变2台，变电容量为12.6兆伏安，10千伏出线间隔7个。

35千伏李家营变电站。2002年12月建成投运。占地面积2476.65平方米，主变2台，变电容量为12.6兆伏安，10千伏出线间隔8个。

110千伏变电站

110千伏姜庄变电站。1989年2月28日建成投运，占地面积9.09亩，建筑面积938平方米，变压器1台，变电容量为20兆伏安，110千伏进线1回，35千伏出线间隔2个，10千伏出线间隔6个。

110千伏西关变电站。1994年9月30日建成投运，占地面积11.21亩，建筑面积822平方米，变压器1台，变电容量为20兆伏安，110千伏进线1回，10千伏出线间隔6个。

110千伏柴沟变电站。1995年12月29日建成投运。该站是在原35千伏柴沟变电站基础上升压改造，占地面积8.495亩，建筑面积1840平方米，变压器1台，变电容量为20兆伏安，110千伏进线1回，10千伏出线间隔6个。

110千伏张家埠变电站。2000年6月建成投运。占地面积7120.34平方米，配置三绕组变压器2台，变电容量分别为31.5兆伏安、40兆伏安，35千伏出线间隔1个，10千伏出线间隔14个。

110千伏初家变电站。2000年9月建成投运。占地面积5693.1平方米，配置三绕组变压器2台，变电容量分别为20兆伏安、20兆伏安，35千伏出线间隔4个，10千伏出线间隔10个。

110千伏东郊变电站。2002年3月建成投运。占地面积4717平方米，主变2台，变电容量为40兆伏安，10千伏出线间隔14个。

110千伏菲达变电站。2003年5月建成投运。占地面积6060平方米，配置三绕组变压器2台，变电容量均为31.5兆伏安，35千伏出线间隔6个，10千伏出线间隔16个。

110千伏密水变电站。2005年10月建成投运。占地面积2565平方米，一期配置双绕组主变1台，变电容量为40兆伏安，10千伏出线间隔8个。

110千伏醴泉变电站。2005年12月建成投运。占地面积3507平方米，一期配置双绕组主变1台，变电容量为40兆伏安，10千伏出线间隔8个。

220千伏变电站

220千伏高密变电站，1994年8月建成投运，变电容量为90兆伏安，主供高密市中心及市郊地区。

220千伏仁和变电站，2005年11月建成投运，变电容量为180兆伏安，主供高密北部地区。

配电设备

1996年，新建10千伏注沟线、注北线、方市线、注南线。组立10米水泥杆157基，架设改造线路12.8公里。

1997年，新建10千伏张鲁线、大桥线、平安线、芝兰线、于疃线。组立10米、12米水泥杆266基，架设改造线路18.6公里。

1998年，新建10千伏大庆线、城里线、立新线、再生胶线、高密线、城南线、顺河线、城西线、机场线。组立四回铁塔42基、单回铁塔122基、18米水泥杆16基、15米水泥杆43基，架设改造线路23.5公里；新建10千伏夏庄线、官庄线、泊子线、灵芝线，组立10米、12米水泥杆125基，架设改造线路8.6公里。

1999年，10千伏高密线、城里线、立新线、顺河线安装环网开关6台；新建10千伏农场线、育林线、陈屋线、纺织线，共组立12米、15米水泥杆152基，架设线路10.6公里。

2000年，新建10千伏新昌线、化工线、热联I回、毛家庄线、开发Ⅲ线、振兴线、古城线、南环线。组立四回铁塔30基、双回铁塔7基、单回铁塔22基、18米水泥杆8基、15米水泥杆73基、12米水泥杆64基，架设改造线路19.8公里。10千伏大庆线、振兴线、再生胶线、城南线安装环网开关6台。

2002年，新建10千伏亚泰线、曙光线、自来水线、星明线、邓家庄线、东岭线、晟进线、观罗线、文昌线、鲁星线、姚哥庄线、东牟线。组立四回铁塔51基、双回铁塔5基、15米水泥杆98基、12米水泥杆34基，架设改造线路28.8公里；新建10千伏李南线、李北线。组立15米水泥杆38基，架设线路4.7公里。

2003年，新建10千伏自来水线、星明线、站北线、制革线，组立双回钢管塔69基，15米水泥杆14基，架设改造线路10.2

菲达变电站一角 (2008年 摄)

公里。安装时代广场、经贸街环网柜2台;安装环网开关26台;新建10千伏旗台线、南洋线、徐辛线、新兴线、菲达线。组立钢管铁塔72基(部分与110千伏线路同塔),15米水泥杆68基,架设线路11.5公里。

2005年,新建10千伏下家庄线、幸福村线、豪迈线、昌安线、富泉线、工农线、三佳线、制革线、站北线、康泉线、八里庄线、鲁家庙线。组立双回铁塔15基、15米水泥杆392基、12米水泥杆38基,架设改造线路45.8公里。安装环网开关4台;新建10千伏瑞发线、梁家线、利丰线、嘉源线。组立15米水泥杆34基,架设线路3.1公里。安装负荷开关4台。

2006年,新建10千伏华达线,组立15米水泥杆10基、12米水泥杆15基,架设改造线路3公里。完成沿顺河路电缆入地改造工程,改造10千伏顺河线、振兴线电缆线路3公里。安装永安、市委、镇府街、党校、五中、农丰环网柜6台。

2007年,新建10千伏人工湖线、盛泉线、天翔线。组立双回铁塔10基、15米水泥杆159基,架设改造线路14.7公里。

2008年,新建10千伏和平线、大胡线。组立四回铁塔19基、单回铁塔1基、15米水泥杆24基,架设改造线路2.5公里。安装负荷开关1台、南林环网柜1台;更换环网开关5台。

供电量

1986~2008年,全市共完成用电量1668777万千瓦时,年均增长12.30%,其中,工业用电累计电量1263611万千瓦时,年均增长12.61%,农业生产用电累计64574万千瓦时,年均增长2.41%,居民用电累计265114万千瓦时,年均增长14.03%。

1986~2008年高密市全社会用电量统计表

表19-1　　单位:万千瓦时

年份	总电量	工业用电	农业	地质普查与勘探业	建筑业	交通运输和邮电通讯业	商业、公共饮食仓储业	其他	居民用电		
									乡村	城市	小计
1986	16492	12283	1773	—	—	—	—	576	1055	805	1860
1987	18560	12960	2720	—	—	—	—	645	1265	970	2235
1988	20955	14671	3324	—	—	—	—	632	1284	1044	2328
1989	22685	16159	3347	—	—	—	—	617	1378	1184	2562
1990	24084	16450	2927	—	—	—	—	803	2626	1278	3904
1991	29899	21083	2241	—	—	—	—	1389	3393	1793	5186
1992	34115	23669	2486	—	—	—	—	1473	4359	2128	6487
1993	35318	24586	2041	—	—	—	—	1503	4827	2361	7188
1994	37443	26125	2147	—	—	—	—	1843	4882	2446	7328
1995	43127	30718	2227	—	—	—	—	2176	5445	2561	8006
1996	44647	31572	2312	—	—	—	—	2589	5520	264	8174
1997	49413	33700	2961	—	—	—	—	3465	6272	3015	9287
1998	47515	30938	2592	—	—	—	—	4209	7187	2589	9776

续表 19－1

年份	总电量	工业用电	农业	地质普查与勘探业	建筑业	交通运输和邮电通讯业	商业、公共饮食仓储业	其他	居民用电		
									乡村	城市	小计
1999	52260	34738	2589	—	—	—	—	3963	7710	3260	10970
2000	60629	42670	2585	—	—	—	—	3419	8232	3723	11955
2001	67640	48671	2777	12	126	445	692	2093	8570	4255	12824
2002	83111	61574	3333	26	191	433	818	2190	9617	4929	14546
2003	104704	82307	3125	31	293	463	1037	2387	10114	4947	15061
2004	120236	94098	3408	34	409	544	1420	2943	11797	5584	17380
2005	150557	120578	3440	0	526	640	1766	3490	13808	6309	20117
2006	184844	148541	3578	0	811	692	1985	3914	18562	6762	25323
2007	208943	167942	3650	0	929	761	2334	4140	20851	8428	29187
2008	211600	167578	2991	0	1136	695	2570	3200	23728	9702	33430
累计	1668777	1263611	64574	103	4421	4673	12622	53659	182482	80337	265114

电价电费

1986～1998 年，全网电费一直由用电科营业室统一核算收费，采取一月一核算一收费的办法。1998 年，成立电力客户服务中心，该中心承担核算收费工作。

1986～2008 年高密市电价一览表

表 19－2　　　　单位:元/千瓦时

年　份	生活照明用电	生产照明用电	工业用电	农业用电
1986	0.16	0.18	0.11	0.085
1987	0.16	0.212	0.142	0.117
1989	0.16	0.4555	0.3855	0.3605
1993	0.3075	0.4998	0.4278	0.3647
1994	0.3058	0.5204	0.4504	0.3471
1995	0.349	0.5466	0.4767	0.3926
1996	0.4286	0.6797	0.6118	0.5257
2000	0.422	0.7329	0.6549	0.5419
2002	0.468	0.7329	0.6549	0.5419
2004	0.468	0.6887	0.6107	0.4877
2005	0.486	0.7159	0.6379	0.4877
2006	0.4929	0.7233	0.6752	0.4877
2008	0.4929	0.7235	0.7235	0.5070

农电体制改革

按照国务院关于农电体制改革的指示精神，1999年12月，市供电局对乡镇供电站进行改革，撤销原20处供电站，按照行政区域划分情况设立19处供电所，乡镇供电站机构名称统一改名为供电所。在供电所管辖区域内，按照每10～15个行政村设置一个电工组的原则，按片设置72个电工组，供电局统一为电工组配备通讯电话、电冰箱等工作生活用品。通过供电所考评和业务考试，从原1035名村电工中择优录用农电工538人，精简村电工达52%。建立健全各项规章制度，加强对农电工的业务技术培训，提高农电工的业务技能。2006年底，与用电村签订《农村集体电力资产移交协议》和《用电村电力资产移交申请》，完成移交范围内农村集体电力资产接收工作，明确产权分界点和双方的安全、维护、管理责任。自2004年4月1日起城乡居民生活用电实现同网同价，农民电费负担明显减轻。全面推行“三公开、四到户、五统一”的抄表收费制度，以杜绝“权力电、关系电、人情电”及“乱收费、乱加价、乱搭车”等问题。

第二节 发 电

高密热电厂 1986年，高密热电厂一期工程建成投产，装机容量为2×3000千瓦；1989年二期工程建成投产，增加一台1.2万千瓦机组；2002年三期工程建成投产，增加一台6000千瓦机组，装机总容量为2.4万千瓦。该电厂通过10千伏热联1和35千伏热联2两个电压等级在110千伏张家埠变电站与高密大电网实现并网。2008年，该厂月发电量约160万千瓦时，月用网电量约30万千瓦时。该厂的建成投产，对缓解某些年份高密电力紧张发挥了一定的作用，并使高密城区实现了大面积集中供热。该厂于1993年发展成“高源集团公司”。

企业自备电厂

华洲热电有限公司　隶属于高密孚日集团。热电公司分城北、城南两部分，装机容量共10.8万千瓦，分别于2003年12月和2006年10月建成投运。2008年，月总发电量为3500万千瓦时左右。

华友纺织热电厂　位于仁和镇驻地正南约2公里处，由华友纺织有限公司投资建设，2003年3月建成投运，装机容量1500千瓦。由于机组落后、效率低，2008年正式关停。

利华纺织热电厂　位于仁和镇北部，由利华纺织有限公司等三家企业投资，于2004年12月建成投运，装机容量1.2万千瓦。投产后一直处于亏损状态，后被高密供电公司收购，成立菲达热电有限公司。在国家出台关于小火电关停政策后，2008年12月正式关停。

银鹰热电有限公司　建于2003年，位于高密市区东北部。公司占地面积6.3万平方米。2005年、2007年分别完成第二期和第三期工程建设。三期工程共七炉三机，总装机容量为34兆瓦，年发电量1.63亿千瓦时，产汽172.4万吨。

糖厂热电站　高密糖厂于1979年建成自备电站，安装两炉两机，总装机容量为2250千瓦，1986年停止发电。

酒厂热电站　高密酿酒厂于1980年建成热电站，安装一炉一机，装机容量为700千瓦。1986年高密热电厂实行集中供热、网供电量日趋正常后，该热电站基本处于停产闲置状态，最终于1992年拆除。

第二章 水 利

第一节 水利工程

河道综合治理

官河 系市境西部的主要河流，是高密与昌邑的边界河道。1991年春，县水利水产局编制"官河综合治理规划方案"。内容是加深拓宽河槽，局部裁弯取顺，培筑两岸堤防。整个工程分三期施工。一期工程于1991年冬完成。自北胶新河上至蔡家庄西公路桥，长5500米。其中高密施工段长4488米，昌邑施工段长1012米。二、三期工程分别于1993和1994年秋冬完成，由高密自行施工。其中，自蔡家庄西至谭家河为二期，长4400米。自谭家河至魏家沟为三期，长8600米。全部工程共计完成土石方221万立方米，工日308万个。配套建设生产桥4座，排水涵洞40座，其中昌邑市建设一桥两涵。

胶河 1993年秋，由夏庄镇组织施工，对泊子至济青高速公路段进行裁弯取直，治理长度2000米；1999～2008年，按照统一设计和分期实施的总体规划，对柏城至王党段进行综合治理。工程主要内容是疏浚河槽，裁弯取顺，培筑堤防，砌石护岸，建闸修桥，布设涵洞。1999年秋，对王新屯和宋家泊子段进行裁弯、疏浚和培堤，治理长度1860米。2000年春，治理柏城拦河坝至白羊山拦河坝段。其中，对柏城村东大弯道予以裁直，余者疏浚，砌石护坡。废除柏城拦河坝，改建为交通桥；拆除白羊山拦河坝，改建为拦河闸附交通桥。同期，将王党水力自控翻板拦河闸改造为液压翻板拦河闸，并对闸前岸坡做砌石保护。2001年春，疏浚柏城大桥以南1200米河段，加固右岸堤防，砌石护坡。同期，建成柏城村东拦河闸附人行桥和大吕村西交通桥。2002年春，护砌白羊山拦河闸以下300米以及南姚村前至姚哥庄大桥右岸2200米岸坡。2003年，将宋家泊子水力自控翻板拦河闸改造为液压翻板拦河闸。2004年，拆除姚哥庄闸附桥，以新规划标准，扩大规模重建液压翻板闸附交通桥。2005年，治理白羊山至姚哥庄大桥段，并在堤东村东开挖一段南北贯通的矩形河槽，长200米，宽50米，新建交通桥一座，新河段与原弯道并用。同期，建成堤东拦河闸附交通桥。2006年12月建成鲁家庙液压翻版闸附交通桥。2008年，治理鲁家庙至仓上段。其间，拆除王党

胶河一角

闸附桥，重建拦河闸附设交通桥。至此，9年间共治理河道长12.1公里。拆除拦河坝和闸附桥各2座，改造和改建拦河闸附交通桥各2座，新建拦河闸附交通桥4座，单设桥梁3座，配套涵洞55座。该阶段治理工程均以招投标形式组织施工，工程总投资1.5亿元。

五龙河　1993年春、秋两季，呼家庄镇分两期施工，对前单家庄至新星庄段进行疏浚培堤，长1800米。1999年秋，对前单家庄南660米河段（即劈河窝下游段）疏浚拓宽河槽，培筑两岸堤防。

小辛河　1986年秋，对其北胶新河以上段进行疏浚。大弯取顺，小弯裁直，加深河底，加宽河槽，培筑堤防。1990年12月，为引黄河水南调，实行倒比降，对北胶新河以北段进行治理。1993年春，因平日路拓宽和路域规划，对五里桥至翻身庄段，按20年一遇防洪、5年一遇排涝标准向西改道120米。新开河道长1.9公里，河底宽14米，河床宽4米。2002年秋，对铁路桥至邱家洼段，向西改道130米，新开河道长1.2公里。2003～2006年，对城区人民大街两侧共600米河段进行疏浚和被覆。矩形河槽，宽8至9米，深3至3.5米，砌石与混凝土岸墙，钢筋混凝土盖板封顶。

小康河　1986年秋，对铁路至北胶新河共8.3公里进行疏浚。大弯取顺，小弯裁直，加深河底，展宽河槽，培筑堤防。疏浚后，自铁路至北栾家庄段为单式河槽，自北栾家庄至北胶新河段，为复式河槽。1987年2月，小康河城里段砌堤工程动工，7月底完工。工程为重力挡土墙型式，采用混凝土预制块镶面衬砌，长1500米。新建和改建桥、涵7座。2005年实施综合治理，10月始拆迁清场，2006年2月开工建设，9月30日竣工。治理段自南河湾桥至铁路桥。浆砌石岸墙及护底，花岗岩镶面压顶，周边护栏。在岸墙外侧各铺设钢筋混凝土排污管道一条，直径1.2至1.65米，配置6处排污口。排污口既连管道又通河道，设水闸控制，平时闸门关闭，污水经管道排放，雨水较大时即开启闸门，雨污混流，河道与管道同时排泄。沿河建造交通桥、步行桥、拦河闸坝共6座。其中，钢筋混凝土液压翻板拦河闸4座，充水式橡胶拦河坝2座，总拦蓄量11万立方米。两岸布设垂钓观光区、苏州街景区、浮雕墙景区、都市情怀区、民俗展示区和健身休闲区等，共六大景区和二十余处景点。另外在城南水库设泵站一处，以管道连接小康河上游，用以补充水量。此工程由市政府组建之工程指挥部负责实施，以招投标形式组织施工。

拦河闸坝

1991～2008年，全市共建设拦河闸21座，拦河坝9座，总拦蓄量1053.4万立方米。其中，拦河闸大多分布在胶河中游、北胶新河上游以及小康河城区段，拦河坝以墨水河居多。1993年，市水利局史心田等工程技术人员成功设计研发了液压翻板结构拦河闸，获得国家“实用新型专利”，此后10余年建设的19座水闸大多应用了该技术。

王吴水坝　（2008年 拍摄）

1991～2008 年高密市拦河闸建设情况表

表 19－3

序号	名称	所在河流	座落位置	结构型式	闸底板高程(米)	桥面高程(米)	桥面宽(米)	孔数(孔)	闸板尺寸宽×高(米)	过闸流量(立方米/秒)	蓄水量(万立方米)	建成年月	备注
1	邹鸾闸	胶河	李家营镇邹家鸾庄东	钢筋混凝土曲线铰水力自控翻板闸附工作桥	30.50	—	—	8	6×2.5	288	30	1991.8	水毁，尚未修复
2	西隅闸	朱公河	拒城河镇西隅村西	钢筋混凝土水力自控翻板闸附生产桥	30.93	35.51	4.1	5	6.0×2.0	150	5	1991.10	附1孔调节闸
3	郇李闸	北胶新河	大牟家镇郇李村西	钢筋混凝土液压翻板闸附生产桥	7.60	11.15	4.5	11	6.0×2.5	330	31	1994.10	—
4	呼家庄闸	五龙河	呼家庄镇驻地东	钢筋混凝土液压翻板闸附交通桥	18.00	20.75	7.0	2+3	6.0×1.5	150	10	1997.10	2孔液压，3孔水力
5	赫家庄闸	官河	蔡家站镇赫家庄前	钢筋混凝土液压翻板闸附生产桥	11.40	14.65	4.5	8	6.0×2.0	240	55	1998.6	—
6	康家庄闸	五龙河	康庄镇康家庄西	钢筋混凝土液压翻板闸	11.20	—	—	10	6.0×2.0	300	18	1998.6	—
7	辛庄闸	柳沟河	仁和镇东辛庄东	钢筋混凝土液压翻板闸附生产桥	9.40	12.90	5.0	8	6.0×2.5	240	75	1999.6	—
8	张家庄闸	北胶新河	大牟家镇张家庄东南	钢筋混凝土液压翻板闸附生产桥	7.80	12.50	5.1	10	6.0×2.5	300	270	2000.6	—
9	白羊山闸	胶河	柏城镇白羊山西侧	钢筋混凝土液压翻板闸附交通桥	20.03	25.23	6.0	11	6.0×2.5	465	21	2000.6	—
10	柏城闸	胶河	柏城镇柏城村东	钢筋混凝土液压翻板闸附人行桥	22.40	26.97	3.0	12	7.0×2.5	462	63	2001.6	—
11	邱家洼闸	小辛河	朝阳街道邱家洼前	钢筋混凝土平板提升附生产桥	14.55	16.62	4.6	3	3.54×1.5	53.1	1.4	2002.10	拦污闸

续表 19－3

序号	名称	所在河流	座落位置	结构型式	闸底板高程（米）	桥面高程（米）	桥面宽（米）	孔数（孔）	闸板尺寸宽×高（米）	过闸流量（立方米/秒）	蓄水量（万立方米）	建成年月	备注
12	泊子闸	胶河	夏庄镇宋家泊子东	钢筋混凝土液压翻板闸附交通桥	13.90	18.60	5.3	18	4.9×2.5	441	91	2003.6	改造
13	姚哥庄镇	胶河	姚哥庄镇西姚村西	钢筋混凝土液压翻板闸附交通桥	17.80	23.40	17.25	22	5.65×2.5	684	73	2004.12	改建
14	堤东闸	胶河	柏城镇堤东村前	钢筋混凝土液压翻板闸附交通桥	19.50	23.30	12.0	15	6.0×2.5	495	50	2005.12	—
15	城区	小康河	城区（4座）	钢筋混凝土液压翻板闸附交通桥	—	—	—	4×3	—	—	7	2006.10	—
16	鲁家庙闸	胶河	朝阳街道鲁家庙东	钢筋混凝土液压翻板闸附交通桥	17.30	21.20	16	17	6.0×2.5	612	46	2006.12	—
17	仁和闸	北胶新河	仁和镇驻地西南	钢筋混凝土液压翻板闸附交通桥	8.40	11.90	7.0	4	6.0×2.1	120	15	2007.12	附2孔调节闸
18	王党闸	胶河	夏庄镇王党村东	钢筋混凝土液压翻板闸附交通桥	16.30	20.41	15.0	17	6.0×2.5	680	55	2008.12	改建，附2孔调节闸

水库除险加固

王吴水库溢洪闸

王吴水库　2001年4月至11月，完成翻铺坝前护坡与坝后排水体，砌筑背水坡排水沟，坝后补坡并栽植草皮保护，铺筑坝顶和路面等项工程。2003年1月至2004年8月，对原非常溢洪道(即爆破式自溃坝)进行拆除，就其位置新建一座溢洪闸。同时，购置了新型变压器和防汛备用发电机组各一台，并对防汛公路和办公楼进行了必要的维修。该工程批复总投资2080万元，截至2004年8月完成投资1626.8万元，其中，中央补助400万元，省补435万元，潍坊市补助33万元，本市自筹758.8万元。

马旺水库　2006年10月至2008年6月，完成该水库大坝加固与放水洞改建等一期工程计划项目。工程批复总投资3200万元，一期完成投资1440万元，其中，中央补助1050万元，省财政补助390万元。

小型水库　市内共有小型水库18座，其中，拒城河与李家庄两水库为小(一)型，其余16座为小(二)型。自1999至2008年的10年间，累计投资1000多万元，对其中隐患较多、险情较大的13座水库进行了加固处理。

库河串联

库河串联即五河三库串联调蓄水工程。该工程是通过建闸修渠，将官河、五龙河、柳沟河、胶河、北胶新河、峡山水库、王吴水库和城北水库等串接起来，使之联网运行，并调引诸水源于城北水库，经其存蓄调节后供城乡之需。整个工程体系是由城北水库工程、引黄工程、引胶工程、引峡济高工程、引峡过北胶工程、胶河分洪工程、城区供水工程和北部六镇饮水工程等诸大板块构架而成。虽简称为五河三库串联，而实际情况是由引水渠与拦河闸等工程设施，将境内三大河系中的20余座大中小型水库和十几条骨干河道以及引黄济青输水河等全部联系在一起，形成了库库相连、河河相通、水系联网、资源优化配置利用的水利格局。工程累计总投资约1.3亿元，其中上级补助437万元，本市财政筹集4265万元，镇村投入8288万元。

马旺水库溢洪闸

城北水库　1993年开工建设，1995年建成主体工程。水库设

1990～2006 年高密市拦河坝建设情况表

表 19－4

所在河流	坐落位置	结构型式	溢流坝尺寸(米)坝长×顶宽×坝高	溢流量(立方米/秒)	蓄水量(万立方米)	建成年月
胶　河	李家营镇颜家太洛西	砌石	80×5×3	350	18	1990.6
墨水河	张鲁乡于家庄东	砌石	60×0.4×1.8	300	10	1990.6
五龙河	柴沟镇西店东	砼	120×5.5×3.4	400	80	1995.10
官　河	蔡家站镇双头庄西北	砌石	68×3.5×2	350	20	1996.6
墨水河	姚哥庄镇单家荒东南	砌石	120×5×2.5	500	30	1997.6
墨水河	张鲁乡后张鲁东	砌石	60×4×2	300	10	1998.5
秀水河	李家营镇葛家庙子东	砼	60×4×2	200	3	2004.7
小康河	城区(2 座)	橡胶	—	—	4	2006.10

计库容 464 万立方米。工程总占地面积 940.4 亩，其中库区 853.2 亩（包括围堤工程管理范围）。水库东邻平日路，西傍小辛河，北依济青高速公路，南距市区六公里。该工程系利用济青高速公路建设取土坑，对其进行加深拓展和整修改造而成。

引峡济高工程　自 1997 年秋开工至 2000 年春完成，历时 3 年。共计修浚引水渠 27.9 公里，配套建设干渠建筑物 27 座，新建拦河闸 3 座。该工程利用四屯总干渠输水至谭家河泄水闸，经谭家河引水向东，依次穿越官河、小新河、五龙河、柳沟河、小康河及小辛河等河流，输水至城北水库泵站。沿线农灌渠系建设同步完成，控制灌溉面积 30 万亩。

引黄干渠整修工程　引黄济青输水河高密灌区东分水闸位于姜庄镇潘家村北平度境。自分水闸向南以混凝土管道引水，倒虹穿越胶莱河后改为明渠，至潘家村南向西过平日公路，经大流河入小辛河，再向南直至北胶新河。干渠全长 14.8 公里(至城北水库 12.8 公里)，引水流量 3.0 立方米/秒。该灌区在开发时，由于未考虑城北水库引水因素，所以干渠中下游的输水能力和建筑物配置达不到城北水库引水需要。1994 年春，对平日路以西的大流河与小辛河段，按照 1/10000 比降重新调整底坡，使其与城北水库泵站引水渠相接。计整修干渠 8.7 公里，新建和改建桥涵闸 8 座。

引胶干渠工程　引胶干渠即引胶河及王吴水库水源入城北水库的调水渠道。城北水库建成后，为增辟新的水源，于 1994 年兴建引胶工程。其干渠自胶河王党拦河闸引水向西，大致沿夏庄镇内地下水补源沟洫曲折西北，直至城北水库。全长 14 公里，配套干渠建筑物 31 座。沿线布设分水口，以作灌溉补源之用。

引峡过北胶工程　即利用引峡济高工程之官河拦河闸，将峡山水库水源经官河调入北胶新河郇李拦河闸，然后引水至大牟家、咸家和周戈庄三乡镇。其干渠向东至柳沟河，向北至鱼池河，分别与引黄东、西两灌区相接。工程 1999 年秋开工，翌年春完工。

胶河分洪工程　从王党拦河闸分流向西，经小辛河入北胶新河。线路全长 11 公里，其中分洪渠长 4 公里，借用小辛河 7 公里。工程于 1999 年春开始，翌年秋竣工。

城乡供水

王吴水库城区供水改善水质工程　1999 年 8

1999～2008 年高密市小型水库加固情况一览表

表 19－5

水库名称	主要加固内容	完成时间	投资(万元)			
			山东省	潍坊市	镇村	小计
张戈庄	主坝加高、加宽,新筑副坝,前、后坡种植草皮,加宽溢洪道,维修放水洞,拓展、加深库区。	1999 年春	10	—	86	96
拒城河	主坝灌浆长 200 米,改建溢洪道桥,新建溢洪道生产桥 2 座。	2004 年夏	(100)	—	—	100
仲家庄	大坝加宽、加高,延长副坝,修整溢洪道,维修溢洪闸与放水洞,更换机架桥板和启闭机。	2005 年春	10	—	—	10
辛 庄	大坝加宽、加高,修整库区。	2006 年秋	10	—	—	10
尤河头	大坝加宽,新筑副坝,修整库区。	2006 年秋	10	—	—	10
梁 东	大坝加宽、加高,溢洪道加宽,拓展、加深库区。	2007 年春	20	—	25	45
李家太洛	大坝加高、加宽,坝前坡兴利水位线以下铺碎石,兴利水位线以上和坝后坡种草皮,加深、加宽溢洪道,新建两孔溢洪闸,维修放水洞。	2006 年秋	10	—	—	10
		2008 年春	15	10	13	38
窝 洛	加宽大坝与溢洪道,新建两孔溢洪闸,坝前坡兴利水位线以下铺碎石,兴利水位线以上和坝后坡种植草皮。	2008 年春	15	10	16	41
孙家鸾庄	大坝加高、加宽,溢洪道加深、加宽,新建两孔溢洪闸,坝前坡兴利水位线以下铺碎石,兴利水位线以上和坝后坡种植草皮。	2008 年春	15	10	3	28
东 丁	大坝加高、加宽,溢洪道加深、加宽,新建两孔溢洪闸,坝前坡兴利水库线以下铺碎石,兴利水位线以上和坝后坡种植草皮。	2008 年春	15	10	52	77
林家庙子	坝后补坡种草皮,修整溢洪道,改建溢洪道桥。	2008 年春	15	10	11	36
新胜屯	主坝加高、加宽,副坝修整,拓宽溢洪道,新建溢流堰,坝前坡兴利水位线以下铺碎石,兴利水位线以上和坝后坡种草皮。	2008 年春	15	10	7	32
李家庄	坝前坡做浆砌石,坝后补坡种草皮,加深溢洪道,改建放水洞。	2008 年夏	135	45	289	469
合计	13 座	历时 10 年	395	105	502	1002

月11日特大暴雨后，由于王吴水库至城区输水干渠遭受严重破坏，城区供水受到影响。为保障城区用水安全可靠，市里决定单设一条城市供水专用线，使农业灌溉与城市供水各自独立运行。该工程于2000年7月1日开工建设，至2001年1月5日竣工。工程改造暗渠4.2公里，维修防渗明渠1.8公里，铺设直径为1.0米的高密度聚乙烯缠绕增强管18公里，配置管线设施30处，附设交叉建筑物38座。工程总投资2067.7万元，其中，城区居民与单位捐资575.2万元，市财政拨付1492.5万元。

城北水库城区供水工程 工程由水处理厂和孚日自来水厂两部分组成。水处理厂位于库区东侧，厂区面积45亩。供水管道由水厂向南直至城后五里桥，向东穿过五里桥至邱家洼村东接自来水公司二级泵站，由此加压入城。管道全长9公里。该工程自1995年3月开工至1997年7月竣工，工程总投资1240万元；孚日自来水厂位于库区南侧，厂区面积60亩。该水厂系孚日集团为本单位城内厂区和城北工业园区的车间与电厂等用水而建，设计日产水能力6万立方米，分两期实施。2002年6月至翌年3月，完成水厂一期工程和管道铺设任务，2007年4月至翌年底，完成水厂二期工程建设内容。工程总投资5000万元。

南部贫水区饮水工程 1990～2004年，以单村供水方式，通过水源工程、取水工程和铺设管道等措施，共建成饮水工程68处，为缺水较为严重的68个村庄4.8万人提供了饮水保障。工程总投资1010万元，其中，上级拨款348万元，本市补助159万元，群众自筹503万元。2005～2007年，以胶河与王吴水库为水源，采取联村与单村相结合的供水方式，投资310万元（其中市财政补助68万元），为东南片之李家营、柏城和姚哥庄三处镇23个村4600户安装了自来水。

北部六镇饮用安全水工程 2006年，依托峡山水库水源和城北水库以及孚日水厂，以城北水库为水源，建设北部乡镇饮水工程。由孚日自来水厂分东西两线向北部六镇供水，东线供姜庄、夏庄及河崖三镇，西线供仁和、大牟家和周戈庄三镇，共计310个村6.1万户。2006年6月19日，两线同时开工，历时5个月，于11月20日建成通水。工程总投资4500万元，其中，上级补助500万元，市财政安排专款500万元，孚日集团公司投入500万元，各镇筹集1200万元，群众自筹1800万元。

西部南部八镇饮用安全水工程 工程以峡山水库为水源，以四屯放水洞处为取水点，经阚家自来水厂处理后输送至各镇。水网面及康庄、阚家、双羊、井沟、注沟、柴沟、拒城河及呼家庄等8镇431个村8.6万户。工程总投资1.1亿元，其中上级补助、本市筹拨和世行贷款7200万元，各镇政府筹集1400万元，群众自筹2400万元。工程2007年开工，2008年竣工并与城区自来水并网运行。

■峡山水库灌区改造与续建配套工程——峡山干渠

王吴输水干渠改造工程 工程于2003年3月开工，至10月底

■U型农田灌溉渠道

完工。全部内容包括暗渠改造、明渠防渗、混凝土管道铺设、建筑物修护及新建等，工程总投资为2410万元，其中，中央补助800万元，本市自筹1610万元。

农田水利与节水灌溉

本时期农业生产发展速度加快，灌溉需水量相应增加，而大气降水持续偏少，地表水与地下水储量严重不足，水资源长期处于供不应求的状态。在此情况下，以往费水型的灌溉模式逐渐被节水型技术所替代。土渠输水形式不断被淘汰，防渗渠道和输水管道迅速发展。大水漫灌现象基本绝迹，畦灌、沟灌和条幅浇灌随之普及。喷灌、滴灌及微喷等节水灌溉新技术，也进入了试验推广阶段。20世纪90年代以来，全市共建设防渗渠道1368公里，其中仅扬水站防渗渠即达1336公里。其防渗型式多为混凝土"U"型渠，间有少部分矩形砌石渠。另外，在扬水站灌区尚铺设塑料管道971公里，其管径一般为110毫米，最大管径400毫米。

除此之外，在全市范围内普遍采用了软质管带输水的浇灌方式。具体为小型动力机械配备潜水泵或自吸泵，以聚氯乙烯绵纶管输送水量。田间作业时，先将机泵安装于水源处，再将管带伸展至所浇地片之最远点。人工操作管带末端，均匀浇灌，逐步后移，逐节退管（每节20米），直至浇灌完毕。在南部丘陵区，由于水源较远，且需爬高，单机泵水难以送达，当地群众即将2台机组串联运用，输水距离可达五六百米。1991~2008年，全市新建、续建和改造扬水站35处，总装机容量3000千瓦，扩大和改善灌溉面积20万亩。其中，装机百千瓦以上者12处，总容量1412千瓦，设计灌溉面积11.6万亩。新建泵站大多分布在西部潍河、峡山水库和四屯灌区，其次是五龙河与胶河的上游区域。

1986~2008年高密市扬水站建设情况一览表

表19-6

泵站地点	水源	建成年份	电动机（台/千瓦）	水泵（台/型号）	扬程（米）	流量（立方米/秒）	设计灌溉面积（万亩）
双羊镇克兰村东北	峡山水库四屯总干	1992	1/110	1/14SH-19	8.5	0.50	0.30
双羊镇西埠村东北	峡山水库四屯总干	1993	1/132	1/14SH-19	9	0.50	0.10
井沟镇井沟村西南	潍河	1994	1/100	1/12SH-19	6	0.22	1.20
柴沟镇西店庄东	五龙河	1994	1/110	1/12SH-19	14	0.22	1.00
注沟镇后方市村南	马旺水库	1994	2/110	2/10SH-9A	32	0.26	1.00

续表 19-6

泵站地点	水　源	建成年份	电动机(台/千瓦)	水泵(台/型号)	扬程(米)	流量(立方米/秒)	设计灌溉面积(万亩)
李家营镇巩家桥村南	胶河支流蓄水坝	1995	1/100	1/12SH-19	22	0.22	1.20
双羊镇山前村西北	峡山水库四屯总干	1995	1/100	1/14SH-19	10	0.40	0.70
柴沟镇徐家楼子庄西北	李家庄水库	1995	1/100	1/12SH-19	7	0.22	1.00
马旺水库上游	五龙河	1996	1/100	1/12SH-19	7	0.22	1.00
双羊镇东山甫村西北	峡山水库	1997	1/100	1/14SH-19	13	0.40	0.60
大牟家镇郇李村西	北胶新河	1998	2/200	2/20"丰产50	6	1.00	3.00
双羊镇东于家埠村北	峡山水库双羊干渠	2006	2/150	2/10SH-9	30	0.27	0.54

第二节　抗旱防汛

工程体系建设　境内防汛抗旱工程体系由防洪排涝系统、农业灌溉系统和城乡供水系统三部分组成。1986年至2008年,通过综合措施,对三大系统进行了全面建设。其中,治理骨干河道5条,加固病险水库15座,新建平原水库1座,新建和改建拦河闸坝29座,建设百千瓦以上扬水站12处,配套挖潜机井数千眼,开通城市供水管线3条,建成农村自来水网四处。另外,渠道防渗、管带输水和喷滴灌技术推广等节水措施,很大程度地减少了水量损失,提高了水的利用率。而大面积的植树造林、水土保持、土地整理、路域改造和农业综合开发等治理改造工程,既涵养了水源,又改善了灌排条件。尤其是五河三库串联调蓄水工程的兴建,使境内三大水系联为一体,库河闸坝统一调度,泄排拦蓄随机控制,防汛抗旱两兼顾,防灾减灾多效能。

抗旱　1986年至2008年,境内常年平均降水600毫米左右,由于季节、年份降水不均,旱情发生概率较高,偏旱、干旱现象几乎每年发生。1999年上半年,全市降雨不足常年的四分之一,长时间的干旱使全市100多万亩农作物以致城区供水受到严重影响。2006年,市境遭遇特大干旱。全年累计降雨量326.1毫米,为多年平均雨量的52.8%。其中,自上年10月中旬至是年5月上旬,7个月时间仅降雨59.1毫米,且多为无效雨。汛期雨量不足历年同期之半数。9至12月,4个月降雨30.7毫米,仅为历年同期的四分之一。年内最大一次降雨为38毫米,出现在8月26日。自春至冬,旱情持续。河道干涸,小型蓄水设施枯竭,机井与大口井水位下降,地表水和地下水严重短缺,全市农田常年处于重旱状态。大秋作物严重歉收,其中减产3至7成者40万亩,绝产15万亩。因秋种期间基本无雨,有16.5万亩小麦未能播种,即使已下种出苗的,也因缺水而瘦弱,分蘖不足。全市有62个村庄,3.1万口人发生吃水困难,其中近万人需从外地运水吃。城区日缺水2万吨,居民生活与工业生产均受影响。面对旱情,全市上下坚持以保人畜吃水为重点,开源节流,双措并举,全面开展抗旱运动,尽最大努力减少旱灾损失。通过发挥五河三库串联调蓄水工程的联合运行功能,全年共调水5630万立方米,其中供给城区2000万立方米,浇灌农田120万亩次。在水库灌区,着力实行防渗渠道供水。在机井和大口井灌区,大力推广喷灌、滴灌和以软管输水为重点

■ 农田水利工程

的各项节水灌溉措施。同时,组织技术人员深入田间地头,帮助探水找水、打井挖水、机泵维修、器材供应和节水新技术推广指导等,为抗旱工作提供全方位一条龙服务,最终使旱灾损失降到最低程度。

防汛 每年汛期到来之前,市政府均以行政首长负责制为核心,全面落实分级负责制、属地管理制、部门负责制、包库包河责任制和重点险工险段岗位责任制,成立防汛队伍,备好防汛物资,及时排除隐患,确保度汛安全。

1999年8·11特大洪水 8月8日至14日,受高空复合线与台风倒槽气象因素影响,市境出现连续七日强降雨过程,全市平均降雨量327.4毫米,暴雨中心区的王吴测站为546.0毫米。其中,11日12时至18时,6小时内全市平均雨量154.7毫米,王吴站348.5毫米。全市水库爆满,河流暴涨,险象环生。傍晚18时许,胶河李家营段洪峰骤起,水头数米,奔突而泄,两岸接续出险,迫使沿岸村庄群众转移。与此同时,墨水河与小辛河多处决口,纪家大沟、顺溪河、小康河、南洋河、柳沟河等漫溢;城区多处地段积水超过半米,小区被淹,街路变成滚滚河流。20时,市委紧急召开常委(扩大)会议,部署防洪抢险。市、乡两级领导班子成员全部到现场组织指挥抢险和组织转移群众。驻军某部和舟桥部队派600余官兵,携抢险救生器材,火速赶往灾区增援。是夜,王吴水库于19时30分达到汛中限制水位,23时30分,山东省防汛指挥部电传潍坊市防指,令王吴水库立即开闸泄洪。根据当时具体情况,市防指一面电告上级请求暂缓开闸,一面加快转移下游群众。12日凌晨2时,水库水位逼近警戒水位,胶河洪峰移至下游,王吴水库开闸溢洪,并且泄量逐步加大到160立方米/秒。12日上午9时,开启滞洪区闸门,实施分洪。从此河道水位渐趋平稳而缓降,洪水安全通过大栏乡。

第三节 水政管理

王吴水库管理局 始建于1959年,隶属于市水利局。1989年10月,管理所改称管理局。1994年5月,更名为高密市王吴水库管理局。2004年2月,由副科级升格为正科级事业单位。

该局起初负责王吴与拒城河两水库及其灌区工程的管理工作,同时兼有城区供水任务。1990年前,其内部机构设置有办公室、会计组、工程组、水情组、机电组、电站组、综合经营组、渔业队、拒城河水库管理所、王党拦河闸管理所以及灌区上的李家营、休息园、柏城、草泊、道乡、毕家村等六处管理段。之后,由于水库蓄水量偏少和水源供应不足等原因,致使渔业队因经营困难而解体,东灌区与水力发电站则因长期闲置而废弃,综合经营活动由于人员流动而停业。1997年10月,将拒城河水库的管理权与使用权移交给拒城河镇人民政府。至2008年,其设置有办公室、财务科、防汛办、渠首管理段、毕家村管理段、城南水库管理段和工程科等七个基本单位,管理人员总数为38人。

峡山水库灌区管理处 副科级事业单位，隶属于市水利局。1989年10月，高密县峡山水库灌区管理所改称高密县峡山水库灌区管理处。1994年5月，更名为高密市峡山水库灌区管理处。

1990年，管理处设有办公室以及泊子、张秋、吴家营、钟家屯和林家庙子等五处管理段。五河三库串联工程建成后，即将柳沟河拦河闸以上渠段交付该处管理，遂于1998和1999年，先后设置了官河、五龙河与柳沟河三处管理段。2005年6月，接管峡山水库高密防汛所。2006年7月，接管北胶新河张家庄拦河闸。2007年12月，接管西部与南部八镇饮用安全水工程之渠首设施。

城北水库管理局 成立于1996年5月，隶属市水利局。2007年2月，升格为正科级事业单位。

城北水库管理局负责城北水库枢纽工程、引黄东干渠、引胶干渠、引峡济高工程，柳沟河至城北水库渠段以及水处理厂等工程设施的运行管理工作。2003年5月，增设城区供水管理办公室。2006年7月，接管北胶新河郇李拦河闸。2006年8月，将水处理厂转让给市水业公司。2007年3月，增设农村供水管理办公室。

马旺水库管理局 副科级事业单位，隶属于市水利局。1989年10月，马旺水库管理所改称马旺水库管理局。

该局之初负责马旺与李家庄两水库及其灌区工程的管理工作。1990年其内部机构设置有会计股、工程股、综合经营股和李家庄水库管理所。1992年8月，将李家庄水库管理权与使用权移交给柴沟镇政府。1999年，撤销综合经营股，设立办公室。至2007年，内部设置为办公室、财务科和工程科。

第二十编

信息产业

1986年,境内通信主要由县邮电局负责,主要经营固定电话、电报、数据信息业务等。1990年,增加BP机业务。1993年增加模拟移动电话。1998年,数字移动电话开始取代模拟移动电话。是年9月,邮政、电信业务分营,成立高密市邮政局和高密市电信局。电话、电报等业务由电信局经营。1999年9月,移动业务从电信局剥离,市移动公司成立并挂牌经营。是年10月,高密联通公司成立,主要经营移动业务。2000年,电信局更名为通信公司,2003年通信公司又更名为网通公司。小灵通业务于2002年开启,由网通公司经营,后于2010年退出市场。2002年,潍坊铁通公司高密分局成立并挂牌营业。2004年1月,新成立高密电信公司(南方)。2008年底,网通与联通合并,成立新高密联通公司。至2008年底,境内通信企业4家(移动、电信、联通、铁通)。

第一章 邮 政

邮政局主要负责全市报刊发行、函件包裹投递、邮政储蓄、汇兑和集邮等项业务。1986年,市邮电局所辖城市支局(网点)2处,分别是人民大街营业厅和火车站邮电所。乡镇邮电支局(所)28处,分别设在28处乡镇(高密镇除外)驻地。2008年,邮政局所辖城市支局(网点)分别是营业室、车站、皋尧、东城、凤城、城南、醴泉、开发区、大学城邮政支局(网点)。乡镇邮政支局(所)没有变化。邮政局所有进口邮件集中由分拣封发处理,根据各地所处政治、交通状况和邮件流向、流量以及邮件的近密远疏规律等因素,对邮件主要采用直封和经转两种分拣封发方法。1986年,境内邮件经转局为潍坊局,邮车由潍坊到高密的时间为当日上午9点。邮件的装卸由押运员与封发人员清点验收数字准确后,办理接收手续。1990年开始,平挂邮件除保留济南、青岛、烟台及邮车沿途局所的邮件直封外,其余直封关系全部撤销,均由潍坊局经转。

■康庄邮电支局 (1998年 摄)

第一节 邮 路

干线邮路

1986~1992年7月,干线邮路有高密—平度。1992年7月25日,原高密至平度干线邮路改由胶州经传,平度邮件改由胶州局转发。至此,由高密经转的所有干线邮路全部撤销。1998

年10月，潍坊至高密的邮件由铁路代办改为自办汽运邮路。

支线邮路

1995年10月，原由高密汽车客运站转运的高密至周戈庄、高密至大栏两条支线邮路终止，改由邮电局自办。1998年，市邮政局将乡村支线邮路调整为东线、西线、南线、北线等4条，后经逐步调整完善，至2008年，四条支线邮路的路径分别是：

东线：夏庄、河崖、大栏、张鲁、姚哥庄、柏城、开发区、东城、车站

西线：呼家庄、井沟、田庄、双羊、阚家、初家、顺河路

南线：拒城河、李家营、王吴、柴沟、土庄、注沟、城南、凤城

北线：仁和、姜庄、咸家、大牟家、周戈庄、蔡站、康庄、皋尧、醴泉

乡村邮路

1986～1989年，全市乡村邮路42条，1999年变动为60条，2003年变动为80条，2008年变动为67条，全程共计2383公里。

城区投递邮路

1986～1990年，城区（郊）邮件投递段道12个，1999年增至24个，2003年增至30个，2008年调整为23个。共计895公里。

第二节　邮运设施

邮运车辆　1986年，县邮电局共有邮政运输汽车5部，摩托车4辆，自行车47辆。1998年邮电分营时，划归邮政的运输车辆28部，摩托车4辆。2002年新购邮政运输车3部。2008年，市邮政局共有邮政运输车30部，主要生产业务设备228台(套)，计算机设备49台。

信箱(筒)　1986年，全县城乡共有信箱(筒)130个，1995年138个。至2008年，城区及各乡镇邮政支局、代办所共设有邮箱(筒)600多个，城镇居民小区集体信箱报箱达到1万多个。

邮政机械设备　1986年以前，邮政业务均为人工操作，仅有邮政信函过戳机一台。1986年开办邮政储蓄业务以来，配有邮政储蓄专用电脑54台。1999年营业柜台包裹收寄实现了微机化处理。至2008年，市邮政局各类科室全部配齐电脑。邮政业务配齐配全了电子秤、过戳机、邮资机、给据邮件登单机等，并拥有信函制作系统一套，邮政业务基本实现了柜台操作微机化、电子化处理。

第三节　邮政业务

函件　1986年，县邮政局经办的函件主要包括平信、挂号、明信片、盲人读物、义务兵免费信件、印刷品等。2003年开办商函广告业务。2008年出口国内函件300万件，邮送广告200万份，平常函件150万件，给据函件5万件，国内邮资函件50万份。

包裹　包裹分普通包裹和直递包裹两大业务种类。符合包件准寄范围，按一定时限规定传

■邮政人员内部处理函件　（2008年 摄）

递的物品，可按普通包裹收寄；直递包裹指装入带有邮政标志的封装容器，实行直收、直运、直投处理方式的批量包裹。国内包裹的单件重量限度是：一般物品为15公斤，易碎或流质物品为10公斤，快递小包为500克，证件不能拆开的为1公斤。为便于包裹发运，规定每件包裹的最大尺寸和最小尺寸限度，国际包裹的重量、尺寸限度每件包裹重量不超过20公斤，每件包裹的长度不超过1.5米，其横周长不超过3米。1986年，包裹业务量4万多件，1990年7月，国内邮政资费作部分调整。

汇兑 1986～1993年，邮政出口汇票一直在4万张左右，1995年之后，随着经济的快速发展，出口汇票上升到8万张。由高密汇往全国各地的普通汇票，3～5天就可到达。自1998年邮电分营以来，邮政汇兑业务量大增，2002年随着各地银行通存通兑业务的开展，邮政汇兑业务量下降。2004年，开通邮政电子汇兑业务，实时汇款，每笔加收特急业务处理费10元；2小时汇款，每笔加收加急业务费5元，汇费按照汇款金额的1%收取，最低2元，最高50元，每笔最高限额为5000元。超过限额，需分笔办理。5000元以上为高额汇款。2005年开办网汇通，商务汇款，免收用户手续费。2007年，开通网汇特别业务，用户直接在网上汇款，手续费为千分之五。

集邮 1986～2008年，主要销售部分纪特邮票、首日封、明信片、邮折、集邮册等，品种达100余种。1991年县集邮协会成立，是年县邮局设立集邮门市部，1995年更名为高密市邮电局邮票公司。邮、电分营后，更名为高密市邮政局邮票公司。协会成立伊始，会员300多人，集邮爱好者1000多人；至2008年，集邮协会会员发展到近千人，集邮爱好者2000多人。

特快专递 1993年，开办了国内、国际邮政速递业务，并相应成立了邮电局速递公司，实行专人专车上门服务。国内每500克为一个计算单位。500克以内，资费20元。每续重500克或其零数，一区（包括北京、天津等22省市区）加收6元；二区（包括宁夏、青海等7省区）加收9元；三区（包括新疆、西藏2区）加收15元。1998年，共收寄各类快件8240件，2003年共收寄70352件，2008年突破10万件。

报刊发行 市邮政局负责全市报刊订阅及零售和图书的销售业务，提供全国各地报刊的订阅服务和报刊图书的订阅。1986年全县共有报刊发行站163处，其中县城30处。全年零售报刊百余种，征订国内各类报纸期发7万多份，累计11万多份；杂志期发11万多份，累计140万多份。1989年，全国报刊普遍提价，部分报刊社自办发行，邮政报刊业务量受到影响。2008年共订阅报纸150多万份，杂志10多万份。

邮政储蓄 1986年4月1日，邮电部、中国人民银行总行按照国务院“积极开办邮政储蓄”的指示，达成恢复开办协议。邮电局办储蓄吸收的资金送交当地人民银行，由当地人民银行组织上缴使用。存款执行国家统一的利率，人民银行为邮电局配准备金代付储户利息，月终向银行结算收回。人民银行按月平均累计金额的2.2‰付给邮电局手续费。1986年7月30日，高密县邮电局开始恢复开办邮政储蓄业务，到1988年陆续开办邮政储蓄业务的支局达到20处，1988年12月底邮储余额共达到400万元。至1990年，全县储蓄业务网点发展到21处，其中农村19处，城市2处。1990年，邮政储蓄业务由人民银行支付手续费改为利差管理。是年，全县邮政储蓄余额达到1300万元，业务种类有活期储蓄、定期储蓄、定活两便、零存整取四种。从1990年开始，全县邮电局的储蓄业务开始了快速有序发展。截至1995年底共计36处邮电支局（所）开办了邮政储蓄业务，农村31处，城市5处。至2007年，全市邮政储蓄余额达到75962万元，并增加开办小额质押贷款和小额抵押贷款业务。2008年高密市邮政储蓄银行挂牌成立，成为独立法人单位。邮政储蓄银行成立后，高密市邮政局所辖网点为其代理邮政储蓄业务。是年底,代理余额为71500万元。

第四节 邮政资费

1955~2008年,邮政资费进行了4次调整。1955年3月~1990年7月,国内平信每重20克,本埠0.04元,外埠0.08元;1990年8月1日提高国内邮政资费,平信本埠0.1元,外埠0.2元;1996年12月第二次调整,平信本埠和外埠均0.5元;1999年3月第三次调整,本埠0.6元,外埠0.8元;2006年第四次调整,本埠0.8元,外埠1.2元。几次调整,明信片、印刷品、包裹资费也都在原基础上相应提高。国际函件按照国际邮政公约也进行了多次调整。国际包裹资费分为水路和航空两类。

第二章 电 信

第一节 电 话

市内电话 进入20世纪80年代后,高密电话通信事业发展很快。1984年电话用户数不足500户。1986年5月,安装电话自动纵横2000门交换机,改手摇发电振铃、人工接续塞绳变为自动装置,结束了市内电话"摇把子"时代。1989年,市内电话号码由5位升为6位。1992年,引进德国EWSD西门子4000门程控电话,长途电话进入国际直拨网。柏城、张鲁、柴沟、双羊四处乡镇同时接入市话网。次年,高戈庄、咸家、大牟家等11处乡镇开通程控电话。8月,磁卡电话、投币电话开通使用。1994年,市话扩容为6000门。是年,全市29处乡镇全部开通程控电话,市话用户装机5775部。城区建设公用电话亭5处,发展公话40户。1995年4月30日,本市电话号码由6位升至7位,并取消本市长途区号,统一使用潍坊市长途区号0536。1996年,建成112集中自动受理系统,并顺利实现与潍坊联网。1997年11月,南环路市话分局建成投运,一期开通8700门,市话局用交换机容量增加到32016门。开通了声讯服务和200、300计账电话卡业务。1999年,城区完成了机场、古城小区、大王庄、许家庄、北关、小田家庄等6处西门子6144线独立交换接入网的建设及接入网配线区的改造。2000年,实施省公司"千百万工程",是年完成装机放号3万多部,安装电话亭56个。2003年,市话设备再次扩容,实现交换机总容量58812门。是年,建成SDH光缆网,共开通8个SDH环网。全市安装固定电话达17万部(其中包括公用电话、IC卡电话、智能公用电话等)。至2008年,全市固定电话用户突破30万部,电话普及率约29部/百人。

农村电话 农村电话主要是以县内行政区划为基础,以县城为中心,建设通往各乡镇和乡镇驻地的电话通信网。1986年6月,成立高密县乡村电话管理站,乡村电话有了系统的归属和管理。1991年,农话交换机为74部,总容量为4015门。1992年后,开始架设及安装光缆和光端机,各支局先后安装开通程控自动电话。之后,部分支局更换开通千门交换机,为实现全县电话村村通创造了条件。1992年,张鲁、柏城、柴沟、双羊等4处乡镇进入市话网,长途进入直拨网。其后，有康庄等11个乡镇开通程控电话总容量为8500门。其中8个乡镇实现村村通电话。1997年，新建电话村20个，全市达到66个。1997年后，各乡镇开始按照电话村、电话乡镇的标准进行线路施工。先后建成多条SD-HOF155M、SDHOF622M光传输网络。2000年，以实施省公司"千百万工程"为重点，将夏庄、呼家庄等12个乡镇列为电话建设重点乡镇进行扩容改造建设，建成模块机房25处。2003年，农话户数达到12万多户；2008年达到15万多户。

长途电话 自80年代上自动交换机后，长途电话接续使用半自动拨号，电话由长途台挂发。1993年8月，架通高密至诸城光缆线路，开通自动、半自动长途电话，用户可以直拨，微机自动计费。1995年3月，采用单模长波长光缆连接潍坊至日照干线光缆，长途电路增加到495条。是年，开通了可视电话会议系统，全市29处乡镇进入国际国内长话自动网。1995年5月，统一使用潍坊长途区号：0536。

寻呼与无线电话 1989年11月，县邮电局购进YCF—121上海产无线寻呼发射机2部，无线寻呼操作终端机2部。1990年，高密正式建立无线寻呼系统并办理业务。至1992年底，放号66户。1993年，实现全县联网，开通数字和汉字兼容的无线寻呼，推出"126"汉字BP机。是年累计发展用户1853户。1995年，高密进入潍坊C3本地网，建无线寻呼基站1个，实现无线寻呼全省联网。是年新发展用户2000多个。1997年，开通"198""199"高速寻呼系统，无线寻呼用户发展到1万余户。至1998年5月，无线寻呼有基站2个，用户14741户。是年6月，无线寻呼实行资产剥离，成立国信寻呼公司。2000年后，随着信息产业的快速发展，无线寻呼业务量逐年迅速减少，至2005年，无线寻呼业务基本退出市场。

第二节 电报与传真

1986年，县邮电局一次割接成功进入256全国自动转报网。是年，又新增置了BDD4202—1型电传机3部，实现了收报、译报自动化。至1991年，县内电报电路共有4条，其中有线电路3条，无线电路1条。年公用电报业务量为16万多份。1992年后，随着程控电话的开通，电报业务量开始下降。1994年，全部开通高密至乡镇电报线路。1995年，全部开通高密至乡镇传真机，撤销电报电路。1998年，电报用电路减至1路，国内公众电报业务量为1万多份。1999年，使用微机进行电报传输，撤销插报机、电传打字机。2000年，报务班撤销，电报业务由中心营业室受理。2001年，电报业务仅5000多份。电报业务逐渐被现代通信、多媒体网络和传真电报所取代。2004年，停止使用微机传输电报，改用传真机。电报业务分为8类，即天气、水情、公益、政务、新闻、普通、汇款、公电。至2008年，电报业务减至普通和公电电报两种，且数量已经极少。

第三节 数字数据与互联网业务

境内的数字数据（DDN）与互联网业务于1994年10月开始建设。1995年安装DPN—100分组交换节点机，建设潍坊可视电话会议网高密会场，同年12月开始为政府和企事业单位提供数据专线通信。1996年，开始建设DDN本地网，安装澳大利亚达科公司生产的IDNX/20—S数字数据网节点机，开展第二种数据专线通信业务。1997年，开通因特网，通过电话拨号，接入互联网，实现上网下载、网上浏览、网上通信。1998年，开通电子信箱业务。1999年，建设政府上网工程，是年4月"高密信息港"建设完成。2000年，建成ISDN一线通宽带网，开通多媒体信息港，并实现网上办公。2001年，建成ADSL

宽带网，实现高速上网，并大力发展信息业务，推动企业和家庭上网。2002年，完成宽带网扩容和提供网络支撑的城区光缆骨干网工程，完成“政府上网”改用宽带网上网工程，建成政府网办公平台；开始对新建居民小区采取光缆接入方式，实现光纤到小区，五类线布放到户。是年，ADSL宽带网、一线通上网的注册用户发展近万户。2004~2008年，先后多次进行宽带扩容建设，注册用户不断快速上升，全市不但党政机关、大型企业全部实现了联网，乡镇行政村和中小企业也可实现网上办公和对外开展业务。至2008年底，全市互联网用户发展到9万余户。

第四节　无线通信企业

高密移动公司　于1999年9月正式成立。移动、电信分营前，全市有数字移动通信基站17处，至2008年底发展到255处。除地下工程、特殊建筑，无线信号覆盖区域达100%，中等信号强度区域达98%以上。2003年6月开始，移动与广电合作，建设光缆传输工程。至2008年，架设光缆总长度为1600公里。

高密联通公司　于1999年10月成立。2008年12月高密网通与高密联通合并，成立高密新联通——中国联合网络通信有限公司高密市分公司，主要经营国内、国际各类固定、移动通信网络与设施、基础电信网络的语音、数据、图像及多媒体通信、应急通信等业务。是年，有固定电话用户15万户，数字数据与互联网用户9万户，无线市话3万户；基站55处，电缆12万对公里。

高密电信公司　于2004年1月成立。到2008年，公司共有基站、机房8个。主要业务范围：市内电话5000部，长途电话3000部，电报及传真1500部，数字数据线路60条，互联网宽带终端3000部。

高密铁通公司　于2002年成立，主要经营铁道系统业务。至2008年，发展电话用户1万余户，有线宽带用户4000余户。

第五节　信息服务业

1995年，高密市开始使用互联网业务。2008年全市有网络用户15万户，其中互联网用户10万户，3G用户5万户。至2008年，全市共完成中继光缆铺设5000皮长公里，电话光缆6000皮长公里，通信基站600个，出口带宽20G。

2008年，全市有大型电子科技市场两个。计算机服务经营业户200多家。

第六节　无线电管理

1984年4月，国务院、中央军委要求调整无线电管理体系，规定省级以下无线电办事机构由军队划给地方。按照规定，县政府于1991年成立无线电管理办公室（副科级），配备2名工作人员，隶属政府办公室。无线电管理办公室主要职能是，负责对全市各电台的使用频率进行监听监测，每年对全市所有无线电发射设备注册登记和检查验证，核发电台执照，办理审核无线电发射设备准销证，维护无线电发射设备销售市场秩序。1991~2008年，无线电管理办公室共普查登记无线移动通信基站346处，广播电视基站2处，无线数据传输基站22处，微波基站3处，对2.9万部无线电设备进行注册登记，治理整顿无线电发射设备销售网点265家，办理无线电发射设备准销证101家，查处私设电台103部。

第二十一编

商贸服务业

1986~2008年，正是中国经济体制改革由计划经济向市场经济转变的重要时期，这一时期内，全市的商业无论是在流通体制、经营方式、商业结构，还是在购销业务、网点建设、职工队伍等方面均发生了深刻变化。前后经过承包经营责任制，租、包、买和股份制等多轮次改革，国有和集体商业资产逐步退出，最终国营、集体商业企业和经营网点全部转为私营。与此同时，个体私营商业经济也由小到大、从弱到强，不断发展壮大，在商业经济中由最初补充成分逐步转变为主体成分。改革开放的不断深入和商业体制的转变推进，极大地促进了全市商业经济的发展繁荣。进入21世纪，商业已成为支撑全市经济的重要支柱之一。

第一章　国营商业

第一节　商业体制改革

高密的商业体制改革起步较早，1982年10月，《人民日报》曾对高密县探索实行商业经营责任制的经验予以报道和介绍。1984年后，随着经济体制改革的逐步深化和社会主义市场经济体制的逐步完善，国家计划分配的商品逐年减少，市场调节的商品日渐丰富和增多。在这一阶段，高密的商业体制改革主要进行了以“三多一少”（即多种经营成分、多种流通渠道、多种经营方式、减少流通环节）为主要内容的改革，使计划经济时期商品短缺、供应紧张的状况得到了缓解和改善。1986年9月，县商业局对商业系统的百货和食品两个行业进行了体制改革，将县百货公司改组为“高密县百货公司”和“高密县百货批发公司”；将县食品公司改组为“高密县食品公司”“高密县肉制品厂”和“高密县商业宾馆”三个独立企业。在大力推进流通体制和管理体制改革的同时，商业系统还启动了对商业企业内部运行机制的改革。从1990年起，在商业系统中有步骤地实行了经理（厂长）负责制和任期目标责任制及全员风险抵押金制度。在企业内部引入竞争和风险机制，实行内部承包经营责任制。1992年上半年，在商业企业全面进行了“四放开”（经营放开、价格放开、用工放开、分配放开）改革，商业企业普遍突破原有的经营范围，逐步向外地市场和生产领域延伸；突破旧的价格管理方式，建立活价促销的价格调节机制；突破旧的用工制度，实行全员劳动合同制、干部聘任制、内部待业制的用工制度；突破原有的平均主义分配办法，全面推行岗位技能工资制，采用按效益、岗位、技能、贡献大小取酬的分配方式。1993年，又对小型商业进行了“租、包、卖”改革。各企业根据自身实际，择优进行“租壳卖瓤全员承包经营”“租赁柜台还本经营”“大包生产和经营”三种形式的改革。租壳卖瓤全员承包经营是指将门店设施租给承包人使用，店内商品作价卖给经营人员，一次付清。租赁柜台还本经营是指经营人员实行“三自”（自筹资金、自主经营、自负盈亏）“两不变”（职工原有身份不变、行政党团关系隶属不变）。大包生产和经营是指经营人员实行自购、自产、自销、自负工资、交足利润、自负盈亏。到是年底，商业系统15家企业的148个门市部、车间、饭店、旅馆，分别实行“租、包、卖”改革。是年9月，还在东风商场进行了股份制改革试点，在商业系统成立了第一家股份制企业——东风商场股份有限公司。

1994年1月，撤销县商业局，成立县商业委员会。在县商业局的基础上，组建起了高密县商业集团总公司。县商业集团总公司为全民所有制企业，隶属县人民政府，具有独立的法人资格，依法自主经营，独立核算，自负盈亏。并受县政府委托，对原县商业局下属成员企业的资产和经营进行管理。是年，商业系统有9家企业进行了股份制改革。1997年，市商业委员会改称市人民政府财贸办公室，成立市贸易局，合署办公。撤销市商业集团总公司，其业务由贸易局管理。1999年，商业系统加快产权制度改革进程，实行“以售为主、租售结合”的改制方式，加快国有资产的退出。2000年8月起，饮食服务公司、国贸公司、商业职工保健院、东风商场、水产蔬菜公司、商业农机公司等商业企业，先后以职工出资购买企业净资产、负担企业全部负债的形式，改制成为民营商业企业。2002年始，对经营不善造成资不抵债的商业企业实施破产清算。是年5月，高密市食品总公司依法进入破产清算程序。从2005年到2007年，市美食股份有限公司、市副食品公司和市百货总公司、市百货商城股份有限公司先后依法进入破产清算程序，国有资产逐步从商业经济中退出。至2008年国有资产已经完全退出，商业企业和商业网点全部转为民营。

第二节　商业结构

1986年，国营商业在商品流通和供应中仍处于主导地位，占有较大成分和比重。全县国营商业系统共有干部职工1561人。商业局下属有百货公司、百货批发公司、五金交化公司、食品公司、副食品公司、饮食服务公司、水产蔬菜公司、肉联厂、肉制品加工厂、商业宾馆、东风商场、副食品加工厂、商业中转站等国营商业企业，115处门店和29处乡镇食品站。到2008年，上述企业全部转为民营。

百货公司　百货公司成立于1955年。主要经营布匹、服装、鞋帽、化妆品、文化体育用品等日用商品，并兼营家电、五金、化工、儿童玩具等，经营商品类别上千种。1986年，销售收入763万元，实现利润28万元。是年，进行体制改革，将百货大楼分成高密县百货公司和高密县百货批发公司。从1988年起，公司推行“工效挂钩、联销计售”的承包经营责任制，采取有奖销售、送货上门、免费安装、大件商品保送、小件商品包退包换等便民措施，搞活了业务经营，销售收入有了大幅度增长。1990年，销售收入988万元，实现利税36万元。1992年，实行柜台租赁经营。1994年，实行股份制改革，更名为百货商城股份有限公司。随着市场竞争的日趋激烈，经营状况越来越差，于2002年停止营业，营业楼分层分块出售或出租。2007年5月31日，依法进入破产清算程序。

百货批发公司　1986年成立，内设布匹、文具、鞋帽、化妆品等十五个部类批发业务。实行经理负责制和任期目标责任制，内部职工承包到部、类，联销计售，是年完成销售收入1948万元，利润45万元。1990年，实现销售收入3395万元，利润77万元。1991年，通过社会带资投劳、银行贷款等筹措资金2400万元兴建高密第一家大型商场——凤城购物中心。1995年10月建成开业，是年公司实现销售收入2930万元。后因经营不善逐步陷入困境。2001年，凤城购物中心整体出租出售给青岛维客集团，更名为青岛维客(高密)购物中心。2003年公司停止经营，2006年3月28日，依法进入破产清算程序。

五金公司　成立于1965年，初为高密县五

■ 维客集团高密购物中心 （2008年摄）

金批发分站，后发展为五金交电化工公司。下设五金商场、五金批发大楼和五金门市部，主要经营五金、家电、交电、化工兼营日用百货等。1986年，销售收入576万元，利润91万元。1988年，实行承包经营责任制，企业效益有所提高。1990年，实现销售收入4046万元，利润94万元。1992年，集资1000多万元建成华联商厦。1993年后，由于市场竞争激烈，企业效益不断下滑，1994年5月改为股份制企业。由于资不抵债，至1997年8月，公司成为“三无”（无经营场所、无经营资金、无经营项目）企业。是年起，市里制定政策，鼓励员工与企业解除合同，给予一定经济补偿，多数职工与公司解除劳动合同，企业名存实亡。

食品公司 成立于1956年，下辖肉联厂、食品加工冷藏厂和29处乡镇食品站，共有职工300多人。1986年，收购农副产品额1769万元，加工销售收入1948万元。1987年，肉联厂迁建至人民大街东首，占地4.1万平方米，投资900万元。1989年10月正式投入生产。是年11月，肉联厂与美国国际德厚贸易公司合资成立潍坊华德食品有限公司，生产“麦尔可巴”和速溶冲剂等快餐食品，原料为玉米、大豆、大米等，由于产品销路不畅，1992年5月停止生产。1992年4月，食品公司内部改革，成立了以生产果茶系列饮品为主的“潍坊北海食品有限公司”，生产皮革深加工产品为主的皮件加工厂和以生产经营速冻蔬菜为主的果菜公司。前两家企业只维系了一两年的时间便停业，只有蔬菜加工出口业务发展起来。是年，投资30万元，改造生猪屠宰车间，并兼屠宰肉食鸡，年屠宰量15万只。1994年，投资60万元，改造原肉联厂（火车站北）冷库设备，加工速冻鲜蔬菜、草莓、青豆等。是年，食品公司更名为“食品总公司”，并将肉制品厂划归食品总公司。1996年4月，实行生猪定点屠宰，食品总公司投资80万元，对各乡镇食品站进行了整修改造，改称“生猪定点屠宰场”。1998年，食品总公司实现农产品加工销售收入5570万元，利税249万元。2002年5月22日，依法进入破产清算程序。破产后依托其剩余资产新成立信泰食品公司、瑞海食品公司、密水食品公司、定点屠宰服务中心等4个企业。

第三节 购销业务

计划商品 商品供应实行计划分配和市场调节相结合的方针后，国家计划调拨分配的商品逐年减少。到1986年，全县商业系统内除自行车、缝纫机、电视机、火柴、肥皂、洗衣粉、元钉、铁丝、食糖、石油等商品纳入计划管理外，其余商品全部放开供应。1988年，取消洗衣粉分配计划。1989年，国家开始进行市场治理整顿，将洗衣粉再次纳入计划管理，并对火柴、肥皂、洗衣粉实行最高限价政策。是年2月起，彩色电视机实行国营商业专营政策，食糖计划不再分基数内、基数外分配。1990～1991年，对生猪、铁丝、元钉、食糖、火柴、洗衣粉、肥皂、彩电等实行限价。自1993年始，上级业务部门不再要求编制上报下达商品供应计划，全部商品均敞开供应，计划商品随之退出，所有商品完全进入市场供应和调节。

商品购进 随着商品流通采取有计划分配和市场调节相结合的新格局的形成，在商品购进方面，商业部门长期采用的统购、派购、计划调拨、凭票凭本、定量供应、国家定价的计划管理方式被打破。从1986年起，全县商业企业加大了产、供、销改革的力度，以市场需求为导向，合理进行商品购进。同时，以市场供求为基础确定商品价格，取消对工业品统购包销的方式，扩大工业品的自销比例。除计划分配商品外，其余商品企业按市场需求自由采购、三级批发，零售企业可到一、二级批发企业、生产厂家直接进货。从1989年开始，企业与厂家逐步建立起较稳定的供货关系，中间环节进一步减少，进货成本降低。1994年，各类批发市场形成，零售企业除直接从工厂进货外，个别品种从批发企业进货，一般商品自批发市场进货。批发企业设立零售网点，批零兼营，零售企业开始引厂进店。1995年始，逐步完善大件耐用消费品、名优产品、洗涤化妆品等总经销、总代理业务，商品购进完全实行市场化运作。

商品销售 1986年，国营小门店实行国家所有、集体经营和经营承包、联销计劳等多种形式责任制的管理制度，销售方式由坐门待客，改为店内外销售相结合的办法。是年，商品销售收入11728万元。为拓宽商品流通渠道，提高企业经营效益，1987年，县商业部门还采取了与乡镇、基层供销社联营、招聘商品推销员推销商品等多种方式加强商品销售工作。1988年，市场出现抢购风，国营商业采取加强商品外采力量，严格执行国家定价、指导价、毛利率控制作价的办法，对关系国计民生的商品限量、限价供应，一般商品不惜售，承担起了调控和稳定市场的职能。1989年，国营商业由集中力量采购变为集中力量推销。是年，国务院下发《实行彩色电视机专营管理的通知》，国家对已放开价格的部分商品开始不同形式地恢复管理。规定进口彩电和摩托车、汽车、洗衣机等特殊商品由国营商业统一经营，县五金交电化工公司承担此项业务。1990年2月，商业零售企业实行“三色物价标签”(国家定价红色、国家指导价蓝色、企业定价绿色)，规范商品销售价格的管理形式。1991年，推行经营、用工、价格、分配“四放开”，企业自主权扩大，进一步搞活商品流通。是年，放开了省及省以下管价的51种(类)商品价格。至此，全县已放开1700多种(类)商品价格。1992年，批发商业销售额开始逐年下降。随着工业自销网络及各类专业批发市场的初步形成，全县开始更新改造零售网点。1993年始，商品销售价格由企业根据市场自主确定。1994年，在国有商业系统内开展了争创“文明商店”“重合同守信用企业”和以信誉促销售等优质服务活动。1996年后，随着多形式、多渠道、多层次商贸流通体系的建立和形成，社会商业日趋活跃和繁荣，对国有商业形成了巨大冲击。凤城购物中心、百货大楼、东风商场等国有大型商场经营状况日渐恶化，亏损严重。2000年，东风商场改制后，首先引进了超市这一新型商业业态，取得了良好的效益。随后，人民商场、凤城购物中心、供销大厦等商场企业先后引进了中百佳乐家、青岛维客集团、威海家家悦集团等大型企业集团，建立和形成了以连锁经营为基本特征的大型超市、购物中心、专卖店新型商品销售和流通网络。超市、购物中心等新型商业业态和经营方式的兴起，为商品流通提供了坚实基础和保障，为人民群众提供了便捷舒适的购物消费环境，极大地促进了商品销售。

生猪经营 1986年，生猪经营实行有指导的议购议销，销售价格参照指导性价格自行确定，并允许国营、集体、个体等多种渠道经营，供应主体是县肉联厂和各乡镇食品站。为保证全县非农业人口供应和特需供应，县猪肉销售指导价规定为每斤 0.87 元，其他随行就市。1987年，根据上级业务部门安排，采取用平价化肥、平价柴油、平价饲料粮等换购生猪，每头生猪奖励一定数量的平价尿素、平价柴油政策，促进生猪业的发展。是年，国家实行“定点宰杀、集中检疫、照章纳税、分散经营”的政策。1994 年，成立生猪定点屠宰领导小组，并在市肉联厂设立生猪定点屠宰办公室。1996 年，成立专门定点屠宰机构和稽查机构，由市商委牵头实施。1997 年后，改由市贸易局牵头。1998 年 1 月，贸易局落实定点屠宰，强化市场督查，全市设立定点屠宰企业 30 处，同时组织稽查队伍，打击私屠滥宰行为。2002 年，食品总公司(原县肉联厂)破产清算后，新成立瑞海食品公司，负责城区市场猪肉供应，原乡镇食品站由新成立的定点屠宰服务中心管理，主要在各乡镇开展业务。2005 年，贸易局成立生猪定点屠宰稽查大队，增加全额预算事业编制 6 人，另考录协管员 9 人，实行聘用合同制，生猪屠宰执法队伍实现了正规化管理。2004 年始，多家现代化屠宰企业陆续成立。是年，宏利食品有限公司建成投产。2005 年，宏泰食品有限公司、三星食品有限公司、乾坤盛食品有限公司先后建成投产。2006 年，恒茂食品有限公司建成投产，除供应本市市场外，还供应青岛市场。是年始，金锣、龙大等外地品牌冷鲜肉分别进入高密市场，对本地屠宰企业形成一定的冲击，一些规模小、效益差的屠宰企业被淘汰。随着定点屠宰工作的推进，对生猪屠宰企业的监管越来越严格，2008 年 8 月，重新修订的国务院《生猪屠宰管理条例》施行，加强定点屠宰企业的备案审核，推行分级管理制度，明确退出机制，全市定点屠宰企业精减合并为 13 家，是年，全市屠宰企业屠宰生猪 22.4 万头。

第四节　网点建设

1986 年，全县有百货公司、东风商场、五金大楼、火车站商场、大街饭店等国营商业网点 73 处。1987 年，国营商业网点建设步伐加快，到 1990 年，国营商业系统共投资 1829 万元，新建高密五金商场、五金批发大楼、火车站饭店、食品公司(肉联厂)等商业网点并改造商业基础设施 14 个，新增营业面积 22983 平方米。从 1991 年到 1995 年，又投资 4580 万元，建成凤城购物中心、华联商厦、汽车站综合贸易市场等商业网点，对东风商场、人民浴池、理发店、照相馆、迎宾楼等网点进行改建扩建，新增营业面积 31583 平方米。1994 年，燃料公司与香港合作投资 800 万元建成密利达商厦。1996 年，国营商业网点达 90 处，营业面积达 18.5 万平方米。1998 年后，商业网点建设资金来源主要是企业自筹或招商引资。2001 年，华联商厦从平度引进华联服饰城，凤城购物中心引进青岛维客(高密)购物中心进行经营。1999 年启动国营商业体制改革后，随着东风商场的改制，美食股份公司、百货商城等企业的破产，国有资产逐步从商业经济中退出，至 2008 年国有资产已经完全退出，商业网点全部转为民营。到是年底，全市城区共有商业网点 3154 个，营业面积 22.57 万平方米。

第二章　供销合作商业

市供销合作社联合社是集体所有的合作经济组织，成立于1949年。1986年，全县供销系统共有20处乡镇基层社和18家县社直属企业，农村商业网点524处，共有干部职工5179人。1986年起，全县供销合作社推行经营承包责任制。1993～1995年，基层供销社进行改革，供销大厦、金桥宾馆、供销储运公司、供销综合公司等4家企业进行股份制改造。1999年始，在系统内推行产权制度改革，共拍卖门店303个，转为有限责任公司13个。2001年1月，改制后的供销人民商场加盟潍坊中百集团，兴办起全市首家超市——佳乐家连锁超市，后又加盟青岛利群集团，以此为依托发展为高密金孚隆集团，成为当时省内县级最大的超市。2004年，供销社立足"三农"构筑现代流通网络体系，发展农村合作经济组织。是年，全系统村级综合服务站达397处，成立专业协会3处，各类专业合作社11个，组织58家会员成立"高密市农村合作经济组织联合会"。同年，还在市区内规范发展连锁超市5处。2005年，供销社制定网络建设发展目标规划，推行社区服务中心试点建设和农村现代化流通网络建设，被山东省供销社确定为农村综合社区服务中心试点县。2006年，社区服务中心试点、农村现代化流通网络建设先后获省和潍坊市供销社系统先进单位荣誉称号。

■ 金孚隆超市一角

第一节　机构与队伍

高密市供销合作社联合社　简称市联社，是全市供销合作社的联合组织，行使县级社理事会和监事会的职权。并受市政府委托，负责组织和引导农民发展经济，促进城乡物资交流，为三农服务。对所属企业负有管理、指导、协调、监督的职能。1999年始，供销社企业相继进行产权制度改革，企业的所有权发生变化，由供销社的一级理事会所有变为改制后企业的股东所有，市联社的职能也随之发生变化。2004年4月，高密市联社定为事业单位，直属市政府，定编20人，为全市供销合作社的行业管理机构，是全市农村合作经济组织的组织者、参与者和协调服务者，对成员社负有组织、指导、协调、服务和监督的职责。

基层供销社　1986年，全县共有城关、柏城、姚哥庄、河崖、大栏、夏庄、姜庄、仁和、大牟家、周戈庄、康庄、双羊、阚家、井沟、注沟、呼家庄、柴沟、土庄、拒城

■ 市供销社办公大楼

河、李家营等20处基层供销社，共有干部职工2347人，离退休干部职工857人。全县共有商业网点524处，其中农副产品收购门市部22处，百货门市部48处，副食品门市部20处，建材门市部8处，日用杂品门市部17处，综合供销店165处，批发部23处，储运仓库46处，饮食服务加工业70处，棉花收购点22处，代购代销店22处，其他59处。1991年始，随着“四放开”和“租包卖”改革的推行，相当一部分基层供销社职工开始自谋职业，供销社职工队伍呈逐年下降趋势。1997年12月，基层供销社进行机构改革和调整，全市共设城关、柏城、夏庄、姜庄4处基层社和仁和、康庄、姚哥庄、河崖、大牟家、双羊、柴沟、井沟、李家营等9处中心社。1999年，开始进行产权制度改革，基层社农村经营门店和设施全部拍卖出售确权给职工个人，大批职工与所在单位解除劳动关系。1999年10月，拒城河分社从李家营中心社分离为独立的基层供销社，全市基层供销社(中心社)共14个。2005年8月，城关供销社改制为盛得利公司，成为市直企业。2006年6月，河崖、李家营、柏城、仁和等基层社进行撤并，恢复柴沟中心社、柴沟中心社呼家庄分社。2008年，市联社所属基层社有朝阳(姚哥庄)、夏庄、姜庄、大牟家、醴泉(康庄)、阚家、井沟、柴沟、密水(拒城河)等9处。在职干部职工196人，离退休职工740人。

社属企业 1986年，县联社所属企业有棉麻公司、果品盐业公司、土产公司、回收公司、生资公司、贸易公司、储运公司、供销综合公司(前身是饮食运输公司)、冷藏公司、第一棉油厂、第二棉油厂、第三棉油厂、第四棉油厂、第五棉油厂、供销学校、接待站、食用菌推广站等17个，1989年和1990年新增供销大厦、金桥宾馆2个企业，共有干部职工2832人。通过企业产权制度改革和资产重组，先后成为股份制企业。惠德公司、供销大厦、土产公司、生资公司、宝利再生资源公司、星合建业公司、金达双鹏公司、金孚隆、佳诚纺织公司、宇瑞纺织公司、瑞锦纺织公司、盛得利公司等企业就是在原市联社的基础上发展起来的。

第二节 经营体制改革

从1986年起，供销合作社系统企业为转换企业经营机制，推行以利润包干和“四定一包”(定人员、定资金、定销售、定利润、包费用)形式的经营承包责任制，实行劳动合同制和以岗位技能工资为主的用工制度，并采取责、权、利相结合的分配方式。基层供销社由领导干部分工负责，主要业务经营推行“五统一定”(统一进货、审批、销售、核算、分配，定销售额和目标利润)主任负责制。同时，发挥供销企业点多面广的整体优势，开展集团化经营。县联社成立了日用工业品批发公司，以贸易公司和供销大厦为龙头，加强系统内联合，积极开展以联购分销、分购联销为主要形式的集团化经营。1993年，高密县联社推行“租、包、卖”改革。在李家营供销社试点后，对另外19处乡镇基层供销社进行同样改革。单位职工实行租赁经营的门店324个，收取租赁费757.35万元。承包单位107个，收取承包费1055.16万元，拍卖门店15个，拍卖费73.26万元，均签订3年期限合同。1993年始，在市直企业中实施股份制改革，首先在供销大厦进行试点。至1994年底，储运公司、金桥宾馆、供销综合公司等企业完成改革并转轨运行。1995年2月，中共中央、国务院颁布了《关于深化供销合作社改革的决定》，全面系统地提出了供销合作社改革的总体思路、目标和措施。市委市政府认真贯彻中央文件精神，做出了《关于深化基层供销社改革的意见》，以改革基层供销社经营机制为突破口，加快了整个系统经营机制改革的步伐。1999年始，在系统内推行产权制度改革。基层社门店及市直公司经评估后公开叫标出售。除5处棉油厂、棉麻公司、城关社外，全部进行产权制度改革。共拍卖门店303个，转为有限责任公司13个。2000年7月，基层供销社进行深化改革，对全部资产进行评估拍卖。至2005年底，先后有金桥宾馆、供销储运公司、再生资源公司、油脂化工厂、人民商场、供销大厦、农业生产资料公司、供销综合公司、棉麻公司、木制品公司和城关供销社等11家供销社市直企业完成企业产权制度改制。至此，除棉油加工企业外，供销合作社系统的所有企业全部改制完毕。

第三节 购销业务

农业生产资料 供销社是农业生产资料流通的主渠道，担负着全市农业生产资料供应的职能。从1986年到1994年，农资供应经历了由统到放、由放到专营的过程。从1986年到1989年，化肥、农药、农膜等农业生产资料采取计划分配与市场调节相结合的办法进行供应。供应的农业生产资料有平价、议价之分，称为价格“双轨制”。1989年，围绕治理经济环境、整顿经济秩序，打击制造和销售假劣化肥、农药的违法活动，维护农民利益，国务院做出《关于化肥、农药、农膜实行专营的决定》。提出从1990年起化肥、农药、农膜等农业生产资料实行专营。随着市场经济的变化，1994年始，又实行“一主二辅”（供销社农资公司及基层供销社为主渠道，化肥生产企业和县级以下农业“三站”是辅助渠道）的办法进行经营。为确保农资质量，维护农民利益，市供销社1994年开始与市质量技术监督局联合推行“化肥农药保质监销”活动，得到国家、省、市领导的肯定，成功经验在全省进行推广。1998年，“一主二辅”经营变为“化肥生产企业、农业三站（市农业技术推广站、植物保护站、土壤肥料工作站）”以及以化肥为原料的企业也可以设点直接销售给农民，其他单位和个人不得从事化肥批发业务。2000年，发展农资连锁业务，基层供销社成立农资配送中心，送货到户。2002年6月，成立全市首家农资物流中心，依托港口和大的生产厂家，省级农资公司开展农资连锁经营业务。2003年，参与潍坊“绿之源”农资连锁经营，整合市、镇、村三级网络，发展办事处和加盟店。2005年8月，成立绿之源分公司，加盟潍坊绿之源连锁经营公司，发展办事处12个、直营店60个、加盟店230个。2007年，将盛丰农资公司和生资公司的农资网络进行整合，新发展绿之源连锁店、加盟店108处。投资600万元，在夏庄工业园建成高农物流配送中心。2008年，高农公司投资200多万元成立高农农化服务中心和潍坊市瑞丰田祥肥料有限公司。

棉花 1986~1996年期间，棉花是高密最主要的经济作物。1987~1989年，全县棉花年种植面积均在30万亩以上。县供销社棉产区设有19个棉花收购点，年均收购棉花30万担以上。1990年开始，受市场等多方面因素的影响，植棉面积不足，产量逐年减少。政府通过发放棉花交售组织手续费、推广棉花良种、补贴奖励农资等办法,扶持棉花生产,调动农民植棉积极性,收到了一些成效,但棉花生产继续滑坡。1997年,收购量从1992年的26.06万担,下降为6万担。1999年,棉花市场放开,取消供应和调拨计划,售棉方式变为自销。2002年5月,成立棉花办公室。是年,县均种植棉花不超过10万亩。2003年,收购棉花2万担。2004年,收购棉花1万担。2005年,收购棉花1.3万担。2006年,收购棉花0.5万担。以后,棉花收购数量逐年减少。

农副产品 供销社利用点多面广的优势,开展农副产品购销业务。1986～2002年共购销农副产品83261吨。1997年,随着产业结构的调整,粮、棉种植面积相对减少。2005年4月,以棉麻公司为主体成立惠德食品有限公司,兴建3座恒温库,储存量达3000吨。2002年,夏庄供销社成立全市首家无公害蔬菜配送中心,为各大商场、超市年配送蔬菜5000吨。2003年,收购粮食2620吨,此后,逐年减少。2008年,仅有760吨。

果品 县果品公司主要从事果品生产扶持、技术指导、果品收购、储藏、调运及副食品批发业务。1984年,与盐业公司合并。1988年,成立高密县果品盐业公司。1990年,合并高密县冷藏公司。1986～1990年,累计销售各种果品4727吨,其中苹果3016吨、梨110吨、柑橘862吨、其他果品739吨。1992年5月,公司内部成立的美食城商场开业,为高密境内最大的副食品零售商店。1994年,盐业与冷藏业务分离,分别成立高密市果品有限公司和高密市盐业公司,冷藏业务划归高密县棉麻公司管理。2006年7月,高密市果品有限公司宣布破产。

日用工业品 1986年起,供销系统开展日用工业品联购分销业务,以集团形式和厂家联营,提高了市场占有率,联购分销商品占日用工业品总销量的35%以上。1990年始,扩大日用工业品的总经销、总代理份额。至1997年,供销系统日用工业品总经销、总代理商品达40大类、350多个品种。2000年始,日用工业品采取以超市的管理方式进行销售。以后,各连锁店和超市的规模和数量逐年增加扩大。

1986～2006年高密供销社日用工业品销售额统计表

表21－1　　单位:万元

年份	销售额	年份	销售额
1986	8342	1997	15193
1987	7744	1998	11874
1988	9114	1999	11002
1989	9990	2000	13827
1990	10164	2001	14494
1991	8867	2002	34441
1992	11062	2003	37855
1993	14770	2004	38227
1994	12564	2005	58343
1995	12422	2006	86680
1996	11106		

再生资源 1986~1987年，废旧物资回收由国家计划管理。各乡镇基层供销社设土产杂品采购站，收购废旧物品。县联社下设废旧物资回收公司。1988年5月，废旧有色金属改为放开经营。1986~2002年，再生资源回收开展购销业务，收购废旧钢铁69523吨，加工31091吨，销售54055吨。2000年，废旧物资回收公司改制为高密市宝利再生资源有限公司。2006年，市供销社组织成立高密市再生资源协会。2008年，发展会员260多家。

第四节 网点建设

供销社系统网点点多面广，遍布城乡。1986年，全县城乡共有供销商业网点524处。1987年，县联社在县城建起了以经营日用百货及兼营批发业务的经营面积5800平方米的供销大厦，经营面积3800平方米的金桥宾馆。1990年，建设了经营面积1300平方米的美食城。1992年10月，成立高密县能源开发公司。1994年6月至1996年8月，棉麻公司所属的棉业酒楼和银海宾馆相继建成开业。1991~2000年，市联社采取改建、扩建、新建、联办、代办等多种形式，在全市开办400处村级综合服务站。2001年，随着新型业态的出现，市联社在市区新建2个中型超市：中百佳乐家高密店和威海家家悦超市顺河店。至2003年，供销系统开办的超市达到5处，除当年新建2处外，另一处为供销大厦引进资金600万元改建扩建而成，并与威海糖酒公司联合经营。2005年，开始发展乡镇级"直营超市"，以利群集团高密购物广场为依托，新建注沟超市和大牟家超市，营业面积2892平方米。2006年初，15个镇驻地均建起连锁超市。是年底，乡镇和村级连锁超市达19家，营业面积2.2万平方米。2007年，新建日用品超市9家，其中金孚隆超市6家，家家悦超市3家。至是年底，供销系统在城区共有大型综合超市6家，营业面积6.5万平方米。在镇、村连锁超市发展到27家，营业面积3万平方米。2008年8月，总建筑面积3万平方米的金孚隆购物广场正式营业。由市联社投资建设的周阳、莳二、柴沟镇梁尹和刘戈庄等4处村级超市，营业面积共3000多平方米，是年11月陆续竣工营业。至是年底，供销系统在城区共有大型日用品综合超市9家，营业面积8.5万平方米；镇、村级超市发展到46家，营业面积约4万平方米。

家家悦超市

第五节 棉油加工

1986年，全县有五个棉油加工厂，年加工棉花12948吨。1990年，国家提高棉花收购价格，县政府制定激励发展棉花生产政策，棉花的加工量随着收购量的增加而稳中有升。1991年，棉花加工数量达22249吨。1992年后，由于受市场需求量逐年减少等因素的影响，棉花加工量相应减少。1996年，棉花加工量5640吨。1999年，棉花市场放开，个体加工户逐年增多，集体企业的加工量大幅下降。2003年，棉花加工量为4911吨。后因政策性等因素影响，棉花加工业务逐步减少。2006年6月，第一棉油总厂实施企业破产，重组为宇瑞纺织、瑞锦纺织和圣达机械等3个新公司。2007年12月底前，第二、三、四、五等4个棉油加工厂亦宣布破产。破产后第三棉油厂重组为佳诚纺织有限公司，第四棉油厂由金达双鹏公司整体购买，重组为金达置业有限公司。

第六节 社员股金

1985年，社员股金的吸收对象由原来的以农民为主，扩大至城镇居民和农村集体经济组织及供销社系统以外的干部职工，同社员一样享受保息分红。是年，社员股金余额为107万元。1986年，社员股金余额增加到124万元。1993~1994年，县联社出台系统内资金调剂、调控信贷管理办法和下达系统内干部职工集资分配任务，职工集资转入社员股金，与社员股金同样管理，实行保息分红办法。同时，允许系统内县直企业职工积极入股。1993年底，社员股金余额增至539万元。1995年，国务院恢复成立中华全国供销合作总社，社员股金的扩股发展达到一个新高潮，是年，市联社在基层社设立10个股金服务部。至年底，社员股金余额增至706万元。1996年，全市开始发展社员股金活动，先后发展社员股金5000多万元，主要用于供销社系统内部单位的农业生产资料、农副产品购销和生活日用品经营。但由于市场形势变化，后来使大部分社员股金沉淀，企业无能力兑付，形成挤兑。1999年8月，为防止和化解社员股金风险，撤销10个股金服务部，组织股金借用清收。是年，兑付社员股金3900多万元。2000~2002年底，兑付社员股金90%以上。至2008年，社员股金兑付率达95%以上。

第三章 个体商业

第一节 个体私营商业发展

1986年，全县有个体商户4345户，从业人员6885人。其中城区210户、农村4135户。共完成社会商品零售额7662万元，占全县商业零售额的29%。1987年，国家颁布《城乡个体工商户管理暂行条例》，明确个体工商业的地位和管理规定。县委县政府认真落实国家有关发展个体私营经济的政策规定，放宽从业人员、经营范围、经营方式等方面的限制。在经营范围上，除国家专营、专供和限制经营的商品外，其他项目全部放开，只要具备条件，允许一业为主，多种经营。在经营方式上，可以批零兼营，可以长途贩运、代购代销。政策的放宽，使个体私营商业呈现快速发展的态势。1988年，全县个体私营业户发展到10133户，从业人员34754人。至1991年，全县个体私营业户发展到12361户，从业人员38536人。其中个体商业户11201户，从业人员16815人。完成社会商品零售额9873万元，占全县社会商品零售总额的21%。

1992年，为推动个体私营经济加快发展，县委、县政府先后制定出台了《关于鼓励和支持个体私营经济发展的若干规定》等10多个文件，有力地推动了个体私营经济的快速发展。1994年，全市个体私营商业户达13805户，其中，私营商业企业42户，从业人员23848人。是年，完成社会商品零售额5.82亿元，占全市社会商品零售总额的48%。

1997年，中共十五大把个体私营经济确立为社会主义市场经济的重要组成部分，市委、市政府于同年6月召开全市非公有制经济工作会议，出台了《关于进一步加快非公有制经济发展的若干意见》，促进了全市个体私营经济的稳步健康发展。1999年始，国营集体商业企业加快了商业产权制度改革进程。在改革进程中，鼓励支持个体私营经济参与承包、租赁、兼并、购买国有集体企业，参与入股投资兴办股份制企业。同时，打破地区和所有制界限，支持个体私营经济跨地区、跨行业经营，并通过招商引资，使一批市域外的民营商业户先后来高密落户。至2003年，全市有个体私营商业户13684户，是年，个体私营商业完成社会消费品零售额22.58亿元，占全市社会消费品零售总额的71%。到2008年底，全市个体私营商业户发展至22336户。

第二节　网点建设

集市贸易

城乡集市是农民和城镇居民进行商品流通交易的重要场所。1986年后，县委、县政府把加强集市网点建设，培育和完善市场体系，搞活流通作为推动全县经济发展的战略措施，按照“政府领导、统一规划、合理布局、多方兴建、工商统一管理”的原则，采取多渠道集资、多形式投资的办法，进行集市贸易市场建设，全县集贸市场发展迅速。至1990年，全县的城乡集市由1985年的95处增加到101处。同时，对29个乡镇驻地集市进行改造，市场内配备了货架、肉杆、售货台、公平秤等服务设施。1992~1997年，全市又先后投入市场建设资金4600多万元，在建设专业市场的同时，改造发展城乡集市65处，新辟集市场地20万平方米，新建售货台等营业设施15500平方米，市场环境和条件得到改善。2000年后，主要对现有市场进行升级改造，改善市场环境，规范经营秩序。在市场建设格局和形式上，改变了传统的以街为市的集市形式，建设起设施齐全、档次较高、交通方便的集贸市场。在市场建设中，还围绕大型集贸市场和乡镇首集，兴建了一批“卫星”市场和摊点群，进一步繁荣了市场，方便了群众生活。2005年，新建交运市场。2008年，全市城乡集贸市场达127处，其中消费品市场115处，生产资料市场5处。城区共有13处摊点群市场：尧头村摊点群（摊位80个）、健康路摊点群（摊位300个）、电影院后摊点群（摊位80个）、古城路摊点群（摊位350个）、老高诸路（石庵路）摊点群（摊位150个）、前埠口摊点群（摊位60个）、许家庄摊点群（摊位300个）、东小庄（化工路）摊点群（摊位120个）、梓童庙摊点群（摊位50个）、田家庄（凤凰大街东首）摊点群（摊位60个）、葛家庄村委前摊点群（摊位70个）、谭下（豪迈路以西）摊点群（摊位60个）、北大王庄村委前摊点群摊位（摊位200个）。以上摊点群市场，共有摊位约1880个，主要为农民进城经销自产农副产品和部分商贩自发形成的集贸市场。

高密市集市集期一览表

表 21－2

乡镇 集市名称 时间（每月阴历）	高密城区	柏城	姚哥庄		河崖		夏庄	姜庄	仁和		大牟家	周戈庄	康庄		阚家		双羊		井沟		呼家庄	注沟		柴沟		拒城河		李家营	
一、六	—	店子大吕	东牟	毛家屯于疃	河崖	—	王党官庄	姜庄	—	—	李党	官厅大泊子秦家庄子	葛家集	蔡家站	徐睦庄	—	中岭	—	吴家庄	田庄	—	水西	—	马旺	朱汉	拒城河	—	城律	—
二、七	—	朱家庄	姚哥庄	—	窝铺	东风	夏庄	—	尤家集	—	大孙	周戈庄	康庄	—	—	坊岭	双羊	—	—	城子	马家庄	曹疃西注沟	刘戈庄	柴沟	梁尹	—	大周阳	—	大沟头
三、八	—	休息园柳林	大王庄南曲	—	官庄	王家丘	苓芝	长村王干坝	仁和	大楚家	大牟家	姜庄子车网	关爷庙	蔡家站(小	前泊子	—	郑公	高戈庄	—	城后	呼家庄	注沟	—	—	土庄	道乡	—	—	—
四、九	—	柏城	芝兰庄	柳沟崖张鲁集	东流口子	大栏	南直綦家村	李仙	—	咸家	前薛	南斜沟甲八寨	毛家庄	—	西方戈庄	初家	于家埠克兰	姚家山甫	井沟	—	张家墩	葛家大浒	—	大王柱子	—	—	律家村	李家营	—
五、十	城区	前冢子头	—	张鲁乡集	—	—	—	老屯	于庄	—	大迟家	周戈庄李家(小)	—	陈家庄	阚家村	—	—	双羊(小)	高戈庄	前铺	高家沙岭王家沙坞	王家大浒	方市	—	—	—	北王柱	—	王吴

专业市场

专业市场是一种以现货批发为主，大规模集中交易某一类商品的场所。高密的专业市场起步较早，发展较快。1986～1989年，先后建成密水商场、顺河路农副产品批发市场等专业市场。为加快专业市场网点建设，1990年，县成立商业网点建设办公室。1992年，工商行政管理部门和社会共投入建设资金2500万元，建成农贸中心、五金建材旧货市场、东关小商品市场、木材市场等。1995～1997年，投资2150万元，对密水商场、五金建材旧货市场、副食品批发市场进行扩建，新增营业面积23562平方米，新增摊位3500个。2003～2008年，投资9.3亿元，新建鲁星家居广场、碾头鞋城市场、副食品批发市场、齐鲁纺织服装城等专业市场10个，占地面积118万平方米。至2008年，全市共建设商品交易专业市场18个。

农贸中心 始建于1985年，是高密最大的农副产品集散地，位于顺河路南端。1992年扩建后占地面积达4.5万平方米，建筑面积1.5万平方米。场内设有市场管理、治安保卫、冷藏贮存、银行储蓄、水电和过磅算账、饭店等服务设施。中心以批发、零售四季蔬菜、干鲜水果、水产品及禽、蛋、肉、粮油等农副产品为主。2000年，被省工商局评为省级规范管理文明市场。2008年，有常年经营业户1000余户，上市摊位3500余个，从业人员3000多人。农贸中心经营品种700多个，日上市人数2万人次，年交易额达3亿元。

密水商场 1986年10月建设，位于人民大街南侧，南关路北首，占地面积8000平方米，主要经营针织、成衣、布匹、鞋帽、毛线、日用百货等。1997年，南关村投资4500万元，对密水商场进行扩建。2001年10月底，投入使用。2003年底，投资5500万元，密水商场改建成占地7.3万平方米的百货商场。2008年，从业商户980户，从业人员2000多人。

木材市场 位于凤凰大街东段，建于1988年，营业面积1万平方米。1992年，被评为省级文明市场。至1994年，占地面积发展为32万平方米。内设23个木材分市场和1个竹制品商场，拥有黑龙江、内蒙古等商户固定摊位500多个，木材长年贮存量达5.3万立方米，品种有29个，木材经销辐射4个省19个地市。2007年，整体搬迁到城北邱家洼，占地4万平方米，摊位171个，从商业户156户。

五金建材市场 位于夷安大道东侧，康成大街中段北侧，始建于1998年，占地11.5万平方米，建筑面积7760平方米。主要经营五金建材、装潢材料、石料加工、废旧钢材、土产杂品等6类商品。2008年，从商业户154户。

北方高密木材家具城 位于凤凰大街东首。2000年，由密水街道办事处与梓童庙村合资建成。总投资2500万元，占地面积5万平方米，建筑面积3万平方米。主要经营高、中、低档木制品，约20多个系列300多个品种。场内设有安全警报设施、内部银行、产品质量投诉站等，实行全天24小时保安值班。2002年，被潍坊工商局、文明办评为“规范化文明市场”，2003年被潍坊市人民政府评为“流通经济工作先进单位”。2008年，经营业户70余户。

凯凯商贸城 位于市五金建材批发市场南侧，康成大街中段北侧。2002年5月，由港伟宏行工程有限公司（中心）投资1.06亿元建设，总占地面积19万平方米，经营房建筑面积8.9万平方米。其中五金建材市场使用经营房面积4.9万平方米，有经商户360户。主要经营建筑装饰材料、五金电器建材、水暖器材等。农副产品市场使用建筑面积3万平方米，有经商户600余家，主要有肉食批发、水产海货批发、调味批发、水果批发、蔬菜批发等五大市场区。2008年，有经营业户69户。

鲁星家居广场 位于健康路北首。2001年5月正式营业。建筑面积1万平方米，总投资

1000万元。以经营高档家具、床上用品为主。2008年,家居广场有经销厂家30余家,从业人员180人,采取自营和租赁营业场地两种经营方式,年交易额达1200万元。

碾头鞋城市场　位于顺河路中段。1999年动工,2004年建成,占地面积16万平方米,建筑面积15万平方米,隶属密水街道碾头社区居委会。市场以经营鞋料、鞋机为主,辅以经销树脂、制鞋工具等。2008年,鞋城市场有经营业户83户,从业人员320人,年交易额达2600万元。

副食品批发市场　由市城建开发有限公司投资3000万元建设。位于凤凰大街北侧,利群路西侧。占地面积1.3万平方米,建筑面积1.6万平方米,1996年建成。市场以个体批发、零售副食品及小百货商品为主。2008年,有经营户250余户,从业人员780人,年交易额达8000万元。

汽车市场　位于城北北脉湖大街以北,潍胶路以南。2002年,由城北后埠口村投资兴建。主要经营家用汽车、商务汽车、二手车交易、小型货车及汽车维修、汽车装饰,是潍坊地区县级市最大的汽车交易市场。市场总投资9000万元。总占地面积5.73万平方米,设展厅13个,展厅建筑面积2万平方米。2008年,市场内有30家区域经销商,经营品种达100多个,办事处80多家,从业人员2000多人,年销售汽车9800多台,营业额约9.5亿元。

齐鲁纺织服装城　位于康成大街以南,夷安大道以东。2006年开工,占地20万平方米,建筑面积21万平方米,由潍坊齐鲁国泰有限公司投资建设。分棉纱、坯布、辅料、纺织机械配件、生活服务等五大功能区,是一处集经营、仓储、食宿、加工、信息交流、管理服务于一体的大型专业纺织服装批发市场。纺织服装城可容纳经营业户1000多户,2008年开始招商并有部分商户入驻经营。

天和科技市场　位于昌安大道南段原中国北方鞋城内。2004年动工兴建,占地面积1.2万平方米,建筑面积7000平方米,总投资840万元,隶属密水街道南关社区。2007年10月开始营业,以经营电子产品为主。2008年,共有经营门面90套,从业人员500人,年交易额1.2亿元。

基泰国贸大世界　位于夷安大道西侧,站北街北,原高密水泥厂旧址。2005年,由山东吉宇房地产公司投资开发,总投资1.5亿元,占地面积7.6万平方米,总建筑面积9.1万平方米,其中商业用房5.8万平方米,容纳经营业户500多家。以经营五金化工、装饰材料、汽车及配件为主。2008年,市场主体建成开始招商。

苏州街文化市场　位于小康河东侧,人民大街与立新街之间,2006年3月开工,2007年建成,总投资1.6亿元,用地面积3.4万平方米,建筑面积5.9万平方米,其中商业3万平方米、住宅2.9万平方米,主要经营文化用品和民间艺术品。

交运市场　位于石庵路中段,高密五中对面。由交运公司投资6000万元建设,市场占地17.3万平方米,经营面积6.5万平方米,其中厅内经营面积3万平方米,广场经营面积3万平方米,停车区面积5000平方米,2006年12月建成。市场以经营蔬菜、水果为主。

交运农产品市场

旧货市场　位于夷安大道西侧，振兴街南侧。始建于1997年，原属市联社土产公司管理，是山东省供销社在高密的试点，以安置下岗职工为主，市场占地约6670平方米，经营业务以收购、销售、维修旧家电、旧家具、旧门窗为主。2008年，市场有经营业户18户，从业人员120人，年交易额达2600万元。

第四章　物　资

第一节　管理体制

管理机构　1986年，物资公司机关共有干部职工30人，下辖燃料、木材、金属材料、化工、机电、金属回收、物资服务、贸易中心等8个公司，1处液化气站和柴沟、柏城、双羊、大牟家、夏庄5个乡镇物资站，全系统共有干部职工522人。1986年，物资系统销售额首次突破亿元大关。1987年，销售额过2亿元。1991年，销售额过3亿元。1986～1992年，连续7年名列全国物资流通百强县排行榜。1986～1994年，连续9年被评为山东省和潍坊市物资系统先进单位。1993年11月，物资公司改为物资集团总公司，撤销乡镇物资站。1997年1月，物资集团总公司合并到市贸易局。

管理改革　1986年，物资行业实行计划管理与市场调节相结合的管理体制，物资经营以计划管理为主，计划分配供应的物资占全县供应总量的70%以上。之后，高密物资企业积极转变物资管理和流通方式，大力发展横向经济联合，先后与国内50多个生产厂家和经营单位建立起业务关系，采取联购联销、代购代销、补偿贸易、调剂串换等多种形式扩大经营，使钢材、木材、煤炭、汽车等几大主要物资调剂购销量连续多年在全省县级物资企业中名列前茅。

1988年，按照上级改革要求，全县物资企业全部实行以“包死基数、确保上缴、超收分成、亏损自补”为主要内容的承包经营责任制。1990年始，物资流通逐步由计划管理体制向市场体制转变，由市场调节的物资逐年增加。改革中，物资企业积极探索发展壮大之路，摈弃旧的品种单一的经营模式，立足主业，拓展综合经营业务，不断培育壮大新的效益增长点。1993年，企业先后进行产权制度改革，由承包经营责任制改为股份制，物资行业实行经营、价格、分配、用工“四放开”，企业全面走向市场，自主经营。此后，物资经营不再由政府主导管理，完全走向市场化运作。

第二节　物资经营

1986～1992年，全县物资供应以计划分配为主，市场调节为辅，各类物资基本由燃料公司、木材公司、金属材料、机电设备等企业专营。1993年后，国家对一般物资市场完全放开，在物资经营中多种经济成分参与竞争，不再计划分配，供应完全通过市场调节。

燃料　1986～1992年，全县煤炭供应以计划分配为主，差价部分由政府财政补贴，国家每年计划分配煤炭77万吨。为解决煤炭供求矛盾突出的问题，燃料公司每年分别从坊子、肥城、枣庄、新汶、淄博、山西煤矿采购计划外煤炭144万吨。1993年始,煤炭市场放开,国家不再计划分配,完全靠市场自行调节供应。是年,燃料公司实行股份制。2002年,高密燃料有限公司更名为高密华裕燃料股份有限公司。2008年,销售收入1628万元。

木材 1986年,国家计划分配木材5700立方米,实际到位12100立方米,为缓解供需矛盾,保证市场供应,木材公司采购计划外木材3.6万立方米。是年,共向全县供应木材48100立方米,销售收入1079万元,利税22万元。1988年,县木材公司实行承包经营,内部实行任务、工资、奖金挂钩。1990年,开展"一业为主,多种经营",新增饭店、带锯、家具加工等项目。1993年起,木材市场完全放开,木材供应不再有计划调拨,木材公司所占市场份额不及社会供应总量的30%。之后,因市场竞争激烈,债务负担过重,资金严重不足等原因,木材公司经营陷入困境,停止营业。

机电设备 1986年,机电设备公司主要经营汽车及配件、机械设备、电力设备、线缆材料、仪器仪表、工业轴承等品种。除经营计划内物资外,还分别到上海、天津、青岛、青海等地多方采购计划外物资。是年,完成销售收入1688万元,利税22万元。1988年,实行经营承包责任制。1993年始,机电产品市场完全放开,潍坊市机电公司与各县市机电公司不再有计划调拨业务。由于个体私营业户不断增加,机电公司所占市场份额逐年减少。1995年,更名为高密市物资供应机电公司,但经营日渐萎缩,效益持续下降。1998年,销售额为476万元,利税2.4万元。1999年,企业停止营业。

金属材料 1986年,金属材料以计划供应为主,市场调节为辅。企业从西宁、潍坊、青岛等地采购计划外钢材,缓和市场供需矛盾。是年,完成销售收入1688万元,利税22万元。1988年,金属材料公司进行承包经营责任制改革。1990年,企业完成销售收入4252万元。1993年始,钢材市场逐步放开,金属公司不再有计划调拨业务。私营个体经销业户介入金属材料市场,金属公司在市场的占有率逐年减少。1997年底,企业停止经营,职工全部分流到其他物资企业。

化工轻工材料 1986年,化轻公司经营硫酸、烧碱、纯碱、橡胶、轮胎等物资,主要由国家计划供应。为缓解市场的需求矛盾,化轻公司通过横向联合,参加调剂会、订货会、交易会等多种渠道争取计划外资源。1988年,化轻公司实行承包经营责任制,经济效益明显提高。1990年,完成销售收入3028万元,利税17万元。1992年始,化工轻工材料不再有计划调拨业务,化轻公司经济效益逐年滑坡。1994年,销售收入下降至232万元。1997年,企业停止经营,化工轻工材料主要靠私营个体经营者供给。

金属回收 1986年,金属回收公司完成回收废旧钢材、轮胎、汽车等材料额达242万元。1988年,企业实行承包经营责任制,经济效益明显提高。1990年,完成回收额1091万元。1993年,实行股份制,企业更名为金属回收股份有限公司。随着市场经济体制的发展,企业失去独家经营的优势,经济效益不断滑坡,年回收额降至100万元左右。2000年后,公司基本放弃回收业务,金属回收业务基本由社会个体人员经营。

物资服务 1986年,县物资服务公司主要经营计划外的钢材、木材、煤炭、水泥、液化气等物资,实现销售收入1546万元,利税10万元。1987年,开辟汽车市场,代为天津汽车制造厂、长春汽车制造厂销售汽车,成为胶东半岛最大的汽车销售市场。1990年,销售收入达4167万元,利税15万元。1993年后,个体私营业户进入汽车销售市场,企业效益逐年下降。1995年,物资服务公司更名为汽车贸易公司。1996年底,企业终止经营。

第五章 粮 油

1986～2008年，高密市的粮油购销管理体制经历了取消粮食统购、实行合同定购、提高粮油收购价格、放开粮油经营和销价等一系列重大改革。粮油企业则以提高经济效益为中心，进行了调整机构，转换经营机制等较大幅度的改革，从而保证了全市粮食市场供求的稳定和粮食事业的健康发展。至2008年底，全市粮食系统所属基层独立核算单位3个，职工58人，固定资产5100万元，全市仓容总量9万吨。

第一节 体制改革

购销体制改革 1985年，中共中央、国务院发布《关于进一步活跃农村经济的十项政策》，决定从当年4月起，国家取消粮食统购，改为合同定购。即粮食部门在粮食播种前与农民签订定购合同，农民按合同售粮，合同任务完成后，多余的粮食可自由购销。至此，持续实行32年之久的粮食统购统销政策停止执行。合同定购仍然属国家任务，由县、乡、村、组逐级分解，由村民小组根据各农户承包的土地面积扣除口粮田后，按责任田面积计算到户，收购的粮食以户结算。合同定购粮食收购价格由国家确定，同时规定：在未完成合同定购任务前，任何单位和个人不准插手粮食收购，但允许农户在集市上与消费者进行少量的粮食余缺调剂。其间，国家对城镇居民、机关事业单位、用粮企业的粮食供销供应办法、价格和标准未作改变。1987年后，国家先后多次提高粮食定购价格，并从1988年开始，对粮食收购实行合同定购同供应化肥、柴油及发放预购定金的“三挂钩”政策。

1991年，国务院决定将合同定购改为国家定购，向农民发放定购任务通知单，定购任务适当调整，粮食任务一定两年，食油一定一年。是年11月，国务院发出《关于进一步搞活农产品流通的通知》，提出从1992年起，国家不同幅度提高粮食定购价格和粮食销售价格，统销价按定购价同价执行，实行购销同价。同时提出国家粮油定购任务不变，粮油收购仍由粮食部门按国家规定价格组织收购，确保完成。在保证完成国家定购任务的情况下，放开粮油经营和销售价格，随行就市，保量不保价。至此，全国的粮食销售价格基本全部放开，实行了40年的城镇居民粮食供应制度(即统销制度)被取消。1993年2月，国务院颁布《关于加快粮食流通体制改革的通知》，对粮食定购实行“保量放价”的政策，放开粮食收购价格，并实行最低保护价。改变对农民交售定购粮挂钩奖售化肥、柴油的奖励办法，由兑现实物改为兑现差价，在收购时采用价外加价的办法，鼓励农民生产和向国家交售粮食，同时建立粮食收购保护价制度。1996年，国务院对粮食定购和销售价格再次进行大幅度调整，并要求粮食部门在完成定购任务收购后，对农民剩下的余粮采取保护价收购。1997年，国务院为加强粮食市场的宏观调控，切实保护农民种粮积极性，决定采取按保护价敞开收购粮食，并提出粮食销售(指定购原粮的销售)由收储企业按照顺价的原则自主决定。1998年5月，国务院下发了《关于进一步深化粮食流通体制改革的决定》，提出国家深化粮食流通体制改革，落实"四分开、一完善"(政企分开，经营与储备分开，中央与地方的责任分开，新老挂账分开，完善价格形成机制)的粮改原则，实施"三项政策、一项改革"(按保护价敞开收购农民余粮，顺价销售，收购资金封闭运行政策及深化粮食改革)制度，以更好地保护农民的生产积极性和消费者的利益，进而建立起符合中国国情的粮食流通体制。粮食的定购价与保护价并轨延续至2003年，至此，新的粮食流通体制形成。2004年国务院出台了《关于进一步深化粮食流通体制改革的意见》，提出全面放开粮食收购和销售市场，实行购销多渠道经营，实现粮食购销市场化和市场主体多元化。同时，实施粮食最低保护价政策。同年5月，国务院又颁布了《粮食流通管理条例》，赋予了粮食行政管理部门管理全社会的粮食流通和对市场主体准入资格审查的职能，这标志着中国粮食流通管理正式步入法制轨道，粮食流通管理开始实行法制化管理。

经营体制改革 1986年后，随着粮食购销体制的不断深化，粮食由粮食部门独家经营的局面被打破，粮食企业开始由单纯的经营保管型转向经营服务型。全市粮食系统在转型经营中，坚持"一业为主，多种经营"的方针，从发展扩大粮油加工企业入手，不断提高粮油加工能力。推动了粮食企业的发展壮大。在大力发展粮油加工业的同时，还不断拓宽经营渠道，其中先后兴建了"新兴"和"白天鹅"两处饮食服务企业，扩宽了粮食企业的经营范围，取得了良好的经济效益和社会效益。在企业经营体制改革方面，1988年，县粮食局就与各下属企业签订承包经营合同，县局对企业实行盈亏承包。以后数年继续完善承包经营责任制，并实行全员风险抵押承包。1992年，粮食企业推行"四放开"和"三项制度"改革。1994年，实施两条线运行改革，商业性经营单位自主经营、自负盈亏。1998年，实施主附营业务分离，对人员实施分流。粮食主营企业主要从事粮食收储管理工作，粮食附营企业以粮食经营和其他多种经营为主，各粮管所设立粮油经营站，与粮管所一个机构两块牌子。2005年，全市国有粮食购销企业进行改革，对国家粮食储备库、军粮供应中心实行国有独资，将原姜庄、仁和粮管所资产划出，成立地方粮食储备库。对部分规模小、设施差的偏远粮管所和粮食企业分别采取出售、转让和公开拍卖。另外，对全系统的国有粮食企业的687名职工采取内退、解除劳动关系实行经济补偿方式，全部进行了分流安置。

第二节 粮油购销

粮油收购 1985年，国务院决定从是年4月起，对小麦、玉米、稻谷等粮食品种实行合同定购，按照"倒三七"比例加价收购(30%按原统购价，70%按原超购价)，并规定每收购100元的粮食奖售平价标准化肥40公斤、柴油3公斤。合同定购外的粮食可以自由购销，粮食部门按原统购价放开收购。1990年，国家和省进一步完善粮油定购办法。经省政府批准，从1991年起，原定地(市)、县在核定粮食定购任务的基础上增加7%的机动数，改由省增加2%，地(市)和县共增加5%，随定购任务一起下达。1992年，粮油经营基本放开。1994年12月，粮食价格比上年上涨70%，牌市价格再次倒挂，自是年始，国家连续提高粮食收购价格，每市斤小麦收购价达0.76元。1996年，粮食市场出现疲软，造成大量粮食库存积压，粮食调拨基本停止，粮食企业挂亏猛增。按省政府要求，现存定购粮允许按市场价销售，并提出按定购价格收购定购粮，按保护价敞开收购议价粮，挂钩奖售物资停止。1998年后，粮食收购价逐步下调。1999年，定购价执行保护价，两者并轨。2003年，小麦收购价格为每市斤0.55元，是年，全市收购粮食110418吨。2004年，全市各类粮食企业全年收购小麦87658吨，收购价格平均为每斤 0.767 元。2005 年,全市各类粮食企业全年收购小麦 76310 吨,收购价格为每斤 0.73 元。2006 年始,国家实行最低保护价收购政策,在市场价格低于保护价的情况下,由中央储备粮总公司按照保护价敞开收购。境内的收购主体为高密国家粮食储备库,是年,全市各类粮食企业全年收购小麦 215860 吨,收购价格为每斤 0.724 元;2007 年,收购小麦 214965 吨,每斤 0.76 元(当年国家最低保护价为每斤 0.72 元);2008 年,收购小麦 206878 吨,每斤 0.84 元。

粮油供销 1985~1989 年,城镇居民粮食供应的数量、价格和标准基本稳定,居民凭粮本购粮,节余归己,各种行业用粮按计划进行供应。非农业人口的粮食供应标准共分五种类别(特重体力、重体力、轻体力、脑力劳动、大中学生、居民与儿童),每种类别分为 1~3 或 1~4 级,按级确定每人每月的粮食定量标准。一般体力劳动者每人每月定量 19.33 公斤,一般干部职工每人每月定量 15~13.5 公斤,居民每人每月 13.5 公斤,食油每人每月 0.25 公斤。其间,平价粮油销售范围为定量人口(非农业人口)、事业供应(主要指部队)、糕点业、酿造业、非农业饲料、换购生猪饲料等。1990 年后,粮油供应出现矛盾,全县对城镇供应和行业用粮进行整顿,对居民购粮进行限制(控制在当月,定量以内),在限购的同时,允许居民在粮本存粮中增购月定量的 30%,并出台面食券作为副券与粮票在本县内流通,居民凭此购买转化的粮食制成品。1990 年 9 月 1 日,进一步压缩平价粮油销售,只保留部队用粮、居民口粮、库区移民、救灾救济、疗养院、医院病人用粮和县以上召开的党代会、人代会有关会议用粮,取消其他行业用粮。1992 年,粮食供应实行购销同价,放开销售价格,保量不保价,食油价格全部放开。1993 年,实施了 40 年的城镇居民粮食供应制度被取消,粮票正式退出了历史舞台。是年底到 1994 年初,粮价大幅度上涨,不同程度地出现抢购现象。所有粮店挂牌明码标价,限价销售。城镇居民重新启用粮本,每人每月限购 15 公斤。自 1996 年起,全面放开粮食销售,国家不再控制,价格随行就市。

2003 年,全市各类粮食企业全年销售小麦 109038 吨,销售价格为每斤 0.58 元;2004 年销售 99036 吨,每斤 0.752 元;2005 年销售 81364 吨,每斤 0.768 元;2006 年销售 223302 吨,每斤 0.705 元;2007 年销售 216117 吨,每斤 0.775 元;2008 年销售 382186 吨,每斤 0.848 元。

1986~1996 年高密市部分年份粮油调入、调出一览表

表 21-3　　　　单位:吨

年份	调入		调出	
	粮食	油脂	粮食	油脂
1986	1582	440	9950	509
1987	12149	288	26517	291
1988	12893	—	18051	496
1989	11907	—	13853	147
1990	3139	711	7297	694
1991	2001	—	7593	57
1992	70	—	8105	282
1995	2486	—	7900	—
1996	—	—	4891	—

1986～2000年高密市油脂购销统计表

表21-4　　单位：吨

年份	收购		销售			
	定购	议购	定量人口销售	军供	加工付出	议价
1986	1347	7307	306	18	2066	4815
1987	1750	7098	291	17	801	2509
1988	1334	2043	312	14	1947	3289
1989	1002	1876	298	17	1531	904
1990	1948	2066	363	16	2110	1837
1991	1388	1880	232	14	1067	2030
1992	941	2407	302	15	927	2173
1993	—	1977	—	22	—	1854
1994	—	684	—	20	—	630
1995	1150	1950	—	13	238	1436
1996	—	181	—	16	250	1328
1997	—	419	—	8	—	239
1998	—	1468	—	—	—	392
1999	—	105	—	—	—	15
2000	—	470	—	—	—	11

1986~2008 年高密市粮食购销统计表

表 21－5　　　　单位：吨

年份	收购						销售						
	定购	议购	保护价	其他	国家储备	地方储备	定量人口销售	军供	农村统销	加工付出	其他销售	议价销售	保护价销售
1986	35871	21038	—	196	—	—	12475	421	4425	27368	2866	12134	—
1987	31599	39638	—	1285	—	—	12056	389	5311	31120	4023	23852	—
1988	30253	36635	—	3480	—	—	13959	338	5967	28561	5789	23363	—
1989	26532	15739	—	2812	—	—	16567	437	16440	26903	4272	16908	—
1990	31958	26322	—	1525	9200	—	20224	381	5009	25859	2010	24086	—
1991	39946	44620	—	468	2500	—	18248	395	4469	26708	785	35388	—
1992	31989	68668	—	12226	1500	—	24283	326	5466	22974	12271	63703	—
1993	28000	64529	—	20976	2000	2500	—	592	—	—	20412	100384	—
1994	28000	—	—	4411	—	1500	—	772	—	28969	14293	—	—
1995	28000	—	—	1035	—	2650	—	399	49	11184	3204	—	—
1996	29750	—	48783	10	1000	2000	—	433	—	28218	290	—	61924
1997	29750	—	55566	5034	10000	4300	—	358	—	26698	4186	—	60771
1998	23550	—	15830	312	—	—	—	426	—	23502	13	—	31675
1999	26250	—	69329	365	—	—	—	258	—	—	74	—	89816
2000	26250	—	75244	3691	—	—	—	302	—	—	950	—	68026
2001	26250	—	53715	—	—	—	—	368	—	—	66	—	57837
2002	26250	—	70193	2386	—		—	263	—	—	6217	—	76477

续表 21－5

年份	收购						销售						
	定购	议购	保护价	其他	国家储备	地方储备	定量人口销售	军供	农村统销	加工付出	其他销售	议价销售	保护价销售
2003	—	—	—	97248	—	—	—	—	—	—	109038	—	—
2004	—	—	—	87658	—	—	—	—	—	—	99306	—	—
2005	—	—	—	76310	—	—	—	—	—	—	81364	—	—
2006	—	—	42480	215860	—	—	—	—	—	—	223302	—	—
2007	—	—	2225	214965	—	—	—	—	—	—	216117	—	—
2008	—	—	8525	206878	—	—	—	—	—	—	382186	—	—

第三节 粮油仓储

仓库建设 1985年初，高密县共有储粮仓库384处，仓容80775吨。1988年，军供站新建仓库3处，建筑面积360平方米，仓容600吨；李家营粮管所新建仓库8处，建筑面积690平方米，仓容1200吨。1989年，大牟家粮管所新建仓库4处，建筑面积483平方米，仓容1000吨。1991年，仁和粮管所新建仓库6处，建筑面积682平方米，仓容1000吨。1992年，注沟粮管所新建仓库4处，建筑面积600平方米，仓容1000吨。1995年，柴沟粮管所新建仓库5处，建筑面积530平方米，仓容1000吨。1996年，阚家粮管所新建仓库4处，建筑面积790平方米，仓容1320吨。2003年，新建仓库1处，建筑面积168平方米，仓容125吨。2003~2004年，市粮食局在高密国家粮食储备库建设仓容1.2万吨的平房仓2处。2005年，高密国家粮食储备库新建高标准粮仓2840平方米。2006年1月，成立高密市地方粮食储备库，下设姜庄、仁和2个库点，实际存放地方储备小麦1万吨，其中姜庄存放3671吨，仁和存放3829吨，高密国家粮食储备库代存2500吨。2008年，市粮食局为满足新增地方储备油的需要，在高密市地方粮食储备库仁和站建设油罐2座。截至2008年底，全市仓容量达到9万吨，实际存放中央粮食储备30978吨、地方粮食储备1.5万吨。

粮油储备 20世纪60年代，农村集体储备粮食约占可分配粮食的60%左右。1969年始，部分集体储粮由国家代储，并根据国务院、中央军委通知，建立101粮食储备。1990年国务院决定建立国家、地方专项储备粮制度。1998年，全市代存中央战备粮700吨，中央专项储备粮15343吨，中央战备油150吨，地方储备粮5650吨。2000年，中央储备粮全部上交，只剩余地方储备粮2500吨，对地方储备粮实行“一符三专四落实”（账实相符，专仓、专人、专账，落实品种、数量、质量和存放地点）的管理办法。

第四节 粮油加工

20世纪80年代初，逐渐兴起简单的粮食加工经营，生产面条、面粉等粮食制品。随着粮油购销政策的调整，整个国有粮食企业开始走发展多种经营的路子。1986年，全县粮食企业有高密县粮油加工厂和井沟粮管所面粉加工车间，年加工约2万吨。是年后，随着粮食企业多种经营的开展，各粮管所陆续新上面粉加工机组和面条加工机组。1987年4月，大牟家粮管所投资6万元，建成年生产处理小麦3000吨的面粉加工车间。1991年，河崖粮管所投资6万元，建成年生产处理小麦3000吨面粉加工车间1处。1992年10月，李家营粮管所、河崖粮管所、姜庄粮管所、井沟粮管所、大牟家粮管所共投资35万元，建成年加工能力2700吨的挂面加工车间5处。1993年，周戈庄粮管所投资6万元，建成年加工小麦3000吨的面粉生产车间1处。1994年，城关粮管所投资22万元，建成年加工小麦3600吨的面粉生产车间1处。1997年，井沟粮管所投资36万元，改造原来加工车间，建成年加工小麦5000吨的面粉生产车间1处。姚哥庄粮管所投资33.69万元，建成年加工3600吨小麦的面粉生产车间1处。1998年，阚家粮管所投资28万元，建成年加工小麦3500吨的面粉生产车间1处。是年，李家营粮管所投资29.12万元，建成年加工小麦3600吨的面粉生产车间1处。2001年11月，市粮油加工厂进行改制，由于资金不足，不能正常生产运行，经粮食局协调重新收回。2002年5月，城关粮管所在城南工业园投资600万元改造面粉加工厂，年加工能力4万吨。2003年4月，阚家粮管所投资5万元对面粉加工车间进行更新改造，年加工处理小麦5000吨。2004年，全市粮食系统共有面粉加工企业7家，全年加工生产面粉28916吨。2007年，全市粮油加工228863吨；2008年,全市粮油加工160798吨。

第六章 专 卖 品

1986年至2008年,国家维持专卖专营制度的主要是烟草和食盐两个产品。专卖行政管理的工作由专设机构负责，其管理体制具有统一领导、垂直管理、垄断经营的特点。

第一节 烟 草

管理机构 1983年4月，高密烟草经营业务从高密县糖业烟酒公司分出，成立山东省烟草公司高密销售批发部，专事烟草批发销售业务。是年9月,国务院颁布《烟草专卖条例》,提出对全国烟草行业实行专卖管理。根据烟草专卖规定,1984年2月和8月,先后成立高密县烟草专卖局和山东省烟草公司高密支公司,“一套人马,两块牌子”,烟草专卖局与烟草公司合署办公,为全县烟草专卖机构。1986年6月,山东省烟草公司高密支公司改为中国烟草总公司山东省公司高密县公司。1993年8月,高密成立烟草商贸公司。1994年6月,公司更名为中国烟草总公司山东省公司高密分公司。1996年1月,山东省烟草公司高密分公司更名为东方烟草（集团)有限公司高密分公司。是年3月,撤销原高密市烟草公司商贸公司,成立东方烟草(集团)有限公司高密分公司多元化经营办公室。1998年10月,成立山东烟草购销(集团)有限公司潍坊分公司高密市公司。2000年8月,山东潍坊烟草有限公司在各县市设立分支机构，成立山东潍坊烟草有限公司高密分公司。2005年,潍坊市局(公司)对直属县级分公司实行人、财、物“三统一”,高密分公司的独立核算权和人事权上交至潍坊市局(公司)。截至2008年,高密烟草专卖局(分公司)共有干部职工219人。

黄烟生产 高密境内历史上只有零星黄烟种植,没有形成大面积产区。20世纪80年代后期,南部乡镇的村民受诸城、安丘等邻县的影响开始自发大面积种植黄烟,从事黄烟生产。1992年开始,烟草公司因势利导,动员扶持农民发展黄烟生产。1993年1月，县成立黄烟生产办公室,开始发展烟叶生产。是年,在土庄、方市两个乡镇驻地设立烟叶购销站。1994年,方市乡、土庄乡、注沟镇等3个乡镇试种黄烟2075亩,收购5000担。自此,境内烟草种植规模逐年增加。为推动黄烟生产,从1995年开始,烟草公司除在黄烟生产技术、种子、农用物资等方面进行扶持外,还指导农民对黄烟生产实施“三化”(良种化、规范化、区域化)工程,推广NC82、K326等黄烟良种。1996年,全市种烟面积突破4000亩,每亩平均收入达1051元。1998年,成立拒城河烟站,以推动黄烟生产发展。1999年,先后成立王吴烟站和注沟烟站,并与颐中、青州两大烟业集团建立基地合作关系。是年，植烟面积增加至1.42万亩。2000年,种烟面积达2.18万亩。烟草发展成为南部乡镇的支柱产业。2004年,高密烟区灾害严重,连续遭受风雹袭击和病毒侵害,受灾面积达1.48万亩。2005年,高密烟草公司采取职工与烟农结对子、职工带薪种烟等措施,以恢复烟草的发展，并把生产组织模式由小户、散户向规模化种植转变。2006年，全市发展30亩以上的种烟大户和农场47个，是年，投入194.6万元建成烟叶基础设施项目116项。2007～2008年，全市年种植黄烟达到1.26万亩，其中20亩以上植烟大户和农场135个。

烟草营销 1983年，烟草专卖制度实施初期，境内烟草公司以本单位送货为主，委托19处基层供销社代为批发销售。1984年，烟草公司向全县经营卷烟的国营、集体单位和个体户发放许可证2139份。1994年4月，高密烟草公司首先在土庄、方市等两个乡镇设立卷烟批发点，对卷烟零售户实行送货服务。是年6月，卷烟批发点延伸至周戈庄、双羊、姜庄、河崖等4个乡镇。1995年，增建注沟、柴沟、市场(高密烟草公司市场分公司)、李家营、蔡家站等5处批发网点，城乡批发网络初具规模。1996年1月，原卷烟批发部统一更名为连锁店。2000年，高密烟草公司推行卷烟零售"一价制"，规范卷烟零售市场秩序。2001年，全市推广使用IC卡，与零售户签订入网协议，卷烟零售业务纳入网络化管理。是年9月，全面实施"监销到盒"的销售措施。2003年，实施"电话访销、一库式配送、电子结算、客户关系管理、加盟连锁店、限量投放和均衡供货"的办法，进一步为卷烟零售户提供便利，卷烟销量稳步增长，全年销售卷烟21773箱，实现毛利1716万元。2004年，开展网建工程，全市加盟店达55家。在农村推行电子结算业务，电子结算商户达1523户。是年，共销售卷烟23258箱。2006年，全面试点"订单供货"，年销售卷烟26020箱，省外卷烟销售比例占16.59%。2008年，实施"卷烟结构提升"工程，发展加盟店86家，年销售卷烟28002箱。

专卖管理 1983年9月，国务院颁布实施《烟草专卖条例》，烟草生产和供应实行集中统一管理。1984年县烟草专卖局成立后，对境内的烟草市场和经营业务实施烟草专卖管理。1991年6月，全国人大常委会通过《中华人民共和国烟草专卖法》，进一步以法律的形式确立了烟草专卖制度的地位。高密烟草专卖局成立后，注重烟草专卖法律法规宣传和卷烟市场治理，经常联合公安、工商等相关执法部门打击走私贩卖卷烟和制售假冒伪劣等非法行为。1998年8月，高密市烟草公司烟草专卖队伍人员调整充实至16人。1999年11月1日始，全市烟草专卖人员开始统一着装、统一标识进行执法。2000年，增设3个专卖稽查中队，烟草专卖打假队伍的实力得以扩充。2001年12月，专卖稽查中队增至7个，全部实行驻点管理。2002年，对全市4799户入网零售户实施专卖户籍化管理。2008年，市烟草专卖局共设4个烟草专卖管理所和6个稽查中队。烟草市场管理主要是打假打私、整治无证经营。1989年4月，在火车站查获非法贩运卷烟4600余件，总价值15万余元。2001年1月，全市开展打击非法"三烟"、清理整顿卷烟市场活动，取缔卷烟小批发市场。是年共查获各类案件2891起，查获违法卷烟405万支，烟叶、烟丝111吨，总案值55万元。2003年，开展卷烟市场专项整治"百日行动"，共查获涉烟案件1592起，总案值24.3万

■ 国家烟草专卖局副局长何泽华(中)在高密视察(2006年摄)

元。2004～2008年共查处各类涉烟违法案件325起，总案值61.99万元。

第二节 盐

管理机构 1984年，县盐业公司与县果品公司合并，成立高密县果品盐业公司。县果品盐业公司下设盐业批发部，负责全县盐业的销售供应。1993年3月，国务院颁布《盐业管理条例》，提出强化盐业市场管理，是年5月，成立县盐政管理办公室，负责全县盐政管理工作。1994年10月，盐业批发部同果品盐业公司分离，成立了高密市盐业有限公司。盐业有限公司和盐政管理办公室合署办公，隶属市联社，担负全市各类用盐的组织、调拨、供应和管理工作。2001年，成立高密市盐业公司、高密市盐务局，不再属市联社管理。2007年，高密市顺利通过全国消除碘缺乏病阶段达标验收。2008年，公司内设办公室、财务、业务、经贸、盐政和市场管理等8个科室，共有在编职工57人。

购销经营 1986年，销售各类盐6000吨。1995年，销售各类盐5723吨，其中食盐3600吨。1996年5月，国务院颁布《食盐专营办法》，确立了对食盐实行专营管理体制。市盐业管理部门执行国家食盐加碘防治碘缺乏病措施，禁止销售散装用盐，全市食盐市场全部供应加碘粉精食盐，碘盐包装统一使用防伪标志。是年销售碘盐1000吨，碘盐覆盖率达85%。2000年，食盐专营专注扩大合格碘盐销售，推进食盐精细化进程。是年销售各类盐6000吨，其中食盐3200吨。2001年，按照行政区域，在全市设置食盐二级代批点30处，食盐三级零售网点1157处。2004年下半年始，取消代批点，在全市范围内设立1800处食盐零售网点，建立完善的送销网络。2005年，开展“走百村、进万户、联百校”活动，推广纸塑包装精制盐。年销售食盐8599吨，其中小包装3600吨。2006年，设立50个碘盐示范村，年销售食盐7814吨，其中小包装2560吨。2008年，实行管销结合，换发新的食盐零售许可证，与网点签订食盐购销合同，共设立2400处食盐零售网点，全年销售食盐10719吨，其中小包装2756吨。

盐政管理 1995年始，盐政执法人员统一着装持证上岗，加强盐业市场管理。是年出动缉查人员500人次，查处私盐案件100起，查缉私盐600吨。1996年9月，全市实行食盐运输准运证制度。2000年10月，《山东省盐业管理条例》颁布，实行食盐零售许可证制度。2003年，成立公安盐政联合办公室，盐业公司配备专用稽查车5部、警用车1部、摄像机与照相机各5部，加大盐业市场的执法管理。是年，查处各类盐业违法案件662起，查扣私盐320吨，罚款22.3万元，市法院强制执行64起。2004～2008年，对全市的食盐零售网点、“三业户”和工厂进行检查管理，共查处各类盐业违法案件2886起，查扣私盐581吨，罚款45.5万元。

市盐业公司仓库

第三节　石　油

■高密石化公司第二加油站

管理机构　中国石油化工股份有限公司山东潍坊高密石油分公司，前身为成立于1955年的高密石油支公司。主要承担高密市汽油、柴油、煤油和润滑油的运输和销售供应。经销的石油产品除供应本县外，还销往诸城、莒县、五莲、平度等县。2000年7月，高密石油公司由国营企业改制成为股份公司，划归中国石油化工股份有限公司，更名为中国石油化工股份有限公司山东潍坊高密分公司。公司作为全市成品油销售的主渠道，承担着全市成品油供应保障任务。2008年，公司发展成为资产上千万元的大型成品油销售企业。

经营体制　20世纪80年代以前，石油流通体制采取国家统一管制的办法，石油销售供应由国家统一定价，全部石油及其产品实行统一分配、分级管理。从1981年到1994年，国家对石油的分配由过去的完全指令性计划改为指令性计划和指导性计划两种，石油实行平价和议价"双轨制"。1994年，国务院做出关于对改革原油、成品油流通体制的意见，提出国家对国产原油、成品油资源实行国家统一配置，取消石油供应价格"双轨制"，对国产原油、成品油计划内外价格"并轨"，实行国家统一定价。2000年7月，市石油公司完成企业改制工作，成为股份公司，划归中国石油化工股份有限公司，职工工资、经营管理、财务管理、安全管理等全部由中国石油化工股份有限公司统一管理。

经营网点　1985年，高密石油公司建成第一加油站。1988年，建成第二加油站。1990年后又陆续建设，到2008年，全市石油公司经营网点共30处。

购销经营　1985～1988年，石油经营按照上级指令性计划执行，实行"统购、统销、定量供应"，年销量1.5万吨。1989年以后，随着经济的发展，成品油需求量大增，公司为加大自采力度，与青岛炼油厂、齐鲁石化炼油厂进行对接协调，保证油品的市场供应，年销量达2万吨，销售收入2000万元。1993年，成品油年销量3万吨，销售收入达6000万元。1995年，销量突破4万吨，销售收入达9000万元。1999年，销量达5万吨，销售额突破亿元大关。2008年，全年销量达8万吨，销售额突破2亿元。

第七章 服务业

1986年后，随着社会进步和人民生活水平提高，全县餐饮、旅馆、照相、洗浴、美容美发等传统服务业有了长足发展。进入90年代后，中介服务、家政服务、物业管理、咨询服务等现代服务业应时而生。至2008年，全市有传统服务业户4490家，其中餐饮业户2369家，旅馆业户317家，照相业户138家，洗浴业户186家；现代服务业户2219家，其中中介服务业户24家，物业管理公司44家，家政服务业户299家。

第一节 生活消费

旅馆饭店 1986年，全县有旅馆54家，从业人员441人。城区19家，配套设施较好的有县政府招待所、第一旅馆（车站旅馆）、第三旅馆、供销旅馆、宏达宾馆等。乡镇供销社和个体户在乡镇驻地和交通要道处建旅馆35家，从业人员150人。1987年，西关村、县供销社在城区分别建成建筑面积1700平方米的西苑宾馆和营业面积3800平方米的金桥宾馆。1990年，全县有旅馆47家，从业人员270人，其中城区10家，从业人员134人。1995～1996年，市区先后建成白天鹅宾馆和银海宾馆。2000年后，仅住宿功能的宾馆逐渐减少，较为高档的宾馆、酒店均为融住宿、餐饮业务于一体。全国连锁、加盟的如家商务大厦、尚客优快捷酒店陆续进驻。2008年，全市有大小宾馆、旅馆317家，档次较高的有凤都国际大酒店、天和思瑞大酒店、凤凰宾馆、电业宾馆、锦江商务酒店、宏达宾馆等。

■凤凰宾馆

1986年，全县有餐饮业户707家，从业人员2003人，营业额807万元，城区有72家，从业人员395人。城区较大的饭店为高密饭店和大街饭店。1987年和1993年，城区先后建成火车站饭店、春和酒楼。随着社会经济发展和人民消费水平提高，餐饮业得到较快发展。1994年，全市餐饮业户增至2371家，从业人员10432人，营业额5769万元。其中市区有196家，从业人员1130人。餐饮服务结构和经营方式由单一的经营面食、酒菜转变为融吃、住、玩、乐于一体的服务项目。2000年以后，大小酒店、餐饮遍布全城，消费环境、消费档次逐步提高，麦克汉姆、德克士、肯德基等洋快餐先后入驻，星级酒店陆续兴建开业。2008年，全市有酒店

634家，规模以上大型酒店15家，其中四星级酒店2家，分别是建筑面积3.9万平方米的凤都国际大酒店、建筑面积7万平方米的天和思瑞大酒店。其他名气较大的有迎宾楼、凤凰宾馆、名门大酒店、大昌纺织酒店、华龙大酒店、世纪隆华酒楼、四喜大酒店、凤城故事主题酒店等。全市有餐饮业户2369家，从业人员21318人，实现营业额32000万元。

照相摄影 1986年，全县有照相业户10家，从业人员53人，城区有曙光照相馆等3家。1991年，曙光照相馆进行改造，增置了彩扩机、复印机等设备，由单一黑白照相增加了彩照、彩扩、婚纱照、一分钟特快、以旧翻新等业务。2000年前后，在照相彩扩洗印之外出现了专业婚纱摄影和儿童摄影。婚纱摄影方面，1997年华侨婚纱摄影、梦圆婚纱摄影先后开业，为高密最早的两家婚纱影楼。之后婚纱摄影迅速兴起，成为主要的照相业务，并逐步向高端化、定制化发展。2002年，梦圆·伊莎美尔婚纱摄影开业，成为当时店面最大、档次最高的影楼。儿童摄影方面，2000年开业的宝贝家族儿童摄影是较早专注婴儿、儿童摄影的门店。2008年，全市有照相业户138家，从业人员600多人。名气较大的婚纱摄影门店有梦圆·伊莎美尔婚纱摄影、米兰春天婚纱摄影、蓝月国际婚纱摄影；儿童摄影门店有宝贝家族、爱你宝贝儿童摄影、宝宝贝儿等；彩扩洗印门店有曙光照相馆、丽强彩扩、千慧数码等。

洗浴洗衣 1986年，全县有洗浴业户2户，从业人员17人。城区有人民浴池1家，为国营企业，设有修脚、搓背等服务项目。20世纪90年代，各种小型浴场纷纷出现，大型洗浴企业陆续开业。1995年以来，凤城芬兰浴、在水一方、浪淘沙先后建成营业，有修脚、足疗、保健按摩等服务项目。2008年，全市有洗浴业户186户，从业人员1200多人。市区规模较大的洗浴业户有东都洗浴、地中海洗浴、在水一方、浪淘沙、水木年华、恒达洗浴城等。

洗衣业是随着人民群众生活水平提高出现的。1988年开业的高密干洗店是最早从事衣物干洗的门店，起初使用国产设备，1996年新上进口设备，干洗流程由原始低端转向高级绿色环保，洗衣效率、洗衣质量进一步提高。2003年成立的赛维干洗店是高密第一家加入全国连锁的干洗店。2008年，全市共有干洗店16家，比较知名的有高密干洗店、赛维干洗店、洁迎干洗店等。

美容美发 1986年，城区理发店铺共有23家，以个体经营为主，主要从事理发、剪发、染发等项目。1994年正式开业的美之源美容美发店由原东风商场理发店延转而来，主要面对普通大众。许多美发门店都是由美之源培养的学徒开设。随着女性对美容要求提高，专业从事美容护理的店铺陆续出现，业务范围逐步由面部护理发展到美体、排毒、养生、减肥等，1998年开业的伊之秀是较早从事专业美容美体的店铺。2008年，全市共有美容美发店铺300多家，其中经营时间较长、商誉较好的理发店铺有美之源、温州发廊、大新理发等，规模较大的美容店铺有名角美容纹绣养生会所、伊之秀美容等。

婚庆礼仪 专业婚庆礼仪公司于2000年前后开始出现，此前多由婚纱影楼兼营，2001年成立的延江庆典是较早成立的婚庆公司，承办结婚庆典、开业典礼、开盘奠基、会议庆典等活动策划、组织与服务。2008年，全市从事婚庆礼仪的大小店铺有40多家，其中比较知名、成立较早的有盛世嘉华庆典、红帆婚典等。

茶馆会所 1986年，高密县茶叶经销主要为供销社所属门店，随着经济政策放开，民营经营业者开始出现并成为主体。1986年开业的紫鑫泉茶业传承于20世纪40年代，总经理李金钵先后到江苏、福建、贵州、广西、浙江等实地考察，并在浙江庆远县屏都镇投资购置280亩茶园建立茶叶种植基地，实现了产、供、销一条龙，先后成立了紫鑫泉茶艺馆、紫鑫泉茶业精品堂、紫鑫泉民艺会馆等，实行多元化经营，最多时经销店达18家，遍布高密各乡镇并延伸到胶州、诸城等地，是高密最大的茶叶经营企业，1996年被吸纳为“中国茶叶学会团体会员单位”，1997年注册了“紫鑫泉”专用商标，2001年高密市消费者协会授予“消费者满意单位”等称号，2008年申报“潍坊市老字号”（2009年获评）。2008年，全市共有茶叶经销店铺140多家。

娱乐健身 1986年以后，为全面贯彻实施《中华人民共和国体育法》《全面健身计划纲要》，提高全民身体素质，县委县政府加强宣传引导，积极组织全民健身宣传周活动，吸引群众参加健康向上的健身活动。活动内容丰富多彩，活动形式灵活多样，主要有太极拳、大秧歌、筷子舞、迪斯科舞、气功、导引养生功等。1996年底，城区已建成较大规模的有组织的健身点17个，乡镇建成健身点55个。90年代末，境内开始出现娱乐健身项目经营者，而后渐成规模。

保安家政 市保安公司创建于1988年10月，2008年正式注册冠名为高密市金盾保安服务有限公司。为本市目前唯一注册登记、由公安机关监管指导从事经营性有偿服务的保安公司。设立业务职能部门4个，即人力资源部、督察部、财务部、装备部；下设保安大队7个（含驻所大队），共有保安人员1700多人（含驻派出所保安），主要担负协助公安机关维护社会治安工作，客服单位的门卫、守护和巡逻，承揽营业性展览、展销、文娱、体育、开业等大型活动的安全保卫任务。2008年7月，建立了“协警队员转型为保安队员、统一划归保安公司管理，政府出资雇用，辖区派出所使用”的新型管理体制。

高密家政服务业兴起于20世纪90年代末，主要包括保姆、保洁、搬家、维修等行业。受消费群体限制，几乎所有家政公司都分布于城区，但企业规模多数较小，经营时间超过五年的很少。1996年，平安搬家公司成立，是高密最早的专业搬家公司。2002年成立的芙蓉家政公司是高密较早成立的专业家政服务公司，提供物业管理、绿化维护维修、卫生保洁等服务，到2008年已是高密最大的正规化、综合性家政服务公司，有职工800余人。具有一定商誉和规模的家政服务企业主要有芙蓉家政公司、凤城搬家公司、平安搬家公司、永安物业公司、安凯开锁公司等。2008年，全市注册登记的保洁公司有29个，搬家公司15个，物业公司44个，配送公司37个，维修公司207个（含家电、摩托车、电动车、汽车、太阳能、手机维修等），开锁公司11个，从业人员2000多人。

电脑微机 1990年之前，微机（计算机）作为一种高档奢侈品，还处在286、386阶段，只在少数政府机关、企业配备，计算机主要用于打字，计算机维护也主要是依靠个人，没有成立专门门店。1993年成立的三利达电脑器材经营部是较早的电脑维修门店，主要开展打印机维修、计算机维护、耗材供应等业务，兄弟科技、密兴电子、森泰科技、朝阳电子等门店也是成立较早的电脑装机、维修业户，初期主要针对单位用户。随着电脑应用普及，1995年以后针对个人用户装机、维护业务也逐步上升。1999年开业的普瑞科技公司从兼容机装配、电脑软件起步，以平实的价格、周到的服务在激烈的竞争中站稳了脚跟，并陆续开展了三星电子、微星主板等品牌区域代理，成为高密最大的兼容机装机门店。随着电脑用户普及、电脑价格下降，品牌机销售份额逐步超过了兼容机，以品牌机销售为主的门店主要有代理联想品牌的明昊科技、光大科技，代理清华同方品牌的森泰科技等。2008年，全市共有电脑经营门店170多家，从业人员500多人。

装饰装修 装饰装修业是改革开放后境内新兴起的一种产业。包括办公室、商铺、写字楼、厂房、餐厅、会所等场所的装饰装修。主要有木工（如各种家具、木制品、门窗、天花板吊顶等），泥工(如铺地砖、贴瓷砖、厨房处理等),油工(如墙体、家具的面漆喷刷等),水电工(如水电管路改造安装、网络线制作等)等等。改革开放初期,境内有些小型装修队。随着建筑业的发展和社会进步,90年代后开始出现一些大的装饰公司。至2008年,境内较大的装饰公司有辉煌装饰、博大装饰等企业。

第二节　中介传媒

职业介绍　20世纪90年代初期,由于国有、集体企业改制后裁减大量富余人员,给城镇居民就业带来很大压力,一方面大批待业青年需要安置,另一方面大批下岗职工需要再就业。顺应这一形势,1993年10月,高密县职业介绍中心成立。该中心主要负责就业政策法规咨询,职业介绍指导及供求信息发布,并对就业困难人员实施就业援助,同时办理就业登记、失业登记等事务。至2008年,职业介绍中心完成城镇新增就业人员12.7万人,其中就业困难人员就业再就业0.9万人。是期,城区还出现一些个体私营中介机构,不少私营企业的用工问题可以通过这些渠道予以解决。

会计事务　高密市财政局会计师事务所于2000年1月改制为高密益信有限责任会计事务所,成为完全独立的社会中介机构。拥有基本建设工程审核资格,能够进行工程预算、决算审核,代编招投标预算书等。2000～2008年,事务所承办注册会计师业务,验证企业资本、企业审计、各种鉴证、税务及其他经济咨询等业务,并承办各项资产评估业务。

刻字广告　20世纪80年代中期,刻字广告服务开始出现,最早开展这一业务是延江美工,经营业户主要集中在县电影院西侧胡同里,初期几乎全部是手工制作,需要一定专业技术,主要从事刻章、素描、手绘广告画等。进入90年代,随着电脑、刻字机、喷绘机、写真机等专业设备出现,从业门槛不断降低,各类广告公司不断涌现,业务范围也从横幅锦旗制作、宣传栏制作等,扩展到平面设计、写真喷绘、精致印刷、户外广告、展览展示等。到2008年,全市共有大小广告店铺130多家,规模较大的有大地广告、家家乐广告、京都美工等。其中,潍坊家家乐广告传媒印务有限公司是最大的一家广告公司,创办于2000年3月,除在高密设总公司外,还在青岛、济南、江西、甘肃、黑龙江等地设有20多家分公司,《家家乐广告传媒》DM报纸影响力、设计水平、发行量、信息量、传阅率均为高密广告行业翘楚。

第二十二编

环境保护

1986年至2008年的23年间，高密的经济处于高速发展阶段。在经济社会发展的同时，也对境内生态环境造成污染。进入20世纪90年代后，高密市开始对环境污染进行大规模治理，并注重从源头上采取措施，解决问题。同时加强了环境监测和监察，从而使得各项指标得以有效控制。

第一章 环境质量

1980年以前，城区工业企业很少，污染轻微，环境质量良好。此后，工业企业不断增多，且大部分没有完善的污染防治设施，致使生态环境遭到污染破坏，并呈不断加重的趋势。自20世纪90年代开展大规模污染治理以后，才逐步得到遏制。

第一节 大气质量

影响市区大气质量的因素主要有：燃料燃烧产生的废气和烟尘。是期全市的燃料以煤炭为主，燃烧设备热效率较低，燃烧不充分，消烟除尘脱硫设备不够完善，燃烧产生的废气和烟尘无节制排放；工业生产过程中排放的工艺废气和粉尘。2008年，全市共有重点废气污染源8家，排放废气总量1561879万标立方米，其中，燃烧废气的排放量为687879万标立方米，工艺废气排放量为874000万标立方米。另有机动车辆排放的尾气。

1992～2008年，二氧化硫年日平均值有6年超标，其中1995年超标1.12倍。1992～2002年，总悬浮微粒有9年超标，其中1999年超标0.85倍。2003年开始，开始监测PM10。2003～2008年，PM10只有1年超标，市区大气污染加重的趋势已基本得到控制。2004～2008年，市区的大气环境质量有了改善。

1992～2008年高密市大气污染主要指标统计表

表22－1

年份	二氧化硫		氮氧化物		总悬浮颗粒物	
	年日平均浓度（毫克/立方米）	日均超标率（%）	年日平均浓度（毫克/立方米）	日均超标率（%）	年日平均浓度（毫克/立方米）	日均超标率（%）
1992	0.055	23.3	0.024	15.0	0.278	33.3
1993	0.063	20.0	0.032	13.3	0.175	16.7
1994	0.084	18.3	0.018	11.7	0.233	25.0
1995	0.127	25.0	0.044	15.0	0.357	46.7
1996	0.096	23.3	0.029	18.3	0.327	38.3

续表 22－1

年份	二氧化硫		氮氧化物		总悬浮颗粒物	
	年日平均浓度（毫克/立方米）	日均超标率（%）	年日平均浓度（毫克/立方米）	日均超标率（%）	年日平均浓度（毫克/立方米）	日均超标率（%）
1997	0.067	20.0	0.026	16.7	0.317	30.0
1998	0.053	15.0	0.030	13.3	0.307	33.3
1999	0.065	16.7	0.028	8.3	0.370	36.7
2000	0.049	15.0	0.018	5.0	0.288	21.3
2001	0.046	8.3	0.019	3.3	0.229	18.3
2002	0.044	5.0	0.025	3.3	0.198	11.7
2003	0.044	8.3	0.022	0	0.066	0
2004	0.015	0	0.024	0	0.19	30.6
2005	0.046	38	0.027	0	0.065	0
2006	0.055	0	0.029	0	0.078	0
2007	0.057	35.18	0.028	5.8	0.0910	31.94
2008	0.057	40.74	0.031	0	0.0904	4.40
标准	0.06		0.05		0.10	

第二节　水质量

地表水　境内共有大小河流16条，较大的6条，除潍河外，都属于胶莱河水系。其中小辛河、小康河汇集市区主要的工业废水和生活污水，流入北胶新河，水质超过国家Ⅴ类标准，污染严重。1996～1999年为污染最重的时期。2000年后水质开始好转。其他河流如墨水河、顺溪河、胶河、柳沟河、五龙河、官河、潍河等一直未受污染，水质良好，符合国家Ⅲ类标准。王吴水库（1986～1990年水质为Ⅳ类标准、1990～2008年水质为Ⅲ类标准）、城南水库、城北水库为市区饮用水源地，得到较好保护，水质良好，符合国家Ⅲ类标准。

1986～2008年北胶新河主要水质指标统计表

表22－2

单位：毫克/升（pH除外）

断面	年　份	pH值	溶解氧	化学需氧量	石油类	总硬度	亚硝酸盐氮	水质级别
蒋家庄	（1986～1990）五年均值	8.20	0.58	362	4.28	384	0.068	Ⅴ
	（1991～1995）五年均值	8.16	0	427	3.63	292	0.075	Ⅴ
	（1996～2000）五年均值	7.93	0	475	2.69	424	0.066	Ⅴ
	（2001～2003）三年均值	7.88	2.75	208	1.18	275	0.042	Ⅴ

续表 22-2

断面	年份	pH 值	溶解氧	化学需氧量	石油类	总硬度	亚硝酸盐氮	水质级别
莳家庄	(2004~2005)二年均值	7.83	3.03	178	0.46	—	—	V
	(2006~2008)三年均值	8.10	2.20	156	0.38	—	—	V
西泊子	(1996~2000)五年均值	8.26	3.56	189	1.39	288	0.054	V
	(2001~2003)三年均值	7.98	4.87	109	0.57	228	0.021	V
	(2004~2005)二年均值	7.98	5.26	103	0.044	—	—	V
	(2006~2008)三年均值	8.06	3.12	117	0.09	—	—	V

1986~2008 年王吴水库主要水质指标统计表

表 22-3　　单位:毫克/升(pH 除外)

年份	pH 值	溶解氧	化学需氧量	高锰酸盐指数	总磷	总氮	水质级别
(1986~1990)五年均值	8.44	8.43	21.04	4.89	0.03	0.61	Ⅳ
(1991~1995)五年均值	8.37	8.85	16.22	4.25	0.04	0.65	Ⅲ
(1996~2000)五年均值	8.30	9.09	12.47	3.52	0.05	0.68	Ⅲ
(2001~2003)三年均值	7.89	9.32	13.80	3.16	0.03	0.61	Ⅲ
(2004~2005)二年均值	8.02	9.66	10.62	3.10	0.04	0.70	Ⅲ
(2006~2008)三年均值	8.21	10.00	10.62	3.45	0.02	0.99	Ⅲ

地下水　由于污染河流的渗漏，垃圾填埋场的渗透，以及规模化畜禽养殖和大量使用化肥、农药、洗涤剂等原因，使土壤和地下水遭受不同程度的污染。但全市三处地下饮用水源水质一直保持良好，除北水源和王党水源由于地质原因氟化物略有超标外，其他指标都符合国家Ⅲ类标准。

1986~2008 年高密市地下水源地主要水质指标统计表

表 22-4　　单位:毫克/升(pH 除外)

水源	年份	pH 值	总硬度	氟化物	氯化物	硝酸盐氮	高锰酸盐指数	大肠菌群(个/升)	细菌总数(个/升)
南水源	(1986~1990)五年均值	8.09	216	0.95	36.69	2.94	0.88	<3	271
	(1991~1995)五年均值	7.75	184	0.92	24.17	1.86	0.79	<3	168
	(1996~2000)五年均值	7.82	193	0.83	27.56	2.55	0.91	18	245
	(2001~2003)三年均值	6.47	208	0.76	26.36	2.38	1.13	3	230
北水源	(1986~1990)五年均值	7.76	261	1.48	34.27	2.10	0.64	<3	137
	(1991~1995)五年均值	7.58	223	1.41	31.82	1.96	0.69	10	263
	(1996~2000)五年均值	7.49	247	1.56	38.42	1.73	0.85	33	285

续表 22－4

水源	年份	pH 值	总硬度	氟化物	氯化物	硝酸盐氮	高锰酸盐指数	大肠菌群（个/升）	细菌总数（个/升）
北水源	（2001～2003）三年均值	7.75	218	1.10	48.24	2.12	1.11	9	116
	（2006～2007）二年均值	7.80	153	1.07	71.34	2.50	1.92	58	—
王党水源	（1991～1995）五年均值	7.87	226	1.17	37.10	2.54	1.14	3	254
	（1991～1995）五年均值	7.90	231	1.43	35.42	3.28	0.71	6	215
	（1996～2000）五年均值	7.69	176	1.21	26.18	1.47	0.80	16	248
	（2001～2003）三年均值	7.80	215	1.09	47.78	1.60	0.89	18	198
	（2006～2008）三年均值	7.83	211	0.87	66.5	2.19	1.49	61	—

降雨　1990 年，县环保局开始对城区降雨进行监测，至 2003 年 14 年间共采集样品 298 个，监测频次为逢雨（降水量 >5mm）必测，监测点位为高密市气象局和环保局，监测项目为 PH 值和电导率。pH 酸碱度检出范围 6.45～8.42，电导率检出范围 32～346 微西门子/厘米。2004～2008 年共取得样品 224 个，经监测均未出现酸雨。根据以上情况分析，城区降水质量较好。

第三节　环境噪声

1986～2008 年，影响城区环境质量的噪声源主要有工业噪声、交通噪声、施工噪声、社会生活噪声，以社会生活噪声和交通噪声为主。市区进行的环境噪声监测项目主要有功能区噪声、道路交通噪声和区域环境噪声。从监测结果中分析，由于加强了对城区噪声的管理和治理，城区噪声污染明显减轻，但由于机动车辆数量逐年增多，城区噪声源仍为交通噪声。

第二章　环境监测

县环境监测站成立于 1980 年 5 月，建站初期只能进行单一的污染物浓度测试。经过 20 多年的建设发展，技术力量不断增强，方法手段和仪器设备不断完善，监测能力水平不断提高。1995 年 1 月，通过省级计量认证评审。到 2008 年，全站有监测用房 550 平方米，各类大中型监测仪器设备 65 台（套），监测专用车辆 2 部，专业技术人员 20 人，其中中级以上专业技术职务 8 人。可以进行七大类 46 个项目的化验分析工作，基本达到国家三级站标准化实验室要求。

第一节 大气监测

1990 年 2 月始，全县正式开展大气监测工作，布设 13 个监测点，监测项目为硫酸盐化速率；是年 11 月开始测定降尘，布设 4 个监测点，气象局为清洁对照点，每月监测一次。1991 年，不再监测硫酸盐化速率项目。1992 年增加二氧化硫、氮氧化物、总悬浮颗粒物 3 项，监测点为染化厂、烟草公司、气象局 3 个，每季度监测一次，分别于一、四、七、十月份进行，每次连续 5 天。1997 年不再测降尘项目。2006-2008 年，全市共设空气监测点 3 个：烟草公司、气象局、太平洋人寿保险公司。监测项目为二氧化硫、二氧化氮、PM10。

第二节 水监测

地表水监测 1986 年，地表水设监测点位 4 个，监测项目 19 项，方法执行城乡建设环境保护部出台的《环境监测分析方法》，按枯、丰、平水期分别进行采样，每个水期采样 2 次，全年监测 6 次。2002 年，例行监测的点位有胶莱河蔄家庄、西泊子、郇李闸断面和潍河至峡山水库入口柿子园断面，水库有王吴水库、城北水库、城南水库，均为饮用水源地。1991 年，地表水例行监测项目增加到 21 项，分别为流量、水温、pH 值、电导率、悬浮物、总硬度、溶解氧、化学耗氧量、高锰酸盐指数、五日生化需氧量、氨氮、亚硝酸盐氮、硝酸盐氮、挥发性酚、氰化物、石油类、砷、汞、铅、镉、六价铬。1995 年增加非离子氨项目。1998 年，增加全盐量项目。2008 年，全市河流共设置断面 2 个，即胶莱河水系的蔄家庄断面、西泊子断面。全年监测 12 次，每月进行例行监测。

地下水监测 1988 年始对南水源，北水源，王党水源三处地下水饮用水源地进行例行监测。每年监测 12 次，监测项目 19 项。1994 年后，对国家统一规定水质分析方法的项目一律执行国家标准方法，监测结果按《地下水质量标准》(GB/T14848—93)中第三类指标评价。2008 年，全市进行监测的城区生活饮用水水源地有城北水库、王党水源、王吴水库。从原始数据分析，由于地质原因，氟化物略有超标，其他项目未有超标现象。总的看来，全市的城市饮用水源地水质尚好。

降水监测 1989 年开始对城区降水进行监测，监测项目有 pH 值、电导率 2 项，设环保局、气象局两个监测点，降水量大于 5 毫米的降水每次必测，对监测结果按国际通用的 pH 值小于 5.6 即为酸雨这一标准进行降水水质评价，各项目分析方法按《环境监测技术规范》及《环境监测常用方法标准》执行。

第三节 环境噪声监测

1984 年，全县开始工业噪声监测工作。1986 年开展功能区环境噪声和道路交通噪声监测。按国家城市区域环境噪声分类，划分为四类功能区：居民文教区、工业集中区、主要交通干线道路两侧、混合区，共布设 8 个监测点。半年进行一个周期监测，一个周期为一昼夜连续 24 小时。道路交通噪声在两条主要交通干线设置测点 11 个。1992 年，区域环境噪声按网格布点法设置 103 个监测点位，每个网格 360 米 × 360 米，覆盖面积 13.3 平方公里，10 万人口。声源类别包括生活区、交通干线和其他，每年监测一次，每次监测分别在昼夜间各连续监测 10 分钟。1998 年，区域环境噪声增为 133 个监测点位，每个网格 400 米 × 400 米，覆盖面积 21.3 平方公里，12.8 万人口，道路交通噪声监测点增加到 7 条主要干线的 49 个。2002 ~ 2003 年，全市每年区域环境噪声设置的网格数均为 207 个，网格大小均为 300 米 × 300 米。2004 ~ 2008 年，改为网格数 209 个，网格大小 295 米 × 295 米。

所有监测数据结果均未超过国家标准。

第四节　污染源监测

废水监测　1986年废水重点污染源6家，每年监测2~4次，一般污染源15家，每年监测1~2次，监测项目依据各自生产工艺和排污情况而定，采用《环境监测分析方法》和《污染源统一分析方法》废水部分规定的方法进行。1988年，调整为重点污染源每季监测1次，全年4次，其他一般污染源每半年监测一次，监测项目是废水排放量和主要污染物浓度。1999年始增加总量控制监测项目。必测项目是化学需氧量、污水流量及企业排放特征污染物。城市污水处理厂监测化学需氧量、总氮、总磷和排水流量。2006~2007年重点监测的废水污染源共7家，2008年改为10家。

废气监测　全市废气污染源监督监测始于1983年。1991年以前，每年对全县主要的锅炉和窑炉的烟气黑度进行一次监测。1991年开展烟尘浓度监测。生产用锅炉每半年监测一次，其中4吨以上锅炉监测烟尘浓度、烟气黑度和废气排放量，4吨以下锅炉监测烟气黑度。取暖锅炉每年监测一次，项目为烟气黑度。2006~2007年，全市重点废气污染源企业共有7家，2008年为8家。1989~1990年，开展机动车辆排放尾气的监测。1991年，由于技术和政策原因停止，由环保部门移交公安部门管理。

第三章　污染防治

第一节　水环境污染防治

1986年，主要有化纤、纺织、印染、造纸、酿酒、农药、化肥、制革、糖业、电镀等水污染企业。1987年后，水污染企业先后投资建设污水处理设施，对产生的废水进行处理。1996年，造纸厂投资102万元，采用混合燃烧法治理草浆黑液，1997年投资327万元，采用三级物化处理工艺，对中段水和黑液进行治理。2001年7月31日，根据省政府关停1万吨以下草制浆生产线的要求，造纸厂生产线被拆除。化纤股份有限公司于1989~1992年先后共投资600多万元对原浆粕生产线进行改造，采用低碱蒸煮工艺，降低吨浆粕耗水量的污水排放量5%；1997年9月，投资1116万元，建成日处理能力8000吨的污水治理设施；2000年，投资1000万元建成扩大规模的废水治理配套工程；2001年实施废水治理再提高工程，投资2350万元，建成一座占地30亩，日处理能力5万吨的大型生化池和污泥脱水设施配套工程。高密酿酒厂于1986~1990年，先后共投资100余万元对酒糟废水进行治理；1995年，投资156万元，对酒糟废水进行综合治理，建设两座1230立方米的大型沼气发酵罐，采用厌氧、好氧加生物接触氧化的方法，利用厌氧发酵产生的沼气入锅炉燃烧，年节煤2768吨，减少烟尘排放550吨，二氧化硫1244吨。孚日家纺有限公司于1989年投资54万元新安装治理废水电解设备1套；1999年投资450万元建设日处理3000吨的废水处理工程；2001年，投资1580万元建设日处理8000吨的废水处理二期工程和日处理3000吨的印花废水处理工程;2002~2003年,投资1500多万元,在城北工业园建设日处理能力1万吨的废水处理工程。1998年,姜庄镇政府成立电镀处理中心,集中处理该镇部分企业电镀废水,控制电镀废水的无序排放。雪龙皮革有限公司于2000年投资170万元,建设制革废水处理工程。1996年,市政府在北栾庄建设占地2.9公顷的城市污水处理厂。一期工程投资2000万元,于1999年10月完工,日处理污水1.5万吨;二期工程投资1700万元,于2002年10月完工,日处理废水2万吨。2003年,市政府与重庆康达环保股份有限公司以BOT方式建设高密市第二座污水处理厂——康达环保(高密)水务有限公司。该污水处理厂一期设计处理能力5万吨/天,投资5500万元,工程于2006年6月完工。随后又建设二期工程,设计处理能力5万吨/天,投资5500万元,工程于2009年4月完工。

第二节 大气污染治理

境内大气污染源主要是工业锅炉、窑炉,各种营业性非营业性炉灶排放的烟尘及有害物质,工业企业排放的工业粉尘、工艺废气和机动车辆尾气。城区的大气污染属典型的煤烟型污染。1986~2003年,先后对化肥厂、染化厂、橡胶厂、再生胶厂、农药厂、气门嘴厂、电化厂等一批企业的工业废气进行治理。1987年,全县依法取缔、更换、改造各种锅炉、窑炉、茶水炉和经营性炉灶300多台,对133个单位的锅炉和茶水炉进行治理。1988年起,对城区的石灰窑实施关停。1999年,对重点企业的除尘器进行更换。高密水泥厂自1987年始,每次对回转窑、熟料烧结窑进行大修和技术改造时,同时对除尘系统进行改造;1990年,投资25万元改造磨机,安装脉冲式除尘器,粉尘回收率达到80%;1999~2002年,投资126万元先后安装4台静电除尘器,除尘效率达到98%。

自1986年始,在进行点源治理的同时,开始进行区域综合整治。从单项改造治理逐步转向改变城市燃料结构上来,使用型煤和低硫煤,推广油、电、气等清洁能源,逐步取消燃煤散烧锅炉,发展集中供热和联片供热,建设烟尘控制区,限制尾气污染严重的机动车辆在市区行驶,推行城市气化、绿化等措施相结合的大气污染综合整治。1987年,县热电厂建成投产。至2002年,全市有8台锅炉,全部采用水膜除尘设备,降低烟尘排放。2002年9月,在城北工业园建设2台75吨循环流化床锅炉和一台12兆瓦发电机组及相应配套设施。至2003年底,城区取消4吨/小时以下燃煤生产锅炉和取暖锅炉。2004年12月,在城北工业园建设2台130吨循环流化床锅炉和一台24兆瓦发电机组及相应配套设施。2006年5月,在城北工业园又建设2台130吨循环流化床锅炉和一台24兆瓦发电机组及相应配套设施,基本解决了城北工业园的供热问题。是年10月,孚日集团公司在城南又建设了2台130吨循环流化床锅炉和一台24兆瓦发电机组,解决了城

■孚日集团污水处理工程 (2008年 拍摄)

区南部的工业和生活的供热问题。2008年，银鹰化纤有限公司热电分公司投资1580万元，建设湿法氧化镁法脱硫工程；万仁热电有限公司投资1200万元，建设双碱法脱硫工程；孚日热电有限公司南、北厂投资1600万元，建设炉内喷钙、炉外活化增湿脱硫工程。是年，还分别关停了高密市菲达热电有限公司、高密市大昌热电有限公司两家小型燃煤电厂。

第三节　噪声污染防治

是期，道路交通、建筑施工、工业企业、社会生活噪声等是造成扰民的主要噪声源。1986年4月，县环保局会同公安局联合发布《关于严格控制城区内噪声的通告》，规定在市区主要街道、行政机关、学校、商业集中区不准安装高音喇叭和噪声器具，进入人民大街路段的车辆禁鸣高音喇叭。1993年，市政府下发《全市城区噪声功能区划分方案》，对居民文教区、一类二类混合区、商业集中区、工业集中区等进行划分，明确标准，根据不同情况进行控制。有关企业也对产生超标噪声的设备和车间进行治理。2000年4月，市政府开展治理噪声污染的专项行动。2008年，重新修订了《全市城区噪声功能区划分方案》。

第四节　固体废物污染防治

1986年始，全市对炉渣和粉煤灰进行综合利用，各种炉、窑、灶产生的废渣用于烧砖，粉煤灰用于生产水泥。一般生活垃圾尚未采取有效治理措施，主要采取填埋的方式处理。2005年，投资1800万元完成了占地45亩的高标准规范垃圾处理场一期工程建设，2008年投资1030万元进行了占地40亩的二期工程建设，日设计处理生活垃圾200吨，总服务期限10年。该垃圾处理场填埋区采取HDPE土工膜防渗技术处理，生产工艺系统主要有垃圾无害化卫生填埋系统、渗滤液处理系统、沼气导排系统。填埋场沼气采取HDPE导管收集和石笼导排技术进行无组织排放。垃圾渗滤液采取有氧、厌氧、超滤加反渗透技术处理，日处理污水100吨，COD指标按山东省新一级管理标准指标达标排放。

第五节　环境监察

查处环境违法行为　本期内，环保部门以污水处理厂、重点排污企业、重金属、辐射源、危险化学品为重点，分行业、分区域，采取明察暗访、夜查和节假日检查等措施，检查打击环境违法行为。1986～2008年，全市共查处环境违法行为202起。

关停严重污染企业　依据国家法律和《山东省环境保护管理条例》有关规定，1986～2008年共查处关闭造纸、制革、印染、电镀等污染严重的土(小)生产企业23家，同期处置各类来信来访共350起，处结率100%。

排污费征收　排污费采取收支两条线的方式，于1982年3月开始征收。1986年10月，成立县排污收费监理站，加强排污收费工作。1993年成立环境监理站，2003年升格为环境监察大队。1991年7月，根据上级有关部门规定，按照新的标准征收废水排污费，并开始征收超标噪声排污费。1993年，开始征收污水排污费。1998年12月，开征二氧化硫排污费。2003年7月，根据国务院新出台的《排污费征收使用管理条例》，由超标收费转变为总量收费，由单因子收费转变为多因子收费。至2008年底，全市实现向废水、废气、固体废物、噪声等环境污染物各个污染因子的全面收费，收费户147个，收费额344万元。

第二十三编

金　融

1986年至2008年，高密市的金融业发展取得重大进展。23年时间，各银行存贷余额实现数倍乃至数十倍增长，业务办公基本实现现代化；保险公司由最初的1家增至17家，业务覆盖经济和社会生活的各个方面；证券服务从无到有，并于2001年正式成立证券服务部。金融业成为支撑地方经济发展的重要力量。

第一章 银 行

1986年，县内有银行4家：中国人民银行高密县支行、中国工商银行高密县支行、中国农业银行高密县支行、中国建设银行高密县支行。到2008年底，市内银行发展到9家，分别是：中国人民银行高密市支行、中国工商银行高密市支行、中国农业银行高密市支行、中国建设银行股份有限公司高密市支行、中国银行股份有限公司高密市支行、中国农业发展银行高密市支行、高密市农村信用合作联社、中国邮政储蓄银行高密市支行、潍坊市商业银行高密市支行。营业网点89个，全市金融机构人员总数1254人。为促进全市经济金融工作协调健康发展，2007年8月，市里成立高密市金融证券发展协调管理办公室。

第一节 银行机构

中国人民银行高密市支行 1989年12月29日，中国人民银行高密县(市)支行(简称高密市人民银行)从人民大街中段、公安局对面迁至凤凰大街619号，内设办公室、综合业务部、调查信息部、监察审计室。1986年有干部职工12人，到2008年增至35人。1984年前，县人民银行既行使中央银行职能，又办理存贷款业务。1986年5月，县人民银行将工商银行分出，工商业金融业务由工商银行办理，县人民银行专门行使中央银行职能，对全县金融机构进行综合管理和业务指导。2000年8月，市人民银行不再对辖区保险公司行使监管职能。2003年12月，高密市银行业机构的金融监管职能移交高密银监办负责。

中国银行业监督管理委员会潍坊监管分局高密办事处 2003年12月，市人民银行分离监管职能，成立中国银行业监督管理委员会潍坊监管分局高密办事处（简称高密市银监办)，独

中国人民银行高密支行办公楼

中国工商银行高密市支行办公楼

立办公。履行原属人民银行的有关业务审批和监督管理职能。同时对农村信用社、邮政储蓄等金融机构进行非现场监管，收集研究辖区有关金融风险的信息并报上级监管机构。办事处设在凤凰大街619号。

中国工商银行高密市支行 成立于1985年1月，简称高密市工行。地址位于人民大街107号。1990年10月，迁址至凤凰大街中段。县工商银行有支行和火车站2个办事处，下设8个储蓄所。2007年，内设机构为办公室、风险管理部、市场营销部、个人金融营销部。2008年有6个网点，从业人员112人(含劳务派遣)。成立之初，主要办理个人储蓄存款和对公存款，后增有奖储蓄、外币储蓄、教育储蓄、外币对公存款，办理工商企业各种贷款等。1988年6月，县工行全部对公业务首次使用0520单用户微机进行核算，开创全县金融系统使用微机的先河。1995年3月，会计业务开通电子汇兑，实现国内汇兑资金与划拨资金在24小时之内到

1986～2008年中国工商银行高密市支行存贷款情况表

表23－1　　　　单位:万元

年份	存款余额	贷款余额	年份	存款余额	贷款余额
1986	5551	10734	1998	40450	57194
1987	7345	13359	1999	50680	63455
1988	9226	16055	2000	60409	64705
1989	9586	17974	2001	66425	74158
1990	11352	22978	2002	81898	84624
1991	12855	26033	2003	91296	105023
1992	13080	26485	2004	110305	127856
1993	13339	28677	2005	112203	90743
1994	15435	33515	2006	122311	98286
1995	19977	35357	2007	144115	123568
1996	26717	44491	2008	171576	186186
1997	30199	50269			

达。到1995年10月,全部自办储蓄所活期存取款业务实现通存通兑。1996年7月，活期储蓄业务并入全潍坊市通存通兑。1998年开办银行卡业务,2001年开办个人住房贷款、个人综合消费贷款业务品种及外汇业务,2002年开办电子银行业务,2008年开办代理业务。到2008年末,支行各项存款余额171576万元,各项贷款余额186186万元。

中国农业银行高密市支行办公楼

中国农业银行高密市支行 简称高密市农行。原址在人民大街与夷安大道（原交通路）交叉路口西北侧，1988年12月,迁至夷安大道(南)128号。1994年4月，市农业银行与农村信用合作社联合社分离，市农业银行不再领导和管理农村信用合作社联合社。市农业银行缩编基层机构,先后将方市、咸家、仁和、土庄、王吴、高戈庄、注沟、李家营、初家、拒城河、周阳、呼家庄、周戈庄、大牟家、大栏、张鲁、蔡站等17处办事处(营业所)撤并,缩减为高密镇、姜庄、康庄、双羊、井沟、柴沟、姚哥庄、阚家8个办事处(分理处)。1996年10月,农村金融体制又一次重大改革,中国农业发展银行高密市支行从市农业银行分离。自此,市农业银行由过去担负财政、银行双重职能的国家专业银行,转变为自主经营、自负盈亏、自担风险、自我约束、自我发展的国有商业银行。市农业银行下设16个分理处（高密镇、姜庄、夏庄、柴沟、柏城、姚哥庄、西郊、火车站、东郊、民营科技园、密水、天和、新新、供销大厦、健康路、利群)和1个营业部,内设职能科室5个,从业人员222人(含劳务派遣)。至2008年末,支行各项资产总额28.50亿元，各项负债总额27.57亿元,各项存款余额26.91亿元,各项贷款余额18.51亿元;2008年实现营业利润6266.13万元。

1986~2008年中国农业银行高密市支行存贷款情况表

表23-2　　　　单位:万元、万美元

项目 / 年份	各项存款余额	各项贷款余额	外币业务	
			外币存款	外币贷款
1986	10378	26449	—	—
1987	11258	37535	—	—
1988	9635	30928	—	—
1989	12219	28435	—	—
1990	20375	20360	—	—
1991	25991	37513	—	—
1992	23434	41511	—	—

续表 23-2

年份＼项目	各项存款余额	各项贷款余额	外币业务	
			外币存款	外币贷款
1993	28630	48436	—	—
1994	38454	29034	—	—
1995	33410	31947	—	—
1996	36459	36995	—	—
1997	43395	49898	—	—
1998	53220	63904	—	—
1999	61838	92202	65	2473
2000	69387	74553	119	583
2001	76763	73461	150	440
2002	91625	92468	163	332
2003	110229	108594	198	420
2004	133109	83216	218	53
2005	153188	91607	236	45
2006	178016	155094	129	268
2007	213231	195869	131	266
2008	269149	185050	115	1

中国银行股份有限公司高密支行 成立于1992年8月8日，简称中国银行高密支行。原位于市区交通路80号，1995年8月，迁至人民大街(西)1111号。原设业务发展部、内控部、营业部3个职能科室；辖设审计楼储蓄所、新华储蓄所、交通路办事处(1995年更名交通路分理处)、西关路储蓄所(2001年升格为分理处)、人民大街东段储蓄所(2001年升格为分理处)5个营业处所。2004年8月更名为中国银行股份有限公司高密支行后，职能科室和营业机构作了调整。科室3个：综合管理部、营业部和业务发展部。营业机构3处：其中综合性支行1处(即支行本部营业室)、利群路分理处、南关路分理处。员工共49人(含劳务用工7人)。支行的全部业务包括办理人民币存贷款、结算业务，办理票据贴

中国银行高密支行办公楼

现，代理发行金融债券，代理发行、代理兑付、销售政府债券，代理收付款项，代理基金、保险、贵金属等代理业务，还包括外汇存款，外汇贷款，外汇汇款，外币兑换，国际结算，结汇、售汇，代理国外信用卡的发行及付款，通过上级行办理代客外汇买卖及黄金交易业务。至2008年末，支行各项资产总额10.95亿元，各项负债总额10.64亿元，各项存款余额10.42亿元，各项贷款余额8.85亿元；2008年实现营业利润3877万元。

1992～2008年中国银行股份有限公司高密支行存贷款情况表

表23－3　　单位：万元、万美元

项目/年份	人民币存款余额	外币存款余额	人民币贷款余额	外币贷款余额
1992	753	14	4050	—
1993	2754	64	4585	—
1994	5307	83	5204	—
1995	8030	105	6180	—
1996	10790	198	8173	—
1997	13717	208	11066	1088
1998	19475	237	11438	876
1999	27746	376	11558	967
2000	36013	529	14567	1524
2001	42096	625	35249	1404
2002	52451	654	42220	1723
2003	56775	624	34547	2033
2004	69717	477	54304	2452
2005	79214	446	63796	1907
2006	81794	469	61697	3137
2007	89081	260	57945	2512
2008	101622	333	83720	698

中国建设银行股份有限公司高密市支行 1978年12月，中国建设银行高密县支行（简称高密市建行）成立。原址位于交通路70号，1995年5月26日，迁至振兴街43号。1987年7月，中国人民建设银行高密县支行设立府前储蓄所，自此开始办理人民币存、贷款业务。1992年2月，支行房地产信贷部成立。1994年5月，设立中国人民建设银行潍坊市分行国际业务部高密支行代理部。1996年3月26日，中国人民建设银行高密市支行更名为中国建设银行高密市支行。2005年3月，中国建设银行高密市支行经股改后更名为中国建设银行股份有限公司高密市支行。至2008年，支行内设五个部室，共设三个分理处：府前分理处（1987年7月设立）、立新街分理处（1988年11月设立）、凤凰大街分理处（1988年5月成立，2007年7月由热电分理处

中国建设银行高密县支行办公楼

改名后迁于此）。共有员工 80 人。1988～1993 年，先后开办工业企业流动资金贷款、房地产信贷、服务交通行业代收路桥费及基建投资业务。1995 年 5 月开始经营外汇存款、外汇贷款、外汇汇款业务。1997 年外汇业务增加外币兑换、国际结算和结汇售汇。自 1998 年始，办理国有商业银行所有业务。

1986～2008 年中国建设银行股份有限公司高密市支行存贷款情况表

表 23－4　　单位：万元

年份	存款余额	贷款余额	年份	存款余额	贷款余额
1986	1363	1853	1998	21320	38594
1987	1804	2767	1999	23805	24025
1988	2430	2994	2000	30369	25878
1989	3075	5018	2001	34736	25760
1990	3870	5067	2002	48676	42579
1991	4492	5926	2003	64939	42869
1992	5570	8127	2004	63645	53943
1993	5859	9841	2005	72707	45204
1994	10028	12646	2006	85982	61697
1995	13629	22680	2007	92882	61792
1996	16557	25446	2008	88798	98506
1997	17983	30692			

中国农业发展银行高密市支行　中国农业发展银行高密市支行（简称市农发行）成立于 1996 年 10 月，同年 12 月 28 日正式营业。地址位于人民大街与夷安大道（原交通路）交叉路口西北侧，2001 年 12 月，迁至凤凰大街 1777 号。市农发行成立伊始，其人员、房屋资产及信贷资产全部从市农业银行调入和划转。设办公室、会计出纳部、计划信贷部三个职能部（室），共有员工 22 人。2005 年，内设职能部室调整为办公室、会计结算部（原会计出纳部）、客户部（原计划信

贷部)。2008 年末,全行共有员工 25 人(含内退人员)。市农发行主要办理粮棉油收储贷款,农村基础设施建设贷款,农业综合开发贷款,新农村建设贷款,县域城镇建设贷款,农业产业化龙头企业贷款,农产品加工企业贷款,农业科技贷款,农村流通体系建设贷款,农业小企业贷款,农业生产资料贷款等业务。市农发行资金要求体内循环,实行封闭运行,独立核算,保本经营,企业化管理。农业发展银行不办理居民储蓄业务。

■ 中国农业发展银行高密市支行办公楼

1996~2008 年中国农业发展银行高密市支行存贷款情况表

表 23-5　　单位:万元

年份	各项存款余额	各项贷款余额	年份	各项存款余额	各项贷款余额
1996	186	36045	2003	840	37324
1997	819	44371	2004	624	35864
1998	732	38892	2005	6550	61738
1999	566	37176	2006	3772	89165
2000	591	36203	2007	30575	147313
2001	878	36501	2008	12781	147166
2002	930	36605			

高密市农村信用合作联社　简称市农信联社,位于立新街 89 号。1980~1994 年,市农信联社归属市农业银行管理,人员统一使用,分账核算。1994 年 4 月,行、社分门办公。1996 年 12 月,正式脱离隶属关系,组建高密市农村信用合作社联合社,辖属乡镇信用社 29 个,信用分社 63 个,储蓄所 34 个,拥有员工 589 人。实行联社、信用社两级法人核算,对外独立承担民事责任。至此,市农信联社工作由市人民银行进行金融监管。1998 年,高密市农村合作基金会因发生挤兑被关停。1999 年底,经中国人民银行济南分行批准,高密市高密镇农村合作基金会的债权债务并入市农信联社。1999 年 10 月,高密市城市信用社撤并,归市农信联社管理,同时更名为高密市农村信用合作社联合社城区信用社。2001 年 3 月,全市 29 个乡镇、街道撤并为 20 个,市农信联社随之先后对辖属机构设置进行调整。到 2002 年末,共设置网点机构 84 个,其中:市联社 1 个,营业部 1 个,信用社(法人社)7 个,信用分社 75 个,拥有员工 623 人。2005 年 9 月,高密市农村信用合作社联合社更名为高密市农村信用合作联社,下属机构随之更名、撤并。到 2008 年底,高密市农村信用合作联社共设综合部、业务部、会计部、资产部、营业部、监保部、稽核部、科技发展部、风险管理部、公司业务部、工会 11 个部室,辖 1 处营业部、18 处信用

高密市农村信用合作联社办公楼

社、12处直属分社、23处信用分社共54处营业网点。全社共有干部职工889人。主营业务有:人民币存、贷款业务,商业汇票业务,发行信通卡,开办"银证一卡通"、代收代付等多种中间业务,开办代理柜台理财保险业务,代签银行承兑汇票等业务,"银保通"理财保险业务。截至2008年底,全社存款余额46.5亿元,各项贷款余额33亿元,实现营业收入36162万元,净利润2072万元,全社转存银行款129591万元,购买各种债券25237万元。

1986~2008年高密市农村信用合作联社存、贷款、股金情况表

表23-6 单位:万元

年份	存款余额	贷款余额	股金
1986	10878	7247	—
1987	12195	8519	—
1988	12783	10779	—
1989	15845	11486	—
1990	20314	13796	—
1991	26090	17030	—
1992	26885	21913	—
1993	31646	25573	—
1994	41311	31035	92
1995	48324	39467	208
1996	59033	43573	206
1997	60405	47725	24
1998	77373	53486	543
1999	81038	52446	805
2000	113363	71558	1618
2001	128029	83176	3738
2002	150054	112900	5210

续表 23－6

年份	存款余额	贷款余额	股金
2003	171949	144818	6893
2004	202284	158282	19603
2005	257383	203251	18924
2006	312579	241582	18924
2007	372771	285126	18924
2008	464555	330643	18972

高密市城市信用合作社 成立于1988年7月6日，地址位于镇府街中段。1996年2月，迁至顺河路与长丰街交叉路口西南角新落成的营业大楼。合作社辖设1个营业部，5处分社，拥有员工118人。至1999年末，固定资产2884.5万元，股本金102.47万元。1999年10月，高密市城市信用合作社正式归并高密市农村信用合作社联合社，并更名为高密市农村信用合作社联合社城区信用社，实行独立法人核算。

1996～1999年高密市城市信用合作社存贷款情况表

表23－7　　单位：万元

年份	存款	贷款
1996	18044	11034
1997	17312	12105
1998	18197	12221
1999	19342	10856

注：1988年至1995年数据已注销。

中国邮政储蓄银行高密市支行 位于顺河路北269号。设营业部、夏庄支行两处二级支行，共有干部职工61人。1986年，县邮电局专门设立储蓄营业窗口，开始代办邮政储蓄业务，储蓄种类有定期、活期、定活两便和通知存款四大类。1990年后邮政储蓄改代办为自办，并成立邮政储蓄汇兑分局。2007年3月，中国邮政储蓄银行正式成立，随之中国邮政储蓄银行高密市支行也相应成立。2008年5月与高密市邮政局脱钩。主营业务为个人存款、小额和商务贷款。

中国邮政储蓄银行高密市支行

1993～2008 年高密市邮政储蓄存贷款情况表

表 23－8　　　　单位：万元

年份	存款	贷款	年份	存款	贷款
1993	4398	0	2001	43418	0
1994	7008	0	2002	47141	0
1995	11184	0	2003	52710	0
1996	13790	0	2004	59032	0
1997	17729	0	2005	64588	0
1998	22269	0	2006	74360	0
1999	27680	0	2007	81491	104
2000	32978	0	2008	101887	2607

潍坊市商业银行高密支行　2008 年 8 月 8 日，潍坊市商业银行高密支行成立，地址位于人民大街城投新视界 8 号。支行无下设机构，共有干部职工 19 名。主营业务为个人存款业务，个人消费贷款业务，代收代付业务，公司存款业务，公司贷款业务，票据业务，结算业务，中间业务，国际业务，银行卡业务。截至 2008 年底，支行各项存款余额 23075 万元，各项贷款余额 21775 万元。

第二节　银行业务

货币

人民银行内设独立的货币发行部门，具体

■ 潍坊市商业银行高密支行

办理货币的发行、回笼和发行基金的保管、调运工作。1987 年 4 月 27 日，人民银行采取“一次公布、分次发行”的办法，陆续发行第四套人民币。1987 年 4 月 27 日首先发行 50 元券和 5 角券，1988 年 5 月 10 日发行 100 元、2 元、1 元和 2 角纸币，1988 年 9 月 22 日，发行 10 元、5 元、1 角纸币。1992 年 6 月 1 日，发行第四套人民币 1 元、5 角、1 角硬币。第四套人民币主币有 1 元、2 元、5 元、10 元、50 元和 100 元 6 种，辅币有 1 角、2 角和 5 角 3 种，主辅币共 9 种。为提高人民币防伪能力，1992 年 8 月 20 日，发行 1990 年版 50 元、100 元纸币。为便利市场流通，1995 年 3 月 1 日和 1997 年 4 月 1 日，在全国发行 1990 年版和 1996 年版 1 元纸币。1996 年 4 月 10 日，在全国发行 1990 年版 2 元纸币。

1999 年 10 月 1 日，人民银行陆续发行第五套人民币。第五套人民币共八种面额：100 元、50 元、20 元、10 元、5 元、1 元、5 角、1 角。第五套人民币根据市场流通中低面额主币实际起大量承担找零角色的状况，增加 20 元面额，取消 2 元面额，使面额结构更加合理。第五套人民币也是采取“一次公布，分次发行”的方式。1999 年 10 月 1 日，首先发行 100 元纸币；2000 年 10 月 16 日发行 20 元纸币、1 元和 1 角硬币;2001 年 9 月 1 日, 发行 50 元、10 元纸币;2002 年 11 月 18 日, 发行 5 元纸币、5 角硬币;2004 年 7 月 30 日,发行 1 元纸币。为提高第五套人民币的印刷工艺和防伪技术水平,人民银行于 2005 年 8 月 31 日发行第五套人民币 2005 年版 100 元、50 元、20 元、10 元、5 元纸币和不锈钢材质 1 角硬币。

2000 年 4 月 6 日人民银行高密支行撤销发行库, 库存现金及发行基金全部移交人民银行潍坊市中心支行。

存款

1986 年,全县各项存款余额 26991 万元,其中城乡居民储蓄存款余额 12812 万元, 人均储蓄存款 161 元。2003 年,全市金融机构各项存款余额达 536136 万元, 是 1986 年的 19.86 倍,其中城乡居民储蓄存款余额 425456 万元,是 1986 年的 33.21 倍,人均储蓄存款 4375 元,是 1986 年的 27.2 倍。到 2008 年末,全市金融机构各项存款余额 123.35 亿元, 各项外汇存款余额 0.18 亿美元。其中:企业存款余额为 13.05 亿元,城乡居民储蓄存款余额 92.93 亿元。自 2000 年 4 月 1 日起, 个人在金融机构开立个人存款账户时,必须出示有效身份证件,使用实名。从 1999 年 11 月 1 日开始对城乡居民储蓄存款利息所得征收 20% 的个人所得税。2007 年 8 月 15 日,将储蓄存款利息所得个人所得税的适用税率由 20% 调减为 5%。2008 年 10 月 9 日,对储蓄存款利息所得暂免征收个人所得税。

1986～2008 年高密银行业存贷款情况表

表 23－9　　　　单位:万元

项目 年份	各项存款	其中:居民个人储蓄存款	各项贷款
1986	26991	12812	43385
1987	30609	16249	61218
1988	33635	20522	60023
1989	41288	27093	61012
1990	54879	36135	73020
1991	70996	47219	87351
1992	80188	55520	106122
1993	92549	69134	122507
1994	125634	95869	140191
1995	150297	121504	177578
1996	182027	151203	207536
1997	209889	178957	250354
1998	249896	224882	277726
1999	289814	257148	282417
2000	339941	287251	287761

续表 23－9

年份＼项目	各项存款	其中：居民个人储蓄存款	各项贷款
2001	381551	329654	318072
2002	457861	372371	405768
2003	536136	425456	465618
2004	633078	488431	514229
2005	747727	562735	556653
2006	866007	641369	720834
2007	1046782	725771	883125
2008	1233497	929293	1060437

保值储蓄　1988年9月10日起，对城乡居民个人三年以上定期储蓄存款实行保值贴补。如果保值储蓄存款提前支取，则不享受保值贴补，只按原规定利率计息。从1991年12月1日起停止办理保值储蓄业务。从1993年7月11日起，各金融机构对三年期以上定期储蓄存款均予以保值。对1991年12月1日以后存入的三年、五年、八年期定期储蓄存款，从1993年7月11日起，在调整后的利率基础上计算保值贴补率至存款到期日。对企业、事业、机关、部队、学校等单位的长期定期存款不实行保值。1996年4月1日开始，不再办理新的保值储蓄业务，在此之前已存入的三年期以上人民币定期储蓄存款，仍给予保值，但保值贴补率为零时，无保值贴补息。

教育储蓄　自1999年9月1日起开办教育储蓄，其对象为在校中小学生。教育储蓄为零存整取定期储蓄存款，最低起存金额为50元，存期为三年、六年，每一账户本金合计最高限额为2万元。教育储蓄在遵循储蓄原则的基础上实行利率优惠，享受利率优惠的条件是：储户提供接受非义务教育录取通知书原件或学校开具的相应证明原件。2000年开始设立教育储蓄账户，给予利率及免征利息税的优惠。2008年10月9日起，由于对储蓄存款利息所得暂免征收个人所得税，教育储蓄暂停。

外汇存款　1989年开始开展外汇存款业务，首先由农业银行高密县支行开展外汇存款业务。外汇存款业务由农业银行国际业务部办理。到1993年全县外汇存款31万美元，主要是单位外汇存款、外商投资企业存款、保证金存款和个人外汇存款等，2000年达到352万美元，2008年外汇存款余额653万美元。

存款准备金率　从1998年3月21日起，人民银行对存款准备金制度进行改革，将原各金融机构在人民银行的“准备金存款”和“备付金存款”两个账户合并，称为“准备金存款”账户。准备金存款账户超额部分的总量及分布由各金融机构自行确定。对各金融机构的法定存款准备金实行按法人统一考核和按旬考核。2003年9月21日，法定存款准备金率由6%提高至7%（城市信用社、农村信用社仍执行6%）。

历年存款准备金率调整表

表 23－10

次数	时间	调整前	调整后	调整幅度（单位：百分点）
30	2008 年 12 月 25 日	（大型金融机构）16.00% （中小金融机构）14.00%	15.50% 13.50%	－0.5 －0.5
29	2008 年 12 月 5 日	（大型金融机构）17.00% （中小金融机构）16.00%	16.00% 14.00%	－1 －2
28	2008 年 10 月 15 日	（大型金融机构）17.50% （中小金融机构）16.50%	17.00% 16.00%	－0.5 －0.5
27	2008 年 9 月 25 日	（大型金融机构）17.50% （中小金融机构）17.50%	17.50% 16.50%	– －1
26	2008 年 6 月 25 日	16.50%	17.50%	1
25	2008 年 5 月 20 日	16%	16.50%	0.5
24	2008 年 4 月 25 日	15.50%	16%	0.5
23	2008 年 3 月 25 日	15%	15.50%	0.5
22	2008 年 1 月 25 日	14.50%	15%	0.5
21	2007 年 12 月 25 日	13.50%	14.50%	1
20	2007 年 11 月 26 日	13%	13.50%	0.5
19	2007 年 10 月 25 日	12.50%	13%	0.5
18	2007 年 9 月 25 日	12%	12.50%	0.5
17	2007 年 8 月 15 日	11.50%	12%	0.5
16	2007 年 6 月 5 日	11%	11.50%	0.5
15	2007 年 5 月 15 日	10.50%	11%	0.5
14	2007 年 4 月 16 日	10%	10.50%	0.5
13	2007 年 2 月 25 日	9.50%	10%	0.5
12	2007 年 1 月 15 日	9%	9.50%	0.5
11	2006 年 11 月 15 日	8.50%	9%	0.5
10	2006 年 8 月 15 日	8%	8.50%	0.5
9	2006 年 7 月 5 日	7.50%	8%	0.5
8	2004 年 4 月 25 日	7%	7.50%	0.5

续表 23-10

次数	时间	调整前	调整后	调整幅度（单位:百分点）
7	2003年9月21日	6%	7%	1
6	1999年11月21日	8%	6%	-2
5	1998年3月21日	13%	8%	-5
4	1988年9月	12%	13%	1
3	1987年	10%	12%	2
2	1985年	企业存款20%,农村存款25%,储蓄存款40%	央行将法定存款准备金率统一调整为10%	—
1	1984年	—	央行按存款种类规定法定存款准备金率,企业存款20%,农村存款25%,储蓄存款40%	—

贷款

农业贷款　金融部门特别是市农信联社通过发放技改贷款、信用证贷款、打包贷款等多种方式支持农民从事蔬菜种植、瓜果培育、家畜饲养,发展合同订单农业、高效特色农业、出口创汇农业,支持龙头企业发展。2008年年末,全市农业贷款余额23.12亿元,是1986年农业贷款余额2874万元的81.6倍。

工业贷款　金融机构在扶持骨干企业同时,重点支持科技型、农产品深加工型、出口创汇型"三资"企业、乡镇企业、私营及个体企业发展。2008年年末,全市工业贷款余额22.65亿元。

商业贷款　根据经济金融形势的发展变化,高密市金融部门适时调整信贷投向,商业贷款趋于减少。2008年年末,全市商业贷款余额2.36亿元。

个人消费贷款　1998年开始,市金融部门开办个人消费贷款。相继推出住房、汽车、助学、个人经营等个人消费贷款业务。2008年年末,全市个人消费贷款余额11.69亿元。

2005~2008年高密市个人消费贷款情况表

表23-11　　　　单位:万元

项目＼年份	2005	2006	2007	2008
个人消费贷款	37469	52712	65432	116853

助学贷款　1999年8月17日始开办国家助学贷款。主要针对经济困难家庭子女接受高等教育时出现无力支付学费和生活费而发放的由财政贴息50%的贷款。贷款本息须在学生毕业后四年内还清。2000~2008年,市农信联社共办理助学贷款两笔,金额1万元。市农业银行办理5笔,金额4万元。同时,市农信联社还发放小额农贷,解决部分困难学生学费问题,总金额为100多万元。

外汇贷款　1993年开始恢复外汇贷款业务,由农业银行高密支行最先开办,当年外汇贷款362万美元,重点支持外向型企业进口机械设备,到2008年共有4家国有商业银行开展外汇贷款业务。2008年末,全市外汇贷款余额0.13亿美元。

2005～2008 年高密市外汇贷款情况表

表 23－12　　单位:万美元

项目＼年份	2005	2006	2007	2008
外汇贷款	2061	3409	3730	1315

中央银行再贷款　到 2003 年末,中国人民银行高密市支行累计发放各类再贷款 288066 万元，用于支持全市粮棉油农副产品收购和各专业银行临时资金周转、调剂资金头寸、解决信用社支农资金不足等，其中对专业银行累计发放各类再贷款 549 笔,金额 120569 万元(含粮棉油专项贷款 43720 万元);对全市金融机构累计发放再贷款 174 笔,金额 63067 万元;对信用社累计发放支农再贷款 9.4 亿元,累计支持农户 9 万多户。

基本建设拨款

1986 年，部分国家预算基建拨款改为基建投资贷款，资金供应由国家预算安排和建设银行信贷资金发放。建设银行由财政和银行双重职能逐步过渡到单一银行职能，办理各部门委托贷款、自营贷款和中长期信用贷款,并逐步向国有商业银行过渡。1986～1987 年对省地矿局第四地质队等这种实行国家预算拨款的单位，实施财务管理。2008 年末,全市基本建设贷款余额 7.77 亿元。

1987～2000 年高密市银行业各项贷款情况表

表 23－13　　单位:万元

年份＼项目	农业贷款	工业贷款	商业贷款	基本建设贷款
1987	14735	9672	33361	713
1988	2980	11894	26063	373
1989	3674	13007	23298	513
1990	4756	18378	29397	513
1991	7133	20653	32177	913
1992	9661	22155	37420	2213
1993	11213	24673	41066	1920
1994	11631	26681	43475	3470
1995	6661	31495	53541	7870
1996	9524	40076	57301	8705
1997	14199	53427	67343	10354
1998	20980	54170	58186	14067
1999	15198	43786	53728	13688
2000	19876	31701	60392	11397

注:2001 年以后统计口径发生变化,不再按产业进行统计。

结算

1989年8月1日废止托收承付结算方式，1990年4月1日恢复办理异地托收承付结算方式。1991年8月，全面核发开户许可证。1994年1月1日起，各金融机构的会计核算均由收付记账法改为借贷记账法，同时使用新的结算凭证。1995年12月1日，对新开立的基本账户、辅助账户、专用账户，一律核发开户许可证及副本。1996年3月1日，设立乡镇级金库，由农信联社代理乡镇金库业务。各金融机构改进结算手段，提高金融电子化。主要结算方式有支票、汇票、电子汇兑等。并陆续开办代发工资、信用卡、通存通兑、网上银行、电话银行、银证通、代理保险、代售国债、代售基金等业务。服务手段由手工操作方式转变为计算机管理。

外汇

外汇管理　1985年起，对境外汇给国内居民的汇款或从境外携入的外汇，准许全部保留，在银行开立存款账户。1988年10月11日，国家外汇管理局高密支局成立。

1991年11月起，允许个人所有的外汇参与外汇调剂，个人出国探亲、移居出境、留学、赡养国外亲属需要外汇，可凭出境证件和有关证明申请，经批准后卖给一定数量的外汇，但批汇标准较低。1992年1月，对外商投资企业开立现汇账户，实行《开户许可证》制度。1994年1月1日，国家外汇挂牌价和市场外汇调剂价并轨，结束长达40多年的政府垄断汇率制。同年4月1日起，实行新的外汇结、售汇制，各外汇指定银行受理外汇额度的配汇业务，外汇资金从国家外汇储蓄中支付。同年11月22日，中国人民银行关于“外汇兑换券停止流通和限期兑换”的公告发布实施。高密市支行相继开办外汇业务，主要经营外汇存款、外汇贷款、外汇汇款、外币兑换、国际结算、结汇售汇和代理客户外汇买卖、个人因私购汇等业务。

1996年7月1日，提高居民因私兑换外汇的标准，扩大供汇范围。一般用汇，每人每次可兑换2000美元；居民出境定居，其离退休金、退职金、抚恤金可全部兑换外汇。1996年12月1日，人民币实现经常项目可兑换。1997年，再次提高居民个人因私用汇供汇标准。凡《境内居民因私兑换外汇办法》中规定可以兑换500美元标准的，赴香港、澳门等地用汇，一律提高到可兑换1000美元。凡《境内居民因私兑换外汇办法》中规定可以兑换1000美元标准的，赴除香港、澳门以外的其他地区(包括台湾)用汇，一律提高到可兑换2000美元。凡《境内居民因私兑换外汇办法》中未列入的其他用汇，可由银行兑付的标准由300美元提高到500美元。

1998年9月15日起，居民个人去香港、澳门地区旅游、探亲、会亲等可兑换1000美元(含)的等值外汇；去香港、澳门地区以外的国家和地区(含台湾)可兑换2000美元(含)等值外汇。2003年10月1日起，出境时间在半年以内的，每人每次可向银行购汇等值3000美元；出境时间在半年以上(含半年)的，每人每次可向银行购汇等值5000美元。2005年8月3日起，对于持因私护照个人，出境时间在半年以下的，购汇限额调整为等值5000美元；出境时间在半年(含)以上的，为等值8000美元。2006年5月1日起，对境内居民个人购汇实行年度总额管理，总额为每人每年等值2万美元。2007年2月1日起，对个人结售汇实行年度总额管理，总额分别为每人每年等值5万美元。

汇率　1981年至1984年，初步实行双重汇率制度，即除官方汇率外，另行规定一种适用于进出口贸易结算和外贸单位经济效益核算的贸易外汇内部结算价格，该价格根据当时的出口换汇成本确定，固定在2.80元的水平。人民币官方汇率因内外两个因素的影响，其对美元由1981年7月的1.50元向下调整至1984年7月的2.30元，人民币对美元贬值53.3%。1985至1991年4月复归单一汇率制度。汇率向下调整。

到1993年底，人民币对美元官方汇率与调剂汇率分别为5.7和8.7。1994年1月1日，实施以市场供求为基础的单一的、有管理的浮动汇率制，人民币与美元非正式挂钩，汇率只能在1美元兑8.27至8.28元人民币的范围内浮动。自2005年7月21日起，实行以市场供求为基础、参考一篮子货币进行调节、有管理的浮动汇率制度。人民币汇率改为1美元兑8.11元人民币，变相升值2%，并且不再与美元挂钩。2005年9月23日，扩大银行间即期外汇市场非美元货币对人民币交易价的浮动幅度，从原来的上下1.5%扩大到上下3%。2007年5月21日，银行间即期外汇市场人民币兑美元交易价浮动幅度由千分之三扩大至千分之五。2008年4月10日，1美元兑人民币6.9920元。这是2005年人民币汇改以来美元对人民币汇率中间价首度“破7”，人民币升值进入“6时代”。

截至2008年末，境内外商投资企业发展到95家，其中独资企业62家。2008年，进出口收付汇总额达到9.64亿美元。其中，出口收汇7.9亿美元；进口付汇1.74亿美元。

利率

1989年12月21日始，停止存款利率浮动，限制贷款利率上浮幅度，银行贷款利率上浮幅度最高不得超过30%，城乡信用社贷款利率上浮幅度最高不得超过50%。从1993年3月1日起，不论何时存入的活期储蓄存款，如遇利率调整，不分段计息，均以结息日挂牌公告的活期存款利率计付利息。3月1日后，新存入的各种定期储蓄存款在原定存期内如遇调整利率，不论调高或调低，均按存单开户日所定利率计付利息，不分段计息。提前支取或逾期部分，按支取日挂牌公告的活期储蓄存款利率计付利息。定活两便储蓄存款，存期不满三个月的，按天数计付活期利息，存期超过三个月的，按相应档次存款利率打六折计息。从1996年5月1日起，定活两便存款利率打六折后低于活期存款利率时按活期存款利率执行。1996年6月1日人民银行放开了银行间同业拆借利率。1998年，改革贴现利率生成机制，贴现利率和转贴现利率在再贴现利率的基础上加点生成，在不超过同期贷款利率（含浮动）的前提下由商业银行自定。1998年、1999年人民银行连续三次扩大金融机构贷款利率浮动幅度。2004年1月1日，人民银行再次扩大金融机构贷款利率浮动区间。商业银行、城市信用社贷款利率浮动区间扩大到[0.9,1.7]，农村信用社贷款利率浮动区间扩大到[0.9,2]，贷款利率浮动区间不再根据企业所有制性质、规模大小分别制定。扩大商业银行自主定价权，提高贷款利率市场化程度，企业贷款利率最高上浮幅度扩大到70%，下浮幅度保持10%不变。在扩大金融机构人民币贷款利率浮动区间的同时，推出放开人民币各项贷款的计、结息方式和5年期以上贷款利率的上限等其他配套措施。积极推进境内外币利率市场化。2000年9月，放开外币贷款利率和300万美元（含300万）以上的大额外币存款利率；300万美元以下的小额外币存款利率仍由人民银行统一管理。2002年3月，人民银行统一了中、外资金融机构外币利率管理政策，实现中外资金融机构在外币利率政策上的公平待遇。2003年11月，对美元、日元、港币、欧元小额存款利率实行上限管理，商业银行可根据国际金融市场利率变化，在不超过上限的前提下自主确定。各金融机构严格执行国家法定存款利率，擅自提高存款利率或以手续费、协储代办费、吸储奖、有奖储蓄、介绍费、赠送实物等名目变相提高存款利率的现象被严格禁止。

银行机构人民币存款基准利率表

表 23-14 单位:年利率%

调整时间	活期存款	定期存款					
		三个月	半年	一年	二年	三年	五年
1990.04.15	2.88	6.30	7.74	10.08	10.98	11.88	13.68
1990.08.21	2.16	4.32	6.48	8.64	9.36	10.08	11.52
1991.04.21	1.80	3.24	5.40	7.56	7.92	8.28	9.00
1993.05.15	2.16	4.86	7.20	9.18	9.90	10.80	12.06
1993.07.11	3.15	6.66	9.00	10.98	11.70	12.24	13.86
1996.05.01	2.97	4.86	7.20	9.18	9.90	10.80	12.06
1996.08.23	1.98	3.33	5.40	7.47	7.92	8.28	9.00
1997.10.23	1.71	2.88	4.14	5.67	5.94	6.21	6.66
1998.03.25	1.71	2.88	4.14	5.22	5.58	6.21	6.66
1998.07.01	1.44	2.79	3.96	4.77	4.86	4.95	5.22
1998.12.07	1.44	2.79	3.33	3.78	3.96	4.14	4.50
1999.06.10	0.99	1.98	2.16	2.25	2.43	2.70	2.88
2002.02.21	0.72	1.71	1.89	1.98	2.25	2.52	2.79
2004.10.29	0.72	1.71	2.07	2.25	2.70	3.24	3.60
2006.08.19	0.72	1.80	2.25	2.52	3.06	3.69	4.14
2007.03.18	0.72	1.98	2.43	2.79	3.33	3.96	4.41
2007.05.19	0.72	2.07	2.61	3.06	3.69	4.41	4.95
2007.07.21	0.81	2.34	2.88	3.33	3.96	4.68	5.22
2007.08.22	0.81	2.61	3.15	3.60	4.23	4.95	5.49
2007.09.15	0.81	2.88	3.42	3.87	4.50	5.22	5.76
2007.12.21	0.72	3.33	3.78	4.14	4.68	5.40	5.85
2008.10.09	0.72	3.15	3.51	3.87	4.41	5.13	5.58
2008.10.30	0.72	2.88	3.24	3.60	4.14	4.77	5.13
2008.11.27	0.36	1.98	2.25	2.52	3.06	3.60	3.87
2008.12.23	0.36	1.71	1.98	2.25	2.79	3.33	3.60

银行机构人民币贷款基准利率表

表 23-15　　　　单位:年利率%

调整时间	六个月以内（含六个月）	六个月至一年（含一年）	一至三年（含三年）	三至五年（含五年）	五年以上
1991.04.21	8.10	8.64	9.00	9.54	9.72
1993.05.15	8.82	9.36	10.80	12.06	12.24
1993.07.11	9.00	10.98	12.24	13.86	14.04
1995.01.01	9.00	10.98	12.96	14.58	14.76
1995.07.01	10.08	12.06	13.50	15.12	15.30
1996.05.01	9.72	10.98	13.14	14.94	15.12
1996.08.23	9.18	10.08	10.98	11.70	12.42
1997.10.23	7.65	8.64	9.36	9.90	10.53
1998.03.25	7.02	7.92	9.00	9.72	10.35
1998.07.01	6.57	6.93	7.11	7.65	8.01
1998.12.07	6.12	6.39	6.66	7.20	7.56
1999.06.10	5.58	5.85	5.94	6.03	6.21
2002.02.21	5.04	5.31	5.49	5.58	5.76
2004.10.29	5.22	5.58	5.76	5.85	6.12
2006.04.28	5.40	5.85	6.03	6.12	6.39
2006.08.19	5.58	6.12	6.30	6.48	6.84
2007.03.18	5.67	6.39	6.57	6.75	7.11
2007.05.19	5.85	6.57	6.75	6.93	7.20
2007.07.21	6.03	6.84	7.02	7.20	7.38
2007.08.22	6.21	7.02	7.20	7.38	7.56
2007.09.15	6.48	7.29	7.47	7.65	7.83
2007.12.21	6.57	7.47	7.56	7.74	7.83
2008.09.16	6.21	7.20	7.29	7.56	7.74
2008.10.09	6.12	6.93	7.02	7.29	7.47
2008.10.30	6.03	6.66	6.75	7.02	7.20
2008.11.27	5.04	5.58	5.67	5.94	6.12
2008.12.23	4.86	5.31	5.40	5.76	5.94

金银

1950年4月,中国人民银行制定下发《金银管理办法》,冻结民间金银买卖,规定国内金银买卖统一由中国人民银行经营管理。1982年9月,开放金银市场,恢复出售黄金饰品。1999年11月25日,放开白银市场,封闭半个世纪的白银自由交易开禁。2001年4月,取消黄金“统购统配”的计划管理体制。自2003年1月2日起,中国人民银行停止执行个体工商户金饰品以旧换新及维修业务、单位“三废”金回收业务、金饰品生产、经营单位跨省携带批量黄金、白银收购及供应、白银制品加工、批发、零售业务许可证审批及拍卖行拍卖黄金制品、单位举办黄金制品展览会、举办全国性或国际性黄金展览(展销)会核准。自2003年3月31日起,中国人民银行停止执行经营已退出流通的人民币、黄金收购许可、黄金制品生产加工批发业务、黄金供应审批和黄金制品零售业务核准、白银进口审批。1986年12月9日,金银业务由专业银行移交人民银行办理。2003年11月18日,中国银行推出“黄金宝”业务,允许个人炒金。2005年1月16日,农业银行推出“招金”个人黄金业务;随后中国银行开立计账式纸黄金业务;中国建设银行于2005年2月28日推出个人账户金交易业务。2005年7月18日,工商银行推出“金行家”业务。1986年7月1日,国家调整白银收购价格:门市收兑杂银由每公斤200元调至450元,银圆由每枚5元调至12元,“三废”回收白银由每公斤390元调至500元。1989年1月1日调整黄金收售价,黄金按每克48.1元收购。工业用金含量不足99.9%的按每克63.2元配售;含金量99.99%及不足99.99%,按每克63.3元配售;含金量99.99%以上的,按每克63.4元配售。2001年8月1日,足金饰品、金银产品等价格放开。

金店　1993年4月,高密金店开始营业,是中国人民银行高密市支行经办的实体单位。金店营业位置在凤凰大街619号(中国人民银行大门高密市支行东侧),注册资金10万元。此为高密第一家金店。1999年7月因清理实体,高密金店与中国人民银行高密市支行脱钩,更名为高密凤城金店。到2008年,境内经营金银的店铺7家。

纪念币

纪念币分为普通纪念币和贵金属纪念币。普通纪念币包括普通金属纪念币和纪念钞。中国人民银行从1984年发行第一套普通纪念币至2008年底,共发行45套99枚(张)普通纪念币。纪念币面额不等,题材包括事件、会议、人物、动物,内容涉及政治、法律、体育、教育、环保、金融等多方面。贵金属纪念币包括金币、银币、铂币、钯币等贵金属或其合金铸造的纪念币,材质是金、银等贵重金属。面额是象征性的货币符号,并不表明其真实价值,不能流通,其面值不记入市场现金流通量。中国人民银行发行的贵金属纪念币按照题材可以分为十大系列:重大纪念性题材系列;中国及世界杰出人物系列;大熊猫等珍稀动物系列;中国生肖系列;中国古典文学名著系列;中国古代科技发明发现系列;中国古代及近代名画、名家系列;中国传统文化系列;中国佛教艺术及民族吉祥物系列;体育运动系列。自1979年发行“中华人民共和国建国三十周年”第一套贵金属纪念币至2008年底,已发行十大系列、1400多个品种。

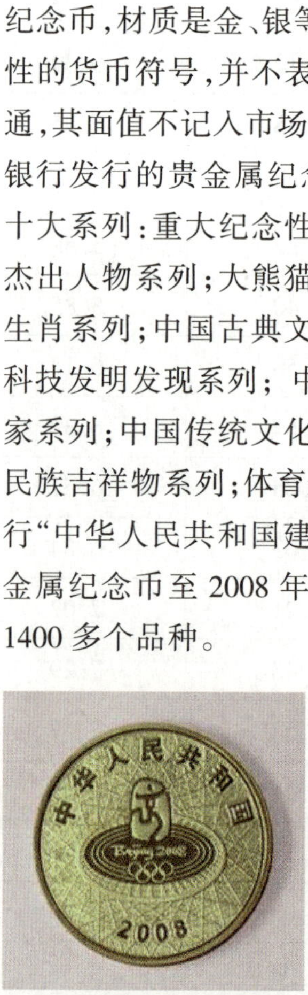

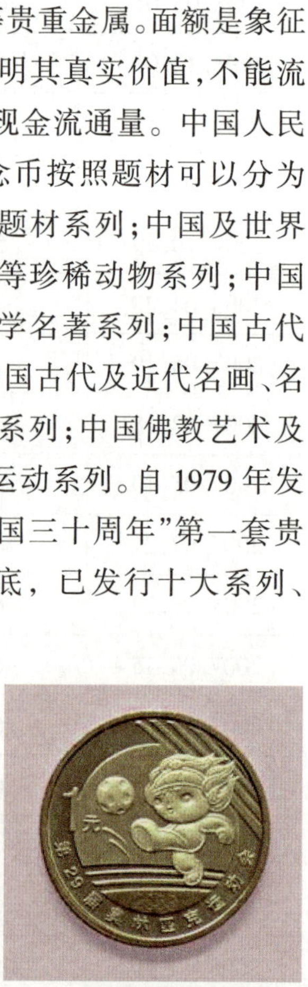

2008年发行的纪念币

第三节 金融监管

1986 年，由县人民银行对境内各金融机构进行监督管理。提倡有序竞争，坚决制止违章拆借资金、乱集资和变相提高利率。通过常规稽核、专项稽核、后续稽核和现场稽核，对部分严重违规的金融机构进行处罚。纠正多头开户、随意压单、退票和无理拒付等违规行为，疏通结算渠道。1994 年 6 月，市人民银行依法监管辖区金融机构和金融业务，制止乱拆借资金、社会乱集资、乱提高利率、乱批设金融机构活动。1997 年后，市人民银行对城乡信用社的资产负债比例、风险管理指标，规章制度落实、管理人员任职资格等情况进行重点监控。对排查出的高风险信用社采取现场监管与非现场监管、定期监管与不定期监管相结合的方式，发现问题，限期整改。1998 年起，将企业落实银行债务、还贷还息纳入政府目标责任考核中，督促金融机构清收不良资产，确保金融债权安全和完整。2000 年 8 月，市人民银行不再对辖区保险公司行使监管职能。2001 年开始，加大对金融违规、违章问题的查处力度，预防和遏制违规违章经营。开展信用等级评定工作，整肃社会信用环境。2002 年，共评出 AAA、AA、A 级信用企业 32 个、信用村 91 个、信用户 51717 个。对评选出的信用企业（村、户）落实各项信贷优惠政策，形成信用激励机制。2002 年 8 月，市人民银行对政策性银行高密市支行、国有独资商业银行高密市支行不再行使现场检查与非现场监管职责。2000 年和 2004 年，对国有商业银行的不良资产进行了两次剥离。

2003 年 12 月中国银行业监督管理委员会潍坊监管分局高密办事处设立，单独行使监管职能。一是加强业务综合检查，对国有商业银行、农村信用社等银行业机构全面检查，纠正违规行为。二是建立高级管理人员动态管理体系，对其职务行为、个人品行、工作业绩实行跟踪评鉴，防范高管人员的道德风险和决策风险。三是对不良贷款加强监管，重点对农村信用社不良贷款进行动态监控，加强对农村信用社风险监管。2007 年 8 月 30 日，高密市金融证券发展协调管理办公室成立，该机构为市政府直属事业单位。其职能之一是协调、配合驻高金融监管机构对全市各类金融机构的监管工作，配合、协助金融监管部门防范化解和处置地方金融风险。

第二章 保 险

1984 年 1 月 1 日，中国人民保险公司高密县支公司正式与县人民银行分立，自此停办 20 年的保险业务恢复。2000 年 8 月，市人民银行不再对辖区保险公司行使监管职能。2008 年底，在高密市注册登记的保险公司达到 17 家，实现保费收入 46180.9 万元，赔款支出 13398.3 万元。

第一节 保险机构

中国人民财产保险股份有限公司高密支公司 1984 年 1 月，中国人民保险公司高密县支公司恢复。1996 年 4 月 1 日，中国人民保险公司高密市支公司分解为中保财产保险有限公司高密市支公司和中保人寿保险有限公司高密市支公司。中保财产保险股份有限公司高密支公司位于永安路759号。1996年12月，有6个科室、1处办事处、29个乡镇代办所、12个城区代办站，公司积蓄风险基金500万元。1999年4月，中保财产保险有限公司高密市支公司更名为中国人民保险公司高密市支公司。2003年9月，中国人民保险公司高密市支公司更名为中国人民财产保险股份有限公司高密市支公司。公司主要经营财产保险业务。到1996年有机动车辆保险、摩托车第三责任、家财、企财、农险等近30个险种。保险覆盖312家企业、5840辆机动车、2.1万户家庭的财产保险、货物运输保险、建筑和安装工程保险、人身意外伤害保险、短期健康保险、家庭财产保险、能源保险、责任保险、信用保证保险、政策性农业保险、治安保险等。2008年，公司实现各项保费收入3559.8万元，赔款支出2099.7万元，综合赔付率58.98%。

中国人寿保险公司高密市支公司 1996年4月1日，中国人民保险公司高密市支公司分解为中保人寿山东省高密市支公司和中保财产山东省高密市支公司。7月24日，中保人寿山东省高密市支公司更名为中保人寿保险有限公司高密市支公司。1999年3月20日，更名为中国人寿保险公司高密市支公司。公司主要经营人寿保险、健康保险、意外伤害保险三大业务。2008年，公司实现保费收入13088.6万元，保险理赔额2813.7万元。

中国太平洋财产保险股份有限公司高密支公司 中国太平洋保险公司潍坊分公司高密代办所于1995年5月18日成立，当年完成保费收入400余万元。1998年4月更名为中国太平洋保险公司潍坊分公司高密办事处，2000年8月，实行财产保险、人寿保险分业经营，分设为中国太平洋财产保险股份有限公司高密支公司、中国太平洋人寿保险股份有限公司高密支公司。中国太平洋财产保险高密支公司位于康成大街1059号。公司主要经营企业财产保险，机器设备，房屋及室内装潢与财产，所有的车辆保险，建工险，乘运人责任险，安居理财，意外伤害险，出口货运及陆路货运险等。2008年，公司实现保费收入1548.2万元，赔款支出1399.1万元，综合赔付率90.37%。

中国太平洋人寿保险股份有限公司高密支公司 2000年8月成立。公司位于立新街与利群路交叉口西侧。公司业务有营销、团体、中介、人意险，开办的险种有长泰安康、红利来、长虹康健、红利发、如意安康、鸿福年年等。2008年，公司实现各项保费收入5531.1万元，理赔支出225万元。

中国平安财产保险股份有限公司高密支公司 1997年8月筹建中国平安保险公司潍坊分公司高密营业部。1998年11月26日更名为中国平安保险公司潍坊分公司高密办事处。2002年分设为中国平安财产保险股份有限公司高密支公司和中国平安人寿保险股份有限公司高密支公司。公司位于凤凰大街与夷安大道交叉口西南角。公司主要经营车辆保险、企业财产保险、雇主责任保险、出口运输险、团体意外险等险种业务。2008年，公司实现保费收入437.1万元，赔款支出348.1万元，综合赔付率79.63%。

中国平安人寿保险股份有限公司高密支公司 成立于2002年。公司位于利群路南段。1997年开办少儿险、医疗保险；1999年开办分红保险；2002年开办养老险、投连险、保障保险；2005年开办万能险。2008年，投连险停售。到2008年底，保险险种有分红保险、万能险、投连险、少儿保险、养老保险、医疗保险、保障保险险等30个保险品种。2008年，公司实现保费收入8016万元，理赔支出2279.8万元。

天安保险股份有限公司高密支公司 2002年11月成立。公司位于凤凰大街西首高密卫校对面。公司开办的主要险种有：私家车、商用车、乘用车、自用货车、摩托车、企业财产综合险、家庭财产保险、抵押商品住房保险、团体人身意外伤害保险、愉快人身保险、铁路货运及水险业务、师生平安保险等。2008 年，公司实现保费收入 171.1 万元，支付赔款 298.9 万元，赔付率 175%。

泰康人寿保险股份有限公司高密支公司 2002 年 4 月 11 日，成立泰康人寿保险股份有限公司高密市营管处。地址位于西关路北首。2005 年 12 月迁至鲁星宾馆三楼。2008 年 6 月成立两处分支机构，分别是夏庄服务部和阚家服务部。2008 年 12 月，泰康人寿保险股份有限公司高密市营管处更名为泰康人寿保险股份有限公司高密支公司。主要险种有养老理财类产品：永福人生年金保险、财富赢家、财富通宝、松鹤延年、盛世人生；少儿教育金：智慧宝贝、永福人生年金保险、财富赢家、财富通宝、盛世人生、吉祥两全(含住院补贴)；重大疾病保险：健康人生、安享人生、盛世人生；住院医疗保险：世纪泰康、如意宝住院医疗；意外伤害保险：如意通、吉祥相伴、安心无忧意外伤害。2008 年，公司实现保费收入 5642.2 万元，赔付 27.7 万元。

新华人寿保险股份有限公司高密市服务部 2002 年 12 月 9 日成立。地址位于振兴街西首(凤凰公园东门)路北。公司业务主要以健康型、分红型、养老型险种为主。代理业务主要为个人代理。主要险种有健康天使重大疾病保险，锦绣年华养老保险(分红)，吉庆有余分红保险，美满人生保险，定期寿险 A 保险，福如东海保险(分红)，住院医疗保险，住院补贴保险，意外伤害医疗保险。2008 年，公司实现保费收入 2338 万元，赔款支出 75 万元。

太平财产保险有限公司潍坊中心支公司高密营销服务部 2004 年 3 月成立。地址在高密市交通局 8 楼。2006 年搬迁至人民大街东首。保险业务包括：企业财产保险、家庭财产保险、机动车辆保险、货物运输保险、人身意外保险等多个险种。2008 年，公司实现保费收入 213.5 万元，赔款支出 78.2 万元。

中华联合财产保险股份有限公司高密支公司 2005 年 7 月成立。地址位于高密市人民大街与西关路交叉路口。公司开办的险种有：企业财产保险、家庭财产保险、建筑工程安装保险、雇主责任保险、意外伤害保险、农业保险、国内货运险、进出口货运险、机动车辆保险等。2008 年，公司实现保费收入 2134.4 万元，赔款支出 1679.9 万元，赔付率 78.71%。

永安财产保险股份有限公司潍坊中心支公司高密营销服务部 2005 年 7 月成立。地址位于凤凰大街中段沿街楼东侧二层，2008 年迁至人民大街 156 号。公司主要业务范围：经营企业财产保险、家庭财产保险、短期健康保险、意外伤害保险、建筑工程保险、安装工程保险、货物运输保险、机动车保险、船舶保险、能源保险、保证保险、信用保险(出口信用除外)以及经中国保监会批准的其他财产保险业务。2008 年，公司实现保费收入 814.7 万元，赔付 568.2 万元，赔付率约为 69.74%。

大众保险股份有限公司潍坊中心支公司高密营销服务部 2005 年 12 月 8 日成立。地址位于夷安大道与康成大街交叉口西侧。公司主要经营范围：承保人民币和外币的各种财产保险、责任保险、信用保险、机动车辆保险、飞机保险、船舶保险、工程保险、货物运输保险、农业保险、保证保险、财产损失保险、人身意外伤害保险、短期健康保险等业务；代理国内外保险机构办理对损失的鉴定、理赔、追偿业务及处理有关事宜。2008 年，公司实现保费收入 228.9 万元，赔付额 174.3 万元。

民生人寿保险股份有限公司潍坊中心支公司高密营销服务部 2006 年 1 月 12 日成立，地址位于人民大街 156 号。公司业务包括重大疾病保险、健康理财保险、少儿保险、两全保险、定期寿险、意外伤害保险等人身保险。2008 年，公司实现保费收入 298.6 万元，赔付额 7.7 万元。

阳光财产保险股份有限公司高密支公司 2006年5月26日成立，地址位于醴泉街道北大王庄北侧。公司开办的保险业务包括：企业财产保险、家庭财产保险、机动车辆保险、货物运输保险、人身意外保险、责任保险等多个险种。2008年，公司实现保费收入1614.3万元，赔款支出965.5万元，综合赔付率59.81%。

中国大地财产保险股份有限公司高密支公司 2006年6月16日成立，地址位于康成大街中段(康成小学对面)。公司业务包括企业财产损失保险、家庭财产损失保险、建筑工程保险、安装工程保险、货物运输保险、机动车辆保险、船舶保险、飞机保险、航天保险、核电站保险、能源保险、法定责任保险、一般责任保险、保证保险、信用保险、种植业保险、养殖业保险、短期健康保险、意外伤害保险及上述保险业务的再保险业务。2008年，公司实现保费收入386.6万元，赔款支出352.7万元。

安邦保险股份有限公司潍坊中心支公司高密营销服务部 2008年4月11日成立，地址位于夷安大道南首(齐鲁纺织服装城)。公司主要经营车辆保险、企业财产保险、家庭财产保险、人身意外伤害险等险种。2008年，公司实现保费收入157.8万元，支付赔款4.8万元，综合赔付率3.04%。

第二节 财产保险

1984年1月，中国人民保险公司高密县支公司恢复后，即开办财产保险业务。1996年4月1日，中保财产保险有限公司高密市支公司成立。到1996年，中保财产保险有限公司高密市支公司有机动车辆保险、摩托车第三责任、家财、企财、农险等近30个险种。保险覆盖312家企业、5840辆机动车，2.1万户家庭。1986~1996年共处理各种赔案2万多起，支付赔款6000多万元。截至2008年，实现保费收入11066.4万元，各项赔款支出7969.4万元。

企业财产保险

机关、事业、企业、人民团体的财产均可投保。在保险期间因遭受保险责任范围内的自然灾害或意外事故，造成保险财产损失和合理的施救费用，各财产保险公司均予补偿损失。火灾保险：由于火灾及燃烧、雷电、地震、地陷、崖崩、爆炸所致损失；由于防止灾害蔓延而破坏保险财产或因施救、抢救或保证保险财产安全或本公司建议等支出的合理费用。

机动车辆保险

包括车上必备零件与装备在停放或行驶途中，因意外碰撞、倾覆、失火、爆炸、自身发火、雷电、全车失窃及被保险人受雇人、家属及驾驶人以外之他人所施恶意行为所招致的损失，以及造成第三者的人身伤亡和财产损失，均由保险公司赔偿。

家庭财产保险

承保家庭和个人的生活资料，如房屋、家具、电器、文娱用品等；对个体经营者的营业性器具、手工工具、原料、食品等财产也予承保。

农业保险

养殖业保险　自2007年8月份开始，中国人民财产保险股份有限公司高密支公司开办能繁母猪保险。保险金额为每头1000元，保费为

2007~2008年人保财险高密支公司能繁母猪保险情况表

表23-16

单位：元

承保险种	承保年限	承保数量(头)	保险金额	签单保费	赔款金额
能繁母猪	2007	14659	14659000	879540	1893000
能繁母猪	2008	25742	25742000	1544520	2681338

每头60元。保费由三级财政和养猪户共同承担，财政负担80%，养殖户负担20%。

种植业保险　从1986年到1996年，种植业承保面积17万亩，共承担风险金额30多亿元。2008年7月26日，通过《高密市政策性农业保险试点工作实施方案》，人保财险高密支公司按照中国保监会的统一要求，政府对参保农户实行保费补贴，2008年补贴比例调整为政府承担80%，其中中央、省财政承担60%，市、县财政承担20%，农户承担20%。财政状况好的镇（街道）、集体经济好的村庄可给予农户适当补贴。具体标准如下：

玉米　每亩保险金额为500元。选择投保火灾、雹灾和风灾责任的保险费率为1%，即保险费每亩5元；选择投保火灾、雹灾、涝灾和风灾责任的，保险费率为2%，即保险费每亩10元。以乡镇为单位统一投保。

棉花　每亩保险金额为800元。保险费率为3%。即每亩棉花保险费24元，中央、省、市、县财政负担19.2元，棉农承担4.8元。责任为雹灾和涝灾，以村或乡镇为单位统一投保。

小麦　每亩保险金额500元。选择火灾、雹灾，每亩保险费5元；选择火灾、雹灾、风灾、冻灾、涝灾，每亩保险费8元。

2008年人保财险高密支公司玉米、棉花、小麦保险情况表

表23-17　　单位:元

承保险种	承保年限	承保数量(亩)	保险金额	签单保费	赔款金额
玉米	2008	662303.8	331151900	5401122	5299383.28
棉花	2008	21909.73	17527784	525833.52	—
小麦	2008	722131	144426200	3610655	374270

第三节　人寿保险

1986年，中国人民保险公司高密县支公司恢复人寿保险业务。1987年初设立人身保险业务科。1986年，高密县人寿保险业务由团体人身保险业务起步，逐步办理以团体人身意外伤害、中小学生团体平安为主的各种意外伤害保险业务；以个人养老金、独生子女父母年金保险为主的各种养老保险业务；以福寿安康、简易人身、团体人寿、独生子女两全、子女婚嫁金保险为主的各种寿险业务；以意外伤害医疗保险、成人疾病住院医疗保险、学生幼儿住院医疗保险为主的各种健康保险业务，共40个险种。到1996年底，累计保费收入4943.6万元，储金240多万元，38.7万人得到保险保障，为全市承担保险金额42.5亿元。风险责任准备金3233.8万元。累计为2.54多万起人身伤亡事故给付保险金1270万元。

自恢复人寿保险业务后，人寿保险公司按规定拓展人寿保险、健康保险、意外伤害保险等保险业务，先后有多家人寿保险公司登陆高密。2008年全年实现保费收入34914.5万元，各项理赔支出5428.9万元。

养老金保险　1986年12月，中国人民保险公司高密县支公司开始经办养老保险金业务。首先在蔡家站镇自行车配件厂试点，一个月收取保险金3万多元。1987年6月，在仁和乡进行农村干部养老金保险试点，并在境内推广。1996年4月，中保高密人寿保险公司成立后，推出养老金还本保险，同年底，共有561人参加该保险，收取保险费308.7万元。到1996年底，境域共有2430名农村干部参加养老保险，占高密市三级干部80%以上。有348名退休农村干部从中保高密市人寿保险公司领取养老金。

计划生育保险　1989年，中国人民保险公

司高密县支公司与县计生委、计生协会联系在全县开办独生子女两全保险、独生子女父母养老金保险等计生系列保险。到1996年，全市独生子女两全保险累计承保46518人，收取保险费1164万元，对独生子女两全保险中满期或退保的5000多人，给付满期保险金或退保费200多万元。为878名发生意外伤害的独生子女支付意外伤害赔付22万元。

第四节　理　赔

理赔工作贯彻"正确合理，主动迅速"的方针，使受灾受损户很快得到经济补偿。各保险公司按规定承担责任，在承保人遭受财产损失、人身意外、疾病损失或保单期满时，组织经济补偿或给付。

重点案例：

1.彭×，高密镇车站小学学生，于1996年投保学生平安保险，因患再生障碍性贫血死亡，1997年5月28日，中国人寿保险有限公司高密市支公司赔款32000元，其中死亡保险金2000元，疾病住院医疗保险金30000元。

2.刘××于1997年投保88鸿利终身保险，1999年因交通事故死亡，2000年1月13日，中国人寿保险公司高密市支公司给付死亡保险金10万元，并无息返还三年的保险费6468元。

高密市重大个案财产赔付情况表

表23－18　　单位：元

年份＼项目	被保险人	风险因素	赔付金额
1988.05.06	周戈庄纸箱厂	火灾	80000
1989.8.11	高密市棉油厂、高密市生资公司、高密供销大厦、高密储运公司、高密市玻璃厂、各乡镇党委	水灾	6000000
2002.11.10	高密双羊永合板厂	火灾	148900.18
2006.7.18	高密市拉克曼木业有限公司	火灾	750000
2007.07.25	吉安达物流有限公司	碰撞	387399.78
2008.09.10	高密帝驼鞋厂	火灾	1300000

第三章 证 券

第一节 机 构

齐鲁证券高密服务部 1998年底，山东证券潍坊分公司在高密设立远程交易网点。2001年5月22日批准成立山东证券潍坊分公司高密证券服务部。服务部位于交通路70号。2001年8月8日变更为天同证券潍坊分公司高密证券服务部。2002年末，天同证券潍坊分公司高密服务部共有员工6人，证券投资分析师1人，总资产300万元。2004年8月搬迁至顺河路137号（邮政局北临）。2007年7月由"天同证券潍坊健康西街证券营业部高密证券服务部"更名为"齐鲁证券潍坊东风西街证券营业部高密证券服务部"，是高密市唯一一家经审批成立的合法证券经营机构。

第二节 业 务

齐鲁证券高密服务部业务品种有：深沪A股、深沪B股、封闭式基金、开放式基金、债券（含国债、企业债券、金融债券等）回购、三板市场、代理期货、代理保险、代理外汇、融资融券、期货业务中间介绍。具体为客户提供：开立股东账户、资金账户；银证联网；申购新股、代理申购、配售新股、代理配售；配股、代理配股；分红派息；网上交易、电话委托；手机炒股；委托理财；咨询服务等。

孚日集团股份有限公司上市 2006年11月24日，孚日集团股份有限公司在深圳证券交易所中小板上市，发行股票7900万股，每股发行价6.69元，募集资金5.29亿元；2007年12月25日，孚日集团股份有限公司增发发行10000万股，每股发行价格为12.86元，融资规模12.86亿元人民币。截至2008年底，是全市唯一一家上市公司。

■ 齐鲁证券办公楼

第二十四编

外经贸与招商

1986~2008年,是高密外向型经济和招商工作快速发展的时期。贸易规模逐步扩大,市场持续扩展,出口商品结构不断得到优化。1986年,全县出口商品收购额为5180万元人民币。2008年,全市外贸进出口总额突破10亿美元大关。对外经济合作和利用外资方面,从无到有,不断发展,质量和水平不断提高。到2008年,全市三资企业达到186家,累计实际利用外资达到4.2亿美元。

第一章 对外贸易

第一节 管理机构

1986年,全县的对外贸易由县对外贸易公司管理。1987年5月,成立对外经济贸易工作委员会,履行行政管理职能。1992年2月,对外经济贸易工作委员会与对外贸易公司合并,一套班子,两块牌子。1993年1月,对外贸易公司成立总公司。同年11月,对外经济贸易工作委员会与外贸总公司复分开。1999年,成立招商局,与对外经济贸易工作委员会合署办公。2001年6月,对外经济贸易工作委员会更名对外贸易经济合作局,仍与招商局合署办公。同年,成立国际商会高密市商会。2008年5月,招商局由对外贸易经济合作局分出,专事协调管理招商引资工作。

第二节 体制改革

1986年,县外贸业务由县对外贸易公司统一开展和管理,在业务经营上实行指令性计划管理,由国营外贸公司集中统一经营。县外贸公司主要为省及潍坊市对外贸易公司组织出口货源、培植出口货源基地。收购的出口商品全部调拨给省外贸公司或指定的外省口岸外贸公司。1988年2月,国家出台《关于加快和深化对外贸易体制改革若干问题的规定》,提出要下放部分外贸经营权,改革高度集中的外贸管理体制,打破由外贸公司垄断经营的局面,开始进行外贸体制的改革。1990年,国务院又出台了《关于进一步改革和完善对外贸易体制若干问题的决定》,提出外贸企业要建立统一政策、平等竞争、自主经营、自负盈亏机制。县外贸公司根据国务院文件精神和山东省外贸公司的要求,在业务经营上全面实行了承包责任制,其财务与省外贸公司脱钩,实行统一汇率、取消补贴、亏损自负、平等竞争,人财物归属县政府管理。1994年,随着国家新一轮外贸体制改革深入,高密市开始大力发展企业自营进出口,对外出口业务也逐步由原来只向省级外贸部门提供收购的供出口商品过渡到以自营进出口为主。是年,市外贸总公司、毛巾厂、高天实业股份有限公司、电机厂成为高密首批获得自营进出口权企业。此后,高密鞋业集团、化学纤维厂、糖厂、同利化工有限公司、华夏纺织等企业先后获得自营进出口权。2000年,全市自营进出口企业达39家。次年8月,国家将内资企业原实行的进出口经营资格审批制改为登记制和核准制,取消除外商投资等企业外的私营企业在进出口贸易方面的准入限制，符合条件的私营企业即可从事外贸业务。自此，获得自营进出口权企业以年均近30家的数量增加。2008年，全市拥有自营进出口企业231家，其中有进出口实绩的企业140家，完成进出口额8.4亿美元。

第三节　外贸进出口

1986年，高密的对外贸易主要是出口商品收购，其类别有粮油、食品、土产、工艺品、畜产、纺织等，年收购额5180.5万元。此后，不断引进新品种、新技术，培植出口货源基地，扩大出口商品种类，至1992年，已形成肉鸡、肉兔、水貂、棉花、椒干等9个农副产品出口生产基地，商品种类达14大类79个品种，是年完成出口收购额2.52亿元，并被山东省政府评为“山东省出口创汇先进单位”。1994年，外贸出口权下放，出口商品除农副产品外，工矿产品出口比重逐年上升。1996年，完成出口额1.07亿美元。其中工矿产品出口创汇8372万美元，占当年总出口额的78%。之后的几年，出口额逐年增加。2000年，全市外贸进出口总额达2.11亿美元，比1999年同比增长50.7%，其中出口1.39亿美元、进口0.72亿美元，已形成纺织服装、农产品、机械制造、木器加工4大出口行业。此后，外贸进出口发展较快。自2003年起，进出口额年平均增长1亿美元以上，年均增幅在25%以上。2008年，外贸进出口总额首次突破10亿美元大关，其中出口8.18亿美元，进口1.82亿美元。在贸易方式上，加工贸易占出口总额的55%，一般贸易占45%。在出口行业中，纺织服装占出口额的56.7%，农产品、木器、机械、制鞋商品占16.6%。制鞋业尤为突出，是年出口额3214万美元，同比增长83.4%。年进出口额500万美元以上的企业20家，其中孚日家纺进出口额达4.13亿美元。孚日集团、山海玻璃、银鹰化纤企业产品获“山东省出口名牌”。

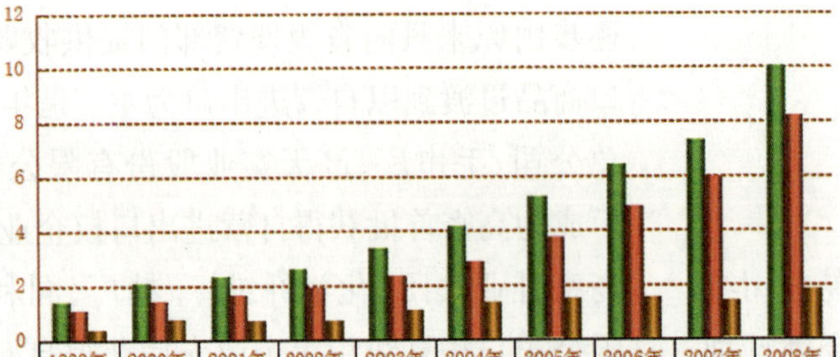

	1999年	2000年	2001年	2002年	2003年	2004年	2005年	2006年	2007年	2008年
进出口总额	1.4	2.11	2.33	2.6	3.36	4.16	5.21	6.41	7.3	10
出口总额	1.05	1.39	1.63	1.92	2.31	2.83	3.71	4.88	5.94	8.18
进口总额	0.35	0.72	0.69	0.68	1.05	1.34	1.5	1.53	1.36	1.82

1999~2008年高密市外贸进出口发展图示（金额单位：亿美元）

第四节　对外加工贸易

1986年，境内有工艺品厂等对外加工贸易企业3家。至1992年，有维纳斯服装等加工贸易企业7家，加工品种有皮革、箱包、鞋等，年贸易额500万美元。产品出口韩国、日本等国家和中国香港地区。1994与1995两年，新增泰丰塑胶有限公司、巴鲁制品、岭南化纤纺织、高密纺织总厂、毛巾厂等11家加工贸易企业，主要加工塑胶制品和人造棉巾、被等产品，出口泰国、日本、韩国、中国香港等10多个国家和地区。1996年，昭儿玩具、昭儿包装、高密抽纱总厂、华庆经编等13家加工贸易企业建成投产。翌年，新增加工贸易企业有神州服装有限公司、化纤集团、三佳服装有限公司等17家，加工产品有服装、棉浆粕、卫生纸等，产品销往英国、美国等20多个国家和地区。1999~2000年，又增加了进成工艺品公司、孚日塑料、双利纺织、长和铸造、繁荣食品等51家，产品出口扩大到法国、德国、巴西、俄罗斯等30多个国家和地区。2002年，华信旅游用品、东南皮革制品有限公司、奥龙皮革、明进木业、世仁乐器、大保工艺品等86家加工贸易企业相继建立。次年，聚英制衣、盛德鞋业、利华纺织、恒源纺织、赛斯服装又建成投产。2004年，全市以加工贸易方式出口企业为115家，完成出口额1.88亿美元，占出口总额的66.5%。次年，加工贸易出口额增至2.42亿美元，占出口总额的62.4%，同比增长28.7%。之后的两年，均以近30%的速度增长。2008年，全市有加工贸易业务实绩企业92家，年加工贸易出口额4.5亿美元，占出口总额的55%。至是年，加工贸易出口占比开始有所下降，一般贸易占比上升，标志着贸易方式由简单加工向自主品牌、自主研发等更高级别贸易方式转变。

第五节 自营进出口权企业

县外贸总公司 1993年，对外贸易总公司按业务范围成立外贸食品、农副产品、工业品和综合公司4个分公司。在从计划经济向市场经济转轨过程中，转变不及时，经济效益下滑。1998年，实行内部招标租赁经营，最终由于历史包袱沉重、缺乏资金投入等原因，经营陷入困境，于2007年5月宣告破产清算。

孚日集团股份有限公司 1994年，企业获得自营进出口权。1999～2008年，出口额一直保持全国家纺行业第一位，获"全国出口商品质量稳定企业"称号，"孚日"牌毛巾系列产品被商务部评为"重点培育和发展的中国出口名牌"。2008年，实现进出口额4.13亿美元，其中出口3.2亿美元，进口9293万美元。

银鹰化纤有限公司 系世界最大的棉浆粕生产企业和国内最大的出口浆粕生产企业。获自营进出口权后，产品畅销20多个国家和地区，出口量一直占该类产品全国出口总量的95%以上。"泰山"商标系中国驰名商标。棉浆粕被评为山东名牌产品，获2008～2009年度重点培育和发展的山东省出口名牌。2008年，实现进出口额5671万美元，其中出口4809万美元。

■2006年8月8日外商到银鹰化纤考察洽谈

豪迈机械科技股份有限公司 主营业务有轮胎模具设计制造，轮胎硫化设备研发制造，轮胎模具专用设备研发制造，汽车爆胎动力稳向器研发，大型、精密结构件铸锻成型等。2003年获自营进出口权后，和法国米其林、日本普利司通和美国固特异等世界500强企业建立深度合作关系，国际市场占有率为10%。2008年实现进出口额880万美元，其中出口860万美元。

凯加食品股份有限公司 是以加工出口冻分割鸡及其调理品为主的中外合资企业，是国家产业化重点龙头企业，也是全国农产品加工业出口示范企业。"凯加"品牌是山东省著名商标，凯加产品是山东省名牌产品，被中国国际绿色食品发展中心评为绿色食品。获得进出口自营权后，年收购加工产品6.5万余吨，年出口创汇3000万美元。产品主要出口日本、韩国、英国、中东及东南亚等一些国家。2008年，受国际金融危机影响，实现进出口额830万美元，同比下降76.8%，其中出口788万美元，同比下降76.5%。

海宇鞋业有限公司 主要产品有军警鞋、男女高档皮鞋、休闲鞋、PU注射鞋、各种工作安全鞋6大类200多个品种。获进出口自营权后，外销皮鞋打入美国、加拿大、日本、韩国、阿联酋、黎巴嫩、巴基斯坦、非洲、西欧等国家和地区。2008年实现进出口额755万美元，其中出口733万美元。

第二章 对外经济技术合作

第一节 国外及港澳台地区投资

1994年，高密华达机绣有限公司在香港开办企业，为全市首家在港澳台地区创办的企业。次年，高密鞋业集团和发达集团分别在俄罗斯、美国设立3个贸易公司。1996年，华美服装股份有限公司在罗马尼亚设立贸易公司。2002年，孚日集团在澳大利亚设立办事处，2004年在香港设立泰来家纺有限公司，2007年又在俄罗斯设立办事处。2008年，孚日集团投资600万欧元参股并购德国约翰纳太阳能有限公司，成为其第三大股东，此为潍坊市首家参股并购得资产的境外企业。2006年山海玻璃在德国设立山海有限公司。2007年泰华食品在德国设立信泰华国际贸易有限公司。这些在国外及港澳台地区创办的企业在对外联络、信息咨询、帮助境内企业开拓世界市场和扩大出口等方面均起到了积极作用。

第二节 对外劳务合作

1994年，高密市开始开展对外劳务合作，当年劳务输出88人，多数是赴韩国从事纺织工作的研修生。这些劳务人员来自各行各业，年龄在20～40岁之间。随着国内企业就业机会增多和工资水平的提高，加之高密一直未有企业取得正式外派劳务输出资质等原因，对外劳务多是通过在高密开办的外资企业根据业务需要派遣。因此，出国务工人员未有大的增长。至2008年，累计向韩国、日本、美国、新加坡等国家和港澳台地区派出劳务人员2178人次，合同额3033.3万美元。

1994～2008年高密市劳务输出表

表24－1　　单位：万美元

年份	劳务输出人次	合同额	年份	劳务输出人次	合同额
1994	88	111	2002	113	112.9
1995	84	155.3	2003	134	148.4
1996	117	118.2	2004	202	343
1997	95	103	2005	525	454
1998	72	29.7	2006	132	250
1999	101	46	2007	147	399
2000	104	210	2008	149	439
2001	115	113.8			

第三章 招商引资

高密的招商引资工作起步于1988年，是年4月，县委、县政府首次在青岛举行“高密发展外向型经济新闻发布会”，首开招引外商、利用外资到高密兴办外资企业的先河。1999年，成立招商局，专事协调管理招商引资工作。市招商局与市对外经济贸易工作委员会合署办公。为加强对此项工作的领导，2000年，市里又成立招商引资工作委员会。市直各部门，各镇、街道也都成立了由主要负责人牵头的招商引资工作领导机构和工作班子。自此，招商引资工作提到全市工作的重要议事日程。2008年5月，招商局从市对外贸易经济合作局分出独立办公，履行招商引资工作职能。

第一节 招商引资政策

1988年，招商引资工作起步后，县委、县政府即陆续制定优惠政策。1993年4月，出台《关于奖励社会各界引进资金的规定》，对引进资金的含义进行界定，并对引进无偿资金、有偿资金、大额资金和捐款者的奖励办法一一作了明确规定。1999年4月，又制定出台《关于进一步改善我市外商投资软环境的实施意见》和《关于对外引进项目和国外资金的奖励办法》。这两个文件就如何在招商引资工作中，切实维护外商的合法权益做出明确规定，并在鼓励国内外团体、企事业单位和个人为引进外资项目牵线搭桥方面，制定了一系列优惠政策和奖励办法。要求各级各部门对引进的资金项目和投资客商，在土地使用、行政事业费用收取、准入门槛等方面给予最大限度优惠。在服务方面，推行服务承诺制、首问责任制和绩效考评制，对35个相关部门的承诺内容汇编成册进行公布，并发动全社会监督。在维护社会秩序方面，成立外地客商权益保护中心，设立经济“110”，依法严厉打击欺生排外、欺商害商等不法行为，努力营造亲商、安商人文环境。2000年，又制定《关于进一步鼓励外商投资的若干规定》和《鼓励引进外资的奖励办法》等政策，进一步完善在招商引资工作中，对土地、税收、资金、人才等方面的优惠和激励政策，使招商引资工作不断向纵深发展。

第二节 招商引资活动

1988年4月，县委、县政府在青岛举行“发展外向型经济新闻发布会”，有15个国家和地区的52家公司与会，会议期间与84名外商进行了接触和洽谈，签订了7项外资合作协议。是年8月，第一家中外合资企业——高密高裕工艺品实业有限公司开工投产，并先后有9个利用外资项目得到批准，实际利用外资21万美元。翌年，高密首次利用国际贷款462.5万美元为高密丙纶厂等企业引进生产设备。1992年，新批利用外资项目49个，实际利用外资额1626万美元。利用外资开始扩展到日本、美国等国。是年，外资企业达到61家。1994年9月，高密组团走出国门，赴韩国开展招商，收获颇大。此后，曾多次组团到美国、日本、加拿大、新加坡、马来西亚等国家和地区进行招商。1996年,新批利用外资项目27个,合同外资额6070万美元,实际利用外资6305万美元。利用外资和其他资金的国家和地区又扩至菲律宾、西欧、东南亚等国家。外资企业和项目涉及创汇农业、轻工、化工、机械、建材、纺织印染、服务等多个行业。是年外资企业和项目年完成产值16亿元,出口创汇1亿多美元,实现利税1.8亿元。2000年,加强招商载体建设。新规划建立市区街道和姜庄、夏庄、柏城、柴沟、双羊6个经济园区。次年,引进项目339个,合同利用外资2.5亿美元,实际利用外资1.7亿美元。其中批准境外利用外资项目30个,合同利用外资3710万美元,实际到位资金1795万美元。2002年,重新规划了开发区和城北经济新区。2004年,市委、市政府提出"融入青岛城市圈,接轨半岛城市群,挤进胶东半岛制造业基地,把借势青岛作为招商引资的主渠道"的发展思路,规划建设总面积130平方公里的"一个中心,三个板块"作为借势青岛招商引资的主要载体和对外开放窗口。2008年,加大与青岛对接力度,依托青岛的海陆空交通优势,以济青高速公路和胶济铁路为轴线,先后规划建设胶河疏港物流园区、姜庄商品物流集散园区、姚哥庄散货物流园区、晟绮通关物流园区等4大物流园区。是年3月,还举办了首届青岛(高密)招商月活动。

第三节　外商及港澳台商投资企业

1988年,第一家合资企业高裕工艺品实业有限公司在李家营镇落户并开工投产。企业注册资金54万美元,其中港商出资13.5万美元。1992年,益佳冷藏设备有限公司、维纳斯服装有限公司、国豪玛钢有限公司等建成投产。至是年,全县累计有外商及港澳台商投资企业51家,年完成产值6068万美元,实现利税418.4万元,出口额1075万美元。1993~1996年,又有高密药业、山东凯远食品有限公司、三真皮革服装有限公司、泰丰塑胶有限公司、柏城食品有限公司、岭南化纤纺织有限公司等36家外商及港澳台商投资企业相继建立。至此,高密市有外商及港澳台商投资企业累计87家,其中维纳斯服装有限公司、高密毛巾厂、三真服装有限公司在1996年度潍坊市出口创汇过1000万美元的外商及港澳台商投资企业中,分别名列第一位、第二位、第五位。1997~1999年,又新增盛大玻璃制品有限公司、西泰木业有限公司、进成工艺品有限公司、孚日塑料制品有限公司、双利针织有限公司等14家外商及港澳台商投资企业。2001~2003年,又有长和铸造有限公司、菲达食品有限公司、潍坊仁和纺织有限公司、光大铁合金有限公司、安凯涂料有限公司、三虎压力机有限公司、华燕制衣、潍坊林达橡胶、诚信加工有限公司等28家外国及港澳台地区企业建成投产。至2003年,全市共有外商及港澳台商投资企业102家,其中合资企业35家,合作企业12家,独资企业55家。2004年,山东省委、省政府提出规划建设半岛城市群,外商及港澳台商投资项目连续几年发展较好。2008年,全市有外商及港澳台商投资企业186家,累计实际利用外资和其他资金4.2亿美元。

第四章 经济园区建设

高密的经济园区建设起步于1992年。是年4月,高密经济开发区设立,为高密第一个经济园区。从1993年开始,高密镇南关村先后投资3.5亿元,征地870亩,建起了国家级民营科技工业园区——高密发达科技工业园。园内建有环太平洋通讯电缆有限公司,冷冻机空调器总厂、蒙特尔空调有限公司、天达药业等8家高新技术企业,并与国内30多家科研单位建立起了合作关系,是一处融科研、示范、经营于一体的紧密型科技工业园区,是国家科委14个重点民营科技工业园区联系点之一。1994年,呼家庄镇以股份合作制的形式建起了占地108亩的银杏科技园。后来该科技园逐步发展到208亩。该园集科技生产、示范、贸易于一体,既为银杏发展搞好试验示范,又起到龙头带动作用。1997年,高密银杏科技园被确定为山东省银杏技术开发试验示范基地,被列为中国银杏研究会高密银杏良种试验基地。

从2000年开始,随着大规模招商引资工作的开展,高密的经济园区建设步伐加快。是年,又新规划建设了高密镇和姜庄、夏庄、柏城、柴沟、双羊等6个经济园区。2002年,又对全市的经济园区建设进行了重新调整,将全市的经济园区调整为“两区十八园”。“两区”即高密经济开发区和城北经济新区;“十八园”即10个镇街工业园和城北经济新区中的8个区中园。2008年,又将全市的经济园区进行了调整,提出除开发区外,重点建设密水、醴泉、柏城、夏庄、姜庄五个工业园区和姜庄商品、朝阳铁运、胶河疏港、晟绮通关四大物流园区。

第一节 工业园区

高密市工业园区包括五个镇街工业园。其范围是:东起胶济铁路胶河大桥,西至城西柳沟河,南起南外环路,北到济青高速公路的城市规划范围,总面积101.45平方公里。园区内有78个村,9.7万人。园区内的五个工业园分别是:

密水工业园 东起昌安大道,西至城西柳沟河,南起南外环南800米,北到密水大街,面积22.82平方公里。2008年,密水工业园有企业57家,其中规模以上18家。主要有纺织服装、机械制造、食品加工、五金加工和制鞋等企业。

醴泉工业园 南起胶济铁路,北至姜庄镇,东起小辛河、西至西外环路,面积9.15平方公里。2008年,醴泉工业园有企业94家,其中规模以上38家。主要有纺织服装、机械制造、木器加工、皮件加工、五金加工、制鞋、玩具加工等企业。

柏城工业园 北起朝阳大街,南至南外环路,东起晏子路,西到夷安大道,面积3.78平方公里。2008年,柏城工业园有企业65家,其中规模以上28家。主要有纺织服装、机械制造、食品加工、木器加工、皮件加工、五金加工、制鞋等企业。

夏庄工业园 南起五里桥,北至济青高速公路,西起小辛河,东到东外环路,面积36平方公里。2008年,夏庄工业园有企业112家,其中规模以上55家。主要有纺织服装、机械制造、食品加工、木器加工、皮件加工、五金加工、制鞋、玩具加工等企业。

姜庄工业园 南起醴泉工业园，北至济青高速、东至小辛河、西至柳沟河，面积29.7平方公里。根据工作需要，姜庄工业园可跨过高速公路，向北适当延伸。2008年，姜庄工业园有企业85家，其中规模以上29家。主要有纺织服装、机械制造、食品加工、木器加工、皮件加工、五金加工等企业。

第二节 物流园区

姜庄商品物流园区 依托交通、区位、资源优势，立足高密，辐射全国，投资5亿元，计划打造由钢材物流区、纺织品物流区、小商品集散区、食品物流区、公共服务区组成的大规模物流配送基地。2008年启动一期工程，建设总建筑面积5.3万平方米的钢材物流及钢材市场。

朝阳铁运物流园区 以胶济电气化铁路改造高密货运站东移为依托，三年投资10亿元，建成辐射山东半岛、年交易额500亿元的物流中心枢纽。重点建设以铁路大宗运输、中转运输为主的铁路物流区、原棉仓储交易区，以公路快速运输为主的煤炭钢材等仓储物流区、散装粮食物流区、物流工业区、餐饮商贸公共服务区。2008年有部分物流企业进驻。

胶河疏港物流园区 以青岛海港、空港为依托，以发展港口物流为重点，打造青岛港口经济辐射内陆的核心节点。重点建设仓储物流区、物流公共服务区、蔬菜物流加工配送区、高效作物种植区、物流工业区、商贸文化区六大片区。2008年开工建设江容物流中心项目。

晟绮通关物流园区 发挥“潍坊海关高密通关预录处”的优势，加快启动保税仓库及大型集装箱中转站建设，进一步拓展国际物流服务范围，拉动全市及周边外向型经济发展，加快打造集出口加工、进出口通关放行、国际物流分拨配送于一体的国际加工物流园区。2008年投资5000万元，建设1万平方米的保税仓库。

■ 晟绮通关大厅一角

第二十五编

科学技术

1986~2008年，市委市政府认真贯彻落实“科学技术是第一生产力”的指导方针，积极实施“科技兴高”战略，不断加大科技事业的发展力度。23年间，全市先后有32家企业被认定为高新技术企业；共有427项科研成果获得奖励，其中国家级1项，省级41项，潍坊市级84项，高密市级301项。同时，气象、地震工作也有了较快发展。特别是气象设备的现代化，使天气预报的准确率有很大提高。1994年3月，国家科委授予高密县“科学技术先进县”称号。

第一章 科普活动

1979年6月全县第一次科技大会召开后，经济建设必须依靠科学技术成为全市上下的共识。全市各级各类科技组织纷纷成立，相应开展一些科普活动。1988年8月始一度配备科技副县长。各乡镇也相继选派科技副乡镇长。市里每年或每隔一两年召开一次科技大会，对在科技事业方面做出突出成绩的先进单位和个人进行表彰奖励。

第一节 工作机构

1977年10月，恢复高密县科学技术委员会(简称科委)。1986年，科委内设办公室、计划科、成果科、情报科，共16人。2002年2月，高密县科学技术委员会改称高密市科学技术局（简称科技局)。内设办公室、工业科、农业科、专利成果科，共有工作人员18人。至2008年，内设机构和工作人员数未变。

第二节 重要会议

1979年6月，全县首次科技大会召开后，每年或隔一两年即召开一次，以表彰奖励各行各业所获得的科研成果。1992年8月19日，山东省首次优秀科技论文表彰奖励大会在高密召开，对高密的科研活动推动极大。1997年7月召开的全市科协工作会议，对科普工作在新的起点上更大力度的展开至关重要。次年12月，由共青团高密市委、市科协联合组织的全市农村青年科技致富带头人事迹报告团，以及1999年潍坊市科技兴农工作会议在高密的召开，对高密科技兴农拉动颇大。2008年2月召开的全市科技大会，主要内容为表彰上一年度镇街科技进步目标责任制考核先进单位，并对未来全市科技工作提出任务要求。

第三节 科普宣传

20世纪80年代始，不定期组织青少年科技创新大赛、信息科技大赛等科普活动。自1989年，每年5月科普宣传月期间，由市科协牵头，组织相关的20多个单位参与，在城区人员密集场所和乡镇大集开展宣传活动，印发科技明白纸、向群众发放实用科技书籍，并解答群众的咨询等。1997年始，设立为科技工作者服务的热线电话。2004年起，利用“3·23世界气象日”，在城

■工作人员发放文明出行宣传手册

■井沟镇河南村的科普宣传栏

区人员密集场所通过设置宣传栏，发放气象小册子、宣传单等方式，开展气象科普宣传。同年，对全市中小学生的发明创造活动给予技术咨询、指导和培训。次年4月，在全市每个行政村建立科普站、宣传栏，使科技进村入户。同年，利用“4·26世界知识产权日”，集中进行有关知识产权方面的宣传。2006年始，将每年9月第三周公休日定为科普活动日。次年4月，将柏城中学、康成中学、古城中学、城南中学作为防震科普示范学校，在4校的师生中普及防震知识，以师生为媒体，再扩大防震宣传面。

第二章　科技开发

第一节　高新技术开发

20世纪90年代，市委市政府将高新技术产业的发展，作为拉动全市经济发展的战略重点。自1995年由省认定山东高密彩虹分析仪器有限公司为高新技术企业之后，至2007年，全市高新技术企业发展至25家。2008年，由国家认定高新技术企业7家。

1995～2007年高密市被山东省认定的高新技术企业

表25－1

企业名称	认定年份	证书编号
山东高密彩虹分析仪器有限公司	1995	44—07200A
山东高密发达冷冻机空调器总厂	1997	44—07262A
山东天达生物制药股份有限公司	1999	44—07270A
山东亚盛机械科技有限公司	1999	44—07228A
山东豪迈机械科技有限公司	2002	44—07123A

续表 25－1

企业名称	认定年份	证书编号
山东高密华优精密铸造有限公司	2002	44—07171A
山东潍坊耀华锅炉厂	2002	44—07174A
山东恒涛节能环保有限公司	2003	44—07170A
高密市顺达交通工程有限公司	2004	44—07365A
山东气门嘴厂	2004	44—07377A
山东邦泰散热器有限公司	2004	44—07398A
山东顺兴机械有限公司	2004	44—07396A
潍坊密恩化工有限公司	2005	44—07410A
高密市三德暖通空调设备有限公司	2005	44—07418A
山东荣昊专用汽车有限公司	2005	44—07439A
山东宏泰机械科技有限公司	2005	44—07438A
孚日家纺股份有限公司	2005	44—07437A
高密市中亚暖通设备有限公司	2006	44—07461A
山东嘉源玻璃钢有限公司	2006	44—07463A
潍坊凯达电机有限责任公司	2006	44—07471A
高密星合电子有限公司	2006	44—07472A
高密市卓越节能建材有限公司	2007	44—07528A
高密信德机电有限公司	2007	44—07520A
高密中远科技化工有限公司	2007	44—07519A
高密华腾精密铸造有限公司	2007	44—07207A

2008 年高密市被国家认定的高新技术企业

表 25－2

企业名称	认定年份	证书编号
山东豪迈机械科技有限公司	2008	GR200837000282
山东亚盛机械科技有限公司	2008	GR200837000287
山东宏泰机械科技有限公司	2008	GR200837000289
山东高密彩虹分析仪器有限公司	2008	GR200837000300
山东恒涛节能环保有限公司	2008	GR200837000317
高密华腾精密铸造有限公司	2008	GR200837000619
高密市蓝天环保工程有限公司	2008	GR200837000589

第二节　农业科技开发

20世纪80年代始，在以高产、优质、高效为目标的科技兴农工作中，除大面积地推广应用农业新技术、新成果，提升传统农业外，市里还确立姜庄、夏庄等12个科技示范乡镇，划分境内以中部地区为双千斤田开发，南部丘陵区为有机旱作高产开发，胶河沿岸10万亩蔬菜开发，潍河沿岸优质果品开发，北部地区经济作物高产高效开发及全市范围内的以家畜、家禽养殖为重点的农牧渔业综合技术开发等。并于1998年建立潍坊市级酿酒葡萄产业化示范基地，2005年建立PIC良种猪繁育科技推广示范基地，2006年建立日本大葱高效节水示范基地。至2008年，本市级各类示范园区发展至25个，农产品检测机构27处，有一定规模的农业龙头企业194家，全市农业新技术、新成果覆盖率达90%以上，获无公害农产品标志证书11个。

第三节　企业科技开发

20世纪80年代以来，推广科技成果和运用高新技术改造传统产业和培植高新技术生产点，对机械、化工、纺织、建材等传统工业进行改造。至2008年，全市推广开发新技术、新成果1200多项，开发新产品近千个，并有高新技术产业企业85家。

第三章　科技成果

1986～2008年，全市共获高密市级及以上科技成果奖励427项，其中高密市级301项，获潍坊市级科技成果奖84项，获山东省科技成果奖41项。1994年高密市公安局完成的“利用尸体角膜内皮细胞活性率判定死后经过时间的研究”项目，获国家发明奖三等奖。

第一节　高密市科技成果奖

1986～2008年，全市获市级科技成果奖301项。其中特等奖2项，一等奖37项，二等奖94项，三等奖168项。

1986～2008年获高密市科技成果奖情况表

表25－3

项　目	完成单位	获　奖	
		等级	年份
高密县综合农业区划	高密县农业区划委员会办公室	一等奖	1989
砂带纸基纸	高密县造纸厂	一等奖	1989
花生抗病丰产栽培技术开发	高密县技术开发服务中心	二等奖	1989
庭院经济开发	高密县科协、夏庄镇政府	二等奖	1989
棉花“中381”良种繁育推广	高密县种子公司	二等奖	1989

续表 25－3

项 目	完成单位	获 奖	
		等级	年份
600×1300 型胶片冷却装置	高密县橡胶塑料机械厂	二等奖	1989
A21X—3 型船用空气瓶安全阀	高密县内燃机配件厂	二等奖	1989
TFW355 系列无刷励磁交流发电机	潍坊电机厂	二等奖	1989
改饮低氟水三年后对地方性氟中毒防治效果的观察研究	高密县卫生防疫站	二等奖	1989
血清丙酮酸激酶测定对超急期心肌梗塞诊断价值的研究	高密县人民医院	二等奖	1989
U 型结构在渠道防渗工程中的应用	高密县水利水产局	三等奖	1989
高密县水资源调查评价与水利区划报告	高密县水利水产局	三等奖	1989
U 型混凝土田间渠道机械化衬砌推广应用试验	高密县水利水产局 高密镇水利水产站	三等奖	1989
山楂幼树早期丰产技术开发	高密县林业局蚕果站	三等奖	1989
防止棉花早衰试验研究	高密县棉花办公室	三等奖	1989
T2X160 系列相复励三相交流同步发电机	潍坊电机厂	三等奖	1989
三阶段预应力混凝土输水管	高密县水泥制品厂	三等奖	1989
WD615 斯太尔机油泵的开发研究	高密县机油泵厂	三等奖	1989
罗汉床式新型炕灶	高密县农村能源办公室	三等奖	1989
电凝式输卵管绝育术	高密县人民医院	三等奖	1989
脑血管病的防治	高密县老年病防治院	三等奖	1989
单向压力封闭剂	高密县石油钻井助剂厂	一等奖	1990
丙纶有色予取向丝—牵伸变形丝（POY—DTY）	高密合成纤维厂	一等奖	1990
JMZL—110 型 1100KN 开式固定台压力机	高密锻压机床厂	一等奖	1990
农业机械化与土地规模经营试验示范	高密县农机管理局	一等奖	1990
脾大部切除大网膜包肺、脾肺固定术治疗布—加氏综合症	高密县人民医院外一科	一等奖	1990
LTY 活化胶粉	高密县再生胶厂	二等奖	1990
高浓度硫化染料废水和废气的综合治理	高密染料化工厂	二等奖	1990
牛仔服水洗、磨石、雪花磨、贴花磨新工艺研究及产品开发	高密县服装厂	二等奖	1990
弹性针布“梳棉盖板针布”	高密县梳棉机配件厂	二等奖	1990
722 型光栅分光光度计	高密分析仪器厂	二等奖	1990
C—722A 型微机光栅分光光度计	高密分析仪器厂	二等奖	1990

续表25－3

项　目	完成单位	获　奖	
		等级	年份
夏播甜菜丰产高糖综合技术开发研究	高密县科委	二等奖	1990
地瓜抗病新品种“79—555”繁育推广	高密县农技推广中心	二等奖	1990
人造石英晶体	高密县晶体材料厂	三等奖	1990
人造茶色石英晶体	高密县晶体材料厂	三等奖	1990
金属清洗剂推广	高密县农机管理局	三等奖	1990
SX721型分光光度计	高密分析仪器厂	三等奖	1990
沈单七号试验示范推广	高密县种子公司	三等奖	1990
棉花高产栽培试验研究	呼家庄乡农技站	三等奖	1990
快速养猪法技术推广	高密县技术开发服务中心	三等奖	1990
腹膜透析救治流行性出血热在基层医院的应用	高密县第三人民医院	三等奖	1990
高密县十万亩棉花丰产栽培技术开发	高密县棉花办公室	一等奖	1991
吨粮田开发	高密县农技推广中心	一等奖	1991
GF—234A型生化超微量自动分析仪	高密分析仪器厂	一等奖	1991
JM21—160型1600KN开式固定台压力机	高密锻压机床厂	一等奖	1991
断指再植技术在乡镇医院的应用	高密县整骨医院	一等奖	1991
毛白杨、刺槐良种基地营建技术的研究	高密县苗圃	二等奖	1991
高密县棉麦两熟开发可行性研究	高密县农业区划办公室	二等奖	1991
麦棉套作丰产栽培技术推广	高密县农技推广中心	二等奖	1991
短枝苹果密植栽培早期丰产试验	阚家乡林业站	二等奖	1991
组合井扬水站的推广应用试验	高密县水利水产局	二等奖	1991
铸钢柱型散热器	高密兴华采暖设备厂	二等奖	1991
P41H—16型快速排污阀	高密县锅炉附件厂	二等奖	1991
注射橡胶料的研究	高密县橡胶厂	二等奖	1991
2BGF—3—6型沟作施肥播种机	高密县农业机械厂	二等奖	1991
冰冻切片技术在临床病理快速诊断中的应用	高密县人民医院	二等奖	1991
砼块在水工建筑上的应用研究	高密县水利水产局	三等奖	1991
旱田小麦机械沟播技术推广	高密县农机局	三等奖	1991
地埋灰土塑料软管输水灌溉技术	高密县水利水产局	三等奖	1991
水质稳定剂DDF—1(中试)	高密县农药厂	三等奖	1991
752型紫外光栅分光光度计	高密分析仪器厂	三等奖	1991
组合式快速接线电器附件	高密县珠江电器附件厂	三等奖	1991

续表 25－3

项　目	完成单位	获　奖	
		等级	年份
制革废铬液中铬回收新工艺研究	高密县制革厂	三等奖	1991
STH—1 型钢制柱型散热器内孔自动凸焊机	高密兴华采暖设备厂	三等奖	1991
门脉高压巨脾大部切除后残脾形态与免疫功能研究	高密县人民医院	三等奖	1991
流行性出血热传染源—鼠种及病毒携带情况的实验研究	高密县卫生防疫站	三等奖	1991
中空纤维束 N2—H2 膜法提取高浓氢	高密县化肥厂	一等奖	1992
短纤维橡胶复合体钢丝铠装吸引胶管	高密橡胶厂	一等奖	1992
万亩夏玉米高产栽培技术开发	双羊镇科工委	一等奖	1992
超微量临床生化检验方法的临床应用研究	高密县人民医院	一等奖	1992
JM21—200 型 2000KN 开式固定台压力机	高密锻压机床厂	二等奖	1992
X4SH—25A 型电子双色水位计	高密县锅炉附件厂	二等奖	1992
双级斯太尔机油泵	高密机油泵厂	二等奖	1992
MJ140—1 集棉机	高密县第一棉油厂	二等奖	1992
两万亩鲁玉 10 号夏玉米高产栽培技术开发	夏庄镇人民政府	二等奖	1992
万亩棉花丰产栽培技术开发	呼家庄镇人民政府	二等奖	1992
蒜棉套作技术开发	高密县科委	二等奖	1992
血液灌流加胃肠吸附联合抢救急性重症药物毒物中毒临床应用	高密县人民医院	二等奖	1992
肝叶切除术在基层医院中的开展	高密县第三人民医院	二等奖	1992
XY—F3 1120 型橡胶三辊压延机联动装置	高密县橡胶塑料机械厂	三等奖	1992
FIA—401 型四元素检测仪	高密分析仪器厂	三等奖	1992
GF—901 型火焰光度计	高密分析仪器厂	三等奖	1992
应用组合式炉拱改造锅炉	高密热电厂	三等奖	1992
WK—2 节能保温膏	高密县化工节能材料厂	三等奖	1992
195 型柴油机旧机改造	高密县农机局	三等奖	1992
玉米制种高产攻关	高密县种子公司	三等奖	1992
香椿保护栽培技术开发	高密县林业局	三等奖	1992
玉米大豆同行异株技术推广	李家营镇人民政府	三等奖	1992
小麦机械半精量播种技术推广	高密县农机局	三等奖	1992

续表 25-3

项　目	完成单位	获　奖	
		等级	年份
早期发现甲型肝炎传染源对控制流行效果的现场实验研究	高密县卫生防疫站	三等奖	1992
肝血回输在抢救严重肝损伤中的应用	高密县人民医院	三等奖	1992
疫源地消杀处理对控制流行性出血热发病效果的观察研究	高密县卫生防疫站	三等奖	1992
清肺解毒液超声雾化吸入治疗小儿呼吸道感染临床观察	高密县中医院	三等奖	1992
HT 胶胃冠状静脉栓塞术治疗门脉高压症	高密县第三人民医院	三等奖	1992
中低产田综合技术开发	周阳乡人民政府	特等奖	1994
TFW450—6 型 320KW、350KW 无刷励磁三相同步发电机	潍坊电机厂	一等奖	1994
7590 型单光束自动扫描分光光度计	高密分析仪器厂	一等奖	1994
利用尸体角膜内皮细胞活性率判定死后经过时间的研究	高密市公安局	一等奖	1994
MJ—1 型籽棉检验系统	高密市第一棉油厂	一等奖	1994
鲁麦 14 号(烟 1604)小麦良种引进推广	高密市种子公司	二等奖	1994
W1—46 欧美杨杂交无性系对比试验及推广应用	高密市林业中心	二等奖	1994
百带丽玩具	高密市工贸联营抽纱厂	二等奖	1994
IE40FCP 汽油机	高密内燃机厂	二等奖	1994
GF—234C 型自动化超微量分析仪	高密分析仪器厂	二等奖	1994
粮棉油菜立体种植技术开发	姜庄镇人民政府	二等奖	1994
粮姜菜套作高产高效技术开发	李家营镇人民政府	二等奖	1994
玉米浸种剂推广应用	高密市科协	二等奖	1994
722D 型微机分光光度计	高密分析仪器厂	二等奖	1994
推广乙草胺化学除草	高密市植保站	三等奖	1994
种子复合包衣剂新技术推广	高密市科委、高密市农业技术推广研究所	三等奖	1994
稀土果树应用研究	高密市林业中心	三等奖	1994
农村人群腹泻病流行因素与控制措施的研究	高密市卫生防疫站	三等奖	1994
生料配料微机控制	高密市水泥厂	三等奖	1994
GSD—3 型电子水位控制仪	高密市锅炉附件厂	三等奖	1994

续表 25-3

项 目	完成单位	获 奖	
		等级	年份
服装"CAD"新技术开发	高密市服装厂	三等奖	1994
年产200T苯基吡唑酮	高密市农药厂	三等奖	1994
秸杆还田技术开发	高密市土肥站	三等奖	1994
稀土在农作物上的应用	仁和乡人民政府	三等奖	1994
化学农业综合技术在万亩棉花上的推广应用	阚家镇人民政府	三等奖	1994
麦油两熟技术开发	高密市科委	三等奖	1994
硬化疗法治疗前列腺肥大	高密市第三人民医院	三等奖	1994
723型可见分光光度计	高密分析仪器厂	三等奖	1994
TFQ—A型防静电酚醛塑料槽筒	高密市纺织器材厂	三等奖	1994
DW型防松变速自行车中轴	高密市自行车配件厂	三等奖	1994
尼龙网布人丝花边	高密机绣厂	三等奖	1994
DY—06D、80KN可调式压力机	高密锻压设备厂	三等奖	1994
化学模式识别调优乙酰甲铵磷生产工艺技术	高密市农药化工总厂	特等奖	1996
草莓保护地栽培及加工技术开发	柏城镇人民政府	一等奖	1996
急病游离第二足趾再造拇指术在乡镇医院的应用研究	高密市整骨医院	一等奖	1996
PS711棉浆粕	高密化学纤维总厂	一等奖	1996
特白针织布无煮练漂白新工艺	高密市针织服装厂	一等奖	1996
棉花机械化植保技术推广	高密市农机局	二等奖	1996
高密市城区土地定级估价	高密市规划国土矿产局	二等奖	1996
抗凝疗法治疗不定型心绞痛的临床研究	高密市人民医院	二等奖	1996
白细胞凝集试验在急性细菌感染性疾病中的应用研究	高密市人民医院	二等奖	1996
经食道心房调博对预激综合征伴发快速房颤诊断价值研究	高密市人民医院	二等奖	1996
CG—15超宽幅电脑织带	山东省高密机绣厂	二等奖	1996
锌铝合金超塑槽筒	高密市纺织器材厂	二等奖	1996
植物生长调节剂多效唑应用技术推广	高密市农技站、果树站	三等奖	1996
果树更新品种化学控制配套技术	田庄乡人民政府	三等奖	1996
生态农业的研究	仁和镇莳二村	三等奖	1996
吨半粮高产攻关	姜庄镇人民政府	三等奖	1996

续表 25－3

项　目	完成单位	获　奖	
		等级	年份
清胆排石汤治疗胆石症临床研究	高密市中医院	三等奖	1996
紫黄涂剂治疗外阴白色病变临床研究	高密市中医院	三等奖	1996
经皮穿刺腰椎间盘髓核切吸术治疗椎间盘突出症	高密市中医院	三等奖	1996
在肿瘤放疗中利用CT定位的应用研究	高密市人民医院	三等奖	1996
应用钴铬合金修复治疗牙列缺失	高密市人民医院	三等奖	1996
带旋髂深血管蒂髂骨瓣移植治疗股骨头无菌性坏死	高密市第三人民医院	三等奖	1996
高密市家犬抗病毒抗体监测研究	高密市卫生防疫站、高密市畜牧局	三等奖	1996
大剂量潘生丁负荷多导联心电图试验在诊断隐性冠心病中的临床应用	高密市人民医院	三等奖	1996
肝及膈下脓肿穿刺引流的改进临床研究	高密市人民医院	三等奖	1996
有机磷中毒患者血液尿液β2—微球蛋白检测的临床应用	高密市人民医院	三等奖	1996
高中生物彩色磁性活动教具的制作与使用	高密市第一中学	三等奖	1996
强化传热制冷器具内胆新材料的研制	高密市电力有色金属轧花福利厂	三等奖	1996
JGK350G力车轴承	高密市机动车辆制造厂	三等奖	1996
道依茨机油泵	高密机油泵厂	三等奖	1996
无线电频率自动干扰器	高密市人民政府办公室	三等奖	1996
显色毛巾	山东高密毛巾厂	三等奖	1996
细旦高支粘纤多功能涂层产品与工艺研究	高密百星印染涂层织物有限公司	三等奖	1996
Q576型自行车防尘中轴	高密市自行车配件厂	三等奖	1996
富硅层玻璃包装瓶	高密市玻璃厂	三等奖	1996
ZXZ—100直燃型双效溴化锂吸收式冷温水机组	高密发达冷冻机空调器总厂	二等奖	1998
棉短绒氧碱制浆的研究	高密化学纤维总厂	二等奖	1998
抗病、高产、优质夏大豆品种选育	高密市农业局	二等奖	1998
饮用电渗析降氟水对人群健康影响因素的实验研究	高密市卫生防疫站	二等奖	1998
JLNT电能计量管理系统	高密市供电局	三等奖	1998
电脑设计六纬格子提花单面毛巾被	高密毛巾厂	三等奖	1998
XLZ—2500—1500橡胶注射机	高密金马橡胶集团	三等奖	1998

续表 25－3

项目	完成单位	获奖	
		等级	年份
蚕桑良种丰产技术推广	高密市林业局	三等奖	1998
小麦良种“一、二、五”工程	高密市芝兰庄粮食良种场	三等奖	1998
乡镇医院应用岛状皮瓣治疗四肢软组织缺损的临床研究	高密市整骨医院	三等奖	1998
新斯的明泪腺封闭加服一贯煎治疗干眼症的临床研究	高密市人民医院	三等奖	1998
尿激酶静脉溶栓治疗急性心肌梗塞的急诊应用研究	高密市人民医院	三等奖	1998
阻塞性睡眠呼吸暂停综合症的治疗研究	高密市人民医院	三等奖	1998
LZY 系列多功能混凝土构件成型机	高密亚盛水利机械研制有限公司	一等奖	2000
高氟对人体主要软组织、脏器功能影响的研究	高密市人民医院	一等奖	2000
缎档蜂巢、起毛提印毛巾被	高密毛巾厂	二等奖	2000
QMY3—10 型固定式混凝土砌块成型机研制	高密锻压机床股份有限公司	二等奖	2000
卡扣式无内胎气门嘴	山东气门嘴厂	二等奖	2000
酿酒葡萄高产栽培技术研究	高密市植物保护站	二等奖	2000
高密市计划用水动态管理与水资源优化调度应用研究	高密市水利局	二等奖	2000
双眼白内障人工晶体一次植入术的临床研究	高密市人民医院	二等奖	2000
高密市改水降氟后水源氟含量升高原因分析及预防措施研究	高密市卫生防疫站	二等奖	2000
大剂量心先安治疗病态窦房结综合征及Ⅱ度以上房室传导阻滞的研究、心先安与多巴酚丁胺治疗充血性心力衰竭对比性临床研究	高密市人民医院	二等奖	2000
XBI—35 型集装箱式变电站	高密市菲达电器有限公司	三等奖	2000
三千亩出口黄皮圆葱高产攻关、万亩细香葱高产优质栽培技术开发	姚哥庄镇人民政府 夏庄镇人民政府	三等奖	2000
鲜食特用玉米新品种引进试验、甘薯脱毒苗栽培技术推广	夏庄镇蔬菜办 张鲁镇人民政府	三等奖	2000
美洲斑潜蝇综合防治技术研究	高密市农业局	三等奖	2000
韭菜姜立体种植高产高效技术开发、德国草莓品种 M—2 高产攻关	李家营镇人民政府 姚哥庄镇人民政府	三等奖	2000
小剂量氯胺酮、阿托品用于人工流产中的临床研究	高密市人民医院	三等奖	2000

续表 25-3

项　目	完成单位	获　奖	
		等级	年份
米索与利凡诺联合中药用于中孕引产的研究、中药配合低温水囊在中期妊娠引产中的应用研究	高密市人民医院 高密市中医药	三等奖	2000
超声雾化吸入速尿和利多卡因替代糖皮质激素治疗哮喘性疾病的临床研究	高密市人民医院	三等奖	2000
大剂量肾上腺素配合高渗葡萄糖在抢救心跳骤停中临床应用研究	高密市人民医院	三等奖	2000
卵巢囊肿腹部穿刺抽液与大剂量无水乙醇灌注疗法的临床研究	高密市人民医院	三等奖	2000
核参饮在中晚期癌症的临床应用研究、氟骨症所致椎管狭窄的CT应用研究	高密市肿瘤医院 高密市人民医院	三等奖	2000
轮胎模专用数控刻字机	山东豪迈机械科技有限公司	一等奖	2004
高密市连续二十五年地方性氟中毒调查监测与防治措施观察研究	高密市卫生防疫站	一等奖	2004
供电企业行为违章超前控制系统	高密市供电公司	一等奖	2004
农村小学、初中、高中学生特长衔接培养研究	高密市教育局	一等奖	2004
皮埃蒙特肉牛胚胎移植繁育技术研究	高密市畜牧局	一等奖	2004
农村城域网建设与应用研究	高密市教育科学研究院	二等奖	2004
清解汤治疗病毒性乙型肝炎HbsAg、HbeAg阴转临床研究	高密市人民医院	二等奖	2004
固冲止血汤治疗药流后流血临床研究	高密市中医院	二等奖	2004
农村中小学文科教学改革研究	高密市教育科学研究院	二等奖	2004
杨树优良无性系引种及推广	高密市林业工作站	二等奖	2004
GF—2000型半自动血凝仪、GF—188PCR荧光定量分析仪	山东高密彩虹分析仪器有限公司	二等奖	2004
优化农村中学管理机制的实验研究	山东省高密市第一中学	二等奖	2004
银杏叶提取物治疗高脂、高粘血症临床研究	高密市人民医院	二等奖	2004
高密市禽流感防治措施的研究	高密市兽医站	二等奖	2004
WY1.5/0.04型履带式液压挖掘机	高密交运工程机械有限公司	二等奖	2004
高密市矿产资源总体规划	高密市规划与国土资源局	二等奖	2004
课堂整体优化教改实验	高密市第五中学	三等奖	2004
高密市狂犬病社会综合防治措施研究	高密市卫生防疫站	三等奖	2004
复方金蟾散治疗晚期原发性肺癌的临床研究	高密市中医院	三等奖	2004

续表 25－3

项　目	完成单位	获　奖	
		等级	年份
高中学生心理问题发生规律及预防干预途径研究	高密市教育科学研究院	三等奖	2004
小班化双语教育实验研究	高密市第一实验小学	三等奖	2004
椎管内联合穿刺给药用于无痛分娩对镇痛效果及产科质量的研究	高密市中医院	三等奖	2004
膜法提取玉米黄色素新工艺	高密市康利植物色素有限公司	三等奖	2004
防污染的铜与硫反应实验的创新设计	山东省高密市第一中学	三等奖	2004
胶原酶溶解术配合三维电脑牵引治疗腰椎间盘突出症的临床研究	高密市骨伤科医院	三等奖	2004
LZYB—2A 多功能砼构件成型机	山东亚盛机械科技有限公司	三等奖	2004
CLSHG 系列双层单排型煤返烧开水炉	山东天地人锅炉制造安装有限公司	三等奖	2004
HY—1 型智能真空热裱机	山东高密华优精密铸造有限公司	三等奖	2004
检测心电向量对心电图诊断价值的研究	山东省高密高源企业集团公司	三等奖	2004
配制大输液的温度控制路线研究	高密市人民医院	三等奖	2004
冬枣标准化生产技术研究与示范	康庄镇人民政府	三等奖	2004
PIC 祖代猪的引进及快速标准化繁育技术研究与示范	高密市仁和畜牧良种繁育中心	三等奖	2004
高密市 2002～2003 年度农村小型公益设施项目——小型沼气工程	高密市农村能源办公室	三等奖	2004
六千亩大棚瓜菜一年三作四收技术研究与示范	高密市农业技术推广站	三等奖	2004
ZSHG—2015 型全自动数控火焰、等离子切割机	高密市宏泰机械有限公司	三等奖	2004
美国加州黑李产业化开发	高密市林业工作站	三等奖	2004
10 万亩花生增产增收机械化技术	高密市农机局	三等奖	2004
电视腹腔镜手术治疗妇科疾病中联用中药的临床研究	高密市计划生育服务站	三等奖	2004
竹棉三股弱捻浴巾	孚日集团股份有限公司	一等奖	2006
蚕用多功能营养饲料	高密市康成桑蚕科技有限公司	一等奖	2006
中老年体重指数、腰臀比预测代谢综合征的实用价值研究	高密市人民医院	一等奖	2006
农村地区国家基础教育课程改革实验研究	高密市教育局	一等奖	2006
高密市城市规划管理信息系统	高密市规划局	二等奖	2006
WDP—Ⅲ型热雾节油燃油火化机	高密市威达机械厂	二等奖	2006

续表 25-3

项目	完成单位	获奖	
		等级	年份
改良射干麻黄雾化液吸入治疗婴幼儿喘憋型肺炎的临床应用研究、生脉辅半饱和量西地兰治疗婴幼儿肺炎合并心力衰竭的可行性研究	高密市人民医院 高密市妇幼保健院	二等奖	2006
高密市现代青少年骨龄及膝踝部长骨干骺融合的观测研究、子宫楔形切除对提高术后女性生活质量的临床研究	高密市人民医院 高密市计划生育服务站	二等奖	2006
构建综合性督导评估机制的研究、中学语文课程改革研究	高密市人民政府教育督导室 高密市第一中学	二等奖	2006
八纬单面平布提花双层套巾、低支无捻超柔软浴巾、茶染毛巾	孚日集团股份有限公司	二等奖	2006
供水管网信息系统、供水企业协同管理信息平台	高密市水业公司	二等奖	2006
相似教学研究、家长参与基础教育课程改革推进教育教学目标的落实研究	夏庄镇夏庄中学 高密市教育科学研究院	二等奖	2006
社区院前急救模式的探索研究、高密市中小学生结核菌感染的流行病学监测研究	高密市开发区医院 高密市结核病防治所	二等奖	2006
酿酒葡萄新品种选育、繁育及栽培示范，高密市出口菜豆农药残留、消解动态测定及 GAP 制定研究	密水葡萄研究所 高密市植物保护站	二等奖	2006
畜禽疫病快速诊断技术研究	高密市畜牧兽医监测化验中心	三等奖	2006
“导动式三位一体”语文教学改革研究	高密市立新中学	三等奖	2006
经皮穿刺切吸术配合电脑正脊治疗腰椎间盘突出症临床研究	高密市市立医院	三等奖	2006
肛舒浴液的研制	高密市中医院	三等奖	2006
新课程实施中农村中小学教学评价的研究	高密市教育科学研究院	三等奖	2006
基础教育课程改革条件下，教学方式和学习方法的转变研究	高密市教育科学研究院	三等奖	2006
中西医结合治疗真菌性角膜炎临床研究	高密市人民医院	三等奖	2006
慢性心力衰竭社区综合干预研究	开发区医院	三等奖	2006
“三真”作文教学改革实验研究、计算机与小学语文整合实验与研究	高密市康成中学 高密市第二实验小学	三等奖	2006
诺和灵对 2 型糖尿病合并脑梗塞近期临床疗效研究	高密市市立医院	三等奖	2006

续表 25-3

项 目	完成单位	获 奖	
		等级	年份
中学生社会心理应激综合干预研究	高密市教育科学研究院	三等奖	2006
台湾大青枣保护地栽培	高密市林业工作站	三等奖	2006
低分子肝素(速避凝)对防治短暂性脑缺血发作(TIA)疗效研究	高密市人民医院	三等奖	2006
研究性学习方式的理念与实施	高密市教育局	三等奖	2006
非小细胞肺癌 MDR—1 型化疗耐药的诊断及逆转的研究	高密市人民医院	三等奖	2006
阿魏酸钠治疗动脉硬化脑梗塞临床研究	高密市市立医院	三等奖	2006
现代信息技术与各学科教学整合研究;运用信息技术优化生物、美术学科教学过程,促进学生自主发展的实验研究	高密市第五中学 高密市立新中学	三等奖	2006
思想政治课“三线贯通、整体优化”实验与研究,双主互助历史教学模式的研究	高密市教育科学研究院 经济技术开发区朝阳中学	三等奖	2006
烤烟标准化生产及配套技术	注沟镇人民政府	三等奖	2006
无公害番茄保护地栽培技术推广	大牟家镇人民政府	三等奖	2006
早熟元葱的保护地栽培和标准化生产	姚哥庄镇人民政府	三等奖	2006
负离子整理超细纤维装饰面料技术	孚日集团股份有限公司	一等奖	2008
玉米、小麦兼收型多功能自走式联合收获机	山东金亿机械制造有限公司	一等奖	2008
优化县级教科研体制的研究	高密市教育局	二等奖	2008
抗紫外线功能窗帘面料的研制技术、独花型大提花技术	孚日集团股份有限公司	二等奖	2008
出口黄瓜良好农业操作规范(GAP)研制与推广、出口元葱良好农业操作规范(GAP)研制与推广	高密市植物保护站	二等奖	2008
猪口蹄疫免疫效果及防控措施的研究	高密市畜牧兽医监测化验中心	二等奖	2008
搪瓷钢管式空气预热器	山东恒涛节能环保有限公司	二等奖	2008
农村中小学校本课程的开发与管理	高密市教育局	二等奖	2008
改良 Valsalva 屏气下 CT 扫描在下咽癌侵犯范围及术前分期中的应用、脑挫裂伤术中急性脑膨出不复查 CT 直接对侧开颅的临床意义研究	高密市人民医院	二等奖	2008
WDT—Ⅱ型吸尘环保燃油火化机(拣灰式)	高密市威达机械厂	二等奖	2008

续表 25－3

项　目	完成单位	获　奖	
		等级	年份
丹参酮ⅡA 磺酸钠对不稳定型心绞痛患者 QT 离散度的影响、高回声型胃肠造影剂的开发与应用	高密市人民医院 高密市中医院	二等奖	2008
高一心理适应能力的发展与培养研究、小学生自主学习能力的培养研究	高密市实验中学 高密市第二实验小学	二等奖	2008
YWRH—1000、YWRH—200 污水换热器	高密蓝天环保工程有限公司	三等奖	2008
万亩土豆丰产栽培技术开发	柏城镇人民政府	三等奖	2008
静滴 IVIG 联合盐酸氨溴索雾化吸入后鼻导管吸痰治疗毛细支气管炎的临床研究	高密市妇幼保健院	三等奖	2008
人工智能机器人实验室计划、高中物理促进自主探究的实践与探索研究	山东省高密市第一中学 高密市实验中学	三等奖	2008
左卡尼汀对缺血性心肌病患者心功能及心律失常的疗效研究	高密市人民医院	三等奖	2008
在学生网站的建设、维护过程中培养学生的信息素养和构建自我的能力、网络资源和教研平台的建设与应用研究	高密市康成中学 高密市教育科学研究院	三等奖	2008
中学语文课堂教学模式研究、“五课型”课堂教学模式研究	高密市康成中学 高密市教育科学研究院	三等奖	2008
颅骨瓣股外侧保存阔筋膜修补硬膜早期或超早期回植骨瓣的临床研究	高密市人民医院	三等奖	2008
农村中小学课堂教学改进行动研究、农村中小学小组合作学习的有效性研究	高密市教育科学研究院	三等奖	2008
氟骨症性椎管狭窄的临床影像学研究	高密市人民医院	三等奖	2008
秸秆生物反应堆技术研究与示范	高密市农村能源办公室	三等奖	2008
带指背侧神经指掌侧静脉的指动脉皮瓣修复指端缺损	高密市人民医院	三等奖	2008
猪瘟流行病学调查及研究	高密市畜牧兽医监测化验中心	三等奖	2008
结肠癌患者术前清洁灌肠的临床研究	高密市市立医院	三等奖	2008
复合生物肥料的研制与推广、农村户用沼气应用与研究	潍坊和信生物科技有限公司 高密市农村能源办公室	三等奖	2008
糖尿病俱乐部在基层医院的开展、早期应用 ACEI 和 β 受体阻滞剂对急性心肌梗死患者心功能的影响	高密市中医院 高密市人民医院	三等奖	2008

续表 25－3

项　目	完成单位	获　奖	
		等级	年份
规模养殖户利用农作物秸杆作主饲草的生产技术研究	阚家镇阚家畜牧兽医站	三等奖	2008
钙、铁、锌、铜、铅与儿童反复呼吸道感染的相关性研究、静脉用甘露醇适宜温度的研究	高密市妇幼保健院	三等奖	2008
外探倒钩术式在肛瘘、肛周脓肿手术中的应用研究，肠、肛门手术后创面应用高渗湿润烧伤膏的临床研究	高密市卫生学校	三等奖	2008
高密市猪高热病防治技术研究	阚家镇阚家畜牧兽医站	三等奖	2008

第二节　潍坊市科技成果奖

1986～2008 年，高密市获潍坊市科技成果奖 84 项，其中一等奖 2 项，二等奖 30 项，三等奖 52 项。另有星火二等奖 2 项，星火三等奖 1 项。

1986～2008 年高密市获潍坊市级科技成果奖情况表

表 25－4

项　目	完成单位	获　奖	
		等级	年份
小氮肥厂循环水应用技术研究	高密化肥厂	一等奖	1988
GF—234 型生物超微量自动分析仪	高密分析仪器厂	二等奖	1988
TFX355M—8160KM 自动恒压三相同步发电机	高密电机厂	二等奖	1988
600×1300 型胶片冷却装置	高密县橡胶塑料机械厂	三等奖	1989
QKD14×4. 5—0. 37（B）、QK16×8—0. 75（A）空气密封潜水电泵	高密电机厂	三等奖	1989
砂带纸基纸的研制	高密县造纸厂	三等奖	1989
防止棉花早衰试验研究	高密县棉花办公室	三等奖	1989
U 型结构在渠道防渗工程中的应用	高密县水利水产局	三等奖	1989
三阶段预应力混凝土输水管	高密县水泥制品厂	三等奖	1989
高浓度硫化染料废水废气的综合治理	高密染料化工厂	三等奖	1989
单向压力封闭剂	高密县石油钻井助剂厂	三等奖	1990
牛仔服水洗、石磨、雪花磨、贴花磨新工艺研究及产品开发	高密县服装厂	三等奖	1990
脾大部切除大网膜包肺、脾肺固定术治疗布—加氏综合症	高密县人民医院外一科	三等奖	1990

续表 25-4

项　目	完成单位	获　奖	
		等级	年份
罗汉床式新型炕灶	高密县农村能源办公室	三等奖	1990
金属清洗剂试验推广	高密县农机局	三等奖	1991
农业机械化与土地规模经营试验研究	高密县农机局	三等奖	1991
P41H—16 型快速排污阀	高密县锅炉附件厂	三等奖	1991
组合式快速接线器附件	高密县珠江电器附件厂	三等奖	1991
中空纤维束 N2—H2 膜法提取高浓氢	山东省高密县化肥厂	二等奖	1992
应用组合式炉拱改造锅炉	山东省高密热电厂	三等奖	1992
195 柴油机旧机改造	高密县农机局	三等奖	1992
XY—F3 1120 型橡胶三辊压延机联动装置	山东省高密县橡胶塑料机械厂	三等奖	1992
万亩棉花丰产栽培技术开发	呼家庄镇人民政府	星火三等奖	1992
服装 CAD 新技术开发	高密县服装厂	三等奖	1993
RIIOO、R195、R190C 涡流式柴油机及 IZ40FP 柴油机	高密内燃机厂	三等奖	1993
TFW450—6 型 320KW、350KW 无刷励磁三相同步发电机	潍坊电机厂	三等奖	1993
FIA—401 型四元素检测仪	高密分析仪器厂	三等奖	1993
SZP—65 双面自动抛光机开发研制	高密第二锻压机床厂	三等奖	1993
毛白杨、刺槐良种基地营建技术开发	高密县苗圃	星火二等奖	1993
再生胶废纤维橡胶合体钢丝铠装吸引胶管	高密橡胶厂	星火二等奖	1993
尼龙网布人丝花边	高密机绣厂	三等奖	1994
GSD—3 型电子水位控制仪	高密市锅炉附件厂	三等奖	1994
DY—06D、80KN 可调式压力机	高密锻压设备厂	三等奖	1994
MJ—1 型籽棉检验系统	高密市第一棉油加工厂	三等奖	1994
CG—15 超宽幅电脑织带	山东省高密机绣厂	二等奖	1995
强化传热制冷器具内胆新材料的研制	高密电力有色金属轧花福利厂	三等奖	1995
差速器盖和 Q574 型碗珠道双线高灵敏度自行车中轴的研制	高密市自行车配件厂	三等奖	1995
含锂玻璃配方新工艺	山东省高密市玻璃厂	三等奖	1996
特白针织布无煮练漂白新工艺	高密市针织服装厂	三等奖	1996
锌铝合金超塑槽筒	高密市纺织器材厂	三等奖	1996
QTZ31.5 塔式起重机	高密市华通机械厂	三等奖	1996
TFW400M—6 型无刷三相同步发电机	潍坊电机厂	三等奖	1996

续表 25－4

项　目	完成单位	获　奖	
		等级	年份
ZXZ—100 直燃型双效溴化锂吸收式冷温水机组及固体溴化锂	山东高密发达冷冻机空调器总厂	二等奖	1997
饮用电渗析降氟水对人群健康影响因素的实验研究	高密市卫生防疫站 高密市地方病防治办公室	二等奖	1997
抗病、高产、优质夏大豆品种选育和万亩大姜高产优质栽培技术开发	高密市农业局 高密市科委	三等奖	1997
液压控制翻板闸门研制	高密市水利勘测设计院	三等奖	1997
彩锦织缎和拒油防水抗静电特种工业用布	山东省高密机绣厂	三等奖	1997
XLZ—2500—1500 橡胶注射机	高密金马橡胶集团股份有限公司	三等奖	1997
电脑设计六纬格子提花单面毛巾被	高密毛巾厂	二等奖	1998
JLNT 电能计量管理系统和 GDMIS 用电管理系统	高密市供电局	二等奖	1998
新斯的明泪腺封闭加服一贯煎治疗干眼症的临床研究	高密市人民医院	三等奖	1998
缎档蜜巢毛巾被	高密毛巾厂	二等奖	1999
高氟对人体主要软组织、脏器功能影响的研究	高密市人民医院 高密市卫生防疫站	二等奖	1999
万亩银杏高产栽培及加工综合技术开发	呼家庄镇人民政府	三等奖	1999
克菌乳膏的研制	高密市人民医院	三等奖	1999
核参饮在中晚期癌症的临床研究	高密市肿瘤医院	三等奖	1999
U 型回肠底部尿道吻合输尿管远端套入、低压可控性回肠代膀胱临床研究	高密市人民医院	三等奖	1999
QMY3—10 型固定式混凝土块成型机研制	高密锻压机床股份有限公司	二等奖	2000
室内应用尿激酶静脉溶栓治疗急性心肌梗塞的时效性研究	高密市人民医院	二等奖	2000
卡扣式无内胎气门嘴	山东气门嘴厂	三等奖	2000
速避凝溶栓治疗急性脑梗塞临床研究	高密市市立医院	三等奖	2000
高密市连续二十五年地方性氟中毒调查监测与防治措施观察研究	高密市卫生防疫站	一等奖	2004
供电企业行为违章超前控制系统	高密市供电公司	三等奖	2004
皮埃蒙特牛胚胎移植繁育技术研究	高密市肉牛良种繁育中心	三等奖	2004
配制大输液温度控制路线的研究	高密市人民医院	二等奖	2006
银杏叶提取物治疗高脂、高粘血症临床研究	高密市人民医院	二等奖	2006

续表25－4

项　目	完成单位	获　奖	
		等级	年份
孕妇接种狂犬疫苗安全性追踪观察及预防措施研究	高密市卫生防疫站	三等奖	2006
生态免疫增效剂在畜禽生产中的应用	高密市畜牧兽医监测化验中心	二等奖	2007
低支无捻超柔软浴巾	孚日集团股份有限公司	二等奖	2007
高密现代青少年骨龄及踝部长骨干骺融合的观测研究	高密市人民医院	二等奖	2007
正压可控U型回肠代膀胱术临床研究	高密市人民医院	二等奖	2007
子宫楔形切除提高术后女性生活质量的临床研究	高密市计划生育服务站	二等奖	2007
腹穿抽液、无水乙醇并氟美松混合液注入治疗卵巢囊肿的临床研究	高密市人民医院	二等奖	2007
弱精子及精液液化不良男性不育症治疗研究	高密市人民医院	二等奖	2007
静脉溶栓对急性心梗患者左心功能影响	高密市人民医院	二等奖	2007
生脉辅半饱和量西地兰治疗婴幼儿肺炎合并心力衰竭的可行性研究	高密市妇幼保健院	二等奖	2007
蚕用多功能营养饲料	高密市康成桑蚕科技有限公司	三等奖	2007
茶染毛巾	孚日集团股份有限公司	三等奖	2007
基于GIS系统的配电线路故障在线智能检测系统	高密市供电公司	二等奖	2008
丽赛纤维床品面料茶染整理技术	孚日集团股份有限公司	二等奖	2008
丹参酮IIA磺酸钠对不稳定型心绞痛患者QT离散度的影响	高密市人民医院	二等奖	2008
脑挫裂伤术中急性脑膨出不复查CT直接对侧开颅的临床意义研究	高密市人民医院	二等奖	2008
十八味中药组方对雄性大鼠不育模型药理研究	高密市人民医院	二等奖	2008
高回声型胃肠造影剂的开发与应用	高密市中医院	二等奖	2008
糖尿病俱乐部在基层医院的开展	高密市中医院	二等奖	2008
猪口蹄疫免疫效果及防控措施的研究	高密市畜牧兽医监测化验中心	三等奖	2008
四色印花技术在家纺产品中的应用	孚日集团股份有限公司	三等奖	2008

第三节 山东省科技成果奖

1986～2008年，高密市获山东省科技成果奖41项，其中二等奖5项，三等奖36项，另有星火三等奖4项。

1986～2008 年高密市获山东省科技成果奖情况表

表25－5

项　目	完成单位	获　奖	
		等级	年份
通淋消石散临床疗效研究	高密县人民医院	三等奖	1987
TF—X—355M—6 三相同步发电机	高密电机厂	三等奖	1987
A21X—3 型船用空气瓶安全阀研制	高密县内燃机配件厂	三等奖	1989
硫化兰 BR508 的研制	高密燃料化工厂	三等奖	1989
夏播甜菜丰产高糖综合技术开发研究	高密县科委 山东省轻工农副原料研究中心	三等奖	1990
丙纶有色予取向丝—牵伸变形丝	高密合成纤维厂	三等奖	1990
722 型光栅分光光度计	高密分析仪器厂	三等奖	1990
KTV 活化胶粉	高密县再生胶厂	三等奖	1990
高浓度硫化燃料、废水和废气的综合治理	高密染料化工厂	三等奖	1990
GF—234A 型生化超微量自动分析仪	高密分析仪器厂	二等奖	1991
砼块在水工建筑上的应用研究	高密县水利水产局	三等奖	1991
断指再植技术在乡镇医院的应用	高密县整骨医院	三等奖	1991
JM21—110 型开式固定台压力机	高密锻压机床厂	三等奖	1991
2BGF—3—6 型沟作施肥播种机	高密县农业机械厂	三等奖	1991
单向压力封闭剂	高密县石油钻井助剂厂	三等奖	1991
铸钢柱型散热器	高密兴华采暖设备厂	三等奖	1991
电渗析法除氟改水技术应用试验研究	高密县水利水产局	星火三等奖	1991
中空纤维束 N2—H2 膜法提取高浓氢	高密县化肥厂	二等奖	1992
X4SH—25A 型电子双色水位计	高密县锅炉附件厂	三等奖	1992
应用组合式炉拱改造锅炉	山东省高密热电厂	三等奖	1992
P41H—16 型快速排污阀	高密县锅炉附件厂	星火三等奖	1992
利用河底弃土生产砖瓦	高密县仁和砖瓦厂	星火三等奖	1992
强化“星火计划”管理，促进农村经济发展	高密县科委	星火三等奖	1992
超高聚合棉浆粕 PCS2400 的研究	高密化学纤维总厂	二等奖	1993
铸态铁素体球化剂及新型抗磨合金磨球的研制	高密电机厂	三等奖	1993

续表 25－5

项目	完成单位	获奖	
		等级	年份
利用尸体角膜内皮细胞活性率判定死后经过时间的研究	高密市公安局	二等奖	1994
快速排污阀及系列法兰连接碟阀的研制	高密县锅炉附件厂	三等奖	1994
强化传热制冷器具内胆新材料的研制	高密电力有色金属轧花福利厂	三等奖	1995
含锂玻璃配方新工艺	高密市玻璃厂	三等奖	1996
富硅层玻璃包装机	高密市玻璃厂	三等奖	1996
HD、SG—15 超宽幅绣缎	山东省高密机绣厂	三等奖	1996
彩锦织缎	山东省高密机绣厂	三等奖	1997
半封闭型活塞式及直燃型双效溴化锂吸收式冷水机组的研制	山东高密发达冷冻机空调器总厂	三等奖	1997
XLZ—2500—1500 橡胶注射机	山东高密金马橡胶集团股份有限公司	三等奖	1997
JLNT 电能计量管理系统	高密市供电局	三等奖	1998
缎档起毛提印童巾被	高密毛巾厂	三等奖	1999
复合氨基低聚糖农作物抗病增产剂	山东天达生物制药股份有限公司	二等奖	2001
农村电网县级配电网自动化方案的研究	高密市供电局	三等奖	2001
杨树害虫综合治理及专家咨询系统的研究	高密市林业局	三等奖	2002
雪尼尔三层小方巾	山东洁玉纺织有限公司	三等奖	2002
纠正静脉补钾疼痛的临床研究	高密市人民医院	三等奖	2003
轮胎模加工专用电火花成型机床	山东豪迈机械科技有限公司	三等奖	2003
竹棉三股弱捻浴巾	孚日集团股份有限公司	三等奖	2006
八纬单面平布提花双层套巾	孚日集团股份有限公司	三等奖	2006
丽赛纤维床品面料茶染整理技术	孚日集团股份有限公司	三等奖	2008

第四章 知识产权

第一节 管理机构

1994年之前，全县知识产权事宜由县科委管理。1994年10月22日设立高密市专利局，与市科委合署办公。2004年6月16日，市专利局更名知识产权局，由市科技局(即原市科委)分出，直属市政府。至2008年未变。

第二节 专利项目与专利明星企业

专利项目 境内的专利申请，起步于1985年4月，专利权人高富，系驻高密的山东地矿局第四地质队科技人员，专利名称：活塞齿条式内燃机。之后，一段时间，增幅不大。1996年后，方有较大幅度提升，至2008年，累计有2426项。

2004～2008年高密市专利申请情况表

表25-6

年份	年申请量(项)	累计量(项)
2004	185	1146
2005	211	1357
2006	292	1649
2007	363	2012
2008	414	2426

专利明星企业

1998年始认定的“中国专利山东明星企业”，历经复查，至2008年，以鲁知管字(2008)95号文批准，共有15家。

1998～2008年高密市专利明星企业表

表25-7

企业名称	编　号
山东高密华腾精密铸造有限公司	2008—722G104
山东荣昊专用汽车有限公司	2008—507G075
山东高密鸿源饮品有限公司	2008—720G102
山东高密圣泰机电科技有限公司	2008—512G080
山东邦泰散热器有限公司	2008—231G028
山东亚盛机械科技有限公司	2008—237G034

续表 25－7

企业名称	编　号
高密市中亚暖通设备有限公司	2008—246G043
山东山海玻璃制品有限公司	2008—506G074
山东三德暖通空调设备有限公司	2008—508G076
高密华隆太阳能设备有限公司	2008—721G103
山东天地人锅炉制造安装有限公司	2008—235G032
山东豪迈机械科技有限公司	2008—242G039
山东宏泰机械科技有限公司	2008—248G045
山东嘉源玻璃钢有限公司	2008—510G078
孚日集团股份有限公司	2008—719G101

优秀专利项目选介

超柔软高吸水中空棉毛巾及其制造方法　本项目由孚日集团股份有限公司技术人员发明。此项发明品为外观漂亮美观，手感柔软丰满，成本低廉，超柔软高吸水中空棉毛巾。

轮胎模专用刻字机　本项目由山东豪迈机械制造有限公司技术人员发明，为实用新型专利类别。项目结构简单，成本低，使用操作方便，特别适合中小轮胎模具厂家使用。

新型散热片罩的复合铝合金散热器　本项目由山东邦泰散热器有限公司技术人员发明。本发明具有设计合理，工艺简单，散热性能好，热效率高，设备投资少、成本低的特点。

第五章　气象测报

第一节　管理机构

1958年9月，山东省高密陈家屋子气候站迁康庄农场，更名高密气候站。1960年6月，更名高密县气候服务站。同年10月迁城北五里桥。1963年1月更名高密县气象服务站。1972年12月迁城西北古城岭。1979年4月更名高密县气象站。1988年7月，改称高密县气象局。1993年1月，高密县气象局被中国气象局授予“全国优秀气象局(站)”称号。

第二节　气象观测

自1960年6月县气候服务站建立以来，采用气压表和气压计、温度表和温度计、湿度表和湿度计、雨量筒和雨量计、EL型电接风向风速计、日照计、蒸发皿、地温表、冻土器、量雪器等设备观测。观测时间为有些年份每日8时、14时、20时，日观测3次；有些年份每日2时、8

时、14时、20时，日观测4次。以人工观测云、能见度、天气观象、气压、气温、温度、风向、风速、降水、雪深、雪压、日照、蒸发、地温、冻土等。2004年1月，CAWS6OO—B型自动气象站建成运行，气压、气温、湿度、风向、风速、降水、地温等观测项目，全部通过仪器自动采集、记录。2006年3月始进行ZQZ—AE2型区域自动气象站建设，至2007年10月，城北水库、柴沟、经济开发区、呼家庄、康庄、井沟、周戈庄、拒城河、夏庄2要素站，河崖、注沟、李家营、大牟家、双羊、凤城中学4要素站，柏城5要素站建成运行。

第三节　气象信息网络

1960年以来，利用收音机收听省及周边气象站的天气预报和天气形势。至1987年4月，开通无线甚高频电话，实现与潍坊市气象局与周边县气象部门信息传递和天气会商。1999年8月，建成地面卫星接收小站，与全国气象卫星综合应用(9210)系统联网。是年12月，加入CHINAPAC分组交换网，用于与潍坊市和周边县市之间上行、下行信息传输。2004年6月，建成潍坊市与周边县市2M宽带网，所有上行、下行信息传输均通过SDH宽带网实现。

第四节　气象服务

天气预报　1960年始，制作县站补充天气预报。通过收听山东省、江苏省、青岛市等气象台天气预报，结合本站观测，由县广播媒体播报24小时天气预报，并向有关单位发送纸质48小时和旬、月、季、年等短、中、长期天气情况。1980年始，加电话、信函等方式进行气象服务。1983年7月开始用“123”型传真接收机接收天气图，用于天气预报。1988年6月，安置发射机和40部气象警报接收机，安装于县直有关部门和29个乡镇政府，建立起气象预报预警服务系统，每天3次定时广播；遇有灾害天气随时播报气象警报。并于是年起在乡镇建立分机广播系统。1995年4月，开通“121”天气预报自动答询电话；8月，对乡镇分机广播系统进行改造升级，服务栏目增加到10个。1999年8月，建成PCVSAT地面卫星接收小站，接收天气资料。2000年9月，购置电视天气预报制作系统，制作录像带，在高密有线电视台播报。是年，对“121”天气预报自动答询电话系统升级，由8路升为30路专线。2002年5月1日，开通无线电视台天气预报栏目。是年始在《高密日报》开辟一周天气预报栏目，刊登一周天气形势分析及天气过程。2004年5月，对“121”系统再次升级，开通8个语音信箱。服务内容包括24、48小时，3~5天天气预报，全国大城市天气预报，气象要素实况，农事建议，自动语音信箱，点歌台等。同月，开展专项气象服务。内容为假日预报、高考期间天气预报、重大活动及重点工程建设的气象保障。2005年6月，开通潍坊市与各县市天气预报可视会商系统。8月，建立门户网站——高密气象网，发布天气预报、重要天气预报、灾害性天气报警信号、气象信息等。2006年始，开展晨练指数、人体舒适度指数、紫外线指数、空气污染

■ 气象工作人员在进行天气预报会商

潜势气象条件等预报。2007年始通过发送电子邮件开展气象服务。2008年，开通农村大喇叭，使气象信息进村入户。

农业气象服务 1960年始，对棉花、小麦、玉米和大豆等农作物，每月逢“8”进行土壤墒情观测。1966年起只观测棉花与小麦。1977年11月始，编发农业气象墒情报，农业气象旬月报。在农作物春秋播种期间的逢“3”进行土壤墒情观测及农事建议，并制作季、年气候评价。1986年始只观测棉花。2001年后，改为观测夏玉米。2002年6月，建立高密兴农网，为农业生产提供服务。

专项气象服务

人工影响天气 1991年5月，在姜庄、大牟家、仁和、初家、双羊、周戈庄建人工降雨防雹炮点6个。每点设一门“三七”高炮，炮手六七人。次年增建注沟、阚家两个点。1997年又增建土庄、河崖两个点。2000年1月配发火箭车、发射架1套。2008年，全市拥有“三七”高炮10门，火箭发射车1部，作业炮手60人。累计开展增雨防雹100余次，发射炮弹1万余发，火箭弹20余枚。

防雷减灾 1995年始，对建筑物、易燃易爆场所、计算机房等进行防雷安全检测。2003年，服务项目扩大至防雷工程的设计、安装等。

第六章 防 震

第一节 管理机构

1986年，高密县的防震管理工作，由县科委负责。1990年10月，设立高密县地震办公室。次年6月，地震办公室改称高密县地震局。1993年10月，地震局复称地震办公室，为县科委下属事业单位。1996年5月，恢复地震局，有工作人员5人，隶属市政府。至2008年，工作人员增至7人。

第二节 群众测报点设置

1984年调整群众测报点，保留高家店1处综合点和柏城良种场、王吴水库水文站、高家村3处水井和动物观测点。之后，数经调整和续建，至2008年，计有测报点20处。

2008年高密市地震测报点情况表

表25－8

地　点	观测项目	地　点	观测项目	地　点	观测项目
孙家长村	猪	西　埠	猪	宿家屯	猪
隋家屯	鸡	东杨岭庄	猪	店　子	鸡
朝阳街道	水位	南高戈庄	猪	密水街道	鸡
邓家屯	猪	孙家官庄	鸡	南斜沟	水位
邱家大村	鸡	井沟村	鸡	柏城村	猪、鸡
西张戈庄	猪	柳　林	牛	夏庄水利站	水位
新星庄	猪	李家埠	鸡		

■ 高密地震台　　(2008 年 摄)

第三节　地震监测建设

1992 年 6 月，建立覆盖全县的区域性地震无线通讯网，并与潍坊市及各县(市、区)地震管理部门联网。备有车载台 1 部，手持台 2 部；骨干测报点均配备手持机。2000 年配备手机，实现电话、手机地震专用统一网络。2006 年 3 月开始建设高密地震台(位于綦家村东南)，主要仪器于 2008 年安装完毕，地震监测自此正式开始。该台占地面积 2348 平方米，主体工程面积 5808 平方米。主要监测仪器为：深井摆测震仪、强震仪、地下流体监测仪、信息节点等。

第四节　抗震设防和应急准备

抗震设防　1976 年唐山大地震后，历经一度紧张的防震活动，至 1986 年已逐步落实“测、报、防、抗、救”五位一体的综合防御措施。1991 年始，开展工程防震工作。1996 年，对市委、市政府、市人大、市政协等 24 个单位的办公楼进行抗震性能综合评定。次年，工程防震工作正式列入工程项目建设程序。并对医院门诊楼、学校教学楼、变电站工程、居民住宅楼等生命线工程项目进行场址地震烈度复核或抗震设防标准审核。2006 年 8 月，对 1011 户农村民居抗震现状进行调查，综合评价为 98%的不抗震。

应急准备　1996 年 10 月，市政府印发《高密市破坏性地震应急预案》。次年，进行修订，并成立由市长、市委副书记、副市长、驻军首长、市直部门主要领导组成的地震应急领导机构，明确应急职责。1998 年，地震局建立计算机网络系统并与山东省、潍坊市计算机网络系统联网。翌年，下发《地震灾害速报网络实施细则》。2005 年，市政府办公室下发通知，再次修订“应急预案”。2007 年 5 月，全市组建 570 人的地震应急救援志愿者队伍，为抗震救援提供保障。2008 年，成立地震灾害速报队伍。

第五节　境内地震和波及地震

境内地震　1986～2008 年，境内地震共出现 3 次。

1986～2008 年高密市地震情况表

表 25－9

发震时间					震中位置			震级	备注
年	月	日	时	分	东经	北纬	地点		
1987	9	6	17	16	36°37′	119°49′	王干坝	3.4	有感
1990	12	14	0	40	36°37′	119°42′	仁和北 12 公里	2.4	无感
1994	6	19	23	15	36°37′	119°43′	姜庄	2.3	无感

波及地震 1986～2008年，境内发生波及地震1次，即1997年12月20日4时34分，震中在北纬36° 27′、东经119° 55′的安丘市景芝，震级为3.7级。高密西部有地声隆隆，门窗响，床动。

第七章 科技管理

1986年以来，市科技局每年制订科技发展计划，以带动科技发展。对完成科技成果人员，按获奖等级发给奖金。同时，经常组织全市青少年科技创新大赛、信息科技大赛等。1992年，建立“高密县科技工作者之家”。同年开始推选优秀学术论文。2001年开始，开展专利行政执法活动。21世纪初，市科技局建立了“高密科技信息网站”，市科协建立了“高密科技网站”，各有关部门也大都建立了自己的门户网站。2003年5月，依法开展新建楼房防雷图纸审核和竣工验收。2005年，市科协与各镇街区签订“科普村村通”宣传管理合同，明确规定责任。同年，与各镇街领导人订立科技目标责任考核制度。2006年，出台“高密市气象局突发公共事件总体应急预案”“高密市气象局灾害应急预案”，一并纳入市政府“公共事件应急体系”。2008年4月评选青少年科技创新示范学校10所，以带动全市中小学科技创新的发展。

第一节 科技机构(含学术团体)

高密市科学技术协会 1980年11月恢复高密县科学普及协会。翌年2月，更名为高密县科学技术协会(简称科协)。1993年12月，并入县科委。1997年1月恢复，称高密市科学技术协会，统辖各学会。

镇街科学技术协会 1982年，各乡镇科学技术协会成立。之后，随着乡镇区划的分合而变化，但始终保持有这一学术团体。

农村农民科技协会 1986年，农村农民科技协会兴起。至2008年，有各类农民科技协会近百个。

高密市老科技工作者协会 2008年1月18日，高密市老科技工作者协会成立(简科老科协)，组织离退休或接近退休之老科技工作者继续贡献力量。成立时有会员110人。

■科普志愿者工作研讨会

学会 1986年以前成立的各学会，1990年版《高密县志》所载綦详。之后又于1998年6月成立高密市预防医学会。初成立时会员40人，至2008年发展至56人。

科研所 1986年以前，境内只有科研所（组、室）4个。1990年，高密化纤集团纤维素研究所成立，至2008年，全市有科研所100个。

1990～2008年高密市科研所情况表

表25－10

机构名称	成立年份	批准文号
高密化纤集团纤维素研究所	1990	高科字(90)19号
高密康丰农化有限公司研究所	1991	高科字(91)13号
高密第一棉油加工厂科技开发中心	1991	高科字(91)16号
高密整骨研究所	1991	高科字(91)25号
高密结石病研究所	1995	高科字(95)02号
高密永恒节能技术研究所	1995	高科字(95)09号
高密糖尿病研究所	1995	高科字(95)13号
高密亚盛水利机械研究所	1996	高科字(96)04号
高密颈肩腰腿痛病研究所	1996	高科字(96)05号
高密宝成食品工业研究所	1997	高科字(97)19号
高密豪迈电加工研究所	1998	高科字(98)05号
高密天达生物技术有限公司研究所	1999	高科字(99)07号
高密亿东生物技术研究所	2002	高科字(02)01号
高密信德模具研究所	2002	高科字(02)09号
高密绿洲组培技术研究所	2002	高科字(02)11号
高密心血管检测技术研究所	2002	高科字(02)12号
高密中医药保健研究所	2002	高科字(02)14号
高密和光电脑网络技术研究所	2002	高科字(02)19号
高密益丰机械研究所	2003	高科字(03)03号
高密泰德测控技术研究所	2003	高科字(03)05号
高密东风冶金设计研究所	2003	高科字(03)06号
高密海闻汽车节能技术研究所	2003	高科字(03)07号
高密康成蚕业研究所	2003	高科字(03)09号
高密科威生物研究所	2003	高科字(03)12号
高密耀华锅炉研究所	2003	高科字(03)15号
高密恒泰绝热材料研究所	2002	高科字(03)17号
高密市金昌蜗牛养殖技术研究所	2004	高科字(04)04号

续表 25－10

机构名称	成立年份	批准文号
高密市东方皮肤美容新产品研究所	2004	高科字(04)07 号
高密金亮光电技术研究所	2004	高科字(04)10 号
高密市北农农药研究所	2004	高科字(04)18 号
高密市凤凰乐器研究所	2004	高科字(04)20 号
高密市通达机电研究所	2005	高科字(05)01 号
高密威达环保设备研究所	2005	高科字(05)03 号
高密华信化工技术研究所	2005	高科字(05)07 号
高密精达自动化设备研究所	2005	高科字(05)08 号
高密博奥智能电子技术研究所	2005	高科字(05)11 号
高密市人初福智能纺织品研究所	2005	高科字(05)19 号
高密华野暖通机械研究所	2006	高科字(06)02 号
高密中亚散热技术研究所	2006	高科字(06)04 号
高密市金轩电子技术研究所	2006	高科字(06)06 号
高密市东真制粉设备研究所	2006	高科字(06)07 号
高密科技水利机械研究所	2006	高科字(06)08 号
高密恒泰液压技术研究所	2006	高科字(06)12 号
高密邦泰散热器技术研究所	2006	高科字(06)13 号
高密美德数控机械研究所	2006	高科字(06)16 号
高密心晴园心理咨询中心	2006	高科字(06)17 号
高密顺达交通工程研究所	2006	高科字(06)19 号
孚日集团纺织新材料研究所	2006	高科字(06)20 号
高密三德暖通设备研究所	2006	高科字(06)21 号
高密荣昊专用汽车研究所	2006	高科字(06)22 号
高密密恩化工研究所	2006	高科字(06)23 号
山东顺兴机械技术研究所	2006	高科字(06)24 号
高密华优精密铸造研究所	2006	高科字(06)25 号
高密嘉源玻璃钢研究所	2006	高科字(06)26 号
高密蓝天环保技术研究所	2006	高科字(06)31 号
高密同创气门芯设备研究所	2006	高科字(06)35 号
高密隆泰供暖机械研究所	2006	高科字(06)38 号
高密市发达冷冻机空调器研究所	2006	高科字(06)39 号
高密市天辉网络技术研究所	2006	高科字(06)40 号
高密市果树新技术研究所	2006	高科字(06)41 号
高密市隆华节能技术研究所	2006	高科字(06)42 号

续表 25－10

机构名称	成立年份	批准文号
高密市科力化工研究所	2006	高科字(06)43号
高密农达利蔬菜研究所	2007	高科字(07)03号
高密天诚自动化研究所	2007	高科字(07)04号
高密忠旺畜禽养殖研究所	2007	高科字(07)05号
高密精达数控木工机械研究所	2007	高科字(07)06号
高密华腾精密铸造研究所	2007	高科字(07)08号
高密市双鹏绿色机械研究所	2007	高科字(07)09号
高密普力美动物药业研究所	2007	高科字(07)11号
高密弘润节能技术研究所	2007	高科字(07)12号
高密红叶数码放映设备研究所	2007	高科字(07)13号
高密环宇节能环保技术开发研制中心	2007	高科字(07)16号
高密永辉化工研究所	2007	高科字(07)17号
高密市同创汽车配件研究所	2007	高科字(07)18号
高密凯达电机研究所	2007	高科字(07)19号
高密岚山化纤机械研究所	2007	高科字(07)21号
高密市青高纺织机械研究所	2007	高科字(07)38号
高密维仕暖通设备有限公司研究所	2007	高科字(07)37号
高密市弘信纺织机械研究所	2007	高科字(07)36号
高密永和精密铸造研究所	2007	高科字(07)39号
高密忠旺畜禽养殖研究所	2008	高科字(08)07号
高密市田园生物肥料研究所	2008	高科字(08)08号
高密市绿柳鱼饵鱼具研究所	2008	高科字(08)09号
高密盛业节能环保研究所	2008	高科字(08)12号
高密稷昌农机研究所	2008	高科字(08)13号
高密市海闻汽车节能技术研究所	2008	高科字(08)14号
高密市鑫源新型防水材料研究所	2008	高科字(08)18号
高密瑞丰食品有限公司研究所	2008	高科字(08)18号
潍坊市郑发轮胎厂研究所	2008	高科字(08)18号
高密众信铸造有限公司研究所	2008	高科字(08)18号
高密华隆太阳能设备研究所	2008	高科字(08)20号
高密海乐园工艺品有限公司研究所	2008	高科字(08)29号

续表 25－10

机构名称	成立年份	批准文号
高密沃丰格瑞管业有限公司研究所	2008	高科字(08)30 号
高密光大铁合金有限公司研究所	2008	高科字(08)31 号
高密华泰食品研究所	2008	高科字(08)32 号
高密市友强助剂有限公司研究所	2008	高科字(08)33 号
高密市东方机械科技有限公司研究所	2008	高科字(08)34 号
高密市三利化工研究所	2008	高科字(08)35 号
高密市益兴重型机床研究所	2008	高科字(08)36 号
高密春和暖通空调研究所	2008	高科字(08)37 号

第二节　科技队伍

1980 年，科技人员开始评定职称，至 1985 年，全县有初级科技人员 729 人，中级 108 人。之后，大中专毕业生逐年增多，同时，企业、农村从事科技工作的人增多，通过评定和晋升，加之招聘外来人才等情况，具有专业技术职称的人越来越多。至 2008 年，全市拥有初级及以上专业技术人才 39866 人，其中正高级职称 28 人，享受各级政府津贴的 24 人。

1988 年高密县专业技术人员情况表

表 25－11　　单位：人

系列	正高	副高	中级	初级	合计
工程	—	—	143	121	264
卫生	—	6	53	227	286
农业	—	8	153	42	203
会计	—	—	39	360	399
经济	—	—	75	116	191
统计	—	—	26	22	48
审计	—	—	1	—	1
档案	—	—	1	18	19
新闻	—	—	2	6	8
小学教师	—	—	344	740	1084
中学教师	—	68	592	1400	2060
中专教师	—	11	44	90	145
图书资料	—	—	4	33	37
文物博物	—	—	1	—	1
艺术	—	—	7	2	9

续表 25-11

系列	正高	副高	中级	初级	合计
美术	—	—	—	8	8
公证员	—	1	2	4	7
律师	—	1	8	2	11
出版	—	—	6	7	13
总计	—	95	1501	3198	4794

1996 年高密市专业技术人员按类别统计表

表 25-12 单位:人

项目 年份	高级	中级	初级	合计
党政群机关	9	167	733	909
事业单位	353	2320	6166	8839
市直企业	215	1732	6578	8525
乡镇企业	267	1213	4216	5696
私营企业	52	179	856	1087
民办科研机构	62	111	144	317
合　计	958	5722	18693	25373

2003 年高密市专业技术人员按职称统计表

表 25-13 单位:人

系列	正高	副高	中级	初级	合计
工　程	1	95	521	2896	3513
卫　生	11	91	558	1760	2420
农　业	—	29	105	347	481
会　计	—	8	248	1458	1714
经　济	—	18	137	1312	1467
统　计	—	1	19	569	589
审　计	—	—	5	5	10
计算机	—	—	—	26	26
教练员	—	5	13	8	26
档　案	—	2	19	28	49
新　闻	—	3	24	18	45
播　音	—	—	5	3	8
小学教师	—	65	1756	1896	3717

续表 25－13

系列	正高	副高	中级	初级	合计
中学教师	—	695	2051	2671	5417
中专教师	—	19	49	142	210
技校教师	—	5	34	15	54
党校教师	—	7	9	16	32
群众文化	—	2	14	19	35
图书资料	—	1	9	11	21
文物博物	—	—	9	7	16
艺　术	1	4	15	20	40
美　术	—	—	2	2	4
公证员	—	1	9	2	12
律　师	—	—	—	7	7
计划生育卫生	—	5	26	37	68
翻　译	—	—	6	24	30
政　工	—	2	12	12	26
合　计	13	1058	5655	13311	20037
乡　企	—	55	840	3941	4836
农民职称	—	4	289	4726	5019
总　计	13	1117	6784	21978	29892

2007 年高密市专业技术人员按职称统计表

表 25－14　　单位：人

系列	正高	副高	中级	初级	合计
工　程	—	181	761	4346	5288
卫　生	24	111	858	2161	3154
农　业	1	29	116	412	558
会　计	—	9	365	1498	1872
经　济	—	19	163	1312	1494
统　计	—	1	19	569	589
审　计	—	—	5	5	10
计算机	—	1	—	38	39
教练员	—	5	13	8	26
档　案	—	2	20	30	52
新　闻	—	4	26	26	56

续表 25－14

系列	正高	副高	中级	初级	合计
播　音	—	—	5	3	8
小学教师	—	58	3465	760	4283
中学教师	—	1164	4129	1649	6942
中专教师	—	28	65	105	198
技校教师	—	16	36	33	85
党校教师	—	7	11	9	27
群众文化	1	3	21	23	48
图书资料	—	2	9	13	24
文物博物	—	—	5	11	16
艺　术	1	6	19	19	45
美　术	—	—	3	6	9
公证员	—	2	7	4	13
律　师	—	—	—	20	20
计划生育卫生	1	5	47	59	112
翻　译	—	—	6	24	30
政　工	—	2	12	12	26
乡　企	—	55	914	5018	5987
农民职称	—	4	314	8537	8855
总　计	28	1714	11414	26710	39866
其中事业单位	28	1451	9136	7013	17628

第三节　专利管理

专利管理主要包括专利工作的规划和实施、宣传、培训、统计、开发、引进、政策答疑、信息服务、专项资金申报及兑付等。2004 年后，市政府建立知识产权联席会议制度对专利管理工作进行协调指导。知识产权部门利用市内新闻媒体每年适时开展知识产权宣传，并与市委党校、技校等单位合作，开展一些面向社会的教育培训，还通过业务网站为专利申请人提供信息服务，每年年检索信息近 200 件，政策答疑 300 次左右。

2004 年开始，对专利申请给予资助，对效益突出、市场前景广阔的专利项目实施资金扶持，发明专利人给予奖金，再从税后利润中抽取一定比例奖励发明人，并将专利项目实施推介。同年，对全市中小学生发明创造申请专利的给予资助，免费推介。对有一定数量专利的中小学生，在升学时可享受特殊考生政策待遇。

第二十六编

教　育

1986~2008 年，高密的教育正处于改革发展的重要时期。从小学到高中，从普通教育到职业教育，全面进行了以教学管理、人事制度为主要内容的创新改革，从而推动了教育事业的全面发展。2004 年，全市农村高中教育进入城区规划。到 2007 年 7 月，原高密四中搬入凤城中学，境内全面实现高中教育城区化。2003~2008 年，全市共新建校舍 20.86 万平方米，改造农村中小学危房 3.98 万平方米。2006 年，筹建青岛科技大学高密校区和高密职业教育中心。至 2008 年，全市学校调整为高中 6 所，初中 35 所，小学 138 所，职业学校 3 所，在校学生 110708 人。截至 2008 年，高密市先后被授予国家"基础教育先进县""山东省实验教学普及县""教育工作示范县"(山东省教育工作最高荣誉)等荣誉称号。

第一章 管理体制改革

从 1992 年开始，高密市教育管理体制和人事制度经历了多次改革。通过改革，逐步建立并完善起校长职级管理制、教职工聘任制、岗位目标责任制和内部结构工资制四种机制，并建立起一套新的干部任用、教学管理和绩效考核办法。

第一节 管理机构

高密县教育局于 1978 年 8 月恢复成立。1989 年 5 月更名为高密县教育委员会。2001 年又改称高密市教育局，局内设基础教育科、专业技术教育科、人事科、财务科、办公室 5 个科室，下设教研室、督导室、招生办公室、学校生产供应管理站 4 个直属单位。2008 年，教育局内设机构调整为办公室、人事科、计财科、基础教育科、学前艺体卫科、专教科、社会力量办学科、文明办 8 个科室，共有工作人员 44 人。局下设教科院、督导室、招生办、学校生产供应管理站 4 个直属单位。乡镇于 1970 年开始设教育组，1989 年改为教育委员会，2001 年开始，改为教育管理办公室，至 2008 年未变。

第二节 教职员

师资来源

全市的教职工包括高中、初中、小学、幼儿园和中专学校的全体在编员工。其构成情况是：每年分配的大中专学生、民办和代课教师转正、民办教师考取师范院校毕业后再分配。1985 ~ 1994 年，全市共有 1846 名大中专毕业生分配到中小学任教。其间，从 1957 年至 1965 年精简下放的 574 名教师中调回 7 名上岗，将 1962 年公办转为民办的 31 名教师与长期代课后转为民办的 38 名教师转为正式教师。同时另有 540 名民办教师转为公办教师，64 名民办教师考取师范毕业后分配为正式教师。1995 ~ 2002 年共吸收录用 3997 名大中专毕业生任中小学教师。部分民办教师考取师范院校毕业分配为正式教师，或根据工龄、学历、职称、教学成绩等条件进行考核,择优实行“民转公”。其中1996年、1998年、1999年、2002年分4批共办理“民转公”2407人,占民办教师总数的98.6%。2003～2008年共吸收录用970名大专以上学历毕业生担任中小学教师。

至2008年,全市共有高中教职工1620人,其中专任教师1246人;初中教职工2912人,专任教师2536人;小学教职工1666人,专任教师1561人;幼儿教师1326人;职业中专教职工407人,其中专任教师295人。离退休教师2481人。

师资培训

1985年,各乡镇教委成立教师进修培训管理组织,设专人负责,通过函授、电视等渠道对教师进行培训。到1994年,全县小学教师达到高中、中专毕业以上水平者占教师总数的95.4%;初中教师达到中专以上水平者占85%,其中专科和本科学历达47.5%。高中教师达到大专以上水平者占75.2%,其中本科学历占33.4%。此后,随着高等教育事业的发展和新吸收录用教师高学历人员的增多,至2008年,初中以上学校教师专科以上学历占比提高11个百分点。

1997年,进行中小学教师学科基本功培训,至1999年结束,合格率达97%以上。2001年,在全市中小学开展教师职业道德教育全员培训活动。1999～2002年,连续进行全市中小学教师计算机全员培训,全市50岁以下教师9372人,89.3%达到初级以上水平,其中达到中级以上水平的占应考人员的83.8%。2008年,规定把每年四月份定为“师德建设教育月”。是年,省教育厅组织实施暑期远程研修工作,是年,高中参训教师共1292人,其中204人被评为省市两级优秀学员。

教师待遇

标准工资　1985年中小学教职工参加工资改革,新工资有基础职务工资、工龄津贴、教龄津贴。“四类区”提为“五类区”。工龄津贴标准:每满一年,月加0.5元。教龄津贴标准:从事教学工作满五年不满十年的每月3元;满十年不满十五年的每月5元;满十五年不满二十年的每月7元;二十年以上的每月10元。1989年10月始,全县教师普调一级工资。到1992年底,中专和中学教师基础职务工资最高154元,最低64元;小学教师最高145元,最低64元。1994年政府机关和事业单位职工工资套改,教师工资按职务和工作年限发放,教师标准工资每人每月增加200元左右。从1995年至2002年,公办教师工资共调整四次。2002年10月,初级职称最高者月发737元,最低者324元;中级职称最高者月发953元,最低者438元;高级职称最高者月发1408元,最低者576元。2003年7月起,机关事业单位工作人员调整工资标准,每人每月增加65元。2006年7月起,根据中央总体部署,进行机关事业单位工薪制度改革,改革后事业单位实行岗位绩效工资制度。2008年1月起,全市教师工资实现“同工同酬”,工资拨付由镇财政划归市财政。

补贴　1979年11月始,国家采取多种形式增加教职工的补助性工资。先试行公办教师班主任津贴制,中学班主任每人每月5至7元,小学班主任每人每月4至6元。1992年又增到每人每月10元至15元。1995年12月,事业单位工作人员调整职务补贴标准,最高者增加110元,最低者(见习者)增加65元;误餐补贴每人每月增加60元。1998年根据学校财力状况再适当增加,最高者可达每月180元。从1998年1月起,将机关事业单位工作人员工资中的交通补贴、洗理费、粮油补贴、粮价补贴、开放城市补贴和误餐补贴等六项归并为地方福利性补贴,标准为每人每月125元。2005年秋季开始,将小学班主任津贴提高到每月60元,初中班主任津贴提高到每月80元。2008年1月起,增加机关事业单位工作人员岗位补贴,平均每人每月330元。

民办教师工资　1982年1月始，民办教师实行工资制，除国家补助外，不足部分由集体办学经费开支。1987年后中小学民办教师工资又有增加。到1991年，小学民办教师每人月均118.85元，中学每人月均112.60元。到1994年，民师月收入最多的218元（国拨38元），最少的143元。1995年民办教师每人月均达200元，到2002年增加至370元。民办教师转公办后，即享受公办教师工资福利待遇。

第三节　人事与管理改革

领导干部任职改革　1999年1月确定乡镇教委主任、校长评审内容和办法；2月，建立教育干部考选任用制度；9月，确定人员编制及岗位职责，所有工作人员全部实行聘任制。每年通过考试考核选拔一批优秀人才，作为教育后备干部。2006年，把中小学校长和镇（街道）教管办主任分为5个系列，每个系列职级设置为五级十一等，即特级校长、一级二等、二级三等、三级三等、四级二等。按德、能、勤、绩评定等级，工资根据业绩情况随职级确定，分职级工资和绩效工资两部分。职级工资随月发放，绩效工资按校长当年工作业绩和目标任务完成情况，每学期发放一次。至2008年，先后对60多名教育管理干部进行交流任职，有7名干部被降职，4名干部被免职。至2008年末，教育部门考选后备干部“三年在库”共113人。

中层干部竞聘上岗　2008年，在市直学校和镇街职级管理学校推行学校中层干部竞聘上岗制度。选拔中层干部须先通过就职演说、答辩，最后按全部考核项目综合得分情况择优聘用。

工资待遇改革　高密教育人事制度改革从1992年开始。通过两年改革试点，1995年7月，在全市推行以“校长负责制、教职工聘任制、岗位责任制、学校内部结构工资制”为主要内容的人事制度改革。1998年4月市教委印发文件，明确校长职责和权力。建立校长职级管理制度；按需设岗，建立岗位目标责任制；落实教职工聘任制度；实行学校内部结构工资制。2002年1月，确定市教育局机构改革“三定”（定职能、定机构、定编制）方案。同年3月，规范借调教职工程序，对自行流失教职工取消编制，作为自由离职处理。

教师交流制度　2008年起，实行区域内中小学教师交流机制，采取城市优秀教师下乡“送经”与农村教师进城“取经”相结合的办法。通过对口双向交流、师徒结对交流等举措，提升农村教师队伍素质。参与交流的城乡结对学校每期互派3名优秀干部或教师到对方学校挂职任教，定期进行轮换。支教教师到农村学校任教后，根据实际情况选择1～2名农村学校教师结对，确定师徒关系，签订师徒协议。根据结对学校的师资水平和学科需求，不定期组织其他教师参与城乡交流。是年，建立艺术教师流动调配机制，打破区域和校际界限，整合全市艺术教师资源，2008年8月组建教育艺术团。下设7个艺术分团，加盟艺术教师736人。

第二章 幼儿教育

1986年，全县所有的幼儿园均为国办或集体办。随着改革开放的不断深入，从1987年开始，境内开始有私人开办幼儿园。到2000年，私立幼儿园发展到40多所。同时，村办、企业办幼儿园数量也明显增加。为规范幼儿教育，潍坊市有关部门出台了《潍坊市个体幼儿园办园标准》，之后，按照标准对全市幼儿园进行考核验收。符合标准的颁发办园许可证，不符合标准的停办或进行整顿。此标准成为日后申办幼儿园的主要依据。

第一节 园所设置

1985年，全县有幼儿园793所，教师1090人，共有入园幼儿28297人。1986年，多数企事业单位都办起了幼儿园。农村提出普及学前一年教育后，有条件的村也办起了幼儿园。1987年，县城出现私立幼儿园。到1994年底，全市私立幼儿园11所，入园幼儿400多人。1996年，全市3至6周岁在园幼儿2.2万人，入园率69%，学前一年幼儿入园率100%，幼儿教师1225人。2000年，全市有幼儿园325所，3至6岁在园幼儿21663人，入园率70.2%，学前一年幼儿入园率100%，幼儿教师1056人。是年，市教委开始在李家营镇孟家沟幼儿园等30所幼儿园进行园长承办制试点。3月，市教委组织专门人员对40多所个体办幼儿园进行验收。6月，为已达到或基本达到《潍坊市个体幼儿园办园标准》的12所个体幼儿园颁发办园许可证。2003年，全市有幼儿园255所。3至6岁在园幼儿26610人，入园率84.4%。学前一年幼儿入园率100%，幼儿教师1051人。到2008年，全市共有省示范园2所，潍坊市示范园28所，高密市示范园32所。

1986～2008年高密市幼儿园情况表

表26-1

年份	数量(所)	在校生数(人)	教职工数(人)
1986	631	19609	846
1987	640	19011	928
1988	662	19281	1094
1989	678	22875	1147
1990	642	23941	1195
1991	614	24564	1131
1992	614	24918	1193
1993	617	25200	1201

续表 26－1

年份	数量(所)	在校生数(人)	教职工数(人)
1994	617	26037	1297
1995	610	25058	1269
1996	569	22000	1225
1997	426	16452	1152
1998	426	17157	1079
1999	364	18264	1012
2000	325	21663	1056
2001	287	24752	1062
2002	255	26730	1060
2003	255	26610	1051
2004	183	15881	695
2005	176	17607	794
2006	172	17880	810
2007	159	17966	844
2008	161	19754	912

第二节　教师　教学

教师　1982 年秋，县第四农技中学专为城乡培训幼儿教师。1986～1991 年该校共培训幼儿教师 284 人。自 1998 年起，共有 80 名在职幼儿教师参加潍坊幼儿中专和高密幼职高中函授学习。1990 年，对全县幼儿教师进行职称评定，有 58 人被评为小学高级教师职称，226 人为小学一级教师，319 人为小学二级教师。1999 年，建立幼儿教师资格认定制度，对全市幼儿教师进行文化知识和专业技能考试，裁减不合格幼儿教师 116 人。其后，凡担任幼儿教师，要求必须取得资格认定并持证上岗。

教学　入园幼儿分为小、中、大班及学前班，从生活习惯、文体活动、思想品德到幼儿知识等方面进行施教。1980～2000 年，使用全国统编教材，有语言、计算、常识、体育、音乐、美术、游戏七科，有的加设英语。幼儿出园时，一般能认 100 多个汉字，会 20 以内加减法，会唱、表演、朗诵三十多支儿歌，会十几种儿童舞蹈，懂得待人接物常用的文明礼貌语言与动作。2001 年 2 月始，以《山东省幼儿园素质教育活动材料》为幼儿园教材，注重幼儿情感、能力、知识、技能等全方位发展，规范行为，养成良好的生活学习习惯。

第三节　园所管理

1987 年开始，境内出现个体幼儿园。随着入园幼儿增多，大批个体幼儿园应运而生，其中不少未经登记注册擅自开办，造成幼儿教育管理混乱。2004 年，全市清理非法幼儿园 50 余所。2005 年，确立大龄幼儿教师退养制度、在职在岗幼儿教师工资待遇和养老保险保障，规范和完善幼儿教师资格认定和持证上岗制度等有关规定。2006年，针对农村税费改革政策的实施、农村幼儿教育经费不足、幼儿教师工资偏低等突出问题，市教育局对学前教育的管理体制、园所布局、个体幼儿园的审批、幼儿教师待遇等有关问题进行了规范。

幼儿园选介

高密市机关幼儿园　位于新德街23号，始建于1953年，属市级机关后勤服务处管理。1993年被上级命名为省级实验幼儿园。幼儿园占地面积5600平方米，建筑面积4300平方米，可容纳24个教学班、800名幼儿。园内设综合活动室、多媒体教室、科学发现室、图书阅览室、微机室及网络配套设施。园区户外活动场地充足，配有功能多样的现代化大中型玩教具，设施先进齐全。截至2008年，全园有教职工95人，90%以上的教师具有大专以上学历，教师学历及专业合格率达到100%。其中有49人获省市级优秀教师、先进工作者、教学能手、幼教学科带头人等荣誉称号。幼儿园于1994年成立"小天鹅"艺术团，所表演节目多次在国家、省、市级比赛中获奖。该园先后与农丰社区、市供电公司联合办起两所分园。先后获全国爱国启蒙教育示范园、书香幼儿园、山东省学前教育先进集体、儿童少年工作先进集体、潍坊市"十佳"幼儿园、托幼工作先进集体等荣誉称号。

■机关幼儿园"六一"晚会时装表演

第三章　小学教育

1986年，全县小学454所，小学生79574人，普及率、入学率和巩固率均达99%。1991年12月，经省教委验收，高密县成为普及初等义务教育县，受到通令嘉奖。进入20世纪90年代之后，市教育部门针对部分小学基础设施差、师资力量薄弱、生源不足等问题，在全市整个系统范围内，多次对全市小学设置进行优化撤并，对师资力量进行充实调配，至2008年，全市小学调整为138所，布局基本趋于合理。2006年，全市通过"山东省实验教学示范县"评估验收。

第一节　学校设置

1986～1996年，全市撤并小学104所，保留350所，有些村只保留几个班的教学点。1996年6月，高密市第二实验小学成立，属市教委直接管理。是年，高密市实验小学更名为高密市第一实验小学。2000年，由张家埠社区居委会下属企业正大实业总公司投资兴建全市第一所民办小学——康成小学。学校占地面积 42 亩，建筑面积 1.1 万平方米。2004 年 5 月，民办恒涛双语实验学校建成。1997 年至 2008 年，又先后多次对部分小学进行撤并整合，到 2008 年，全市小学总数为 138 所，其中完全小学 66 所，初级小学 40 所，教学点 32 个，在校生 58691 人。

1986～2008 年高密市小学学校分布表

表 26－2

镇街区	学校名称	个数
密水	东关小学、崇实小学、康成小学、拒城河小学、密水小学、下家庄小学、刘戈庄小学、周阳小学、道乡小学、东施小学、王柱小学、姜家屯小学、刘官小学、杨戈庄小学、店子小学、莳戈庄小学、苗家屯小学、律家村小学	18
醴泉	北关小学、实验学校、尧头小学、康庄小学、蔡家站小学、倪家庵小学、钟家屯小学、关爷庙小学、沂塘小学、永安小学、韩家小学	11
开发区	开发区小学、红旗小学、东栾小学、八里小学、埠口小学、苓芝小学	6
朝阳	姚哥庄小学、张鲁小学、南曲小学、东牟小学、芝兰小学、大王庄小学、后张鲁小学、冯家庄小学、张鲁集小学、毛家屯小学	10
夏庄	夏庄小学、北村小学、官庄小学、伏家庄小学、南直小学、河崖小学、至诚小学、东流口子小学、新赵小学、东风小学、杨家丘小学、王家丘小学	12
柏城	柏城小学、育才小学、柏城镇故献小学、大村小学 、柏城大吕小学、夏家沟小学、店子小学、李家营小学、祝家庄小学、化山小学、李家屯小学、杨家栏子小学、王吴学校（九年一贯制）	13
阚家	初家学校（九年一贯制）、育林小学、阚家小学、杨岭庄小学、泊子小学、双羊小学、姚家山甫小学、高戈庄小学、徐睦小学、方戈庄小学、谭家营小学、克兰小学、姜戈庄小学、张秋小学、坊岭小学、山东小学	16
井沟	井沟小学、田庄小学、金城小学、前院头小学、吴家庄小学、呼家庄小学、高家庄小学、实验小学、红绣小学、杨家小学、林家小学、后宋小学、老庄小学、孙家庄小学、张家墩小学	15
柴沟	柴沟小学、方市小学、土庄小学、马旺完小、于戈庄小学、王柱小学、朱翰小学、刘戈庄小学、朱公小学、梁尹小学、滕家庄小学、葛家大浒小学、曹疃小学、前沙沟小学、注沟小学、西注沟小学、张戈庄小学、水西小学	18
姜庄	姜庄小学、李仙小学、老屯小学、崔家小学、聂家教学点、城子教学点、付口教学点、长村教学点、仁和学校（九年一贯制）、咸家学校（九年一贯制）、瑞发学校（九年一贯制）	11
大牟家	大牟家小学、大迟家小学、大孙家小学、和顺小学、毛李小学、官庄小学、周戈庄小学、官厅小学、秦家庄子小学、魏家坊小学	10
市直	第一实验小学、第二实验小学、恒涛双语实验学校	3

第二节 学制 课程

学制 1969～1998年小学实行5年学制。1999年秋季，小学学制由五年制改为六年制，至今未变。

课程 1969～1998年，小学使用九年义务教育"五四"学制全日制小学课程，分学科课程和活动课程两类。学科课程包括思想品德、语文、数学、社会、自然、体育、音乐、美术、劳动等学科。活动课程包括晨会（夕会）、班队活动、科技文体活动。1995年计算机教育与基础教育相结合，计算机课程作为必修课在小学开设。1999年春季开始在五年级开设外语课程，音乐改为唱游音乐，科技文体活动改为科技文体卫生活动。1999年下学期劳动课程改为科技与工艺，社会、自然、品德整合为综合常识。2000年秋季新学期，全市小学一年级开始执行国家基础教育小学新课程。课程设置以综合课程为主，小学低年级开设品德与生活、语文、数学、体育、艺术（或音乐、美术）等课程，小学高年级开设品德与社会、语文、数学、科学、外语、综合实践活动、体育、艺术（或音乐、美术）等课程。

第三节 学校管理

1985年，县、乡、村三级办学的管理体制定型。实验小学为县办，其余小学全部由乡镇和村办。中心小学校长由县教委任命，其余小学领导均由乡镇政府任命。教师可在本乡镇调配。每乡镇设一所中心小学、几个学区。每学区有一所学区小学和片村小学，片村小学由学区小学负责业务管理。自1995年开始，市第一实验小学、市第二实验小学由教育局管理，其他小学由各乡镇教委管理，管理体制为：乡镇教委——乡镇中心小学——学区小学——各村小学（教学点）。1989年后，学校内部管理改革，规模大的除设教导处和总务处外，还成立了德工处，专管德育工作。2002年8月，河崖镇大栏中学与大栏小学、李家营镇王吴中学与王吴小学、仁和镇咸家中学与咸家小学、阚家镇初家中学与初家小学分别合并进行九年一贯制学校试点改革。自1992年至2003年，河崖镇中心小学、姜庄镇中心小学、大牟家镇中心小学、夏庄镇中心小学、高密市第二实验小学、开发区中心小学、康成小学等7所小学被评为山东省规范化学校。

中心小学、学区小学、完全小学均设校长、教导主任，一般小学只设负责人。中心小学校长负责乡镇小学的教学业务。1998年，市第二实验小学进行改制，面向全市招聘校长，学校实行"学校国有，校长承办，经费自筹，办学自主"的办学体制。2006年，对班主任实行全员职级管理，建立骨干系列班主任评选制度。班主任职级分五级八等。分别为特级班主任、高级班主任（含高级一等、高级二等）、中级班主任（含中级一等、中级二等）、初级班主任（含初级一等、初级二等）、见习班主任。班主任职级实行分层管理，分级聘任。特级班主任和高级班主任纳入全市骨干系列班主任进行统一管理，并与教师骨干系列的前三个层级对应享受相同的政治待遇与经济待遇。特级班主任和高级班主任由市教育局单独制定标准并统一组织评聘。中级班主任、初级班主任和见习班主任，以镇、街道和市直学校为单位进行评聘。同年，"班主任培养与管理体制研究"被潍坊市教育局确定为重大教育教学问题行动研究项目。"班主任全员职级制和骨干系列班主任评选制度"被评为"2007年潍坊市教育创新项目一等奖"。2008年，组织第一实验小学和醴泉街道永安小学、第二实验小学和开发区红旗小学、恒涛双语实验学校和开发区八里小学、东关小学和密水街道密水小学、康成小学和密水街道刘戈庄小学、崇实小学和密水街道下家庄小学、开发区小学和开发区苓芝小学等14所学校，两两对应建立了7个城区小学一体化发展教育共同体，以促进城区义务教育均衡发展。

■市第一实验小学一角 （2008年 摄）

小学选介

高密市第一实验小学 位于人民大街1958号，原为高密县城关镇西关小学。1982年11月，更名为高密县实验小学。学校占地10545平方米，建筑面积9148平方米，有两幢教学楼，一幢科技楼，设有少儿书画院、少年科学院、小百灵广播站、校内电视台、校园网，以及图书室、阅览室、科学实验室、美术活动室、多媒体教室等多个个性化特种教室。1985年，有教职工61人，教学班22个，学生1164人，另有智弱儿童辅读班1个，智弱儿童10人。1996年7月更名为高密市第一实验小学。2000年5月成立高密市第一实验小学少儿书画院。自2000年至2008年学校师生数一直呈上升趋势。2008年有教学班39个，在校学生2730人，教职工137人(其中专任教师128人)。教师学历达标率100%，其中，大专以上学历117人。其间，学校获得“潍坊市规范化学校”“山东省艺术教育示范学校”“山东省教学示范学校”等荣誉称号。先后被上级确立为全国合作教育重点实验基地、国家舞蹈实验基地和山东省创新教育实验研究基地。

高密市恒涛双语实验学校 位于永安路南首，学校占地3.1万平方米，建筑面积1.7万平方米。2003年9月，根据上级关于依托名校建民校的有关精神，市里依托高密市第一实验小学，以教职工入股、银行贷款和恒涛科技公司共同投资的方式开始筹建恒涛双语实验学校，并于次年秋建成招生。2005年，学校有27个教学班，教职工69人，学生1216人；校内“金苹果”幼儿园有8个教学班，入园幼儿334人。学校具有一流的教学设施，教学管理注重创新。一年级开设英语课程，学生一入校就接受双语教育。校园内成立起30多个学生社团，供学生课余时间开展活动。到2008年，学校有教职工90人，其中本科学历以上占96%。教学班42个，学生2000人；幼儿园有14个教学班，入园幼儿500人。建校以来，先后获“山东省民办教育先进集体”“山东省教学示范学校”“山东省实验教学普及县验收工作先进集体”等荣誉称号。

■高密市恒涛双语实验学校大门

1986～2008年高密市小学基本情况一览表

表26－3

年份	数量(所)	在校生数(人)	教职工数(人)
1986	454	79574	3913
1987	452	77444	3862
1988	450	74990	3852
1989	451	72295	3917
1990	444	68527	3803
1991	448	71172	3925
1992	438	66012	3665
1993	425	68719	4412
1994	425	71407	4429
1995	396	76154	4370
1996	350	79094	4472
1997	347	76965	4389
1998	322	70950	4367
1999	248	76334	4550
2000	204	68248	4350
2001	174	61546	4279
2002	168	57425	4138
2003	166	53402	4249
2004	154	57127	4249
2005	150	60831	4378
2006	146	59717	4238
2007	139	59587	4168
2008	138	58691	4051

注：小学教职工中含民办教师。

第四章 中学教育

1985年后，全县实施县办高中、乡镇办初中、村办小学的三级办学体制。1986年，全县有初中学校67所，学生38274人；高中学校6所，学生4701人；中学教职工总数4160人。随着生源的减少和社会对教育需求的提高，其间，教育系统内部对教育资源多次进行整合，撤并了部分学校，到2008年，全市共有初中学校35所，在校生28087人，比1986年下降26.6%；高中学校6所，在校生17418人，是1986年的3.7倍；中学教职工总数为4868人，比1986年提高17%。

第一节 学校设置

1986年，全县有初中学校67所，高中学校6所。是年4月，八中改办为高密县林果技术中学。1994年底，全市公办高中6所：一中、二中、三中、四中、五中、七中（七中1998年停招高中班）；公办初中一所：六中。六所高中共103个班，在校学生5535人；55所初中（含市六中），839个班，在校学生45388人。1996年2月，高密市第六中学（国办初中）改为李家营镇办初中。1998年7月，高密市第七中学改为初中，更名为“高密市育才实验中学”。1998年，高密五中成立初中部，并于当年开始招生。同年，康成中学、发达补习学校建校。1999年9月，康成中学开始招收首批初中学生。2001年，在成人中专成立综合高中，在发达补习学校成立慧中女子高中部。两校均于同年8月招收高中新生。2004

2008年高密市初中学校分布表

表26－4

镇街区	学校名称	合计
密水	立新中学、向阳中学、城南中学、拒城河中学	4
醴泉	古城中学、康庄中学、蔡站中学	3
开发区	朝阳中学、曙光中学	2
朝阳	姚哥庄中学、张鲁中学	2
夏庄	夏庄中学、官庄中学、河崖中学	3
柏城	柏城中学、李家营中学、王吴学校	3
阚家	阚家中学、双羊中学、高戈庄中学、初家学校	4
井沟	井沟中学 、田庄中学、呼家庄中学	3
柴沟	柴沟中学、注沟中学、土庄中学	3
姜庄	姜庄中学、仁和学校、咸家学校、瑞发学校	4
大牟家	大牟家初中、周戈庄初中	2
市直	育才实验中学、高密四中	2

年，全市共有初中学校 39 所，在校学生 35637 人；有高中学校 8 所，分别是一中、二中、三中、四中、五中、康成中学、实验中学、女子慧中，在校学生 18096 人。是年，市里提出“高中教育城区化”思路，集中办好城区 5 所和城北 1 所高中。10 月，高密三中合并到康成中学，原校址改为市创新教育实践基地。2005 年在城区南部新建凤城中学。该学校占地 407 亩，总投资 1.3 亿元，规模为 108 个教学班。2006 年原高密四中(位于双羊镇)开始在凤城中学招收高一新生，2007 年 8 月整建制迁入，原高密四中旧址改为市直属初级中学。2008 年 8 月，原与高密发达学校合办的女子慧中，合并到高密五中。到 2008 年，全市共有初中学校 35 所，在校生 28087 人；高中学校 6 所，分别是高密一中、高密二中、康成中学、凤城中学、高密五中、实验中学，在校生 17418 人。

第二节 学制 课程

学制 1987 年 3 月，县政府制定《高密县实施九年义务教育农村初中小学办学基本条件暂行标准》。1990 年始，全县实行九年义务教育，38%的初中收四年制学生。1991 年，62%的初中学校收四年制学生。1992 年，所有初中全都改为四年制。从 1992 年到 1998 年，全市初中使用九年义务教育“五·四”学制全日制初中教材。1999 年秋季新学期开始，中小学“五·四”学制改为“六·三”学制，小学由五年改为六年，初中由四年改为三年，新学制改后至今未变。

课程 初中课程设政治、语文、数学、外语、历史、地理、物理、化学、体育、音乐、美术和劳动技术等学科。高中开设语文、数学、外语、物理、化学、政治、历史、地理、生物、体育和音乐、美术等学科。1995 年，计算机课程作为必修课在中学开设。2001 年 4 月，高密市被确立为全国基础教育课程改革实验区，小学和初中自起始年级进行新课程改革实验。新课程执行国家、地方、学校三级课程管理政策。国家课程按九年一贯制设置。地方课程由省一级教育行政部门组织开发，学校选择实施。学校课程由学校根据当地的课程资源和学生学习需求自主开发，以体现学校本位。2000 年，高中开始使用国家推广的新教材。2003 年后，高中学生使用新教材高考。

第三节 学校管理

1986～1998 年，各乡镇初中学校和中心小学由乡镇管理办学，校长由乡镇政府任免；普通高中、市直初中由市教育局管理，校长由市组织部门任免。1998 年，全市教育系统推行以校长负责制、教师聘任制、岗位目标责任制、结构工资制为内容的“四制”改革后，各乡镇初中和中心小学教学业务由乡镇教委（后称教育管理办公室）负责，校长则由教育局直接管理。校长职级分为四级九等，全部实行聘任，聘书由市教育局颁发。是年，高密五中、康成中学、育才实验中学和市第二实验小学开始实施“学校国有，校长承办，经费自筹，办学自主”的国有民办公助体制，至 2008 年 12 月重新改为国办。中学内部实施分级部管理始于 1983 年，至 1994 年在全市所有中学推开。级部管理包括教学管理和教师管理，每个级部由一名副校长具体负责。学校对级部每年进行业绩考核，考核结果直接与个人收入和职称评定挂钩。该办法经过不断完善一直沿用至今。国办初中一般设有党支部，并设党政办公室、教导处、总务处、教科处、德工处等管理科室。高中设有党政办公室、教务处、德育工作处、总务处、勤工俭学处、团总支(团委)、工会等，工会设专职主席(副主席)。乡镇初中校内组织系统与公办中学大致相同，但一般不设党支部，干部职数也少。

中学选介

高密一中　位于经贸街 16 号，占地 116 亩，建筑面积 41386 平方米。1996 年，学校收回原车站小学校园占地。学校现有教学楼4幢、学生餐厅1幢、自修楼1幢、学生宿舍楼3幢、综合楼1幢和自然科学馆1幢，教学设施有天文台、千兆校园网、闭路电视台、电子阅览室、微机教室、多媒体演播室和学术报告厅等，理化生实验设备均达到省级规范化学校一类标准，所有教室配备多媒体计算机、液晶投影仪。2008年有学生3186人，教职工317人。

■康成中学南大门

1987年，学校被命名为“山东省体育传统项目学校”。1991年被命名为“山东省培养体育后备人才学校”。1994年始，学校从全县招收100名初二优秀学生，办初高中衔接实验班。学校申请立项的全国教育科学课题“农村中小学特长衔接培养实验研究”于2000年通过全国教育科学规划办公室专家组的鉴定。1999年，开设研究性课程。学校实行分层次教学、民主化教学。1995～2008年，高密一中有68人考入北大、清华。其中李文斐、张晓斐分别考取1998年和2003年全省文科第一名。其间有300多名学生在全国数理化、生物、英语竞赛中获奖，1200多名学生在各级文学艺术、科技发明、体育比赛中获奖。学校先后获“素质教育实验学校”“省级规范化学校”“全国中小学德育工作先进学校”等荣誉称号。

康成中学　位于康成大街433号，占地面积91379平方米，建筑面积6.2万平方米，是一所国办寄宿制完全中学。学校以东汉末年高密籍著名大经学家郑玄的字“康成”命名。国家原总督学柳斌、教育部副部长王湛曾先后到该校视察。学校于1998年开始建设，1999年9月开始招收首批初中学生，共24个班，1300名学生。2002年开始面向全市招收高中生，首批8个班，500名学生；同年招收9个初中班，432名学生。到2008年，有高中部59个班，3202名学生；初中部16个班，907名学生，教职工435人。学校先后被授予“中国书法艺术教育实验学校”“山东省规范化学校”“潍坊市现代教育技术示范学校”等称号。学校在2000年全国中学生数学竞赛中获山东省第一名；在2001年全国生物竞赛中获“山东省优胜单位”。

高密发达学校　原称高密市补习学校，是1998年市教育局按民营模式创办的一所国有民办公助学校。开始，学校租赁发达集团校舍(位于密水街道南关社区发达科技园内)。是年，从各普通高中选聘39名教职工任教，招收复读生10个班560人。2001年夏，在校内创办“慧中高级女子中学”，首届招收4个班178名学生。2002年10月撤离原校区，暂住康成中学。2004年3月，学校集资与高密广安第一建筑公司以BOT合作方式(共同投资双方受益)，在朝阳街道原亩坊小学校址建成新校，学校更名为“高密发达学校”。新校区占地26亩，建筑面积12000平方米。学校建有高标准实验室及多媒体教室，开通了校园网，实现了办公信息自动化。2008年，该校有补习班24个，1569名学生；女子高中班12个，533名学生。自学校开办至2008年，该校高考升学率始终保持在95%以上。学校连年被评为高密市教学工作先进学校、师德建设先进集体，吸引了全国各地的学生前去就读。

1986～2008年高密市中学基本情况一览表

表26－5

年份	初中		高中		中学教职工总数(人)
	数量(所)	在校生数(人)	数量(所)	在校生数(人)	
1986	67	38274	6	4701	4160
1987	69	38924	6	4600	4253
1988	67	35433	6	4621	4559
1989	68	34430	6	4676	4467
1990	66	36163	6	4783	4599
1991	63	38078	6	4801	4497
1992	60	38691	5	4930	4343
1993	59	42074	5	5118	4297
1994	55	45388	6	5535	4310
1995	52	47956	6	5931	5413
1996	50	47275	6	6771	5463
1997	48	48758	6	7559	5332
1998	47	51099	5	8431	5340
1999	48	41317	5	9035	5218
2000	43	44911	5	10180	5316
2001	40	46743	5	11736	5240
2002	39	43867	5	14758	5032
2003	39	42129	5	16681	5144
2004	39	35637	8	18096	4942
2005	36	27894	8	19326	4922
2006	35	24416	7	20239	4910
2007	35	24438	7	18594	4917
2008	35	28087	6	17418	4868

注：乡镇教委的工作人员统计在中学教职工一栏中，中学教职工中含民办教师。

1986～2008年高密市普通大中专学校录取学生统计表

表26－6　　单位：人

年份	本科录取数	专科录取数	高中中专录取数	合计	普通中专录取数	总计
1986	207	184	110	501	162	663
1987	190	184	55	429	280	709
1988	203	199	37	439	292	731
1989	233	207	57	497	364	861
1990	249	176	123	548	414	962
1991	240	262	130	632	416	1048
1992	205	320	138	663	421	1084
1993	239	740	153	1132	563	1695
1994	323	580	127	1030	594	1624
1995	376	733	111	1220	786	2006
1996	450	733	119	1302	1043	2345
1997	589	411	172	1172	976	2148
1998	768	471	272	1511	994	2505
1999	1031	543	237	1811	1170	2981
2000	997	947	175	2119	913	3032
2001	1337	1017	—	2354	1283	3637
2002	1370	1271	—	2641	990	3631
2003	2086	1309	—	3395	1000	4395
2004	2742	1536	—	4278	480	4758
2005	2744	2185	—	4929	122	5051
2006	2246	2691	—	4937	95	5032
2007	2555	2480	—	5035	218	5253
2008	2642	2645	—	5287	12	5299

第五章　职业教育和高等教育

1986～2008年，全市的职业技术教育正处于起步发展和规范提高阶段。主要有高密师范学校、教师进修学校和几处职业中专以及市技工学校。上述学校既承担着国家一般学历教育任务，也担负着职业能力培训职责。教育方式多种多样，除一般的课堂教学外，还包括电视、函授、刊授等多种形式和途径。由于形势的发展和社会需求的变化，全市的职业技术学校先后经过多次调整。至2008年，全市有潍坊市高密中等专业学校、高密市职业中等专业学校、高密市第一职业高级中学和高密市技工学校4所职业技术学校。

第一节　师范学校

山东省高密师范学校

位于人民大街2410号，学校占地44666.67平方米，建筑面积21565.08平方米。1996年，高密市教师进修学校、潍坊电大高密分校并入高密师范。高密师范除招收师范班外，还延续履行原教师进修学校和潍坊电大高密分校的职能。1999年11月10日，山东省高密师范学校改办为潍坊市高密中等专业学校。

招生　1984年，师范停招民办教师班，1989年复招。1985年至1998年，共招收普师班36个，学生1253人；民师班14个，学生569人；民幼师班1个，学生40人；干部中专班2个，学生76人。从1985年至1999年11月，共招收中文、英语、数学、计算机专业电大普通专科班学生574人。学校先后开办19个成人教育专业，累计培养2800名大专毕业生。

培训　1996～1999年共对506名新教师进行试用期培训；举办中小学校长培训班3期，培训短缺学科教师387人次。1996年底，学校开展中小学教师计算机理论和操作能力的培训。至1999年11月，共为全市178名取得计算机理论和操作能力的教师发放初级合格证书，579名教师发放中级合格证书，98名教师发放高级合格证书。

潍坊市高密中等专业学校

该校前身为山东省高密师范学校。改办后，原教师进修学校和潍坊广播电视大学高密分校的职能仍由该校承担。2007年8月，学校易地迁建，整体搬迁至杏坛西街1号新建高校园区内，与青岛科技大学高密校区同在一个校园。新校区占地面积205033平方米，建筑面积87695平方米。教职工204人，其中中级及以上职称173人，占全校教职工比例84.80%。潍坊市高密中等专业学校（高密中专）是一所集职业教育、教师培训及电大远程教育等功能于一身的综合性中等专业学校，开设电工电子、幼儿教育、计算机应用与维修（机电技术应用、学前教育、计算机应用）、机电一体化、财会、数控技术、服装等十多个专业，是国家级重点中等职业学校，2011年被认定为“国家中等职业教育改革发展示范学校”立项学校。其间，学校先后获“山东省职业教育先进集体”“山东省教师教育科研先进单位”“全国中等职业教育管理创新先进单位”等荣誉称号。

招生 学校主要招收三年制普通中专和职业中专类学生，2001至2003年期间，曾招收过综合高中班。1999～2008年，该校各类毕业生3918人，其中1338名毕业生升入高等职业技术院校。2008年，学校全日制学历教育在校生1877人，共47个教学班。

■ 高密中专学校教学实验室（实训车间）一角

培训 自1999年开始，先后举办计算机科学与技术、汉语言文学、法学、会计学、英语、应用数学、工商行政管理、教育管理等8个本科试点专业班；举办计算机应用、金融、教育管理、小学教育、法学等5个专科试点专业班。1999～2008年，学校共培养各类电大毕业生2080人，其中全日制教育毕业87人，业余教育毕业202人，开放教育毕业1791人。为机关事业单位培训计算机能力应用、会计等人才2314人。

高密中专（师范）历年毕业生情况表

表26－7

年份	班次	人数	年份	班次	人数
1985	中专干部班	76	1994	民幼师班	40
1985	普师班	149	1994	普师班	59
1986	普师班	146	1995	民师班	47
1987	普师班	156	1995	普师班	40
1988	普师班	140	1996	民师班	83
1989	民师班	74	1996	普师班	55
1989	普师班	67	1996	幼师班	11
1990	民师班	74	1996	电子技术班	20
1990	普师班	63	1997	民师班	87
1991	民师班	68	1997	普师班	77
1991	普师班	44	1998	普师班	79
1992	民师班	45	1998	幼师班	22
1992	普师班	65	1998	文秘班	16
1993	民师班	45	1999	普专计算机班	83
1993	普师班	57	1999	文秘班	27
1994	民师班	45	1999	美术班	14

续表 26－7

年份	班次	人数	年份	班次	人数
1999	企业管理班	13	2003	普专幼师班	22
1999	职专计算机班	101	2003	普专家电班	7
1999	职专家电班	60	2003	高中班	128
1999	职专幼师班	40	2004	计算机班	95
1999	职专美术班	9	2004	幼师班	88
2000	职专计算机班	49	2004	韩语班	65
2000	职专家电班	15	2004	财会班	26
2000	职专美术班	10	2004	机电班	39
2000	职专幼师班	28	2004	家电班	24
2000	普专计算机班	12	2004	实用美术班	14
2000	普专家电班	5	2005	工艺美术班	14
2000	实用美术班	5	2005	幼师班	55
2000	餐旅班	12	2005	会计班	60
2001	职专计算机班	54	2005	商务外语班	25
2001	职专幼师班	42	2005	计算机班	76
2001	职专家电班	13	2005	机电班	56
2001	普专幼师班	5	2006	职专会计班	109
2001	普专家电班	2	2006	工艺美术班	21
2001	普专计算机班	3	2006	机电技术班	126
2001	高中班	238	2006	计算机应用班	108
2002	职专计算机班	34	2006	汽修班	13
2002	职专幼师班	53	2006	商务外语班	1
2002	工艺美术班	12	2006	幼师班	57
2002	普专计算机班	1	2007	会计班	39
2002	普专幼师班	5	2007	电子电器班	1
2002	普专工艺美术班	1	2007	服装班	14
2002	高中班	149	2007	机电班	274
2003	职专计算机班	50	2007	计算机网络班	28
2003	职专幼师班	62	2007	计算机应用班	29
2003	职专家电班	17	2007	模具设计与制造班	102
2003	普专计算机班	24	2007	汽修班	19

续表 26－7

年份	班次	人数	年份	班次	人数
2007	商务外语班	2	2008	计算机网络班	24
2007	数控班	26	2008	计算机应用班	67
2007	幼师班	28	2008	汽修班	8
2008	技术班	1	2008	商务外语班	13
2008	服装制作班	103	2008	数控班	319
2008	会计班	69	2008	幼师班	55
2008	机电班	220			

高密市教师进修学校

1978 年 4 月，高密县教师进修学校（含函授站）在高密师范学校创办，由高密师范统一领导。1981 年 8 月，昌潍地区行署批准，高密县教师进修学校正式成立，校址迁至县城东交通路 73 号（即现在市第二实验小学校址）。学校占地 19580 平方米，建筑面积 3800 平方米。1986 年 6 月，高密县教师进修学校设函授站（后改为函授处）、教务处、培训处，后又增设学校办公室。1994 年，共有教职工 36 人，各类学员（包括电大、中师函授、高师函授、卫星电视教学、短期培训）约 4000 人。1996 年 7 月，教师进修学校并入高密师范，划归为师范学校培训处。其原有的学校职能逐步减少，只组织全市中小学教职工短期业余培训。

招生培训　学校主要任务是培训中小学教师。举办过语文、英语、生物、物理、历史课等短训班，后期还举办过中小学校长、教导主任及团干部短训班；开设过中师高职进修班、退休教职工接班子女进修班、电视大学班、音像班、卫电中师班、高师专科班等。函授处具体负责中、小学教师的函授教育事宜。

第二节　职业中专

高密市成人中等专业学校、财经职业中等专业学校

学校位于昌安大道 1799 号，原第六职业中学校址。占地 75 亩，建筑面积 26690 平方米。1987 年，“高密县职业中学”按序列更名为“高密县第六职业高中”。1989 年 7 月，以原高密县农民中等专业学校为载体，将高密县第六职业中学、高密县职工教育培训中心并入，成立“山东省高密县成人中等专业学校”，为原农民中专的延续。1995 年 9 月，又在高密市成人中等专业学校基础上成立财经职业中等专业学校，两个校名，一套机构。1989～2000 年，校内共设过机电、建筑、财会、经管、化工和计算机六个专业，毕业生 546 人；校外班办过 11 个专业，毕业生 19809 人；共办各种培训班 31 个，毕业生 1258 人。

2000 年在成人中专、财经职业中专基础上，成立高密市综合高中，实行一套机构，三个牌子，实现了职教、成教与普教的三教合一。当年招收四个高中班，学生 260 人。2003 年 9 月，该校招收最后一批中专学生 380 人，6 个班（该批学生于 2006 年毕业）。是年，学校共有各类教学班 47 个，学生 2585 人，教职工 252 人。2004 年 3 月 26 日学校改制，更换牌子为高密市实验中学，自此职教、成教完全退出，学校正式变为普通高中。学校曾获得“省级重点职业中专”“全省成人中等专业学校先进学校”等荣誉称号。

高密市职业中等专业学校

该校是省政府备案的潍坊市重点职业中专。校址位于原姚哥庄镇驻地，原名高密县第七中学。学校占地面积48673平方米，建筑面积1.37万平方米，现有教职工119人。1982年8月,将普通教育改为职业技术教育,学校命名为高密县第三农业技术中学,招收初中毕业生,学制三年。1987年,全县农业技术中学统一改为职业高级中学，学校命名为高密县第五职业高级中学,招收初中毕业生,学制三年。1990年3月，学校更名为高密县职业中等专业学校，招收初中毕业生,学制三年。1999年7月,学校改为“高密市中小学生职业技能科技创新教育实践基地”,主要担负培养高密市中小学职业技能科技创新教育培训任务。2004年转为中等职业学校，开办中职教育。专业有机械制造、电工电子、服装、畜牧兽医等重点专业，当年招生315人。2005年起学校增设空港服务、数控技术、焊接等专业。2004～2008年,共毕业学生576人,其中有105人升入高等职业院校。2008年,共有学历教育在校生1115人,31个教学班。学校曾获全国中小学思想道德建设实验学校、潍坊市职业教育改革先进集体、高密市首届师生技能比赛第一名等荣誉。

高密市第一职业高级中学

位于原康庄镇驻地，学校占地面积39133平方米,建筑面积5783平方米。1958年建校,原名高密县第六中学,1983年改为高密县第一农业技术中学,1987年改为高密县第一职业高级中学,1994年更名为高密市第一职业高级中学。1996年由潍坊市教委认定为合格职业高级中学。学校先后开设国防教育、电子电器、特警、纺织、机电技术及应用、计算机应用、电子商务、船舶驾驶与轮机管理、汽车运用与维修、鞋业管理与鞋类设计等专业。国防教育为学校骨干专业。1986～2008年,该校共招生3656人。其中,2008年招生135人。是年,该校在校生为524人,教学班12个;教职工79人,其中高级职称11人，中级职称46人。

第三节　技工学校

高密市技工学校于1989年6月建立,由县劳动局主管。1989年11月在县委党校开学。1990年12月迁至康成大街1966号，占地70亩,建筑面积2.4万平方米。建校初期,开设车工、钳工、电工、化纤保全、砖瓦抹灰、烹饪七个专业。1998年后先后设置建筑抹灰、商品经营、汽车维修、染整、机电一体化、电子商务、会计电算化、数控加工技术专业。2005年成立计算机信息、数控技术、电气工程、焊接与汽修四个实训中心,并成立高职升学高考部。2005年被批准设立高级技工专业。到2008年学校共有教职工125人,开设13个中、高级技工专业,是年在校学生2327人。2004年晋升为省(部)级重点技工学校,2008年晋升为国家级重点技工学校。

1996年,学校成立职业技能鉴定所(学校内部机构,对外称高密市职业技能鉴定所)。该所承担着市劳动人事部门的职业技能鉴定职能。自成立至2008年，共鉴定技术工人31867人，共160个工种。

招生　1989～1998年,主要招收本地初、高中毕业生，农业户口学生交纳5000～10000元可转为城镇户口。1989～1998年招生安置一律按指标进行,招生分配没有压力。1999年后,随着国有集体企业的改制，学校招生安置工作受到很大影响,学校生源减少。到2002年基本实现由原来的计划分配到个人自主择业的根本转变,招生与安置被推向市场化。2004年后,学校转变办学观念,寻求发展出路,招生生源注重向周边县市区和西部地区拓展,向高中生拓展,同时加强了与大中型企业的合作，学校招生与学生就业出现了新的转机，毕业生供不应求。1989～2008年共招收学生7779人，其中,2008年招生838人,是1999年的7.16倍。

实习　1992年学校成立技工机械厂、建筑装饰装潢公司、实习饭店、纺织厂等经济实体。1998年校办企业改制。此后,先后与20多家大中型企业签订长期合同,作为校外学生实习基地。其间学校建立起4个实训基地。

1989～2008年高密市技工学校招生安置统计表

表26－8　　单位:人

年份	1989	1990	1991	1992	1993	1994	1995	1996	1997	1998
招生数	215	279	316	222	175	224	356	425	373	216
安置数			53	441	310	220	190	220	350	420
年份	1999	2000	2001	2002	2003	2004	2005	2006	2007	2008
招生数	117	166	229	423	559	505	652	665	824	838
安置数	370	216	117	160	220	410	550	558	569	628

1986～2008年高密市职业学校基本情况一览表

表26－9

年份	数量(所)	在校生数(人)	教职工数(人)	年份	数量(所)	在校生数(人)	教职工数(人)
1986	6	1895	255	1998	4	1737	410
1987	6	2121	293	1999	5	2132	571
1988	6	2245	307	2000	5	2335	553
1989	6	2247	364	2001	5	3223	502
1990	6	2772	388	2002	5	3619	525
1991	6	2844	400	2003	5	4317	733
1992	6	2806	403	2004	4	5688	574
1993	6	3159	413	2005	3	4628	372
1994	6	3414	430	2006	3	3997	387
1995	6	3383	464	2007	3	4378	390
1996	6	3043	489	2008	3	6512	403
1997	4	2038	422				

高密市中等专业学校基本情况一览表

表26－10

校　名	校　址	办学时间	学　制	备　注
高密县农民中等专业学校	张家墩	1978.8～1989.7	半年、一年、二年、三年	1978年8月为高密县"五·七"大学,1982年1月更名为高密县农民技术学校,1983年改为现名。1988年9月迁入高密城,借用高密县第六职业高中校舍。1989年7月,与六职中、高密县职工教育中心合并为成人中专。

续表 26－10

校名	校址	办学时间	学制	备注
高密市成人中专、高密市财经职业中专、高密市综合高中	昌安大道南首路东	1989.7～2004.3	二年、三年	1995年9月，学校在原成人中专基础上，添名"高密市财经职业中等专业学校"，2000年8月，又添名"高密市综合高中"。2004年3月26日更换校牌为高密市实验中学。
高密市教师进修学校	夷安大道中段路东	1978.3～1996.7	一年、二年、三年	1978年3月，在高密师范创办。1981年8月学校正式成立。1996年7月，并入高密师范。
高密师范	人民大街西首	1959～1999.11	二年、三年	1976年8月，恢复成立，借用高密一中校舍，1977年迁入人民大街西首，1999年11月，学校改名为"潍坊市高密中等专业学校"。
潍坊市高密中等专业学校	人民大街西首	1999.11～2007.8	三年	1999年11月，原高密师范改名为"潍坊市高密中等专业学校"，不再从事师范教育，主要承担高密市中等专业人才的培养工作。
	杏坛西街1号	2007.8至今	三年	2007年8月，学校通过易地迁建的方式，整体搬迁至杏坛西街1号新建高校园区内，与青岛科技大学高密校区同在一个校园。

第四节　高等教育

青岛科技大学高密校区　为满足经济社会发展对高素质实用型人才的需求，从2005年起，市政府积极与青岛科技大学磋商，探索合作办学。2006年达成合作意向并正式启动筹建工作。青岛科技大学高密校区规划占地800亩，建筑面积20万平方米，校区建设共分三期进行。是年6月18日，高密校区一期工程开工建设，占地330亩，投资1.3亿元，到2008年底已建成校舍6.4万平方米，其中，教学楼8幢、科技楼1幢、实训车间2幢、会堂1幢、学生宿舍4幢、餐厅1幢。2009年正式开始招生，设置应用化工技术、机械设计与制造、国际经济与贸易、计算机应用技术、商务英语以及艺术设计等6个专科专业。青岛科技大学高密校区的设立，填补了高密市无全日制高等院校的空白。

2008 年高密市职业中学基本情况一览表

表 26－11

校 名	校 址	办学时间	学 制	备 注
高密市第一职业高中	康庄	1987.8 至今	三年	1982 年为高密县第一农业技术中学,1987 年改为高密县第一职业高中,1994 年更名为高密市第一职业高中。
高密市第二职业高中	大牟家	1987.8～2004.10	三年	1983 年为高密县第二农业技术中学,1987 年改为高密县第二职业高中,1994 年更名为高密市第二职业高中。2004 年,因全市职业教育资源整合、学校布局调整撤并。
高密市第三职业高中	注沟	1987.8～1996.7	三年	1985 年为高密县第四农业技术中学,1986 年 4 月改为高密县林果技术中学,1987 年改为高密县第三职业高中,1994 年更名为高密市第三职业高中,1996 年 7 月并入成人中专。
高密市第四职业高中	河崖	1987.8～1996.7	一年、三年	1983 年为高密县第四农业技术中学,1984 年改为高密县幼教职业中学,1987 年改为高密县第四职业高中,1996 年 7 月并入高密中专。
高密市第五职业高中 高密市职业中等专业学校	姚哥庄	1987.8 至今	三年	1982 年为高密县第三农业技术中学,1987 年改为高密县第五职业高中,1990 年 3 月改为高密县职业中等专业学校,1999 年 7 月,学校改为“高密市中小学生职业技能科技创新教育实践基地”。2004 年转型为中等职业学校。2004 年,因全市职业教育资源整合、学校布局调整,第五职业高中撤并。
高密县第六职业高中	昌安大道南首路东	1985.11～1989.7	三年	1985 年为“高密县职业中学”,1987 年 8 月,更名为“高密县第六职业高中”,1989 年 7 月,合并为成人中专。1995 年 9 月在成人中专学校基础上成立财经职业中专,2000 年增设综合高中,2004 年 3 月 26 日更换牌子为高密市实验中学。

1986～2008年高密市职业学校招生安置情况表

表 26－12　　　　单位：人

高密师范			高密中等专业学校			成人中等专业学校			财经职业中等专业学校			综合高中			第一职业高中			高密职业中等专业学校		
年份	招生	安置	年份	招生	安置	年份	招生	安置	年份	招生	安置	年份	招生	安置	年份	招生	安置	年份	招生	安置
1986	146	72	1986	—	—	1986	207	—	1986	—	—	1986	—	—	1986	125	110	1986	93	63
1987	156	258	1987	—	—	1987	370	—	1987	—	—	1987	—	—	1987	159	92	1987	55	85
1988	140	108	1988	—	—	1988	334	—	1988	—	—	1988	—	—	1988	63	101	1988	90	68
1989	141	144	1989	—	—	1989	284	192	1989	—	—	1989	—	—	1989	40	115	1989	91	89
1990	137	146	1990	—	—	1990	170	347	1990	—	—	1990	—	—	1990	325	148	1990	166	52
1991	112	138	1991	—	—	1991	165	329	1991	—	—	1991	—	—	1991	92	60	1991	181	85
1992	110	135	1992	—	—	1992	299	276	1992	—	—	1992	—	—	1992	103	38	1992	240	87
1993	102	132	1993	—	—	1993	266	158	1993	—	—	1993	—	—	1993	224	300	1993	158	148
1994	134	110	1994	—	—	1994	374	153	1994	—	—	1994	—	—	1994	174	90	1994	118	172
1995	87	105	1995	—	—	1995	325	289	1995	325	—	1995	—	—	1995	256	100	1995	145	218
1996	138	99	1996	—	—	1996	353	257	1996	353	—	1996	—	—	1996	199	205	1996	203	150
1997	173	127	1997	—	—	1997	351	367	1997	351	—	1997	—	—	1997	177	160	1997	26	98
1998	151	86	1998	—	—	1998	76	319	1998	76	319	1998	—	—	1998	143	250	1998	0	137
1999	—	173	1999	347	—	1999	398	340	1999	398	340	1999	—	—	1999	88	170	1999	中小学技能培训	194
2000	—	110	2000	136	—	2000	201	338	2000	201	338	2000	259	—	2000	240	160	2000	中小学技能培训	25
2001	—	116	2001	357	—	2001	319	70	2001	319	70	2001	462	—	2001	105	130	2001	中小学技能培训	0

续表 26－12

高密师范			高密中等专业学校			成人中等专业学校			财经职业中等专业学校			综合高中			第一职业高中			高密职业中等专业学校		
年份	招生	安置	年份	招生	安置	年份	招生	安置	年份	招生	安置	年份	招生	安置	年份	招生	安置	年份	招生	安置
2002	—	—	2002	255	347	2002	385	386	2002	385	386	2002	521	—	2002	203	80	2002	中小学技能培训	0
2003	—	—	2003	310	136	2003	380	189	2003	380	189	2003	990	251	2003	219	200	2003	中小学技能培训	0
2004	—	—	2004	351	357	2004	—	311	2004	—	311	2004	965	457	2004	158	95	2004	315	0
2005	—	—	2005	286	255	2005	—	376	2005	—	376	2005	1218	518	2005	39	195	2005	132	0
2006	—	—	2006	435	310	2006	—	373	2006	—	373	2006	1018	982	2006	98	198	2006	819	0
2007	—	—	2007	562	351	2007	—	—	2007	—	—	2007	813	959	2007	291	158	2007	585	297
2008	—	—	2008	879	286	2008	—	—	2008	—	—	2008	715	1118	2008	135	38	2008	578	126

第六章　成人教育

1986～2008年，全市的成人教育主要包括干部职工业余教育和农民业余教育两个方面。干部教育除分期分批参加党校学习和岗位培训外，主要是通过电大、函授等途径学习。农民教育前期主要依托县办农业广播学校高密分校、农民中等专业学校组织农民参加学习，后期亦有部分农民通过电视、函授、刊授和参加各种培训班等途径接受教育。随着形势发展和社会进步，人们接受教育的机会增多，新进入机关和事业单位的人员绝大多数拥有相当学历。进入21世纪，在职参加各种业余学历教育的比20世纪八九十年代明显减少。

第一节　业余教育

干部职工教育　1985年4月，县政府成立"县直属机关干部文化学校"，业余学习高中课程，学制两年半。教师2人，学员40人。此后，干部教育除分期分批参加党校学习和岗位培训外，均按各自工作内容和文化程度参加电大、广播进修、函授等学校进行培训学习。1986～1988年，全县办各类职工学校（班）15处，有专职工作人员39人，兼职人员20人。共招生958人，毕业512人。1987年底有1050名职工参加业余中专学习，部分职工参加自学、刊大、函大等多种形式的高等教育学习。1988年底，全县151个企业单位的19633名工人有77%分别取得初中、高中毕业证书。1990～1998年7月，成人中专联合企事业单位举办校外延伸班，共办31个教学班，1258名学员获得省教委颁发的成人中等专业学校毕业证书。各乡镇干部、职工培训由各乡镇成人教育中心学校负责，主要依托省农业广播电视学校进行函授教育和短期培训。市委党校从1985开始进行函授教育，1993年成立函授站（中层科室），沿用至今，同时成立中共中央党校函授山东分院高密辅导站、中共山东省委党校函授潍坊分院高密学区，陆续招收中央广播电视大学大专班，1988年开始招收中央党校函授大专班、本科班，1993年起开始招收中共山东省委党校函授大专班、本科班，至2008年招收最后一级学员。

农民教育　1986年以后，农民教育的重点是技术培训。根据上级要求，全县采取县、乡镇、村三级办学方式，利用县办农业广播学校高密分校和农民中等专业学校，乡镇办农民文化技术学校（后改为农科教培训中心，即成人教育中心学校）和村办农民业余技术学校（部分有条件的村开办），加强了对农民的技术培训。

20世纪90年代初期，根据上级统一安排，再次在农村展开扫盲工作。1994年，省政府"双基"工作（基本普及九年义务教育，基本扫除文盲）检查验收组对高密"双基"工作进行检查验收，确认高密已经达到国家和省定"双基"标准。1995～2008年，各乡镇、街道成人中心学校围绕中学毕业生返乡技能培训、职工再就业培训、城乡社区文化建设等，每年根据社会发展和群众需要，针对不同群体，采取不同形式，举办不同类型的学习班，一般每年在5～10期。

第二节 函授广播电视教育

函授 1986～1992年教育系统的函授教育由教师进修学校负责。6年间共有中师函授生1160人、大学专科函授生521人、大学本科函授生221人毕业。1992年成立"潍坊广播电视大学高密分校"后，电大、函授教育由电大分校全面负责。至2008年，共有2268名函授生毕业，其中专科464人。具体函授情况见"1979～2008年高密电大毕业生情况一览表(表26-14)"。其中学习形式为"业余"的即为电大分校接受函授教育的学员数情况。

市委党校从1985年开始进行正规化办学并于当年招生，至2008年招收最后一级学员，累计培养各类学员5544人。其中，省委党校党政干部管理中专班161人；中央广播电视大学党政干部专修科大专班55人；省委党校涉外经济管理大专班84人；省委党校涉外经济管理本科班328人；省委党校农村干部大专班372人；中央党校政法专业大专班72人；中央党校经济管理函授大专班1103人；中央党校法律大专班74人；省委党校经济管理大专班816人；省委党校法律大专班276人；省委党校企业管理大专班107人；省委党校会计学专科班140人；省委党校经济管理本科班576人；省委党校法律本科班530人；中央党校经济管理本科班147人；中央党校法律本科班136人；中央党校经济管理高中起点本科班247人；中央党校法律高中起点本科班150人；省委党校财务管理本科班19人；省委党校建设经济管理专科班59人；省委党校建设经济管理本科班92人。

1985～2008年中共高密市委党校招收学员情况一览表

表26－13 单位：人

年份	举办班次	学员数	年份	举办班次	学员数
1985	中央广播电视大学党政干部专修科大专班	55	1995	中央党校经济管理函授大专班	126
	省委党校、省教育厅党政干部管理中专班	83		省委党校涉外经济管理函授本科班	115
1987	省委党校、省教育厅党政干部管理中专班	41		省委党校农村干部函授大专班	132
1988	中央党校经济管理函授大专班	130	1996	省委党校涉外经济管理函授本科班	81
1989	中央党校经济管理函授大专班	149		省委党校经济管理函授大专班	119
	省委党校、省教育厅党政干部管理中专班	37	1997	省委党校经济管理函授本科班	108
1992	中央党校经济管理函授大专班	134		省委党校经济管理函授大专班	112
1993	中央党校经济管理函授大专班	95	1998	省委党校经济管理函授大专班	107
	省委党校涉外经济管理函授大专班	84		中央党校政法专业函授大专班	72
1994	中央党校经济管理函授大专班	212	1999	省委党校经济管理函授大专班	111
	省委党校涉外经济管理函授本科班	132		省委党校法律函授大专班	64
	省委党校农村干部函授大专班	240		省委党校经济管理函授本科班	115

续表 26－13

年份	举办班次	学员数	年份	举办班次	学员数
2000	省委党校经济管理函授大专班	78	2005	中央党校经济管理函授本科班	71
	省委党校法律函授大专班	40		中央党校法律函授本科班	69
	省委党校经济管理函授本科班	50		省委党校财务管理函授本科班	19
	省委党校法律函授本科班	73	2006	省委党校会计学函授大专班	42
2001	省委党校经济管理函授大专班	53		中央党校经济管理函授高中起点本科班	68
	省委党校法律函授大专班	47		中央党校法律函授高中起点本科班	48
	省委党校经济管理函授本科班	48		省委党校建设经济管理函授大专班	39
	省委党校法律函授本科班	118		中央党校经济管理函授本科班	76
2002	省委党校经济管理函授大专班	107		中央党校法律函授本科班	67
	省委党校法律函授本科班	81	2007	中央党校经济管理函授高中起点本科班	86
2003	省委党校经济管理函授大专班	180		中央党校法律函授高中起点本科班	48
	省委党校法律函授大专班	102		省委党校建设经济管理函授大专班	13
	省委党校经济管理函授本科班	89		省委党校建设经济管理函授本科班	58
	省委党校法律函授本科班	96		省委党校会计学函授大专班	17
2004	中央党校经济管理函授大专班	138		省委党校经济管理函授本科班	31
	中央党校法律函授大专班	74		省委党校法律函授本科班	45
	省委党校企业管理函授大专班	107	2008	省委党校经济管理函授本科班	43
	省委党校经济管理函授本科班	92		省委党校法律函授本科班	23
	省委党校法律函授本科班	94		省委党校经济管理函授大专班	68
2005	省委党校会计学函授专科班	81		省委党校法律函授大专班	23
	中央党校经济管理函授高中起点本科班	93		省委党校建设经济管理函授大专班	7
	中央党校法律函授高中起点本科班	54		省委党校建设经济管理函授本科班	34

电视教育 高密广播电视教育始于1979年。是年成立"潍坊广播电视大学高密工作站"，办公地点在县招生办公室院内，隶属于县教育局。1987年迁址于县教师进修学校院内。1992年经批准撤销"工作站"，成立"潍坊广播电视大学高密分校"，编制为正科级单位。1996年7月，与教师进修学校一同并入高密师范。电大分校负责电大全日制（脱产）教育和业余（函授）教育。学员入学须参加成人高考。

1999年秋境内开始开放远程教育办学，自此，以招考办班为模式的电视脱产教育自此停办。远程教育向社会开放，学员参加学习无须参加考试。至2008年，学校共开设计算机科学与技术、金融学、数学与应用数学、会计学、行政管理、机械制造与自动化、汉语言文学、工商管理、土木工程、水利水电、英语教育、法学、财务管理、市场营销14个本科专业；计算机网络技术、英语教育、金融学、会计学、行政管理、工商管理、法学、护理学、广告学、建筑施工与管理、汉语言文学、行政管理、药学、数控技术、学前教育、物流管理、化工技术17个专科专业。1979～2008年，先后共有4700多名学员获得大、中专和本科毕业证书或单科结业证书。

1979～2008年高密电大毕业生情况一览表

表26－14

年份	专业	人数	学习形式	年份	专业	人数	学习形式
1979	数学、化学单科结业	13	业余	1988	中专机械班	55	业余
1980	化学、数学、物理、英语（单科结业）	68	业余		中专电气班	36	业余
1981	—	—	—		档案学习班（专）	4	业余
1982	机械班（专）	22	业余		英语（专）	24	脱产
	汉语言（专）	2	业余		汉语言（专）	29	脱产
1983	商业财政工业（专）	40	业余	1989	中专机械班	44	业余
1984	机械班（专）	18	业余		电气工程（专）	33	业余
1985	汉语言（专）	63	脱产		财会（专）	71	业余
	党政干部专修班（专）	55	脱产		行政管理（专）	10	业余
1986	建筑施工与管理（专）	12	业余	1990	机械班（专）	25	业余
	工商企业管理（专）	32	业余		中专电气班	27	业余
	汉语言（专）	35	脱产		财会（专）	86	业余
1987	工商企业管理（专）	3	业余		法律（专）	11	业余
	历史（专）	23	脱产		电气工程（专）	25	业余
	生物（专）	22	脱产		商业企业管理（专）	53	业余
	地理（专）	9	脱产	1991	财会（专）	21	业余
	化学（专）	23	脱产		财会（单科）	32	业余
	物理（专）	20	脱产		文秘（专）	13	业余
	汉语言（专）	54	脱产				

续表 26－14

年份	专　业	人数	学习形式
1992	中专幼师	247	业余
	中专会计	116	业余
	英语(专)	42	脱产
	文秘(专)	32	业余
	财会(专)	66	业余
1993	财会(专)	94	业余
	经济法(专)	37	业余
	工业企业管理(专)	20	业余
	英语师资班(专)	52	脱产
	中专财会	126	业余
	中专外经外贸	45	业余
1994	行政管理(专)	92	业余
	汉语言(专)	74	业余
	法律(专)	11	业余
	财会(专)	46	业余
	高中后财会(专)	22	业余
	高中后机械(专)	12	业余
	普通数学师资班(专)	25	脱产
	普通英语师资班(专)	30	脱产
1995	汉语言(专)	42	业余
	财会(专)	24	业余
	行政管理(专)	21	业余
	高中后财会(专)	29	业余
1996	汉语言(专)	20	业余
	行政管理(专)	41	业余
	金融(专)	9	业余
	法律(专)	17	业余
	财会(专)	20	业余

年份	专　业	人数	学习形式
1997	汉语言(专)	19	业余
	财会(专)	31	业余
	行政管理(专)	22	业余
	法律(专)	4	业余
	高护(专)	6	业余
	货币银行学(专)	4	业余
1998	行政管理(专)	10	业余
	高护(专)	1	业余
	法律(专)	3	业余
	财会(专)	14	业余
	汉语言(专)	14	业余
1999	英语教育(专)	34	全日制
	财会(专)	6	业余
	法律(专)	4	业余
	汉语言(专)	29	业余
	高级护理(专)	2	业余
	计算机(本)	6	开放教育
	教育管理(专)	27	开放教育
2000	外贸英语(专)	20	全日制
	财会(专)	3	业余
	法律(专)	1	业余
	汉语言(专)	45	业余
	高级护理(专)	3	业余
	计算机(专)	2	业余
	工民建(专)	5	业余
	计算机(本)	20	开放教育
	教育管理(专)	98	开放教育
	法学(本)	16	开放教育
	会计学(本)	7	开放教育

续表 26－14

年份	专　业	人数	学习形式
2001	外贸英语(专)	18	全日制
	计算机(专)	15	全日制
	财会(专)	2	业余
	汉语言(专)	28	业余
	高级护理(专)	5	业余
	计算机(专)	4	业余
	工民建(专)	1	业余
	计算机(本)	1	开放教育
	英语(本)	57	开放教育
	法学(本)	5	开放教育
	会计学(本)	6	开放教育
	数学(本)	7	开放教育
	教育管理(专)	22	开放教育
	计算机(专)	11	开放教育
	小学教育(专)	28	开放教育
	高级护理(专)	4	开放教育
	金融(专)	3	开放教育
2002	财会(专)	7	业余
	汉语言(专)	32	业余
	高级护理(专)	7	业余
	计算机(专)	7	业余
	法学(专)	9	业余
	汉语言文学(本)	26	开放教育
2003	教育管理(本)	67	开放教育
	汉语言文学(本)	50	开放教育
	法学(本)	19	开放教育
	计算机(本)	10	开放教育
	英语(本)	9	开放教育
	会计学(本)	4	开放教育
	工商管理(本)	2	开放教育
	小学教育(专)	3	开放教育
2003	法学(专)	25	开放教育
	金融(专)	7	开放教育
	教育管理(专)	26	开放教育
	工商管理(专)	2	开放教育
	行政管理(专)	1	开放教育
	会计学(专)	11	开放教育
2004	计算机(专)	20	开放教育
	教育管理(专)	98	开放教育
	法学(专)	16	开放教育
	会计学(专)	7	开放教育
	财会(专)	8	开放教育
	法律(专)	31	开放教育
	汉语言(专)	71	开放教育
	高级护理(专)	7	开放教育
	计算机(专)	4	开放教育
	教育管理(专)	49	开放教育
	法学(专)	39	开放教育
	金融(专)	22	开放教育
	会计学(专)	20	开放教育
2005	计算机(专)	20	开放教育
	教育管理(专)	98	开放教育
	法学(专)	16	开放教育
	会计学(专)	7	开放教育
	财会(专)	8	开放教育
	法律(专)	31	开放教育
	汉语言(专)	71	开放教育
	高级护理(专)	15	开放教育
	计算机(专)	4	开放教育
	教育管理(专)	52	开放教育
	法学(专)	47	开放教育
	金融(专)	22	开放教育
	会计学(专)	25	开放教育

续表 26－14

年份	专　业	人数	学习形式	年份	专　业	人数	学习形式
2006	会计(本)	2	开放教育	2007	会计(专)	11	开放教育
	金融(本)	3	开放教育		法学(专)	10	开放教育
	教育管理(本)	21	开放教育		药学(专)	1	开放教育
	法学(本)	12	开放教育		水利水电(专)	2	开放教育
	英语(本)	18	开放教育		小学教育(专)	2	开放教育
	数学(本)	8	开放教育	2008	法学(本)	14	开放教育
	计算机(本)	2	开放教育		汉语言(本)	101	开放教育
	金融(专)	3	开放教育		英语(本)	22	开放教育
	会计(专)	2	开放教育		数学(本)	25	开放教育
	法学(专)	11	开放教育		计算机(本)	5	开放教育
	教育管理(专)	6	开放教育		会计学(本)	9	开放教育
	小学教育(专)	8	开放教育		教育管理(本)	13	开放教育
	汉语言(专)	1	开放教育		会计(专)	14	开放教育
	行政管理(专)	5	开放教育		法学(专)	19	开放教育
	英语(专)	5	开放教育		工商管理(专)	2	开放教育
2007	计算机(本)	4	开放教育		行政管理(专)	1	开放教育
	法学(本)	6	开放教育		学前教育(专)	1	开放教育
	汉语言(本)	24	开放教育		英语(专)	1	开放教育
	土木工程(本)	3	开放教育		水利水电(专)	3	开放教育
	行政管理(专)	1	开放教育		建筑施工与管理(专)	3	开放教育

农业广播学校 该校是一所集职业教育、中专后继续教育、在职干部和职工专业技术培训、农村劳动力科技培训、短期技能培训以及农村实用技术培训于一体的职业学校。编制10人,为副科级全额拨款事业单位,隶属于市农业局管理。县农业广播学校成立于1981年。1981~1983年5月,学校办公室设在县科协,1983年6月搬迁到县农业局。2003年5月,市农业广播电视学校加挂“高密市农村科技教育培训中心”的牌子,后更名为山东省农业广播电视学校高密市分校(简称高密市农广校)。学校有专兼职教师35人,每年除通过广播电视、现场指导、举办讲座等形式开展短期技能培训和农村实用技术培训外,还面向农村和省内农业院校招生。2002~2008年,该校共培养大、中专和本科函授毕业生86人。

第三节 技术培训与自学考试

技术培训 20世纪80年代中期,各乡镇企事业单位根据需要开办各种专项技术培训班;农民中专学校和各职业高中利用假期举办各种专项技术培训班。1986~1992年,全县办班5590期。随后,各行各业开始举办多种形式、多种规格的培训班。有特殊工种培训班、微机培训班、财会人员辅导班、高中中专班及汽车驾驶员、高级汽修工培训班等。从80年代中期到2003年,各行业、各单位共办班120余期,培训人员19809人。从2003年到2008年,组织干部培训、教师培训、农民工培训、工人岗位培训80余期,培训人员12444人。

自学考试 1984年后,国家教委开办自学考试,一般每年春秋两次。开始每个地、市只设一个考点,后因开考专业和参考人员增多,一个地、市设多个考点。凡考试全部合格者即发给毕业证书,国家承认学历。自1984年到2008年,高密市参加自学考试的考生共毕业1102人。

1986~2008年高密市自学考试毕业生一览表

表26-15　　单位:人

年份	毕业生		年份	毕业生	
	专科	本科		专科	本科
1986	12	—	1998	38	2
1987	5	—	1999	30	7
1988	13	—	2000	64	17
1989	24	—	2001	40	15
1990	23	—	2002	91	25
1991	36	1	2003	44	34
1992	45	—	2004	38	38
1993	34	—	2005	21	44
1994	46	—	2006	24	32
1995	60	4	2007	15	35
1996	57	—	2008	10	26
1997	52	—			

第七章　特殊教育

1986年8月，高密县聋哑学校成立，始借高密县第六中学（驻李家营）校舍。1989年10月，在高密镇大胡村村东新建聋校，占地15.2亩，有教学综合楼一幢，平房18间，面向全县招生。2000年9月，学校迁入昌安大道南首路东新校，校舍面积2727平方米。2000年5月，学校更名为"高密市特殊教育学校"。

第一节　教师　招生

1986年，学校只有3名教师，由于师资及校舍条件限制，只招收了一个教学班，9名学生，均是男生。其后学校规模不断扩大。至2008年，学校共有教职工35人，教学班8个，其中语训班1个，智障班1个，听障班6个，在校生64人。1986～2008年，学校共有毕业生107人，其中有14人升入高中。毕业学生均能运用在校学习得到的劳动技能服务社会。

第二节　学制　课程

1986～1999年，学制为小学六年，课程设语文、数学、常识、手工、图画、体育、律动、劳动技术。教材使用全国通用教材。1999年9月，学制改为九年一贯制。学生入学年龄为6至12周岁，班额为8至12人，多为住宿生。教材使用人民教育出版社出版发行的《全日制聋校实验教材》。课程有语文、数学、常识、理科、律动、美工、劳动技术等。每周上课五天半，每天六节，其余为活动时间。教师按年级授课，每节课40分钟。至2008年底，学校开设思想品德、语文、数学、自然常识、社会常识、理科、体育、美工、律动、劳动技术、环境教育、安全、信息技术教育、剪纸等课程。课外活动有校园体育活动、班队活动、兴趣小组等。每周学科课时，一二年级为23课时，三至六年级25课时，初中部每周28课时。

第三节　教　学

教学采用手语和口语，注重对学生进行补偿教育和劳动技术教育。每学期举行期中、期末两次考试。学校针对学生的实际情况，提出养成良好生活习惯与学好文化知识同等重要，学好一门谋生的实用技术与学好文化课同等重要的办学理念，并对学生实行自我管理、自我教育、

高密市特殊教育学校课堂教学

自我约束的督查制度。学校组织学生参演的文艺节目《生死不离》在山东省残疾人文艺会演中获三等奖，2名学生在潍坊市残疾人运动会中获奖。学校先后获“潍坊市规范化学校”“潍坊市特殊教育工作先进单位”等荣誉称号。

第八章 民办教育

1998年后，教育改革向纵深推进，办学体制向多元化发展。办学模式包括国有民办、企业投资办学、股份制以及个人投资等。截至2008年上半年，全市共有全日制民办学校12所，其中5所为省级规范化学校，2所为潍坊市级规范化学校。总占地面积92.78万平方米，校舍建筑面积28.43万平方米，社会资金投入逾5亿元。在校生22825人，占全市中小学在校生总人数的21.03%。2008年下半年，针对“改制学校”和“名校办民校”运行中出现的矛盾问题，对全市民办教育进行全面规范整顿，从而中止了一些学校的办学资格，部分学校转为公办，批准高密市恒涛双语实验学校、高密市发达学校、高密市康成小学、高密市瑞发学校等4所学校继续按民办体制运作。

第一节 全日制民办学校

1998年5月，民办高密市发达补习学校成立，学校开办两年内属民办公助形式，两年后实行自主办学。是年6月，在康成中学、五中、育才实验中学、第二实验小学等4校进行“国有民办”改制试点工作。2003年市政府正式行文明确上述学校为改制学校。2003年开始，改革办学体制，吸引社会资金办学，形成公办教育和民办教育共同发展的多元化办学格局。是年9月，依托市第一实验小学创办恒涛双语实验学校，依托立新中学创办高密市外国语学校，依托向阳中学创办高密市永基实验学校。2004年3月，由密水街道张家埠社区正大实业总公司投资建设的康成小学、由密水街道南关社区兴华建筑总公司投资建设的兴华艺术学校、由仁和镇瑞发企业集团投资建设的瑞发学校作为民办学校进行民办教育试点。2006年4月，经过清产核资，恒涛双语实验学校与第一实验小学完全脱离关系，成为股份制民办学校。是年10月，市凤城中学作为全日制民办普通高级中学正式设立，按民办学校机制运作。

1998～2007年高密市民办学校情况表

表26－16

序号	学　校	办学层次	设立年月	办学体制	占地面积（平方米）	建筑面积（平方米）
1	高密市第五中学	高中	1998.10	国有民办	63861	39619
2	高密市康成中学	高中	1998.10	国有民办	66879	51931
3	高密市育才实验中学	初中	1998.10	国有民办	46690	10592.1

续表 26－16

序号	学　校	办学层次	设立年月	办学体制	占地面积（平方米）	建筑面积（平方米）
4	高密市第二实验小学	小学	1998.10	国有民办	18041.7	9926.67
5	高密市瑞发学校	九年一贯制	1994.8	企业办学	75727	11372
6	高密市恒涛双语实验学校	小学	2004.5	股份制办学	28501.34	14562
7	高密市外国语学校	初中	2004.8	名校办民校	14191.58	5214.76
8	高密市永基实验学校	初中	2004.8	名校办民校	3066	2545
9	高密市康成小学	小学	2002.8	企业办学	28000	11000
10	高密发达学校	高中补习	1998.5	股份制办学	16000	10200
11	高密市兴华艺术学校	小学	2004.7	名校办民校	6530	2739.4
12	高密市凤城中学	高中	2006.8	国有民办	271340	47769

第二节　民办培训机构

民办培训机构从1992年开始登记注册，首家注册培训机构是描身服装店创办的缝纫裁剪班。后各类专业培训机构悄然兴起。从1992年到1995年，共有师范艺术学校、誉信技校、兴民机织培训班等专业培训机构19处。此类培训机构主要面向社会招生，对学员进行短期劳动技能培训，属非学历业余教育。在办学过程中，很多因管理不善、生源不足而停办。

1993年7月31日后，社会力量办学依据《社会力量办学条例》。2003年9月1日后，社会培训机构审批权限发生变化：举办实施学历教育、学前教育、自学考试助学及其他文化教育的民办学校，由县级以上人民政府教育行政部门按照国家规定的权限审批；举办实施以职业技能为主的职业资格培训、职业技能培训的民办学校，由县级以上人民政府劳动和社会保障行政部门按照国家规定的权限审批，并抄送同级教育行政部门备案。至2008年，共有5处社会教育培训机构批准成立。

2004～2008年高密市民办培训机构基本情况表

表26－17

单位名称	地　址	办学规模（人数）	批准时间	许可证号
高密发达学校	高密市经济开发区卣坊社区	1400	2004.4	137078570000011
高密新世纪培训辅导学校	高密市天翔街19号	500	2004.7	137078570000021
高密市东方金子塔儿童潜能培训学校	高密市人民大街中段路南	120	2004.10	137078570000031
高密市东方外语培训学校	高密市立新街丽馨苑104号	240	2008.8	137078570000041
高密市舞蹈艺术培训学校	高密市人民大街483号	200	2008.11	137078570000051

第九章 教学教研

高密市教学考试改革从 1983 年开始，期中考试由教研室统一命题制卷。1984～1989 年，初、高中毕业生升学实行先预选。1991 年全县实行九年义务教育，取消小学升初中考试。是年，高中实行毕业会考制度。1989 年起，期末考试实行全县统考。1996 年起，参与国家、省、市“火炬、星火、燎原”教科研计划。2001 年 10 月，启动中小学“网络信息校校通”工程。2007 年 2 月，成立新学校行动研究中心。2008 年 8 月，成立教育质量监测中心。

第一节 教 学

1984～1989 年，初、高中毕业生升学实行先预选，预选合格者参加全国统考的“二次考试制”。1991 年全县实行九年义务教育，小学毕业生全部升入初中学习。1991 年，从当年入学的高中一年级开始，实行毕业会考制度，采取三年各学科分散考试的方法，规定的科目学完一门考一门。1992 年开始，在全县中小学教师中，进行青年教师（35 岁以内）教学基本功比赛和说课比赛。1998 年启动“开发校园经济、实施劳动技术教育”实践活动。自 2006 年开始，在全市中小学开展“课堂教学改进行动研究”，进行以“减少课堂讲授时间、引发学生主动性、提高学习效率”为重点的常态课堂教学改进活动。2007 年提出以“自主—互动”为基调，构建高效课堂教学模式的意见。

从 2007 年秋季新学期开始，全市为八大类两万多名特殊学生群体逐个建立个人成长档案，并人人配备成长导师。这八类学生包括家庭贫困学生、学习困难学生、单亲及父母双亡家庭学生、外来务工人员子女、留守儿童、随班就读残疾儿童、家庭条件特别优越学生、学习成绩特别优秀学生。2002～2008 年，利用上级“两免一补”救助资金、职业教育助学金、慈善总会“阳光助学金”、市政府高考贫困生救助款、孚日教育基金，以及发动社会各界捐款等渠道筹资，共救助贫困生 25800 人次。

1985 年，在全县中学中开始推行评优质课活动，大多隔年评选一次，到 2008 年底，共评出优质课 1060 课。1983 年开始，从小学到高中，全

康成中学实验教学课堂剪影

面开展评选教学能手活动。1993年后,基本隔年评选一次。到2008年底,全市共评出教学能手1587名。自开展评选活动至2008年,全市有150项成果获潍坊市人民政府教学成果奖,2项获山东省人民政府教学成果奖。学生中有2800多人次在全国各类作文竞赛中获奖,4760多人次在全国各类中小学生艺术比赛中获奖。在历年全国初中、高中的数、理、化、生、英奥林匹克竞赛、青少年科技创新大赛、中小学生电脑机器人大赛中,高密市成绩均名列潍坊市前茅。

第二节 教 研

从1983年开始,县教研室开始实施常规考试改革,期中考试由教研室统一命题制卷,各校自行组织安排考试。1986年后,全市学校教研活动主要由县教研室统筹安排,教研员具体组织进行。内容包括听课、公开课、观摩课、评优课、学科教学进度及教学研究等,下发各校,参照执行。1988年开始,教研室每年组织学生参加全国英语、数学、物理、化学等学科竞赛。1989年起,期末考试实行全县统考。由教研室统一组织命题、制卷、监场、阅卷。在改进常规考试同时,逐步实施初中历史、地理、生物会考,英语加试听力与口试,初中升高中加试体育、特长、理化实验操作等一系列考试改革。

1994年1月开始,每年对教师业务达标进行考评。1995年6月,教研室设立“高密市中小学计算机教育研究中心”,具体负责协调中小学计算机教育工作。1996年始全市探索实施以“四园”(学园、乐园、家园、花园)建设为载体、高中带动,初中和小学三段联动、区域推进素质教育新模式,被列为全国素质教育试验区。自1996年末开始,全面启动“科研兴教”工程,参与国家、省、市“火炬、星火、燎原”教科研计划。1997年全市学校和教师个人申报课题近300项,经评审,正式确定67项课题为高密市教育科学“九五”规划重点课题。1998年11月,高密市被教育部确立为“全国中小学信息技术教育实验区”。2000年12月,全国教育科学规划领导小组办公室和中央教育科学研究所组织部分专家对高密市承担的国家级课题进行鉴定验收。2001年4月高密市被国家教委正式批准为“国家基础教育课程改革实验区”。是年9月,高密市被确定为全国首批基础教育课程改革实验区。是年10月,启动高密市中小学“网络信息校校通”工程。到2003年,全市有75项教科研课题通过国家和省市专家验收,高密市被教育部确定为“全国中小学信息技术试验区”和“课程改革试验区”。2007年2月,成立新学校行动研究中心。以“课程、教学、机制、教师、资源、文化”为中心,推动全市中小学校全面深入开展新学校行动研究,由优质学校向理想学校迈进。2008年8月,成立教育质量监测中心。这是教育部基础教育质量监测中心成立之后,山东省首个县级市开展教育质量监测行动。该中心主要承担教育质量监测与分析、教学经验挖掘与推广职能。

第十章 督导评估

第一节 督导机构

1991年3月成立高密县教育督导室,定编3人,隶属于县教育委员会管理。2000年3月,撤销高密市教育委员会督导室,设立高密市人民政府教育督导室,隶属于市教委,为副科级全额拨款事业单位。工作人员9人,设主任1人,副主任2人。至2008年未变。

第二节 督导评估活动

督导室建立后,先后开展"中小学办学水平督导评估""乡镇成人教育督导评估""乡镇教育综合水平督导评估"和"乡镇政府教育工作督导评估",以及先进教育集体、教学管理功显人员、拔尖教师的评选和高一级学校对下一级学校教学质量评价等活动。1994年秋,潍坊市教育督导室在高密召开教育督导经验交流会议,推广高密督导室四条创新经验。1994年冬,督导室在全市中小学开展评选针对小学教师的"金钥匙奖"、针对初中教师的"金星奖"、针对高中教师的"康成奖"和针对学校领导管理功显人员的"金桥奖"。1998年,市政府以竞选形式选配督导室主任和督导室人员,提供充足经费及现代化办公条件,并赋予督导室职权,提高督导室地位。同年,督导工作创立"评估、评优、验收三大系列"督导评估体系;制订乡镇政府教育工作、乡镇教委工作、乡镇成人教育、高中、职业学校、初中、小学和幼儿园办学水平8个评估方案。同时制订优秀班主任、优秀教育干部、优秀教学辅助人员评选标准及办法,先进集体(单位)评选标准及办法。每年年终,对全市所属乡镇、学校(幼儿园)进行一次性综合评估。

2000年,全省教育督导现场会在高密召开,省教委和省人民政府教育督导室高度评价并推广高密经验。2003年,全国教育督导会议在潍坊召开,高密提供唯一现场。国家总督学郭振有为督导室题词:"创新先锋"。《大众日报》《山东教育》《现代教育导报》先后刊登文章,介绍高密市教育督导的经验。高密市政府教育督导室两次被山东省人民政府教育督导室授予"先进集体"称号。2006年8月,督导室建立教育督导责任区,启动教育示范校创建活动。

第十一章　教育经费

教育经费来源渠道主要有财政拨款、城市教育费附加、农村教育费附加、社会集资、学杂费收入、勤工俭学收入等，其中财政预算安排的教育拨款是教育经费的主要来源。其中，1986 年度拨款 873 万元，占教育经费总来源的 59.8%；1990 年度 1560 万元，占 48.7%；1996 年度 5763 万元，占 57.6%；2003 年度 14980 万元，占 62.2%。1984 ~ 1992 年，乡镇办学的办公费、维持费，一部分由乡镇政府从教育附加费中拨付，一部分由办学单位出资。1992 年后，每年拨学校维持费，高中一般每生 130 元左右，初中每生 65 元左右，小学每生 35 元左右。

第一节　国拨和地方自筹

教育费附加　自 1986 年下半年起开始征收。凡缴纳增值税、消费税、营业税的单位和个人，以其实际缴纳的增值、消费、营业三税的 3%同时附加缴纳教育费。在此基础上，山东省政府自 2005 年 1 月 1 日开始征收地方教育费附加，以纳税人实际缴纳的增值、消费、营业三税的 1%同时附加地方教育费附加，作为教育专项基金。

农村教育费附加　是教育经费的重要来源，其中，1986 年度 474 万元，占教育经费总来源的 32.5%；1990 年度 973 万元，占 30.4%；1996 年度 2247 万元，占 22.5%；2002 年度上半年 723 万元，占 3.1%。2002 年下半年起，全市推行农村税费改革，农村教育费附加停止征收。

第二节　社会集资

1985 ~ 1988 年，全市农村中小学校舍改造和内部设施增加，校舍、课桌凳、照明、图书、仪器及音体美器材、院墙、大门、厕所等均按标准完成，累计集资 2000 多万元。1988 年始对城镇学校（国办中学及个别小学）进行校舍改造，1992 年基本完成，共用经费 1180 多万元。1989 年，全市实际使用农村捐集资 406 万元，占当年教育经费总来源的 13.45%。1995 年以前，农村捐集资一直占教育经费总来源的 10%以上，成为教育经费来源的有效补充。2002 年下半年起，随着全市推行农村税费改革政策，取消农村教育集资。

1994 年 4 月开始筹集教育费。征收范围是：县、乡镇全民和集体所有制企业、三资企业、私营企业、股份制企业及事业单位、国家机关、社会团体的固定职工、合同制职工以及外地驻高单位的上述人员。征收标准是按工资总额的 1%征收。自 1994 年下半年起，开始征收义务教育费，当年征收 39 万元，1999 年征收 241 万元，2003 年征收 370.8 万元。1995 年 1 月 1 日起征收职业教育经费，城镇国有、集体企业和外资企业，按照本单位参加社会养老保险的职工上年度个人实发工资总额的 5‰缴纳职业教育经费。以上两项收费随着国家费改税政策出台停止征收。

第三节 学杂费

1985年全县学生共交纳学杂费3.49万元，1990年104.3万元，1992年192.2万元。1992年职业高中每生每年交学杂费20元，普通中学生均25元，小学生均8元。学杂费收取随着国家收费政策调整和学生数量变化而变化。1996年度收缴学杂费634万元，占教育经费的6.3%；2002年度2827万元，占教育经费的12.1%，其中小学每生每学期交杂费45元，初中80元，职业高中每生每学期交学杂费500元，普通高中500元。2002年，潍坊对全市高中阶段收费标准进行调整。具体标准是：(一)学费：省级规范化高中每生每学期800元，市级规范化高中，每生每学期600元，其他高中每生每学期500元。(二)择校费：省级规范化高中每生10000元，市级规范化高中每生9000元，一般高中每生8000元。择校人数要求控制在招生总数的25%~30%以内。自2012年起，择校人数要求控制在统招生的20%以内，收费标准未变。

2007年春季，境内全部免除农村义务教育阶段学生杂费。对贫困家庭学生实行免费教科书救助和寄宿生生活补助。秋季，城市义务教育阶段学生全部减免杂费。

第四节 勤工俭学

20世纪80年代，全县各类学校利用开发校园经济，为教育发展提供物质帮助，有条件的学校办起校办企业。实验小学拔丝厂和贝雕画工艺品厂，年收入6万~7万元；北关小学电瓶厂，年收入2万元左右；崇实小学文教用品厂，年收入5万元。高密三中办过印刷厂和木器制品厂。第一职业高中办过石灰窑厂、塑料厂、短绒加工厂等。东关小学和立新中学联合办过纸盒厂、印刷厂，年收入最高达10万元。1986年全县校办企业及勤工俭学收入75万元，占教育经费总来源的5.1%；1992年度241万元，占5.3%；1996年度121万元，占1.2%，1997年以后，收入减少。随着校办企业的停办或改制脱钩，至2006年，该项收入来源中止。

1986～2008 年高密市教育经费支出情况统计表

表 26－18　　单位：万元

年度	人员经费支出							公用经费支出						基建支出	合计
	工资	补助工资	职工福利	离退休费用	社会保障	助学金	小计	公务费	业务费	设备购置	修缮费	其他	小计		
1986	618	231	48	74	—	12	983	168	24	83	179	23	477	—	1460
1987	634	357	64	90	—	16	1161	176	30	195	247	26	674	—	1835
1988	810	402	99	115	—	20	1446	210	76	144	329	37	796	—	2242
1989	901	486	104	139	—	21	1651	235	97	205	448	50	1035	332	3018
1990	986	533	117	176	—	16	1828	253	102	226	409	54	1044	330	3202
1991	1008	587	134	290	—	17	2036	260	96	252	475	52	1135	577	3748
1992	1118	721	178	371	—	18	2406	304	104	341	671	49	1469	644	4519
1993	1365	810	190	455	—	40	2860	345	110	263	468	55	1241	817	4918
1994	1776	1053	224	677	—	55	3785	600	209	410	860	165	2244	912	6941
1995	2288	1233	235	886	—	60	4702	994	286	644	1160	260	3344	826	8872
1996	2252	2083	246	1161	—	43	5785	1035	302	669	1203	278	3487	727	9999
1997	2625	2478	260	—	1180	27	6570	1040	310	716	1294	290	3650	778	10998
1998	3414	2696	279	—	1203	72	7664	1190	364	867	1360	311	4092	225	11981
1999	3887	2772	295	—	1555	40	8549	1489	742	1432	1771	306	5740	1471	15760
2000	5391	2878	277	—	1963	35	10544	1583	611	220	2898	597	7979	211	18734
2001	5690	3006	304	—	2129	55	11184	2109	657	3810	1923	259	8758	928	20870
2002	7330	3315	386	—	2139	62	13232	2602	684	2366	1880	552	8084	2059	23375
2003	7799	3482	313	—	2980	33	14607	2584	294	1603	2782	371	7634	1824	24065
2004	9355	3471	443	—	4052	119	17440	2813	488	1134	1516	577	6528	3326	27294
2005	10042	5812	744	—	4821	113	21532	3671	840	1505	2288	865	9169	8203	38904
2006	10771	6104	778	—	6355	184	24192	3973	776	1475	2535	339	9098	2778	36168
2007	14622	6576	264	—	6641	966	29069	2280	1614	1520	1229	5262	11905	5729	46703
2008	14393	10541	402	—	8988	1761	36085	3085	2317	1686	1879	8336	17303	5261	58649

表 26－19

1986～2008 年高密市教育经费构成情况统计表

单位：万元

年度	国家财政性教育经费						社会捐集资		事业收入		其他收入	合计
	预算内教育经费		各级政府征收用于教育的税费			校办产业勤工俭学收入	计	其中：农村	计	其中：学杂费		
	教育事业费	其他	城市教育费附加	农村教育费附加	地方教育费附加							
1986	873	—	3	474	—	75	—	—	35	35	—	1460
1987	924	—	14	715	—	118	—	—	64	64	—	1835
1988	1255	—	15	755	—	127	24	24	56	56	—	2242
1989	1437	—	30	834	—	182	406	406	117	117	12	3018
1990	1560	—	28	973	—	239	236	236	115	115	51	3202
1991	1690	—	72	973	—	226	642	642	135	135	10	3748
1992	2198	—	55	1061	—	241	739	739	192	192	33	4519
1993	2560	—	81	884	—	245	797	797	284	284	67	4918
1994	3690	—	97	1348	39	246	1108	988	375	375	38	6941
1995	4575	—	130	1821	102	224	1498	1445	495	495	27	8872
1996	5763	—	156	2247	115	121	844	585	634	634	119	9999
1997	6427	—	245	2521	93	67	866	677	592	592	187	10998
1998	6862	—	351	1954	157	72	669	523	1681	1202	235	11981
1999	8058	—	411	2195	241	7	1152	868	3500	1644	196	15760
2000	10315	—	619	1859	291	14	1792	1029	3642	2077	202	18734

续表 26－19

年度	国家财政性教育经费						社会捐集资		事业收入		其他收入	合计
	预算内教育经费		各级政府征收用于教育的税费			校办产业勤工俭学收入	计	其中：农村	计	其中：学杂费		
	教育事业费	其他	城市教育费附加	农村教育费附加	地方教育费附加							
2001	10999	—	610	1653	247	15	2497	1447	4559	2562	290	20870
2002	13451	20	683	723	285	18	2220	1286	5759	2827	216	23375
2003	14980	—	1099	—	371	93	775	591	6511	3295	236	24065
2004	17197	—	1021	—	237	23	489	242	8069	4948	258	27294
2005	21057	5000	2044	—	224	8	358	238	10035	5820	178	38904
2006	23126	30	2037	—	454	6	419	298	9323	5162	110	35505
2007	33651	—	2534	—	745	—	402	80	9246	6442	125	46703
2008	45356	—	2872	—	635	—	162	133	9441	4723	78	58544

第二十七编

文　化

1986~2008年,高密市文化事业得到了长足发展。从基础设施建设到工作活动开展以及各类作品创作,都取得了较大成绩。2002年底,高密大剧院建成并投入使用。2008年11月8日,市新闻大厦落成并投入使用。2006年,新的三馆(博物馆、图书馆、文化馆)开始筹建,2009年5月正式投入使用。镇(街道)、村(社区)两级普遍建起文化大院,部分镇(街道)、村(社区)成立了业余剧团、艺术团。各种文化艺术活动配合全市重大工作开展及时、遍及城乡。各类文化群众社团工作活跃,小说、散文、诗歌、曲艺、绘画、摄影等各类体裁的文学艺术创作成果丰硕。剪纸、泥塑、扑灰年画、高密茂腔列入国家级非物质文化遗产名录。1994年,高密市被文化部命名为"中国民间艺术之乡";1996年3月,被山东省委、省政府授予"社会文化先进县"称号。2008年4月,被中国民协专业艺术委员会命名为"中国扑灰年画之乡"。

第一章 管理体制

1986年以来,高密市文化事业有了很大发展。顺应改革开放的新形势,在市委市政府的领导下,全市所有涉及文化业务范围的部门单位,根据改革开放要求和社会发展需要,结合各自工作性质特点,进行了诸多改革探索。其间,管理机构和管理人员多有变动,管理模式和服务方式亦随着改革开放的不断深入发展和经济社会的不断进步而发生变化。特别是广播电视、电影放映、剧团剧院等文化企事业单位,在经济社会快速发展、物质文化生活日益丰富的新形势下,如何转变观念、优化服务、赢得市场,及时满足人们不断增长的物质文化需求,成为这一时期整个文化工作的重要工作任务。

第一节 管理机构

本时期高密市的文化工作大体可分为文化(含戏剧电影、文物图书、出版印刷、旅游等)、广播电视(含报刊)、党史史志档案三大块。

市文化局 是市政府组成机构,承担全市文化综合管理职能。1980年9月,县革委文化局改称县文化局。内设办公室、文艺股、文学戏剧创作室,主要任务是搞好全县文化行政管理,对文化工作进行宏观指导,抓好文艺创作,繁荣文化市场,丰富人民群众的文化生活,促进全县精神文明建设。所属单位有文展馆、电影公司、茂腔剧团、影剧院、图书馆。1989年5月,县文化局撤销党组,建立党委。1991年7月,设立文化市场管理股为文化局内设机构,对外为文化市场管理办公室,定编2人,事业编制。1993年11月,县文化局与县体委合并,成立县文化体育委员会,定编17人。1994年5月,县文化局、县体委分设,县文化局恢复党委。局内设办公室、文艺科、文化市场管理科、文学戏剧创作室。下辖文化馆、图书馆、博物馆、潍坊市茂腔剧团、影剧院、电影发行放映公司。1994年10月,文学戏剧创作室撤销。1995年5月,设立文化市场稽查队,系全民事业单位,定编5人。1997年1月,文化局定编14人。2006年4月,设立高密市旅游局,与市文化局合署办公,下设旅游管理科。2008年9月,市文化局、旅游局分设。

市广播电视局 是全市广播电视业务工作的主管部门。1986年,高密县广播电视管理局负责全县广播电视业务。1993年12月,高密县广播电视管理局更名为高密县广播电视中心。1994年10月,高密市有线电视台成立。1995年6月,高密市广播电视中心改为高密市广播电视局。至此,高密人民广播电台、高密电视台、高密有线电视台与高密市广播电视局合并,实行"局台合一"体制。2004年7月24日,高密新闻社整建制合并到高密市广播电视局。2007年10月27日,高密新闻社分出,正式组建潍坊日报社高密分社。高密市广播电视局保持原格局不变。

市旅游局 1991年,高密县旅游局成立,与县外事侨务办公室合署办公。1993年机构改革时撤销。2006年4月14日,复设高密市旅游局,与市文化局合署办公。2008年9月23日,与文化局分设,正式成立高密市旅游局,为正科级事业单位,编制8人,隶属市政府。

市档案局 是全市档案管理主管部门。1986年11月,高密县恢复档案局,档案馆和档案局合署办公。是年,在县政府院内建办公楼,面积1320平方米。1987年6月,档案馆迁入新址办公。1988年,档案馆被评为全省先进档案馆。1991年,县档案馆晋升为省二级先进档案馆。1993年11月,撤销档案局,保留档案馆。1994年8月,再恢复档案局,与档案馆合署办公。是年,高密市档案馆晋升为省一级先进档案馆。2007年,被评为山东省档案工作先进集体。

市党史研究室 高密中共党史资料的征集、编写工作最早始于1960年。是年11月,县志办公室开始组织征集、整理、编写自1900年至1960年全县的革命斗争史资料。1966年后,此项工作中断。1979年8月,成立高密县革命史资料编写组。1982年3月,成立县委党史资料征集领导小组。1984年6月,改为党史资料征集研究委员会,具体负责党史工作。1993年11月,县委党史委撤销,其工作职能和人员并入县委党校。1997年6月,设立市委党史研究室,至2008年未变。

市史志办公室 1982年设立史志办公室,隶属于县政府办公室。同年,成立高密县地方史志编纂委员会,设立办公室,选调、聘请编志人员,开始编纂高密县第一轮社会主义新方志。1994年,撤销史志办公室,工作职能和人员并入市档案局。1997年1月6日,恢复史志办公室,至2008年未变。

市报社 1996年11月,高密市报社成立,定编25人,设编辑部、办公室,为正科级事业单位,在市委办公大院内办公。是年12月31日,召开《高密市报》创刊大会。1997年1月,组建高密市报社印刷所。1998年4月,报社成立广告部。2000年,报社设立总编室、采访部、社会文化部、网络部,开办"高密之窗"网站。2001年3月,报社更名为高密日报社。2002年10月,高密日报社迁入古城路东办公。2003年12月31日,因国家整顿报刊,高密日报停刊。2004年1月,成立高密新闻社,原高密日报社整建制划归高密新闻社。是年7月24日,高密新闻社整建制划归广播电视局,成立《今日高密》编辑部。2005年5月25日,《今日高密》编辑部迁入广电局办公楼。2006年5月,撤销《今日高密》编辑部,成立《今日高密》编辑中心。2007年10月27日,正式组建潍坊日报社高密分社。至2008年,报社共有员工35人。

第二节 业务馆站

市文化馆 1951年10月,高密县设立人民文化馆。1981年1月,改称高密县文展馆。1986年,高密县文展馆内设办公室,文艺股、美术股、摄影股、民间艺术室、图书资料室,共有工作人员24名。1989年7月,高密县文展馆更名为高密县文化馆，位于市区顺河路613号，共有三层，现代砖混钢架结构建筑，内部由非物质文化遗产展厅、书画展厅、多功能厅等组成，建筑面积2000平方米。1994年5月，高密撤县设市，高密县文化馆改称高密市文化馆，为全额拨款预算管理事业单位，副科级，内设办公室、美术部、文艺部、民艺部、创作部。至2008年，工作人员增至30名。内设机构除增设宣展部外，其他未变。

市图书馆　1983年，高密县图书馆新建四层大楼，总建筑面积1715.55平方米，馆内设图书外借室、儿童阅览室、报纸杂志阅览室、图书阅览室、文博陈列室、讲座室、资料室、采编室。1986年，内设机构不变，共有16人。1990年8月，设立高密县文物管理所，为文化局所属股级事业单位，定编4人，人员由县图书馆调入，与图书馆合署办公，一套领导班子。1993年5月，人民大街拓宽，图书馆大楼拆除，图书馆借用民政局和建设委员会一楼。1994年，高密撤县设市，高密县图书馆改成高密市图书馆，为全额拨款预算管理事业单位，股级，内设办公室、财务室、图书外借室、期刊阅览室、报刊阅览室、采编辅导室、儿童阅览室、报纸资料室、特藏室、电子阅览室，馆藏有价值的图书有明代万历年间刻本《世说新语(八卷)》，清代康熙年间刻本《书经体注大全六卷》《杜工部集二十卷》《宋欧阳文忠公全集》《钱牧斋先生笺注杜工部集》，乾隆年间刻本《李太白文集三十六卷》等。1995年7月，迁至立新街原轻纺公司办公大楼。1996年9月，迁至人民大街272号，原化工局办公大楼。2008年，图书馆内设图书资料室、过刊库、过报库、特藏书库、儿童阅览室、图书借阅室、电子阅览室、期刊阅览室、读者自修室等，共有工作人员15名。

市博物馆　1995年6月，设立高密市博物馆。馆址设在凤凰公园内，占地面积1500平方米，建筑面积1289.79平方米。是年，文物管理所与图书馆分离，并入博物馆，合署办公，一套班子，挂两个牌子，为全额拨款预算管理事业单位，股级，内设办公室、宣展部、文物保护部、文物执法队、民间艺术展室、名人展室，共有工作人员10名。1996年10月，在民间艺术展厅基础上成立高密市民间艺术馆，隶属文化局管理，占地面积385平方米，内设“民艺之花、泥塑风采、中国一绝、剪纸奇葩、状元游街、龙凤呈祥、洞房花烛、辞旧迎新、走向世界”九个展厅，展品896件。1998年4月，高密市文化局将高密市民间艺术馆移交博物馆管理。1998年8月成立文物稽查办公室。1999年1月，成立民间艺术服务部。2000年4月3日，潍坊市人民政府公布潍坊市级文物保护单位名单，高密上榜8处。2008年，博物馆内设办公室、文保部、宣展部、文物稽查办公室、民间艺术服务部，共有15人。2009年，博物馆迁至文体公园。

市艺术剧院　1993年7月，高密县茂腔剧团改称潍坊市茂腔剧团，级别、编制、隶属不变，为全额拨款预算管理事业单位，副科级。1995年6月，高密市影剧院与潍坊市茂腔剧团合并，称高密市艺术剧院，一套领导班子，内分设茂腔剧团和影剧院两套工作班子，两套财务账目，共定编54人。2001年7月，高密市影剧院拆除，新建高密大剧院，位于高密市人民大街483号，2002年12月竣工，2003年7月使用。整个建筑高22米，宽40米，长100米，建筑面积5048.47平方米，观众厅设座席926个，分为三层，砖混钢架结构。至2008年，艺术剧院的管理方式和工作人员数基本未变。

市电影发行放映有限公司　1982年3月，高密县电影管理站改称高密县电影发行放映公司，为小型企业，辖两个电影分队和人民电影院，18处人民公社电影管理站，内设办公室、财务股、放映股、发行股、技术股、修理股、事务股。1986年，内设机构不变，共有28人。1994年，高密撤县设市，高密县电影发行放映公司改称高密市电影发行放映公司。2006年9月，企业改制，称高密市电影发行放映有限公司。同时，筹建山东惠影科技传媒股份有限公司，主要从事数字影视设备的研发、生产、销售。2008年，高密市电影发行放映有限公司共有24人，设办公室、财务科、技术科和放映科。高密市人民电影院自1976年1月归县电影管理站管理，后又归电影发行放映公司管理，2008年5月拆除。是年8月，通过合资合作方式，由黑龙江绥芬市长城房地产开发公司投资在原址开工建设电影大厦。

市广播电台 1986年6月16日，高密县广播站改为高密县人民广播电台，台内设办公室、编辑部、播出部、技术股、事业股。1990年，被山东省广播电视厅评为"十佳台"。1994年5月，撤县设市后更名为高密市人民广播电台。1994年12月10日，高密人民广播电台建立调频广播。是年，电台投资15万元，购置发射机3台，发射天线1套，立体声编码器2台，实现了立体声调频广播。先后在人民大街、车站、公园及大型商场安装了40多个调频音箱。1995年1月1日，调频立体声节目正式开播。各乡镇先后建立起小功率调频广播电台，人们可以通过调频收音机收听电台节目。是年，电台更新了千瓦发射机、发射天线、调音台等设备。2001年底，电台播出设备实现更新换代，转播上级台节目也实现了由中波、调频到卫星信号的飞跃。2005年6月20日，高密人民广播电台购置数字化设备，新建音频工作站及自动播出系统。

市电视台 1986年4月，高密县广播电视管理局在县城东岭荆家庄征地9亩，筹建高密电视台。是年12月，安装卫星地面接收天线和高75米的电视发射塔1座。1987年1月1日，高密电视台正式试播，开始转播中央电视台第一套彩色电视节目，发射功率1000瓦，覆盖半径40公里。是月10日，正式建立高密电视台。是年3月，电视台安装彩色电视发射机1部，试办新闻节目。1989年，建成彩色电视转播(差转)台2座，发射总功率为1050瓦，覆盖了全县总面积的95%。是年7月，安装300瓦米波电视发射机和300瓦调频(无线)发射机。是年8月始，电视台顺利收转潍坊电视台和中央电视台的节目。是年底，建成高密县微波站。1993年5月，电视微波站与信息服务中心合署办公，成立高密广播电视局信息服务中心。1995年，电视台投资40多万元购买2台摄像机、更新了13频道天线。1997年，全市29处乡镇均建立广播电视站，配备了专业人员。2000年3月，市广播电视局组建无线和有线电视广告文艺部，实现全天候滚动播出。2001年，对合并后的17处乡镇广播电视业务实行垂直对口管理，在各乡镇组建了广播电视网络传输公司管理经营部。2005年5月，投资50万元，为电视前端机房新上硬盘播出系统，并实现编、录、播一次性对接。2007年5月8日，电视台实现全新改版，台标由原来的三原色演绎为金黄色。原来的无线频道、有线频道、资讯频道，分别改称新闻综合频道、影视频道和商务频道。

第二章 文化艺术

第一节 文学艺术

文学创作

小说 1988年11月，明连君的小说《好大老爷》获首届中国微型纪实文学青春奖、纪念奖；1989年1月，明连君小说《保护圈》获华夏青年文学大奖赛佳作奖。1993年1月，李大伟小说《天路》在解放军文艺杂志社主办的《昆仑》刊物中获优秀短篇小说奖。2007年，梁守德的小说《人大战，人兽大战》在黑龙江作协举办的第三届中国当代通俗文学大奖赛中获三等奖。2008年，高培丽小说《咱也算江湖人》获《工人日报》举办的全国小小说征文优秀奖。

散文 1989年11月，魏修良的《花痴泪》获《上海园林》杂志社、《青年一代》杂志社、《艺术世界》杂志社联合主办的全国园林之春征文二等奖。1994年10月，陈雪梅的《人生》获未来作家百期征文优秀奖；1998年10月，蒋玉君的《买书》获山东新闻工作者协会颁发的二等奖；1998年12月，鞠剑峰的《庄户科研所》获山东科技报全国征文二等奖；2008年10月，梁守德的《好妻是福》获重庆市纪委、作协联合举办的全国廉政故事大奖赛一等奖。

诗歌 1991年，牟文的《华夏龙魂》之五部系列长诗，获山东省"五一文化奖"一等奖；是年，李丹平诗歌《战争的残迹》在中国红十字报主办的全国"和平鸽"征文中获二等奖。

剧本 1994年3月，宋树远、李康源创作影视剧《濠里人》获山东省优秀电视剧、"电视连续剧"三等奖、山东省首届"五个一工程奖"；同月，吴炳勋创作的《赶五更》获山东省计划生育文艺创作奖有奖征文二等奖。

报告文学 1988年，尚希魁的《冲出高粱地》获大众日报文学特写二等奖。1989年9月，张志孝的《从黑峡谷到三连冠》获中国百篇优秀报告文学奖；张志孝的《在冠军的领奖台上》《刘连仁赴日索赔记》分别于1991年10月和1995年11月获人民日报报告文学三等奖。

艺术创作

美术 1988年1月，荆曰政年画《农家冬闲》入选第四届全国年画展。1989年1月，荆曰政、郭瑞智、王洪臻、徐贵立合作的《合同牵动万人心》获山东省计划生育幻灯调演三等奖；是年6月，高密实验小学宋樾的绘画《快来个宝葫芦》，获山东省"我与蓝色的地球"少儿绘画比赛一等奖。1992年10月，荆曰政国画《美在民间》获山东省文化馆、站业务技能比赛二等奖。1993年7月，徐贵立国画《较量》获全国书画大展中青年组优秀奖；是年11月，张林创作《秋思》获第六届中国手指画佳作奖。1994年10月，单丽筠年画《赶早市、妹妹美》和郭剑年画《宝船》分别入选山东省建国45周年美术作品展。1999年9月，王东、陈玉惠合作年画《王子献瑞》入选全国第九届美展山东参选区暨"庆祝建国50周年"山东省美术作品选；是年10月，荆曰政国画《花鸟》、邹治方国画《君子之风》、郝冲国画《山水》分别获山东省迎澳

■ 涛　宋利华 作

■ 刘志君 作

门回归“泉景杯”书画比赛优秀奖;2000年5月,王强国画《秋阳灿灿》获第二届潍坊市残疾人书画作品评选一等奖。2001年7月,荆曰政油画《大中国》获建党80周年全省美术作品展二等奖。2002年5月,郭剑创作连环画《当归》,在纪念毛泽东《在延安文艺座谈会上的讲话》发表60周年全国美术作品展上获优秀奖;是年12月,荆曰政国画《秋塘》《清秋》《牡丹》《紫荆》参加首届齐鲁风采大型书画展,并入选《齐鲁风采》一书。2003年,郭剑的国画《清明》入选山东省社会文化先进县迎春展。2004年,王东的年画《家门》获全国第十届美展山东展区三等奖。2007年9月,宋利华的中国画《高考临近》获山东省全国第十四届群星奖推荐选拔展三等奖。到2008年,全市共有中国美术家协会会员2名:焦岩峰、荆曰政。

书法　1993年4月,李储恩的书法入选中国书协主办的“国际中国书画博览会”。1996年9月,李恩昌的篆刻《孔繁森》获首届“孺子牛杯”全国书画大展优秀奖。2001年4月,邹治方篆刻《永乐》获全国篆刻艺术展铜奖。2002年11月,刘志君的书法获北京“城建杯”全国职工书法美术作品展金奖;是年12月,李储恩的行书参加首届齐鲁风采大型书画展,并入选《齐鲁风采》

■ 焦岩峰 作

■ 邹治方 作

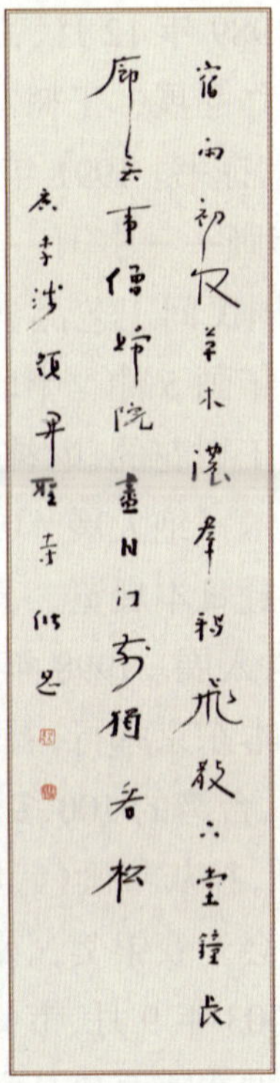

■ 李储恩 作

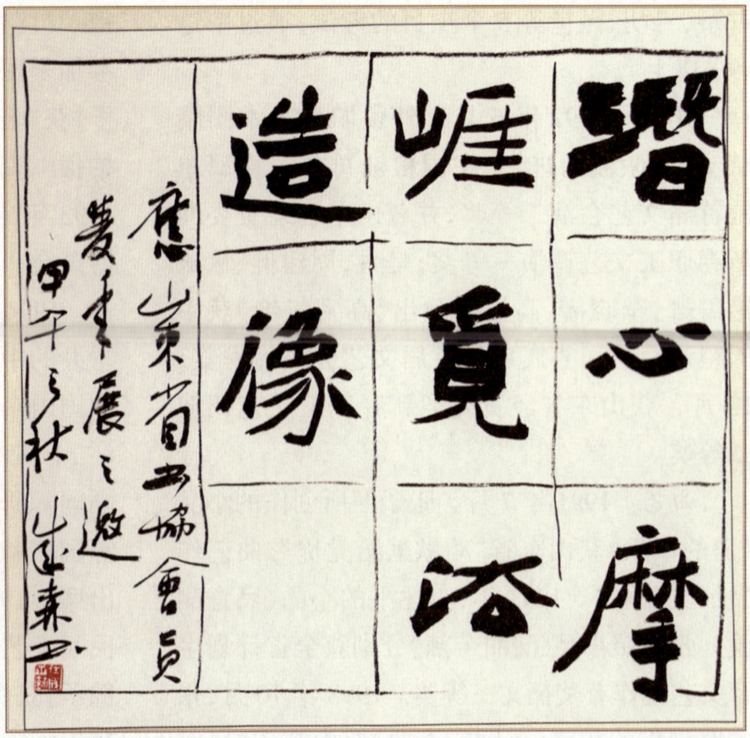

■ 任成森 作

一书。2003 年，刘志君书法作品参加“中日书法艺术大展”并获优秀奖。到 2008 年，全市共有中国书法家协会会员 5 名：高东岳、李储恩、刘志君、张磊、葛光鹏。

摄影　1999 年 10 月，王建国作品《山娃子》获人民摄影报金秋十月“龙宫杯”摄影大赛二等奖。2000 年 6 月，赵多欣作品《金浪》获“国土资源杯”全国摄影艺术大赛优秀奖。2002 年，王建国作品《盛火》《水绘》获全国摄影大奖赛二、三等奖。其间，王建国被评为“山东省十大摄影名师”。2004 年，高密市摄影家协会成立，张延兴任协会主席。

表演艺术

音乐　1991 年 9 月，周勤润曲、丁荣华词《歌唱吧，百灵鸟》在山东省文化厅“朱埠杯”全省歌手大赛中获优秀奖。1992 年 10 月，张洪宾板胡独奏曲《京韵寄情》获山东省文化馆站业务技能比赛优秀表演奖。1998 年 11 月，李家全曲、鹿书信词《国策卫士之歌》获山东省计划生育文艺调演一等奖。1999 年 9 月，张洪宾曲、魏修良词《哥哥你睡着了》，李家全曲、彭永生词《矿嫂》分别获山东新歌征集新人新作演唱比赛二等奖。2001 年 7 月，张洪宾曲、魏修良词《再创辉煌新世纪》获建党 80 周年全国征歌一等奖。2004 年，郭恩义、周勤润词曲《锤头和镰刀》在中国群众文化学会主办的全国第五届东方之春演唱大赛中获银奖。是年 7 月，郭恩义、周勤润词曲《过大年》在中国音乐家协会歌曲编辑部出版的《中国民族歌曲选粹》上发表。2005 年 3 月，张洪宾的板胡独奏曲《京韵报春》《欢庆》在中华青少年精英演艺大赛中获国家级金奖；同日，中学生耿丽的板胡演奏获表演金奖。2006 年 7 月，郭恩义、周勤润词曲《人民最爱党风美》在中国音乐家协会、中国民族歌曲演唱大奖赛筹委会主办的中国第三届群众创作歌曲大赛中获银奖。是年 7 月，李家全个人首张 CD 专辑发行，并选入“中国当代 50 位著名作曲家”系列。2007 年 7 月 31 日，中国音协全国音乐考级在高密首次设立考点，全市 104 名考生参加了钢琴、电子琴、古筝、二胡、琵琶等5个项目的考试，通过率达99%以上。

舞蹈 1991年6月，外贸职工艺术团隋斌演出《激流勇进》获中国粮油总公司直属单位首届文艺会演二等奖，并获山东省经贸委迎新春职工文艺调演一等奖；是月，周建群、徐成艳编舞，李晓霞、高银霞演出《高密三绝》获中国粮油总公司直属单位首届文艺会演优秀奖，12月，获山东省经贸委迎新春职工文艺调演二等奖。

曲艺 1991年7月，张子照所创作的小品《爱的奉献》获山东省"颂歌献给党优秀曲艺作品征文"铜奖。1993年，李述平的小品《民意测验》、张子照小品《酸甜苦辣》分别获全省计划生育文艺创作有奖征文三等奖。1998年10月，张子照创作的相声《离婚前奏曲》获山东省"凤凰杯"曲艺大奖赛创作三等奖；11月，初万林小品《说亲》获山东省计划生育文艺调演二等奖。2000年，张子照的山东快书《小两口对话》在全省法制文艺优秀作品评选中获三等奖；山东快书《刘大妈私访》获山东省曲艺会演群众文艺组二等奖。

戏剧 1990年3月，《盼儿记》剧组获文化部和计生委联合颁发的"第二届飞龙杯全国人口文化奖"。1991年12月13日，在济南历山剧院举行山东省地方戏中、青年演员比赛（决赛），孙红菊获一等奖，夏美华获二等奖。1994年，现代剧《根的呼唤》获山东省1994年度社会主义精神文明建设精品工程奖。1996年11月，艺术剧院夏美华、孙红菊、商咏梅在山东省地方戏曲邀请赛中分别获一等奖；李庆琴获二等奖；薛林涛、宋凤江分获三等奖；全体乐队获集体伴奏奖。

第二节 民间艺术

扑灰年画 主要产地在高密北部的姜庄镇、夏庄镇一带。1989年12月，高密扑灰年画参加全国民间工艺作品展，王树花新作《踢毽子》获"名艺人作品"证书。1991年，中央电视台拍摄《高密扑灰年画——中国一绝》专题片。1993年10月，中国民间工艺品参加波兰国际博览会，高密扑灰年画5件、半印半画2件入选。1994年10月，王树花的《财神》入展文化部举办的中国民间艺术一绝大展。1997年12月，中国山东木版年画赴日本展览，高密扑灰年画《二十四孝》等12件入展。1998年2月，高密年画国际研讨会在日本东京举行，有日本、俄罗斯等国家和中国香港、台湾的100多名专家、学者出席。1999年9月，扑灰年画《武财神》在中国民间工艺美术博览会上获银奖，《姑嫂闲话》《踢毽子》获优秀奖。2003年9月，市文化局组织扑灰年画等工艺品参加在陕西户县举办的全国农民画展。2006年1月，扑灰年画入展全国首届非物质文化遗产保护成果展会。是年5月，高密扑灰年画被列入首批国家级非物质文化遗产保护名录。2007年6月，吕蓁立被授予国家级扑灰年画代表性传承人。是年9月，吕蓁立、王树花在扑灰年画方面被公布为山东省非物质文化遗产代表性传承人。2007年6月，中国工艺美术学会民间工艺专业委员会在高密召开"中国·山东高密扑灰年画研讨会"，李绵璐、薄松年、王树村、马克、单应桂、孙建君、刘晔原、孙洪升、鲁鸿恩等专家出席。2008年4月17日，举行"中国扑灰年画之乡、中国扑灰年画保护基地"揭牌仪式，中国民协领导、国内民艺专家及高密市领导出席并揭牌。

泥塑 姜庄镇聂家庄以制作泥塑而闻名全国。聂家庄泥塑在创作题材上，立足于高密的风俗人情，突出表现本地的民间传说、神话故事、戏曲人物、鸟兽禽虫等，不断改进工艺，推出200多种艺术精品。聂家庄泥塑被"宋庆龄基金会"收藏，并入编《中国民间工艺大辞典》。

1989 年 12 月，聂希蔚、聂希全的泥塑参加首届全国民间工艺作品展并获奖。1993 年 10 月，聂家庄泥塑虎、猴 5 件作品参加波兰国际博览会。1994 年 7 月，聂家庄泥塑在中国香港展览。1999 年 9 月，泥塑“叫虎”在中国民间工艺博览会上获优秀奖。2007 年 1 月，高密泥塑被公布为山东省第一批省级非物质文化遗产。2007 年，泥塑、扑灰年画、剪纸被评为潍坊市“十大文化品牌”。2007 年，泥塑艺人聂希蔚获“中国民间文化杰出传承人”称号；是年，聂希蔚又被评为山东省首批国家级非物质文化遗产传承人。2008 年，成立“聂家庄泥塑协会”。

■ 金牛奋蹄　　齐秀花 作

剪纸 高密剪纸的发源地在井沟镇和柴沟镇，剪纸艺人遍及千家万户。剪纸作品不仅限于窗花、灯笼花、鞋样、荷包花、枕头花等简单的图样，人物动物、花草树木、神话传说、戏曲故事等无所不剪。1986 年 6 月，范存铭的剪纸作品《水浒人物》获山东省儿童、少年工艺美术书画展览一等奖。1991 年 5 月，栾瑞敏随山东省代表团参加文化部举办的对外文化交流成果展作现场表演。1992 年 10 月，宫浩荣的剪纸获山东省文化（艺术）馆、站业务技能比赛优秀作品奖。1995 年 9 月，刘彩花的剪纸《水浒人物》获中国农村书画展优秀奖；是年 12 月 3 日，栾瑞敏、于春霞、郭艳萍参加山东电视台、香港华娱家庭台联合举办“星光 50”文艺晚会作现场表演。1996 年 12 月，齐秀花和郭曙光参加中央电视台第 137 期综艺大观作现场表演；1997 年，齐秀花的剪纸《金牛奋蹄》被邮电部选为牛年生肖特种纪念邮票图案。1997 年香港回归之际，齐秀花剪 1997 头形态各异的牛制成长卷，送全国政协收藏。2000 年 7 月 15 日，宋小娟在潍坊市博物馆为时任中共中央政治局候补委员、中央组织部部长曾庆红等领导表演剪纸技艺。2002 年 7 月，单丽筠的剪纸《盛世彩虹》获山东省“群星奖”美术、书法、摄影作品大展铜奖；宋小娟的剪纸作品《九龙壁》获山东省“群星奖”优秀奖。2005 年，范祚信被聘为中国艺术研究院民间艺术创作研究员。2006 年 1 月，齐秀花在中央电视台第 10 套“状元 360·巧手剪纸王”比赛中获第二名。是年，全市有 26 名剪纸艺人入选《中国剪纸艺术人名大典》。2007 年，范祚信获首批“中国民间文化杰出传承人”称号。2007 年 5 月，范祚信、齐秀花被评为第一批省级非物质文化遗产项目（高密剪纸）代表性传承人。2008 年 5 月，高密剪纸扩展为国家首批非物质文化遗产名录。

茂腔 茂腔作为地方剧种之一，在境内流传已有 200 多年，剧团一直保持 60 人左右的演出队伍。1993 年，高密茂腔剧团改称“潍坊市茂腔剧团”。1995 年“潍坊市茂腔剧团”与“高密市影剧院”合并，称“高密市艺术剧院”。其间，茂腔剧团创作演出大型历史戏《黑牡丹》，大型古装戏《林娘》《春江月》《南京殿》《三子争父》《莫愁女》《马前泼水》《梁山伯与祝英台》《女驸马》等，排演现代戏《倒霉大叔的婚事》《李二嫂后传》《桃花与杏花》《焦裕禄》等剧目。

《盼儿记》剧照　（1990年 摄）

1989年，排演现代戏《盼儿记》。1990年2月，高密茂腔剧团在泰安作专场演出，国家计生委主任彭珮云接见了演职员。是年3月，应文化部邀请，《盼儿记》晋京演出7场，文化部部长贺敬之、副部长高占祥等领导观看了演出并接见演职员，中央电视台、《人民日报》《光明日报》等媒体作了宣传报道。1992年，高密茂腔剧团排演现代戏曲《瓜园情》，由山东电视台拍摄成舞台戏曲片，在省电视台播放。2006年5月，高密茂腔被国务院列入首批国家级非物质文化遗产名录。

工艺品

布玩具　布玩具加工在高密历史悠久。1986年始，布玩具品种不断增加，到2008年，生产、加工企业200多个，产品80%出口，远销世界50多个国家和地区，成为全市的重要产业。

传统刺绣　刺绣被誉为民间剪纸的姊妹艺术，以高密姜庄镇的传统刺绣最为有名。布老虎、老虎鞋、老虎帽、肚兜、鞋垫、婚衣等是姜庄镇妇女们的拿手活。在此基础上，机绣发展得也很快。至2008年，姜庄镇有近千名妇女专业从事刺绣，加工业户近百家，产品畅销上海、北京、南京各大城市及国外市场。

根雕　核雕　高密根雕艺术创作以单联东最为有名，其盆景作品“神圣中华”“仙客何处归”等艺术照曾被青岛和潍坊等印刷厂制成挂历。他创作的根雕作品，多次到济南、青岛、烟台等地举办展览，60余件根雕作品被国内外知名人士收藏。1989年，核雕艺人王照烽创办田庄工艺美术研究所。2005年，他提出并规范各种核雕中诗书画印相结合，“文人核雕，诗核同镌”理论观点。2006年，发表《桃核雕刻与残缺美》《论核雕刀法》等论文，填补了国内核雕研究空白。2007年，王照烽以全省前十名的成绩被评选为第三届山东省工艺美术大师。2008年，王照烽核雕作品单籽“十八罗汉”获得“天工艺苑·百花杯”中国工艺美术精品奖银奖，并被潍坊工艺美术研究所授予“潍坊核雕创新派带头人”称号。中国工艺美术学会会员、青年艺人王蒙从16岁开始专攻核雕创作，2001年核雕“大战长坂坡”在山东文展会上获得金奖。

木根雕艺人在雕刻

■ 木雕艺人在工作

木雕　高密木雕技艺起源时间无考，从现在的刻板、刻模和民间艺人的作品看，流传年代已久。木雕艺人单连臣，1991年开始学习雕刻，2003年成立联晨雕刻工作室，主要作品有“龙王施雨”“采蘑菇”“苍鹰”“关公”等。

石雕　高密石雕大致分为圆雕、浮雕两大类。圆雕就是雕琢独立的人物、动物、瓶炉等立体状的形体；浮雕则是在石料表面雕琢各种画面图案，如花卉、山水、楼阁、故事、景观等。石雕艺人王立军，黑陶、木雕、玉石雕技艺皆精，尤以玉石雕刻成就最大，代表作品玉石雕鉴真和尚、观音菩萨、狮子、二龙戏珠、龙凤呈祥等畅销海内外。

■ 石雕艺人在雕刻

草扇　用麦秆或其他作物材料编织的草扇境内有100多年的历史。柴沟、井沟、呼家庄等乡镇为主要产地，产品大都出口，少量内销。1985年后，编织精细的草扇已作为一种艺术品被人们用来收藏欣赏，其使用价值已逐渐消退。

■ 艺人们交流编织草扇经验

花席　用高粱秸外皮编织而成的花席，系传统家庭副业，境内有近200年的生产历史。产地主要分布在呼家庄、柴沟、拒城河、井沟等乡镇的近200个村庄，1150多户从事编织加工，最红火年份年产花席7万余领。随着人们生活方式的改变，社会对花席的需求量逐年减少，进入21世纪，境内花席基本停止生产。

玉米皮编　20世纪70年代中期，境内兴起用玉米皮编制加工手工艺品，也称草编。主要有地毯、坐垫、餐茶具垫等十几个品种。1973年始，郭家南直、梁家屯、匡家庄、克兰等十几个村，先后建立草编厂。1977年后，全县18个乡镇（时称公社）的100多个村庄从事此业。产品由外贸部门收购外销，1977年收购量最高，收购总值为44万元。1984年后，由于外贸滞销而停产。1990年后，用玉米皮编而制的工艺品已很少见到。

条编　条编在境内起源时间无考，流传年代已久。条编产品主要用于农事和家庭生活，有各种筐、篮，也有用于观赏的艺术品。主要原料是荆条、柳条、杨树条、苘麻茎等。产地分布在呼家庄、注沟、柴沟、拒城河、井沟、柴沟等乡镇。随着耕作方式和工业日用商品的日益丰富，境内条编产品逐渐减少。进入21世纪，已经很少有编织者。

■ 条编艺人编织筐箩

第三节　非物质文化遗产

境内的非物质文化遗产主要有民间文学、传统音乐、传统舞蹈、传统戏剧、曲艺，传统体育与竞技、传统美术、传统技艺、传统医药、民俗等10大类。2005年8月，全市开展非物质文化遗产普查，建立了四级非物质文化遗产名录体系。现有国家级非物质文化遗产名录4项、省级非物质文化遗产名录8项、潍坊市级非物质文化遗产名录17项、高密市级非物质文化遗产名录83项。在普查的同时，先后征集各类珍贵实物3890多件，编辑出版了《高密市非物质文化遗产普查资料汇编》和“高密四宝”系列文化丛书。

2005年9月6日，30名艺人获“高密市民间文化杰出传承人”称号。是月9日，中国民间文化遗产抢救工程委员会、中国民协联合授予高密市民间文化遗产保护贡献奖。2006年，高密茂腔、高密扑灰年画被文化部确定列入第一批国家非物质文化遗产名录；高密茂腔、扑灰年画、聂家庄泥塑、高密剪纸入选山东省第一批省级非物质文化遗产名录。2007年2月15日，扑灰年画、剪纸、聂家庄泥塑、半印半画，戏曲类茂腔，民间舞蹈类地秧歌入选潍坊市第一批市级非物质文化遗产名录。是年4月，高密民间泥彩塑艺人聂希蔚、剪纸艺人范祚信被命名为国家级民间文化杰出传承人；齐秀花被命名为山东省民间文化杰出传承人。是年6月15日，高密市民间艺人聂希蔚、范祚信、齐秀花被命名为首批山东省民间文化杰出传承人。聂希蔚、王树花、石建庭、吕蓁立、齐秀花、范祚信、宫浩荣、刘存志被命名为潍坊市首批民间文化杰出传承人。其中，吕蓁立同时被认定为国家级扑灰年画代表性传承人。2008年4月17日，中国民协专业艺术委员会公布高密市为“中国扑灰年画之乡”和“中国扑灰年画保护基地”。是年11月9

日，在山东省博物馆举办“儒风泰山·首届山东国际大众艺术节——齐鲁民间手工艺精品博览会”，高密市组织12名民间艺人参加，有9件作品获奖。其中，聂希蔚的泥塑《叫虎》、范祚信的剪纸《水浒人物》获特别奖，任春花的剪纸《十二生肖》获金奖，吕红霞的扑灰年画《二十四孝图》、王蒙的核雕《三英战吕布》获银奖，石建庭的扑灰年画《三星图》、吕蓁立的扑灰年画《三星高照》、王俊波的扑灰年画《水浒英雄》、张初华的扑灰年画《王子献寿》获铜奖。2008年8月，在潍坊幼教师范学院开设国家非物质文化遗产保护项目—高密茂腔戏曲专业，招收40名少年学员学习茂腔，为弘扬和传承民间艺术奠定了坚实的基础。

高密市非物质文化遗产名录表

表27－1

项目名称	类别	编号	级别	申报单位
高密茂腔	传统戏剧	Ⅳ－67	国家级、省 级	高密市非遗保护中心
扑灰年画	传统美术	Ⅶ－6	国家级、省 级	高密市非遗保护中心
高密剪纸	传统美术	315Ⅶ－16	国家级、省 级	高密市非遗保护中心
聂家庄泥塑	传统美术	346Ⅶ－47	国家级、省 级	高密市非遗保护中心
半印半画年画	传统美术	VII－37	省 级	高密市非遗保护中心
高密菜刀	传统技艺	VIII－36	省 级	高密市常发刀具厂
地秧歌	传统舞蹈	III－23	省 级	高密市非遗保护中心

第四节　文化活动

1986年，全县开展争创省级社会文化先进县活动，14个乡镇被潍坊市政府授予“先进文化乡镇”称号。1987年4月，高密县首次组织民乐队与焰火队参加了第四届潍坊国际风筝会暨第二届全国风筝邀请赛开幕式。是年始，多家传统文艺表演团队参加过潍坊市级以上的大型文化活动并获奖。其间，通过全市统一组织或部门、单位自发等方法，全市自上而下开展了若干丰富多彩的文化娱乐活动。

节庆文化活动

春节街头文化活动　每年春节后，全市都要组织一次大型街头文化活动。参演的传统节目主要有扭秧歌、舞龙灯、踩高跷、跑旱船、武术等，参演单位一般是大型企业和重点部门单位。每个单位以彩车带队，组成几十人乃至上百人的游行演出方队。整个活动呈方阵排列，有序进行，总规模约4000人。每年元宵节，全市举办灯展晚会。城区内各系统、各街道办事处都要送彩灯参展，每年张挂彩灯1000盏左右。1989年起，在灯会的基础上举办新灯展，后称迎春灯展、千灯大展，按质评奖。1992年，推出电动、声、光一体的立体灯。灯区设在市人民政府门前广场至市中心时代广场的人民大街两侧，展期一般为正月十五日和十六日两个晚上。元宵节通常还在市体育广场举办焰火晚会。上述活动统一由市宣传文化部门组织实施。

专题文艺活动　1993年起，全县先后举办毛泽东一百周年诞辰、高密撤县设市、迎香港回归、纪念改革开放二十周年、庆澳门回归等大型专题文艺晚会。每年“五四”青年节、“七一”建党节、“十一”国庆节等重大节日，市宣传文化和相关部门都要组织举办文艺晚会。1985年开始，举办电视春节文艺晚会，时断时续。2004年高密大剧院建成后，至2008年春节，连续举办5场春节文艺晚会，并于2008年1月17日，举办“闹元宵”戏曲晚会。自2008年始，全市春节文艺晚会以当地人演当地事，穿插茂腔传统节目，颇受

群众欢迎。

广场文化活动

消夏晚会　1986 年 7 月，首次在城区举办“京剧之友”消夏晚会，由文化馆与老年票友社组织。1988 年第三届始，轻纺、外贸、物资等公司宣传队加入演出，充实了歌舞节目和演出队伍阵容。2000 年 7 月，组织“海尔之夜”消夏文艺晚会。2002 年起，改称“凤城之夏”文艺晚会，以新建广场为主阵地，分设 5 个点同时开场。2004 年，新增大剧院广场与利群广场演唱点，全城 7 处场点同一时间开幕。晚会演出持续 10 天，参演单位 80 个，演职人员 3400 人，演出节目近千个(次)。该活动持续至今。2004 年市文联成立后，各类专业艺术家协会承办的文艺活动进入全市城乡文化广场展演，并成为文化广场的主力。

京剧演唱会　2002 年，市文化馆组织成立京剧票房。2005 年，发展为京剧票友社。2003 年 10 月，派出 10 名选手参加潍坊市首届“青云山杯”京剧戏迷票友大赛，薛梅获十佳票友称号。2005 年 10 月，又参加“凯马杯”潍坊市第二届京剧戏迷票友大赛，于百祥演唱的《小宴》获特等奖第一位，并参加了颁奖晚会演出；管艳贞演唱《碧云天》获一等奖。2004 年 11 月，宫传涛、王艳华应邀参加山东电视台综艺频道《好戏连台》栏目第十一、十二期京剧票友大赛。

社区文化活动

社区文化主要以醴泉、密水、朝阳等三个街道及市直机关 7 大党工委系统为主体，城区 20 余个社区为重点，每年在春节、元宵灯会、重大节庆日组织开展群众业余文化活动。人们利用社区公共文体设施，筹备创排了大量传统与现代文化活动项目，组建了数十支文艺表演队伍。其中，南关社区文化中心的旱冰场、东关社区的文化楼、北大王庄社区龙灯队、市老干部艺术团、原高密镇业余京剧团等成为社区文化的主力军，在本市或潍坊市大型文化活动中登场亮相并获奖。2002 年后，先后建立文化馆京剧票友社、群众艺术团、诗语演艺等艺术团体，群众文化活动日趋活跃。2007 年，市文联实施“文艺进社区”规划，音乐、舞蹈、书画等艺术门类全面进入社区，丰富了社区的文艺活动内容，提高了社区文艺活动质量。

校园文化活动

1990 年后，境内校园演出队逐步兴起，带动了校园文化的发展。1994 年，东关小学成立群星艺术团，以演奏鼓号为主，后增加了管弦乐。1994 年 4 月，市直机关幼儿园成立小天鹅艺术团，设舞蹈、电子琴、美术等 3 个班，有成员 60 人。1997 年 8 月，北关小学成立腰鼓队，由原车站小学腰鼓队并入北关小学，有队员 204 名。每逢重大节日，康成中学民族管弦乐团、第二实验小学管弦乐队等都积极参加演出，校园文化成为全市文艺表演的重要部分。

企业文化活动

1989 年 9 月，成立外贸职工艺术团，成员 30 人。1991 年 6 月，晋京参加中国粮油总公司直属单位首届文艺会演，获一、二、三等奖各 1 个。1991 年 10 月，高密酿酒厂组建商羊醉鼓乐团，演奏者 50 人。他们引进山西太原鼓乐演奏艺术，先后参加了四届潍坊国际风筝会开幕式表演及首届山东省农民艺术开幕式表演，曾专程赴潍坊为 28 国驻华使、领馆馆员专场表演，多次获奖。1991 年冬，福泰集团成立军乐团，成员 45 人。曾参加春节街头文艺大展演、高密撤县设市、庆祝澳门回归文艺会演等市内大型活动。1998 年 2 月，福泰集团军乐团参加潍坊市第二届民间文艺大展演，并两度参加青岛市“五一”游园表演。2008 年，方圆置业有限公司成立书法创作基地，为全市培育了一批优秀中青年书法人才，逐渐成为全国有名气的培训基地。

艺术展览活动

市文化馆展厅承办全市大型节庆书画展览，多以书画与实物展示主题，其中，专题艺术展和专业成果展，每年举办2～3次。

1993年9月，高密民间工艺品展览在文化馆二楼展厅举办，由19个乡镇、县直3个系统征集作品205件，入展164件。2002年7月24日，举办庆祝建军75周年“双拥共建书画联展”，驻高密部队军旅画家张克华及高密市知名作者书画作品80件参展，展览先后在文化馆与驻高密部队驻地开展，中央电视台军事频道为展览作了报道。是年9月23日，全市庆国庆书画展在文化馆举办，展出作品110幅，历时7天。是年11月15日，举办庆祝党的十六大召开“民间艺术精品展”，展出清末民初版本扑灰年画、泥塑等17个品类313件（幅）民间艺术精作，展览历时6天。2003年7月20日，举办“凤城之夏”书画展，入展作品60幅，展期10天。2004年7月1日，庆祝建党八十三周年暨撤县设市十周年，举办“王树花扑灰年画作品展”，展出作品近百件，展期10天。是年8月19日，举办纪念邓小平100周年诞辰书画展，展出书法、绘画及剪纸等作品60件，展期7天。是年9月26日，举办庆祝中华人民共和国成立五十五周年“高密民间艺术精品展”，展出6大系列13个门类480件作品，展期7天。2005年9月15日，举办纪念抗日战争胜利暨反法西斯战争胜利60周年书画展，展品有书法、绘画、剪纸等80件（幅）。

第五节 文化市场管理

1989年9月，成立县文化市场管理领导小组。1991年11月，设立文化市场管理科，定编2人。1995年4月，成立市文化市场稽查大队，编制5人。至2008年，文化稽查大队共有工作人员6人。

1991～1994年，全县共有文化经营单位109家，由文化市场管理办公室进行日常检查，并组织公安、工商、税务、广播电视等部门联合检查，每年6～8次。1995～2003年，全市共有文化经营单位161家，其中新华书店等图书销售部门40家、印刷企业36家，稽查人员每年参加由宣传部、文化、公安、工商、广播电视、电信、卫生等相关部门联合组织的突击“扫黄打非”活动，对各文化经营单位进行检查，整顿和规范文化市场经营秩序。2004～2008年，全市共有文化经营业户170家，稽查人员每年对各类文化经营单位实施检查3～5次；由宣传部、文化、公安等相关部门联合举行的扫黄打非行动和整顿规范文化市场经营联合大检查6～8次；另外，还通过举办培训班，对各文化经营单位负责人进行法律法规知识培训2～3次。

音像市场治理 1985年4月，县广播电视局成立了音像制品发行管理站，负责全县音像市场的管理。是年6月，全县设立25处录像放映点，其中县城15处，乡镇10处，录像放映人员75人。是年，音像管理站会同公安、工商等部门对音像市场进行检查，共查处收缴录音磁带1200盘，录像带70盘。1987年，音像管理站对全县的录像设备进行备案登记，为经营录音磁带的店铺办理了销售许可证。各录像放映点实行购片制，由音像管理站到省、市上级业务部门购取当月准许放映的录像片目，每盘收取10元手续费，售给各录像放映点放映。是年5月，音像管理站将售片改为租片，社会各单位及个人用片一律收费10元。至此，逐步健全音像市场的管理制度。1989年5月，各录像放映点的租带制改为卖带，每个录像放映点购录像片加手续费30元，收管理费160元。是年8月，县音像管理站会同公安部门共查获淫秽录像片636盘，非法出版制作的录像片820盘，录音磁带123盘。1991年7月，全县整顿音像市场管理，经县委宣传部进行放像资格审查，县城内保留6家公办放像单位，营业执照由潍坊市新闻出版局批准。各乡镇驻地的放像点，按照县城放像点的管理办法，由广播电视局和文化局负责监督管理。1993年9月，对境域内私自安装地面卫星接收设施进行了全面检查，收缴卫星地面接收设施3套。2001年7月，广播电视局将音像制品经营管理权移交市文化局管理。2003～2008年，广播电视局联合市公安局、工商行政管理局对全市境内私自销售、安装、使用卫星地面接收设施的违法活动进行多次清理整顿，共查处非法销售业户20个，拆除安装使用户70处。

“扫黄打非”行动 1989～1995年，由文管办组织对全县文化经营单位进行“扫黄”治理检查，集中清查文化市场49次，收缴销毁非法出版物5.2万册，淫秽画157张，无版权录像带625盘，淫秽录像带1000多盘，查封放映点8个，逮捕收审放映黄色录像及违法经营人员80多人。1996～2005年，全市集中清查文化市场80次，收缴销毁非法出版物8万册，非法音像制品10万多盘，查处非法经营业户10家。其中，2001年，全市先后展开了四次较大规模的“扫黄打非”集中行动，收缴非法书刊1856册、音像制品900多盘，取缔无证经营书刊、音像摊点8个，收缴电子游戏机41台、电路板142块，举行了集中销毁非法图书音像制品和电子游戏器具现场大会。2006～2008年，开展“扫黄打非”整治行动，清查各类文化经营单位4000家次；立案查处租赁贩卖“黄非”音像制品经营户7家，没收并销毁淫秽光碟2000张、非法光碟10万余张。

互联网经营治理整顿 2004年3月，全市网吧实行连锁经营，由原来的68家压缩到43家。2006～2008年，全市开展网吧专项整治行动，行政处罚违规经营网吧25家，责令停业整改4家，取缔“黑网吧”6家，立案处罚28家，结案率100%。其中，2007年，重点查处网吧接纳未成年人的问题，组织专项突击检查12次，处罚违规网吧32家(次)，网吧非法经营现象得以治理。

第三章 广播 电视 电影

1986年，县有广播站(后改为广播电台)一处。1987年1月10日，高密县电视台开播。1994年10月，高密市有线电视台成立。1995年1月1日，高密电台实现立体声调频广播。1996年，有线电视实现光缆传输，接收电视节目28套。2001年9月，位于青年路西侧的高密广播电视综合大楼竣工并投入使用。2008年11月8日，高密市新闻大厦落成并投入使用，市广播电视局机关包括电台、电视台整体搬迁。至2008年底，广播日播出时间510分钟，有10多个栏目分不同时段播出，电视自办节目时间增加到1314分钟，每天有11档栏目向观众展示。电影公司年送电影下乡4000余场。

第一节 广 播

1986年，全县广播以有线为主。1990年8月，广播电台开播无线(调频)节目。1994年12月，高密电台调频立体声节目试播，有线广播停播。次年1月1日，调频立体声节目正式开播。2005年6月20日，高密人民广播电台购置数字化设备，新建音频工作站及自动播出系统。

有线广播 1986年后，全县乡镇广播事业有了新的发展。1989年，高密电台更新广播线路800线里，29个乡镇的500多个村庄添置了广播设备，办起村广播室，广播通播率达到97%，

■ 广播电台工作人员制作广播节目

复修和发展入户喇叭1.2万只。全县98%的村通了广播，75%的户安装广播喇叭，有22个乡镇广播站开设自办节目，电台宣传在全县形成县域与乡村、有线与无线相结合的宣传网络。1987年，电台采制的《南关村招聘政工人员》，在中央人民广播电台新闻联播播出，并获全国广播好新闻奖。1989年，高密县被评为“全省有线广播先进县”。1994年12月，高密电台调频立体声节目试播，有线广播停播。是年12月10日，高密人民广播电台建立调频广播。1995年1月1日，调频立体声节目正式开播。2001年底，电台播出实现了由中波、调频到卫星信号的飞跃。2005年6月，新建音频工作站及自动播出系统。

广播节目 1986年，县广播电台新设立了《高密新闻》《今日快讯》《科技与生活》《社会新风》《听众信箱》《夏华与听众》《法制园地》等十几个专题栏目。另外，还开设了《茂腔剧院》《音乐曲艺》《听众点播》等文艺栏目。1989年10月，电台在新闻节目中开设《故土新姿》专栏。1991年1月，电台开设有线、无线两套广播节目，节目播出时间由原来的每天5.5小时，增加到有线、无线分别为6.5小时和8个小时。节目设置也进行了改革创新。1993年5月1日，电台由录音播出改为主持人直播节目，并通过热线电话，让广大听众参与节目。分设“古城梦醒”“密水天地”“空中夜总会”“温馨伴良宵”四个直播板块节目，开辟了“密水谣”“经济广角”“社会传真”等50多个栏目，每天播出长达16小时。1994年，开辟了“经济广角”“社会呼唤”等多个栏目，邀请嘉宾走进直播室，采制了“乡镇企业家风采”等30多个专题报道。1996年，电台由直播节目重新改回录播，节目分新闻、专题、文艺三个栏目，每天播出时间4小时。开设栏目40多个。2000年8月1日，电台开设《知识百科》栏目。2002年1月，电台地方戏节目《茂腔剧院》改版为《茂腔园地》。2004年3月6日，广播社教节目《农科园地》获山东省广播社教节目一等奖。是年4月，《华副市长话桑蚕》获山东省广播新闻一等奖。2005年9月9日，高密人民广播电台撤销广播部，设立广播新闻部、广播节目部。是年10月1日，电台广播恢复节目直播，节目播出时间由原来每天4小时，延长到8.5小时。是日，高密广播电台开办《财富前沿》经济类节目。2006年8月，广播电台采制的《板胡粹·民族魂》获山东省县(市区)级广播一等奖。是年12月，广播电台获山东人民广播电台集体记者一等奖。2007年3月，广播电台获山东省广播新闻宣传一等奖。2008年12月，广播电台采制的《日本战犯的忏悔》获全省县级广播新闻一等奖。

第二节 电 视

电视节目 全市电视宣传最先从转播节目开始。1984年2月，县广播电视局首次利用电视差转台试播《高密新闻》。1985年2月始，县广播电视局每星期二、五晚播出《高密新闻》，主要内容有:《会议报道》《科研成果》《人物专访》及全

2008年高密电视台《凤城民生》开播仪式

县各条战线上的重要新闻等。1985年,首次举办"迎春文艺晚会"。1987年1月1日,电视台13频道正式开机试播,转播中央电视台第一套彩色节目。是年3月,电视台安装成都产千瓦彩色电视发射机1部,并试办新闻节目。是年,高密电视台开始制作专题节目,同时承接电视广告业务。1991年6月29日始,《高密新闻》节目由原星期二、五改为星期二、四、六播出。1993年6月,电视台推出融信息、知识、广告、趣味性于一体的"艺桥大院""艺海飞虹"等节目,电视广告与娱乐节目融合,收视率大幅度提高。1994年,开设"支柱之光""党旗别样红"等10个专栏。1995年,电视台广告创收首次突破100万元大关。1996年4月始,《高密新闻》节目改为星期一、三、五播出。是月,市广播电视局广告文艺部成立,对电视广告招商进行改革,实行承包经营。1999年1月,开办专题性节目《凤城视点》,每周播出1次;下半年推出综合性节目《纵横30′》,主要报道百姓身边事。2000年4月1日,电视台开设《乡镇揽翠》和《农经信息》栏目,同时,对经济、服务、娱乐等节目进行全面改版,实行16小时滚动播出。2001年9月,开设《城市扫描》专栏。2002年2月4日,《高密新闻》栏目调整播出时间,由原来的每周一、三、五首播,二、四、六重播,调整为每周一、三、五19:50首播,21:20重播。是年,电视台在中央台、美国有线台播出新闻专题外宣片4件。2003年2月,与潍坊台国际部合作,在美国斯考拉电视台播出15分钟专题片《年画世家》。是年5月1日,《高密新闻》节目由原来的每周一、三、五播出,改为每周一至周五播出。2004年5月1日,推出《半月纵深》栏目,每周六、日播出。2006年7月,推出《瞭望》栏目。2007年5月8日,推出《真情故事》《法在凤城》《魅力高密》三档社教类栏目,《四季田园》《车行天下》两档服务类栏目。本次改版,还对原有的《高密新闻》《瞭望》《经济·生活》《我爱我家》《教育时空》《健康专递》等6档优势栏目进行了强化,改版后的高密电视台共有11档栏目,全部实行制片人制度。是年,自办节目时间由原来的每周552分钟增加到1309分钟。2008年4月28日,高密电视台首档民生新闻《凤城民生》栏目举行开播仪式。该栏目于5月1日正式开播,实行周一至周五首播制。至此,高密电视台自办节目时间每周增加到1314分钟。

1991年9月24日,专题片《水魂》获全省第二届地方电视台稿件评比一等奖。1998年2月,专题片《父子两代讨公道》获"全国城市台好新闻"一等奖。2001年12月,电视新闻《刘连仁状告日本政府官司赢了》获山东电视台好新闻一等奖。2003年8月,《果树抗风枝连接》获全国首届地方电视台科技专题片一等奖。2004年3月6日,《农科园地》获省广播社教节目优秀作品一等奖。是年8月,系列报道《共产党员在一线》获山东省县(市区)级电视作品一等奖。2006年6月,《聂老汉有绝活》获山东省第二届纪录(专题)学术片一等奖。2007年3月,市广播电视局获山东省电视新闻宣传先进集体一等奖。是年12月,电视台自办的《四季田园》栏目获全国首届科普影视奖。2008年12月,电视台自办的《魅力高密》栏目获"全省县级台优秀文化栏目一等奖”。专题片《胶河之子——莫言》获全省县级电视新闻一等奖。

有线电视 1990年5月，境内开始发展有线电视。1991年6月，县广播电视局开始扩大电视共用天线安装业务。利用卫星地面接收设施接收电视信号，通过前端技术系统处理后传输给电视用户(也称闭路电视)。该项业务由县电台承接并统一管理。业务初期，仅限于宾馆、商场和部分单位宿舍进行操作安装。至年底，共为13个单位、9个系统、720户安装了共用天线。1993年10月1日，有线电视台试播，向用户开通11个频道的电视节目。试播期间开始自办节目，主要播放电影及电视剧，制作广告字幕。同时，利用11频道转播《高密新闻》。至年底，全县发展有线电视用户2500户。1994年3月，策划开办《开心时刻》《周末戏院》《点歌台》等文化娱乐栏目。是年10月，成立高密市有线电视台，为副科级事业单位。是年，安装卫星地面接收站9个，市区有1.2万户居民安装了有线电视。1995年，有线电视台延长自办节目时间，每天播出时间8小时，每周二和双休日每天播出10小时。1996年4月始，有线电视台每周二、四、六开播《高密新闻》。是年8月，完成潍坊至高密段的光缆铺设工程，将28套节目信号通过光缆干线，传送到各乡镇。至1996年底，全市有线电视入网用户达1.7万户。1997年2月1日，省、市、县三级有线电视联网工程完成。1999年2月，市广播电视局与山东远程电子通讯有限公司以BOT方式进行合作，实施有线广播电视与乡镇联网入户工程。是年8月25日，高密城区至28处乡镇的有线广播电视主光缆干线全部开通。2000年4月1日，有线电视台开设《生活在线》栏目，每周一晚首播，周三、五、日晚重播，每周播出一期，每期10分钟。2001年7月，市广播电视局在全市17处镇组建广播电视网络传输公司管理经营部。是年12月30日，高密市广通网络有限公司正式创立。2002年7月10日，经过考察，确定了全市17个镇农村有线电视管理部负责人。2005年，投资200多万元，在城区主要道路和相对集中的区域实施光缆入地工程。是年，农村有线电视共新架有线光缆100杆公里，新发展用户7000多户。2006年5月8日，对全市城区有线电视网络公司(即广通网络有限公司)的经营管理体制进行规范改造，以达到国有控股、合法经营。2007年5月1日起，农村有线电视初装费由原来的每户260元降低到150元。是年，农村新增有线电视用户6.2万户，是过去7年入户总数的1.8倍，农村有线电视总户数已突破10万户。至2008年，全市有线电视总户达到18.3万户，其中，城区5.4万户，农村12.9万户，有线电视村村通比率达100%。

第三节 电 影

1986年，全县每个乡镇均设1处电影管理站，负责乡镇放映管理。是年始，电影公司启动农村电影市场。1987年9月，县电影公司在全县农村举办历时半个月的首届农林科教电影放映活动，共放映农林科教电影片78部，3109场。1988年9月，撤销东岭露天电影院。1989年10月，县电影公司被广播电影电视部授予全国“先进集体”称号。1992年，全国第二届农村科教电影汇映，县电影公司及夏庄、仁和、大牟家、阚家、姚哥庄、张鲁、柴沟等8个乡镇电影管理站被广播电影电视部等六部委授予全国先进单位。1993年随着体制改革，全县电影管理站改为文化电影管理站，业务方面服从电影公司统一管理，行政上归属当地政府。每个站有1~2个乡(镇)办电影队，具体负责本乡(镇)电影放映工作。1994年5月，市电影发行放映公司，经营人民电影院和1个流动放映队，负责全市28个乡镇电影管理站的业务和技术管理。1986~1996年，电影公司以发行放映革命传统教育、爱国主义影片为主，同时，放映科教影片6.5万场。

1996年,农村放映收入达到199万元,占全市电影收入的74%。1986~1996年,先后创办了宾馆、茶庄、饭店等10个项目。其中,1996年,第三产业收入88.8万元,占公司业务总收入的24.4%。1998年后,电影发行放映公司只保留两个录像厅。2001年6月21日,全市举办纪念建党80周年电影展映活动,集中放映了《毛泽东在1925》等15部国产献礼片和30部国产优秀影片。2002年7月至9月,市电影公司与市供电局联合举办"安全用电"科教电影下乡活动,放映《农村安全用电》等科教片和故事片1300余场。至2003年,电影公司共成立3个流动放映队,配合农村科技致富,组织宣传放映活动,并为大部分乡镇中小学每年上映1~2场爱国主义影片。2004年7月至9月,市电影公司联合移动公司等5个单位举办"送文化、送科技、送健康、送欢乐"科教电影下乡活动,共放映科教影片650场,故事片720场。2006年5月,全市举办《金牌工人》电影放映活动。是年9月,企业改制,改为高密市电影发行放映有限公司。2007年5月,电影公司所属惠影科技公司自主研制开发数字电影流动放映一体机,填补了流动数字电影放映市场的空白。2008年5月,位于人民大街中段路北的人民电影院拆除,并于是年8月开始在原址新建高密电影大厦。改制后,送电影下乡活动继续坚持,年4000余场。

第四章 图书 报刊 出版

第一节 图 书

图书发行

新华书店 属国有图书音像发行企业。1986~2008年,市新华书店业务以发行教材、图书及音像制品为主。1993年4月,因大街拓宽,位于人民大街中段的新华书店被拆除。1996年1月,在人民大街原新华书店旧址,改建成2800平方米的营业楼。1997年1月,新办公营业楼投入使用。2004年4月,新华书店迁至人民大街345号新建大楼,建筑面积1400平方米。2005年,市新华书店被省店表彰为"先进单位"。至2008年,市新华书店共有员工45人。新华书店在城区设有中心门市部1处,在大牟家、柴沟、夏庄、河崖、双羊5个乡镇设有下伸点,年均发行图书160万册。2008年,中心门市部一般书及电子音像制品销售额225万元。

个体书店 改革开放以后,县城除了新华书店,另有个体私营的书店经营销售图书业务。1995年,文联书店和文化书店相继成立,属最早成立的私营书店。其中,位于电影院广场西侧的文联书店发展规模最大,是山东省书刊发行协会会员单位。至2008年,全市共有个体书店40家。

图书管理

图书借阅 1986~1994年,图书馆实行闭架借阅。读者办理借书证后,通过读者目录查找到所需图书,索书号后由工作人员到书库为其找书,借阅期限15天。1994年后,实行开架阅览,读者凭借书证可将期刊带出室外阅读。2002年8月,借书由原来的一室一证改为各室通用借书证。2007年9月,图书馆安装了自动化管理软件Interlib图书馆集群化管理系统,实现了办

1986～2008 年高密市新华书店图书销售额统计表

表 27－2　　单位:万元

年份	图书销售额	年份	图书销售额
1986	180	1998	2006
1987	196.4	1999	1826
1988	271	2000	1634
1989	369.5	2001	1527
1900	445	2002	1585
1991	459	2003	2001
1992	514.4	2004	2110
1993	565.8	2005	2165
1994	760.35	2006	2148
1995	1000	2007	2120
1996	1620	2008	2000
1997	2004		

公自动化。除期刊、报纸沿用纸质阅览证外,图书借阅全部换发了新的图书借阅证。2008 年 1 月,市图书馆实行免费开放,实行一卡通制。

馆藏图书　1985 年,图书馆藏书 32212 册,报纸 57 份,杂志 318 份。1997 年,藏书 10.3 万册,其中图书 31181 册,期刊 17780 册,报纸 54039 册。2008 年,共有藏书 15 万册,其中图书 60500 册,期刊 25580 册,报纸合订本 63920 册。主要有马列主义、毛泽东思想、邓小平理论,哲学宗教,社会科学,自然科学及综合性图书五大部类,其中以文学艺术、农业科学为重点藏书。图书馆曾于 2003 年被省图书馆学会评为“全省地方文献工作先进单位”。

社会藏书

企事业单位图书室　1986 年以后,企事业单位图书室基本没有大的发展,有的处于萎缩状态。市总工会图书室,1986 年藏书 4000 册,报纸 21 份,杂志 78 种,画报 26 种,办理借书证 500 个。是年后,图书室再没发展与利用。市科委图书室,1986 年前,有科技书籍 5187 册,期刊 137 种、1499 册,科技报 43 种,内部交流资料 4.8 万份,其中图书 2 万册。其后,开始向乡镇图书室捐赠,至 2008 年,科委图书室藏书已经很少。企业中图书室规模较大的有孚日家纺图书室。2002 年 9 月,孚日家纺投资建立图书室,图书近 2 万册,配管理员 3 人,并实现计算机管理。

乡镇、村基层图书室　1985 年末,全县有乡镇文化站图书室 8 个,藏书 4368 册;村图书室 103 个,藏书 36842 册;个人图书室 23 个,藏书 16986 册。1999 年,全市有乡镇文化站图书室 29 个,藏书约 10 万册。至 2003 年 5 月,乡镇基层图书室藏书超过万册的图书馆(室)有:康庄镇图书馆,高密镇交通村、北关村和东关村图书室。此后,根据上级要求,结合村级文化大院建设,至 2008 年,全市建成 175 处农家书屋,其中有 79 处农家书屋通过潍坊市验收,获潍坊市农家书屋工程建设二等奖。

学校图书室　1986～2008 年,学校图书室发展较快,藏书超过 5000 册的图书室近 50 个,藏书超过万册的学校图书室有 7 个。其中高密一中图书室，面积3920平方米，藏书8万册，每年购书经费5万～6万元。配图书管理员6名；高密文昌中学图书室，面积120平方米，藏书4万册。配图书管理员1名；高密康成中学图书室藏书面积180平方米，图书3万多册，配图书管理员2名；高密五中图书室面积300平方米，藏书5万多册，配图书管理员3名；向阳中学图书室，面积309平方米，藏书4.2万册，配图书管理员2名；立新中学图书室，面积710平方米，藏书6.2万册，配管理员4名。高密凤城中学图书室面积350平方米，藏书3.2万册，配管理员2名。

第二节　报　刊

1996年8月，山东省新闻出版局批准出版《高密市报》，属省内刊号的内部资料，为中共高密市委机关报。是年10月、11月、12月连续试刊3期。1997年1月1日，《高密市报》正式创刊，为4开4版，周一报，发行量23642份。是年7月1日，《高密市报》出版周二报；是年12月23日，改出周三报。1998年7月2日，《高密市报》挂靠潍坊日报改为地方版，更名为《潍坊日报·高密版》。2001年3月5日，经国家新闻出版署批准出版《高密日报》；是年4月2日，《高密日报》试刊，为4开4版，每周四期，其中周五为4开8版；是年7月1日，《高密日报》正式创刊，改为4开4版，周五报。创刊号出版48个版面，其中彩报24版。2002年1月，《高密日报》周五扩为4开8版；是年4月，《高密日报·经济周刊》创刊。2003年7月，《高密日报》正式出版彩报；是年12月31日，《高密日报》停刊。2004年1月1日，《高密新闻》创刊；是年6月9日，《高密新闻》停刊。2007年11月30日，《潍坊日报·今日高密》创刊；是年12月4日，出版第一期，对开4版，一、四版彩色印刷，每周2期。

高密日報
GAO MI RI BAO
中共高密市委主办　第1期
全市纪念建党80周年暨党建工作表彰大会召开
奔向新的前程
——《高密日报》创刊致读者
全市纪念建党80周年活动丰富多彩

■2001年创刊的《高密日报》

第三节　出版印刷

1980年后，随着图书报刊事业发展，社会上出现了滥刻滥印封建迷信品，非出版单位滥印书籍以及个别商贩出售黄色低级书刊现象。1987年7月，县委宣传部协同县广播电视管理局、公安局、工商局规范出版印刷管理制度。1996年5月，设立高密市新闻出版管理办公室，副科级事业单位，归属市委宣传部。1998年3月17日，高密市新闻出版管理办公室集中对全市书刊发行单位、个体摊位进行全面检查，彻底清理收缴有严重政治问题的出版物。1999年8月6日，全市开展清查收缴各类非法出版物活动，共收缴非法刊物2946册，录音带2681盒，录像带195盘，VCD98盘。2001年11月，对全市印刷市场秩序进行整顿和规范，取缔无证无照和证照不全的印刷厂点，端掉非法印刷窝点，整顿压缩不符合印刷企业资格条件的印刷企业。2002年9月，以中小学教学用书发行机构、学校周边书店和书摊、学校自办的印刷企业为重点，对盗版教材教辅进行清查整治。同时，对复印、打印、名片印刷企业也展开清理整顿。2003年4月，市新闻出版管理办公室对单位内部印刷厂（所）进行登记。是年10月，市新闻出版管理办公室、市"扫黄打非"工作领导小组办公室在全市开展查处打击违规非法印刷集中行动。2006年3月开始，加强对出版物管理制度的制定，将出版物市场纳入依法管理的轨道。2008年5月，市"扫黄打非”领导小组组织严厉打击盗版音像制品，电子出版物和非法图书、报刊专项治理活动，对依法查缴的万余张盗版音像制品、电子出版物及5000册非法图书、报刊等进行集中公开销毁。

第五章 档 案

第一节 档案管理

档案收集与保管 1985年底，县档案馆馆藏档案34个全宗4715卷。1986年，档案馆收集历届县级、科级领导干部照片2045张入卷存档。1987年，接收了县直部委办局及全县20处公社档案10003卷。1988年，接收了县人武部、整党办公室等单位档案2043卷。1991年，接收了县纪律检查委员会专业档案3625卷。1994年，接收了化工局、机械局、纺织局和轻工局档案2394卷。1998～1999年，接收市直各部门和各乡镇档案11917卷。2001年，接收撤并乡镇档案2672卷。2006年接收死亡干部档案等767卷。2007年，接收10处撤并乡镇档案2475卷。2008年，接收部分省一级以上单位1994～2000年的档案878卷，将纸质档案及扫描件一并接收入馆存档。截至2008年底，馆藏档案达160个全宗46316卷。另有照片档案8846张，声像档案115盘，名人字画86件，实物档案195件，以及其他各种资料14470册。

档案馆内现珍藏高密民间艺术“三绝”(扑灰年画、剪纸和泥塑)作品，清代乾隆年间吏部尚书刘墉书写的条幅，光绪三十四年出版的《新闻报》，蒋介石为马耀宇先生题写的碑文及惨遭日寇迫害达13年之久的刘连仁等知名人物档案。馆内存有“清康熙四十九年”“清乾隆十九年”“清光绪丙申年”“民国二十四年”和中华人民共和国成立后1990年出版的不同时期的五部《高密县志》。

档案整理 1986年，将馆藏档案重新进行排列，编排固定了105个全宗。1970年以前的县委全宗和1980年以前的其他全宗，按“机构——年代”排列，1971年以后的县委全宗按“年代——机构”排列，其他全宗均按“机构——年代”排列。1999年，将馆藏档案重新进行了系统整理，排列上架，并重新绘制了档案存放示意图。2008年，新添置密集架34节，馆藏档案进行了布局调整。

档案鉴定 1984年，为建立全市档案目录中心，接收机关和原公社档案进馆做好准备，对县直机关和原公社档案进行了清理鉴定。1992年6月至1994年1月，档案管理工作人员对1944～1964年间的3444卷档案全部进行综合鉴定。1999年，对1965～1969年间的3910卷档案进行了鉴定。

档案利用 1985年后，县档案馆充实完善了全引目录、案卷目录、文号索引、分类卡片、全宗指南、档案馆指南、图书目录等检索工具。1986年以来，县档案馆人员自编合编了《高密县工业概况》《高密县历代名人传略》《高密县文物名胜》《中共山东省高密县组织史资料》《高密市档案馆指南》《中共高密党史大事记》《高密县档案志》《高密县部优省优产品简介》《高密游子》《中共高密市(县)历届代表大会简介》《高密市(县)人代会简介》《高密市(县)历届政协会简介》《中共高密市优秀党员人物传略》《高密市档案局（馆）建馆40年基本情况综述》《高密五十年大事记》《建国后50年党史大事记》《高密著名革命烈士英名录》《建国初期高密各项重大政治运动和工作回顾》《高密市村名溯源》《高密大事记（1949～2005）》《高密市企业家名人录》《农业龙头企业风采》《劳模人物录》等书籍。1985～2008年，共接待社会各界阅档利用者11797人次，提供档案36587卷次，资料9044册次。

档案保护 截至2008年，馆内共装有除湿机2台，空调机3台，温湿度自动记录仪2台，档案密集架19排118节（可容纳档案6万余卷）、卡片橱4个、铁橱34个以及干粉灭火器、档案消毒柜、微机、服务器、复印机、扫描仪等设备。

第二节 基层档案室

市直机关档案室 1987～1990年，机关档案强化了"馆室一体，文档结合"的管理体制，改变了过去档案馆与档案室，文书工作与档案工作各自为政的局面。1990～1997年，开展机关档案升级活动，全市共有9个机关档案工作室达到省一级标准，19个达到了省二级标准，33个达到了省三级标准。1998年以后，机关档案工作进入了机关档案工作规范化目标管理阶段，档案工作由行政管理逐步转为依法管理。2004年后，对全市100多个机关、企事业单位档案室进行了年度考核。至2008年底，全市机关档案室达到省特级3个，省一级28个，省三级21个。

乡镇机关档案室 1985年，全县各乡镇均设档案室，保存档案1.8万卷。1997年以前，乡镇机关的档案管理以文书档案为主，其他门类涉及较少。1997年，全市集中抓了乡镇机关档案的升级工作，从1997年至1999年，乡镇机关档案全部实现了综合管理，其中有4个档案室达到了省二级标准，其他为省三级标准。至2000年底，全市共有3个乡镇机关档案室达到省二级标准，24个达到省三级标准。2001年3月，乡镇撤并，由原来的30个乡镇撤合为20个镇（街道），被撤乡镇的2672卷档案全部移交市档案馆。至2008年，全市保留10个乡镇（街道）机关档案室。

科技事业档案室 1995年前，科技事业单位的档案以机关档案工作规范进行管理。1995年6月，根据《山东省科学技术事业单位档案工作目标管理考核办法》，把全市的科技事业单位的档案工作逐步纳入了正规化管理。至2008年底，全市科技事业档案室1个达到省特级标准，8个达到省一级标准，9个达到省二级标准。

企业档案 1987年，根据《国营企业档案管理暂行规定》，县档案馆加强企业档案管理。自1987年至1994年，全市所有国有、集体企业的档案工作进行了升级，部分乡镇企业（如潍坊电机厂）也进行了升级。1994年5月，开展了企业档案管理等级认证活动。1999年以后，随着民营企业的发展，档案管理也开始进入了民营企业领域，纳入目标管理认定。至2008年底，全市企业档案室1个达到省特级标准，7个达到省一级标准，4个达到省二级标准。

村队档案 1985年，全县各村均建立档案，其中655个村建立档案室。自1996年起，市档案局利用三年时间全面抓了村级建档工作，到1998年，全市996个行政村全部完成建档任务。至2008年底，全市共有村队档案室996个，专（兼）职档案人员996人，保管各类档案17836卷。

第六章 古迹 文物

截至2009年12月，境内已查明大汶口文化、龙山文化、岳石文化遗址43处，商周遗址86处，汉代遗址138处。4000余件有价值的书画、青铜器、陶瓷器、玉器及石刻等文物被博物馆收藏。

第一节 古 迹

古遗址

李家山东遗址 位于阚家镇李家山东村以北，潍河东岸。曾从此遗址出土石刀、泥质灰陶缸、盆等，另外，还采集标本有麻点级、弦纹、附加堆纹的鬲足、鼎足、簋圈足、鬲口沿、缸口沿等，质地有泥质、灰陶、红陶等，属商周遗址。

城阴城(高密国古城)遗址 属汉代城址。位于井沟镇北约2.5公里处，城东是薛家老庄，城西是后田庄，城南是后营村，城北是刘家庄。城址基本为正方形，南北宽1850米，东西长1950米，总面积360.75万平方米。据考，城阴城过去有城门6座，东、西、北各1座，南门3座。现古城已荡然无存，仅残余东北边缘一段城墙茬子，基宽8米，长22米，高4米，由夯土筑成，层次清楚。古城内有很多文物出土，主要有瓦当、空心砖、灰陶壶、红陶壶、釉陶壶和灰陶罐、釉陶罐，还有齐法化、秦半两、武音五珠、高帝五珠、货泉、大布黄千及铜镜、铜剑等。群众在耕作打井时也常有发现土陶、铜、金银器、石虎、铜镞之类。西汉时期，有六代诸侯王都高密，共统治高密长达140年。高密国时为都城，魏晋南北朝时期为郡县治所，及至北齐，毁于战火，历时800余年。历史上著名的楚汉争雄时的潍水之战，“韩信囊砂斩龙且”古战场即在此地。城阴城处在潍河中游，周边地势平坦，土质肥沃。周围有汉代顷王冢、小妹冢、山阴冢等多处遗址。现为山东省级文物保护单位。

城阴城遗址

故献遗址 位于柏城镇故献村西南部，面积约1.3平方公里。文化层厚0.30～0.80米，出土器物有陶井圈、豆、罐、瓦当等。属汉代遗址。

西刘家村遗址 位于柴沟镇西刘家村西，大体呈南北稍长，东西略窄的长方形。南北最长距离600米，东西最宽距离1100米，面积

306449 平方米。文化层深约 0.5～3 米，地面暴露的文化遗存较丰富，采集到的有鼎足、鬲足、豆柄、陶纺轮、罐口沿、罐底等陶器及石刀、石斧、石铲等石器。据所采集的标本特征分析，该遗址标本分别属于大汶口文化遗存、龙山文化遗存、岳石文化遗存和商周时期遗存。

柏城向阳村遗址　位于柏城镇向阳村西，西南北最宽距离 240 米，东西最长距离 420 米，面积 100800 平方米。地表暴露遗物较为丰富，其中有罐口沿、罐底、鬲足等陶器残片。据所采集的标本特征分析，该遗址标本分别属于新石器时代岳石文化遗存、商周时期遗存、战国遗存和西汉遗存。

古墓葬

晏婴墓　位于李家营镇晏王庙村西北 200 米处，原有封土高约 8 米，直径约 20 米，1978 年被群众用土而取平。墓前原有石碑 1 块，上刻“穹碑”二字，墓东原有晏王庙 1 座，东西各有大殿 3 间，1966 年被拆除。属西汉墓葬。

郑玄墓　位于双羊镇后店村西首郑公祠后，墓高 4 米，直径 15 米。墓前有清乾隆十四年立“郑康成先生之墓”墓碑 1 座。碑高 1.8 米、宽 0.8 米。郑康成（128～200 年），名玄，北海高密人。著书数百万字，经学大师。

袁绍墓　位于双羊镇后三皇屯村北 100 米处，封土高 7 米，直径 30 米，保护较好。

顷王冢　位于柴沟镇后方市村北 1500 米处。墓高 35 米，直径 125 米，由于封土的土质不好，流失严重。该墓为汉代顷王刘章之墓。

山阴冢　位于顷王冢东侧 100 米处，封土高 15 米，直径 80 米。据传，墓主是为顷王择墓址之人，到此而死，遂葬于此地。

大圈墓　位于井沟镇大圈村东 20 米处，封土高 15 米，直径 40 米。

小妹冢　位于柴沟镇刘戈庄北 1000 米处，封土高约 25 米，直径约 80 米。据传为刘章的妹妹之墓。

大冢　位于柴沟镇杨家岭村南 1500 米处，封土高 40 米，直径 110 米。墓主人失考。

二冢　位于柴沟镇杨家岭村南 1000 米处，封土高 20 米，直径 60 米。墓主人失考。

三冢　位于柴沟镇杨家岭村南 600 米处，封土高 10 米，直径 40 米。墓主人失考。

刘墉墓　位于柴沟镇白家庄北 200 米处。刘墉，清代大学士，大书法家，字崇如，号石庵，今柴沟镇逄戈庄人。《清史稿》载刘墉传略。刘墉墓 1958 年墓被挖，出土遗物主要有顶子 1 个，印章 1 枚，玉佛 1 个，朝珠 1 串，上朝笏板 1 个（玉质，宽 5 厘米，高 60 厘米）。1995 年，由市文化局、博物馆投资，方市乡党委协助，重修刘墉墓。2000 年 3 月，在原址重修刘墉墓，并立石碑 1 块，正面碑文右面刻：“清封太子太保体仁阁大学士谥文清”，中间刻“刘墉之墓”，左边刻“刘寿农刘振林二〇〇〇年三月敬立。”

孙文墓　位于阚家镇官亭村内，墓高 30 米，直径 8 米。孙文，官亭村人，生于道光三十年（1850）。为人急公好义，精明干练，在乡里很有威信。1898 年，孙文和李金榜一起，发动 108 个村子的群众奋起抗德。光绪二十六年（1900 年）六月六日，被害于高密城东门外大石桥北。

纪念建筑物

郑公祠　郑玄，东汉大司农，经学家、教育家。他集经学之大成，创立郑玄学派，一生著述甚丰，对后世影响深远。郑公祠坐落于双羊镇后店村西首，祠高 8.1 米，长 9.6 米，宽 5.7 米，砖石结构，青砖灰瓦，建筑古朴典雅。祠内塑有郑康成和其子郑益恩、孙郑小同三人塑像。祠后有墓。祠前有石碑数座，大金重修郑公祠碑，清乾隆六十年重修郑公祠碑，1987 年，县政府重修郑公祠碑等。祠前尚有古柏 1 株，年代久远，枯干犹存，为高密古八景之一之“郑祠老柏”。2000 年 4 月，市文化局、博物馆对郑公祠进行了大规模的整修。

晏冢穹碑　晏冢为春秋齐国名相晏婴的

■ 郑公祠　　(2008 年 摄)

衣冠冢、纪念冢。晏婴历齐灵公、庄公、景公三朝元老,居官 50 余年,为民直言敢谏,出使不辱使命,节俭不贪不占,受人爱戴。晏婴是柏城镇晏王庙村人。清代编纂之《高密县志》云:"(晏子墓在)县(城)东南 30 里,墓侧有石碑,镌'穹碑'二字,每字约方 2 尺余。旧志八景之五曰'晏冢穹碑'"。又记之晏冢前建有晏王庙,备每年春、秋拜祭。初建时晏王庙规模很大,共有 4 个大殿,庙堂中间供奉主神晏婴塑像,两边配为战国时楚国人甘罗和北宋郓州须城人梁颢。至清朝末年,庙已只剩残垣断壁,冢尚存,墓园有大树数株。20 世纪 60 年代,庙被拆墓被平。1997 年,重新在晏冢原址立碑纪念,石碑中间刻四个大字"晏冢穹碑",右边刻"显君事业留齐国",左边刻"敬友声名在鲁论",以供人们寻访晏子遗风。

刘墉纪念馆　刘墉纪念馆坐落于其故里柴沟镇逄戈庄,建于 2007 年 8 月,由刘墉后裔刘剑初(台湾籍)投资 25 万元建设。该馆正房 9 间,厢房 2 间,占地 750 平方米。纪念馆门口上方悬挂康熙帝御赐"清爱堂"匾额。馆内正中挂刘统勋、刘墉父子二人画像,墙上挂逄戈庄刘氏谱系,展桌上摆放刘统勋、刘墉书法作品和书信。纪念馆有三个展室,馆内收藏刘墉及其家族朋友的 400 多幅书画作品,其中 50 多件书画作品系刘剑初等人从台北故宫博物院复制而来。

青纱桥　位于夏庄镇孙家口村北,横跨由西向东的胶莱河,为平板石桥,下以 21 根石柱为桥墩架托,长 41 米,宽 2.3 米,始建于明嘉靖年间。1938 年 4 月 16 日,国民政府抗日游击队曹克明部组织军民 400 多人,利用该桥及周围地形,伏击了由平度返回胶州的日军,共击毙日军 39 人,其中有中将中岗弥高,击毁军车 7 辆。所获战利品有重机枪 1 挺、大盖步枪 30 支、军刀 3 把、军车 1 辆,弹药 1 批。内有文件 1 宗,还有地图及《阵中要务》1 本。

刘连仁纪念馆　刘连仁纪念馆建于 2003

■ 青纱桥　　(2008 年 摄)

年，坐落在井沟镇草泊村，紧邻其故居，占地面积344平方米，有正房5间，南屋1间，系其子孙投资建设。纪念馆主要展出刘连仁1958年回国后保存的实物及纪念品。1944年9月28日，被掠到日本当劳工。1945年7月31日，逃到北海道的深山穴居13年。1958年，刘连仁被日本北海道的农民发现，后在中国政府和日本华侨的帮助下辗转回到祖国。2000年9月2日，刘连仁在故乡草泊村病逝。

拒城河烈士陵园　位于拒城河村以北，占地面积4444平方米。建于1946年6月，1956年扩建重修。陵园中央矗立烈士塔1座，高17.4米。塔座高1米，塔身较基座稍细，共分三层，下层高7米，正南面上阴刻“高密县抗战殉难烈士纪念塔”；中层高1.5米，正南面上刻“日星河徽”；上层高4米，正南面刻有“烈士塔”三个字。塔顶为蘑菇形，顶端嵌有巨形立体五角星。烈士塔北20米处，有烈士祠5间，祠内摆有烈士灵台，墙壁上挂有烈士们生前斗争的画面和赞颂烈士的题词。祠后松柏林内，有40座烈士墓。

高密市烈士陵园　位于城区镇府街和健康路交叉口的西北面。建于1955年，南北长341米，东西宽333米，占地面积11.3万平方米。陵园中央矗立着革命烈士纪念碑1座，碑高约17.5米，碑南面刻有“烈士流芳千古”“高密县人民政府制”“公历一九五五年五月一日”等字样。陵园甬路两侧各有一座八角烈士纪念碑亭，亭内各有一座高1.72米，宽0.68米的白大理石烈士纪念碑。西亭的纪念碑正面刻有毛泽东手书题词“为人民而死，虽死犹荣”，东亭碑刻有毛泽东手书题词“为国牺牲，永垂不朽”。

1996年、1999年和2007年，市政府投资对陵园进行三次整修扩建。

■ 高密市烈士陵园正门

第二节　文　物

馆藏文物

截至2008年，高密境内共有馆藏文物4000余件，其中国家一级文物3件，二级5件，三级197件。

国家一级文物

孙仲隐墓志　志碑圭形，高88厘米，宽34厘米，碑文为汉隶书6行，每行9字，共54字，文曰：“青州从事，北海高密孙仲隐，故主簿、督邮、五官掾、功曹、守长。年卅，以熹平三年七月十二日被病卒，其四年二月二十一日戊午，葬于此。”

陶井圈　质地灰陶，上窄下宽的圆柱筒形，高80厘米，底部直径1.2米，外有棱形双环图案，环底部外圈的主名文为“常饮食百口宜孙子”八字。这是中国迄今为止发现的汉代最大最完整的陶井圈。

玉鹦鹉　汉代，颜色以灰褐色为主调，杂以蟹青，灰白、烟叶黄等色。长14厘米，宽7.5厘米，高5.5厘米。雕工简朴高雅。

国家二级文物

国家二级文物共有5件：高凤翰西池牡丹图、泥孩、红丝石砚、玉壶、龟银印。

古生物化石

1985年10月，在井沟镇前院头村北出土国槐（根部）化石，高1.2米，直径0.40米，重150公斤。1992年，在姚哥庄镇穆子庄村出土古鹿角化石2支，1999年4月，该村村民侯兆财将古鹿角化石捐献给市博物馆。2002年6月，夏庄镇管家苓芝村东北约1000米处，出土象牙化石1支，长3米。

文物普查与文物保护单位

文物普查

1989年5月，县文化局组织文物普查。普查境内54处文物古迹，查明整理古遗址19处、古墓葬3处、石刻14块、近代遗址5处、纪念建筑2处。1997年9月，对潍坊千里民俗旅游线高密段进行考古调查，为重点保护、合理开发提供了重要依据。1998年9月至1999年1月，对沂胶公路高密段进行沿线考古调查，发现2座汉墓，并对其进行了有效的保护和抢救性挖掘。2000年5月，配合省考古研究所专家，对胶新铁路高密沿线进行考古调查，在李家营镇、柴沟镇发现有6处取土场中有文物，确定为汉代墓群，并在柴沟镇梁东村发现出土春秋时期瓦罐棺1个。2008年2月27日，全市启动第三次文物普查。实地调查了所有镇街，并出版《高密文物普查成果汇编》。至2009年12月31日，全市共调查登记不可移动文物267处，其中新发现250处，复查17处。

文物保护单位

省级　城阴城遗址、西刘家遗址、柏城向阳遗址、青纱桥，共4处。公布时间2013年10月，山东省人民政府公布。

市（地）级　共17处。公布时间2000年4月3日，潍坊市人民政府公布。

潍坊市级文物保护单位名单（高密）

表27-3

名　称	年代	位　置	面积（平方米）	类别
逄戈庄汉墓群①	汉代	柴沟镇逄戈庄村东南	60米（保护范围）	古墓葬
逄戈庄汉墓群②	汉代	柴沟镇逄戈庄村东南	60米（保护范围）	古墓葬
逄戈庄汉墓群③	汉代	柴沟镇逄戈庄村东南	60米（保护范围）	古墓葬
高密汉墓群－山阴冢	汉代	柴沟镇逄戈庄村东	60米（保护范围）	古墓葬
高密汉墓群－顷王冢	汉代	柴沟镇逄戈庄村东	60米（保护范围）	古墓葬
高密汉墓群－杨家岭汉墓1	汉代	柴沟镇杨家岭村东南	60米（保护范围）	古墓葬
高密汉墓群－杨家岭汉墓2	汉代	柴沟镇杨家岭村东南	60米（保护范围）	古墓葬
高密汉墓群－杨家岭汉墓3	汉代	柴沟镇杨家岭村东南	60米（保护范围）	古墓葬
高密汉墓群－杨家岭汉墓4	汉代	柴沟镇杨家岭村东南	60米（保护范围）	古墓葬
刘墉墓	清代	柴沟镇白家庄村北	40米（保护范围）	古墓葬
高密汉墓群－小妹冢	汉代	柴沟镇大刘戈庄村北	60米（保护范围）	古墓葬
高密汉墓群－青冢	汉代	柴沟镇尚家屯村西北	40米（保护范围）	古墓葬
晏婴墓	东周	柏城镇晏王庙村北	40米（保护范围）	古墓葬
袁绍墓	三国	阚家镇高戈庄村西南	40米（保护范围）	古墓葬
孙文墓	清代	阚家镇官亭村东北	40米（保护范围）	古墓葬
后店遗址	商周	双羊镇后店村西		古遗址
城阴城遗址	汉代	田庄乡		古遗址

县级　第一批4处。公布时间:1986年6月14日,高密县人民政府公布。第二批223处。公布时间:2010年11月5日,高密市人民政府公布。

高密市第一批县级文物保护单位名单

表27－4

名　称	年代	位　置	面积(平方米)	类别
故献遗址	西周	柏城镇故献村北	59833	古遗址
李家山东遗址	龙山,西周	阚家镇李家山东村北	639011	古遗址
程云祥烈士墓	民国	醴泉街道前埠口村东北	40米(保护范围)	近代墓葬
刘冠三墓	民国	醴泉街道烈士陵园内	20米(保护范围)	近代墓葬

高密市第二批县级文物保护单位名单

表27－5

名　称	年代	位　置	面积(平方米)	类别
东丁村西遗址	西周,东周,战国,汉代	井沟镇东丁村西	121768	古遗址
后邱家庄村遗址	岳石,商代,西周,东周	井沟镇后邱家庄村东南	168910	古遗址
草泊村遗址	汉代	井沟镇草泊村西	100119	古遗址
顾家岭村遗址	岳石	井沟镇顾家岭村西南	61069	古遗址
新张家屯村遗址	商代,西周	井沟镇新张家屯村西南	20785	古遗址
阎家沙坞村遗址	东周	井沟镇阎家沙坞村南	14349	古遗址
东疃村东北遗址	岳石	井沟镇东疃村东北	129711	古遗址
林家庙子村西遗址	岳石,商代,西周	井沟镇林家庙子村西	52786	古遗址
大沙坞村西遗址	汉代	井沟镇大沙坞村西	236670	古遗址
南李家庄村遗址	汉代	井沟镇南李家庄村西南	278400	古遗址
林家庙子村东遗址	岳石,商代	井沟镇林家庙子村东	75958	古遗址
尤河头村遗址	汉代	井沟镇尤河头村西南	154599	古遗址
大沙坞村南遗址	汉代	井沟镇大沙坞村南	62649	古遗址
王货郎村遗址	汉代	井沟镇王货郎村北	49955	古遗址
河南村遗址	西周	井沟镇河南村西北	74930	古遗址
金宝山遗址	汉代	井沟镇金宝山村西	208104	古遗址
水城村西北遗址	龙山	井沟镇水城村西北	552002	古遗址
水城村西南遗址	汉代	井沟镇水城村西南	82500	古遗址
西尚家庄村遗址	汉代	井沟镇西尚家庄村西	82283	古遗址

续表 27-5

名 称	年 代	位 置	面积(平方米)	类别
高密故城	汉代	井沟镇城后刘家庄村南	3607500	古遗址
前院头遗址	岳石,商代,西周,东周	井沟镇前院头村东北	130386	古遗址
东郇家庄村遗址	岳石	井沟镇东郇家庄村东	91731	古遗址
逄家庄村遗址	西周	井沟镇逄家庄村北	84968	古遗址
东疃村南遗址	汉代	井沟镇东疃村南	130149	古遗址
张家墩村遗址	商代,西周,战国	井沟镇张家墩村东南	76825	古遗址
吴家庄遗址	汉代	井沟镇吴家庄村东	77718	古遗址
吴家庄村东南遗址	东周	井沟镇吴家庄村东南	55963	古遗址
小柴家庄村东遗址	岳石,商代	井沟镇小柴家庄村东	128222	古遗址
小柴家庄村南遗址	汉代	井沟镇小柴家庄村南	102928	古遗址
后下口村遗址	汉代	井沟镇后下口村东	252524	古遗址
西郇家村遗址	汉代	井沟镇西郇家村西	57713	古遗址
翻身村遗址	商代,西周	井沟镇翻身村东	121027	古遗址
后店子遗址	岳石	井沟镇后店子西	111274	古遗址
范木匠村遗址	汉代	井沟镇范木匠村东	32403	古遗址
金宝山村东北遗址	东周	井沟镇金宝山村东北	58364	古遗址
金宝山村西遗址	东周	井沟镇金宝山村西	88739	古遗址
金宝山南遗址	汉代	井沟镇金宝山南	239303	古遗址
小柴家庄村北遗址	东周	井沟镇小柴家庄村北	99234	古遗址
前田庄村遗址	汉代	井沟镇前田庄村南	171936	古遗址
南高戈庄村遗址	东周	井沟镇南高戈庄村东南	45429	古遗址
邹戈庄村遗址	东周	井沟镇邹戈庄东	83101	古遗址
后店子村遗址	东周	井沟镇后店子村西北	58753	古遗址
后院头村东遗址	东周	井沟镇后院头村东	55168	古遗址
后院头村北遗址	东周	井沟镇后院头村北	30401	古遗址
后院头村西北遗址	汉代	井沟镇后院村头村西北	79940	古遗址
仪家屯村遗址	东周	井沟镇仪家屯村东北	18982	古遗址
大柴家庄村遗址	东周	井沟镇大柴家庄村东	74190	古遗址
后田庄村遗址	东周	井沟镇后天庄村北	64688	古遗址
北傅家庄村遗址	汉代	井沟镇北傅家庄村北	128365	古遗址

续表 27－5

名　称	年 代	位　置	面积(平方米)	类别
尹家庄村遗址	东周	井沟镇尹家庄村北	67779	古遗址
寨庄村遗址	东周	井沟镇寨庄村东	51379	古遗址
大茔村遗址	汉代	井沟镇大茔村南	62536	古遗址
后营村南遗址	汉代	井沟镇大后营村南	49478	古遗址
后营村西遗址	汉代	井沟镇大后营村西	180760	古遗址
前营村遗址	汉代	井沟镇前营村西	87817	古遗址
泉儿头村北遗址	东周	井沟镇泉儿头村北	77168	古遗址
泉儿头村南遗址	东周	井沟镇泉儿头村南	162608	古遗址
赵家老庄村遗址	东周	井沟镇赵家老庄村西南	31158	古遗址
后单家庄村遗址	汉代	井沟镇后单家庄村东南	222068	古遗址
后李家庄村遗址	东周	井沟镇后李家庄村东	65121	古遗址
王庄村遗址	汉代	井沟镇王庄村西南	188651	古遗址
安家屯村遗址	东周	井沟镇安家屯村南	69912	古遗址
新星庄村遗址	汉代	井沟镇金星庄村东	60539	古遗址
孙家官庄村西遗址	东周	井沟镇孙家官庄村西	97667	古遗址
孙家官庄村西北遗址	东周	井沟镇孙家官庄村西北	68285	古遗址
前店子村遗址	东周	井沟镇前店子村西南	103482	古遗址
东胡家村遗址	汉代	井沟镇东胡家村南	81806	古遗址
水城村汉墓	汉代	井沟镇水城村南	40米(保护范围)	古墓葬
张理汉墓	汉代	井沟镇张理村西北	40米(保护范围)	古墓葬
后营墓群8座	汉代	井沟镇后营村南	40米(保护范围)	古墓葬
西汉古井	西汉	井沟镇后营村西	3.1	古建筑
柴沟遗址	龙山	柴沟镇柴南村西	36028	古遗址
朱翰村遗址	龙山	柴沟镇朱翰村村西南	45074	古遗址
西刘家村遗址	大汶口,龙山,岳石,商代,西周,东周	柴沟镇西刘家村西	306449	古遗址
朱公村遗址	汉代	柴沟镇朱公村东北	142136	古遗址
朱公村西遗址	汉代	柴沟镇朱公村西	13035	古遗址
西店村遗址	汉代	柴沟镇西店村东北	28041	古遗址
尚村遗址	汉代	柴沟镇尚村东南	26321	古遗址
后鹿家庄村遗址	汉代	柴沟镇后鹿家庄村西北	108600	古遗址

续表 27－5

名 称	年代	位 置	面积(平方米)	类别
石泉城址	汉代	柴沟镇李家埠村西南	173751	古遗址
李家埠村遗址	龙山,西周,战国,汉代	柴沟镇李家埠村南	56879	古遗址
西张戈庄村遗址	汉代	柴沟镇西张戈庄村西北	284411	古遗址
徐家楼子村遗址	龙山,商代,西周,战国,汉代	柴沟镇徐家楼子村北	34316	古遗址
梁东村遗址	汉代	柴沟镇梁东村北	26473	古遗址
后曹戈庄村遗址	龙山,商代,西周,战国,汉代	柴沟镇后曹戈庄东北	202575	古遗址
大沟崖村遗址	汉代	柴沟镇大沟崖村北	27248	古遗址
郭才庄村遗址	汉代	柴沟镇郭才庄村东	38315	古遗址
董家庄村遗址	汉代	柴沟镇董家庄村东	17648	古遗址
高家庄村遗址	东周	柴沟镇高家庄村北	33086	古遗址
郝家村遗址	汉代	柴沟镇郝家村北	94061	古遗址
苏家村遗址	西周	柴沟镇苏家村东	64019	古遗址
王家店子村遗址	汉代	柴沟镇王家店子	17402	古遗址
王家大庄村遗址	汉代	柴沟镇王家大庄村东南	147495	古遗址
东尚口村遗址	战国	柴沟镇东尚口村	9913	古遗址
梁西村遗址	东周	柴沟镇梁西村东	25316	古遗址
后鹿家庄村遗址	汉代	柴沟镇后鹿家庄村西	79764	古遗址
刘顺庄汉墓	汉代	柴沟镇刘顺庄村东南	40 米(保护范围)	古墓葬
北张家屯汉墓群①②③	汉代	柴沟镇西张家屯村东	40 米(保护范围)	古墓葬
郑家村汉墓	汉代	柴沟镇郑家村北	40 米(保护范围)	古墓葬
马旺水库西汉墓群 8 座	汉代	柴沟镇马旺水库西	40 米(保护范围)	古墓葬
房家屯汉墓群 6 座	汉代	柴沟镇房家屯村东南	40 米(保护范围)	古墓葬
张林村墓	西周	柴沟镇张林村西北	40 米(保护范围)	古墓葬
大刘戈庄墓群 6 座	汉代	柴沟镇大刘戈庄村北	40 米(保护范围)	古墓葬
后曹戈庄汉墓	汉代	柴沟镇后曹戈庄村北	40 米(保护范围)	古墓葬
张戈庄汉墓	汉代	柴沟镇张戈庄村北	40 米(保护范围)	古墓葬
潘家栏子汉墓	汉代	柴沟镇潘家栏子村东	40 米(保护范围)	古墓葬

续表 27－5

名　称	年 代	位　置	面积(平方米)	类别
城律村西遗址	岳石,商代,西周	柏城镇城律村西	40578	古遗址
李家屯村遗址	汉代	柏城镇李家屯村北	27000	古遗址
城律村南遗址	岳石,商代,西周,东周	柏城镇城律村南	48988	古遗址
窝洛村西南遗址	岳石,商代,西周,战国	柏城镇窝洛村西南	53972	古遗址
鲁家园村北遗址	汉代	柏城镇鲁家园村北	41128	古遗址
臧家王吴村西遗址	商代,西周	柏城镇臧家王吴村西	12000	古遗址
化山屯村遗址	汉代	柏城镇华山屯村西北	102100	古遗址
瓦屋庄村遗址	龙山,西周	柏城镇瓦屋庄村南	26732	古遗址
河外村遗址	龙山	柏城镇河外村西南	59183	古遗址
高家庄村遗址	东周	柏城镇高家庄村北	33086	古遗址
杨家栏子村遗址	商代,西周,东周	柏城镇杨家栏子村东南	70680	古遗址
鲁家园村东北遗址	商代,西周	柏城镇鲁家园村东北	43357	古遗址
葛家庙子村遗址	商代,西周,东周	柏城镇葛家庙子村东北	35217	古遗址
大庄村遗址	汉代	柏城镇大庄村北	22098	古遗址
向阳村遗址	岳石,商代,西周,东周	柏城镇向阳村东南	100800	古遗址
窝洛村东南遗址	岳石,商代,西周,战国	柏城镇窝洛村东南	78143	古遗址
张家屯村遗址	岳石	柏城镇张家屯村西北	253999	古遗址
巩家桥村遗址	岳石,商代,西周	柏城镇巩家桥村东	42704	古遗址
邹家寫庄村东遗址	商代	柏城镇邹家寫庄村东	70943	古遗址
仲家庄村西南遗址	商代,汉代	柏城镇仲家庄村西南	46102	古遗址
颜家太洛村遗址	汉代	柏城镇颜家太洛村东北	59043	古遗址
臧家王吴村东南遗址	商代,西周	柏城镇臧家王吴村东南	95708	古遗址

续表 27－5

名　称	年 代	位　置	面积(平方米)	类别
大洪村遗址	岳石,商代,西周	柏城镇大洪村北	100070	古遗址
王丰屯村遗址	西周	柏城镇王丰屯村东南	46883	古遗址
邹家寫庄村东北遗址	商代,西周	柏城镇邹家寫庄村东北	107288	古遗址
故献村南遗址	岳石,商代,西周,东周	柏城镇故献村南	160660	古遗址
故献村东南遗址	东周	柏城镇故献村东南	46688	古遗址
故献村西北遗址	东周	柏城镇故献村西北	52126	古遗址
胶西故城	汉代	柏城镇镇城子前村南	111008	古遗址
柳林村东南遗址	商代,西周,东周	柏城镇柳林村东南	10198	古遗址
柳林遗址	龙山	柏城镇柳林村北	89723	古遗址
郝家庄村遗址	龙山	柏城镇郝家庄村西	111008	古遗址
东化山村遗址	西周	柏城镇东化山村西北	78098	古遗址
后沙泊村遗址	汉代	柏城镇后沙泊村西北	71827	古遗址
晏王庙村遗址	汉代	柏城镇晏王庙村北	37748	古遗址
祝家庄村南遗址	东周	柏城镇祝家庄村南	59657	古遗址
祝家庄村东遗址	汉代	柏城镇祝家庄村东	38290	古遗址
孟家沟村遗址	汉代	柏城镇孟家沟村东南	29282	古遗址
休息园村东南遗址	东周	柏城镇休息园村东南	44983	古遗址
休息园村东遗址	东周	柏城镇休息园村东	31816	古遗址
休息园村东北遗址	东周	柏城镇休息园村东北	49736	古遗址
门家埠村西南遗址	东周	柏城镇门家埠村西南	50911	古遗址
门家埠村南遗址	东周	柏城镇门家埠村南	41577	古遗址
店子村遗址	东周	柏城镇店子村东	36587	古遗址
大吕村遗址	东周	柏城镇大吕村东	44964	古遗址
沟南村遗址	东周	柏城镇沟南村东南	34888	古遗址
冶家庄村遗址	东周,汉代	柏城镇冶家庄村西	38624	古遗址
东冢子头村东遗址	东周	柏城镇东冢子头村东	38459	古遗址
东冢子头村北遗址	东周	柏城镇东冢子头村北	69418	古遗址
前冢子头村遗址	东周	柏城镇前冢子头村东	59098	古遗址
升恒庄村遗址	东周	柏城镇升恒庄村东南	48437	古遗址

续表 27－5

名　称	年代	位　置	面积(平方米)	类别
于家屯村遗址	东周	柏城镇于家屯村东	34024	古遗址
叶家屯村遗址	东周	柏城镇叶家屯村北	38487	古遗址
向阳村墓群 8 座	岳石,商代,西周,战国,汉代	柏城镇向阳中学院内东	40 米(保护范围)	古墓葬
颜家太洛墓群 16 座	汉代	柏城镇颜家太洛村北	40 米(保护范围)	古墓葬
东双庙村南遗址	汉代	密水街道东双庙村南	147646	古遗址
东双庙村北遗址	汉代	密水街道东双庙村北	64693	古遗址
西隅村遗址	龙山,商代,西周	密水街道西隅村东北	137274	古遗址
西隅村北遗址	汉代	密水街道西隅村北	84549	古遗址
西施家屯村西南遗址	汉代	密水街道西施家屯村西南	136319	古遗址
北王柱村遗址	汉代	密水街道北王柱村北	155016	古遗址
小刘家庄村遗址	西周	密水街道小刘家庄村西北	172321	古遗址
王家屯村遗址	西周	密水街道王家屯村南	65109	古遗址
西施家屯村西北遗址	汉代	密水街道西施家屯村西北	90231	古遗址
周家屯村遗址	汉代	密水街道周家屯村西南	152853	古遗址
新民庄村东遗址	商代,西周,战国	密水街道新民庄村东	183301	古遗址
新民庄村西遗址	商代,汉代	密水街道新民庄村西	180283	古遗址
西周阳村北遗址	汉代	密水街道西周阳村北	127125	古遗址
西周阳村西遗址	汉代	密水街道西周阳村西	142385	古遗址
辛庄村遗址	商代,西周	密水街道辛庄村东南	62851	古遗址
刘家屯村遗址	汉代	密水街道刘家屯村东北	68580	古遗址
西锅框遗址	龙山	密水街道西锅框村东	25433	古遗址
荆家庄村遗址	汉代	密水街道荆家庄村西	199456	古遗址
王新庄村遗址	汉代	密水街道王新庄村东南	112577	古遗址
管家村遗址	汉代	密水街道管家村北	160001	古遗址
小店子村遗址	东周	密水街道小店子村东	34847	古遗址
律家村遗址	汉代	密水街道律家村西北	65425	古遗址
苗家屯村遗址	东周	密水街道苗家屯村西北	106576	古遗址
拒城河烈士陵园	近代	密水街道拒城河社区	4313	近代遗址

续表 27－5

名 称	年代	位 置	面积(平方米)	类别
西锅框村古墓	汉代	密水街道西锅框村北	40 米(保护范围)	古墓葬
前窝洛村古墓	汉代	密水街道前窝洛村西	40 米(保护范围)	古墓葬
克兰遗址	清代	阚家镇克兰村南	121823	古遗址
徐睦庄村遗址	西周	阚家镇徐睦庄村东北	114319	古遗址
辂家桥村遗址	岳石,商代,西周	阚家镇辂家桥村西北	85982	古遗址
胡家村遗址	龙山,岳石,商代,西周	阚家镇胡家村东南	87280	古遗址
前泊子村遗址	岳石,商代,西周,东周	阚家镇前泊子村东南	82493	古遗址
袁家村遗址	商代,西周	阚家镇袁家村东南	102675	古遗址
卢家庄村遗址	西周	阚家镇卢家庄村西	131531	古遗址
于村遗址	商周,西周	阚家镇于村西北	210000	古遗址
兴仁官庄村遗址	商代,西周	阚家镇兴仁官庄村东南	67000	古遗址
尚义官庄村遗址	东周	阚家镇尚义官庄村东南	77435	古遗址
双羊店村遗址	东周	阚家镇双羊店村西南	86035	古遗址
吉林庄汉墓	汉代	阚家镇吉林庄村南	40 米(保护范围)	古墓葬
胶阳城遗址	汉代	姜庄镇栾家城子村西	69972	古遗址
李家长村古墓	元代	姜庄镇李家长村南	40 米(保护范围)	古墓葬
重修德政碑	清代	姜庄镇伊家长村西	10 米(保护范围)	石刻
三官庙村遗址	汉代	醴泉街道三官庙村西南	78759	古遗址
高密李氏先茔	明代	醴泉街道老木田村北	120000	古墓葬
浸信会教堂	民国	醴泉街道党校西北	254	近代建筑
修道院	民国	醴泉街道一中校院北	439	近代建筑
公婆庙惨案旧址	民国	夏庄镇东风村东	—	近代遗址
青纱桥	明代	夏庄镇孙家口村北	94.3	古石桥
綦汝辑墓	清代	夏庄镇綦家村南	40 米(保护范围)	古墓葬
沙窝抗德旧址	清代	夏庄镇沙窝村	—	古遗址
孙家口伏击战旧址	民国	夏庄镇孙家口村	—	近代遗址
上泊村遗址	东周	朝阳街道上泊村南	54331	古遗址
东牟村遗址	东周	朝阳街道东牟村北	41586	古遗址
孙家屯村遗址	汉代	朝阳街道孙家屯村西南	156997	古遗址

续表 27－5

名　称	年代	位　置	面积(平方米)	类别
单家村东南遗址	东周	朝阳街道单家村东南	82473	古遗址
单家村南遗址	东周	朝阳街道单家村南	93455	古遗址
芝兰庄村遗址	东周	朝阳街道芝兰庄村东南	71194	古遗址
匡家村遗址	东周	朝阳街办匡家村西南	28745	古遗址
张福臻墓	明代	朝阳街道鲁家庙村东北	40 米(保护范围)	古墓葬
李东冈墓	明代	朝阳街道小木田村村内东南部	3360	古墓葬
小牟家村关帝庙	清代	大牟家镇小牟家村西	29	古建筑
周戈庄古桥	清代	大牟家镇周戈庄村南	223	古石桥
大迟家钢铁联防遗址	民国	大牟家镇大迟家村北	—	近代遗址

考古发掘与研究

1985 年 4 月 7 日，县文化局组织对柴沟镇张家屯东汉墓进行了发掘。出土文物：画像石 4 块，陶耳杯、陶盘各 1 个、陶缸 2 个，其他文物一批。1991 年 5 月 6 日，文化局组织对高密郑小同墓进行了清理，发掘部分汉砖。1999 年 4 月 14 日，文化局组织对井沟镇住王庄村孙仲隐墓进行考古发掘，出土文物一批。2007 年 11 月，在柏城镇向阳村(原属李家营镇)南发现商周遗址 1 处，面积 21 平方米，采集标本有篦口沿、鬲足、瓦片等。2008 年 3 月 5 日，在柴沟镇西刘家村发现大汶口文化遗址，占地面积 30 多万平方米，出土了石斧、石锛、石凿、石刀等大量实物标本，填补了境内无大汶口文化遗址的空白。

1985 年 6 月 12 日，李储森对城阴城遗址进行了考研调查，掌握城区内部结构，发表论文《山东高密城阴城调查简报》，于 1991 年 5 月在《考古与文物》刊物发表，获潍坊市文化局首届科技优秀论文二等奖。1985～2001 年，李储森发表考古论文《山东高密发现汉代铜镜铜钱》《孙仲隐墓志》《高密城阴城遗址》等 5 篇。2005～2008 年，柳建明发表《高密年画中的“喜画”》《汉代陶井圈》《难忘民间泥玩具》等论文 26 篇。

第七章　党史　史志

第一节　党史研究

1979～2008 年间，先后编撰出版《烈士传》《高密风云》《高密党史资料》第一、二、三、四、五、六期，《中国共产党山东省高密县组织史资料》(1925～1987)，《中共高密党史大事记》(1921～1949 和 1949～1999 两卷)，《中共高密地方史》(第一卷)《中国共产党高密市优秀党员人物传略》《建国初期高密各项重大政治运动和工作回顾》《中共高密县抗日战争和解放战争史》《中共高密市历史资料》(2000 和 2004 两辑)《中共高密党史人物》(第一辑)。此外,还完成了《中国共产党山东省潍坊市组织史资料》(1987～1997)中高密卷的编纂任务。

第二节 地方志

1998 年 7 月，出版山东省年鉴系列丛书、山东省情资料库指定资料《高密年鉴》(1986～1996)。2002 年，启动第二轮续修《高密市志》(1986～2008)工作。次年 5 月,承编之《山东省志·诸子名家志·郑玄志》出版。在续修高密市志的同时,2006 年 7 月,编辑之《天南地北高密人》出版。

县志编纂 1983 年,拟定《高密县志》篇目,广泛征集资料。到 1986 年底,《高密县志》初稿全面完成。后多次召开评议会,几经修改,1989 年终审定稿。该志下限断至 1985 年,全志设 30 编,计 80 多万字。1990 年 10 月,新中国建立后的第一部《高密县志》由山东人民出版社出版发行。

部门志编纂 1986 年至 2008 年,高密市有多个部门出版了部门志,共出版 12 部。

年鉴编纂 1998 年 7 月由齐鲁书社出版发行《高密年鉴》(1986～1996),主编李铭。《高密年鉴》设大事记、全县概况、政治、法制、经济管理、农业、工业、商业、外经贸、旅游、财政金融、建设环保、交通邮电、科学、教育、文化、卫生体育、社会生活、乡镇街办、人物、附录等类目,100 多万字。

■1990 年出版的《高密县志》

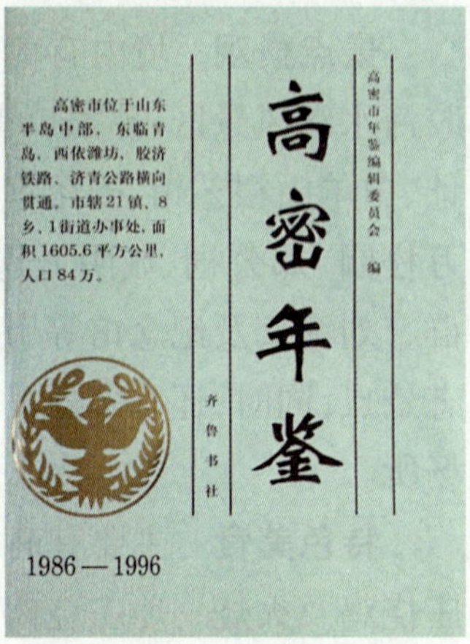

■1998 年出版的《高密年鉴》

1985～2009 年高密市部门志书出版情况表

表 27－6

名 称	志书断限	主 编	出版时间
高密宣传志	1925—2008	单联顺	2009.9
高密劳模录	1951—2007	姚正宝	2007.12
高密县水利志	—1989	刘登茂	1993
高密人民医院志	1946—1998	唐宜怀	2000.10
高密市电力工业志	1986—1998	王隘业	2000.12
高密邮电志	1840—1990	梁大清	1996.11
高密县烟草志	1916—1985	县烟草公司	1986.8
高密县环境保护志	1948—1984	县环保局	1985.8
高密卫生防疫志	1956—2006	李丹平、唐宜柱	2007.10
仁和乡志	1840—1985	王受祜	1985.10
高密县农业志	1840—1985	肖世忠	1986.12
高密公路志	—2000	李顺利	2004.10

第八章 旅 游

第一节 旅游资源与服务

景点景观 境内有莫言旧居、莫言文学馆、胶河水利风景区、孙家口青纱桥、公婆庙惨案旧址、白羊山根艺馆、晏塚穹碑、晏婴生态林、南山万松园、郑公祠、城阴城遗址、顷王冢等汉代墓群、刘墉墓及纪念馆等历史人文景观和自然生态景点，同时，还有多处民间手工艺作坊和展览场所。

特色美食 主要有高密炉包、大蜜枣、姚哥庄烧鸡及火烧、姜庄烧肉、面花等多种特色食品。高密炉包不仅在高密本地深受欢迎，更传播到青岛、济南等地并具有一定知名度。传承时间较长的有高密呼家庄的王家、徐家，夏庄的张家，林三炉包等。凤城饮食服务公司迎宾楼制作的“高密炉包”分别于2004年、2006年、2008年在山东省第二届、第三届、第四届名小吃评选认定活动中连续被认定为“山东省名小吃”。迎宾楼的三鲜水饺、炉包、羊肉汤，群英饭庄的锅贴，2005年被评为“潍坊名吃”和“潍坊风味名吃”。石磨牌火烧由姚哥庄石磨火烧店独家经营，1996年正式注册“石磨”商标，2005年被认定为“潍坊名吃”，2008年被认定为“山东省名小吃”。高密大蜜枣以皮薄酥脆、清香蜜甜、甜而不腻著称。1986年高密糕点厂改为高密副食品厂，其制作生产的高密大蜜枣被评为山东省优质产品，是期存在的大蜜枣商户以青艺食品超市生产的“青艺”牌大蜜枣、高密志强美食品加工厂生产的“蜜香园”牌大蜜枣和高密市万春盛糕点铺生产的“万春盛”牌大蜜枣最为著名，其中高密志强美食品加工厂生产的“蜜香园”牌大蜜枣制作工艺2007年2月被潍坊市人民政府公布为潍坊市市级“非物质文化遗产”，并被评为“潍坊市八大名吃”之一。姚哥庄烤鸡以高密市世纪隆华酒店制作的“泽宜华”牌烤鸡、倪献顺酒店制作的“倪献顺”牌烤鸡、倪家饭店制作的“倪世刚”牌烤鸡最为著名，顺发烧鸡2005年被评为“潍坊名吃”，2008年被认定为“山东省名小吃”。

旅游商品与服务 高密市是文化部命名的“民间艺术之乡”，2008年，高密市旅游局筹建市旅游商品研发服务中心，旅游纪念品以姜庄扑灰年画、聂家庄泥塑、高密剪纸等相关系列商品为主，其他纪念品有黑陶、核雕、木雕、柳编、草编、蓝印花布、布艺玩具等。另外，高密菜刀、商羊神酒等商品也远近闻名。

随着旅游资源的开发，到高密旅游的游客和商业旅游团队不断增多，旅行社的设立也呈上升趋势。到2008年，在高密市注册成立的法人旅行社有3家，分别是：青年旅行社、凤凰假期旅行社、春秋假日旅行社；潍坊市法人旅行社高密营业部有4家，分别是：潍坊华夏旅行社高密营业部、潍坊九州旅行社高密营业部、潍坊金航旅行社高密营业部、潍坊中国国旅旅行社高密营业部。

第二节 旅游开发

1986年至2008年，由北京同和时代旅游规划设计院和山东社会科学院旅游研究中心编撰完成了《高密市旅游业发展总体规划》，将高密市旅游的总体空间布局规划为“一带、三线、五区”，“一带”指以贯穿高密境内中部的胶河水体为依托，打造一条亮丽的休闲旅游景观带，沟通北部旅游区和南部旅游区；“三线”指红色旅游线、历史古迹旅游线、生态农业观光旅游线；“五区”指姜庄民俗民艺旅游区、红高粱影视体验旅游区、凤凰休闲娱乐旅游区、南山生态山水旅游区、密水林地休闲旅游区。以《高密市旅游业发展总体规划》为指导，围绕建设文化城市目标要求，高密市委、市政府立足现实，因地制宜，借势开发，先后开发和建成了一批旅游景点。

生态人文景观

南山万松园 位于柏城镇西姚家屯村南，距市区约15公里，占地2000多亩。此园地处南部丘陵地带，地势高低起伏，赤松杂草丛生，沟壑湾塘相连，自然风光优美。20世纪90年代中期，高密化纤厂与西姚家屯村委签订承包治理绿化协议。园内有亭台楼阁，茅舍窑洞，别墅式宾馆，健身场所以及包括冬枣园、梨园、板栗园和万松湖、情人谷、磨盘崖、百鸟园等各种景观、景点60多处。景区园名“万松园”由著名书画家张建中先生题写，山门两侧刻有楹联“藏春卧秋武陵何曾难觅，临水听松丘壑未易尽言”。经过多年建设，现已成为国家AA级旅游景区。

■ 南山万松园正门

■ 银月公园一角

凤凰公园 地处市区西北部，振兴街西首。该地段为高岭薄地，原是西关村的一片槐树林。1992年由市政府征收，辟建公园。1994年，部分设施和景点建成并对外开放。公园占地500余亩，建筑面积7600平方米。整体设计以中国山水园林为基调，建有开放式草坪190亩，水体12亩，主要景观有凤凰阁、凤凰山、动物园、龙泉瀑布、小西湖、松柏亭、竹林、月亮湾、翠方桥、弥勒佛等。1995年6月，市博物馆迁入凤凰公园，博物馆含“民间艺术馆、文化艺术馆、文物管理所”等部门。

胶河白羊山自然风景区 胶河贯穿市境南北，柏城镇驻地附近水域，经整修建设，水面开阔如镜，两岸绿树婆娑，风景秀美宜人。河东岸之白羊山，实为一处沙丘。清光绪《高密县志》记之曰“叠沙成之、状若白羊”。沙丘之上林木茂密，环境幽静。每岁之春的白羊山艺术节，吸引了不少游客，赶山会，听茂腔戏、观扑灰年画、泥塑、剪纸展览，荡舟垂钓，游人如织。白羊山向南2公里是“银月公园”，该园2007年建成。园内建有大型浮雕龙门和望月亭、玉带桥以及“荷塘倩影、终南秀色、幽篁琴韵、远芳晴翠、松间明月、曲径通幽、红叶疏雨、长亭夕照”等8处景点。

文体公园 位于市郊东南部、胶河西岸。公园占地300多亩，建筑面积17万平方米，分为

■ 文体公园广场

历史博物文化展览区、娱乐与体育区、科技创意园区三大部分。园区散落有蝴蝶湖、叠水池、音乐喷泉(可放映水幕电影)、主题雕塑等景观。自2006开始破土动工,经过多年建设,现已成为国家AAA级旅游景区。

南湖植物园　位于市区南部,利群路南首,占地面积42万平方米,其中南湖水体面积11万平方米,植物园建设面积约31万平方米。该景区建设始于2008年春,2009年底基本建成。园区分为特色植物园区、生态体验区、文化广场休闲区、园艺示范区、公园管理区五大区域,园内波光潋滟、树木葱郁,珍奇树木达300多种,大小景观十几处。

小康河景区　小康河自南向北贯穿高密城区,一直是城市中心区域排污泄洪的主要河道。2005年,市委、市政府做出实施小康河综合治理的决定。该工程南起南河湾桥,北至铁路桥,全长1986.5米。自2005年10月25日召开动员大会,至2006年10月1日全面竣工。工程设计本着河道治理与景观建设相结合的原则,以雨污分流方式解决污水排放问题。沿线自南向北建设了垂钓休闲区、苏州街景区、浮雕墙景区、都市情怀区、民俗展示区、大型健身区等6大景区20多个景点。

民艺民俗

聂家庄泥塑民艺作坊　姜庄镇聂家庄村是省级旅游特色村,位于高密东北方向,该村依托丰富的民艺民俗资源,大力发展乡村旅游。聂家庄全村450多户人家几乎户户从事旅游产业,泥塑、扑灰年画、木版年画、剪纸、木刻作坊随处可见。聂家庄泥塑闻名全国,已有500多年的历史,被列入国家级首批非物质文化遗产保护名录。“聂家庄,朝南门,家家户户捏泥人”,便是对这里的真实写照。聂家庄泥塑使声音、色泽、动作融为一体,逐渐由静态发展到会动、会叫、会斗的活玩具,如叫虎、叫狮、叫猴等,泥塑品种达到200多种。其民艺作坊有:以民艺名家如聂希慰、聂臣希、张清民、聂洪希、聂佩斗(排名无先后)等家庭院落为主体的民间作坊,吸引着众多游客前来旅游体验、休闲旅游。

其他民艺作坊　扑灰年画民艺作坊,如吕臻立、王树花、石建亭、王俊波、张初华(排名无先后)等民间艺人作坊;剪纸民艺作坊,如范祚信、齐秀花、曹兆爱、李金波、邓辉(排名无先后)等民间艺人作坊;黑陶民艺作坊,如刘存志黑陶作坊;木刻民艺作坊,如张初先木刻作坊;石刻民艺作坊,如王立军石刻作坊;展演展销交流场所,如小康河文化市场。

民艺民俗展览中心　位于柴沟镇驻地,距市区约20公里。该馆设有民俗室、民艺室和中小学生科技创作活动室等展室,共收藏民俗民艺展品1000余件。该展览中心充分利用高密丰厚的民俗文化和民间艺术资源,大力开展“爱家乡”主题教育,让广大中小学生更加熟悉家乡、热爱家乡,已成为中小学生“修学游”的必到之处,也是游客了解高密民艺民俗的窗口。

第二十八编

卫 生

第八十二章

1986年以来，高密市大力实施科技兴医战略，积极推行乡村卫生一体化管理，建立和完善新型合作医疗机制，改革人事、分配制度，实行药品集中招标采购，卫生服务体系不断完善，医疗条件逐步改进，全市医疗卫生事业有了较大发展。1985年，全县有公立医疗卫生机构38处，开放床位942张，卫生技术人员1174人。到2008年，全市有公立医疗卫生机构21处，其中市直医疗卫生单位11处，乡镇卫生院10所，开放床位2064张，个体诊所和乡村卫生室486个。其间，全市推广转化医疗新技术200多项，15项科研成果获省市科技进步奖。预防保健和疾病控制工作成效明显，孕产妇死亡率降至0，新生儿死亡率降至1.3‰，法定报告传染病发病率降至55.7/10万。

第一章　医疗卫生体制改革

第一节　管理体制改革

医疗卫生机构管理　1987年，县卫生部门将29处乡镇卫生院全部下放到乡镇政府管理，职工内部调动由卫生局根据需要平衡解决，卫生院长的任免由卫生局与乡镇政府协商。市卫生局负责对乡镇卫生院财务管理的宏观指导，并且每季度通报一次各单位的业务收入和支出情况分析。1992年，对村级卫生室实行三证（行医许可证、药品使用许可证、输液许可证）、三制（工资制、聘任制、退休制）、四统一（统一政务、业务、财务、进药渠道）的一体化管理。1995年，对乡镇卫生院经费实行切块管理，各乡镇卫生院的人员、业务由市卫生局按职责管理，经费由市财政下拨到乡镇，再由乡镇政府拨付卫生院。是年，卫生局制订市、乡两级医院分级管理标准。1995年8月，卫生局对本市行政区域内1995年6月30日前取得《高密市医疗机构执业许可证》的各级各类医疗机构进行了登记注册，并取缔无证行医30家。1999年，全市卫生系统36家医疗卫生单位全部实现了财务微机管理。将药品收入与服务收入分开核算，并统一了药品作价办法，使全市卫生财务纳入统一规范化管理。是年，

■ 井沟镇医院门诊楼

深化乡村卫生一体化管理，将过去实施的“四统一”扩大到人员、业务、药品、财务、工资“五统一”。2001年，潍坊市卫生局对产科工作实行准入制。9月，全市25处乡镇卫生院通过了潍坊市卫生局产科建设达标验收，取得《潍坊市产科执业许可证》，确定了产科诊疗范围。2000年开始，对全市的医疗机构实行行业管理，并根据医疗机构的性质、社会功能及其承担的任务，分为营利性和非营利性两类，实施不同的财税、价格政策。2004年，将乡镇卫生院的人、财、物重新上划到市级统一管理。从2005年开始，适应乡镇合并的形势，逐步合并乡镇卫生院，到2008年5月，将原来的30处卫生院合并至10处。

乡村卫生一体化管理 20世纪90年代初，高密县农村基层医疗机构实行乡村卫生一体化管理。严格农村基层医疗机构《执业许可证》《输液许可证》《药品使用许可证》的管理使用。对乡村医生实施聘任制、工资制、退休制，每年年底组织一次年度考试考核，按照考试成绩、日常工作业绩、实际工作能力等方面进行综合评价，合格者聘任，水平差的予以精简。工资主要以兑现义务工或在村公益金中安排专项资金的形式发放。自1993年起，全市从村卫生室业务纯收入中提出一定比例资金，建立了村卫生室发展基金，由乡镇卫生院统一管理，用于乡村医生的培训、奖励、意外事故补助、退休养老金及事业发展等。1994年，对村级医疗机构的政务、业务、财务、药品采购实行统一管理，药品采购采取乡镇卫生院代购分发的办法，实行专人专账、定额管理和药品内部调拨制度。是年，14处乡镇根据本地实际情况为符合条件的乡村医生办理了退休养老保险。1999年4月，市政府制订《高密市乡村卫生一体化管理实施细则》。年底，全市建成一体化卫生所326处。2002年12月，市卫生局制订《高密市星级卫生所标准》，在全市院办院管卫生所中开展星级卫生所的评选活动，共评选出三星级卫生所31处，二星级卫生所19处，一星级卫生所15处。2005～2008年，开展潍坊市标准化村卫生室建设活动，建成标准化卫生室430处。2007年，建成2处社区卫生服务中心，13处社区卫生服务站。

专业技术人才调配录用 1992年以来，全市卫生系统坚持人才引进与培养并重的方针，大力实施“人才工程”。截至1997年，全市卫生队伍在职职工已发展到2150人，比1992年增加447人，其中具有副高级职称的98人，中级以上268人。1998年，打破卫生院正式职工与乡村医生的任用限制，实行人员统一调配。当年乡村医生调入卫生院工作的有186人，卫生院医务人员到村卫生所工作的有260人。2000年，改革选人、用人机制，按照“公开竞争、择优录用”的原则，公开考录了77名大中专毕业生、10名本科学历自费生和37名专业技术人员。2004年，从各乡镇卫生院选拔优秀人才13人，任院长或副院长职务。2005年，经潍坊市卫生局评

■ 柴沟镇李家埠卫生所

审，命名葛相金为第一批“潍坊首席公共卫生专家”，范作升为第二批“潍坊名医”，隋凤兰等7名同志为第二批“潍坊名护”。2006～2008年，公开考录了293名大中专毕业生，充实到卫生专业队伍中。

第二节　公费医疗制度改革

1953年1月，高密县党政机关、团体及所属事业单位开始实行公费医疗制度。1983年改革公费医疗管理办法，按享受公费医疗单位的人数定额下放给县医院和公社医院，包干管理。1988年和1989年，全县对公费医疗管理进行了两次改革。

1992年，对县域内国家工作人员公费医疗管理办法再次进行改革，公费医疗定额标准为：乡镇在职人员每人每年70元，县直属单位每人每年80元，担任副高级以上技术职务的知识分子和离退人员及二等乙以上住院分别核算。在职人员门诊部分按照每人每年50元，由单位掌握使用，超支100元以内由个人全部负担，个人负担后的余额，由单位、医院、财政分别负担25%、25%和50%。住院部分按每人年30元，包干到县医院，如有结余，转下年再用，超支由单位、医院、财政分别负担20%、20%和60%。退离干部、二等乙以上残废军人的门诊、住院超支部分，由医院和财政分别负担30%和70%。卫生、教育、工商、税务四系统实行全额包干。

1993年6月，县政府批转县卫生局、财政局《关于一九九三年公费医疗管理意见》，进一步加强和完善公费医疗管理。

2000年9月1日，调整公费医疗管理体制：由高密市劳动和社会保障局负责机关、事业单位在职人员和退休人员的公费医疗管理工作，离休人员和老红军的公费医疗管理仍由市卫生局负责，原政策、规定不变。

2001年12月，在享受公费医疗的市直党政机关和全额拨款事业单位中启动城镇职工基本医疗保险制度改革，同时，开展公务员医疗补助和大额医疗保险等补充医疗保险，废止原公费医疗管理办法。除副县级以上干部和二等乙以上残疾军人外，公费医疗制度改革为医疗保险，由高密市劳动和社会保障局成立医疗保险办公室，负责办理全市机关事业单位在职、离退休人员的医疗保险以及赔付工作。

2002年7月1日，高密市《关于加强离休干部医疗管理的办法》正式实施。其后，离休干部就医实行定点医院管理，离休干部自选市内一所医院作为本人年度内的门诊和住院定点医院。由此发生的报销范围内的费用实行记账管理，由医院与医疗保险处每月结算。离休干部医疗服务范围除不受“基本医疗保险支付部分费用”项目限制外，必须按照其余的基本医疗保险药品目录、诊疗项目、医疗服务设施范围标准执行，转诊、转院管理执行《高密市城镇职工基本医疗保险转诊、转院管理办法》。

2003年10月起，全市全面实施城镇职工基本医疗保险制度。

第三节　农村合作医疗制度改革

1993年，高密县推行农村合作医疗制度，至是年底，17个乡镇办起了乡镇办合作医疗。1994年后，结合市场经济体制改革带来的新情况，农村合作医疗在集资、管理、运行机制等方面进行了改革、规范和创新。1996年，全市29处乡镇和朝阳街道都办起了合作医疗，以村为单位覆盖率达到100%。18个乡镇人均筹资5元以上，17个乡镇报销住院药费的70%以上。全年合作医疗基金报销支出310万元，受益人口4.6万人。

2003年11月，高密市决定在原来合作医疗基础条件较好的夏庄、河崖、周戈庄、密水、醴泉

5个镇街,进行新型农村合作医疗试点,卫生部门加强对合作医疗定点医疗机构的调度、督查和业务指导,建立"乡村卫生一体化管理、农村社区卫生服务、合作医疗"三位一体的农村卫生工作新路子。

2005年1月8日,高密市委、市政府召开全市实施新型农村合作医疗制度动员大会,确定在6月底前在全市各镇(街道)全面推开新型农村合作医疗制度。2006年,高密市被列为新增34个省级试点县市区之一,并纳入中央财政补助范围。是年3月15日,高密市委、市政府召开新型农村合作医疗省级试点启动会议,7月,在全市32处医疗机构、410处村级卫生所实行药品统一限价,100多种常用药明码标价,各种药品价格全市统一。到2008年,全市参合人数为633420人,参合率95.06%。

第二章 医 疗

第一节 医疗机构

高密市人民医院 位于镇府街91号,是一所集医疗、教学、科研和预防保健于一体的国家二级甲等医院。至2008年,医院占地面积近100多亩,固定资产9200多万元,业务用房30587平方米,设科室46个,开放床位537张,卫生技术人员721人。医院获首批全国百姓放心示范医院称号,是潍坊医学院、莱阳卫校、益都卫校、青岛第二卫校的教学医院。医院学科建设齐全,技术设备先进,有50余项科研课题获省、市科技进步奖,10余项科研课题获国家发明专利。

高密市中医院 位于高密市凤凰大街南侧,总占地面积40亩,是一处以中医为主、中西医结合的现代化综合医院。医院基础设施齐全,建有高标准的门诊大楼和病房大楼,内设各种门诊30余个。2008年,全院共有干部职工259人,在卫生技术人员中有20多人具有高级职称。该医院结石病专科为潍坊市重点专科,对各类泌尿系统结石的治愈率达到98%以上。

高密市市立医院 位于市政府前,占地面积1万平方米,固定资产2600余万元。是城镇医疗保险、新型农村合作医疗、多家商业保险定点医院,下设55个一体化卫生室和9个社区卫生服务站,2008年,在职职工197人,中级以上职称专业技术人员57人,年门诊量9万多人次,收治住院病人3千多人次。设有内科、外科、妇产科、口腔科、超声科等23个临床医技科室。

高密市精神卫生中心(开发区医院) 位于立新街2000号,是治疗精神疾病的专业医疗机构。2008年,全院有干部职工142人,其中医疗技术人员131人。有全身CT、X光机、C型臂、彩超、全自动生化分析仪、动态心电图、脑电地形图仪等大中型医疗设备。长期治疗各种精神分裂症、老年性精神障碍、小儿行为异常、癫痫病、失眠症、酒精依赖等疾病。

高密市皮肤病防治站 位于镇府街中段,是担负全市麻风病、性病、皮肤病防治工作的医疗机构。建筑面积1500平方米,有专业技术人员30余人,年均诊治皮肤病、性病患者达3万余人次。

高密市结核病防治所 位于古城路南首，为结核病及呼吸系统疾病诊治专业机构。占地面积1604平方米，建筑面积1264平方米。编制床位15张，实际开放床位20张。拥有X光机、B超、心电图机、双目显微镜、半自动生化仪等医疗设备。共有干部职工35人，其中副高级3人，中级20人，初级12人，大专学历以上12人。其中省防痨协会会员4人。

1985年高密县卫生机构情况表

表28－1

名称＼项目	机构数(处)	病床数(张)	医务人员(人)	
			总人数	其中技术人员数
合　计	38	942	1402	1174
一、医院合计	31	942	1272	1076
1.县级医院	6	465	640	531
①第一人民医院(县医院)	1	260	335	264
②第二人民医院	1	40	58	52
③第三人民医院	1	40	49	44
④老年病防治院	1	50	131	119
⑤骨伤科医院	1	35	41	30
⑥精神病医院	1	40	26	22
2.县分院	8	250	302	263
3.卫生院	17	227	330	282
二、专科防治站所	2	—	40	29
1.结核病防治所	1	—	22	18
2.皮防站	1	—	18	11
三、卫生防疫站	1	—	55	45
四、妇幼保健站	1	—	18	15
五、其他卫生防疫机构	3	—	17	9
1.药检所	1	—	17	9
2.麻风村	1	—	15	13

2008年高密市卫生机构情况表

表28－2

名称＼项目	机构数(处)	病床数(张)	医务人员(人)	
			总人数	其中技术人员数
合　计	21	2064	3037	2833
一、医院合计	14	1934	2634	2478
人民医院	1	537	807	721

续表 28－2

名称 \ 项目	机构数(处)	病床数(张)	医务人员(人)	
			总人数	其中技术人员数
中医院	1	200	259	256
精神病院	1	100	142	131
市立医院	1	150	197	191
中心卫生院	4	398	536	511
乡镇卫生院	6	549	693	668
二、专科防治站所	3	40	86	75
结核病防治站	1	30	40	37
地方病防治办公室	1	0	8	4
皮肤病防治站	1	10	38	34
三、卫生防疫站	1	0	126	103
四、妇幼保健院	1	70	125	120
五、其他卫生事业机构	1	0	34	27
卫生学校	1	0	34	27
六、商业职工保健院	1	20	32	30
附:工业及其他	98	0	344	344
个体诊所	56	0	116	116
乡村卫生室	430	0	1705	1705

第二节　医疗事业建设

医疗设备　1991年以前全县各医疗卫生单位万元以上设备很少，仅有X光机、B超、心电监护仪等小型设备。1992～2008年全市投资购进先进医疗设备总额超过5000万元。其中100万元以上设备有21台（件）。主要有日本日立大生化，美国产高频胃肠透视机、美国产数字化拍片系统、美国产开放式永磁型磁共振成像仪、美国产血气分析仪、飞利浦钼靶X线机、法国微生物鉴定仪等先进的医疗设备。部分乡镇卫生院也购置安装了全自动生化分析仪、大型X线机、超声诊断仪等较为先进的医疗设备。到2008年，多数乡镇卫生院医疗设备配置超过了20世纪80年代县人民医院的设备水平。

医疗技术　在1985年设有外科、内科、传染科、五官科、小儿科、妇产科、急诊科等科室的基础上，至2008年，县级医疗机构已经建立起专业分工明细、科室门类齐全的临床医疗体系，专业科室达到20余个。能够开展颅脑外科、泌尿外科、体外循环等外科手术和介入疗法、放射治疗、血液透析、血管造影、高压氧疗等项目，同时发展一批高精尖专科项目。1998年11月8日，人民医院泌尿外科对一肾功能衰竭的患者实施肾移植手术，患者术后植肾功能良好，术后21天痊愈出院。2001年，人民医院骨二科相继开展了四肢长骨骨折的带锁髓内钉内固定术，股骨粗隆间骨折的动力髋关节螺钉内固定及外固定架固定术。2002 年，人民医院放射科利用 DSA 数字减影机成功完成首例双侧股骨头无菌性坏死的介入治疗。2003 年，人民医院普胸外科对首例心脏破裂者进行了成功抢救。2006 年，人民医院肝胆外科开展多脏器微创手术、逆行胰胆管造影、经十二指肠镜胆道支架置入术。其中肾移植手术已达到国内先进水平。

医疗护理 20 世纪 80 年代初至 90 年代中期，各医疗卫生单位的护理工作局限于护理人员的个人护理行为，整体护理水平不高。1997 年起，人民医院在科室中推广系统化整体护理模式，护理人员 24 小时为病人服务。在管理体制上，人民医院、中医院等单位实行护理部主任、科护士长、护士长三级管理体系，实施住院病人一日清单制、输液卡、护理巡视卡等制度，使护理服务质量得到了很大提高。2005 年后，市人民医院、中医院实行了护理部主任、护士长二级负责制。妇幼保健院、市立医院、姜庄镇卫生院等实行了总护士长、护士长负责制。2007 年，全市护理人员中级职称比例为 22.6%，高级职称比例为 0.2%，具有大专以上学历的护理人员达 70%。

急诊急救 1997 年以前，全市急诊急救工作尚未形成规模，由各医院根据业务范围和技术能力设置急诊科或急诊室，市里不统一进行调配。1997 年，在市人民医院建立一支由 26 名业务骨干组成的医疗急救队伍，开通了 120 急诊急救专线电话；在市中医院、开发区医院成立了急诊科，在各卫生院建立急诊室及手术室，配备 36 部救护车以及自动呼吸机、心肺复苏仪等各类先进的急救设备器械。各卫生院统一为村卫生所配备常用医疗设备，80% 的村卫生所安装程控电话，方便双向转诊。将市人民医院、中医院以及姜庄、康庄、阚家、姚哥庄四处卫生院纳入 110、120 联动系统，形成以 120 为主体，各医疗单位密切配合，与公安等部门协调沟通的急救网络。2004 年后，人民医院、中医院急诊力量统一纳入潍坊市 120 指挥中心调度指挥。

中医 1986 年之后，县委县政府注重发挥中医优势，推广中医技术在农村应用，建立起县、乡、村三级中医网络。1987 年 8 月，县政府投资 25 万元，购买位于城南街 88 号的工业职工医院并改建为中医院。1996 年，中医院晋升为二级甲等中医院，乡镇卫生院过半数建立中医科、中医病房。年内全市有 20 名中医药人才被选送到上级医院进修实习，30 多人参加了在职中医药专业自学考试。是年 11 月，国家中医药管理局批准高密市为“全国农村中医工作试点县(市)”。1998 ~ 1999 年，以乡镇卫生院为基础，分别建起骨伤科、银屑病、整骨科、眼科、骨结核、骨髓炎等 7 处中医专科医院。2000 年 8 月，国家中医药管理局批准高密市为“全国农村中医工

2000 年 5 月，国家中医药管理局副司长许志仁(右二)一行到高密验收全国中医先进市

作先进县”。2002年，市卫生学校开办中医培训班，对100名乡村医生进行专业培训。2006年，市卫生局印发《高密市卫生院标准化中医科建设标准评审细则》，对卫生院标准化中医科建设做出了规定。2007年，印发《关于加强中医适宜技术推广工作的通知》，对中医适宜技术进行推广。

第三章 医 药

第一节 中 药

境内药材资源

由于土地、气候等条件比较适于中草药生长，境内中草药资源丰富，其中柴胡、香附、绵茵陈、艾叶、薄荷、苍耳子、蝉蜕、蚊床子等质量较好，被视为珍品。1985～2008年，境内共考证出中药资源238种，分104科。其中植物药203种76科，动物药32种28科，矿物及其他药材3种。

植物类（203种） 银杏、油松、侧柏、毛白杨、核桃、板栗、榆、无花果、桑、大麻仁、葎草、马兜铃、扁蓄、虎杖、水蓼、黎、地肤子、菠菜、牛夕、青箱子、鸡冠花、紫茉莉、商陆、马齿苋、瞿麦、麦兰菜、莲、睡莲、华乌头、白头翁、威灵仙、芍药、牡丹、北宣根、腊梅、荠菜、麦蒿、板蓝根、莱菔子、芥、瓦松、绣球、杜仲、仙鹤草、木瓜、山楂、委陵菜、杏仁、桃仁、月季花、玫瑰、地榆、樱核、甜地丁、紫穗槐、合欢、决明子、黄芪、紫荆、破故纸、扁豆、葛根、刺槐、苦参、槐米、赤小豆、老鹤草、蒺藜、黄柏、枸杞、佛手、花椒、臭椿、香铃子、苦楝皮、远志、猫眼草、地锦、铁苋菜、蓖麻子、黄柏、冬青、凤仙花、枣、酸枣、葡萄、白蔹、爬山虎、冬葵子、木槿、草棉、梧桐、山茶、柽柳、紫花地丁、仙人掌、石榴、柴胡、蛇床子、芫荽、小茴、前胡、白芷、防风、北沙参、山茱萸、杜鹃花、柿、梣、连翘、迎春花、女贞子、桂花、蔓荆子、夹桃、益母草、紫花含掌消、徐长卿、菟丝子、牵牛、毛叶地瓜儿苗、紫苏、夏枯草、丹参、白花丹参、荔枝草、荆芥、黄芩、薄荷、辣椒、曼陀罗、洋金花、独活、龙葵、茄、烟草、玄参、泡桐、地黄、刘寄奴、凌霄花、角蒿、间麻、车前子、茜草、白马骨、忍冬花、假贝母、西瓜、香瓜、黄瓜、南瓜、牛蒡子、葫芦、丝瓜、瓜蒌、桔梗、南沙参、青蒿、黄花篙、艾蒿、白术、茵陈、刺儿菜、野菊、大蓟、旋覆花、山苦菜、蒲公英、苍耳子、旱莲草、东方香蒲、薏米、大麦、白茅、芦根、玉蜀黍、莎草、菖蒲、半夏、东北南星、浮萍、鸭跖草、洋葱、薤白、知母、大蒜、伊贝母、萱草、玉簪、百合、麦冬、玉竹、万年青、藜芦、韭子薯蓣、射干、马蔺、姜、美人蕉、益母草、葱、菊花。

动物类（32种） 地龙、金蝎、壁钱、鼠妇、华北蝼蛄、蟋蟀、黑蚱、家蚕、蚕沙、金龟子、蜣螂、薄翅螳螂、蜜蜂、大黄蜂、虻虫、蛔虫、土元、鲫鱼、中华大蟾蜍、蟾酥、鳖、壁虎、丽斑蜥蜴、白条锦蛇、家鸡、刺猬、蝙蝠、灰尾兔、獾、狗、紫河车、白余炭。

矿物类及其他（3种） 龙骨、百草霜、灶心土。

中成药研制

1996年7月，市中医院设立制剂室，初期条件简陋，设备和人员短缺，三名员工以简单的设备，用传统方法生产通淋消石丸及骨质增生胶囊、骨折挫伤散胶囊等三个品种药品。1997～1998年8月，医院先后引进300型粉碎机、糖衣机、制丸机、胶囊套合机等设备，使制剂规模进一步扩大，人员增加到7人，增加了脂肪肝胶囊、调气丸等四个品种。1998年10月，市中医院投资100多万元对制剂室进行了大规模改扩建，占用中医院西楼二层。引进了符合制药标准的粉碎、提取、颗粒、胶囊、丸剂生产线，同时增配制药专业技术人员和工人8名，年可生产丸剂1万瓶，硬胶囊剂50万粒，颗粒剂1万袋，洗剂3千瓶，溶液剂3000支等。同时成立药检室，配置显微镜、烘干箱、分析天平、崩解仪、酸度计等必要的药检仪器，可对制剂进行全检。1999年1月，市中医院制剂室通过省卫生厅审核，获得《制剂许可证》，并在专家帮助和支持下，对原制剂品种进一步规范，注册品种20个，同时申请了55个传统品种的配制许可。2002年，制剂室按要求进行了数次"医疗机构制剂许可证"换证审评和自制剂再注册。市场供应充足的传统品种和使用量小的品种不再注册。2006年，研发成功并注册新制剂愈银搽剂。

第二节 西 药

随着经济社会的发展，国内制药工业发展较快，西药的社会供应量逐年加大。1965年，县药材公司经营西药只有759种，销售价值39万元。1985年经营西药1060种，销售价值170多万元。2008年全市使用的西药种类达1600余种，年销售价值约5000万元。西药居社会医疗用药的主要地位。

境内生产西药的企业主要有两家。高密制药厂1969年建成投产，主要生产柴胡系列针剂、颗粒剂、片剂、胶囊、外用溶液等，该厂于2002年后停止生产。山东天达药业有限公司于1994年10月建厂，1995年第一个产品"天达—盖福润胶囊"投放市场，共生产药品10多个品种。其中注射用美洛西林钠"天林"于1997年投产；复方八维甲睾酮胶囊（原盖福润胶囊）于2002年投产；阿奇霉素分散片、克拉霉素颗粒、罗红霉素干混悬剂于2003年投产；注射用氨苄西林钠舒巴坦纳、氨苄西林钠氯唑西林钠、哌拉西林钠于2004年投产；阿洛西林钠于2005年投产；注射用替卡西林钠克拉维酸钾于2006年投产。

第三节 药政管理

县药品检验所于1978年12月成立。其职责是受卫生局委托，贯彻执行并监督实施《中华人民共和国药品管理法》及其《实施办法》等药品监管法律、法规。对药品生产、经营、使用单位进行监督、检查，查处制售假劣药品和非法生产、经营药品的违法行为。1991年12月药检所迁到原市结核病防治所旧址，1995年5月市药检所检验楼建成启用，建筑面积805平方米，内设仪器室、理化室、生测室、中药室等。2002年1月市药品监督管理局成立，原市卫生局承担的药政、药检职能和市医药管理局承担的药品生产、流通及医疗器械监管职能移交给市药监局，并将市药检所的建制划转到市药监局。市药监局成立后，加强了农村药品供应网和监督管理网的建设。2003～2008年，在全市依法批准开办单体药店100家，零售连锁企业门店44家，覆盖了所有镇和较大的村。同时，药监部门通过开展创建"放心药厂""放心药店""放心药房"活动，加强对药品生产、销售、使用的监管。2001年3月，成立高密市医疗卫生机构药品联合招标采购办公室，办公地点设在卫生局，同年4月第一次正式实施招标采购，对市内38家医疗机构的药品进行集中采购管理。2001～2008年，每月进行一次药品招标，招标药品种类2600多种。

高密鸿生医药公司 始建于1956年，原名

鸿生医药有限公司

中国药材公司山东省高密县公司，隶属县商业局。1983年11月，更名为山东省潍坊医药公司高密分公司。1996年11月，组建高密市医药管理局，行使医药行政管理职能，实行潍坊市医药公司与高密市政府双重领导。2002年1月，原高密市医药管理局撤销。2003年10月，改制为企业，改称高密鸿生医药有限公司。公司专业从事药品、中药材、医疗器械、玻璃仪器、化学试剂、保健品的批发、零售业务。公司在柴沟、夏庄、双羊、大牟家、李家营 5 个乡镇下设医药分公司。

1986年公司在市区只设有3家零售药店，1993～2008年在城区增设15家零售药店。到2008年公司共有城乡连锁零售药店40家。

第四章　防　疫

第一节　计划免疫

儿童计划免疫　1988年以前，城区儿童预防接种由城关医院负责，农村儿童预防接种由乡镇卫生院负责。1988年7月卫生防疫站成立预防接种门诊，负责城区非农业户口儿童的接种工作。1989年，实行儿童免疫保偿制。1990年1月潍坊市卫生局对高密县以县为单位儿童免疫接种率达85%目标（第二个目标）和1989年的工作进行全面评审验收合格。自1987年开始逐步进行冷链系统建设，配备冰柜、冰箱、冷藏包、冰排等设备，至1991年全市建成比较完善的冷链系统。是年，制定了“冷库管理办法”，要求冷链设备必须建档建账，建立健全疫苗领发手续和登记制度，库房专人管理。1992年1月，全县推广新生儿乙肝疫苗接种，按国家物价标准收费。

1987～1995年，连续实现了以省、县和乡镇为单位儿童免疫接种率三个85%目标，到1995年基本达到消灭脊髓灰质炎的各项指标要求，脊灰、白喉连续多年无病例发生，计划免疫相应传染病得以有效控制。2005年，全市报告麻疹疑似病例21例，确诊15例，均按要求在规定时限内进行了报告、个案调查、采集样本送检、随访以及疫源地免费处理与应急免疫接种等工作。2006年3月，将流行性腮腺炎纳入计划免疫监测系统进行报告。从2006年9月起，每年9月对新入托入学儿童进行预防接种证查验和补种，进一步提高了学龄儿童的预防接种率。

2007年市财政将预防接种经费纳入财政预算，实现了免疫规划疫苗免费接种。2008年5月起，实行国家扩大免疫规划，将无细胞百白破三联疫苗（第4剂次）、麻风二联疫苗、麻腮二联疫苗、A+C群流脑疫苗等纳入免疫规划疫苗范围，免费接种。

创建集中接种门诊 1997年，市卫生局下发《关于印发〈高密市乡镇计划免疫集中接种门诊工作规范〉的通知》，按照标准要求，首先在大牟家、仁和、拒城河三处乡镇卫生院建立了查体、接种、观察三室分开的集中接种门诊，并配齐各种器材设备，使计划免疫工作规范运行。是年9月全市实现集中接种门诊接种。2001年，市卫生局转发《山东省预防接种门诊标准》，此后各医疗卫生单位对照"标准"建设预防接种门诊。至2008年，全市有10处集中接种门诊达到省级示范标准，其余15处接种门诊达到了市级规范标准。

第二节 传染病防治

传染病疫情报告

1985年始，县卫生防疫站根据报告卡片进行统计，按旬、月、季、年度填写《急性传染病报告表》，同时每月、季、年度写出疫情分析，一同向地区卫生防疫站报告。1997年，全市各级医疗卫生单位均建立疫情报告制度，市卫生防疫站定期进行巡回监督检查。市卫生防疫站对报告情况实行微机管理，与全国联网，自此结束了疫情报告手工统计的历史。从2004年1月1日起，全国启用"中国疾病预防控制信息系统"进行法定传染病疫情网络直报，以取代逐级填卡、统计上报的模式，市卫生防疫站于4月份启动疫情网络直报工作。

重点传染病防治

霍乱病防治 1994～1995年，山东半岛沿海地区霍乱病流行，高密市亦受到影响，并先后发生霍乱病例。病例中有的在青岛市卖海产品，有的曾吃过从沿海地区带回来的蛤蜊。通过对病人就地隔离治疗和采取综合防治措施，未发生二代病例。1996～2008年，全市每年都要组织开展以管水、管粪、管饮食、灭蝇"三管一灭"为主要内容的群众性卫生治理活动，加强疫源检索，防止霍乱传入。其中，1998年7月，在疫源检索时，发现市北人工湖水含有霍乱弧菌（当时因水少未饮用），市卫生防疫站连续2天用漂白粉对湖水进行了彻底消毒处理。

病毒性肝炎防治 1988年，县境内肝炎发病434例，发病率高达54.2/10万。1989年，全县第三次发生甲肝流行，发病1603例，发病率为193.58/10万。进入90年代，采取全面推广应用甲肝疫苗免疫注射、新生儿乙肝疫苗免疫注射以及综合防治措施，全市肝炎发病率开始下降。在肝炎防治中，医疗单位通过严格消毒制度、疫苗免疫注射、疫点消毒处理等措施，使肝炎感染率从20世纪80年代的11%左右下降到2008年的4%左右。2008年4月15日，"全市成人乙肝疫苗接种工作会议"召开，在全市范围内启动成人乙肝接种工作。

结核病防治 1993年4月，"世界银行贷款结核病控制项目"正式在高密市启动。自1993年4月至2004年6月30日，对包括中小学师生、企业工人、机关干部共91600人进行"结素"试验和胸透查体，查出中度阳性带菌者6400人，强阳性带菌者1430人，查出肺结核病人65人，对带菌者和肺结核病人，都及时做了预防措施和规范治疗。其间，还接诊可疑患者23363人次，发现活动性肺结核病人2348例，治愈2226例，治愈率达95%以上，其中免费治疗2022例。2004年7月，高密市被山东省卫生厅确定为省级结核病控制项目县。2005年，市结核病防治所投资100万元建成建筑面积1200平方米的门诊病房综合楼。2006年，为全市24处医疗卫生机构配备了专职或兼职的防痨医生，在430个村卫生所分别聘任乡村医生为兼职结防人员，建立起市、镇、村三级结核病防治队伍。同年，高

密市被评为“全国结核病防治先进集体”，被山东省卫生厅授予“结核病防治示范县”。2008年，发现结核病人282人，涂阳结核病患者195人，其中新涂阳174人，对发现的病人及时进行了规范治疗。

艾滋病防治 1998年5月20日，市境内首次发现一外地艾滋病感染者(崂山籍)，经省艾滋病监测中心鉴定结果抗—HIV阳性，后转至青岛市卫生防疫站监测管理。2001年，高密市被确定为山东省艾滋病、性病监测点。2002年11月，接省卫生防疫站通知，市内井沟籍一男性刑满释放人员在狱中查出艾滋病抗体阳性，感染途径不详，接到疫情报告后，市卫生防疫站对其进行了跟踪监测管理。是年开始在市人民医院和部分中心卫生院的外科、妇科等对全部术前病人开展艾滋病抗体检测。2003年11月，市人民医院对就诊性病患者筛查HIV抗体，发现一对夫妻HIV感染者，女为云南边境迁入者，男为本地人。妻子于2004年发病死亡，丈夫抗体阳性，尚未发病。市卫生防疫站对其实行建档管理，进行随访、查体。2004年，高密市被省确定为国家级艾滋病监测哨点。2006年上半年，进一步对外省来境内定居妇女、肺结核病人、看守所被管教人员、服务行业从业人员等进行调查，共检测1800多人。其中，确认9人为艾滋病感染者，多为从云南省和缅甸来境内定居的妇女。2008年2月，高密市被山东省卫生厅确定为“省级艾滋病自愿咨询检测综合服务试点项目县”。

狂犬病防治 20世纪90年代初市境内发生狂犬病流行，其中1991年发病死亡14例。疫情发生后，市政府组织对疫区内的散养犬及狂犬进行捕杀，同时，在全市采取家犬疫苗免疫以及重点人群疫苗免疫或联合免疫(TAT+狂犬病免疫血清+狂犬疫苗)等综合措施加强防治，至2005年无狂犬病例发生。1993~1998年，省卫生防疫部门在高密进行狂犬病社会综合防治试点，为全省提供了狂犬病防治经验。2003~2004年，在省卫生防疫站的安排指导下，对上海生物制品研究所研制的冻干人用狂犬病纯化疫苗(Vera细胞微载体)进行了临床观察研究，该研究共分三期，每期观察409人，观察点设在拒城河镇刘家庄、王家屯等5个村，观察结果表明，上海研制的冻干人用狂犬病疫苗与法国产维尔博狂犬病疫苗的安全性无显著差异。2005~2008年，对全市25处狂犬病暴露处置门诊进行了规范化建设，对验收合格的单位发放狂犬病暴露处置资质证书。

性病防治 1987年1月，县政府出台《关于加强性病防治工作的意见》，确定皮肤病防治站为性病防治、研究和指导机构，承担全县性病防治、技术培训、宣传教育等职能。要求各医疗机构恢复性病检查，婚前、孕前、输血、升学、参军、就业体检，饮食业健康查体要进行梅毒检测。1988年，省皮防所专门派人来皮防站指导工作、培训人员，当年共查出性病患者3例。1989年2月，县里成立了以分管副县长为组长、卫生局分管副局长为副组长、皮防站站长和专业技术人员为成员的性病防治领导小组。1990年，对个体经商者、司机、劳教人员、拘留人员进行志愿者查体，共发现性病患者408例。1991年，性病患者增加到601例。1992年为739例。1997年，高密市皮防站被确定为性病哨点检测单位。2000年，全省哨点监测工作在济南启动，高密共上报性病2169例。1987~2008年，皮防站每年都派出临床和检验人员参加各类性病防治培训班，不断提高医疗水平加强对性病的防治工作。

麻风病防治 为搞好麻风病防治，县政府曾于1961年在化山重晶石矿建立麻风病疗养村和治疗工作站。到1985年，全县累计发现麻风患者974例，其中畸残患者526人。经过集中治疗，先后收治的902名麻风患者共有709人陆续康复出村。是年12月，麻风治疗工作站撤回县防疫站。对尚未出村和其他散居的麻风病患者，实行定期检查，送药上门的办法进行规范

治疗。1990年4月,高密县通过了省皮防所基本消灭麻风病县省级考核验收。1992年,省皮防所重新对高密基本消灭麻风病情况进行省级验收。年内,全市累计发现麻风病例984例,治愈238例,除死亡等因素减少外,尚有现症病人6例,患病率小于1/100000,达到基本消灭标准。1994年4月,卫生部组织专家对高密麻风病消灭情况进行抽查验收,确认高密市基本消灭麻风病。1997年,潍坊市皮防机构开展重点流行村麻风病线索调查。高密共调查61个村,未发现新发和复发病人。1999~2008年,对部分畸残患者实施矫治康复手术,提供辅助用具,发放护理包和防护鞋等生活用品。1998~2008年,连续十年被评为省麻风病防治工作先进单位。

■"非典"流行期间,留验站在对流动人口进行查体登记

抗非典传染病

2003年春,传染性非典型肺炎在全国迅速蔓延。是年4月中旬至6月底,市委、市政府采取了"行政监控和医学监控相结合"的一系列非常"防非"措施。一是加强了对重点行业、重点场所的监管。对市内400多家企业、150多所学校、幼儿园和650多家宾馆、饭店、商场、理发美容、洗浴等场所进行卫生督导检查,落实消毒措施。对市内的小旅馆、网吧、茶楼、练歌房等公共娱乐、住宿场所和夜市下达停业整顿通告,只保留市政府招待所、电业宾馆、金桥宾馆、迎宾楼4家定点住宿单位。对疫区来客由宾馆一日一报,每日两次测量体温,每日一消毒。二是加强了医学防控手段。从医务人员技术培训到医疗方案制定、药品病房筹备都进入临战状态。5月1日起,在市卫生防疫站安装启动2部全国通用的95120非典疫情处理电话,安排专业技术人员轮流24小时值班。三是重点部位设立关卡。在火车站、汽车站、高速公路设立检查留验站,对疫区和外省来高返高人员进行登记和身体检测。在城区和乡镇建立14个交通检查留验站和1888个监测点。各乡镇和市直各部门、单位以及监测点对有关情况实行日报告、零报告制度。四是点面结合、严防细控。市里成立流动调查大队,各镇、街道成立流调分队,重点村和单位成立协助队,实施"负责人、监督员、检查员"三级负责制。抗击非典期间,全市通过医院发热门诊、留验站和机关、学校、企事业单位等累计报告监测380多万人次,其中检测出体温超出正常值者2000多人,均及时采取了措施。火车站、汽车站、高速公路三个主要监测点共检测火车1465列次,汽车42722辆,来高返高人员10224人次,接收并统计上报疫区来高返高人员9800多人次,出警700多人次,处理和排除可疑疫情1000多人次,留置100多人,劝回80多人。7月以后,全国防非形势趋于稳定,市防非指挥部办公室由卫生局迁至卫生防疫站,自此,防非工作转入常规状态。

第三节 地方病防治

地方性氟中毒防治 1982年水质抽样调查结果显示,县境内人畜饮水含氟量情况是,轻病区 1.4～1.6mg/L，中病区 3.05～3.6mg/L，重病区 5.0～6.0mg/L，特重病区 7.0～11.0mg/L。为解决氟中毒问题，1986 年以来，分别采取了建设除氟改水工程除氟、药物除氟、物理除氟等降氟措施进行预防，并对部分病人进行药物治疗。除氟主要使用了硫酸铝除氟、氯化铝除氟、天然沸石岩离子交换吸氟法降氟、BC 除氟、电渗析除氟等 5 种方法。试点工程分别选择在大牟家郇李村、赵家庄，仁和镇驻地，大牟家镇毛家和孙刘屋子等地方。改水效果判定：对 258 例临床氟骨症病人进行跟踪发现，改水 7 年后，显效 40 例，占 15.5%；好转 164 例，占 63.57%；无效 54 例，占 20.9%；总有效 204 人，总有效率为 79.07%。劳动能力丧失率也由改水前 16.8%下降到 5.2%，其中有 5 例瘫痪病人不同程度地恢复了生活或劳动能力。2008 年，卫生部对高密地方病防治工作进行了中期评估验收。

碘缺乏病防治 1994 年 5 月，潍坊市有关部门对高密市进行碘缺乏病流行病学调查。认为高密市存在明显的碘缺乏病危害，特别是普遍存在着对儿童的潜在性损伤。从甲状腺Ⅰ°～Ⅱ°肿大患病率来看，南部 5 处乡镇最为严重，中部 4 处乡镇接近控制标准，北部 5 处乡镇和高密市区在控制标准以内，但儿童甲状腺肿大率均高于病区控制标准 2～4 倍。1994 年 10 月，市政府出台《高密市食盐加碘防治碘缺乏病实施细则》，并向市场投放加碘食盐。市卫生防疫站开展碘盐监测，每月将监测结果报潍坊市防疫站。是年，根据上级卫生防疫部门要求，开始对特需人群指导服用碘油丸，具体服用对象和方法是：新婚育龄妇女 400ug/ 次、育妇 200ug/ 次、0～2 岁婴幼儿 100ug/ 次、3～6 岁儿童 150ug/ 次、7～14 岁儿童 200ug/ 次。市防疫站每年均对 8～10 岁小学生的甲状腺肿进行抽样调查，两年一次进行尿碘监测，碘缺乏危害得到了有效控制。2006～2008 年，儿童甲状腺肿大率保持在 5% 以下。

第四节 职业病防治

1986～1999 年，市卫生防疫站对部分厂矿企业的部分污染项目进行检测，并对部分从事噪声作业的工人进行职业查体，其中噪声性耳聋人数平均检出率为 18.79%；高频性听力损伤平均检出率为 42.6%；总异常平均检出率为 61.46%。1994 年 11 月 5 日，拒城河乡某村村民刘某某（女，26 岁），因“慢性职业性重度苯中毒（急非淋白血病 M5B，潍坊市职业病诊断小组确诊认定）”医治无效死亡。患者生前工作过的生产车间狭小，空气污浊且无通风排气装置，空气苯浓度最低为 220mg/m^3，超过国家允许的最高标准 4.5 倍，最高达 459.6mg/m^3，超标 10.5 倍。此事件发生后，市政府要求加大对全市企业劳动环境的监督监测力度。2000 年，市卫生防疫站通过山东省卫生厅职业卫生监测资格及预防性查体资格验收，具备对一般性粉尘、呼吸性粉尘及国家规定的大部分有毒物质浓度和噪声、热辐射等物理因素进行测定的资格。2001～2008 年，市卫生防疫站共对 150 多家有毒有害作业的企业进行监督监测，对 127 家存在职业危害的企业下达整改意见书。监测结果显示，企业的劳动防护条件普遍较差，从事有毒有害工种的职工身体健康受到危害，其中制鞋、橡胶等行业问题比较突出。抽查 86 家制鞋企业的部分有毒有害工种，查出有职业禁忌症的占被查体人数的 12%；16 家橡胶制品业，查出有职业禁忌症的占被查体人数的 7.6%。2006 年 4 月至 10 月，市卫生防疫站在全市开展以“强化建设项目职业危害评价，从源头控制职业病危害”为主题的卫生监督检查集中行动。通过专项监督检查，督促用人单位依法履行职业卫生义务，控制职业病危害，建立劳动者工伤保险和职业病患者治疗保障体系；督促建设单位及时完成建设项目职业危害评价与审核，提高预防性卫生监督审核率与建设项目达标率。

1986～2008年高密市企业毒物职业分布情况表

表28－3

行　业	主要毒物和危害
机械行业	有机溶剂、锰、粉尘、噪声、一氧化碳、二氧化硫、氢氧化钠
橡胶行业	二氧化硫、苯、甲苯、二甲苯、粉尘、高温
纺织行业	二氧化碳、粉尘、噪声、高温高湿
铸造行业	有机溶剂、粉尘、高温
化工行业	有机磷、氢氧化物、药物性粉尘、高温、噪声
建材行业	粉尘、噪声、高温
制鞋行业	苯、甲苯、二甲苯、二氧化硫、高温
制苯行业	粉尘、噪声、苯、甲苯、二甲苯、有机溶剂
工艺品行业	苯、甲苯、二甲苯、有毒气体、粉尘
电镀行业	氯化氢、镉、铬
印刷行业	铅、臭氧、氮氧化合物、甲醛、三苯、苯酚及致癌物质
塑料行业	乙烯、三苯、苯乙烯、偶氮化合物、甲醛、氯乙烯、光气、氯苯

第五节　食品卫生

食品卫生监督监测主要采取定检和抽检两种办法。1986～2006年，对全市350家饮食服务单位进行检查和综合评议，符合食品卫生法要求的占45%；抽样检测平均合格率86.5%。月饼、裱花蛋糕、饼干、葡萄酒、食用植物油、面粉、茶叶、定型包装熟肉制品等8类与健康相关产品抽检平均合格率为84.2%。

本时期，取缔无卫生许可证进行食品生产经营单位137户次，超范围经营的单位被责令停止生产经营122户次，吊销卫生许可证17户次，警告或限期改正1000余户次，罚款210余户次，查没各类劣质、过期变质等商品20余吨。市卫生防疫站承担对食品从业人员健康检查与培训任务，对全市范围内的食品从业人员强制进行健康查体，并定期对其进行传染病防治方面的培训。1986～2006年，办理各类卫生许可证4000余个，从业人员查体2万余人，调离原岗位100余人。2007年初，对全市食品生产经营单位换发新版食品卫生许可证。2008年7月11日，市卫生防疫站撤销，成立疾病预防控制中心和卫生监督大队，食品卫生安全管理临时划归卫生监督大队。

市卫生防疫站　成立于1956年10月，系

高密市疾病预防控制中心

正科级行政延伸性全额拨款事业单位，隶属高密市卫生局管理。是全市预防医学教学、科研、技术指导中心，担负着《中华人民共和国食品卫生法》《中华人民共和国传染病防治法》《中华人民共和国职业病防治法》等法规的贯彻实施和全市80多万人口的防病灭病任务。主要业务工作有传染病、地方病、寄生虫病防治；职业卫生、食品卫生、学校卫生、放射卫生、化妆品卫生、生活饮用水卫生、公共场所卫生的监督、检验、检测；计划免疫、消杀灭、健康教育、慢病防治、驾驶员查体、社区卫生服务等。内设立21个科室，工作人员122人，其中专业技术人员107人，工勤人员15人。2008年7月11日，市卫生防疫站撤销，成立疾病预防控制中心和卫生监督大队。

第五章　预防保健

第一节　妇幼保健

1985年，妇幼保健站设社会保健组，负责各乡镇卫生院的妇幼保健业务的培训、指导及市直各厂、矿企业已婚妇女的查体工作，并对查出的疾病进行统计、汇总、分析、上报。1985~1995年，全市妇女5种常见病（宫颈糜烂、阴道炎、盆腔炎、子宫脱垂、子宫肌瘤）总平均患病率21.2%，其中1987年最高，为36.11%，1993年最低，为12.16%，总体呈下降趋势，且幅度较大。1987年，对县直和厂矿幼儿园及注沟乡10个行政村0~7岁儿童的小儿贫血、小儿腹泻、小儿肺炎、佝偻病进行查体防治，通过对1176例"小儿四病"的查体资料分析研究，制定应对措施加大防治力度。1988年6月，在仁和乡开展遗传病及非遗传病先天性残伤的调查试点工作。通过对5766名14岁以下儿童调查，筛出患病儿童247名，其中，遗传病人数209名。遗传病病发率8.6‰，遗传病种35个。1990年，开展妇幼保健保偿和孕产妇、婴幼儿程序化管理工作，当年孕产妇、婴幼儿系统管理率分别为92.3%和87%，住院分娩率达80%以上。1995年，《中华人民共和国母婴保健法》实施，妇幼保健工作纳入法制轨道。全市健全妇幼保健网络，加强对乡、村两级妇幼保健人员的技术培训。孕产妇住院分娩率为92.5%，孕产妇死亡率下降到31.9/10万，全部低于国家标准。同年，全市共普查妇科病3.4万人次，对4500名患者进行了有效治疗，并对入托儿童全部建立健康档案。1996年3月，全市使用统一制发"出生医学证明"，由市卫生局向社会公布高密市注册接生单位，认定33家医疗卫生单位具有接生资质。1997年1月1日，全市启动长期出生缺陷检测工作。对1997年1月1日零时后分娩的孕28周到产后7天的围产儿（包括活产、死胎、死亡），由接生的各医疗保健机构负责进行资料收集，作出生缺陷儿诊断登记及可疑危险因素的分析。是年10月，市卫生局对开展助产、终止妊娠、计划生育服务的医疗机构、单位、人员实行依法审批。对33处符合条件的医疗卫生单位核发"母婴保健技术服务执业许可证"，对124名妇产科人员经考试考核合格后发放"母婴保健技术服务考核合格证书"。2002年3月，在全市范围内开展以甲状腺功能低下和苯丙酮尿症为主要内容的新生儿疾病筛查工作，对所发现的阳性病例给予及时的转诊治疗。2003年1月1日,开始统一使用计算机管理《出生医学证明》。是年,在实施助产技术服务的医疗机构开展孕妇产前艾滋病、梅毒和乙肝检测工作。2004年,在全市范围内开展新生儿听力筛查工作。

2006年5月,市妇幼保健院儿科在潍坊市妇幼保健系统"三基三严"比武中获得全市第一名。2007年,开始实行0~6岁儿童系统化管理,实现0~6岁儿童保健全面覆盖。同年7月在全市启动儿童视力筛查工作。2008年4月起,对已进行婚姻登记的男女双方(一方或双方为高密户籍),实施免费婚前医学检查。是年,市妇幼保健院设立艾滋病筛查实验室,并通过山东省卫生厅评估。

第二节 老年人保健

老年人保健对象主要是离退休干部。全市离退休干部保健工作主要由人民医院保健科承担,其他医疗机构共同参与,一般每年为全市离退休老干部和高级知识分子查体一次,对查体发现的疾病进行规范治疗。除此之外,也有部分镇(街道、区)定期不定期地组织医疗人员开展医疗服务活动,免费为老年人查体。2002年,柏城镇卫生院组织医护人员免费为该镇700余名70岁以上的老人进行全面体检,并逐人建立"健康档案",对他们提供全面的医疗预防保健服务。其中对100多名病情偏重的老年人实行重点建档、重点监护、重点管理。2003~2008年,市人民医院每年组织下乡义诊,共为1000余名老人免费发放药品2万余元。

第三节 职工保健

全市企业的职工保健主要由用工单位负责,市职能部门负责协调。1994年,高密市卫生局、劳动局等单位联合组织,对全市企事业单位21131名女职工开始实施"五期"(月经期、孕期、产期、哺乳期、更年期)保健和常见病的普查普治,特别注重妇女"两癌"(宫颈癌、乳腺癌)的查治。对查出的3971名妇科病患者分别落实了治疗措施。2001年,组织城区企事业单位女职工健康查体3309人次,查出各类妇科病患者1624人次。1996年8月,市卫生局、劳动局联合组织橡胶、农药、纺织、印染、电镀等行业共45个单位的一线生产职工,进行职业健康查体,并逐一为职工建立健康体检档案。2002~2008年,在农村推行"三个健康"服务,以卫生院为管理中心,以卫生所为实施网点,定期为辖区内农民"进行健康查体、建立健康档案、开展健康教育",对患病人群进行跟踪治疗。

第六章 爱国卫生运动

1991~2008年,全市坚持开展每年春冬两次的全民灭鼠和夏秋两季的全民灭蚊蝇活动。其间全市共使用灭鼠药品3000余公斤、灭鼠毒饵2.6万公斤,投入资金累计20多万元;共使用灭蚊蝇药品3600多公斤,投入资金累计15万余元。全市蚊蝇及鼠密度一直控制在国家规定标准之下。1988年,县爱卫会被省爱卫会评为全省爱国卫生工作先进单位。

第一节 公民健康教育

自1986年以来，高密市采取形式多样的健康教育活动，包括黑板报、板牌、传单、宣传画、广播、幻灯、卫生科普电影、大集义诊咨询等。随着社会发展，又利用录音带、录像带、电视等卫生宣传形式，逐渐扩大人群覆盖面积，让群众掌握卫生知识，加强健康管理，改变不良卫生行为，达到自我预防疾病的目的。同时在全县各医疗卫生机构开展起了门诊病房候诊室宣传阵地。1987年，在县政府的统一领导下，于人民大街建立健康教育一条街，沿街两侧共建卫生宣传栏14处，每年更换4次。1990年开展农民健康教育工作，在柴沟、夏庄镇成立农民健康教育夜校。1994年开展联合国儿童基金会健康教育合作项目。每年开展“4·25”健康教育宣传日、碘缺乏病宣传、控烟宣传、《中华人民共和国传染病防治法》宣传和性病、结核病防治宣传、精神卫生宣传、牙病防治宣传以及其他各类卫生日宣传等，按时发放有关传单和到大街咨询。历年订阅《医学科普》及其他刊物，所订数量及种类在潍坊市保持前列。2001年市爱卫会下发《关于在全市开展控烟活动的通知》，加强控烟教育，降低吸烟率。从2002年开始，加强职业卫生健康教育，9月省健康教育研究所确定孚日家纺有限公司为全省企业健康促进试点单位，属于山东省第三个试点单位。

加强健康教育工作网络建设，1991年建立起以卫生防疫站为龙头，各乡镇、村、街道、市直企事业、厂矿等有卫生室的单位，卫生室内均设有1人负责健康教育工作，同时对基层健康教育人员每年进行2~3次培训，推动健康教育工作的开展。

第二节 卫生城市创建

1991年开始，开展创建卫生县城活动。从上规划、上建设、上管理综合治理入手，采取政府组织，地方负责，部门协作，群众动手，社会监督，科学管理的方法，使各项规划项目和管理措施逐步实施落实。1993年被山东省爱卫会命名为“省级卫生县城”。

同时，积极开展卫生镇、村、单位创建活动，以努力改善城乡环境，防控疾病发生与流行，提高人民健康水平。柏城镇（2004年）、阚家镇（2007年）、柴沟镇（2008年）创建为省级卫生镇；朝阳街道东小庄社区（2004年）、娘娘庙社区（2007年）、姜庄镇新立屯村（2007年）、夏庄镇张家官庄二村（2008年）创建为省级卫生村；高密市自来水公司（1998年）、山东洁玉纺织有限公司（2000年）、山东凯远食品有限公司（2002年）、高密市交通局（2004年）、青岛维客高密购物中心有限公司（2005年）、高密市建设局（2005年）、高密市金孚隆超市有限公司（2006年）、高密市康成小学（2007年）、高密市中医院（2008年）创建为省级卫生单位。

第三节 农村卫生治理

农村改水 主要是指防氟改水工程。市境内特别是北部乡镇，地下水含氟量很高。1981年至1991年，全县共投资1836万元（不包括工时费），其中国家投资433.9万元，集体投资338.1万元，群众集资814万元，建成防氟改水工程237处，打深水井4096眼，引河水、泉水28处，建水塔27座、压力罐30个，铺设供水管道1403华里，解决了581个村2万余户村民的安全卫生饮水问题。1995~1996年，投入资金32.4万元，对15个村的改水工程和20个村的供水工程进行了维修。

农村改厕 借鉴外地的改厕模式和经验，1991年，全县进行一次较大规模的农村改厕。主要采取双池连格联圈（水冲式）为主、其他模式为辅的改厕模式。当年改造农村厕所146894

个，占农户厕所总数的73.6%。2000年后，不少乡村对农厕进行进一步改进，到2004年，全市累计农村改厕21.06万户，占农村总户数的87.74%。2007年，选择柴沟镇7个村共500个农户进行改厕工作。

第七章 红十字会

第一节 赈济灾民活动

1996年7月2日，市境内东部8个乡镇遭受历史上罕见的暴雨、冰雹袭击，市红十字会立即号召社会捐款捐物，共募捐到100多万元的救灾物资，并组织8支医疗队深入灾区防病救灾。1997年夏，全市29个乡镇903个行政村135万亩农田遭受旱灾，持续近2个月。市红十字会派出30支医疗队深入灾区，为灾区群众送医送药。1999年8月11日，市内发生特大洪涝。市红十字会组织医护人员165名，成立24支急救队，奔赴灾区抗洪救灾。共发放价值3.8万元的急救、预防药品和部分生活用品。2002年8月，组织气门嘴厂向菏泽市红十字会捐赠物资，价值约15万元。2005年，市红十字会组织向印度洋海啸灾区捐款捐物19060元。2008年5月，市红十字会派出范存玉、李刚2名司机，2辆120救护车载急救设备和药品前往汶川地震灾区参与抗震救灾。并先后派出宫献升、黄一峰、邓招红、孙少华、王坚、赵泉智、蔡素洁、杨家顺、于勇9名医务人员赴灾区参与医疗救援。

第二节 专项救助活动

1988～1992年，县红十字会开展对台事务服务工作，共接到台胞查人转信事项191件，全部落实。为台属寻找去台亲人，向台湾红十字会发信38件，查明11人。接待台胞就诊医疗175人次，为台胞死亡、遗产继承等出具证明信5件次。1992年，组织会员15万人次参与卫生救护训练，建立红十字服务小组3100个，为散居在社会上的3200余名孤、寡、病、残且无人照顾的人提供服务。1997年6月10日，市境内的所有医疗机构停止使用“红十字”标志。2006年，组织造血干细胞血样采集248人份。2008年4月28日，胶济铁路发生火车相撞事故，市红十字会立即派专家赴淄博救援，收治伤员。同年9月，市红十字会组织有关力量全力投入食用三聚氰胺奶粉婴幼儿医疗筛查工作，查出患儿32例，圆满完成救治任务。

第二十九编

体　育

高密的体育工作，历来比较活跃。1986年被山东省体委评为“山东省体育先进县”。1988年被国家体委评为“全国体育先进县”。1995年贯彻《中华人民共和国体育法》和《全民健身计划纲要》，全市体育活动更加自觉有序。经常活动的项目有各种球类、田径、武术、棋类、航空模型、晨晚健身操等。1999年获潍坊市“振兴潍坊体育突出贡献奖”。2003年获潍坊市“振兴潍坊体育特别贡献奖”。至2008年，常年参加体育锻炼的人数占总人口的42%以上，并有三级以上社会体育指导员802人。

第一章　管理与设施

第一节　管理机构

主管机构　1956年5月，高密县体育运动委员会成立，专管全县体育事业。此后，机构有合有分，称谓亦随之变化，但一直有专管人员。1984年4月，高密县体育运动委员会恢复。1993年11月，与文化局合并，称高密县文化体育委员会。次年8月，体育运动委员会与文化局分开。2001年12月，体育运动委员会改称体育局。局内设机构有办公室、业务科、后勤财务科，共有工作人员10人。下辖高密市竞技体校、高密市少儿体操学校两个单位。至2008年，体育局工作人员增至12人，内设机构未变。2007年9月成立高密市体育总会（属两个单位一套班子合署办公）。下辖高密市竞技体校、高密市少儿体操学校、老年体协办公室。

体育总会　2007年9月13日，高密市体育总会成立。其职能为对全市群众体育进行指导、监督、协调和管理；组织全市体育理论、健身咨询、业务培训等专题研究，促进健身科学化；对单项体育协会进行协调、管理和业务指导。

体育协会　1986年1月，老年人体育协会成立，为县内首家体育协会。至2008年，全市有各类单项体协18个，并有乡镇农民体协或健身指导站。2007年乡镇合并，各镇街体协或健身指导站亦随之合并。2008年，全市各协会共有会员约9万人。

1986～2008年高密市体育协会一览表

表29－1

名　称	成立时间	名　称	成立时间
老年人体育协会	1986年1月	中小学排球协会(55个)	2000年
妇女健身协会	1997年9月	中小学乒乓球协会(49个)	2000年
武术协会	1998年9月	中小学足球协会(5个)	2000年
蟋蟀协会	2000年9月	乒乓球协会	2001年2月
中小学篮球协会(38个)	2000年	信鸽协会	2002年4月

续表 29－1

名　　称	成立时间	名　　称	成立时间
密水街道社区体育协会	2003 年	跆拳道协会	2006 年 12 月
篮球协会	2004 年 11 月	乡镇农民体育协会或称健身指导站(13 个)	2007 年
棋类协会	2005 年 6 月		
自驾车体育旅游协会	2005 年 10 月	毽球协会	2008 年 1 月
乡镇农民体育协会或称健身指导站(5 个)	2005 年	足球协会	2008 年 6 月
		体育舞蹈协会	2008 年 6 月
电子竞技协会	2006 年 12 月	空竹协会	2008 年 7 月

第二节　设施建设

体育场　位于利群路东、创业街南、凤凰大街北，占地 8.9 亩，1996 年 5 月建成启用。由竞技体育学校、体操学校、400 米标准田径场、灯光篮球场、门球场、旱冰场、游泳池、体操训练房和体育局办公楼组成。2000 年改造灯光球场。2001 年，在体育场东南角建 1300 平方米教学训练楼。2002 年拆迁。

市体育馆外景

文体中心　又名文体公园，2007 年开工建设，位于康成大街南，胶河西岸，总投资 2.95 亿元，建筑总面积 6.4 万平方米。分为文化区、体育区两大部分。体育区包括体育场、体育馆、体校综合楼三个场馆和蓝球场、门球场、排球场、网球场四个露天场地，其中体育场建筑面积 1.6 万平方米，可容纳 11500 多名观众，2008 年 11 月交付使用；体校综合楼建筑面积 9000 平方米，分为办公区、训练区和教学区和宿舍区四部分，2008 年 8 月交付使用；体育馆建筑面积 1.3 万平方米，可容纳 3200 名观众，2009 年 12 月交付使用。

小型体育健身设施　2005 年始，在城区陆续建设步行半径不超过 500 米的小广场。2006 年 10 月竣工的小康河综合改造工程，专门建设健身休闲区。至 2008 年，建成时代广场、府前广场、春晓园、翠岭园、民俗园、三贤园、火车站广场、文化广场、梧桐广场、密水游园、凤鸣园、艺术广场、林业局绿地、自来水绿地、葛家庄绿地(2 处)、南转盘绿地、律家村绿地等。

2008 年高密市小型体育健身设施一览表

表 29－2

名 称	单位	数量	占地面积（平方米）	建筑面积（平方米）	名 称	单位	数量	占地面积（平方米）	建筑面积（平方米）
健身公园、广场	个	18	26000	—	健身房	个	1	500	500
健身路径	套	185	185000	—	游泳池	个	1	1250	1250
篮球场	个	30	15000	500	青少年俱乐部	个	1	680	680
乒乓球台	个	1576	15760	—	标准田径场	个	2	50000	10000
乒乓球房	个	2	356	356	非标准田径场	个	300	300000	—
棋牌室	个	1	100	100	健身站点	个	360	395054	—

第二章 全民体育

第一节 校园体育

是期，高密市各类学校均设体育课，体育教师有专职兼职两种情况。中学体育教师多为专职，一般每个年级配备 1~2 人。2008 年，全市中小学有体育教师 353 人，其中专职 265 人。

中小学体育

体育教学　1986 年，中小学延续每周两节体育课的制度。1990 年贯彻国家体委与国家教委联合发布的《学校体育工作条例》，中小学的体育教学按条例要求做了调整。对学生锻炼成绩的测试，1986 年按《国家体育锻炼标准》开展达标活动。1988 年始实行《中学生体育合格标准试行办法》，1990 年 6 月抽查，学生合格率均在 90%以上。2001 年始实施《学生体质健康标准》。1991 年实行初中毕业升高中统一考试体育。

课外体育活动　除设立体育课外，中小学还有专门课外体育活动。1986 年中小学生的早操和广播操改为晨跑，课外体育活动列入课程表。学生在校每天锻炼要达 40 分钟。体育传统项目学校的课外活动，按传统项目组队进行训练。

■ 康成中学课外体育活动

体育运动会　1986~2008年，全市中小学每年举行春秋两季田径运动会。

体育节　1999年始，各中小学校每年举办一次学生体育节。全市每两年举办一次。体育节，即进行体育竞赛活动。

幼儿体育　幼儿游戏是幼儿体育的重要组成部分。1986年，高密县幼儿园多有延续组织幼儿体操活动者。1992年始，推广幼儿广播操第一套和第二套。

机关幼儿园孩子们做体操表演

体育传统项目学校　1982年，高密县第一实验小学被命名为潍坊市级体育传统项目学校后，又有部分学校陆续被潍坊市、山东省和高密市命名为体育传统项目学校。这些学校的训练，主要利用学生课外活动进行，它们是组队参赛的重点学校。

1984～2006年高密市体育传统项目学校一览表

表29－3

名　称	级　别	项目	命名年份
夏庄镇初级中学	高密市命名	田　径	1984
经济开发区曙光初级中学	高密市命名	篮　球	1994
经济开发区小学	高密市命名	乒乓球	1996
柴沟镇初级中学	高密市命名	田　径	1996
南关崇实小学	高密市命名	乒乓球	1998
阚家镇小学	高密市命名	排　球	2000
高密五中	高密市命名	篮　球	2001
北关小学	高密市命名	排　球	2001
康成小学	高密市命名	排　球	2001
醴泉街道永安小学	高密市命名	乒乓球	2001
姜庄镇初级中学	高密市命名	篮　球	2001
河崖初级中学	高密市命名	田　径	2001
康成中学	高密市命名	田　径	2001
南关立新初级中学	高密市命名	篮　球	2002
古城中学	高密市命名	排　球	2002
实验中学	高密市命名	篮　球	2002
城南中学	高密市命名	田　径	2002

续表 29－3

名　　称	级 别	项 目	命名年份
第二实验小学	高密市命名	排　球	2006
第一实验小学	潍坊市命名	排　球	1982
高密二中	潍坊市命名	田　径	1984
东关小学	潍坊市命名	排　球	2000
高密一中	山东省命名	排　球	2000
朝阳初级中学	山东省命名	田　径	2000
向阳初级中学	山东省命名	排　球	2004

第二节　群众体育

职工体育

体育活动　全市职工体育活动比较活跃。1995 年贯彻《全民健身计划纲要》，职工体育活动在全民健身中起着骨干作用。一些规模大、经济实力比较雄厚的企业多选择春秋开展体育运动会，活动项目多为球类、棋类、拔河、举重、健身操等。是期，高密化纤厂(银鹰化纤)、高密热电厂、高密酒厂等单位体育活动开展比较好。高密酒厂、高密化纤厂(银鹰化纤)还建有自己的鼓乐队，高密化纤厂女子排球队多次参加上级组织的比赛活动，并取得好的成绩。

银鹰化纤职工体育活动

1986～2008 年职工单项及多项竞赛项目表

表 29－4

时　间	比 赛 项 目
1986 年 2 月	篮球、象棋、环城跑
1986 年 10 月 15～19 日	女子排球
1989 年 2 月 22～27 日	长跑、象棋
1989 年 11 月 15～16 日	乒乓球
1990 年 5 月 9～14 日	男排、女排
1990 年 5 月 2～4 日	篮球
2006 年 9～10 月	乒乓球、拔河、门球、象棋、围棋、篮球、健身操
2008 年 4 月	乒乓球

体育竞赛　1984年9月1日～27日，高密县首届工人运动会举办之后，1989年4月21日至5月4日举办第二届工人运动会，比赛项目有田径、排球、篮球、象棋、围棋、乒乓球；第三届工人运动会于1994年10月10日至31日举办，比赛项目有田径、篮球、乒乓球、象棋、围棋；第四届工人运动会于1997年10月举办，比赛项目与第三届相同。

除举办工人运动会之外，是期，还不定期地举行职工单项及多项竞赛活动。

农民体育

农民体育多在青年、老年人中开展。1995年贯彻落实《全民健身纲要》，群众性体育活动空前高涨。活动项目有球类、棋类、武术等。尤其台球活动非常普遍，一些较大的村及乡镇驻地，均有台球活动场所。自1989年始，全市分别被评为潍坊市体育先进乡镇17个，被评为山东省体育先进乡镇13个。

高密市获潍坊市体育先进乡镇情况表

表29－5

乡镇名称	评定年份	乡镇名称	评定年份	乡镇名称	评定年份
高密镇	1989	姜庄镇	1992	河崖镇	1995
夏庄镇	1989	仁和乡	1992	注沟镇	1997
姚哥庄镇	1989	呼家庄镇	1992	王吴乡	1997
柴沟镇	1989	拒城河乡	1992	蔡家站镇	1997
康庄镇	1989	井沟镇	1992	双羊镇	1997
柏城镇	1989	张鲁镇	1995		

高密市获山东省体育先进乡镇情况表

表29－6

乡镇名称	评定年份	乡镇名称	评定年份	乡镇名称	评定年份
高密镇	1989	柏城镇	1995	河崖镇	1997
姚哥庄镇	1989	夏庄镇	1995	张鲁镇	1997
拒城河镇	1992	注沟镇	1997	王吴乡	1999
康庄镇	1992	姜庄镇	1997		
柴沟镇	1992	井沟镇	1997		

残疾人体育

组织残疾人体育活动，始自市民政局福利厂、特殊教育学校等。但是组队参赛起步较晚。1999年5月潍坊市第五届残疾人体育运动会，高密始由残疾人联合会组队参赛。至2008年，先后组队参加了潍坊市、山东省和全国第五届、第六届，潍坊市和山东省第七届残疾人运动会。

中老年成果展演

高密市残疾人参加潍坊市、山东省、全国第六届残运会成绩表

表 29－7

运动会名	竞赛项目	成绩获得者		成 绩	时 间
		籍 贯	姓 名		
潍坊市第六届残疾人运动会	气手枪	李家太洛	曾凡暖	第一名	2002 年 11 月
潍坊市第六届残疾人运动会	气手枪 60 发	李家太洛	曾凡暖	第一名	2002 年 11 月
潍坊市第六届残疾人运动会	气手枪混编 60 发	李家太洛	曾凡暖	第一名	2002 年 11 月
潍坊市第六届残疾人运动会	100 米仰泳	西 店	王大海	第一名	2002 年 11 月
潍坊市第六届残疾人运动会	200 米仰泳	西 店	王大海	第一名	2002 年 11 月
潍坊市第六届残疾人运动会	举重 50 公斤	永安村	李贵军	第一名	2002 年 11 月
潍坊市第六届残疾人运动会	铁饼	南 曲	冯金欣	第一名	2002 年 11 月
潍坊市第六届残疾人运动会	跳远	芝兰庄	邓宝辉	第二名	2002 年 11 月
山东省第六届残疾人运动会	100 米仰泳	西 店	王大海	第一名	2003 年 4 月
山东省第六届残疾人运动会	200 米仰泳	西 店	王大海	第一名	2003 年 4 月
山东省第六届残疾人运动会	400 米自由泳	西 店	王大海	第二名	2003 年 4 月
全国第六届残疾人运动会	混合组运动手枪	李家太洛	曾凡暖	第五名	2003 年 9 月

社区体育

社区体育主要在城市，原为居民自发锻炼。20 世纪 90 年代后，在老年体协、妇女健身协会等组织下，城区的体育活动较为活跃。老年体育活动项目有门球、太极拳、棋牌、钓鱼、健身操、气功操等。健身点有 120 多处。青少年多为篮球、乒乓球、羽毛球、台球、足球、旱地滑轮、器械健身、健美操等。90 年代中期，台球一度成为时尚。

高密市农民及体协等组队参赛成绩表

表 29－8

时 间	组队单位及项目	参赛名称	成 绩
1988 年 5 月	南关女子篮球队	山东省首届农民运动会	冠军
2000 年	老年体协	全国门球邀请赛	冠军
2003 年	老年体协	全国门球赛	亚军
2003 年	斌成武术学校	潍坊市第十六届运动会	获银牌 9 枚
2006 年 5 月	兰天太极拳俱乐部	潍坊“大元杯”武术锦标赛	赵兰获太极拳第一名
2007 年	兰天太极拳俱乐部	潍坊市第十七届运动会	太极拳团体第一名
2007 年 5 月	兰天太极拳俱乐部	山东省武术锦标赛	太极拳团体第三名
2007 年 8 月	兰天太极拳俱乐部	第四届中国焦作国际太极拳交流大赛	团体第四名
2007 年 8 月	兰天太极拳俱乐部	第四届中国焦作国际太极拳交流大赛	赵兰获武式太极拳第一名
2008 年 5 月	辉煌电子竞技俱乐部	法国电子竞技组委会（ESWC）主办的中国赛区比赛	亚军

■ 高密市第二届运动会运动员入场　（1999 年 摄）

全民运动会

第一届运动会　1996 年 10 月在高密市体育场举行。有 37 个代表队，500 多名运动员参加了 12 个项目的比赛。开幕式邀请山东省跳伞队进行了大型表演。

第二届运动会　1999 年 7 月 15 日至 8 月 30 日在高密市体育场举行。有 38 个代表团，1200 名运动员，分乡镇组、行业组和学校组三个组别的比赛。比赛设 6 大类，32 个小项目，共赛出 1200 多枚奖牌。

■ 全市象棋比赛

第三届运动会　2002 年 8 月 5 日至 9 月 20 日，在高密市体育场举行。有 84 个代表团，6000 余名运动员参加了 9 大类 40 个小项目的竞赛。

第四届运动会　2006 年 9 月 1 日至 10 月 16 日，在康成中学体育场举行。有 84 个代表团，3000 余名运动员参加了 9 大类 40 个项目的比赛。

第三章　专业队伍

第一节　市竞技体育学校

1974 年成立的竞技体育学校，从全县中小学中招收 2~15 周岁学生，设 3 个班，开设田径、跆拳道、柔道、举重、摔跤、排球等比赛项目的学习训练。常年在校学生由 30 人到 2008 年增至 150 人。学校除承担组队参加潍坊市及以上比赛外，还有向上级输送学员和运动员任务。2008 年，有教练员 13 人。

■ 高密市竞技体育学校学生在训练

1986～2008 年高密市竞技体育学校向上级输送学员情况表

表 29－9　单位：人

去　向	项　目	人　数	去　向	项　目	人　数
潍坊市体校	田径	40	潍坊市体校	篮球	5
潍坊市体校	举重	25	潍坊市体校	游泳	8
潍坊市体校	古典摔跤	20	潍坊市体校	自由摔跤	5
潍坊市体校	排球	20	山东省队	排球	5
潍坊市体校	皮划艇	15	山东省队	田径	6
潍坊市体校	射击	2	山东省队	举重	3
潍坊市体校	柔道	30	国家队	空手道	1
潍坊市体校	跆拳道	20	国家队	少年排球	1
潍坊市体校	自行车	16			

1986～2008 年高密市竞技体育学校参加全国赛获第一名情况表

表 29－10

姓　名	性　别	比赛项目	名　次	地　点
张奎奎	女	1990 年全国“幼苗杯”跳水跳板	第一名	—
王凯秋	女	“多威杯”全国青少年田径锦标赛 2000 米障碍	第一名	—
万升庆	男	2004 年全国田径大奖赛总决赛 3000 米障碍	第一名	南宁
李海峰	男	2005 年 7 月全国中等城市柔道运动会	第一名	潍坊
徐春森	男	2005 年 7 月全国中等城市柔道运动会	第一名	潍坊
孙　敏	女	2007 年 6 月全国田径大奖赛 800 米	第一名	苏州

第二节　市少儿体操学校

1978 年，县竞技体育学校设立体操队。1999 年 7 月成立高密市竞技体校体操分校。2000 年 1 月体操分校独立，称高密市少儿体操学校。2003 年 5 月，加挂潍坊市体操学校牌子，并在全潍坊市开展招生。学校开设学前班和 1~3 年级，共 4 个班。设体操、蹦床、跳水三个项目。2008 年，有教练员 9 人，在校学生 98 人。学校除承担组队参加山东省比赛外，还负有向上级输送运动员任务。

1986～2008年高密市体操学校向上级输送运动员情况表

表29－11

队员姓名	项目	输送年份	去　向	输送教练
管海涛	体操	1990	山东省队	滕　健
代滕飞	体操	1990	山东省队	滕　健
杨　勇	体操	1991	山东省队	滕　健
王　帅	体操	1995	山东省队	滕　健
刘　超	体操	1995	山东省队	滕　健
王晓东	体操	1995	山东省队	滕　健
乔建东	体操	1998	山东省队	滕　健
刘　江	体操	2002	山东省队	滕　健
刘金存	体操	2002	山东省队	滕　健
王永超	体操	2002	山东省队	滕　健
闫　璀	体操	2002	山东省队	张　刚、孙娜娜
姜　凯	体操	2004	山东省队	滕　健
赵　倩	体操	2004	山东省队	张　刚、孙娜娜
徐亚男	体操	2004	山东省队	张　刚、孙娜娜
邱小芙	体操	2004	山东省队	张　刚、孙娜娜
曹国庆	体操	2005	山东省队	张　刚、孙娜娜
温家慧	体操	2005	山东省队	张　刚、孙娜娜
王　鹤	体操	2005	山东省队	张　刚、孙娜娜
李洛阳	体操	2005	山东省队	滕　健
田　浩	体操	2005	山东省队	滕　健
台学虎	体操	2005	山东省队	滕　健
赵　岩	体操	2007	山东省队	滕　健
刘　艳	蹦床	2001	山东省队	宫恩明
付　晓	蹦床	2002	山东省队	宫恩明
侯　芳	蹦床	2002	山东省队	宫恩明
李　冲	蹦床	2004	山东省队	张　峰
王凤凤	蹦床	2004	山东省队	宫恩明
黄程程	蹦床	2005	山东省队	宫恩明
刘　倩	蹦床	2005	山东省队	张　峰
白雪梅	蹦床	2006	山东省队	张　峰
孙　楠	蹦床	2007	山东省队	张　峰

续表 29－11

队员姓名	项目	输送年份	去 向	输送教练
鲁效辰	蹦床	2007	山东省队	张 峰
李国志	跳水	2004	山东省队	张 峰
杜小龙	跳水	2006	山东省队	胡 伟
王文娜	跳水	2006	山东省队	魏春丽
马晓阳	跳水	2006	山东省队	张 刚、孙娜娜

1986～2008 年高密市体操学校走出的全国暨世界冠军及全国赛金牌获得者情况表

表 29－12

姓 名	竞赛名称	成 绩
甄 超	1991.1992 年全国体操锦标赛	冠军
代腾飞	1998 年全国青少年体操锦标赛	4 枚金牌
	1999 年全国城市运动会跳马	金牌
	2000 年国际体操邀请赛（在澳大利亚举行）	4 枚金牌
杨 勇	1991 年全国少年儿童体操锦标赛	8 枚金牌
王晓东	1995 年全国少年儿童体操锦标赛	7 枚金牌
刘 超	1995 年全国少年儿童体操锦标赛	4 枚金牌
	2007 年全国健美操比赛六人操	冠军
	2007 年世界健美操比赛六人操（在德国举行）	冠军
王 帅	1995 年全国少年儿童体操锦标赛	4 枚金牌

第三节 体育比赛成绩

全市组队参加潍坊市及以上的体育比赛，多由市竞技体育学校承担。1996 年始，体育传统项目学校也组队参赛。2000 年，高密少儿体操学校成立后，独立组队代表潍坊市参赛山东省比赛之体操、蹦床、跳水、幼儿体操四个项目。2006 年始，有的体育协会也组队代表高密参赛。

2007 年潍坊市第十七届运动会高密竞技体育学校参赛成绩

表 29－13

姓 名	性 别	比赛项目	级 别	名 次	地 点
刘 宇	女	柔道	女乙 52 公斤	第一名	潍坊
侯 芳	女	柔道	女丙 48 公斤	第一名	潍坊
郑 磊	女	柔道	女乙 70 公斤	第一名	潍坊
			女乙无差	第一名	
侯玉婷	女	柔道	女丙 +78 公斤	第一名	潍坊

续表 29－13

姓　名	性　别	比赛项目	级　别	名　次	地　点
田晓亮	男	柔道	男乙无差	第一名	潍坊
			男乙 90 公斤	第二名	
王　森	男	柔道	男乙 60 公斤	第一名	潍坊
侯玉杰	男	柔道	男丙 60 公斤	第一名	潍坊
郭　斌	男	柔道	男甲 81 公斤	第二名	潍坊
门　奇	男	柔道	男乙 81 公斤	第二名	潍坊
李彦儒	男	柔道	男丙＋90 公斤	第二名	潍坊
			男丙无差	第二名	
胡振兴	男	柔道	男丙 66 公斤	第二名	潍坊
王连坤	男	柔道	男乙 55 公斤	第二名	潍坊
单小龙	男	柔道	男乙 66 公斤	第二名	潍坊
范慧慧	女	柔道	女丙 57 公斤	第二名	潍坊
栗　妍	女	柔道	女丙 52 公斤	第二名	潍坊
侯玉婷	女	柔道	女丙无差	第二名	潍坊
王　欣	女	柔道	女乙 52 公斤	第二名	潍坊
张　滨	男	柔道	男乙 81 公斤	第三名	潍坊
仪晓慧	女	柔道	女丙 44 公斤	第五名	潍坊
朱　杰	男	200 米	甲	第六名	潍坊
		110 米栏	甲	第五名	
王　军	男	200 米	甲	第五名	潍坊
仪　彬	男	跳远	甲	第二名	潍坊
		三级跳远	—	第一名	
石　超	男	跳远	乙	第三名	潍坊
李冠廷	男	800 米	丙	第五名	潍坊
		1500 米	—	第五名	
李顺顺	男	跳远	丙	第六名	潍坊
朱玉雯	女	跳高	甲	第一名	潍坊
吕佳俊	女	游泳	甲组 50 米仰泳	第二名	潍坊
			100 米仰泳	第二名	
			100 米蛙泳	第一名	
			200 米混合泳	第三名	

续表 29-13

姓 名	性 别	比赛项目	级 别	名 次	地 点
单俊平	男	游泳	甲组 100 米蛙泳	第五名	潍坊
			200 米蛙泳	第三名	
			100 米蝶泳	第四名	
			200 米蝶泳	第三名	
戴晓冬	男	游泳	丙组 50 米仰泳	第一名	潍坊
			100 米仰泳	第一名	
			200 米混合泳	第二名	
			400 米自由泳	第三名	
宋苗芳	女	游泳	乙组 200 米蛙泳	第二名	潍坊
			200 米混合泳	第二名	
			50 米蛙泳	第二名	
			100 米蛙泳	第二名	
刘晓冬	男	七项全能	甲	第一名	潍坊
		110 米栏	甲	第二名	
李美霞	女	自行车	乙组山地越野	第一名	潍坊
			公路计时	第二名	
			800 米追逐	第五名	
仪晓慧	女	田径	铁饼	第六名	潍坊
王拥臣	女	田径	200 米跑	第四名	潍坊

1999～2008 年高密市少儿体操学校参赛成绩表

表 29-14

项目	竞赛名称	时 间	地 点	主要比赛成绩
跳水	山东省跳水锦标赛	2001 年 8 月	淄博	2 金 1 银 1 铜
	山东省跳水锦标赛	2004 年	淄博	7 金 3 银 1 铜
	山东省跳水锦标赛	2005 年	济南	3 金 1 银 1 铜
	山东省跳水锦标赛	2007 年	济南	4 金 2 铜
体操	山东省体操锦标赛	1999 年 8 月	淄博	12 金 9 银 10 铜
	山东省少儿体操锦标赛	2000 年 8 月	泰安	7 金 12 银 9 铜
	山东省青少年体操锦标赛	2001 年 8 月	济南	4 金 6 银 3 铜
	山东省第二十届运动会	2002 年 8 月	济南	4 金 5 银 7 铜
	山东省体操锦标赛	2004 年 8 月	省体操馆	8 金 4 银 6 铜

续表 29－14

项目	竞赛名称	时 间	地 点	主要比赛成绩
	山东省体操锦标赛	2005 年 8 月	省体操馆	9 金 9 银 3 铜
	山东省体操锦标赛	2006 年 5 月	济南	7 金
	山东省第二十一届运动会	2006 年 9 月	烟台	9 金 12 银 13 铜
蹦床	山东省蹦床锦标赛	1999 年 8 月	淄博	1 金 2 银 3 铜
	山东省少儿蹦床锦标赛	2000 年 8 月	泰安	1 金 4 银 1 铜
	山东省蹦床锦标赛	2001 年 5 月	济南	1 金
	山东省第二十届运动会	2002 年 8 月	济南	1 金 3 铜
	山东省蹦床锦标赛	2004 年 6 月	济南	5 金 2 银 1 铜
	山东省蹦床锦标赛	2005 年 7 月	高密	3 金
	山东省蹦床锦标赛	2006 年 5 月	泰安	2 金
	山东省第二十一届运动会	2006 年 9 月	烟台	1 金 3 银 3 铜
	山东省蹦床锦标赛	2007 年 12 月	泰安	1 金 2 银
体操选材组赛	山东省体操选材组锦标赛	2003 年 11 月	东营	2 金
	山东省体操选材组锦标赛	2005 年 7 月	淄博	3 银 2 铜
	山东省体操选材组锦标赛	2005 年 10 月	枣庄	1 金 1 银
	山东省体操选材组比赛	2006 年 5 月	长清	2 铜
	山东省第二十一届运动会	2006 年 10 月	烟台	2 银

1999～2008 年高密市体育传统项目学校参加潍坊市及以上体育比赛成绩表

表 29－15

学校名称	竞赛名称	项 目	名 次	时 间
高密一中	潍坊市中学生排球赛	排球男子组	第四名	2004 年
		排球女子组	第五名	
	潍坊市中学生排球赛	排球男子组	第六名	2006 年
	山东省传统项目学校比赛	—	第八名	2007 年
	潍坊市中学生运动会	排球赛	第六名	2008 年
姚哥庄初级中学	省级	中长跑 2 人次	前二名	2005 年
	省级	中长跑 5 人次	前六名	2006 年
	潍坊市级	长跑 12 人次	前三名	2005 年
	潍坊市级	自行车 3 人次	前三名	2008 年

续表 29 - 15

学校名称	竞赛名称	项 目	名 次	时 间
高密市向阳中学	潍坊市第十六届运动会	排球男子组	第四名	2003 年
	潍坊市沙滩排球赛	排球男子组	团体总分第二名	2004 年 8 月
	潍坊市排球锦标赛	排球男子乙组	团体总分第五名	2004 年 8 月
	山东省传统项目学校排球赛	排球男子组	第三名	2005 年 6 月
	潍坊市“体育彩票杯”少年排球锦标赛	排球男子乙组	第四名	2005 年 8 月
		排球男子甲组	第四名	
		排球男子组	第二名	
	潍坊市“云门春杯”排球锦标赛暨第十七届运动会预赛	排球男子甲组	第四名	2006 年 6 月
		男子乙组	第二名	
		男子组	第三名	
	“昌大建设杯”潍坊市第十七届运动会“英克莱杯”排球决赛	排球男子乙组	第二名	2007 年 9 月
		排球男子甲组	第六名	
	潍坊市排球锦标赛	排球男子组	第二名	2008 年 9 月
高密五中	潍坊市中学生篮球赛	篮球高中男子组	第六名	1999 年 10 月
	潍坊市中学生篮球赛	男子组	第六名	2000 年 11 月
		女子组	第三名	
	潍坊市中学生篮球赛	高中男子组	第六名	2008 年 11 月
南关崇实小学	潍坊市中小学乒乓球赛	男队	一等奖	2003 年
		女队	二等奖	
	潍坊市小学生乒乓球赛	男子团体	第六名	2004 年 8 月
康成小学	潍坊市排球赛	男子组	第四名	2004 年

第四章 体育产业

第一节 体育彩票

2000年2月在市农贸市场北侧首次举行即开型体育彩票规模发行活动,销售358万元。当年在市区设立电脑体育彩票终端机6台。2001年至2003年2月分别举行一次规模发行活动,并逐年新增电脑体彩终端机台数。2003年2月在夏庄和柴沟两镇举行即开型体育彩票小规模发行活动。2005年电脑体育彩票销售实现历史性突破,年销售达到3960万元。2006年,开展电脑体育彩票“占县下乡”活动,在7个镇设终端机12台。2008年,全市共有电脑终端机49台,全年销售电脑体育彩票1020万元,销售即开型体育彩票284万元,共计1304万元。

第二节 体育经营

社会主义市场经济体制建立之后,体育的市场价值逐渐显现出来,20世纪90年代末开始,境内开始出现体育项目经营者,并逐渐形成规模,具体经营项目情况见表29-16。

1998~2008年高密市体育经营情况表

表29-16

项目名称	成立年月	地　点	主要活动
乒乓球俱乐部	1998年	市总工会工人文化宫	乒乓球培训和比赛
富康娱乐中心	1999年	人民大街中段百货商城顶楼	旱冰场运动
保龄球俱乐部	2000年	密利达商厦顶楼	保龄球运动
斌成武术学校	2003年	千禧健身俱乐部	武术培训
兰天太极拳俱乐部	2007年12月	古城路灯杆埠小区10号	太极拳锻炼与研究
天和电子竞技俱乐部	2007年9月	天和科技城	推动和发展电子竞技事业
辉煌电子竞技俱乐部	2007年12月	古城路灯杆埠小区营业楼下	推动和发展电子竞技事业

第三十编

武 装

1986年至2008年，境内军事机构和部队有人民武装部、武警中队、飞机场、海军雷达站。另有人民防空指挥部，并专门设有办公室。本时期的民兵工作较过去有重大改革，编排层次由普通基干、武装基干和普通民兵三种改为普通和基干两种。基干民兵为一类预备役，普通民兵为二类预备役。根据新的形势和任务，军事训练和政治教育的方式也做了重大改进。

第一章 驻 军

第一节 人民武装部

1951年5月，高密县武装部称中国人民解放军山东省高密县人民武装部，为现役机关，主管境内国防工作。境内各区设之武装部也改为现役。1955年5月成立高密县兵役局，与武装部一套班子，两个牌子。1958年9月，成立县防空指挥部。同月，人民公社化后，各公社也设武装部。1960年9月，县兵役局撤销。次年12月，成立县人民武装委员会。县委书记任主任，副书记、人武部长、政委任副主任。办公室设在人武部，人武部副部长兼任办公室主任，并由有关部门主要负责人为成员。1986年6月，县人民武装部改为地方管理。1996年3月，高密市人民武装部复归军队建制，称中国人民解放军山东省高密市人民武装部，受中国人民解放军和地方同级党委双重领导，任务不变。市(县)委书记一直是武装部第一政委。

第二节 驻高密部队

人民武装警察 1950年为公安部队高密县中队，属公安局领导。次年，改称中国人民解放军公安部队高密县中队，属县武装部领导。1962年改为公安部队高密县中队，属武装部与公安局双重领导。1976年，组建高密公安武装民警中队，由县公安局领导。1982年，重新组建武警山东总队潍坊市支队高密县中队，属武警部队与高密市委、市政府双重领导。

飞机场 1954年高密飞机场建成，是年空军部队进驻至今。

海军雷达部队 1958年5月至今，解放军海军雷达站驻高密空军雷达站。

第二章 兵役

第一节 征兵

1955年7月,《中华人民共和国兵役法》实施,是兵役制度的重大改革。自此,广大适龄青年积响应,应征入伍。每年征兵开始,县及以下两级分别成立征兵办公室,在党委和政府的领导下,由武装部门具体落实。根据上级分配的任务,由县分到下级的征兵办公室,组织适龄青年进行报名、目测、体检和政治审查。在体检、政审合格的基础上,根据各村的实际情况,由县以下的征兵办公室确定入伍人员,报县征兵办公室批准,发给入伍通知书。应征者必须是思想进步、政治可靠、身体健康,并做到家属通、亲属通、本人通的"三通"和村、公社(区乡)、县以及接收单位"四满意",方可入伍。

1984年6月,修改《中华人民共和国兵役法》,新兵役法对应征对象的各项条件重新作了规定。强调"中华人民共和国公民不分民族、种族、家庭出身、宗教信仰和教育程度,都有义务依照本法的规定服兵役"。新兵役法颁布后,全县青年参军热情空前高涨。适龄青年报名均达90%以上。

高密市新兵入伍欢送大会 (2008年 摄)

第二节 兵役管理

兵役登记 根据《中华人民共和国兵役法》和《山东省兵役登记办法》的要求,每年征兵登记工作前及登记期间,利用发布通告、电视、广播、巡回宣传车、张贴标语,层层宣传,做到家喻户晓。每年6月15日至30日,安排基层武装部进行兵役登记试点,召开全体专业武装干部业务会议,实地观看学习兵役登记工作的具体做法。市人民武装部统一制作兵役登记站牌子。兵役登记站由专职武装干部、公安干警和医务人员组成。各基层兵役登记站组成侯登室、主登室、审查处和体检处,方可进行登记。

兵员征集 在思想发动兵役登记的基础上,对入伍新兵实行政治审查。政审的根本依据是《中华人民共和国兵役法》,实行横向政治审查,以提高兵员质量。在政治审查的基础上,进行体格检查。由有关部门抽调有事业心、经验丰富的医务人员进行业务培训，使其熟悉征兵工作程序和标准要求，并随着科学技术、体检器材的发展而不断改进和提高。在批准入伍的兵员中，发给入伍通知书，并举行不同形式的役前国防教育和参加不同形式的义务劳动等。

义务兵与志愿兵 1978年始实施义务兵与志愿兵相结合制度。义务兵服役期满时，凡申请留部队工作者，批准后转为志愿兵，先后服役满13年，方可退伍。实行此制度以来，到2008年全市有若干人被转为志愿兵。

第三节 退役安置

退伍义务兵的安置 按照1987年颁布的《退伍义务兵安置条例》，对义务兵退出现役的安置，按照“从哪里来，回哪里去”的原则，由县人民政府接受安置。家居农村的义务兵退出现役后，由各乡镇人民政府妥善安排他们的生产和生活。机关、团体、企事业单位在农村招收职工时，对他们给予适当照顾，在同等条件下，优先录用。家居城镇的义务兵退出现役后，由市人民政府安排工作。入伍前是机关、团体、企事业单位正式职工的，允许他们复工、复职。在服役期间荣立二等功以上的，予以安排正式工作。对于有一定专长的，民政部门优先向有关部门推荐录用。在服役期间患有精神病的义务兵退出现役后，视病情轻重，去地方医院收容治疗或者回家休养，所需医疗和生活费用，由县人民政府负责。在服现役期间患过慢性病的义务兵退出现役后，旧病复发需要治疗的，由当地医疗机构负责给予治疗，所需医疗和生活费用，本人经济困难的，由市人民政府给予补助。义务兵退出现役后，报考高等院校和中等专业学校，在和其他考生同等条件下，优先录取。

退役士官的安置 依据《中华人民共和国兵役法》和国务院、中央军委关于印发《中国人民解放军士官退出现役安置暂行办法的通知》，士官退出现役后，原则上回原籍，由市人民政府安排工作。符合下列情况之一的可以异地安置：国家或者军队建设需要的；服役期间家庭常住户口所在地变动的；结婚满2年且配偶在其常住户口所在地有生活基础的；因其他特殊情况经省级以上人民政府安置、主管部门批准的。

公伤病残退伍义务兵的安置 现役军人参战或者因公负伤致残的，由部队评定残废等级，发给革命残废军人抚恤证。退出现役的特等、一等革命残废军人，由国家供养终身。二等、三等革命残废军人，家居城镇的，由市人民政府安排力所能及的工作。家居农村的，其所在地区有条件的，可以在企事业单位安排适当工作；不能安排的，按照规定增发残废抚恤金。

复员干部的安置 根据国务院军安领导小组、民政部、总政治部等部门于1993年联合发布的《关于做好军队复员干部安置工作的通知》，高密籍自愿复员的干部既可回原籍或者入伍时户口所在地，也可以到配偶所在地安置。除自愿回农村的外，都落非农业户口。自愿复员的干部，政府不再分配工作，由本人自行就业。对自谋职业及到边远艰苦地区、经济特区、开发区和重点建设工程、新建扩建单位工作的复员干部，也给予优惠政策。对于复员干部就业后的待遇、住房、随迁家属的安置，均按文件政策办理。

第四节 预备役建设

登记 1983年始陆续组建预备役部队，分别列为中国人民解放军的师、团，实行统一编制，授予番号和军旗。自1992年开展预备役军官登记。之后，每年进行一次核对，逐级统计上报。退出现役的军官，为预备役军官。确定服军官预备役的人员有：退伍士兵、高等院校毕业学生、专职人民武装部干部和民兵干部、非军事部门的干部和技术人员。军官预备役人员在服预备役期间,应参加 3～6 个月的军事训练。

预编 在预编对象的选择上,要做到三优:优先选择 28 岁以上的退伍军人,优先选择经过军政训练的并考核合格的基干民兵，优先选择年轻力壮、家庭劳力充足的民兵。在选择专业技术兵时,做到对口动员。预编兵员,落实到基层,落实到人头,保证“招之即来”,迅速完成补充兵员任务。

第三章 民 兵

第一节 组织建设

1981 年,中共中央颁发文件,对民兵工作进行重大改革：缩小民兵组织范围，压缩民兵年龄。女性根据需要只编基干民兵,要求不超过基干民兵总数的 10%。减少编排层次,由原来的普通基干、武装基干和普通民兵三种改为普通和基干两种。取消县编民兵师,公社编民兵团。把民兵制度与预备役制度结合起来，民兵工作和战时兵员动员准备工作结合起来。基干民兵为一类预备役,普通民兵为二类预备役。1983 年,在民兵组织统一调整的基础上，根据布局相对集中,组织范围适当扩大的原则,对民兵专业技术分队的布局和编组进行调整。1984 年,取消基干团,乡县基干民兵营由县武装部直接领导,并对民兵专业技术团队进行调整。1986 年,县人民武装部根据中央关于民兵建设中“减少数量,提高质量,抓好重点,打好基础”的方针,对民兵组织进行了调整，基干民兵数量有所减少。1987 年,山东省军区下发《民兵组织整顿实施办法》,按照有利于领导,有利于提高质量,有利于开展活动，有利于执行任务，有利于平衡负担的要求,对民兵组织进一步进行调整。民兵编排由行政区划为主,逐渐向企业发展。1993 年始,在地方与军队专业对口的交通运输、邮电通讯、医疗卫生、化工等单位中编组民兵专业技术分队,并列入基干民兵统计。1997 年,贯彻中国人民解放军总参谋部、总政治部下发的《关于深化民兵工作调整改革意见》，压缩企业基干民兵数量,在县与乡镇两级建立民兵分队，调整基干技术分队和对口企业分队的编排。次年,将深化民兵工作调整作为预备役工作重点。按照“减少数量,合理布局,突出重点,分类建设”的原则,在国有企业编排的同时，在一些新兴企业中编排部分基干民兵,重点解决在农村“有编无兵”和新兴企业“有兵无编”的问题。2002 年以来,按照“便于引导,便于活动,便于执行任务”的原则,以民兵应急分队,军兵种对口划分为重点,由农村向企业转移,减少农村基干民兵数量,扩大城区基干民兵编排规模,形成以城区、主要交通干线为重点的格局。城区基干民兵的编排,在坚持以大中型企业为主体,向其他所有制企业扩张,由工厂向街道、行业扩张。在邮电通讯、医疗卫生、交通运输、科研机构、电力系统等单位及附属企业,根据专业性质民兵对口分配。农村基干民兵的编排以行政村为主,向乡镇企业扩张。以区域建连,产业建连,行业建连,调整民兵布局。对出入转队,调整编组,修订制度,集合点验等方面作了改革。

第二节 军事训练

1986年以来，贯彻民兵预备役规范化训练教案法集训，坚持以质量建设为核心，以基层民兵连连长和专业技术兵训练为重点，形成社会、经济、训练成果三位一体的训练模式。坚持从实际出发，勇于改革，积极探索，创出多功能少数量基地训练的新路子。逐步走向训练形式基地化，训练内容一体化，训练干部电教化，训练管理规范化的轨道。

集中训练 1986年后，民兵军事训练统一由县人民武装部组织集中训练，各乡镇人武部不再担负训练任务。

应急分队 1996年，成立有专业退伍军人组成的民兵应急分队。编两个连和两个独立排。主要任务为应付本地区突发事件的发生。对应急分队制定有针对性的训练计划，每期为7天。

民兵专业技术训练 突出抓好专业技术分队智能、技能训练。以专业对口分队训练为重点。

素质拓展训练场

第三节 政治教育

政治教育是民兵政治工作的主要内容，是保证民兵政治合格的重要手段。1986年以来，针对民兵预备役人员流动量大，流向多，不易固定的特点，民兵教育形式主要采取以集中教育和自我教育为主。针对民兵性质和任务，注重抓两个方面的任务：党的方针政策、形势任务以及法律、法令教育；国防教育，包括热爱祖国、保卫祖国，依法服兵役、人民战争思想，民兵的性质、任务，革命传统教育。

集中教育内容 根据形势任务和民兵现实思想为主要内容，并有针对性地增加一些专题教育内容，使教育系统性与针对性、创造性有机结合起来，增加教育效果。

集中教育时间 对基干民兵每年集中进行政治教育的时间不少于16个课时。每年集中教育不少于4次。在基干民兵训练期间，把政治教育纳入训练计划，统一安排和组织实施。其中民

高密市民兵训练基地

兵干部、专业技术分队政治教育时间为3天，民兵应急分队和专业分队、步兵分队政治教育时间为2天，对口专业分队政治教育时间半天。

教育形式和方法 民兵政治教育，除集中教育外，还把民兵政治教育纳入全民教育轨道。并注意拓宽教育渠道，扩大教育辐射面，充分利用函授和《中国民兵》等杂志的刊授，提高文化理论水平和专业技能。

第四章 人民防空

第一节 队伍建设

防空办公室 1980年，人民防空工作移交县武装部，1984年撤销。2003年，恢复人民防空指挥部，并设立办公室，有工作人员3人。2005年防空办工作人员增至7人，内设综合科、指挥通信科、工程管理科、规划财务科。至2008年，工作人员增至9人，内设机构未变。

民防专业队伍 按照“平战结合、条块结合、专业对口、一兵一职、单独编组”的原则，组建抢修、医疗救护、通信、运输、治安、消防、防化、重点目标防护伪装及空中设障等8种人防专业队伍。平时组建7个连，7个排，编1032人。战时扩编为7个营，9个连，编3383人。根据工作需要，指挥部吸收有关部门参加，以利民防空工作的顺利开展。

第二节 职能任务

人民防空的主要任务是利用多种手段保护重点目标，进行伪装，空中设障，保障指挥、通信、运输，维护社会治安，进行医疗救护，实施抢险抢修，消除空袭后果，尽快恢复城市人民正常生活、生产及城市各种功能，将空袭造成的破坏减少到最低程度。

通信保障 人防警报担负着战时防空、平时防灾任务。至2008年，人防警报器为19台，城区覆盖率达90%以上，已连续7年成功试鸣。已建立可靠的指挥通信系统。在敌发动空袭时，各种通信手段即可准确迅速地传递防空情报知识与发放警报信号。在市人防指挥部建立通信枢纽，建立无线通信、有线通信、运动通信、简易信号等各种手段并用的通信网络。并设有通信专业队，由市通信、移动、联通公司编成，平时组建一个连，战时扩编为一个营。负责指挥通信、空情报告、协同通信和后方通信联络。各镇街设人防指挥部及各人防专业队，负责市人防指挥部对上对下的无线通信和保障各镇街人防指挥部与市属人防指挥部无线电联络。并抽调部分小型电台和移动电话，保障市重点目标和各观察哨的通信联络。根据人民防空长期准备、重点建设、平战结合方针和高技术局部战争对通信联络要求，在维护好既有通信设施的基础上，加快通信设施的更新改造，提高技术含量，为高技术局部战争条件下的防空袭斗争提供可靠联络。同时，密切关注新技术在通信领域的应用。

人口疏散 在保证坚持斗争、坚持生产、坚持工作的前提下，人口疏散工作本着集体疏散与投靠亲友相结合，以集体为主，条块结合，以块为主。按照先人员，后物资，后重点部门，后一般单位；先学校、科研人员及老弱病残人员，后一般人员，留强走弱的原则进行。人口疏散在市人民防空指挥部统一指挥下进行。由人口疏散指挥部负责组织，各街道办事处具体实施。接受疏散人口的乡镇、村庄分别设立接收疏散人口指挥部，负责疏散人口的安置工作。

第三节 战备保障

工程设施 1980年，将13处比较完善的人防工程建立档案，实行永久性维护和使用。在新城区和旧城改造中，对城市布局、道路、通信、供电、供水、基础设施等方面，按规定落实有关防护要求。同时将地下人防设施，纳入城市总体规划和建设计划。

物资经费 根据上级“县级以上地方各级人民政府负担的人民防空经费，列入地方各级预算。有关单位应当按照国家规定负担人民防空费用”。人民防空经费由政府拨款、收取人防工程易地建设费和人防工程建设费组成。2003年，市委、市政府和市人武部联合出台《关于加强人民防空工作的决定》。人防建设费由预算外管理，实行专款专用。

第三十一编

社会生活

1986~2008年，随着改革开放的不断深入和经济社会的快速发展，全市社会生活的方方面面均发生了巨大变化。人民生活方面，由于经济的快速发展，城乡居民的家庭收入和生活质量均有了很大提高，生活环境有了明显改善，实现了从以吃饱穿暖为主的温饱型向生活舒适富裕的小康社会的转变和跨越。社会保障方面，在城镇，建立和完善了以养老保险为核心的社会保障体系，在机关和企事业单位中先后建立起了养老保险、失业保险、工伤保险、城镇职工医疗保险、生育保险等五大保险体系。从1997年开始，又先后建立和完善了新型农村合作医疗、城乡居民最低生活保障、城镇住房、社会救助等社会保障制度。

第一章 人民生活

1986年以后，高密城乡居民生活，不管是家庭收入，还是生活质量、生活环境等方面均发生了巨大变化。虽然物价上涨幅度较大，但由于收入大幅度增长，居民的总体生活水平还是有了较大提高。2008年，全县城镇职工年平均工资达到19092元，是1986年的17.5倍；农村居民人均收入达到6889元，是1986年的13.3倍。城乡居民储蓄人均存款从1986年的161元增加到2008年10310元，增长63倍。城镇居民收入的来源逐步趋向多元化，在城镇居民的收入中，作为城镇居民收入主体的工资性收入占总收入的比重逐年下降，而经营、财产性收入的比重逐年上升；在农村，作为农村居民收入主要来源的种植业、养殖业收入所占的比重亦呈现逐年下降的趋势，而工副业经营、工资收入所占的比重越来越大。

随着城镇居民收入水平的提高，城镇居民的生活消费支出也呈大幅增长之势，消费结构不断转型升级，生活质量不断改善，消费水平显著提高。从消费结构看，“吃”的比重明显下降，“穿、用”的消费档次明显提高。除吃、穿、用外，城乡居民生活最显著的变化体现在耐用消费品不断升级。由20世纪80年代的自行车、缝纫机、手表“老三件”，到90年代的彩电、冰箱、洗衣机“新三件”，再到新世纪的移动电话、电脑和家用汽车，耐用品消费日趋多样化，耐用品的质量、档次显著提高，而且更新换代加快，升级周期缩短。此外，居民生活条件和居住环境不断改善，在住房、教育、医疗保健、旅游、文化娱乐等方面的消费支出也有较大幅度的上升，成为消费新热点。

第一节 城市居民生活

收入状况 1986～2008年，城镇居民收入有了大幅度的增长和提高。在城镇居民收入中，工资性收入是家庭收入的主要来源。1986年，全县职工年平均工资为1088元。到1996年，全市职工年平均工资达到5061元。2005年，全市职工年平均工资达到11436元。2006年后，受经济发展加快、劳动力价格上涨、最低工资标准提高等因素影响，工资性收入得到较快增长。2008

年，全市职工年平均工资达到19092元，比1986年增长16.5倍。从城镇居民收入构成情况看，城镇居民收入的来源逐步趋向多元化，虽然工资性收入在城镇居民总收入中仍处于主体地位，但所占的比重逐年下降，而经营、财产性收入的比重逐年上升。据抽样统计，工资性收入在城镇居民的全部收入中所占的比重由1986年的95%以上，下降到2008年的70%以下，而经营、财产性收入所占的比重由1986年的不足5%上升到30%以上。

水岸东方居民住宅小区一角

消费状况 1986年，全县城镇居民人均消费919元。随着城市职工收入的不断增加，居民消费水平也随之变化。在消费支出结构中，食品消费的比重由高到低，恩格尔系数由1986年的50.45%下降到2008年的31.02%。衣着方面，新颖高档的流行时装已经普遍。居住由追求“独门独户三间屋”到配套设施齐全、宽敞明亮的高层住宅。出行主要以自行车为主的交通工具逐步被摩托车、轿车所代替。职工家庭用品逐步向高质量、现代化家庭用品发展。文化、教育、娱乐等非物质性消费随着生活水平的提高得到快速发展，成为社会消费的热点。2008年，全市城镇居民人均消费达14084元，比1986年增长14.3倍。其中，食品消费增长8.4倍；衣着消费增长13.6倍；居住消费增长45.4倍；家庭设备、日用品消费增长5.7倍；文化、教育、娱乐消费增长12.6倍。

1986~2008年高密市城镇职工人均生活消费状况统计表

表31-1　　单位：元

年份	职工平均工资	人均消费支出	其中						
			食品		衣着支出	居住支出	家庭设备、用品支出	交通和通讯支出	文化、教育、娱乐支出
			支出	比重(%)					
1986	1088	919	464	50.45	142	30	110	6	117
1987	1174	939	500	53.19	152	28	151	7	58
1988	1554	1384	644	46.56	213	32	296	6	126
1989	1617	1391	657	47.24	196	42	219	8	197
1990	1763	1328	683	51.46	234	53	163	8	109
1991	1888	1562	786	50.30	267	41	195	9	133
1992	2260	1775	897	50.53	308	92	201	37	132
1993	2593	1984	883	44.53	319	180	235	53	188
1994	3561	2599	1098	42.24	383	280	287	75	332

续表 31－1

年份	职工平均工资	人均消费支出	其中						
			食品		衣着支出	居住支出	家庭设备、用品支出	交通和通讯支出	文化、教育、娱乐支出
			支出	比重(%)					
1995	4226	3163	1455	46.01	463	297	329	119	302
1996	5061	4144	1674	40.40	795	207	380	333	439
1997	5140	4065	1569	38.61	797	282	375	250	494
1998	4905	4074	1385	34.00	538	440	510	338	567
1999	5297	4395	1445	32.88	598	452	632	285	681
2000	6414	5338	1815	34.01	703	535	653	508	549
2001	6944	5267	1852	35.17	687	420	768	310	718
2002	8005	5607	1936	34.53	821	578	359	470	945
2003	8848	6088	2103	34.54	893	757	478	500	886
2004	9658	6707	2338	34.86	782	767	528	791	852
2005	11436	8493	2733	32.18	1126	1077	596	1016	1050
2006	12940	9630	2985	31.00	1251	1064	380	1698	1336
2007	16207	12761	3715	29.11	1993	1143	670	2435	1624
2008	19092	14084	4369	31.02	2071	1393	739	2044	1589

第二节 农村居民生活

起始于20世纪80年代初的农村改革，是中国农业发展的历史性转折点，不仅突破了传统体制的束缚，而且极大地促进了农民收入的增长。到1996年，经省农村小康进程监测办公室检查验收，高密市已达到了国家和省定的小康标准，成为全省首批基本实现小康的34个县(市、区)之一。

收入状况 1986年，全县农村居民人均收入517元。随着农村社会经济的发展，农村居民除通过传统的种植业、养殖业提高收入外，还逐渐通过外出务工经商和家庭经营二、三产业的方式增加收入。1992年，全县农村居民人均收入达到1030元。2006年，全市农村居民人均收入达到5422元。2008年，全市农村居民人均收入达到6889元，比1986年增长12.3倍。随着农村经济结构不断调整和乡村二、三产业的发展，农村居民收入构成发生明显变化，收入来源逐步趋向多元化。其中，最为明显的是种植业、养殖业收入在农村居民总收入中所占的比重呈现逐年下降的趋势，而工副业经营、工资收入所占的比重越来越大，成为农民收入增加的最主要的增长点。

消费状况 1986年，全县农村居民人均消费351元。农村居民收入的不断增加，消费水平和方式也发生了变化。从消费结构上看，食品消费的比重由高到低，逐步下降，恩格尔系数由1986年的64.70%下降到2008年的38.14%，下降26个百分点。从食品消费的结构看，质量提高、结构合理。从食品消费的种类看，由传统单一的食品消费趋向营养丰富，主食消费明显下降，副食消费显著上升。衣着消费由追求耐穿转到追求新颖高档；衣着需求从“穿暖”向“穿美”转变，从“一衣多季”向“一季多衣”转变，从“请裁缝做衣”到“上商场购衣”转变。耐用消费品则表现为从“老三件”到“新三件”的不断升级。由20世纪80年代的自行车、缝纫机、手表，到90年代的彩电、冰箱、洗衣机，再到新世纪的移动电话、电脑和家用汽车。住房由土木结构变成砖木结构或钢筋混凝土结构。摩托车、公共汽车逐步替代自行车，成为人们出行的交通工具。农村教育、文化、娱乐服务性消费也发展较快。2008年，全市农村居民人均消费达到3343元，比1986年增长8.5倍。其中，食品消费增长4.6倍；衣着消费增长9.8倍；居住消费增长20倍；家庭设备用品消费增长9.4倍；交通和通讯消费增长23倍；文化、教育、娱乐消费增长14倍。

生活条件 农村在实现村村通电、通电话、通汽车后，2008年，全市通自来水的村达892个，占全部行政村的92.92%；农村通电入户率达100%；农村电话入户率达79.89%；镇村道路建设加快，硬化道路村村通比率达到97%。2007年末，全市有185个村安装了农民健身设施。

1986～2008年高密市农村居民人均生活消费状况统计表

表31－2　　单位：元

年份	农民人均纯收入	人均消费支出	其中						
			食品		衣着支出	居住支出	家庭设备、用品支出	交通和通讯支出	文化、教育、娱乐支出
			支出	比重（%）					
1986	517	351	227	64.70	28	21	16	18	25
1987	552	376	237	63.00	29	26	17	19	30
1988	614	437	272	62.20	34	26	20	22	31
1989	624	462	280	60.50	36	37	22	23	42
1990	781	455	269	59.10	35	50	22	23	18
1991	920	582	334	57.40	44	82	28	29	35
1992	1030	656	367	55.90	50	93	32	32	52
1993	1238	824	451	54.70	62	118	40	40	74
1994	1768	1181	620	52.50	88	169	58	58	118
1995	2258	1209	619	51.20	89	174	60	59	133
1996	2906	1423	716	50.30	104	206	73	69	205
1997	3098	1511	757	50.10	112	216	76	74	218
1998	3148	1531	764	49.90	110	223	80	73	220
1999	2892	1668	831	49.82	121	246	85	78	239
2000	3100	1521	756	49.70	120	285	70	67	164

续表 31-2

年份	农民人均纯收入	人均消费支出	其中						
			食品		衣着支出	居住支出	家庭设备、用品支出	交通和通讯支出	文化、教育、娱乐支出
			支出	比重(%)					
2001	3302	1629	762	46.78	147	188	74	146	198
2002	3442	1740	836	48.05	157	180	69	148	238
2003	3755	2012	962	47.81	142	292	62	218	208
2004	4228	2025	1035	51.11	153	278	71	179	188
2005	4880	2358	1171	49.66	200	247	91	213	345
2006	5422	2275	1111	48.84	238	259	106	225	211
2007	6253	2915	1237	42.44	281	357	106	293	208
2008	6889	3343	1275	38.14	297	443	167	426	370

第二章 社会保障

高密的社会保障工作起步于1986年。是年6月，成立社会劳动保险事业处。对国有企业、县以上集体企业的合同制工人实行养老保险费用社会统筹，建立合同制工人养老保险制度。1991年，县民政局成立高密县农村社会养老保险事业管理处，开展农村养老保险事业。1993年，根据中共十四届三中全会通过《中共中央关于建立社会主义市场经济体制若干问题的决定》提出的建立包括社会保险、社会救济、社会福利、优抚安置和社会互助等多层次的社会保障体系的要求，先后建立起企事业养老保险、失业保险、工伤保险、城镇职工医疗保险、生育保险等五大保险体系。从1997年开始，又先后建立和完善了新型农村合作医疗、城乡居民最低生活保障、城镇住房、社会救助等社会保障制度，逐步实现了从单位保障到城乡居民社会保障的全覆盖。

第一节 养老保险

企业养老保险 1986年，成立高密县社会劳动保险事业处。开始对国有企业、县以上集体企业的合同制工人实行养老保险费用社会统筹，建立合同制工人养老保险制度。1988年7月，全县企业固定职工退休费用实行社会统筹。1993年，在全县统筹企业中实行固定工个人缴费，按职工本人工资总额的2%缴纳，1993年之前的工龄作为缴费年限。1994年，根据《潍坊市企业职工社会养老保险办法》，实行新的养老金计发办法，养老金开始与社会平均工资、职工缴费工资的高低和缴费年限的长短直接挂钩。1995 年 3 月,养老保险实行社会统筹和个人账户相结合制度。1996 年,全市建立企业职工基本养老保险个人账户,记账基数为职工个人缴费工资基数，记账比例为 11%。1997 年 5 月，离退休人员和新中国成立前老工人养老金实行社会发放,由银行代发。是年 7 月,统一规范企业基本养老保险制度和职工个人缴费比例、个人账户规模以及基本养老金计发办法。1999 年 1 月,按照国务院《社会保险费征缴暂行条例》，扩大养老保险覆盖面。外商投资企业、街办企业、个体私营企业、个体工商户、灵活就业人员等纳入统筹范围,养老保险费的缴纳办法为:职工按本人上年度月平均实得工资的 5%缴纳,企业按职工个人缴费工资总和的 20%缴纳。职工个人缴费比例以后每两年提高一个百分点,最终达到 8%。月实得工资超过规定的上年度社会月平均工资三倍以上部分,不作为缴纳基数。月实得工资低于社会平均工资 60%，以社会平均工资的 60%为基数缴纳。个体工商户缴费比例、私营企业及职工缴费比例之和均为 18%，以后每年提高两个百分点。2005 年 4 月起,全市企业职工个人缴纳基本养老保险费比例由 7%调整到 8%,单位原有的缴纳 20%的比例保持不变。至 2008 年底,全市参保企业共 686 家,参保职工 64521 人,收缴保费 20256 万元,列潍坊市十二个县市区第三名。是年,全市企业有离休人员 194 人,退休人员 13700 人,退职人员 213 人,每人月平均领取养老保险金离休为 2238 元,退休为 924 元,退职为 644 元。

1986～2008 年高密市企业在职职工、离退休人员养老保险金统计表

表 31－3

年　份	在职职工		离退休人员		
	人　数	基金收缴（万元）	人　数	领取养老金（万元）	人均(元/月)
1986	9088	21	—	—	—
1987	15612	52	—	—	—
1988	20395	396	—	—	—
1989	22661	721	3762	506	112
1990	24841	927	3890	608	130
1991	26728	1481	4043	838	173
1992	29360	2424	4319	875	160
1993	29782	2662	4628	1386	250
1994	27995	2145	5143	1960	318
1995	28387	2412	5698	2384	349
1996	32461	2451	6015	2649	367
1997	32277	3607	6251	3741	499

续表 31-3

年 份	在职职工		离退休人员		
	人 数	基金收缴(万元)	人 数	领取养老金(万元)	人均(元/月)
1998	32643	4055	6513	3802	486
1999	35362	7759	6869	3992	484
2000	35635	7205	7031	4310	510
2001	36621	6071	7254	4373	502
2002	37126	7531	7780	5582	598
2003	39988	8900	8464	5896	581
2004	47628	10615	9214	6313	587
2005	50456	11508	10236	8062	626
2006	53564	14736	11512	10306	769
2007	58533	17513	12752	12642	862
2008	64521	25179	14107	16121	940

机关事业单位养老保险 高密市机关事业单位养老保险制度建立于1994年。是年6月，成立机关事业单位保险处，隶属人事局。机关事业单位保险处成立后，采取分步实施的办法，对机关事业单位的社会保险费进行征收。首先对自收自支事业单位工作人员和全市机关事业单位合同制工人以及乡镇选聘制干部实行了社会保险费征收。保险费由国家、单位、个人共同负担。缴纳比例实行双基数，即在职人员个人按照档案工资为基数的2%缴纳，单位缴纳23%。离退休人员个人不缴纳，单位按离退休费23%缴纳。1996年11月，制定出台了《高密市机关事业单位工作人员社会养老保险暂行办法》，至此，全市所有机关事业单位工作人员中全面实行了社会养老保险。1999年5月，机关事业单位保险处划归劳动和社会保障局。2002年1月，由自收自支事业单位改为全额拨款事业单位。社会养老保险费由“双基数”改为“单基数”征收，即在职人员个人按照档案工资基数的2%，单位按23%缴纳，离退休人员个人、单位均不再缴纳。2004年1月，高密市机关事业单位社会养老保险费征缴比例在原来的基础上提高4个百分点，总额为29%，其中单位缴纳比例为26%，个人缴纳比例为3%。2008年1月，机关事业单位社会养老保险费征缴比例调整总额为36%，其中单位缴纳比例为33%，个人缴纳比例为3%。至是年，机关事业单位养老保险仍为县级统筹。

1994～2008 年高密市机关事业单位离退休养老基金情况表

表 31－4

年份	参保人数	基金收缴(万元)	离退休人数	养老金(万元)
1994	1677	296	123	76
1995	2075	320	135	201
1996	14722	413	3363	187
1997	14238	2761	3517	2404
1998	15461	3045	3545	2533
1999	16358	3832	3661	3532
2000	17376	5224	3862	4239
2001	17983	5286	4069	4370
2002	18631	5198	4587	5945
2003	18638	5788	4751	6328
2004	18723	7258	4929	7168
2005	19382	7838	5120	7607
2006	19372	8586	5311	8601
2007	19556	11111	5404	11975
2008	19576	16079	5698	14190

农村养老保险 1991 年 11 月，县民政局成立农村社会养老保险事业管理处，开展农村养老保险事业。是年 12 月，养老保险正式启动。采取“储蓄积累式”办法，以个人缴纳为主，集体补助为辅，国家予以政策扶持。投保农民可以按月、按年或一次性缴纳养老保险金，缴费金额可根据个人经济情况，按多交多领、少交少领的原则自行确定。是年，在张鲁乡于疃村进行试点工作，并召开全县农村社会养老保险工作会议，全县 29 个乡镇相继成立农村社会养老保险事业所，形成县、乡、村三位一体的管理体制。1994 年 4 月，县政府制定发布了《高密县农村社会养老保险暂行办法》，进一步推动了农村社会养老事业的发展。至是年底，全市 29 个乡镇、994 个行政村，农村社会养老保险工作全部启动，全市投保农民累计达到 16361 人，投保金额 398 万元。是年 10 月，夏庄镇李子源第一个领到社会养老保险金。至 2008 年底，全市投保农民累计达到 52518 人，投保金额 3275 万元；领取社会养老保险金的人数达到 1605 人，占到投保人数的 4.90%。

1992～2008 年高密市农村养老保险情况表

表 31－5

年份	参保人数	收缴保费(万元)	领取养老保险金(万元)
1992	7762	162.11	—
1993	3142	57.25	—
1994	5457	179.40	0.03
1995	8079	349.48	0.79
1996	10553	287.63	1.81
1997	4289	221.93	5.73
1998	1821	88.68	9.02
1999	1419	51.30	12.52
2000	960	104.04	19.39
2001	947	83.02	22.82
2002	1332	113.40	31.24
2003	2234	325.92	38.89
2004	1797	130.00	38.12
2005	359	160.92	45.28
2006	443	169.80	53.94
2007	864	338.95	74.15
2008	1060	451.04	116.46

第二节 医疗保险

城镇职工基本医疗保险 2001 年 12 月,在享受公费医疗的市直党政机关和全额拨款事业单位中实施城镇职工基本医疗保险制度，并逐步在各类用人单位,包括非全额拨款事业单位、驻高单位、各类企业(含国有企业、集体企业、股份制企业、外商投资企业、个体私营企业等)、社会团体、民办非企业单位、灵活就业人员中全面推开。2003 年 10 月起,全市全面实施城镇职工基本医疗保险制度。基本医疗保险覆盖范围为市行政区域内城镇所有用人单位及其职工和退休人员，以及符合法定年龄并参加了城镇职工基本养老保险的个体经济组织从业人员、自由职业者、灵活就业人员。

城镇职工基本医疗保险费由用人单位和职工双方共同负担，职工个人按本人上年度月均工资总额的 2%缴费,由用人单位从其工资中代扣代缴。缴费工资低于全市上年度职工平均月工资 60%的,按职工平均月工资的 60%为基数缴纳；超过 300%的部分不计入缴费工资基数。用人单位缴费以本单位全部在职职工缴费工资之和为基数,按 7%缴纳。退休人员不缴纳基本医疗保险费。劳动保障部门认定的困难企业(含财政零补助的事业单位),经申请批准后,可以按本企业上年度全部在职职工工资总额的 4.5%缴纳基本医疗保险费，只享受基本医疗保险住院待遇。参加基本医疗保险的人员同时参加大额医疗保险，大额医疗保险按每人每年 60

元的标准缴纳。公务员医疗补助按补助范围人员工资总额2.5%筹集。2002年8月起,离休干部的医疗费实行全市统筹管理。至2008年底,全市城镇职工基本医疗保险参保人员共计79723人,其中在职人员62369人,退休人员17354人,公务员医疗补助保险3710人,大额医疗保险76834人。参加医疗统筹的离休干部581人。

城镇居民医疗保险 2008年7月起,全市开启城镇居民医疗保险业务。参保范围为市行政区域内城镇职工基本医疗保险和新型农村合作医疗覆盖范围以外的具有本市户籍的非从业城镇居民,包括未成年城镇居民、老年城镇居民、一般城镇居民。

2008年7月起,未成年城镇居民基本医疗保险费每人每年80元,个人缴纳20元,财政补助60元;老年城镇居民每人每年240元,个人缴纳120元,财政补助120元;一般城镇居民每人每年240元,个人缴纳160元,财政补助80元。城镇居民医疗保险费每年缴纳一次。每年11月1日至12月31日为下一个医疗年度保险费缴费期。每年的1月1日至12月31日为一个医疗年度。至2008年底,城镇居民医疗保险参保人数为21643人。

新型农村合作医疗 2003年11月,高密市在夏庄、河崖、周戈庄、密水、醴泉5个镇街进行新型农村合作医疗试点。2004年,全市新型农村合作医疗覆盖14.4万农村人口,筹集到位合作医疗资金146.73万元,资金由农民个人、镇(街道)财政、市财政三方共同承担,其中农民个人缴费标准为每人每年不低于10元,按照市财政每人1元、镇财政每人1~2元的标准分别给予补贴。报销89.1万元,有5300多人次受益。

2005年1月8日,高密市委、市政府召开全市实施新型农村合作医疗制度动员大会,确定在6月底前在全市各镇(街道)全面推开新型农村合作医疗制度。资金由农民个人和镇街财政、市财政、医疗机构四方共同承担,其中农民个人缴费标准为每人每年不低于10元,市财政按照每人每年3元、镇财政每人每年2元的标准分别给予补贴。同时,定点医疗机构以让利的形式,对参加合作医疗的农民给予补助,其中镇街卫生院每人每年补贴1元,市级定点医院对从镇街医疗机构转诊的病人,让利比例为住院药费的5%。农民个人筹集部分,以户为单位,每年的6月30日前拨入镇街新型农村合作医疗办公室专户,作为新型合作医疗专项资金。

2005年9月29日,高密市委、市政府召开全市新型农村合作医疗规范化管理工作会议,提出"四个强化",即强化机构建设、资金管理、报销管理、服务管理。当年全市有55.7万农民参加新型农村合作医疗,参合率达到81.6%,共筹集合作医疗资金905.75万元。对库区移民制定了"参与农民只承担个人应缴费用的50%,其余50%由市财政负担"的优惠政策。

2006年,高密市被列为新增34个省级试点县市区之一,并纳入中央财政补助范围。2006年1月,市编制委员会下发1号文件,确定成立"高密市新型农村合作医疗管理委员会办公室",为副科级事业单位,隶属于卫生局,编制6人,负责全市新型农村合作医疗管理工作。3月15日,高密市委、市政府召开新型农村合作医疗省级试点启动会议,参合农民人均筹资标准提高到40元,其中各级财政补助总计人均30元,具体为中央8元、省7元、潍坊市5元、高密市10元;个人筹资标准仍为10元。7月,在全市32处医疗机构、410处村级卫生所实行药品统一限价,100多种常用药明码标价,各种药品价格全市统一。

2007年,全市共有633423名农民参合,参合率达到94.94%,参合农民人均10元,各级政府补助40元的标准,全市共筹资3167.11万元。

2008年,全市参合人数为633420人,参合率95.06%。参合农民个人人均筹资15元,各级政府补助60元,同年9月份省级政府补助每人增加11元,人均筹资额达到86元,全市共筹资5447.41万元。同时,由于潍坊调整行政区划,高密的34个行政村划归峡山管理,新农合由高密市代管。

第三节 工伤保险

1996年,高密市开展工伤保险改革试点,由劳动保障部门管理和经办。1998年,市政府出台《城市企业职工工伤保险试行办法》,为工伤保险全面实施提供了政策依据。2003年12月,高密市政府出台意见,规定将参加工伤保险的范围扩大到全市行政区域内的各类企业,工伤保险费率实行一、二、三类行业差别费率。2006年,为保障农民工的权益,高密市政府办公室印发办法,对农民工参加工伤保险做出了具体规定。工伤保险的强力推进,初步建立起新型工伤保险制度。

参保范围 1996年,全市开启工伤保险工作,起初参加工伤保险的是部分国有、集体企业,2003年始,工伤保险参保单位覆盖全部原国有、集体企业及部分民营企业。

缴费标准 1996年启动工伤保险工作时,保险费全部由企业缴纳,缴费比例按企业工伤风险程度不同在职工工资的5‰~9‰之间,此后根据工伤费用支出情况,逐年调整。工伤保险根据职工工伤伤残程度划分10个等级,享受伤残补助。是年,收缴工伤保险费45万元,支出工伤费用3万元。2004年4月,根据劳动和社会保障部的规定,全市工伤保险缴费基准率暂定为:一类行业工伤保险缴费基准率为0.5‰,二类行业工伤保险缴费基准率为0.8‰,三类行业工伤保险缴费基准率为1.6‰。2006年,全市启动农民工参加工伤保险。是年,参保人数达5560人。至2008年底,全市参保职工54931人,其中农民工参保13277人,当期应收工伤保险基金510万元,实收508万元,收缴率99.60%。

第四节 失业保险

1986年国务院制定出台《国营企业职工待业保险暂行规定》,高密市执行国务院和省里的有关政策规定,开始建立并实施职工待业保险制度。1999年,国务院颁布《失业保险条例》,正式将过去的"待业保险"更名为"失业保险",实现了由救助模式向保险模式的转变,失业保险工作开始走上法制化、规范化的轨道。

参保范围 保险覆盖范围为城镇各类企事业单位及其职工。

缴费标准与使用 失业保险基金主要来源于社会筹集,由单位、职工个人和国家共同负担。参保的城镇企业、事业单位按照本单位职工工资总额的2%缴费,职工按本人工资的1%缴纳失业保险费,用于因失业而暂时中断生活来源的劳动者的物质帮助。当失业保险出现收不抵支时,由市财政予以必要补贴。领取失业保险金期限,按单位和职工参保缴费时间长短而定,每月享受的数额按省确定的数额执行。2003年,全市享受失业保险的人数达3489人,每人每月领取失业保险金(含医疗补助)268元。2004年,全市享受失业保险的人数4231人。2005年为3180人。2006年为4097人。2007年为3824人,是年6月份始,每人每月领取失业保险金(含医疗补助)增至309元。2008年,全市享受失业保险的人数为4073人,是年3月份始,每人每月领取失业保险金(含医疗补助)增至352元。

第五节 生育保险

参保范围 2005年10月,全市开启生育保险业务,参保对象主要是企业单位的女职工。生育保险业务由市劳动和社会保障局主管,其所属单位劳动保险事业处具体负责经办,包括企业职工生育保险基金的筹集、管理及生育保险待遇的支付等工作。

缴费标准与使用 生育保险实行属地管理原则，基金按照“以支定收，收支基本平衡”的原则。生育保险费由企业按其职工年度实得收入的1%比例缴纳，费用全部由企业承担。企业每月10日前，到劳动保险事业处缴纳生育保险费。至2008年底，全市参保职工37920人，当期应收生育保险基金452万元，实收446万元，收缴率98.67%。是年，共为658名女职工支付生育津贴299万元，支付率达100%。

第六节 居民最低生活保障

高密市于1996年开始实施农村低保试点工作，1997年城乡居民低保工作全面实施，并先后出台《高密市农村居民最低生活暂行办法》和《高密市城市居民最低生活保障办法》。2006年，出台《关于进一步做好农村居民最低生活保障工作意见的通知》。低保标准根据物价指数和消费水平的提高调整。户籍状况、家庭收入和家庭财产是认定低保对象的三个基本条件。低保实行“脱贫退出，贫困加入”的动态管理办法。符合条件的居民，先个人提出申请，后经过一定程序批准始得享受低保待遇。农村低保标准：1997年，每人每年400元；2006年1月至2008年3月，每人每年1000元；2008年7月提至每人每年1200元。城市低保标准：1997年，每人每月110元；2001年，每人每月143元；2003年，每人每月150元；2005年，每人每月170元；2006年，每人每月190元；2008年，每人每月225元。

第三章 习 俗

第一节 岁时节庆

高密区域内的民情习俗虽然都属齐俗范围，差异不是很大，但由于自然地理条件不同，经济文化发展不平衡，加之各区域受周边地区影响，从而产生了繁杂多样的民情习俗景象和丰富多彩的民俗活动。特别是改革开放以后，中西文化的交流，使原本土生土长的地方风情，又增添了许多外来习俗，使风俗变得更加丰富多彩。

传统节日

春节 俗称“过年”，又叫阴历年，是一年当中是最隆重最富有特点和最重要的传统节日。在千百年的历史发展中，各地由于文化习惯不同，又各自形成了一些较为固定的民俗习惯和民俗活动。

在高密，传统意义上的春节是指从腊月初八的腊祭或腊月二十三的祭灶开始的，一直持续到新年后的正月十五，其中以除夕和正月初一为高潮。传统上，“腊八日”过后，城乡居民便开始忙年，购买、赶做新衣，操办年货。市场上、商店里，商品琳琅满目，应有尽有，市民争相选购，一派节前热闹景象。碗、筷、烟花爆竹、年画、香、纸必购，寓意欢乐喜庆，家庭兴旺。家家蒸饽饽、蒸年糕，取意“年年登高”。做豆腐，借“都福”谐音，祈求全家幸福。年前有打扫卫生之俗。“腊月二十四，掸尘扫房子。”高密人有“过了腊月二十三，天天都是好日子”的说法，因此，腊月二十三日前后，家家户户清扫房屋，粉刷墙壁，清洗各种器具，拆洗被褥窗帘，洒扫庭院，以示辞旧迎新。

除夕之日,家家户户贴春联、挂年画。春联也称对子,是楹联的一种。它以工整、对偶、简洁、精巧的文字抒发美好愿望和表达祝福。每逢春节,无论城市还是农村,家家户户都要精选一幅大红春联贴于门上,以增加节日喜庆气氛。春联的种类比较多,高密人讲究大门对、屋门对等样式,颜色为大红,以北乡夏庄、姜庄所产红纸为上。除春联外,还要多贴"福"字。墙壁、门楣、水井、花墙、影壁、器物各处都要贴,有些人家特意将"福"字倒贴,寓意"福到了"。挂起书写有先人名讳的轴子。傍晚,男子整装率儿孙去祖坟祭奠,烧纸、放鞭炮,请先祖亡灵回家过年。晚饭后,男子提灯笼按既定的财神方位,到十字路口、村头,迎财神,祈求财神保佑,来年发财。女子在家做菜肴、包饺子。菜肴必备"合菜""鱼",以求"合家祥和""年年有余"。饺子以素馅为主,并特意包上一定数量的"枣""钱""糖""糕"。分别寓意,吃枣过得好;钱为财宝,有发财之意;糖是甜的,意为日子过得甜甜蜜蜜;包糕,寓意步步升高。

是夜,燃烛焚香,灯火通明,彻夜不眠,亦称守岁。全家人围坐一起,吃年夜饭,饮团圆酒,看中央电视台的春节文艺晚会节目或其他春晚节目,欢度除夕之夜。吃年夜饭,是春节家家户户最热闹愉快的时候。当午夜交正子时,新年钟声敲响,家家户户便下饺子、发纸马、放鞭炮、敬天地、接财神、祭先人、叩头礼拜,祈求全家平安,万事如意。屋内是通明的灯火,庭前是灿烂的火花,把除夕的热闹气氛推向了最高潮。饭后,晚辈给长辈叩头拜年,长辈给晚辈数量不等的磕头钱,也称"压岁钱"。

正月初一,男女循序出门拜年。传统拜年礼俗日趋淡化、简化。以敬致问候、祝福取代叩拜之礼。或电话拜年,或发短信、电子邮件祝福。给古朴的拜年礼俗赋予时代特色。初二、(或初三),家家户户吃肉饺子、烧纸焚香、鸣放鞭炮"送年",也称"落影",送祖先回冥界。是日,开始带上礼品走亲戚。由过去"初二姥娘、初三姑,初四初五看丈母"之俗,改为"初二初三看丈母,初四初五再看姑"。走亲访友之风日盛,礼品规格不断升华,持续时间大为延长,直至正月十五仍为拜年。

春节是中华民族文化优秀传统的重要载体,它蕴含着中华民族文化的智慧和结晶,凝聚着华夏人民的生命追求和情感寄托,传承着中国人的家庭伦理和社会伦理观念。历经千百年的积淀,异彩纷呈的春节民俗,已形成底蕴深厚且独具特色的春节文化。随着物质生活水平的提高,人们对精神文化生活的需求迅速增长,对亲情、友情、和谐、美满的渴求更加强烈,春节等传统节日越来越受到社会各界的重视和关注。自 1995 年中国实行双休日后,党政机关、学校、企事业单位由放法定假 3 天,另加顺延和提前两个双休日,共 7 天,俗称春节黄金周。从 2008

■ 正月里城区街头文化活动——拜年

年，国务院将传统节日的放假时间进行了调整，其中将春节的法定假日向前提前一天，将除夕这一天作为法定假日，使人们能更加从容的安排春节期间的各项活动。

元宵节　农历正月十五也称上元节，民间俗称“过十五”。正月是农历的元月，古人称夜为“宵”，所以称正月十五为元宵节。而十五日又是一年中第一个月圆之夜，又被称为上元节。元宵节是传统民俗大节，是日，城乡居民盛行吃元宵，象征合家团圆。元宵节又称灯节，自十四至十六日，城乡集镇街巷，张灯结彩、锣鼓喧天。期间，城乡居民除家家户户挂灯以示庆贺外，还要举办灯会，人们纷纷走向街头，举行耍龙灯、舞狮子、划旱船、踩高跷、扭秧歌等民间杂要文艺活动。城区举行盛大灯会，道路两旁悬挂各式彩灯，沿街灯火辉煌，燃放烟花爆竹，火树银花，五彩缤纷。人们争相观看，叫作闹元宵。是日晚，乡间有挂灯照灯之俗，照灯，即晚上提着灯笼到处照。若晚无风，谓之“收灯”，兆“五谷丰登”。改革开放后，随着人们生活水平的提高，闹元宵之俗日盛，是时，喜气洋洋、热闹非凡，呈现一派歌舞升平景象。

二月二　农历二月二，民间俗谓“龙抬头日”，也称“青龙节”，是农村的一个传统节日。一则民间有“二月二，龙抬头”的俗语，意为大地回春，百虫复苏、适宜耕作；一则龙主雨水，敬龙祈雨。人们祈求在新的一年里，主雨水的龙能兴云作雨，风调雨顺，滋润万物，五谷丰登，使老百姓过上丰衣足食的好日子。是日清晨，农村民间有“打囤子”之俗，人们在院内、大门口、场园，用草木灰画圆圈，俗称“打囤子”。囤内画一“十”字，放置五谷杂粮，祈求丰收。此俗已渐湮。是日，城乡居民有炒食黄豆、黑豆、地瓜豆、糕豆之风俗传统，俗称“炒蝎豆”，寓意炒死蝎类毒虫，避免蝎子蛰和毒虫害。此外，民间还有二月初二男性理发的习俗，一是儿童理发，叫剃“喜头”，借龙抬头之吉时，保佑孩童健康成长，长大后出人头地；二是大人理发，辞旧迎新，希望一年有好的开始，带来一年好运。

清明节　清明前一日或二日为“寒食节”，由于两节相邻，所以人们有的称过寒食，有的称过清明。旧时民间有食冷饭的习俗。清明与寒食节是给先祖添土上坟、祭奠先人的日子，俗称“春祭”。新中国成立后，机关、学校、工厂有清明节组织干部、职工、青少年和各界群众到烈士陵园祭扫烈士墓的传统。习俗早上吃单饼卷鸡蛋，喝稀饭。家家户户折柳枝、松柏枝、拧柳哨。柳枝、松柏枝或插于大门口，或头戴柳枝去郊外踏青。节日里，荡秋千之俗盛行。秋千有两种，一种是前后摆动的秋千，一种为形似伞状的“转秋千”。男女老少，穿红着绿，各展技艺，欢声笑语，风情尽致，煞是热闹。清明节期间放风筝是居民的传统活动习俗，风筝种类繁多，有蝴蝶、八卦、蜈蚣等。祖孙、父子为伴、孩童相聚结伍、花红柳绿，五彩飞扬，从城镇到乡村，俱有放风筝的，且越来越盛。自2008年起，国务院规定清明节作为法定假日放假一天。

端午节　农历五月五日为“端午节”，又称“端阳节”。是日早饭有吃粽子的习俗。相传，一则为纪念爱国诗人屈原；一则有“吃了端午粽，一年不生病”之说。是日清晨，家家户户门窗上方有插艾蒿、小孩手脚腕有带五色线绳之俗，意为驱防毒虫，除瘟避邪，此俗在民间至今流传。自2008年起，国务院规定端午节作为法定假日放假一天。

夏至　二十四节气之一，又是民间传统节日。是日，家家吃面条，有“冬至饺子夏至面”之俗。夏至节后第三个“庚日”即“入伏”。这一天是初伏的开始，为夏季进入高温季节。是日城乡居民有食凉面之俗，名曰“吃了入伏面，夏天少出汗”之说。

财神会　农历七月二十一至二十三日为“财神会”。城乡经商者均供奉财神，摆宴庆贺，祈求生意兴隆，财源茂盛。节日期间，商家有放鞭炮、办宴席庆贺之俗，连续3天晚鞭炮声此起彼伏，犹如过年。随着市场经济的发展和活跃，特别是人们对财富追求欲望的增强，此节俗越办越隆重。非经商者也有崇敬致贺，以望经济发展，家庭收入提高。

中秋节　农历八月十五日为“中秋节”，俗称“过八月十五”，是民间传统的大节之一，有“八月十五似小年”之说。节前以月饼馈送亲友，互祝全家团圆。是日晚，有合家围坐聚宴赏月之俗，一家人边赏月，边饮酒边食月饼，共贺团圆，共享天伦之乐。自2008年起，国务院规定中秋节作为法定假日放假一天。

十月一　农历十月初一，俗称“秋祭”，又称“鬼节”。有上坟祭祖之俗。

冬至　农历二十四节气之一，意为冬季寒冷天气已到。是日民间上坟祭祖遗俗尚存。“冬至饺子，夏至面条”，是节有吃饺子防冻之说。

腊八　农历腊月初八，俗称“腊八日”。城乡居民多于是日清晨喝以小米、大米、大豆、小麦、绿豆、赤豆、豌豆、花生米等8种杂粮加大枣熬煮的“腊八粥”。腊八粥高密人俗称“腊八煮”。“喝了腊八粥，就把年来数”，指春节将至，要提前办年货、做新衣、迎新春。

辞灶　农历腊月二十三，俗称送灶君上天庭赴会的日子，故称“辞灶”。民间有用麦芽糖做成的糖瓜祭灶之俗，于是日晚于灶前供之。用糖瓜作供品，寓意要粘住灶君的嘴，使其少说话。燃放鞭炮，烧纸钱，送灶君上天。祈求灶君“上天言好事，下界保平安”。然后吃饺子，分食供品糖果。旧日民间过春节最核心的活动就是送神、迎神和敬神，辞灶就是先把灶神送上天庭赴会，然后带领诸神返回人间，为让灶神在天庭玉帝和诸神面前多加美言，以保佑家庭平安、财源广进，因此，人们对此节甚为重视，其隆重程度仅次于过大年，故有过“小年”之称。民间有过了“小年”到大年，天天都是“好日子”的说法，因此，过了辞灶就开始忙年，此俗历史悠久，相沿不衰。

新兴节日

元旦　公历1月1日为元旦，又称“阳历年”或“新年”。城镇亲友之间互赠贺年卡，或发电子邮件，或打电话、发短信贺年，已成为贺年新时尚。机关、团体、企业、工厂、学校、部队，悬灯结彩，大门口悬挂“庆祝元旦”横幅，升国旗，挂彩旗。召开各种座谈会、茶话会，或开展文体活动为节日助兴。按照国家规定放假一天，连同两个公休日，走亲访友，或外出旅游。

国际劳动妇女节　公历3月8日为“国际劳动妇女节”。节日来临，各单位妇女放假半天，举行纪念活动。召开报告会、座谈会、联欢会、纪念会，表彰各界妇女中的先进人物，颁发奖状，荣誉证书。组织文化娱乐活动，看电影、外出旅游等。

植树节　1982年，国家公布每年3月12日为全民“植树节”。届时，党政机关、群众团体、部队、学校、工人、农民进行义务植树活动，绿化、美化环境。

国际劳动节　公历5月1日，节日期间盛行外出旅游，适婚青年多于此假日结婚。各单位组织庆祝活动，召开劳动模范、先进人物表彰大会，开展丰富多彩的文体活动，为节日增添了欢乐气氛。

中国青年节　公历5月4日为中国青年节，一般称“五四”青年节。是日，共青团组织团员、青年、学生举行庆祝会、报告会、演讲会等纪念活动，开展革命传统教育，自愿参加“献爱心”为民服务活动。

护士节　公历5月12日为护士节。届时组织纪念活动，表彰先进护理医务工作者。

国际儿童节　公历6月1日为国际儿童节。各小学、幼儿园组织演唱会、联欢会、看电影等庆祝活动。各级党政部门、群众团体向学校、幼儿园赠送纪念品，以示对少年儿童的关怀。

建军节　公历8月1日为中国人民解放军

建军节。是日，驻军和地方均举行庆祝活动，开展拥军爱民活动。党政机关、群众团体慰问驻军、搞联欢，开展拥军优属活动，增进军政、军民鱼水之情。

教师节　公历9月10日为教师节。是日，社会各界开展尊师重教活动。召开庆祝会，表彰先进教师，赠送奖品、慰问品、纪念品等。各级党政领导慰问新老教师，召开座谈会，为教师办实事，解决教师的后顾之忧，以示尊师重教。学生给老师送贺卡，献鲜花，以表达敬爱之心。

国庆节　公历10月1日为国庆节。机关、部队、学校、厂矿企事业单位放假。各单位升旗、张灯结彩、悬挂“庆祝国庆”横幅，举办各种形式庆祝活动，节日气氛热烈隆重。节日期间，合家外出旅游观光、走亲访友已成时尚。

老人节　农历九月初九日为老人节。届时，社会各界开展尊老活动。城镇走访慰问老职工，开展送温暖，关心老职工安度晚年。不少乡村办了敬老院，节日期间慰问“五保”老人，尊老敬老美德大发扬。

舶来节

情人节　公历2月14日为情人节，改革开放后由国外传入。主要受到城镇年轻人重视，并有逐年强化的趋势。是时，恋人、朋友、青年夫妇之间赠鲜花、巧克力、纪念品和贺卡，以示情思。习惯以男送女花，女送男巧克力，并以约会、请吃饭等形式倾诉衷肠、联络感情。

愚人节　公历4月1日为愚人节。改革开放后由国外传入。是日，城镇个别青少年以愚弄人的方式开玩笑，或搞一些善意的恶作剧，以体现洋节的快乐。

母亲节　公历5月第二个星期日为母亲节。改革开放后由国外传入。是日，儿女为母亲购买衣物、首饰等小礼品，或送一束鲜花，以示对母亲的孝心和尊敬。在城镇中为母亲过节的渐多。

父亲节　公历6月第三个星期日为父亲节。改革开放后由国外传入。是日，儿女送父亲一份礼品，或献一束鲜花，以示对父亲的孝心和崇敬。

圣诞节　公历12月25日为圣诞节。是基督教教徒纪念耶稣基督“诞生”的节日。改革开放以来，圣诞节前，教友和同事、师生、朋友之间有用相互发贺卡，赠送圣诞小礼品的形式，以增进友情。不少商场超市、宾馆为烘托圣诞气氛摆放圣诞树、圣诞老人，搭建圣诞屋，赠送圣诞头扣、圣诞小挂件、圣诞老人墙饰、圣诞帽等，宾馆则送圣诞晚餐，展示圣诞情怀，寄托爱心。

第二节　礼　仪

婚嫁　男婚女嫁是人生中的大事，因此，人们对婚嫁礼仪甚为重视，视为生活和人际交往中最为重要的礼仪。随着改革开放和人们的思想观念发生变化，除有一部分男女青年仍按传统的方式进行择偶和举行婚嫁外，相当一部分男女青年已抛弃传统观念和做法，通过自由恋爱或由婚姻介绍机构和通过大众传媒进行择偶，其婚嫁礼仪也采取喜事新办的方法来举行，这些做法已得到社会的广泛认可和支持。这里只对高密传统的婚嫁礼仪做一些介绍。

提亲，男女青年到了谈婚论嫁的年龄，其父母早就托亲朋好友为子女介绍对象，称为“提亲”。一般是男方向女方提亲。女方聘媒向男方提亲叫“倒提媒”。这样有失“女尊”之嫌，遭人议论。介绍人多为成人之美的亲戚朋友。另一种介绍人属职业性质的媒人。事成之后，除了谢媒宴之外，还可得到一定数目的酬金。这种托媒介绍是找对象的主要形式。

通媒相亲，男女双方经介绍人撮合，认为条件合适，然后择吉日相亲。多为男方备礼品由介绍人陪同前往女方家做客，其目的是让女方家人看女婿。女方家人中意后，择日由家人陪同去男方家看家，俗称验亲，实为考察。只要无异议便在男方家吃饭。此后，双方便商定定亲事宜。

传柬定亲，俗称“投契”。婚姻确定后，男方按一定格式写好“媒契”，上书男方姓名，出生年月，家庭住址等内容。最后题“敬求金诺”，家长签名。以示庄重认真。备上“四色”礼，由男方家长择吉日送至女方家。女方收礼回契，格式内容同上，女方家长在媒契上书“仰答玉音”并签名。双方以此为婚据互存，以防反悔。改革开放后渐不行此俗。

定亲礼品历来备受重视，随着生活的提高似有大操大办之势。“四色礼”或“八色礼”中必备鲤鱼，寓意“富贵有余”。除化妆品外，必备红色包袱，意为“包福”，腰带和扎腿带意为“带子”，早生贵子。还有送红包之俗。红包有大小两种。大包少则两三千，多者万儿八千，送给女方家长置嫁妆；小包送给未来儿媳的开口钱，俗称“问钱”，叫一声爸或爹，就是999元，意为九九长远。

选择喜期，订婚以后，双方到民政部门办理结婚登记，领取结婚证。男方请卜者查定喜期，俗称“查日子”。男方将婚期通告女方，并附“迎婚帖”，上书坐床、上下彩车的方向及送迎男女相宾的所忌属相。今多男女双方共同商定喜期，或取双月双日，或择“五一”“十一”节假日，婚庆、节庆相逢，更增加喜庆气氛。喜期确定后，男女双方告知亲戚朋友，亲朋则前往祝贺。前往女方祝贺的称“点茶”，到男方祝贺的名曰“送大饭”，街坊邻里贺喜，称为“送小饭”。贺喜多以礼金为主，礼品为辅。喜主则分期设宴招待宾客。迎娶前要布置喜房，张贴喜联、喜字。在民间结婚为“红公事”，尚“红”忌“白”。红色象征吉祥幸福。新娘穿红色婚纱。对联、喜字用大红纸书写，称“喜对子”。窗贴红窗花。喜联内容寓意吉祥如意，美满幸福。结婚尚“双”忌“单”。成双象征成双成对，白头偕老。

合婚庆典，改革开放以后，迎娶程序逐步崇尚时代精神。在农村，男租小轿车迎接新娘。新娘有娘家人陪送。下车时放鞭炮、奏鼓乐欢迎。新郎、新娘步入院中，由司仪主持仪式，举行“拜堂”后新郎、新娘入洞房。是日晚，新郎、新娘同食“宽心面”，共饮“交杯酒”。之后，开始“闹喜房”。闹喜房男性长辈和兄长不得参与。闹房者嬉戏新郎、新娘，花样颇多，热闹非常，尽兴方止。在城镇，婚庆一般在酒店、招待所举行。新郎、新娘拍婚纱照，结婚录像，搭彩虹门，放鞭炮，隆重热烈，喜气洋洋。另有喜事新办、移风易俗，组织集体婚礼，既热闹又节俭。还有选择旅游结婚，既观光又新潮，一举两得。

生育　进入20世纪80年代，国家实行计划生育政策并将实行计划生育确定为基本国策后，人们的生育观念发生了根本变化。由“儿女双全”“子孙满堂”“多子多福”的生育观，逐步转化为少生、优生、优育，从城镇到乡村，“一对夫妇，只生一个孩”已成风尚。

新婚妇女怀孕叫“有喜了”。为确保胎儿安全，在家庭中得到许多照顾。定期到医院查体。分娩一般去医院。

新妇生孩子，叫“坐月子”。小孩降生后，即到岳父家“报喜”。无论生男生女，亲友均贺称“添喜”。富足之家孩子出生第三天要请酒，招待贺喜亲朋好友、邻里，叫“过三日”。食“喜面”、并分赠“喜面”和“红皮鸡蛋”，以示吉祥如意。生男8日，生女9日，小孩姥姥家送鸡蛋、红糖、小米、猪蹄等营养滋补品，俗称“送汤米”。

婴儿出生一个月内由长辈起乳名，俗称“起小名”。婴儿命名极为慎重，讲究新潮别致，寓意深远，顺耳上口。尤崇尚“盼盼”“融融”等叠字名。因户口管理的需要，早已婴儿出生后不再乳名、大名分别起，而是只起一个名字报户口。叫作“连名起”，并且一字名已不鲜见。

婴儿出生一个月后，娘家接母子住“满月”，父母喜气盈盈，殷切照顾母子，并赠给小外甥长命锁等，以示“长命百岁”。

婴儿百日时庆贺,俗称"过百岁"。一般在99日庆贺,取"九九长远之意"。是日,姑、姨、姥姥家及邻里齐往祝贺,送小孩衣物,有"姑的褥、姨的袄、妗子送鞋穿到老"之说,寓意小孩长命百岁。

礼节 人们历来崇尚礼仪。除婚、丧、祭祀沿袭跪拜礼俗外，盛行握手礼。下级见上级、群众见干部、路遇熟人均握手问候,显得亲切大方,谦恭热情。在农村,祭祖、丧葬仍行跪拜礼。

待客,如事先得知,主人须在门外相迎,请客先行,主人随后,客人上首坐。双手敬茶、敬烟。设宴招待来客,客坐首席,客则礼让辈尊年长者居首席,依此坐定,殷勤敬酒侑食。劝酒有先喝为敬之礼,务使宾客酒足饭饱。席间,斟酒要循长者先，晚辈后之序，晚辈不能让长辈斟酒。在为客人倒茶斟酒时,有酒满、茶浅之俗,否则认为不敬。就餐时,应先拿食物予客。客人吃完饭,主人再放碗筷。客去,让客先行,并送至大门外。如乘车,则为客打开车门;如骑自行车,则代推送行。

与人讲话冠以"请"字,接受别人帮助,说"谢谢",接听别人电话,首先说"您好",路遇熟人,应主动招呼问候或招手致意,告别时,说"再见",儿童多说"拜拜",约会如果迟到,则说"对不起"等礼貌用语已习以为常。若骑自行车,遇见熟人则下车致意。让道,一般空车让载重车,下道车让上道车,礼让先行已成为行为规范。

称谓 民间称谓，有亲属间的、有朋友间的、有邻居间的、有师徒间的以及生人间的几大类。其中又有长辈、晚辈之别,男性女性之分,书面和口头称呼也不一样。

高密对长辈称谓：祖父称爷爷，祖母称奶奶。父母称爷(或爹)、娘,少数称叔(或大)、婶子。城镇已习惯称爸爸、妈妈。伯父、伯母称大爷、大娘,叔父、婶母称叔(或大大)、婶子(或称娘娘)。姑夫、姑母称姑父、姑(或姑妈)。舅父、舅母称舅(或舅舅)、妗子(或舅妈)。姨夫、姨母称姨父、姨(或称姨妈)。男女结婚后,夫系亲友,妻随夫称;妻系亲友,夫随妻称。兄嫂称哥哥、嫂子;兄嫂对弟弟、弟媳一般直称其名。姐姐、姐夫,妹妹、妹夫称呼不变。对晚辈称名。

非亲属人际称谓：同龄人互称为姓前加"小"或"老"字,如"小李""小王"或"老李""老王"。对男性长者多于称谓姓前加"老"字,如老李大叔、老王大叔,或直呼"大爷""伯父""大叔""叔叔";对女性称"大娘""大婶""大姨""阿姨",或称谓前加姓氏称为王大婶、李阿姨等等。对上下级、干部和经济工作者间的称呼,已打上了等级地位和商品经济烙印的称谓。在机关、事业单位,对有职务者必称长、主任、书记;对副职称呼习惯不冠"副"字,而职务前冠姓氏,直呼李局长、王主任;还有更简单的称呼,连"长"字也去掉,直呼"李局""王科",更显亲切大方,不俗套。在企业把厂长、经理的称谓逐渐改为"老板"或"老总";对企业管理人员据其职务称"总管""领班"等;对工人多称其"师傅"。对经商者,一般称"老板"。对商业服务性行业中的年轻女性一般称为"小姐"。随着改革开放的深入,对外交流的增加,对男性的称呼,不论长幼均称"先生",女性则称"女士"。

寿诞 俗称"祝寿""过生日"。为老人祝寿,是传统的敬老习俗。老人生日这一天,已分家、出嫁或在外地谋生的子女务必全家都到，以示隆重。亲戚间的平辈、晚辈及老人友好均前来祝贺。给老人祝寿忌间隔,直到老人寿终。若有遗忘,子女谓之"不孝",亲朋谓之"失交"。因故缺席应提前告知。主人设宴款待亲朋,称喝"长寿酒"、吃"长寿面"。为老人祝寿,寿礼中必有"大寿糕"、已成习俗。祝寿酒宴,有的在家,有的在酒店举行,儿女欢聚一堂,有的还照"全家福"或录像,让老人享天伦之乐。

随着社会经济发展和人们的思想观念改

变，给孩子过生日之风逐渐盛行。独生子女，都是爸爸妈妈掌上明珠，家庭中的“小皇帝”“格格”，备受宠爱。从周岁连过3个生日已成定数。届时，爷爷奶奶家、外公外婆家，两个祖孙三代齐聚一堂，为“小寿星”贺岁，且此风渐趋隆重。祝寿过生日，忌喝黏粥，谓之喝“糊涂”忘了生日；忌吃包子，谓之气包，生气之包，不吉利。

丧葬 丧葬之俗，由过去的烦琐铺张，渐趋文明节俭。老人亡故之后，由村里红白理事会帮助料理丧葬事宜。进入20世纪80年代，继续推行殡葬改革，对死者先行火化，然后再葬。旧的迷信丧葬习俗虽逐渐淡化或革除，但儿女侄孙晚辈仍遵“重孝”“偏孝”惯例穿白戴孝。重孝者三年不贴春联，一年内不走亲访友，春节不拜年。丧仪通常有着衣、报丧、入殓、火化、殡葬、祭祀等程序。

老人生命垂危之际，子女亲属均守护在身旁，听其遗嘱，并请邻人为病人净面、着新衣，叫“穿送老衣裳”。病人停止呼吸，儿女亲属全家举哀。门上贴白纸，晚辈着孝服，城镇晚辈多臂佩黑纱，守灵待吊。丧主派人将死者逝世及安葬日期讣告亲友。

停灵时间，少则1天，多则3天。然后到市殡仪馆火化。不少家庭死者火化后，将骨灰连同盒一起放置棺木之中入殓。儿女为死者设灵堂、摆香案、供祭品，烧纸钱、哭灵磕孝头，举行告别仪式。殡葬之日，亲友挥泪再祭。有的死者子女雇八抬大罩，请吹鼓手吹奏哀乐，并扎制马（男亡扎马）牛（女亡扎牛）、僮男女，众晚辈护灵柩至公墓下葬，焚烧车马、僮男女，祝愿死者一路平安，早升天界。城镇居民丧事从简，老人去世后在殡仪馆举行告别仪式，亲属、友人、同事向死者致哀、向遗体告别之后，举行火化，有将骨灰盒存放在殡仪馆者。

葬礼之后，祭礼之俗颇多。有3日“圆坟”祭，“五七”祭（俗称“上五七坟”）、百日祭（也叫“上百日坟”），尔后“周年”“三周年”“五周年”均致祭。特别“五七祭”“周年祭”“三年祭”“五年祭”“九年祭”为大祭，儿女要备祭品，扎制车马及器具以供亡者享用。

第三节　生　产

农业习俗 境内居民过去多以务农为主，俗语“人生天地间，庄农最为先”，充分反映出人们以农为本的重农思想。昔日自给自足的自然经济，为度日，求温饱，养成了勤劳节俭，精耕细作的习惯。20世纪80年代后，随着改革开放和市场经济的发展，农民的生产观念和发展商品经济的意识有了很大转变，逐步改变了传统的农业耕作和生产方式，崇尚科学种田，舍得智力投资，以农为主，或亦农亦工，或亦农亦商，或农工商并举。以勤劳致富奔小康为荣。农村实行联产承包责任制后，以家庭为基本生产经营单位，在生产中注重采用新技术、新品种，农业作物产量有了极大提高。在家庭经营中，农闲时，男耕女织（搞家庭编织副业），男子外出打工，妇女理家搞家庭副业，成了“半边天”。

境内农业生产的特点是“春种、夏管、秋收、冬藏”。市场经济使农业生产节奏加快。每年“元宵节”过后，开始准备种子、化肥、农药，然后按农时适时耕种。塑料薄膜覆盖技术的应用，使播种期提前，不再是“谷雨秫秫立夏瓜”，“谷雨前，好种棉”，而是提前到清明节前后。在商品经济大潮中，农民已尝到搞多种经营的甜头，大兴科技种田之风，搞特色种植，习惯“你无我有，你有我优（早）”发展特色经济。地膜覆盖，冬暖大棚，“八仙过海、各显其能”，早收获、早上市、淡季不淡，四季新鲜。

农历五月麦收季节，经常出现干热风，冰雹天气。农谚“蚕老一时，麦熟一晌”，麦子成熟极快，因怕雨淋雹打，称割麦为“抢收”。早上坡，晚收工，俗语“春争日，夏争时”。收割后，又忙于晒麦打场，有“忙不忙，先打场”之说。然后，便是抢夏种。夏季气温高，雨水多，庄稼长得快，又是病虫害多发季节，加强管理十分重要。“收、种、管”称为“三夏”，三夏俱立足一个“抢”字。

“秋分”节前后，是一年中仅次于麦收的第二个农忙季节。掰棒子、割豆子、刨地豆，抢茬种麦打场、晒粮，进入“三秋大忙季节”。家家户户，男女老少，起早贪黑，忙忙碌碌，有“秋天坐一坐，冬天挨顿饿”之说，成为人们戒懒的口头语。

入冬以后，粮入仓，草归垛，菜下窖。20世纪80年代后，家庭联产承包责任制的推行，一改集体化农业生产的模式，商品经济观念，高效农业、多种经营的新观念普遍树立。农忙时节尽快干，农闲时间搞大棚蔬菜，进城务工经商等多种经营创收的风气日益浓厚。

商业习俗　境内居民称经商为“做买卖”。改革开放之后，人们彻底改变了“重农轻商”的陈旧观念。在经商方面，境内居民崇尚海南、广州等沿海经济特区的开放，羡慕温州人对外开放搞活的精明。除城乡有经商传统和素质的居民纷纷投身商海外，甚至有的机关干部和企事业单位的职工，审时度势，有的停薪留职，有的辞职，经商办企业，称之为“下海”，其中不乏经商成功，成为大款者。特别是在农村，农民的商品经济意识逐步提高，由过去“千买卖、万买卖，不如庄户地里刨土块”，变为“是个买卖，强其庄户地里刨土块”。有的亦农亦商，亦农亦工。农闲进城务工经商，农忙在家种田。有的则弃农经商，成了农村的“能人”。

改革开放后，商业逐渐成为国营、集体、个体、合营、合资等多种形式并存的经济体制，更加繁荣。原来的店铺大多经过改造，不复旧观。商场、公司、超市、连锁店等新的经营形式日新月异。对从事商业的领导者的称呼也发生了很大变化，称负责人为“经理”“主任”“老板”，有董事会的，称负责人为“董事长”等。

店(公司)名招幌，是传统已久的商俗，过去的商店铺面一般有牌匾、有挑幌。因店铺(公司)大小，行业习惯不同而异。店铺命名，门面装饰务求醒目显眼，有用门匾的，有用木牌、铜牌的，有用旗招的，后来更有用霓虹灯招牌者。店内则陈设考究，各具特点。大的商店、超市，为了推销商品，各显其能，使出浑身解数，有的通过电视、广播等媒体，广而告之，或开展有奖销售，或搞特价促销等。市场摊点，买卖双方，有买者货比三家，讨价还价之风，卖者提高价格，牟取暴利，买者则“拦腰砍”，或“拦腰砍被二除”还价，然后经过一番交涉，方能成交。

旧时做买卖者有“行商坐贾”之分。“坐贾”是指有固定经营场所和铺面门头者。没有固定“门面”的称为“行商”，“行商”以“摊贩”“货郎”居多。摊贩的门类很多，经营方式各有不同。他们走街串巷的，以口喊或敲击物件传递信息，招徕雇主。如卖豆腐的敲木梆或吆喝“大豆腐”，卖山楂糖球的则喊“糖球”。走街串巷的“货郎”有的敲小锣。小贩中有贩卖时装、布匹的，也有贩卖小百货、儿童玩具的等等。根据需要贩卖不同的货物，大多为小宗、小本经营。他们或赶集赴会，或走街串巷。每到一处或设摊摆货，或搭架拉绳挂货，花花绿绿，琳琅满目，十分引人注目。随着市场经济发展，除贩瓜果、蔬菜等卖应时农产品的“摊贩”“货郎”外，其他已不多见，因村村都有“小卖部”，“货郎”已被“小卖部”所代替。

个体、私营商铺(店)，招收雇员，奖励分明。雇员如果违反规定，则被老板解雇，称为“炒鱿鱼”。如果干好了，可加薪水，或得到老板送的“红包”。相反，如雇员感到工薪低，或老板对自己另眼相待，则雇员可炒老板的鱿鱼。旧有的迷信商业禁忌，多已不存，唯崇敬“财神”之风逐渐盛行。经商者，有的信奉文财神——比干，有的信奉武财神——关公。农历七月二十一日至二十三日为“财神会”。各私营商户张灯结彩，鸣放鞭炮庆贺财神会，祈求发财。

第四节 生 活

服饰

服装　境内居民受地理环境和文化传统的影响，以及经济条件的制约，在衣着观念上，不同时代、地域、阶层、职业之间存在着差别。城镇显得开放，农村则有些保守。旧时，一般说来“穿衣吃饭量家当”。除了富裕之家外，以求遮体暖身，耐穿实用为目的。随着社会的进步，人们的衣着观念也随之发生变化。由满足于穿好，到追求时髦、美观、新颖，求新、求美的衣着观念增强。服装的花色日渐多样，质地日趋高档，款式日见新颖。除了农村少数老年人以外，人们一般不再自做自穿，大都选购，或到裁缝铺请裁缝加工。衣着观念的更新，在青年男女中最为强烈，特别城镇青年男女，追求流行款式的风气日益浓烈，服装款式翻新换代的节奏日渐加快。从进入21世纪的着装习惯看，青年男女喜欢着运动式、休闲式服装，以体现青春活力，潇洒浪漫；中老年则喜爱穿宽松、舒适的运动服、休闲装，表现出庄重大方，古朴典雅，又新潮。在老年人和青年人的着装上表现出一种强烈的“角色变换”心理。即老年人着青年款式的服装，以款式新颖、色调明快显示老年人的“年青”，而青年中，则喜穿中老年款式的服装，来显现青年人的成熟、老练、学者风度。服装新潮多从少数青年中兴起，然后再从城镇逐步波及乡村。20世纪90年代始，人们注重服装多样化的同时，个性化、高档化更加突出。许多青年男子在春秋季节穿西服，系领带，老年人钟情于宽松舒适的休闲装、运动装、中山装等。牛仔装仍是少男少女的首选。女装虽以西服为主，但其式样、风格各异。追求个性化的女士喜穿紧身衣裤、短裤、短上衣以及各种裙装、旗袍等。冬季着棉衣棉裤者逐渐减少，穿羊毛(绒)衫、毛裤者增多。外套以羽绒服、风衣为主流。穿裘皮大衣、皮衣、羊绒大衣者日渐增多。服装面料有化纤、棉麻、纯毛、纯棉、丝绸等。20世纪80年代化纤品盛行，色调以暗色低调为主。90年代，毛呢衣料、纯棉、丝绸布料备受青睐。颜色以艳丽明快色彩为主流。

鞋帽　20世纪80年代，春秋季穿鞋以布鞋、胶鞋、旅游鞋、运动鞋、皮鞋为主。冬季多穿棉鞋或皮棉鞋，青年妇女穿高跟鞋。夏季老幼穿凉鞋或拖鞋。90年代，人们注重鞋的质量和款式，舒适、轻便、美观的鞋类为首选。款式变化最大的是皮鞋和凉鞋，高跟、半高跟、粗跟、坡跟品种繁多。颜色除黑、棕色占主流外，红、黄、白、蓝、紫等彩色的时装鞋，备受男女青少年的青睐。人们室内穿的各式拖鞋，健身穿的运动鞋、休闲鞋，旅行穿的旅游鞋备受欢迎。在农村，人们下地干活穿胶鞋、运动鞋、轻便实惠，舒适耐穿，很受欢迎。袜子由机织线袜逐步代替尼龙袜。城镇女性着裙装则穿长筒袜。绝大多数男人常年不戴帽子，有喜欢戴帽的大都戴鸭舌帽，棒球帽。女子喜欢各式无檐帽，冬季戴自织的毛线帽，农村惯用方巾蒙头防风寒。后兴起羽绒服，衣帽一体，美观大方。夏季，中青年、儿童时兴太阳帽、旅游帽。入冬以后，有部分人围围巾御寒，不分男女老幼。

首饰　20世纪80年代，女性时兴戴耳环(坠)，戒指等，多为银质。90年代，流行项链、戒指、手链、耳环、手镯等。男子(多为经商者)主要戴戒指，佩以领带、领结、胸章、领带夹等。饰物质地有金、银、玉、水晶石、白金等，农村仍以银质居多。

美容美发　20世纪80年代以后，人们开始讲究发型。男性多留分头、平头和背头。女性则时兴烫发、卷发和染发。烫发、卷发的发型有波浪式、爆炸式等；染发以棕黄色为主调，另有红、黄、紫等发色，因个人喜好而选择。从20世纪80年代起，以女性为主体，对护肤美容有了新的认识和追求。各式护肤美容化妆品,进口的、国产的,名目繁多,深受女青年的喜爱。美容美发店应运而生,吸引着城镇女青年纷纷登门。美容有去皱、增白、祛斑、纹眉、纹眼线、纹唇线等。去医院隆胸、去皱、拉皮等复杂手术者日益增多。

饮食

境内居民饮食习惯,东部和西部,城镇与农村虽然有差异,但从总体上看属北方型。传统餐制,一般全家共桌,一日三餐。城镇居民讲究膳食结构和营养成分,一般遵循"早吃好、午吃饱、晚吃少"的饮食规律。农村居民对午饭较为重视。早餐加稀饭或粘粥,佐以咸菜。午饭常有蔬菜,兼有鱼、肉等副食品。晚饭一般加稀饭、小菜或蔬菜副食。饭菜素来节俭,无铺张浪费、大吃大喝之风。但待客则丰盛实惠。

随着人们生活水平的提高,面粉、大米已成为多数家庭的主食品,玉米、大豆、小米、地瓜以及豌豆、绿豆等成为人们调剂口味的辅助食品。传统的家常饭,农村多爱吃以"发面"蒸制的馒头,不愿吃"发面"的则擀单饼、面条。城镇居民喜欢吃馒头、米饭、包子、火烧、面条等食品。星期天,节假日,招待客人,出门远行则吃饺子、馄饨、面条改善生活。有"出门饺子,还家面"之俗。昔日粗粮制作的饼子、窝窝头及地瓜、小豆腐,已成为调剂口味的传统饮食。

境内居民的口味,酸、甜、苦、辣、咸五味兼备,多数"口重"。以咸为主。因此,日常就餐除了蔬菜以外,常以咸菜、虾酱、大葱、大蒜、大酱、咸鱼、虾皮下饭。随着生活的提高,副食品的增加,居民口味渐趋清淡。

饮水,农村居民多饮井水。地下水含氟高的地区、经过除氟改水多数饮用自来水。城镇饮用自来水,有的饮"矿泉水""纯净水"。城乡居民不仅有以茶待客的习惯,而且饮茶已成嗜好。多喜欢饮"花茶""绿茶",饮茶时有时备有瓜子、花生等茶肴。

宴席,城乡居民,遇重大节庆,婚丧嫁娶和招待贵客,有摆宴席的习俗。宴席宾主座次有序,一般客厅在正屋,用方桌或圆桌,左(东)为上席,右(西)为次席。主家坐下席。农民家宴有的设在炕上,用炕桌,以对房门者为上席,上席对面为次席,主或陪客者坐次席或炕下。宴席力求丰盛。传统宴席,酒菜用盘,饭菜用碗,分别一次上齐。4盘4碗者名曰"四喜",或"四季平安",6盘6碗者名曰"六六大顺"。再高层次的或8盘8碗,或10盘10碗不等。所上饭菜盘碗(碟)有宜双忌单之俗。上菜的顺序和放置位置各有定俗,一般最后一道菜上鱼,寓有余之意。酒以白酒为主,啤酒为辅。女客则饮饮料或果汁。饭前同饮叫作"全家福"。宴席上的礼俗很多,斟酒倒茶,习惯酒要满、茶要浅,酒满代表盛情,茶浅表示礼貌。敬酒让茶各有定俗。敬人喝酒,有自己先喝的,叫作"先喝为敬",也有同饮的,还有晚辈对长辈双手举杯敬酒的。但敬酒必饮双杯或3杯,双杯意为吉利,3杯寓意友谊。敬酒之后,主客礼让慢饮,无暴饮暴食之风,让客人酒足饭饱为度。随着生活的提高,宴客饭菜逐渐在花色品种和味道上提高档次,讲究炒菜与汤菜并重,海鲜与土产并举,外来菜与地方菜同上。席间礼让之后,多采取"对饮式",使宴席节奏加快。

居住

境内居民习惯多户聚居,自古形成自然村落,而各户又自成院落。随着人民生活水平的提高,居民住宅建设渐趋宽敞、明亮、豪华、实用。20世纪80年代,城镇旧式平房已陆续翻盖,传统的"四合院"已不再建,有的建设为住宅楼。随着旧城区的改造,新建了居民住宅楼群,称为居民小区。城区居民喜欢住单元成套的楼房,卧室、客厅、饭厅、厨房、卫生间、水、电、暖、气等设备齐全,舒适方便。老年住楼房图方便,喜欢住一楼,多数喜欢住三楼,其次是四楼或二楼,美其名曰"金三""银四"。小城镇居民爱住单门独院的平房,上有前出厦,下有花墙,放置花卉盆景。个别富裕居民有建别墅式住宅的。

随着国家住房制度改革的不断深化，2000年，城镇职工取消福利性建房，住房全部实行商品化。城镇建起一批环境优美、功能齐全、管理规范的住宅花园小区，大都是单元式钢筋混凝土结构的楼房。面积不等，水、电、暖、通讯、卫生设施齐全，生活方便。住房追求发展趋向是：住房面积逐步扩大，装修追求美观、环保，居住讲究舒适方便。

在农村，居民陆续翻盖旧房或建新房。从20世纪60年代起，住房实行由村镇统一规划，按指定地点，每户盖正屋4间或5间。独门独院，院落房舍布局仍随旧俗，四邻大同小异。中共十一届三中全会以后，随着生活水平的提高，居民建房讲究明亮、实用。农村因新婚子女多与父母分居，加之计划生育，实行独生子女政策，三四口人为一家庭者居多，旧式的四合院住房已被淘汰，在有限的宅基地上，房舍建筑渐向豪华型发展。一般为砖木水泥结构，墙面屋顶红砖红瓦呈红色。前出厦的4间或5间正屋，一明间，两套间，用于居住和会客，另一间外开门作仓库。大门朝南开，门楼设在院子的东南方，栏圈设在西南方。除大门和栏圈外，东西南三面以院墙封闭，较之四合院，房内与院落显得宽敞明亮。农村富裕户，有的将平房翻建为楼房，仿城市楼房样式设计建筑。还有的到城镇购买单元楼房，城乡居住，亦工亦农，非常体面和自豪。

建设房舍，是家庭中的重大事情，图平安吉利，建房仪俗多沿其旧。凡新建房者，宅基地确定之后，大多请富有经验的工匠先行规划，择“吉日”破土动工。盖房需雇请匠人，请邻居亲友帮工，房主为表谢意，分铺基、上梁（起屋）、完工3次设酒菜招待，亦兼庆贺。上梁也选定“吉日”后举行。梁柱、脊檩上多写“上梁大吉”等吉语。上梁后鸣放鞭炮，主家分喜烟喜糖，赠匠人红包酬金。竣工后，习惯在新房中宴请工匠帮工，叫作喝“完工酒”。

乔迁新居多在吉日黎明前举行，称为“不露富”。贴门联：“但愿捧仁里，岂敢言乔迁”。主人请邻居喝“认邻酒”，意在和睦相处。亲戚朋友带上礼品登门祝贺，叫作“烧炕”。

出行

20世纪80年代，自行车成为人们的近行代步工具，富裕家庭骑上了摩托车。农村青年人，喜欢骑车赶集上店，走亲访友，上坡干活，外出办事。城镇居民也骑车上班、走亲访友。外出远行则乘坐汽车、火车。进入90年代，公路四通八达，摩托车、拖拉机、农用三轮车、各种型号的小轿车、面包车遍及城乡。尤其公交车发展迅速，公交车、出租车穿行于城镇乡村。有条件的老年人爱骑“老头乐”、脚踏三轮车外出购物办事情。跨入新世纪，时兴电动车，深受男女青年人的青睐。旧俗，外出远行习惯遵守“待要走，三、六、九”，意义吉祥平安，而忌初一、十五出门，亦有“七不出门，八不还家”之说。在饮食上讲究“出门饺子，还家面”，一是改善生活，二是祝愿外出平安，归来顺利。此俗今多不讲究。

休闲娱乐

自20世纪80年代，居民休闲娱乐内容丰富，形式多样。中老年休闲活动喜欢棋类，青年多玩扑克牌、打台球、乒乓球、羽毛球。随着电视机的普及，城镇录放机、影碟机增多，居民业余文化娱乐活动内容丰富多彩。足不出户，便可享受到自己喜爱的电视节目。老年人喜欢戏曲节目，爱听京剧及茂腔，吕剧、黄梅戏、豫剧等地方戏曲；青年则喜爱体育节目和流行歌曲。有不少球迷，凡有球赛电视转播，必看，有的看到深夜。还有不少青少年男女，都有各自的追星“偶像”。少年儿童则热爱动画片，如《大闹天宫》等。但只能星期六、星期天限时看看，以免影响学习。农村在农闲季节，组织文娱爱好者排练节目，在春节、元宵节演出，活跃农村文化生活。

在城镇，老年人早晨参加自己喜好的体育锻炼，称“晨练”。有的打太极拳，练太极剑，有的做健身操。戏曲爱好者，有的在京胡伴奏下，唱京剧;有的清唱茂腔、吕剧。不搞文体活动的便以散步,健身强体。

境内居民,历来有植树养花之习,以美化环境,陶冶情操。20世纪80年代以来,城镇居民养花渐趋高档,品种名贵,四季有花。特别新年、春节、室内布置几盆杜鹃、仙客来、兰花等花卉盆景,既美化居室,又净化空气。寒冬腊月,鲜花怒放,郁郁葱葱、春意盎然。节日送鲜花祝亲友节日愉快,体面大方,已成时尚。

人们渐习惯女养狗,男养鸟。凡养鸟者,追求鸟、笼俱佳,方显得体面。如笼好鸟次,或好鸟无好笼,会遭议论。养鸟爱好者,在城镇以离退休职工居多。养鸟的种类,主要以画眉、百灵为主。早晨傍晚遛鸟。或三五爱好者,将鸟笼挂于树枝,任其鸣叫。有的手提鸟笼,前后摆动,遛鸟又健身,一举两得。养狗,看家护院,古已有之。狗是主人的忠诚卫士,素有“孩不嫌娘丑,狗不嫌家贫”的俗语,狗被誉为“忠臣”。曾因其伤人扰民而被禁养,但禁而不止。今喂养看家狗的越来越多。自20世纪90年代起,城区兴起“玩狗”热,即养宠物狗。带着一只名贵狗过市,主人自豪,他人赞誉。因此,“玩狗”之风日盛。

第五节 崇 拜

观音 昔日民间对观音最亲切,对她的崇拜最为普遍。观音,又称观世音。人们心目中观世音就是菩萨,菩萨就是观世音。她对世人一视同仁,没有门户之见。其博爱胸怀,受到尊敬和热爱。她又是一美好的象征,而深受人们的崇拜,成了人们敬仰的神灵。此俗现多不举行祭拜仪式。偶有老妇,每逢年节,或初一、十五焚香拜祭,祈求菩萨保佑。

天地 昔日,天地牌位的对联有“天高覆万物,地厚载群生”,或者是“天地三界主,十方万灵神”,于此可明,对天地的崇拜,就是对大自然的崇拜。天地的地位高于一切,包括各种神灵都置于天地之内。今敬天地之俗,在城镇已不多见。在农村,春节在祭祖的同时,长辈带领子孙,面南叩拜“天地”。或在婚礼上,行“拜天地礼”,实为对天地崇拜。今人们对天地崇拜之心理日消。

财神 财神崇拜源于人们对财富的需求,对于富裕生活的向往。人们要生活,社会要发展,都离不开财富,因而自古以来总是在追求发财。发财得福,祈求神灵保佑相沿成俗。今对财神虽不举行仪式祭拜,但信奉之举并不鲜见。春节悬挂财神画,商家店铺,供财神像。农历七月二十一至二十三日,连续3日张灯结彩,鞭炮齐鸣,庆贺“财神会”。

数字 境内居民历来喜双忌单,认为双数,有成双成对之意,故双数为吉祥数字。结婚用红纸书写的“双喜”字,寓意双喜临门、婚姻美满。在双数中“8”字,谐音“发”,寓“发财”“发家”之意,故备受崇尚。电话号、手机号、车牌号,凡带有“8”字的都称为吉祥号,如几个“8”字相叠,称为“发发相连”号,最为吉利。如果“8”字再配以其他谐音数字,便源生出许许多多的吉利数字号码,如“108”称之为“一动发”,“1098”为“一动就发”。“6”字,也因其寓意为“顺”,有“六六大顺”之意,故为吉祥之数。常与“8”相配,如“6868”,意为“顺发顺发”。“9”字,谐音为“久”,有“久久长远”之意,也备受青睐。如几个“9”字相叠,称为“九九相连”号。和“8”相配,如“9898”,谐音为“久发久发”。“4”字,在乡村民间,素有“四喜”吉庆之意,今仍称为吉祥数字。菜肴有“四喜丸子”。如遇喜事相连,称为“四喜临门”。但因其谐音为“死”,故亦有人不愿意用“4”字。

颜色 境内居民对颜色有“尚红”“忌红”之说。“红色”传统而言,代表喜庆,结婚要贴大红喜字,红对联,新娘穿红衣、红裤、穿红鞋。随着改革开放的深入,城镇青年男女对“白色”有了新的寓意,以为白色表示纯洁,故有的结婚新娘身穿白色婚纱,以表示爱情的忠贞与纯洁。

第四章 方言

高密方言，由于历史原因和受周边地区影响，境内也有差异。按语音发音的差异和同一种事物的不同说法，可分为中片、东南片、西南片、东北片和西北片五大方言片区。其中，中片包括城区、康庄镇、姚哥庄镇南部、柏城镇北部、仁和镇、姜庄镇、呼家庄镇北部；东南片包括柏城镇南部、拒城河镇、李家营镇、柴沟镇东南部；西南片包括呼家庄镇南部、柴沟镇西南部、注沟镇、井沟镇、双羊镇、阚家镇；东北片包括夏庄镇、河崖镇、姚哥庄镇北部；西北片包括大牟家镇、周戈庄镇。

本章的语音一节，尽量使用汉语拼音注音，不能用汉语拼音注音的，采用全国统一的方言资料注音法——国际音标注音。

第一节 语音

声母部分

(一)高密方言把普通话里的“j、q、x”“z、c、s”“zh、ch、sh”发音时都分成了两组发音。表示如下：

普通话	高密方言	例字
j	j	鸡 家 兼 交 江 结 卷 近 旧 局 决 军 经
	[tʃ]	积 尖 焦 将 接 进 就 聚 俊 绝 精
q	q	起 铅 强 恰 敲 茄 轻 穷 区 权 群 求
	[tʃ‘]	齐 千 枪 悄 切 清 趣 全 囚
x	x	喜 虾 掀 香 晓 欣 眩 形 胸 休 学 许 熏 血
	[ʃ]	西 先 消 些 星 新 修 雪 需 寻 写
z	z	杂 赞 在 脏 增 总 走 组 钻 嘴 尊 坐 子
	zh	择 泽 责 仄 邹 淄
c	c	擦 材 蚕 仓 曾 从 凑 崔 粗 窜 村 错 此
	ch	册 侧 策 测
s	s	撒 腮 三 桑 苏 颂 艘 酸 岁 孙 四 锁 死
	sh	色 啬 搜 嗖 所 缩 森
zh	zh	炸 站 找 着 摘 争 支 筑 抓 装 桌 中 臻
	[tʃ]	占 张 招 者 整 知 住 周 砖 准 拙 真 铸
ch	ch	插 柴 产 抄 拆 衬 齿 虫 愁 初 吹 窗 戳
	[tʃ‘]	缠 常 潮 趁 成 尺 抽 处 穿 春
sh	sh	杀 筛 山 捎 省 师 数 要 双 摔 水 参
	[ʃ]	闪 上 烧 舌 身 声 室 收 书 顺 说

（二）高密方言中没有声母“r”，遇到 r 作声母时，大部分读成零声母，如：“人”，普通话读作“ren”，高密方言多作“yin”；少数读成 l 和 sh。表示如下：

普通话	高密方言	例字
r	零声母	人 润 若 然 染 嚷 让 饶 扰 热 任 忍 日 如 肉 容
	l	仍 扔 辱 蕊 锐
	sh	瑞

韵母部分

（一）高密方言里没有卷舌韵母“er”，遇到 er 作音节时，读[l]。

普通话	高密方言	例字
er	[l]	而 二 耳 儿 饵 尔 迩

（二）高密方言“ong”和“eng”不分，“iong”和“ing”不分，没有“ueng”。把“ong”“iong”“ueng”分别读成 eng、ing、eng。

普通话	高密方言	例字
ong	eng	冬 通 浓 龙 工 空 红 中 冲 宗 从 宋
iong	ing	炯 穷 胸 用 永
ueng	eng	翁 瓮 嗡

（三）“e”在高密方言中有 4 种读法。

普通话	高密方言	例字
e	e	这 者 折 车 彻 舌 设 额 腭
	[u]	饿 俄 鹅 河 贺 乐
	ei	客 得 责 则 册 策 色 涩
	ɑ	割 疙 渴 喝

（四）“ɑi”在高密方言中有 3 种读法。

普通话	高密方言	例字
ɑi	ɑi	爱 摆 买 呆 太 乃 来 该 开 海 再 才 腮
	iɑi	挨 矮 埃
	ei	摘 拆 百 拍 麦

(五)"ie"在高密方言中有两种读法。

普通话	高密方言	例字
ie	iɑi	街 阶 介 界 届 鞋 蟹 械
	ie	接 节 切 茄 些 写 别 撇 灭 跌 贴 捏 列 爷

(六)"ɑo"在高密方言多数读 ɑo,少数读[u]。

普通话	高密方言	例字
ɑo	ɑo	包 抛 猫 刀 挑 脑 老 高 考 好 找 抄 少 早 草 扫
	[u]	勺 芍 凿 烙 郝

声调部分

高密方言也有阴平、阳平、上声、去声四个声调,但与普通话调值不同。

调类		阴平	阳平	上声	去声
调值	普通话	55	35	214	51
	高密方言	213	52	55	21
例字		妈、衣、身	麻、姨、神	马、蚁、婶	骂、义、甚

高密方言的阴平读成降升调，即由半低降到最低再升到中音,与普通话的上声调值相似;阳平读成大半降调,即由高降到半低,与普通话的去声相似;上声读成平调,即由高到高,与普通话的阴平基本一样;去声读成半低调,即由半低降到最低,虽然也是降调,但与普通话降的程度不一样。总之,高密方言里没有上扬声调。

第二节 词 语

方言词汇

高密方言词汇非常丰富，下面选一部分有代表性的列出：

(一)天文、地理、时令、时间

日头(太阳)

月明(月亮)

贼星(流星)

扫帚星(彗星)

傍明天(黎明)

头晌(上午)

过晌(下午)

下晌、后晌(晚上)

夜来(昨天)

大尽(农历大月三十天)

小尽(农历小月二十九天)

雾露(雾)

冻冻凌子(房檐上垂着的冰锥)

埝儿(地方或场地)

旮旯(屋子里或院子里的角落)

高崖鼓(土岗子)

坩勾(砂礓)

白茬(收完庄稼未耕作的地)

冢子(古代的大坟)

年根儿(年底)

交九(冬至开始数九)

月儿半载（一个月左右）
五冬六夏（不论寒暑，常年）
老纵盱（较长一段时间）
隔隔、赶忙（稍等一会儿）
年头儿（年景）

(二)植物、动物
棒子、棒槌（玉米）
地蛋（土豆）
萋萋毛（小蓟）
扒扒宝（蔷薇）
夹桃花（凤仙花）
狗奶子（枸杞）
苍子（苍耳）
扁嘴（鸭子）
布嘎（鸽子）
长虫（蛇）
团鱼（鳖）
黄鼬子（黄鼠狼）
野秋（喜鹊）
老鸹（乌鸦）
土蚱（蟋蟀）
夜猫子（猫头鹰）
叫驴、草驴（公驴、母驴）
犍子、莳牛（公牛、母牛）
蚁蛘（蚂蚁）
苍蛘（苍蝇）
曲蟮（蚯蚓）
歪子（青蛙）
歇虎子（壁虎）
马鼠子、马蛇子（蜥蜴）
蚂蚱（蝗虫的总称）
乖乖（蝈蝈儿）
借柳（蝉）
巴肌毛子（刺蛾的幼虫）
蛤蟆各丁子（蝌蚪）

(三)房舍、器物
天井（院子）
夹古道（两墙中间狭窄的通道）
阳沟（院墙底部用来排泄水的洞口）
院棱墙儿（院墙）
正面、净面（房子向院子开门的一间）
釜台（陶制或用砖砌成的烟囱）
圈（厕所）
茅刀（麦草编成圆形带盖的盛食物的器具）
盖垫（用高粱蓬杆编的锅盖）
铺衬（破旧的碎布）
拄棒（拐棍）
绒子（棉絮）
褯子（尿布）
燎壶（烧开水用的壶）
电棒子（手电筒）
豆枕（枕头）
抽头（抽屉）
风掀（风箱）
气棒（打气筒）
钉钩（用来挂肉的钩子）
蓄铁石（磁铁）

(四)人品、身体、疾病、医疗
小厮（男孩儿）
嫚姑子（女孩儿）
光棍子（年纪大的单身汉）
杠子头（倔强而固执的人）
下三烂（被人瞧不起的贫贱之人）
酒头鬼（经常酗酒的人）
瞳仁儿（瞳孔）
雀子（雀斑）
闹腮胡、赖胡子（络腮胡子）
牙花子（牙龈）
卜脐（肚脐）
腰子（肾）
冻着了（感冒）

疙气(中暑)

热疙瘩(痱子)

鬼烦(荨麻疹)

偏枯(偏瘫)

瘫骨(下肢瘫痪的人)

耳背(听力减退)

嘲巴、痴巴(傻子)

野巴(疯子)

颠木(疯癫)

雀瞽(夜盲症)

也龙盖(额头)

拨龙盖(膝盖)

(五)服饰、饮食

春秋衣(针织内衣)

遮巾(围嘴儿)

搀铤(皮带扣)

苇笠(斗笠)

古扎(水饺)

饽饽(圆形的馒头)

卷子(长方形的馒头)

茶食(点心)

就菜(佐餐的菜肴)

面汤(面条)

青汤面(不加卤的面条)

焦面(炒面)

单饼(用鏊子烙成的单层薄饼)

干饭(不带汤的熟米饭)

忌讳(醋)

麻山(豆饼)

(六)红白喜事、日常生活

将媳妇(娶媳妇)

小礼儿(新娘结婚带的糖果等)

看三(结婚第三天,新娘的母亲等去看望新娘)

过百岁(庆贺婴儿出生九十九天)

送汤米(女儿生孩子后,娘家去送鸡蛋、小米等礼物)

老了(对死的褒称)

添土(清明或其他祭日到长辈坟上添土,以示悼念)

饥困(饥饿)

吃烟(吸烟)

营生儿(干的活、工作)

搐腰(系腰带)

(七)交往、语言

拉呱(闲谈、聊天)

闯门子(串门儿)

伙家(朋友)

瓜蔓子亲亲(远亲)

借光(请……帮助)

疏淡(冷落)

吃屈(受委屈)

拉皮条(撮合男女私情)

予急(在需要的时候予以接济)

打饥荒(还债)

调怂(唆使)

引登(引诱)

拿(憋)凡(刁难)

掉架儿(失掉身份)

呛应(挑起事端)

戳弄(挑拨)

颠楞(言语刺激使难堪)

咋呼(吆喝,嚣张)

抖擞(不自重,不稳重)

固搐(紧缩起来,不舒展)

顾拥(蠕动)

仰嘎(面朝上躺着)

赔不(道歉)

哭穷儿(有意诉说自己穷困)

嘘呼(吵闹、呼喊)

跟问(追问)

呲啦(训斥)
嫌吼(责备、训斥)
话备(数落)

(八)农工商学文等行业
上坡(到地里干活)
小车儿(独轮手推车,小汽车)
驴犋(木犁)
碌碡(带棱的石磙)
门头(临街的经商处所)
赶山(赶庙会)
馆子(饭店、酒店)
小摊儿(摆在地上卖商品的摊子)
打草儿(起草稿)
上学屋(上学校)
对子(对联)
肘鼓子(茂腔戏的前身)
大戏(京剧)
大鼓书(胶东大鼓)
悠千(秋千)

(九)心理、感知
烦气(厌恶、厌烦)
欢气(欢喜、高兴)
点哄(欺骗)
恶涌(恶心)
齁咸(很咸)
低(倒霉、运气不好)
屈枉(使受委屈或冤枉)
二思(犹豫不决)
谋量(估计、揣度)
打谱儿(打算)
觉惊(心虚害怕)
讨愧(自觉惭愧)
懊唤(后悔)
草鸡(认输、服软)

(十)动作、行为
瞅睺(偷看或到处乱看)
哺咂(上下唇连续发出得声音)
坐蜡(陷入为难境地)
剜打(恶意指划)
扑拉(手抚物体表面,使其平整或洁净)
拌拉(搅拌)
窝搓(把布、纸之类弄皱)
掂量(拿在手里估计重量)
夹拿(夹在胳臂底下)
劈拉(两腿分开)
听说(听话)
咧喳(撒娇)
谝能(有意在人前显示)
拉倒(作罢)
瞎戏、瞎耍儿(没有指望)
出上(豁上、拼上,不讲理)
拽(扔)
踡(用脚踢)
不拢够(没时间、没工夫)

(十一)性质、状态
不是(错误、无理)
不离儿(不错、差不多)
疵毛(差)
安然(安详文静,大方自然)
儒尔官服(像模像样、本本分分)
乍狂(张狂、嚣张)
慢毒(面善而内心险恶)
尖馋(嘴馋挑食)
差迟(差劲)
黏糊(办事不利索、拖沓)
出条(人的才能和相貌出众)
喜相(面容和悦)
粗拉(粗心、粗鲁)
近便(距离近)
夹密(细密、结实)

派赖(脏、不整洁)
能一(能干,本领大)
方(翻)骨热(非常热)
窄巴(地方狭窄或生活困窘)
不糙(不错,好)
拙古(拙笨)
死轴(不灵活)
各一路(与众不同)
露卫、板正(整洁)
埋汰(脏乱)
张狂(不稳重)
失慌(不谦虚、 不稳重)
二乎(没把握)

(十二)程度、范围、时频、情状
八成(大概)
定准(肯定、一定)
碍(挡、背)不住(说不定)
统然(总共)
一遭儿(统统、全部)
成的(非常)
亏着(幸亏)
成心的(特意)
急忙现促(匆匆忙忙)
附就(顺便)
怪不当儿地(难怪)
门是(难道)
赔当儿(权做)
遥那来(到处)
光(常常)
净(全是)
已自(本来)

(十三)方位、指代、数量、介引、连接
一半瘪子(旁边)
行(读 xing)(层)
盘、盼(一段时间)
嘎拉(一圈)
四稍(四边)
坐窝一溜(四周、近处)
旮哈旯儿(角落)
背腚后来(背后)
张(这样)
囊、娘、聂(那样)
备得(非得、非……不可)
急赶(等到、到……时候)
敢自(特别、太、很)
管总(老是、永远)
执为(因为)

词的变化发展

词的消亡　随着社会的发展进步,高密方言中有些词已经成为历史,走向消亡。如“觅汉、钱褡子、岔裤、火盆、围子、石笔”等。有的词消亡后已经被普通话的词语所代替。如“香油馃子、饽饽、胰子”已经分别被“油条、馒头、肥皂”所代替。

词的再生　高密方言在使用发展中产生了许多新生词,如“瞎耍儿、瞎戏、抓大头、上口气、狗皮局儿、爬大釜台、”等。随着对外开放,很多外来词也运用到高密方言中,如“大款、回扣、钢镚儿、傻冒儿、帅呆、酷毙、哇噻”等。

词义的扩大　方言中有的词义比原来扩大了。“小车儿”,原来专指独轮手推车,现在还指小汽车。如:他坐着小车来的。“城”原来指城市和城镇,现在还指饭店、商店等。如:火锅城、鞋城、食品城、服装城等。再如“好孩子”一词,现在除指好儿童少年外,还指那些游手好闲、打架斗殴、寻衅逞能的青年。

词义的缩小　也有的词义比原来缩小了。如“石板”以前除了指石质板材外,还指小学生用来写字的带木框的陶制平板,现在只有石质板材的意思了。“工夫”以前除指时间外,还指在工夫市(旧时劳务市场)上找活干的人(即短工),现在专指时间了。

词义的转移　有的词义古今有了明显的变化。如“下不去市”以前指在工夫市(旧时劳务市场)上找不到活干,现在指到吃饭时间没人请吃。“掌柜的”原来指商店、旅店等店铺的负责人,现在逐渐被老板、经理所代替,而把“一家之主(当家的)”戏称为掌柜的。

同义词、反义词、多义词

同义词　高密方言的同义词不是一对一的关系,有时一个词有几个同义词。如,表示“刚才”:才将儿、将才、将忙儿、才急忙儿来、才将忙儿等。再如表示“吝啬”:小作、小气、苟之、抠嗖、嘎扭、乍古、乍杂子、狗食、蛆皮等。形容“小”:没点儿、没大点儿、没老点儿、一点儿点儿、精点儿、精嘎儿等。表示“时间长”:一纵吁、老纵吁、一大盘子等

反义词　常见的有:

好——糙　　丑——俊
欢起——恼　　脆生——皮筋
明白——混沌　　爽快——粘缠
小作——大方　　娇气——泼实
和气——阴毒　　实诚——刁滑
连利——拖拉　　技量——拙古

多义词　有代表性的:

1.低:a、倒霉:你低了吧。b、不受欢迎的人:你真是个低。c、应该:他想得便宜吃了亏,活低!d、令人厌恶:看看你这个低样!

2.扎箍:a、治疗:扎箍病。b、修理:扎箍车子。c、打扮:这衣裳挺扎箍人。d、整治:咱今天扎箍扎箍他!

3.拾掇:a、修理:拾掇车子。b、整理:拾掇一下桌子。c、拿:拾掇出饭来。d、责备:他挨了父亲一顿拾掇。e、惩罚:明天咱拾掇拾掇他!

熟语

成语　高密方言中的成语是高密人长期习用的定型化短语,历史悠久,丰富多彩,是熟语中的主要成员。如:

杀鸡问客　稀里马哈　热羊死偎
二郎八蛋　皮脸狗腚　里翻外和
嗷天鸣地　撇腔拿调　神念杂语
狗臭臊脑　猴头六脑　儒尔官服
福态福相　五大三粗　缉缡打撒
实实落落　差一抹二　胡打狗干
一窝当块　啦二撇三

惯用语　口语中较为通行的短语,高密方言中常见的有:

甩大鞋　看相声　出洋相
扯后腿　出上出　献殷勤
检洋料　插舌头　下架子
捞外快　胡闹台　上讲究
窝囊废　花架子　走过场
吃护食　口头语　马后炮
砸杠子　吹大牛

谚语　谚语中,有自然农业方面的,还有社会生活方面的。列出部分:

过了惊蛰节,种地不停歇。
清明前后,种瓜点豆。
三春不如一秋忙,三秋不如麦上场。
有钱买种,没钱买苗。
小满不满,芒种不忙。
芒种三日见麦茬。
六月六,看谷秀。
豆子开花,墒沟摸虾。
麦种黄泉谷露糠,豆子种在地浮上。
只割伤镰麦,不割伤镰谷。
谷高成,麦高秕,秫秫高了不晒米。
种地不施粪,等于瞎胡混。
人哄地皮,地皮哄肚皮。
清明断雪不断雪,谷雨断霜不断霜。
一场春雨一场暖,一场秋雨一场寒。

大雪不封地，过不了三二日。

日落北风死，不死刮三日。

久晴大雾雨，久雨大雾晴。

先下牛毛无大雨，后下牛毛不晴天。

旱了的东风不下雨，涝了的北风不开晴。

早看东南，晚看西北。

远亲不如近邻，近邻不如对门。

不听老人言，吃亏在眼前。

眼经不如手经，手经不如常拨弄。

一遍生，二遍熟，三遍不用问师傅。

不怕不识货，就怕货比货。

饥时帮一口，强起有时帮一斗。

吃饭先喝汤，强起开药方。

饭后百步走，活到九十九。

童谣

拉大锯，扯大怀，
姥娘不来妗子来。
擀单饼，熬菠菜，
撑得妗子起不来。

背草，拾草，
一拾拾了个大棉袄。
拽了吧，不割舍的，
穿着吧，虱子咬。

歇后语

刘连仁吃山韭菜——没有办（拌）法儿（1944年刘连仁被抓到日本当劳工，后逃到深山里，吃山韭菜充饥）

南山顶上滚碌碡——石（实）磕石（实）

石头蛋子腌咸菜——一言（盐）难进

葛家庙子雇人——葛（各）雇葛（各）（葛家庙子多是姓葛的）。

刘大人的靴子——底儿强（刘大人即清代刘墉）

西北风刮蒺藜——连风（讽）带刺

轴子里卷灶马——画（话）里有画（话）

注沟打仗——乔（翘）吵（注沟多是姓乔的）

道乡起了火——烟（胡）阎（言）（道乡姓阎的居多）

半壁店子去赶集——齐下呼家庄（从前店子村做买卖的多，离呼家庄近，每逢呼家庄集时，店子村多数的人都去呼家庄集做买卖）

第三节　语　法

词法

（一）用单音节词表示双音节词的意义。如：眼（眼睛）、牙（牙齿）、窗（窗户）、舅（舅舅）、姑（姑姑）、客（客人）、儿（儿子）、集（集市）、谷（谷子）、席（席子）、园（菜园）、灰（灰尘）、被（被子）、梳（梳子）、镰（镰刀）、面（面粉）等。

（二）词的重叠很灵活。名词、动词、形容词都能重叠：

车儿车儿、虫儿虫儿、包儿包儿、拌拉拌拉、扫巴扫巴、拍打拍打、大高高、大远远、大粗粗、精瘦儿瘦儿、精细儿细儿等。

（三）词缀构词很广泛。用在名词前表示人品的有“汉”“厮”“巴”等。如：瞎汉、聋汉、小厮、秃厮、哑巴、结巴等；有些动词能带“巴”“拉”“查”“嘎”“弄”等。如：撕巴、捏巴、划拉、抹拉、扒查、挖查、仰嘎、嚼嘎、摆弄、翻弄等。

普通话里的词缀虽然有“子”，但高密方言里“子”的用法更广泛，普通话里不带“子”的词，在高密方言中可以带“子”。如：蟹子、馅子、胰子、公子、母子、媳子、树枝子、嫚姑子、孙女子、牙刷子、澡堂子、雨点子、茶缸子、酒瓶子、电棒子、手背子、马扎子、苦菜子、疙瘩子、指介盖子、秫秫壳罗子等。

（四）“的”字短语用法很普遍。各种专业人员大部分能用“的”字短语称呼。如：种地的、说书的、要饭的、唱戏的、剃头的、赶马车的、跑买卖的、扎箍车子的等。

(五)量词用法很灵活。高密方言量词比普通话少,但用法很灵活,“个”能代表普通话的很多量词。如:一个鸡(只)、一个马(匹)、一个牛(头)、一个帽子(顶)、一个壶(把)、一个麻袋(条)、一个桌子(张)、一个锅(口)、一个汽车(辆)、一个火车(列)、一个船(艘)、一个飞机(架)、一个电话(部)、一个井(眼)、一个石头(块)等。

句法

(一)处所补语常省略介词。如:把饭端(到、在)桌子上。把它撂(到、在)天井里。

(二)跟普通话中带趋向补语和处所补语的“把”字句相当的句式。如:抓起他来(把他抓起来)。关他门外来(把他关在门外边)。

(三)很多地方用“开”作补语,而且不能用别的词代替。如:刮风〈开〉了(刮开风了)。发报纸〈开〉了(发开报纸了)。

(四)比较句不用“比”而是用“起”或“赶”。如:他走路快起我(他走路比我快)。我赶不上他学习好(我不如他学习好)。

(五)疑问句句子成分比普通话少,但表达的意义很明确。如:张?(这样吗?)吃了没?(吃饭了吗?)你上哪?(你到哪里去?)

(六)复句的关联词语与普通话不同的情况。

1.选择复句:

“要不……要不……”:咱要不就回去,要不就在这里干。

“不就……不就……”:今天不就我去,不就他去。

2.递进复句:

“不光……还得……”:不光叫他参加,还得叫他唱主角。

3.条件复句:

“但自……就……”:我但自能支持,就不打针吃药。

4.承接复句:

“急赶……就……”:急赶吃了饭,就八点了。

5.因果复句:

“得为……才……”:得为分家,兄弟才不合的。

6.假设复句:

“自应……就……”:你自应叫他去,我就不去了。

人 物

人物传

首轮所修的志书，立传人物45位，这次续修不再复载。本轮立传人物是由历史上和本轮断限时间内所选取的。

郑 崇（？~公元前3年） 字子游。《汉书》说他“本高密大族，世与王家相嫁娶。祖父以訾徙平陵”。他即是东汉郑玄的七世祖。郑崇青年时，为郡文学史，后任丞相大车属。后由于大司马高武侯傅喜的举荐，哀帝擢郑崇任尚书仆射。郑崇为人亢直敢言，常向哀帝进谏，而哀帝多予以接纳。后被尚书令赵昌诬陷入狱，冤死狱中，时为建平四年二月。郑崇归葬潍河东岸，今高密市阚家镇西部。

刘 鲕 字长鱼，东晋高密人，生卒年及今属何乡何村不详。《晋书》载他的事迹说“幼不慕俗，长而希古，笃学力行，化流邦邑”。于此可见颇有高名。咸康中（335~342年）成帝博求异行之士，刘鲕被公卿举荐，朝廷征召为博士。刘鲕随使者到京师，向朝廷自陈年老，不能担当，谢绝召用。刘鲕回到乡里，后以高寿去世。

苏禹珪（895~956年） 字元锡，《旧五代史》说“其先出于武功，近世家高密，今为郡人也。”今属何乡村不详。其父苏仲容，以儒学被乡里称颂。唐代末年参加科举考试，以九经科中第，初任官广文助教，后升任辅唐县令。苏禹珪为人谦和，虚襟接物，并能承继父亲的儒业。青年时，参加科举考试，以五经科得中。初被征用为辽州副职，后历青州、郓州从事，升任潞州、并州管记。入京初任检校，在任户部郎中时，后晋刘知远为河东节度使，苏禹珪被奏为节度判官。

出帝开运末，即后汉高祖天福元年（947年），刘知远于太原称帝，授苏禹珪中书侍郎平章事，位列宰相。是年五月十二日，刘知远自太原启銮进去汴京，改国号为汉，史称后汉。任命苏禹珪兼刑部尚书。九月，加官右仆射、集贤殿大学士。刘知远病死，次子刘承祐继位，尚幼弱，苏逢吉、苏禹珪辅政，一度起过重要作用，史称“二苏”。隐帝乾祐二年，苏禹珪晋右仆射。隐帝乾祐三年夏，后汉主被郭威杀死。郭威入都，宣召百官入朝。并派人往召因军败逃归的苏禹珪等宰相，请他们照常办事。时为乾祐三年十二月，澶州兵变，郭威自立为天子。入都后，改国号为周，史称后周，年号为广顺元年。苏禹珪被加官守司空同平章事。不久，罢相，只守本官。郭威卒，其养子郭荣嗣位，加封苏禹珪莒国公。世宗显德三年正月初一，苏禹珪在家与客对食之际，暴病而卒。

侯 蒙（1054~1121年） 字元功，《宋史》说他“密州高密人”，今属何乡何村不详。侯蒙自幼才智过人。成年后，“急义好施，或一日挥千金”。直至30岁时，方考取乡贡。次年，赴尚书省参与科举考试，中进士。侯蒙入仕途，先任宝鸡县尉，后改柏乡县知县。他判案准确，处置得当，广受赞誉。其上司转运使黄湜赞其“真能吏也！”极力举荐侯蒙升转。侯蒙由柏乡改任襄邑知县之后，不久即升任监察御史，做了京官。之后又晋官殿中侍御史。徽宗崇宁年间，侯蒙借天象异常向徽宗疏奏“去冗官，容谏臣，明嫡庶，别贤否，绝侥冀，戒滥恩，宽疲民，节妄费，戚里毋预事，阉寺毋假权”等10事以息天怒，切中朝政要害。此后，迁官侍御史。崇宁三年十月，侯蒙受命前往秦州理案，侯蒙既行，晋官给事中。及至秦州，又被拜为御史中丞。在秦州他既妥善处理了案情，又理性保护了刘仲武等18名官员性命。此后，侯蒙迁官刑部尚书，后改任户部尚书。大观四年(1110年)二月，侯蒙以户部尚书同知枢密院事。八月，进为尚书左丞，位列执政。政和六年八月，侯蒙晋官中书侍郎。后因蔡京诬毁，翌年十月，罢侯蒙执政，以资政殿学士出知亳州。宣和三年二月，改任东平府，未及赴任，即卒。

仪　铭(？~1454年)　字子新，今朝阳街道南曲人。其父仪智，字居贞，官至礼部左侍郎。仪铭少年时随父在京就学于学者吴讷，“嗜学罔怠”。明洪熙元年，由洗马戴纶荐，经过考试，宣宗即位，初被授行人。后升礼科给事中。仪铭在此任，与尚书陈山、张瑛等备顾问于文华殿，颇能持正论。9年秩满，帝念其父仪智旧劳，改任为修撰。英宗正统三年，参与修《宣宗实录》成，迁官侍讲，后改任郕府长史，管理庶务，“悉有条理，郕王甚倚重之“。正统十四年，瓦剌贵族也先率军攻明。七月十五日，英宗颁布亲征之诏，命令郕王居守京师。次日，英宗率师出京，与也先军交战失利。八月十五日，英宗在土木堡被俘。十八日，皇太后命郕王监国。九月初六日，郕王即皇帝位后，授仪铭为礼部左侍郎。景泰元年，仪铭被擢升南京礼部尚书。三年(1452年)五月，驿召还朝，拜太子太保兼兵部尚书。次年二月，兼詹事府詹事。景泰五年七月十七日仪铭卒，谥忠襄。

丘　橓(1516~1585年)　字懋实，号月林，今柴沟镇邱家大村人。明嘉靖二十九年进士。入仕后，由行人擢礼科给事中。嘉靖帝在位后期宠信作恶多端的奸相严嵩，迷信方术，久不视朝，由严嵩专国柄。丘橓上书有言“权臣不宜独任，朝纲不宜久驰”。之后又弹劾严嵩党羽宁夏巡抚谢淮、应天府尹孟淮贪污黩职，以致谢淮被罢官。嘉靖四十一年五月，严嵩获罪退休之际，丘橓又弹劾由严嵩提携而晋升的顺天巡抚徐绅等5人，3人被罢黜。丘橓迁官兵科都给事中后，曾劾奏南京兵部尚书李遂、镇守两广平江伯陈王谟、锦衣卫指挥魏大经等都有受贿使人进官之为，致魏大经去任，陈王谟革职。之后又弹劾浙江总兵官卢镗，致被罢官。嘉靖四十二年十一月，丘橓在处理辽东总督杨选等人案件时触怒嘉靖帝，被捕入狱，打60棍，革职为民。嘉靖帝卒，隆庆帝即位，起用丘橓任礼科都给事中。尚未赴印，旋擢南京太常寺少卿，又进大理寺少卿。丘橓在任，因丧子病倒，回乡将养。万历十年秋，丘橓被起用为右通政。尚未到任，擢左副都御史。丘橓入京，怕扰州县，暗暗乘坐一柴车赴任。丘橓一到任，即奏陈考绩、请托、访察、举劾、提问、资格、处理佐贰教职、馈遗等吏治之8积弊。奏陈开头说：今士风渐靡，吏治日益腐化，远近萧条，日甚一日。此非世运适然，系风纪不振之故。奏陈最后说：陛下果真能大为整顿纲纪，痛惩吏治弊端，天下就可以大治了。万历帝嘉许并采纳其奏议。不久，迁官刑部右侍郎。万历十二年(1584年)四月，奉命与司礼监太监张诚查抄张居正家。事毕回京，转刑部左侍郎。不久，拜南京吏部尚书。次年十二月初八日卒于官署。赠太子太保，谥简肃。丘橓著有《四书摘训》20卷，《礼记摘训》10卷，《望京楼诗文稿》2卷，《奏议》2卷。

单若鲁(1605~1672年)　字唯之，号拙庵，今醴泉街道城里人。其父单明诩，字叔赞，号对南，明万历四十七年进士。官至巡抚顺天、都察院右都御史兼兵部右侍郎。单若鲁清顺治三年进士，选庶吉士，点为翰林。此后历内国史院检讨、国子监司业、詹事府右春坊右中允、国子监祭酒，康熙初年迁官内弘文院侍读学士。曾参与纂修清太宗、世祖西朝实录。康熙六年（1667年），因疾回乡将养，再未出仕。单若鲁回里后，积书万余卷，手不停批，凡有关经国要务与人心风俗则密圈大点以志之。可见其虽遁迹丘园，而仍心世道。单若鲁博学广记，诗赋精工，编有《单氏世宝》，著有《语石居文》《语石居诗》等。

傅亶初（约1615～？） 字上生，号灏来，今密水街道南关人。其父傅钟秀，字海峰，明崇祯元年进士，官至太常寺少卿。史称傅亶初“沉静渊穆，寡言笑，有宿慧，读书过目不忘”。为清顺治十五年进士。傅亶初入仕，被授江南池州府推官。康熙六年裁推官后，为侍奉母，便断绝复仕念头。清康熙二年修《山东通志》，傅亶初被选拔参与。傅亶初工书善诗，著有《过庭录》《清风堂诗稿》等。卒年80余。

王飏昌（1628～1693年） 字子言，今密水街道东关人，清顺治十五年进士，选翰林院庶吉士，即被点为翰林。在此任间的顺治十六年，曾充己亥科会试同考官。后历内秘书院检讨，国子监司业，翰林院侍读、侍讲学士。此间，曾参与纂修《圣训》与《实录》。康熙二十六年（1687年）九月，迁礼部右侍郎。两年后的十二月，转为左侍郎。康熙三十年辛未科会试，他以礼部左侍郎任知贡举。下一年十一月以病免，翌年九月卒于北京。王飏昌诗文俱佳，著有《宗伯集》《积德堂诗稿》等。书法也极佳，有魏晋风。

刘统勋（1699～1773年） 字尔钝，号延清，今柴沟镇逄戈庄人。雍正二年进士，被选为庶吉士，散馆授编修。雍正五年，入值南书房。后又数迁至詹事府詹事。雍正十三年，入值上书房。乾隆元年擢升内阁学士，奉命赴浙江向浙江巡抚嵇曾筠学习海塘工程。次年（1737年）三月，尚在浙江被授刑部左侍郎。乾隆四年，其母卒，回乡守制。乾隆六年，刘统勋服阕还朝，九月，被授都察院左都御史。乾隆八年初至乾隆十一年，在浙江勘治海塘工程，署漕运总督，并勘察黄河事宜。乾隆十四年（1749年）十二月，迁官工部尚书兼翰林院掌院学士。次年七月，改任刑部尚书。此间又去察视治河事宜。乾隆十七年（1752年）十一月，以刑部尚书为军机处行走。乾隆十九年五月对准噶尔用兵时，刘统勋协办陕甘总督事，管理粮饷马驼。伊犁将军班第退却时阵亡。刘统勋被削职逮治，后发往军营赎罪。乾隆二十一年六月，复原官刑部尚书，仍入值军机处。九月，差勘铜山漫工，下一月，署江南河道总督。乾隆二十三年正月，转吏部尚书。下月，以吏部尚书充《续文献通考》馆总裁。次年正月，以吏部尚书为协办大学士。乾隆二十六年（1761年）五月，被授东阁大学士兼管礼部、兵部。乾隆二十八年，充上书房总师傅，教习庶吉士。乾隆三十年正月，兼管刑部尚书事。乾隆三十二年二月，与傅恒、尹继善为《三通》馆正总裁。乾隆三十六年（1771年）为领班大学士。乾隆三十八年闰三月，任首任《四库全书》总裁。十一月十六日清晨卒于入朝途中桥内。卒后，入祀贤良祠，谥文正。葬逄戈庄东南白家庄前。

刘统勋工诗，有后人结集名《文正公诗集》传世。

王万里（约1705～？） 字希江，号蘅洲，今柏城镇城律人，成长于富裕之家。他为诸生时，“制艺卓绝”，曾设帐于诸、莒间多年，门下弟子知名士亦众多。清大学士刘墉即曾跟其读过书。王万里于乾隆三十年中举人后，为拣选知县。

王万里著述颇丰，有《周易指南》《文批文法》《晴竹轩文集》等。还工诗《山左诗钞》收有他的诗。

王中孚（1727～1763年） 字木舟，号济川，今柴沟镇前水西人。其父王焘，字明远，号洋浦，清雍正二年举人。王中孚4岁学《切韵》，能辨五声，被誉为神童。乾隆五年14岁时中秀才。18岁应山东乡试，中第4名举人。乾隆二十五年应会试中会元，殿试后为二甲进士。科举考试中，所谓连中三元，"会元"为其中一元。王中孚以进士步入仕途，选翰林院庶吉士，散馆被授编修。乾隆二十七年，以编修出典河南乡试副主考（正主考为御史罗典）。因遭家人接二连三地去世，王中孚数遭艰困。主河南乡试后，祖父又卒，哀感回乡，既葬祖父，他也病倒，不久乃卒，年仅37岁。王中孚卒后，史载"天下学者痛惜之"。王中孚著有《念西斋文集》《诗集》等传世。

李怀民（1738～1793年） 名李宪噩，字怀民，号石桐，一作十桐，清生员，今醴泉街道人（何村不详），少年时随父移居今柏城镇大洪。其父李元直，字象先，号愚村，康熙五十二年进士，以庶吉士终官监察御史。李怀民十三四岁时（约在乾隆十六年前后）曾随父母去在山西省潞安府任同知的兄长官署年余。之后，多是在家侍奉父母，读书，写诗，作画，应付科考，也教授生徒。中年后，曾一度去胶州辛直作过数载塾师。其父去世后，李怀民与弟宪暠、宪乔相敬如宾，以学业相师友，以诗文相砥砺，对母亲更是关怀备至。李怀民成生员后，即"一意于诗"，终开立"高密诗派。"此派既立，一时在全国尚有一定影响。乾隆四十六年（1781年）九月十九日，李怀民奉母起程去在广西岑溪任县令的幼弟李宪乔官署。在桂一待4年，于乾隆五十年冬，随母回籍。因此，广西于高密诗派的理论与风格，影响尤大。李怀民著有《重订中晚唐主客图》2卷，另有《图说》1卷，补遗1卷，《二客吟》1卷，诗集若干集，选本《三李诗钞》内载其诗388首。此外，尚有《紫荆书屋诗话》《晋唐六家五言诗选》《李石桐先生注易经》《李石桐先生赴岑溪日记》《友朋书札》等。李怀民还善画，多为山水。

刘喜海（1793～1853年） 字吉甫，号燕庭，今柴沟镇逄戈庄人。其父刘镮之，字佩循，号信芳，清乾隆五十四年进士，累官吏部尚书。刘喜海，嘉庆二十一年举人。其父卒后，约于道光四年，以父荫授官兵部员外郎，后擢户部郎中。道光十三年（1833年），外放汀州府知府。在此颇孚众望，百姓感激他的德政，为其立生祠供奉。5年后，署兴泉永道道员。不久，改授巩秦阶道。道光二十一年，调延榆绥道。又改署潼商道。道光二十六年，升四川按察使。翌年，晋浙江布政使。两年后，转署理浙江巡抚。道光二十九年（1849年），奉诏入京。数月后，浙江巡抚吴文镕参奏该省帑银在27年内累计亏空数百万两，与刘喜海也有涉。又奏刘喜海终日耽于考古，而荒废职守。自此，刘喜海被夺官，仕宦生涯从此结束。咸丰三年十月卒。刘喜海是清代著名金石学家之一。在此一领域留下了若干重要著述。有辑录刻于长汀东石崖上宋人题名的《苍玉洞宋人题名》，有在西安所得青铜器物的《长安获古编》，有对河南、陕西文物研究专著《洛阳存古录》《龙门造像录》和《昭陵碑考》，有研究四川碑刻铭文的《金石苑》，有研究考释朝鲜古代铭文的《海东金石苑》《海东金石存考》。并将自己的收藏编目造册，称《嘉荫簃藏器目》。其中部分器物摹本，以《清爱堂藏钟鼎彝器款识法帖》为题刊出。此外，还有研究古代货币的《泉币图释》，有古钱币拓本汇编《古泉苑》，长达百卷，10余函。另有赏玩古钱币的诗作《嘉荫簃论泉绝句》2卷。

台泽滋（1859～1927年） 今夏庄镇台家村人。他家为铸造农具、寺庙钟磬等世家，产品工艺精湛，闻名乡里。传至台泽滋手里，更是精致，他所铸造的农具铁犁子、铲头生活用铁锅等，产品更精良，更坚固耐用，成为市场畅销品，除本地外，还远销鲁南、苏北等地，并有“台家铲到江南”之称道。

李廷璧（1876～1934年） 原名李宗鲁，宇省斋，又字惺哉，号功侯，今醴泉街道城里人。其以秀才入山东旧制高等大学毕业，清光绪三十二年（1906年）由刘冠三介绍加入同盟会。同年，偕邹秉绶去烟台帮助谢鸿焘创办东牟公学。次年，赴吉林，与徐镜心办建筑所及蜂蜜山招垦公司，冀以此团结同志，为革命厚集资力。然而，终因力绌而罢。1911年，辛亥革命期间，乃同连成基谋吉林独立。因军警监视甚严，难以实现。又往长春，与姜文卿、孙雨行等谋欲强行占领长春，又未成。李廷璧由此只身去奉天，与商震合谋发动武装革命，也未获成功。冬，他由大连赴烟台，与徐镜心组织共和急进会，拟以武装占领烟台后，再图谋进取。因武装力量不足，即由徐镜心去大连约连成基，由此急速集武装力量500人，于1912年1月，由徐镜心、连成基、李廷璧等率军攻克登州，接着又轻取黄县城。革命军占领黄县城后，清军集较大兵力反扑，因众寡悬殊，黄县城失守。黄县同盟会员王叔鹤及革命民众200多人遭杀害，李廷璧走免。2月，孙中山委胡瑛为山东都督，以军舰护之至烟台，成立山东军政府，李廷璧为财政司长。不久，清帝退位，南北议和，孙中山被迫宣布辞去临时大总统职务，烟台军政府也旋即撤销。李廷璧与连成基先去湖北，继又往天津，于日租界组织机关，潜谋革命。袁世凯贿买日本人取缔了党人机关，并将连成基送中国政府杀害，李廷璧饮恨逃回山东，去留日预备学校任校长，与谢鸿焘主持校务。后李廷璧请于当局，准各学生以官费转学，学校解散。周自齐督鲁，排斥党人。李廷璧赴烟台，匿于教会中，获以免祸。由此返回家乡，杜门不预外事，后患瘫痪，于三月五日卒。

李文斗（1895～1978年） 今姜庄镇东李家庄人，其祖父李良乾，父李仕清即为刻制年画木版艺人。李文斗自幼随父刻版，到他这一代，更是精湛异常。

李文斗对人物、花鸟、树石、山水、走兽以及印花纸之板俱能刻制。他所刻的窗屏更是让人称绝。李文斗所刻之木板，线条流畅，纹理精细，并能印出后比画稿更有神韵，且能左右开弓，既快且好。其子李凤荣，也能承继祖业，是一把刻版好手。所以，历史上，有多年人们对他家都称呼“刻版李家”。

李　鄂（1902.1～1995.1.5） 原名李渭清，字竹亭，今密水街道梁家屯人。青年时由县立中学考入免收学费的胶县教会瑞华中学。时教会学校毕业生不能考官办学校，便借用在县立中学同学李鄂的证书考入山东医科学校，从此改名李鄂。山东医科学校并入山东大学时，李鄂改为考入插班浙江医科学校，1929年毕业后，回乡行医。1938年春，李鄂的同学，在国民党保安七旅姜黎川部任副团长的李鹏久，介绍李鄂到七旅辖地胶县朱陈沟办医训班。翌年，七旅谋以医训班为基础，接收高密保安两个大队入伙，成立七旅十团。经姜黎川同意，由李鄂任十团团长。实则高密保安两个大队终未将人马拉入十团。此时的进步青年王爱中、李维廉等已加入李鄂部。次年春，在王爱中的策动下，李鄂参加了八路军，将十团改编为八路军胶高游击第三大队，但不公开。5月，日军扫荡，李鄂将所部拉回家乡。6月，李鄂加入中国共产党。不久，李鄂部与他想争取的保安队孙明斋部进驻姜家屯。李鄂见争取孙部无望，遂于中秋节晚上借过节吃喝之机，将第三大队撤向鲁东南根据地，李鄂为这支部队的大队长。李鄂率部到抗日根据地后，被改编为特委直属部队特务营，李鄂任营长。1940年11月后，李鄂先后任山东纵队二旅及滨海军区卫生处处长。1945年9月，随部队入东北，被任命为东北挺进纵队第一师卫生部部长。1947年10月，改任东北军区总卫生部医政科科长。1948年4月，改任中国医科大学二分校副校长兼卫戍医院院长。后又任哈尔滨医科大学校长。1950年3月，调任沈阳市卫生局局长。1960年4月，改任中国医学科学院辽宁分院校长。“文化大革命”中备受迫害。1979年6月落实政策，被任命为辽宁省卫生厅顾问兼中华医学会辽宁分会会长。1982年12月离职休养。

马相阶（1903～1927.11.18）　今密水街道东关人。其少年时读了几年书后，便帮助父母开的包子铺里做活。1921年春，经父亲友人介绍，考入青岛四方机厂艺徒养成所当徒工。马相阶入厂学徒，同乡傅书堂亦在学徒，遂成为至交。在傅书堂的引导下，1923年马相阶加入了四方机厂工人建立的圣诞会。是年4月，圣诞会成员加入了五路工会联合会。1924年10月的一天，中共青岛党组织负责人邓恩铭去四方机厂组织秘密工会，马相阶作为积极分子参加会议，并率先参加工会。是年12月，马相阶加入中国共产党。1925年2月，四方机厂举行大罢工，马相阶被推举为四方机厂工会执行委员会委员，并在之后成立的胶济铁路总工会里被推为执行委员。是年5月29日，青岛市爆发工人大罢工，反动当局进行血腥镇压，制造了震惊全国的“青岛惨案”，与接着在上海发生的“五卅惨案”同被载入史册。青、沪惨案发生后，胶济铁路总工会成立沪青惨案后援会，马相阶是负责人之一。6月21日，在共青团青岛地委召开的代表会议上，马相阶被选为团地委候补委员。任共青团青岛第三支部（四方机厂）干事会干事和第一组组长。7月23日的青岛部分纱厂工人大罢工被血腥镇压后，马相阶被四方机厂开除回乡。回乡后，他以开杂货铺为掩护，开展革命联络工作。1927年6月，军阀孙传芳部陆殿臣师败退高密，意欲独立。此时高密的国共合作尚未破裂，时任中共山东省委特派员的傅书堂与中共高密地方执委的同志决定，趁机派共产党员联合国民党县党部，以国民党的名义打入陆部发动起义。马相阶积极参与组织发动。终是陆部在孙传芳的胁迫下变卦，以致起义未成。因此，高密的共产党组织全部暴露，多被迫转入农村活动，而马相阶坚持在他的杂货铺联络点工作。不久，马相阶病，于农历十月二十五逝世。

刘先志（1906～1990）　今大牟家镇周戈庄人。1930年毕业生于燕京大学数学系，获理学学士学位。1934年考取公费留学德国，在柏林工业大学就读机械工程。1939年毕业后，获特许工程师学位，并留校任教。此间，又在哥廷根大学理学院学力学，1945年学业结束，获自然科学博士学位。翌年6月回国。

回国后，先应聘于上海工务局任工程师，后应同济大学之聘，历任教授、教务长、副院长。1951年，山东工学院派人去请他回山东办学，他欣然应允，翌年春回鲁。在山东工学院工作期间，曾去山东铝厂考察，撰写了《球磨绝对最高粉碎产品装载因素的推求及球磨在运用中力的关系》和《上端系固缠绕在轮盘上缆索的质量对于轮盘的铅直下降运动及缆索张力的影响》等论文，解决了不少生产实际技术问题。在1957年的反右和“文化大革命”的逆境中，他仍孜孜不倦地研究他的力学，撰写了具有划时代意义的论文60余篇。其中，有关论及平面曲轴八缸

V形内燃机二阶往复惯性力分析平衡问题的多篇论文，则创立了三种平衡方案，堪称力学科学领域中的三项重要发明。他的突出功绩是把热传导和固体力学结合起来，进行独有见地的热弹性方面的研究。他的论文《弹性平板内定常点型热源在该板里所激起的应力与变形》中提出的学术论点，纠正了世界著名力学家诺瓦斯基在这一研究中的失误。刘先志是第二、三、四、五、六届全国人大代表。1978年，他晋京出席了第一届全国科学大会。先后担任过山东省工业厅副厅长，山东省副省长，山东省第四届政协副主席等。1983年6月，经钱伟长教授推荐，他的26篇53万字的《刘先志论文集》经四川科技出版社出版。1986年，他获国家科技进步二等奖。

张少铭（1908.5.17～1997.3.1） 名张应泰，字少铭，今醴泉街道城里人。青年时入日本东京工业大学，1936年毕业，获工学士学位。又考取研究生，正当攻读之际，因卢沟桥抗战爆发而回国。抗日战争胜利后，为鲁豫晋区敌伪产业处技术专员，接收青岛茂昌冷藏公司、氧气厂等，并任啤酒公司技术股长，维新化工厂代理厂长。1948年去台湾建燃料工业厂，次年返回青岛维新化工厂。1949年，青岛解放前夕，他接受共产党地下工作者的领导，为保护工厂的财产和工人的安全恪尽职守。1955年11月，张少铭调化工部沈阳化工研究院任实验厂副厂长。1956年加入中国民主同盟。1957年11月2日，加入中国共产党。1958年10月，任该院总工办公室及院办公室主任。1959年，国家历史博物馆筹建时，他将所藏之西周召伯虎簋，西周都公务人簋盖，西汉石洛侯金印和石洛侯丞铜印、金山东路铜钞版珍贵文物捐献给国家。1960年4月任该院农药研究室主任。1970年，他又将729册古籍善本、29幅字画、65件铜器、1409枚古币、135方印章、21件玉器，无偿捐献给辽宁省图书馆和博物馆。20世纪70年代，曾经在棉花和其他农作物生产中起到很大作用的多菌灵，即是由张少铭和他的助手们所研制的。1978年，张少铭为该院总工程师、技术委员会委员、主任委员。张少铭曾为辽宁省第三届人大代表。全国第五届、第六届政协委员。中国植物保护学会第一届理事。中国化工学会农药专业学会第一届理事长和中国农药工业协会顾问。

1984年，被授予中国科学大会个人重大科研成果奖。

栗　群（1908.7.1～1992.12.14） 曾用名栗仕杰、厉仁杰，江杰，今柴沟镇马旺人。十三四岁去青岛一家汽车公司学修理工。之后，职业不固定，干过油漆工等。1927年9月，由表兄张惠卿和张恒介绍，加入中国共产党。1931年，栗群利用春节在家乡宣传革命时被捕，后被流放奉天，半路逃跑去天津。自此，与党失去联系。栗群在天津考取机车加油工，后当火车司机。由此又去浦口干机修工。卢沟桥抗战爆发，栗群回山东老家。1938年九十月间，又到南京当了司机。1942年秋，栗群重新入党。日本投降后，1946年4月，栗群等去徐州筹建地下工作机关。9月，由徐州随新四军到莒南。次年春节前，栗群又回徐州建立六工委机关，后撤往苏北六军分区。1948年7月，六工委撤销，人员改为前线工作队，栗群任副队长兼保卫组组长，在潍海战场敌我之间周旋。新中国成立后，栗群历任上海市公安局社会处干训班射击教员、副队长，上海市人民政府汽车修理所（厂）所长、副厂长。调劳改队后，先后担任过技术员、工程师、代厂长、副厂长等职。“文化大革命”中，受冲击和迫害。1982年于上海市第一劳改支队离休。

陈戟门（1908.10.23～1995.7.16） 名陈树棨，以字行，今柏城镇单家庄人。其父陈星炜，字柳南，清监生，一方名医，有《临床经验集》2册传家。陈戟门自幼读书于私塾后，先做塾师，后承家学习医，1934年始独立行医。1937年，在高密城东门里父亲开设的广仁堂药铺行医。1946年，去青岛悬壶于博山路，1948年回家乡。1955年，又进城开设诊所。翌年2月，将自己的诊所公私合营，他去高密县卫生院工作，兼任高密县中西医协会副主任。同年12月，任高密县政协副主席，仍义务为群众诊病。陈戟门长于瘟病的诊治。据自己的临床经验，写出了《瘟病论治》一书传世。他对中药的研究也有独到之处。在他的《蒲公英在医疗上的点滴体会》与《蒲公英为主治疗肾炎的经验》中，详细论述了蒲公英的药性特点、药理作用及临床方案。他还倡导人们以蒲公英为茶，强身健体，预防疾病。此外，他用中药治疗结石病、脾胃病、泌尿、妇儿科疾病等亦有较深的造诣。陈戟门除担任过高密县政协副主席外，曾为县人民委员会委员、山东省第三、四届政协委员。1980年，任县人大常委会副主任。1990年退休。

杜公振（1908～1986.1.31） 名杜正兴，以字行，中国民主同盟盟员，著名微生物学家，国家高教二级教授，曾为同济医科大学专家咨询委员会委员。今夏庄镇杜家官庄人。其父杜星北，字应斗，系民国7年第二届山东省议会议员，并曾出任掖县县长。杜公振于1933年毕业于同济大学医学院。次年，考取山东省公费赴德国土宾根大学医学院学习，获博士学位。在德国留学的5年间，先后在慕尼黑卫生实验所、汉堡热带病学院及柏林郭霍传染病研究所从事多种烈性传染病的病源学研究工作。1939年6月回国。杜公振回国后，即奔赴在昆明的母校任教，后随学校迁往四川。1946年随校回上海。之后，历任同济大学医学院细菌学及公共卫生学副教授、教授、主任及医学院院长等职。1952年，全国高校院系调整，同济大学医学院从上海迁往汉口和武汉大学医学院合并时，他去武汉，曾任中南同济医学院及武汉医学院校务委员会委员，微生物学教研室主任、教授及基础医学部主任，并被推选为中国微生物学会湖北分会副理事长。杜公振治学严谨，学识广博，学术造诣很深。早在德国留学期间，曾在德国全国性学术刊物上发表过“耐变尿素——酒精的颗粒在白喉杆菌和假白喉杆菌培养物中出现的意义及关于用动物实验检出流感病毒”方面6篇科研论文。抗日战争期间的1941～1942年，他到四川五通桥地区调查研究，发现趴病的病因是由于钡盐中毒，对防治和消灭趴病做出了重大贡献。新中国建立后，中国高等医学院校第一部《医学微生物学》，杜公振是主要编者之一。并参与制订《微生物学教学大纲》，主编《细菌学图谱》和设计制作微生物学教学幻灯片等。杜公振精通德、英两国语言，又自学了俄语、日语和法语。20世纪70年代中期，他参加编写《德汉医学词典》，并任副主编。20世纪80年代初期，他参加翻译、校审艾·贾维茨等著的《医学微生物学》新版本。

宋立安（1910～1994.4） 今夏庄镇夏庄人，少年时读书4年，12岁跟老银匠王文义学徒，从事金银首饰的精细手工艺活。18岁出徒，去青岛市台东镇威海路宝昌银楼干银工。宋立安擅长制造精细的金银戒指、手镯、项链、喜庆寿锁，镂雕龙、凤、金鱼、花鸟等纹饰，极其高雅，还能雕金银神像等工艺美术品。特别是他制造的银牌坊、宝塔、银耳环、咖啡壶、白兰地酒壶等器具，以及仿制古代欧美式刻花酒具，甚受市场青睐。新中国建立后，宋立安就业于本县内燃机配件厂干技工，充分发挥了他的冶铸、淬火、镂琢等方面的技艺。宋立安对金银工艺品的苦心研究，精益求精的制品，成为境内同行中的佼佼者。

傅玉真（1911.1～1997.10.17） 今醴泉街道文化村人，傅书堂的胞妹。1925年8月，哥哥傅书堂在青岛领导工人罢工遭通缉而返回家乡，创建高密第一个共产党组织——城市党支部，傅玉真帮助哥哥作革命工作。1926年春，傅书堂返回青岛，傅玉真同哥哥同往，配合党组织秘密开展工运工作。此后，在党组织的领导下，做掩护党组织工作。1929年1月，由曹克明介绍加入中国共产党。入党不久，傅玉真即与中共党员丁惟尊结婚。5月，丁惟尊叛变。8月8日，丁惟尊陪王复元去高密，傅玉真以夫妻关系同往。一下火车，傅玉真即对在高密站见到的党员示意逃走，未看到示意的党员均遭到毒手。当天回青岛后，傅玉真向市委揭发了丁惟尊的罪行。青岛市委当即决定，开除丁惟尊出党，并请特派员张英相机处决之。在傅玉真姑嫂配合下，8月10日晚，丁惟尊被击毙于滋阳路口。之后，又在傅玉真的配合下，叛徒王复元被处决。青岛市在一周内两次发生共产党处决叛徒事件，当局极为惊恐，一时形势更加严峻。自此，傅玉真与嫂嫂和党组织失去联系（此时傅书堂已去苏联学习），姑嫂二人只得回到家乡。回乡后，与已调诸城邮局的原任中共高密县委监察委员马馥塘取得联系。1930年1月，马馥塘暴露被捕。1934年春，马馥塘出狱后，傅玉真与其结婚。1938年，抗日战争开始，傅玉真将孩子寄养在老乡家，随丈夫参加了八路军山东抗日游击队四支队，任被服科干事。1941年4月后，先后在省工商贸易局、鲁中军区毛织厂、鲁中区工商管理局、鲁中行署托儿所工作。1949年5月，傅玉真调济南城，担任济南市托儿所所长。1956年10月，随同丈夫马馥塘调北京，任水电部幼儿园主任。1964年，改任水电部财务司福利处副处长。1982年12月，离职休养。

刘连仁（1912.7.25～2000.9.2） 农民，文盲，今井沟镇草泊村人。1944年10月13日，刘连仁下地干活收工回家尚未吃午饭，被高密伪军二团抓走，后辗转数日，与被抓的800多名老乡一起，经青岛运去日本，被送往北海道明治矿业公司昭和矿业所挖煤。在昭和矿业所，刘连仁遭受了地狱般的非人折磨。次年9月的一个夜晚，他终于由厕所的坑道里逃出魔窟。在山中，他遇到了也是刚逃出的4个难友老乡。他们食野果、喝山水、睡山洞，靠着强烈的回乡欲望与饥饿、寒冷、病魔抗争着。在经过日本人多次搜山、缉拿后，其他4名难友相继被抓，到1946年春天，只剩下刘连仁一人在山中过着孤独的野人生活。直到1958年2月8日，一个叫袴田清治的日本猎人，发现了刘连仁居住的洞穴。刘连仁被警方搜去。自此，刘连仁结束了13年地狱般的非人生活。4月15日，刘连仁回到了祖国。在天津，他受到祖国各界代表的热烈欢迎。刘连仁回国后，在家中受到各级政府的关怀，身心恢复很快，先后被选为公社党委委员、村主任，当选过高密县政协委员、人大代表和潍坊市人大代表。刘连仁晚年生活比较幸福，享年88岁。

卢友文（1913.11.29～2003.1.10） 名卢廷焕，以字行，今胶南市隐珠镇西卢家疃人。益都师范毕业后，回乡任教员，1940年始作革命工

作。1945年10月，滨北中学建立（时址在诸城县），卢友文入校任教。战时的滨北中学，随着形势的发展，校址不定，条件较差，师生有时做些革命工作。同年，卢友文加入中国共产党。1948年秋，滨北中学与石岛中学合并，于10月迁到高密城，卢友文随校来高密。自此，便在高密扎下了根，直至去世。这年底，学校中学部改称高密中学，卢友文仍为该校教员。1950年，任学校工会主席。次年，任教导主任。1952年，任学校党总支书记、校长。1959年，改任高密县教育局副局长。翌年，回原校，仍任校长。"文化大革命"中，受冲击与迫害。1976年，办理退休。1980年10月7日离职休养。卢友文是高密县第五届政协委员。他善于学习，著有《雪泥诗稿》，并刊印。

傅　生（1913～1991.10.29）　原名傅秀云，曾用名烈赤，今醴泉街道文化村人，是高密第一位共产党员傅书堂的三胞妹。1937年7月7日卢沟桥事变后，抗日战争全面爆发。是年12月，傅生辞别家人，踏上了抗日征途。1938年1月1日，在时在山东省委工作二姐夫马馥塘的推荐下，傅生被安排在山东人民抗日游击队第四支队宣传队。是年5月，加入中国共产党。翌年初，被调到淄博县委做妇女工作。10月，入山东党校学习。1940年2月，调任章丘县妇救会长。1943年，调鲁中区工商局工作。1945年，去蒙阴县任妇救会长。1947年，调到鲁中办事处工作。1949年南下，在浙江省温州地委工作。1952年，因病回山东省委组织部休养。1983年5月离职休养。

王　中（1914.8.18～1994.10.8）　原名单勳，笔名张德功，今醴泉街道城里人。1935年秋，王中考入山东大学外文系。翌年，山东大学部分学生组织中华民族解放先锋队（以下简称"民先"），王中任区队部组织委员。1937年10月，王中被派回家乡发展民先队员，并打入国民党游击队蔡晋康部。1938年1月，王中随蔡部去诸城，在此加入中国共产党。2月3日，日军占领诸城县城，王中随蔡部退往诸城南部山区莎沟一带。是月下旬，蔡部顽固派提出民先瓦解他们的队伍，为避免迫害，民先120多人分头撤出蔡部。王中分到驻江苏北部的东北军57军667团任宣传队长兼团直支部书记。不久，调任671团宣传队并任336旅党支部书记。1940年9月，王中调山东分局党委宣传部任干事，负责编辑《大众半月刊》。不久，调任《大众日报》编辑部通联科长。1942年春，调滨海地委《农民报》任总编辑。是年冬，调任《大众日报》通讯部副部长。次年，调《鲁中日报》任总编辑。1945年8月，王中被调青岛市委筹办《青岛日报》。次年春，又回《大众日报》，仍任原职。后任新华社山东分社主任。不久，被分配到沂北县任县委委员、民运部长兼民站部部长，并兼代管《沂山群众》报事。1947年春，参加沂山地委土改复查试点工作队，任组长。次年春，调沂山地委任生产救灾委员会秘书。秋，调济南市委《新民主报》任编辑部部长。1949年5月，上海解放，随军进入上海，任军管会新闻出版处秘书股长兼军事代表。7月，改任华东新闻学院教务长。翌年，调复旦大学任政治课教学委员会主任，并管行政工作与教课。1952年3月，改任本校新闻系主任、校党委常委兼统战部部长、副教务长。同时，被选为民盟上海市委副主任委员。1957年，王中被划为右派。1960年平反后调到校教学科学部任秘书，后又调新闻系任教。不久，又回教学科学部任理论组组长。“文化大革命”期间，王中受到批判和迫害。中共十一届三中全会后，获得昭雪，又出任复旦大学新闻系主任。并主持建立复旦大学分校，担任校长。王中是中国首批被聘的博士生导师，并担任国务院学位委员会文学学科审议组成员、中国新闻教育学会副会长等。1981年，他力主创办《新闻大学》杂志，并撰写了《论新闻》《论传播工具》《论宣传》等一系列论文和著述。1985年，王中离职休养。辞世后，他的学生为其出版《王中文集》。

王文治（1914～1995.2.26） 曾用名王宇清、王化一、王从义，农历三月十六日生于今密水街道南关傅家大街财主西贵堂的门房里。1932年夏，中学尚未读完的王文治报名参加了辽吉黑民众后援会来高密招募青年学生的行列。1938年4月，王文治到达延安，被编入抗大四期五大队。5月，加入中国共产党。

1939年7月，王文治去冀中，在抗三团四大队任教员，后回太行山。1942年到青岛搜集战略情报。在青岛，王文治以卖菜为掩护开展工作。翌年3月，迁北平，去冀东遵化第六团，先当勤务兵，后任上士文书。是年底，王文治随部移驻乐亭县。1944年2月，王文治南下，到太康马头集第二集团军张岚峰部任服务员，后任上尉参谋。次年，任军部参谋处参谋、少校参谋。日本投降后，王文治根据太行总部情报处的指示，继续做隐蔽工作。1946年7月，王文治身居虎穴4年，回到晋冀鲁豫军区所在地——邯郸，被分配到晋冀鲁豫野战军第六纵队司令部，先任作战科长，后改侦察科长。翌年8月，改任该野战军训练科长。1948年成立华北军区，王文治先仍任军区司令部训练科科长，后改任作战处副处长。新中国成立后，王文治改任华北军区司令部军训处副处长。1950年12月，进南京军事学院学习。毕业后，留校任班主任。1952年6月，任该学院研究部编辑出版室主任。后又历任该学院杂志社主任、研究部组织计划处处长、研究处处长。1961年7月，王文治调北京，参加中国工农红军第二十五军战史编写工作，并担任编委。1965年，调军事科学院外国军事研究部任编审室主任。“文化大革命”期间，先派作军管会工作，后进干校。1980年，落实政策后，先任军事科学院战史研究部研究员，后任该院战争理论研究部军职研究员。此间，曾被军委办公厅借调编纂《刘伯承传》，任编撰组党支部书记。1960年6月，王文治晋升为大校军衔。1982年离职休养。1991年10月，被授予中国人民解放军独立功勋荣誉章。

邹龙友（1916.2.10～2000.2.29） 今密水街道南关人。自幼受父、兄熏陶，喜欢书法，习字不辍。抗日战争前夕，山东省政府在济南招考录事，邹龙友与考。试题为在直径约一市寸的圆圈内抄写一段文章，写的字多、好，就被录取。参考百余人，邹龙友在前20名被取，被分配本县衙门里任录事，实则是专职抄写人员。1950年，邹龙友参加高密县工商联合会任文书，还是写字。自此，全县各单位的牌子，宣传标语、会标、奖状、政府布告等等，以及各机关单位所有的书写事宜，均由他书写。他的字，人称邹体，誉满全县，并有不少青年人一度学习他的书体成风。20世纪六七十年代，邹龙友的字遍布全县的不少场合，几乎是无字不邹。有时还被昌潍地区和所辖的有些县请去写字。出其手笔、人们记忆颇深的有1950年所书的“胶州大礼堂”名，1959年国庆十周年“昌潍地区农业展览会”大型会标，1975年“昌潍地区农业学大寨会议”会标及12米长的“光荣榜”文,“高密县烈士陵园”名、烈士陵园纪念碑碑文等。1977 年,邹龙友退休后,又留在人大办公室,做写字事宜数年。邹龙友的字书写特点:简约、疏放、耐看。楷、草、隶、篆均能,以楷、隶为多。传世作品有《扫盲课本》《韩氏家谱》《高密县袖珍地图册》(以上石印)《高密县重修郑公祠碑记》以及烈士墓碑和高密全县村碑(以上为刻石),并有大量个人收藏之墨迹传世。邹龙友是高密县第五届政协委员,潍坊市第九届人大代表,高密县第一届书画协会副主席。

王瑞琴(1916.10.12 ~ 2002.9.23) 今姜庄镇姜庄人。抗日战争初期,他参加秘密抗日组织,后被告发,日伪抓捕紧急,1939 年腊月去朝鲜投靠了在平安北道云山矿山一金矿做工的兄长王瑞成,靠搬运矿石为生。1945 年,朝鲜解放后,王瑞琴参加了中共经济代表团在朝鲜办的教育培训班。翌年,在朝鲜建立华侨联合总会时,王瑞琴被任命为平壤特别市东区华侨分会支部长。1947 年,王瑞琴被推为平壤特别市华侨贫雇农团委员长。次年,加入朝鲜劳动党后,8 月 1 日被任命为平壤特别市华侨联合会组织科科长。之后,又历任咸镜北道华侨委员会代理委员长、平壤特别市和平安南道华侨委员会委员长。1950 年,朝鲜内战爆发,王瑞琴被派往中国人民志愿军司令部保卫部和敌工部帮助工作。下一年,王瑞琴随中国人民志愿军敌工部返平壤,留敌工部工作。1955 年 9 月,以王瑞琴为团长的朝鲜华侨代表团回国参加国庆观礼。1960 年 1 月,被任命为朝鲜华侨联合会中央委员会副委员长。1965 年 12 月,王瑞琴回国定居。先安排在济南工作,后回高密任柴沟供销社副主任。1972 年调袁家供销社。中共十一届三中全会后,王瑞琴选为高密多届华侨委员会委员,并当选为高密县第八届、第九届人大代表,高密县政协第四届、第五届常委。1983 年离休,享受副处级政治生活待遇。

高禹民 (1916 ~ 1940.12.1) 原名单忠义,曾用名高升山,境内何乡何村不详。高禹民 8 岁随父母闯关东,去黑龙江依兰县土龙山,后又迁勃利县。高禹民 10 岁入学读书。不久,父母病逝,遗下姐弟二人相依为命。后姐姐嫁到城北门外老李家,高禹民随姐姐寄居。之后,其父生前好友黄云正将高禹民收养为义子。黄家在城里开小饭馆,高禹民又得以入学读书。因他聪慧勤奋,手脚利落,甚得黄氏夫妇喜爱。1934 年,高禹民考入依兰县立中学。中共依兰县委书记唐瑶圃(即姚新一),就在该校以教学为掩护从事党的工作。1935 年,经唐瑶圃介绍,高禹民加入中国共产党。是年秋,他担任该校党支部书记。1936 年底,高禹民被中共北满临时省委任命为依兰县委书记。自此,高禹民脱离学业,走上职业抗日道路。不久,调至中共北满临时省委做宣传工作。1937 年初冬,高禹民被调任中共下江特委书记。在艰苦的对敌斗争环境下,开展革命斗争。1940 年 1 月 28 日,高禹民被选为中共北满省委执行委员。4 月中旬,高禹民参加了东北抗日联军第三路军在通北县南北河召开的三、六军干部联席会议,会上,高禹民改任为第九支队政委。9 月,第三、第九支队合兵攻打克山县城时,高禹民部用棉被、毯子裹身,越过带电的铁丝网,占领伪团部,直捣伪县公署。夜半,战斗结束,取得胜利,解救了 300 多名被关押的群众,有 200 多名当即参加了抗日联军。此战役后,高禹民被调任第三支队政委。12 月,第三支队在阿荣旗境内鸡冠山宿营时,突遭数倍于己的敌军袭击，高禹民壮烈牺牲。

高润滋（1917.10.31～1993.7） 今阚家镇高家山甫人，他成长于热爱茂腔戏之家，自幼爱听戏、爱唱戏。青少年时便随其父于逢年过节时搭班在乡下演出。

高润滋工老生，身材适中，扮相俊雅，嗓音厚实，吐字清晰有力，在行内颇有名气。1952年，民营民乐茂腔剧团成立并到高密城搭台卖票演出，高润滋加入为主演。1954年去公办的职业剧团——高密县胜利茂腔剧团。1956年9月参加山东省第二届戏曲会演，他在《张郎休妻》中饰演张郎，获二等奖，后享受知识分子待遇。“文革”期间，剧团改唱京剧样板戏，高润滋只是饰演些配角。恢复演出传统戏时，高润滋又恢复了艺术的青春，经常参加演出。1982年退休。

张　朋（1918.3～2009.6.23） 字锡百，今醴泉街道北关人。12岁自学绘画，亦工亦写。先学高凤翰，中年时师法齐白石，专攻大写意一路，卓然自成一家。

1940年始，张朋从事小学教育，教美术。1978年任山东纺织工学院教授。

自20世纪80年代初，张朋的绘画艺术渐受到人们的认知和推崇。他的绘画布局和谐，造型夸张，尚意求神，用笔简洁，为杰出的独具个性的国画艺术家。有人把张朋和黄秋园、陈子庄、陶博吾列为在野派四大家。张朋书法、制印亦工，他用之印，多为自制。张朋系中国美术家协会会员，青岛画院名誉院长。

刘力一（1919～1939年） 原名刘蕴淳，今柴沟镇小张戈庄人。15岁考入诸城简易乡村师范。卢沟桥抗战开始，他参加了抗日活动。1938年8月，入沂水县岸堤八路军山东军政干部学校学习。同年9月加入共产党。10月，中共诸城县委在岸堤成立，刘力一任宣传部部长。翌年冬，在肃托时，被怀疑为托派分子处死。1980年4月2日，山东省民政厅批复给予平反昭雪，并追认为革命烈士。

张作良（1920～1984年） 今夏庄镇小寄庄人。1945年8月去青岛冀鲁针厂当淬火工。青岛解放后，曾先后任车间生产管理员、检查科专职检查员。1958年后，又重回淬火工序任生产班班长。此间他对旧式手缝淬火炉进行大胆革新，将固体反射炉改成明火反射炉，扩大了炉火存量，由原来容纳耐火坩埚96个增加到122个，并利用余热再将回火槽、清洗槽连成一片，进行流水作业。一炉三用，一月可节约煤炭13吨，还减少了劳动力。这一革新成果，在全国各针厂推广。张作良曾于1950年荣获全国劳动模范称号。1951年出席山东省第一次劳动模范大会。

康　宁（1921～1993.7.7） 原名傅余声，字蕴生，曾用名傅惠余，今醴泉街道文化村人。1937年考入山东省立第一师范。卢沟桥抗战爆发后，学校南迁，康宁未随校流亡而回家。1939年夏，考为青岛铁路机务段擦车夫。1944年初，康宁随党组织特派员穿过敌人重重封锁线后抵达鲁中抗日根据地。1945年，日军投降后，康宁调山东分局城工部，被派往青岛做地下工作。1946年1月，被分配到山东大众日报广播编辑科。1947年4月，康宁被调新华社烟台支社任助理编辑。9月，改任编辑。1948年3月5日，成为中共预备党员。

烟台支社南下后，康宁被分配到新华社豫西分社任广播编辑组组长。1949年2月，转为正式党员。同时，他随同分社从豫西区党委所在地鲁山迁往开封，改为新华社开封分社。6月，改为河南分社，他任编辑组组长。1952年5月，康宁被调中宣部、新闻总署、新华通讯社联合举办的理论班学习。下一年5月结业后，回河南分社仍任记者，并任编委会委员。1956年5月，康宁以原职调新华社山东分社。1958年被戴上右派帽子，开除党籍，开除公职，送往王村劳动教养。1962年11月，康宁被撤销部分处分后随妻子去东阿工作，在一所小学任教研室副主任。1963年5月10日，被摘掉右派帽子。"文化大革命"中又受到批判迫害，直至1973年初，康宁被任为聊城地区艺术馆副馆长。不久，改任馆长。此间他创作的《新风之歌》和《槽头新曲》两个话剧，在省里会演获奖。1977年8月，康宁被任命的聊城行署文办副主任、党组副书记。中共十一届三中全会后，落实政策，康宁享受副地级政治生活待遇。1983年12离休。

鞠增耀(1927~1999年)　今朝阳街道姚哥庄人。青年时在县城一家铁工厂学徒，后入青岛纺织机械厂做工。1964年调河北省邯郸市纺织机械厂工作，历任技术员、技术科长、总工程师。曾主持参与多项重大技术革新，先后被评为河北省邯郸市先进工作者，河北省技术革新能手和全国优秀质量管理工作者等。1988年被纺织工业部聘为高级工程师，为纺织工业部里少有的几位工人出身高级工程师之一。

张奎生(1931.1.31~2008.4.28)　江苏省灌云县伊芦乡山东头村人，曾就学于海州师范，后函授于曲阜师范学院数学系本科。1951年调山东革命残废军人速成中学任教。1955年10月，调高密康河小学教学，自此在高密安家落户。翌年，调高密函授师范学校工作。1957年，被划为

右派，降三级工资留用。之后，1958年9月去高密七中（址在井沟）、1962年8月去三中（址在柴沟）、1972年6月去八中(址在水西)、1978年8月调回三中，均任教师。平反后，1980年被评为特级教师。1983年调五中(址在县城)。1986年调高密县教师进修学校，在两校俱为副校长。张奎生对中学的数学教学颇具经验，深受学生们爱戴。他曾总结中学数学重点以及如何安排复习等问题撰成论文，在全国中学教育杂志发表，颇得好评。1988年晋为中学高级教师。张奎生1991年退休。他是高密县第五届政协委员；高密县第九届、第十届、第十一届人大代表；山东省第六届人大代表。

王仙梅(1931.3.5~2001年)　女，今柴沟镇南埠人（娘家今诸城市桃林镇小亮马村，解放后迁林家村镇潘家庄)。她生长于茂腔世家，7岁即能登台演出。她的老外祖母号老满洲，幼年出过家，能唱海冒子调。还俗后，在鲁东南一带演唱谋生，后定居日照县老牛窝，与唱肘鼓艺人丁某结婚。她将海冒子调与肘鼓相结合，创立了一种新腔——冒肘鼓(新中国建立后将"冒"改为"茂")。老满洲的次女丁宝红，即为王仙梅的祖母，是红极一时的冒肘鼓演员。王仙梅的父亲王福举，曾在青岛为剧团打鼓。王仙梅工旦角，与丈夫乔俊鲁(唱生行)先去青岛，与后之金光茂腔剧团的同行们在青岛演出，后回高密。1952年，王仙梅加入今密水街道辛庄刘玉堂所组班的群力剧团，在高密城卖票演出。1954年，群力剧团由民营改为专业剧团。

下半年划归藏马县，为藏马县剧团。是年秋，该团参加胶州专署文艺会演，演出《李二嫂改嫁》，王仙梅饰李二嫂，获演员一等奖。1955 年 9 月，该剧团划归诸城县，次年称诸城县茂腔剧团。1959 年 12 月，王仙梅任该团副团长。享受知识分子待遇。1965 年 9 月诸城县茂腔剧撤销时，王仙梅调胶南县茂腔剧团任副团长。"文化大革命"中受冲击，后回高密家乡。中共十一届三中全会后，王仙梅被诸城县剧团招回工作。为落实政策，1980 年 12 月，王仙梅又回胶南剧团，直至 1986 年办理退休。王仙梅为丁氏冒腔第 4 代传人，演唱俱佳，尤善唱，先后主演过大小剧目近百出，多次获得地区以上荣誉。王仙梅于 2001 年农历十月二十八日，在诸城城府东二巷 68 号家中故去。

焦岩峰（1932.9.20 ~ 1995.6.12） 字屯夫，号三面岭野人、天湖野人，今醴泉街道沂塘人。1950 年师范毕业后，始任小学教师。1958 年，调高密电影院从事美术工作。1970 年调高密县文展馆任美术组组长。1986 年调潍坊市文联工作，并任潍坊市美协副主席。焦岩峰擅画国画，年画和连环画，不少作品由多个出版社出版。1964 年创作的《小黑妮》，由山东群众艺术馆收藏；与齐新民合作的年画《洪水到来之前》，被中国美术馆收藏。焦岩峰还撰写绘画、剪纸方面论文多篇，为多家报刊刊载。1989 年，撰写高密民间艺术文献资料片脚本《乡土瑰宝》6 集，由潍坊市文化局拍摄，可连续播放 180 分钟。焦岩峰为一级美术师，中国美术家协会、中国民间美术学会、中国民间工艺委员会、中国民俗学会会员，中国民间剪纸研究会理事，潍坊市雕塑壁画研究会副会长，东方翰墨研究会副会长。

刘峰岫（1944 ~ 2007.1.8） 今醴泉街道鲍家庄人，1966 年 3 月加入中国共产党。曾任中共潍坊市委常委、秘书长、副书记。在任为潍坊市农业产业化的重要倡导者之一。1997 年调山东省人民检察院，任党组副书记、副检察长。并曾为山东省第八届、第九届政协常委。

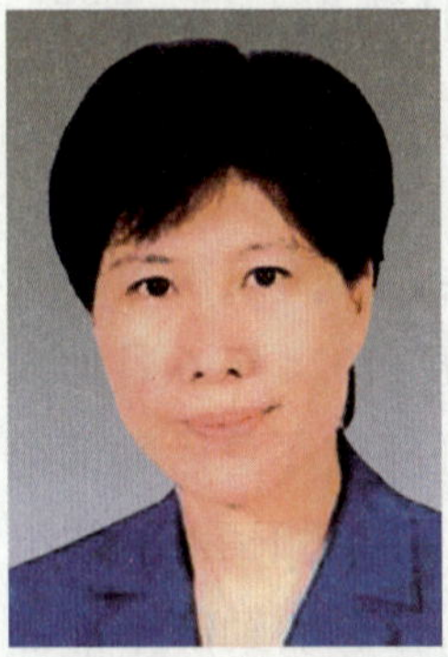

蔡秋芳（1956.10 ~ 2005.9） 女，今大牟家镇小牟家人。8 岁随母亲去父亲所在部队驻地安徽合肥随军。1975 年，在知识青年上山下乡运动中，回小牟家老家务农。此间，曾任生产大队的技术队长、大队共青团支部书记。1977 年，安排知识青年就业时，被分配高密县橡胶厂任团委书记。1978 年，蔡秋芳考入山东莱阳农学院。毕业后留校任教。1986 年考取北京农业大学研究生，获硕士学位。同年，加入九三学社。后又历任莱阳农学院农学系副主任、教务处长、院长助理、副院长、教授。1996 年，加入中国共产党。1998 年任山东林业厅厅长。2001 年任山东省人民政府副省长。蔡秋芳曾担任莱阳市第七届政协副主席。山东省第九届、第十届人大代表，全国第九届、第十届人大代表，山东省九三学社第三届、第四届委员会主任委员，九三学社第十一届中央委员会常委。

人物简介

以下人物多为新中国建立后成长起来的各界精英。他们由境内走出，活跃在全国各条战线上，尤其改革开放以来，他们为社会的中坚力量。

按姓氏笔画为序。

于启忠 1962年11月生，今井沟镇南高戈庄人。1982年9月应征入伍，翌年考入军校，并加入中国共产党。之后，历任排长、连长、股长、站长等。2007年晋升副师职。

王一山 1954年9月生，今醴泉街道于家村人。1972年12月应征入伍。1974年6月加入中国共产党。大学文化。历任解放军总后勤部纪律检查委员会办公室秘书，干部部干事，科技组副组长、组长。1997年1月，任总后勤部干部部副部长。现任解放军总医院政治部副主任。大校军衔。曾立三等功2次。

王一文 1945年7月18日生，今柏城镇柏城人。1964年12月应征入伍。1966年5月加入中国共产党。历任公安总队班长、分队长，解放军某部排长、连长、团作战训练参谋，司令部外事参谋、副团职秘书，离休干部办公室主任、处长，军职以上离休干部干休所所长，某部司令部办公室主任，某部预一师参谋长，部队派驻北京科技大学师职军事理论教员。1992年被授予大校军衔。2002年退休。

王心坤 1952年8月26日生，今柏城镇柏城人。1977年毕业于山东矿业学院，分配至兖州矿务局唐村煤矿工作。历任技术科长、副矿长、矿长，公司矿质运销部部长。现任兖州矿业股份有限公司副总经理、党委常委、董事会执行董事。为工商管理硕士学位，高级经济师。

王佩锞 1953年7月生，今井沟镇前院头人。1972年应征入伍，后调解放军总医院放射科工作。1975年5月去南京军医学校学习。之后，曾赴德国，瑞典，美国受培训与考察医疗技术，今在解放军总医院医学工程中心工作，军衔为文职三级。曾在数个医学杂志发表论文多篇。

王金华 1949年9月生，今密水街道下家庄人。1975年毕业于山东师范学院，分配山东大学外事处工作，曾任科长。1986年考入加拿大圣路加学院英语专业博士研究生班。1990年获英语博士学位。

王金卓 1947年1月11日生，今井沟镇前院头人。1974年7月加入中国共产党。由高密县革委办公室调潍坊，历任地区行政公署办公室秘书、副科长，市政府办公室副主任、副秘书长兼办公室主任，中共奎文区委书记，潍坊市第九、第十届政协副主席、党组成员。曾参与编写《机关行政管理学概论》等。

王金源 1929年10月29日生，今密水街道大胡兰前人。中共党员。历任高密县某公社党委书记、县生产指挥部主任、县委副书记，昌潍地区计委主任，寿光县委书记，昌潍地区潍坊市委书记，地区行署企业政治部部长，潍坊市政协副主席。1994年离职休养。

王衍成 曾用名王衍录，1934年9月10日生，今姜庄镇王干坝人。1948年10月参加过中国人民解放军，为新四军某部战士，参加过淮海、渡江战役。1950年3月加入中国共产党。次年12月赴朝作战，参加过东海岸守备战、中线反击战等战役。1955年12月回国。翌年任华北军区某部营参谋长。1957年任北京军区某团军械助理员，后任团政治处干事、股长。1968年任北京卫戍区某部营教导员，师政治部科长，团政委，师政治部主任、师政委。1985年任卫戍区副政委。1988年被授予少将军衔。曾立三等功5次。先后入中央党校、政治学院、国防大学学习。

王新山 1936年12月生，今姜庄镇大屯人。1956年应征入伍，历任某部供给员、司务长、助理员、副科长、副处长、副部长、正师职后勤部长。曾立三等功1次，受嘉奖4次。

孔　杰 1963年6月4日生，今夏庄镇十里堡人。中国海洋大学毕业后，继考读研究生。分配到青岛黄海研究所工作，曾任主任研究员。博士学位。

仪平策 1956年9月3日生，今柏城镇大吕人。1984年毕业于山东大学，继攻读硕士学位，留校任讲师。1997年晋副教授。2000年晋教授。2003年，获文学博士学位。2006年6月，任文艺学专业博士生导师。1993年加入民盟，历任民盟山东大学东校区总支主委、山东省委委员，山东大学基层工作委员会主任、山东省委驻会副主委，民盟中央委员。曾为济南市第十一届政协委员、山东省第九届政协委员。又曾为山东省第十一届人大代表、人大常委会委员和人大教育科技文化卫生委员会委员。

任洪春 1962年12月12日生，今柴沟镇朱翰人。1980年应征入伍，1984年毕业于天津军事学院。中共党员。历任修理厂厂长，教员、教研室主任。系高级工程师，副师职职务。曾立三等功2次，获6项军队科技进步奖，出版著作6部，发表论文数十篇。

刘玉忠 1940年生，今密水街道荆家屯人。1963年任姜庄公社团委书记，后曾任高密县第二工业局局长、康庄公社党委书记。1976年11月调昌潍地区潍坊市任副书记兼潍柴党委书记。1978年赴西藏工作。援藏回，任潍坊地区交通委主任。1990任山东省交通厅副厅长，后任高速公路管理局局长。2004年退休。

刘世林 1963年3月生，今柴沟镇逄戈庄人。现在河南开封某部队工作，副师职。

刘新宝 1958年2月生，今柏城镇郝家庄人。1976年2月应征入伍。1979年入江苏淮阴师范学院学习。1982年毕业后，回部队任干部文化学校副连职教员。1986年，任某部司令部直工处干事。两年后任某部警卫调整连政治指导员。1988年任某部司令部直工处副营职干事。1990年任防化营政治教导员。3年后改任某部军政治部干部处正营职干事。是年底晋副团职干事。1995年任干部处副处长。1996年任某部炮兵旅政治部主任。2000年任炮兵旅政治委员，被授予大校军衔。2004年任上海市徐汇区人武部政治委员，区人大常委会委员、常委。在部队期间，曾两次立三等功。

孙述涛 1964年11月生，今大牟家镇南集人。1982年毕业于山东农业大学，留校任林学院院长。翌年于南京林学院攻读硕士学位。1991年始，继续攻读博士研究生。1997年7月任菏泽市市长助理。次年，任菏泽市副市长。1999年调山东省委组织部，后任副部长。2008年2月，任威海市市长。

孙潄溪 1953年12月生，今柴沟镇逄戈庄人。中共党员。现在总参某研究所江南计算机研究所工作，副军级职务。

李功民 1953年3月生，今井沟镇后李家庄人。1970年12月应征入伍。1972年7月入党。入伍后，历任排长、连长、营长、团长、师参谋长、副师长。1997年3月任武警广东总队参谋长，翌年任总队长。2003年10月任武警西藏总队总队长。少将军衔。

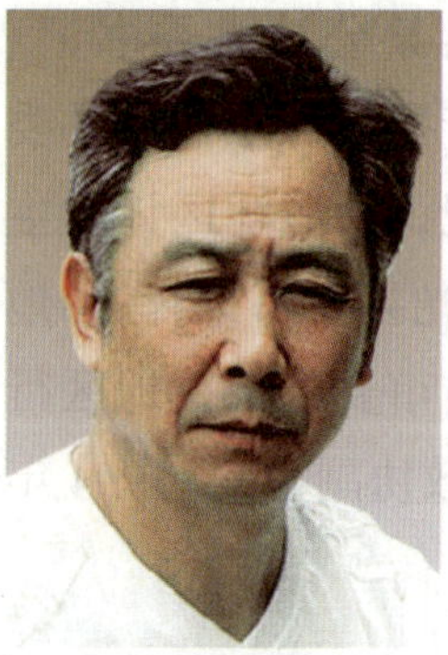

李兆虬 1957年9月8日生，今柏城镇大吕人。1977年应征入伍。中共党员。1992年毕业于山东艺术学院美术系。现任济南出版社副编审。他工国画，其作品曾多次入展全国美展并获奖。他为中国美术家协会会员、山东省书法家协会会员，山东画院高级画师。2005年结集出版《李兆虬国画作品集》。介绍其画艺事迹的《人物名家——李兆虬》，于2007年由山东美术出版社出版。

李岩峰 1971年3月生，今柴沟镇柴沟人。中共党员。1994年毕业于曲阜师范大学中文系后，又考入中国政法大学。毕业后，分配去最高人民法院《人民法院报》社工作，始为记者，现任副总编辑。2005年获博士学位。

李祥章 1951年6月生，今醴泉街道北大王庄人。1970年应征入伍，分配部队文工团工作。1976年调海军政治部歌舞团，历任乐队首席独奏演员、乐队队长。著名二胡、高胡演奏家，国家一级演奏员，享受国务院颁发的政府特殊津贴。系中国音乐家协会会员、中国音乐家二胡协会常务理事，中国民族管弦乐协会会员。2002年10月为中国艺术研究院研究员。曾3次立三等功。

李清池 1960年9月生，今阚家镇远家屯人。1979年12月应征入伍。1984年9月加入共产党。1987年毕业于军事科学院。硕士学位。现任第二炮兵装备审价中心高级会计师。曾立三等功2次。

肖振声 1964年8月生，今大牟家镇张肖寨人。1982年8月加入中国共产党。博士学位。历任北京第六工业机械部律师，中央电视台记者、综合科科长、新闻采访部副主任。2005年起，任该台社会新闻部主任。

吴元宝 1949年7月生，今大牟家镇郇李村人。1970年12月加入中国共产党。历任本县农业办公室秘书，县政府办公室副主任，主任，县委常委、政法委书记，市委常委、纪律检查委员会书记，市委副书记、市长，市委书记、市人大常委会主任。2004年3月调潍坊市人大常委会任副主任。

邱元奎 1963年4月11日生，今柴沟镇西店人。1981年应征入伍。1985年6月加入中国共产党。1987年，任武汉工程兵指挥学院副院长。

邱毓才 1935年11月17日生，今柴沟镇邱家大村人。中共党员。1959年7月考入北京体育学院，毕业后留校工作，任运动系党总支副书记兼副主任。1976年3月，调国家体委任办公厅行政处政治协理员、党支部书记。1978年底，任群体司学校处处长。1985年任首都体育馆党委书记兼馆长。1990年3月，回国家体委群体司任司长兼党支部书记，直至1996年2月退休。曾为国际龙舟联合会副主席，中国龙舟协会副主席，亚太地区残疾人联合会执行委员，中国残联副主席等。2005年5月15日，获国家颁发之“中华人民共和国体育工作贡献证章”。

邱兆瑞 1951年6月生，今密水街道大高家庄人。1969年应征入伍，历北京军区司令部机要员、参谋，解放军第二六四医院政治处干事，北京军区后勤第五分部政治部干事、副科长、科长，解放军第二八二医院政治委员，北京军区联勤部第五分部政治主任、总医院副政委。

宋世友 1957年12月生，今柏城镇冶家庄人。1976年2月应征入伍。1979年9月加入中国共产党。历任二炮某部司务长，后勤处管理排长、管理员，财务处助理员，仓库综合库政治指导员、副主任、主任，二炮后勤处财务部会计处助理员，财务结算中心副主任、主任。2002年任二炮审计局副师职审计员。同年12月被授予大校军衔。

迟昭厚 1944年1月10日生，今柴沟镇于戈庄人。1964年8月，入山东省委党校青训班学习，1968年8月结业后，在本县中学任教。1971年2月加入中国共产党，调井沟公社党委任常委、秘书。1973年5月，调任共青团高密县委副书记，1976年9月任书记。1978年1月，任仁和公社党委书记。1980年7月，任中共高密县委常委、宣传部部长。1982年2月，任中共高密县委副书记。1984年2月，调任潍坊市乡镇企业局局长、党组书记。1986年1月，任中共临朐县委副书记、县长，1989年10月任中共临朐县委书记。1992年12月，任中共潍坊市委常委。1993年3月任中共潍坊市委常委、组织部部长。1997年12月任中共潍坊市委副书记。2002年4月任潍坊市政协主席。曾为山东省第七次党代会代表。

张建中 原名张新露，字润华，1928年生，今密水街道南关人。1946年考入青岛师范学校。1948年去解放区，任新华社编辑、记者，编《支前画报》。1950年加入中国共产党。此后，从事新闻、出版、美术及美术教育工作。1980年组织黄山画会。1983年办黄山画院，任院长。他工国画与书法，为一级美术师，中国美术家协会会员，中国书法家协会会员，中国美术家协会安徽分会副主席。系黄山画派的主要代表人物，是联合国国际艺术教育协会的第一位中国会员，任美国中华艺术学会终身名誉会长。1983年，大型《张建中画册》由安徽人民出版社出版。有许多作品在多个省城及北京展出、获奖，并被多家博物馆收藏。在国际上也有一定影响。

张昭福 1946年6月6日生，今阚家镇尹家宅人。1968年毕业于青岛冶金建筑学校(青岛理工大学前身)，同年应征入伍。翌年加入中国共产党。历任战士、文化教员、宣传科干事、海军航空兵第二十二团机务大队副政委、海军航空兵第二十二团飞行三大队政委、海军航空兵第八师政治部组织科科长、海军南海舰队航空兵政治部组织处副处长、处长、海军航空兵第二十七团政委、海军航空兵第九师政治部主任、海军航空兵独立第一团政委(副师职)、海军航空兵第九师政委、海军南海舰队航空兵政治部主任、海军北海舰队航空兵政委、海军东海舰队航空兵政委。2002年11月至2007年3月，任山东省政府副省长、党组成员。2007年3月至2010年5月，任山东省政府特邀咨询。1996年7月被授予海军少将军衔。

孙洪升 1969年10月生，今柴沟镇小张戈庄人。1998年毕业于云南大学，获博士学位。曾在北京师范大学从事博士后研究、任美国哈佛大学费正清东亚研究中心访问学者。现为中央财经大学经济学院教授、中国经济史学会理事。出版学术专著《唐宋茶业经济》(社会科学文献出版社，2001年，获北京市第七届哲学社会科学优秀成果一等奖)；参加编写《中国金融史》(高等教育出版社，2008年)；承担国家社科基金重点项目《中国城乡市场长期发展研究》部分内容的研究工作。

张德修 1954年9月生，今朝阳街道代家屯人。1972年应征入伍。1974年4月加入中国共产党。1982年毕业于山东大学经济系，参加工作后，历任《农村工作通讯》杂志社编辑、农业部办公厅副处级秘书、杂志社总编室副主任。1992年任《农民日报》社总编室主任、编委委员。后历任《中国乡镇企业报》社副总编辑，《农民日报》社总编辑、党委书记、社长。2006年3月任《人民日报》社秘书长、编委委员。著有《农村改革亲历记》。曾3次获中国新闻奖。1999年起为享受政府特殊津贴专家，2002年起任中国农业经济学会副会长。

陆洪记 1958年5月生，今密水街道索家村人。1978年应征入伍,同年加入中国共产党。历任空军某部副政治指导员、团俱乐部主任兼电影组组长。去解放军南京政治学院学习后,历任空军报社编辑、三处副处长,解放军总参谋部某局政治协理员、政治部副主任、主任、局副政治委员。2004年被授予大校军衔。

陈翠霞 女,1963年5月生,今柏城镇杨家屯人。中共党员。1987年毕业于山东农业大学农学系。1993年在本校遗传育种专业攻读硕士。1999年又攻读博士学位。她一直从事植物遗传育种学和基因组织方面的分子生物学研究工作,已发表数篇学术论文,得到国内外同行专家的肯定和好评。今在美国伊里诺依大学香槟分校生物系工作。

林建华 1955年10月生，今井沟镇林家庙子人。中共党员。1986年北京大学化学系毕业，留校任教,获硕士、博士学位。1988年,先后去德国Stuttgart的Max—Plank固体研究所、美国lowa州立大学化学系和Ames国家实验室从事博士后研究。1993年始，历任北京大学副教授、教授、博士生导师。1997年7月任该校化学与分子工程学院副院长,次年任院长、校党委委员。2001年4月兼任北京大学校长助理、教务长。翌年9月任北京大学校长助理兼教务长。2004年12月任北京大学党委常委、副校长兼教务长。并兼任《无机化学》《发光学报》等刊物编委,教育部科学技术委员会副主任、理科材料科学教学指导委员会委员、硅酸盐学会特陶分会理事、物理学会发光分会理事。

周　华 1958年10月生,今朝阳街道前埠口人。1976年应征入伍。1979年10月加入中国共产党。曾为某部少校军衔,现为驻港部队师职干部。

周　旋 1951年10月25日生,今姜庄镇周家村人。1969年2月应征入伍。1970年9月入空军第二航空学校学飞行。1974年8月去华东石油学院学习。1977年8月,调山东海洋学院地质系任教。1979年4月21日加入中国共产党。此后,在该学院历任人事处干事、副科长、科长,工程系党总支副书记兼副主任、书记,工程学院党委书记兼副院长。

单际舜 1944年8月21日生,今朝阳街道东单家屋子人。1965年1月应征入伍。中共党员。大学文化。1981年,由团参谋长转业到深圳中国南油开发公司任总工程师。后任梅园仓库实业有限公司党委书记、总经理,深圳市城建集团党委副书记、副总经理。2006年退休。

单既友 1951年4月生,今密水街道律家村人,少将军衔。1968年3月在济南军区入伍。历任班长、排长、连指导员、营教导员。1977年7月调入解放军军政大学（后改建为军事学院和国防大学),先后担任军事学院、国防大学办公室副团职和正团职秘书。1988年8月,调入总参谋部,历任总参谋部动员部组织计划处副师职参谋、政治部干部部部长、机要局政治部主任等职。1998年10

月调任电子技术学院副院长,1999年6月调任炮兵指挥学院副政委,2002年2月调任陆军航空兵学院副政委。2005年提升为总参谋部陆航部政委。

单既林 1936年5月生，今夏庄镇单家苓芝人。1954年任夏庄区政府文书,翌年3月加入中国共产党,12月应征入伍。历任青岛警务区某部班长、排长,师干部科干事。1968年任某师政治部干部科科长。1970年,任警务区政治部干部处副处长、处长。1980年任济南军区政治部干部部副部长、部长。1985年任山东省军区政治部主任、副政委。1988年被授予少将军衔。1990年任济南军区后勤部政委。曾受师、军级嘉奖5次,立三等功3次。1993年被选为第八届全国人民代表大会代表。

官天一 1941年生，今醴泉街道北大王庄人。1965年毕业于北京体育学院，同年加入中国共产党，分配新华社摄影记者。1971年任专职体育摄影记者。1986年获首届全国十佳体育摄影记者。1992年获国务院颁发的政府特殊津贴。次年被评聘为高级记者。1996年获全国新闻摄影最高奖——金眼奖。出版《体育摄影》《精彩瞬间的捕捉》等专著。

官天涛 1963年7月生，今醴泉街道北大王庄人。1984年毕业于海军电子工程学院。中共党员。历任学员队长、军务科长、副旅长、旅长,现任海军工程大学研究生管理大队大队长,大校军衔。曾4次立三等功。

赵凤池 1946年5月生,今朝阳街道贺家庄人。1964年去山东省团校学习，次年结业后任本县团委干事。1966年5月任拒城河公社团委干事、副书记。1972年调仁和公社团委任副书记、书记。1974年9月任中共夏庄公社党委副书记。1976年9月,任高密县委常委、周戈庄公社党委书记。1980年7月任高密县委副书记,1984年3月任书记。1987年3月,任昌邑县委书记。1992年3月任潍坊市副市长,后任潍坊市人大常委会副主任。

赵可吉 1963年3月生，今阚家镇庄家村人。1981年毕业于昌潍师专后，分配任中学教师。次年考取吉林化工学院研究生,1985年毕业留校。1987年留学美国,获博士学位。1989年,去瑞士为博士后试验室研究员。1994年返回美国,任科学研究院博士后导师。

赵祉善 1930年生，今朝阳街道卣坊人。1951年参军,赴朝鲜抗美援朝,在战争中失去左臂,为一级残废军人。中共党员。1953年回国后,安排在党校进修。翌年分到莱芜市寨里区信用社工作,后历任该区信用社主任,公社党委副书记、书记,莱芜县委副书记、泰安地委副书记、纪委书记、省纪委委员。1996年退休。

赵贵成 1951年生，今朝阳街道卣坊人。1970年应征入伍,历任北海海军航空兵飞行员、中队长、大队长,后就职海军航空学院,副师职,大校军衔。

郝传义 1952年4月生，今柴沟镇大王柱人。1976年9月加入中国共产党。1980年去中共潍坊市委党校任教员。1986年调潍坊市委研究室任秘书。1988年10月,调山东省人大常委会农委办公室任副主任、主任。

胡　岗　1956年6月生,今醴泉街道康家庄人。1972年参加本县教育工作。翌年,入胶县师范学习,毕业后,任阚家中学、高密师范教师。1981年4月,调本县团县委工作。翌年6月加入中国共产党。1984年6月调潍坊市团市委任办公室主任。1986年3月调中共潍坊市委办公室任正科级秘书。1990年9月,任潍坊市委办公室副主任。1993年1月,任寒亭区委副书记、区政府区长。两年后,任该区区委书记、区人大常委会主任。1997年12月任潍坊市政府党组成员、市长助理;1998年2月任党组成员、副市长。2003年2月,任潍坊市委常委、秘书长、市直机关工委书记。2007年1月,任潍坊市委常委、市政府副市长、党组副书记。

荆兆勋　1956年6月生,今井沟镇井沟人。1976年9月入党。10月入山师中文系学习。1979年12月始,先后在山东轻纺学院、青岛大学等校工作。现任曲阜师范大学党委书记。

逄本绪　生于1958年3月10日,今柴沟镇大王柱人。1975年应征入伍,曾任某部装备部副部长。大校军衔。

逄焕成　生于1964年12月13日,今柴沟镇大王柱人。1986年毕业于山农大莱阳农学院,留学任教。1988年始读研究生,其间兼任过河南省扶沟县科技副县长。成博士后,历任中国农业科学院土壤肥料研究所研究员,水利资源利用研究所副主任、主任等。并曾去美国进行学者访问数年。

莫　言　原名管谟业,中国当代著名作家。青岛科技大学客座教授,香港公开大学荣誉文学博士。1955年2月17日生,今夏庄镇平安村人。1976年1月应征入伍。中共党员。1984年考入解放军艺术学院,毕业后又曾入鲁迅文学院研究生班、北京师范大学创作研究生班学习。1991年,调解放军总参政治部从事文学创作。1997年10月转业到最高人民检察院工作。他的中篇小说《红高粱》,于1986年在《人民文学》推出之后,奠定了他在中国文学史上的地位。之后陆续出版中、长篇小说多部,有的被译成多国文字介绍到国外,并不断在国内和国外获奖。2011年凭长篇小说《蛙》获第八届茅盾文学奖。2012年10月11日莫言以其“用魔幻现实主义将民间故事、历史和现代融为一体”的创作风格和创作成果而获得诺贝尔文学奖,是首位获得该奖的中国籍作家。

柴家科　1952年5月生,今井沟镇大柴家庄人。1979年毕业于第一军医大学。1988年获医学硕士学位。1995年在美国纽约州立大学获博士证书。现任解放军304医院烧伤整形科主任,全军烧伤研究所副所长兼临床部主任。曾获国家科技进步一等奖12次,二等奖1项等各级若干奖项。有专著2部,学术论文多篇。荣立二等功2次,三等功1次。1994年享受政府特殊津贴。1996年被评为第二届全国中青年医学科技之星。2000年被评为总后科技银星。2002年被评为科技金星。2003年当选为第十届全国人大代表。

倪献策 1936年1月生，今朝阳街道姚哥庄人。1958年毕业于青岛建筑工程学校，被分配到冶金工业部江西新余钢铁公司工作。1969年4月加入中国共产党。历任技术员、科长、厂长，后任江西省建工局副局长、局长。1983年任江西省副省长、省长。1989年，创建海南华夏实业发展公司，任总经理。后任青岛银滩开发公司总经理。

徐同业 1937年10月生，今姜庄镇咸家屯人。1956年2月应征入伍，同年9月加入中国共产党。在海军某部历任班长、排长、连政治指导员、团组织股股长。1971年7月调海军政治部组织部，历任干事、处长、副部长、部长。1990年6月任海军舟山基地副政委。1993年1月任湛江基地政委、党委书记，在此当选为第八届全国人大代表。1994年4月任海军后勤部政委、党委书记。为少将军衔。1997年12月退休。

徐守正 1944年10月生，今密水街道刘戈庄人。中共党员。1969年7月毕业于曲阜师范学院，分配到山东省革委会工作，后任科长。调省委，又调回省政府，先后任省长秘书、建材局办公室主任、机关党委书记、安全生产委员会办公室主任、管理处处长、海上安全指挥部办公室主任、经济委员会机关党支部书记。1993年11月，任山东省行政学院经济管理干部学院副院长。

栾光进 1959年11月生，今阚家镇坊岭人。1973年应征入伍。中共党员。1981年后，先后任排长、干事、连队指导员、营教导员。1993年后，历任军政治部干事，干部处副处长、处长。2002年，任师副政治委员、纪委书记。2005年12月，任江西省宜春军分区政治委员。大校军衔。曾立三等功2次，并曾为福建省、江西省人代会代表和宜春市人大常委会委员。

栾志信 1957年8月生，今朝阳街道东栾家庄人。1976年12月应征入伍。中共党员。从事飞行工作，历任分队长、中队长、飞行副大队长、机务助理，现为师职飞行人员。

高金銮 1952年正月初九生，今柴沟镇高家大浒人。1972年12月应征入伍。1975年9月，就读于上海第二军医大学军医系，1978年9月毕业后，回解放军总医院工作。1986年调去第二炮兵卫生部为主治医师。1990年回解放军总医院，先后任副处长、处长。1999年回第二炮兵卫生部任保健办主任。大校军衔。曾立三等功1次。

唐宜祥 1942年9月24日生，今阚家镇于家下坡人。1965年7月毕业于南京邮电学院有线通信工程专业。1967年1月去中国科学院701工程处工作。翌年8月，701工程归属国防科工委西安卫星测控中心，他随之参军入伍。1973年加入中国共产党。1983年任总体技术处副处长。1986年任西安卫星测控中心指挥控制站站长，大校军衔。曾先后立三等功2次，受嘉奖多次。获国防科工委科技成果不同等级奖12项。

隋敬珊 1929年9月生，今姜庄镇大屯人。1947年1月参加中国人民解放军，翌年9月加入中国共产党。历任连队干事，团政治处干事、青年股长。1952年调去高级步兵学校，历任政治教员、宣传科长、副政委。改任广州军区后勤教导队政委、副师职研究员等。曾立三等功3次，四等功4次。

韩明进 1960年7月生，今阚家镇韩庄人。1978年12月应征入伍。中共党员。上海空军政治学院毕业后，历任排长、连指导员、团政治处干事、组织股长、政治处主任、师政治部副主任，军政治部宣传处处长，现任空军某部政治部主任。大校军衔。曾先后3次立功，受8次嘉奖。

傅希元 字耀亭，1942年5月生，今密水街道刘戈庄人。1967年山东经济学院毕业，分配去山东省对外贸易局工作。历任副科长、科长、副主任、主任、副局长。1992年，到企业工作，曾任山东凯远实业发展公司总经理、党委书记。后任凯远集团公司党委书记、董事长。1999年退休。

傅希如 1981年1月2日生，今密水街道南关人。1992年考入上海市戏曲学校。1999年考入上海师范大学表演艺术学院，2001年毕业后，进上海京剧院为演员。工老生和武生。曾得到倪海天、李浩天、张文涓、张少楼、关松安、耿其昌、曲咏春、王平、奚中路、王云樵、梁斌、童强等名师传授和指点。其扮相俊美、气质英武，嗓音清亮圆润，富有乐感。表演技巧熟练，激情充沛，并注重人物内心刻画。曾于2003年12月“首届中国戏曲演唱大赛”总分为京昆组第一名，获红梅大奖。2005年10月，参加第五届全国青年京剧演员电视大赛，获武生组优秀表演奖。2008年12月参加第六届全国青年京剧演员电视大赛，以第一名的成绩获老生组金奖。为国家一级演员。

焦宗臣 1964年8月生，今阚家镇西杨岭庄人。1982年应征入伍。1985年入党。历任文书、所长、协理员、处长等，现任二炮后勤部管理部处长。大校军衔。

槐法杰 1960年5月生，今大牟家镇槐家人。1979年12月应征入伍。1981月3月加入中国共产党。历任班长、排长，副指导员、指导员、秘书，二炮某部政治部干部处副处长、政治部秘书处处长、政治部副主任、党委副书记，某部纪委副书记等。大校军衔。曾为沈阳市第十四届人大代表。

颜　军 1962年10月生，今柏城镇颜家太洛人。1982年毕业于哈尔滨工业大学。之后，从事计算机智能控制技术研究，获硕士学位。1985年在中国航天大院工作。1988年去爱尔兰作为访问学者工作于科技署。1991年获爱尔兰都柏林大学授予的博士学位，并任教于爱尔兰DXU大学计算机系。1992年去加拿大多伦多大学进行博士后研究，并进入工业界研制产品，任公司总裁、董事长。有多项研发和应用。

潘雪峰 1964年12月生，今密水街道潘家小庄人。1985年7月毕业于山东理工大学，留校任教。1991与1996年，分别获硕士、博士学位。1996年7月，通过国家公务员考试，入农业部工作，历任副处长、正处级秘书、处长、副司长。曾主持或参与完成国家级、省部级科研课题10余项，出版专著2部。

鞠　波　1964年生，今朝阳街道姚哥庄人。硕士研究生。中共党员。历任四川省西昌市委宣传部理论教员，凉山彝族自治州委办公室秘书科副科长、督查科科长、办公室副主任，四川省政协办公厅副处级秘书、正处级秘书，成都市龙泉驿区政府副区长，四川省纪律检查委员会室主任，2007年任纪委常委。

人物表

劳动模范及劳动奖章获得者

本节为本轮续志期限内，本市及以上各级政府表彰的劳动模范以及部门表彰的先进工作者、劳动奖章获得者。

1986～2008年全国劳动模范及先进工作者

表人物－1

姓　名	性别	出生年月	籍　贯	政治面貌	工作单位及职务	荣誉称号	授予时间及机关
李德章	男	1939.10	高密市醴泉街道北大王庄	中共党员	北大王庄村党委书记	全国劳动模范	1989.9 国务院
王圣元	男	1939.9	高密市朝阳街道西王家苓芝	中共党员	二中校长	全国教育系统劳动模范	1989年 国家教委
郇洪和	男	1945.12	高密市柴沟镇前水西	中共党员	卫生局局长	全国卫生系统先进工作者	1995.1 人事部、卫生部
王建章	男	1926.12	高密市密水街道南关	中共党员	南关村党委书记	全国劳动模范	1995.4 国务院
李桂荣	男	1941.3	诸城市昌城镇西大宋	中共党员	化纤股份有限公司董事长	五一劳动奖章	1990.4 全国总工会
						全国劳动模范	1995.4 国务院
于敦学	男	1939.6	高密市密水街道农丰	中共党员	水利局局长	全国水利系统先进工作者	1995.9 人事部、水利部

续表人物-1

姓　名	性别	出生年月	籍　贯	政治面貌	工作单位及职务	荣誉称号	授予时间及机关
徐永清	女	1947.9	高密市夏庄镇东流口子	中共党员	一中教师	全国教育系统先进工作者	1998.9 人事部、教育部
孙日贵	男	1955.3.21	高密市密水街道西三里	中共党员	孚日家纺有限公司董事长	全国劳动模范	2000.4 国务院
李希贵	男	1959.8	高密市阚家镇铬家桥	中共党员	教育局局长	全国先进工作者	2000.4 国务院
姜言启	男	1957.7	高密市大牟家镇郇李	中共党员	水利局局长	全国水利系统先进工作者	2002.1 人事部、水利部
王培凤	女	1964.12	莱州市柞村镇小河圈	中共党员	孚日集团有限公司进出口公司总经理	全国纺织工业劳动模范	2006.12 人事部、中国纺织工业协会

1986～2008年山东省劳动模范及劳动奖章获得者

表人物-2

姓　名	性别	出生年月	籍　贯	政治面貌	工作单位及职务	荣誉称号	授予时间及机关
王培森	男	1940.1	诸城市昌城镇姚哥庄	中共党员	锻压机床厂副总工程师	省劳动模范	1986.4 省政府
李升堂	男	1932.10	高密市醴泉街道绳家庄	中共党员	小学教师	省劳动模范	1986.4 省政府
刘德昌	男	1945.10	高密市密水街道毛家庄	中共党员	纺织厂厂长	省劳动模范	1986.9 省政府
李培喜	男	1947.3	高密市夏庄镇谭家荒	中共党员	农场分场场长	省劳动模范	1986.9 省政府
王圣元	男	1939.9	高密市朝阳街道西王家苓芝	中共党员	二中校长	“富民兴鲁”劳动奖章	1987.4 省总工会
孙松堂	男	1936.12	平度市崔家集镇徐家阳照	中共党员	锻压机床厂总工程师	“富民兴鲁”劳动奖章	1987.4 省总工会
邱立志	男	1932	高密市阚家镇高家楼	中共党员	骨伤科医院医师	“富民兴鲁”劳动奖章	1987.4 省总工会
苗延成	男	1953.9	威海市北沟	中共党员	橡胶厂工人	“富民兴鲁”劳动奖章	1988.4 省总工会

续表人物－2

姓 名	性别	出生年月	籍 贯	政治面貌	工作单位及职务	荣誉称号	授予时间及机关
李桂荣	男	1941.3	诸城市昌城镇西大宋	中共党员	化纤厂厂长	省劳动模范	1989.10 省政府
李桂霞	女	1950.12	高密市密水街道碾头	中共党员	东风商场员工	省劳动模范	1989.10 省政府
王国华	女	1959.8	平度市灰埠镇下刘家	中共党员	气门嘴厂员工	“富民兴鲁”劳动奖章	1990.4 省总工会
高洪杰	女	1945	高密市密水街道农丰	中共党员	气门嘴厂厂长	“富民兴鲁”劳动奖章	1991.4 省总工会
闫振伟	男	1957.8	高密市密水街道西葛家桥	中共党员	殡葬管理所火化组长	省劳动模范	1992.4 省政府
张文明	男	1954.1	荣成市夏庄乡	中共党员	橡胶厂厂长	省劳动模范	1992.4 省政府
单既宝	男	1953.8	高密市井沟镇薛家老庄	中共党员	化纤厂员工	省劳动模范	1992.4 省政府
管贻清	男	1956.10	高密市密水街道东关	中共党员	酒厂厂长	“富民兴鲁”劳动奖章	1993.4 省总工会
李德江	男	1938.3	高密市朝阳街道娘娘庙	中共党员	电机厂厂长	“富民兴鲁”劳动奖章	1993.4 省总工会
毕兆利	男	1955.6	高密市醴泉街道高家屯	中共党员	经贸局局长	“富民兴鲁”劳动奖章	1994.4 省总工会
高 军	男	1949.10	高密市醴泉街道后毛家庄	中共党员	市联社副主任	“富民兴鲁”劳动奖章	1994.4 省总工会
王兆华	男	1946.10	高密市醴泉街道西关	中共党员	西关村党委书记	省劳动模范	1995.4 省政府
吕希章	男	1943.5	高密市阚家镇盛水屯	中共党员	棉油厂厂长	省劳动模范	1995.4 省政府
周庆华	男	1954.5	高密市密水街道东葛家桥	中共党员	税务局局长	省劳动模范	1995.4 省政府
王寿平	男	1949.7.24	高密市姜庄镇咸家屯	中共党员	林业局局长	省劳动模范	1996.3 省政府
梁大清	男	1950.7	高密市姜庄镇于家庄	中共党员	邮电局局长	“富民兴鲁”劳动奖章	1996.4 省总工会
薛令山	男	1958.8	高密市井沟镇薛家老庄	中共党员	汽车服务公司董事长	省劳动模范	1997.5 省政府
王 韫	男	1956.2	高密市密水街道南关	中共党员	化纤集团副总裁	省劳动模范	1998.4 省政府

续表人物 -2

姓 名	性别	出生年月	籍 贯	政治面貌	工作单位及职务	荣誉称号	授予时间及机关
单既建	男	1956.3	高密市醴泉街道城里	中共党员	天地人锅炉制造安装有限公司董事长	“富民兴鲁”劳动奖章	1999.4 省总工会
邱法林	男	1954.6	诸城市昌城镇邱家芝岭	中共党员	彩虹分析仪器有限公司董事长	“富民兴鲁”劳动奖章	2000.4 省总工会
张新亮	男	1958.8	高密市朝阳街道纪家庄	中共党员	国税局局长	“富民兴鲁”劳动奖章	2001.4 省总工会
赵金东	男	1954.3	高密市朝阳街道娘娘庙	中共党员	娘娘庙村党总支书记	“富民兴鲁”劳动奖章	2002.4 省总工会
王者松	男	1953.12	高密市朝阳街道城里	中共党员	广安一建董事长	省劳动模范	2003.4 省政府
田立甫	男	1956.10	高密市井沟镇城子	中共党员	供电局局长	“富民兴鲁”劳动奖章	2001.4 省总工会
						省劳动模范	2003.4 省政府
李玉平	男	1944.2	高密市醴泉街道交通	中共党员	交通村党委书记	省劳动模范	2003.4 省政府
宋真玲	女	1955.12	高密市夏庄镇夏庄	中共党员	一棉油厂厂长	省劳动模范	2003.4 省政府
姚灵光	男	1964.12	高密市阚家镇姚家山甫	中共党员	第一实验小学校长	“富民兴鲁”劳动奖章	2004.4 省总工会
孙 勇	男	1967.12	高密市密水街道西三里庄	中共党员	孚日集团股份有限公司总经理	“富民兴鲁”劳动奖章	2005.4 省总工会
李顺利	男	1954.2	平度市同和乡宅科	中共党员	公路局局长	“富民兴鲁”劳动奖章	2006.4 省总工会
颜 棠	男	1965.8	高密市柏城镇颜家太洛	中共党员	孚日集团有限公司副总经理	“富民兴鲁”劳动奖章	2006.4 省总工会
孟庆祥	男	1967.12	高密市柏城镇李家屯	中共党员	孚日集团绿洲化工公司总经理	“富民兴鲁”劳动奖章	2006.12 省总工会
陈忠国	男	1968.11	昌邑市丈岭镇老朏沟	中共党员	银鹰化纤有限公司副总经理	“富民兴鲁”劳动奖章	2007.4 省总工会
张恭运	男	1962.12	高密市密水街道拒城河	中共党员	豪迈机械科技有限公司董事长	“富民兴鲁”劳动奖章	2007.4 省总工会
顾建华	男	1963.4	寿光市	中共党员	市委副书记	“富民兴鲁”劳动奖章	2007.6 省总工会

续表人物－2

姓　名	性别	出生年月	籍　贯	政治面貌	工作单位及职务	荣誉称号	授予时间及机关
王钦峰	男	1976.3	高密市井沟镇隋家庄	共青团员	豪迈机械科技有限公司质保员	省劳动模范	2008 省政府
刘永瑞	男	1954.8	高密市朝阳街道东小庄	中共党员	东小庄村党总支书记	省劳动模范	2008 省政府
李　勇	男	1973.4	诸城市昌城镇西大宋	中共党员	银鹰化纤有限公司总经理	“富民兴鲁”劳动奖章	2005.4 省总工会
						劳动模范	2008 省政府
张宜宗	男	1954.8	高密市夏庄镇张家官庄	中共党员	张家官庄村党支部书记	省劳动模范	2008 省政府
单秋娟	女	1954.8.14	高密市醴泉街道小王家庄	中共党员	孚日集团股份有限公司董事长	“富民兴鲁”劳动奖章	2002.4 省总工会
						省劳动模范	2008 省政府
耿贵生	男	1975.5	莱西市店埠镇葛家疃	中共党员	大昌纺织有限公司浆纱值车工	省劳动模范	2008 省政府

1986～2008年潍坊市政府表彰的劳动模范

表人物－3

年　月	姓　名
1989.9	王天恩　王兆华　王善智　任美春　邢桂森　张光兴　李淑春　李福忠 单既鹏　胡文厚　高月桂　营方存　韩永柱
1994.4	王传聪　王庆礼　王学敏　王者松　王家岗　付桂梅　乔光环　吕希章 吕赞成　孙昌瑞　张久华　张业圣　张立信　张聿芳　张德君　李永智 李玉平　李连香　李桂芳　邱玉森　荆兆民　赵宗祥　赵　捷　栾林清 葛瑞云　鞠好敏
同年6月	蔡立杰
1997.4	杜希乐
1998.4	于心正　马金英　毛志猛　王心盛　吕凤英　张世家　张慕成　李　明 单既博　单基恩　柳邦功　郭培基　高方明　鞠　秀
同年11月	王晓东　乔建东　滕　健
2001.4	于德升　王庆太　王孝先　刘永瑞　刘宝昌　刘治祥　朱永鹏　张作兰 杨成山　单既江　赵洪喜　郭宗祥　鹿书信　韩永固
2002.9	张恭运　季卫芳
2004.4	王泽森　任怀亮　刘　娟　孙　涛　吴明凤　李　勇　李顺利　辛乾信 单际田　夏纪运　栾林海
2007.4	于海洋　王玉波　冯建宏　刘　伟　张开金　张宜宗　杜钦强　罗相明 侯宗凯　宫会强　昝清春　隋　江　谢永平

1986～2008年获得潍坊市总工会"富民兴潍"劳动奖章者

表人物－4

年　月	姓　　名
2001.4	单　伟　林兴旺
2002.4	毛永庭　刘学新
2003.4	任爱英　高　峰
2004.11	王海峰　闫永鹏
2005.4	付培林　刘炳仁　单既明　侯宗凯　谢永平
2006.4	王永云　吴明花　柳胜军　徐兆光
2007.4	任永乐　高　鹏
2008.4	于敦宝　张　敏　张　群　单联德

1986～2008年高密县(市)政府表彰的劳动模范

表人物－5

年　月	姓　　名
1987.2	王庆礼　张新荣　张德君　营方存　燕守平　邢桂森
1989.9	丁竹聚　马云梅　尹焕深　王一青　王云桥　王世荣　王世联　王业林 王永平　王玉琪　王守阁　王国华　王录远　王金明　王俊贤　王家岗 王锡亮　兰振荣　史心田　田育民　乔光环　任金礼　刘正华　刘永瑞 刘玉凤　刘玉祥　刘克山　刘洪启　吕赞成　孙昌瑞　孙秉明　孙善学 孙燕和　牟乃金　吴兆贵　张其柱　张志远　张宜宗　张明新　张树林 张德君　李仁亿　李发清　李进才　李学智　李茂恒　李顺利　李常智 李善吉　李新太　李福臣　李德江　杜乐胜　杜福滋　杨树华　杨德诚 邱元述　邱文贤　邱礼元　邱兆和　陈廷哲　陈福林　单既宝　单既博 周洪彬　岳德荣　郑有奎　侯作运　姚中清　姜茂金　昝清春　胡　岳 荆玉智　荆兆民　赵来盛　赵学连　倪惠萍　唐秀霞　夏锡合　徐文合 秦克乔　秦焕玉　郭海先　宿昌瑞　曹孝元　阎振伟　彭玉芳　温光和 葛京全　葛相金　董合臣　韩金绥　臧潺传　鞠好春　魏修良　高　军
2002.1	于明信　于新国　马林聪　巴连成　方夕涛　毛凤山　毛志厚　王世年 王亦强　王光忠　王京福　王承义　王炎利　王桂英　王桂英　王爱功 王喜功　邓其华　台　敏　乔俊良　任怀成　任爱英　刘衍德　刘海燕 孙忠诚　孙　涛　阎联华　吴宝义　张元福　张公明　张文芹　张永杰 张汝昌　张佩武　张忠友　张金明　张恭运　张继伟　张维友　李玉坤 李传军　李金明　李振华　李鸿谋　杜惠山　杨小平　杨玉来　杨启华 杨瑞平　辛乾信　邱介田　邱法忠　陈松华　陈继刚　单际田　单际纲 单际贵　单既进　单既明　周术刚　周　凯　孟凡武　明连安　罗相明 范智田　姚灵光　荆世胜　荆纪君　赵志刚　赵殿明　逄宗福　夏纪运 夏锡庆　展勤宝　徐占祥　栾仁启　栾　勇　贾　山　郭怀林　郭明鹏 郭振泉　郭　萍　高大成　高正信　高志明　高洪才　高　峰　高德智 梁大成　鹿树云　黄欣友　綦　波　臧秋远　蔡善勇　谭清泉　潘敦照 颜　棠
2004.6 同年10月	万升庆　李　明　赵　坤　滕　健 门业花　王　红　刘永和　刘明武　孙际合　薛宝玉

续表人物-5

年　月	姓　名
2005	于成德　于敏杰　马晓莉　戈美杰　王天凤　王方青　王吉志　王志臣 王俊健　王春梅　王珏儒　王　艳　王培凤　王福正　王德彬　付玉山 付　刚　付深环　兰　磊　冯培林　台述先　刘永坤　刘玉蓉　刘志清 刘进臣　刘岱宁　刘明星　刘春然　刘恩来　刘效仁　孙延升　孙延民 孙廷忠　孙伯正　孙德胜　齐秀花　何　琦　吴全进　宋长雷　宋世亮 宋学民　宋建秀　宋洪波　张书丰　张开金　张从芹　张芯得　张恩勤 张跃鑫　张　群　李占喜　李全林　李成功　李学智　李明新　李　青 李衍宝　李桂莲　李福臻　邱广智　陈培林　陈志顺　单亦君　单宝成 单　勇　单联德　周竹林　孟立新　郑壮林　施云龙　荆清霞　荆翠信 赵升明　赵佃亮　赵　勇　唐爱梅　徐仁先　徐兆远　徐庆涛　徐金立 栾世俭　袁泽友　郭连德　郭宗武　郭林贵　高志荣　高始龙　崔金华 曹沛德　梁光喜　黄一鸣　葛相金　鲁松胜　楚万仁　褚凤勉　管谨星 臧贻林　蔡俭文　薛　峰
2008	马秀兰　王天玉　王庆伟　王连荣　王延祯　王国柱　王宗升　王学忠 王　涛　王聚起　王德宗　王德密　毛　琳　石林瑞　付申余　付余华 付希敬　仪明君　仪爱兰　冯民堂　师海鸥　吕慧芹　任新友　孙日强 孙日德　孙仕林　孙旭明　孙著银　孙德军　刘学明　李才锋　李可义 李　刚　李志坚　李美云　李思进　李　勇　李　峰　李爱红　李　强 杜明乾　杨金英　别玉溪　邱法田　邱昱华　邱　彦　冷继亮　宋永忠 宋来友　宋　娇　宋晓玫　张久涛　张玉兰　张世举　张洪帅　张建民 张　敏　张绍森　张振鑫　张　慧　陈建海　陈宪红　陈家先　陈振云 范宁宁　范兆林　罗相和　周德江　单　臣　单伟坤　宗　涛　赵　磊 荆世明　昝立宇　秦爱芹　耿相辉　栾会江　栾林江　郭秀娟　郭松涛 郭振山　徐元斌　高　山　高培旭　曹沛军　曹松波　常明进　崔连高 庸焕秋　隋　琦　蒋树声　嵇振武　褚美丽　葛玉文　管　平　管贻泽 綦宗延　禚镇海　薛维钦　魏守财

烈 士

1986～2008 年牺牲的烈士情况表

表人物－6

姓　名	性别	出生年月	籍贯	入伍（参加工作）时间	政治面貌	工作单位及职务	牺牲时间、地点及事由	批准时间及机关
杜希乐	男	1974.8	高密市大牟家镇小杜家	1994.12		平日路柴沟收费站收费员	1996.9.29 工作单位制止违章车辆	1997.4.29 省政府
岳福勇	男	1978.10	高密市朝阳街道姚哥庄	1996.12		空军武汉基地高炮团上等兵	1998.8.1 湖北省嘉鱼县簰洲湾长江大堤抗洪抢险	1998.8.1 部队
刘锡仁	男	1964.5	高密市柏城镇窝洛	1984.12	中共党员	李家营镇委宣传委员	1999.8.11 晚李家营东段胶河抢救被洪水围困群众	1999.9.24 省政府
李传辉	男	1980.10.30	高密市夏庄镇李家村	1999.12	中共党员	威海消防支队特勤中队代理副中队长	2007.3.4 夜威海孙家疃镇远遥渔港码头营救被水困在出租车内的 3 名群众	2007.3.12 公安部

附　录

明代高密县志序

密之得名，自汉本始元年始。然绵涉千余年，迭更数百令，而因陋袭简，志未有成书者。固始吴子来为令，叹曰："邑之有志，犹家之谱、国之史不可缺也。史缺则无以纪善恶而昭劝惩，谱缺则无以叙昭穆而敦伦理，志缺则邑之典型无以考，而文献不几于熄矣乎。"乃嘱邑之文学及缙绅家居者，蒐罗采益既具，吴子谂沿革，志异同，剂钜纤，权雅俗。凡意所未解者，恃耆旧；耆旧所不能言者，恃石刻；石刻所不能判者，恃载籍；载籍之内有漫漶不明者，则判之以理而折之以人情事理之。凡卷授之引笔削必公，去取求当，硃批墨勘，心口相雠，如是者半年而志成。或曰：述作之难莫难于志。高密兵火之余，官府简牍莫得尽稽，耆旧凋残，传诵弥寡，吴子以半载之间而创千载之缺典，吾恐其万漏而一挂也。吴子闻之曰："不然，自今不志则益远，益昧，益无所志矣，吾之志其犹丘陵川泽乎，其后为高为下者，庶乎其有所因也。孔子曰：'吾犹及史之阙文也。'阙文之不为史病，则吾志之缺，吾何病乎。"于是遣邑学生刘渊、孙源持志，以首简授予为序。予曰：欧阳文公论学，慨述史道，以为有司簿书之所不贵者，谓之不患，夫岂唯学哉。语以图志，非不急之尤者耶。然而其与于图志，莫深于簿书，有司之所不急，固君子之所急也。吴子之来，值民物困弊，难为之时也。剖丛涤烦，烛幽洞隐，于有司之所急者，诚井井矣。而于君子之所急者，犹汲汲焉，吴子其知政化者哉。志凡几卷，有天文，有地理，有物产、赋贡、民力、宦政、风俗、人文。本之天者皆自然，存乎人者当修，为气化有盛衰也，人事有得失也。君子不以气化，而使人事之修，而或至于失也。此又吴子作志之微意，非直为纪事设也。吴子名某，字宗道，起家乡贡进士。

（明正德年间即墨进士蓝田撰，载蓝田《北泉文集》）

中华人民共和国民政部

民行批〔1994〕82号

关于山东省撤销高密县设立高密市的批复

山东省人民政府：

你省《关于撤销高密县设立高密市的请示》（鲁政发〔1993〕115号）和有关补充报告收悉.。经国务院批准，同意撤销高密县，设立高密市（县级），以原高密县的行政区域为高密市的行政区域。

中华人民共和国民政部

一九九四年五月十八

市委、市政府重要文件辑存

中共高密县委
高密县人民政府
关于一九八九年深化企业改革的意见

高发〔1989〕1号

党的十三届三中全会明确提出了治理经济环境、整顿经济秩序、全面深化改革的方针，并强调"治理""整顿"要为改革创造良好的环境条件，要用深化改革的办法进行"治理""整顿"。根据全会精神，一九八九年我县深化企业改革总的指导思想和要求是：以贯彻落实党的十三届三中全会精神为动力，以贯彻实施《企业法》《破产法》，转换企业经营机制为核心，以推行股份制、发展企业集团为重点，以实行优化劳动组合、改革用工制度、分配制度为突破口，以增强企业活力、提高经济效益为目的，全面进行各项配套改革，使企业真正建立起在国家宏观调控下的自主经营、自负盈亏、自我激励和自我约束机制，为治理经济环境、整顿经济秩序做出更大的贡献。

认真贯彻实施《企业法》和《破产法》 逐步使企业的经营活动纳入法制轨道

1.搞好政企分开，扩大和落实企业自主权。各企业主管部门，要认真按照《企业法》和《破产法》的规定，转变职能，实行政企分开，依法对企业进行间接管理和监督，保护企业和经营者的合法权益。今后，政府和企业主管部门对企业的要求是依法经营、照章纳税、履行承包合同。主要抓好"三个一"，即一个经营者、一个承包合同、一个工效挂钩比例。县直企业的干部管理，继续按照县委〔1988〕18、19号文件执行。"特区企业"的副厂级行政干部由厂长招聘或委任，报主管部门备案。

2.确立厂长（经理）的中心地位，理顺党政工关系。厂长（经理）是企业的法人代表，对企业的两个文明建设负有全面责任。企业的副职要对厂长（经理）负责，人员要精干，职数要减少，可以设厂长助理或"几总师"，为了进一步理顺好党政工关系，中型企业原则上由党员厂长兼任书记，实行两副担子一肩挑，设专职书记的，书记可以兼任主管思想政治工作的副厂长；小型企业原则上不设党的专职书记和专门党务工作机构，提倡党务和行政一套机构，两种职能。企业要按照《企业法》的要求，加强和改进思想政治工作，企业党群组织，要紧紧围绕生产经营这一中心环节，协助厂长抓好思想政治工作，要建立一支以行政管理人员为主体，以专（兼）职政工人员为骨干，以党员、团员和工会积极分子为基础，厂长全面负责的企业思想政治工作新体制，形成思想政治工作的新格局，并把思想政治工作作为评选先进企业的一项重要内容。

3.在治理和整顿中贯彻实施《破产法》。目前，我国社会保险体系尚不健全，为了减少社会震动，对于濒临破产的企业，可以通过招标承包、选聘能人治厂，扭亏为盈；或者通过企业承包企业、企业兼并加以解决；有的亏损小企业可以拍卖。上述办法都不行即宣布破产。

4.积极试办“特区企业”。一九八九年要选择一些领导班子团结有力,生产经营形势稳定,基础管理好的企业,在征得上级主管部门同意的情况下,进行“特区企业”试点。赋予企业县级的某些管理权限,具体有“十权”,即干部任免权、机构设置权、招工用工权、工资分配权、产品价格浮动权、对外经营权、计划单列权、股票债券发行权、拒绝集资摊派和不必要的检查评比权、评定科技人员技术职称权。同时还享受四条优惠政策:一是企业与政府有关部门签订的承包合同继续有效,上缴利润基数不再调整。二是企业在确保完成承包合同的前提下,固定资产折旧率可增提1-3%。三是企业实行资金分账管理,承包以后以留利形成的固定资产和补充流动资金。作为企业资金,由企业自主使用。可以作为风险抵押。可以对外参股,其收益全部留给企业。四是对年终实现投标目标的经营者,除按承包合同规定予以奖励外,允许提取全部职工工资总额的2%,作为厂长(经理)支配的奖励储备金。具备条件的还可以参加市里的“特区企业”投标竞争,中标后,可以享受市级的某些管理权限。试办“特区企业”的试点工作由体改委牵头,会同有关部门论证审定,报县政府批准。

搞好承包制的完善和配套 加快企业经营机制的转换

5.广泛引入竞争机制,优选经营者。新承包的企业、转入下期承包的企业、由于经营者选择不当承包不成功的企业,都要按《承包条例》的规定,实行竞争招标。为了避免企业的短期行为,承包到期的企业,经过审计企业全面完成承包合同的,经营者群众威信较高的,可以实行常任制,延长承包期或实行滚动承包。但要重新核定承包基数,让经营者在职代会上进行答辩,讲明在下一个承包期内的目标及措施。企业内部也要实行层层招标选聘。

6.全面引入风险机制,把经营者的风险和全体职工的风险紧密结合起来。凡没有实行股份制的企业,原则上都要实行全员风险抵押。抵押金的数额,应根据企业规模、效益高低、风险大小和承受能力来确定。企业经营者一般不低于1500元,职工不低于500元。具体按高政发〔1988〕68号文件执行。抵押基金要真正成为风险基金,企业亏损时,用抵押金补亏,盈利时可适当分红。抵押期限要与承包期一致。抵押金额应逐年增加,以增强共担风险的实力。

7.完善承包合同,探索多种责任制形式。一是明确和落实发包方的责任和义务。经委、企业主管部门和财政、税务部门是发包方的牵头部门。企业出现问题后,由牵头部门负责协调解决。二是按照《承包条例》完善承包内容,尤其要把资产维护和增值、新产品开发、指令性计划、产品质量、安全生产、出口创汇、企业升级、职工培训和精神文明建设等项内容包进去。对技改项目、新产品开发,也可以实行对内对外专题招标承包。三是在国家宏观调控下,增强企业遵守国家财税制度、价格政策、资金投向以及奖金发放等方面的自我约束能力。特别是承包企业的留利,要严格按照国家规定的比例分配。四是积极实行“一厂多制”的经营管理体制,引进乡镇企业和合资企业有益的经营机制。根据企业的不同情况,内部可以采取不同的经营方式和责任制形式,可以搞“几保几挂”,厂内租赁经营、技术商品化经营、全民所有集体经营、生产生活分离、面向社会开放经营。

进一步搞好企业内部的各项配套改革

8.改革机构设置。企业有权根据自己生产经营的需要决定机构设置。企业内党政工团机构要做到层次少,人员精,运转灵,重点放在提高效率上。县直各有关部门要支持企业进行机构设置改革,不要进行干预,强求一律。

9.改革劳动制度,实行优化劳动组合。一九八九年所有企业都要实行优化劳动组合。一是坚持先进合理的定员定额指标,实行在定员以内减人不减工资总额。二是坚持先干部后工人、先科室后车间，明确标准，公开考核，真正做到全员承包，考核上岗，竞争到人，体现岗位靠竞争，收入凭贡献。组合下来的人员要真正从岗位上撤下来。三是实行动态组合，不搞一次组合定终身，在企业内部保持一定的待岗率。全面实行优化组合后，允许企业内部待业人员占总人数的10%以内。企业要为富余人员广开就业门路，并在资金、技术、设备等方面给予必要的支持，对体弱多病、接近退休年龄的职工，可以实行厂内退休制；对怀孕、哺育期的女职工可以放长假；有的职工经批准可以停薪留职，自谋职业。在厂内待业满两年的可以向劳动部门申请，实行社会待业，待业期间，由原企业发给生活费。四是在企业内部保持一定数量的培训人员，随时替补缺岗人员，形成企业内部的人员流动。五是组合下来的临时工、计划外用工一律予以辞退。六是各级领导要率先垂范，坚持原则，坚持改革，敢于碰硬。在优化劳动组合中，厂长要依法行使职权。政府有关部门，包括企业主管部门、体改、劳动、工商、财政、税务、银行、公安、粮食等部门都要支持企业进行优化劳动组合。特别要注意保护厂长(经理)依法行使职权。对无理纠缠、阻碍厂长(经理)正常工作，妨碍正常生活或侵犯厂长(经理)人身权益的，要依法从严处理。

10.改革分配制度。一九八九年市与各县市区实行工资总额与经济效益总挂钩，县对县直企业和较紧密型的企业集团及特区企业实行总挂钩。工效挂钩以后，县里只控制总的挂钩基数和比例，县直企业尚未实行挂钩的在八九年上半年要全部实行，暂不具备条件的要实行工资总额包干的办法。实行挂钩以后，企业要根据自己的实际情况确定工资形式和奖金分配办法。实行计件工资、定额工资和结构工资等多种工资形式，层层建立与分配挂钩的责权利关系。严格按照工作定额、标准、质量进行考核，多劳多得。

11.改革劳动工资计划管理体制。逐步做到招工计划全部放开，工资计划实行工资总数与经济效益挂钩，劳动部门只用工资总额进行计划控制，企业在不突破工效挂钩总额内实行增人不增工资、减人不减工资。对尚未挂钩的企业，由劳动部门同企业确定效益与增人的控制比例，企业在控制比例内，可根据生产需要，从城镇符合招工条件的非农业人口中招工。充分发挥劳务市场的作用，有步骤地实行在劳动部门的指导下，企业用人完全面向市场，随用随招，招工者和就工者双向选择。

推行现代化管理方法加强企业技术进步

12.要把加强企业管理，挖掘企业内部潜力，提高经济效益放在首要位置上。八九年企业负责人的主要精力要用在抓企业管理上，各企业要把目前各项指标的完成情况底子清出来，找出同行业先进水平，找出市级、省级、国家级企业的水平，然后根据各自的实际情况，确定奋斗目标。八九年，县里将组织财政、税务、金融、经贸、劳动、科技以及各企业主管部门，成立一个“企业管理诊所”，到各企业进行“会诊"，及时发现企业在管理方面存在的问题，提出改进意见，拿出改进措施。

13.进一步推行“满负荷工作法”。凡已实行的，要完善提高；凡具备条件的要全部推行。在满负荷指标的确定上，一般不应低于全省或全国同行业平均先进水平，基础好的企业可以赶超世界先进水平。要把推行“满负荷工作法”与分配结合起来，按“满负荷工作量”给予“满负荷劳动报酬”。有条件的企业，在实行“满负荷工作法”后，可以试行六小时工作制或每周五日工作制，利用节余时间搞好职工培训或安排其他有益的活动。在推行“满负荷工作法”的同时，要积极试行企业规范化工作法，切实搞好企业的定员、定岗、定薪，坚决把非生产人员压缩到最低限度。

14.积极推行“厂内银行”。今年，除少数小企业和劳务、服务性行业外，其他企业力争在年内建立起企业内都银行，引入银行管理机制，把企业生产经营各环节的经济关系化为货币形式，进行等价变换,以加快企业资金周转,提高资金利用率,解决企业内部吃“大锅饭”的问题。

15.积极推广应用现代化管理新技术。今后企业会计核算工作要达标准上等级。要推广应用微机,八九年我县被列为潍坊市推广应用微机试点县,目前正在县化纤厂进行试点。各企业主管部门要根据自己的实际情况,选择那些基础较好的企业先行一步,为全面推广应用微机做好准备。

16.搞好企业升级。所有企业都要制订出本企业进档升级的规划,并纳入承包合同,实行目标考核。为促进进档升级,企业要切实加强各项基础管理工作,从实际出发创造性地运用各种科学管理方法。要采取多种形式,分层次搞好职工培训,提高职工的业务技术水平和政治文化素质。对已升级企业的优惠政策,按潍政发〔1988〕202 号文件规定执行。

17.鼓励企业大力开展技术改造,以扩大生产能力,提高产品质量,降低原材料和能源消耗。凡在技术攻关方面有发明创造的;在应用新技术成果、引进新技术设备方面投资少、效益高、见效快的;在产品质量方面达到国优、部优、省优,创出名牌,或开发出适销对路的新产品的;在节能降耗方面有重大突破的,都要对项目负责人和有关技术人员予以相应的荣誉和物质奖励。

18.继续放活科研机构放活科技人员。通过科技“双放”,使科研和生产更加紧密地结合起来,促进生产力水平的提高,具体按省府〔1988〕54 号、市委〔1988〕12 号文件规定执行。

积极推行以公有制为主体的股份制

19.积极稳妥地推行股份制。提倡发展本企业职工持币购股的股份制,在新建、扩建企业和兼并企业中发展股份制,在企业联合中采取股份形式发展企业集团的紧密层。

20.因企业制宜确定股份制形式和组建方式。全民企业一般应采取国家财产控股、企业财产立股、职工个人持币购股的形式,集体企业一般应采取国家财产立股、集体财产划股、职工个人持币购股的形式;企业之间可以投资入股,组建有限责任公司。可以选择部分小型全民企业进行股份合作制试点,即将企业的全部资产折股划到职工名下,资产归属不变,折股转账,全员管理,利益均沾,风险共担,不计利息,按股分红,亏损由职工以自有资金抵补。暂不具备条件的可搞风险抵押,在条件成熟时,过渡到股份制。

21.正确处理股份制企业的利益分配。一是全民企业国有财产在股份总额中所占比重过大,而职工人数较少,职工股比重较小的企业,可以实行“两扩股一分红”。即企业归还贷款和生产发展基金,只扩国家股和企业股,不扩个人股;国家股、企业股不再参与分红,职工个人股参与分红。其分红基金按职工个人股在总股份中的占股比例从企业留利中提取,分配到个人。二是盈利水平较低的企业可以只计息不分红,股息参照保值储蓄利率计付,年息一般不得超过股金的 18%,并按税务部门规定比例进入成本。也可以红息并存,股息按 10%–12%计付。三是生产稳定、经营正常、效益比较高的企业可以只分红不计息,上不封顶,下不保底。

22.股份制企业的领导体制要与厂长负责制相衔接。凡实行股份制的企业,都要建立股东代表大会,设立董事会,实行董事会领导下的厂长(经理)负责制。在企业内部实行股份制的,董事长可以兼任厂长;新建股份制企业和股份制企业集团,其董事长应按民主程序选举产生,报主管部门备案,厂长(经理)由董事长聘任。股东代表大会和职工代表大会,原则上可实行“两会合一”,职能分开。

搞好企业兼并和拍卖　实现优胜劣汰

23.兼并的对象和形式。兼并的主要对象一是自愿提出兼并的企业;二是资不抵债和接近破产的企业;三是长期经营性亏损或微利企业;四是经济效益差,不符合产业政策和经济发展战略的企业。

兼并的主要形式：一是承担义务式兼并，即在被兼并方企业债务与资产的预期价值大体相等时，兼并方以承担其债务为条件接收资产；二是购买式兼并，即兼并方企业出资购买被兼并方企业的财产；三是控股式兼并，即一个企业通过购买其他企业的股权，达到控股，实现兼并；四是划转式兼并，即在同一地区、同一隶属关系的全民所有制企业之间实行兼并，可将资产无偿划转。

24.在兼并中应掌握的原则和政策。兼并的原则，一是要坚持自愿自主、生产要素互补和有利于生产力发展的原则；二是要坚持在竞争过程中进行、实现优胜劣汰；三是要坚持有偿转让、等价交换，贯彻商品经济法则，运用经济手段和市场机制，通过买卖关系来实现；四是要坚持宜包则包、宜租则租、宜兼并则兼并；可以一步到位，也可以分步实施；五是因势利导，逐步推行。企业兼并要掌握好如下政策：一是科学合理地对现有资产进行评估作价。二是确定兼并企业资金的来源，包括折旧基金和大修理基金；用于固定资产投资的银行贷款；企业通过发行债券、股票等形式筹集到的资金。三是在企业兼并后的产权归属上，原则上谁出资归谁所有。被兼并企业的资产收入属国营企业之间的兼并，可实行无偿调拨，属不同所有制企业之间以及隶属关系不同的企业之间兼并要实行有偿兼并，其收入交国有资产管理部门。四是被兼并企业的产权转让的收入归该企业的产权所有者。五是妥善安置好被兼并企业的干部职工。

被兼并企业必须经职代会讨论通过，经企业主管部门审查同意报体改委，由体改委牵头组织有关部门论证后，报县政府审批。

25.搞好资产拍卖试点。对全民企业闲置的厂房、设备和使用效率不高的资产，经国有资产管理部门批准，划出一部分拍卖给企业或职工，分别作为企业和个人股份，可以采取招标投标的方式，面向社会拍卖，其拍卖款交国有资产管理部门。经营不善的小型国营企业，可以采用竞争的方式面向社会公开拍卖，拍卖后的产权、经营权完全归买方，拍卖收入交国有资产管理部门，建立国有资产开发基金，用于国有资产的保值和增值。干部职工原则上由劳动部门和企业主管部门通过劳务市场进行安置，也可以由买方择优录用安排工作。

大力发展横向经济联合和企业集团

26.搞好组织协调，加强宏观指导。各企业主管部门都要根据自己的实际情况，制定和完善一九八九年组建企业集团的总体规划，逐年组织实施。发展企业集团要坚持协调与自愿相结合，提倡依靠自身的经济和技术实力，通过竞争、兼并、参股、控股等方式逐步发展。集团组建形式、内部管理方式和分配方法等，要由集团成员单位通过章程、协议等自主确定，提倡发展以名优产品为龙头，以骨干企业为依托，县、乡镇、村企业三位一体，贸工农结合、工贸结合的外向型企业集团。同时要积极支持企业参加县外的企业集团。

27.突破“三不”原则，发展企业集团的紧密层。一是实行集团兼并，支持企业集团对一些规模较小，效益不好的成员单位实行资产有偿购买，扩大集团的实体层。二是实行集团承包，承包期间成员单位的经营权放到企业集团管理。三是实行集团股份制，形成紧密的经济关系。

28.认真落实发展企业集团的各项政策规定，对近几年中央、国务院，省委、省政府和市委、市政府颁布的一系列推动和发展横向经济联合、组建企业集团的政策法规，涉及哪个部门的由哪个部门负责落实。凡符合条件的企业集团，均实行计划单列。在生产计划、物资供应、技术改造等方面与企业主管部门脱钩，企业主管部门要把对企业集团的工作重点转到行业管理和协调服务上来。

搞好企业外部配套改革　为企业创造良好的环境条件

29.企业外部配套改革，要以治理经济环境、整顿经济秩序为重点。要下决心清理整顿政企不分的公司，尤其是各种“官倒”，取缔中间盘剥，严肃处理各种侵犯企业权益的行为。加强对市场、物价的综合管理，禁止向企业乱摊派、乱集资、乱罚款，乱收费，同时，防止以治理、整顿之名，截留企业的权力或把已经下放的权力再上收。

30.加快市场培育，健全和完善市场体系。要建立和完善生产资料市场、资金市场、劳务市场和技术市场，逐步建立产权交易市场、股票市场、房地产市场以及国有资产管理机构，为企业承包、租赁、拍卖、兼并和实行股份制提供服务。

31.按照中央的统一部署，继续搞好物价、工资、计划、投资、物资、外贸、金融、住房等方面的配套改革。

32.加强对企业改革的综合规划、组织协调和检查指导工作。

县体改部门和同级有关部门是横向协调关系，对各企业、事业单位是纵向指导关系，为避免政出多门和改革措施出现“撞车”现象，今后凡涉及经济体制改革的政策，统由县体改办组织论证，由一个“漏斗”下达，以保证改革政策的连续性和稳定性。

1989 年 2 月 25 日

中共高密县委　高密县人民政府
关于大力发展乡镇企业的决定 （试行）

高发(1991)第 12 号

党的十一届三中全会以来，我县乡镇企业得到了迅速发展，已成为我县国民经济的重要支柱，对高密经济和社会发展有不可缺少和不可替代的作用。为保持其健康、稳定、协调发展的好势头，全面完成我县国民经济和社会发展十年规划及“八五”计划的总任务，根据中共山东省委鲁发〔1991〕15 号文件精神和市委、市政府关于大力发展乡镇企业的有关规定，结合我县的实际情况，特作如下次定：

1.坚持把发展乡镇企业作为经济发展的战略重点。全县上下必须从实现国民经济再翻一番的宏伟目标、建设有中国特色的社会主义的高度上来认识发展乡镇企业的重大意义，始终如一地把坚持发展乡镇企业作为振兴全县经济的一个战略重点。在任何时候、任何情况下都不能动摇发展乡镇企业的信心和决心。

2.要认真贯彻执行“积极扶持、合理规划、正确引导、加强管理”的方针，把改革、调整、发展、提高紧密结合起来，突出内涵发展，突出市场开拓，突出经济效益。要根据国家产业政策和我县的资源、技术等条件，抓好乡镇企业的战略性调整和适应性调整，要突出“外向型、高科技、股份制”这个特点。要严格控制耗能高、污染严重产品的生产，防止盲目发展和重复建设。要紧紧围绕提高乡镇企业的整体素质，把工作重点转移到上质量、上档次、上水平、上规模，提高竞争能力，提高经济效益上来。通过管理升级、质量升档、节能降耗、更新产品，把企业的经济效益提高到一个新的水平，力争“八五”末全县乡镇企业总产值突破 25 亿元。

3.实施分类指导，处理好多镇企业发展与提高的关系。乡镇企业发展快、经济基础好的乡镇，以提高为主，保持适度发展；基础薄弱的乡镇，要因地制宜抓好发展，有计划地多上一些投资少，见效快的项目，以启动这些乡镇的经济活力，增加自我发展的能力。

4.大力发展第三产业。要把发展第三产业放在突出位置，以小集镇为中心，大力发展商业、修理业和饮食服务业。加快网点建设，积极兴办旅游、文化、卫生及其他公用事业；积极发展交通、仓储、咨询、信息、物资、供销等各类事业，为农村经济和社会发展提供系列化服务。鼓励发展贸工农、产供销、农工商一体化服务型行业。对到城镇务工经商、兴办第三产业的农民，允许其保留责任田。

5.大力组织社会闲散资金，用于发展乡镇企业。鼓励农民以集资、入股等形式，兴办乡镇企业。积极引导农民和个体、联合体按照入股自愿、股权平等、利益共享、风险共担的原则，兴办股份制合作企业，并按国家有关规定，制订股份制章程，理顺企业财产关系和分配关系。对农民合办企业，账证健全，工业企业年产值达到10万元以上，其他企业年营业额达到20万元以上，按集体企业财务管理的要求进行核算的，都可视为集体企业。工商、税务、金融等部门均应按集体企业的有关政策对待。

6.进一步完善承包经营责任制，积极推行厂长负责集体承包。对基础好、规模大、产销比较稳定的企业，承包期要适当长一些。所有承包企业都要实行厂长任期目标责制和定期审计制，逐步实行全员风险抵押，不断完善承包合同内容，积极把激励机制、风险机制、竞争机制、自我约束机制等引入企业，促进企业的发展。

7.强化企业管理，推动产品创优。要确立正确的经营战略，建立健全岗位责任制，加强基础管理和班组建设，以改进现场管理为突破口，严格工艺纪律和劳动纪律，搞好安全、文明生产。要制定先进的产品技术标准，强化计量手段，推行全面质量管理，搞好产品创优活动。要加强财务管理和会计核算，严格财经纪律，强化资金管理，加速资金周转，提高资金利用率。要正确处理好积累与分配的关系，企业税后利润用于生产发展基金的部分不得低于50%，按要求补充流动资金。要积极开展企业管理上等级，产品创优活动。按照不同的档次奖励企业的厂长和有功人员。升为国家二级、省级、市级先进企业的企业，由县里分别给予1500元、800元、500元的奖励；获国、部、省优质产品的企业，由县里分别给予1500元、1000元、500元的奖励；产品同时创省、部、国优的，以最高档次计奖，不重复计奖。

8.加快企业技术进步。乡镇企业的设备年综合折旧率、企业大修理基金提取率可在原来的基础上分别提高2个百分点，乡镇企业技改贷款还贷有困难的，经批准可以给予减征或免征所得税照顾。为推动乡镇企业的科技进步，要逐步建成以科技信息、技术指导、咨询服务为主要内容的科技服务网络。从1991年起，对经济效益较好的企业，经税务部门批准，可以按有关政策规定提取新产品技术开发费。建立乡镇企业开发基金，其资金来源从企业的新产品技术开发基金中集中20%，由县乡镇企业主管部门管理，有偿使用，专门用于乡镇企业较大的技术开发项目。

9.鼓励企业开发新产品。列入省和国家技术开发科研计划的项目，经计划下达部门鉴定确认和税务部门批准后，享受免征产品税或增值税一至两年的优惠照顾。允许企业从新产品投产第一年的利润中提取1—5%的金额，用于奖励科研人员或引进项目的推荐者。经税务部门批准，乡镇企业的新产品开发基金在原有规定的基础上可以提高到1.5%。县财政每年从支农周转金中拿出一定数额，用于乡镇企业的科技进步。企业为开发新产品购置的测试仪器、试验装置，单台价值在5万元以内的，允许一次摊入成本。

10.搞活企业营销。企业要制定各种形式的营销责任制度，年终按合同兑现。奖金上不封顶，下不保底。对有突出贡献的销售人员，要给予一定的荣誉奖励和物质奖励，其销售费用计入成本。

11.奖励对发展乡镇企业做出突出贡献的厂长(经理)。鼓励企业上规模、上能力、上水平,按照产值、利税两大指标,确定正职厂长(经理)工资,年产值过3000万元,利税过300万元的企业(或建筑企业建安量,下同),厂长(经理)的年工资可达到全厂职工年平均工资的5倍;年产值过1000万元,利税过100万元,厂长(经理)的年工资可达到全厂职工年平均工资的4倍;年产值过500万元,利税过50万元,厂长(经理)的工资可达到全厂职工年平均工资的3倍;年产值过200万元,利税过20万元,厂长{经理}的工资可达到全厂职工年平均工资的2倍。

12.鼓励新办乡镇企业。对于新办的乡镇、村企业按规定纳税有困难的,经税务部门批准,可给予免征产品税或增值税一年、所得税一至两年的照顾。免征期满后,纳税仍有困难的,经批准可再给予一定时期的减免税照顾。对贫困乡镇、村和库区兴办的企业,经税务部门批准,可给予免征产品税或增值税一年的照顾,其实现利润给予免征所得税二至三年的照顾。

13.鼓励乡镇企业开展农副产品、禽畜产品的深加工和"三废"利用。对乡镇、村办的农副产品和禽畜加工企业纳税有困难的,按税收管理权限给予定期减免税照顾。乡镇企业利用废水、废气、废渣为主要原料生产产品的所得利润,从投产之日起,给予免征所得税五年的照顾。

14.大力发展外向型经济。鼓励乡镇企业发展出口创汇产品,通过发展外向型经济,拓宽生产空间,提高企业素质,加快发展步伐。从今年开始,由县计委每年拿出一定数量的计划内原材料指标,用于支持年出口交货值过百万元的企业;对出口创汇企业的重点产品,逐步纳入计划管理;对出口产品产值达到企业总产值的50%以上或出口交货值200万元以上的企业,经批准可减半征收所得税;产品出口价格低于国内市场价格,报经税务部门批准,可适当减征所得税。对报关离境的出口产品,实行"征多少,退多少,未征不退和彻底退税"的办法。对生产企业直接出口的产品,退税给生产企业;外贸企业自营出口的产品,退税给外贸企业;外贸企业代理其他出口的产品,退税给委托企业。

鼓励企业利用各种渠道,吸引外资,举办合资、合作企业发展"三来一补"项目。对引进外资在我县办企业的介绍人,投产后,可按引进外资额提取1-5%,给予一次性奖励。

15.加速人才培训,提高企业素质。要在各级乡镇企业主管部门的统一组织下搞好职工培训,各有关部门要积极给予支持和配合。要广开学路,长短结合,多形式、多层次、全方位地开展职工培训。乡镇企业可按职工工资总额的1.5%提取教育经费,作为教育基金,县按规定比例适当集中一部分资金专款专用。县里每年分配一部分大、中专毕业生到乡镇企业工作,户口、人事关系可落在县乡镇企业局,工资向上浮动两级,三年后转为固定工资,并优先评聘专业技术职务。对有特殊贡献的人员,其家属是农业户口的,可按有关规定优先安排"农转非"。

凡授予专业技术职务并被聘任的工程技术人员和管理人员,只要在乡镇企业工作,其待遇均与国营企业同类专业技术人员一视同仁,执行国家规定的同类人员的工资待遇。其中,属非农业户口的,其家属同样享受国家规定的"农转非"待遇。

16.切实减轻企业负担。各级各部门不准以任何理由、任何形式向乡镇企业乱收费、乱罚款、乱集资及进行各种摊派;任何单位不准以咨询、培训服务、检查等名义把无偿服务变成有偿收费,对乡镇企业进行的行业质量监督、产品检验、安全检查等业务工作,要会同乡镇企业主管部门共同进行,不得重复;不得交叉检验、监测;任何单位不得到乡镇企业搞强制性或变相强制性的赞助、捐赠等活动;任何单位向乡镇企业增加收费项目,提高收费标准,应报有关部门批准后下达执行;乡镇办企业除按销售收入的1%,村办企业按0.5%的规定向乡镇企业主管部门上交管理费,乡镇政府按有关规定向企业收取农业发展基金外,其他任何部门都不准向乡镇企业收取管理费,也不准随便抽调企业的财物。今后凡是不使用山东省乡镇企业管理费收款收据进行收取管理费的单位和部门,均属非法收费。

17.加强对乡镇企业干部队伍的管理。为保持乡镇企业干部队伍的相对稳定,克服短期行为,乡镇企业主管部应参与对乡镇企业厂长(经理)的管理。市级以上先进企业和产值500万元以上的企业厂长(经理)的调换任免要征得市乡镇企业主管部门的同意;县级先进企业和产值100万元以上的企业厂长(经理)的任免、调换,要征得县乡镇企业主管部门的同意。

18.进一步加强和改进对乡镇企业的领导。县委、县政府决定成立县乡镇企业协调领导小组,负责协调上级和县直有关部门与乡镇企业的关系,研究决定阶段性的发展实施方案,解决发展过程中出现的重大问题。逐步建立健全乡镇企业工作制度,县委、县政府每年召开一次乡镇企业工作会议,每季召开一次乡镇企业调度会。各乡镇党委、政府要有一名主要领导抓乡镇企业工作。从今年起,要把乡镇企业产值、产值增长率、产销率、利税、利税增长率等五项指标由县府与乡镇政府签订承包责任合同,超奖欠罚,并作为对乡镇党委、政府主要领导干部政绩考核的重要指标。

为了进一步理顺乡镇企业管理体制,县委、县政府确定,各乡镇经委由县乡镇企业局归口管理,乡镇经委主任的任免,要征求县乡镇企业局的意见,由县政府任免。经委副主任及主要工作人员包括会计、统计、审计、文书等四职的更换,各乡镇也应征求县乡镇企业局的意见。

本决定自下达之日起执行。过去县颁发的有关搞活乡镇企业的政策要继续贯彻执行,与本决定不一致的,按本决定执行。

1991年8月30日

高密县人民政府
高密县经济体制改革工作要点

高政发(1993)51号

今后一个时期全县经济体制改革工作,要以党的十四大精神为指针,围绕建立社会主义市场经济体制这一总目标,重点搞好转换企业经营机制、政府转变职能和市场体系建设,配套进行财税、金融、计划、住房、社会保障制度等项改革,提高综合改革试点水平,切实做好新体制建设的基础性工作。

一、切实贯彻《条例》,加快企业转换经营机制的步伐

各级各部门要把贯彻落实《条例》和省政府颁发的《实施办法》作为企业改革的中心工作来抓。要不折不扣地把国家赋予企业的十四项经营自主权特别是劳动、人事、分配、机构设置、外贸进出口、抵制摊派等六方面的权力,全部放给企业,任何部门不得截留,做到一步到位,一放到底。企业要按照《条例》赋予的权力,主动进入市场,积极参与竞争。要继续深化企业劳动、人事、分配三项制度改革和流通领域"四放开"改革,尽快建立起能够适应市场变化富有效率和活力的机制。企业要运用《条例》提供的法律手段,维护自身的合法权益. 自觉抵制各种非法摊派、集资、罚款以及乱检查评比、乱升级达标等一系列干预企业正常生产经营活动的行为。同时,要认真履行好《条例》中规定的义务,强化自我约束机制,落实自负盈亏责任,依法搞好生产经营,为国家多做贡献。

进一步完善承包经营责任制。对进入第三轮承包的企业,要积极创造条件,实行股份制和"税利分流”,也可以在完善的基础上实行租赁制。对承包企业,要坚持政企分开,在完善各类承包形式的同时,从价值形态上加强对国有企业资产经营的有效管理,使企业切实承担起国有资产保值、增殖的责任。加快国有企业机制向“四无”转变的步伐,即无行政隶属关系、无行政等级、无计划外摊派、无单一的经营范围。特别是在“一业为主,多种经营”方面取得新的突破,鼓励企业按照市场需求,进行多渠道、多门类、跨行业经营。

二、积极推行股份制试点

总的要求是:先改制,后规范,边发展、边规范,点上抓规范,面上抓发展,力争快搞、多搞、搞好,取得突破性进展。对已组建的昌隆鞋业股份有限公司和山东夷安发展股份有限公司要严格按规范化的要求组织实施。要放开企业间法人持股和企业内部职工持股的股份制企业,大力推行乡镇企业股份合作制,积极创造条件,进行面向社会发行股票的试点,新建企业和企业集团争取一开始就办成股份制企业。今年重点抓好被市列为股份制试点的县化纤厂、橡胶厂、气门嘴厂、供销大厦、机床厂等10户企业,其他有条件的企业,也要及早进行股份制改造。目前条件还不具备的,要积极创造条件、争取早搞。力争年底前完成30户或更多一些。要加快乡镇企业试点步伐,年底争取完成100户。

三、大力发展企业集团,优化企业组织结构

立足现有优势,根据行业特点. 市场需求及发展方向,逐步组建一批不同类型、不同规模的企业集团,形成“联合舰队”,增强占领市场的能力。强化企业集团成员间的资产联结纽带,发展集团核心企业向成员企业的参股、控股,加强集团内部管理体制建设,企业兼并要充分发挥市场机制的作用,按市场规律办事,尊重企业的兼并、联营自主权。企业的租赁、兼并、拍卖工作要按潍政发〔1992〕296号文件执行。对国有小型企业、零售企业、饮食、服务业和基层供销社要继续进行租、包、卖。国有小型企业可以进行股份合作制试点,也可以采取长期租赁方式经营;对其中一部分产权,经批准可公开出售给境外法人、自然人。

四、转变政府职能,推进县级综合改革

各级各部门要切实转变经济管理职能,逐步取消政府专业经济部门与企业的行政隶属关系,不折不扣地把经营权还给企业。政府部门对企业的生产经营活动由直接管理逐步转向主要通过统筹规划、制定政策、组织协调、提供服务、强化审计和监督等手段进行间接调控。总的方向是走“小机构、大服务”的路子,转变职能,精简机构,强化服务,严格监督。县级综合改革要以改革县级经济管理体制为重点。我县作为全省综合改革试点县要不断深化改革,并培育发展一批试点乡、镇,试点村,促进县级改革向纵深发展。要打破地区、城乡以及所有制界限,敞开城门,让农民进城务工经商,兴办第三产业。

五、积极培育市场体系,进一步推进流通体制和金融体制改革

要把市场建设的重点放在生产资料、农副产品、资金、劳务、技术、产权交易、房地产等市场门类上来,与统一开放的市场体系相协调。要建立和完善各类人才、信息以及典当、拍卖市场。同时,制定完善市场建设的配套政策和市场管理规则,在政府的统一规划下,继续实行国家、集体、个人一齐上的方针,谁建设谁受益。工商行政管理部门和社会监督组织要切实加强市场管理工作。

流通体制改革要着眼于发展大流通,建立高效、畅通的商品流通体系和流通网络。努力发展跨地区、跨行业,综合商社式的流通企业集团,逐步形成以各类商贸集团为骨干、大中小批发相结合的批发网络。发展一批以大型零售企业为龙头的连锁商店,形成多种经济成分并存,大中小结合的零售网络。同时,进一步改革国合商业和物资企业的营销方式,积极实行代购代销、联合经销以及物资配送等多种经营方式。

加快外贸体制改革步伐，外贸企业要坚持"一业为主，内外结合"的原则，促进内外贸和贸工农一体化主营。扩大经营自主权，努力开拓国际市场。

大力发展资金拆借、证券、外汇调剂等多种形式的金融市场，重点培育和发展包括股票在内的证券市场，通过股份制等有效形式，最大限度地吸纳各方面的资金。各专业银行要积极进行政策性贷款和商业性贷款分账管理的试验，城市信用社要尽快改造成为股份制地方合作银行。要创造条件，吸引外国银行来我县设立办事机构，吸引国际大财团、大商社、跨国公司来我县投资办实业。同时，改革银行内部经营机制，推进企业化管理，实行新的结算方式，加快资金周转，提高资金使用效益。

改革现行的农村信用社管理体制，努力培育和搞好农村金融市场。

六、建立健全社会保障体系

进一步建立健全以养老、待业、医疗保险和劳动就业服务为主要内容的社会保障体系。完善养老保险制度。职工养老保险制度改革，要继续走国家、企业、个人三者合理负担的路子，并逐步形成制度化、规范化、社会化。要在农民自愿的前提下，继续搞好农村养老保险工作。

扩大待业保险范围，提高统筹比例，逐步建立包括全民、集体、私营以及"三资"企业中方职工在内的统一的待业保险制度。

积极推进医疗制度改革。要采取分类、分层次推进，逐步到位的方法进行。今年重点搞好国家机关、事业单位的公费医疗制度和县直企业劳保医疗制度改革，逐步向社会医疗保险制度过渡。

强化劳动就业和专业训练，并为劳动者就业、再就业提供更多的信息和指导服务。

七、加快住房制度和土地使用制度改革

要按照潍政发〔1993〕1号文件要求，积极推进租、售、建全面配套的住房改革。重点是促进住房福利性分配机制向货币分配商品交换机制的转换。切实抓好我县房改方案的出台和实施。并做到与发展房地产市场结合进行，使建房、分房、管房逐步走上规范化、商品化的轨道。

进一步深化土地使用制度改革，建立和完善与社会主义市场经济相适应的土地使用权出让、转让制度，严格用地审批制度，依照法定程序办事。对经营性用地，要尽快实行全部以出让方式提供，同时根据国家产业政策，对需要鼓励发展的产业在地价上给予优惠；对非经营性用地，仍按行政划拨的政策管理。逐步推行农村宅基地有偿使用，推进乡镇企业用地使用制度改革。做好国有企业转换经营机制及股份制企业试点中土地资产的清理评估工作。加强对土地市场的宏观调控。建设用地要实行由政府统一规划、统一征地、统一开发、统一出让、统一管理，建立规范化的土地市场，防止地产交易过热。

八、完善和发展农村社会化服务体系，深化价格、科技、教育体制改革

农村改革要在发展市场农业，建立完善农村社会化服务体系方面取得新的进展。逐步对农产品实行种植、经营、价格三放开，提高农副产品商品率。有条件的乡镇，允许农民对土照的承包经营实行有偿转让，并运用市场机制调整农村经济结构。建立农产品调节基金，完善农村基金储备制度，巩固和完善县级农村合作基金会联合会，大力发展农民入股的股份合作经济。搞好农村社会化服务体系建设。鼓励兴办各类农民自办联办以及股份合作制的服务性经济实体。

加快价格改革步伐。除国家和省规定的指令性价格外，其他消费品价格和服务性收费价格要全部放开；重要生产资料价格要按上级部署逐步实行并轨。

科技体制改革要重点在组织结构、人才管理和科技与经济有效结合的运行机制三方面进行，大力发展科技产业，积极探索运用市场机制，通过经营来支持科技成果转化的路子，鼓励和发展多种形式的民办科研机构。积极发展科技中介机构，兴办行业技术开发中心、区域技术开发中心和科技咨询中心。

教育体制改革要按照经济和社会发展的需要，在管理体制、办学机制等方面进一步深化。要进一步向学校和基层放权，使学校真正面向社会，自主办学。教育主管部门要改善和加强对整个教育的宏观调控，大力推行开门办学、社会办学，鼓励人才竞争。

各级各部门要切实加强对改革工作的规划、协调和领导，坚持配套改革，加强总体协调，防止政出多门。各有关部门要通力合作，相互支持，解放思想，真抓实干，保证各项改革任务的顺利完成。

1993 年 5 月 19 日

高密市人民政府
关于进一步加快发展个体私营经济的暂行规定

高政发〔1994〕20 号

为进一步鼓励、引导个体私营经济的健康快速发展，根据党的十四届三中全会精神，结合我市实际情况，特制定本暂行规定。

一、确立目标，明确职责，实行发展个体私营经济领导责任制

（一）个体私营经济是国民经济的重要组成部分，也是重要的经济增长点。各级各部门要充分认识发展个体私营经济的重要意义，真正将其摆在重要位置上，像抓工业、抓农业、抓乡镇企业、抓开放型经济那样，把个体私营经济作为重要的经济支柱来抓，纳入经济发展的总体规划，列入年度经济工作的考核内容，使个体私营经济的发展做到有规划、有指标、有措施、有落实、有检查、有奖惩，为个体私营经济的发展创造良好的社会环境。

（二）把发展个体私营经济纳入领导任期目标责任制，作为考核干部政绩的一项重要内容。计划全市到 2000 年，个体工商户达到 8 万户，从业人员达到 15 万人（含部分临商）；私营企业达 1200 家，从业人员达到 2 万人，今年确保个体工商户发展到 26000 户（含部分临商），私营企业 330 家。根据这一总体计划，市政府每年给各乡镇下达一次发展个体私营经济的任务目标，列入年度农村工作考核的重要指标。各乡镇政府要按照市政府提出的任务目标，分解落实到基层，层层实行目标责任制对发展个体私营经济做出贡献的干部，要结合年终总结评比，给予精神鼓励和物质奖励，并与农村三职干部的报酬挂起钩来，切实保证全市个体工商户和私营企业户每年分别以 25%和 30%的增长幅度递增（发展数量以工商行政管理部门登记注册为准）。

（三）市直各部门、各单位要自觉为个体私营经济发展大开绿灯，积极支持个体私营经济上档次、上规模、上水平。工商、税务等部门要根据总体发展规划，在本系统内制定年度发展计划，落实发展责任，明确奖惩办法，激励基层所努力抓好辖区内个体私营经济的发展工作。交通、农机管理部门每年也要制定个体运输户的发展指标，大力发展个体运输业户。从今年开始，市政府把支持发展个体私营经济列入各部门、单位的考核内容，每年分别组织一次向个体私营企业征求意见和群众评议等活动，评议结果作为评选先进单位的条件之一。

二、放开经营，搞活管理，为个体私营经济的大发展，创造一个好的政策环境

(四)对个体工商户实行直接登记制。凡具备规定条件申请开办个体工商业和私营企业的人员，都可持本人居民身份证，直接到经营所在地的工商行政管理部门办理登记注册手续，对外地来高密经商的人员，凭身份证和计划生育证明给以办理营业执照和落户。工商行政管理部门要把个体私营经济注册登记权下放到乡镇工商所，力求做到现场办公，送照上门。凡申请办证(许可证)照(营业执照)者，各有关部门必须从申请人提出申请之日起，七日内办理完毕，逾期者其手续费用由办证、照部门承担。

(五)放宽从业人员范围。凡停工待岗的职工、机关团体和企事业单位分离出来的人员及离退休人员，都可以从事个体经营和开办私营企业，也可以到个体工商户和私营企业当帮手或雇工；允许企事业单位的工作人员利用业余时间从事临时性经营；对自愿开办个体工商业、私营企业或自愿到个体工商户、私营企业工作的军队转业干部、大中专毕业生、城镇待业人员以及从机关团体和企事业单位分离出来的人员，只要向劳动部门所属的社会保险机构缴纳养老保险金的，在个体工商业和私营企业工作的时间计算工龄。

(六)放宽经营范围和方式。凡是国家没有明令禁止个体工商户、私营企业生产经营的行业、项目或商品，均允许其依法从事生产经营活动。任何单位和个人不得以任何借口加以限制或实行行业垄断。在具体核定经营范围时，只核经营大项，按行业大类、中类核定；凡允许个体工商户和私营企业生产经营的行业和商品，除国家另有规定的外，经营方式全部放开。

(七)个体工商户和独资、合伙型私营企业的注册资金按申报的数额核准，在10万元以下的，可不提交资信证明。凡2人以上投资、注册资金在3万元以上科技型、生产型和外向型的私营企业，以及2人以上投资、注册资金在10万元以上的私营企业，可申请企业法人资格，并可冠市级名称；开办私营企业不受雇工人数限制；产品获国优、部优、省优称号，产品填补省、市内空白，开发、发展地方名优特产品和生产出口创汇产品，以及注册资金在30万元以上，雇工在10人以上的私营企业，提出要求冠上级市和省级大名称的，有关部门要积极帮助办理报批手续。

(八)对个体工商户的税费实行总量控制，一定一年不变对新发展的个体工商户、私营企业，有困难的，可在一定期限内给以缓征或免征税费的照顾。对少数偏远地区新发展的个体工商户，可先发照，后规范，减收或免收税费。对进入新建市场的长期经营者应优先安排摊位，一年内从低或免收市场税费。要解决好个体工商户使用增值税发票的问题，加快小规模纳税人向一般纳税人的转化；采取扩大范围或在市场设立增值税发票代办处的办法，为业户提供方便。对国家规定实行税收返还的企业和经营品种，个体私营部分，可以缓征。个体私营企业安置残疾人达到福利企业规定标准，按税法规定给予减免税收。对从事个体、私营的残疾人员和生活贫困的孤寡人员、荣誉军人、烈属在税收方面给予照顾。

(九)个体工商户、私营企业的生产经营场地列入城镇建设规划，并按国有土地出让、转让的有关规定，实行有偿、有限期使用；居民生活小区的开发建设，必须考虑到个体网点的经营用地。各乡镇有条件的可建立私营企业投资区，并制定相应的优惠政策，吸引资金和技术，鼓励个人兴办私营企业；机关团体和企事业单位的闲置场地，按有关规定办理手续后，可出租或转让给个体私营业户从事生产经管；在人口流动大的公共场所，可划出一定区域供个体工商户和私营企业使用，由工商行政管理部门统一管理。在靠近市场的街道和城区内的次要街道、小街小巷,应按照方便群众、合理规划布局的原则设置经营摊点。

三、依法保护个体工商户和经营企业的合法权益

(十)坚决制止乱收费、乱罚款和乱摊派。实行“个体私营经济收费卡”制度,公开收费依据和收费标准。有关部门按国务院和省政府规定向个体私营业户收取各种费用,必须办理收费许可证,未办收费许可证的,任何部门和单位不得向个体私营业户擅自收费,更不得本部门随意确定,擅自向个体经营业户摊派和收取费用。对违反规定的收费和摊派,个体私营者有权抵制和向有关部门反映。

(十一)各有关行政执法部门对个体私营业户的监督管理活动,应当建立在加强教育和完善制度的基础上,并严格依法实施,彻底纠正以罚代管和滥施处罚的现象。车辆管理部门要依法定点查车,热情服务,不准乱设卡,乱收费。对故意刁难、勒索客户的事件要依法严肃查处。质监部门抽检个体工商户和私营企业的产品,要严格按照国家标准抽检和收费,不合格品就低收取,抽检的商品样品除已做破坏性试验的外,一律如数退还。要严厉打击制售假冒伪劣商品的违法犯罪活动。对皮件、小五金等产品,应注意引导企业执行国家标准;一时达不到国家标准的,要帮助企业制定企业标准,保护企业的正常生产和经营。卫生部门要从乡村实际出发,帮助饮食业户搞好卫生,并促其不断提高卫生标准和设备档次。

(十二)各类专业批发市场和集贸市场由工商行政管理部门统一管理、统一服务、统一收费(除税收外),其他任何部门和单位未经市场管理部门同意,不得进场检查和收费。确需收费的,必须经工商行政管理部门同意,不得进场检查和收费。确需收费的,必须经工商行政管理部门认定,采取统一收取,再按有关规定分流的办法。

(十三)任何单位和个人不得以赎买、交公、挂靠等形式,将个体工商户和私营企业变为集体企业和经济实体。有关部门必须坚决纠正名为集体实为个体私营的“假集体”,并采取有效措施,杜绝重新出现假集体企业的现象。

(十四)个体工商户、私营企业领取的营业执照,是国家授权工商行政管理机关核发的合法经营凭证,受国家法律保护,其他任何部门不得以任何借口处罚、没收、扣留或吊销,违者承担个体私营业户的经济损失。

四、政治上一视同仁,舆论上鼓励支持,为个体私营经济的发展创建良好的社会氛围

(十五) 市政府从今年起, 每年从年内新增个体私营企业实际上缴的地方税金中拿出一定的数额,建立奖励扶持个体私营经济发展基金,用于扶持鼓励个体私营经济的发展。

鼓励个体工商户、私营企业加大资金投入,扩大生产经营规模。对当年生产性固定资产投入 50 万元 -100 万元,100 万元 -200 万元,200 万元以上的(由市有关部门评估核定),从该项目投产之日起,由金融部门给予扶持,并优先办理“地方城镇户口”。

(十六)鼓励、支持个体工商户、私营企业承包、租赁、兼并、参股购买国有、集体企业,并与国有、集体企业的厂长、经理享有同等的政治待遇,由乡镇企业主管部门纳入正常的技术职务评聘范围。

(十七)切实加强思想教育、职业道德教育和法制教育,引导和鼓励个体工商户、私营企业守法经营,文明经营,为国家多做贡献,凡当年无违法违章行为,上缴税金 5 万元 -10 万元和 10 万元以上的,可以参加“农民企业家”和“劳动模范”的评选,并给予物质奖励。

(十八)各有关部门对个体私营企业的产品和技术应及时鉴定,合格者发给社会承认的证书;对个体私营经济从业人员中的专业技术人员应与国有、集体企业同等对待,纳入正常的专业技术职务评聘范围,按照有关规定评定专业技术职务和任职资格。

(十九)个体工商户、私营企业凭营业执照即可在金融部门开设账户,在上级规定的贷款比例内,本着效益优先的原则,对新开办的个体私营企业,符合贷款条件,有担保或资产抵押的,优先给予贷款扶持。

(二十)各级干部要带头和帮助群众发展个体私营经济。要注意培养和选拔那些守法经营、事业心强、群众威信高、能够带领群众致富的个体私营业主担任各级领导职务。

1994 年 7 月 28 日

1986 年高密县各乡、镇、自然村、村民委员会和街道居民委员会标准名称表

高密镇

表附录－1

自然村标准名称	曾用名	村民委员会名称
城里		城里村民委员会
东关		东关村民委员会
西关		西关村民委员会
南关		南关村民委员会
北关		北关村民委员会
农丰村		农丰村村民委员会
交通村		交通村村民委员会
文化村		文化村村民委员会
碾头		碾头村民委员会
梨园		梨园村民委员会
东三里庄		东三里庄村民委员会
西三里庄		西三里庄村民委员会
南韩家屯	韩家屯	南韩家屯村民委员会
解家屯		
倪家村		倪家村村民委员会
苗家村		苗家村村民委员会
张吉村	张家村	张吉村村民委员会
城西	西岭	城西村民委员会
小王家庄		小王家庄村民委员会
北大王庄	大王家庄	北大王庄村民委员会
北栾家庄	栾家庄	北栾家庄村民委员会
皋头		皋头村民委员会
老木田	老墓田	老木田村民委员会
尧头	窑头	尧头村民委员会
鞠家村		
万家村		万家村村民委员会
永安村	灵应庵	永安村村民委员会
娘娘庙		娘娘庙村民委员会
东小庄	小庄	东小庄村民委员会
梓童庙		梓童庙村民委员会
荆家庄		荆家庄村民委员会
许家庄		许家庄村民委员会
东栾家庄	栾家庄	东栾家庄村民委员会
秦家岭		秦家岭村民委员会
罗家庄	单家庄	罗家庄村民委员会
高家岭		高家岭村民委员会
小木田	小墓田	小木田村民委员会
黄山莹		黄山莹村民委员会
鲁家庙		鲁家庙村民委员会
张家埠		张家埠村民委员会
小郑家庄	郑家庄	
东单家屋子	单家屋子	东单家屋子村民委员会
卣坊	赵家卣坊	卣坊村民委员会
毛家庄		毛家庄村民委员会
张家八里庄		张家八里庄村民委员会
沈家八里庄		沈家八里庄村民委员会
李家八里庄		李家八里庄村民委员会
侯家八里庄		侯家八里庄村民委员会
谭伍屯上村		谭伍屯上村村民委员会
谭伍屯下村		谭伍屯下村村民委员会
葛家庄		葛家庄村民委员会
前埠口		前埠口村民委员会
后埠口		后埠口村民委员会
邱家洼		邱家洼村民委员会
东观音堂		东观音堂村民委员会
西观音堂		西观音堂村民委员会
大胡兰前	大胡兰阡	大胡兰前村民委员会
小胡兰前	小胡兰阡	小胡兰前村民委员会
初家村		初家村村民委员会
卞家庄		卞家庄村民委员会
幸福村		幸福村村民委员会
薛家村		薛家村村民委员会
刘戈庄		刘戈庄村民委员会
赵戈庄		赵戈庄村民委员会

街道居民委员会名称：
东关街道居民委员会　西关街道居民委员会
南关街道居民委员会　北关街道居民委员会
车站街道居民委员会

柏城镇

续表附录 - 1

自然村标准名称	曾用名	村民委员会名称	自然村标准名称	曾用名	村民委员会名称
柏城		柏城村民委员会	朱家集	朱家庄	前朱家集村民委员会 后朱家集村民委员会
田家村	田家庄	田家村村民委员会			
王家响疃		王家响疃村民委员会	后沙泊	小沙泊	后沙泊村民委员会
邓家村	邓家庄	邓家村村民委员会	李茂庄		李茂庄村民委员会
小高家岭	高家庄		前冢子头		前冢子头村民委员会
堤东		堤东村民委员会	东冢子头		东冢子头村民委员会
赵家村	赵家庄	赵家村村民委员会	西冢子头		西冢子头村民委员会
姚家村		姚家村村民委员会	门家埠		门家埠村民委员会
沟南		沟南村民委员会	宿家屯		宿家屯村民委员会
单家庄		单家庄村民委员会	柏杨家屯	杨家屯	
石庙子		石庙子村民委员会	苑家疃		苑家疃村民委员会
夏家沟		夏家沟村民委员会	大吕		大吕村民委员会
冶家庄		冶家庄村民委员会	小河崖		小河崖村民委员会
故献		故献村民委员会	小王家村	小王家庄	
郝家庄		郝家庄村民委员会	大村		大村村民委员会
王丰屯	王家庄	王丰屯村民委员会	店子	宿家店子	店子村民委员会
白家岭		白家岭村民委员会	赵家沟		赵家沟村民委员会
柳林		柳林村民委员会	休息园	臭枳园	休息园村民委员会
叶家屯		叶家屯村民委员会	新庄	辛庄	新庄村民委员会
于家屯		于家屯村民委员会	何家村		何家村村民委员会
升恒庄	哑姑庵	升恒庄村民委员会			

姚哥庄镇

续表附录－1

自然村标准名称	曾用名	村民委员会名称
姚哥庄		东姚哥庄村民委员会 西姚哥庄村民委员会 南姚哥庄村民委员会
芝兰庄	紫兰庄	芝兰一村村民委员会 芝兰二村村民委员会 芝兰三村村民委员会 东后芝兰村民委员会 西后芝兰村民委员会 东牟东村民委员会 东牟西村民委员会 东牟北村民委员会
前疃		前疃村民委员会
上泊	草泊	上泊村民委员会
东庄		东庄村民委员会
斜沟崖		东斜沟崖村民委员会 西斜沟崖村民委员会
大王家庄		大王家庄村民委员会
穆子庄		穆子庄村民委员会
吴家村	吴家庄	吴家村村民委员会
韩伍屯		韩伍屯村民委员会
单家荒		单家荒村民委员会
南曲	南渠	大南曲村民委员会 小南曲村民委员会
撞上		撞上村民委员会
芝兰屯	紫兰屯	芝兰屯村民委员会
贺家庄	禾稼庄	贺家庄村民委员会
单家村	单家庄	单家村村民委员会
杜家屯		杜家屯村民委员会
孙家屯		孙家屯村民委员会
宫家屯		宫家屯村民委员会
刘家庄		刘家庄村民委员会
任家庄		任家庄村民委员会
辛村	邓家庄 辛庄	辛村村民委员会

张鲁乡

续表附录－1

自然村标准名称	曾用名	村民委员会名称
张鲁寺		张鲁寺村民委员会
纪家庄		纪家庄村民委员会
许家	许家庄	许家村民委员会
黄家庄		黄家庄村民委员会
太平庄		太平庄村民委员会
平安庄		平安庄村民委员会
十字庄		十字庄村民委员会
毛家屯		东毛家屯村民委员会 西毛家屯村民委员会
代家屯		代家屯村民委员会
乔家屯	大屯	乔家屯村民委员会
张鲁集		张鲁集一村村民委员会 张鲁集二村村民委员会 张鲁集三村村民委员会 张鲁集四村村民委员会
东于家庄		东于家庄村民委员会
小洼		小洼村民委员会
西于家庄	小于家庄	西于家庄村民委员会
中于家庄		
冯家庄		冯家庄村民委员会
于疃		于疃村民委员会
吕家南直		
单家官庄		单家官庄村民委员会
李家疃	李家庄	李家疃村民委员会
单家老庄		
后张鲁		后张鲁沟东村民委员会 后张鲁沟西村民委员会 后张鲁沟北村民委员会 后张鲁后庄村民委员会
柳沟崖		柳沟崖村民委员会
匡家村	匡家庄	匡家村村民委员会
小王庄	小王家庄	小王庄村民委员会

大栏乡

续表附录－1

自然村标准名称	曾用名	村民委员会名称
大栏		大栏村民委员会
杨家丘		杨家丘村民委员会
王家屋子		王家屋子村民委员会
高平庄		高平庄村民委员会
平安村	平安庄	平安村村民委员会
前两县屯		前两县屯村民委员会
中两县屯		中两县屯村民委员会
后两县屯		后两县屯村民委员会
沙口子		沙口子村民委员会
孙家口		孙家口村民委员会
谭家荒		谭家荒村民委员会
艾丘		艾丘村民委员会
东风村	公婆庙	东风村村民委员会
谭家		谭家村民委员会
咸家		咸家村民委员会
王家丘		王家丘村民委员会
朱家		朱家村民委员会

河崖乡

续表附录-1

自然村标准名称	曾用名	村民委员会名称	自然村标准名称	曾用名	村民委员会名称
河崖		河崖村民委员会	郭家小庄		郭家小庄村民委员会
徐家屋子		徐家屋子村民委员会	大石桥		大石桥村民委员会
新赵庄	赵家庄	新赵庄村民委员会	郭家官庄	蛮子官庄	郭家官庄村民委员会
郭家台子		郭家台子村民委员会	石甲		
前丘		前丘村民委员会	刘家台子		刘家台子村民委员会
东前岭	东岭	东前岭村民委员会	毛家屋子		毛家屋子村民委员会
西前岭	西岭	西前岭村民委员会	北高家	小高家庄	北高家村民委员会
新岭	后岭	新岭村民委员会	东流口子		东流口子村民委员会
前进村	土地庙子	前进村村民委员会	东武家庄		东武家庄村民委员会
管家庄		管家庄村民委员会	西武家庄		西武家庄村民委员会
伊家庄		伊家庄村民委员会	苏家庄		
新华村	孙家庄	新华村村民委员会	郭家屋子		郭家屋子村民委员会
牟家园		牟家园村民委员会	陈家屋子		陈家屋子村民委员会
河牟村	牟家庄	河牟村村民委员会	范家	范家庄	范家村民委员会
张许村	张家庄	张许村村民委员会	窦家庄		窦家庄村民委员会
匡家庄		匡家庄村民委员会	阎家	阎家庄	阎家村民委员会
下村		下村村民委员会	向阳庄	下庄	向阳庄村民委员会
郭家园		郭家园村民委员会	蒋家园		蒋家园村民委员会
王家园		王家园村民委员会	窝铺		窝铺村民委员会
南高家	大高家庄	南高家村民委员会	杜家庄		杜家庄村民委员会
王新屯	王家庄	王新屯村民委员会			

夏庄镇

续表附录－1

自然村标准名称	曾用名	村民委员会名称
张家官庄		张家官庄一村村民委员会 张家官庄二村村民委员会 张家官庄三村村民委员会 张家官庄四村村民委员会
栾家官庄	栾家沙岭子	栾家官庄村民委员会
王家官庄		王家官庄村民委员会
石家官庄		石家官庄村民委员会
李家官庄		李家官庄村民委员会
龙王官庄		龙王官庄村民委员会
綦家村	东伏家庄	綦家村村民委员会
杜家官庄		杜家官庄一村村民委员会 杜家官庄二村村民委员会 杜家官庄三村村民委员会
赵家官庄	徐家官庄 刘家官庄	赵家官庄村民委员会
刘家村	西伏家庄	刘家村一村村民委员会 刘家村二村村民委员会 刘家村三村村民委员会 刘家村四村村民委员会
曙光村	周家庄	曙光村村民委员会
西门家苓芝		西门家苓芝村民委员会
东门家苓芝		东门家苓芝村民委员会
西李家苓芝		西李家苓芝村民委员会
西王家苓芝		西王家苓芝村民委员会
单家苓芝		
夏家苓芝		
十里堡		十里堡村民委员会
东王家苓芝	戴家苓芝	东王家苓芝村民委员会
管家苓芝		管家苓芝村民委员会
东李家苓芝	张家苓芝	东李家苓芝村民委员会
刘家苓芝		刘家苓芝村民委员会
王党		王党村民委员会
仓上		仓上村民委员会
鲁家村	卢家村	鲁家村村民委员会
卢家岭		卢家岭村民委员会
沙窝		沙窝村民委员会
张家南直		张家南直村民委员会
毛家庵		毛家庵村民委员会
郭家南直	大南直	郭家南直村民委员会
王家南直		王家南直村民委员会
郭家泊子		郭家泊子村民委员会
栾家泊子		栾家泊子村民委员会
宋家泊子	大泊子	宋家泊子村民委员会
陈家泊子		陈家泊子村民委员会
车道口		车道口村民委员会
小寄庄		小寄庄村民委员会
祁家店		祁家店村民委员会
杜家店		杜家店村民委员会
栾家店		栾家店村民委员会
沟崖		沟崖村民委员会
高家店		高家店村民委员会
河西		河西村民委员会
东张家村	张家村	东张家村村民委员会
台家村		台家村村民委员会
仪家村		仪家村村民委员会
任家村		任家村村民委员会
朱家村		朱家村村民委员会
五龙庄		五龙庄村民委员会
夏庄		夏庄村民委员会（含西王家村） 益民村民委员会（含马王庙后）
西王家村	小王家庄	
马旺庙后		
李家村		东李家村民委员会 西李家村民委员会
魏家屯		魏家屯村民委员会
孟家屯		孟家屯村民委员会
大赵家庄	赵家庄	大赵家庄村民委员会
茂早屯		茂早屯村民委员会

姜庄镇

续表附录－1

自然村标准名称	曾用名	村民委员会名称
姜庄		姜庄一村村民委员会 姜庄二村村民委员会 姜庄三村村民委员会 姜庄四村村民委员会 姜庄五村村民委员会
綦家庄		綦家庄村民委员会
甄家屯		甄家屯村民委员会
东李家庄	李家庄	东李家庄村民委员会
方家庄		方家庄村民委员会
周家村	周家庄	周家村村民委员会
赵家圈		赵家圈村民委员会
吴家屯		吴家屯村民委员会
棉花屯		棉花屯村民委员会
东范家庄	范家庄	东范家庄村民委员会
北高家庄	高家庄	北高家庄村民委员会
南高家庄	高家庄	南高家庄村民委员会
东老屯		东老屯村民委员会
后老屯		后老屯村民委员会
中老屯		
前老屯		
苘湾崖		苘湾崖村民委员会
艾山屯		艾山屯村民委员会
王干坝		王干坝东村村民委员会 王干坝西村村民委员会
卞家屯		卞家屯村民委员会
邓家屯		邓家屯村民委员会
刘家口子		刘家口子村民委员会

自然村标准名称	曾用名	村民委员会名称
傅家口子		傅家口子村民委员会
岳家屯		岳家屯村民委员会
前屯	前两岔屯	前屯村民委员会
后屯	后两岔屯	后屯村民委员会
北董家庄	董家庄	北董家庄村民委员会
潘家		潘家村民委员会
崔家		崔家村民委员会
伊家长村		伊家长村村民委员会
张家长村		张家长村村民委员会
李家长村		李家长村村民委员会
孙家长村		孙家长村村民委员会
西王家城子	秦家城子	西王家城子村民委员会
东王家城子		东王家城子村民委员会
彭家城子		彭家城子村民委员会
李仙庄		李仙庄村民委员会
韩家屯		
北三教堂	三教堂	
楚家庄		
隋家屯		隋家屯村民委员会
聂家庄		聂家庄东村村民委员会 聂家庄西村村民委员会
于家庄		前于家庄村民委员会 后于家庄村民委员会
王家寺		王家寺村民委员会
栾家城子		栾家城子村民委员会

仁和乡

续表附录－1

自然村标准名称	曾用名	村民委员会名称	自然村标准名称	曾用名	村民委员会名称
仁和庄	斜列埠庄 仁河庄	仁和一村村民委员会 仁和二村村民委员会 仁和三村村民委员会	范家庄		范家庄村民委员会
			莳家庄		莳家庄一村村民委员会 莳家庄二村村民委员会
梁家村	梁家屯	梁家村村民委员会	尤家集		尤家集村民委员会
新兴庄	顾二屋子	新兴庄村民委员会	董利村	小王家庄	董利村村民委员会
旗台	綦家台子	旗台一村村民委员会 旗台二村村民委员会 旗台三村村民委员会	谢家庄		谢家庄村民委员会
			张庄	张家庄	张庄村民委员会
			高家屋子	龙王戈墩	高家屋子村民委员会
爱国村		爱国村村民委员会	任家屋子		任家屋子村民委员会
翻身庄	噶行屋子	翻身庄村民委员会	王屋	王家屋子	王屋村民委员会
柳树屋子		柳树屋子村民委员会	瓦店屋子		瓦店屋子村民委员会
大屯	张家屯	大屯村民委员会	赵家屋子		赵家屋子村民委员会
小屯		小屯村民委员会	顺河庄		顺北村民委员会 顺南村民委员会
晾甲埠		晾甲埠村民委员会			
东辛庄	高家辛庄	东辛庄村民委员会	安河庄	赵八屋子	安河庄村民委员会
西辛庄	西小辛庄	西辛庄村民委员会	三姓屯	三合庄	三姓屯村民委员会

咸家乡

续表附录－1

自然村标准名称	曾用名	村民委员会名称	自然村标准名称	曾用名	村民委员会名称
焦家屋子		焦家屋子村民委员会	西侯家	小侯家	西侯家村民委员会
杜家屋子		杜家屋子村民委员会	唐家		唐家村民委员会
陈屋	陈家屋子	陈屋村民委员会	大楚家		大楚家村民委员会
楚家屋子			小楚家		小楚家村民委员会
张屋	张家屋子	张屋村民委员会	山丰村	岚子	山丰村村民委员会
杨兰		杨兰村民委员会	新立屯		新立屯村民委员会
岔河		岔河村民委员会	徐家庙子		徐家庙子村民委员会
黑丘子		黑丘子村民委员会	于庄	于家庄	于庄村民委员会
坊头		坊头村民委员会	毛屋	毛家屋子	毛屋村民委员会
赵李村	李家庄	赵李村村民委员会	小张家屋子	张家屋子	小张家屋子村民委员会
咸家屯		咸东村民委员会 咸西村民委员会	陶家屋子		陶家屋子村民委员会
			单家屋子		
贾唐	贾唐家	贾唐村民委员会	前綦家屋子		
大侯家		大侯家村民委员会	后綦家屋子		

大牟家镇

续表附录－1

自然村标准名称	曾用名	村民委员会名称	自然村标准名称	曾用名	村民委员会名称
大孙家		大孙家村民委员会	小辛家		小辛家村民委员会
大杜家		大杜家村民委员会	小迟家		小迟家村民委员会
薛家集		前薛村民委员会 后薛村民委员会	小杜家		小杜家村民委员会
			小刘家		小刘家村民委员会
王官庄	官庄	王官庄村民委员会	西沟头	小沟头	西沟头村民委员会
陈皮家		陈皮家村民委员会	祁家		祁家村民委员会
马龙屯		马龙屯村民委员会	大迟家		大迟家村民委员会
张户庄		张户庄村民委员会	张家		张家村民委员会
和平村	张家屋子	和平村村民委员会	陆家		陆家村民委员会
和睦屯		和睦屯村民委员会	礼让屯		礼让屯村民委员会
米家庄		米家庄村民委员会	永丰屯		永丰屯村民委员会
李党家		李党家村民委员会	和顺屯		和顺屯村民委员会
蔡家		蔡家村民委员会	秦家		秦家村民委员会
展家		展家村民委员会	前周家庄	周家庄	前周家庄村民委员会
北杨家庄	杨家庄	北杨家庄村民委员会	后潘家庄	潘家庄	后潘家庄村民委员会
孙家屋子		孙家屋子村民委员会	西刘家庄	刘家庄	西刘家庄村民委员会
刘家	刘家屋子	刘家村民委员会	胶东村	郭家庄	胶东村村民委员会
黑王家	黑牛王家	黑王家村民委员会	张家庄子	张家庄	张家庄子村民委员会
东牟家		东牟家村民委员会	郇李家		郇李家村民委员会
西牟家		西牟家村民委员会	赵家庄		赵家庄村民委员会
小牟家		小牟家村民委员会	毛李家庄	毛李家	毛李家庄村民委员会
大辛家		大辛家村民委员会	毛家	毛家庄	毛家村民委员会

周戈庄乡

续表附录 - 1

自然村标准名称	曾用名	村民委员会名称	自然村标准名称	曾用名	村民委员会名称
周戈庄		周戈庄村民委员会	新河村	二甲庄子	新河村村民委员会
大泊子	张家泊子	大泊子村民委员会	徐家屯		徐家屯村民委员会
中泊子	二泊子	中泊子村民委员会	曲家屋子	庄家屋子 三屋子	曲家屋子村民委员会
西泊子	三泊子	西泊子村民委员会			
官庄		官庄村民委员会	王屋子	三屋子 王家屋子	王屋子村民委员会
曹家		曹家村民委员会			
周家		周家村民委员会	岳家屋子	三屋子	岳家屋子村民委员会
小张家	张家	小张家村民委员会	芦家庄子		芦家庄子村民委员会
李家		李家村民委员会	东村		东村村民委员会
荆家		荆家村民委员会	南集		南集村民委员会
姜家庄子		姜家庄子村民委员会	槐家		槐家村民委员会
魏家坊		魏家坊村民委员会	史家庄子		史家庄子村民委员会
双山		双山村民委员会	岗家庄		岗家庄村民委员会
王戈庄	小王家庄	王戈庄村民委员会	官厅村	官厅	官厅村村民委员会
富河村	葛庄	富河村村民委员会	朱家庄		朱家庄村民委员会
沟头	大沟头	沟头村民委员会	谭家庄		谭家庄村民委员会
八甲寨	魏官寨	八甲寨村民委员会	徐家庄子	徐家庄	徐家庄子村民委员会
六甲寨	魏官寨	六甲寨村民委员会	坊岭村	坊岭庄 坊岭	坊岭村村民委员会
张肖寨	张家寨 萧家寨	张肖寨村民委员会	车辋		车辋村民委员会
长丰屯		长丰屯村民委员会	安家庄		安家庄村民委员会
秦家庄子		秦家庄子村民委员会	北李家庄	李家庄	北李家庄村民委员会
王家庄子		王家庄子村民委员会	南斜沟		南斜沟村民委员会
张家庙子		张家庙子村民委员会	北斜沟		北斜沟村民委员会
黄家庙子		黄家庙子村民委员会			

康庄镇

续表附录－1

自然村标准名称	曾用名	村民委员会名称	自然村标准名称	曾用名	村民委员会名称
前毛家庄	毛家庄	前毛家庄村民委员会	绳家庄		绳家庄村民委员会
后毛家庄	张家大庄	后毛家庄村民委员会	关爷庙		关爷庙村民委员会
张家小庄	小庄	张家小庄村民委员会	王村	王家庄	王村村民委员会
高家屯	高家庄	高家屯村民委员会	葛家集		葛家集村民委员会
雷家庄		雷家庄村民委员会	傅沈屯	孙家屯	傅沈屯村民委员会
殷家楼		殷家楼村民委员会	东尤家屯	大尤家屯	东尤家屯村民委员会
鲍家庄		鲍家庄村民委员会	西尤家屯	小尤家屯	西尤家屯村民委员会
辛店		辛店村民委员会	于家村	于家庄	于家村村民委员会
永丰庄		永丰庄村民委员会	钟家屯		钟家屯村民委员会
李村	李家庄	李村村民委员会	小庄	仪家小庄	小庄村民委员会
康家庄		康家庄一村村民委员会 康家庄二村村民委员会 康家庄三村村民委员会 康家庄四村村民委员会	三官庙		三官庙村民委员会
			刘新村	刘家村	刘新村村民委员会
			崔家村		崔家村村民委员会
			八元庄		八元庄村民委员会
田家庄		田家庄村民委员会	倪家庵		倪家庵村民委员会
周家庄		周家庄村民委员会	曹家村		曹家村村民委员会

蔡家站乡

续表附录－1

自然村标准名称	曾用名	村民委员会名称	自然村标准名称	曾用名	村民委员会名称
张新庄	张家庄	张新庄村民委员会	赫家庄		赫家庄村民委员会
西李	李家庄	西李村民委员会	红埠子庄		红埠子庄村民委员会
陈家	陈家庄	陈家村民委员会	郑家庄		郑家庄村民委员会
杨家庄		杨家庄村民委员会	双头庄		双头庄村民委员会
北志屯		北志屯村民委员会	薛家庄		薛家庄村民委员会
南志屯		南志屯村民委员会	姚家庄		姚家庄村民委员会
蔡家站		蔡家站村民委员会	窦富台子		窦富台子村民委员会
蔡家庄		蔡家庄村民委员会	阎家庄		阎家庄村民委员会
徐家庄		徐家庄村民委员会	韩家庄		韩家庄村民委员会
马家庄		马家庄村民委员会	沂塘		沂塘东村村民委员会 沂塘西村村民委员会
丰家庄		丰家庄村民委员会			
土辛庄		土辛庄村民委员会			

阚家乡

续表附录－1

自然村标准名称	曾用名	村民委员会名称
阚家村		阚家东村村民委员会 阚家西村村民委员会
东方戈庄		东方戈庄村民委员会
西方戈庄		西方戈庄村民委员会
东杨岭庄		东杨岭庄村民委员会
西杨岭庄		西杨岭庄村民委员会
袁家村		袁家村村民委员会
倪家庄	倪家村	倪家庄村民委员会
尚义官庄		尚义官庄村民委员会
张家村		张家村村民委员会
下坡		下坡村民委员会
胡家村		胡家村村民委员会
吴家营		吴家营村民委员会
李营	李家营	李营村民委员会

自然村标准名称	曾用名	村民委员会名称
守信官庄		守信官庄村民委员会
兴仁官庄		兴仁官庄村民委员会
狄家屯		狄家屯村民委员会
远家屯		远家屯村民委员会
谢家村	谢家屯	谢家村村民委员会
傅家庄		傅家庄村民委员会
于家营		于家营村民委员会
王柳官庄		王柳官庄村民委员会
徐睦庄	徐母庄	刘家街村民委员会 赵家街村民委员会 唐家街村民委员会
谭家营		谭一村村民委员会 谭二村村民委员会 谭三村村民委员会 谭四村村民委员会

初家乡

续表附录－1

自然村标准名称	曾用名	村民委员会名称
于村	于家庄	于村村民委员会
西田家庄	田家庄	西田家庄村民委员会
卢家庄		卢家庄村民委员会
辂家桥		辂家桥村民委员会
耿家店		
汤家庄		
朱家屯		朱家屯村民委员会
小坊		小坊村民委员会
张家屋子		张家屋子村民委员会
殷家屋子		殷家屋子村民委员会
新民官庄	小官庄	新民官庄村民委员会
韩庄	韩家庄	韩庄村民委员会
中杨家庄	杨家庄	中杨家庄村民委员会
小杨家庄	杨家庄 南杨家庄	小杨家庄村民委员会
小张家庄	张家庄	小张家庄村民委员会
松兴屯		松兴屯村民委员会
后泊子		后泊子村民委员会

自然村标准名称	曾用名	村民委员会名称
前泊子		前泊子村民委员会
红庙子		红庙子村民委员会
西桥子		西桥子村民委员会
东桥子		东桥子村民委员会
三教堂		三教堂村民委员会
初家庄		初家庄村民委员会
举人庄	徐家庄	举人庄村民委员会
小屋子	薛家屋子	小屋子村民委员会
坊岭		坊岭一村村民委员会 坊岭二村村民委员会 坊岭三村村民委员会
官亭		官亭村民委员会
高家楼		高家楼村民委员会
河北头		河北头村民委员会
尹家宅		尹家宅村民委员会
冯家屋子		冯家屋子村民委员会
兴隆官庄		兴隆官庄村民委员会

双羊镇

续表附录－1

自然村标准名称	曾用名	村民委员会名称
双羊店		双羊店村民委员会
吉林庄	吉邻庄	吉林庄村民委员会
西于家埠		西于家埠村民委员会
东于家埠		东于家埠村民委员会
西李戈庄		西李戈庄村民委员会
东李戈庄		东李戈庄村民委员会
西张秋		西张秋村民委员会
东张秋		东张秋村民委员会
中张秋		中张秋村民委员会
后张秋		后张秋村民委员会
西姜戈庄		西姜戈庄村民委员会
东姜戈庄		东姜戈庄村民委员会
后姜戈庄		后姜戈庄村民委员会
克兰		克兰村民委员会
西埠		西埠村民委员会
庄家村		庄家村村民委员会
刘家疃		刘家疃村民委员会

自然村标准名称	曾用名	村民委员会名称
后店	后殿	后店东村村民委员会 后点西村村民委员会
孙家营		孙家营村民委员会
郑公		后郑公一村村民委员会 后郑公二村村民委员会 后郑公三村村民委员会 前郑公村民委员会
后塔庄		后塔庄村民委员会
前塔庄		前塔庄村民委员会
于家下坡	下坡	于家下坡村民委员会
西岭	程家岭	西岭村民委员会
前岭		前岭村民委员会
中岭	王家岭 高家岭	中岭村民委员会
后岭		后岭村民委员会
柿子园		前柿子园村民委员会 后柿子园村民委员会
西赵家庄	赵家庄	西赵家庄村民委员会

高戈庄乡

续表附录－1

自然村标准名称	曾用名	村民委员会名称
高戈庄		高戈庄一村村民委员会 高戈庄二村村民委员会 高戈庄三村村民委员会
扬名屯		扬名屯村民委员会
姚家山甫		姚家山甫村民委员会
后三皇屯	后屯	后三皇屯村民委员会
前三皇屯	前屯	前三皇屯村民委员会
西新村		西新村村民委员会
东新村		东新村村民委员会
张家院		张家院村民委员会
高家山甫		东山菁村民委员会 西山菁村民委员会
北甲庄	甲庄	北甲庄村民委员会

自然村标准名称	曾用名	村民委员会名称
刘家沟		刘家沟村民委员会
陈家山甫		陈家山甫村民委员会
武巽屯		武巽屯村民委员会
柳家屯		柳家屯村民委员会
潘柳屯		潘柳屯村民委员会
良湾屯		良湾屯村民委员会
于家山东		于家山东村民委员会
吕家山东		吕家山东村民委员会
山前		山前村民委员会
李家山东		李家山东村民委员会
逄家村		逄家村村民委员会
盛水屯		盛水屯村民委员会

井沟镇

续表附录－1

自然村标准名称	曾用名	村民委员会名称	自然村标准名称	曾用名	村民委员会名称
大路庄		大路庄村民委员会	水城		水城村民委员会
前邱家庄		前邱家庄村民委员会	东疃		东疃村民委员会
后宋戈庄	后小宋戈庄	后宋戈庄村民委员会	新张家屯	张家屯	新张家屯村民委员会
前宋戈庄	前小宋戈庄	前宋戈庄村民委员会	东杨家屯	杨家屯	东杨家屯村民委员会
别家庄		别家庄村民委员会	凤凰屯	前屯	凤凰屯村民委员会
前院头		前院头村民委员会	王货郎庄		王货郎庄村民委员会
草泊		草泊村民委员会	郭家村	郭家庄	郭家村村民委员会
鲁家店子		鲁家店子村民委员会	范木匠庄		范木匠庄村民委员会
林家庙子		林家庙子村民委员会	后邱家庄		后邱家庄村民委员会
顾家岭		顾家岭村民委员会	后院头		后院头村民委员会
孙家官庄		孙家官庄村民委员会	小柴家庄	柴家庄	小柴家庄村民委员会
东丁家庄	丁家庄	东丁家庄村民委员会	吴家庄		吴家庄村民委员会
小官庄	龙泉官庄	小官庄村民委员会	邹戈庄		邹戈庄村民委员会
河北	刘家村	河北村民委员会	金宝山		金宝山村民委员会
河南		河南村民委员会	泉儿头		泉儿头村民委员会
井沟		井沟村民委员会	小康庄	康家庄	小康庄村民委员会
大柴家庄	柴家庄	大柴家庄村民委员会	西傅家庄	傅家庄	西傅家庄村民委员会
仪家屯	黑石头屯	仪家屯村民委员会	郭家庄		郭家庄村民委员会
徐家村	徐家庄	徐家村村民委员会			

田庄乡

续表附录－1

自然村标准名称	曾用名	村民委员会名称
前田庄	田庄	前田庄村民委员会 东田庄村民委员会 西田庄村民委员会
后田庄		后田庄村民委员会
北傅家庄	傅家庄	北傅家庄村民委员会
大李家庄	李家庄	大李家庄村民委员会
小李家庄		小李家庄村民委员会
大圈	田家庄子 田家园	大圈村民委员会
小圈	小东北庄	小圈村民委员会
城子	田家城子	城子村民委员会
栾家店子		栾家店子村民委员会
城后王家庄	王家庄	城后王家庄村民委员会
城后刘家庄	刘家庄	城后刘家庄村民委员会
尹家庄		尹家庄村民委员会
北丁家庄	丁家庄	北丁家庄村民委员会
前营		前营村民委员会
后营		后营村民委员会
寨庄	北寨	寨庄村民委员会
住王庄		住王庄村民委员会
薛家老庄		薛家老庄村民委员会
王家辛庄	新庄	王家辛庄村民委员会
南高戈庄	高阁庄	南高戈庄村民委员会
前铺	五十里铺 高家庄	前铺村民委员会
后铺	后庄	后铺村民委员会
大莛		大莛村民委员会

呼家庄乡

续表附录－1

自然村标准名称	曾用名	村民委员会名称	自然村标准名称	曾用名	村民委员会名称
后店子		后店子村民委员会	薛家屯		薛家屯村民委员会
福盛屯	大福盛屯 大屯	福盛屯村民委员会	前福盛屯	小福盛屯 小屯	前福盛屯村民委员会
赵家老庄		赵家老庄村民委员会	阎家沙坞		阎家沙坞村民委员会
白庙子		白庙子村民委员会	小南庄		小南庄村民委员会
唐家岭		唐家岭村民委员会	富家村	傅家庄	富家村村民委员会
五龙官庄	官庄	五龙官庄村民委员会	綦家沙岭子	綦家庄	綦家沙岭子村民委员会
后下口		后下口村民委员会	高家沙岭子	高家庄	高家沙岭子村民委员会
德胜屯		德胜屯村民委员会	马家沙岭子	马家庄	马家沙岭子村民委员会
呼家庄		呼家庄村民委员会	前店子		前店子村民委员会
新星庄	张家庄	新星庄村民委员会	王庄	王家庄	王庄村民委员会
孙家庄		孙家庄村民委员会	后李家庄		后李家庄村民委员会
东胡家村	东胡	东胡家村村民委员会	王家沙坞		王家沙坞村民委员会
南李家庄		南李家庄村民委员会	大沙坞		大沙坞村民委员会
张家墩		张家墩村民委员会	甲庄		
隋家庄		隋家庄村民委员会	牟家庄		
大沟崖		大沟崖村民委员会	集西	河西	集西村民委员会
逄家庄		逄家庄村民委员会	久敬山		
前下口		前下口村民委员会	尚家庄		尚家庄村民委员会
安家屯		安家屯村民委员会	西尚家庄		
烟家墩	烟墩	烟家墩村民委员会	尤河头		尤河头村民委员会
刘家小庄		刘家小庄村民委员会	河新庄		
西胡家村	西胡	西胡家村村民委员会	西郇家村	西郇	西郇家村村民委员会
前单家庄		前单家庄村民委员会	南赵家庄	赵家庄	
后单家庄		后单家庄村民委员会	东郇家村	东郇	东郇家村村民委员会
季家屯		季家屯村民委员会	刁家村		

注沟乡

续表附录－1

自然村标准名称	曾用名	村民委员会名称	自然村标准名称	曾用名	村民委员会名称
东注沟		东注沟村民委员会	葛家大浒		葛家大浒村民委员会
西注沟		西注沟村民委员会	曹家大浒		曹家大浒村民委员会
逄戈庄		逄戈庄村民委员会	高家大浒		高家大浒村民委员会
曹疃		曹疃村民委员会	新华村	官庄	新华村村民委员会
滕家庄		滕家庄村民委员会	李家埠	李家庄	李家埠村民委员会
韩家疃		韩家疃村民委员会	南埠		南埠村民委员会
前沙沟		前沙沟村民委员会	王家岭	王家庄	王家岭村民委员会
后沙沟		后沙沟村民委员会	杨家岭		杨家岭村民委员会
前水西		前水西村民委员会	小张戈庄		小张戈庄村民委员会
后水西		后水西村民委员会	东张戈庄		东张戈庄村民委员会
西张戈庄		西张戈庄村民委员会	刁家庄		刁家庄村民委员会
王家大浒		王家大浒村民委员会	代家庄		代家庄村民委员会
曲家大浒		曲家大浒村民委员会			

方市乡

续表附录－1

自然村标准名称	曾用名	村民委员会名称	自然村标准名称	曾用名	村民委员会名称
后方市		后方市村民委员会	西屯	小屯	西屯村民委员会
前方市		前方市村民委员会	前曹戈庄		前曹戈庄村民委员会
西沟	沟西	西沟村民委员会	后曹戈庄		后曹戈庄村民委员会
马家村	马家庄	马家村村民委员会	西杨家屯	杨家屯	西杨家屯村民委员会
平市		平市村民委员会	翻身村	龙王庙	翻身村村民委员会
白家庄		白家庄村民委员会	小于家庄	于家庄	小于家庄村民委员会
刘顺庄		刘顺庄村民委员会	张理庄	张蛮庄	张理庄村民委员会
建设村	龙池子	建设村村民委员会	尚家屯		尚家屯村民委员会
大刘戈庄	刘戈庄	大刘戈庄村民委员会	东马戈庄	小马戈庄	东马戈庄村民委员会
东屯	大屯	东屯村民委员会	西马戈庄	马戈庄	西马戈庄村民委员会

柴沟镇

续表附录－1

自然村标准名称	曾用名	村民委员会名称	自然村标准名称	曾用名	村民委员会名称
柴沟		柴沟村民委员会 柴北村民委员会	董家庄		董家庄村民委员会
			李家庄		李家庄村民委员会
邱家大村		前邱家大村村民委员会	郑家村	高家庄	郑家村村民委员会
		后邱家大村村民委员会	陈家屯		陈家屯村民委员会
袁家庄	袁家村	袁家庄村民委员会	北张家屯	张家屯	北张家屯村民委员会
范家小庄	小庄	范家小庄村民委员会	养马		东养马村民委员会 西养马村民委员会
牛氏庄		牛氏庄村民委员会			
西店		西店村民委员会	松家岭	孙家莹	松家岭村民委员会
西刘家村		西刘家村村民委员会	大王柱		前王柱村民委员会 后王柱村民委员会
葛家村		葛家村村民委员会			
郝家村		郝家村村民委员会	东小王柱		东小王柱村民委员会
高家村		高家村村民委员会	小王柱	西小王柱	小王柱村民委员会
前西旺		前西旺村民委员会	张戈庄		张戈庄村民委员会
后西旺		后西旺村民委员会	南杨家庄	杨家庄	南杨家庄村民委员会
前鹿家庄		前鹿家庄村民委员会	鸾庄	前鸾庄	鸾庄村民委员会
后鹿家庄		后鹿家庄村民委员会	潘家栏子		潘家栏子村民委员会
相家庄		相家庄村民委员会	东戈家庄		东戈家庄村民委员会
马旺		马旺村民委员会 东马旺村民委员会	西戈家庄		西戈家庄村民委员会
			朱公		朱公村民委员会
房家屯		房家屯村民委员会	尚村		尚村村民委员会
王家庄		王家庄村民委员会	任鹿家庄		任鹿家庄村民委员会
范家大村		范家大村村民委员会			

土庄乡

续表附录－1

自然村标准名称	曾用名	村民委员会名称	自然村标准名称	曾用名	村民委员会名称
土庄		土庄村民委员会	两埠岭		两埠岭村民委员会
向岳庄		向岳庄村民委员会	东泊庄	泊庄	东泊庄村民委员会
东尚口	尚口	东尚口村民委员会	西泊庄	泊庄	西泊庄村民委员会
西尚口	尚口	西尚口村民委员会	前泊庄	南泊庄	前泊庄村民委员会
王家大庄	大庄	王家大庄村民委员会	梁西	梁尹	梁西村民委员会
陶家庄		陶家庄村民委员会	梁东	梁尹	梁东村民委员会
苏家村	苏家庄	苏家村村民委员会	宫家庄		宫家庄村民委员会
王家店子		王家店子村民委员会	鹿家营		鹿家营村民委员会
咸家庄		咸家庄村民委员会	山庄	孙家茔	山庄村民委员会
王家营		王家营村民委员会	张林		张林村民委员会
朱翰		朱翰村民委员会	于戈庄		于戈庄村民委员会
前朱翰		前朱翰村民委员会	徐家店子		徐家店子村民委员会
东朱翰		东朱翰村民委员会	郝家楼子		郝家楼子村民委员会
徐家楼子		徐家楼子村民委员会	常家疃		常家疃村民委员会
郭才庄		郭才庄村民委员会	南刘家村		南刘家村村民委员会
新胜屯	刁家沟	新胜屯村民委员会	王家村		王家村村民委员会
潘家庄		潘家庄村民委员会	魏家村		魏家村村民委员会
北园		北园村民委员会	孙家村		孙家村村民委员会

拒城河乡

续表附录－1

自然村标准名称	曾用名	村民委员会名称	自然村标准名称	曾用名	村民委员会名称
拒城河		拒城河村民委员会	刘家官庄	官庄	刘家官庄村民委员会
西施家屯		西施家屯村民委员会	刘家屯	李家屯	刘家屯村民委员会
大高家庄	北高家庄	大高家庄村民委员会	东施家屯		东施家屯村民委员会
北王柱	王柱	北王柱村民委员会	前窝洛	窝洛	前窝洛村民委员会
后鸾庄	李家鸾庄	后鸾庄村民委员会	后窝洛	窝洛	后窝洛村民委员会
大仪家村	仪家村	大仪家村村民委员会	西葛家桥	葛家桥	西葛家桥村民委员会
阎家村		阎家村村民委员会	魏家小庄	潘家小庄	魏家小庄村民委员会
王新庄	王家庄	王新庄村民委员会	道乡		道乡村民委员会
荆家村	荆家庄	荆家村村民委员会	泊子		泊子村民委员会
管家村		管家村村民委员会	西双庙	双庙	西双庙村民委员会
温家村		温家村村民委员会	东双庙	双庙	东双庙村民委员会
西隅		西隅村民委员会	矮沟		矮沟村民委员会
索家村		索家村村民委员会	毕家村		毕家村村民委员会
王家屯		王家屯村民委员会	辛庄		辛庄村民委员会
方家村		方家村村民委员会	东锅框		东锅框村民委员会
大刘家庄		大刘家庄村民委员会	西锅框		西锅框村民委员会
小刘家庄		小刘家庄村民委员会	潘家小庄	魏家小庄	潘家小庄村民委员会
潘家村		潘家村村民委员会	迟家村		迟家村村民委员会

周阳乡

续表附录－1

自然村标准名称	曾用名	村民委员会名称	自然村标准名称	曾用名	村民委员会名称
大周阳		周阳一村村民委员会 周阳二村村民委员会 周阳三村村民委员会 周阳四村村民委员会	杨戈庄 大尹村 小尹村 沈家屯		杨戈庄村民委员会 大尹村村民委员会 小尹村村民委员会 沈家屯村民委员会
律家村		律家村村民委员会	新民庄		新民庄村民委员会
姜家屯		姜家屯村民委员会	徐家立		徐家立村民委员会
周家屯		周家屯村民委员会	西周阳		西周阳村民委员会
荆家屯		荆家屯村民委员会	苗家屯		苗家屯村民委员会
枣行		枣行村民委员会	梁家屯		梁家屯村民委员会
大店子		大店子村民委员会	曹家屯		曹家屯村民委员会
小店子		小店子村民委员会	东葛家桥		东葛家桥村民委员会
张家大村	张家村	张家大村村民委员会	莳戈庄		莳戈庄村民委员会

李家营镇

续表附录－1

自然村标准名称	曾用名	村民委员会名称	自然村标准名称	曾用名	村民委员会名称
李家营	李家茔	李家营村民委员会	谢家屯		谢家屯村民委员会
徐家鸾庄		徐家鸾庄村民委员会	王家小庄		王家小庄村民委员会
邹家鸾庄		邹家鸾庄村民委员会	葛家屯		葛家屯村民委员会
孙家鸾庄		孙家鸾庄村民委员会	东姚家屯	姚家屯	东姚家屯村民委员会
城律		城律村民委员会	西姚家屯	姚家屯	西姚家屯村民委员会
祝家庄		祝家庄村民委员会	张家屯		张家屯村民委员会
孟家沟		孟家沟村民委员会	窝洛		窝洛村民委员会
兰家庄		兰家庄村民委员会	大洪		大洪村民委员会
张家庄		张家庄村民委员会	鲁家西		鲁家西村民委员会
城子前		城子前村民委员会	高家庄		高家庄村民委员会
前沙泊		前沙泊村民委员会	向阳村	皮货庄	向阳村村民委员会
四新村	晏王庙	四新村村民委员会	菜园		菜园村民委员会
单书庄	单家屋子	单书庄村民委员会	仲家庄		仲家庄村民委员会
葛家庙子		葛家庙子村民委员会	大官庄	官庄	大官庄村民委员会
李家屯	李家庄	李家屯村民委员会	杨家屯		杨家屯村民委员会
大庄		大庄村民委员会	小沟头		小沟头村民委员会
冯家庙子		冯家庙子村民委员会			

王吴乡

续表附录－1

自然村标准名称	曾用名	村民委员会名称	自然村标准名称	曾用名	村民委员会名称
王十字庄		王十字庄村民委员会	大沟头	沟头庄	大沟头村民委员会
钟家王吴		钟家王吴村民委员会	曾家店子	曾家店	曾家店子村民委员会
褚家王吴		褚家王吴村民委员会	化山屯		化山屯村民委员会
小辛庄		小辛庄村民委员会	李家太洛	李家庄	李家太洛村民委员会
空冲水		空冲水村民委员会	杨家栏子		杨家栏子村民委员会
瓦屋庄	王吴庄	瓦屋庄村民委员会	戴家太洛		戴家太洛村民委员会
大辛庄		大辛庄村民委员会	河外	河外王吴	河外村民委员会
南柿子园	柿子园	南柿子园村民委员会	小河口		小河口村民委员会
巩家桥		巩家桥村民委员会	邓家庄		邓家庄村民委员会
陈家庄		陈家庄村民委员会	颜家太洛		颜家太洛村民委员会
东化山		东化山村民委员会	臧家王吴	王吴村	臧家王吴村民委员会
西化山		西化山村民委员会	苑上		苑上村民委员会

悠悠八景话古今

姜祖幼

宋代大画家宋迪，将长沙的名胜绘成8幅风景画，并以4字命名，总称“潇湘八景”，令当时的画家、诗人为之倾倒。南宋皇帝赵扩闻知，为潇湘八景逐景配诗，于是朝野轰动。此后，各地风景以取八景之数为多，一时成为时尚。此为八景之源。

古代高密也有八景，史籍有记载。然而，八景是何时、何人品定的，未发现记述，不能臆说。文献载，最早赋有高密八景诗篇的是刘凤仪。刘凤仪，字天瑞，襄垣县(今山西省)人，进士，于明代弘治初年任高密县令。他在任时，将境内治理得井井有条。他调离后，高密人为其立了“去思碑”，并将他的名字写进名宦祠。在高密历史上，有记载的去思碑只有3块，刘凤仪得其一，确系殊荣。从他对高密景观的为文赋诗，也可见他对高密的深厚感情。

高密八景按顺序排列为：长陵春色、东浦荷香、龙潭夜雨、古城晚照、晏冢穹碑、郑祠老柏、淮沙落雁、九穴栖鸳。时至今日，八景历经沧桑，有的仍有踪可寻，有的已面目全非。无论如何，它仍然世代相传，成为人们津津乐道的话题之一，可见精神财富的魅力所在。现略述八景，以观古今之变。

长陵春色 文献载：长陵在“县(治)东三里，南北绵亘数里，蜿蜒起伏。载阳之月，野马飞空，百卉争艳。”长陵指今梓童庙南北的东岭。最早为“长陵春色”景观赋诗的是张浩。他是会稽(今浙江省绍兴市)人，于清康熙四十四年(1705年)来高密任县令数年。在诗中，他描述：“莺声柳色送春来，东望长陵意快哉。雨洒芳郊千顷润，风吹晓雾一城开。起听布谷勤耕读，为惜飞花踏砌苔。共乐升平无底事，河阳县里日登台。”诗人张予是也赋诗《长陵春色》：“绿野浮青霭，啼莺绕远树。王孙游未归，夕照明花坞。”这位诗人是清康熙五十六年丁酉科副贡，高密历史上赫赫大名的张大司马之三子。对境内无大山的高密来说，阳春三月，长陵的景致也满可以使人陶醉了。两诗中都提到“莺”，看来那时春天到来长陵的莺并不少见。难怪长陵中有一段即名“莺来岭”。这莺就是黄莺，又名黄鹂、鸧鹒，状貌美丽，鸣唱婉转，很有观赏价值。春来途经此地林中，特别为人们所喜爱。唐代诗人杜甫的名句“两个黄鹂鸣翠柳”，指的就是它。

因城市的发展，今日长陵已扩展为市区。若想领略长陵春色的景观，不妨李代桃僵，到今市区东部的高家岭一带作代长陵春游，或许也不会使你失望，还有可能见到黄莺。

东浦荷香 要说东浦，须先知晓都泺。史载：古代今市区东北10余公里外，即是都泺等湖泊的边缘。都泺，《水经注》云名夷安潭，秦地图称剧清池，最古老的名字曰奚养泽。此湖《水经注》曰“周围四十里”。浦者，水滨也。这名东浦的地方，即都泺的西部边缘。史籍载：东浦生满芰荷。盛夏荷叶田田，荷花竞放，香气四溢，美观而清新。大司马张福臻的长孙、清顺治十七年庚子科举人张尔翼《东浦荷香》诗云：“潋滟碧湖光，翠荷开千里。日暮荡轻舟，盈盈香未已。”可见荷的面积并不小。

都泺的形成是由胶河水系的潴留而致。胶河是流经高密的第二大河。元代前，胶河流至今夏庄镇南部及河崖镇一带，下泄减缓，辗转积聚于此，形成都泺等湖泊。元初，胶莱运河开挖后，使胶河水与今南胶莱河相通，都泺水始下泄较畅。但因新开之胶莱运河水流时有受阻，都泺水势见减不显。清康熙二十九年(1690年)，高密县令姜之琦在迷信思想指导下，号召县人于城东今姚哥庄镇于疃后筑坝阻胶河，使水向西北注入百脉湖，致使都泺逐渐干涸。这位姜县令，会稽人，进士出身，迷信思想很重，精岐黄、堪舆之术。为束住“龙脉”使胶河改道。但他为官清廉，少官架子，政无烦苛。每天清晨起，求他诊病的人即至，整日接连不断。难怪在他遭亲丧离任时，高密的群众有万人含着眼泪为他送行。于疃坝后因失修，于乾隆七年(1742年)被冲决，胶河复流向东北，直至今日。河虽恢复原流向，但改流50多年来，人们的开垦与治理，加之南胶莱的疏浚，都泺的旧观未再恢复。东浦荷香这一景观也就从此不复存在了。

有人考据，古之东浦荷香景观中心区域是指今夏庄镇宋家泊子、栾家泊子、陈家泊子一带。此地今虽无荷香景致，但已成为膏腴之乡，盛产粮棉，为人们提供着衣食之需。

龙潭夜雨　龙潭指龙王官庄(今属夏庄镇)前龙王庙内的一口井。古老的龙潭是一湾塘，后逐渐缩小，待龙王庙等建筑物在附近建成后，便将水最深处定型于一口大井，并圈在庙院之内。名之曰“潭”，强调其深。清康熙年间本县人仪良弼《龙潭夜雨》诗云：“龙池百丈深，静夜闻飒沓。因风入碧空，时与秋声杂。”仪良弼善诗能文，于地方名物极为重视，曾著有《砺山私志》1卷，可惜今已不易见到。他在诗中用“龙池”，不是不做推敲的。斟酌起来，无论用“潭”，还是用“池”，均是从此汪水的原貌着眼。

为何称龙潭？相传有“龙跃于此”。龙这种在今日看来虚无缥缈的动物，古人实则指恐龙一类。千百年来，由艺术家逐步将其搞得面目全非。不知何时，人们把龙潭内这位龙说成是没尾巴老李。因它后来去黑龙江当了主宰，此地自然是其故乡。这位没尾巴老李每年六月十三日回乡祭父母，因此，东北乡的人们每逢此日，便家家户户以节日来表示欢迎这位神龙的衣锦还乡。

所谓夜雨，史籍载：夜间龙潭内“声潇潇然”，似雨声。据仪良弼的诗看来，是在秋季方闻“飒沓”。实际上，依当地人说，之所以出现此现象，因为潭周壁附着若干腹足纲似小蜗牛的虫，秋夜即潇潇作响，近潭闻之似雨声。

此景观今已不复存在，昔日的龙潭址，已成为民居，只是此地人们每逢六月十三依旧过节。

古城晚照　文献载：“古城在县(治)西北一里。”此古城系周代前东夷族人之夷维邑遗址，所以称之为古城。宋代郑樵在其撰之《通志》里将夷维城堡，写成“义城堡”，几百年来给人们留下费解的话题。此一古城，因年代久远，在很早以前即无一点城的痕迹，只是泛指新城区西北不远的一段崎岖不平的岭被称为古城岭。

远古时代，高密这个水乡泽域居多的地方，古老的城堡建在百脉湖的南端高岭之上，山光湖色，风景优美。后来人将古城堡遗址品定为景观。明代高密县令刘凤仪之《古城晚照》诗云：“斜山东畔枕荒城，禾黍离离映日晴。汉霄有情留夕照，楼台无影伴残明。颓垣缅想居民住，故址应嗟过客行。策马独来闲吊古，信知物理自亏盈。”清代本县人张克绥也赋诗《古城晚照》，表达了同样的情绪。诗云：“倦鸟投寒林，斜阳明远阜。世代感沧桑，薄暮空搔首。”人们抽暇，踏着夕阳，来古老城堡地怀古，亦是别有一番情趣的。

古城遗址的荒山秃岭，今已成为楼房栉比的繁华市区，“古城”变“今城”，比古之“晚照”更加明媚了。

晏冢穹碑　文献载：晏冢在“县(治)东南三十里，墓侧有碑，镌‘穹碑’二字。字约方二尺余。旧志八景之五曰‘晏冢穹碑’。”此古迹在今李家营镇晏王庙村北。晏冢，即晏婴之墓。晏婴，春秋时代人，家在夷维(今高密)。由齐卿大夫，被齐景公任以为相，名显诸侯，此冢系其墓。元代郝采磷《题晏子庙》诗云：“荒城隐残堞，老树回青湾。东有齐相丘，累累出高寒。谁知千载人，此地遗衣冠……”晏婴宅第遗址应是今柏城镇朱家集前故城址。晏婴冢与祠在故城东不远。

至于“穹碑”，穹者，大也。后人为晏婴建墓立碑，碑文写什么？“穹碑”二字，既有分量又得体，含蓄又别致，异常巧妙，只是尚不知是何人的创意。

清代初年武进士张文明咏《晏冢穹碑》云：“相业当年未可同，千秋荒冢野云中。霸图空洒牛山泪，交道犹思越石公。断碣雕残存古字，遗容俨雅仰清风。闲来凭吊踯躅久，林树萧疏夕照红。”乾隆四年(1739年)己未科进士单言扬《过晏子庙》诗云：“策马散吟鞭，停车拜昔贤。穹碑无觅处，祠庙不知年。”由诗中可知，穹碑折断后为土掩埋了。

今晏冢已夷为平地，穹碑也未发现。不管晏冢与穹碑有无，只要知晓此地是晏冢穹碑址，仍可去作凭吊古贤游。

郑祠老柏　郑祠坐落在今双羊镇郑公村后，潍河东岸。祠前有干枯古柏一株。郑墓在祠后。“郑”指郑玄，字康成，东汉高密人，经学大家。据考，郑祠始建于唐以前。今存祠建自何代，无考。3间砖结构无梁殿，建在很高的台基上。造型古朴典雅，小而壮丽，别具一格。内塑郑玄像。文献载：“祠前有古柏，公手植物也。”清康熙六年丁未科进士诗人夏畴咏《郑祠古柏》云：“汉劫斯文尽，东来吾道光。盛名传里社，古木老风霜。露滴涛声韵，龙蟠云色苍。树存人已远，凭吊坐清凉。”“传公手植”的古柏，实则不确。柏为葬郑后所植是无疑的。再说，当年郑宅离祠较远，柏与郑玄生前毫无必然联系。今之所存之干枯古柏，肯定是后之植株。《郡国志》载：“稻城亦谓之郑城，康成故宅在此。”此说是正确的。稻城址在今井沟镇水城西南里许，早已垦为耕地。然郑祠与老柏这一名胜古迹，一向为人们所重。自唐代邢州刺史史承节撰碑，到清代学者阮元任山东学政时对郑祠的整修，可知历来观光与凭吊者之盛。

今之郑公祠已修葺一新，祠前干枯老柏岿然矗立，如石雕一般，庄重肃穆，与郑公祠相映成趣。祠后依雁阜，西临潍河峡山水库，四周尽为树木花果，景色秀美。尤其盛夏季节，一望无垠的碧水，波跳浪涌，小船如织，渔歌唱晚，景色尤胜当年。爱好碑碣的人们，可以在院内欣赏不易多见的金代碑刻和阮元的碑文。

淮沙落雁　《齐乘》云：“《汉志》‘潍’或作‘淮’，故俗亦名淮河。”至今人们口语仍有此称。潍河主源于今沂水县箕山，越今五莲县、诸城市入高密境，自古是一条名河。《尚书·夏书》里“禹贡”篇，写的是夏禹治水后九州的地理概况。其中青州部分开头曰：“海岱惟青州，嵎夷既略，潍淄其道……”这“潍”即潍河。楚汉争雄时，在潍河两岸的一次大战，早已载入史册。在此次战争中，韩信率汉军用水淹战术夹潍水灭楚军20万，将楚骁将龙且杀死于此。此次大战，留下不少传说至今。当年大战中，将潍河之沙盛囊内壅水以淹楚军，已使淮沙别具一番色彩。原来潍河流经相当一段山岭，河水携带泥沙流到平缓的高密境内，大量泥沙沉积，每每大雨过后，河区沉沙千变万化，姿态各异，片片沙石本身便是一优美景观。秋末冬初南归的大雁成群结队，齐集潍河饮水，于沙滩休憩，此起彼落，有动有静，甚富美感，难怪古人将此景致定位八景之一。县人王鲁得之《淮沙落雁》诗描述这一情景云：“淼茫一水接天赊，落雁清秋望不遮。风满寒汀声嘹呖，沙明野岸影回斜。平烟漠漠苍苔月，暮雨潇潇芦荻花。每到霜天疑欲动，几行相唤起烟霞。”王鲁得出身岁贡，是明末清初著名塾师王大椿之子。清初高密文化一度兴盛，人才崛起，与王大椿教授有方有很大关系。

今日之潍河，由于上游段拦水灌溉，加之建设用沙日增，淮沙日趋减少，但落雁依旧。秋末，若站立在新建的潍河大桥上，远眺落雁，更别具一番情趣。

九穴栖鸳　史籍载：九穴泊在“县(治)西北二十五里，有陂泽。泽有九潴，清波荡漾，文禽游泳，旧志八景之八曰'九穴栖鸳'。"穴者,动物的栖巢也。九穴泊的形成,是五龙河水的产物。历史上的五龙河入境后,流至今呼家庄镇大沙坞北的劈河窝,以下便无固定河身,人们称之为五龙自由自在河。在一些低洼地段辗转流淌,形成九穴泊,造就了九穴栖鸳的景观。明代高密县令刘凤仪咏此景云:"一望平塘湛碧波,数群鸳侣戏晴莎。才随立鹭窥矶石,又伴闲鸥入芰荷。堤畔不惊游艇过,水中惯听采莲歌。秋汀藉尔堪图画,对对回翔未厌多。"到清初县人曾任国子监祭酒的单若鲁有诗《九穴栖鸳》云:"野潦条分按古河,风雷屡徙老龙窝。时飞匹鸟双双翼,争浴层鳞细细波。汉水濯明宫锦丽,鲛珠缀落羽衣多。蒲荷弥岸恣游泳,泽薮当年少网罗。"

有人考据,九穴泊约在今阚家镇坊岭东北以及康庄镇西南诸地。蔡家庄东南的今拐河湾、西南的舍角坊湾、龙湾,即为当年的3穴。清乾隆十三年(公元1748年)任高密县令的钱廷熊题《过坊岭》诗云:"野花作阵雨如酥,土脉方融百草苏。一望西郊堪破涕,春风三月少耕夫。"可明在古代,此地居民并不稠密。

清乾隆后,随着百脉湖水下泄渐畅,湖水逐渐干涸,人口繁衍及官屯的开垦,加之人们小范围对五龙河的治理,九穴泊水逐渐缩小,以至干涸,九穴栖鸳的景观再也不复旧观了。

今之九穴泊址,已成为肥沃良田,盛产着麦棉,成为高密的富庶之乡,可谓失之东隅,收之桑榆。

(原载2000年3月10日、17日《高密日报·凤城周末》)

北胶莱河的治理与新河开挖

鞠剑锋

胶莱河，又名胶莱运河，位于市境最北边，今为高密与平度两市之界河。元至正十七年(公元1280年)，元王朝为缩短南粮北调的海上运程，使运粮船队避开绕山东半岛的海道之险，遂开凿了一条南接胶州麻湾口(今黄海胶州湾北岸)，北达莱州海仓口(今渤海莱州湾南岸)，贯通半岛且连接黄海与渤海的运粮河道。因其自胶州湾抵莱州湾，故名为胶莱运河，群众称其为运粮河。明代，几经疏浚，运道较畅。至清代，由于漕运久停，仅存泄水作用。胶莱河全长131.6公里，流域面积4147平方公里。其中，在境河长46公里，流域面积1497.9平方公里。此河自形成以来，就其河道之势，可谓南北贯通，但以河水流向而言，一直是两向分流。经水利部门实地查勘和水流观察，分水岭位于平度境姚家东。分水岭东之水向东南汇胶州湾，分水岭西之水向西北入莱州湾。由分水岭向东南，称为南胶莱河。它自今河崖镇咸家北入境，至孙家口东出境入胶州地，汇大沽河，长35.2公里，流域面积598.3平方公里。其中，在境河长6公里，流域面积344.5平方公里。由分水岭向西北，称为北胶莱河。这段自今河崖镇前丘东入境，经河崖、姜庄、大牟家、周戈庄等镇，至曹家北出境入昌邑，直达莱州海仓村。长81.4公里，流域面积3900平方公里。其中，在境河长40公里，流域面积1153.4平方公里。70年代初，昌潍地区以及后来高密县调用大批民工对胶莱河流域进行的大规模治理，指的就是对北胶莱河的开挖疏浚。

北胶莱河的突出特点是干支流不协调。其干流流经低洼平原区，河身窄狭，比降平缓，泄水速度慢，行洪能力低。沿干流两侧，支流繁多，且河身宽大，其主要支流皆源于山丘地区，河道坡降陡，雨后积水速度快。因而干流往往宣泄不及而漫溢，支流受其顶托而决口。历史上，流域内水灾频仍，洪涝并行。清乾隆年间编修的《高密县志》载："王干坝为胶水由于疃口入运之道，伏秋水发，宣泄不及，于疃以北田庐必致漂致……大成西至杨台即五龙河入运之道，倘上游水大，直注新河，将分水岭西流入海之水横截为二，一回流向东，一与五龙河水夹冲而北。其回流者害在平度，夹冲者平、高均害。"显然，当时执政者对北胶莱河的为害原因，已有所认识，并提出"相其势而利导之"，"诚目前之急务"，等等。但是畏于"工费浩繁"，未能付诸行动，仅借志书"附识参考"，将其治理任务留给了后人。

自1948年始，各级人民政府即组织民力，不断对其干、支流进行清淤、裁弯、培堤等治理，且提出了"治标治本，兼筹并顾"等治理原则。

1964年，流域内之高密、平度和昌邑三个县，普遍遭受水灾。灾后，三县向昌潍地区行署和山东省政府汇报了受灾情况，一致反映形成洪涝灾害的主要原因，是由于北胶莱河排洪不畅所致。是年，中共山东省委和省人民政府就治理胶莱河问题做了研究。根据研究意见，省水利厅随即派员到昌潍地区水利局，会同高密、平度、昌邑三县水利部门，展开了治理北胶莱河流域的勘测规划工作。在规划过程中，按照分割水势的原则，高密与平度两县分别提出在各自境内开挖新河的治理方案。至1969年8月，此次规划工作全部结束，由山东省水利勘察设计院和昌潍地区水利局，共同编制了《山东省胶莱河流域近期综合治理规划》报告书。报告中提出，从高密县仁和公社方家屋子(已迁入顺河庄)起，向西北开挖一条新河。中途拦截小辛河、小康河、柳沟河、五龙河、丁字河、小流河、五里河等7条一级支流，于昌邑县流河村入北胶莱河。

1971 年，北胶莱河流域再次遭受水灾，其中高密灾情最重。是年 10 月 11 日，高密县水利局向昌潍地区生产指挥部呈交书面报告，对受灾原因和开挖新河的想法作了详细陈述。此后，又连续向省、地两级领导作了多次请示，要求开挖新河。

1972 年，山东省水利厅从治理的原则方面编制了《胶莱河流域北胶莱河防洪除涝规则》，报告省委和中央水利部。是年 6 月 17 日，高密县水利局向昌潍地区水利局呈报了《关于编制胶莱河流域支流与治理规划的报告》，提出："历年来对北胶莱河流域的治理，各方面提出不同方案。我们认为最积极可行的是小辛河改道方案，即从高密仁和公社辛兴庄北为起点，方向西北，开挖一条新河，直插大牟家公社郇李庄西，以截小辛、小康、柳沟、五龙、官河等 5 条支流，然后顺高密与昌邑的边界朝西北方向，至昌邑县流河村汇入北胶莱河。此方案的好处是：将高密北泄之水与平度南下之水分流，符合水势分割原则；新河线路较之旧胶莱河比降陡，泄水速度快；开挖新河较之治理胶莱河旧道有占地少，不迁村和工程量小等优点。"此方案后称流河方案。8 月 11—14 日，山东省水利厅在烟台召开了"关于大沽河与胶莱河流域综合治理规划工作座谈会"。会上，基本同意北胶莱河流域治理规划中的流河方案。按照座谈会形成的决议，于 8 月 18 日在潍坊组成了有省、地、县工程技术人员参加的规划设计组，再次展开了治理北胶莱河流域的规划工作。至 1973 年 5 月，《北胶莱河流域防洪除涝工程扩大初步设计》编制完成。其主要内容是：对干流 82 公里老河道展宽、取直、加深；采用流河方案，在左岸开挖一条长 40 公里的新河，名"北胶新河"，对流域内 18 条较大支流全面治理等等。自 1973 年春开始，由高密、平度、昌邑三县共同承担的大兵团作战的胶莱河疏浚开挖工作便拉开了帷幕。

根据地区的指示，1973 年春节刚过不久，各县就开始部署动员修胶莱河。从县里直到生产小队，层层进行动员。刚过了二月二，各县的民工就全部集结到了胶莱河工地。由于工程牵扯到三县，地区专门成立了工程领导小组，组长是张精业（地革委生产指挥部分管农业的负责人，相当于后来的地区行署副专员）。成员有张洪达（地区水利局长）等人。另外三个县的工程总指挥，也是领导小组成员。高密是王济汉（县革委生产指挥部主要负责人，相当于后来的县委副书记或副县长）。各县都成立了工程指挥部。我县指挥部领导班子情况是：指挥王济汉，政委纪良（政治部宣传组负责人，在此前后为县委宣传部部长）。指挥部内设政工、施工、后勤三个组。政工组组长是刘远东（县人事局长）；施工组组长是林万绅（县水利局长），副组长是曲玉祥（县水利局副局长）；后勤组组长是胡金德（县粮食局局长）。各组配备了若干名工作人员。18 处人民公社（后来改为乡镇）分别建立民兵营，营部设营长、教导员、副营长、副教导员。下设政工、施工、后勤三个组。各公社按片或根据各村出工人数情况编成若干个（一般 10 个左右）民兵连，连部设连长、指导员、副连长、副指导员，并设有施工员、宣传员、生活管理员。当时，文化大革命尚未完全结束，但已处于后期，新县委已经成立，各项工作基本恢复正常，县委正领导开展整党建党，批林整风和落实有关政策。在这种形势下，地委决定治理胶莱河，高密作为受益地区，从县到各公社都十分重视，态度非常积极，对修河的各项工作都作了认真筹备。在选配工程领导班子时，大都配备了一些"文革"期间靠边站又重新恢复职务和工作的一些领导干部。这些人素质比较高，工作能力也较强，特别是承担这样一项全县人民都关注的大工程，个个热情很高、劲头很足。同样，各生产大队（后来改为村）也都选了些 40 岁以下的青年干部，一般都是大队党支部副书记、民兵连长出任带工人，民兵绝大部分都是 30 岁以下的青年人（当时称这部分人叫基干民兵），可谓精兵强将。

工程指挥系统是模仿部队建制,施工管理也有些军事化的味道。这次施工,大多集中在昌邑县境内。第一年,人数较少,全县大约不到两万人,住宿条件相对好些,大多数民工可以住在民房或生产队的公用房子里(如生产队场园屋、仓库等),也有一部分需要打窝棚。一般情况下,一个连队一个伙房。工程一开始,军事化的管理模式便突出了出来。起床、上工、收工全部听"号"令,各民兵营都设有专职"司号员"。上工、下工也要排队点名。起床一般在4点到4点半,起了床接着就要上工地,收工要在晚上9点半左右,一天三顿饭基本都在工地上吃,每天要干十几个小时。思想政治工作抓得很突出。从县指挥部到各公社民兵营都有工地宣传队,有广播站、工地战报和战地宣传棚。有专职政工人员,各连也有宣传棚。每隔一段时间,宣传队要到工地为民工演出。工地战报每隔几天出一期,宣传棚的内容要经常更换,工地广播站要天天播送节目。对指挥部的有关指示,各连队的工程进度和工地上的好人好事,通过上述渠道,随时宣传出去,以调动情绪,鼓舞士气。宣传队所表演的节目一般都是京剧样板戏选段,快书、快板、表演唱等。其中一部分是根据工地素材自行编演的。工地上的广播喇叭,只要工地上有民工,基本上都响着。各连队的工程进度情况和好人好事,是广播的重要内容。除此便是毛主席语录歌,毛泽东诗词朗诵,《为人民服务》《纪念白求恩》《愚公移山》"老三篇"的朗颂。革命现代京剧样板戏选段等也是广播的主要内容,并经常听到一些雄壮、昂扬、激越、令人鼓舞振奋的革命歌曲。工地战报是用铁笔蜡纸刻写油印的,但办得质量却不低。工地上最惹人招眼的要算宣传棚了,一眼望去,彩旗猎猎,喇叭高悬,那用毛笔、排笔书写描绘的宣传栏,实际上是放大了的一份战报,不用阅览其中的内容,单看那醒目的标题,生动的插图,再听到喇叭里传出的那昂扬奋进的旋律,便会给人平添二分干劲。在当时,农村机械化程度很低,一个公社只不过有几台拖拉机。因此,整个工地施工全靠锨掘、镐刨、人拉、车推,典型的"人海战术"。白天,黑压压一片,仿佛巨龙卧胶莱;晚上,明晃晃一串,如同银河落九天。尽管活很苦很累,但在强有力的组织领导和政治思想工作作用下,工地的气氛却十分活跃,比学赶超活动搞得轰轰烈烈。一般情况下,连与连之间的竞赛活动经常进行。每开展竞赛活动,各方面会想尽招数,拼尽力量,以求压倒对方,赢得胜利。如时间上,缩短工间休息时间,早上工、晚收工。施工中,把推车的全部调整为身强力壮的小伙子,合理进行劳力搭配。因此,工地上,常常看到这种现象:灯还没亮,或收工的灯已经熄了,却有一帮人在那里摸黑干。白天,小伙子们把篓子培得满满的仍不解馋,还要在车顶上培上个小山尖,本应跑六七趟才能推一方土,这样一来,只要三四趟就可完成一个土方。呼家庄民兵营尹家宅大队有一个叫李长春的小伙子,在连队开展劳动竞赛的那几天里,为了赶进度,竟然在凌晨两三点钟跑到工地上偷偷地干起来。像这种情况,当然会在当天的广播里,第二天的战报上被"曝光"。

工地上的活确实够苦够累的。不要说一天要干十几个小时,就是三四个小时,也不简单。活太累,休息严重不足,体力严重透支,有的人干着活,一拄锨的功夫就打起瞌睡来。柏城民兵营邓家庄一青年,到坝外去解手,裤带没扎好,就躺在地上睡着了。活越干越累,人越干越乏,工程越来越艰苦,特别在那"春风裂石柱"的春天,人格外觉得乏困。到了后半期,随着河底的加深和大坝的增高,挖一方土需要用挖二三方土的气力,又是泥、又是水。车辙压得很深,一辆车子需要几个人拉才能拉得动,那艰苦程度是可想而知的。离工程竣工还远,人们的鞋子蹬破了,衣服磨烂了,嘴唇起了皮,脸上爆了花。春天风大,活累淌汗多,需要充足的开水供应。靠送水、肩挑人抬路又远,根本解决不了问题,于是,各个连队在各自河炕上垒砌起锅台,支上口锅,抽出一人专门烧水。水从河底下现掏个小井,很浑,也很咸,不是渴急了,真是喝不下去,但孬好算是解决了工地的开水供应。

至于生活，当时全县没有规定统一的标准，但可能大体划了个框子。一般是一个民工每天要向生产队里交上一斤粮，不足部分由生产队贴补。条件好的生产队细粮多一些，条件差的少一点，总体上细粮的比例大约在30～50%之间。当时，大多数物资实行供应制，连猪肉也算紧缺物资，虽说生活不太好，但与在家里比还算是好的。那年月，在农村平时吃上几顿白面是件了不起的事情。当然，与现在比，那样累的活，那样的伙食，生活应该说是非常艰苦的。住的情况很差，一铺小炕，睡六七个人，七八个人的都有，那挤的程度不言而喻。

这期工程大约从1973年3月10日前后开工到5月10日前后完工，约经历了两个月的时间。

1974年农历二月初，由昌潍地区组织的第二次胶莱河会战再次打响。据市党史委主任鞠维积(时任县委办公室秘书，县工程指挥部快报组组长)回忆，当时，全国局势不太稳定，刚搞完"反复旧"，又开始了"批林批孔"。在上边的影响下，县城又开始有大字报上街，致使在"文革"混乱期间基础上刚恢复起来的政治生产秩序又被破坏，县委的工作一度处于半瘫痪状态。在这种情况下，县委没有再派县级领导前去挂帅，决定崔凤鸣(商业党委二把手)任县工程指挥部指挥，刘远东担任政委。曲玉祥(水利局副局长)任副指挥兼施工组长，胡金德(粮食局长)任副指挥兼后勤组长，刘远顺(刚由康庄公社调县)任政工组长。施工、后勤、政工三个组根据需要又分别设若干组，如政工组下设快报组、广播组、电影组等等。各公社干部配备基本上用了一期工程的原班人马，其指挥系统和组织形式完全和上一期工程一样，只是民工由原来的两万人增加到3.8万人。某些公社某些村加强了生活管理，增加了细粮的比例。但工程量更大，施工更加艰苦了。当年参加修河的今朝阳街道的东观音堂村原村支部书记温光辉对1974年那期工程的有关情况作了回忆，他说：几次修胶莱河，俺村都是我带工。1974年春天，俺村共去了130多人，住在昌邑县的吴家埠村。当时，我们分了4.92米工程，河底宽大约100多米，要挖3米多深。工程开始时全部是土方，进度还快些，但挖下一米深的时候，底下全部是干勾石头了，用镐刨，太慢，累死不出活。后来，只能用炸药炸，晚上收工的时候放炮，第二天再干就好干了。后来一段时间，基本天天这样干。放炮是个危险性很大的活儿，既要心眼灵活，又要有胆气，于是，我挑选了12个人当炮手，负责每天下班时点炮。有一次，一名炮手点上炮吓得不会跑了，站在那里像傻了一样。我一看别人都跑了，他还傻愣着，就赶紧跑过去拖着他就跑，刚跑出危险区，炮就响了。事过之后，确实有些后怕。不几天，听说在昌邑工段上放炮炸死了两个人，有不少人吓得更不敢点炮了。其中我村里有一个民工说什么也不想干了，我一看来软的不行了，就只好来硬的了："你说不干就不干了？你干也得干，不干也得干！"在那种情况下，你没有一副铁心肠是不行的，要不，这个工你根本无法带。由于活太苦太累，有的累病了，也有的实在坚持不了就装点小病。起初，我就让他们回去休息一会儿，后来时间一长，病号也就随之多了起来。我一看不行了，就规定，有病的在工地上挨着也不准回去，除非你到指挥部卫生所拿来证明！今朝阳街道邓家庄村的单既友回忆到当年的情景时，显得格外激动，他说："1974年，我们住在平度的杨家圈，那里纯是黑土板子地，250米的趟子，每人每天3方的任务，纯靠车推人拉，完不成任务不能收工，简直是要命啊！"现在许多人回忆起那段生活都说感到很难想象。这期工程，虽然县委领导班子处在一种半瘫痪状态，但在指挥部强有力的组织领导之下，经过50天左右的艰苦奋战，终于完成了地区组织的会战任务，在春耕生产处于高潮阶段，3万多水利大军顺利地撤回。至此，通过三县人民的共同奋战，终于完成了闸口以北(高密县界处)直至入海口31.5公里河道的治理任务。

按照"初步设计"之施工计划，应在此基础上，逐年连续安排施工，继续向上游治理，直至将干支流全部治理完毕，并实施北胶新河的开挖方案。但此时，围绕北胶新河的开挖问题，各方面意见未达成一致，相持之下，施工中断，整个治理计划一度搁浅。

1974至1975年，高密境内北胶莱河流域连续遭受洪涝灾害。灾情之重，说明仅对北胶莱河下游进行疏浚，于解除高密水患作用不大。为此，县委更加清楚地认识到，欲解除本县洪涝灾害之威胁，除开挖北胶新河，别无选择。但开挖此河，最感棘手的是上千万元的经费无处筹措。前两年为修胶莱河，各级财力物力已有很大消耗，近两年又连续遭特大水灾，本县财政和民力均已十分拮据，当此处境，新河开挖与否，实属难决。

1975年秋，全国农业学大寨会议在山西省昔阳县召开，会上提出了三年内全国都要实现“大寨县”目标。参加此次会议的高密县委主要负责人，在会上当即表态，要把开挖北胶新河作为本县学大寨、赶昔阳、提前实现“大寨县”的一项首要措施。会后，县委即着手统一思想，进行全面动员，决定立即开挖北胶新河。

1975年11月4日，针对开挖北胶新河工程，县里组建了两个指挥部，一名“高密县农田水利基本建设指挥部”，一名“高密县农田水利基本建设工程指挥部”，前者办公地点设在水利局，负责全面指挥，由县委副书记于希柱担任指挥。后者设在胶莱河工地上进行现场指挥。工程指挥部班子组成情况如下：指挥范中政（县农林水办公室副主任），政委张敏（县财税局局长），副指挥孟庆余（县商业局副局长）、褚全德（县水利局副局长），副政委吴万顺（县委办公室副主任）、赵宗良（县武装部科长），办公室秘书韩荣德，政工组组长刘海元、副组长张星泉，工程组组长于述贞，后勤组组长王次文、副组长单亦澄。与此同时，各公社及生产大队也都组建了相应的领导机构，并仿效部队建制组成了以生产小队为排，大队为连，公社为营的挖河队伍。11月13至27日，以“练兵”为口号，先调集各营民兵，开挖郭扬河。完工后，即投入了北胶新河工地。12月2日，北胶新河工程破土动工。这一期工程分为两段进行，第一段从仁和村西南小辛河至大牟家郇李东五龙河，长9.7公里，18处公社3万劳力上阵，历时半个多月，即完成了开挖任务。此段工程完成后，自12月18日紧接着转入第二段工程。这段工程南起五龙河，北至县界以北五里河，全长22.1公里。这期工程，原计划全县投入8万名劳力，但开工后，庞大的工程量，紧迫的工期要求，与所投入的劳力比例严重失调，县里及各公社不得不大量调遣人力、物力，充实加强施工一线。据有关部门粗略统计，这期工程，民工最多时达到18万人，高峰时投入汽车56部，拖拉机551台，马车5426辆，手推车2.6万辆，大牲畜2.8万头。22.1公里的工地上，车水马龙，人如潮涌，高音喇叭声、车辆马达声、人们使唤牲口的吆喝声等响成一片。到了晚上，灯火通明，远远望去，像一座不夜城。

这期工程是极其艰巨的。12月18日转入第二段工程时，正是农历冬至月十六日，从二十四节气来讲，正是“大雪”后的第10天了，整个工期处在一年当中最寒冷的季节。这一年，天气格外冷，“大雪”一到就封了地，而且地冻得很厉害，加上1974年、1975年两年大水，地下水位也特别高，平地用锨根本扎不动，非得用镐头拼，或用炸药炸。土挖下一米多深的时候，就开始出水了。有水干起来就更困难了，必须把水排出去才行。后来指挥部决定在河底中心部分下挖一条大沟，先把两边的水空到大沟里，然后再把大沟里的水排出去。挖沟工作量很大，也很艰苦，并且需要统一行动。于是各民兵营几乎都成立了挖中心大沟的突击队。那时水鞋很少，不够用，有时下水时要赤着脚。有些公社、大队带工的干部，在关键时候，往往带头下水，做出样子让大家看。就连县指挥部政委张敏，当时是50多岁的人了，在朱家庄子打桥截水时，他也带头跳入冰冷的水中。在当时情况下，最提倡的也是最推崇的就是这种“一不怕苦,二不怕死”的精神。尽管挖着大沟空着水干,活也是不好干,车辙越压越深,最后,只有铺上木棍编起的帘子,才有法干。河底如此,河炕上也是一样,晚上一冻,白天一化,十分难走,不采取措施根本不行。特别是下了雨雪,情况更是糟糕,连人带车摔倒是常有的事,摔倒牲口也不稀奇。即使在零下十几度的冰天冻地上,人们干得热火朝天。从早上四五点钟起床直干到晚上9点甚至10点,一天四顿饭三顿吃在工地上。到后来,为了赶进度,有的民兵营实行了两班倒,一天24小时工地上都有人。当时有人作了一首打油诗描述了工地生活:“上工顶着星,收工点上灯,住了四十天,不认得老房东。”朝阳街道邓家庄村文书单际友和鲁家庙支部书记傅日相回忆说,那些日子,我们每天干完活后,鞋袜都是湿漉漉的,回来也没法洗,只好放在窝棚里冻干一夜,第二天再穿上。人们无法脱衣服睡,也没衣换,身上都招满虱子。各人脸都冻得变了模样,特别是那些女孩子,脸上都起了冻疮,手都冻裂口子。

由于工程量过大,春节前完成任务靠原计划8万民工的力量显然难以完成,但要拖到来年春天,施工将带来巨大困难。为此,县里决定,不惜一切代价,春节前坚决完成任务。进入腊月以后,各民兵营、民兵连开始往工地上大量调遣劳力。后来,干脆将所有在家的男女整半劳动力,包括公社社直部门人员、社办企业工人、学校教师以及部分中学生全都赶上了工地,不少家庭都锁了门。有些在这阶段结婚的青年,都只能推迟婚期。就连应征入伍的青年,没上部队之前,也要先到工地上干上一顿。那段时间,走在路上,每天就能看到支援工地的人员、车辆、牲口络绎不绝,像赶大集一样。当时的情形,比当年支援淮海战役的场面还壮观感人。

人多了,工程进度倒是快了,住宿、吃饭、后勤供应却是大问题。周戈庄魏家坊村只有20多户人家,住着8000多人。尽管每个村子都把闲房,包括生产队办公室、学校,全都倒出来,也只能住有限的一小部分,绝大多数需要搭窝棚。窝棚都极其简陋,有的是个大帆布篷,有的用几张苇席,多数是用麦秸草打的苫子。铺底下有的放点玉米秸,上面放个草包子,有的干脆把草包子直接放在地上。有的连草包子也没有,地下铺下领苇席、草帘之类的东西。说是窝棚住宿的地方,其实里面温度和外边差不了几度,一般情况下,也得零下七八度。

人员多,不仅住的成问题,其他的后勤保障工作都有很大困难。20世纪70年代,还是计划经济,一般没有不紧张的东西,什么都是紧缺物资,吃粮凭粮票,穿衣凭布票,烧煤用煤票,吃油靠油票,一般的东西都要凭票买。在这种情况下,要保证工地近20万人的后勤供应其难度可想而知。当时,为了保证工地需要,县里有关部门不遗余力,全力支援。有的把有限的物资主动送到工地上,有的撒出采购员到处采购。铁丝、力车配件、煤炭、猪肉、炸药等当时都很紧缺,但在有关部门和人员的积极努力下,都能基本满足需要。有的物资实在不够用,就再想其他办法。如炸药有时供应不上,有关部门就组织人员自己炒制。总之,从县里直到每个生产小队,基本上把全部家底和全部力量都用在了这次修河上。

北胶新河一、二期工程从1975年12月2日正式开挖到1976年1月29日(农历腊月二十九日,第二天是年除夕了)全部撤出工地(大部分人马于腊月二十二日撤出),整整经历了两个月的时间。两个月苦战胶莱的经历,成了这年春节人们走亲访友的主要谈资。次年春天,县里组织调集了农田水利基本建设专业队,进行了土方尾工清除,右堤修筑公路和修建沿河建筑物等工程。1976年10月23日至11月28日,开挖了小辛河至仁和村西南段,长2.4公里。至1978年,整个北胶新河工程基本结束。据有关部门统计,这次北胶新河工程,新开挖河道34.24公里,投入工日960万个,搬动土石方1480

万立方米，建成交通桥 14 座，涵洞 22 座，拦河闸 3 座。全部工程投资 1353.6 万元。其中国家直接拨款 264.1 万元，各公社投资 102.7 万元，生产队投资 924.8 万元；食用粮食 2250 万斤，其中国家拨粮 770 万斤，生产队投粮 1480 万斤；燃用煤炭 3690 吨，皆系农民生活和农村用煤指标；耗用水泥 7600 吨，石料 5.1 万立方米，木料 901 方，钢材 243 吨。

在人财物力做出巨大投入的同时，无论人力还是物力方面都做出了很大牺牲，付出了沉重代价。整个北胶莱河工程，共死亡民工 16 人，其中因病死亡 10 人，拖拉机与马车失事死 4 人，工地界墙倒塌死 1 人，渡河溺死 1 人。因工致伤 27 人，其中重伤 15 人。非因工致伤 2 人。死亡大牲畜 469 头，其中骡马 240 匹，牛 229 头。报废马车 39 辆，毁坏中型拖拉机和机动三轮车各一辆，2.6 万辆手推车，重则报废，轻则残损。工棚失火四起，直接损失 3000 元。另外，此河永久性占压土地 5496 亩，沿河拆除房屋 144 间，拆除水利工程设施 49 处，挖掉树木 3 万余棵。

北胶莱河的疏浚和北胶新河的开挖，所取得的效益十分明显。首先，泄洪能力大大增强，洪涝灾害显著减轻。排水能力的提高，使流域内地下水位很大程度上控制了地面返碱现象。昔日那种“遍地白茫茫”的荒凉景象，已基本消失了。二是由于涝碱之害得到控制，使原来台田很快合并成大方田，扩大了耕地面积，也为机械化作业和农田灌溉奠定了基础。三是排水条件的改善，使地表水与地下水循环作用加强，从而破坏了区内氟离子的富集条件，起到了降氟的作用。四是沿河建起了几座拦河闸，一次蓄水 700 万方，可灌溉农田 3.4 万亩。

长达五六年的北胶莱河的治理开挖，不仅写下了高密历史的丰厚一页，也给人们留下了深深的历史思索。

（原载高密市政协 2002 年 10 月出版的《高密文史选粹》）

1990年版《高密县志》勘误表

表附录－2

页	栏	行	误	正
3	左	倒11	会萃	荟萃
4	左	11	作出	做出
4	左	倒15	震憾	震撼
4	右	倒2	捲土重来	卷土重来
7	左	倒12	反党纂权	反党篡权
19	右	16	枪劫财物	抢劫财物
27	左	13	所炼纲铁	所炼钢铁
41	左	2	座标	坐标
41	左	4	东径	东经
46	表	3	刘仉乡	刘倪乡
73	右	3	诸诚	诸城
75	右	5	铁子	铁离子
77	表	倒2	干狗上	干狗土
94	右	倒2	532041	582041
100	左	倒1	麻疯病	麻风病
106	表	3	伍	任
117	左	倒1	种值	种植
120	左	倒14	沿袋	沿袭
140	右	13	潍访市	潍坊市
144	右	17	高粱	高粱
154	右	13	流城	流域
158	左	3	栽掉	裁掉
166	左	倒2	绵纺织	棉纺织
179	左	倒5	汔油机	汽油机
235	左	16	1 914	1 714
248	右	9	手饰	首饰
257	左	倒10	帐务	账务
275	左	8	销费	消费
306	右	倒13	农活	农话
321	右	13	公程	工程

续表附录 - 2

页	栏	行	误	正
343	右	倒13	孟宪总	孟宪兑
351	左	10	精减	精简
359	右	倒11	华桥	华侨
369	左	倒6	作好	做好
385	右	倒2	勾通	沟通
423	右	6	汽枪	气枪
446	左	倒5	象惊弓之鸟	像惊弓之鸟
449	左	倒8	制做泥娃娃	制作泥娃娃
453	右	3	一等获	一等奖
461	右	倒7	淮坊	潍坊
462	右	6	摄象机	摄像机
464	右	3	整理充补、	整理、补充
465	左	倒1	高粱杆	高粱秆
476	右	14	诸诚	诸城
493	右	3	中级科级	中级科技
496	右	9	全村总数户	全村总户数
496	右	倒11	高粱	高粱
504	表26—7	倒4	东径	东经
505	续表	正1	东径	东经
510	左	17	麻诊	麻疹
516	右	倒10	媒价	媒介
526	右	11	端华	瑞华
526	右	倒4	五管科	五官科
536	表	倒5	铅球725 千克	铅球7.25 千克
547	左	13	全家合睦	全家和睦
548	右	19	新娘在坑	新娘在炕
550	左	倒14	姑丈	姑夫
553	右	倒8	不合	不和
554	左	9	妨尅	妨克
561	上表	倒4	拍马庇	拍马屁
575	右	10	随声附合	随声附和

续表附录－2

页	栏	行	误	正
576	右	倒8	从旁附合	从旁附和
576	右	倒6	东阁	体仁阁
579	左	10	军伐	军阀
580	左	16	揣磨	揣摩
585	右	倒9	威协	威胁
586	左	倒6、8	满州	满洲
588	左	8	粉粹	粉碎
590	右	倒8	拚搏	拼搏
610	右	倒17	宇x安	宇乂安

编后记

《高密市志(1986～2008)》是1990年版《高密县志》的续志。编纂工作始于2003年7月,历时10年之余,大致经历了四个阶段。

启动准备阶段。2003年6月,高密市新一届地方史志编纂委员会成立,决定续修高密市志,确定志书断限为1986～2003年(后又根据编纂进度情况将断限调整为1986～2008年),并在潍坊市史志办专家帮助下拟定了志书篇目。是年6月27日,召开全市第二轮市志续修工作会议,印发《第二轮高密市志编纂工作实施方案》,将志书篇目细化分解到各承编单位。会后利用两天的时间,对有供稿任务的90多个单位的具体供稿人员进行了培训,邀请潍坊市史志办高金铸、李长山、焦凌等专家就方志学基本知识,史志资料的搜集整理,志稿编纂的基本方法、基本要求和志书的文体文风等作专门辅导授课。至此,第二轮《高密市志》编修工作全面启动。

初稿撰写阶段。为保证志书质量,高密市志编纂委员会先后聘请了10位对高密历史比较熟悉且有一定文字基础的专家、学者任专职编辑,对各供稿单位上报的初稿进行审核把关,对存在缺、漏、错、假现象的材料及时退回,修改完善后重新上报。对供稿任务重、工作量大、编写有困难的一些部门单位,采取电话解答与上门指导相结合的办法,帮助撰稿人解决遇到的困难问题。通过这些做法确保了初始材料的准确完整性,为志书编纂奠定了良好基础。

阅改总纂阶段。在整个编辑过程中,为达到时间与质量的统一,由聘请的编辑按照各自分工编改初稿,期间,坚持定期召开编辑工作研讨会,交流经验,研究探讨志书编纂方法。各篇章编写完成后,编辑之间进行交叉阅审,最后进行统审总纂,形成征求意见稿,送市委市政府领导和相关部门审阅,要求各撰稿单位审核修改后,由单位盖章、主要负责人签字上报。与此同时,采取压茬推进的办法,在征求意见稿的基础上进行精雕细琢,形成评审稿。

评议审稿阶段。2014年5月16日,《高密市志》志稿评审会在高密市召开。中国地方志指导小组秘书长兼办公室主任李富强,省政府办公厅党组成员、省史志办主任刘爱军出席会议并讲话。中国地方志指导小组办公室方志期刊指导处处长、《中国地方志》主编于伟平，省史志办副主任翟世林，省史志办市县基层志编纂指导处处长李刚，省修志业务专家咨询组成员王笃银、郭能勇，潍坊市史志办主任傅廷伟、副主任赵文果，副调研员李长山，科长焦凌、程森枝以及潍坊市各县市区史志办主任参加会议。与会领导和专家对《高密市志》评审稿给予很高评价，同时也提出了修改意见建议。之后，市志编纂人员集中时间和精力，根据专家意见建议，对原志稿作了认真的修改和补充，同时将篇目由原来的27编扩为31编。通过3个月的精心修改，是年9月形成送审稿。送方志出版社和省市史志办审查。经过初审、复审和终审等程序，于2014年底批准出版。《高密市志》共设31编147章525节，计120余万字。

《高密市志》数度寒暑，几易其稿，终于付梓出版。由于编史修志是一项庞大的系统工程，涉及面广，工作量大，加之我们学识、经验、水平有限，疏漏和差错在所难免，敬请读者不吝赐教。

编　者

2014年12月